falstaff

WEINGUIDE
2012

ÖSTERREICH/SÜDTIROL

433 ÖSTERREICHISCHE WEINGÜTER
3000 AKTUELLE WEINE
BESCHRIEBEN UND BEWERTET

von
Peter Moser

33 Südtiroler Weingüter mit 220
verkostet und bewertet von Othmar Kiem

28 Destillerien mit 250 Edelbränden
verkostet und bewertet von Peter Hämmerle

WEINGASTHÖFE – ESSEN UND WOHNEN IN DEN REGIONEN
500 BEZUGSQUELLEN IN ÖSTERREICH

ISBN: 978-3-902660-20-6

Verehrte Weinfreundin, geschätzter Weinliebhaber!

Der Schwerpunkt dieser Ausgabe liegt auf dem Jahrgang 2011, der Österreichs Winzer nach einigen ertragsschwachen Jahren neben sehr guten Qualitäten auch die dringend ersehnten Mengen gebracht hat. Neben den guten Weißweinen hat das Jahr 2011 ganz herausragende Rotweine zum Ergebnis, die sich als potenzielle Rivalen für die tollen 2009er präsentieren. Man kann also aus dem Vollen schöpfen und sollte dies auch jetzt tun. Denn Mitte Mai 2012 traf ein schwerer Spätfrost die Weingärten, es steht daher einmal mehr eine reduzierte Erntemenge ins Haus. Eines ist aber sicher: die Vielzahl an verkostenswerten Weinen aus Österreich war noch nie so groß wie heute, und ich bin mir sicher, dass Ihnen der neue Falstaff Weinguide bei der Wahl ihres Lieblingsweines eine entsprechende Hilfe bieten wird.

Ich möchte mich an dieser Stelle bei all jenen Weingütern herzlich bedanken, die ihre Weine für meine Proben vertrauensvoll zur Verfügung stellen. Schließlich unterscheidet sich der Falstaff Weinguide von seinen mittlerweile immer zahlreicher auftretenden Mitbewerbern durch einen wesentlichen Punkt. Hier wandern nicht ganze Gruppen von Verkostern durch die Regionen, jeder ausgestattet mit anderen Vorstellungen und Erfahrungen, hier werden alle Weingüter von ein und demselben Gaumen beurteilt. Diese höchst subjektive Herangehensweise hat ihre Vor- und Nachteile. Geht man aber vom Zuspruch aus, der dem Falstaff Weinguide sowohl von Seiten der Produzenten als auch von den Lesern entgegengebracht wird, scheinen die positiven Aspekte sehr deutlich zu überwiegen. So wurde der Falstaff Weinguide zum mit Abstand erfolgreichsten Jahresführer in Österreich und findet auch mit seiner englischen Übersetzung internationale Anerkennung. Mit seiner fünfzehnten Auflage feiert der Falstaff Weinguide in diesem Jahr ein kleines Jubiläum. Etwa 40.000 einzelne Weine wurden im Laufe der Jahre für dieses Projekt verkostet und bewertet, Hunderttausende Bücher wurden gedruckt und verkauft. Und mit dem erfolgreichen Markteintritt des Falstaff-Magazins in Deutschland wird die Erfolgsgeschichte der Falstaff-Publikationen für Genießer zügig weitergeschrieben.

Neben den besten Weinen aus Österreich und Südtirol, seit vielen Jahren vorbildlich betreut von Falstaff-Italien-Korrespondent Dr. Othmar Kiem, wurde mit dem Sektor der heimischen Edelbrände ein weiteres attraktives Element in den Weinguide integriert. Mit Mag. Peter Hämmerle wurde ein absoluter Vollprofi für diese gehaltvolle Aufgabe gewonnen, er hat auch heuer wieder mit seinem hoch spezialisierten Team die hochprozentigen Destillate bewertet. Teilnahmeberechtigt waren sämtliche Brenner aus Österreich, jene Erzeuger, die zumindest sechs Destillate eingereicht hatten, nahmen auch an der Gesamtwertung der Besten und am Titel des neu geschaffenen »Falstaff-Meisterbrenner« teil.

Bestens bewährt hat sich das Weingüter-Klassement mit bis zu fünf Sternen, das der ständig wachsenden Qualität der heimischen Weingüter Rechnung trägt und die Gesamtleistung eines Betriebes über einen längeren Beobachtungszeitraum reflektiert. Dieses Klassement war eine große Herausforderung, ich habe viele unterschiedliche Faktoren ins Kalkül gezogen und mir die Sache wahrlich nicht leicht gemacht. Selbstverständlich

Editorial

wurde das Klassement auch heuer wieder entsprechend der Ergebnisse der Verkostung revidiert. Wirklich zufrieden werden wohl nur jene unter den Produzenten sein, die fünf Sterne über ihrer Seite prangen sehen. Für alle anderen gilt: Was heute noch nicht ist, kann ja noch werden.

Auch in dieser Ausgabe sind wieder interessante Winzer neu dazugekommen, ein schlagender Beweis für die Dynamik der österreichischen Weinszene. Einige Betriebe, die sich in den letzten Jahren deutlich verbessert haben, wurden wieder in den Guide aufgenommen. Insgesamt wurden 466 Weingüter und ihre Weine bewertet, 33 davon befinden sich in Südtirol, wo sie mein Kollege und Falstaff-Italien-Experte Dr. Othmar Kiem in Meran unter die kritische Lupe nahm. Unser Spirits-Experte Mag. Peter Hämmerle hat nicht weniger als 250 Destillate aus Österreich beigesteuert.

Um Ihnen noch mehr über die einzelnen Betriebe und deren Weine erzählen zu können, werden die Vertriebspartner nicht mehr direkt bei den Weingütern angeführt. Die enorme Zahl der Vinotheken und Weinhändler, die von den einzelnen Weingütern angegeben werden, sprengten bereits in den vorangegangenen Ausgaben den dafür vorgesehenen Platzrahmen. Nachdem alle Betriebe ihre Vertriebspartner ganz aktuell auf ihrer Internet-Homepage mitteilen, haben wir uns dazu entschlossen, das alljährlich komplett neu überarbeitete Verzeichnis aller österreichischen Weinhändler im Falstaff Weinguide als umfangreichen Anhang anzuführen. Damit haben Sie die Möglichkeit, immer einen kompetenten Partner aus dem Weinhandel in Ihrer Nähe zu wissen. Wie gewohnt finden Sie auch Tipps zum Essen und Wohnen in den Weinregionen, wobei hier die Bewertungen unseres aktuellen Falstaff Restaurantguides, bei dem die Gäste als Tester wirken, eingeflossen sind. Damit sind Sie bei der Planung Ihrer nächsten Weinreisen optimal beraten.

An den Schluss stelle ich meinen aufrichtigen Dank an alle Mitarbeiter dieser fünfzehnten Ausgabe und mein ebenso großes Dankeschön an alle Weingüter, die ihre Weine Jahr für Jahr vertrauensvoll in unsere kritische Obhut geben.

Viel Vergnügen mit den besten Weinen aus Österreich und Südtirol und den heimischen Bränden

Peter Moser
Falstaff Weinguide

Körper

Körperreiche Rotweine passen zu den meisten Fleischgerichten, die Versicherungslösungen der Wiener Städtischen passen zu Ihnen. Nähere Infos unter 050 350 350, auf www.wienerstaedtische.at oder bei Ihrem Berater.

IHRE SORGEN MÖCHTEN WIR HABEN

Inhalt

Editorial	Seite	4
Abkürzungen und Zeichenerklärung	Seite	10
Das Klassement	Seite	18
Die besten österreichischen Weißweine auf einen Blick	Seite	36
Die besten österreichischen Rotweine auf einen Blick	Seite	42
Die besten österreichischen Süßweine auf einen Blick	Seite	50
Der Jahrgang 2011	Seite	52
Der Jahrgang 2010	Seite	56
Wien	Seite	63
Niederösterreich	Seite	83
Carnuntum	Seite	85
Kamptal	Seite	115
Kremstal	Seite	165
Thermenregion	Seite	215
Traisental	Seite	239
Wachau	Seite	255
Wagram	Seite	303
Weinviertel	Seite	349
Steiermark	Seite	413
Südoststeiermark	Seite	415
Südsteiermark	Seite	433
Weststeiermark	Seite	487
Burgenland	Seite	493
Neusiedlersee	Seite	495
Neusiedlersee-Hügelland	Seite	579
Mittelburgenland	Seite	630
Südburgenland	Seite	667
Südtirol	Seite	678
Falstaff-Vergleichsverkostung österreichischer Destillate	Seite	729
Grüner Veltliner Grand Prix 2012	Seite	776
Wein und Käse	Seite	794
Weingasthöfe – Essen & Wohnen	Seite	798
Vinotheken & Bezugsquellen in Österreich	Seite	812
Winzer-Register von A–Z	Seite	832

Andreas Liszt

Abkürzungen

Der Falstaff Weinguide in der Praxis

Die ganzseitigen Darstellungen der Winzer geben Ihnen eine Fülle an Informationen. Aus Platzgründen wurde mit Abkürzungen gearbeitet, die in der Folge erklärt werden. Es wurde jeweils der beste Wein jedes Betriebs beschrieben, zusätzlich jeder, der 90 Punkte oder mehr erreichte. Die mehrstellige Zahl unter der Weinbezeichnung ist die Anzahl der Flaschen des betreffenden Produktes.

REBSORTEN-ABKÜRZUNGEN

Weißweinsorten

BO	Bouvier
CH	Chardonnay/Feinburgunder/Morillon
FU	Furmint
FV	Frühroter Veltliner/Malvasier
GM	Gelber Muskateller, Muscat-Lunel
GO	Goldburger
GS	Grüner Sylvaner
GV	Grüner Veltliner
MT	Müller-Thurgau/Riesling-Sylvaner
MO	Muskat-Ottonel
NB	Neuburger
PG	Pinot Gris/Grauburgunder/Ruländer
RR	Rheinriesling/Riesling
RV	Roter Veltliner
RG	Rotgipfler
SÄ	Sämling 88/Scheurebe
SB	Sauvignon Blanc, Muskat-Sylvaner
SE	Semillon
TR	Gelber-, Roter-, Gewürztraminer
WB	Weißburgunder/Pinot Blanc
WR	Welschriesling
ZF	Zierfandler

Rotweinsorten

BB	Blauburger
BP	Blauer Portugieser
BW	Blauer Wildbacher/Schilcher
BF	Blaufränkisch
CF	Cabernet Franc
CS	Cabernet Sauvignon
ME	Merlot
PN	Pinot Noir/Blauer Burgunder
SG	Sangiovese
RÖ	Roesler
SL	St. Laurent
SY	Syrah
ZW	Blauer Zweigelt

BEGRIFFSDEFINITIONEN UND WEITERE ABKÜRZUNGEN

extratrocken	bis max. 4 gr RZ/L
trocken	bis max. 9 gr RZ/L
halbtrocken	bis max. 12 gr RZ/L
lieblich	bis max. 45 gr RZ/L
süß	über 45 gr RZ/L
Barrique	zu 100 Prozent im neuen Holz ausgebaut
Teilbarrique	zum Teil im neuen Holz ausgebaut
großes Holzfass	im großen Holzfass ausgebaut
Stahltank	im Stahltank ausgebaut

AL	Auslese
BA	Beerenauslese
TBA	Trockenbeerenauslese

Verschlusssysteme

NK	Naturkork
KK	Kunststoffstöpsel
VL	VinoLok (Glas)
DV	Drehverschluss
DIAM	Verschluss aus gepresstem Korkgranulat

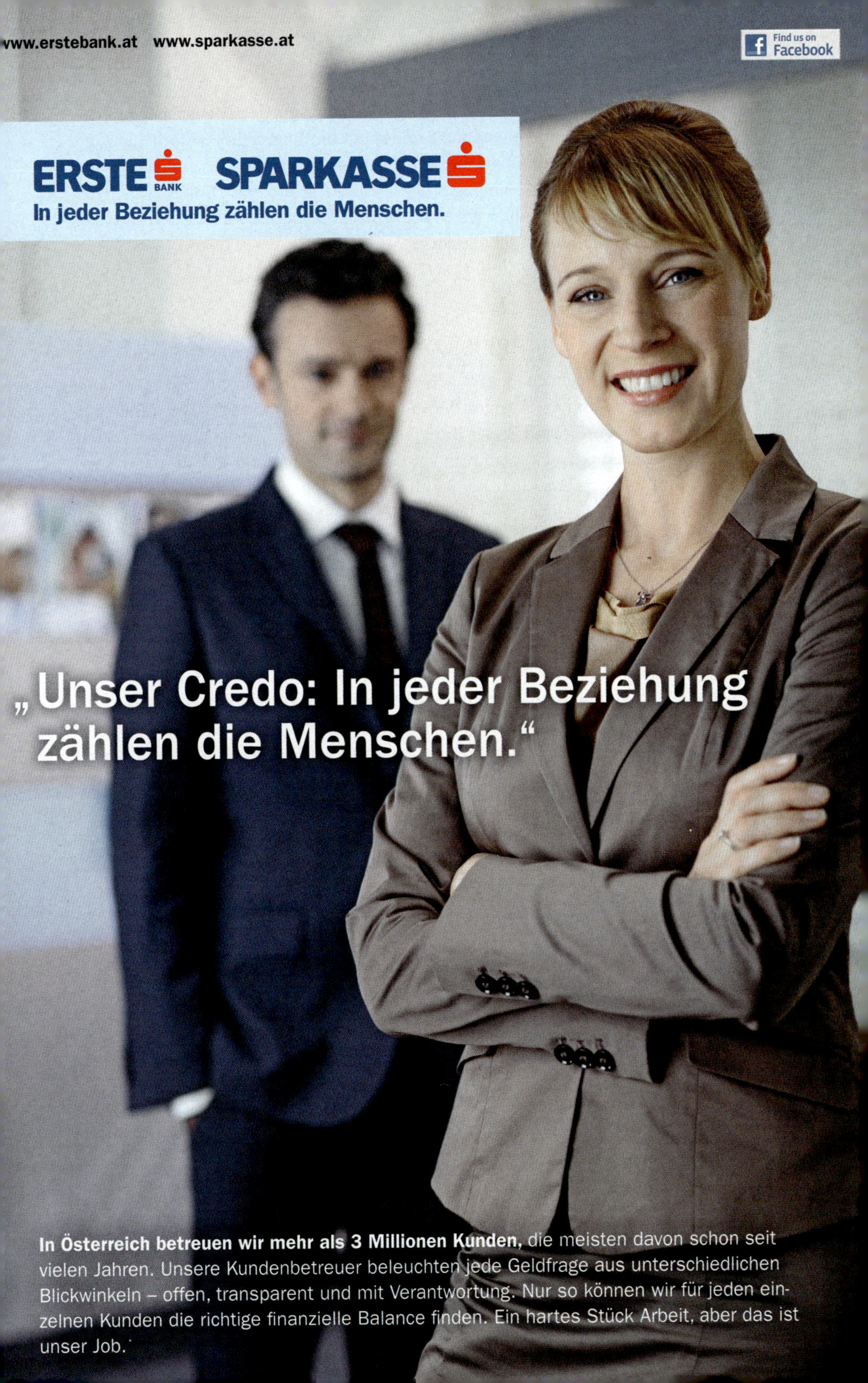
www.erstebank.at www.sparkasse.at
Find us on Facebook
ERSTE BANK SPARKASSE
In jeder Beziehung zählen die Menschen.
„Unser Credo: In jeder Beziehung zählen die Menschen."
In Österreich betreuen wir mehr als 3 Millionen Kunden, die meisten davon schon seit vielen Jahren. Unsere Kundenbetreuer beleuchten jede Geldfrage aus unterschiedlichen Blickwinkeln – offen, transparent und mit Verantwortung. Nur so können wir für jeden einzelnen Kunden die richtige finanzielle Balance finden. Ein hartes Stück Arbeit, aber das ist unser Job.

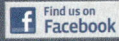

BEZUGSQUELLEN

Die Winzer wurden gebeten, uns ihre wichtigsten Bezugsquellen anzugeben. Aus diesen Angaben haben wir im Anhang des Guides ein umfangreiches Vinotheken- und Bezugsquellenregister erstellt, aus dem Sie die genaue Anschrift sowie in den meisten Fällen auch Telefon, Fax, Internetadresse, ggf. E-Mail-Adresse und Öffnungszeiten entnehmen können. Selbstverständlich geben die Winzer auch gerne selbst Auskünfte über die Einkaufsquelle, die für Sie die nächste ist.

PREISKATEGORIEN

Wir haben die teilnehmenden Winzer gebeten, uns die Preise für ihre Weine bekannt zu geben und haben nun die Ab-Hof-Preise für Privatkunden in Preiskategorien aufgeteilt. Nicht alle Winzer sind dieser Bitte nachgekommen, manche haben zu diesem Punkt keine Angaben gemacht. Natürlich wurden auch Weine verkostet, die sehr schwer erhältlich sind, weil sie entweder nur in kleinsten Mengen produziert wurden – ein Hauptproblem der österreichischen Weinlandschaft –, oder weil es sich um »Kultweine« handelt, die von vornherein nur gegen Reservierung oder für Stammkunden erhältlich sind. Bei diesen Weinen ist die Preiskategorie in Klammer gesetzt. Da diese Weine aber in einem hohen Maße die qualitative Spitze der heimischen Produktion darstellen, wurden sie dennoch verkostet und bewertet, um ein vollständiges Bild abgeben zu können. Eine wichtige Relation besteht noch in Form des Preis-Leistungs-Verhältnisses. Die Weine wurden ohne Ansehen ihrer Preise verkostet. Natürlich erwartet man sich von einem teureren Wein auch ein entsprechendes Punkte-Ergebnis. Andererseits kann ein Wein, der beispielsweise gute 86 Punkte erreicht und aus der untersten Preiskategorie (€) stammt, ein sehr erfreulicher Einkauf sein. Wie viel man schließlich bereit ist, für sein Weinvergnügen auszugeben, bestimmt jeder für sich.

Kategorien auf einen Blick

€	bis	€ 5,–	€€€€€	bis	€ 40,–
€€	bis	€ 10,–	€€€€€€	über	€ 40,–
€€€	bis	€ 15,–	(€€€)	\multicolumn{2}{l}{limitiert/auf Reservierung}
€€€€	bis	€ 20,–		\multicolumn{2}{l}{bzw. ausverkauft}

BEWERTUNG

Die Bewertung der Weine erfolgt nach dem internationalen 100-Punkte-System, das eine sehr differenzierte und genau akzentuierte Bewertung erlaubt. Da für den Falstaff Weinguide die besten Winzer ihre besten Weine einreichen, würde dies im 20-Punkte-System eine Fülle von ident hoch bewerteten Weinen bedeuten. Das 100-Punkte-System bringt zusätzlich eine internationale Vergleichbarkeit mit sich, die auch für die Winzer selbst strategische Vorteile birgt.

PANNOBILE
Seit 1994 der Zeit voraus.

Achs
Beck
Gsellmann
Heinrich
Leitner
Nittnaus
Pittnauer
Preisinger
Renner

Pannobile heißt Neusiedlersee herzlich willkommen in der DAC Familie und wünscht eine glückliche Zukunft.

DAS ENDE DER LEICHTWEIN-APARTHEID

Bisher war es fast ohne Ausnahme ein Privileg von alkoholreicheren oder zuckerreicheren Weinen (Prädikatsweinen), die meisten Punkte im 100-Punkte-System zu erhalten. Dies liegt natürlich einerseits an ihrer unstrittigen Qualität, ist aber unter anderem auch Ergebnis einer althergebrachten Bewertungstradition, die Alkohol und Restzucker mit der Wertigkeit des Weins gleichsetzt. Trockene Weine mit bis zu 13 Volumsprozent Alkoholgehalt sind von Höchstbewertungen daher faktisch ausgeschlossen. Dabei bleiben jedoch einige Kardinaltugenden eines erstklassigen Weines auf der Strecke. Was bedeuten Finesse, Ausgewogenheit, Frische, Frucht, Leichtfüßigkeit dann eigentlich? Ich spreche nicht von banalen oder beliebig austauschbaren Weinen mit wenig Alkohol, sondern von jenen lupenreinen Sortenvertretern, die einen regionalen Charakter transportieren, die fein gewoben sind, die Persönlichkeit ausstrahlen und allem angeblichen Mangel an Kraft zum Trotz auch noch über einen nicht zu unterschätzenden Reifebogen und damit über Lagerfähigkeit verfügen. Nur zu oft wurden mit Begeisterung Grüne Veltliner, Rieslinge oder Gelbe Muskateller geöffnet, die dreißig, vierzig oder mehr Jahre alt waren und sich zwar gereift, aber mit unglaublicher Finesse und Vitalität präsentierten. Analysen zeigten dann, dass viele dieser Langstreckenläufer nicht einmal 12 Volumsprozent Alkoholgehalt aufwiesen.

Ich möchte Sie bitten, noch einen zweiten Punkt ins Kalkül zu ziehen: Österreich ist ein Land an der Weinbaugrenze, anders als in südlichen und wärmeren Gefilden dauert bei uns die Vegetationsperiode länger. Die Trauben brauchen oft einige Wochen mehr, um ihre physiologische Reife zu erlangen. Während in den heißeren Weinbauländern der Begriff »reif« untrennbar mit »kraftvoll« verbunden ist, kann man in den kühleren Gefilden auch die Kombination »reif und leicht« antreffen. Hier liegt für den Freund des österreichischen Weins durchaus ein Vorteil, denn die heimischen Winzer können mit Weinen dieser Kategorie etwas anbieten, was andere Weinbauländer nicht auf natürlichem Weg, sondern höchstens mit Zuhilfenahme erheblicher technischer Raffinessen erreichen.

Nach reiflicher Überlegung bin ich daher zur Einsicht gelangt, dass auch die besten leichteren Weine mit höheren Punkten zu bewerten sind – ja so bewertet sein müssen. Ich möchte es ganz konkret als Ausdruck der Wertschätzung für brillant gemachte leichtere Weine betrachtet wissen und bin mir schon klar darüber, dass es vielleicht nicht vom Fleck weg auf völlige Zustimmung stoßen wird, wenn etwa ein Klassik-Wein mehr Punkte bekommt als eine Reserve oder ein Federspiel höher bewertet ist als ein Smaragd. Dieses Risiko glaube ich aber getrost eingehen zu können, weil sich auch die große Mehrheit der Weinfreunde in ihrem tatsächlichen Weinkonsumverhalten nach sehr guten, aber leichteren Weinen sehnt.

Das wird und soll andererseits nichts an den Höchstbewertungen der großkalibrigen Meditationsweine ändern und tut deren Image als Flaggschiffe keinerlei Abbruch. Aber die österreichischen Winzer können vor allem im Weißweinbereich sehr feine, leichtfüßige Weine erzeugen, und dieser evidente Vorteil muss, so meine ich, klar unterstrichen und stärker genutzt werden.

Dass die führenden Köpfe der Weinwirtschaft dies ebenso fühlen, kann anhand der Einführung der Kategorien Klassik und Reserve in den DAC-Weinbaugebieten Kamptal, Kremstal und Traisental und analog anhand der längst bestehenden Abstufung von

Affineur Kracher Petit

Affineur

Österreichische Käsekultur in höchster Vollendung

Schärdinger Affineur steht für die erlesensten Käsegenüsse unseres Landes. Herrlich feine Geschmacksnuancen von mild bis würzig und ein harmonisch abgestimmtes Sortiment an Käsesorten prägen das umfangreiche Angebot. Jeder einzelne Käse wird dabei auf den Punkt der optimalen Geschmacksentfaltung gereift und mit großer Sorgfalt gepflegt und veredelt. Der unvergleichliche Geschmack jeder Käsespezialität ist ein Erlebnis für die Sinne und der Garant für vollendeten Käsegenuss.

www.affineur.at

Leitfaden

Federspiel und Smaragd durch die Mitglieder der »Vinea Wachau« sowie anhand der Kategorie der Steirischen Klassik STK (bis max. 12,5 Volumsprozent) sehr gut dargestellt werden. Hier liegt im klassischen Bereich die Obergrenze bei 13 Volumsprozent Alkoholgehalt, also maximal 12,5 Volumsprozent auf dem Etikett. Von einer damit auch verbundenen Punkte-Obergrenze von 90 der 100 möglichen Punkten steht allerdings nichts in den entsprechenden Verordnungen.

Um diesen Gedanken Rechnung zu tragen, wird zunächst den im Falstaff Weinguide an leichtere Weine (bis 12,5 Volumsprozent Alkoholgehalt auf dem Etikett) vergebenen Punkten das Symbol »L« vorangesetzt, um auf den ersten Blick klar zu machen, um welche Weinkategorie es sich handelt. Zusätzlich wird eine eigenständige Bestenliste für diesen Bereich publiziert.

Falstaff-Bewertungsschema

100	Nicht zu übertreffen
95-99	Absolute Weltklasse
90-94	Ausgezeichneter Wein, unter den Besten des Jahrgangs
85-89	Gut bis Sehr gut
(–)	Fassprobenwertung
L	Leichtwein (Weißweine bis 12,5 Volumsprozent Alkoholgehalt auf dem Etikett)

Weine mit einer Bewertung unter 85 Punkten werden nicht aufgenommen.

falstaff

Impressum

Medieninhaber: Falstaff-Verlags-GesmbH, Heiligenstädter Straße 43, 1190 Wien, Österreich, Tel: +43/(0)1/904 21 41, Fax: +43/(0)1/904 21 41-450, www.falstaff.at, E-Mail: redaktion@falstaff.at. Herausgeber: Wolfgang M. und Angelika Rosam. Redaktion und Degustation: Peter Moser, Dr. Othmar Kiem (Südtirol), Mag. Peter Hämmerle (Destillate). Verkostungsleitung und Bezugsquellen Vinotheken: Claudia Schindlmaißer. Weingasthöfe: Violeta Stokic. Mitarbeit/Administration: Georg Schullian. Fotos: Claudia Schindlmaißer. Illustrationen: Bianca Tschaikner. Anzeigen: Eva Bohuslav, Christiane Ceccarelli (Back-Office), Riqua Kicher. Lektorat: Jürgen Ehrmann. Produktion und Gestaltung: Meinhard Heim (Atelier Heim). Hersteller/Druck: Gutenberg Druck GmbH, 2700 Wiener Neustadt, Österreich. Idee und Konzept von Peter Moser.

Prämierte Weine bei Hofer

Die strengsten Maßstäbe bei der Auswahl des Hofer-Weinsortiments zeigen Erfolg. Die hohe Qualität der von Hofer verkauften Weine wird bei vielen Prämierungen immer wieder aufs Neue bestätigt.

Promotion

falstaff 87

Blauer Zweigelt Reserve
burgenl. Qualitätswein, trocken 0,75l, € 3,49

Purpurrot mit violetten Reflexen. In der Nase sauber, saftig, reife Beerenfrucht, Cassis, Brombeere, Kirsche, leicht pfeffrige Würze. Am Gaumen sauber, saftig, feine Frucht, mittlere Dichte und gute mittlere Länge.

falstaff 89

Venezia Giulia Rosso IGT
ital. Rotwein, trocken 0,75l, € 3,99 (€ 5,32/l)

Purpurrot mit violetten Reflexen und schwarzem Kern. In der Nase sauber, milde Gewürze, Vanille, Pflaumen, Feige. Am Gaumen sauber, gut eingebundene Gerbstoffe, mittlere Dichte und gute mittlere Länge.

falstaff 87

Rosso Toscana IGT
ital. Rotwein, trocken 0,75l, € 2,49 (€ 3,32/l)

Purpurrot mit granatroten Reflexen. In der Nase sauber, reife Beerenfrucht, dezente Trockenfrucht, milde Würze. Am Gaumen sauber, balsamisch, mittlere Dichte und Länge.

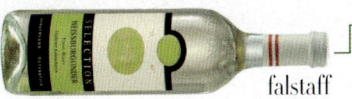

Cabernet Sauvignon Reserva
chil. Rotwein, trocken 0,75l, € 2,49 (€ 3,32/l)

Purpurrot mit violetten Reflexen. In der Nase sauber, reife, rote Paprika. Am Gaumen sauber, saftig, mittlere Dichte und Länge.

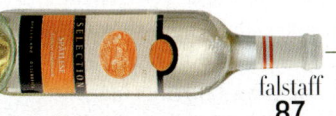
falstaff 87

Weißburgunder Selection
burgenl. Qualitätswein, trocken 0,75l, € 2,89

Hellgelb mit grünen Reflexen. In der Nase sauber, saftig, Apfel, Pfirsich, dezent nussig - mineralisch. Am Gaumen sauber, saftig, mittlere Dichte und Länge.

falstaff 87

Spätlese Selection
burgenl. Prädikatswein, lieblich 0,75l, € 2,89

Hellgelb mit goldenen Reflexen. In der Nase sauber, reife Frucht, Birne, leicht exotische Frucht, Würze. Am Gaumen sauber, saftig, mittlere Dichte und Länge, Süße gut eingebunden.

falstaff 89

Champagne Jaques Lorent
brut 0,75l, € 13,99 (€ 18,65/l)

In der Nase sauber, Hefewürze, Zitrus, Pfirsich, zart pflanzlich, Orangenzeste. Am Gaumen sauber, frische Säure, mittlere Dichte und Länge, gutes Mousseux. „Dieser Champagner steht für den klassischen und traditionellen Stil des Hauses Beaumont-des Crayeres."

Prämierungen und Testergebnisse ausgewählter Hofer-Weine

Weinbau ist eine Kunst und lebt von Fachwissen ebenso wie von Erfahrung und dem richtigen Gespür. Nur wenn alles passt, kann ein Wein entstehen, der nicht nur bei KonsumentInnen, sondern auch bei Fachverkostungen überzeugt. Unsere Lieferanten beherrschen diese Kunst vortrefflich, wie die zahlreichen Anerkennungen beweisen, die sie für ihre Produkte ernten. Bis es allerdings so weit ist, gilt es, die Reben sorgsam zu behandeln, sie gekonnt zu hegen und zu pflegen.

Das Klassement

In diesem Buch ist jedem erwähnten Wein eine entsprechende Bewertung nach dem international in der Fachwelt gebräuchlichen 100-Punkte-System zuteil geworden. Fassproben sind durch eine in Klammern gesetzte Bewertung erkennbar, die ihre potenzielle Bewertung eingrenzt.

Die Benotung der Weine erfolgt in offener Verkostung, also in Einschätzung ihres Potenzials, ihres Terroirs und des Stiles, den das Haus bei der Vinifikation pflegt – ein Verfahren, das speziell bei der Bewertung von Fassmustern und Jungweinen gegenüber der sogenannten »Blindprobe« von großem Vorteil ist. Daneben wurde auf einer zweiten Ebene eine Einstufung der in den Führer aufgenommenen Betriebe vorgenommen, die nicht ausschließlich im Zusammenhang mit dem aktuellen Abschneiden der Weine eines Produzenten steht. Dieser Versuch eines Klassements ist eine zutiefst subjektive Angelegenheit, dennoch folgt er Richtlinien, die ich an dieser Stelle erläutern möchte.

Seitdem der Aufschwung der heimischen Weinszene so richtig begann, also Ende der Achtzigerjahre, verkoste ich mit großer Regelmäßigkeit die Weine der führenden Betriebe, der Newcomer und solcher, die es gerne wären. Über 450 Produzenten stehen jährlich in Österreich auf dem Programm, was mittlerweile insgesamt mehr als 50.000 Einzelnotizen im Lauf der Jahre bedeutet.

Diese Degustations-Kontinuität verschafft mir einen guten und verlässlichen Überblick. Von persönlichen Präferenzen einmal ganz abgesehen – denn selbstverständlich entwickelt sich über die Zeit gegenüber manchem Winzer ein freundschaftliches Verhältnis, ja sogar Freundschaft –, gibt es aber durchaus objektivierbare Elemente, die ein Klassement erlauben.

Die Fähigkeiten eines Produzenten stehen natürlich im Vordergrund, dazu kommen ein möglichst optimales, unverwechselbares Terroir, Vorzüge wie alte Rebanlagen, die richtigen Sortenklone sowie schließlich auch der Aspekt, wie regelmäßig (und das genauso in schwächeren Jahrgängen) eine überragende Qualität erzeugt werden kann. Zusammengefasst sind also Begriffe wie Talent, Terroir und Kontinuität – vielleicht auch Originalität – gefragt. Und dies gilt nicht nur für Österreich, sondern für die ganze Weinwelt.

In welchem Ausmaß dies einem Betrieb in den letzten vierzehn Jahren gelungen ist, soll im Sterne-Klassement ausgedrückt werden. Bis zum Jahr 2006 wurden für diese Weingutsbewertung bis zu drei Sterne verwendet. Die ständig andauernde Qualitätsentwicklung hat uns gezeigt, dass dies zu Unschärfen führt, und so wurde ab der zehnten Ausgabe im Jahr 2007 das Klassement grundlegend überarbeitet und ein Fünf-Sterne-Klassement entwickelt. Dieses erstreckt sich nun in Stufen von der Aufnahme, die gleichzeitig auch Empfehlung ist, bis zu fünf Sternen für die wenigen allerbesten Erzeuger mit Weltgeltung. Es erlaubt dem Autor nun noch besser zu differenzieren.

Ich möchte Sie speziell auf die neu (diese sind als solche gekennzeichnet) in den Führer aufgenommenen Weingüter aufmerksam machen, das sind alles Namen, die man sich für die Zukunft merken sollte.

DIE STERNE DES KLASSEMENTS UND IHRE BEDEUTUNG

★★★★★ Weingut, das immer außergewöhnliche Qualität erzeugt, was nur auf den allerbesten Terroirs des Landes möglich ist. Der Betrieb zählt zu den besten der Welt und genießt entsprechende internationale Anerkennung und Nachfrage.

★★★★ Erzeuger von konstant herausragender Qualität, ein Betrieb mit einer Bedeutung, die über die Grenzen des Landes hinausreicht. Produziert hochklassige Weine, die auch international wahrgenommen werden.

★★★ Erzeuger von sehr hoher Qualität, bringt kontinuierlich Weine hervor, die in ihrer Gattung zu den besten des Landes gezählt werden.

★★ Betrieb von nationaler Reputation, erzeugt regelmäßig sorten- und regionstypische Weine in sehr guter Qualität.

★ Betrieb mit überregionaler Bedeutung, erzeugt regelmäßig sorten- und regionstypische Weine in guter Qualität.

ohne Stern Empfehlenswerter Betrieb mit regionaler Bedeutung, produziert sortentypische Weine in verlässlicher Qualität.

Die TOP-Weingüter

★★★★★

Weingut Bründlmayer	Langenlois
Weingut Gesellmann	Deutschkreutz
Weingut Gernot und Heike Heinrich	Gols
Weingut Franz Hirtzberger	Spitz/Donau
Weingut Knoll	Unterloiben
Weingut Kollwentz	Großhöflein
Weinlaubenhof Kracher	Illmitz
Weingut F. X. Pichler	Oberloiben
Weingut Pöckl	Mönchhof
Weingut Prager	Weißenkirchen
Weingut Tement	Berghausen

★★★★

Weingut Paul Achs	Gols
Weingut Karl Alphart	Traiskirchen
Weingut Alzinger	Unterloiben
Weingut Feiler-Artinger	Rust
Weinbau Karl Fritsch	Oberstockstall
Weingut Schloss Gobelsburg	Gobelsburg
Weingut Hans und Philipp Grassl	Göttlesbrunn
Weingut Gross	Ratsch
Weingut J. Heinrich	Deutschkreutz
Weingut Hiedler	Langenlois

Die Sterne

Weingut Hirsch	Kammern
Weingut Josef M. Högl	Spitz/Donau
Weingut Markus Huber	Reichersdorf
Weingut Hans Igler	Deutschkreutz
Weingut Josef Jamek	Joching
Weingut Johanneshof Reinisch	Tattendorf
Weingut Juris	Gols
Weingut Jurtschitsch Sonnhof	Langenlois
Weingut Paul Kerschbaum	Horitschon
Weingut Krutzler	Deutsch Schützen
Weingut Lackner-Tinnacher	Gamlitz
Weingut Leth	Fels/Wagram
Weingut Fred Loimer	Langenlois
Weingut Malat	Palt
Weingut Gerhard Markowitsch	Göttlesbrunn
Weingut Ludwig Neumayer	Inzersdorf
Weingut Neumeister	Straden
Weingut Martin Nigl	Senftenberg
Weingut Anita und Hans Nittnaus	Gols
Weingut Bernhard Ott	Feuersbrunn
Weingut R. & A. Pfaffl	Stetten
Weingut Rudi Pichler	Wösendorf
Weingut Erich und Walter Polz	Spielfeld
Weingut Claus Preisinger	Gols
Weingut Prieler	Schützen/Gebirge
Weingut Salomon Undhof	Stein/Donau
Weingut Sattlerhof	Gamlitz
Weingut Familie Schmelz	Joching
Weingut Ernst Triebaumer	Rust
Hans Tschida – Angerhof	Illmitz
Weingut Umathum	Frauenkirchen
Weingut Velich	Apetlon
Weingut Wieninger	Wien
Weingut Wohlmuth	Fresing/Kitzeck
Weingut Zull	Schrattenthal

Weingut Werner Achs	Gols
Weingut Aigner	Krems
Weingut Allram	Strass
Weingut Markus Altenburger	Jois
Weingut Kurt Angerer	Lengenfeld
Weingut Artner	Höflein
Weingut Leopold Aumann	Tribuswinkel
Weingut Anton Bauer	Feuersbrunn
Weingut Bayer – Erbhof	Donnerskirchen

DÖLLERER'S WEINHANDELSHAUS
Der verlässliche Partner für Gastronomie und Fachhandel

DÖLLERER'S ENOTECA + BACARO
Hotspot in Sachen Feste, Weinverkostungen und Seminare

VINOPHILE GENUSSMOMENTE in Döllerer's Onlineshop auf www.doellerer.at

DÖLLERER'S WEINHANDELSHAUS

DÖLLERER'S WEINHANDELSHAUS . ENOTECA + BACARO
Kellau 160 . 5431 Kuchl . Tel.: +43 (0)6244 20567 . www.doellerer.at

Die Sterne

★ ★ ★

Heribert Bayer – In Signo Leonis	Neckenmarkt
Weingut Judith Beck	Gols
Weingut Brandl	Zöbing
Weingut Walter Buchegger	Dross
Winzerhof Familie Dockner	Höbenbach
Domäne Wachau	Dürnstein
Weingut Johann Donabaum	Spitz/Donau
Weingut Ecker – Eckhof	Mitterstockstall
Weingut Josef Edlinger	Furth/Palt
Weingut Josef Ehmoser	Großweikersdorf
Weingut Birgit Eichinger	Strass
Esterházy Wein	Eisenstadt
Weingut Christian Fischer	Sooß
Weingut Meinhard Forstreiter	Krems-Hollenburg
Weingut Josef Fritz	Zaussenberg
Weingut Gager	Deutschkreutz
Weingut Geyerhof	Furth/Göttweig
Weingut Walter Glatzer	Göttlesbrunn
Weingut Robert Goldenits	Tadten
Weingut Gschweicher	Röschitz
Weingut gsellmann & hans	Gols
Weingut Haider	Illmitz
Schlossweingut Graf Hardegg	Seefeld-Kadolz
Schlossweingut Hannes Harkamp	St. Nikolai im Sausal
Weingut Toni Hartl	Reisenberg
Weingut Heiss	Illmitz
Weingut Leo Hillinger	Jois
Weingut Holzapfel	Joching
Rotweingut Iby	Horitschon
Weingut Iby-Lehrner	Horitschon
Weingut Jäger	Weißenkirchen
Weingut Jalits	Badersdorf
Weingut Daniel Jaunegg	Eichberg-Trautenburg
Rotweingut Maria Kerschbaum	Lackenbach-Horitschon
Weingut K+K Kirnbauer	Deutschkreutz
Weingut Kloster am Spitz	Purbach
Weingut Kopfensteiner	Deutsch Schützen
Rotweine Lang	Neckenmarkt
Weingut Josef Leberl	Großhöflein
Weingut Paul Lehrner	Horitschon
Weingut Thomas Leithner	Langenlois
Weingut Leitner	Gols
Josef Lentsch – Dankbarkeit	Podersdorf
Weingut Wolfgang Maitz	Ratsch
Weingut Mantlerhof	Gedersdorf/Brunn im Felde
Weingut Mayer am Pfarrplatz	Wien
Weingut Moric	Großhöflein

Die einzige Wachau der Welt erkennt man auf den ersten Blick.
Ihre Weine ebenso. Einfach vielfach welteinmalig seit 1342.
www.vinea-wachau.at

Die Sterne

★ ★ ★

Weingut Hermann Moser	Rohrendorf
Weingut Sepp Moser	Rohrendorf
Domäne Müller Gutsverwaltung – Gut am Ottenberg und ehem. Prinz Liechtenstein'sches Weingut	Groß St. Florian
Weingut Muster.Gamlitz	Gamiltz
Weingut Franz und Christine Netzl	Göttlesbrunn
Weingut Willi Opitz	Illmitz
Weingut Pichler-Krutzler	Oberloiben
Weingut Pittnauer	Gols
Wein von Ploder-Rosenberg	St. Peter/Ottersbach
Weingut Stefan Potzinger	Gabersdorf
Weingut A. und F. Proidl	Senftenberg
Weingut Renner	Gols
Weingut Josef und Maria Reumann	Deutschkreutz
Weingut Erwin Sabathi	Leutschach
Weingut Hannes Sabathi	Gamlitz
Weingut Erich Scheiblhofer	Andau
Weingut Uwe Schiefer	Welgersdorf
Weingut Franz Schindler	Mörbisch
Weingut Josef Schmid	Stratzing
Weingut Schneider	Tattendorf
Weingut Rosi Schuster	St. Margarethen
Weingut Schützenhof	Deutsch Schützen
Schwarz Wein	Andau
Weingut Setzer	Hohenwarth
Weingut Walter Skoff	Gamlitz
Weingut Sommer	Donnerskirchen
Weingut Stadlmann	Traiskirchen
Weingut Stadt Krems	Krems
Weingut Steininger	Langenlois
Winzerhof Stift	Röschitz
Weingut Taubenschuss	Poysdorf
Tegernseerhof – Mittelbach	Unterloiben
Weingut Tesch	Neckenmarkt
Weingut Johann Topf	Strass
Weingut Trapl	Sarasdorf
Weingut Günter und Regina Triebaumer	Rust
Weingut Tschermonegg	Glanz
Weingut Türk	Stratzing
Weingut Vinum Pannonia Allacher	Gols
Weingut Vorspannhof – Mayr	Dross
Weingut Wachter-Wiesler	Deutsch Schützen
Weingut Familie Weber	Lutzmannsburg
Weingut Weinrieder	Kleinhadersdorf-Poysdorf
Weingut Wellanschitz	Neckenmarkt
Weingut Winkler-Hermaden	Kapfenstein
Weingut Zahel	Wien

LAGENKLASSIFIZIERUNG 2012
ERSTE LAGEN 1ÖTW
ENTLANG DER DONAU

Kremstal Kamptal
Wagram Traisental

Weingut BRÜNDLMAYER Weingut DOLLE Weingut EHN Weingut FRITSCH
Weingut GEYERHOF Weingut HIEDLER Weingut HIRSCH Weingut HUBER
Weingut JURTSCHITSCH SONNHOF Weingut LOIMER Weingut MALAT
Weingut MANTLERHOF Weingut HERMANN MOSER Weingut SEPP MOSER
Weingut NEUMAYER Weingut NIGL Weingut OTT Weingut SALOMON UNDHOF
Weingut SCHLOSS GOBELSBURG Weingut STADT KREMS
Weingut STIFT GÖTTWEIG Weingut TOPF Weingut DR. UNGER

Weingut ALLRAM Weingut GÜNTHER BRANDL Weingut BUCHEGGER
Weingut BIRGIT EICHINGER Weingut LETH Weingut FRANZ PROIDL
Weingut JOSEF SCHMID Weingut SUMMERER Weingut FRANZ TÜRK

www.traditionsweingueter.at

Die Sterne

★★

Arachon T.FX.T	Horitschon
Weingut Martin Arndorfer	Strass
Weingut Familie Auer	Tattendorf
Weingut Bannert	Obermarkersdorf
Weingut Christoph Bauer	Jetzelsdorf
Naturnaher Weinbau Familie Bauer	Großriedenthal
Weingut Josef Bauer	Feuersbrunn
Weingut Stefan Bauer	Königsbrunn/Wagram
Weinhof Bauer-Pöltl	Horitschon
Weingut Bäuerl	Loiben
Weingut Berger	Gedersdorf
Weingut Dr. Hans Bichler	Purbach
Weingut Biegler	Gumpoldskirchen
Weingut Böheim	Arbesthal
Weingut Branigg	Kitzeck-Fresing
Weingut Christ	Wien
Weingut Cobenzl	Wien
Weingut Ewald Diem	Hohenruppersdorf
Weingut Tom Dockner	Theyern
Weingut Donabaum »In der Spitz«	Spitz/Donau
Dreisiebner Stammhaus	Sulztal
Weingut Dürnberg	Falkenstein
Weingut Ludwig Ehn	Langenlois
Weingut Elsnegg	Gamlitz
Weingut Ernst	Großwiesendorf
Weingut Manfred Felsner	Grunddorf
Weingut Fidesser	Platt
Weingut Grenzhof–Fiedler	Mörbisch/See
Weingut Dagmar und Dr. Ludwig Follner	Rust
Weingut Frank	Herrnbaumgarten
Weingut Frauwallner	Straden
Weingut Frühwirth	Klöch
Weingut Giefing	Rust
Weingut Anita und Richard Goldenits	Tadten
Weingut Ewald Gruber	Röschitz
Weingut Anton Hagen	Krems-Rehberg
Weingut Hauleitner	Traismauer
Weingut Hofbauer-Schmidt	Hohenwarth
Weingut Rudolf Hofmann	Traismauer
Weingut Holzer	Nussdorf
Weingut Horvath	Gols
Weingut Josef Igler	Deutschkreutz
Weingut Jahner	Wildungsmauer
Weingut Jöbstl	Wernersdorf
Weingut Kadlec	Illmitz

Carnuntum Experience
Dienstag, 14.8. bis Sonntag, 2.9.2012

WHITE WINE FASHION AM 17.8.2012   RUBIN CARNUNTUM PRÄSENTATION AM 2.9.2012

WWW.CARNUNTUM-EXPERIENCE.COM

Die Sterne

★★

Wein- und Sektkellerei Kirchmayr	Weistrach
Weingut Kolkmann	Fels/Wagram
Weingut Krispel	Straden
Weingut Kroiss	Illmitz
Weingut Krug	Gumpoldskirchen
Winzerhof Landauer-Gisperg	Tattendorf
Laurenz V.	Wien (Büro)
Winzerhof Andreas Lehensteiner	Weißenkirchen
Weingut Franz und Elisabeth Lentsch	Podersdorf
Weingut Liegenfeld	Donnerskirchen
Weingut Heinrich Lunzer	Gols
Weingut Schloss Maissau	Maissau/Röschitz
Weingut Marko – Lukas Markowitsch	Göttlesbrunn
Weingut Martinshof	Neusiedl/Zaya
Weingut Maurer	Röschitz
Weingut Franz Anton Mayer	Königsbrunn/Wagram
Weingut Ilse Mazza	Weißenkirchen
Weingut Mehofer – Neudeggerhof	Neudegg
Meinhardt Hube	Gamlitz
Weingut »RM« Roland Minkowitsch	Mannersdorf/March
Weingut Müller	Krustetten
Weingut Müller-Grossmann	Furth/Palt
Weingut Münzenrieder	Apetlon
Muhr – van der Niepoort	Rohrau
Weingut Nadler	Arbesthal
Winzerkeller Neckenmarkt	Neckenmarkt
Weingut Nehrer	Eisenstadt
Weingut Gerhard Nekowitsch	Illmitz
Nepomukhof – Familie Graßl	Göttlesbrunn
Weingut Hans und Martin Netzl	Göttlesbrunn
Weingut Hans und Christine Nittnaus	Gols
Weingut Anton Nothnagl	Spitz/Donau
Gut Oggau – Familie Tscheppe-Eselböck	Oggau/See
Panta Rhei	Eisenstadt
Weingut Payr	Höflein
Weingut Franz Pichler	Wösendorf
Weingut Gerhard Pimpel	Göttlesbrunn
Weingut Josef Piriwe	Traiskirchen
Weinhof Platzer	Tieschen
Weingut PMC Münzenrieder	Apetlon
Weingut Markus Pongratz	Gamlitz
Weingut Prechtl	Zellerndorf
Weingut Georg Preisinger	Gols
Weingut Helmut und Gabriele Preisinger	Gols
Rotweingut Prickler	Lutzmannsburg
Weingut Rudolf Rabl	Langenlois
Weingut Regele	Berghausen

100% BURGENLAND, SEIT 10 JAHREN

LEBENSMITTEL

*Essen und Trinken: zwei der natürlichsten Sachen der Welt. Um diesem Anspruch gerecht zu werden, packen wir die Wurzeln des Guten und erschaffen Weine partnerschaftlich mit unserem Arbeitgeber – der Natur. Sie liefert uns die besten **Leben**smittel.*

Täglich im WEINWERK. Und bei mir zu Hause.

Judith Beck
Winzerin

VINOTHEK & GREISSLEREI WEINWERK
7100 Neusiedl am See, Obere Hauptstr. 31, T: 02167/20705, www.weinwerk.at

Die Sterne

★★

Weinbau Familie Reinberger	Grafenwörth
Weingut Reiterer	Wies
Weingut Karl Renner	Leutschach
Weingut Repolusk	Glanz
Weingut Rotes Haus	Wien
Fritz Salomon – Gut Oberstockstall	Kirchberg/Wagram
Weingut Josef Sailer	Großhöflein
Weingut Peter Schandl	Rust
Weingut Salzl – Seewinkelhof	Illmitz
Weingut Erich Sattler	Tadten
Weingut Schellmann	Gumpoldskirchen
Weingut Schenzel-Wallner	Bruck/Leitha
Wein- und Sektkellerei Schlumberger	Wien
Weingut Horst und Georg Schmelzer	Gols
Weingut Schuckert	Poysdorf
Weingut Familie Schuster	Großriedenthal
Weingut Schwarz	Schrattenberg
Weingut Schwarzböck	Hagenbrunn
Weingut Wolfgang Seher	Platt
Weingut Friedrich Seiler	Rust
Weingut Heinz und Adrienne Sigl	Rossatz
Landesweingut Silberberg	Leibnitz
Weingut Peter Skoff – Domäne Kranachberg	Gamlitz
Weingut Spaetrot Gebeshuber	Gumpoldskirchen
Weingut Julius Steiner	Podersdorf
Weingut Stift Göttweig	Furth/Göttweig
Weingut Studeny	Obermarkersdorf
Sektkellerei Szigeti	Gols
Weingut Franz Taferner	Göttlesbrunn
Hauerhof Tanzer	Krems-Thallern
Freigut Thallern	Thallern
Weingut Thiery-Weber	Rohrendorf
Weingut Tscheppe am Pössnitzberg	Leutschach
Weingut Christian Tschida	Illmitz
Weingut Petra Unger	Furth/Göttweig
United Vineyards Pfneisl Family	Kleinmutschen
Weingut Wagentristl	Großhöflein
Weinhof Waldschütz	Sachsendorf
Weingut Gerald Waltner	Engelmannsbrunn
Weingut Weixelbaum	Strass
Weingut Rainer Wess	Unterloiben
Weingut Juliana Wieder	Neckenmarkt
Weingut Josef Wurzinger	Tadten
Weingut Zantho	Andau
Weingut Josef Zens	Mailberg
Weingut Harald Zierer	Gumpoldskirchen
Weingut Alois Zimmermann	Theiss

Die Sterne

★

Weingut Stift Altenburg	Röschitz
Klosterkeller der Barmherzigen Brüder	Eisenstadt
Weingut Norbert Bauer	Jetzelsdorf
Weingut Benedikt	Kirchberg/Wagram
Weingut Leopold Blauensteiner	Gösing/Wagram
Winzerhof Karl Brindlmayer	Traismauer
Weingut Brolli-Arkadenhof	Gamlitz
Weingut Christoph Daschütz	Mitterstockstall
Naturnaher Weinbau Alfred Deim	Schönberg
Weingut Gerald und Andrea Diem	Obermarkersdorf
Weingut Direder	Mitterstockstall
Weingut Karl Diwald	Großriedenthal
Weingut Peter Dolle	Strass
Weingut Josef Ecker	Grafenberg
Weinhof Edlinger	Röschitz
Weingut Ing. Wilhelm Eminger	Niedersulz
Weinhof Fink	Krustetten
Weingut Josef Fischer	Rossatz
Weingut Rudolf Fritz	Krems-Thallern
Weingut Georgiberg	Berghausen
Weingut Gerhold	Gösing
Weingut Gmeiner	Seebarn
Weingut Gmeiner	Purbach
Weingut Norbert Greil	Unterstockstall
Grenzlandhof – Reumann	Deutschkreutz
Weinhof Grill	Fels/Wagram
Weingut Groll	Reith/Langenlois
Weingut Matthias und Ilse Gsellmann	Gols
Weingut Matthias Hager	Schönberg
Weingut Hagn	Mailberg
Weingut Hajszan Neumann	Wien
Hammer Wein	Rust
Weingut Hareter	Weiden/See
Weingut Heiderer-Mayer	Baumgarten
Weingut Thomas Herndler	Schiltern
Weingut Hirtl	Poysdorf
Winzerhof Hoch	Hollenburg
Weingut Ludwig Hofbauer	Unterretzbach
Bioweingut H. und M. Hofer	Auersthal
Weingut Maria und Johann Hofstädter	Deutschkreutz
Weingut Franz Hofstätter	Spitz/Donau
Winzer Jassek	Ragelsdorf
Weingut JBN – Jägersberger	Neudörfl
Weingut Kemetner	Etsdorf
Weingut Kiss	Jois
Weingut Stift Klosterneuburg	Klosterneuburg
Klosterkeller Siegendorf	Siegendorf

Die Sterne

★

Weinbau Ernst Lager	Göttlesbrunn
Hofkellerei des Fürsten von Liechtenstein	Wilfersdorf
Weingut Gerhard Lobner	Mannersdorf/March
Weingut Michaela und Gerhard Lunzer	Gols
Weingut Maglock-Nagel	Strass
Schlossweingut Malteser Ritterorden	Mailberg
Weingut Peter Masser	Leutschach
Weingut Meinrad Markowitsch	Göttlesbrunn
Weingut Hans Moser	Eisenstadt
Weinkellerei Lenz Moser	Rohrendorf
Weingut Nimmervoll	Kirchberg/Wagram
Weingut Oberguess	Leutschach
Weinhof und Pension Parzer	Oberfucha
Weingut Horst und Irene Pelzmann	Berg
Weingut Josef Pimpel	Petronell
Weingut und Heuriger Piribauer	Neudörfl
Weingut Pleil	Wolkersdorf
Der Pollerhof	Röschitz
Weinkultur Preiss	Theyern
Weingut Primus	Spielfeld
Weingut Pröglhöf	Retz
Respiz-Hof Kölbl	Röschitz
Weingut Paul Rittsteuer	Neusiedl/See
Weingut Rixinger	Spitz/Donau
Weingut Josef Rosenberger	Rohrendorf
Weingut Franz Sauerstingl	Fels/Wagram
Weingut Scharl	St. Anna/Aigen
Weingut Robert Schlumberger	Bad Vöslau
Weingut Herbert Schneider	Röschitz
Bischöflicher Weinkeller Seggau	Seggauberg
Weingut Seifried	Oberstinkenbrunn
Weingut J. und A. Skringer	Eckberg
Weingut Söll	Gamlitz
Lesehof Stagård	Krems-Stein
Weingut Steurer	Jois
Weingut Strass	Draßmarkt
Weinmanufaktur Clemens Strobl	Feuersbrunn
Weingut Summerer	Langenlois
Weingut Georg Toifl	Kleinhöflein
Weinbau Tremmel	Rust
Weingut Trummer	Pessaberg
Weingut Gerald Tschida	Apetlon
Weingut Uibel	Ziersdorf
Weingut Urbanihof – Paschinger	Fels/Wagram
Weingut Reinhard Waldschütz	Strass
Weingut Wannemacher	Hagenbrunn
Winzerin Birgit Wiederstein	Göttlesbrunn
Winzer Krems – Sandgrube 13	Krems
Bioweingut Johannes Zillinger	Velm-Götzendorf

Die besten Weißweine

Ehrentafel 2012

Jahrgang 2011

98	Riesling Smaragd Singerriedel 2011, Weingut Franz Hirtzberger, Spitz/Donau
98	Riesling Smaragd Unendlich 2011, Weingut F. X. Pichler, Dürnstein
96	Riesling Smaragd Steinertal 2011, Weingut Alzinger, Dürnstein
96	Riesling Smaragd Ried Schütt 2011, Weingut Knoll, Dürnstein
96	Riesling Smaragd Weissenkirchner Achleithen 2011, Weingut Rudi Pichler, Wösendorf
(95-97)	Riesling Smaragd Wachstum Bodenstein 2011, Weingut Prager, Weißenkirchen
95	Riesling DAC Reserve Berg Erste ÖTW Lage 2011, Weingut Markus Huber, Reichersdorf
95	Grüner Veltliner Smaragd Pichl-Point 2011, Weingut Familie Schmelz, Joching
(94-96)	Grüner Veltliner Smaragd Schön alte Parzellen 2011, Weingut Josef M. Högl, Spitz/Donau
94	Riesling DAC Reserve Moosburgerin Erste ÖTW Lage 2011, Weingut Walter Buchegger, Droß
94	Riesling Smaragd Ried Klaus 2011, Weingut Jamek, Joching
94	Riesling Edelschuh 2011, Weingut Wohlmuth, Fresing/Kitzeck
(93-95)	Grüner Veltliner DAC Reserve Sandgrube Elitär 2011, Weingut Aigner, Krems
(93-95)	Riesling DAC Reserve Heiligenstein Lyra Erste ÖTW Lage 2011, Weingut Bründlmayer, Langenlois
(93-95)	Riesling DAC Reserve Heiligenstein Erste ÖTW Lage 2011, Weingut Schloss Gobelsburg, Gobelsburg
(93-95)	Riesling Zöbinger Heiligenstein 2011, Weingut Hirsch, Kammern
(93-95)	Grüner Veltliner Smaragd Achleiten 2011, Weingut Holzapfel, Weißenkirchen
(93-95)	Riesling DAC Reserve Zöbinger Heiligenstein Alte Reben Erste ÖTW Lage 2011, Weingut Sonnhof Jurtschitsch, Langenlois
(93-95)	Das Beste vom Riesling DAC Reserve 2011, Weingut Malat, Palt
(93-95)	Riesling Der Wein vom Stein 2011, Weingut Ludwig Neumayer, Inzersdorf o.d. Traisen
(93-95)	Riesling Privat Senftenberger Pellingen Erste ÖTW Lage 2011, Wein-Gut Nigl, Senftenberg
(93-95)	Riesling Wunderburg 2011, Weingut Pichler-Krutzler, Dürnstein
(93-95)	Riesling DAC Reserve Pfaffenberg Erste ÖTW Lage 2011 (Metternich & Salomon), Weingut Salomon Undhof, Stein/Donau
(93-95)	Riesling Smaragd Steinertal 2011, Tegernseehof – Mittelbach, Dürnstein
(93-95)	Wiener Gemischter Satz Rosengartl Alte Reben 2011, Weingut Wieninger, Wien
93	Weißburgunder 2011, Weingut Judith Beck, Gols
93	Grüner Veltliner Mordthal 2011, Weingut Ecker – Eckhof, Kirchberg/Wagram
93	Grüner Veltliner Smaragd Privatabfüllung 2011, Weingut Josef Fischer, Rossatz
93	Roter Veltliner Steinberg 2011, Weingut Josef Fritz, Zaussenberg
93	Gewürztraminer Extrem 2011, Weingut Frühwirth, Klöch
93	Sauvignon Blanc Sulz Erste STK Lage 2011, Weingut Gross, Ratsch an der Weinstraße
93	Morillon Flamberg 2011, Weingut Lackner-Tinnacher, Gamlitz
93	Roter Veltliner Scheiben 2011, Weingut Leth, Fels/Wagram
93	Riesling Nussberg »Weißer Marmor« 2011, Weingut Mayer am Pfarrplatz, Wien
93	Grüner Veltliner St. Georgen 2011, Weingut Moric, Großhöflein
93	Riesling DAC Reserve Gebling Kellerterrassen Erste ÖTW Lage 2011, Weingut Hermann Moser, Rohrendorf
93	Riesling DAC Reserve Gebling Erste ÖTW Lage 2011, Weingut Sepp Moser, Rohrendorf
93	Wiener Gemischter Satz Nussberg Reserve 2011, Weingut Rotes Haus, Wien

Pro erwähntem Betrieb ist nur der höchstbewertete Weißwein jedes Jahrgangs eingetragen.

93	Sauvignon Blanc Grassnitzberg Erste STK Lage 2011, Weingut Tement, Berghausen	
93	Grüner Veltliner Dorner 2011, Weingut Gerald Waltner, Engelmannsbrunn	
(92-94)	Riesling DAC Reserve Heiligenstein Erste ÖTW Lage 2011, Weingut Allram, Straß	
(92-94)	Grüner Veltliner Eichenstaude 2011, Weingut Angerer, Lengenfeld	
(92-94)	Grüner Veltliner Grande Reserve 2011, Weingut Anton Bauer, Feuersbrunn	
(92-94)	Roter Veltliner Reserve 2011, Weingut Stefan Bauer, Königsbrunn/Wagram	Ehrentafel 2012
(92-94)	Grüner Veltliner DAC Reserve Zöbinger Kogelberg Erste ÖTW Lage 2011, Weingut Brandl, Zöbing	
(92-94)	Riesling DAC Reserve Privatfüllung Sepp 2011, Winzerhof Dockner, Höbenbach	
(92-94)	Riesling Smaragd Singerriedel 2011, Domäne Wachau, Dürnstein	
(92-94)	Grüner Veltliner Smaragd Spitzer Point 2011, Weingut Johann Donabaum, Spitz/Donau	
(92-94)	Grüner Veltliner Point Lagen Privat 2011, Weingut Josef Edlinger, Palt	
(92-94)	Riesling DAC Reserve Heiligenstein Erste ÖTW Lage 2011, Weingut Birgit Eichinger, Straß	
(92-94)	Grüner Veltliner DAC Reserve Tabor 2011, Weingut Meinhard Forstreiter, Krems-Hollenburg	
(92-94)	Grüner Veltliner Schlossberg Erste ÖTW Lage 2011, Weinbau Karl Fritsch, Kirchberg/Wagram	
(92-94)	Grüner Veltliner DAC Reserve Gottschelle Erste ÖTW Lage 2011, Weingut Stift Göttweig, Furth	
(92-94)	Grauburgunder Oberburgstall 2011, Weingut Hannes Harkamp, St. Nikolai im Sausal	
(92-94)	Riesling DAC Reserve Heiligenstein Erste ÖTW Lage 2011, Weingut Hiedler, Langenlois	
(92-94)	Riesling Smaragd Achleiten 2011, Weingut Jäger, Weißenkirchen	
(92-94)	Sauvignon Blanc Steinmühle 2011, Weingut Kollwentz, Großhöflein	
(92-94)	Grüner Veltliner Smaragd Achleiten 2011, Weingut Andreas Lehensteiner, Weißenkirchen	
(92-94)	Riesling DAC Reserve Wieland Erste ÖTW Lage 2011, Weingut Mantlerhof, Gedersdorf	
(92-94)	Roter Traminer Steintal Erste STK Lage 2011, Weingut Neumeister, Straden	
(92-94)	Riesling Smaragd Setzberg 2011, Weingut Anton Nothnagl, Spitz/Donau	
(92-94)	Grüner Veltliner Feuersbrunner Rosenberg Erste ÖTW Lage 2011, Weingut Bernhard Ott, Feuersbrunn	
(92-94)	Weinviertel DAC Reserve Goldjoch 2011, Weingut R. & A. Pfaffl, Stetten	
(92-94)	Sauvignon Blanc Therese Erste STK Lage 2011, Weingut Erich und Walter Polz, Spielfeld	
(92-94)	Grüner Veltliner DAC Reserve Senftenberger Ehrenfels Erste ÖTW Lage 2011, Weingut A. und F. Proidl, Senftenberg	
(92-94)	Sauvignon Blanc Pössnitzberg 2011, Weingut Erwin Sabathi, Leutschach	
(92-94)	Riesling DAC Reserve Sunogeln Erste ÖTW Lage 2011, Weingut Josef Schmid, Stratzing	
(92-94)	Weinviertel DAC Reserve »8000« 2011, Weingut Setzer, Hohenwarth	
(92-94)	Riesling DAC Reserve Grillenparz Erste ÖTW Lage 2011, Weingut Stadt Krems, Krems	
(92-94)	Riesling DAC Reserve Novemberlese 2011, Weingut Steininger, Langenlois	
(92-94)	Grüner Veltliner Frechau 2011, Weingut Türk, Stratzing	
(92-94)	Riesling Pfaffenberg 2011, Weingut Rainer Wess, Krems	
92	Weißburgunder Reserve 2011, Weingut Bannert, Obermarkersdorf	
92	Weißburgunder 2011, Familie Bauer – Naturnaher Weinbau, Großriedenthal	
92	Rotgipfler Spätlese 2011, Weingut Biegler, Gumpoldskirchen	
92	Grüner Veltliner Rassing 2011, Weingut Leopold Blauensteiner, Gösing/Wagram	
92	Weißburgunder Seidenhaus 2011, Weingut Cobenzl, Wien	
92	Grüner Veltliner Hohenberg 2011, Weingut Ernst, Großwiesendorf	
92	Weißer Traminer Oberer Höhweingarten 2011, Weingut Fidesser, Platt	
92	Grüner Veltliner DAC Reserve Schweren Zapfen 2011, Weingut Rudolf Fritz, Krems-Thallern	
92	Grüner Veltliner DAC Reserve Steinleithn Erste ÖTW Lage 2011, Weingut Geyerhof – Fam. Maier, Furth/Göttweig	
92	Grüner Veltliner Runa 2011, Weinhof Grill, Fels/Wagram	
92	Weinviertel DAC Reserve In der Schablau 2011, Weingut Ingrid Groiss, Breitenwaida	

Ehrentafel 2012

	92	Riesling DAC Reserve Fahnberg 2011, Weingut Wolfgang und Sylvia Groll, Reith/Langenlois
	92	Riesling DAC Reserve Spiegeln 2011, Weingut Holzer, Nussdorf
	92	Riesling Riesmein 2011, Weingut Mehofer – Neudeggerhof, Neudegg
	92	Gelber Traminer 2011, Weingut Hans und Martin Netzl, Göttlesbrunn
	92	Grüner Veltliner Schafberg 2011, Weingut Nimmervoll, Engelmannsbrunn
	92	Weißburgunder Schlossberg 2011, Weingut OberGuess, Leutschach
	92	Grüner Veltliner Smaragd Kollmitz 2011, Weingut Franz Pichler, Wösendorf
	92	Chardonnay 2011, Weingut Pöckl, Mönchhof
	92	Sauvignon Blanc Kranachberg 2011, Weingut Pongratz, Gamlitz
	92	Muskateller Sernauberg 2011, Weingut Sattlerhof, Gamlitz
	92	Grüner Veltliner Valvinea WW1 2011, Weingut Familie Schuster, Großriedenthal
	92	Gelber Muskateller Hohenegg 2011, Weingut Skoff Original, Gamlitz
	92	Grüner Veltliner Bergweingarten M 2011, Weingut Sommer, Donnerskirchen
	92	Grüner Veltliner Methusalem 2011, Winzerhof Stift, Röschitz
	92	Grüner Veltliner DAC Reserve Kremser Gebling 2011, Weingut Vorspannhof – Mayr, Droß
	92	Wiener Riesling Riede Preussen Terrassen – Nussberg 2011, Weingut Walter Wien, Wien
	92	Zierfandler Rotgipfler Spätlese 2011 ZF/RG, Weingut Harald Zierer, Gumpoldskirchen
	92	Riesling Innere Bergen 2011, Weingut Zull, Schrattenthal

Jahrgang 2010

(95-97)	Gloria 2010 CH, Weingut Kollwentz, Großhöflein
95	Grüner Veltliner Herzstück vom Kirchenberg 2010, Wein-Gut Nigl, Senftenberg
94	Rotgipfler Rodauner Top Selektion 2010, Weingut Alphart, Traiskirchen
94	Roter Veltliner Steinberg Privat 2010, Weingut Josef Fritz, Zaussenberg
94	Grüner Veltliner DAC Reserve Maximum 2010, Weingut Hiedler, Langenlois
94	Sauvignon Blanc Welles Große STK Lage 2010, Weingut Lackner-Tinnacher, Gamlitz
94	Riesling DAC Reserve Heiligenstein Erste ÖTW Lage 2010, Weingut Fred Loimer, Langenlois
94	Sauvignon Blanc Kranachberg 2010, Weingut Sattlerhof, Gamlitz
94	Pinot Gris Gola Privat 2010, Weingut Wohlmuth, Fresing/Kitzeck
(93-95)	Sauvignon Blanc Hochgrassnitzberg Große STK Lage 2010, Weingut Erich und Walter Polz, Spielfeld
(93-95)	Sauvignon Blanc Zieregg Große STK Lage 2010, Weingut Tement, Berghausen
93	Pannobile weiß 2010 CH, Weingut Paul Achs, Gols
93	Grauburgunder Hasel 2010, Weingut Allram, Straß
93	ChNb »die Leidenschaft« 2010 CH/NB, Weingut Martin & Anna Arndorfer, Straß
93	Grüner Veltliner Aurum 2010, Weingut Josef Ehmoser, Tiefenthal
93	Chardonnay Steinriegel 2010, Weingut Gesellmann, Deutschkreutz
93	Riesling Urgestein Bruck 2010, Weingut Graben-Gritsch, Spitz/Donau
93	Sauvignon Blanc Ratscher Nussberg Große STK Lage 2010, Weingut Gross, Ratsch an der Weinstraße
93	Emmeram 2010 TR, Gut Oggau – Familie Tscheppe-Eselböck, Oggau
93	Chardonnay Lores 2010, Weingut Johanneshof Reinisch, Tattendorf
93	Riesling am Berg 2010, Weingut R. & A. Pfaffl, Stetten
93	Sauvignon Blanc Große Reserve 2010, Weingut F. X. Pichler, Dürnstein
93	Sauvignon Blanc Joseph Ried Sulz 2010, Stefan Potzinger, Ratsch
93	Chardonnay Merveilleux 2010, Weingut Erwin Sabathi, Leutschach
93	Sauvignon Blanc Royal 2010, Weingut Skoff Original, Gamlitz

Pro erwähntem Betrieb ist nur der höchstbewertete Weißwein jedes Jahrgangs eingetragen.

WEINGÜTER WAGRAM

Veltliner, wie er wirklich sein soll!

Kennen Sie die grell geschminkten Weißweine, die mit plakativer Aromabandbreite alles offerieren – nur nicht ihre Herkunft und Identität? Kennen Sie die Grünen Veltliner, die mehr nach Banane und Maracuja duften, und eher an Sauvignon Blancs erinnern, als an unsere Nationalsorte?

Gott sei Dank gibt es aber auch noch andere Weine. Die, die das Echte, das Unverfälschte zum Ausdruck bringen. Weine mit Charakter, die sich nicht so willkürlich austauschen lassen, die von ihrer Herkunft erzählen können und ihre Identität bewahren konnten.

Liebhaber solcher Weine sind bei uns am Wagram richtig! Denn bei uns gibt es ihn noch, den sortentypischen, klassischen Grünen Veltliner. **Ein Veltliner, wie er wirklich sein soll!**

Ehrentafel 2012

93	Gewürztraminer Ölberg Domäne Stürgkh 2010,	Weingut Winkler-Hermaden, Kapfenstein
93	Wiener Gemischter Satz Nussberg Grande Reserve 2010,	Weingut Zahel, Wien
92	Leithaberg DAC Reserve weiß 2010 CH,	Weingut Bayer – Erbhof, Donnerskirchen
92	Grüner Veltliner Reserve Ried Goasripp 2010,	Weingut Ewald Diem, Hohenruppersdorf
92	Chardonnay Lama 2010,	Esterházy Wein, Eisenstadt
92	Gustav 2010 CH/NB,	Weingut Feiler-Artinger, Rust
92	Weinviertel DAC Reserve Mühlberg 2010,	Weingut Ewald Gruber, Röschitz
92	Weinviertel DAC Reserve 2010,	Weingut Hofbauer-Schmidt, Hohenwarth
92	Grüner Veltliner DAC Reserve Privat 2010,	Weingut Thomas Leithner, Langenlois
92	Pannobile weiß Salzberg 2010 WB,	Weingut Leitner, Gols
92	Weinviertel DAC Reserve Quittengang 2010,	Weingut Schloss Maissau
92	Sauvignon Blanc Schusterberg 2010,	Weingut Wolfgang Maitz, Ratsch an der Weinstraße
92	Chardonnay Reserve Hochrain 2010,	Weingut Malat, Palt
92	Der Sauvignon Blanc Ried Deutsche Weingärten 2010,	
	Domäne Müller Gutsverwaltung – Gut am Ottenberg, Groß St. Florian	
92	Leithaberg DAC weiß 2010 CH/WB,	Weingut Anita und Hans Nittnaus, Gols
92	Sauvignon Blanc Hochberg 2010,	Weingut Pongratz, Gamlitz
92	Leithaberg DAC weiß 2010 PB,	Weingut Prieler, Schützen/Gebirge
92	Chardonnay Nussberg Reserve 2010,	Weingut Rotes Haus, Wien
92	Sauvignon Blanc Kranachberg 2010,	Weingut Hannes Sabathi, Gamlitz
92	Pinot Gris Ried Kreften 2010,	Weingut Peter Schandl, Rust
92	Gebeshuber Lage Rotgipfler Laim 2010 (BIO),	Weingut Spaetrot Gebeshuber, Gumpoldskirchen
92	Zierfandler Mandel-Höh 2010,	Weingut Stadlmann, Traiskirchen
92	Rotgipfler Student 2010,	Freigut Thallern, Gumpoldskirchen
92	Gemischter Satz Wolferl 2010,	Weingut Thiery-Weber, Rohrendorf
92	Riesling Reserve 2010,	Weingut Waldschütz, Straß
92	Riesling Grande Reserve 2010,	Weingut Weinrieder, Kleinhadersdorf-Poysdorf
92	Chardonnay Select 2010,	Weingut Wieninger, Wien

Jahrgang 2009 und älter

97	Tiglat 2009 CH,	Weingut Velich, Apetlon
96	Vinothek Reserve Zieregg 2007 SB,	Weingut Tement, Berghausen
95	Grüner Veltliner Familienreserve 2006,	Weingut Hiedler, Langenlois
95	Chardonnay Grand Select 2009,	Weingut Wieninger, Wien
94	Chardonnay Grubthal Privat-Reserve 2007,	Weingut Muster.Gamlitz, Gamlitz
94	Morillon Moarfeitl Große STK Lage 2009,	Weingut Neumeister, Straden
94	Sauvignon Blanc Privat 2007,	Weingut Sattlerhof, Gamlitz
93	Chardonnay Gritschenberg 2009,	Winzerhof Kiss, Jois
93	Terroir Vulkanberg 2008 WB/CH/SB,	Weingut Krispel, Straden
93	Riesling DAC Reserve Steinhaus X 2009,	Weingut Thomas Leithner, Langenlois
93	Sauvignon Blanc Grubthal 2009,	Weingut Muster.Gamlitz, Gamlitz
93	oberGuess Privat 2009 CH/WB,	Weingut OberGuess, Leutschach
93	Chardonnay 2009,	Weingut Panta Rhei, Apetlon
93	Chardonnay Rossern 2009,	Weingut R. & A. Pfaffl, Stetten
93	Linea Chardonnay Reserve 2009,	Wein von Ploder-Rosenberg, St. Peter/Ottenbach
93	Morillon Obegg Große STK Lage 2008,	Weingut Erich und Walter Polz, Spielfeld
93	Wiege 2009 ZF/RG,	Freigut Thallern, Gumpoldskirchen
93	Chardonnay Edelschuh 2009,	Weingut Wohlmuth, Fresing/Kitzeck

Ehrentafel 2012

(92-94)	Zierfandler Große Reserve 2009, Weingut Stadlmann, Traiskirchen	
92	Grauburgunder Hochrosenberg 2009, Weingut Frauwallner, Straden	
92	Morillon Schusterberg 2009, Weingut Wolfgang Maitz, Ratsch an der Weinstraße	
92	Der Chardonnay Private Reserve Ried Deutsche Weingärten 2009, Domäne Müller Gutsverwaltung – Gut am Ottenberg, Groß St. Florian	
92	Morillon Kranachberg Reserve 2008, Weingut Peter Skoff – Domäne Kranachberg, Gamlitz	
92	Sauvignon Blanc Sernauberg 2007, Weingut Maria und Johannes Söll, Gamlitz	
92	Morillon Czamillonberg 2009, Weingut Tscheppe am Pössnitzberg, Leutschach	
92	Chardonnay Pandkräften 2009, Weingut Ernst Triebaumer, Rust	
92	Traminer Sonnberg 2009 (unfiltriert), Bioweingut Johannes Zillinger	

Leichtweine 2011

- L 92 Grüner Veltliner Federspiel Rotes Tor 2011, Weingut Franz Hirtzberger, Spitz/Donau
- L 92 Grüner Veltliner Federspiel Ried Schön 2011, Weingut Josef M. Högl, Spitz/Donau
- L 92 Grüner Veltliner Federspiel Achleiten 2011, Weingut Holzapfel, Weißenkirchen
- L 92 Sauvignon Blanc Steirische Klassik 2011, Weingut Neumeister, Straden
- L 92 Grüner Veltliner Federspiel Loibner Klostersatz 2011, Weingut F. X. Pichler, Dürnstein
- L 92 Grüner Veltliner Federspiel 2011, Weingut Rudi Pichler, Wösendorf
- L 92 Sauvignon Blanc Steirische Klassik 2011, Weingut Tement, Berghausen
- L 92 Grüner Veltliner Nussberg 2011, Weingut Wieninger, Wien
- L 92 Gelber Muskateller Steinriegel 2011, Weingut Wohlmuth, Fresing/Kitzeck
- L (91-93) Grüner Veltliner Kammerner Heiligenstein 2011, Weingut Hirsch, Kammern
- L (91-93) Sauvignon Blanc Einöd 2011, Bischöflicher Weinkeller Seggau, Leibnitz
- L 91 Sauvignon Blanc 2011, Weingut Branigg, Kitzeck im Sausal
- L 91 Grüner Veltliner Federspiel Steiger 2011, Weingut Josef Fischer, Rossatz
- L 91 Riesling Mordthal Erste ÖTW Lage 2011, Weinbau Karl Fritsch, Kirchberg/Wagram
- L 91 Grüner Veltliner DAC Frauengrund 2011, Weingut Rudolf Fritz, Krems-Thallern
- L 91 Theodora 2011 GV/WR, Gut Oggau – Familie Tscheppe-Eselböck, Oggau
- L 91 Grüner Veltliner DAC Obere Steigen 2011, Weingut Markus Huber, Reichersdorf
- L 91 Gumpoldskirchner Tradition 2011 ZF/RG, Weingut Johanneshof Reinisch, Tattendorf
- L 91 Grüner Veltliner Federspiel Ried Kreutles 2011, Weingut Knoll, Dürnstein
- L 91 Riesling DAC von den Terrassen 2011, Weingut Sepp Moser, Rohrendorf
- L 91 Sauvignon Blanc Schlossberg 2011, Weingut OberGuess, Leutschach
- L 91 Riesling Terrassen Sonnleiten 2011, Weingut R. & A. Pfaffl, Stetten
- L 91 Sauvignon Blanc aus den Rieden 2011, Stefan Potzinger, Ratsch
- L 91 Riesling Federspiel Steinriegl 2011, Weingut Prager, Weißenkirchen
- L 91 Riesling Federspiel Stein am Rain 2011, Weingut Familie Schmelz, Joching
- L 91 Riesling DAC vom Urgestein Bergterrassen 2011, Weingut Josef Schmid, Stratzing
- L 91 Grüner Veltliner Federspiel Superin 2011, Tegernseerhof – Mittelbach, Dürnstein
- L 91 Gelber Muskateller Classic 2011, Weingut Tschermonegg, Glanz an der Weinstraße
- L 91 Grüner Veltliner DAC Kremser Weinberge 2011, Weingut Türk, Stratzing
- L (90-92) Gelber Muskateller vom Pössnitzberg 2011, Weingut Tscheppe am Pössnitzberg, Leutschach
- L 90 Grüner Veltliner Federspiel Mühlpoint 2011, Weingut Alzinger, Dürnstein
- L 90 Weinviertel DAC Alte Rebe Diermannsee 2011, Weingut Norbert Bauer, Jetzelsdorf
- L 90 Riesling Steinmassel 2011, Weingut Bründlmayer, Langenlois
- L 90 Grüner Veltliner DAC Tom 2011, Weingut Tom Dockner, Theyern
- L 90 Grüner Veltliner Federspiel Loibenberg 2011, Domäne Wachau, Dürnstein

Pro erwähntem Betrieb ist nur der höchstbewertete Weißwein jedes Jahrgangs eingetragen.

Ehrentafel 2012

L 90	Riesling Federspiel Bergterrassen 2011,	Weingut Johann Donabaum, Spitz/Donau
L 90	Weinviertel DAC Alte Reben Neuberg 2011,	Weingut Dürnberg, Falkenstein
L 90	Gobelsburger Grüner Veltliner DAC Messwein 2011,	Weingut Schloss Gobelsburg, Gobelsburg
L 90	Gelber Muskateller Steirische Klassik 2011,	Weingut Gross, Ratsch an der Weinstraße
L 90	Weinviertel DAC 2011,	NÖ Landesweingut Retz – Gut Altenberg, Retz
L 90	Chardonnay 2011,	Weingut Leo Hillinger, Jois
L 90	Weinviertel DAC Waldberg 2011,	Weingut Hirtl, Poysdorf
L 90	Grüner Veltliner DAC Klassik 2011,	Weingut Rudolf Hofmann, Traismauer
L 90	Weißburgunder Federspiel Ried Hochrain 2011,	Weingut Jamek, Joching
L 90	Gelber Muskateller Steirische Klassik 2011,	Weingut Lackner-Tinnacher, Gamlitz
L 90	Weißburgunder 2011,	Weinbau Ernst Lager, Göttlesbrunn
L 90	Gelber Muskateller Oberglanz 2011,	Weingut Peter Masser, Leutschach
L 90	Wiener Gemischter Satz 2011,	Weingut Mayer am Pfarrplatz, Wien
L 90	Welschriesling Steinbach 2011,	Meinhardt Hube, Gamlitz
L 90	Riesling DAC Steiner Point 2011,	Weingut Müller-Grossmann, Furth/Palt
L 90	Grüner Veltliner Fass 4 2011,	Weingut Bernhard Ott, Feuersbrunn
L 90	Grüner Veltliner Frauengärten 2011,	Weingut Pichler-Krutzler, Dürnstein
L 90	Sauvignon Blanc 2011 (bio),	Wein von Ploder-Rosenberg, St. Peter/Ottenbach
L 90	Gelber Muskateller Steirische Klassik 2011,	Weingut Erich und Walter Polz, Spielfeld
L 90	Weinviertel DAC Längen 2011,	Weingut Prechtl, Zellerndorf
L 90	Gelber Muskateller Pössnitzberg 2011,	Weingut Erwin Sabathi, Leutschach
L 90	Sauvignon Blanc Steirische Klassik 2011,	Weingut Sattlerhof, Gamlitz
L 90	Weinviertel DAC Ausstich 2011,	Weingut Setzer, Hohenwarth
L 90	Grüner Veltliner Federspiel Steiger 2011,	Weingut Heinz und Adrienne Sigl, Rossatz
L 90	Weinviertel DAC Hermannschachern 2011,	Weingut Taubenschuss, Poysdorf
L 90	Weißburgunder Reine Seele 2011,	Weingut Trummer, St. Nikolai ob Draßling
L 90	Welschriesling 2011,	Weingut Velich, Apetlon
L 90	Wiener Gemischter Satz Riede in den Unteren Jungen Bergen – Bisamberg 2011, Weingut Walter Wien, Wien	
L 90	Gelber Muskateller Kellermeister Privat 2011,	Winzer Krems – Sandgrube 13, Krems
L 90	Weinviertel DAC 2011,	Weingut Zull, Schrattenthal

Die besten Rotweine

Jahrgang 2010

(93-95) Alte Reben Neckenmarkt 2010 BF, Weingut Moric, Großhöflein
(92-94) Blaufränkisch Spiegel 2010, Weingut Paul Achs, Gols
(92-94) XUR 2010 BF/ZW/SL, Weingut Werner Achs, Gols
(92-94) Blaufränkisch Alte Lagen 2010, Weingut Judith Beck, Gols
(92-94) Blaufränkisch Bärnreiser 2010, Weingut Hans und Philipp Grassl, Göttlesbrunn
(92-94) Pinot Noir Holzspur 2010, Weingut Johanneshof Reinisch, Tattendorf
(92-94) Dürr 2010 PN, Weingut Kollwentz, Großhöflein
(92-94) Pinot Noir Reserve 2010, Weingut Gerhard Markowitsch, Göttlesbrunn
(92-94) Anna-Christina 2010 ZW/ME/CS, Weingut Franz und Christine Netzl, Göttlesbrunn

Pro erwähntem Betrieb ist nur der höchstbewertete Weiß- bzw Rotwein jedes Jahrgangs eingetragen.

STEIRISCHE WEINE IN VOLLENDUNG

STK — STEIRISCHE TERROIR- UND KLASSIKWEINGÜTER

Mehr Infos unter
www.stk-wein.at

GROSS · Lackner-Tinnacher · WEINGUT NEUMEISTER

Polz · Sattlerhof · WEINGUT TEMENT · WINKLER-HERMADEN

Ehrentafel 2012

(92-94)	**Pannobile rot 2010,**	Weingut Pittnauer, Gols
(92-94)	**Admiral 2010 ZW/CS/ME,**	Weingut Pöckl, Mönchhof
(92-94)	**Pinot Noir 2010,**	Weingut Claus Preisinger, Gols
(92-94)	**Blaufränkisch Reihburg 2010,**	Weinbau Uwe Schiefer, Welgersdorf
(92-94)	**Pinot Noir Reserve 2010,**	Weingut Schneider, Tattendorf
(92-94)	**St. Laurent Zagersdorf 2010,**	Weingut Rosi Schuster, St. Margarethen
(92-94)	**Schwarz Rot 2010 ZW,**	Schwarz Wein, Andau
(92-94)	**Altenberg 2010 SL/ME/CS,**	Weingut Vinum Pannonia Allacher, Gols
92	**Renommee 2010 ZW/CS,**	Winzerhof Kiss, Jois
92	**Mittelburgenland DAC Reserve L1 2010,**	Rotweine Lang, Neckenmarkt
92	**Blaufränkisch Kalk und Schiefer 2010,**	Weingut Anita und Hans Nittnaus, Gols
92	**St. Laurent Ronald 2010,**	Freigut Thallern, Gumpoldskirchen
(91-93)	**Amarok 2010 ZW/SY/ME/CS,**	Weingut Artner, Höflein
(91-93)	**Pinot Noir Reserve 2010,**	Weingut Familie Auer, Tattendorf
(91-93)	**In Signo Leonis 2010 BF/CS/ZW,**	Heribert Bayer – In Signo Leonis, Neckenmarkt
(91-93)	**Blaufränkisch Föllig 2010,**	Esterházy Wein, Eisenstadt
(91-93)	**Quattro 2010 BF/ZW/ME/CS,**	Weingut Gager, Deutschkreutz
(91-93)	**Pannobile rot 2010 ZW/BF,**	Weingut Gsellmann Hans & Andreas, Gols
(91-93)	**Pinot Noir Goldberg 2010,**	Weingut Toni Hartl, Reisenberg
(91-93)	**Pannobile rot 2010 ZW/BF,**	Weingut Gernot und Heike Heinrich, Gols
(91-93)	**Mittelburgenland DAC Reserve Biiri 2010,**	Weingut Hans Igler, Deutschkreutz
(91-93)	**Rosolo Babbino Caro 2010 ZW,**	Weingut JBN – Jägersberger, Neudörfl
(91-93)	**Ina'mera Reserve 2010 BF/ME/CS,**	Weingut Juris, Gols
(91-93)	**Impresario 2010 BF/ZW/ME,**	Weingut Paul Kerschbaum, Horitschon
(91-93)	**Mittelburgenland DAC Reserve Goldberg 2010,**	Weingut K+K Kirnbauer, Deutschkreutz
(91-93)	**Perwolff 2010 BF,**	Weingut Krutzler, Deutsch Schützen
(91-93)	**Peccatum 2010 BF/CS/ZW,**	Weingut Josef Leberl, Großhöflein
(91-93)	**Pannobile 2010 ZW/BF/SL,**	Weingut Leitner, Gols
(91-93)	**Sonnschein 2010 ME/CS/SY,**	Weingut Nehrer, Eisenstadt
(91-93)	**Schützner Stein 2010 BF/ME,**	Weingut Prieler, Schützen/Gebirge
(91-93)	**Pannobile rot 2010 ZW/BF,**	Weingut Renner, Gols
(91-93)	**Phoenix 2010 BF/CS/ME/SY,**	Weingut Josef und Maria Reumann, Deutschkreutz
(91-93)	**Cabernet Sauvignon Perfection 2010,**	Weingut Erich Scheiblhofer, Andau
(91-93)	**Barcaso 2010 BF/ZW/CS,**	Weingut Horst und Georg Schmelzer, Gols
(91-93)	**Kreos 2010 BF/ZW/CS/ME/SY,**	Weingut Tesch, Neckenmarkt
(91-93)	**Tilhofen 2010 CS/ME/BF/ZW,**	Weingut Trapl, Stixneusiedl
(91-93)	**Blaufränkisch Well 2010,**	Weingut Wellanschitz, Neckenmarkt
91	**St. Laurent Altenberg 2010,**	Weingut Walter Glatzer, Göttlesbrunn
91	**Maximus 2010 BF/ME/CS,**	Weingut Josef Igler, Deutschkreutz
91	**Merlot 2010,**	Weingut Marko – Lukas Markowitsch, Göttlesbrunn
91	**Renommee 2010 ZW/SY/BF,**	Weingut Karl Sattler, Jois
91	**HST 2010 ZW/CS,**	Weingut Hannes Steurer, Jois
(90-92)	**Arachon T.FX.T. 2010 BF/ZW/ME/CS,**	Arachon T.FX.T, Horitschon
(90-92)	**Solitaire 2010 BF,**	Weingut Feiler-Artinger, Rust
(90-92)	**Gradenthal Premium 2010 ZW/CS/ME,**	Weingut Christian Fischer, Sooß
(90-92)	**Opus Eximium Nr. 23 2010 BF/SL/ZW,**	Weingut Gesellmann, Deutschkreutz

Pro erwähntem Betrieb ist nur der höchstbewertete Rotwein jedes Jahrgangs eingetragen.

Weine aus aller Welt, feinste **Champagner**, edle **Brände**, ausgesuchte **Lebensmittel**, **Weinaccessoires** & vieles mehr.

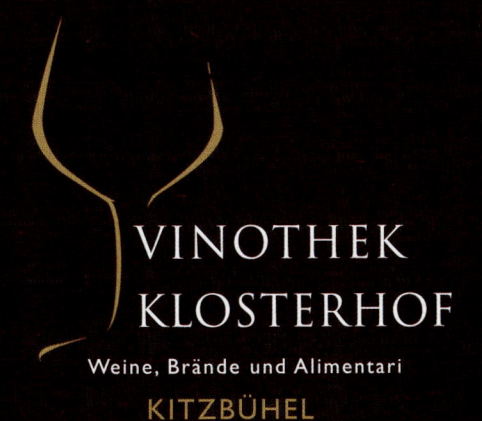

VINOTHEK KLOSTERHOF

Weine, Brände und Alimentari

KITZBÜHEL

Malinggasse 6   6370 Kitzbühel   Tel. 05356 / 63907
www.vinothek-klosterhof.com

Ehrentafel 2012

(90-92)	Merlot Privatkeller 2010,	Weingut Schloss Gobelsburg, Gobelsburg
(90-92)	Tetuna 2010 BF/ZW/CS/SY/ME,	Weingut Robert Goldenits, Tadten
(90-92)	Maestro 2010 BF/CS/ME,	Weingut J. Heinrich, Deutschkreutz
(90-92)	Blaufränkisch Chevalier 2010,	Rotweingut Iby, Horitschon
(90-92)	Small Wall 2010 BF/CS/SY,	Weingut Jahner, Wildungsmauer
(90-92)	Eisenberg DAC Reserve Szapary 2010,	Weingut Jalits, Badersdorf
(90-92)	Chorus 2010 SL/CS/ME/CF,	Weingut Stift Klosterneuburg, Klosterneuburg
(90-92)	Pinot Noir best of 2010,	Winzerhof Landauer-Gisperg, Tattendorf
(90-92)	Cuvée d'Amitié 2010 ME/CS,	Weingut Heinrich Lunzer, Gols
(90-92)	Episode 2010 ZW/ME/BF,	Weingut Nadler, Arbesthal
(90-92)	Mithras 2010 ME/CS,	Weingut Helmut Preisinger, Gols
(90-92)	Mittelburgenland DAC Sonnberg 2010,	Rotweingut Prickler, Lutzmannsburg
(90-92)	St. Laurent Reserve 2010,	Weingut Erich Sattler, Tadten
(90-92)	Merlot Reserve 2010,	Weingut Schenzel-Wallner, Bruck/Leitha
(90-92)	Mittelburgenland DAC Reserve 2010,	Weingut Strass, Draßmarkt
(90-92)	Tribun 2010 CS,	Weingut Taferner, Göttlesbrunn
(90-92)	Domkapitel 2010,	Weingut Christian Tschida, Illmitz
(90-92)	Steinweg 2010 BF,	Weingut Wachter-Wiesler, Deutsch Schützen
(90-92)	Villa Nomine Lusman 2010 BF/ZW/CS/ME,	Weingut Familie Weber, Lutzmannsburg
(90-92)	Markus 2010 ZW/SL/BF,	Weingut Markus Weiss, Gols

Jahrgang 2009

(96-98)	Salzberg 2009 ME/BF/ZW,	Weingut Gernot und Heike Heinrich, Gols
96	Point 2009 BF,	Weingut Kollwentz, Großhöflein
96	Blaufränkisch Marienthal 2009,	Weingut Ernst Triebaumer, Rust
(95-97)	Bärnreiser Reserve 2009 ME/BF/ZW,	Weingut Hans und Philipp Grassl, Göttlesbrunn
95	M1 2009 ME/ZW,	Weingut Gerhard Markowitsch, Göttlesbrunn
95	Comondor 2009 ME/BF/ZW,	Weingut Anita und Hans Nittnaus, Gols
95	Caberhei 2009 ME/CS/CF,	Weingut Panta Rhei, Apetlon
95	Blaufränkisch Bühl 2009,	Weingut Claus Preisinger, Gols
95	Blaufränkisch Kirschgarten 2009,	Weingut Umathum, Frauenkirchen
(94-96)	massive a. rot 2009 SY/ZW/ME,	Weingut Artner, Höflein
(94-96)	hochberc 2009 BF,	Weingut Gesellmann, Deutschkreutz
(94-96)	Blaufränkisch Goldberg 2009,	Weingut Prieler, Schützen/Gebirge
(94-96)	Blaufränkisch Sonnensteig 2009,	Weingut Wellanschitz, Neckenmarkt
94	Blaufränkisch Jungenberg 2009,	Weingut Markus Altenburger, Jois
94	Badnerberg 2009 SL/ME,	Weingut Leopold Aumann, Tribuswinkel
94	Leidenschaft pur 2009 CS/ME/BF/CF,	Weinmanufaktur Follner, Rust
94	Blaufränkisch Reserve 2009,	Weingut Giefing, Rust
94	Blaufränkisch Bernreiser 2009,	Weingut Walter Glatzer, Göttlesbrunn
94	Leithaberg DAC rot 2009,	Weingut Kloster am Spitz, Purbach
94	Border 2009 BF/ME/CS,	Weingut Kopfensteiner, Deutsch Schützen
94	Blaufränkisch Weinberg 2009,	Weingut Pichler-Krutzler, Dürnstein
94	Merlot vinum sine nomine 2009,	Weingut Josef und Maria Reumann, Deutschkreutz
94	C.M.B. 2009 BF/ME,	Weingut Rosi Schuster, St. Margarethen
94	Merlot 2009,	Weingut Juliana Wieder, Neckenmarkt

Pro erwähntem Betrieb ist nur der höchstbewertete Rotwein jedes Jahrgangs eingetragen.

Die Urkraft der Region Leithaberg in jedem einzelnen Tropfen erkosten.

LEITHABERG DAC
TRADITION - TERROIR - TIEFGANG

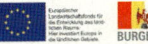

www.leithaberg.at

MIT UNTERSTÜTZUNG VON BUND, LAND UND EUROPÄISCHER UNION

Ehrentafel 2012

(93-95)	Werner Achs 2009, Weingut Werner Achs, Gols
(93-95)	elegy 2009 CS/ME, Weingut J. Heinrich, Deutschkreutz
(93-95)	Blaufränkisch C6 2009, Weingut Hans Igler, Deutschkreutz
(93-95)	David's Show Reserve 2009 BF, Rotweingut Maria Kerschbaum, Lackenbach-Horitschon
(93-95)	Altenberg Reserve 2009, Weingut Pittnauer, Gols
(93-95)	Patriot 2009 BF, Weingut Tesch, Neckenmarkt
(93-95)	Pinot Noir Grand Select 2009, Weingut Wieninger, Wien
93	Blaufränkisch Altes Weingebirge Premium 2009, Weinhof Bauer-Pöltl, Horitschon
93	Cabernet Sauvignon Reserve Neubergen 2009, Winzerhof Dockner, Höbenbach
93	Leithaberg DAC rot Rosenberg 2009, Weingut Toni Hartl, Reisenberg
93	Joe No. 1 2009, Weingut Josef Igler, Deutschkreutz
93	Steingarten 2009 SL/PN, Weingut Johanneshof Reinisch, Tattendorf
93	Kellerkatze 2009 BF/CS, Winzerhof Kiss, Jois
93	Privat 2009 CS, Weingut Krug, Gumpoldskirchen
93	Cuvée Excelsior 2009 BF/CS/ME/SY, Rotweine Lang, Neckenmarkt
93	St. Laurent Altenberg 2009, Weingut Leitner, Gols
93	Pentagon 2009 CS/ME/SY/BF/PN, United Vineyards Pfneisl Familiy, Kleinmutschen
93	Downhill 2009 ME/ZW, Weingut Gerhard Pimpel, Göttlesbrunn
93	Blaufränkisch Lehmgrube 2009, Weingut Franz Schindler, Mörbisch
93	Schlumberger Privatkeller 2009 CS/ME, Weingut Robert Schlumberger, Bad Vöslau
93	Blaufränkisch Reserve Oberer Wald 2009, Weingut Günter und Regina Triebaumer, Rust
(92-94)	Böheim Privat 2009 SY/BF, Weingut Böheim, Arbesthal
(92-94)	Blaufränkisch Dürrau 2009, Weingut Iby-Lehrner, Horitschon
(92-94)	Diabas 2009, Weingut Jalits, Badersdorf
(92-94)	Mittelburgenland DAC Reserve V-Max 2009, Weingut K+K Kirnbauer, Deutschkreutz
(92-94)	Blaufränkisch Dürrau 2009, Weingut Paul Lehrner, Horitschon
(92-94)	Zweigelt Große Reserve 2009, Weingut Sepp Moser, Apetlon
(92-94)	Bühl Reserve Carnuntum 2009 ZW/BF/ME, Weingut Payr, Höflein
(92-94)	Blaufränkisch Senior 2009, Weingut Schützenhof, Deutsch Schützen
92	Pinot Noir Reserve 2009, Weingut Alphart, Traiskirchen
92	Carabus Reserve 2009 BF/ME/CS, Weingut Bayer – Erbhof, Donnerskirchen
92	Pinot Noir Cécile 2009, Weingut Bründlmayer, Langenlois
92	Merlot Hofbreiten 2009, Weingut Cobenzl, Wien
92	Blaufränkisch Exzellenz 2009, Domaine Pöttelsdorf, Pöttelsdorf
92	Leithaberg DAC rot 2009, Weingut Grenzhof Fiedler, Mörbisch/See
92	Joschuari 2009 BF, Gut Oggau – Familie Tscheppe-Eselböck, Oggau
92	Leithaberg DAC rot 2009, Weingut Leo Hillinger, Jois
92	Pinot Noir 2009, Josef Lentsch – Dankbarkeit, Podersdorf
92	Zweigelt Haidacker Reserve 2009, Weingut Meinrad Markowitsch, Göttlesbrunn
92	Merlot 2009, Weingut Hans Moser, Eisenstadt
92	Carpe Diem Mariage 2009 CS/CF/ME, Weinkellerei Lenz Moser, Rohrendorf
92	Spitzerberg 2009 BF, Weingut Muhr – Van der Niepoort, Rohrau
92	Potio Magica 2009 BF, Winzerkeller Neckenmarkt, Neckenmarkt
92	Blaufränkisch Rosenberg 2009, Nepomukhof – Familie Grassl, Göttlesbrunn
92	Spitzerberg 2009 BF, Weingut Hans und Martin Netzl, Göttlesbrunn
92	Merlot 2009, Rotweingut Prickler, Lutzmannsburg

Pro erwähntem Betrieb ist nur der höchstbewertete Rotwein jedes Jahrgangs eingetragen.

Das ist Burgenland!

RENOMMIERTE WEINGÜTER BURGENLAND

Weingut **Paul Achs**
Weingut **Feiler-Artinger**
Weingut **Gesellmann**
Weingut **Hans Igler**
Weingut **Juris**
Weingut **Kerschbaum**
Weingut **Kollwentz**
Weinlaubenhof **Kracher**
Weingut **Krutzler**
Weingut **Leberl**
Weingut **Rittsteuer**
Weingut **Ernst Triebaumer**
Weingut **Umathum**
Weingut **Velich**

www.rwb.at

Ehrentafel 2012

92	Pinot Noir 2009, Weingut Gerald Tschida, Apetlon
92	Heulichin 2009 CS/BF/ZW, Weingut Wagentristl, Großhöflein
92	Merlot M+ 2009, Weingut Wurzinger, Tadten
92	Pinot Noir 2009, Weingut Zull, Schrattenthal

Jahrgang 2008

(94-96)	»G« 2008 BF/SL, Weingut Gesellmann, Deutschkreutz
93	Iosephus 2008 ME, Winzerhof Dockner, Höbenbach
93	Blaufränkisch Kirschgarten 2008, Weingut Umathum, Frauenkirchen
92	Blaufränkisch Steinäcker 2008, Weingut Markus Altenburger, Jois
92	Cabernet Franc Vincent 2008, Weingut Bründlmayer, Langenlois
92	St. Laurent Reserve 2008, Weingut Giefing, Rust
92	Merlot 2008, Hammer Wein Rust, Rust
92	Heidrom 2008 ME/CS, Weingut R. & A. Pfaffl, Stetten

Jahrgang 2007 und älter

95	Herzblut 2006 BF/ME/ZW/CS, Heribert Bayer – In Signo Leonis, Neckenmarkt
94	Rabenkropf Privat 2007 BF, Weingut Wohlmuth, Fresing/Kitzeck
92	Schatzberg 2007 ME/ZW, Winzer Jassek, Ragelsdorf
(91-93)	Merlot Hundred Cases 2006, Weingut Christian Fischer, Sooß

Die besten Süßweine

Jahrgang 2011

95	Riesling BA 2011, Weingut Wieninger, Wien
(92-94)	Riesling BA 2011, Weinbau Karl Fritsch, Kirchberg/Wagram
(92-94)	Beerenauslese 2011 SÄ, Weingut Gerhard Nekowitsch, Illmitz
(92-94)	Gewürztraminer Alte Reben Auslese 2011, Weingut Wohlmuth, Fresing/Kitzeck
92	Grüner Veltliner Eiswein 2011, Weingut Türk, Stratzing
(90-92)	Rotgipfler Beerenauslese 2011, Weingut Biegler, Gumpoldskirchen
(90-92)	Beerenauslese vom Haidsatz 2011 WB, Winzer Jassek, Ragelsdorf
(90-92)	Zantho Scheurebe BA 2011, Weingut Zantho, Andau

Jahrgang 2010

98	Riesling TBA Kellerberg 2010, Domäne Wachau, Dürnstein
97	Gelber Muskateller Eiswein 2010, Hans Tschida – Angerhof, Illmitz
96	Sämling 88 TBA 2010, Weingut Haider, Illmitz
96	Chardonnay Muri TBA 2010, Weingut Daniel Jaunegg, Leutschach
96	Sauvignon Blanc Kranachberg TBA 2010, Weingut Sattlerhof, Gamlitz
95	Saziani TBA 2010, Weingut Neumeister, Straden
95	Spätrot-Rotgipfler Ausbruch 2010 RG/ZF, Weingut Piriwe, Traiskirchen
95	Riesling Eiswein Schneiderberg 2010, Weingut Weinrieder, Kleinhadersdorf-Poysdorf
94	Riesling BA 2010, Weingut Schloss Gobelsburg, Gobelsburg
94	Zierfandler Spiegel TBA 2010, Weingut Johanneshof Reinisch, Tattendorf
94	TBA 2010 CH/SB, Weingut Josef Leberl, Großhöflein

Ehrentafel 2012

(93-95)	**Auratum TBA 2010 CH/WR**, Weingut PMC Münzenrieder, Apetlon
93	**Beerenauslese 2010 WB/WR/NB/CH**, Weingut Feiler-Artinger, Rust
93	**TBA 2010 CH/SB**, Weingut Thomas Hareter, Weiden am See
93	**Riesling TBA 2010**, Weingut Mayer am Pfarrplatz, Wien
93	**TBA Steinbach 2010 TR**, Weingut Muster.Gamlitz, Gamlitz
93	**Gewürztraminer Ausbruch 2010**, Weingut Peter Skoff – Domäne Kranachberg, Gamlitz
(92-94)	**Rosalito 2010 BF/CS**, Weingut JBN – Jägersberger, Neudörfl
(92-94)	**Schwarz Schwarz Strohwein 2010 ZW**, Schwarz Wein, Andau
92	**TBA 2010 WB/PG/TR**, Weingut Frauwallner, Straden
92	**Zweigelt Eiswein 2010 (Braune Linie)**, Weingut Matthias Hager, Schönberg
92	**BA 2010**, Weingut Gernot und Heike Heinrich, Gols
92	**Welschriesling Eiswein 2010**, Weingut Heiss, Illmitz
92	**Zweigelt Beerenauslese 2010**, Weinlaubenhof Kracher, Illmitz
92	**Sämling TBA 2010**, Weingut Salzl – Seewinkelhof, Illmitz
92	**Sauvignon Blanc TBA 2010**, Weingut Skoff Original, Gamlitz
92	**TBA Scheurebe 2010**, Weingut Umathum, Frauenkirchen
92	**Zantho Grüner Veltliner Eiswein 2010**, Weingut Zantho, Andau

Jahrgang 2009

95	**Welschriesling TBA No. 3 2009**, Weinlaubenhof Kracher, Illmitz
95	**Opitz One 2009 ZW**, Weingut Willi Opitz, Illmitz
95	**Muskat Ottonel Schilfwein 2009**, Hans Tschida – Angerhof, Illmitz
94	**Sämling/Sauvignon TBA 2009**, Weingut Heiss, Illmitz
94	**Rotgipfler TBA 2009**, Weingut Harald Zierer, Gumpoldskirchen
(93-95)	**Schilfwein Tradition 2009 MO/SÄ/CH**, Weingut Gerhard Nekowitsch, Illmitz
93	**Chardonnay TBA 2009**, Weingut Kroiss, Illmitz
93	**Eiswein 2009 GV/WR/TR**, Weingut Ernst Triebaumer, Rust
93	**Riesling TBA 2009**, Weingut Rainer Wess, Krems
92	**Siddhartha TBA 2009 WR**, Weingut Münzenrieder, Apetlon
92	**TBA Sauvignon Blanc/Sämling 88 2009**, Weingut Hans und Christine Nittnaus, Gols
92	**Sauvignon Blanc Hochgrassnitzberg BA 2009**, Weingut Erich und Walter Polz, Spielfeld

Jahrgang 2008 und älter

95	**Ruster Ausbruch Pinot Cuvée 2008 CH/WB/PG**, Weingut Feiler-Artinger, Rust
95	**Sämling TBA 2008**, Weingut Heiss, Illmitz
95	**Seewinkel TBA 2008 CH/SÄ/WR**, Weingut Velich, Apetlon
94	**Welschriesling TBA 2007**, Hammer Wein Rust, Rust
94	**Schilcher Strohwein 2008**, Weingut Schilcherei® Jöbstl
94	**TBA 2006 CH/WB**, Weingut Anita und Hans Nittnaus, Gols
93	**Beerenauslese 2007**, Weingut Gross, Ratsch an der Weinstraße
93	**TBA Jännerlese 2006 SÄ/GM**, Weingut Matthias und Ilse Gsellmann, Gols
93	**TBA Welschriesling 2008**, Josef Lentsch – Dankbarkeit, Podersdorf
93	**Ruster Ausbruch 2004 (Neufüllung)**, Weinbau Tremmel, Rust
92	**Grüner Veltliner Eiswein 2008**, Weinhof Ehn, Engelmannsbrunn

NV	
93	**BA.T Jahrgangscuvée**, Weingut Tement, Berghausen

Der Jahrgang 2011
Ein durchwachsenes Jahr

Weil die vorangegangenen Jahrgänge in Bezug auf die Mengen eher gegeizt hatten, hoffte die heimische Winzerschaft auf ein mengenmäßig zumindest normales Jahr. Und Österreichs Winzer durften sich freuen: Denn 2011 brachte nicht nur gute Qualitäten, sondern auch eine erfreuliche Erntemenge von 2,8 Millionen Hektoliter, die endlich wieder die leeren Keller füllten. Begonnen hat das Weinjahr 2011 mit einem recht strengen Winter, der da und dort auch für Frostschäden sorgte. Diese führten in den betroffenen Gebieten, wie etwa dem Weinviertel, später zu Ernteeinbußen. Dann aber kam der Frühling, und zwar pünktlich und mit aller Macht. Die überdurchschnittlich warme und sonnige Periode hielt bis zur frühen Weinblüte an, die unter optimalen Bedingungen erfolgte. Ein Wermutstropfen waren geringfügige Frostschäden durch eine kühle Woche Anfang Mai. In der zweiten Junihälfte änderte sich die Großwetterlage und eine äußerst instabile und feuchte Phase folgte, die zum Leidwesen der Österreich-Urlauber den ganzen Juli hindurch anhielt. Kaum waren die ersten Befürchtungen zur Wachstumsentwicklung geäußert, wendete sich allerdings das Blatt in Gestalt eines sonnenreichen und warmen August, wobei ausgesprochene Hitzewellen größtenteils ausblieben. Dennoch war sorgfältige Weingartenarbeit gefragt, um beispielsweise den gefürchteten Sonnenbrand der heranwachsenden Beeren zu vermeiden. Für Terrassenlagen mit kargen Böden war eine Bewässerungsmöglichkeit ein Segen.

Das entscheidende Zeitfenster vor der Hauptlese war österreichweit von einem wunderbar warmen Altweibersommer geprägt, der den ganzen September hindurch praktisch niederschlagsfrei bis zum 8. Oktober anhielt. Zu diesem Zeitpunkt etwa war die Ernte im Burgenland fast vollständig abgeschlossen. Diese sehr angenehmen Rahmenbedingungen waren auch über den Rest des Oktobers weithin gegeben. Ein wenig Angst machte der österreichischen Winzerschaft der Trockenstress, dem die Reben teilweise ausgesetzt waren. Die Situation wurde durch ungewöhnlich hohe Nachttemperaturen verschärft, was zu einem relativ raschen Absinken der Säurewerte führte. Die Hauptlese konnte schließlich zeitlich sehr gut eingeteilt werden, wobei anfangs nach Möglichkeit noch die kühleren Morgenstunden genutzt wurden, um nicht allzu aufgeheiztes Traubengut einzubringen.

Kremstal

Gute Resultate

Die österreichische Gesamternte 2011 belief sich schließlich auf rund 2,8 Millionen Hektoliter, was etwas über dem langjährigen Durchschnitt und weit über den Ergebnissen von 2009 (2,35 Mio. hl) und 2010 (1,74 Mio. hl) liegt. Hier gibt es gebietsmäßig jedoch erhebliche Schwankungen, wie etwa ein frostbedingtes Minus im Weinviertel und ein fast zweistelliges Plus in der Steiermark, die diesmal von späten Adriatiefs und den gefürchteten Hagelschlägen, die anderswo punktuell aufgetreten sind, größtenteils verschont blieb. Die beschriebenen Wachstumsvoraussetzungen haben naturgemäß zu einer sehr hohen Traubenreife und entsprechenden Alkoholgraden geführt, wie dies zuletzt etwa 2006 der Fall war. Die Extraktwerte liegen dabei in einem guten bis durchschnittlichen Bereich, die Säurewerte eher am unteren Limit. Selbst wenn die Säurewerte analytisch gesehen gering sind und im krassen Gegensatz zur überaus hohen Säure des Vorjahres stehen, wird dieses Merkmal sensorisch kaum je als Manko wahrgenommen. Die meisten Weißweine präsentieren sich sehr balanciert und harmonisch. Aufgrund der beschriebenen Witterung sind der Befall mit Peronospora und Oidium weitgehend ausgefallen. Glücklicherweise ebenso ausgeblieben sind Botrytis und andere Fäulnisformen, sodass im Regelfall überaus gesundes Traubengut zu reintönigen Mosten und Weinen verarbeitet werden konnte. Im Allgemeinen sind die Sortencharakteristika in markanter Weise wahrzunehmen.

Für Grünen Veltliner, die Leitsorte in Niederösterreich, kam es in der leichteren Kategorie darauf an, eine gute Balance zwischen Alkohol- und Säuregehalt sowie eine gewisse Frische und Rasse zu bewahren. In einzelnen Teilgebieten war es schwierig, die für bestimmte DAC-Herkünfte vorgesehenen Alkoholobergrenzen nicht zu überschreiten. Für Premiumweine der Reservekategorie und lagerfähige Lagenweine war der Jahrgang hingegen prädestiniert, bauen diese ja weniger auf jugendliche Lebendigkeit als auf Körperreichtum und Ausdauer. Ausgezeichnet geraten sind viele Weine der Burgunder-Gruppe. Vor allem die Weißburgunder sind bei hoher Reife so elegant und pointiert wie selten gelungen. Für die Rieslinge gilt sogar – über alle Gebietsgrenzen hinweg – ein Pauschallob. Sie präsentieren sich derart fruchtbrillant und klar, wie es in diesem Frühstadium äußerst selten ist. Bei den exotischen Raritäten lässt sich für Roten Veltliner wie für Rotgipfler und Zierfandler ebenfalls ein exzellentes Jahr voraussagen. Insgesamt betrachtet zeichnet sich somit für die trockenen Weißweine ein ausgereifter, zum Teil sehr kräftiger Weißweintyp von dezenter Säurestruktur ab, der qualitativ

Der Jahrgang 2011

etwa zwischen dem der Jahrgänge 2006 und 2007 liegen könnte. Speziell die mächtigen, für die längere Lagerung vorgesehenen Weißweine stellen eine Klasse für sich dar. Ähnlichkeiten mit einstigen Hitzejahren, wie etwa 1992, 2000 oder 2003, sind nicht vorhanden. Einerseits war die Feuchtigkeitsversorgung im Frühsommer gut und extreme Hitzewellen blieben aus, andererseits haben Österreichs Weinbauern ihre Lehren aus den jahrgangsbedingten Erfordernissen vergangener Jahre gezogen.

Die Steiermark kann 2011 auf überaus ausgereifte Sauvignon Blancs und Muskateller hinweisen, die trotzdem die sortentypischen Fruchtnuancen und jene feinrassige Art besitzen, die sie etwas vom übrigen Wein-Österreich unterscheiden. Hier spricht man von einem Jahrgang, der den großen 2007er zumindest erreichen, wahrscheinlich sogar übertreffen dürfte. Auch hier und im Nordburgenland, das mit einer sehr frühen Ernte ausgewogene Weißweine erzielt hat, verweist man auf die besonderen Vorzüge der Burgundersorten.

Intensive Aromen – tolle Rotweine

Was die Rotweine betrifft, besonders im Burgenland, aber auch in den anderen Regionen, so berechtigt 2011 zu den schönsten Hoffnungen. 2011 waren auch alle klimatischen Voraussetzungen gegeben, um tolle Rotweine zu keltern: Tiefdunkel funkeln sie im Glas und vereinen hohe Reife mit erstaunlicher Fruchttiefe und vornehmen, weichen Tanninen im Hintergrund. Vergleiche mit den ähnlich strukturierten, dichten 2006ern sowie den besonders fruchttiefen 2009ern bieten sich sofort an. Alles in allem könnten die hinreißenden 2011er die beiden letzten großen Rotweinjahre noch um ein Quäntchen übertreffen. Sie sind derart solide gebaut, dass sie für einen forcierten Barriqueausbau wie geschaffen erscheinen. Die euphorische Erwartung bezieht sich übrigens auf alle Rebsorten, also von Pinot Noir über St. Laurent, Zweigelt und Blaufränkisch bis zu den Bordeauxsorten, die bei entsprechender Wahl des Lesezeitpunkts in gleich blendender Weise reüssieren konnten. Aufgrund dieser Umstände werden auch nicht so bekannte Rotwein-Herkünfte in diesem Jahr gute Resultate liefern.

Nicht gerade günstig war das trockene Herbstwetter jedoch für die Erzeugung von Prädikatsweinen, da die Botrytis – und auch der Frost – erst sehr spät aufgetreten sind. Die Produktion wird sich daher im Großen und Ganzen auf die bekannten Süßwein-Hochburgen des nördlichen Burgenlandes beschränken. Mit kleiner, aber hochinteressanter »Beute« belohnt wurden allerdings die ganz Mutigen, die an einigen Stöcken die Trauben hängen ließen. In der ersten Februarwoche 2012 setzte der Winterfrost mit aller Härte ein, sodass in geringer Menge noch überaus hochgradige und konzentrierte Eisweine gelesen werden konnten.

Eisenberg – Südburgenland

ROTWEISSROT ZUM NACHSCHENKEN.

ÜBER 250 ÖSTERREICHISCHE QUALITÄTSWEINE IM SORTIMENT.

www.metro.at

EINKAUFEN, ABER RICHTIG!

METRO

Der Jahrgang 2010
Kleine Mengen, tolle Weine

Das Weinjahr 2010 war in Österreich geprägt von schwierigen Wetterbedingungen und daraus resultierenden kleinen Erntemengen. Entstanden sind generell gesprochen rassige Weißweine und schlanke Rotweine. Speziell in Niederösterreich sind jene Betriebe, welche die Geduld aufbrachten, bis zum Schluss zu warten und zu riskieren, belohnt worden. Eine recht späte Warmwindlage in der ersten Novemberwoche brachte dann die ersehnte Steigerung bei den Mostgewichten für die besten Weißweinlagen. Die kühlen Nachttemperaturen wiederum verhinderten das Auftreten von Botrytis, wodurch besonders reintönige Weine entstehen konnten. Markant ist in jedem Fall das Säurespiel der Weine, das zugegebenermaßen nicht allen Märkten entgegenkommen wird. In der Wachau und angrenzenden Gebieten werden die Spitzenqualitäten sehr hoch eingeschätzt, weil auch die Extraktwerte enorm hoch sind, was im Zusammenspiel mit der Säure eine große Lagerfähigkeit verspricht. Die Alkoholwerte sind im Durchschnitt rund ein halbes Volumsprozent geringer als im Vorjahr, die Weißweine gefallen im Allgemeinen durch ihr großes Trinkanimo. Leider sind die Mengen ausgesprochen klein, der Run auf die besten Weine ist entsprechend groß. Es steht also zu befürchten, dass dieser hochinteressante Jahrgang schneller vom Markt verschwunden sein könnte, als einem lieb ist.

Der strenge Winter des Jahres 2009 wurde von einem ansprechenden Frühlingsbeginn 2010 abgelöst, dem aber bald nasskalte Perioden folgten. Überhaupt war das Jahr 2010 von hohen Niederschlagsmengen und relativ wenigen Sonnenstunden geprägt. Je nach Rebsorte und Weinbaugegend fiel auch die Hauptblüte der Reben in eine mehr oder minder günstige Wetterperiode, was sich unmittelbar auf die Ertragskraft ausgewirkt hat. Das oftmalige Verrieseln der Fruchtansätze zu diesem Zeitpunkt stellte sich als entscheidender Faktor für einen geringen Traubenbehang oder auch eine geringe Anzahl von Beeren pro Traube heraus und führte letztlich zur geringsten österreichischen Erntemenge seit 25 Jahren. Mit nur 1,737 Mio. Hektolitern deckt die Erntemenge 2010 nicht einmal den Inlandskonsum von ca. 2,5 Mio. Hektolitern ab. Obwohl nicht alle Reb-

Neusiedlersee-Hügelland

MITTEL BURGEN LAND
DAC

Weinvorhersage: sonnig.

Erfahren, wie der Himmel schmeckt.

MIT UNTERSTÜTZUNG VON BUND, LAND UND EUROPÄISCHER UNION
Europäischer Landwirtschaftsfonds für die Entwicklung des ländlichen Raums: Hier investiert Europa in die ländlichen Gebiete.

LAND BURGENLAND

Der Jahrgang 2010

Kremstal

sorten in gleicher Weise von dieser Mengenreduktion betroffen waren, traf es Österreichs weiße Leitsorte Grüner Veltliner in ganz erheblichem Maß, aber auch bei Sorten wie Chardonnay, Traminer, St. Laurent und vielen anderen kam es 2010 zu einer deutlich geringeren Erntemenge. Jedoch ist auch hier auf Gebietsunterschiede zu achten: So wurden in den steirischen Weingefilden etwa nur Ernteeinbußen von rund 12 Prozent verzeichnet, während anderswo mehr als 40 Prozent der Durchschnittsmenge den Wetterkapriolen zum Opfer fielen.

Nach der wechselhaften Blüte folgte eine trügerische Hitzephase im Juli, die jedoch von einem kühlen und regnerischen August und einem ebenfalls nicht als Altweibersommer zu benennenden September abgelöst wurde. Ab Oktober gab es aber immer wieder »trockene Zeitfenster«, in denen zu einem sorgfältig gewählten Lesezeitpunkt das Traubengut in trockenem und vor allem gesundem Reifezustand eingebracht werden konnte. Begünstigt wurde die Unversehrtheit des Lesegutes durch den mehrfach beschriebenen lockeren Behang der Trauben, der den Botrytisdruck verringerte, wodurch die Winzer guten Gewissens einige Zeit mit der Lese zuwarten konnten. Auch die kühlen Temperaturen, vor allem die nächtliche Abkühlung haben zum ungewöhnlichen Phänomen »feuchtes Jahr, doch gesunde Trauben« wesentlich beigetragen.

Bevorzugt waren auch Winzer mit starkem Nervenkostüm, denn Extraktgehalt und Fruchtnuancen nahmen bei später Ernte gleichsam Woche für Woche zu und führten zu durchaus zufriedenstellenden Resultaten. Bei mehr als ausreichendem zuckerfreiem Extrakt präsentieren sich die Weißweine sehr fruchtbetont und von einer rassigen, aber kaum jemals aggressiven Säure begleitet. Die Sortenmerkmale treten meist klar hervor und die Botrytis bleibt – von wenigen Ausnahmefällen abgesehen – im Hintergrund. Grundsätzlich kommt ein derartiges Weißweinjahr einem frischen und schlanken Weintyp entgegen, sodass vielfach wieder von einem »österreichischen« Jahrgang die Rede ist. Bei entsprechender Geduld (und einer ohnehin kaum zu vermeidenden Mengenreduzierung) konnten jedoch auch durchaus kraftvolle Gewächse mit über 13 Volumsprozent Alkoholgehalt, sattem Volumen und gebündelter Struktur geerntet werden, wenn auch in weit geringerer Stückzahl als in den letzten Jahren.

Kennzeichnend für die Weißweine, etwa aus unserer Paraderebsorte Grüner Veltliner, ist somit ein angenehm animierendes Frucht-Säure-Spiel, ergänzt durch markanten Sortencharakter. Etwas verhaltener präsentieren sich vorerst naturgemäß die Rieslinge, die aber ebenfalls durch hohe Rasse und zum Teil kristallklare Fruchtaromen punkten und damit beispielsweise Jahrgän-

KOSTBARE **KULTUR**

ÖSTERREICH WEIN

Nirgends sonst auf der Welt schmecken dichte Weine so leichtfüßig, nirgends sonst sind frische Weine so kompakt.
www.österreichwein.at

Der Jahrgang 2010

ge wie 2004 und 2008 überflügeln könnten. Prägend ist also bei den Weißweinen in allen Kategorien die relativ hohe Säure, die manchem Winzer Kopfzerbrechen machte. Es wird kein Geheimnis daraus gemacht, dass es in gewissen Fällen notwendig war, den Most zu entsäuern, weil diese Weine sonst den Gaumen vieler Weinfreunde etwas überfordert hätten. In den meisten Fällen bediente man sich aber traditioneller Methoden wie einer längeren Maischestandzeit, um die Weine in Balance zu bringen, und dies ist, wie man nach umfangreicher Verkostung des Jahrgangs nun sagen kann, auch sehr gut geglückt. Aber ein rassiges Säuregerüst ist sicher das Hauptmerkmal des Jahrgangs 2010, wobei dieses weniger markant ausfällt, je wärmer eine Region generell ist. Im Kremstal, am Wagram oder im Weinviertel wird man daher tendenziell auf rundere Weine treffen als in der kühleren Wachau.

Für die Weine mit höheren Säurewerten sollte man die nötige Geduld aufbringen, es ist nur eine Frage der Zeit, bis sich diese einbindet. In Kombination mit hohen Extraktwerten ist diesen Weinen jedenfalls ein langes Leben sicher. Auch bei den Burgundersorten gab es zum Teil erhebliche Mengeneinbußen, aber da und dort sehr ausgewogene und runde Qualitäten aus Weißburgunder wie aus Chardonnay, denen eigentlich keine Sortenattribute abgehen. Ähnliches lässt sich für die sehr pointierten, aber keineswegs zu grasigen Sauvignons und Muskateller behaupten, die speziell in der Steiermark, die von günstigeren Witterungsbedingungen profitierte, gelungen sind. In den drei steirischen Weinbaugegenden wurde schon etwas früher eine höhere Zuckerreife erreicht, ein Glück, da aufgrund der feuchten Verhältnisse und hohen Temperaturen ein plötzlicher Fäulnisdruck entstand, dem man nur mit zügiger Erntearbeit entgegenwirken konnte.

Auch die burgenländischen Weißweintypen zeigen die Eigenheiten des Jahrgangs auf und werden durch die etwas kräftigere Säurestruktur sogar für den einen oder anderen Gaumen erfrischender als sonst erscheinen. Schwieriger gestaltete sich die Situation auf dem roten Sektor, für den letzten Endes der Zweigelt aufgrund einer durchaus befriedigenden Zuckerreife und eines rotbeerigen, fruchtbetonten Charakters die besten Ergebnisse brachte. Auch Pinot Noir sowie St. Laurent, der aber stark unter dem Mengenverlust litt, sind in ihren Hochburgen bei guter Reife ansprechend gelungen. Schwieriger waren die Verhältnisse für spät reifende Rebsorten, wie etwa dem Blaufränkisch, für den eine strenge Selektion quasi verpflichtend war, um auf entsprechende Gradationen zu kommen, oder für die französischen Rebsorten Cabernet Sauvignon und Syrah, während der Merlot in einigen Fällen doch etwas besser reüssiert hat. Ob aus diesem Jahrgang unsere Rotweinspezialisten jeweils alle bekannten Kategorien erzeugen oder sich auf einige ihrer wichtigsten Marken- oder Lagenweine konzentrieren werden, hängt wohl von ihrer »Philosophie« ab und wird die Zukunft weisen. Gegenwärtig reifen ja noch die hervorragenden 2009er Roten in den Fässern, die durch die Bank Großes erwarten lassen. Dieser Jahrgang brachte aus meiner Sicht die besten Roten, die dieses Land in seiner kurzen Rotweingeschichte bisher gesehen hat. Ein Aspekt, der sich durch das ganze Land vom Weinviertel im Norden bis in das Südburgenland durchzieht. Aber Achtung, auch hier sind die Mengen alles andere als groß, auch hier heißt es rechtzeitig einkaufen.

Die fehlende Botrytis machte es 2010 auch den Süßweinwinzern schwer, aber auch hier kann man getrost auf die Reserven der Vorjahre zurückgreifen, denn sowohl 2008 als auch 2009 war die Natur mit edelsüßen Weinen verschwenderisch. Nicht nur rund um den Neusiedler See im Burgenland, sondern auch im Donautal und Nebentälern wurden beachtliche Mengen an Hochprädikaten erzeugt. Speziell die großartigen Trockenbeerenauslesen vom Riesling gab es 2009 in Kremstal, Kamptal und sogar in der Wachau in nennenswerter Menge, edle Süßweine, die nun gefüllt vorliegen. So gesehen ist heuer ein sehr vielversprechender Zeitpunkt, um sich mit der Vielfalt aus österreichischen Weingärten auseinanderzusetzen.

JOISER RENOMMEE

Der Wein im Vordergrund.

Ronald Kiss
J. Haydngasse 1, 7093 Jois
0664/212 37 17

Hannes Steurer
Bahnstraße 28, 7093 Jois
0664/55 11 780

Karl Sattler
Klausenberg 3, 7093 Jois
0676/542 68 66

www.joiser-renommee.at

Weinregionen Österreich

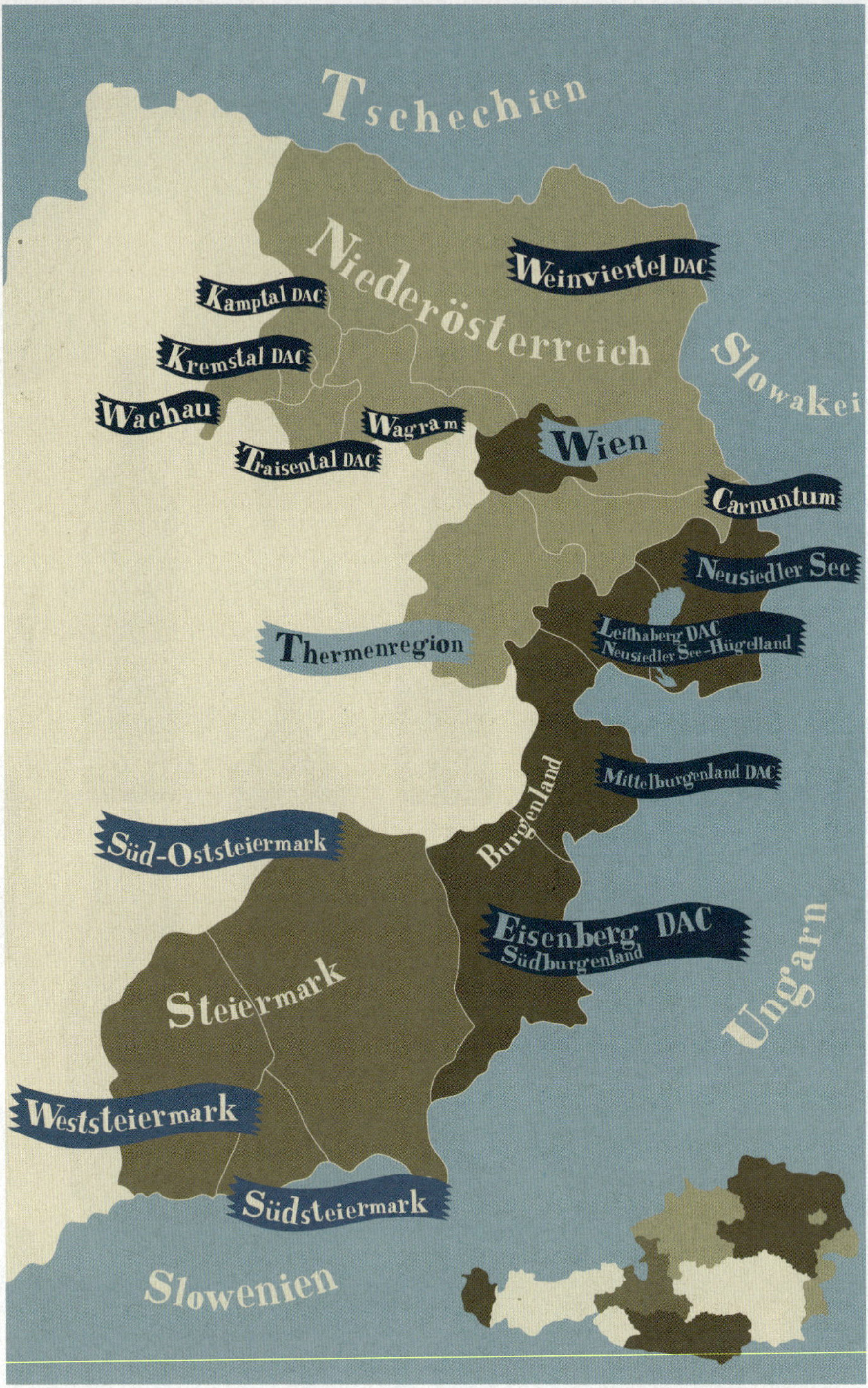

ÖSTERREICH WEIN

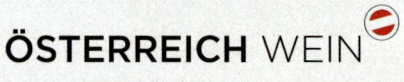

WIEN

Wien – Moderne Top-Weine und Heurigentradition

Weinbau in der Großstadt? Oft handelt es sich dabei um Schauweingärten als Tourismusattraktion. Anders in Wien, hier sind 700 Hektar Rebfläche ein wesentlicher Wirtschaftsfaktor, sie dienen der Erhaltung des Grüngürtels und sind die Basis für hohe Weinqualität. Die Vielfalt reicht vom typischen Gemischten Satz über elegante Rieslinge und kraftvolle Weißburgunder bis zu hochwertigen Rotweinen.

Noch im späten Mittelalter standen Reben auch innerhalb der Stadtmauern von Wien, bis in den heutigen ersten Bezirk. Heute liegt der Schwerpunkt des Weinbaus in den Vororten am Stadtrand: Die Lagen am Bisamberg nördlich der Donau – bewirtschaftet von Winzern aus Strebersdorf, Stammersdorf und Jedlersdorf – sind günstig für die Burgunderfamilie und rote Sorten.

Im 17., 18. und vor allem 19. Gemeindebezirk mit den Ortsteilen Heiligenstadt, Nussdorf, Grinzing, Sievering und Neustift am Walde sind Riesling, Chardonnay und Weißburgunder auf den meist sehr kalkreichen Böden bevorzugt. Im Süden Wiens mit Mauer, Rodaun und Oberlaa sind Schwarzerdeböden zu finden, gut für kraftvolle Weißweine und opulente Rotwein-Cuvées. Kaum ein Winzer verzichtet aber auf den traditionellen Gemischten Satz, bei dem im Weingarten verschiedene Rebsorten gemeinsam ausgepflanzt sind, die auch gemeinsam geerntet und zu Wein verarbeitet werden. Früher als Risikominderung bei ungleichmäßigen Erntebedingungen vorgesehen, erfreut sich dieser Weintyp heute wieder großer Beliebtheit. Ebenso wiederentdeckt wurde die Top-Lage Nussberg, die junge, ideenreiche Winzer aus allen Teilen der Weinstadt – auch Quereinsteiger – beinahe magisch anzieht.

Auch die Anziehungskraft der Wiener Institution des Heurigen ist legendär. Ob durchgehend geöffnetes Lokal mit üppigem, kaltem und warmem Buffet oder kleine, versteckte Buschenschank in den Kellergassen mitten in den Weingärten, die nur wenige Wochen im Jahr geöffnet hat – ein wahrer Besuchermagnet sind sie alle, für Einheimische genauso wie für die zahlreichen Touristen. Und auch anspruchsvolle Weinfreunde kommen beim wachsenden Angebot an Top-Weinen, die auch glasweise ausgeschenkt werden, auf ihre Rechnung. Dass die moderne Kellerarchitektur und das technologische Equipment sich gut mit der Tradition alteingesessener Familienbetriebe verknüpfen lassen, ist ebenfalls ein sympathischer Zug der Entwicklung des Wiener Weinbaus.

Die führenden Betriebe der Metropole haben sich in der Gruppe WIENWEIN zusammen gefunden, um gemeinsam effektiver für ihre Weine werben zu können. Die Slow-Food-Bewegung hat den Wiener Gemischten Satz bereits 2008 als »Presidio-Produkt« ausgezeichnet. Es war das erste österreichische Produkt, das mit diesem höchsten Gütesiegel ausgezeichnet wurde.

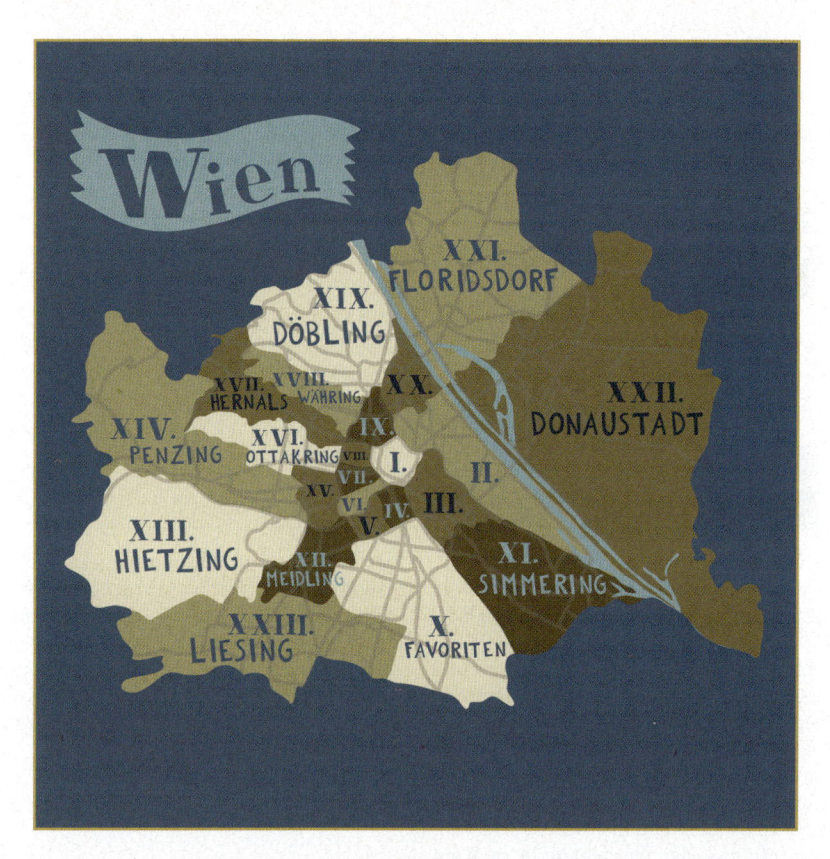

★★★★
- Weingut Wieninger, 1210 Wien

★★★
- Weingut Mayer am Pfarrplatz, 1190 Wien
- Weingut Rotes Haus, 1190 Wien
- Weingut Zahel, 1230 Wien

★★
- Weingut Christ, 1210 Wien
- Weingut Cobenzl, 1190 Wien
- Wein- und Sektkellerei Schlumberger, 1190 Wien

★
- Weingut Hajszan Neumann, 1190 Wien

—
- Weingut Hofer, 1230 Wien
- Weingut Karl Lentner, 1210 Wien
- Landhaus Mayer, 1190 Wien
- Weingut Walter Wien, 1210 Wien

WEINGUT CHRIST

★★

1210 Wien, Amtsstraße 10–14
T/F: 01/292 51 52
info@weingut-christ.at
www.weingut-christ.at

KELLERMEISTER UND ANSPRECHPARTNER: Rainer Christ
ANZAHL/FLASCHEN: 100.000 (75 % weiß, 29 % rot, 1 % süß) **HEKTAR:** 20
VERKOSTUNG: ja, gegen Voranmeldung **AB-HOF-VERKAUF:** ja
HEURIGER: Juli, September und November täglich ab 15 Uhr
ANDERE PRODUKTE IM VERKAUF: Traubensaft, Brände
VEREINSZUGEHÖRIGKEIT: WIENWEIN, J5 – Jedlersdorfer Winzer
MESSEN: VieVinum, ProWein

Eine rund 400-jährige Familientradition, naturverbundene Weinbauphilosophie und innovativer »Esprit« sind die Eckpfeiler, nach denen im Weingut Christ der Weinbau betrieben wird. Mit viel Enthusiasmus und Engagement werden ausgesuchte Lagen am Wiener Bisamberg bearbeitet. Das Zusammenspiel von Tradition und Innovation ist eines der Leitmotive des ambitionierten Betriebes. Rainer Christ hütet ein Erbe an erstklassigen Lagen mit zum Teil sehr alten Rebstöcken. Pflanzen, pflegen, ernten – der Werdegang beim Wein erfordert Zeit, Kenntnis und Passion. Diese Eigenschaften fallen im Hause Christ seit Generationen auf fruchtbaren Boden. Im Jahr 2005 wurde der Betrieb um- und ausgebaut. Mit zeitgemäßer und außergewöhnlicher Architektur setzt das Weingut Christ eine beeindruckende »landmark« in Jedlersdorf.

Der große Reichtum an unterschiedlichsten Böden und Lagen erklärt das enorme Sortenspektrum im Weingut Christ. Ein Unikat und dabei der traditionellste Weißwein ist der Wiener Gemischte Satz. Der bunte, oft seit Generationen bestehende Rebsortenmix dieser Wiener Weißweinspezialität vermittelt auf unnachahmliche Weise die naturgegebenen Faktoren – das Terroir. Zahlreiche, auch reinsortige Spezialitäten runden das Portefeuille ausgesuchter Weiß- und Rotweine ab.

Der Stil der Christ-Weine ist durch Respekt gegenüber den natürlichen Ressourcen geprägt – puristisch im Sinne von Echtheit. Geologie und Herkunft schmeckbar zu machen ist die größte Herausforderung. Der Umgang mit den Trauben ist durch besondere Sensitivität gekennzeichnet. Händische Lese und Selektion, der Verzicht auf Schönungen, Korrekturen sowie sterile Filtrationen ergeben Weine voll Natürlichkeit und Vitalität. Rainer Christs Philosophie ist auch eine Herausforderung an die Architektur: Im Keller regiert Gravitation – ein Christ pumpt nichts. Traubenmaterial und Most werden mit Hilfe von Schwerkraft transportiert. Fünf Klimazonen sorgen für ideale Reifebedingungen.

(90-92) Bisamberg Alte Reben 2011
13,5 Vol.%, NK, Stahltank, 4000, trocken, €€€€
Helles Gelbgrün. Mit frischen Orangenzesten unterlegte weiße Tropenfruchtanklänge, zart nach Steinobst, mineralische Komponenten. Saftig, angenehme Kräuterwürze, extraktsüßer Kern, bleibt gut haften, reife gelbe Fruchtnuancen im Nachhall, zeigt eine gute Länge, gutes Entwicklungspotenzial.

(90-92) Traminer Kirchberg 2011
13,5 Vol.%, großes Holzfass, 1500, halbtrocken, €€€€
Mittleres Gelbgrün. Feinen Nuancen von Eibischteig, reifem Pfirsich und Babybanane, zarte florale Noten, eher dezentes Bukett. Stoffig, elegante Textur, feine Nuancen von Rosenöl, bleibt gut haften, dunkle Mineralik im Abgang, gute Zukunftsperspektiven.

(90-92) Grüner Veltliner X 2011
13,5 Vol.%, NK, Stahltank/großes Holzfass, 3000, extratrocken, €€€
Helles Grüngelb. Feiner gelber Apfeltouch, ein Hauch von Wiesenkräutern, zart mit Marille und Honigmelone unterlegt. Saftig, elegante Textur, gute Komplexität, frisch strukturiert, angenehme weiße Birnenfrucht im Abgang, zeigt gute Länge, pfeffriger Nachhall.

89 Weißburgunder Der Vollmondwein 2011
13,5 Vol.%, DV, Stahltank, 12.000, trocken, €€€

88 Grüner Veltliner Bruch 2011
13 Vol.%, DV, Stahltank, 8000, extratrocken, €€

91 XXI 2009 ME/CS
14 Vol.%, NK, Barrique, 2500, extratrocken, €€€€€
Dunkles Rubingranat, violette Reflexe. Feine Kräuterwürze, tabakige Anklänge, süße Kirschnoten, zarter Schokotouch. Saftig, elegante Textur, frische Weichselfrucht, lebendig strukturiert, ausgewogen, schokoladiger Nachhall, ein vielseitiger Speisenbegleiter.

Wien

Wien

★★

WEINGUT COBENZL

1190 Wien, Am Cobenzl 96
T: 01/320 58 05, F: 01/328 22 86
office@weingutcobenzl.at
www.weingutcobenzl.at

KELLERMEISTER: Georg Königsbauer
ANSPRECHPARTNER: Ing. Thomas Podsednik
ANZAHL/FLASCHEN: 200.000 (70 % weiß, 30 % rot) HEKTAR: 48
VERKOSTUNG: ja, gegen Voranmeldung AB-HOF-VERKAUF: ja
ANDERE PRODUKTE IM VERKAUF: Destillate
VEREINSZUGEHÖRIGKEIT: WIENWEIN, Vienna Classic Weingüter
MESSEN: ProWein, VieVinum

Weinbau in Wien? Das ist nicht selbstverständlich. Denn Wien ist heute die einzige Weltstadt, in der der Wein kommerziell angebaut wird. Und das bereits seit Langem: Schon Kaiser Probus (232–282 n. Chr.) hat seinen römischen Legionen erlaubt, in Wien Wein zu kultivieren. Auf eine nicht ganz so lange Tradition, trotzdem aber auf eine große Vergangenheit kann das Weingut Cobenzl zurückblicken. Seit dem Jahr 1907 ist es im Besitz der Stadt Wien und zählt mit rund 48 Hektar und einer Jahresproduktion von rund 1000 Hektolitern zu den bedeutendsten der ganzen Stadt.

Die Rieden befinden sich im 19. und 21. Bezirk. Begünstigt werden alle Weine durch das pannonische Klima und die Nähe zur Donau. Geleitet von Ing. Thomas Podsednik und Kellermeister Georg Königsbauer, wurde der Traditionsbetrieb zu einem modernen, dynamischen Weinbaubetrieb weiterentwickelt, der eine breite Palette – vornehmlich an Weißweinen – anzubieten hat. Das Stadtweingut bildet einen gewissen Kontrapunkt zu jenen Winzern, die ihre Weingärten im Stadtgebiet immer öfter abstoßen und den Wein, den sie beim traditionellen Heurigen anbieten, anderswo zukaufen. Das Weingut Cobenzl bietet fruchtig-frische Qualitätsweine wie den Grünen Veltliner, Rheinriesling, Weißburgunder oder Chardonnay und von seinem Standort hoch über der Millionenstadt einen atemberaubenden Blick auf Wien und seine Umgebung.

Die zahlreichen Landessiegerweine, Salon-Sieg und -Auszeichnungen, Top-Bewertungen und schließlich ein »highly recommended« vom Beverage Testing Institute in Chicago bestärken das junge Team in seinem Qualitätsstreben.

92 Riesling Senator 2011
13 Vol.%, DV, Stahltank, 3000, halbtrocken, €€
Mittleres Grüngelb. Noch etwas verhalten, zarte gelbe Tropenfrucht, ein Hauch von Zitruszesten, mineralischer Touch. Saftig, gelbe Steinobstnoten, elegant und ausgewogen, harmonischer Nachhall, ein vielseitiger Speisenbegleiter.

92 Grüner Veltliner Pfeffer 2011
13,5 Vol.%, DV, Stahltank, 3000, extratrocken, €€
Mittleres Grüngelb. Feine Holzwürze, reife gelbe Frucht, angenehmer Kräutertouch. Kraftvoll, saftig, weiße Fruchtnuancen, feines Säurespiel, bleibt gut haften, zitronig und delikat im Abgang, gutes Entwicklungspotenzial.

92 Weißburgunder Seidenhaus 2011
13,5 Vol.%, DV, Stahltank, 3000, halbtrocken, €€
Mittleres Grüngelb. Zart nussig unterlegte feine Birnenfrucht, etwas Honigmelone, ein Hauch von Kräutern. Saftig, zart nach Milchkaramell, elegant und ausgewogen, feine Fruchtsüße im Abgang, sehr gute Länge, wird von Flaschenreife profitieren.

91 Weißburgunder Senator 2011
13,5 Vol.%, DV, Stahltank, 3000, halbtrocken, €€
Mittleres Grüngelb. Zarter Blütenhonig, dezenter Steinobstklang, ein Hauch von Orangenzesten. Saftig, fruchtbetont, gut integrierte Süße, elegant und gut anhaltend, gutes Entwicklungspotenzial.

90 Wiener Gemischter Satz Senator 2011
13 Vol.%, DV, Stahltank, 3000, extratrocken, €€
Mittleres Grüngelb. Feine Kräuterwürze, reife Birnenfrucht, angenehme Mineralik. Saftig, engmaschig, gelbe Apfelfrucht, feiner Säurebogen, weiße Frucht im Nachhall, ein vielseitiger, stoffiger Speisenbegleiter.

89 Grüner Veltliner Senator 2011
13 Vol.%, DV, Stahltank, extratrocken, €€

89 Wiener Gemischter Satz Classic 2011
12,5 Vol.%, DV, Stahltank, 3000, extratrocken, €€

88 Gelber Muskateller Senator 2011
13 Vol.%, DV, Stahltank, 3000, extratrocken, €€

88 Zweigelt Rosé 2011
12,5 Vol.%, DV, Stahltank, extratrocken, €€

92 Merlot Hofbreiten 2009
14,5 Vol.%, NK, Barrique, 2000, extratrocken, €€€
Dunkles Rubingranat, violette Reflexe, Wasserrand. Feine balsamisch unterlegte Kräuterwürze, dunkles Beerenkonfit, ein Hauch von Orangenzesten. Komplex, samtige Tannine, schokoladige Textur, bleibt gut haften, Nougat auch im Nachhall, gute Frische, sicheres Reifepotenzial.

92 Cabernet Sauvignon Hofbreiten 2009
14 Vol.%, NK, Barrique, 1800, extratrocken, €€€
Dunkles Rubingranat, violette Reflexe, Wasserrand. Feinwürzig, ein Hauch von Cassis, Lakritze, Vanille und Tabak. Saftig, angenehme Extraktsüße, präsentes, gut integriertes Tannin, schokoladige Länge, Edelholzwürze im Abgang, ein kraftvoller Speisenbegleiter.

91 Blauer Zweigelt Hofbreiten 2009
13,5 Vol.%, NK, Barrique, 3000, extratrocken, €€€
Kräftiges Rubingranat, violette Reflexe, Wasserrand. Mit feinem Nougat unterlegte dunkle Beerenfrucht, zart nach Zwetschken, feine Kräuterwürze. Stoffig, angenehmes Beerenkonfit, feine Amarenakirschen, gut integrierte Tannine, gute Länge, ein vielseitiger Speisenbegleiter.

WEINGUT HAJSZAN NEUMANN

1190 Wien, Grinzinger Straße 86
T: 01/370 72 37, F: DW 20
wein@hajszanneumann.com
www.hajszanneumann.com

— BIO —

KELLERMEISTER UND ANSPRECHPARTNER: Stefan Hajszan
ANZAHL/FLASCHEN: 50.000 (90 % weiß, 10 % rot) **HEKTAR:** 15
VERKOSTUNG: ja **AB-HOF-VERKAUF:** ja **HEURIGER:** Mai bis Oktober Mo. bis Sa. 15–22 Uhr, So. »Zu den 4 Winzern« **ÜBERNACHTUNGSMÖGLICHKEIT:** kann organisiert werden **RESTAURANT:** Mi. bis Sa. 16–24 Uhr, So. und Fei. 11–17 Uhr
VEREINSZUGEHÖRIGKEIT: Demeter, Austria Bio Garantie
MESSEN: VieVinum, ProWein

Vollblut-Gastronom Stefan Hajszan und Architekt Heinz Neumann haben gemeinsame Leidenschaften und Visionen. Beide wissen ein gutes Glas Wein zu schätzen und beide können es umso mehr genießen, wenn sie wissen, dass die Trauben aus biodynamischem Anbau stammen, am besten vom eigenen. Der ganzheitliche Ansatz setzt sich in der Küche der Winzerei am Fuße der Weinberge fort, wo saisonale Gerichte aus besten biologischen Zutaten angeboten werden. Auf diesem natürlichen Fundament gründet sich die Philosophie des Weinguts und der Winzerei. Dass es sich dabei aber um kein bloßes Lippenbekenntnis handelt, beweist die Zertifizierung der Trauben nach den strengen Demeter-Richtlinien.

Die Weingärten befinden sich in den besten Wiener Lagen, wobei der Nussberg eine zentrale Rolle spielt. In dieser wohl besten Wiener Lage wurden vom Weingut Hajszan Neumann nun auch Riesling und Grüner Veltliner neu ausgepflanzt. Neu ist auch ein Riesling-Weingarten am Reisenberg, wo sich diese Rebsorte erfahrungsgemäß besonders wohlfühlt. Die beiden Weinfreunde fokussieren ihr vinophiles Interesse auf wenige traditionelle Rebsorten, lediglich beim Wiener Gemischten Satz wird eine größere Sortenvielfalt zugelassen.

Die Weinproduktion findet unmittelbar neben dem Restaurant statt, die modernen Stahltanks sind energieeffizient in den historischen Kellergewölben in der Grinzinger Straße in Heiligenstadt untergebracht. Den überzeugendsten Eindruck vom nachhaltigen Weinbau des 17 Hektar großen Weinguts gewinnt man bei einer Riedenwanderung direkt in den Wiener Weinbergen, wo die Weingärten beschaulich beschildert sind. Die verdiente Stärkung holt man sich dann am besten in der Buschenschank am Nussberg mit traumhaftem Blick über Wien.

91 Riesling Steinberg 2011
13,5 Vol.%, DV, Stahltank, 8000, extratrocken, €€€
Mittleres Grüngelb. Feiner Duft nach Weingartenpfirsich, zarter Blütenhonig, Nuancen von Sanddorn, mineralischer Touch. Saftig, zart nach Blutorangen, frischer Säurebogen, fast rotbeerige Nuancen im Abgang, dunkle Mineralik, bleibt gut haften, extraktsüß im Nachhall, sehr gutes Zukunftspotenzial.

90 Grüner Veltliner Haarlocken 2011
13 Vol.%, DV, Stahltank, 7000, extratrocken, €€€
Mittleres Grüngelb. Mit zarter Kräuterwürze unterlegte weiße Frucht, angenehme Blütenaromen, facettenreiches Bukett. Elegant, feine Steinobstanklänge, zart nach Ananas, finessenreicher Säurebogen, gute Mineralik, ein Hauch von Mandarinen im Nachhall, ein vielseitiger Speisenbegleiter.

89 Gemischter Satz Weissleiten 2011
13 Vol.%, DV, Stahltank/großes Holzfass, 7000, extratrocken, €€€

88 Gemischter Satz Nussberg 2011
13 Vol.%, DV, Stahltank, 8000, extratrocken, €€

88 Grüner Veltliner Nussberg 2011
11,5 Vol.%, DV, Stahltank, 3500, extratrocken, €€

Wien

WEINGUT HOFER

1230 Wien, Maurer Lange Gasse 29
T: 01/888 73 80
vinohofer@aon.at
www.vino-hofer.at

KELLERMEISTER: Wolfgang Hofer ANSPRECHPARTNER: Wolfgang und Christina Hofer ANZAHL/FLASCHEN: k. A. (70 % weiß, 30 % rot)
HEKTAR: 5,8 VERKOSTUNG: ja AB-HOF-VERKAUF: ja
HEURIGER: 9. bis 24. 7., 27. 8. bis 9. 9., 8. bis 21. 10. und 21. 11. bis 7. 12.
ÜBERNACHTUNGSMÖGLICHKEIT: kann organisiert werden
ANDERE PRODUKTE IM VERKAUF: Traubensaft, Frizzante
VEREINSZUGEHÖRIGKEIT: Wiener Heurige

Der Name Hofer wird in Mauer schon seit vielen Jahren mit einer kleinen, aber feinen Heurigenadresse verbunden, 2011 feierte der Betrieb sein 30-jähriges Bestehen. Gottfried und Helene Hofer haben den originalen Wiener Buschenschankbetrieb mit Charme und Sorgfalt aufgebaut. Seit 2000 ist der Junior Wolfgang im Betrieb tätig und hat ihn mit seiner Christina 2011 endgültig übernommen.

Im Sortiment wird zwischen Classic, Reserve und den Lagenweinen unterschieden; die Weißweine werden im Edelstahltank, die Rotweine im großen Holzfass und in Barriques ausgebaut. Der Weinkeller der Familie befindet sich in Gumpoldskirchen in der Thermenregion, wo die gesamte Verarbeitung von der Ernte bis zur Füllung stattfindet. Bei den Rotweinsorten liegt das Hauptaugenmerk auf Zweigelt, Cabernet Sauvignon und St. Laurent, sie zeigen das Potenzial der südlichen Wiener Lagen. Der Junior absolvierte im Rotweingut Dopler in Tattendorf ein Praktikum, was ihm beim diffizilen Rotweinausbau zugutekommt. Man darf gespannt sein, womit dieser aufstrebende und schon mehrfach ausgezeichnete Wiener Betrieb in Zukunft aufwarten wird.

91 Gemischter Satz Kadolzberg 2011
13,5 Vol.%, DV, Stahltank/großes Holzfass, extratrocken, €€
Mittleres Grüngelb. Reife gelbe Tropenfruchtanklänge, Nuancen von Mango und reifer Papaya, feine Kräuterwürze klingt an, ein Hauch von Orangen. Stoffig, wieder ein Hauch von Orangen, feine Extraktsüße, angenehmer Säurebogen, zart nach Grapefruit im Abgang, ein vielseitiger Speisenbegleiter mit Entwicklungspotenzial.

89 Grüner Veltliner Iglsee 2011
13 Vol.%, DV, Stahltank, extratrocken, €€

89 Sauvignon Blanc Kadolzberg 2011
13,5 Vol.%, DV, Stahltank, extratrocken, €€

88 Wiener Gemischter Satz 2011
12,5 Vol.%, DV, Stahltank, extratrocken, €€

91 Privat Grande Reserve 2009 ZW/CS
14 Vol.%, DV/NK, Barrique, extratrocken, €€€€
Tiefdunkles Rubingranat, violette Reflexe. Kraftvoll, intensives dunkles Beerenkonfit, nach Kräutern und Orangenzesten, tabakige Nuancen, mit einem Hauch von Lakritze unterlegt. Stoffig, feines Karamell, elegante Textur, rund und zugänglich, feine Waldbeerfrucht, bleibt gut haften, zart nach Nougat im Nachhall, ein vielseitiger Speisenbegleiter.

89 Syrah Grande Reserve 2009
14 Vol.%, DV, Barrique, extratrocken, €€€€

WEINGUT KARL LENTNER

1210 Wien, Amtsstraße 44
T/F: 01/292 51 23
info@karl-lentner.at
www.karl-lentner.at

KELLERMEISTER UND ANSPRECHPARTNER: Karl Lentner
ANZAHL/FLASCHEN: k. A. (80 % weiß, 20 % rot) HEKTAR: 5,6
VERKOSTUNG: ja AB-HOF-VERKAUF: ja
HEURIGER: 1. bis 31. 8., 1. 10. bis 1. 11., 1. bis 22. 12., 1. bis 28. 2. 2013, 1. bis 30. 4. 2013 und 1. bis 30. 6. 2013, Mo. bis Sa. ab 14.30 Uhr, So. ab 9 Uhr
ANDERE PRODUKTE IM VERKAUF: Traubensaft
VEREINSZUGEHÖRIGKEIT: J5 – Jedlersdorfer Winzer

Karl Lentner aus Wien-Jedlersdorf hat durch seine zahlreichen Erfolge bei der Landesprämierung – drei Landessiege – auf sich aufmerksam gemacht, er wurde in den »Salon Österreichischer Wein« aufgenommen und mit zahlreichen Goldmedaillen bedacht. Bereits 1919 kaufte der Großvater Richard Lentner das Haus samt Weingarten und Landwirtschaft in der Amtsstraße, Schritt für Schritt entwickelten sich Heuriger und Weingut.

Der heutige Betriebsführer Karl Lentner jun. interessierte sich schon früh für den Weinbau, er absolvierte die Weinbaufachschule in Krems. Alle Weingärten liegen auf dem Bisamberg, die Hauptsorte ist der Grüne Veltliner. Dazu gesellen sich Riesling, Weißburgunder, Chardonnay, Zweigelt, Merlot und Cabernet Sauvignon, die in der »Cuvée Exquisite« optimal zusammenspielen. Naturnaher Anbau und eine schonende Verarbeitung sind den Lentners ein großes Anliegen.

Der Heurige hat in jedem geraden Monat geöffnet. Im schattigen Gastgarten genießen Weinfreunde Schmankerln vom Buffet und alle Bouteillenweine glasweise.

(90-92) Gemischter Satz Wiener Melodie 2011
DV, Stahltank, €€
Helles Gelbgrün. Feine Blütenaromen, ein Hauch von Mandarinenzesten, mit dezenter Kräuterwürze unterlegt, zarte weiße Tropenfrucht. Saftig, elegant, feine Apfelfrucht, angenehme Extraktsüße, bleibt gut haften, wirkt balanciert und trinkanimierend, vielseitiger Speisenbegleiter.

(89-91) Riesling Falkenberg 2011
DV, Stahltank, €€
Helles Grüngelb. Feine Steinobstanklänge, ein Hauch von Tropenfrucht, Blütenhonig, zarte Grapefruitzesten. Saftig, elegante Textur, ein Hauch von Pfirsich und Orangen, lebendige Säurestruktur, mineralischer Nachhall, trinkfreudiger Stil.

(88-90) Grüner Veltliner Total 2011
DV, Stahltank, €€

88 Gemischter Satz 2011
11,5 Vol.%, DV, Stahltank, 1500, extratrocken, €€

(87-89) Grüner Veltliner Steinbügel 2011
DV, Stahltank, €€

(87-89) Chardonnay Classic 2011
DV, Stahltank, €€

★★★

WEINGUT MAYER AM PFARRPLATZ

1190 Wien, Pfarrplatz 2
T: 01/370 33 61, F: 01/370 47 14
mayer@pfarrplatz.at
www.pfarrplatz.at

Wien

KELLERMEISTER: Ing. Barbara Wimmer und Gerhard J. Lobner
ANSPRECHPARTNER: Gerhard J. Lobner und Paul Kiefer
ANZAHL/FLASCHEN: k. A. (80 % weiß, 10 % rot, 10 % süß) HEKTAR: 56
VERKOSTUNG: ja AB-HOF-VERKAUF: ja
HEURIGER: Mo. bis Fr. 16–24 Uhr, Sa., So. und Fei. 11–24 Uhr
VEREINSZUGEHÖRIGKEIT: WIENWEIN
MESSEN: VieVinum, ProWein

Das traditionsreiche Familienweingut keltert seit 1683 in Heiligenstadt bzw. Grinzing besten Wiener Wein. Das Haus am Pfarrplatz gilt als Synonym für Weinqualität und Wiener Heurigenkultur. Im romantischen Vorstadthaus am Pfarrplatz hat Ludwig van Beethoven im Jahr 1817 gewohnt. Während seiner Zeit in Heiligenstadt arbeitete er an seinem größten Werk, der 9. Symphonie.

Die Weine des Gutes stammen von den besten Rieden Wiens: dem Nussberg und der Alsegger Riede. Sie repräsentieren durch ihre elegante Fruchtaromatik, Balance und Mineralik den Charakter der Wiener Spitzenlagen. Der »Gemischte Satz Nußberg« ist der Klassiker im vielfältigen Sortiment. Auf Basis von Grünem Veltliner, Riesling, weißen Burgundersorten sowie Rotgipfler und Zierfandler, die gemeinsam gelesen und verarbeitet werden, keltert Mayer am Pfarrplatz den traditionellen Wiener Gemischten Satz. Beim Riesling versucht man, die feinen Geschmacksnuancen des Nussbergs und der Alsegger Riede herauszuarbeiten. Grüner Veltliner, Sauvignon Blanc, Gelber Muskateller und die Burgundersorten Pinot Blanc und Chardonnay runden das Weißweinprogramm ab. Als Rotwein offeriert das Weingut Mayer am Pfarrplatz einen eleganten Blauen Burgunder.

93 Riesling Nussberg »Weißer Marmor« 2011
13,5 Vol.%, DV, Stahltank
Mittleres Grüngelb. Feiner gelber Pfirsich, mit einem Hauch von Tropenfrucht unterlegt, frische Wiesenkräuter, zart nach Blütenhonig. Stoffig und elegant, kompakter Körper, feiner Säurebogen, Zitrusfrüchte im Abgang, feinstrahliger Rieslingtypus von großer Lagerfähigkeit.

92 Riesling Nussberg 2011
13 Vol.%, DV, Stahltank
Mittleres Grüngelb. Feine gelbe Tropenfruchtanklänge, ein Hauch von Maracuja und Ananas, mineralischer Touch. Saftig, zart nach weißem Pfirsich, rassige Struktur, elegant und anhaltend, verfügt über sehr gutes Trinkanimo, zitronige Nuancen im Abgang, ein vielseitiger Speisenbegleiter, wird von Flaschenreife zusätzlich profitieren.

92 Wiener Gemischter Satz Nussberg 2011
14,5 Vol.%, DV, Stahltank
Mittleres Grüngelb. Etwas verhalten, zart nach Steinobstaromen, feiner Blütenhonig, mineralischer Touch. Komplex, engmaschige Textur, feine weiße Tropenfrucht, bleibt gut haften, ein kraftvoller Speisenbegleiter, feine Fruchtsüße im Nachhall, hat Entwicklungspotenzial.

92 Grüner Veltliner Schenkenberg 2011
13,5 Vol.%, DV, Stahltank
Helles Gelbgrün. Frische Wiesenkräuter, zart tabakig unterlegte weiße Frucht nach Birnen, ein Hauch von grünem Apfel. Stoffig, gute Komplexität, feine Extraktsüße, gut integriertes Säurespiel, zeigt einige Länge, sicheres Reifepotenzial.

92 Sauvignon Blanc 2011
14 Vol.%, DV, Stahltank
Mittleres Gelbgrün. Feinwürzig unterlegte Nuancen von gelbem Paprika, zarter Blütenhonig und Kräuter. Saftig,

Wien

gelbe Tropenfrucht, elegante Textur, feine Extraktsüße, zeigt eine gute Länge, feines Stachelbeerkonfit im Nachhall.

L 90 Wiener Gemischter Satz 2011
12,5 Vol.%, DV, Stahltank
Helles Gelbgrün. Einladende Nuancen von gelbem Apfel, ein Hauch von Steinobst, zarte rauchige Würze. Saftig, elegante Textur, feiner Säurebogen, gelbe Frucht im Abgang, mineralischer Nachhall, ein vielseitiger Speisenbegleiter.

89 Riesling Alsegg 2011
13 Vol.%, DV, Stahltank

93 Riesling TBA 2010
12 Vol.%, DV, süß
Helles Grüngelb, zarter Silberreflex. Zart nussig unterlegte reife Steinobstnoten, ein Hauch von Blütenhonig, Maracuja klingt an. Saftig, weiße Frucht, gut integrierte, lebendige Säurestruktur, die den Restzucker puffert, stilistisch näher an einer BA, zitronig, delikater Nachhall, sehr gutes Entwicklungspotenzial.

LANDHAUS MAYER

1190 Wien, Eroicagasse 4
T: 01/370 33 61 , F: 01/370 47 14
office@landhausmayer.at
www.landhausmayer.at

--- **NEU** ---

KELLERMEISTER: Gerhard Lobner
ANSPRECHPARTNER: GF Gerhard Lobner, Paul Kiefer
ANZAHL/FLASCHEN: k. A. (90 % weiß, 10 % rot) HEKTAR: k. A.
VERKOSTUNG: ja, gegen Voranmeldung
AB-HOF-VERKAUF: ja
MESSEN: VieVinum, ProWein

Das Landhaus Mayer hat mit niederösterreichischen Weinhauern, die seit Generationen Toplagen mit viel Leidenschaft bewirtschaften, eine Kooperation abgeschlossen: Gemeinsam mit den Winzern entscheidet der Produktionsleiter vom Landhaus Mayer, Gerhard J. Lobner, welche Schritte in den Weingärten zu setzen sind. Vom Rebschnitt über die Laubarbeit bis hin zum optimalen Lesezeitpunkt werden die Rebstöcke begleitet.

»Es ist unbeschreiblich, auf welches Potenzial man in diesen Gebieten zurückgreifen kann«, zeigt sich Lobner begeistert. Viele dieser Spitzenlagen sind aufgrund des Strukturwandels extrem gefährdet, aufgegeben zu werden. Hier möchte das Landhaus Mayer gegensteuern und gemeinsam aussichtsreiche Perspektiven mit ansässigen Winzern erarbeiten.

90 Riesling 2011
13,5 Vol.%, DV
Helles Grüngelb. Feine Steinobstnase, ein Hauch von gelber Tropenfrucht, Maracuja und Pfirsichanklänge. Saftig, feine Fruchtsüße, elegant, zart nach reifer Marille, gut integriertes Säurespiel, harmonisch, ein vielseitiger Speisenbegleiter mit gutem Entwicklungspotenzial.

88 Grüner Veltliner 2011
12,5 Vol.%, DV

Wien

★★★

WEINGUT ROTES HAUS
1190 Wien, Pfarrplatz 2
T: 01/370 33 61, F: 01/370 47 14
office@pfarrplatz.at
www.weingut.rotes-haus.at

KELLERMEISTER: Ing. Barbara Wimmer und Gerhard J. Lobner
ANSPRECHPARTNER: Gerhard J. Lobner und Paul Kiefer
ANZAHL/FLASCHEN: k. A. (95 % weiß, 5 % rot) HEKTAR: 9
VERKOSTUNGSMÖGLICHKEIT: ja Ab-Hof-Verkauf: ja
VEREINSZUGEHÖRIGKEIT: WIENWEIN
MESSEN: VieVinum

Das Weingut Rotes Haus pflegt seit 2001 rund neun Hektar Weingärten in der berühmtesten Wiener Weinlage, dem Nussberg. Im Herzen dieses einzigartigen Weingartens liegt in romantischer Lage das »Rote Haus am Nussberg«. Unter dem Motto »Qualität statt Quantität« repräsentieren die Nussberg-Weine den außergewöhnlichen Charakter dieser besten Wiener Riede.

Das einzigartige Terroir und Mikroklima ergibt eine perfekte physiologische Reife der Trauben. Grüner Veltliner, Weißburgunder, Welschriesling und die Rarität Traminer prägen den gehaltvollen und balancierten Stil der Weine, und eine feine Mineralik rundet den präzisen Sortencharakter ab. In geeigneten Jahren werden auch kleine Mengen von edelsüßen Weinen produziert, wie beispielsweise der brillante Riesling TBA aus 2009.

93 Traminer 2011
13,5 Vol.%, DV, halbtrocken
Leuchtendes Grüngelb. Attraktive Nuancen von Rosenöl, Mandarinen, ein Hauch von Eibisch, facettenreiches Bukett. Elegant, sehr gut eingebundene Fruchtsüße, reife gelbe Steinobstnoten, angenehmes Säurespiel, zeigt eine gute Länge und Harmonie, bereits antrinkbar, sehr gutes Reifepotenzial.

93 Wiener Gemischter Satz Nussberg Reserve 2011
14,5 Vol.%, DV
Mittleres Grüngelb. Einladende gelbe Fruchtnuancen, reifer gelber Apfel, zart nach Birne, frische Wiesenkräuter, ein Hauch von Blütenhonig. Kraftvoll, zart nach reifem Steinobst wie Pfirsich und Marille, feiner Bananentouch, mineralische Textur, feiner Säurebogen integriert, Orangenanklang im Abgang, zitronige Nuancen im Finale, bleibt lange haften, verfügt über stattliches Reifepotenzial.

92 Chardonnay Nussberg Reserve 2010
13,5 Vol.%, DV, trocken
Mittleres Gelbgrün. Mit feiner Edelholzwürze unterlegte gelbe Tropenfruchtnuancen, zart nach Babybanane, etwas Litschi und Papaya. Saftig, komplex, feine Karamellnote, feine Säurestruktur, bleibt gut haften, ein stoffiger Speisenbegleiter internationalen Zuschnitts.

92 Grüner Veltliner Nussberg Reserve 2011
13,5 Vol.%, DV
Leuchtendes Grüngelb. Mit feiner Kräuterwürze unterlegte gelbe Apfelfrucht, ein Hauch von Golden Delicious, feine tabakige Nuancen, zarter Mangoanklang. Saftig, gute Komplexität, wieder gelbe Tropenfruchtaromen, feine Mineralik, die in ein salzig unterlegtes Finale überführt, bleibt lange haften, ein facettenreicher Speisenbegleiter mit gutem Zukunftspotenzial.

91 Grüner Veltliner 2011
13,5 Vol.%, DV, trocken
Mittleres Grüngelb. Mit deutlicher Kräuterwürze unterlegte gelbe Apfelfrucht, tabakige Nuancen, mineralischer Touch. Kraftvoll, stoffige weiße Frucht, gut integrierte Säurestruktur, zart nach Birnen im Nachhall, feinwürziger Rückgeschmack.

89 Wiener Gemischter Satz Classic 2011
12,5 Vol.%, DV, trocken

★★

WEIN- UND SEKTKELLEREI SCHLUMBERGER

1190 Wien, Heiligenstädter Straße 43
T: 01/368 22 58, F: DW 230
services@schlumberger.at
www.schlumberger.at

KELLERMEISTER UND ANSPRECHPARTNER: Herbert Jagersberger
ANZAHL/FLASCHEN: k. A. (92 % weiß, 8 % rot)
HEKTAR: 400 (Vertragswinzer und Sensale)
VERKOSTUNG: ja, gegen Voranmeldung AB-HOF-VERKAUF: ja
ANDERE PRODUKTE IM VERKAUF: Destillate

Der Name Schlumberger ist in Österreich das Synonym für beste Sektkellerei, der »Schlumberger Sparkling Brut« ist auf fast allen Getränkekarten der gehobenen Gastronomie zu finden. 1842 fand Robert Schlumberger in der Thermenregion im Süden Wiens seine persönliche »Champagne«, er legte rund um das Goldeck seine ersten Weingärten an. Bis heute erzeugt das Unternehmen seine Sekte ausschließlich nach der traditionellen Flaschengärmethode, der Kellerpunkt am Flaschenboden jeder einzelnen Flasche ist die Garantie dafür. Sehenswert ist der Reifekeller in Wien-Heiligenstadt, der vom berühmten Architekten Carl Ritter von Ghega im 19. Jahrhundert geplant wurde. Als Grundwein verarbeitet das Haus Schlumberger nur Wein aus Österreich – ein Luxus, den der Genießer zu honorieren weiß. So unterschiedlich die Geschmäcker sind, so vielfältig ist auch das Angebot von Schlumberger. Das Sortiment wird laufend um hochwertige Jahrgangssekte erweitert, wie zum Beispiel Schlumberger Rosé oder Schlumberger Chardonnay. Absolut top ist der »DOM«, den das Haus Schlumberger mit dem Arachon-Winzertrio »T.FX.T.«, bestehend aus Illa Szemes, Manfred Tement und F. X. Pichler, kreiert hat, und der nun mit großem Erfolg von der Topgastronomie angeboten wird. Chardonnay verleiht dem »Schlumberger DOM« Finesse, Eleganz und Zartheit, gereift wird er im historischen Schlumberger-DOM-Keller. Mit einer zarten Dosage durch Manfred Tements Morillon Ried Sulz und 36 Monaten Reifezeit präsentiert sich der »DOM« bereits von seiner besten Seite.

93 Schlumberger DOM T.FX.T 2007 CH/PN
12 Vol.%, NK, trocken, €€€€
Helles Goldgelb, feines, anhaltendes Mousseux. Nuancen von frischer weißer Tropenfrucht, floraler Touch, ein Hauch von Zitruszesten, Wiesenkräuter, attraktives Bukett. Saftig, elegante Textur, reife gelbe Frucht, frisch strukturiert, süßer Birnentouch, Blütenhonig im Nachhall, sehr gute Länge, verfügt über Reifepotenzial.

92 Schlumberger Blanc de Noirs 2006 PN
11,5 Vol.%, NK, trocken, €€€
Helles Grüngelb, lebendiges Mousseux. Feine Nuancen von Biskuit, mit einem Hauch von Orangenzesten unterlegt, feiner gelber Apfel. Elegant, frisch strukturiert, mineralischer Kern, lebendiges Säurespiel, weiße Steinobstnoten im Abgang, ein facettenreicher Speisenbegleiter.

90 Schlumberger Sparkling Brut 2009 WR/CH/WB
NK, trocken, €€€
Mittleres Grüngelb, sehr feines Mousseux. Feine weiße Blüten, ein Hauch von Zitruszesten, frischer grüner Apfel, einladendes Bukett. Saftig, elegante Textur, feine Fruchtsüße, lebendig strukturiert, trinkanimierend und gut anhaltend, wird vielen Anlässen gerecht.

WEINGUT WALTER WIEN

1210 Wien, Untere Jungenberggasse 7
T: 0664/190 34 69
office@weingut-walter-wien.at
www.weingut-walter-wien.at

— **NEU** —

KELLERMEISTER: Norbert Walter und Fritz Wieninger ANSPRECHPARTNER: Norbert Walter ANBAUWEISE: derzeit in Umstellung auf Bio ANZAHL/FLASCHEN: 14.500 (89,7 % weiß, 10,3 % rot) HEKTAR: 3,5 VERKOSTUNG: ja, gegen Voranmeldung AB-HOF-VERKAUF: ja ÜBERNACHTUNGSMÖGLICHKEIT: kann organisiert werden HEURIGER: 29. 6. bis 8. 7. (2. und 3. 7. Ruhetag), 27. 7. bis 5. 8. (30. und 31. 8. Ruhetag), 10. bis 19. 8. (13. 8. Ruhetag), 30. 8. bis 2. 9., 13. bis 23. 9. (17. und 18. 9. Ruhetag), 8. bis 11. 11. MESSEN: VieVinum

Norbert Walter ist gebürtiger Tiroler und in einem landwirtschaftlichen Betrieb in Galtür aufgewachsen. Später zog es ihn immer wieder auf verschiedene Almen in der italienischen Schweiz und in Tirol, wo er insgesamt acht Sommer lang der Käseproduktion nachging. Seit 1989 lebt und arbeitet er in Wien. Auch hier hat er seinen Bezug zur Landwirtschaft nicht verloren. Wien als Großstadt mit eigenem Garten-, Wein-, Obst- und Ackerbau faszinierte ihn von Anfang an. So reifte in ihm schon bald der Wunsch, auch in Wien einer landwirtschaftlichen Tätigkeit nachzugehen. Dieser Traum ging ab 2004 nach und nach in Erfüllung. Damals begann er, Rieden am Nussberg, in Sievering und Oberlaa zu pachten. Ein Jahr darauf konnte er mit großer Freude seinen »Erstling«, einen Wiener Riesling, präsentieren. Die Sortenvielfalt wächst seitdem beständig: Sein »www« (weingut walter wien) umfasst heute neben Riesling auch Grünen Veltliner, Gemischten Satz, Chardonnay und Zweigelt.

Die Qualität seiner Weine liegt Norbert Walter besonders am Herzen. Naturnaher Weinbau, behutsame Pflege der Weinstöcke und äußerste Sorgfalt bei der Ernte sind die Voraussetzung für ausgezeichnete Tropfen. Zur Vollendung gebracht werden die Weine stets von seinem Freund Fritz Wieninger, Profiwinzer und Qualitätspionier. Am Bisamberg konnte er 2008 einen idyllischen Weingarten mit Weinkeller erwerben. Mit viel Engagement und Liebe zum Detail konnte er hier, inmitten der Weingärten, einen ruhigen Platz der Gemütlichkeit für seine Gäste schaffen. Die aktuellen Ausstreckzeiten finden Sie online unter www.weingut-walter-wien.at.

92 Wiener Riesling Riede Preussen Terrassen – Nussberg 2011
14 Vol.%, DV, Stahltank, 1500, extratrocken, €€
Helles Grüngelb. Intensive Tropenfrucht, Maracuja, etwas Papaya, feiner Blütenhonig. Kraftvoll, stoffig, seidig und rund, bleibt gut haften, angenehme Extraktsüße im Abgang, gutes Reifepotenzial.

91 Wiener Riesling Riede in den Unteren Jungen Bergen – Bisamberg 2011
13 Vol.%, DV, Stahltank, 2500, €€
Helles Grün. Intensive Steinobstanklänge, florale Nuancen, attraktives Bukett. Elegant, reife Tropenfrucht, finessenreich und anhaltend, feine gelbe Frucht im Abgang, zart nach Ananas im Nachhall.

L 90 Wiener Chardonnay Riede in den Unteren Jungen Bergen – Bisamberg 2011
12,5 Vol.%, DV, Stahltank, extratrocken, 3500
Helles Grüngelb. Feine Kräuterwürze, Golden Delicious, mineralischer Touch. Saftig, elegant, feiner Säurebogen, ein Hauch von gelbem Apfel, finessenreiche Säurestruktur, zitroniger Ton, ein vielseitiger Speisenbegleiter.

L 90 Wiener Gemischter Satz Riede in den Unteren Jungen Bergen – Bisamberg 2011
12,5 Vol.%, DV, Stahltank, 3500, extratrocken, €€
Helles Grüngelb. Feine gelbe Apfelfrucht, ein Hauch von Steinobst, Blütenaromen. Mittlerer Körper, weiße Frucht, finessenreicher Säurebogen, ein Hauch von Honigmelonen im Abgang, zarter Apfeltouch im Nachhall.

89 Wiener Grüner Veltliner Riede in den Unteren Jungen Bergen – Bisamberg 2011
12,5 Vol.%, DV, Stahltank, 2000, extratrocken, €€

89 Wiener Zweigelt Riede Weichseltal – Oberlaa-Stadt Reserve 2010
13 Vol.%, Barrique, 1500, extratrocken, €€€

WEINGUT WIENINGER

★★★★

1210 Wien, Stammersdorfer Straße 80
T: 01/290 10 12, F: DW 3
weingut@wieninger.at
www.wieninger.at

BIO

KELLERMEISTER UND ANSPRECHPARTNER: Ing. Fritz Wieninger
ANZAHL/FLASCHEN: 250.000 (69 % weiß, 30 % rot, 1 % süß) **HEKTAR:** 35
VERKOSTUNG: ja, gegen Voranmeldung **AB-HOF-VERKAUF:** ja **HEURIGER:** bis 21. 12. von Mi. bis Fr. 15–24 Uhr, Sa., So. und Fei. 12–24 Uhr, 9. 1. bis 8. 3. Fr. 15–24 Uhr, Sa., So. 12–24 Uhr, ab 11. 3. Mi. bis Fr. 15–24 Uhr, Reservierung unter 01/292 41 06
ANDERE PRODUKTE: Gegenbauer Weinessig **ÜBERNACHTUNGSMÖGLICHKEIT:** kann organisiert werden **VEREINSZUGEHÖRIGKEIT:** Tu Felix Austria, WIENWEIN, Premium Estates of Austria, Respekt **MESSEN:** ProWein, VieVinum, Vinitaly

Wer in Wien einen solchen Namen trägt, ist verpflichtet, das Beste zu geben. Und diesem Auftrag kommt Fritz Wieninger schon seit vielen Jahren gewissenhaft nach. Auch hier hat sich aus einem traditionsreichen Heurigenbetrieb heraus ein qualitätsorientiertes Topweingut entwickelt.

Seit einigen Jahren verarbeitet Wieninger Trauben von beiden Seiten des Donauflusses. Mit den berühmten Lagen am Nussberg, Wiens bester Weinriede, verfügt der dynamische Winzer nun über ein noch besseres Traubenmaterial, und er versteht es, dies in eine unglaublich umfangreiche Palette an Spitzenweinen zu übersetzen.

In Österreich ist Wieninger für seine barriquegereiften Chardonnays und Pinot Noirs aus der Spitzenserie »Grand Select« berühmt, sein cassiswürziger Bordeaux-Blend Cabernet-Merlot – er heißt jetzt »Danubis Grand Select« – verdient ebenso Beachtung. Der exportorientierte Betrieb hat aber als einziges Wiener Weingut eine österreichweite Akzeptanz in der Topgastronomie gefunden. Längst ist Wieninger in Sachen Qualitätswein die klare Nummer eins der Metropole, 35 Prozent der Produktion werden in 24 Länder auf drei Kontinenten exportiert. Der Anteil in der Wiener Gastronomie ist im letzten Jahr ebenfalls stark gestiegen. Im Mai 2005 eröffnete der Wiener Bürgermeister Dr. Michael Häupl das neue Produktionsgebäude in historischem Gemäuer unweit des Familienbetriebes, mit dem Fritz Wieninger nun sein Weingut bezüglich des Platzangebotes optimiert hat.

Um den Wiener Spitzenwein noch populärer zu machen, hat sich Wieninger mit den Weingütern Christ, Edlmoser und neuerdings auch Cobenzl und Mayer am Pfarrplatz zur Gruppe WIENWEIN zusammengetan.

95 Chardonnay Grand Select 2009
14 Vol.%, NK, Barrique, 4500, €€€€€
Mittleres Grüngelb. Feine Röstaromen, ein Hauch von Grapefruitzesten, mit gelber Tropenfrucht und weißen Nuancen unterlegt, ein Hauch von Feuerstein. Saftig, angenehme Würze, elegant und ausgewogen, extraktsüß, feine Frucht, mineralisch und anhaltend, kraftvolles Finale, feiner Orangentouch im Abgang, großes Reifepotenzial.

(93–95) Riesling Rosengartl 2011
VL, Stahltank, extratrocken, 500
Helles Grüngelb. Mit dunkler Mineralik unterlegte gelbe Pfirsichfrucht, zart mit Ananas unterlegt, zarte Blütenaromen, attraktives Bukett. Saftig und elegant, mineralisch auch am Gaumen, feine Säurestruktur, gelbe Tropenfrucht im Nachhall, sicheres Entwicklungspotenzial. Leider nur in minimalen Mengen verfügbar.

(93–95) Wiener Gemischter Satz Rosengartl Alte Reben 2011
13,5 Vol.%, NK, Stahltank, 2500, €€€€€
Helles Grüngelb. Zarte Birnenfrucht, ein Hauch von Orangenzesten und Kräutern, rauchig-mineralisch. Saftig, feine Nuancen von Honigmelonen, elegant, feine Säurestruktur, dezente Zitrusnoten, angenehme Extraktsüße im Nachhall, sehr gutes Reifepotenzial, ein kraftvoller Speisenbegleiter.

(92–94) Riesling Nussberg 2011
13,5 Vol.%, VL, Stahltank, trocken, 4000, €€€
Helles Gelbgrün. Frischer gelber Pfirsich, zart nach Oran-

genzesten, ein Hauch von Blütenhonig. Saftig, eleganter Körper, angenehm eingebundene Fruchtsüße, feiner Säurebogen, ausgewogen und bereits gut entwickelt, sehr gutes Reifepotenzial, mineralisch, sicheres Reifepotenzial.

(92-94) Wiener Gemischter Satz Nussberg Alte Reben 2011
13,5 Vol.%, NK, Stahltank, 12000, €€€€

Helles Grüngelb. Feine Kräuterwürze, ein Hauch von Grapefruit, weißer Apfel, dunkle Mineralik. Stoffig, reife weiße Frucht, engmaschig, lebendige Struktur, Zitrusfrüchte im Abgang, wird von Flaschenreife profitieren, gute Länge, ein stattlicher Speisenbegleiter.

(92-94) Grüner Veltliner Preussen 2011
14,5 Vol.%, VL, Stahltank, 1000, €€€€€

Helles Gelbgrün. Einladende gelbe Apfelfrucht, zart nach Honigmelone und Blütenaromen, frische Wiesenkräuter, ein Hauch von Orangenzesten. Stoffig, opulent, reife Birnennote, gut integrierte Säurestruktur, bleibt gut haften, gelbe Tropenfrucht im Nachhall.

92 Chardonnay Select 2010
13 Vol.%, VL, großes Holzfass/Barrique, 5000, extratrocken, €€€

Mittleres Gelbgrün. Feine Röstanklänge, Vanille, mit reifer gelber Tropenfrucht unterlegt, zart nach Litschi, weiße Blüten. Saftig, feine Karamellnuancen, zart nach Steinobst, feines Säurespiel, ausgewogen, bereits gut antrinkbar, ein facettenreicher Speisenbegleiter.

L 92 Grüner Veltliner Nussberg 2011
12,5 Vol.%, VL, Stahltank, 9000, extratrocken, €€

Helles Grüngelb. Feine gelbe Frucht, mit dunkler Mineralik unterlegt, ein Hauch von Marillen, tabakiger Touch. Stoffig, zarte Birnenfrucht, frisch strukturiert, straff, gute mineralische Nuancen, zeigt eine angenehme Länge, verfügt über Reifepotenzial.

L 91 Grüner Veltliner Herrenholz 2011
12,5 Vol.%, DV, Stahltank, 7000, extratrocken, €€

Helles Grüngelb. Feine gelbe Frucht, ein Hauch von Steinobst, etwas Grapefruit. Saftig, engmaschig, feine weiße Frucht, angenehme Extraktsüße, feine Säurestruktur, gute Länge, ein lebendiger Speisenbegleiter.

(90-92) Traminer Bisamberg 2011
14 Vol.%, NK, Stahltank, 2000, lieblich, €€€ (0,375 l)

Mittleres Gelbgrün. Feine Nuancen von Rosen und Eibischteig, zart nach Mandarinenzesten. Saftig, elegant, frisches Säurespiel, das den Restzucker gut puffert, feiner Orangentouch im Nachhall, bereits gut antrinkbar.

90 Riesling Wiener Berge 2011
13 Vol.%, DV, Stahltank, 7000, extratrocken, €€

Helles Grüngelb. Feine Pfirsichfrucht, dunkle Mineralik unterlegt, feine Blütenaromen. Saftig, elegant, angenehme Fruchtsüße, gut eingebundene Säurestruktur, zarter Honigtouch im Abgang, ein feiner Speisenbegleiter.

L 90 Wiener Gemischter Satz 2011
12,5 Vol.%, DV, Stahltank, 40.000, extratrocken, €€

Helles Grüngelb. Zart rauchig unterlegte weiße Apfelfrucht, feiner Blütenhonig, mineralischer Touch. Knackig, engmaschig, feine vegetale Würze, frisch strukturiert, zart nach Mango im Nachhall, zitroniger Anklang im Rückgeschmack.

L 90 Grüner Veltliner Wiener Berge 2011
12 Vol.%, DV, Stahltank, 42.000, extratrocken, €€

Helles Grüngelb. Feine rauchige Nuancen, zarte Apfelfrucht, ein Hauch von Kräutern. Saftig, feine Birnenfrucht, lebendige Säurestruktur, mineralisch und gut anhaltend, zitroniger Touch im Nachhall, ein finessenreicher Speisenbegleiter.

89 Chardonnay Classic 2011
12 Vol.%, DV, Stahltank, 35.000, extratrocken, €€

88 Gelber Muskateller Bisamberg 2011
11,5 Vol.%, DV, Stahltank, 2000, extratrocken, €€

(93-95) Pinot Noir Grand Select 2009
NK, Barrique, 3000, €€€€€

Mittleres Karmingranat, zart unterockert, breiter Wasserrand. Feine Waldbeeren und Herzkirschen, angenehme Holzwürze, ein Hauch von Himbeermark, florale Nuancen, facettenreiches Bukett. Stoffig, engmaschig, dunkle Beerenfrucht, feine Tannine, zart nach Kokos, bleibt gut haften, betonte Mineralik im Abgang, gutes Reifepotenzial.

(93-95) Danubis Grand Select 2009 CS/ME
14 Vol.%, NK, Barrique, 3000, €€€€€

Kräftiges Karmingranat, zart unterockert, Wasserrand. Feine balsamische Nuancen, deutliche Kräuternote, dunkle Beerenfrucht, zart nach Lakritze, ein Hauch von Havannatabak. Saftig, gute Komplexität, angenehme Extraktsüße, feine Edelholzwürze, feines Cassis und Preiselbeeren im Nachhall, sehr gute Länge, reif und dennoch elegant, gutes Reifepotenzial.

93 St. Laurent Bisamberg 2009
NK, Barrique, 1000, €€€€

Kräftiges Kramingranat, breitere Randaufhellung. Feine Kräuterwürze, rauchig-tabakig, mit saftiger Kirschenfrucht unterlegt, ein Hauch von Brombeeren. Saftig, elegant, gute Würze, angenehme Extraktsüße, finessenreiche Struktur, zarter Kräutertouch, Orangentouch im Nachhall.

92 Pinot Noir Select 2009
13 Vol.%, VL, Barrique, 7000, extratrocken, €€€€

Mittleres Karmingranat, breiter Wasserrand. Einladende rote Beerenfrucht, ein Hauch Orangenzesten, rauchige Würze. Saftig, elegant, feine rote Beerenfrucht, ausgewogene Textur, feiner Karamelltouch, angenehme Kräuternote im Nachhall.

88 Rosé de Pinot 2011
12 Vol.%, DV, Stahltank, 3000, extratrocken, €€

95 Riesling BA 2011
12 Vol.%, Stahltank, süß, €€€€€
Helles Grün, Silberreflexe. Feine ätherische Nuancen, ein Hauch von Zitruszesten, ein Hauch von Quittengelée. Saftig, salzig, feiner Weingartenpfirsich, gute Rasse, engmaschig, mittlerer Körper, feiner Honig im Abgang, süße Steinobstnoten im Nachhall.

Wien

★★★

WEINGUT ZAHEL

1230 Wien, Maurer Hauptplatz 9
T: 01/889 13 18, F: DW 10
winery@zahel.at
www.zahel.at

KELLERMEISTER: Alexander Skoff ANSPRECHPARTNER: Richard Zahel und Alexander Skoff ANZAHL/FLASCHEN: 100.000 (70 % weiß, 30 % rot) HEKTAR: 25 VERKOSTUNG: ja AB-HOF-VERKAUF: ja HEURIGER: 9. bis 22 7., 6. bis 19. 8., 7. bis 20. 9., 1. bis 14. 10., 29. bis 11. 11. und 30. 11. bis 16. 12. ÜBERNACHTUNGSMÖGLICHKEIT: kann organisiert werden ANDERE PRODUKTE IM VERKAUF: Tresterbrand, Delikatessenprodukte im Zahel-Shop MESSEN: ProWein, Vinexpo Bordeaux, International Wine Fair London

Richard Zahel, Pionier aus dem Süden der Metropole, zählt zweifellos zu den führenden Winzern Wiens. Durch sein Qualitätsstreben und seinen Einsatz für den Wiener Gemischten Satz hat er neben einem traditionellen Heurigenbetrieb auch eines der modernsten Weingüter Wiens aufgebaut. Dieses besitzt als einziges Weingartenflächen in allen Weinbauzonen von Wien. Diese sind in Mauer, wo sich auch das Weingut und der Heurigen befindet, in Oberlaa, Neustift am Walde, Sievering und am berühmten Nussberg, einer der besten Lagen Wiens.

Die Weingärten in Mauer liegen an den Ausläufern des Wienerwaldes und entsprechen mit ihren Bodenprofilen durchaus bereits denen der nördlichen Thermenregion. Das warme pannonische Klima mit kühlen Nächten kommt vor allem den Gemischten Sätzen, Burgundersorten, aber auch dem Rotwein sehr entgegen. Diese Vielfalt an unterschiedlichen Lagen, Böden und Mikroklimata machen es sehr spannend, in Wien Wein zu produzieren. Im Juli 2010 wurde das neue Kellergebäude samt Barriquekeller, Presshaus sowie Präsentationsraum und Zahel-Shop durch Bundeskanzler Werner Faymann und Bürgermeister Dr. Michael Häupl feierlich eröffnet. Für die nächsten Jahre planen Richard Zahel und Alexander Skoff die weitere Ausweitung und Erforschung der Rieden in Oberlaa und setzen den Fokus auf eine nachhaltige, ökologische und umweltschonende Bewirtschaftung aller Weingärten. Durch sein jahrzehntelanges Engagement für den Wiener Gemischten Satz wird Richard Zahel von Österreich über Tokio und New York als »Mister Gemischter Satz« bezeichnet.

93 Wiener Gemischter Satz Nussberg Grande Reserve 2010
13 Vol.%, NK, Stahltank, extratrocken, €€€
Kräftiges Gelbgrün. Intensive Noten von Quitten und reifer Apfelfrucht, mit frischen Wiesenkräutern unterlegt, ein Hauch von Dörrbirnen, rotbeerig-florale Nuancen. Komplex, nach Orangen, saftige Textur, frischer Säurebogen, von dem viel Trinkanimo ausgeht, feine Fruchtsüße im Finale, mineralischer Nachhall, ein facettenreicher Speisenbegleiter.

(91-93) Riesling Preussen 2011
13 Vol.%, DV, Stahltank, trocken, €€€
Mittleres Grüngelb. Feine Steinobstklänge nach frischem Weingartenpfirsich, weiße Tropenfrucht, ein Hauch von Litschi, mineralischer Touch, zitroniger Touch. Saftig, reife gelbe Frucht, nach Ananas, angenehmer Säurebogen, extratsüßer Nachhall, besitzt eine gute Länge, sicheres Entwicklungspotenzial.

91 Wiener Gemischter Satz Nussberg 2011
13,5 Vol.%, DV, Stahltank, extratrocken, €€€
Mittleres Grüngelb. Noch etwas verhalten, zarte gelbe Tropenfruchtaromen, feine rauchige Mineralik. Elegant, reife Frucht, lebendige Säurestruktur, ein stoffiger, trinkanimierender Stil, feine Anklänge an Orangen im Abgang, bleibt gut haften, verfügt über Reifepotenzial.

(89-91) Grüner Veltliner Kaasgraben 2011
13,5 Vol.%, DV, Stahltank, extratrocken, €€€
Mittleres Grüngelb. Frischer gelber Apfel, Noten von Golden Delicious, mit angenehmer Kräuterwürze unterlegt, tabakige Nuancen. Stoffig, extratsüß, mit angenehmer Säurestruktur unterlegt, zarte gelbe Frucht im Abgang, ein angenehmer Speisenbegleiter.

89 Grüner Veltliner Goldberg 2011
12,5 Vol.%, DV, Stahltank, extratrocken, €€

(88-90) Riesling Reisberg 2011
13 Vol.%, DV, Stahltank, trocken, €€€

NIEDERÖSTERREICH

Niederösterreich – Vielfalt hat einen Namen

Niederösterreich ist mit 30.500 Hektar Österreichs größtes Qualitätsweinbaugebiet. Unter seinem Namen vereint sich ein reichhaltiges Potenzial von Weinherkünften und Weinstilen heimischer Weinraritäten, aber auch internationaler Rebsorten. Die acht in Niederösterreich beheimateten spezifischen Weinbaugebiete mit den klingenden Namen Wachau, Kremstal, Kamptal, Traisental, Wagram, Weinviertel, Thermenregion oder Carnuntum lassen sich grob in drei Klimaräume einteilen: das Weinviertel im Norden, den Donauraum westlich von Wien und das pannonische Niederösterreich im Südosten.

Das große Weinviertel sorgte 2003 für positive Schlagzeilen, als es sich entschloss, nur mehr seinen Paradewein, den pfeffrigen Grünen Veltliner unter dem Namen Weinviertel zu vermarkten. Seitdem garantiert die Bezeichnung »Weinviertel DAC« auf dem Etikett pfeffrig-würzige, frische Veltliner im Glas. Die vielfältige Sortenpalette von frischen Weißweinen, fruchtigen Rotweinen und sogar Süßweinspezialitäten aus dem Weinviertel findet man unter der Herkunftsbezeichnung Niederösterreich.

Entlang der Donau von Melk bis Klosterneuburg und ihren Nebenflüssen Krems, Traisen und Kamp findet man herrliche Weinorte aufgefädelt wie an einer Perlenkette. Hier hat sich neben dem Grünen Veltliner auch der Riesling als Flaggschiff positioniert. Diese beiden Rebsorten finden auch im Kremstal DAC, Kamptal DAC und Traisental DAC ihre typischen Ausprägungen. Die steilen Urgesteinslagen der Wachau gehen im östlichen Teil des benachbarten Kremstals in Lössterrassen über, die den Weincharakter auch im Traisental und am Wagram prägen. Im Kamptal verleihen besondere Böden, darunter sogar solche vulkanischen Ursprungs, den Weinen unverkennbaren Charakter. Spezialitäten wie Roter Veltliner, Weißburgunder, Chardonnay, aber auch elegante Rotweine aus diesem Teil Niederösterreichs runden das Bild ab.

Im pannonischen Niederösterreich südlich von Wien wachsen einige der herausragenden Rotweine Österreichs, wobei in Carnuntum der Zweigelt und neuerdings auch Blaufränkisch, in der Thermenregion der St. Laurent und Blauburgunder den Ton angeben. Und überall finden sich Spezialitäten: Zierfandler und Rotgipfler um Gumpoldskirchen, davon auch edelsüße Raritäten sowie auch moderne rote Cuvées. Niederösterreich, das ist die Vielfalt aus dem weiten Land der großen Weine.

CARNUNTUM

Carnuntum – Historische Stätten, elegante Rotweine

Archäologen fördern seit vielen Jahren Zeugnisse der römischen Kultur aus dem geschichtsträchtigen Boden von Carnuntum. Doch ebenso erstaunlich sind die »Bodenschätze« von den rund 1000 Hektar Rebfläche, allen voran regionstypische Rotweine. Als »Rubin Carnuntum« mit dem Symbol des Heidentors, eines römischen Relikts, am Etikett geziert, verstärken sie die Identität des Gebietes, getragen von einer erfolgreichen Riege von Winzerpersönlichkeiten.

Das Weinbaugebiet Carnuntum erstreckt sich östlich von Wien bis an die Grenze zur Slowakei. Die Weingärten dehnen sich südlich der Donau über drei Hügellandschaften aus: das Leithagebirge, das Arbesthaler Hügelland und die Hainburger Berge. Steinige, schwere Böden mit Lehm und Löss, Sand und Schotter bieten besonders den Rotweinsorten beste Bedingungen, an der Spitze die einheimischen Leitsorten Blauer Zweigelt, flankiert von internationalen Sorten wie Cabernet Sauvignon und Merlot. Eine Renaissance erlebt der Blaufränkisch, der in der Region in Prellenkirchen, speziell am Spitzerberg, ideale Bedingungen vorfindet wie kaum sonst wo in Niederösterreich. Das pannonische Klima mit seinen heißen Sommern und kalten Wintern, die Nähe der Donau und auch der auf die Temperatur ausgleichend wirkende Neusiedler See lassen die blauen Trauben voll ausreifen. Dieses natürliche Potenzial wusste die junge Winzergeneration zu nutzen und führte das Gebiet innerhalb kurzer Zeit an die Spitze: mit harmonischen Rotweinen, die Frucht und Eleganz vereinen. Modern in der Stilistik, aber eigenständig und der Herkunft verpflichtet. Bei alldem soll nicht vergessen werden, dass auch Weißweine – speziell Grüner Veltliner, jüngst vermehrt Sauvignon Blanc und die Burgundersorten, aber auch der traditionelle Gemischte Satz – sich hier durch Struktur und Kraft auszeichnen.

Ausgezeichnet ist auch die strategische Ausrichtung der Region im Tourismus, einem wesentlichen Faktor für den Weinabsatz. Die Nähe der glanzvoll renovierten Barockschlösser im nahen Marchfeld, der aktionsreiche Archäologiepark Carnuntum, der Nationalpark Donau-Auen und nicht zuletzt das Einzugsgebiet der slowakischen Hauptstadt Bratislava eröffnen zahlreiche Chancen, Besucher und Gäste mit den Vorzügen der Carnuntum-Weine vertraut zu machen. Weinorte wie Göttlesbrunn, Höflein oder Prellenkirchen, bekannt auch durch zahlreiche gemütliche Buschenschankbetriebe, waren von jeher Anziehungspunkte für Ausflügler, vor allem durch die Nähe zu Wien. Außerdem nimmt die Gastronomie immer mehr Aufschwung. Und dort sind gebietstypische Weine die klare Nummer eins auf den Weinkarten, passen sie doch hervorragend zur regionalen Küche.

Carnuntum

★★★★
- Weingut Hans und Philipp Grassl, Göttlesbrunn
- Weingut Gerhard Markowitsch, Göttlesbrunn

★★★
- Weingut Artner, Höflein
- Weingut Walter Glatzer, Göttlesbrunn
- Weingut Franz und Christine Netzl, Göttlesbrunn
- Weingut Trapl, Sarasdorf

★★
- Weingut Böheim, Arbesthal
- Weingut Jahner, Wildungsmauer
- Weingut Marko – Lukas Markowitsch, Göttlesbrunn
- Muhr – Van der Niepoort, Rohrau
- Weingut Nadler, Arbesthal

★★
- Nepomukhof – Familie Graßl, Göttlesbrunn
- Weingut Hans und Martin Netzl, Göttlesbrunn
- Robert Payr, Höflein
- Weingut Gerhard Pimpel, Göttlesbrunn
- Weingut Schenzel-Wallner, Bruck/Leitha
- Weingut Franz Taferner, Göttlesbrunn

★
- Weinbau Ernst Lager, Göttlesbrunn
- Weingut Meinrad Markowitsch, Göttlesbrunn
- Weingut Horst und Irene Pelzmann, Berg
- Weingut Josef Pimpel, Petronell
- Weingut Birgit Wiederstein, Göttlesbrunn

Carnuntum

★★★
WEINGUT ARTNER

2465 Höflein, Dorfstraße 93
T: 02162/631 42, F: 02162/662 55
weingut@artner.co.at
www.artner.co.at

KELLERMEISTER: Peter Artner ANSPRECHPARTNER: Hannes Artner und Mag. (FH) Christoph Artner ANZAHL/FLASCHEN: k. A. (30 % weiß, 70 % rot) HEKTAR: 30 Verkostung: ja, gegen Voranmeldung AB-HOF-VERKAUF: ja, limitierte Menge HEURIGER: 10. bis 19. 8., 19. bis 28. 10., täglich ab 15 Uhr RESTAURANT: Artner am Franziskanerplatz, 1010 Wien; Artner auf der Wieden, 1040 Wien ÜBERNACHTUNGSMÖGLICHKEIT: kann organisiert werden ANDERE PRODUKTE IM VERKAUF: Destillate, Sekt, Süßwein »Portuguese Love«, Ziegenkäsespezialitäten MESSEN: ProWein, VieVinum VEREINSZUGEHÖRIGKEIT: Die Rubin Carnuntum Weingüter

Das Weingut Artner liegt in Höflein im Herzen des Weinbaugebiets Carnuntum. Auf einer Fläche von 30 Hektar werden die Weingärten vorwiegend auf steinigen Kalk- und Lössböden bewirtschaftet. Die Lagen genießen den klimatischen Einfluss des Neusiedler Sees sowie der nahe gelegenen Donau und befinden sich in erster Linie auf sonnigen Südhängen.

Das Weingut Artner hat sich insbesondere auf die heimischen Sortenvertreter wie Zweigelt und Blaufränkisch spezialisiert. Diese Sorten entwickeln sich besonders im Ausbau in kleinen Eichenfässern zu Weinen mit eigenständiger Stilistik und unglaublich dichter und fruchtiger Struktur. Mit der Marke »Rubin Carnuntum« Zweigelt Barrique setzt der Betrieb jedes Jahr einen besonderen qualitativen Schwerpunkt im Sortiment mit einem konkurrenzfähigen Preis-Qualitäts-Verhältnis. Im Bereich internationaler Sortenvertreter verfügen die Artners besonders bei Cabernet Sauvignon und Merlot über jahrelange Erfahrung in der Vinifizierung und erzielen hier jedes Jahr komplexe, harmonische Weine mit tollem Potenzial.

Besonders beim Syrah, einer Sorte, die die ganze Leidenschaft des Winzers widerspiegelt und die jedes Jahr unglaubliche Weine hervorbringt, erringt das Weingut regelmäßig internationale Auszeichnungen, beispielsweise den Falstaff-Sortensieg mit den Jahrgängen 2000 und 2005. Die Top-Cuvée »Amarok« mit Schwerpunkt auf Zweigelt und Syrah hat sich mittlerweile als Flaggschiff des Hauses etabliert, und mit dem Garagenwein »massive a.« zeigt das Weingut Artner das wahre Potenzial von Syrah in Österreich, allerdings kommt dieser Wein nur in den besten Jahren auf die Flasche. Auf dem Weißweinsektor wird ebenso eine große Palette an hervorragenden gebietstypischen Sortenvertretern angeboten. So zeichnen sich die Grünen Veltliner als typisch österreichische Weine mit ausgeprägt würziger Frucht und harmonischem Säurespiegel aus. Auch Sorten wie Sauvignon Blanc und Gelber Muskateller gedeihen im Klima des Weinbaugebiets Carnuntum hervorragend. Vor allem die Reserve-Weine (Grüner Veltliner Steinäcker Reserve, Sauvignon Blanc und »massive a. weiß«, der zu hundert Prozent aus Chardonnay besteht) zeugen vom Weißweinpotenzial der Region.

Als perfekte Ergänzung betreibt die Familie in Wien zwei gediegene Feinschmeckerrestaurants mit Schwerpunkt auf traditionellen heimischen Gerichten. Beim Heurigen im alten Bauernhof in Höflein kann man ebenso die Weine und Ziegenkäsespezialitäten der Familie genießen und mit nach Hause nehmen.

(94–96) massive a. rot 2009 SY/ZW/ME
14 Vol.%, NK, Barrique, 1200, extratrocken, €€€€€
Dunkles Rubingranat, violette Reflexe, zarter Ockerrand. Feine Gewürzanklänge, Edelholztouch, dunkle Beeren, ein Hauch von Nougat, facettenreiches Bukett. Saftig, engmaschig, angenehme Extraktsüße, schwarze Beerenfrucht, seidige, tragende Tannine, schokoladiger Nachhall, sehr gute Länge, süß und anhaltend, ein hocheleganter Speisenbegleiter, feine Dörrobstnuancen im Rückgeschmack.

Carnuntum

(91-93) Amarok 2010 ZW/SY/ME/CS
14 Vol.%, NK, Barrique, 10.000, extratrocken, €€€€
Dunkles Rubingranat, violette Reflexe, zarte Randaufhellung. Feine Kräuterwürze, zart pfeffrig unterlegtes dunkles Waldbeerkonfit, kandierte Orangenzesten, rauchige Nuancen. Saftig, elegant, frisch strukturiert, reife Tannine, feine Kirschenfrucht im Abgang, zarter Nougat, gute Länge, gelungener, gastronomischer Stil.

(91-93) Blaufränkisch Reserve Kirchweingarten 2010
14 Vol.%, NK, Barrique, 1200, extratrocken, €€€€€
Dunkles Rubingranat, violette Reflexe, zarte Randaufhellung. Etwas verhaltenes Bukett, zart blättrige Nuancen, Brombeerkonfit. Mittlere Komplexität, frische Kirschenfrucht, feste Tannine, wirkt relativ leichtfüßig, feine Würze im Abgang, ein vielseitiger Speisenbegleiter mit Entwicklungspotenzial.

(90-92) Syrah and ever ... 2010
14 Vol.%, NK, Barrique, 2500, extratrocken, €€€€€
Dunkles Rubingranat, violette Reflexe, zarte Randaufhellung. Feine süße Edelholzaromen, zart mit Vanille unterlegte dunkle Beerenfrucht, angenehme Würze, Kräuternote. Stoffig, frische Zwetschkenfrucht, gut integrierte Tannine, bleibt gut haften, bereits zugänglich, ein vielseitiger Essenswein mit Entwicklungspotenzial.

(90-92) Zweigelt Reserve Steinäcker 2010
14 Vol.%, NK, Barrique, 1200, extratrocken, €€€€€
Dunkles Rubingranat, violette Reflexe, zarte Randaufhellung. Einladende Nase nach reifen Zwetschken und Gewürznelken, feine Nuancen von Orangenzesten, feiner Nougat. Saftig, elegant, dunkle Beerenfrucht, gut integrierte Tannine, salzige Mineralik im Finish, ein gut balancierter Speisenbegleiter mit Reifepotenzial.

(89-91) Zweigelt Rubin Carnuntum 2011
14 Vol.%, NK, Teilbarrique, 15.000, extratrocken, €€
Tintiges Rubingranat, opake Farbe, zarte Randaufhellung. Intensives frisches Waldbeerkonfit, ein Hauch von Cassis und Lakritze. Saftig, samtige Textur, rotbeerige Nuancen, frisch und bereits harmonisch, ein vielseitiger, fruchtbetonter Speisenbegleiter.

(88-90) Grüner Veltliner Reserve Steinäcker 2011
13 Vol.%, DV, großes Holzfass, 1200, extratrocken, €€

(87-89) Sauvignon Blanc Reserve Bühlweingarten 2011
13 Vol.%, DV, großes Holzfass, 2500, extratrocken, €€

Carnuntum

★★

WEINGUT BÖHEIM

2464 Arbesthal, Hauptstraße 38 und 40
T: 02162/88 59, F: DW 59
wein@gut-boeheim.at
www.gut-boeheim.at

KELLERMEISTER UND ANSPRECHPARTNER: Johann Böheim
ANZAHL/FLASCHEN: k. A. (50 % weiß, 50 % rot) **HEKTAR:** 19
VERKOSTUNG: ja **AB-HOF-VERKAUF:** ja
ÜBERNACHTUNGSMÖGLICHKEIT: kann organisiert werden
ANDERE PRODUKTE IM VERKAUF: Carnuntum Trester Brand, Sekt
VEREINSZUGEHÖRIGKEIT: Die Rubin Carnuntum Weingüter
MESSEN: VieVinum, ProWein

Im Arbesthaler Hügelland im Weinbaugebiet Carnuntum findet man das Weingut Böheim. Sowohl Rot- als auch Weißweine gehören zum Angebot Johann Böheims. Insbesondere die Cuvée »Böheim Privat« aus dem Spitzenjahrgang 2009 glänzte heuer, braucht aber noch etwas mehr Zeit, gut entwickelt präsentiert sich hingegen die trinkanimierende Cuvée »Stuhlwerker«. Weiters setzt der Betrieb auf den Blaufränkisch, der das Potenzial der Sorte in Carnuntum duchaus erkennen lässt. Diese Weine beeindrucken mit tiefer Farbe und gutem Potenzial.

Bei den Weißweinen setzt der Betrieb auf den Grünen Veltliner – mit Erfolg, wie regelmäßige Topplatzierungen beim »Falstaff Grüner Veltliner Grand Prix« in den vergangenen Jahren bewiesen haben. Darüber hinaus ist das Preis-Leistungs-Verhältnis der Böheim-Weine sehr überzeugend.

(92-94) Böheim Privat 2009 SY/BF
14 Vol.%, NK, Barrique, extratrocken
Tiefdunkles Rubingranat, violette Reflexe, zarter Wasserrand. Zunächst etwas verhalten, feine pfeffrig unterlegte Kräuterwürze, schwarze Beerenfrucht, tabakige Nuancen. Stoffig, reife Beerenfrucht, feine Extraktsüße, präsente, gut integrierte Tannine, Edelschokolade im Nachhall, zeigt eine gute Länge, feinwürziger Rückgeschmack, ein vielseitiger Speisenbegleiter.

(89-91) Stuhlwerker 2010 ME/ZW
13,5 Vol.%, NK, Barrique, extratrocken, €€€
Dunkles Rubingranat, violette Reflexe, breiter Wasserrand. Frische Anklänge von Kirschen und Zwetschken, frische Wiesenkräuter, Mandarinenzesten. Mittlere Komplexität, rotbeerige Frucht, feine Tannine, frisch strukturiert, zart nach Schokolade im Abgang, trinkanimierender Stil.

(88-90) Rubin Carnuntum 2011 ZW
13 Vol.%, NK, großes Holzfass/Teilbarrique, extratrocken, €€

(90-92) Grüner Veltliner Privat 2011
14 Vol.%, NK, Stahltank, extratrocken, €€€€
Mittleres Grüngelb. Frische Birnenfrucht, mit zarten Wiesenkräutern unterlegt, tabakige Nuancen. Kraftvoll, saftige gelbe Tropenfrucht, reife Mango, feines Säuregerüst, extraktsüßer Nachhall, ein stoffiger Speisenbegleiter, zeigt eine gute Länge, verfügt über Reifepotenzial.

(88-90) Grüner Veltliner Reserve 2011
13,5 Vol.%, DV, Stahltank, extratrocken, €€

88 Grüner Veltliner 2011
12,5 Vol.%, DV, Stahltank, extratrocken, €€

★★★

WEINGUT WALTER GLATZER

2464 Göttlesbrunn, Rosenbergstraße 5
T: 02162/84 86, F: 02162/89 01
info@weingutglatzer.at
www.weingutglatzer.at

KELLERMEISTER UND ANSPRECHPARTNER: Walter Glatzer
ANZAHL/FLASCHEN: 200.000 (30 % weiß, 70 % rot) HEKTAR: 24,5
VERKOSTUNG: ja, gegen Voranmeldung AB-HOF-VERKAUF: ja
VEREINSZUGEHÖRIGKEIT: Die Rubin Carnuntum Weingüter
MESSEN: VieVinum, ProWein

Carnuntum

Walter Glatzer ist einer der qualitativen Motoren dieser Weinbauregion. Seine Rotweine, allen voran der Blaue Zweigelt »Dornenvogel«, zählen zu den Produkten mit dem besten Preis-Leistungs-Verhältnis Österreichs. Von der Leitsorte Zweigelt füllt Walter Glatzer auch eine eher jung zu trinkende Riedencuvée und einen Rubin Carnuntum. Vom Blaufränkisch, der in Carnuntum ebenso Tradition hat, gibt es in der Regel eine Normalfüllung und eine Reserve, die rund ein Jahr in gebrauchten Barriques heranreift. Eine Klasse für sich ist der im Jahr 2002 erstmals gekelterte elegante St. Laurent vom Altenberg.

Mit dem Jahrgang 2008 holte sich Glatzer den Sieg in der Sortengruppe bei der jährlichen Falstaff-Rotweinprämierung. Aber auch mit der in Göttlesbrunn als Traditionssorte gepflegten Weißburgunderrebe und zuletzt auch mit Sauvignon Blanc zeigt der dynamische Winzer sein önologisches Talent. Die rote Spitzencuvée, die natürlich im neuen Holz ausgebaut wird, trägt den alten Namen des Weinortes, »Gotinsprun«. Walter Glatzer gehört zu den besten Winzern der Region. Verlässlichkeit ist eine besondere Eigenschaft des Hauses.

94 Blaufränkisch Bernreiser 2009
13,5 Vol.%, NK, Barrique, 2500, extratrocken, €€€€
Dunkles Rubingranat, violette Reflexe, zarter Wasserrand. Feine balsamische Würze, schwarzes Waldbeerkonfit, ein Hauch von Brombeeren und Orangenzesten, mineralischer Touch. Stoffig, sehr komplex, gut integrierte Edelhozwürze, finessenreicher Säurebogen, dunkle Schokonote im Hintergrund, kirschige Nuancen im Abgang, wirkt erstaunlich leichtfüßig, sicheres Entwicklungspotenzial.

93 Gotinsprun 2009 ME/BF/SY/ZW
13,5 Vol.%, NK, Barrique, 10.000, extratrocken, €€€€
Tiefunkles Rubingranat, opaker Farbkern, zarter Wasserrand. Zunächst Vanille, Gewürze und Kräutertouch, mit süßen schwarzen Beeren unterlegt, feine Röstaromen und etwas Karamell, facettenreiches Bukett. Schokoladige Textur, mit feiner Brombeerfrucht unterlegt, kraftvolle, gut eingebundene Tannine, Nougat auch im Abgang, ein vielseitiger Speisenbegleiter, sicheres Zukunftspotenzial.

91 St. Laurent Altenberg 2010
13 Vol.%, NK, Barrique, 5500, extratrocken, €€€
Kräftiges Rubingranat, violette Reflexe, zarter Wasserrand. Attraktives Weichselkonfit, feines Brombeergelee, zart nach Orangenzesten, tabakige Würze. Saftig, mittlere Komplexität, rotes Waldbeerkonfit, frisch und lebendig, angenehme Extraktsüße im Abgang, ein guter Essensbegleiter.

90 Zweigelt Dornenvogel 2010
13,5 Vol.%, NK, Barrique, 30.000, extratrocken, €€€
Dunkles Rubingranat, violette Reflexe, zarter Wasserrand. Reife, süße Zwetschkenfrucht, zart nach Nougat, feine Kräuterwürze. Saftig, frische Herzkirschen, gut integriertes Holz, frisch strukturiert, trinkanimiernd, feine blättrige Noten im Abgang, bereits zugänglich.

89 Chardonnay Kräften 2011
13,5 Vol.%, DV, Stahltank, 5000, extratrocken, €€€

89 Sauvignon Blanc 2011
13,5 Vol.%, DV, Stahltank, 5000, extratrocken, €€€

Carnuntum

★★★★

WEINGUT HANS UND PHILIPP GRASSL

2464 Göttlesbrunn, Am Graben 4–6
T: 02162/84 83, F: DW 4
weingut.grassl@aon.at
www.weingut-grassl.com

KELLERMEISTER UND ANSPRECHPARTNER: Philipp Grassl
ANZAHL/FLASCHEN: k. A. (20 % weiß, 80 % rot) **HEKTAR:** 23
VERKOSTUNG: ja, gegen Voranmeldung
AB-HOF-VERKAUF: ja, limitierte Mengen
VEREINSZUGEHÖRIGKEIT: Die Rubin Carnuntum Weingüter
MESSEN: VieVinum, ProWein

Das Weingut Grassl ist mit 23 Hektar Eigenfläche relativ klein, aber fein und gut überschaubar. Die Grassls sind geradlinige Menschen und mögen die klare Linie. Ihr Konzept: Schwerpunkt bei den Rotweinen, klares Sortiment, puristisch im Auftritt nach außen, funktioneller Keller, Etiketten ohne Schnickschnack, keine Modeweine. Was zählt, ist die Qualität.

Das Haus Grassl erzeugt im besten Sinne »erdverbundene« Weine, dies aber auf internationalem Qualitätsniveau: Die heimischen Sorten Zweigelt und St. Laurent sind die wichtigsten, sie sind zu mindestens 50 Prozent auch in allen Cuvées enthalten. Cabernet, Merlot und Syrah sollen die vorhandenen Stärken des Zweigelts lediglich besser zur Geltung bringen.

Statt wie früher 3500 stehen heute in den Weingärten 5000 bis 6500 Stöcke pro Hektar. Man arbeitet im Keller sauber und genau, filtriert kaum und behandelt die Trauben so schonend wie möglich, um deren hohe Qualität dann auch in die Flasche zu bekommen. Weißweine und klassische Rotweine werden im Edelstahltank oder in großen Holzfässern vergoren und gereift. Die Premiumrotweine werden in Holzgärständern, teilweise mit den Naturhefen aus dem Weingarten, vergoren, der Maischekuchen wird händisch untergetaucht.

Die Premiumrotweine, die Cuvées »Bärnreiser«, »Neuberg« und der St. Laurent, reifen in französischen Barriques. Ein Großteil der Fässer wird jährlich erneuert, um die dunklen Fruchtaromen durch die Struktur des Holzes zu stützen. Die Holznote ist nicht überbetont, sondern begleitet und verfeinert den Ausbau bis zur Abfüllung.

80 Prozent der Produktion sind Rotweine, die Hälfte davon macht der Zweigelt, die Leitsorte, aus. 25 Prozent entfallen auf Pinot Noir und St. Laurent, eine Tradition und Besonderheit des Weinguts. Diese Sorte ist eine große Herausforderung und sehr anspruchsvoll, bringt bei sorgfältiger Behandlung aber ganz große Weine hervor. Die restlichen 25 Prozent der roten Sorten verteilen sich auf Blaufränkisch, Merlot und andere internationale Rebsorten.

Mit dem »Bärnreiser 2005« wurde Philipp Grassl im Jahr 2007 zweiter Falstaff-Sieger – aus immerhin knapp 1500 Weinen, wohlbemerkt, auch bei der jüngsten Prämierung belegten die Grassl-Weine durchwegs Spitzenränge.

(95–97) Bärnreiser Reserve 2009 ME/BF/ZW
14,5 Vol.%, NK, Barrique, €€€€€

Tiefdunkles Rubingranat, opaker Kern, violette Reflexe. Intensive dunkle Beerenfrucht, feine Holzaromen, zart nach Nougat, mit feinen balsamischen Nuancen unterlegt, öffnet sich mit Luft. Stoffig, engmaschig, komplex, wirkt aber keine Spur üppig, präsente, gut eingebundene Tannine, schokoladige Länge vom Merlot, reife Kirschen im Abgang, noch sehr jugendlich, seidig und lang anhaltend, ein Rotwein von internationalem Topniveau.

(92–94) Blaufränkisch Bärnreiser 2010
13,5 Vol.%, NK, Teilbarrique/Barrique, €€€€€

Dunkles Rubingranat, violette Reflexe, zarter Wasserrand. Etwas verhalten, zarte Edelholzwürze, feiner Brombeertouch, etwas Schokolade, zart nach Kräutern. Saftig, elegant und extraktsüß, runde, gut eingebundene Tannine, bleibt sehr gut haften, ein sehr guter Essensbegleiter mit Schliff und Länge.

Carnuntum

(92-94) St. Laurent Reserve 2010
12,5 Vol.%, NK, Teilbarrique, €€€€€
Dunkles Rubingranat, violette Reflexe, zarter Wasserrand. Floral unterlegte Kirschenfrucht, Nuancen von kandierten Veilchen, frische Mandarinenzesten, zarte Röstanklänge. Saftig und frisch strukturiert, reife Herzkirschen, feine Extraktsüße, finessenreicher Säurebogen, gut integrierte Tannine, bereitet bereits großes Trinkvergnügen, feiner schokoladiger Nachhall, sicheres Zukunftspotenzial.

(91-93) Zweigelt Schüttenberg 2010
13,5 Vol.%, NK, Teilbarrique, €€€€€
Tiefdunkles Rubingranat, opaker Kern, violette Reflexe. Zart tabakig-kräuterwürzig unterlegte Brombeerfrucht, feine balsamische Nuancen, ein Hauch Dörrobst. Saftig, elegant, seidige Textur, frische Zwetschkenfrucht, präsente, tragende Tannine, schwarze Beeren im Nachhall, ein vielseitiger Speisenbegleiter.

(89-91) Rubin Carnuntum 2011 ZW
13,5 Vol.%, NK, Teilbarrique, €€
Tiefdunkles Rubingranat, opaker Kern, violette Reflexe. In der Nase mit angenehmer, zart rauchiger Kräuterwürze unterlegte Beerenfrucht, frische Herzkirschen. Saftig, feines Waldbeerkonfit, lebendig und trinkanimierend, feine Süße im Abgang, ein perfekter Alltagsrotwein auf höchstem Niveau.

90 Sauvignon Blanc 2011
13 Vol.%, DV, Stahltank, €€
Helles Grüngelb. Würzig, nach Brennnessel, rauchig, ein Hauch von Stachelbeeren, dunkler Typ. Saftig, feine Tropenfrucht, angenehme Kräuterwürze, frisch strukturiert, nach Grapefruit, dunkle Mineralik, ein guter Speisenbegleiter mit Reifepotenzial.

Carnuntum

★★
WEINGUT JAHNER
2403 Wildungsmauer, Donaustraße 23
T/F: 02163/23 26
weingut@jahner.at
www.jahner.at

KELLERMEISTER UND ANSPRECHPARTNER: Leo Jahner
ANZAHL/FLASCHEN: k. A. (45 % weiß, 55 % rot) **HEKTAR:** 10
VERKOSTUNG: ja, gegen Voranmeldung **AB-HOF-VERKAUF:** ja
HEURIGER: 20. 7. bis 1. 8., 31. 8. bis 12. 9., 19. bis 31. 10. und 7. bis 19. 12., täglich ab 11 Uhr
ANDERE PRODUKTE IM VERKAUF: Carnuntum Trester, Sekt
VEREINSZUGEHÖRIGKEIT: Die Rubin Carnuntum Weingüter

D as Weingut Jahner liegt direkt an der Donau in Wildungsmauer, im Norden Carnuntums. Als junger Winzer wusste Leo Jahner, als er 2002 den Betrieb übernahm, die Außenseiterrolle zu seinem Vorteil zu nutzen. Lange Jahre als Geheimtipp gehandelt, bestätigt er nunmehr in seinen Weinen eine klare, eigenständige Qualität, mit der er sich in Österreich ganz vorne einreihen kann. »Das Potenzial der Region sowie das Qualitätsniveau innerhalb Carnuntums zu erkennen, ein Leben lang am eigenen Profil zu arbeiten und dieses zu verwirklichen« ist eine prägnante Aussage des jungen Winzers und charakterisiert ihn von Beginn an. Es ist eine Selbstverständlichkeit, das ganze Jahr lang den Trauben in den Weingärten bestmögliche Bedingungen zu bieten. Die Weingartenfläche wird systematisch, auf die Nachfrage bezogen, erweitert. Da es sich um einen Familienbetrieb handelt, ist es das Ziel, eine überschaubare Größe zu behalten, um auch die Arbeiten selbst ausführen zu können. Ein architektonisches Highlight der Region ist die im Sommer 2008 eröffnete Buschenschank. Mit Blick auf Weingärten und Donauauen lädt diese zum Entspannen, Genießen und Kosten ein. Diese Faszination spiegelt sich auch in den Weinen Leo Jahners wider, eines Winzers, der immer wieder aufs Neue überraschen wird.

(91-93) Wild Wall Reserve 2009 BF/ME
14 Vol.%, NK, Barrique, extratrocken, €€€€€
Kräftiges Rubingranat, violette Reflexe, zarte Randaufhellung. Attraktive Gewürzanklänge, Nelken, kandierte Orangenzesten, mit dunklen Beeren unterlegt. Schokoladig, feine balsamische Nuancen, präsente Tannine, die gut integriert sind, würziger Nachhall, Edelschokolade im Finale, zeigt große Länge, im Finish dominiert noch die Holzwürze, die weitere Flaschenreife erforderlich macht.

(90-92) Syrah 2011
13,5 Vol.%, Barrique, extratrocken, €€€
Leuchtendes Rubingranat, violette Reflexe. Zart blättrig, angenehme Kräuterwürze, dunkles Beerenkonfit, zart nach Orangenzesten. Frisch, feine Weichselfrucht, gut integrierte Tannine, lebendig strukturiert, Herzkirschen im Abgang, trinkanimierender Stil, zeigt gute Länge.

(90-92) Small Wall 2010 BF/CS/SY
13 Vol.%, DV, Barrique, extratrocken, €€
Dunkles Rubingranat, violette Reflexe, zarte Randaufhellung. Mit feiner Kräuterwürze unterlegte Kirschfrucht, zart nach Brombeerkonfit, dezente Gewürzanklänge. Saftig, rotes Waldbeerkonfit, gut integrierte Tannine, bleibt gut haften, mineralischer Nachhall.

(89-91) Rubin Carnuntum 2011 ZW
13,5 Vol.%, NK, Barrique, extratrocken, €€
Tiefdunkles Rubingranat, opaker Kern, violette Reflexe. Frische schwarze Beerenfrucht, mit Zwetschken unterlegt, feiner Nougat. Saftig, komplex, reife Frucht, feines Säurespiel, gut anhaltend, gute Würze im Abgang, ein vielseitiger Speisenbegleiter.

89   Gelber Muskateller 2011
12 Vol.%, DV, Stahltank, extratrocken, €€

88   Jahner & Friends 2011 GV
12 Vol.%, Stahltank, extratrocken, €

Carnuntum

WEINBAU ERNST LAGER

2464 Göttlesbrunn, Kirchenstraße 33
T: 02162/84 52
office@lager-weinbau.at
www.lager-weinbau.at

KELLERMEISTER UND ANSPRECHPARTNER: Ernst Lager
ANZAHL/FLASCHEN: k. A. (39 % weiß, 60 % rot, 1 % süß) HEKTAR: 7,5
VERKOSTUNG: ja, gegen Voranmeldung
AB-HOF-VERKAUF: ja
HEURIGER: 28. 6. bis 11. 7., 16. 8. bis 29. 8., 27. 9. bis 10. 10. und 3. bis 12. 12.
VEREINSZUGEHÖRIGKEIT: Die Rubin Carnuntum Weingüter

Das Weingut Lager befindet sich im bereits sehr bekannten Weinort Göttlesbrunn und wird von Annemarie und Ernst Lager als Familienbetrieb geführt. Hier steht der Qualitätsgedanke im Vordergrund, der bereits bei der Pflege der Weinstöcke beginnt. Die Vielfalt der Lagen und Böden spiegelt sich im Sortiment wieder.

Der Weißburgunder, der klassisch und fallweise im Barrique ausgebaut wird, hinterlässt immer wieder einen guten Eindruck. Aber auch der Grüne Veltliner, Welschriesling und Sauvignon Blanc bieten einen frischen, fruchtigen Trinkspaß. Mit dem Rubin Carnuntum wird die Sorte Zweigelt besonders veredelt, ist aber auch als Zweigelt Klassik ein Genuss. Pinot Noir ist eine der Lieblingssorten des Winzers. Cabernet Sauvignon, Merlot und Syrah werden erst seit einigen Jahren geerntet und auch reinsortig gefüllt. Gemeinsam finden Zweigelt, Cabernet Sauvignon und Merlot in der Cuvée »Sonnwend« eine harmonische Verbindung und machen diese feinwürzig, elegant und rund. In der gemütlichen Buschenschank, die bereits seit 20 Jahren an den Weinbaubetrieb angeschlossen ist, verwöhnt Familie Lager ihre Gäste mit hochwertigen Weinen und hausgemachten Spezialitäten.

90 Rubin Carnuntum 2010 ZW
13,5 Vol.%, DV, Teilbarrique, 1450, extratrocken, €€
Dunkles Rubingranat, violette Reflexe, zarter Wasserrand. Feine Holzwürze, frische Herzkirschen, zart nach Kräutern und Orangenzesten. Saftig, gute Komplexität, extratsüßer Kern, gut integrierte Tannine, bleibt gut haften, ein vielseitiger Speisenbegleiter, bereits gut antrinkbar.

89 Zweigelt 2011
13 Vol.%, DV, großes Holzfass, 1800, extratrocken, €€

L 90 Weißburgunder 2011
12,5 Vol.%, DV, Stahltank, 1300, trocken, €€
Helles Grüngelb. Zarte gelbe Fruchtanklänge, ein Hauch von Blütenhonig, feine Wiesenkräuter. Saftig, extratsüße weiße Frucht, Nuancen von Birne und Mango, feiner nussiger Touch, elegant und gut anhaltend, ein vielseitiger Speisenbegleiter.

88 Gelber Muskateller 2011
12,5 Vol.%, DV, Stahltank, 1300, trocken, €

87 Sauvignon Blanc 2011
13 Vol.%, DV, Stahltank, 2000, extratrocken, €€

Carnuntum

★★

WEINGUT MARKO – LUKAS MARKOWITSCH

2464 Göttlesbrunn, Kiragstettn 1
T: 02162/82 26, F: DW 99
info@weingut-marko.com
www.weingut-marko.com

KELLERMEISTER UND ANSPRECHPARTNER: Lukas Markowitsch
ANZAHL/FLASCHEN: 180.000 (25 % weiß, 75 % rot) HEKTAR: 14
VERKOSTUNG: Mo. bis Sa. 8–12 und 13–17 Uhr
AB-HOF-VERKAUF: Mo. bis Sa. 8–12 und 13–17 Uhr
ANDERE PRODUKTE IM VERKAUF: Destillate
VEREINSZUGEHÖRIGKEIT: Die Rubin Carnuntum Weingüter
MESSEN: VieVinum, Vinobile Montfort

Die Brüder Lukas und Hans Markowitsch ergänzen einander vortrefflich. Lukas, obwohl noch sehr jung, ist schon ein kenntnisreicher Kellermeister; Hans, Absolvent der Universität für Bodenkultur, ein Wissender in Sachen Boden und Pflanzen. Das Ergebnis sind eigenständige, charaktervolle Weine.

Die Lagen Rosenberg, Schüttenberg und Haidacker, allesamt ausschließlich erstklassige Südlagen, bilden das naturgegebene Grundkapital des Weingutes. Auf den schottrigen Teilen der Rieden gedeihen Blaufränkisch, Cabernet Sauvignon und Chardonnay ganz hervorragend, während in den lehmigen Parzellen Zweigelt, St. Laurent und Merlot sowie Sauvignon Blanc und Grüner Veltliner kultiviert werden. Jede Sorte auf dem optimal für sie passenden Boden anzubauen ist ein Kernstück der Philosophie des Hauses Marko. Ob reinsortig oder als raffinierte Cuvée: Die Weine zeigen bereits eine unverwechselbare Handschrift.

91 Merlot 2010
14 Vol.%, NK, Barrique, extratrocken
Dunkles Rubingranat, violette Reflexe, breiterer Wasserrand. Angenehme Edelholzwürze, reife Kirschen, zart nach Quitten und Zwetschken, ein Hauch von Nougat. Saftig, elegant, feine rote Waldbeerfrucht, gut integrierte Tannine, zeigt seine Muskeln nicht, zarte Extraktsüße im Abgang, mineralischer Nachhall.

(89-91) Zweigelt Haidacker 2010
13,5 Vol.%, NK, Barrique, extratrocken
Dunkles Rubingranat, violette Reflexe, zarter Wasserrand. Mit feiner Kräuterwürze unterlegte dunkle Beerenfrucht, frische Orangenzesten klingen an, zart tabakige Würze. Saftig, elegant, runde Textur, samtiger Körper, feine Kirschenfrucht im Abgang, ein unkomplizierter Speisenbegleiter, schokoladiger Nachhall.

(88-90) Eisenbach 2010 ZW/ME
13,5 Vol.%, NK, Barrique, extratrocken

88 Rubin Carnuntum 2010 ZW
13 Vol.%, NK, Barrique, extratrocken, €€€

89 Chardonnay Rosenberg 2011
13,5 Vol.%, DV, Teilbarrique, extratrocken, €€

88 Sauvignon Blanc 2011
13 Vol.%, DV, Stahltank, extratrocken, €€

★★★★
WEINGUT GERHARD MARKOWITSCH

2464 Göttlesbrunn, Pfarrgasse 6
T: 02162/82 22, F: DW 11
weingut@markowitsch.at
www.markowitsch.at

KELLERMEISTER: Gerhard Markowitsch
ANSPRECHPARTNER: Christine und Gerhard Markowitsch
ANZAHL/FLASCHEN: 400.000 (25 % weiß, 75 % rot) HEKTAR: 35
VERKOSTUNG: ja, gegen Voranmeldung AB-HOF-VERKAUF: ja
ANDERE PRODUKTE IM VERKAUF: Trebernbrand Rosenberg
VEREINSZUGEHÖRIGKEIT: Die Rubin Carnuntum Weingüter,
Tu Felix Austria MESSEN: ProWein, VieVinum

Carnuntum

Das Weingut Markowitsch hat in sehr kurzer Zeit den Sprung in die österreichische Weinelite geschafft. Nur durch kompromissloses Qualitätsstreben konnte dieses Ziel erreicht werden, das mit der Auszeichnung »Winzer des Jahres 1999« vom Falstaff-Magazin gekrönt wurde.

Auf den etwa 35 Hektar Rebfläche werden 75 Prozent Rotwein und 25 Prozent Weißwein erzeugt. Bei den Rotweinen dominieren Zweigelt, Pinot Noir, Merlot und Cabernet Sauvignon, bei den Weißweinen Grüner Veltliner, Chardonnay und Sauvignon Blanc. Um der internationalen Nachfrage nach Topweinen nachzukommen, werden zusätzlich noch 40 Hektar Trauben von Vertragswinzern nach streng kontrollierten Richtlinien veredelt.

Um den Herausforderungen des modernen Weinbaus mit seinem enorm gewachsenen Know-how gerecht werden zu können, hat die Familie Markowitsch im Jahr 2001 eines der modernsten Kellereigebäude Österreichs mit 2500 Quadratmetern Arbeitsfläche errichtet. Denn nur so ist es möglich, eigenständige und unverwechselbare Weine zu keltern, die sich im globalen Wettbewerb abheben. Ziel von Gerhard Markowitsch ist es, das Terroir von Carnuntum in seinen Weinen schmeckbar zu machen. Das bedeutet für ihn verstärkten Einsatz der autochthonen Rebsorten wie Zweigelt, aber auch die Verwendung von internationalen Sorten wie Pinot Noir, um so ein klares Profil in der weiten Weinwelt zu entwickeln. Mit dem »M1« des Jahrgangs 2004 gewann Gerhard Markowitsch bei der Falstaff-Rotweinprämierung die prestigeträchtige »Erste Bank Reserve Trophy 2007«.

95 M1 2009 ME/ZW
14,9 Vol.%, NK, Barrique, extratrocken, €€€€€
Tiefdunkles Rubingranat, opaker Kern, violette Reflexe. Mit feinem Nougat unterlegtes dunkles Beerenkonfit, frische Herzkirschen, zarte Edelholznuancen. Stoffig, elegant, attraktive Frucht, wieder nach Kirschenkonfit, sehr gut integrierte Tannine, frisch, bleibt sehr lange haften, wirkt in keiner Phase zu opulent, im Gegenteil, bietet großes Trinkanimo, sicheres Reifepotenzial.

(92-94) Pinot Noir Reserve 2010
13,1 Vol.%, NK, Barrique, extratrocken, €€€€€
Mittleres Rubingranat, violette Reflexe, breiterer Wasserrand. Hochattraktives Bukett nach Himbeerkonfit, kandierte Veilchen, Zitruszesten. Saftig und elegant, leichtfüßig, rotbeeriger Touch, feiner Säurebogen, salzige Mineralik, bereits gut entwickelt, zitroniger Nachhall.

(91-93) Rosenberg 2010 ZW/ME
13,5 Vol.%, NK, Barrique, extratrocken, €€€€€
Dunkles Rubingranat, schwarzer Kern, violette Reflexe. Zart tabakig unterlegte schwarze Beerenfrucht, feine Kräuterwürze, nach Orangenzesten. Stoffig, frische Kirschenfrucht, präsente Tannine, lebendige Struktur, zart blättrig im Abgang, dunkles Nougat im Finale.

(90-92) Pinot Noir 2011
13,3 Vol.%, NK, Barrique, extratrocken, €€€
Mittleres Rubingranat, violette Reflexe, breiterer Wasserrand. Mit feiner Kräuterwürze unterlegte dunkle Beerenfrucht, zarter Dörrobsttouch, rauchige Nuancen. Mittlere Komplexität, süße Zwetschkenfrucht, feste Tannine, salziger Nachhall, etwas Karamell im Nachhall.

(89-91) Rubin Carnuntum 2011 ZW
13,2 Vol.%, NK, Barrique, extratrocken, €€
Tiefdunkles Rubingranat, opaker Kern, violetter Rand. Ein-

Carnuntum

ladende dunkle Beerenfrucht, zart nach Brombeeren und Schoko. Saftig, elegant, reife Kirschenfrucht, lebendige Struktur, ein sehr trinkanimierender Vorbote des nächsten großen Rotweinjahrgangs.

91 Chardonnay Schüttenberg 2010
13,9 Vol.%, DV, Barrique, extratrocken, €€€
Mittleres Gelbgrün. Reife weiße Tropenfruchtnuancen, ein Hauch von Stachelbeeren, frische Kräuter, Grapefruitzesten. Saftig, elegant, feine Karamellnoten, finessenreiche Säurestruktur, reife Pfirsichfrucht im Abgang, zitroniger Nachhall, sehr feine Holznuancen im Rückgeschmack.

WEINGUT MEINRAD MARKOWITSCH

2464 Göttlesbrunn, Am Graben 18
T/F: 02162/89 25
meinrad@markowitsch.com
www.markowitsch.com

KELLERMEISTER: Meinrad Markowitsch jun. **ANSPRECHPARTNER:** Meinrad Markowitsch jun. und sen. **ANZAHL/FLASCHEN:** k. A. (30 % weiß, 70 % rot) **HEKTAR:** 13 **Verkostung:** ja **AB-HOF-VERKAUF:** ja **ANDERE PRODUKTE IM VERKAUF:** Destillate **ÜBERNACHTUNGSMÖGLICHKEIT:** kann organisiert werden **VEREINSZUGEHÖRIGKEIT:** Die Rubin Carnuntum Weingüter **MESSEN:** VieVinum, Vinobile Montfort

Das Weingut liegt im Herzen von Carnuntum, im mittlerweile namhaften Winzerort Göttlesbrunn. Weine wie der »Purple X-TREME« oder der Grüne Veltliner »Haidacker« stammen aus den 13 Hektar Weingartenfläche, die sorgfältig und mit Liebe zum Detail gepflegt und bewirtschaftet werden. »Haidacker« ist eine der besten Rieden in Göttlesbrunn und steht im Weingut Markowitsch für die sortentypischsten und kräftigsten Weine, die nur einen Teil der Toplagen-Weine des Hauses darstellen. Geerntet wird in Großkisten, verarbeitet behutsam durch loses Gefälle, und so entstehen mit viel Feingefühl tolle Rot- und Weißweine.

Das Weingut blickt auf eine sehr junge Tradition zurück, die überzeugt mit zukunftsorientiertem Denken verbunden wird. Diese Kombination steckt hinter dem »Purple«-Outfit, verbunden mit dem Zusammenhalt der gesamten Familie. Dass neben den tollen Roten hier auch erstklassige Weißweine entstehen, beweist der vorjährige Niederösterreichische Landessieger in der Spitzenkategorie Grüner Veltliner.

92 Zweigelt Haidacker Reserve 2009
14 Vol.%, NK, Barrique, extratrocken, €€€€€
Tiefdunkles Rubingranat, schwarzer Kern, zarter violetter Rand. Mit feiner Kräuterwürze und zart erdigen Nuancen unterlegtes dunkles Beerenkonfit, süße Zwetschkenfrucht. Saftig, elegante Textur, feine florale Nuancen, gute Komplexität, elegante Tannine, frisch strukturiert, zart nach Feigen im Abgang, ausgewogen, bereits zugänglich, reife Kirschenfrucht im Finish.

90 Blaufränkisch Haidacker Reserve 2009
13,5 Vol.%, NK, Barrique, extratrocken, €€€€€
Dunkles Rubingranat, violette Reflexe, dezenter Wasserrand. Zartes Bukett, schwarzes Beerenkonfit klingt an, feine tabakige Note. Johannisbeeren, zitroniger Touch, frisch strukturiert, schwarze Frucht auch im Abgang, zeigt eine gute Länge, feine Würze im Nachhall, eleganter Speisenbegleiter.

89 Rubin Carnuntum 2010 ZW
13 Vol.%, NK, Barrique, extratrocken, €€

88 Blaufränkisch 2010
12,5 Vol.%, DV, Barrique, extratrocken, €€

89 Grüner Veltliner 2011
12,5 Vol.%, DV, Stahltank, extratrocken, €€

88 Riesling 2011
13 Vol.%, DV, Stahltank, trocken, €€

Carnuntum

WEINGUT MUHR – VAN DER NIEPOORT

★★

2471 Rohrau, Untere Hauptstraße 7
T: 0664/180 40 39
d.muhr@wine-partners.at

KELLERMEISTER: Craig Hawkins ANSPRECHPARTNER: Dorli Muhr
ANZAHL/FLASCHEN: 40.000 (15 % weiß, 85 % rot) HEKTAR: 10
VERKOSTUNG: ja AB-HOF-VERKAUF: ja, limitierte Mengen
VEREINSZUGEHÖRIGKEIT: Die Rubin Carnuntum Weingüter

Dorli Muhr hat am »magischen Ort ihrer Kindheit« gemeinsam mit Dirk van der Niepoort ein Weingut gegründet: am Spitzerberg. Dieser westlichste Ausläufer der Kleinen Karpaten bietet extrem kalkhaltige Böden und eine sehr exponierte, trockene Südlage. Der Blaufränkisch hat auf dem Spitzerberg eine sehr lange Tradition, und die besonderen Boden- und Thermikbedingungen verleihen der Sorte hier eine ganz spezielle Feinheit und Filigranität, wenn man sie mit viel Fingerspitzengefühl und Respekt behandelt. Muhr und van der Niepoort haben sich daher einer extrem sanften und archaischen Methode der Verarbeitung verschrieben. Die Trauben werden teilweise mit den Füßen gestampft und ansonsten sehr zurückhaltend extrahiert. »Unsere Weine sollen sich zeigen wie eine Ballerina: leicht und tänzelnd. Im Hintergrund stehen Kraft und Struktur, doch niemals mächtige Opulenz«, so Dorli Muhr.

Alle Weine reifen mindestens zwei Jahre lang im Holzfass. Mittlerweile bewirtschaften die beiden neun Hektar am Spitzerberg. Der Name des Berges wird allerdings nur für den allerfeinsten Blaufränkisch (von mehr als 40 Jahre alten Reben) verwendet. Der zweite Blaufränkisch heißt »Carnuntum«. Weiters gibt es eine Merlot-Cabernet-Franc-Cuvée namens »Rote Erde« sowie einen feinen und würzigen Syrah. Seit der junge südafrikanische Önologe Craig Hawkins jeweils während der Ernte im Weingut arbeitet, kam auch eine spannende Weißweincuvée namens »Prellenkirchen« ins Programm, die vor allem Burgundliebhabern viel Freude bereitet. Die Weine von D&D mögen in der Jugend manchmal unzugänglich wirken, nach einigen Jahren der Reifung präsentieren sie sich jedoch harmonisch und charmant. Da es Muhr und van der Niepoort auch ein besonderes Anliegen ist, im Alkohol möglichst moderat zu bleiben, sind die Weine besonders häufig in Restaurants mit feiner und subtiler Küche zu finden.

92 Blaufränkisch Spitzerberg 2009
13,5 Vol.%, NK, großes Holzfass, 1500, extratrocken, €€€€€
Kräftiges Rubingranat, zarte violette Reflexe, breitere Randaufhellung. Zart mit rotem Waldbeerkonfit unterlegte Weichselfrucht, ein Hauch von Orangenzesten, mineralische Nuancen. Saftig, angenehme Extraktsüße, feine Tannine, frischer, trinkanimierender Säurebogen, finessenreicher Stil, zart nach Bitterschokolade, salziger Nachhall, gutes Potenzial.

90 Syrah 2009
14 Vol.%, NK, großes Holzfass, 2500, extratrocken, €€€€
Kräftiges Rubingranat, zarte violette Reflexe, breitere Randaufhellung. Mit zarter Kräuterwürze unterlegte Herzkirschenfrucht, feine Nuancen von Orangenzesten, ein Hauch von schwarzen Beeren. Frisch und mineralisch, reife Kirschen, präsente, gut platzierte Tannine, floraler Touch, bleibt gut haften, mineralisch, gutes Reifepotenzial.

89 Blaufränkisch Carnuntum 2009
13 Vol.%, NK, großes Holzfass/Teilbarrique, 12.000, extratrocken, €€€

★★ WEINGUT NADLER

2464 Arbesthal, Zwetschkenzipf 12
T: 02162/81 81, F: DW 11
info@weingut-nadler.at
www.weingut-nadler.at

KELLERMEISTER: Robert Nadler
ANSPRECHPARTNER: Renate und Robert Nadler
ANZAHL/FLASCHEN: k. A. (39 % weiß, 60 % rot, 1 % süß) **HEKTAR:** 7,5
VERKOSTUNG: ja, gegen Voranmeldung **AB-HOF-VERKAUF:** ja
ÜBERNACHTUNGSMÖGLICHKEIT: kann organisiert werden **HEURIGER:**
3. bis 16. 8. und 12. bis 25. 10., Mo. bis Do. ab 16 Uhr, Fr. bis So. ab 15 Uhr
ANDERE PRODUKTE IM VERKAUF: Destillate, Sekt
VEREINSZUGEHÖRIGKEIT: Die Rubin Carnuntum Weingüter

Carnuntum

Das Weingut Nadler ist ein innovativer Familienbetrieb mit Tradition in Arbesthal, im Herzen des Weinbaugebiets Carnuntum. Innovativ, weil Robert Nadler den Betrieb an die Erfordernisse des zeitgemäßen Weinbaus angepasst hat. In dritter Generation leitet er seit 1996 das Weingut alleinverantwortlich, nachdem er seinen Bürojob an den Nagel gehängt hat, um sich gänzlich dem Weinbau widmen zu können. Familienweingut bedeutet im Hause Nadler, dass alle mit anpacken. Auch entfernte Verwandte helfen regelmäßig in Weingarten und Keller. Tradition, weil sich der Großvater Johann Hanny bereits seit Ende der 1940er-Jahre intensiv mit dem Weinbau beschäftigt hat.

Die Weißweine zeigen sich fruchtbetont, geradlinig, präzise, mit guter Säurestruktur und ausgeprägtem Sortencharakter. Die Rotweine des Hauses Nadler sind dicht, vielschichtig, eigenständig, haben Ausdruckskraft und Tiefgang. Sie bestehen vorwiegend aus heimischen Sorten – Zweigelt als Leitbild – mit internationaler Beteiligung (Merlot, Cabernet Sauvignon) und Pinot Noir als großer Herausforderung. Zahlreiche kulinarische Geheimtipps und Schmankerln gibt es auch beim Heurigen. Sämtliche angebotenen Speisen sind aus hauseigener Produktion. Das urige Heurigenlokal, in dem auch alle Weine verkostet werden können, befindet sich in einem umfunktionierten Weinkeller in der Arbesthaler Kellergasse. Die Organisation liegt in den geschickten Händen von Otti und Peter Nadler.

(90–92) Episode 2010 ZW/ME/BF
14 Vol.%, NK, extratrocken, €€€
Dunkles Rubingranat, dunkler Kern, violette Reflexe, breiterer Wasserrand. Feine Nuancen von Trockenkräutern, reife Herzkirschen, ein Hauch von dunklen Beeren, zartes Nougat, Orangenzesten. Saftig, reife Zwetschken, frische Säurestruktur, bleibt gut haften, rotbeerige Nuancen im Abgang, zitroniger Touch im Rückgeschmack, schokoladiger Anklang im Rückgeschmack.

(89–91) Rubin Carnuntum 2011 ZW
13,5 Vol.%, DIAM, Barrique, 10.000, extratrocken, €€
Tiefdunkles Rubingranat, dunkler Kern, violette Reflexe, zarter Wasserrand. Intensive reife Zwetschkenfrucht, mit dunklen Beeren unterlegt, zarte Kräuterwürze. Saftige Kirschenfrucht, schokoladiger Touch, bleibt gut haften, etwas Nougat auch im Nachhall, ein vielseitiger Speisenbegleiter.

89 Pinot Noir Stuhlwerker 2010
13 Vol.%, DIAM, 1500, extratrocken

(88–90) Burgunder Cuvée 2010 NB/WB
13 Vol.%, DV, Barrique, 1300, extratrocken, €€

87 Summer 2011 WR/WB/GO
12,5 Vol.%, DV, Stahltank, 15.000, €€

Carnuntum

★★

NEPOMUKHOF – FAMILIE GRASSL

2464 Göttlesbrunn, Dorfstraße 2
T: 02162/89 41, F: DW 4
grassl@nepomukhof.at
www.nepomukhof.at

KELLERMEISTER: Ing. Christian Graßl ANSPRECHPARTNER: Maria Graßl
ANZAHL/FLASCHEN: 50.000 (45 % weiß, 55 % rot) HEKTAR: 14
VERKOSTUNG: ja, gegen Voranmeldung AB-HOF-VERKAUF: ja
ÜBERNACHTUNGSMÖGLICHKEIT: kann organisiert werden
ANDERE PRODUKTE IM VERKAUF: Sekt
VEREINSZUGEHÖRIGKEIT: Die Rubin Carnuntum Weingüter
MESSEN: VieVinum

Typische »Gaumenschmeichler« liegen dem Winzer Christian Graßl nicht, einfach gestrickte Weine langweilen ihn. Der Chef des Göttlesbrunner Nepomukhofs vinifiziert lieber Rotweine mit Charakter. Struktur sollen sie haben, deutlich spürbare Tannine und genügend Säure. Deshalb kommt im Hause Graßl eine vergessen geglaubte Technik zu neuen Ehren: das Weintraubentreten.

Bei den roten Hauptsorten Zweigelt, Blaufränkisch, Merlot und vor allem beim Liebkind des Winzers, dem Pinot Noir, legt die Familie selbst Fuß an, um Tannine und Gerbstoffe noch besser zur Geltung zu bringen. Obwohl sehr zeitaufwändig, hat diese schonende Form der Traubenverarbeitung keine negativen Auswirkungen auf das hervorragende Preis-Leistungs-Verhältnis der Graßl-Weine. Preisgekrönte Flaggschiffe des Betriebes sind zum einen der Blauburgunder und zum anderen die Cuvée Nepomuk.

Beim Weißwein konzentriert sich der Winzer mit Pinot Blanc, Chardonnay und Sauvignon Blanc zwar ebenfalls auf die Burgundergruppe, in Göttlesbrunns ältestem Keller dominiert aber trotzdem nach wie vor der Grüne Veltliner, der es beim »Falstaff Grüner Veltliner Grand Prix« bereits in die Dreieinhalb-Sterne-Klasse schaffte.

92 Blaufränkisch Rosenberg 2009
14 Vol.%, DV, Teilbarrique, 1300, extratrocken, €€
Dunkles Rubingranat, violette Reflexe, Wasserrand. Zart tabakig-kräuterwürzig unterlegte Zwetschkenfrucht, ein Hauch von Brombeeren, dezente Holzwürze. Saftig, ausgewogen, gut integrierte Tannine, feine rotbeerige Nuancen im Abgang, zarter Schokotouch im Nachhall, ein vielseitiger Speisenbegleiter.

(89-91) Cuvée Nepomuk 2010 ZW/ME/BF
13,5 Vol.%, NK, Barrique, €€€
Dunkles Rubingranat, violette Reflexe, breitere Randaufhellung. Zart rauchig, mit feiner Kräuterwürze unterlegte Kirschenfrucht, zart nach kandierten Orangenzesten. Saftig, extraktsüße Frucht, einladendes rotes Waldbeerkonfit, mittlere Länge, bietet unkompliziertes Trinkvergnügen.

(88-90) Rubin Carnuntum 2011 ZW
13,5 Vol.%, DV, Teilbarrique, extratrocken, €€

(88-90) Cuvée Exor 2011 PG/GV
13,5 Vol.%, DV, Barrique, €€€

88 Gelber Muskateller 2011
11,5 Vol.%, DV, Stahltank, 1800, extratrocken, €€

★★★

WEINGUT FRANZ UND CHRISTINE NETZL
2464 Göttlesbrunn, Rosenbergstraße 17
T: 02162/82 36, F: DW 14
weingut@netzl.com
www.netzl.com

KELLERMEISTER UND ANSPRECHPARTNER: Franz Netzl
ANZAHL/FLASCHEN: 150.000 (30 % weiß, 70 % rot) HEKTAR: 26
VERKOSTUNG: ja, gegen Voranmeldung AB-HOF-VERKAUF: ja
ÜBERNACHTUNGSMÖGLICHKEIT: kann organisiert werden
VEREINSZUGEHÖRIGKEIT: Die Rubin Carnuntum Weingüter
MESSEN: ProWein, VieVinum

Carnuntum

Es muss sich immer etwas ändern, damit alles so bleibt, wie es ist.« Nach diesem bei Luchino Visconti entlehnten Motto führt die Familie Netzl das 26 Hektar große Weingut und versucht dabei, Traditionen (das Altbewährte) mit Innovationen (dem Neuen) zu verbinden. Tochter Christina, die nun seit 2007 im elterlichen Betrieb tätig ist, sorgt für frischen Wind. Die Etikettenlinie wurde modernisiert und neuen Trends angepasst, neue Ideen wurden in das Weingut eingebracht.

Viel Liebe, Zeit und sorgfältige Handarbeit lässt man der Pflege der Weingärten angedeihen, ebenso der Vinifikation der daraus gewonnenen hochreifen Trauben. Der Schwerpunkt liegt dabei auf der autochthonen Sorte Zweigelt, der die Netzls einen Großteil ihrer Aufmerksamkeit schenken und der für sie die Königin der Trauben unter den klimatischen Bedingungen der Region Carnuntum darstellt. Unterstützt wird der Zweigelt bereits seit einigen Jahren von den internationalen Rotweinsorten Cabernet Sauvignon, Merlot und seit Kurzem auch Syrah. Die perfekte Kombination des traditionellen Zweigelts mit den innovativen internationalen Sorten ergibt die Cuvée »Anna-Christina«, die den beiden Töchtern des Hauses gewidmet wurde und durch Kraft, aber vor allem durch charaktervolle Eleganz besticht. Mit dem Syrah »Schüttenberg« 2009 sicherte sich Netzl ebenso den Sortensieger der jüngsten Falstaff-Rotweinprämierung wie mit dem Zweigelt »Haidacker« 2009.

(92-94) Anna-Christina 2010 ZW/ME/CS
13,5 Vol.%, NK, Barrique, extratrocken, €€€€
Dunkles Rubingranat, opaker Kern, violette Reflexe. Dunkles Beerenkonfit, frische Zitruszesten, Nuancen von Cassis und Preiselbeeren, ein Hauch von Nougat. Stoffig, elegant, schwarze Beerenfrucht, feine Tannine, frisch strukturiert, Brombeerkonfit im Nachhall, mineralischer Touch, gute Länge, sicheres Entwicklungspotenzial.

(91-93) Syrah Schüttenberg 2010
13,5 Vol.%, NK, Barrique, extratrocken, €€€€
Tiefdunkles Rubingranat, schwarzer Kern, violette Reflexe. Attraktives dunkles Beerenkonfit, zart nach Nougat, ein Hauch von schwarzer Olive und Trockengewürzen, Orangenzesten. Gute Komplexität, feine Waldbeernote, präsente, gut eingebundene Tannine, frisch und anhaltend, pfeffrige Nuancen im Nachhall.

(91-93) Merlot Bärnreiser 2010
13,5 Vol.%, NK, Barrique, extratrocken, €€€€
Dunkles Rubingranat, kräftiger Kern, zarter Wasserrand. Feine ätherische Nuancen, ein Hauch von Eukalyptus, frische Mandarinenzesten, mit schwarzer Beerenfrucht unterlegt. Stoffig, extraktsüß, elegante Textur, feine Fruchtsüße, präsentes Tannin, zart nach dunklem Nougat im Finish, sicheres Entwicklungspotenzial.

(91-93) Cabernet Sauvignon Aubühel 2010
13,5 Vol.%, NK, Barrique, extratrocken, €€€€
Dunkles Rubingranat, kräftiger Kern, zarter Wasserrand. Feine Nuancen von Cassis und Schokolade, zarte tabakige Würze, Orangenzesten. Saftig, feiner Kakaotouch, reife Herzkirschen, elegante Textur, angenehme Extraktsüße, bleibt gut haften, facettenreicher Speisenbegleiter.

(90-92) Zweigelt Haidacker 2010
13,5 Vol.%, NK, Barrique, extratrocken, €€€€
Dunkles Rubingranat, opaker Kern, violette Reflexe. Mit zar-

Carnuntum

ter tabakiger Würze unterlegte Beerenfrucht, feine Edelholzwürze, zart nach Nougat. Saftig, mittlere Komplexität, feine Zwetschkenfrucht, gut integrierte Tannine, harmonisch, ein vielseitiger Speisenbegleiter.

(90-92) Edles Tal 2010 ZW/ME/SY
13,5 Vol.%, NK, Barrique, extratrocken, €€€
Dunkles Rubingranat, schwarzer Kern, violette Reflexe. Mit zartem Schokoanklang unterlegte dunkle Waldbeerenfrucht, ein Hauch von Orangen. Mittlere Komplexität, feine Holzwürze, frisch strukturiert, Brombeerkonfit im Abgang, angenehmer Speisenbegleiter.

(89-91) Rubin Carnuntum 2011 ZW
13,5 Vol.%, NK, gebr. Barrique, extratrocken, €€
Tiefdunkles Rubingranat, schwarzer Kern, violette Reflexe. Frische, attraktive Kirschenfrucht, schwarzes Beerenkonfit unterlegt, mit einem Hauch von Lakritze unterlegt. Saftig, wiederum nach Herzkirschen und Weichseln, frisch und trinkanimierend, feiner zitroniger Touch, gute Länge, vielseitig einsetzbar.

(90-92) Weißburgunder Bärnreiser 2011
14 Vol.%, DV, 500-l-Holzfass, 2000, trocken, €€
Mittleres Grüngelb. Feine gelbe Tropenfrucht, ein Hauch von Orangenzesten, Pfirsichtouch, attraktives Bukett. Saftig, sehr elegant, exotische Fruchtanklänge, feine Süße, feine Säurestruktur, bleibt sehr gut haften, gutes Reifepotenzial.

(88-90) Grüner Veltliner Selection Bärnreiser 2011
14 Vol.%, DV, Teilbarrique, 1800, extratrocken, €€

(87-89) Sauvignon Blanc Selection Schüttenberg 2011
14 Vol.%, DV, Teilbarrique, 1800, extratrocken, €€

★★

WEINGUT HANS UND MARTIN NETZL

2464 Göttlesbrunn, Rosenbergstraße 1
T: 02162/82 01, F: DW 4
weingut@netzl.net
www.netzl.net

KELLERMEISTER UND ANSPRECHPARTNER: Martin Netzl
ANZAHL/FLASCHEN: k. A. (40 % weiß, 60 % rot) HEKTAR: 11
VERKOSTUNG: ja, gegen Voranmeldung AB-HOF-VERKAUF: ja
ÜBERNACHTUNGSMÖGLICHKEIT: kann organisiert werden
ANDERE PRODUKTE IM VERKAUF: Carnuntum Trester
VEREINSZUGEHÖRIGKEIT: Die Rubin Carnuntum Weingüter
MESSEN: ProWein, VieVinum

»Kontinuität, Qualität und Tradition«, so lautet das Credo des Betriebes der Familie Netzl. Qualität steht bei jedem Arbeitsgang, ob im Weinkeller oder in den elf Hektar Weingärten, im Vordergrund. Kontinuität beweist die Familie Netzl mit seit vielen Jahren zufriedenen Kunden. Tradition spiegelt sich darin wider, dass Martin Netzl schon die dritte Generation im Betrieb ist. Der Großvater begann mit der Flaschenfüllung und erreichte im Jahr 1959 eine Goldmedaille in Budapest. Der Vater Hans setzte die Tradition fort und baute den Betrieb weiter aus. Martin versucht heute, den Betrieb gemäß seinen hohen Qualitätsansprüchen zu etablieren.

Charaktervolle und individuelle Weine zu keltern, die die Besonderheit des Terroirs ausdrücken, ist das große Ziel. Die vier Spitzenweine Riesling »Gmoa«, Grüner Veltliner »Stoana«, St. Laurent »Hoadocka« sowie die Cuvée »Oida Schwoaza« tragen allesamt den Namen des Weingartens, aus dem sie stammen. Die Mundart symbolisiert die Bodenständigkeit und Ortsverbundenheit. Diese Gebietsbezogenheit drückt sich auch darin aus, dass seit einiger Zeit Barriquefässer aus eigenem Eichenholz verwendet werden. Langfristiges Ziel ist es, den Betrieb weiter unter den Top-Weingütern zu etablieren.

92 Blaufränkisch Spitzerberg 2009
13 Vol.%, NK, Barrique, extratrocken, €€€€€
Kräftiges Rubingranat, zarte violette Reflexe, breitere Randaufhellung. Reife Herzkirschen, mit feinem dunklen Beerenkonfit unterlegt, dezenter Nougat. Saftig, rotbeeriges Konfit, elegante Textur, zarte Extraktsüße, bleibt gut haften, guter Säurebogen, bereits harmonisch, gut antrinkbar, verfügt über Entwicklungspotenzial.

(89-91) Cuvée »Oida Schwoaza« 2010 ZW/BF/ME
13,5 Vol.%, NK, Barrique, extratrocken, €€€€
Dunkles Rubingranat, violette Reflexe, breiter Wasserrand. Zart balsamisch unterlegtes rotes Waldbeerkonfit, tabakige Nuancen, etwas Brombeergelee. Saftig, elegant, mittlere Komplexität, frisch strukturiert, Kirschen im Nachhall, ein vielseitiger Speisenbegleiter.

89 St. Laurent »Hoadocka« 2010
13 Vol.%, NK, Barrique, 2000, extratrocken, €€€

88 Rubin Carnuntum 2010 ZW
13 Vol.%, NK, Teilbarrique, 5000, extratrocken, €€

92 Gelber Traminer 2011
14 Vol.%, DV, Stahltank, extratrocken, €€€
Mittleres Grüngelb. Attraktives Sortenbukett nach Rosenöl, einen Hauch von Eibischteig, mit weißer Tropenfrucht unterlegt, florale Nuancen. Am Gaumen saftig, nach Litschi und Marshmallows, finessenreicher Säurebogen, zarter Grapefruittouch im Nachhall, bleibt gut haften, mineralischer Rückgeschmack, gutes Reifepotenzial.

(88-90) Grüner Veltliner »Stoana« 2011
13,5 Vol.%, DV, Stahltank, extratrocken, €€

Carnuntum

Carnuntum

★★
WEINGUT PAYR

2465 Höflein, Dorfstraße 18
T/F: 02162/623 56
robert@weingut-payr.at
www.weingut-payr.at

KELLERMEISTER UND ANSPRECHPARTNER: Robert Payr
ANZAHL/FLASCHEN: 50.000 (25 % weiß, 74 % rot, 1 % süß) HEKTAR: 10
VERKOSTUNG: ja, gegen Voranmeldung AB-HOF-VERKAUF: ja
ÜBERNACHTUNGSMÖGLICHKEIT: kann organisiert werden
ANDERE PRODUKTE IM VERKAUF: Tresterbrände, Schaumpayr
VEREINSZUGEHÖRIGKEIT: Die Rubin Carnuntum Weingüter
MESSEN: VieVinum, ProWein

Das Weingut Payr wird in der vierten Generation von Robert Payr jun. geführt, der es gemeinsam mit seinem Vater Robert Payr sen. in den letzten Jahren an die Spitze der Carnuntum-Weingüter geführt und zahlreiche Anerkennungen aus dem In- und Ausland dafür erhalten hat. Darüber hinaus ist Robert Payr seit gut einem Jahr Präsident der Rubin Carnuntum Weingüter.

Robert Payr besitzt zehn Hektar Weingärten (ein Drittel Grüner Veltliner und Chardonnay, zwei Drittel Rotweinsorten: Blauer Portugieser, Blauburger, Zweigelt, Blaufränkisch, Merlot und Cabernet Sauvignon) in Höflein. Einen weiteren Blaufränkisch-Weingarten bewirtschaftet Payr in Prellenkirchen, am Südhang des Spitzerberges. Die Lagenweine heißen »Rothenberg« (Grüner Veltliner auf einem Südhang mit rotem, lehmig-kiesigem Boden), »Bühl« (Zweigelt, Blaufränkisch und Merlot auf Südhängen mit Kalk- und Lössböden) sowie »Spitzerberg« (Blaufränkisch auf sehr kargem Kalkboden, einem reinen Südhang). Seit jeher haben sich Weine aus dem Weingut Payr durch eine strenge und engmaschige Struktur ausgezeichnet, und dieser Stil wurde auch beibehalten, selbst wenn der Modetrend in eine andere Richtung zeigte. Die Ernte erfolgt ausschließlich händisch, die Trauben werden ausgelesen und in schwierigen Jahren auf einem Sortiertisch einer zweiten Selektion unterzogen, damit nur vollreife Trauben in die Gärung gelangen. Die Weißweine und der Zweigelt classic werden in Stahltanks verarbeitet, um die klare Frucht zu erhalten. Die kräftigen lagerfähigen Weine werden riedenrein und traditionell in Barriquefässern bis zu 36 Monate gelagert.

(92-94) Bühl Reserve Carnuntum 2009 ZW/BF/ME
14 Vol.%, NK, Barrique, extratrocken, €€€€€
Dunkles Rubingranat, opaker Kern, violette Reflexe, Wasserrand. Feines schwarzes Waldbeerenkonfit, zart nach Orangenzesten, reife Zwetschken klingen an, facettenreiches Bukett. Stoffig, elegant, wieder dunkle Beeren, gut eingebaute, tragende Tannine, schokoladige Textur, bleibt gut haften, angenehme Würze im Nachhall, gute Frische, hat Zukunft.

92 Granat Reserve Carnuntum 2009 ZW/ME/CS
14 Vol.%, NK, Barrique, 4000, €€€€
Dunkles Rubingranat, opaker Kern, violette Reflexe, Wasserrand. Zunächst zurückhaltend, ein Hauch von Nougat, feines Brombeerkonfit, zarte Edelholzwürze. Saftig, dunkle Kirschenfrucht, gut integrierte Tannine, feiner Schokotouch im Abgang, zeigt eine gute Länge, verfügt über gutes Reifepotenzial.

91 Steinacker Reserve Carnuntum 2009 ZW
14 Vol.%, NK, Barrique, 4000, €€€€€
Dunkles Rubingranat, opaker Kern, violette Reflexe, Wasserrand. Feine balsamische Note, etwas feuchtes Unterholz, mit angenehmer Zwetschkenfrucht unterlegt. Saftig, mit rotbeeriger Frucht unterlegt, präsente Tannine, dunkle Mineralik im Abgang, ein kraftvoller Speisenbegleiter.

91 Matthäus Reserve Carnuntum 2009 ZW/BF/ME/CS
14 Vol.%, DV, Barrique, 6000, €€€
Kräftiges Rubingranat, violette Reflexe, zarter Wasserrand. Zarte Gewürzanklänge, feine balsamische Nuancen, schwarzes Beerenkonfit, tabakiger Hauch. Saftig, elegant, frische Weichselfrucht, feine Tannine, frisch strukturiert, zart nach Nougat im Abgang, ein vielseitiger Speisenbegleiter.

89 Rubin Carnuntum 2011 ZW
13,5 Vol.%, NK, Barrique, extratrocken, €€

89 Grüner Veltliner Von den alten Lagen 2011
13,5 Vol.%, DV, Stahltank, extratrocken, €€€

Carnuntum

Carnuntum

WEINGUT HORST UND IRENE PELZMANN

2413 Berg, Hauptstraße 27
T: 02143/25 88, F: DW 4
weingut.pelzmann@aon.at
www.carnuntum.com/pelzmann

KELLERMEISTER UND ANSPRECHPARTNER: Horst Pelzmann
ANZAHL/FLASCHEN: k. A. (50 % weiß, 50 % rot) **HEKTAR:** 12,5
VERKOSTUNG: ja, gegen Voranmeldung **AB-HOF-VERKAUF:** ja
HEURIGER: 13. bis 22. 7., 31. 8. bis 9. 9., 26. 10. bis 4. 11. und 30. 11. bis 9. 12.
ÜBERNACHTUNGSMÖGLICHKEIT: kann organisiert werden
VEREINSZUGEHÖRIGKEIT: Die Rubin Carnuntum Weingüter

Die Ortschaft Berg liegt ganz im Osten des Weinbaugebietes Carnuntum an den Ausläufern der Hundsheimer Berge. Bereits seit 1850 betreibt die Familie Pelzmann in Berg Weinbau. 1993 hat Horst Pelzmann den Betrieb übernommen und führt ihn heute unter Verwendung moderner Kellertechnologien fort.

Unter Einsatz von viel Handarbeit und Wissen werden die rund zwölf Hektar Weingärten an den Hängen der Königswarte und des Spitzerberges bewirtschaftet, um die Trauben für wirklich besondere Weine zu ernten. Der Ausbau der Weißweine erfolgt ausschließlich im Stahltank, um die Frische und Fruchtigkeit zu erhalten. Die kräftigen Rotweine lagern in großen Holzfässern und teilweise in Barriques, wo sie in Ruhe reifen und ihre Struktur aufbauen können. In der hauseigenen Buschenschank kann man die Weine zu typischen hausgemachten Spezialitäten verkosten. Der Betrieb ist Mitglied bei den Rubin Carnuntum Weingütern und bei der Römerweinstraße Carnuntum.

90 Blaufränkisch Spitzerberg 2009
13 Vol.%, NK, Teilbarrique, 1200, extratrocken, €€€€
Dunkles Rubingranat, violette Reflexe, dezenter Wasserrand. Zunächst etwas verhalten, feines Waldbeerkonfit, mit dezenter Kräuterwürze unterlegt. Mittlere Komplexität, nach Erdbeeren und Kirschen, gut eingebaute Tannine, samtig im Abgang, feines Nougat im Rückgeschmack, gutes Entwicklungspotenzial.

89 Blaufränkisch Carnuntum Reserve 2009
13,5 Vol.%, NK, Teilbarrique, 2000, extratrocken, €€€

89 Rubin Carnuntum 2010 ZW
13 Vol.%, NK, Teilbarrique, 1300, extratrocken, €€

88 Regis 2009 BF/ZW/CS
13,5 Vol.%, NK, Teilbarrique, 1800, extratrocken, €€€

89 Weißburgunder 2011
13 Vol.%, DV, Stahltank, 2000, extratrocken, €

88 Grüner Veltliner 2011
12 Vol.%, DV, Stahltank, 4000, extratrocken, €

Carnuntum

★★
WEINGUT GERHARD PIMPEL

2464 Göttlesbrunn, Kirchenstraße 19
T/F: 02162/200 49
weingut@gerhardpimpel.at
www.gerhardpimpel.at

KELLERMEISTER UND ANSPRECHPARTNER: Gerhard Pimpel
ANZAHL/FLASCHEN: k. A. (40 % weiß, 60 % rot) HEKTAR: 12
VERKOSTUNG: ja AB-HOF-VERKAUF: ja
ÜBERNACHTUNGSMÖGLICHKEIT: kann organisiert werden
VEREINSZUGEHÖRIGKEIT: Die Rubin Carnuntum Weingüter
MESSEN: VieVinum, ProWein

Gerhard Pimpel ist keiner, der viele Worte macht, und vermittelt trotzdem oder gerade deshalb so gut, worum es ihm geht – ein junger Winzer, der Ruhe, Überlegtheit und Zielstrebigkeit ausstrahlt. »Das Zusammenspiel von Sorte, Boden und Unterlagsrebe muss man beobachten«, sagt der Winzer, »dann ist es möglich, autochthone, terroirbezogene Weine zu machen.« Zwischen dem Neusiedler See und der Donau liegt sein Betrieb, in Göttlesbrunn, dem Herzen des Weinbaugebiets Carnuntum. Das pannonische Klima, gekoppelt mit den kühlen Nordwestwinden, lässt fruchtige Weißweine und tiefdunkle Rotweine entstehen. Für Gerhard Pimpel zählt nicht die Sortenvielfalt, obschon vorhanden, sondern die Typizität einer Sorte in den unterschiedlichsten Ausbauvariationen. Aber auch das Terroir bei den Weinen wie »Zweigelt-Selektion« und »Optime«, sowohl als Cuvée wie auch als reinsortigem Merlot, herauszuarbeiten ist ihm wichtig. Eine Rebfläche von zwölf Hektar steht zurzeit im Ertrag, die in den nächsten Jahren auf einen achtzigprozentigen Rotweinanteil umgestellt wird. Mit den Hanglagen Rosenberg, Bärenreiser und Altenberg zählen die Rieden von Gerhard Pimpel zu den besten im gesamten Weinbaugebiet.

93 Downhill 2009 ME/ZW
13,5 Vol.%, NK, 1700, €€€€
Dunkles Rubingranat, violette Reflexe, breitere Randaufhellung. Verhaltenes Bukett, braucht Luft, feine Gewürznelken, reife Kirschen, ein Hauch von Kräutern. Saftig, elegant, bereits harmonisch, gut integrierte Tannine, wirkt leichtfüßig und doch komplex, angenehme Fruchtsüße im Nachhall, gut antrinkbar, verfügt über gutes Entwicklungspotenzial.

93 Optime^2 2009 ME
14,5 Vol.%, NK, Barrique, extratrocken, €€€€€
Dunkles Rubingranat, tiefer Kern, violette Reflexe, zarter Wasserrand. Mit feinen Schokonoten unterlegte Kräuterwürze, dunkles Beerenkonfit, feine tabakige Nuancen, angenehme Edelholzanklänge. Stoffig, frische Herzkirschen, angenehme Extraktsüße, gut integrierte Tannine, frisch strukturiert, Brombeerkonfit im Nachhall, zartes Nougat im Nachhall, ein ausgewogener Speisenbegleiter, bereits zugänglich, verfügt über gutes Reifepotenzial.

(90-92) Pinot Noir Jahrgangscuvée
13 Vol.%, NK, Barrique, extratrocken, €€
Kräftiges Rubingranat, violette Reflexe, breitere Randaufhellung. Feine balsamische Würze, Nuancen von Kokos, dunkle Beerenfrucht. Mittlere Komplexität, frische Kirschenfrucht, intensive Holzwürze, frisch strukturiert, bleibt gut haften, ein vielseitiger Speisenbegleiter, individuelle Stilistik.

(89-91) Rubin Carnuntum 2011 ZW
13,5 Vol.%, DV, Barrique, extratrocken, €€
Tiefdunkles Rubingranat, opaker Kern, violette Reflexe. Frisches Holundermus, dunkle Beeren, frische Zwetschken, intensive Primärfrucht. Mittlere Komplexität, schwarze Kirschen, zart nach Weichseln, gut integrierte Tannine, bleibt gut haften, dezentes Schokokaramell im Nachhall.

(88-90) Zweigelt 2011
13,5 Vol.%, DV, extratrocken, €€

88 Grüner Veltliner Kräften 2011
12,5 Vol.%, DV, Stahltank, 2600, extratrocken, €€

87 Cuvée Rosenwind 2011
12 Vol.%, DV, Stahltank, extratrocken, €€

Carnuntum

WEINGUT JOSEF PIMPEL

2404 Petronell, Brucker Straße 6
T/F: 02163/22 36
weingut@pimpel.com
www.pimpel.com

KELLERMEISTER UND ANSPRECHPARTNER: Josef Pimpel
ANZAHL/FLASCHEN: 40.000 (35 % weiß, 65 % rot) **HEKTAR:** 9
VERKOSTUNG: ja **AB-HOF-VERKAUF:** ja
ÜBERNACHTUNGSMÖGLICHKEIT: kann organisiert werden
VEREINSZUGEHÖRIGKEIT: Die Rubin Carnuntum Weingüter
MESSEN: VieVinum

Josef Pimpel hat ein einfaches, aber effektives Credo für seine Weine entwickelt: »Lieber suche ich mir für meine Weine einen Markt als umgekehrt.« Das Bestreben authentische, unverwechselbare Weine zu erzeugen, die das einzigartige Terroir seiner Lagen widerspiegeln, ist ihm ebenso ein großes Anliegen wie eine Brücke zwischen traditioneller Erfahrung und modernsten önologischen und ökologischen Erkenntnissen zu schlagen.

In drei Ortsgebieten werden die Trauben für Josef Pimpels Weine gewonnen. Die Lage Rosenberg gilt als die beste in Göttlesbrunn. Auf diesem Südhang, der im oberen Bereich tiefe Lehm-Ton-Böden und im unteren Teil sandige Lössböden aufweist, wachsen Chardonnay, Sauvignon Blanc, aber auch Merlot und Blaufränkisch. Direkt in der Ortschaft Petronell wächst auf der schottrigen, windgeschützten Riede namens Spitaläcker der Zweigelt. Zweigelt, Merlot, Syrah und vor allem Blaufränkisch kommen von den trockenen Lössgründen des Spitzerbergs in Prellenkirchen.

Mit seinen ausgezeichneten Rotweinen hat sich Josef Pimpel in Österreich bereits einen guten Namen gemacht. Es ist nur mehr eine Frage der Zeit, bis seine Weine auf Weinkarten in aller Welt zu finden sein werden.

(91-93) Heidentor 2011
14 Vol.%, NK, Barrique, 3000, extratrocken, €€€
Dunkles Rubingranat, violette Reflexe, Wasserrand. Einladende Pflaumenfrucht, zarte Wiesenkräuter, ein Hauch von rotbeerigem Konfit, Orangenzesten. Saftig, stoffig, gute Komplexität, frisch strukturiert, bereits gut eingebundenes Holz, bleibt gut haften, schokoladig-würziger Nachhall, gutes Reifepotenzial.

(89-91) BF:ME = 70:30 2011
13,5 Vol.%, DV, großes Holzfass, 3000, extratrocken, €€
Dunkles Rubingranat, opaker Kern, violette Reflexe. Frische, vollreife Herzkirschen, zart nach Zwetschken, ein Hauch von Steinobst und Orangenzesten. Saftig, elegante Textur, harmonisch, finessenreicher Säurebogen, bleibt recht gut haften, bietet herzhaftes Trinkvergnügen.

(89-91) Rubin Carnuntum 2011 ZW
13,5 Vol.%, DV, Teilbarrique, 3000, extratrocken, €€
Tiefdunkles Rubingranat, opaker Kern, violette Reflexe. Mit feiner Kräuterwürze unterlegte dunkle Beerenfrucht, frische Brombeeren und Zwetschken. Saftig, extraktsüße Waldbeerfrucht, frisch strukturiert, trinkanimierender Stil.

88 Zweigelt 2011
12,5 Vol.%, DV, großes Holzfass, 6000, extratrocken, €€

89 Chardonnay 2011
13 Vol.%, DV, Stahltank, 5000, extratrocken, €€

(88-90) Sauvignon Blanc 2011
13,5 Vol.%, DV, Stahltank, 1700, extratrocken, €€

★ ★

WEINGUT SCHENZEL-WALLNER

2460 Bruck/Leitha, Feldgasse 36
T: 02162/632 60
weingut@schenzel.com
www.schenzel.com

Carnuntum

KELLERMEISTER UND ANSPRECHPARTNER: Willi Schenzel
ANZAHL/FLASCHEN: 35.000 (40 % weiß, 60 % rot) HEKTAR: 12
VERKOSTUNG: ja AB-HOF-VERKAUF: ja HEURIGER: 21. 7. bis 1. 8.,
29. 8. bis 8. 9., 20. bis 31. 10. und 24. 11. bis 1. 12., 16–23 Uhr
ÜBERNACHTUNGSMÖGLICHKEIT: kann organisiert werden
ANDERE PRODUKTE IM VERKAUF: Carnuntum Trester
VEREINSZUGEHÖRIGKEIT: Die Rubin Carnuntum Weingüter MESSEN: ProWein

Das Familienweingut liegt in Bruck an der Leitha, dem geografischen Zentrum des Weinbaugebietes Carnuntum. Neben dem Weingut betreibt die Familie noch einen sehr beliebten Heurigen, der nicht nur lokal, sondern auch bei den Gästen und Freunden der Weinbauregion Carnuntum äußerst beliebt ist.

Die Weißweinsorten des Weinguts befinden sich hauptsächlich um Bruck an der Leitha. Die kalkhaltigen Böden des auslaufenden Leithagebirges bieten den Sorten Sauvignon Blanc, Chardonnay und Welschriesling sowie speziell dem Grünen Veltliner ideale Voraussetzungen für die Entwicklung von Frucht und Eleganz. 60 Prozent des zwölf Hektar großen Weingutes sind mit Rotweinreben bepflanzt, wobei diese in Prellenkirchen am Spitzerberg, zwanzig Kilometer vom Weingut entfernt, liegen. Dieser östliche Teil des Weinbaugebietes Carnuntum war bis Ende der 1960er-Jahre für seine ausgezeichneten Blaufränkischweine bekannt, verlor jedoch durch Umstrukturierungen vom Weinbau zur Landwirtschaft nach und nach an Bedeutung. Willi Schenzel war einer der Ersten, die nicht nur von dem ausgezeichneten Potenzial dieser Gegend sprachen, sondern sich ab Beginn dieses Jahrtausends wieder dieser hervorragenden Riede annahmen. Dabei wurde deutlich, welches Potenzial in diesen Lagen steckt.

Durch Klima und Boden hervorragend unterstützt, entstehen hier hauptsächlich Rotweine aus der gebietstypischen Sorte Blaufränkisch, jedoch wird auch aufgezeigt, welche Qualität bei Zweigelt und bei internationalen Sorten wie Cabernet Sauvignon, Syrah und Merlot möglich ist. Eine Philosophie des Weinguts ist die Reinsortigkeit der Rotweine. Die Vertreter des Blaufränkisch sind »Spitzerberg« sowie »Oktavius«. Aber auch der Zweigelt »Xxenia« und der Cabernet Sauvignon »Don Carlos« sind reinsortig ausgebaute Rotweine.

(90-92) Merlot Reserve 2010
13,5 Vol.%, NK, Barrique, 2100, extratrocken, €€€
Dunkles Rubingranat, violette Reflexe, zarter Wasserrand. Feine Edelholzanklänge, mit rotem Waldbeerkonfit unterlegt, zart nach Orangenzesten, zarte Kräuterwürze. Samtige Textur, wirkt kraftvoll, präsente, gut integrierte Tannine, Beerenkonfitüre im Abgang, schokoladiger Nachhall, bereits gut entwickelt.

(88-90) Zweigelt Xxenia 2010
13,5 Vol.%, NK, großes Holzfass/Barrique, 2400, extratrocken, €€€

(88-90) Blaufränkisch Oktavius 2010
13,5 Vol.%, NK/DV, Teilbarrique, 2400, extratrocken, €€

89 Chardonnay Reserve 2010
13,5 Vol.%, DV, Stahltank/Barrique, 2000, extratrocken, €€

88 Grüner Veltliner Classic 2011
12,5 Vol.%, DV, Stahltank, 6000, extratrocken, €€

87 Sauvignon Blanc 2011
12,5 Vol.%, DV, Stahltank, 4000, extratrocken, €€

Carnuntum

★★ WEINGUT TAFERNER

2464 Göttlesbrunn, Pfarrgasse 2
T: 02162/84 65, F: DW 4
weingut@tafi.at
www.tafi.at

KELLERMEISTER UND ANSPRECHPARTNER: Franz Taferner
ANZAHL/FLASCHEN: k. A. (30 % weiß, 70 % rot) **HEKTAR:** 17
VERKOSTUNG: ja **AB-HOF-VERKAUF:** ja
ANDERE PRODUKTE IM VERKAUF: Carnuntum Brand, Sekt, Traubensaft
HEURIGER: 12. bis 25. 7., 2. bis 18. 8., 30. 8. bis 15. 9., 1. bis 18. 10. und 8. bis 21. 11.
VEREINSZUGEHÖRIGKEIT: Die Rubin Carnuntum Weingüter
MESSEN: ProWein, VieVinum, Zürich

Vielen regionalen Freunden der Weinbauregion Carnuntum ist der Heurigenbetrieb von Franz Taferner ein Begriff. Immer öfter aber finden seine ausgezeichneten Rotweine den Weg auch in eine breitere Öffentlichkeit. Sowohl der Zweigelt – insbesondere der Barriquewein »Excalibur« – als auch der Cabernet »Tribun« und der St. Laurent – mehrmals Bregenzer Festspielwein und Landessieger – verdienen einen zweiten Blick.

Bei den Weißweinen fällt der köstliche Gelbe Muskateller immer wieder ganz hervorragend aus. Im Haus Taferner hat man sich einer sehr kraftvollen und tendenziell etwas extraktsüßeren Rotweinlinie verschrieben, einige Jahre Flaschenreife sind da von Vorteil. Weine wie der »Tribun« oder »VIB« sind allerdings auch in der Jugend sehr verführerisch, der Rubin Carnuntum glänzt durch sein exzellentes Preis-Leistungs-Verhältnis. Bei der Falstaff-Rotweinprämierung 2010 holte sich Taferner mit dem Cabernet Sauvignon »Tribun« den beachtlichen zweiten Platz in dieser Sortengruppe.

(90-92) Tribun 2010 CS
14 Vol.%, NK, Barrique, extratrocken, €€€€
Dunkles Rubingranat, zart unterockert, violette Reflexe. Frische Wiesenkräuter, ein Hauch von Cassis und Brombeeren, zart ätherisch, etwas Pfefferminze. Saftig, mittlere Komplexität, frische Kirschenfrucht, feine Tannine, die gut integriert sind, wirkt leichtfüßig, mineralischer Nachhall, verfügt über Reifepotenzial.

(90-92) Excalibur 2010 ZW/ME/CS
14 Vol.%, NK, Barrique, extratrocken, €€€€
Kräftiges Rubingranat, violette Reflexe, zarte Randaufhellung. Intensive Kräuterwürze, reife Zwetschken, Kirschen, Orangenzesten, tabakiger Touch. Saftig, extraktsüß, kraftvoller Stil, nach Kokos und Nougat, bleibt gut haften, wird bald antrinkbar sein, ein vielseitiger Speisenbegleiter.

90 Monument 2010 ZW/SL/ME
14 Vol.%, NK, Teilbarrique, 3000, extratrocken, €€€
Kräftiges Rubingranat, violette Reflexe, zarte Randaufhellung. Feine Röstaromen, angenehme Kräuterwürze, rotes Beerenkonfit, Grapefruitzesten. Saftig und frisch, reife Herzkirschen, Orangenfrucht, trinkanimierender Stil, bereits gut zugänglich, angenehme Fruchtsüße im Abgang.

(88-90) Rubin Carnuntum 2011 ZW
14 Vol.%, DV, Teilbarrique, extratrocken, €€€

89 Gelber Muskateller 2011
12 Vol.%, DV, Stahltank, 20.000, trocken, €€€

88 Tafi White 2011 SB
13 Vol.%, DV, Stahltank, 4500, extratrocken, €€

★★★

WEINGUT TRAPL
2463 Stixneusiedl, Hauptstraße 16
T/F: 02169/24 04
wein@trapl.com
www.trapl.com

Carnuntum

KELLERMEISTER UND ANSPRECHPARTNER: Ing. Johannes Trapl
ANBAUWEISE: derzeit in Umstellung auf Bio
ANZAHL/FLASCHEN: 45.000 (30 % weiß, 70 % rot) HEKTAR: 10
VERKOSTUNG: ja AB-HOF-VERKAUF: ja, limitierte Mangen HEURIGER: ja
ÜBERNACHTUNGSMÖGLICHKEIT: kann organisiert werden
VEREINSZUGEHÖRIGKEIT: Die Rubin Carnuntum Weingüter
MESSEN: VieVinum, ProWein

Johannes Trapl trägt die betriebliche Verantwortung im Weingut. Ein Purist, der die wahre, ursprüngliche Region Carnuntum in seinen Weinen offenbaren will. In den meisten Fällen sind die Weingärten für seine besten Weine älter als er. Tief verwurzelt sind die Reben, ausgewogen, vielschichtig und fruchtintensiv ist der Geschmack ihrer Trauben. Er liebt ihren wahren Charakter, den Geschmack, den ihnen der Boden verleiht. Mit Händen und Füßen begleitet er die Reben, die seine Großväter noch mühevoll pflanzten. Wenn die Trauben im Herbst in den Keller kommen, erwartet sie eine neue Umgebung. Johannes Trapl hilft ihnen dabei, ihre Scheu abzulegen und zu Wein zu werden. Er lenkt nur, damit der Charakter erhalten bleibt. Der Winzer liebt die wahre Frucht – Pfeffer, Kirsche, Flieder und so weiter – ganz ursprünglich, natürlich und echt.

An den Hängen des von Schotter und Lehm dominierten Arbestaler Hügellands findet er die Herausforderung für Zweigelt und Sankt Laurent. Der Spitzerberg, geografisch zu den Hainburger Bergen zu zählen, gibt ihm die Möglichkeit, Blaufränkisch auf eine ganz eigenständige Art zu vinifizieren, so wie ihn der karge Schieferboden hervorbringt. Johannes Trapl fasst sein Credo so zusammen: »Ich möchte die Vielfalt, Finesse und Kraft, die in unseren Rieden steckt, spüren – und ein Maximum davon in die Weine bringen, ohne den Trinkfluss zu verlieren.« Mit dem Syrah »Kirchberg« 2009 sicherte sich Johannes Trapl den dritten Platz in der Sorte bei der letzten Falstaff-Rotweinprämierung im Herbst 2011.

(91–93) Tilhofen 2010 CS/ME/BF/ZW
13,5 Vol.%, NK, 500-l-Holzfass/Barrique, extratrocken, €€€€€
Dunkles Rubingranat, violette Reflexe, zarter Wasserrand. Frisches Brombeerkonfit, ein Hauch von Cassis und Orangenzesten, tabakige Nuancen. Stoffig, feine Zwetschkenfrucht, frisch strukturiert, mineralisch, zitroniger Touch im Abgang, lebendiger Speisenbegleiter.

(90–92) Syrah Kirchberg 2010
13 Vol.%, NK, Barrique, extratrocken, €€€€€
Mittleres Rubingranat, violette Reflexe, zarter Wasserrand. Deutliche Kräuterwürze, mit reifen Herzkirschen unterlegt, dazu etwas Brombeeren, etwas Tabak. Saftig, gute Frucht, frische Säurestruktur, gut integrierte Tannine, wirkt leichtfüßig und trinkanimierend, Orangen im Rückgeschmack.

(90–92) Blaufränkisch Spitzerberg 2010
13 Vol.%, NK, 500-l-Holzfass, extratrocken, €€€€€
Helles Kirschrot. Feine Röstaromen, mit kandierten Veilchen unterlegt, reife Kirschen, kandierte Orangenzesten, feiner floraler Touch. Saftig, mit fast burgundischer Anmutung, zart und leichtfüßig, feine Säurestruktur, dezente Weichselnote im Abgang, trinkanimiernder Stil.

(91–93) Karpatenschiefer Alte Reben 2011 GV
13 Vol.%, DV, Stahltank/gebr. Barrique, extratrocken, €€€€
Leuchtendes Grüngelb. Feinwürzig unterlegte frische Birnenfrucht, zart nach Mango und Kräuterwürze, Orangenzesten. Saftig, feine gelbe Tropenfrucht, nach Orangen, finessenreicher Säurebogen, mineralisch und gut anhaltend, gutes Entwicklungspotenzial.

Carnuntum

WINZERIN BIRGIT WIEDERSTEIN
2464 Göttlesbrunn, Weinbergweg 1
T: 02162/84 36, F: DW 22
winzerin@wiederstein.at
www.wiederstein.at

KELLERMEISTER UND ANSPRECHPARTNER: Birgit Wiederstein
ANZAHL/FLASCHEN: 22.000 (40 % weiß, 60 % rot) HEKTAR: 6
AB-HOF-VERKAUF: ja
ANDERE PRODUKTE IM VERKAUF: Carnuntum Tresterbrand, Merlot Traubensaft

---

Die »Weiberwirtschaft« der Wiederstein-Frauen in Göttlesbrunn produziert Weine, die erfreulich »anders« sind – Weine, bei denen es sich lohnt, sie kennenzulernen. Feminin und elegant sind sie, nicht vordergründig, sehr subtil und mit viel Tiefgang. Diese Weine scheinen den Beweis zu bringen, dass zu »Terroir« noch mehr gehört als die richtigen Reben auf großem Boden in passendem Klima. Die einzigartige Persönlichkeit des Winzers nämlich. Oder besser noch: der Winzerin, wie in Birgits Fall.

Ihre Weine wirken feinfühlig, sensibel und zart, doch stets selbstbewusst – funkelnd und tänzelnd am Gaumen, immer voll Harmonie und Balance. Man merkt die feine Hand, mit der die Trauben zur Reife geführt werden, die Leidenschaft, mit der die knapp sechs Hektar kultiviert werden, den sanften Ehrgeiz, der Motivation ist, Jahr für Jahr noch mehr an Qualität und Finesse aus den Weingärten herauszuholen. Die daraus entstehenden Weine von Birgit und die Destillate von Grete bereiten viel Trinkfreude und so viel Spaß, wie nur das Gespräch mit kompromisslos leidenschaftlichen Menschen es bietet. Feminine Weine und elegante Destillate eben, die »ihre Frau stehen« – in diesem maskulin kraftvollen Umfeld Carnuntums.

(90-92) Die Venus 2009 ME/BF
12,5 Vol.%, NK, großes Holzfass, extratrocken, €€€
Kräftiges Karmingranat, zart unterockert, breiterer Wasserrand. Intensive Röstaromen, Kräuterwürze und Karamell klingen an, reife Zwetschkenfrucht, Schokolade. Saftig, frische, reife Weichselfrucht, lebendig strukturiert, elegante Textur, wirkt leichtfüßig, zeigt eine trinkanimierende Stilistik.

(89-91) Zweigelt Die Rhea 2011
13 Vol.%, NK, großes Holzfass/Barrique, extratrocken, €€
Tiefdunkles Rubingranat, opaker Kern, violette Reflexe. Zart rauchig-kräuterwürzig unterlegte dunkle Beerenfrucht, mineralische Nuancen. Saftig, frische Zwetschkenfrucht, mit feinen Tanninen unterlegt, lebendige Struktur, bleibt gut haften, salziger Nachhall.

(88-90) Ein Traum 2011 PN/BF/ME
13 Vol.%, NK, großes Holzfass/Barrique, extratrocken, €€

87 Die Diva 2009/2010 Jahrgangscuvée PN
13 Vol.%, NK, großes Holzfass/Barrique, extratrocken, €€

89 Prima Donna 2011 GM/MO/GV
12 Vol.%, DV, Stahltank, extratrocken, €€

88 Sauvignon Blanc 2011
13,5 Vol.%, NK, Stahltank/großes Holzfass, trocken, €€

KAMPTAL

Kamptal – Grüner Veltliner und Riesling aus Millionen Jahre jungen Böden

Namensgeber ist der Kampfluss, die Metropole ist Österreichs größte Weinstadt Langenlois. Mit 4000 Hektar ist das Kamptal auch eines der größeren Weinbaugebiete des Landes. Kultur und Tourismus haben großen Stellenwert, verstärkt durch Heurige und Vinotheken. Mit dem Heiligenstein hat das Kamptal eine der markantesten Lagen mit einem ganz besonderen Boden: einem Wüstensandstein mit vulkanischen Bestandteilen aus der 270 Millionen Jahre alten Perm-Zeit. Auf den steilen Terrassen am Südhang wachsen hauptsächlich Rieslingtrauben, die kraftvolle, langlebige Weine hervorbringen.

Zur Donau hin verändern sich die Böden, hier sind auf Löss- und Lehmterrassen gute Voraussetzungen für eine Vielfalt an Weintypen gegeben. Dabei spielen neben dem Grünen Veltliner die Burgunderfamilie sowie der Blaue Zweigelt ihre Stärken aus. Klimatisch macht sich im Kamptal die Dynamik zwischen dem heißen, pannonischen Becken und der kühlen, nördlich angrenzenden Region Waldviertel bemerkbar. Die beiden Hauptrebsorten Grüner Veltliner und Riesling definieren seit 2008 den Kamptal DAC: Die regionstypischen Weine mit der Bezeichnung Kamptal DAC dürfen ausschließlich von den Sorten Grüner Veltliner und Riesling stammen. Der Zusatz »Reserve« kennzeichnet besonders kräftige DAC-Weine. Eine Attraktion für Weintouristen ist das Loisium, ein futuristisches Besucher- und Seminarhotelzentrum mit Vinothek und unterirdisch-mystischen Weinerlebnissen. Das ganze Ensemble ist ein Symbol für die Symbiose aus Tradition und Innovation, die das Kamptal prägt. Neben Langenlois sowie Gobelsburg, Straß im Straßertale und Zöbing sind noch zahlreiche kleinere Weinorte von Bedeutung.

★★★★★
- Weingut Bründlmayer, Langenlois

★★★★
- Weingut Schloss Gobelsburg, Gobelsburg
- Weingut Hiedler, Langenlois

★★★★
- Weingut Hirsch, Kammern
- Weingut Jurtschitsch Sonnhof, Langenlois
- Weingut Fred Loimer, Langenlois

★★★
- Weingut Allram, Straß

Kamptal

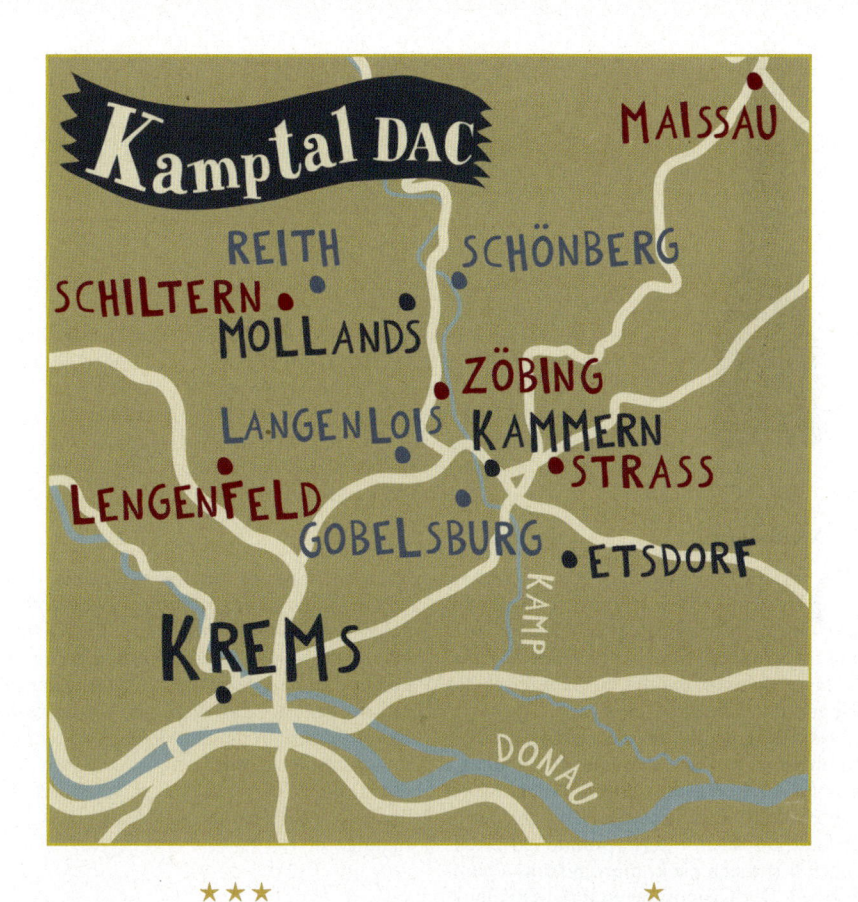

- ★★★
- ◆ Weingut Kurt Angerer, Lengenfeld
- ◆ Weingut Brandl, Zöbing
- ◆ Weingut Birgit Eichinger, Straß
- ◆ Weingut Thomas Leithner, Langenlois
- ◆ Weingut Steininger, Langenlois
- ◆ Weingut Johann Topf, Straß

- ★★
- ◆ Weingut Martin Arndorfer, Straß
- ◆ Laurenz V., Wien
- ◆ Weingut Ludwig Ehn, Langenlois
- ◆ Weinerlebnis Kirchmayr, Weistrach
- ◆ Weingut Rudolf Rabl, Langenlois
- ◆ Weingut Weixelbaum, Straß

- ★
- ◆ Naturnaher Weinbau Alfred Deim, Schönberg
- ◆ Weingut Peter Dolle, Straß
- ◆ Weingut Groll, Reith
- ◆ Weingut Matthias Hager, Schönberg
- ◆ Weingut Thomas Herndler, Schiltern
- ◆ Weingut Kemetner, Etsdorf
- ◆ Weingut Maglock-Nagel, Straß
- ◆ Weingut Summerer, Langenlois
- ◆ Weingut Reinhard Waldschütz, Straß

- ◆ Weingut Huber, Straß
- ◆ Weingut Erwin Retzl, Zöbing
- ◆ Weingut Silvia Rosenberger, Straß
- ◆ Winzerhof Sax, Langenlois
- ◆ Weingut Schreibeis – Keller am Gaisberg, Straß

Kamptal

★★★

WEINGUT ALLRAM

3491 Straß im Straßertale, Herrengasse 3
T: 02735/22 32, F: DW 3
weingut@allram.at
www.allram.at

KELLERMEISTER: Erich Haas ANSPRECHPARTNER: Michaela Haas-Allram ANZAHL/FLASCHEN: k. A. (80 % weiß, 18 % rot, 2 % süß) HEKTAR: 23 VERKOSTUNG: ja, gegen Voranmeldung AB-HOF-VERKAUF: ja ÜBERNACHTUNGSMÖGLICHKEIT: ja ANDERE PRODUKTE IM VERKAUF: Destillate, Essig, Sekt VEREINSZUGEHÖRIGKEIT: Kooperierendes Mitglied der Traditionsweingüter Österreich MESSEN: ProWein, VieVinum

Das Traditionsweingut Allram liegt im Herzen des Weinbaugebietes Kamptal, im malerisch gelegenen Weinbauort Straß im Straßertale. Seit 1992 führt Michaela Haas gemeinsam mit ihrem Mann Erich das Weingut in der dritten Generation.

Das Weingut zählt zu jenen Betrieben, die sich durch jahrelange konsequente Qualitätsarbeit an der Spitze des niederösterreichischen Weinbaus etablieren konnten. Jährliche nationale und vor allem internationale Auszeichnungen bestätigen die kompromisslose Qualitätsarbeit. Der Grundstein zu ihren Qualitätsweinen wird in den Weingärten gelegt. Der geeignete Boden für jede Sorte, eine hohe Stockdichte, genaue Laubarbeit und den Ertrag reduzierende Maßnahmen lassen die Winzer von den Stärken des Gebietes profitieren. Zu den besten Weingärten des Hauses gehören die Lagen am Zöbinger Heiligenstein, die nach 30-jähriger Brache mit viel Liebe rekultiviert worden sind. Die alten Steinterrassen konnten so erhalten bleiben. Hier findet sich eine Flora und Fauna, wie sie sonst nur in weit südlicheren, mediterranen Gegenden anzutreffen ist.

Die Rieslinge von dieser Lage zeichnen sich durch eine besondere Frucht und Mineralik sowie eine lange Lebensdauer aus. Die wichtigste Sorte im Weingut stellt der Grüne Veltliner dar, den die Winzer den verschiedenen Lagen entsprechend ausbauen. Gleichzeitig konnten sie sich in der Zwischenzeit auch mit ihren Rieslingen vom Gaisberg und Heiligenstein und mit einem in Barriques gereiften Grauburgunder international einen Namen machen.

Michaela und Erich Haas lieben Weine mit Kraft und Eleganz, ihre finessenreichen Lagenweine haben daher ein hohes Potenzial. Als gelernte Ökonomin kümmert sich Michaela Haas persönlich um die Vermarktung. Mit einem Exportanteil von 70 Prozent der Produktion gehört das Weingut Allram zu den Rekordhaltern in diesem Metier. Eine renovierte Jugendstilvilla mitten im Ort, die vom Weingut zu Fuß gut erreichbar ist, steht den Kunden und Weinfreunden als Gästehaus zur Verfügung.

93 Grauburgunder Hasel 2010
14 Vol.%, NK, Barrique, trocken, €€€€
Kräftigeres Gelbgrün. Einladende zarte Röstnote, mit feiner gelber Apfelfrucht unterlegt, ein Hauch von Grapefruitzesten, Nuancen von Karamell. Saftige weiße Tropenfrucht, elegant, frisch strukturiert, feine zitronige Nuancen im Abgang, wirkt leichtfüßig und jung, ein toller Essensbegleiter.

(92-94) Riesling DAC Reserve Heiligenstein Erste ÖTW Lage 2011
13,5 Vol.%, DV, Stahltank, extratrocken, €€€€
Mittleres Grüngelb. Zart mit Blütenhonig unterlegte Pfirsichfrucht, noch etwas zurückhaltendes Bukett, mineralische Facetten. Komplex, engmaschig, extrasüße Tropenfrucht, finessenreicher Säurebogen, bleibt sehr gut haften, sicheres Entwicklungspotenzial.

(91-93) Grüner Veltliner DAC Reserve Renner Erste ÖTW Lage 2011
13,5 Vol.%, NK, Stahltank, trocken, €€€€
Helles Gelbgrün. Frische Kräuterwürze, rauchige Nuancen, mit feiner Apfelfrucht unterlegt, tabakiger Touch. Saftig,

gute Komplexität, zart nach Honigmelonen, feiner Säurebogen, zitronige Nuancen, dunkle Mineralik im Abgang, ein vielseitiger, facettenreicher Speisenbegleiter.

(91-93) Grüner Veltliner DAC Reserve Gaisberg Erste ÖTW Lage 2011
14 Vol.%, DV, Stahltank, extratrocken, €€€
Mittleres Gelbgrün. Zart tabakig-kräuterwürzig unterlegte Nuancen von frischen Quitten, etwas Marille und Blütenhonig, tabakiger Anklang. Saftig, reife, extraktsüße Frucht, feiner Säurebogen, stoffig, zugleich sehr trinkanimierend, ein harmonischer Essensbegleiter.

(90-92) Riesling DAC Reserve Gaisberg Erste ÖTW Lage 2011
13,5 Vol.%, DV, Stahltank, extratrocken, €€€
Mittleres Grüngelb. Zart mit Wiesenkräutern unterlegte gelbe Steinobstnote, ein Hauch von Pfirsich, Orangenzesten, mineralischer Touch. Saftig, gute Komplexität, weiße Tropenfruchtanklänge, feiner Säurebogen, extraktsüßer Nachhall, gutes Reifepotenzial.

(88-90) Grüner Veltliner DAC Reserve Hasel Alte Reben 2011
13,5 Vol.%, DV, Stahltank, extratrocken, €€€

Kamptal

★★★

WEINGUT KURT ANGERER

3552 Lengenfeld, Annagasse 101
T: 0676/430 69 01, F: 02719/84 24
kurt.angerer@aon.at
www.kurt-angerer.at

KELLERMEISTER UND ANSPRECHPARTNER: Kurt Angerer
ANZAHL/FLASCHEN: 150.000 (60 % weiß, 40 % rot) **HEKTAR:** 47
VERKOSTUNG: ja, gegen Voranmeldung **AB-HOF-VERKAUF:** ja
ANDERE PRODUKTE IM VERKAUF: Destillate, Sekt
MESSEN: ProWein, The London International Wine & Spirits Fair, Vinexpo

Kurt Angerer, bodenständig und weltoffen zugleich, ist einer aus der jungen Winzergeneration, der sich dem Grünen Veltliner verschrieben hat. Nicht, dass er ausschließlich die wichtigste Sorte Österreichs keltern würde, aber er ist bestrebt, ihre Vielfalt zum Ausdruck zu bringen.

Dabei entstehen Weine, die ihre mineralischen Strukturen und unterschiedlichen Standorte auszudrücken vermögen. Urgesteinsböden, tiefgründige Lössböden und Kies erlauben eigenständige Weine mit Namen, die auf ihre Herkunft Bezug nehmen: Sie heißen »Kies«, »Spies«, »Loam«, »Granit« oder »Eichenstaude«. Bereits seit 150 Jahren betreibt die Familie Angerer in den Rieden des beschaulichen Winzerortes Lengenfeld Weinbau, der heutige Inhaber bewirtschaftet 47 Hektar. Hier entstehen Weine von großer Individualität, mit denen sich der zu den Newcomern zu zählende Kurt Angerer bereits in das Spitzenfeld der Kamptaler Winzer katapultiert hat und die ihm zahlreiche internationale Auszeichnungen eingebracht haben.

(92-94) Grüner Veltliner Eichenstaude 2011
14 Vol.%, NK, großes Holzfass, 3000, extratrocken, €€€
Mittleres Grüngelb. Einladende Noten von Golden-Delicious-Apfel, mit gelber Frucht und zarten Wiesenkräutern unterlegt, ein Hauch von Blütenhonig. Engmaschig, komplex und mineralisch angelegt, feiner Säurebogen, gute Würze im Abgang, zart nach Orangenzesten im Rückgeschmack, ein facettenreicher, stoffiger Speisenbegleiter mit viel Zukunft.

(91-93) Grüner Veltliner Loam 2011
13,5 Vol.%, NK, großes Holzfass, 2400, extratrocken, €€€
Mittleres Grüngelb. Feine gelbe Fruchtanklänge nach Mango und Papaya, zarte Kräuterwürze, tabakige Anklänge. Stoffig, feine Extraktsüße, komplexe Textur, feine Säurestruktur, bleibt sehr gut haften, fein fruchtig im Rückgeschmack, sicheres Reifepotenzial.

(91-93) Riesling Ametzberg 2011
13,5 Vol.%, NK, großes Holzfass, 3000, trocken, €€€€
Mittleres Grüngelb. Frische gelbe Tropenfruchtaromen, zart nach Blütenhonig, attraktives, mineralisch unterlegtes Bukett. Saftig, nach Ananas und gelbem Pfirsich, lebendige Säurestruktur, feine Extraktsüße im Abgang, verfügt über gute Länge, ein harmonischer Speisenbegleiter.

(90-92) Grüner Veltliner Spies 2011
14 Vol.%, NK, großes Holzfass, 6000, extratrocken, €€€
Mittleres Grüngelb. Rauchig-tabakig unterlegte reife gelbe Apfelfrucht, feine Kräuterwürze, ein Hauch von Orangenzesten. Komplex, weiße Frucht, feiner Säurebogen, betont mineralische Nuancen im Abgang, feine salzige Noten, angenehme Birnenfrucht im Nachhall, gutes Reifepotenzial.

(90-92) Viognier 2011
13,5 Vol.%, NK, Barrique, 1400, extratrocken, €€€€
Mittleres Grüngelb. Rauchige Holzwürze, zart nach Karamell, reife gelbe Tropenfrucht, feiner Honigtouch. Komplex, saftig, gut integrierte Würze, frischer Säurebogen, zart nach Mandarinen, florale Nuancen im Abgang, zeigt eine gute Länge, vielversprechendes Entwicklungspotenzial für die Zukunft.

(88-90) Sémillion 2011
14 Vol.%, NK, Barrique, 1300, extratrocken, €€€€

★ ★

WEINGUT MARTIN & ANNA ARNDORFER
3491 Straß im Straßertale, Weinbergweg 16
T: 02735/22 54, F: DW 4
info@ma-arndorfer.at
www.ma-arndorfer.at

Kamptal

KELLERMEISTER: Martin Arndorfer ANSPRECHPARTNER: Martin und Anna Arndorfer ANZAHL/FLASCHEN: k. A. (80 % weiß, 20 % rot) HEKTAR: 14 VERKOSTUNG: ja, gegen Voranmeldung AB-HOF-VERKAUF: ja, limitierte Mengen ÜBERNACHTUNGSMÖGLICHKEIT: kann organisiert werden ANDERE PRODUKTE IM VERKAUF: Destillate von Dietmar Arndorfer VEREINSZUGEHÖRIGKEIT: Weinkontraste, Indie Wineries MESSEN: VieVinum, ProWein, Vinitaly

Ein bemerkenswerter Name unter den vielen jungen Talenten der österreichischen Winzerszene ist Martin Arndorfer, Jahrgang 1983, der seinen Betrieb bereits auf beachtliche vierzehn Hektar ausbauen konnte. Schon während seiner Ausbildung an der HBLA in Klosterneuburg durfte er als Praktikant prominenten Winzern wie Emmerich Knoll, Hans Topf oder Karl Steininger über die Schulter schauen, später präzisierte er seine Kenntnisse im Friaul und Piemont, wo er ein Gefühl für komplexe Rotweine entwickeln konnte. Nach einem weiterführenden Studium in Eisenstadt folgte ein längerer Aufenthalt in Australien.

Die Weingärten, in denen er seine eigenen Visionen zu Wein machen kann, liegen rund um Straß im Straßertale – darunter Parzellen in Toplagen wie Gaisberg, Wechselberg, Hasel und Brunngasse. Umgesetzt werden zwei Weinlinien: »Strasser Weinberge« und »die Leidenschaft«. Bei den »Strasser Weinberge«-Weinen gibt es jeweils einen Grünen Veltliner und einen Riesling, wobei selektionierte Trauben aus den unterschiedlichen Lagen gemeinsam verarbeitet werden. Dazu kommt ein Gemischter Satz namens „Terrassen 1958" von Terrassen, die 1958 mit Neuburger, Riesling und Grünem Veltliner bepflanzt wurden. Die Weine der Linie »die Leidenschaft« werden aus ausgewählten Trauben erzeugt und im kleinen Eichenfass ausgebaut. Sie zeichnen sich durch Balance, Harmonie und Komplexität aus und sind insbesondere als hochwertige Speisenbegleiter gedacht. Einmal mehr der Favorit: die hochelegante, mineralische Cuvée aus den Sorten Chardonnay und Neuburger.

93 ChNb »die Leidenschaft« 2010 CH/NB
13 Vol.%, NK, Barrique, €€€€
Mittleres Grüngelb. Feine Kräuterwürze, Nuancen nach Grapefruit und Feuerstein, mit gelber Tropenfrucht unterlegt. Am Gaumen saftig, engmaschig, lebendig strukturiert, feine zitronige Nuancen, wirkt ungemein leichtfüßig, gelber Apfel im Abgang, mineralisch-salziger Nachhall, ein facettenreicher Speisenbegleiter.

L 92 Grüner Veltliner »die Leidenschaft« 2010
12,5 Vol.%, NK, Barrique, €€€€
Mittleres Gelb. Einladende Kräuterwürze, Orangenzesten, tabakige Nuancen, gelbe Apfelfrucht klingt an. Saftig, gute Komplexität, straff und von einer guten Struktur getragen, feine Zitrusanklänge im Abgang, sehr gut verpackte Holzwürze, extraktsüßer Nachhall.

(89-91) Riesling DAC Reserve Strasser Weinberge 2011
13 Vol.%, DV, Stahltank/großes Holzfass, €€€
Mittleres Gelbgrün. Feine Steinobstnoten, ein Hauch gelbe Tropenfrucht, feine Blütenaromen, attraktives Bukett. Saftig, elegante Textur, angenehme Fruchtsüße, gut eingebundene Säurestruktur, ein Hauch von Marillen im Abgang.

89 Riesling »die Leidenschaft« 2010
12,5 Vol.%, Stahltank/Teilbarrique, €€€€

(88-90) Gemischter Satz von den Terrassen 1958 2011 NB/RR/GV
13 Vol.%, NK, Stahltank/Barrique, €€€€

(88-90) Grüner Veltliner DAC Reserve Strasser Weinberge 2011
13 Vol.%, DV, Stahltank/großes Holzfass, €€€

Kamptal

★★★

WEINGUT BRANDL
3561 Zöbing, Lauserkellergasse 1
T: 02734/26 35, F: DW 4
office@weingut-brandl.at
www.weingut-brandl.at

KELLERMEISTER: Günther Brandl ANSPRECHPARTNER: Familie Brandl
ANZAHL/FLASCHEN: 60.000 (100 % weiß) HEKTAR: 9
VERKOSTUNG: ja, gegen Voranmeldung AB-HOF-VERKAUF: ja
VEREINSZUGEHÖRIGKEIT: Kooperierendes
Mitglied der Traditionsweingüter Österreich, Vinovato
MESSEN: VieVinum

Wo der Kamp das enge Tal des Waldviertels verlässt und sich nach Süden hin öffnet, liegen Zöbing und das Weingut Brandl. Die Gegend ist – geprägt durch Heiligenstein und Kogelberg – prädestiniert für Weinbau. Nachts erfrischen kalte Nordwinde die Rebflächen, tagsüber strahlt die Sonne ihre Energie an Berghänge und Terrassen. Unterschiedliche Böden, vom Waldviertler Gneis bis zum einzigartigen Sandsteinkonglomerat des Heiligensteins, bilden die Grundlage für ausdrucksvolle, mineralische Weine.

Das Fundament des Familienbetriebes besteht aus den Menschen, die dort leben, und aus deren Liebe zur Arbeit in und mit der Natur. Seit jeher bewirtschaften zwei Generationen gemeinsam den Betrieb. Somit verbinden sich, immer wieder neu interpretiert, frischer Wind und neue Ideen der jungen, Petra und Günther, und Traditionsbewusstsein und Erfahrung der älteren Generation, Elisabeth und Johann. Spezialisiert haben sich die Brandls auf die Kamptaler Paradesorten Grüner Veltliner und Riesling. Angeboten werden diese vom leichten Sommerwein bis hin zu kräftigen Reserven. Im Vordergrund steht aber immer der Versuch die frische Frucht und Finesse des Kamptales zu transportieren.

Seit heuer arbeitet man auch im Lagenkonzept der österreichischen Traditionsweingüter mit. Somit findet man den Heiligenstein und Kogelberg als »Erste ÖTW Lage«-Weine, welche durch ihre besondere Mineralik und Langlebigkeit beeindrucken.

(92-94) Grüner Veltliner DAC Reserve Zöbinger Kogelberg Erste ÖTW Lage 2011
14,5 Vol.%, DV, Stahltank, €€€
Mittleres Grüngelb. Rauchige Mineralik, feine Kräuterwürze, feine Birnenfrucht, mit einem Hauch von Mango unterlegt, facettenreiches Bukett. Stoffig, gute Komplexität, weiße Fruchtnuancen, feine Säurestruktur, zart nach Orangen im Abgang, salzige Nuancen im Rückgeschmack, sehr gute Länge, sicheres Zukunftspotenzial.

(91-93) Riesling DAC Reserve Zöbinger Kogelberg Erste ÖTW Lage 2011
DV, Stahltank, €€€
Mittleres Grüngelb. Feine weiße Tropenfruchtanklänge, ein Hauch von Litschi, Zitruszesten, feine Blütenaromen, mit mineralischem Touch unterlegt. Saftig, gute Komplexität, zart nach Mandarinen, feiner Säurebogen, bleibt gut haften, wirkt bereits gut balanciert, gelbe Frucht im Rückgeschmack, sicheres Entwicklungspotenzial.

(90-92) Riesling DAC Reserve Zöbinger Heiligenstein Erste ÖTW Lage 2011
13,5 Vol.%, DV, Stahltank, €€€
Mittleres Grüngelb. Zunächst etwas verhalten, feiner Anklang von gelbem Pfirsich, ein Hauch von Blütenhonig, zart nach Ananas und Maracuja. Saftig, gelbe Tropenfrucht, eher dezenter Säurebogen, angenehme Extraktsüße im Nachhall, bereits gut antrinkbar, ein vielseitiger Speisenbegleiter.

(90-92) Grüner Veltliner DAC Reserve Terrassen 2011
13,5 Vol.%, DV, Stahltank, €€
Mittleres Grüngelb. Feine tabakige Würze, gelbe Apfelfrucht, ein Hauch von Orangenzesten, mineralischer Anklang. Saftig, eleganter Körper, feinwürzig auch

am Gaumen, ausgewogen und gut anhaftend, ein harmonischer Speisenbegleiter mit Entwicklungspotenzial.

89 Grüner Veltliner DAC Weinberge Pfaffenberg 2011
12,5 Vol.%, DV, Stahltank, extratrocken, €€

89 Riesling Terrassen 2011
12,5 Vol.%, DV, Stahltank, extratrocken, €€

Kamptal

★★★★★

WEINGUT BRÜNDLMAYER

3550 Langenlois, Zwettler Straße 23
T: 02734/21 72-0, F: 02734/37 48
weingut@bruendlmayer.at
www.bruendlmayer.at

KELLERMEISTER: Joseph Knorr ANSPRECHPARTNER: Willi Bründlmayer, Thomas Klinger ANZAHL/FLASCHEN: 350.000 (70 % weiß, 29 % rot, 1 % süß) HEKTAR: 75 VERKOSTUNG: ja (im Heurigen) AB-HOF-VERKAUF: ja HEURIGER: Mitte Febr. bis Mitte Dez. Mi. bis Fr. 15–24 Uhr, Sa., So., Fei. 11–24 Uhr (Walterstraße 14, 3550 Langenlois, T: 02734/28 83) ANDERE PRODUKTE IM VERKAUF: Destillate, Sekt, Vinotheksweine VEREINSZUGEHÖRIGKEIT: Traditionsweingüter Österreich, Académie du Vin MESSEN: VieVinum, ProWein

Im Hause Bründlmayer ist vieles beeindruckend: die Menschen, die Güte der hier in Langenlois erzeugten Weine, die mit 75 Hektar für Österreich enorme Rebfläche – und schließlich das freundliche und bescheidene Wesen des Mannes, der seit 1980 für den Erfolg dieses Paradeunternehmens sorgt. Nahezu jeder Wein, vom leichtesten Grünen Veltliner über den Rotwein bis hin zum Sekt, hat das Potenzial, Jahrgangsbester seiner Kategorie zu sein.

Die Weingärten sind größtenteils in Terrassen angelegt, rund ein Drittel der Rebanlagen wird in der sogenannten »Lyra-Erziehung« kultiviert. Bewirtschaftet werden die Weingärten grundsätzlich ökologisch, auf Herbizide wird völlig verzichtet. Die geologisch älteste und sicher auch interessanteste Lage ist der Zöbinger Heiligenstein, dessen Boden aus der 270 Millionen Jahre zurückliegenden Perm-Zeit stammt. Dieser Wüstensandstein mit vulkanischen Bestandteilen schafft die Voraussetzung für das Wachstum herausragender Weine. Die feinsten Riesling-, Merlot- und Cabernettrauben reifen hoch auf dem Berg in einem in sich geschlossenen Naturschutzgebiet.

Wichtigste Rebsorte im Weingut bleibt der Grüne Veltliner, der in Langenlois ein unglaubliches Qualitätsspektrum eröffnet: Von angenehmen, leichten Qualitäts- und Kabinettweinen bis hin zu den komplexen und nachhaltigen Spätlesen reicht das Angebot. Die Rieslingtrauben wachsen auf den kargen Gesteinsböden in den Rieden Steinmassel und Heiligenstein, die daraus gewonnenen Weine können ein geradezu biblisches Alter erreichen. Als Spezialitäten des Hauses gelten der Chardonnay und die Burgundersorten (Blauburgunder, Grau- und Weißburgunder), für die Wilhelm Bründlmayer sen. bereits in den Fünfziger- und Sechzigerjahren ideale Standorte gefunden hat.

Die Rotweine, die ein stattliches Drittel der Produktion ausmachen, haben in der Familie einen besonderen Stellenwert. Schon Willis Vater baute sie an, weil seine Frau am Abend gerne ein gutes Glas Rotwein trinkt. Auch wenn die Rotweine mehr durch Finesse als durch Kraft glänzen, ist es für Willi Bründlmayer eine Herausforderung, in diesem klimatischen Grenzgebiet schöne, bekömmliche Rotweine mit markanter Persönlichkeit heranzuziehen. Eine Klasse für sich ist der »Bründlmayer Brut«, der nach klassischer Gärung etwa drei Jahre auf der Hefe gelagert, dann per Hand gerüttelt und im Keller degorgiert wird.

Im Vinotheksarchiv lagern seit 1947 die jeweils wertvollsten Jahrgänge. Bei intensiven internen Verkostungen lernt man vieles über Lagen, Jahrgangscharakter und Ausbaustil. Mit einem Exportanteil von 30 Prozent ist der Familienbetrieb auch international sehr erfolgreich. Fünf Mal in Folge erhielt das Weingut die Auszeichnung »Winery of the year« in den USA im »Wine & Spirits«-Magazin, die britische »Financial Times« nennt Bründlmayer ein »Leuchtfeuer des österreichischen Weinbaus«. Alle Weine der aktuellen Palette können im von der Familie Haugeneder betreuten Heurigenhof Bründlmayer, einem Renaissancebau aus dem 16. Jahrhundert, auch glasweise getrunken werden.

(93-95) Riesling DAC Reserve Heiligenstein Lyra Erste ÖTW Lage 2011
13,5 Vol.%, NK, Stahltank/großes Holzfass, 2000, trocken, €€€€€
Helles Grüngelb. Feine Steinobstnoten, Anklänge von gelbem Pfirsich, zart nach Honigmelone, ein Hauch von Zitruszesten. Saftig, extraktsüß und elegant, feine Noten von Mango, zart nach Orangen, gut eingewobene Säurestruktur, lange anhaltend, finessenreicher Stil, sichere Zukunft.

(92-94) Riesling DAC Reserve Heiligenstein Alte Reben Erste ÖTW Lage 2011
13,5 Vol.%, NK, Stahltank/großes Holzfass, extratrocken, €€€€€
Helles Grüngelb. Feine weiße Pfirsichfrucht, fast kristalline Mineralik, ein Hauch von Babyananas, zart nach frischen Orangenzesten. Stoffig, reiche gelbe Tropenfrucht, feiner Säurebogen, mit dunkler Mineralik unterlegt, harmonisch und lange anhaltend, ein eleganter Speisenbegleiter mit sehr gutem Entwicklungspotenzial.

(92-94) Riesling DAC Reserve Steinmassel 2011
14 Vol.%, NK, Stahltank/großes Holzfass, extratrocken, €€€€€
Mittleres Grüngelb. Noch etwas zurückhaltend, feine gelbe Steinobstnuancen, ein Hauch von Wiesenkräutern. Sehr saftig, wirkt kraftvoll, süße gelbe Fruchtnuancen, gut integrierte Säurestruktur, betont mineralisch im Abgang, blitzsaubere Tropenfruchtaromen im Nachhall, bereits harmonisch, wird von Flaschenreife noch profitieren.

(92-94) Grüner Veltliner DAC Reserve Käferberg Erste ÖTW Lage 2011
14 Vol.%, NK, großes Holzfass/Barrique (300 l, Manhartsberger Eiche), extratrocken, €€€€€
Mittleres Grüngelb. Zart nach Orangenzesten, dunkle Mineralik, reife gelbe Apfelfrucht, ein Hauch von Mango, zart nussige Aromen. Saftig, opulente, fruchtsüße Textur, feine Röstaromen, frisch strukturiert, mineralischer Nachhall, zart nach Orangen im Rückgeschmack, gute Harmonie, hat Zukunftspotenzial.

(92-94) Grüner Veltliner DAC Reserve Lamm 2011
14 Vol.%, NK, großes Holzfass/Barrique (300 l, Akazie), trocken, €€€€€
Mittleres Grüngelb. Attraktive gelbe Birnenfrucht, ein Hauch von Mango, rauchige Kräuterwürze, mineralischer Touch. Elegant und harmonisch, seidige Textur, feine Extraktsüße, runde Säurestruktur, zart nach Marillen, wirkt sehr leichtfüßig, zarter Honigtouch im Finale, wird von Flaschenreife profitieren.

(91-93) Grüner Veltliner DAC Reserve Loiserberg 2011
14 Vol.%, DV, Stahltank, 1500, trocken, €€€
Mittleres Grüngelb. Rauchig unterlegt, deutliche Kräuterwürze, gelber Apfeltouch, zart nach Akazienhonig. Saftig, cremige Textur, feine Extraktsüße, gut eingebundene Säurestruktur, zart nach Orangen im Abgang, mineralischer Nachhall.

(91-93) Chardonnay 2011
14 Vol.%, NK, großes Holzfass, extratrocken, €€€€€
Mittleres Grüngelb. Feine Röstaromen, mit feiner Kräuterwürze unterlegt, ein Hauch von Babybanane, einladende gelbe Frucht, attraktiv. Saftig, rund und elegant, wirkt bereits gut entwickelt, angenehme Holzwürze im Finale, ein stattlicher Speisewein.

(91-93) Grauburgunder Spiegel 2011
13,5 Vol.%, NK, großes Holzfass, extratrocken, €€€€
Mittleres Grüngelb. Mit feiner tabakiger Würze unterlegte zarte Birnenfrucht, angenehme Kräuternote. Elegant, zeigt eine gute Komplexität und Mineralik, straffe Textur, feines Säurespiel, ein ausgewogener, charaktervoller Speisenbegleiter mit gutem Potenzial.

(91-93) Gelber Muskateller 2011
14 Vol.%, DV, Stahltank, 2000, trocken, €€€€
Helles Grüngelb. Intensiver Duft nach Holunderblüten und Muskatnuss, ein Hauch von Lemongrass und Mandarinenzesten. Saftig, recht kraftvoll, aromatisch, von einer knackigen Säurestruktur getragen, zitroniger Nachhall, hat dank seines Volumens eine überzeugende Länge, feine Kräuterwürze im Nachhall.

(90-92) Grüner Veltliner Spiegel Vincent 2011
13,5 Vol.%, DV, Teilbarrique/Barrique (300 l, Akazie), extratrocken
Mittleres Gelbgrün. Zart rauchig-selchig unterlegte reife gelbe Tropenfrucht, intensive Kräuterwürze, Mandarinenzesten. Saftig, feine Nuancen vom Akazienholz, mineralischer Touch, wirkt am Gaumen noch unterentwickelt, zeigt bereits eine gute Länge, individuelle Stilistik.

(90-92) Grüner Veltliner DAC Reserve Alte Reben 2011
13,5 Vol.%, NK, großes Holzfass/Barrique (300 l, Manhartsberger Eiche), extratrocken, €€€€€
Mittleres Gelbgrün. Noch verhalten, feine gelbe Apfelfrucht, zart rauchige Würze. Gute Komplexität, dezente blättrige Würze am Gaumen, runder Säurebogen, reife Birnenfrucht im Nachhall, zarte Holznuancen im Abgang.

L 90 Riesling Steinmassel 2011
12,5 Vol.%, DV, Stahltank, extratrocken, €€€
Helles Grüngelb. Feine Blütenaromen, zart nach Weingartenpfirsich, ein Hauch von Orangenzesten, noch ein wenig verhalten. Saftig, reife gelbe Fruchtnoten, mineralische Textur, bleibt gut haften, zart salziger Abgang.

89 Riesling DAC Heiligenstein 2011
12,5 Vol.%, DV, Stahltank, 15.000, extratrocken, €€€€

Kamptal

89 Grüner Veltliner DAC Berg Vogelsang 2011
12,5 Vol.%, DV, Stahltank, 20.000, extratrocken, €€€

89 Grüner Veltliner DAC Kamptaler Terrassen 2011
12,5 Vol.%, DV, Stahltank, 10.000, extratrocken, €€€

(88-90) Grüner Veltliner DAC Loiser Berg Erste ÖTW Lage 2011
12,5 Vol.%, NK, großes Holzfass, €€€€

88 Riesling DAC Kamptaler Terrassen 2011
12,5 Vol.%, DV, Stahltank, extratrocken, €€€

88 Grüner Veltliner L + T 2011
11,5 Vol.%, DV, Stahltank, 40.000, extratrocken, €€

92 Cabernet Franc Vincent 2008
13,5 Vol.%, NK, Barrique (300 l, Manhartsberger Eiche), 1500, extratrocken, €€€€€
Dunkles Rubingranat, zarte Randaufhellung. Feine Gewürzanklänge, rotes Waldbeerkonfit, zart nussig-selchige Nuancen. Saftig und elegant, präsente Tannine, frische Säurestruktur, angenehme Holzwürze im Abgang, schokoladiger Nachhall, gutes weiteres Entwicklungspotenzial.

92 Pinot Noir Cécile 2009
13 Vol.%, NK, Barrique, 3000, extratrocken, €€€€
Mittleres Karmingranat, breitere Randaufhellung. Feine Röstaromen, ein Hauch von Kräutern und Karamell, mit feinem Brombeergelee unterlegt, kandierte Orangenzesten. Saftig, reife Kirschen und Erdbeerkonfit, zart nach Blütorangen, feiner Nougatnachhall, harmonischer, feinwürziger Speisenbegleiter.

89 Zweigelt 2011
13 Vol.%, DV, Stahltank/großes Holzfass, extratrocken, €€€

92 Bründlmayer Sekt Brut 2008 PN/CH/PG/WB/GV
12 Vol.%, NK, Stahltank/großes Holzfass, trocken, €€€€
Helles leuchtendes Gelb, feine, konsistente Perlage. Feines Biskuit, zarte gelbe Apfelnote, ein Hauch von Kräuterwürze, attraktives Bukett. Stoffig, feinfruchtig, lebendiges Mousseux, ein Hauch von Birne und Blütenhonig, mineralischer Touch im Abgang, gutes Entwicklungspotenzial, feiner nussiger Nachhall.

91 Bründlmayer Sekt Brut Rosé
12 Vol.%, NK, Stahltank/großes Holzfass, lieblich, €€€€
Helles Lachsrosa mit rotgoldenen Reflexen, feines anhaltendes Mousseux. Feines rotes Waldbeerkonfit, zart nach Himbeeraromen, zart nussig unterlegt. Am Gaumen elegant, ein Hauch von Kirschen, feines Säurespiel, angenehme Fruchtsüße im Nachhall.

91 Bründlmayer Sekt Extra Brut
13 Vol.%, NK, Stahltank/großes Holzfass, extratrocken, €€€€
Kräftiges Gelb mit Goldreflexen, feine Perlage. Reife gelbe Apfelfrucht, zart nach Birne, ein dezenter Hauch von Dörrobst, etwas Biskuit. Saftig, zarte Röstaromen, gelbe Frucht, frische Säurestruktur, cremig und gut anhaltend, frischer Apfel und Zitrone im Nachhall, vielseitig einsetzbar.

Kamptal

★
NATURNAHER WEINBAU ALFRED DEIM

3562 Schönberg, Mollandser Straße 14
T/F: 02733/82 36
weinbau@deim.info
www.deim.info

— BIO —

KELLERMEISTER UND ANSPRECHPARTNER: Alfred Deim
ANZAHL/FLASCHEN: 60.000 (77 % weiß, 23 % rot) HEKTAR: 16
VERKOSTUNG: ja, gegen Voranmeldung AB-HOF-VERKAUF: ja
VEREINSZUGEHÖRIGKEIT: Schönberger Stoamandl

Mit einem feinfruchtigen Riesling und einem saftigen Grünen Veltliner erfreut das Familienweingut Deim die Leser des Falstaff Weinguides – ein Gut, das sich einem betont umweltfreundlichen Weinbau verschrieben hat. Die Weingärten, die ausschließlich von Familienmitgliedern gepflegt werden, liegen sowohl im Kamptal als auch in der Wachau.

Der Haupterzeugungsanteil liegt im Bereich der extratrockenen Kabinettweine. Der Grüne Veltliner und der Riesling sind die führenden Sorten. Dazu gesellen sich die Burgundersorten Pinot Blanc und Chardonnay, für die Rotweinfreunde gibt es einen anständigen Blauen Zweigelt. Der Betrieb der Familie Deim weist das beste Preis-Leistungs-Verhältnis auf, das wir bisher fanden. Dass die Qualität stimmt, beweisen zahlreiche Nominierungen unter den Top 200 im »SALON Österreich Wein«.

(90-92) Riesling Bergwein Ried Ogratzthal 2011
13,5 Vol.%, NK, großes Holzfass, 3000, trocken, €€
Mittleres Gelbgrün. Feine gelbe Steinobstanklänge nach Pfirsich, zart mit Ananas und Blütenhonig unterlegt, mineralischer Touch. Saftig, angenehme Extraktsüße, feine Säurestruktur, zeigt eine gute Länge, verfügt über Reifepotenzial, tolles Preis-Leistungs-Verhältnis.

89 Urgesteins-Riesling Alte Reben 2011
13 Vol.%, NK, großes Holzfass, 2500, extratrocken, €

89 Grüner Veltliner DAC Alte Reben Riede Rast 2011
13 Vol.%, NK, großes Holzfass, 5000, extratrocken, €

(88-90) Pinot Blanc Ried Bernthal 2011
13,5 Vol.%, NK, großes Holzfass, 2500, trocken, €

(88-90) Grüner Veltliner DAC Reserve von den Terrassen Ried Bühel 2011
13,5 Vol.%, NK, großes Holzfass, 5000, extratrocken, €€

(87-89) Grüner Veltliner Silberbühel 2011 (Wachau)
12,5 Vol.%, NK, großes Holzfass, 6000, extratrocken, €

Kamptal

WEINGUT DOLLE

3491 Straß im Straßertale, Herrengasse 2
T: 02735/23 26, F: 02735/28 57
weingut@dolle.at
www.dolle.at

KELLERMEISTER UND ANSPRECHPARTNER: Peter Dolle
ANZAHL/FLASCHEN: k. A. (69 % weiß, 30 % rot, 1 % süß) HEKTAR: 32
VERKOSTUNG: ja, gegen Voranmeldung AB-HOF-VERKAUF: ja
HEURIGER: 14. 9. bis 30. 11., Fr. ab 17 Uhr, Sa. und So. ab 15 Uhr
ANDERE PRODUKTE IM VERKAUF: Destillate, Altwein (bis 1961), Sekt
VEREINSZUGEHÖRIGKEIT: Traditionsweingüter Österreich
MESSEN: VieVinum, ProWein

Das Weingut Peter Dolle ist im Lauf der Jahre zu einem waschechten Weinerlebnis-Zentrum ausgebaut worden – mit einem stattlichen Hof, einem verwinkelten Keller mit romantischen Ecken, aber auch mit internationaler Hightech-Atmosphäre. Die gemütliche Weinstube ist das Herzstück des Weinguts.

Ein kreativer Winzer ist auf der Basis eines Traditionsweinguts unterwegs zu neuen Produktideen und Vermarktungsformen. »Dolle« – jede Flasche trägt den Namen klar und deutlich. Eine starke Weißweinpalette aus den besten Straßer Rieden wie dem Gaisberg wird durch eine vorzeigbare Rotweinserie ergänzt. Immer herausragend: die Reserven von Riesling und Grünem Veltliner. Die sehr erfolgreiche Teilnahme an internationalen Verkostungswettbewerben unterstreicht die Güte der Dolle-Weine eindrucksvoll.

(91-93) Riesling Heiligenstein
Erste ÖTW Lage 2011
13,5 Vol.%, DV, Stahltank, €€€
Mittleres Grüngelb. Feine Steinobstanklänge, florale Nuancen, zart nach Grapefruitzesten, mineralischer Touch. Saftig, attraktive gelbe Frucht, frische Säurestruktur, zitronige Nuancen im Abgang, Weingartenpfirsich im Rückgeschmack, gute Länge, sicheres Reifepotenzial.

(90-92) Grüner Veltliner Gaisberg Alte Rebe
Erste ÖTW Lage 2011
13,5 Vol.%, DV, Stahltank, €€€
Helles Grüngelb. Mit frischen Wiesenkräutern unterlegte gelbe Apfelfrucht, rauchige Mineralik, ein Hauch von Orangenzesten. Saftig, zeigt eine gute Komplexität, frischer Säurebogen, grüner Apfeltouch im Abgang, salziger Nachhall, ein vielseitiger Speisenbegleiter.

89 Weißburgunder 2011
13,5 Vol.%, DV, Stahltank, 6000, extratrocken, €€

(88-90) Grüner Veltliner Heiligenstein
Erste ÖTW Lage 2011
13 Vol.%, DV, Stahltank, €€€

(87-89) Riesling Brunngasse 2011
13 Vol.%, DV, Stahltank, €€

88 Cuvée Année 2008 CS/PN/ZW
13 Vol.%, NK, Barrique, 4000, extratrocken, €€€

★★

WEINGUT LUDWIG EHN

3550 Langenlois, Bahnstraße 3
T: 02734/22 36, F: DW 4
weingut.ehn@ehnwein.at
www.ehnwein.at

Kamptal

KELLERMEISTER: Ludwig Ehn ANSPRECHPARTNER: Michaela Ehn
ANZAHL/FLASCHEN: 70.000 (95 % weiß, 5 % rot) HEKTAR: 15
VERKOSTUNG: ja, gegen Voranmeldung AB-HOF-VERKAUF: ja
ANDERE PRODUKTE IM VERKAUF: Sekt, Tresterbrand
VEREINSZUGEHÖRIGKEIT: Traditionsweingüter Österreich,
11 Frauen und ihre Weine
MESSEN: VieVinum, ProWein

Nicht von ungefähr ist das Weingut Ludwig Ehn eines der Gründungsmitglieder des Vereins »Österreichische Traditionsweingüter«. Das bereits 1859 gegründete Weingut wird heute von Ludwig Ehn (IV) und seiner Schwester Michaela Ehn erfolgreich geführt. Die beiden Geschwister ergänzen einander hervorragend: Der Bruder ist für Kellertechnik, Vinifizierung und Weingartenarbeit zuständig, die Schwester konzentriert ihre Tätigkeit, nach jahrelanger Praxis in der Gastronomie, auf die Pflege der Weingärten, das Marketing und die Kundenbetreuung.

So wie der Zöbinger Heiligenstein, dessen Rieslinge weithin berühmt sind, ist die Riede Panzaun Ehns Vorzeigelage für Grünen Veltliner. Die weiteren Spezialitäten des Weingutes reichen über den traditionellen Gemischten Satz, Gelben Muskateller, Sauvignon Blanc und Pinot Blanc (»Incredibile«) bis hin zur trockenen Veltliner-Auslese mit partiellem Barrique-Einsatz namens »Titan«. Rotweinfreunde fragen nach der Cuvée »Tizian«, die aus Zweigelt, Pinot Noir und Cabernet Sauvignon besteht, oder nach der kräftigen Cuvée »Aramo« aus den Sorten Cabernet Sauvignon, Syrah und Cabernet Franc. Freunde von Schaumweinen greifen zu »Silver Brut«, zur Burgundercuvée namens »Golden Brut« oder zur »Rosé Brut«. Einkaufen kann man neben den Weinen auch sortenreine Tresterbrände von Michaela Ehn in der familieneigenen, elegant gestylten Vinothek im Zentrum der Stadt Langenlois.

(91-93) Grüner Veltliner Spiegel
Erste ÖTW Lage 2011 Titan
DV, Stahltank, €€€
Helles Grüngelb. Feinwürzig unterlegte frische Apfelfrucht, zart nach Marille, ein Hauch von Mango und Papaya, zarte tabakige Nuancen klingen an. Saftig, opulente gelbe Tropenfrucht, cremige Textur, feiner Säurebogen, bleibt gut haften, reife Birnenfrucht im Nachhall, extraktsüßer Rückgeschmack, verfügt über einiges Reifepotenzial.

(91-93) Riesling DAC Reserve Zöbinger
Heiligenstein Erste ÖTW Lage 2011
DV, Stahltank, €€€
Helles Grüngelb. Zart rauchig unterlegte weiße Tropenfruchtanklänge, ein Hauch von Grapefruitzesten, etwas Maracuja, attraktives Bukett. Saftig, angenehme Steinobstnote, frischer Säurebogen, zart nach Orangen im Abgang, zeigt eine gute Länge, ein finessenreicher Speisenbegleiter mit Entwicklungspotenzial.

(88-90) Grüner Veltliner DAC Reserve
Oberer Panzaun 2011
DV, Stahltank, €€€

(88-90) Grüner Veltliner DAC Reserve Harein 2011
DV, Stahltank, €€

88 Gemischter Satz Alter Panzaun 2011
13 Vol.%, DV, Stahltank, €€€

(87-89) Sauvignon Blanc Seeberg 2011
DV, Stahltank, €€€

Kamptal

★★★

WEINGUT BIRGIT EICHINGER

3491 Straß im Straßertale, Langenloiser Straße 365
T: 02735/56 48, F: DW 8
office@weingut-eichinger.at
www.weingut-eichinger.at

KELLERMEISTER UND ANSPRECHPARTNER: Birgit Eichinger
ANZAHL/FLASCHEN: 90.000 (100 % weiß) HEKTAR: 13
VERKOSTUNG: ja, gegen Voranmeldung AB-HOF-VERKAUF: ja
ANDERE PRODUKTE IM VERKAUF: große Auswahl an Magnumflaschen
VEREINSZUGEHÖRIGKEIT: 11 Frauen und ihre Weine, Kooperierendes
Mitglied der Traditionsweingüter Österreich
MESSEN: ProWein, VieVinum

Birgit Eichingers Weingut sieht aus wie ein kleines Herrenhaus, ist aber in Wahrheit ein großes Frauenhaus. Die Winzerin, die mittlerweile auch Besitzerin eines halben Hektars in der Nobellage Ried Lamm ist, führt seit 1992 das schmucke Weingut am Fuße des Gaisberges in Straß im Straßertale und hat mittlerweile die Betriebsgröße von damals vervierfacht. Erst kürzlich konnten Terrassen am Gaisberg, die schon Jahrzehnte von verschiedenen Winzern zurückgelassen wurden, rekultiviert werden. Dieses ehrgeizige Projekt umfasst mehr als drei Hektar bestes Rebland mit Südwestausrichtung. Bereits 2012 wird dort von eigenen Selektionen Grüner Veltliner ausgepflanzt. Sie kann aber auch auf das seit der Betriebsgründung 1992 bereits Geleistete stolz zurückblicken. Immerhin 50 Prozent der Gesamtproduktion werden exportiert, woran die zahlreichen internationalen Auszeichnungen nicht ganz unschuldig gewesen sein dürften. Birgit Eichinger liebt Weine mit Kraft und Eleganz. Zudem sucht sie die Individualität, den Charakter. Als größte Herausforderung sieht sie es daher, die Weine mit ihrer unverwechselbaren Handschrift zu versehen. Denn von einem ist sie überzeugt: Große Weine entstehen nicht ausschließlich im Kopf, sondern auch im Herzen und im Bauch – ein hoher Anspruch, den sie aber überzeugend erfüllt.

Wenn man von ihren Weinen sagt, dass sie »Frauenpower« zum Ausdruck bringen, so tut man ihr bestimmt nicht Unrecht. Zu schreiben, dass man Winzerinnen oder Köchinnen »die weibliche Hand« anschmeckt, wirkt indessen wie eine Plattitüde und obendrein frauenfeindlich, weil es die weibliche Leistung ja doch irgendwie relativiert. Also formulieren wir es anders: Birgit Eichinger vinifiziert ihre Weine mit der Professionalität eines »g'standenen Mannsbilds«. Wenn man dann aber ihre Weine auf der Zunge hat, so spürt man etwas Charmantes, Verführerisches, liebevoll Lockendes, wie es – politisch korrekt ausgedrückt – Männern nur höchst selten zueigen ist. Oft wird von ihr als »Fixstern unter Österreichs Top-Betrieben« geschrieben, und sie wird dieser Beschreibung zweifellos gerecht. Die Kamptalerin hat sich in kürzester Zeit als eine von wenigen Winzerinnen Österreichs an die Spitze herangearbeitet und sich medial einen Namen gemacht.

Als Mitglied der bekannten Vereinigung »11 Frauen und ihre Weine« ist sie angetreten, um den Stellenwert der Weinmacherinnen zu festigen und im regen Austausch mit den Kolleginnen über den eigenen Tellerrand zu blikken. Sehenswert ist neben dem geschmackvollen Äußeren des Weingutes auch die unterirdische »Weinbibliothek«, die Birgit Eichinger gerne als das Gedächtnis des Betriebes tituliert. Dort kann man Jahr für Jahr am letzten Wochenende im April und am ersten Wochenende im Mai ihre gereiften Weine aus Magnumflaschen probieren. All das erfordert große Hingabe, aber auch viel Gefühl und Liebe zum Kulturgut Wein. Das Ergebnis sind hochelegante, ausdrucksstarke Weine mit sehr persönlichem Charakter. Eben im Stile Birgit Eichingers.

Kamptal

(92-94) Riesling DAC Reserve Heiligenstein
Erste ÖTW Lage 2011
14 Vol.%, NK, Stahltank, trocken, €€€€
Helles Grüngelb. Einladende frische Pfirsichfrucht, zart nach Honigmelone, feiner Blütenduft, mit mineralischen Nuancen unterlegt. Saftig, wirkt feingliedrig und elegant, angenehme Extraktsüße, feiner Säurebogen, gelbe Tropenfrucht im Abgang, zeigt eine sehr gute Länge, ein facettenreicher Speisenbegleiter.

(91-93) Grüner Veltliner DAC Reserve Lamm
Erste ÖTW Lage 2011
14 Vol.%, NK, großes Holzfass, trocken, €€€€€
Mittleres Gelbgrün. Noch verhalten, feine reife gelbe Frucht, zart tabakig, Anklänge an Marille, ein Hauch von Wiesenkräutern. Kraftvoll, angenehme Extraktsüße, etwas Honig, ein stoffiger Veltlinertypus, wird von Flaschenreife profitieren, sicheres Reifepotenzial.

(91-93) Riesling DAC Reserve Gaisberg
Erste ÖTW Lage 2011
14 Vol.%, NK, Stahltank, extratrocken, €€€
Mittleres Grüngelb. Noch etwas verhaltenes Bukett, gelbe Fruchtnuancen, zart nach Blütenhonig, dezente rauchige Würze. Saftig, reife gelbe Frucht, frischer Säurebogen, komplex, extraktsüßer Nachhall, sicheres Entwicklungspotenzial.

91 Grüner Veltliner DAC Wechselberg 2011
12,5 Vol.%, NK, Stahltank, extratrocken, €€
Mittleres Grüngelb. Feine Birnenfrucht, mit gelbem Apfel unterlegt, zarte Kräuterwürze, facettenreiches Bukett. Mittlere Komplexität, saftige, gelbe Frucht, dezenter Säurebogen, zeigt sich ausgewogen, bereits gut antrinkbar, feine Nuancen von Orangen im Nachhall, mineralischer Nachhall, gutes Entwicklungspotenzial.

(90-92) Grüner Veltliner DAC Reserve Gaisberg
Erste ÖTW Lage 2011
13,5 Vol.%, NK, Stahltank, extratrocken, €€€
Mittleres Grüngelb. Feine gelbe Apfelfrucht, mit zarter Kräuterwürze unterlegt, mineralische Nuancen. Komplex, weiße Frucht am Gaumen, frischer Säurebogen, feine Orangenanklänge, bleibt gut haften, ein vielseitiger Speisenbegleiter.

89 Roter Veltliner Stangl 2011
13 Vol.%, NK, Stahltank, extratrocken, €€€

Kamptal

★★★★

WEINGUT SCHLOSS GOBELSBURG

3550 Gobelsburg, Schlossstraße 16
T: 02734/24 22, F: DW 20
schloss@gobelsburg.at
www.gobelsburg.at

KELLERMEISTER UND ANSPRECHPARTNER: Michael Moosbrugger
ANZAHL/FLASCHEN: 200.000 (75 % weiß, 25 % rot) HEKTAR: 39
VERKOSTUNG: ja AB-HOF-VERKAUF: ja
Mo. bis Fr. 8–12 und 13–17 Uhr, Sa. 11–17 Uhr
ANDERE PRODUKTE IM VERKAUF: Sekt
VEREINSZUGEHÖRIGKEIT: Traditionsweingüter Österreich
MESSEN: VieVinum, ProWein

Das Weingut gehört heute dem Zisterzienserstift Zwettl im Waldviertel, das das Schloss schon im Jahr 1740 aus adeliger Hand erworben hatte. Das Stift besaß bereits seit 1171 in Kammern und Gobelsburg ausgedehnte Ländereien und natürlich Weingärten in den besten Lagen. Von 1958 an leitete der spätere Abt von Zwettl, Pater Bertrand Baumann, ein exzellenter Fachmann, das Weingut mit sicherer Hand. Er machte den »Gobelsburger Messwein« zu einer weithin bekannten Marke. Die gereiften Weine aus seiner Zeit beweisen seine Fähigkeiten eindrucksvoll.

Seit Februar 1996 werden das Schloss und das Weingut von Michael Moosbrugger geführt, er stammt vom berühmten »Hotel Gasthof Post« in Lech am Arlberg. Sehr schnell hat das Weingut wieder Anschluss an die absolute Spitze gefunden. Die besten Lagen werden seit vielen Jahren nach biologisch-integrierten Grundsätzen bewirtschaftet. Der Riesling wächst am berühmten Zöbinger Heiligenstein und am Kammerner Gaisberg, die besten Rieden für den Grünen Veltliner heißen Lamm, Grub und Kammerner Renner. Andere Weißweinsorten werden hier nicht erzeugt. 25 Prozent der Anbaufläche sind dem Rotwein gewidmet, darunter, als Hommage an die aus dem Burgund stammenden Zisterzienser, auch Pinot Noir.

Michael Moosbrugger ist bestrebt, möglichst authentischen Wein zu erzeugen, je nach Stil und Potenzial der Trauben wird entweder im Edelstahl oder im Eichenholz vergoren. Die neueste innovative Entwicklung im Keller nennt sich »Dynamic Cellar Concept«. Damit die Weine nicht mehr gepumpt werden müssen, werden sie in einem völlig flexiblen Kellerkonzept auf Rädern transportiert. Dafür wurde ein spezielles »Fass auf Rädern« entwickelt. Die Reifung der Weine erfolgt in kleinen und großen Eichenfässern, die ausschließlich aus Holz vom nahen Manhartsberg gebunden werden. Seit einigen Jahren erfolgreich ist die Idee der »Traditions«-Linie, bei der Michael Moosbrugger den Weinen eine Vinifikation angedeihen lässt, wie sie früher einmal üblich war, und ihnen die Zeit zur Entwicklung gibt, die sie brauchen. Der Veltliner sowie neuerdings auch ein Riesling Tradition kommen daher ein Jahr später auf den Markt. Für seine herausragenden Leistungen in den letzten zehn Jahren wählte das Falstaff-Magazin Michael Moosbrugger zum »Winzer des Jahres 2006«.

SCHLOSS GOBELSBURG

(93-95) Riesling DAC Reserve Heiligenstein
Erste ÖTW Lage 2011
13 Vol.%, NK, großes Holzfass, trocken, €€€€€
Helles Grüngelb, Silberreflexe. Mit guter Mineralik unterlegte feine gelbe Tropenfrucht, ein Hauch von Maracuja und Litschi, mit Nektarinen unterlegt. Elegant, sehr gut ausgewogene Textur, feine weiße Frucht, finessenreicher Säurebogen, zeigt eine gute Länge, feinfruchtiger Nachhall, sicheres Entwicklungspotenzial.

(92-94) Grüner Veltliner DAC Reserve Lamm
Erste ÖTW Lage 2011
13,5 Vol.%, NK, großes Holzfass, trocken, €€€€
Mittleres Grüngelb. Mit zartem Blütenhonig unterlegte feine gelbe Fruchtnuancen, zart tabakig, angenehme Kräuterwürze, mineralischer Touch. Stoffig, deutliche Mineralik, süße Birnenfrucht, runder Säurebogen, zart nach Orangen im Nachhall, dezente pfeffrige Noten, gute Länge, würziger Rückgeschmack.

(92-94) Grüner Veltliner DAC Reserve Grub
Erste ÖTW Lage 2011
13,5 Vol.%, NK, großes Holzfass, trocken, €€€€
Mittleres Grüngelb. Mit feinen Wiesenkräutern unterlegte Nuancen von Steinobst, ein Hauch von gelbem Apfel. Komplex, saftige weiße Frucht, pfeffrige Würze, finessenreicher Säurebogen, bleibt sehr gut haften, ein eleganter Essensbegleiter mit viel Zukunft.

(91-93) Grüner Veltliner DAC Reserve Tradition 2010
13,5 Vol.%, NK, großes Holzfass, trocken, €€€€
Mittleres Gelbgrün. Reife gelbe Tropenfrucht, ein Hauch von Estragon, eingelegte gelbe Paprikaschoten. Sehr saftig, reife Birnenfrucht, harmonisches Säurespiel, feine Fruchtsüße im Abgang, unterlegt mit einer guten Mineralik, bleibt lange haften, ein kraftvoller, eher opulenter Speisenbegleiter.

(91-93) Riesling DAC Reserve Tradition 2010
13 Vol.%, NK, großes Holzfass, trocken, €€€€
Mittleres Gelbgrün. Eher verhaltenes Bukett, Nuancen von Marillenkonfit, Orangenzesten, ein Hauch von Blütenhonig. Saftige gelbe Tropenfrucht, markanter Säurebogen, zitronige Nuancen, fast rotbeerig im Nachhall, gute Länge, individueller Stil.

(91-93) Riesling DAC Reserve Gaisberg
Erste ÖTW Lage 2011
13 Vol.%, NK, großes Holzfass, trocken, €€€
Mittleres Gelbgrün. Intensive, frische Steinobstnase nach Pfirsich, ein Hauch von Limettenzesten, Blüten, attraktives Bukett. Saftig, wieder nach Weingartenpfirsich, feiner Süßeschmelz, lebendiger Säurebogen, gute Länge, bietet großes Trinkanimo.

(90-92) Grüner Veltliner DAC Reserve Renner
Erste ÖTW Lage 2011
13,5 Vol.%, NK, großes Holzfass, trocken, €€€€
Mittleres Grüngelb. Feine gelbe Tropenfrucht, ein Hauch von nussigen Nuancen, mit zarter Birnenfrucht unterlegt. Gute Komplexität, extraktsüß, ein Hauch von Steinobst, feines Säurespiel, bleibt im Finish gut haften, gutes Entwicklungspotenzial.

(89-91) Grüner Veltliner DAC Reserve
Steinsetz 2011
13 Vol.%, NK, großes Holzfass, trocken, €€€
Mittleres Grüngelb. Zart mit Wiesenkräutern unterlegte Nuancen von frischer Quitte und Blütenhonig. Saftig, angenehme gelbe Apfelfrucht, feiner Säurebogen, harmonisch, ein vielseitiger Essensbegleiter.

(90-92) Merlot Privatkeller 2010
13,5 Vol.%, NK, Teilbarrique, trocken, €€€€€
Dunkles Rubingranat, violette Reflexe, zarte Randaufhellung. Feine Röstaromen, dunkler Nougat, mit schwarzem Beerenkonfit unterlegt, ein Hauch von Orangenzesten. Saftige Kirschenfrucht, rotes Waldbeerkonfit, lebendig und trinkfreudig strukturiert, bereits harmonisch, feine Extraktsüße im Nachhall.

(90-92) Zweigelt Alte Haide 2010
13 Vol.%, NK, Teilbarrique, trocken, €€€€
Dunkles Rubingranat, violette Reflexe, zarte Randaufhellung. Mit zarten Röstnoten und feiner Kräuterwürze unterlegte Zwetschkenfrucht, angenehme Fruchtsüße. Saftig, reife Kirschen, elegant, finessenreicher Säurebogen, rotbeeriger Nachhall, ein vielseitiger Speisenbegleiter.

(89-91) St. Laurent Haidegrund 2010
12,5 Vol.%, NK, Teilbarrique, trocken, €€€€
Kräftiges Rubingranat, violette Reflexe, zarter Wasserrand. Mineralisch, zart blättrig unterlegte schwarze Beerenfrucht, tabakige Nuancen, Orangenzesten. Mittlere Komplexität, rotes Waldbeerkonfit, frisch strukturiert, zitroniger Touch im Abgang, salziger Nachhall.

(89-91) Pinot Noir Alte Haide 2010
13 Vol.%, NK, Teilbarrique, trocken, €€€€
Kräftiges Rubingranat, Ockerreflexe, breiter Wasserrand. Sehr vehaltenes Bukett, rotbeerige Nuancen, nach Mandarinen und Kräutern. Frisch, leichtfüßig, rassige Struktur, mineralisch-salziger Nachhall, ein unkomplizierter Speisenbegleiter.

88 Cuvée Bertrand 2009 PN/ME/SL
12,5 Vol.%, NK, Teilbarrique, trocken, €€€

94 Riesling BA 2010
11,5 Vol.%, NK, großes Holzfass, süß, €€€
Helles Goldgelb, junge Grünreflexe. Braucht etwas Luft,

Kamptal

weiße Tropenfrucht, mit einem Hauch von Mandarinen unterlegt, Zitruszesten klingen an. Saftig, der recht deutliche Restzucker wird von einer rassigen, messerscharfen Säure gekontert, gelber Pfirsich im Rückgeschmack, sollte noch einige Jahre heranreifen dürfen.

92 Riesling AL 2010
12 Vol.%, DV, Stahltank, süß, €€€
Mittleres Gelbgrün. Feiner Honigtouch, mit reifer gelber Tropenfrucht unterlegt, attraktives Bukett. Saftig, mittlere Komplexität, enorm rassiger Säurebogen, zitroniger Touch, süßer Nachhall, frisches Steinobst und Litschinoten im Rückgeschmack, auch als Aperitif denkbar.

GOBELSBURGER

L 90 Grüner Veltliner DAC Messwein 2011
12,5 Vol.%, DV, Stahltank, trocken, €€
Helles Grüngelb. Frische gelbe Apfelfrucht, zarte Wiesenkräuter, feine tabakige Würze. Saftig, frisch und knackig, reifer grüner Apfel im Nachhall, ein herzhafter Veltliner mit mineralischem Finale.

88 Riesling DAC Urgestein 2011
12,5 Vol.%, KK, Stahltank, trocken, €€

88 Grüner Veltliner DAC Lössterrassen 2011
12 Vol.%, DV, Stahltank, trocken, €€

87 Grüner Veltliner DAC 2011
12,5 Vol.%, DV, Stahltank, trocken, €€

88 Zweigelt 2010
12,5 Vol.%, DV, großes Holzfass, trocken, €€

88 Rosé Cistercien 2011
12,5 Vol.%, DV, Stahltank, trocken, €€

WEINGUT WOLFGANG UND SYLVIA GROLL

3553 Reith/Langenlois 59
T/F: 02734/85 22
info@weingut-groll.at
www.weingut-groll.at

Kamptal

KELLERMEISTER: Wolfgang Groll
ANSPRECHPARTNER: Wolfgang und Sylvia Groll
ANZAHL/FLASCHEN: k. A. (73 % weiß, 27 % rot) HEKTAR: 10
VERKOSTUNG: ja, gegen Voranmeldung AB-HOF-VERKAUF: ja
ÜBERNACHTUNGSMÖGLICHKEIT: kann organisiert werden
MESSEN: VieVinum

Seit 1880 befasst sich die Familie Groll mit dem Weinbau. Der Familienbetrieb bewirtschaftet eine Weingartenfläche von zehn Hektar in den besten Lagen wie Hiesberg, Seeberg, Kogelberg, Hoheneck. Wolfgang Groll führt heute das Unternehmen gemeinsam mit seiner Frau Sylvia sowie mit Unterstützung seiner Eltern.

Das Weingut befindet sich nur wenige Minuten von Langenlois entfernt – in Reith, einem lang gezogenen Tal westlich von Zöbing, in dem der Weinbau schon immer Tradition hatte. Die Rebkulturen gedeihen auf Lehm- und Urgesteinsböden, welche das ganze Jahr über begrünt sind. An Weißweinen kultiviert Wolfgang Groll neben Grünem Veltliner noch Riesling, Welschriesling, Chardonnay, Gelben Muskateller und Rivaner. Für die Rotweine wird die gebietstypische Zweigeltrebe gepflegt. Durch Kontinuität und gleichbleibende Qualität hat es das Weingut Groll immer wieder geschafft, Prämierungen für seine Weine zu erreichen. Die wichtigsten Auszeichnungen der letzten Jahre waren zahlreiche »SALON«-Weine sowie einige Langenloiser Championweine. Wichtigstes Exportland des aufstrebenden Weingutes ist Deutschland.

92 Riesling DAC Reserve Fahnberg 2011
13,5 Vol.%, DV, Stahltank, trocken, €€
Helles Grüngelb. Intensive Steinobstnoten, frischer Weingartenpfirsich, florale Nuancen, etwas Maracuja. Saftig, weiße Tropenfrucht, finessenreicher Säurebogen, elegant und gut anhaftend, zitronige Nuancen im Abgang, sehr trinkanimierender Stil, zeigt eine gute Länge, sicheres Reifepotenzial.

90 Grüner Veltliner DAC Reserve Kogelberg 2011
13,5 Vol.%, DV, Stahltank, trocken, €€
Helles Grüngelb. Zart rauchig-mineralisch unterlegte Nuancen von Honigmelonen, frische gelbe Apfelfrucht, zart nach Mango. Saftig, elegante Textur, extraktsüßer Körper, feines Säurespiel, reife Birnenfrucht im Abgang, ein vielseitiger Speisenbegleiter.

88 Grüner Veltliner DAC Hiesberg 2011
12,5 Vol.%, DV, Stahltank, extratrocken, €€

88 Riesling DAC Hiesberg 2011
12,5 Vol.%, DV, Stahltank, extratrocken, €€

88 Chardonnay Reitberg 2011
13,5 Vol.%, DV, Stahltank, trocken, €€

89 Zweigelt Seeberg 2009
13 Vol.%, DV, Teilbarrique, extratrocken, €€

Kamptal

WEINGUT MATTHIAS HAGER

3562 Mollands, Weinstraße 45
T: 02733/82 83, F: 02733/764 94
wein@hagermatthias.at
www.hagermatthias.at

―― BIO ――

KELLERMEISTER: Matthias Hager
ANSPRECHPARTNER: Hermann und Matthias Hager
ANZAHL/FLASCHEN: 30.000 (70 % weiß, 29 % rot, 1 % süß) HEKTAR: 14
VERKOSTUNG: ja, gegen Voranmeldung AB-HOF-VERKAUF: ja
HEURIGER: Weinbeisserei – begehbarer Weinkeller (T: 02733/780 80)
ÜBERNACHTUNGSMÖGLICHKEIT: ja, auf dem Weingut
ANDERE PRODUKTE: Destillate, Sekt, Traubensaft Messen: VieVinum

Die Familie Hager bewirtschaftet bereits seit vielen Generationen Weingärten im Kamptal. Ihre Landwirtschaft wird nach den biodynamischen Grundsätzen bewirtschaftet. Der Betrieb ist Mitglied im Demeter-Bund und hat sich somit den derzeit strengsten Richtlinien im Weinberg und im Keller verschrieben. Das Ergebnis sind eigenständige Weine mit viel Charakter. Die vielseitigen Böden des Kamptals verleihen den Weinen zusätzlich ihre ganz besondere Note. Von Lehm, Löss über Urgestein, Gneis, Granit und Verwitterungsgestein finden sie hier alles. Der Weinbauort Mollands liegt auf einem Hochplateau auf ca. 350 Metern Seehöhe im nördlichsten Teil des Kamptals. Raue Winde aus dem Waldviertel, hohe Tages- und Nachtamplituden im Sommer sorgen hier für fruchtbetonte Weine. Besondere Lagen des Weingutes: Hiesberg, Soos, Seeberg.

Um dem Weinkonsumenten die Durchsicht im vielseitigen Sortiment des Weinguts zu erleichtern, hat Matthias Hager seine zwei Linien kreiert: Die blaue Linie ist wie die Farbe BLAU eher leicht und erfrischend, während die braune Linie wie die Farbe BRAUN erdiger, intensiver und lagerfähiger (Holzfass) ist. Naturverbunden, tiefgründig und nachhaltig – so lässt sich der Winzer selbst am besten beschreiben, diese Eigenschaften finden sich vor allem in der braunen Linie wieder. Das Hauptaugenmerk des Winzers liegt ganz deutlich im Weingarten. Hier wird großer Wert auf die Erhaltung des biologischen und ökologischen Gleichgewichts gelegt. So wird z. B. selbst Kamille angebaut, um sie als natürliches Pflanzenstärkungsmittel zu verwenden. Im Keller lautet die Devise: »Weniger ist oft mehr.« So werden die Weine ausschließlich mit den eigenen Hefen spontan vergoren, Schwefelreduktion steht im Vordergrund, und die Weine bekommen die Zeit, die sie selbst zum Reifen brauchen. Abgefüllt wird daher erst relativ spät von Frühjahr bis Spätsommer.

L 90 Grüner Veltliner Alte Reben 2010
12,5 Vol.%, NK, großes Holzfass, trocken, €€€
Mittleres Gelbgrün. Reife Birnenfrucht, angenehme Kräuterwürze, Noten von Quitten. Elegant, feine gelbe Frucht, gut integriertes Säurespiel, weiße Nuancen im Abgang, mineralisch, ein harmonischer Speisenbegleiter.

88 Grüner Veltliner Urgestein 2010 (Blaue Linie)
11 Vol.%, DV, Stahltank, lieblich, €€

(87-89) Gemischter Satz 2011 (Blaue Linie)
11,5 Vol.%, DV, Stahltank, lieblich, €€

85 Grüner Veltliner Mollandser Berg 2011 (Blaue Linie)
12,5 Vol.%, DV, Stahltank, trocken, €€

88 Rosé Brut Sekt 2009 ZW
12,5 Vol.%, NK, Stahltank, trocken, €€€

92 Zweigelt Eiswein 2010 (Braune Linie)
8,5 Vol.%, NK, großes Holzfass, süß, €€€€
Helles Kirschrosa, breiter Wasserrand. In der Nase nach süßen eingelegten Kirschen, zarte Kräuterwürze, ein Hauch von Dörrzwetschken. Gute Balance zwischen Süße und rotbeeriger Frucht, angenehmes Säurespiel, bleibt gut haften, bereits gut antrinkbar, zitroniger Touch im Finale.

WEINGUT THOMAS HERNDLER

3553 Schiltern, Karglstraße 1
T/F: 02734/82 83
info@weingut-herndler.at
www.weingut-herndler.at

Kamptal

KELLERMEISTER: Thomas Herndler
ANSPRECHPARTNER: Alexandra Herndler
ANZAHL/FLASCHEN: 30.000 (80 % weiß, 20 % rot) HEKTAR: 12
VERKOSTUNG: ja AB-HOF-VERKAUF: ja
ANDERE PRODUKTE IM VERKAUF: Destillate, Traubensaft vom Grünen Veltliner
VEREINSZUGEHÖRIGKEIT: Kamptal Klassik

Hoch über dem Kamp im Wein- und Gartendorf Schiltern produziert Familie Herndler die Klassiker des Kamptals: Grünen Veltliner und Riesling – fruchtig, spritzig, mineralisch. Das Zusammenspiel von trocken-heißem pannonischem Klima und raukühlen Lüften des Waldviertels sowie die großen Temperaturunterschiede zwischen Tag und Nacht erklären die fruchtige Aromatik der Weine. Die Mineralik steuert der magere Urgesteinsboden aus Gföhler Gneis bei. Naturnahe Pflege und sorgsamer Umgang mit dem Naturprodukt Wein entscheiden schließlich über die Qualität. In den Weinen spiegelt sich Neues und Traditionelles, Ideen und alte Weisheiten wider. »Gute Weine zu guten Preisen« zu produzieren ist das Credo des Weinguts. Denn die Freude und der Genuss am Wein können auch sehr einfach sein.

(90-92) Grüner Veltliner Alte Reben 2011
14 Vol.%, DV, Stahltank, extratrocken, €€
Mittleres Grüngelb. Reife gelbe Apfelfrucht, mit feinen Wiesenkräutern unterlegt, zarter tabakiger Hauch, ein Hauch von Honigmelone. Stoffig, frische weiße Frucht, lebendige Säurestruktur, trinkanimierend und mit guter Länge ausgestattet, gutes Entwicklungspotenzial, mineralischer Touch im Rückgeschmack.

(89-91) Riesling Hiataberg 2011
13,5 Vol.%, DV, Stahltank, extratrocken, €€
Helles Grüngelb. Frische Steinobstklänge, zitronige Nuancen, mineralischer Touch, Anklänge von Ananas. Saftig, weiße Tropenfrucht, lebendiger Säurebogen, bleibt gut haften, ein stoffiger Speisenbegleiter.

89 Riesling Fahnberg 2011
13 Vol.%, DV, Stahltank, 2500, extratrocken, €€

89 Gelber Muskateller 2011
12,5 Vol.%, DV, Stahltank, 2500, trocken, €€

88 Grüner Veltliner Klassik 2011
13 Vol.%, DV, Stahltank, 2500, extratrocken, €€

88 Gemischter Satz Fahnberg 2011
13 Vol.%, DV, Stahltank, 2500, trocken, €€

Kamptal

★★★★

WEINGUT HIEDLER

3550 Langenlois, Am Rosenhügel 13
T: 02734/24 68, F: DW 5
office@hiedler.at
www.hiedler.at

KELLERMEISTER: Ludwig Hiedler und Robert Wandl
ANSPRECHPARTNER: María Ángeles Hiedler und Ludwig Hiedler
ANZAHL/FLASCHEN: 240.000 (90 % weiß, 9 % rot, 1 % süß) HEKTAR: 30
VERKOSTUNG: ja, gegen Voranmeldung AB-HOF-VERKAUF: ja
HEURIGER: Weinschlössl, 3550 Langenlois, Dimmelgraben 1, T: 0676/325 85 44
VEREINSZUGEHÖRIGKEIT: Traditionsweingüter Österreich
MESSEN: VieVinum, ProWein

Das Weingut von Ludwig und María Ángeles Hiedler zählt zu den traditionsreichen Langenloiser Betrieben und wurde 1856 gegründet. Auf 28 Hektar betreibt der energische Winzer mit Hang zur Innovation Weinbau, der vom Streben nach physiologisch reifem Traubenmaterial geprägt ist.

Hiedler hat in seinen Rieden die besten Voraussetzungen dafür, denn er erzieht heute seine Sorten punktgenau auf den für sie geeignetsten Böden. Und die sind in Langenlois sehr unterschiedlich: Der Grüne Veltliner liebt eher die sandigen Lössböden, und Hiedler kann sechs verschiedene Typen aus dieser Sorte herausarbeiten: Sie reichen vom leichtfüßigen »Löss« bis hinauf zu den korpulenten Weinen namens »Thal-Novemberlese« und dem Spitzenwein der Sortengruppe, der immer »Maximum« heißt. Braunerde und Löss bilden auch die Quartiere für die Burgundersorten Chardonnay und Weißburgunder, mit deren Pflege sich Hiedler schon früh einen Namen gemacht hat. Kristalliner Schiefer und die Urgesteinsböden sind ideal für den Riesling, Hiedler besitzt einen Hektar am Zöbinger Heiligenstein, einem Familienschatz der Extraklasse.

Auch Rotweine werden erzeugt, wie zum Beispiel eine für Österreich wohl einmalige Cuvée aus Pinot Noir und Sangiovese namens »Liubisa«. Gemeinsam mit seiner aus Spanien stammenden Frau María Ángeles, die sich um Marketing und Verwaltung kümmert, hat Ludwig Hiedler sein Weingut zu einem international vertretenen Spitzenbetrieb wachsen lassen, ohne dabei die Bodenhaftung zu verlieren. Auch wenn er manche von ihnen nach internationaler Stilistik im neuen Holz ausbaut, bleiben seine Weine immer stark terroirbezogen und authentisch. Langer Feinhefekontakt und nicht zu frühe Füllungen garantieren feinfruchtige, mineralische sowie tiefgründige, kräftige und lagerfähige Weine, die immer wieder national und international ausgezeichnet werden. Das Weingut Hiedler ist Gründungsmitglied der »Traditionsweingüter Österreich«.

95 Grüner Veltliner Familienreserve 2006
14 Vol.%, NK, großes Holzfass, trocken, €€€€
Leuchtendes Gelbgrün, Silberreflexe. Feine gelbe Tropenfrüchte, zarte Kräuterwürze, ein Hauch von Blütenhonig, Orangenzesten. Saftig, hochelegante Textur, feine Extraktsüße, seidig und gut anhaltend, zarter Honigtouch im Abgang, bleibt lange haften, Ananas und reife Marillen im Nachhall, dunkle Mineralik im Rückgeschmack.

94 Grüner Veltliner DAC Reserve Maximum 2010
14 Vol.%, DV/NK, großes Holzfass, trocken, €€€€
Mittleres Gelbgrün. Mit feinem Blütenhonig unterlegte reife Apfelfrucht, angenehme Kräuterwürze, mineralische Anklänge, zart nach Babybanane. Stoffig, eleganter Körper, feine seidige Textur, gut integrierte Säurestruktur, reife Tropenfrucht im Abgang, ein opulenter Speisenbegleiter mit gutem Entwicklungspotenzial.

93 Weißburgunder Maximum 2010
13,5 Vol.%, NK, großes Holzfass/Teilbarrique, trocken, €€€€
Leuchtendes Gelb mit Grünreflexen. Feine gelbe Tropenfruchtnuancen, zart nach Vanille, angenehmer Kräutertouch. Saftig, elegante Textur, zart nach gelbem Steinobst, ein Hauch von Karamell, gut integriertes Säurespiel, bleibt gut haften, zitronige Nuancen, etwas Ananas im Nachhall, gutes Reifepotenzial.

(92-94) Riesling DAC Reserve Heiligenstein
Erste ÖTW Lage 2011
14 Vol.%, DV, €€€€
Mittleres Gelbgrün. Attraktive Steinobstnoten, ein Hauch von frischer Ananas, etwas Blütenhonig, mit dunkler Mineralik unterlegt. Saftig, feine Textur, zarte Fruchtsüße, finessenreiche Säurestruktur, gelbe Tropenfrucht auch im Nachhall, mineralischer Touch im Abgang, hat Reifepotenzial.

(92-94) Grüner Veltliner DAC Reserve
Kittmannsberg Erste ÖTW Lage 2011
DV, Stahltank, €€€
Mittleres Gelbgrün. Zart tabakig unterlegte reife Apfelfrucht, ein Hauch von Mango und Papaya, Nuancen von Wiesenkräutern. Stoffig, engmaschige Textur, reife gelbe Tropenfrucht klingt an, kraftvoll, markante dunkle Mineralik im Abgang, sicheres Entwicklungspotenzial.

(91-93) Riesling DAC Reserve Steinhaus
Erste ÖTW Lage 2011
13,5 Vol%., DV, Stahltank, €€€
Mittleres Gelbgrün. Frische gelbe Pfirsichnote, unterlegt mit dem Duft exotischer Früchte und feiner Mineralik. Saftig, elegant und fein, zarte Fruchtsüße, dezenter Säurebogen, Nuancen von Blütenhonig im Abgang, gutes Entwicklungspotenzial.

(91-93) Riesling DAC Reserve Gaisberg
Erste ÖTW Lage 2011
14 Vol.%, DV, Stahltank, €€€€
Mittleres Grüngelb. Feiner Duft nach frischem Weingartenpfirsich, zarter Blütenhonig, kandierte Orangenzesten. Saftig, elegante Textur, angenehme Fruchtsüße von gelben Tropenfrüchten, finessenreicher Säurebogen, wirkt bereits harmonisch und rund, mineralischer Nachhall.

91 Grüner Veltliner DAC Reserve Thal
Erste ÖTW Lage 2011
13 Vol.%, DV, Stahltank, extratrocken, €€€
Mittleres Grüngelb. Mineralischer Touch, feine Nuancen von frischen Birnen, rauchige Würze. Saftig, feine Fruchtsüße, weiße Apfelfrucht, feiner Säurebogen, feine Kräuternote im Abgang, bereits gut antrinkbar.

L 90 Grüner Veltliner DAC Spiegel 2011
12,5 Vol.%, DV, Stahltank, extratrocken, €€
Helles Grüngelb. Zart mit Wiesenkräutern unterlegte Frucht, ein Hauch von Honigmelone. Saftig, feine gelbe Apfelfrucht, finessenreicher Säurebogen, frisch und mineralisch, ein vielseitiger Speisenbegleiter.

90 Riesling Urgestein 2011
13 Vol.%, DV, Stahltank, trocken, €€
Helles Grüngelb. Attraktive Steinobstnote, feine Blütenaromen, frische Orangen klingen an. Mittlerer Körper, angenehme Extraktsüße, feiner Säurebogen, wirkt harmonisch und zugänglich, gelbe Pfirsichfrucht im Nachhall.

90 Pinot Blanc Spiegel 2011
13 Vol.%, DV, großes Holzfass, trocken, €€
Helles Grüngelb. Feine Nuancen von weißem Apfel, mit zarter Kräuterwürze unterlegt. Feine gelbe Apfelfrucht, von einer finessenreichen Säurestruktur getragen, zitronige Nuancen, salzig-mineralischer Nachhall, ein vielseitiger Speisenbegleiter.

Kamptal

★★★★

WEINGUT HIRSCH

3493 Kammern, Hauptstraße 76
T: 02735/24 60, F: DW 60
info@weingut-hirsch.at
www.weingut-hirsch.at

— BIO —

KELLERMEISTER: Johannes Hirsch
ANSPRECHPARTNER: Josef und Johannes Hirsch
ANZAHL/FLASCHEN: k. A. (100 % weiß) HEKTAR: 30
VERKOSTUNG: ja, gegen Voranmeldung AB-HOF-VERKAUF: ja
VEREINSZUGEHÖRIGKEIT: respekt, Traditionsweingüter Österreich
MESSEN: VieVinum, ProWein

Das Jahr 2011 fing gut an für Johannes Hirsch, Winzer im Kamptaler Kammern. Sein Riesling »Gaisberg« 2004 gewann Anfang März ein renommiertes internationales Riesling-Tasting in London. Ein schöner Erfolg für den in Sachen Wein Querdenkenden, der das Weingut vor Jahren von seinem Vater Josef übernommen hat, wichtige Entscheidungen aber nach wie vor mit ihm gemeinsam trifft. Vater und Sohn arbeiten Hand in Hand: Während Josef Hirsch bei der Weingartenpflege auf Erfahrung und seine Einsicht in die Abläufe der Natur vertraut, zeigt Johannes fundiertes Wissen und Können bei der Vinifikation und Reifung der Weine. Im Zusammenwirken der Generationen gelingt hier ein harmonisches Ineinander von gewachsener Tradition und modernem Esprit.

Gaisberg, Heiligenstein und Lamm heißen die berühmten Weinrieden der Region, auf denen Johannes Hirsch seine Lagen hat. Alle Weingärten werden heute biologisch bewirtschaftet, worum der Winzer aber keine großen Worte macht. Denn mit der Natur zu arbeiten, statt gegen die Natur zu kämpfen, war schon immer auch das Credo des Vaters. So wie unter seiner Ägide auf hohe Stockdichte gesetzt, ausschließlich Dünger aus Ziegen- und Büffelmist aufgebracht, spontan vergoren und spät auf Flasche gefüllt wurde. Der offizielle Umstieg auf die biologische – also urtraditionellste aller Arbeitsweisen – war nur ein logischer Schritt. Seit den 1990er-Jahren produziert Johannes Hirsch dem damaligen Rotweinboom zum Trotz ausschließlich Riesling und Grünen Veltliner. Der Riesling spielt auf dem Wüstensandsteinboden im Kernstück des berühmten Heiligensteins seine überragende Frucht und Mineralik ebenso aus wie auf dem Glimmerschieferboden des Zöbinger Gaisbergs. Der Grüne Veltliner findet auf den Lössböden der Kammerner Rieden Lamm, Grub und Renner zu seiner sortentypischen Würze und geschmeidigen Fülle. Unter den idealen geologischen und mikroklimatischen Voraussetzungen des Kamptals bringt Johannes Hirsch Weine mit profundem Gebietscharakter hervor, die Abnehmer nicht nur hierzulande, sondern auch in allen wichtigen Exportländern in Europa und Übersee finden.

Die Lagenweine werden nach entsprechender Flaschenreife erst im dem Erntejahr folgenden September in Verkauf gebracht. Das Falstaff-Magazin kürte Johannes Hirsch zum »Winzer des Jahres 2011«.

(93-95) Riesling Zöbinger Heiligenstein 2011
13 Vol.%, Stahltank/großes Holzfass, €€€€€
Mittleres Gelbgrün. Frische Pfirsichnote, ein Hauch von Maracuja und Blütenhonig, mit mineralischen Nuancen unterlegt. Stoffig, extraktsüß, dabei engmaschig und wiederum von dunkler Mineralik geprägt, feine Säurestruktur, lange anhaltend, ein Wein mit großem Entwicklungspotenzial.

(92-94) Grüner Veltliner Kammerner Lamm 2011
13 Vol.%, Stahltank/großes Holzfass, €€€€€
Mittleres Grüngelb. Zart rauchige Kräuterwürze, gelbe Apfelfrucht, ein Hauch von Orangenzesten, dezenter Honigtouch. Stoffig, extraktsüßer Kern, reife gelbe Birnenfrucht, gut integrierter Säurebogen, bleibt gut haften, reife Apfelnote im Nachhall, ein stoffiger Essensbegleiter.

(92-94) Riesling Zöbinger Gaisberg 2011
13 Vol.%, Stahltank/großes Holzfass, €€€€€
Mittleres Gelbgrün. Reife Steinobstanklänge, gelber Pfirsich, ein Hauch von Blütenhonig. Saftig, reife gelbe Tropenfruchtaromen, lebendiges Säurespiel, zarte Honignoten auch im Abgang, bleibt gut haften, von einer feinen Mineralik getragen, gutes Entwicklungspotenzial.

L (91-93) Grüner Veltliner Kammerner Heiligenstein 2011
12,5 Vol.%, DV, Stahltank, €€€
Mittleres Grüngelb. Mit frischer Kräuterwürze unterlegte gelbe Birnenfrucht, zarte Nuancen von Mango, tabakiger Touch. Stoffig, gute Komplexität, gelbe Apfelfrucht, frischer Säurebogen, angenehmer Zitrustouch im Nachhall, mineralisch im Rückgeschmack.

L (90-92) Riesling Zöbing 2011
12,5 Vol.%, Stahltank, €€€
Mittleres Grüngelb. Einladende gelbe Tropenfruchtanklänge, mit reifem Pfirsich unterlegt, rauchig-mineralische Nuancen. Saftig, gute Komplexität, stoffige Frucht, feiner Säurebogen, bleibt sehr gut haften, angenehme Extraktsüße im Nachhall, ein vielseitiger Speisenbegleiter.

89 Grüner Veltliner Trinkvergnügen Nr. 10 2011
11,5 Vol.%, DV, Stahltank, €€

Kamptal

Kamptal

WEINGUT HUBER

3491 Straß im Straßertale, Marktplatz 16
T: 02735/23 03, F: DW 4
info@huberwein.at
www.huberwein.at

KELLERMEISTER UND ANSPRECHPARTNER: Armin Huber
ANZAHL/FLASCHEN: k. A. (95 % weiß, 5 % süß) **HEKTAR:** 15
VERKOSTUNG: ja, gegen Voranmeldung **AB-HOF-VERKAUF:** ja
ÜBERNACHTUNGSMÖGLICHKEIT: kann organisiert werden
HEURIGER: 24. 8. bis 9. 9. und 28. 9. bis 7. 10., täglich ab 16 Uhr
ANDERE PRODUKTE IM VERKAUF: Destillate
MESSEN: Hofex Hongkong, Vinexpo Shanghai

An Tradition herrscht im Hause Huber in Straß kein Mangel, blickt man doch urkundlich gesichert bis ins Jahr 1459 zurück. Auch das Etikett vermittelt ein wenig Hausgeschichte, es zeigt das stattliche Anwesen in Straß in moderner Gestaltung. Im angeschlossenen Gutstrakt wird von den Besitzern mehrmals pro Jahr ein Heuriger betrieben. Der denkmalgeschützte Hof beherbergt auch einen »Hofshop«, wo man in stilvoller Atmosphäre die Gutsweine verkosten kann.

Eine Rebfläche von etwa 15 Hektar in den besten Lagen von Straß im Straßertale wird bewirtschaftet (Zöbinger Heiligenstein, Gaisberg, Hasel, Brunngassen, aber auch die Grub in Zöbing), die Trauben werden vom Juniorchef Armin in betont fruchtige, leichte und sortentypische Weine verwandelt. Die Leichtweine des Weingutes aus den Sorten Riesling, Grüner Veltliner und Gelber Muskateller haben eine begeisterte Anhängerschar.

Zahlreiche nationale und internationale Auszeichnungen, die der Betrieb seit Jahrzehnten immer wieder erringt, belegen, dass der Betrieb auch höchsten Ansprüchen gerecht wird.

(89-91) Riesling Drei Weingärten 2011
13 Vol.%, DV, Stahltank, extratrocken, €€
Helles Grüngelb. Feine Steinobstklänge, ein Hauch von Weingartenpfirsich und Ananas, dezenter Blütenhonig, mineralischer Touch. Saftig, elegant, wieder nach Pfirsich, feiner Säurebogen, ein harmonischer Speisenbegleiter, zitroniger Touch im Rückgeschmack.

(88-90) Riesling Gaisberg DAC Reserve 2011
13 Vol.%, DV, Stahltank, extratrocken, €€

88 Grüner Veltliner Sandberg 2011
12 Vol.%, DV, Stahltank, extratrocken, €€

87 Grüner Veltliner Hasel 2011
12,5 Vol.%, DV, Stahltank, extratrocken, €€

87 Chardonnay Blick vom Weg 2011
12,5 Vol.%, DV, Stahltank, extratrocken, €€

91 Gelber Muskateller Eiswein 2009
13 Vol.%, NK, Stahltank, süß, €€€€
Helles Grüngelb, Silberreflexe. Intensive Nuancen von Honig und Mandarinenzesten, ein Hauch von Muskatnuss. Stoffige Süße, wieder nach Honig, lebendiger Säurebogen, elegant und bereits gut entwickelt, gut balancierter Dessertwein.

★★★★

WEINGUT SONNHOF JURTSCHITSCH

3550 Langenlois, Rudolfstraße 39
T: 02734/21 16, F: DW 11
weingut@jurtschitsch.com
www.jurtschitsch.com

— BIO —

KELLERMEISTER: Stefanie Hasselbach, Alwin Jurtschitsch
ANSPRECHPARTNER: Alwin Jurtschitsch
ANZAHL/FLASCHEN: k. A. (74 % weiß, 25 % rot, 1 % süß) HEKTAR: 64
VERKOSTUNG: ja AB-HOF-VERKAUF: ja
VINOTHEK: Mo. bis Fr. 8–12 und 13–16.30 Uhr
VEREINSZUGEHÖRIGKEIT: Traditionsweingüter Österreich
MESSEN: VieVinum, ProWein, Vinexpo

Kamptal

Das Traditionsweingut der Familie Jurtschitsch mit seinem Lesehof aus dem 16. Jahrhundert und dem 700 Jahre alten, kühlen Naturkeller zählt ohne Zweifel zu Österreichs schönsten Weingütern. Alwin Jurtschitsch und Stefanie Hasselbach kümmern sich mit viel Liebe und Gefühl um die Reben und um die Weine. Schon die Generation der Eltern beschäftigte sich mit dem biologischen Weinbau. Aus Überzeugung und Naturverbundenheit entschlossen sie sich 2006, ihr Familienweingut auf die kontrollierte organisch-biologische Wirtschaftsweise umzustellen. Es ist eine Selbstverständlichkeit, dass mit der Umstellung ihrer Weinberge auch ein Umdenken in der Weinbereitung einhergeht.

Die Lagenweine sind mit weinbergseigenen Hefen im großen Holzfass vergoren. Die alten Kellergewölbe bieten die optimalen Reifevoraussetzungen für die Weine aus den Filetstücken der großen Lagen im Kamptal: Zöbinger Heiligenstein, Loiserberg, Dechant, Schenkenbichl, Käferberg, Lamm und Tanzer. Kaum ein anderes österreichisches Weingut schafft es, mit solcher Zuverlässigkeit beste Qualität über die gesamte Angebotspalette anzubieten. Auch bei Rot- und Süßweinen wurden über die Jahre Meilensteine für die Region gesetzt. Bestätigung findet die kompromisslose Qualitätsarbeit durch zahlreiche wiederkehrende nationale und internationale Auszeichnungen. Der GrüVe® gilt als Bestseller in Gastronomie und Fachhandel. Dieser jugendlich-leichte Grüne Veltliner mit seinem Etikett von Christian Ludwig Attersee hat dabei im In- und Ausland viele Weinmoden und Modeweine überdauert und und feiert heuer seinen 25. Geburtstag.

(93-95) Riesling DAC Reserve Zöbinger Heiligenstein Alte Reben
Erste ÖTW Lage 2011
13,5 Vol.%, DV, großes Holzfass, trocken, €€€€€
Mittleres Grüngelb. Mit attraktiver Mineralik unterlegte gelbe Steinobstfrucht, feine Kräuterwürze, Orangenzesten klingen an. Stoffig, sehr komplex, reife gelbe Tropenfrucht, zarter Honigtouch, feiner Säurebogen, besitzt eine gute Länge, wird von weiterer Flaschenreife noch profitieren, gutes Reifepotenzial.

(93-95) Grüner Veltliner DAC Reserve Lamm
Erste ÖTW Lage 2011
13,5 Vol.%, DV, großes Holzfass, trocken, €€€€€
Mittleres Grüngelb. Mit frischer Kräuterwürze unterlegte weiße Frucht, dunkle Mineralik, facettenreiches Bukett. Stoffig, engmaschig und elegant, feine Fruchtsüße, gutes Säurespiel, gelbe Fruchtnuancen im Abgang, zart nach Ananas im Abgang, gute Länge, sicheres Reifepotenzial.

(92-94) Riesling DAC Reserve Loiserberg
Erste ÖTW Lage 2011
13,5 Vol.%, DV, großes Holzfass, extratrocken, €€€
Mittleres Grüngelb. Intensive weiße Tropenfrucht, florale Nuancen, frischer Weingartenpfirsich. Saftig, feine Steinobstklänge, frischer Säurebogen, mineralisch und gut anhaltend, feine Zitrusanklänge im Abgang, sehr trinkanimierender Stil.

(92-94) Grüner Veltliner DAC Reserve Schenkenbichl Erste ÖTW Lage 2011
13,5 Vol.%, DV, großes Holzfass, €€€€€
Mittleres Gelbgrün. Feine tabakige Würze, gelbe Tropenfruchtanklänge, zart nach Marillen, Wiesenkräuter. Kraftvoll, engmaschige Textur, reife Birnenfrucht, frischer Säurebogen, gute Würze im Abgang, zeigt eine gute Länge, gelber Apfel im Rückgeschmack.

Kamptal

(91-93) Riesling DAC Reserve Zöbinger Heiligenstein Erste ÖTW Lage 2011
13,5 Vol.%, DV, großes Holzfass, extratrocken, €€€
Mittleres Grüngelb. Zart rauchig unterlegte Nuancen von Weingartenpfirsich und Maracuja, feiner Blütenhonig. Saftige gelbe Tropenfruchtaromen, elegante Textur, feines Säurespiel, mineralischer Nachhall, gutes Entwicklungspotenzial.

(91-93) Grüner Veltliner DAC Reserve Käferberg Erste ÖTW Lage 2011
13 Vol.%, DV, großes Holzfass, extratrocken, €€€€
Mittleres Gelbgrün. Feine Steinobstnoten, zart nach Marillen und Mango, ein Hauch von Blütenhonig. Stoffig, engmaschig, mit zarter Extraktsüße unterlegt, feiner Säurebogen, Orangen im Nachhall, mineralischer Nachhall.

(91-93) Grüner Veltliner DAC Reserve Dechant Alte Reben Erste ÖTW Lage 2011
13,5 Vol.%, DV, großes Holzfass, trocken, €€€
Mittleres Gelbgrün. Intensive Kräuterwürze, Nuancen von Orangen und Grapefruit, pfeffriger Touch. Kraftvoll, reife gelbe Birnenfrucht, mittlere Komplexität, gut integrierte Säurestruktur, bleibt gut haften, ein harmonischer Speisenbegleiter.

(90-92) Grüner Veltliner DAC Reserve Loiserberg Erste ÖTW Lage 2011
13,5 Vol.%, DV, großes Holzfass, extratrocken, €€€
Leuchtendes Gelbgrün. Mit deutlicher Kräuterwürze unterlegte gelbe Apfelfrucht, zart nach Mango und Papaya. Saftig, eleganter Körper, feine Extraktsüße, rundes Säurespiel, gelbe Frucht auch im Nachhall, ein vielseitiger Speisenbegleiter.

88 Grüner Veltliner DAC Stein 2011
12,5 Vol.%, DV, Stahltank, extratrocken, €€

91 Rotspon Reserve 2009 ZW/ME/CS
13,5 Vol.%, NK, Barrique, extratrocken, €€€€
Mittleres Rubingranat, violette Reflexe, breiter Wasserrand. Feine Edelholzwürze, Nuancen von Zimt und Nelken, mit reifer Kirschenfrucht unterlegt. Saftig, elegant, extraktsüßes rotes Waldbeerkonfit, feines Säurespiel, zitronig-rotbeerige Nuancen im Abgang, ein finessenreicher Speisenbegleiter, vielseitig einsetzbar.

91 Zweigelt Tanzer Reserve 2009
13 Vol.%, NK, großes Holzfass/Barrique, extratrocken, €€€€
Dunkles Rubingranat, violette Reflexe, zarte Randaufhellung. Feine reife Zwetschkenfrucht, mit dunklem Beerenkonfit unterlegt, zart pfeffrige Kräuterwürze. Saftig, rotbeerige Nuancen, gut integrierte Tannine, Kirschen im Abgang, mineralisch, angenehme Fruchtsüße, ein balancierter Speisenbegleiter mit gutem Entwicklungspotenzial.

WEINGUT KEMETNER

3492 Etsdorf, Obere Marktstraße 2
T/F: 02735/51 47
leopold.kemetner@a1.net
www.kemetner.at

--- **BIO** ---

KELLERMEISTER UND ANSPRECHPARTNER: Leopold Kemetner
ANZAHL/FLASCHEN: k. A. (84 % weiß, 15 % rot, 1 % süß) HEKTAR: 10
VERKOSTUNG: ja, gegen Voranmeldung AB-HOF-VERKAUF: ja
ÜBERNACHTUNGSMÖGLICHKEIT: kann organisiert werden
VEREINE: Bio Austria
MESSEN: Bioweinmesse im Sofitel

Kamptal

Das Weingut der Familie Kemetner liegt in Etsdorf unweit des bekannten Schlosses und Kulturzentrums Grafenegg, im südlichen Teil des Kamptales, im Zentrum von Niederösterreich. Schon 1641 wird Nikolaus Kemetner am Stammhaus genannt, sein Sohn Johannes wird 1666 ausdrücklich als »Vinitor in Etsdorff« bezeichnet. Vor Kurzem hat ein Heimatforscher das Winzersiegel der Familie Kemetner wiederentdeckt. Es befindet sich auf Marktrichterrechnungen von 1741 bis 1744, unterfertigt und gesiegelt von Johannes Kemetner, Ratsherr in Etsdorf. Das Siegel zeigt ein Herz mit drei daraus wachsenden Blumen und die Buchstaben »J. K.« und wird das neue Etikett der Familie Kemetner zieren.

In der elften Generation führt nun Leopold Kemetner, Absolvent der Weinbauschule Klosterneuburg, den Betrieb weiter. Da die Eltern noch tatkräftig mitarbeiten, kann seine Frau Margit ihren Beruf als Volksschullehrerin ausüben. Von den Kindern Julia, Simon und Nikolaus wird hoffentlich ein Nachfolger die Tradition fortsetzen. Heute bewirtschaftet die Familie eine Fläche von zehn Hektar Weingärten, wobei der Grüne Veltliner mit fast 60 Prozent den Hauptanteil stellt. Weiters sind 20 Prozent Riesling und 10 Prozent Zweigelt im Programm. Den Rest bilden Rivaner, Chardonnay, Blauburgunder und etwas Weißburgunder, Sauvignon Blanc und St. Laurent. Mit den Etsdorfer Rieden Wohra und Karl verfügen die Kemetners über echte Top-Lagen als Basis für bestes Traubengut.

Seit dem Jahrgang 2011 sind alle Weine nach den strengen Regeln von Bio Austria biozertifiziert.

(90-92) Grüner Veltliner DAC Reserve Alte Reben 2011
14 Vol.%, NK, großes Holzfass, trocken, €€
Mittleres Grüngelb. Mit zartem Blütenhonig unterlegte gelbe Apfelfrucht, zart nach Marille, ein Hauch von Wiesenkräutern. Saftig, reife gelbe Frucht, zart nach Mango und Honigmelone, feiner Säurebogen, ein stoffiger Speisenbegleiter, angenehme Extraktsüße im Nachhall.

(89-91) Riesling Selektion 2011
14,3 Vol.%, NK, Stahltank, lieblich
Mittleres Grüngelb. Feine Pfirsichfrucht, Anklänge von Blütenhonig, ein Hauch von Grapefruitzesten. Saftig, vollreife gelbe Pfirsichfrucht, etwas Melone, mit finessenreichem Säurebogen unterlegt, mineralische Nuancen, zeigt eine gute Länge, reife Steinobstnoten im Nachhall, wird von Flaschenreife profitieren.

(88-90) Grüner Veltliner DAC Reserve Ried Karl 2011
14 Vol.%, DV, Stahltank, extratrocken, €€

88 Sauvignon Blanc Ried Karl 2011
13 Vol.%, DV, Stahltank, extratrocken, €€

88 Riesling DAC Wohra Terrassen 2011
12,5 Vol.%, DV, extratrocken, €€

89 Cabernet Sauvignon 2009
13,5 Vol.%, NK, extratrocken, €€€

Kamptal

★★

WEINERLEBNIS KIRCHMAYR

3351 Weistrach, Dorf 27
T: 07477/421 73, F: DW 4
kirchmayr@wein-erlebnis.at
www.wein-erlebnis.at

KELLERMEISTER UND ANSPRECHPARTNER: Andreas Kirchmayr ANZAHL/FLASCHEN: k. A. (75 % weiß, 24 % rot, 1 % süß) VERKOSTUNG: ja, gegen Voranmeldung AB-HOF-VERKAUF: Mo. bis Fr. 8–12 und 13–18 Uhr, Sa. 8–12 Uhr ÜBERNACHTUNGSMÖGLICHKEIT: kann organisiert werden ANDERE PRODUKTE IM VERKAUF: Birnenschaumwein, Birnenfrizzante, Sekt, gereifte Weißweine (ab 1971), Destillate MESSEN: VieVinum, ProWein, Alles für den Gast Salzburg (Herbst)

Der Name Kirchmayr steht für elegante, authentische Weine mit Reifungspotenzial. Grüner Veltliner, Riesling und Co stammen aus charaktervollen Lagen des Kamptals, Kremstals und der Wachau. Andreas Kirchmayr stellt das Terroir bei den Weinen aus Lagen wie Steiner Hund, Loibenberg, Alte Point oder der Lösslage Stangl im Kamptal stets in den Vordergrund.

Spontane Vergärung und der Ausbau in großen Holzfässern sind Eckpfeiler seiner Philosophie im Keller. Auch die Aromasorten kommen nicht zu kurz. Beste Beispiele hierfür sind der Sauvignon Blanc der Lage Katl, der Rote Traminer »Frauenweingarten« und der einzigartig mineralische Gelbe Muskateller vom Loibenberg. Die Spezialität des Hauses sind und bleiben jedoch die »Solisten«. So heißen die unter optimalen Bedingungen gereiften Weißweine ausdrucksstarker Jahrgänge der 70er-, 80er- und 90er-Jahre. Während viele Winzer vom Reifungspotenzial ihrer Weine reden, tritt Kirchmayr mit seinen »Solisten« den Beweis an. Ein bis zwei »neue« Solisten ergänzen Jahr für Jahr das beeindruckende Sortiment. Bisher nur Insidern bekannt sind die Flaschengärsekte der Kirchmayrs. Auch hier setzt Kellermeister Andreas Kirchmayr voll auf die Faktoren Zeit und Handarbeit. Österreichweit einzigartig ist der Rieslingsekt 1989 der Lage Weinzierlberg mit seinem zwanzigjährigen Hefelager.

Aus der Verbundenheit des Hauses Kirchmayr mit dem heimischen Mostviertel resultiert seit Jahrzehnten der trocken ausgebaute »Kirchmayr Birnenschaumwein«, komponiert aus teilweise uralten Birnensorten von den Streuobstwiesen des Mostviertels.

(91–93) Grüner Veltliner DAC Reserve Strasser Stangl Fass 5 2011
14 Vol.%, DV, großes Holzfass, trocken
Mittleres Gelbgrün, noch hefetrüb. Feine Kräuterwürze, reife Apfelfrucht, zart mit Birnen unterlegt, dunkle Mineralik. Komplex, tabakige Nuancen, weiße Fruchtanklänge, straffes Säurespiel, salzige Noten im Abgang, sortentypische Aromatik, gute Länge, sicheres Reifepotenzial.

(90–92) Riesling Steiner Hund 2011
13 Vol.%, DV, großes Holzfass, halbtrocken
Helles Grüngelb. Feine Nuancen von Steinobst, ein Hauch von Pfirsich und zart nach Orangen, mineralischer Touch. Elegant, feine gelbe Tropenfrucht, finessenreicher Säurebogen, bleibt gut haften, ein harmonischer Speisenbegleiter mit Zukunftspotenzial.

(90–92) Grüner Veltliner Alte Point 2011 (Wachau)
13 Vol.%, DV, großes Holzfass, trocken
Mittleres Gelbgrün. Feine Nuancen von gelbem Apfel, ein Hauch von Golden Delicious und etwas Mango, mit feiner Kräuterwürze unterlegt. Komplex, extraktsüße weiße Fruchtanklänge, feiner Säurebogen, bleibt gut haften, zitronige Nuancen im Abgang, gute Länge.

(88–90) Riesling Loibenberg 2011 (Wachau)
13,5 Vol.%, DV, großes Holzfass, trocken

88 Grüner Veltliner DAC Strasser Stangl 2011
12,5 Vol.%, DV, großes Holzfass, trocken

(87–89) Sauvignon Blanc Katl 2011
13,5 Vol.%, DV, großes Holzfass, lieblich

★★ LAURENZ V.

1070 Wien, Mariahilfer Straße 32
T: 01/522 47 91-0, F: DW 55
info@laurenzfive.com
www.laurenzfive.com

Kamptal

KELLERMEISTER UND ANSPRECHPARTNER: Laurenz Maria Moser und Dieter Hübler
ANZAHL/FLASCHEN: k. A. (100 % weiß) HEKTAR: k. A.
VERKOSTUNG kann organisiert werden
MESSEN VieVinum, ProWein, The London International Wine & Spirits Fair, Vinexpo

Laurenz Maria Moser V. – Spross der Rohrendorfer Weinbaufamilie gleichen Namens – hat sich mit zwei Partnern im April 2005 ausschließlich dem österreichischen Grünen Veltliner verschrieben. Unter dem Namen LAURENZ V. werden nur fünf Grüne Veltliner produziert und in Österreich, aber vor allem international vermarktet – denn die Mission von LAURENZ V. ist es, mitzuhelfen, Österreichs Paraderebsorte als einen der Top-Weißweine der Welt zu etablieren. Partner Franz Schweiger kümmert sich um die Finanzen, Dieter Hübler um Marketing und Vertrieb, während Laurenz Moser sich hauptsächlich um die Trauben und den Wein selbst bemüht.

Die Philosophie des Grünen Veltliners hat Laurenz V. von seinem Großvater Prof. Dr. h. c. Laurenz Moser III. mitbekommen: »Konzentriere dich auf ganz wenig im Leben und mach es sehr gut. Die Kunst des guten Grünen ist, die perfekte Traube im Weingarten wachsen zu lassen und im Keller nix kaputt zu machen!« Außerhalb des deutschsprachigen Raums ist diese Rebsorte nur Eingeweihten bekannt. Daher haben es sich Laurenz Moser und seine Partner zum erklärten Ziel gesetzt, dem Grünen Veltliner zum verdienten internationalen Durchbruch zu verhelfen. Bisher findet man LAURENZ V. in 40 Staaten der Welt – selbst im Napa Valley, in Tokio und in Adelaide erfreut man sich an LAURENZ V. Grünem Veltliner.

(90-92) Charming Grüner Veltliner DAC Reserve 2011
13,5 Vol.%, DV, Stahltank, €€€€
Mittleres Grüngelb. Zarte Kräuterwürze, gelbe Tropenfruchtnuancen, tabakiger Touch, ein Hauch von Orangenzesten. Saftig, elegante Textur, weiße Apfelfrucht, frische Säurestruktur, zarte Extraktsüße, mineralischer Nachhall, gutes Entwicklungspotenzial.

90 Silver Bullet Grüner 2011 GV DAC Reserve
13 Vol.%, DV, Stahltank, €€€ (500 ml)
Mittleres Grüngelb. Mit zarten Wiesenkräutern unterlegte gelbe Apfelfrucht, feiner mineralischer Touch. Saftig, zart nach Melone, weiße Frucht, frischer Säurebogen, feine zitronige Nuancen im Abgang, ein vielseitiger Speisenbegleiter.

89 Friendly Grüner Veltliner 2011
12 Vol.%, DV, Stahltank, extratrocken, €€€

89 Laurenz und Sophie Singing Grüner Veltliner 2011
12,5 Vol.%, DV, Stahltank, extratrocken, €€

Kamptal

★★★

WEINGUT THOMAS LEITHNER

3550 Langenlois, Walterstraße 46
T: 02734/25 52, F: DW 4
kontakt@thomas-leithner.at
www.thomas-leithner.at

KELLERMEISTER/ANSPRECHPARTNER: Thomas Leithner
ANBAUWEISE: derzeit in Umstellung auf Bio
ANZAHL/FLASCHEN: 50.000 (75 % weiß, 24 % rot, 1 % süß) HEKTAR: 12
VERKOSTUNG: ja, gegen Voranmeldung AB-HOF-VERKAUF: ja
ANDERE PRODUKTE IM VERKAUF: Destillate
VEREINSZUGEHÖRIGKEIT: Vinovative
MESSEN: VieVinum, ProWein

Seit Generationen sind die Leithners in Sachen Weinbau aktiv. Der Urgroßvater des heutigen Besitzers Thomas Leithner war Professor Fritz Zweigelt, dem die Winzerschaft die gleichnamige Kreuzung verdankt und die natürlich auch in Langenlois entsprechend gepflegt wird. Motiviert durch die zahlreichen Auszeichnungen, liefert Thomas Leithner in den letzten Jahren kontinuierlich hohe Qualitäten, dies vor allem auf dem Gebiet der Weißweine, wobei sein besonderes Augenmerk neben den Grünen Veltlinern und Rieslingen der Cuvée »Mantis Religiosa« und dem Traminer der Riede Fraupoint gilt.

Die Hauptsorte von Thomas Leithner ist der Grüne Veltliner, die »Privat«-Linie kommt nun schon seit einigen Jahren erst im September auf den Markt, um diesen besonders extraktreichen und lagerfähigen Weinen mehr Zeit zur Entfaltung zu geben. Seines Urgroßvaters würdig zeigt sich Thomas Leithner mit dem Zweigelt »Hommage«, einem 24 Monate im Barrique gereiften Sortenvertreter, der beweist, was im Kamptal aus der Sorte in einem guten Jahr von einem guten Produzenten gemacht werden kann. Es ist das Ziel des engagierten Winzers, dass man seine Freude am Weinbau in seinen Weinen wiederfindet.

93 Grüner Veltliner DAC Reserve X 2009
13,5 Vol.%, NK, Stahltank, trocken, €€€€€
Mittleres Gelbgrün. Einladende gelbe Tropenfruchtanklänge nach Mango und Honigmelone, frische Wiesenkräuter, facettenreiches Bukett. Komplex, mineralisch unterlegte Fruchtnoten, feiner Säurebogen, bleibt sehr gut haften, ausgewogene, trockene Stilistik, ein sehr guter Essensbegleiter, sicheres Entwicklungspotenzial.

93 Riesling DAC Reserve Steinhaus X 2009
13 Vol.%, NK, Stahltank, trocken, €€€€€
Helles Grüngelb. Feine gelbe Tropenfruchtaromen nach Maracuja und Orangen, zarter Blütenhonig, ein Hauch von Wiesenkräutern, Zitruszesten. Saftig, elegante Textur, frisch strukturiert, mineralisch und gut anhaltend, wirkt leichtfüßig, feine Extraktsüße im Nachhall, gute Zukunft.

92 Grüner Veltliner DAC Reserve Privat 2010
13,5 Vol.%, DV, Stahltank, trocken, €€€
Mittleres Gelbgrün. Leuchtendes Gelbgrün, Silberreflexe. Mit frischer Kräuterwürze unterlegte weiße Apfelfrucht, feine tabakige Nuancen. Saftig, extraktsüß, guter Säurekonter, reife Marillenfrucht im Abgang, mineralisch und anhaltend, ein stoffiger Speisenbegleiter.

92 Traminer Fraupoint 2010
14 Vol.%, DV, Stahltank, trocken, €€€
Leuchtendes Gelbgrün. Feine Nuancen von Rosenöl und einem Hauch Eibischteig, zart nach Pfirsich und Grapefruitzesten, einladendes Bukett. Stoffig, dunkle Mineralik, frisch strukturiert, weißer Apfel im Nachhall, salzig und anhaltend, ein feiner Speisenwein.

91 Riesling Privat 2010
12,5 Vol.%, Stahltank, halbtrocken, €€€
Mittleres Gelbgrün, Silberreflexe. Zarte Steinobstklänge, ein Hauch von Blütenhonig, Nuancen von Orangenzes-

ten. Saftig, elegante Textur, gut integrierte Süße, die von einer brillanten Säure gut gekontert wird, zitronige Nuancen im Abgang, leichtfüßig und trinkanimierend, gutes Zukunftspotenzial.

91 Zweigelt Hommage 2008
14 Vol.%, NK, Barrique, trocken, €€€€
Dunkles Rubingranat, violette Reflexe, zarte Randaufhellung. Mit zarter Kräuterwürze unterlegte Zwetschkenfrucht, ein Hauch von dunklen Beeren und etwas Nougat. Saftig, süße Kirschenfrucht, gut eingebundene Tannine, frisch strukturiert, reife Weichseln im Nachhall, dezente zitronige Nuancen, verfügt über eine gute Länge und einiges an Reifepotenzial.

Kamptal

★★★★

WEINGUT FRED LOIMER

3550 Langenlois, Haindorfer Vögelweg 23
T: 02734/22 39, F: DW 4
weingut@loimer.at
www.loimer.at

— BIO —

KELLERMEISTER UND ANSPRECHPARTNER: Fred Loimer
ANZAHL/FLASCHEN: 350.000 (95 % weiß, 4 % rot, 1 % süß) HEKTAR: 60
VERKOSTUNG: ja, gegen Voranmeldung AB-HOF-VERKAUF: ja
ANDERE PRODUKTE IM VERKAUF: Traubensaft, Traubenkernöl, Tresterbrand
VEREINSZUGEHÖRIGKEIT: respekt, Traditionsweingüter Österreich
MESSEN: VieVinum, ProWein

Rund 60 Hektar bewirtschaftet das Weingut Loimer heute. Die Trauben stammen aus wohlklingenden Lagen wie Käferberg, Spiegel, Steinmassl, Seeberg, Heiligenstein, Loiserberg, Eichelberg oder Dechant. Fred Loimers Weine – vorwiegend Grüner Veltliner und Riesling, aber auch Muskateller, Pinot Gris, Chardonnay, Zweigelt und Pinot Noir – buhlen nicht vordergründig mit wuchtigem Alkoholgehalt und intensiver Süße um Aufmerksamkeit, es sind unangestrengte Weine, die von ihrer Herkunft und der biologisch-dynamischen Landwirtschaft geprägt sind.

Denn nur naturnaher Weinbau, so ist man im Weingut Loimer überzeugt, lässt Weine mit regionalem Charakter und Typizität entstehen – letztendlich nicht nur eine Frage der Schonung von Böden und Ressourcen, sondern auch der Qualität. »Ich lasse mich gerne überraschen«, sagt Fred Loimer. Selbst ist und war er auch immer für Überraschungen gut. Etwa, als er im Jahr 2000 auf einem historischen Ziegelgewölbekeller in Langenlois einen minimalistischen schwarzen Kubus errichten ließ und damit das liebliche Kellergassen-Ensemble ordentlich aufmischte. Oder als er 2006 damit begann, seine Weingärten auf biologisch-dynamische Landwirtschaft umzustellen und ein Jahr später mit Winzerkollegen den Verein »respekt« gründete, um die Ziele der Biodynamie konsequent im Weinbau umsetzen zu können.

94 Riesling DAC Reserve Heiligenstein Erste ÖTW Lage 2010
13 Vol.%, VL, großes Holzfass, trocken, €€€€€
Mittleres Gelbgrün, Silberreflexe. Feine Pfirsichfrucht, zarte florale Nuancen, verführerisches Bukett, zart mit Honig unterlegt. Elegant, stoffig, weiße Tropenfruchtaromen, finessenreiche Säurestruktur, die gut eingebettet ist, kleiner Weingartenpfirsich im Nachhall, bereits gut antrinkbar, verfügt über gutes Entwicklungspotenzial.

(91-93) Grüner Veltliner DAC Reserve Terrassen 2011
VL, großes Holzfass, €€€€
Mittleres Grüngelb. Feine gelbe Apfelfrucht, mit zarten Wiesenkräuteraromen unterlegt, ein Hauch von Birnen und Tabak. Saftig, elegant, feine Marillennote, frische Säurestruktur, stoffig und trinkanimierend zugleich, zitronige Nuancen im Abgang, mineralischer Nachhall.

(90-92) Riesling DAC Reserve Terrassen 2011
VL, großes Holzfass, €€€€
Mittleres Gelbgrün. Verhalten, zart nach Blütenhonig, mit einem Hauch von Maracuja und Litschi unterlegt, feine Wiesenkräuter. Stoffig, weiße Frucht, runde Säurestruktur, grüner Apfel im Abgang, dunkle Mineralik im Nachhall.

88 Muskateller 2011
13 Vol.%, DV, Stahltank, extratrocken, €€€

SCHELLMANN, THERMENREGION

(90-92) Schellmann Chardonnay Reserve Gumpold 2010
VL, großes Holzfass, €€€€€
Helles Gelbgrün. Reife gelbe Tropenfrucht, zart mit Karamell unterlegt, Nuancen von Honigmelone. Stoffig, feine Fruchtsüße, mit dunkler Mineralik unterlegt, weich und seidig, zart nach Pfirsich im Nachhall, salziger Abgang.

WEINGUT MAGLOCK-NAGEL

3491 Straß im Straßertale, Talstraße 116
T: 02735/26 48, F: DW 4
info@maglock-nagel.at
www.maglock-nagel.at

KELLERMEISTER: Franz Maglock
ANSPRECHPARTNER: Roswitha Maglock-Nagel und Franz Maglock
ANZAHL/FLASCHEN: k. A. (80 % weiß, 20 % rot) HEKTAR: 13
VERKOSTUNG: ja, gegen Voranmeldung AB-HOF-VERKAUF: ja
ANDERE PRODUKTE IM VERKAUF: Destillate
ÜBERNACHTUNGSMÖGLICHKEIT: kann organisiert werden

Kamptal

Das Weingut liegt mitten im Straßertal zwischen den bekannten Lagen Wechselberg und Gaisberg. Auf 13 Hektar Rebfläche reifen besonders klassische Sorten wie Grüner Veltliner, Riesling, Frühroter Veltliner, Weißburgunder, Zweigelt und St. Laurent. Die Bestrebungen gehen dahin, die Vorzüge jedes Jahrganges zu optimieren, was bedeutet, dass die Witterungsverhältnisse in der Weingartenpflege Beachtung finden müssen. Sehr viel Wert wird auf eine gut abgestimmte Laubarbeit gelegt, um physiologisch reife Trauben zu erhalten.

Das Weingut setzt nach wie vor auf Handlese, die es ermöglicht, bestimmte Lagen in zwei Durchgängen zu ernten. Somit kann der Philosophie von mittelgewichtigen, fruchtbetonten Sorten bis hin zu kräftigen, gehaltvollen Lagenweinen nachgekommen werden. Bestätigt wird die Arbeit immer wieder durch gute Bewertungen und Auszeichnungen wie den »SALON Österreich Wein«. Beständige Qualität und ein exzellentes Preis-Leistungs-Verhältnis sind gute Gründe für einen Besuch, um die Weine in angenehmer Atmosphäre zu verkosten.

(90-92) Grüner Veltliner Extrem 2011
14,5 Vol.%, extratrocken
Mittleres Gelbgrün. Mit frischen Wiesenkräutern unterlegte gelbe Apfelfrucht, tabakige Nuancen, zart nach Mango und Papaya. Stoffig, gute Komplexität, gelbe Frucht, feiner Säurebogen, zart würzig im Abgang, dunkle Mineralik im Nachhall, ein kraftvoller Speisenbegleiter.

89 Weißburgunder 2011
14 Vol.%, DV, Stahltank, trocken, €€

(88-90) Riesling DAC Reserve Gaisberg 2011
13,4 Vol.%, Stahltank, trocken, €€

(88-90) Grüner Veltliner DAC Reserve Gaisberg 2011
13,7 Vol.%, DV, Stahltank, trocken, €€

87 Welschriesling 2011
12,5 Vol.%, DV, Stahltank, extratrocken, €

88 Zweigelt Lammberg Barrique 2009
13 Vol.%, NK, Barrique, extratrocken, €€

Kamptal

★★

WEINGUT RUDOLF RABL

3550 Langenlois, Weraingraben 10
T: 02734/23 03, F: DW 10
office@weingut-rabl.at
www.weingut-rabl.at

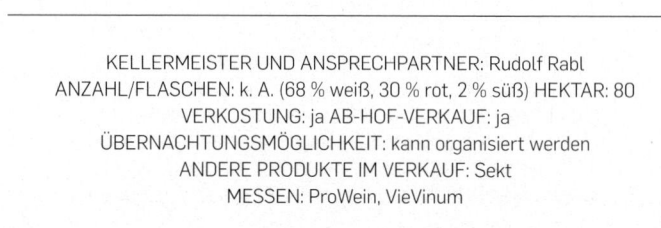

KELLERMEISTER UND ANSPRECHPARTNER: Rudolf Rabl
ANZAHL/FLASCHEN: k. A. (68 % weiß, 30 % rot, 2 % süß) HEKTAR: 80
VERKOSTUNG: ja AB-HOF-VERKAUF: ja
ÜBERNACHTUNGSMÖGLICHKEIT: kann organisiert werden
ANDERE PRODUKTE IM VERKAUF: Sekt
MESSEN: ProWein, VieVinum

Wer im Kamptal herkunftsgeprägte und sortentypische Weine sucht, wird im Weingut Rabl gewiss fündig. Rudolf Rabl freut sich über die traditionsreiche Geschichte seines Weingutes, das bereits 1750 erstmals urkundlich erwähnt wurde. So selbstverständlich, wie Vater und Sohn den gleichen Vornamen tragen, findet auch ihre Zusammenarbeit statt. Rudolf Rabl senior liebt die Natur über alles und ist Herr über ca. 80 Hektar Weingärten. Durch sein großes Wissen und das daraus resultierende Selbstverständnis im Umgang mit den Reben stellt seine Arbeit die Basis für die hohe Qualität aller Weine im Betrieb dar.

Rudolf Rabl junior kümmert sich unter anderem um die Vinifikation der Weine und ist stolz darauf, einer der Ersten in Österreich gewesen zu sein, die begonnen haben, die Weine spontan – also ohne Zusatz von Reinzuchthefen – zu vergären. Für ihn ist klar, dass nur mit den natürlichen Hefen, die mit dem Lesegut in den Keller kommen, Weine entstehen können, die das Terroir widerspiegeln. Kurzer Rebschnitt, sorgfältige Laubarbeit und Traubenausdünnung sorgen für beste extraktreiche Trauben. Diese werden handverlesen und je nach Sorte gerebelt oder schonend im Ganztraubenverfahren gepresst. Reifung und Lagerung erfolgen in Edelstahltanks oder Holzfässern im Weinkeller, der sieben Meter tief in den Löss gegraben wurde. Zum richtigen Zeitpunkt des Reifeprozesses wird der Wein in Flaschen gefüllt und im Keller bei konstanter Temperatur gelagert. Der Export erfolgt nach Deutschland, Holland, Belgien, Norwegen, Schweden, Dänemark, England, Kanada, Lettland, Russland, USA, Schweiz sowie auf die Philippinen.

91 Riesling DAC Reserve Vinum Optimum 2011
13,5 Vol.%, DV, Stahltank, 5300, extratrocken, €€€
Mittleres Grüngelb. Eher verhalten, zarte Blütenaromen, ein Hauch von Orangenzesten, gelbe Tropenfrucht, dezenter Honigtouch. Stoffig, elegant, kraftvoller Körper, gelbe Frucht, zart blättrige Würze im Abgang, mineralischer Rückgeschmack, ein vielseitiger Speisenbegleiter.

90 Grüner Veltliner DAC Reserve Käferberg 2011
13,5 Vol.%, DV, 5000, extratrocken, €€€
Mittleres Gelbgrün. Zart tabakig unterlegte gelbe Apfelfrucht, zart nach Wiesenkräutern, Nuancen von Honigmelone. Sehr kraftvoll, saftig, gelbe Birnenfrucht, extraktsüßer Kern, balanciert, feine vegetale Würze im Nachhall, ein stoffiger Speisenbegleiter.

90 Riesling DAC Reserve Schenkenbichl Vinum Optimum 2011
13,5 Vol.%, DV, Stahltank, 2000, trocken, €€€
Mittleres Gelbgrün. Attraktive Steinobstklänge, ein Hauch von Litschi und Maracuja, Blütenhonig. Saftig, feine Fruchtsüße, zart nach Ananas, rundes Säurespiel, gelbe Pfirsichfrucht, dunkle Mineralik im Nachhall.

89 Grüner Veltliner DAC Reserve Vinum Optimum 2011
13,5 Vol.%, KK, Stahltank, 5000, trocken, €€

89 Riesling DAC Steinhaus 2011
12,5 Vol.%, DV, Stahltank, 6000, extratrocken, €€

88 Grüner Veltliner DAC Spiegel 2011
12,5 Vol.%, DV, Stahltank, 20.000, extratrocken, €€

WEINGUT RETZL

3561 Zöbing, Heiligensteinstraße 9
T: 02734/22 51, F: DW 4
weingut@retzl.cc
www.retzl.cc

Kamptal

KELLERMEISTER UND ANSPRECHPARTNER: Erwin Retzl
ANZAHL/FLASCHEN: 60.000 (80 % weiß, 20 % rot) HEKTAR: 18
VERKOSTUNG: ja, gegen Voranmeldung AB-HOF-VERKAUF: ja
ANDERE PRODUKTE IM VERKAUF: Sekt, Destillate, Traubensaft

Am Fuß eines der berühmtesten Weinberge Österreichs, des Zöbinger Heiligensteins, liegt der Keller des Weinguts von Erwin Retzl. Hier schlummern nicht nur einige der ältesten Flaschen bis zurück zum Jahr 1903, sondern hier reifen zurzeit auch ordentliche Weißweine heran. Der Riesling, der vom mineralischen Terroir profitiert und in klassischer, trockener Stilistik sowie als Spätlese ausgebaut wird, steht hier im Vordergrund. Mit dem Sauvignon Blanc aus der Paradelage Heiligenstein hat Erwin Retzl ein weiteres Qualitätsstandbein entwickelt, das gute Resultate bringt. Seit einigen Jahren gibt es auch einen eleganten, feinfruchtigen Riesling vom Eichelberg am rechten Kampufer.

Als Tipp gilt das alljährliche Kellergassenfest im Juni, bei dem man neben den aktuellen Weinen auch Raritäten aus dem Weinmuseum verkosten kann. Das hervorragende Preis-Leistungs-Verhältnis des Betriebs muss ausdrücklich betont werden: Hier findet der Weinfreund lagerfähige Qualität zu sehr moderaten Preisen.

89 Riesling Bergjuwel Heiligenstein 2011
13 Vol.%, NK, Stahltank, trocken, €€
Helles Gelbgrün. Rauchig-mineralisch unterlegte Steinobstanklänge, kandierte Orangenzesten, ein Hauch von Maracuja. Mittlere Komplexität, zart nach weißem Pfirsich und Litschi, lebendiger Säurebogen, salziger Touch im Abgang, wird von weiterer Flaschenreife profitieren.

88 Riesling Heiligenstein 2011
13 Vol.%, DV, Stahltank, trocken, €€

87 Grüner Veltliner Edelgraben 2011
13 Vol.%, DV, Stahltank, halbtrocken, €

87 Sauvignon Blanc 2011
14 Vol.%, DV, Stahltank, halbtrocken, €€

87 Chardonnay 2011
12 Vol.%, DV, Stahltank, trocken, €

86 Grüner Veltliner Rosengartl 2011
12,5 Vol.%, DV, Stahltank, trocken, €

WEINGUT SILVIA ROSENBERGER

3491 Straß im Straßertale, Weinbergweg 426
T/F: 02735/25 32
info@weingut-rosenberger.at
www.weingut-rosenberger.at

KELLERMEISTER: Christian Rosenberger
ANSPRECHPARTNER: Silvia und Christian Rosenberger
ANZAHL/FLASCHEN: 25.000 (65 % weiß, 33 % rot, 2 % süß) HEKTAR: 10
VERKOSTUNG: ja AB-HOF-VERKAUF: ja HEURIGER: 3. bis 5. 8. Hauermarkt
24. 8. bis 2. 9. und 30. 11. bis 9. 12. ÜBERNACHTUNGSMÖGLICHKEIT: ja
ANDERE PRODUKTE IM VERKAUF: Destillate, Sekt, Traubensaft
VEREINSZUGEHÖRIGKEIT: Kamptal Klassik, Weinkontraste Straß

Die Familie Walkerstorfer-Rosenberger ist seit über 350 Jahren mit dem Weinbau im Straßertal eng verbunden. Anna und Anton Walkerstorfer gelang es durch Fleiß und Können, die im eigenen Keller gekelterten Trauben zu mehrfach prämierten Weinen heranreifen zu lassen. Der Traditionsbetrieb kann sechs Landessieger vorweisen. Die junge Generation mit Silvia und Christin Rosenberger übernahm den Betrieb im Jahr 2000 und baute ihn weiter aus. Die bestehende Buschenschank wurde erweitert und vier Gästezimmer wurden neu dazu gebaut. Gäste können hier in ruhiger Lage in der 4-Blumen Kategorie einen Urlaub am Winzerhof verbringen.

Das reichhaltige Rebsortiment steht auf Urgesteinsböden, die den Weinen eine besonders fruchtige Note verleihen. Es werden auf zehn Hektar neben Grünem Veltliner, Riesling und Zweigelt unter anderem auch seltene Sorten wie Neuburger, Frühroter Veltliner und Sämling 88 angeboten. Christian Rosenberger hat sich auch auf die Erzeugung von Qualitätssekt spezialisiert. Süßweine und Spezialitäten aus der hauseigenen Brennerei runden das Sortiment ab.

Die gemütliche Buschenschank am Ortsrand von Straß ist seit Kurzem ein reines Nichtraucherlokal, was viele Gäste sehr schätzen. Das gesamte Weinsortiment von mehr als 20 Weinen kann glasweise verkostet werden. Im Sommer können hier die Gäste umgeben von Weingärten und im Schatten der Obstbäume die vielen hausgemachten Schmankerln genießen, so etwa den »süßen Fassspund«, eine Art Mohr im Hemd.

90 Grüner Veltliner Wechselberg 2011
13,5 Vol.%, NK, Stahltank, 1500, trocken, €€
Mittleres Gelbgrün. Intensive Kräuterwürze, frische Grapefruitzesten, angenehme Apfelfrucht, mit tabakigen Nuancen unterlegt. Mittlere Komplexität, frische Birnenfrucht, lebendiger Säurebogen, weiße Frucht im Abgang, ein vielseitiger Speisenbegleiter.

89 Grüner Veltliner DAC Symphonie 2011
12,5 Vol.%, DV, Stahltank, 4000, extratrocken, €€

88 Grüner Veltliner 2011
12 Vol.%, DV, Stahltank, 2000, extratrocken, €

88 Blauer Zweigelt Sekt 2010
12,5 Vol.%, NK, Stahltank, 1200, trocken, €€

87 Rosini 2011 ZW
13 Vol.%, DV, Stahltank, 1200, extratrocken, €

(87-89) Weißburgunder 2011
13,5 Vol.%, NK, Stahltank, 1500, süß, €€

Kamptal

WINZERHOF SAX

3550 Langenlois, Walterstraße 16
T: 02734/23 49, F: DW 4
winzerhof-sax@gmx.at
www.winzersax.at

KELLERMEISTER: Rudolf Sax
ANSPRECHPARTNER: Michael Sax
ANZAHL/FLASCHEN: k. A. (80 % weiß, 15 % rot, 5 % süß) **HEKTAR:** 25
VERKOSTUNG: ja, gegen Voranmeldung
AB-HOF-VERKAUF: ja
VEREINSZUGEHÖRIGKEIT: Weinstraße Kamptal
MESSEN: VieVinum, ProWein, Gast Klagenfurt

Bereits seit 1660 schreibt die Familie Sax Winzergeschichte. Unter dem Wort Vinifizierung verstehen die Zwillingsbrüder Sax die Leidenschaft, sortenreine, jahrgangs- und gebietstypische Weine zu keltern, die das Klima und den Boden des Kamptals zur Geltung bringen. Ein hohes Maß an Sonnenstunden und kühle Nächte sorgen hier für hochgradige und fruchtintensive Weine. Zu den besten Rieden des Hauses zählen Steinhaus, Steinmassl, Schenkenbichl, Spiegel und Panzaun, die auch zu den renommierten Rieden des Kamptals zählen.

Das Bestreben ist es, bereits beim Rebschnitt ertragsregulierende Maßnahmen zu treffen, die den unterschiedlichen Sorten angepasst werden. Neueste ökologische Erkenntnisse bilden das Fundament der Weingartenarbeit. Das Hauptaugenmerk liegt traditionell auf Grünem Veltliner und Riesling. Aufgrund unterschiedlicher Geschmacksideale werden dem Kunden inzwischen fünf Ausbauvarianten des Grünen Veltliners angeboten: Vom leichten Grünen Veltliner »Luftikus« bis hin zum Grünen Veltliner »Reserve« bieten die Sax-Zwillinge für jeden Gaumen den passenden Geschmack.

Mit einer eigenen Linie stellt sich bereits die jüngste Winzergeneration dem internationalen Wettbewerb. Das Ziel der Jungen ist es, aus dem reifsten Traubengut der Burgunderreihe Weine zu keltern, die durch ihren Charme international für Aufsehen sorgen. Hinter dem prägnanten Namen »Saxess« verbergen sich diese Weine, die vor allem durch ihre angemessene Reifung in kleinen Holzfässern und durch sanfte nussige und cremige Aromen sehr ausgewogen und elegant erscheinen.

90 Riesling DAC Reserve Steinmassl 2011
13 Vol.%, DV, Stahltank, 2600, extratrocken, €€
Helles Grüngelb. Floral unterlegte Nuancen nach weißer Tropenfrucht und Weingartenpfirsich, ein Hauch von Zitruszesten. Saftig, angenehme Extraktsüße, frischer Säurebogen, mineralischer Nachhall, gelbe Frucht im Rückgeschmack, verfügt über Reifepotenzial.

89 Grüner Veltliner DAC Reserve Alte Reben 2011
13,5 Vol.%, DV, großes Holzfass, 5600, extratrocken, €€

88 Grüner Veltliner DAC Reserve Panzaun 2011
13,5 Vol.%, DV, Teilbarrique, 2600, extratrocken, €€

87 Grüner Veltliner DAC Zwillingslauser 2011
12,5 Vol.%; DV, Stahltank, 5600, extratrocken, €€

87 Riesling DAC 2011
12,5 Vol.%, DV, Stahltank, 2600, extratrocken, €€

87 Chardonnay 2011
14,5 Vol.%, DV, großes Holzfass, 1300, extratrocken, €€

Kamptal

WEINGUT SCHREIBEIS – KELLER AM GAISBERG

3491 Straß im Straßertale, Josef-Schuh-Straße 344
T: 02735/58 23, F: DW 34
schreibeis@utanet.at
www.weingut-schreibeis.at

KELLERMEISTER: Ing. Eduard Schreibeis
ANSPRECHPARTNER: Ing. Eduard und Renate Schreibeis
ANZAHL/FLASCHEN: k. A. (80 % weiß, 20 % rot) HEKTAR: 12
VERKOSTUNG: ja AB-HOF-VERKAUF: ja
ÜBERNACHTUNGSMÖGLICHKEIT: kann organisiert werden
ANDERE PRODUKTE IM VERKAUF: Traubensaft, Rotweinessig, Destillate

Das Weingut der Familie Schreibeis liegt am Anfang der romantischen Gaisbergkellergasse in Straß. Das Bestreben der Winzerfamilie ist es, sorten- und gebietstypische Weine zu keltern. Die Voraussetzung dafür bieten erstklassige Lagen wie Gaisberg, Hasel und Blickenberg sowie die kompromisslose Arbeit im Weingarten und Keller, unterstützt durch moderne Technik und ständige Weiterbildung.

Die Hauptsorte des Betriebes ist der Grüne Veltliner, der von leicht und fruchtig bis kräftig und gehaltvoll ausgebaut wird. Die Rieslinge vom Gaisberg zeichnen sich durch ihre Duftigkeit und feine Stilistik aus. Immer mehr Bedeutung gewinnt der Weißburgunder mit kräftigen, reifen Weinen, die in geeigneten Jahren auch als Prädikatsweine gekeltert werden. Weitere Weißweine sind der Welschriesling, duftig und leicht, sowie der Muskat-Ottonel, trocken ausgebaut als Aperitifwein. An Rotweinen werden Blauer Portugieser und Zweigelt ausgebaut, zweiterer sowohl klassisch als auch im Barrique. Die Weine haben sich schon bei zahlreichen Bewerben wie beim »SALON Österreich Wein« oder bei »Mundus Vini« bestens bewährt.

(89-91) Grüner Veltliner Alte Reben 2011
13,5 Vol.%, DV, Stahltank, extratrocken, €€
Helles Gelbgrün. Zart floral unterlegte frische Apfelfrucht, ein Hauch von frischen Orangenzesten, dezente Kräuterwürze. Saftig, elegante Textur, frisch strukturiert, zart nach Orangen auch im Abgang, feiner karamelliger Touch im Rückgeschmack, ein vielseitiger Speisenbegleiter.

(88-90) Weißburgunder Reserve 2011
14 Vol.%, DV, lieblich, €€

(87-89) Grüner Veltliner Gaisberg 2011
13 Vol.%, DV, Stahltank, extratrocken, €€

(87-89) Riesling Gaisberg 2011
12,5 Vol.%, DV, Stahltank, trocken, €€

(86-88) Grüner Veltliner Blickenweg 2011
12,5 Vol.%, DV, Stahltank, extratrocken, €

87 Zweigelt 2010
13 Vol.%, DV, extratrocken, €

★★★

WEINGUT STEININGER

3550 Langenlois, Walterstraße 2
T: 02734/23 72, F: DW 11
office@weingut-steininger.at
www.weingut-steininger.at

Kamptal

KELLERMEISTER: Eva und Karl Steininger, Peter Lehner
ANSPRECHPARTNER: Brigitta und Karl Steininger
ANZAHL/FLASCHEN: k. A. (80 % weiß, 19 % rot, 1 % süß) HEKTAR: 35
VERKOSTUNG: Mo. bis Fr. 8–12 und 13–17 Uhr, Sa. 9–12 Uhr
AB-HOF-VERKAUF: ja ANDERE PRODUKTE IM VERKAUF: Sekt
ÜBERNACHTUNGSMÖGLICHKEIT: kann organisiert werden
MESSEN: VieVinum, ProWein

Das Weingut Steininger liegt im Herzen von Langenlois und hat sich im Kamptal zum Mittelpunkt der sortenreinen Sektproduktion etabliert. Karl Steininger entwickelte durch seine sorten- und jahrgangsreine Ausbauweise eine besondere Sektphilosophie.

Die gesamte Sektproduktion vom Abfüllen bis zum Degorgement wird im eigenen Weingut durchgeführt. Das oberste Gebot ist die Verwendung von feinsten Grundweinen und eine behutsame zweite Gärung, sodass möglichst viel Wein- und Sortencharakter im Sekt erhalten bleibt. Dass aber auch der herkömmlichen Weinbereitung höchstes Augenmerk geschenkt wird, zeigen Top-Platzierungen für die Stillweine, wobei sich Karl Steininger verstärkt dem Grünen Veltliner widmet. Die kräftigen Weißweine werden im großen Holzfass ausgebaut.

Der Keller von Karl Steininger ist Teil des Rundgangs durch das Loisium. Hier sehen die Besucher den Weg von der Traube zum Wein und können dem Winzer bei der Arbeit zusehen. Im »Loisium Wine and Spa Hotel« findet der anspruchsvolle Gast eine adäquate Übernachtungsmöglichkeit vor. (www.loisiumhotel.at)

(92-94) Riesling DAC Reserve Novemberlese 2011
13,5 Vol.%, DV, trocken, €€€
Helles Gelbgrün. Feine weiße Weingartenpfirsichfrucht, ein Hauch von Maracuja und weiße Blüten, Zitruszesten klingen an. Saftig, elegante, kraftvolle Textur, gelbe Frucht, finessenreicher Säurebogen, sehr gut anhaltend, mineralisch-salziger Nachhall.

(92-94) Grüner Veltliner DAC Reserve Grand Grü 2011
14 Vol.%, DV, großes Holzfass, trocken, €€€
Mittleres Grüngelb. Feinwürzig unterlegte gelbe Fruchtnuancen, reifer gelber Apfel, zart nach Kräutern und Tabak. Saftige Birnenfrucht nach Gute Louise, feine Süße, opulenter Stil, gut integriertes Säurespiel, bleibt lange haften, fruchtbetontes Finale.

(90-92) Grüner Veltliner DAC Reserve Kittmannsberg 2011
13,5 Vol.%, DV, Stahltank, extratrocken, €€€
Mittleres Gelbgrün. Noch etwas zurückhaltend, feine gelbe Fruchtnuancen, zart tabakige Anklänge. Saftig, angenehme Extraktsüße, runder Säurebogen, eher cremige Textur, feiner Honigtouch im Nachhall, reife Birne im Rückgeschmack.

(90-92) Riesling DAC Reserve Steinhaus 2011
13,5 Vol.%, DV, Stahltank, trocken, €€€
Helles Grüngelb. Eher verhaltener Duft, ein Hauch von Steinobst, braucht etwas Luft. Stoffig, reifer grüner Apfel, lebendige Säurestruktur, kompakte Länge, gutes Entwicklungspotenzial.

(89-91) Grüner Veltliner DAC Reserve Loisiumweingarten 2011
13,5 Vol.%, DV, Stahltank, extratrocken, €€
Mittleres Grüngelb. Einladend nach Golden-Delicious-Apfel, feine Wiesenkräuter. Komplex, angenehme Birnenfrucht, frisch strukturiert, zart nach Mango im Abgang, ein vielseitiger Speisenbegleiter.

SCHAUMWEINE

Kamptal

92 Riesling Sekt 2010
13,5 Vol.%, NK, trad. Flaschengärmethode, trocken,
€€€€
Helles Grüngelb, Silberreflexe, lebendiges, gut anhaltendes Mousseux. Feine Steinobstanklänge, mit gelben Tropenfruchtaromen unterlegt, zarter Blütenhonig, attraktives Bukett. Saftig, weiße Frucht, lebendige Säurestruktur, bleibt gut haften, feine zitronige Nuancen im Abgang, angenehme Extraktsüße im Nachhall.

92 Sauvignon Blanc Sekt 2010
13,5 Vol.%, NK, trad. Flaschengärmethode, trocken,
€€€€
Mittleres Grüngelb, lebhafte Perlage. Einladende Nuancen von gelben Paprikaschoten, ein Hauch von Estragon, Stachelbeeranklänge, zart nach Grapefruitzesten. Saftig, elegant, gut integrierte Fruchtsüße, lebendiges Säurekleid, trinkanimierend und gut anhaltend.

92 Traminer Sekt 2010
13,5 Vol.%, NK, trad. Flaschengärmethode, trocken,
€€€€
Mittleres Grüngelb, lebendiges Mousseux. Intensive Nuancen nach Mandarinenzesten und Gewürzen, ein feiner Touch von Eibisch, zarte rauchig-selchige Note. Saftig, elegant, angenehme Fruchtsüße, etwas Eibisch, bleibt gut haften, gut ausgedrückter Sortencharakter.

91 Burgunder Sekt 2009
13,5 Vol.%, NK, trad. Flaschengärmethode, trocken,
€€€€
Mittleres Grüngelb, feines, gut anhaltendes Mousseux. Feine reife Apfelfruchtanklänge, zart nach Biskuit, dezente nussige Aromen. Stoffig, elegant und gut ausgewogen, frischer Kern, gelbe Frucht im Nachhall, ein feiner Speisenbegleiter mit Reifepotenzial.

90 Muskateller Sekt 2010
13,5 Vol.%, NK, trad. Flaschengärmethode, trocken,
€€€€
Helles Grüngelb, intensives Mousseux. In der Nase nach Zitruszesten, Limetten und Muskatnuss, attraktives Bukett, weiße florale Noten. Mittlere Komplexität, Gewürznelken klingen an, frischer Säurebogen, zitroniger Touch im Abgang, gut als Apéro geeignet.

90 Grüner Veltliner Sekt 2010
13,5 Vol.%, NK, trad. Flaschengärmethode, trocken,
€€€€
Mittleres Gelbgrün, lebendige Perlage. Mit frischer Kräuterwürze unterlegte Anklänge an Apfel und Quitte, zart nach Orangenzesten. Cremige Textur, angenehme Süße, feiner Honigtouch, zart nach Marillen im Nachhall, besitzt eine gute Länge.

WEINGUT SUMMERER

3550 Langenlois, Weinberggasse 6
T: 02734/36 78, F: DW 50
weingut@summerer.at
www.summerer.at

Kamptal

KELLERMEISTER: Rupert Summerer
ANSPRECHPARTNER: Rupert und Elisabeth Summerer
ANZAHL/FLASCHEN: 120.000 (80 % weiß, 20 % rot) HEKTAR: 20
VERKOSTUNG: ja, gegen Voranmeldung AB-HOF-VERKAUF: ja
VEREINSZUGEHÖRIGKEIT: Kooperierendes
Mitglied der Traditionsweingüter Österreich
MESSEN: VieVinum, ProWein

Nicht ganz einfach lässt sich die Art und Weise beschreiben, wie Rupert Summerer seine Weinstöcke bearbeitet. Denn »naturnaher« oder »biologischer« Weinbau sind ihm zu wenig.

Um qualitativ hochwertige Arbeit und eine Reduzierung von Dieselkraftstoffverbrauch zu erzielen, wird vermehrt auf händische Stockpflege gesetzt. Der komplette Betriebsablauf ist weitgehendst auf Schonung der Ressourcen abgestimmt. Eine effizientere Qualitätssteigerung sieht der Langenloiser Winzer im »friedfertigen Weinbau«. Seine Wahl der Bewirtschaftung bezieht neben verstärktem Umweltschutz auch Tierschutz mit ein. Dabei geht es darum, Boden, Pflanzen, Tiere und Kleinstlebewesen im und auf dem Boden zu schützen und zu unterstützen. Der Anbau von Klee, Luzerne, Phacelia, Senf, Buchweizen, Erbsen, Bohnen, Leguminosen usw. stärkt nicht nur durch Humus- und Nährstoffbildung den Boden und die Rebstöcke, sondern begünstigt auch das Insektenleben und somit die natürliche »Schädlingsbekämpfung«. Dieses intelligente Begrünungsmanagement bietet gleichzeitig auch den Wildtieren vernünftige Nahrungsalternativen – Wildschäden sind für die Summerers kein Thema. Tiere gehören zu einem funktionierenden Ökosystem einfach dazu und sind Teil der Schöpfung. Diese »spirituelle Naturkunde« bringt positive Energie in die Weingärten.

Voll Spannung und Lebendigkeit sind Summerers Weine, die aus den besten Lagen von Langenlois kommen. Seit heuer besteht eine Kooperation mit den Österreichischen Traditionsweingütern betreffend deren Lagenklassifizierung. Die Ersten Lagen des Weingutes Summerer sind Schenkenbichl, Käferberg, Steinmassl und Seeberg.

91 Grüner Veltliner DAC Reserve Schenkenbichl 2010
13 Vol.%, VL, Stahltank, 2500, extratrocken, €€€€
Mittleres Grüngelb. Noch verhalten, zarte gelbe Tropenfrucht, feine tabakige Würze, dunkle Mineralik. Saftig, gute Komplexität, feine gelbe Apfelfrucht, finessenreicher Säurebogen, wirkt sehr harmonisch, angenehme Steinobstnote im Abgang, mineralisch-salziger Nachhall.

89 Grüner Veltliner DAC Reserve Käferberg 2010
13,5 Vol.%, VL, Stahltank, 2000, extratrocken, €€€€€
Helles Gelbgrün. Intensive Nuancen von Wiesenkräutern, ein Hauch von Birne, mit gelben Tropenfruchtaromen unterlegt. Komplex, engmaschig, von der jahrgangstypischen Säurestruktur geprägt, grüner Apfel im Nachhall, salzige, dunkle Mineralik im Abgang.

88 Riesling DAC Reserve Seeberg 2010
13 Vol.%, VL, 2000, trocken, €€€€

87 Riesling DAC Urgestein 2011
12,5 Vol.%, VL, Stahltank, 8000, trocken, €€€

87 Grüner Veltliner DAC Steinhaus 2011
12,5 Vol.%, VL, Stahltank, 20.000, extratrocken, €€

86 Grüner Veltliner DAC Langenlois 2011
12,5 Vol.%, VL, Stahltank, 30.000, extratrocken, €€

Kamptal

★ ★ ★

WEINGUT JOHANN TOPF
3491 Straß im Straßertale, Talstraße 162
T: 02735/24 91, F: DW 91
office@weingut-topf.at
www.weingut-topf.at

KELLERMEISTER: Johann Topf
ANSPRECHPARTNER: Johann und Magdalena Topf
ANZAHL/FLASCHEN: k. A. (80 % weiß, 20 % rot) HEKTAR: 46
VERKOSTUNG: ja, Mo. bis Sa. 9–12 und 13–17 Uhr AB-HOF-VERKAUF: ja
ANDERE PRODUKTE IM VERKAUF: Destillate, Essig
VEREINSZUGEHÖRIGKEIT: Traditionsweingüter Österreich
MESSEN: VieVinum, ProWein

Im Jahr 1990 übernahm Johann Topf den Betrieb und baute ihn kontinuierlich bis zur heutigen Größe aus, wobei sein Bestreben immer dahin ging, die bestehende Qualität noch weiter zu steigern. Sein wichtigster Grundsatz in den Weingärten ist:»Leben in den Weingärten in ökologischem Einklang mit der Natur, sodass eine intakte Flora an die nächste Generation weitergegeben werden kann.« (An seine Söhne Hans-Peter, Maximilian, Alexander und Julius.)

Der ganze Stolz des Winzers Hans Topf sind die Lagen des Familienweingutes – in den Premiumlagen des Kamptals, wo man sehr bedacht ist, die richtige Sorte auf den richtigen Boden zu pflanzen. Ertragsreduzierungen zugunsten der Qualität werden in Kauf genommen. Zu den drei »Ersten Lagen« gehören der Ofenberg, der Heiligenstein und der Wechselberg Spiegel. Der Ofenberg im unteren Teil des Gaisberges mit seiner zarten Lössschicht bietet optimale Voraussetzungen für Veltliner der besonderen Art. Am Heiligenstein mit seiner süd-südwestlichen Hanglage reifen exzellente Rieslinge mit einer hohen Brillanz und einem gewaltigen Lagerpotenzial. Der Wechselberg Spiegel mit seiner Süd-Südwestlage und einer intensiven ganztägigen Sonnenanstrahlung bietet die idealen Bedingungen für hervorragende Rieslinge.

In 500 Jahre alten historischen Kellergewölben – zwölf Meter tief im Inneren des Gaisbergs – reifen die Weine. Je nach Sorte, Reife oder Jahrgang wird entschieden, ob die Weine im Stahl oder im Holz ausgebaut werden, jedes Jahr werden von ansässigen Bindermeistern neue Holzfässer aus heimischer Manhartsberger Eiche von 600 bis zu 2500 Litern geliefert.

Die Weintrauben werden in mehreren Durchgängen ausschließlich von Hand gelesen, der Termin für die Ernte ist von Jahr zu Jahr verschieden und richtet sich ausschließlich nach der physiologischen Reife der Trauben.

(91–93) Riesling DAC Reserve Heiligenstein Erste ÖTW Lage 2011
Stahltank, 3000, €€€€€
Mittleres Gelbgrün. Mit einem Hauch Zitruszesten unterlegte Pfirsichfrucht, ein Hauch von Honigmelone, feine Blütenaromen. Elegant, engmaschig, frischer Säurebogen, weiße Pfirsichfrucht im Abgang, bleibt gut haften, verfügt über Entwicklungspotenzial.

(90–92) Riesling DAC Reserve Wechselberg Spiegel Erste ÖTW Lage 2011
Stahltank, 2500, €€€€€
Mittleres Grüngelb. Feine Steinobstklänge, ein Hauch von weißem Pfirsich und Litschi. Saftig, gut integrierte Süße, straffes Säurekleid, mineralischer Abgang, wird von Flaschenreife profitieren.

90 Chardonnay Hasel 2010
13,5 Vol.%, DV, Barrique, 8000, €€€€€
Kräftiges Gelb. Zart rauchig unterlegte gelbe Apfelfrucht, ein Hauch von Dörrobst und Kräutern. Mittlere Komplexität, straffer Säurebogen, weiße Fruchtnuancen im Finish, zitroniger Touch, dezenter Karamellanklang im Finale.

(89–91) Grüner Veltliner DAC Reserve Ofenberg Erste ÖTW Lage 2011
13,5 Vol.%, DV, Stahltank, 2500, €€€€€
Mittleres Grüngelb. Intensive Kräuterwürze, frische Birnenfrucht, ein Hauch von Orangenzesten, tabakige Nuancen. Kraftvoll, blättrige Nuancen, gelbe Apfelfrucht, runder Säurebogen, dunkle Mineralik im Nachhall.

89 Riesling DAC Reserve Wechselberg 2011
DV, Stahltank, 5000, €€€

88 Grüner Veltliner DAC Wechselberg 2011
12,5 Vol.%, DV, Stahltank, 10.000, €€€

Kamptal

WEINGUT WALDSCHÜTZ

3491 Straß im Straßertale, Elsarn 3
T: 02735/794 57, F: DW 4
kontakt@weingut-waldschuetz.at
www.weingut-waldschuetz.at

KELLERMEISTER: Reinhard Waldschütz
ANSPRECHPARTNER: Reinhard und Martina Waldschütz
ANZAHL/FLASCHEN: k. A. (75 % weiß, 24 % rot, 1 % süß) HEKTAR: 24
VERKOSTUNG: ja, gegen Voranmeldung AB-HOF-VERKAUF: ja
ÜBERNACHTUNGSMÖGLICHKEIT: kann organisiert werden
MESSEN: VieVinum, ProWein

Seit 1871 betreibt die Familie Waldschütz ihren Betrieb in Elsarn im Straßertal. Seit 1994 lenkt der gelernte Weinbau- und Kellermeister Reinhard Waldschütz die Geschicke des Weingutes mit dem Ziel, naturnahe, fruchtig-frische und für die Gegend geschmackstypische Weine zu kreieren.

Das Straßertal ist eine äußerst reizvolle Landschaft auf einer Seehöhe von 208 bis 360 Metern, viele bekannte Rieden sind hier zu finden. Auch die Lagen des Weingutes Waldschütz befinden sich in zahlreichen Straßer Spitzenrieden wie Stangl oder Hasel. Sie bilden die Basis für Trauben von bester Qualität, die dann vom Kellermeister behutsam und schonend zu feinen Weinen verarbeitet werden. Das zeigt sich quer durch alle Rebsorten, insbesondere beim Weißburgunder, der erklärten Lieblingssorte des Winzers. Mit mehreren Landessiegen und »SALON«-Weinen wurden die Bestrebungen des Familienbetriebes, der sich durch ein besonders gutes Preis-Leistungs-Verhältnis auszeichnet, bereits belohnt.

92 Riesling Reserve 2010
13,5 Vol.%, NK, Stahltank, trocken, €€€
Helles Grüngelb. Zunächst etwas verhalten, feine Steinobstanklänge, zart nach Pfirsich und Blütenhonig, rauchige Mineralik. Saftig, elegant, fein eingebundene Extraktsüße, finessenreicher Säurebogen, bleibt gut haften, ein facettenreicher Speisenbegleiter, ausgestattet mit Reifepotenzial.

90 Grüner Veltliner DAC Reserve Aturo 2010
13,5 Vol.%, NK, Stahltank, trocken, €€
Mittleres Grüngelb. Frische gelbe Apfelfrucht, zart mit Wiesenkräutern unterlegt, ein Hauch von Orangenzesten. Saftig, zarte Extraktsüße, frische Säurestruktur, dezenter Zitrustouch, trinkanimierend und gut anhaltend, gutes Zukunftspotenzial.

89 Riesling Venesse 2011
13 Vol.%, DV, Stahltank, trocken, €€

89 Grüner Veltliner DAC Hasel 2011
12,5 Vol.%, DV, Stahltank, trocken, €€

88 Grüner Veltliner DAC Stangl 2011
12,5 Vol.%, DV, Stahltank, trocken, €€

88 Sauvignon Blanc 2011
13 Vol.%, DV, Stahltank, trocken, €€

falstaff

BESTELLEN SIE IHR SCHNUPPER-ABO!

SIE SPAREN € 55,50

» 3 Ausgaben des Falstaff-Magazins
» Edles Messerset in Geschenkschatulle
Serie Barracuda: scharfe Edelstahlklingen, elegante Holzgriffe

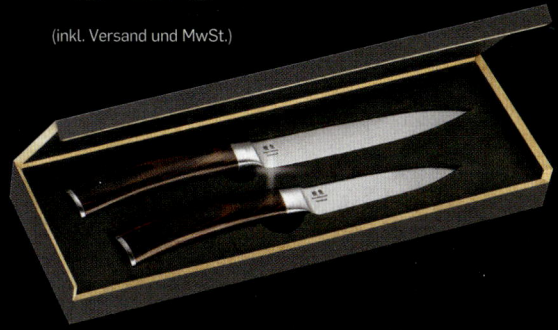

€ 16,90

(inkl. Versand und MwSt.)

abo@falstaff.at   www.falstaff.at/abo
T: (0)1/90 42 141-419   F: (0)1/90 42 141-450

Kamptal

★★

WEINGUT WEIXELBAUM

3491 Straß im Straßertale, Weinbergweg 196
T: 02735/22 69, F: DW 16
weixelbaum@vinoweix.at
www.vinoweix.at

KELLERMEISTER: Heinrich Weixelbaum
ANSPRECHPARTNER: Heinrich und Gabriele Weixelbaum
ANZAHL/FLASCHEN: k. A. (90 % weiß, 10 % rot) HEKTAR: 22
VERKOSTUNG: ja, gegen Voranmeldung
AB-HOF-VERKAUF: ja ÜBERNACHTUNGSMÖGLICHKEIT: ja
ANDERE PRODUKTE IM VERKAUF: Winzersekt
MESSEN: ProWein

Mit 22 Hektar zählt das Weingut Weixelbaum zu den mittelgroßen Familienbetrieben in Straß. Es werden 90 Prozent Weißweine und zehn Prozent Rotweine abgefüllt. Ein Drittel der Weinernte wird exportiert, vor allem nach Deutschland, Dänemark, Großbritannien sowie in die Schweiz, Niederlande und USA. Der Erfolg des mehrfach ausgezeichneten Weinbaubetriebes basiert auf einem perfekten Zusammenspiel von modernster Technik und ökologischen Grundsätzen sowie der Bewahrung traditioneller Werte. Die Professionalität und Leidenschaft, mit der die Arbeit verrichtet wird, finden ihren Ausdruck im Leitsatz von Heinz Weixelbaum: Weine zu produzieren, die er selbst zu trinken liebt, und anderen zuzusehen, wie sie sich daran erfreuen.

Der Familienbetrieb wird seit 2000 in dritter Generation von Gabi und Heinz Weixelbaum geführt. Heinz zeichnet für die gesamte Produktion verantwortlich: von der Weingartenbewirtschaftung bis zur Vinifizierung. Seine Frau Gabi ist für Marketing und Verkauf sowie für die Buchhaltung zuständig. Beide wechseln einander bei Weinpräsentationen und Verkaufstouren ab. Eine sorgfältig sortierte Vinothek ist das Gedächtnis eines guten Weinbauers. In der 2009 errichteten Vinothek des Weinguts Weixelbaum werden Weine ab dem Jahrgang 1969 gelagert. Das ermöglicht beispielsweise spannende Jahrgangsverkostungen.

Der Vinothek vorgelagert ist der großzügig angelegte Verkostungsraum, der zum gemütlichen Beisammensein einlädt. Sowohl kleinere Gruppen als auch Einzelpersonen können an einem der Tische oder an der Weinschank die Weine probieren. Meistens schenken die Hausherren persönlich ein. Verkostungen sind jederzeit möglich. Um telefonische Voranmeldung wird gebeten.

90 Weißburgunder Wahre Werte Gaisberg 2011
13 Vol.%, DV, Stahltank, 2500, trocken, €€
Mittleres Grüngelb. Zart nussig unterlegte Apfelfrucht, frische Wiesenkräuter, zart nach Blütenhonig. Saftig, elegante Textur, frischer Säurebogen, feine gelbe Frucht im Abgang, bleibt gut haften, verfügt über Entwicklungspotenzial.

(89-91) Grüner Veltliner Wahre Werte Gaisberg 2011
13 Vol.%, DV, Stahltank, 1000, trocken, €€€
Mittleres Gelbgrün. Intensive Kräuterwürze, zarte Orangenzesten, reife gelbe Apfelfrucht, ein Hauch von Birnen. Saftig, extraktsüße Textur, feine Säurestruktur, nach Mango und Banane im Abgang, bereits gut entwickelt, ein vielseitiger Speisenbegleiter.

89 Grüner Veltliner Wahre Werte Eichenfass 2007
13,5 Vol.%, NK, Barrique, 600, trocken, €€€

(88-90) Riesling Wahre Werte Gaisberg 2011
13 Vol.%, DV, Stahltank, 1500, trocken, €€€

88 Sauvignon Blanc Wahre Werte Sandgrube 2011
13 Vol.%, DV, Stahltank, 3000, trocken, €€€

87 Grüner Veltliner Wechselberg 2011
12,5 Vol.%, DV, Stahltank, 2000, trocken, €€

KREMSTAL

Kremstal –
Hochkultur des Weines

Könnten Weingärten reden, stünden im Kremstal spannende Diskussionen auf dem Programm. Schließlich verteilt sich die 2250 Hektar große Rebfläche auf unterschiedliche Zonen: die pittoresken Zwillingsstädte Krems und Stein, die östlicher gelegenen Gebiete und die kleinen Weinorte südlich der Donau rund um Stift Göttweig. Verbindende Elemente sind Grüner Veltliner und Riesling als Repräsentanten für das Gebiet – seit dem Jahrgang 2007 unter der Bezeichnung »Kremstal DAC« – und die Botschaft Kunst und Kultur. In der alten (Wein-)Kulturstadt Krems ist der Weinbezug überall spürbar. Sie wird ihrer Stellung als Imageträger der österreichischen Weinkultur seit langer Zeit gerecht: historisch gesehen mit alten Lesehöfen und Zeugnissen der großen Weinbautradition, aus heutiger Sicht mit jungen, erfolgreichen Winzern sowie einer innovativen Genossenschaft und einer modernen Weinbauschule.

Geologisch verwandt mit der westlich angrenzenden Wachau, herrschen im Stadtgebiet und der engeren Umgebung Urgesteinsverwitterungsböden vor, stellvertretend genannt seien die bekannten Lagen Steiner Pfaffenberg oder Steiner Hund mit einem eleganten, mineralischen Weintyp. Sehr eigenständige Weine kommen auch aus Senftenberg und den umliegenden kleinen Weinorten, die sich entlang des namengebundenen Flüsschens Krems erstrecken. Ganz anders gelagert sind die Rebflächen im Osten der Stadt als Herkunft von runderen, fülligeren Weinen. Die gewaltigen Lössterrassen in den Weinorten Rohrendorf – wo die Wiege des weit über die Grenzen hinaus bekannten Weinbaupioniers Prof. Dr. h. c. Lenz Moser stand – und Gedersdorf verleihen der Landschaft einen ganz besonderen Reiz. Südlich der Donau liegen Furth-Palt, Krustetten, Höbenbach, Hollenburg, Oberfucha und Tiefenfucha, überragt vom weithin sichtbaren Stift Göttweig mit dem 1072 gegründeten Benediktinerkloster. In diesem Teil des Weinbaugebietes tragen auch viele kleine Heurigenbetriebe dazu bei, den urtümlichen und bodenständigen Charakter zu bewahren.

Ähnlich wie in den benachbarten Weinbaugebieten Wachau und Kamptal kommt auch im Kremstal das klimatische Spannungsfeld stark zur Geltung: Kühle, feuchte Einflüsse aus dem nahen Waldviertel treffen auf warme, trockene aus der pannonischen Tiefebene im Osten. Das tief eingeschnittene Donautal ist dabei durch die temperaturregulierende Wirkung der großen Wasserfläche besonders begünstigt. Saftige, finessenreiche Weißweine, vor allem Grüner Veltliner und Riesling, in kleinerem Ausmaß aber auch dichte, ausdrucksstarke Rotweine prägen das Gebiet, dessen Winzerinnen und Winzer sich durch großes Lagenbewusstsein auszeichnen – als Möglichkeit, die Vielfalt im Kleinen zu verwirklichen.

★★★★
- Weingut Malat, Palt
- Weingut Martin Nigl, Senftenberg
- Weingut Salomon Undhof, Stein/Donau

★★★
- Weingut Aigner, Krems
- Weingut Walter Buchegger, Dross

★★★
- Winzerhof Familie Dockner, Höbenbach
- Weingut Josef Edlinger, Furth/Palt
- Weingut Meinhard Forstreiter, Krems-Hollenburg
- Weingut Geyerhof, Furth/Göttweig
- Weingut Mantlerhof, Gedersdorf/Brunn im Felde

Kremstal

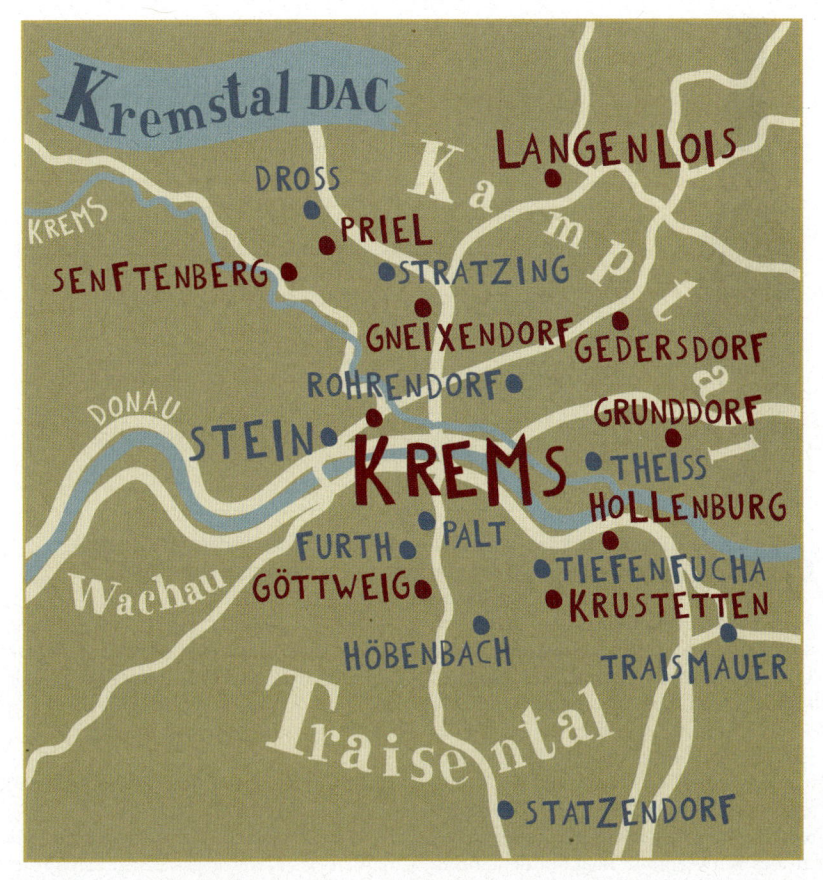

★★★
- Weingut Hermann Moser, Rohrendorf
- Weingut Sepp Moser, Rohrendorf
- Weingut A. und F. Proidl, Senftenberg
- Weingut Josef Schmid, Stratzing
- Weingut Stadt Krems, Krems
- Weingut Türk, Stratzing
- Weingut Vorspannhof – Mayr, Dross

★★
- Weingut Berger, Gedersdorf
- Weingut Manfred Felsner, Grunddorf
- Weingut Stift Göttweig, Furth/Göttweig
- Weingut Anton Hagen, Krems-Rehberg
- Weingut Müller, Krustetten
- Weingut Müller-Großmann, Furth/Palt

★★
- Weingut Tanzer, Krems-Thallern
- Weingut Thiery-Weber, Rohrendorf
- Weingut Petra Unger, Furth/Göttweig
- Weingut Rainer Wess, Krems
- Weingut Alois Zimmermann, Theiss

★
- Weinhof Fink, Krustetten
- Weingut Rudolf Fritz, Krems-Thallern
- Winzerhof Hoch, Hollenburg
- Weinkellerei Lenz Moser, Rohrendorf
- Weinhof und Pension Parzer, Oberfucha
- Weingut Josef Rosenberger, Rohrendorf
- Lesehof Stagård, Krems-Stein
- Winzer Krems – Sandgrube 13, Krems

Kremstal

★★★
WEINGUT AIGNER

3500 Krems, Wiener Straße 133
T: 02732/845 58, F: 02732/754 98 14
info@aigner-wein.at
www.aigner-wein.at

KELLERMEISTER UND ANSPRECHPARTNER: Wolfgang Aigner
ANZAHL/FLASCHEN: 70.000 (96 % weiß, 4 % rot) HEKTAR: 15
AB-HOF-VERKAUF: ja VERKOSTUNG: ja
ANDERE PRODUKTE IM VERKAUF: Destillate, Muskateller Frizzante
ÜBERNACHTUNGSMÖGLICHKEIT: ja
VEREINSZUGEHÖRIGKEIT: Original Kremser Wein
MESSEN: VieVinum, Vinoble Montfort

Wolfgang Aigner wurde das Weinmachen in die Wiege gelegt. Der Sohn eines Winzers übernahm bereits mit 21 Jahren das elterliche Weingut in Krems. Von Anfang an arbeitete Aigner konsequent daran, das Potenzial seiner hervorragenden Lagen auszuschöpfen. Denn dort, im Terroir von Sandgrube und Weinzierlberg, liegt die Stärke des Weinguts, das heute auf rund 15 Hektar einige der interessantesten Weißweine der Kremser Region produziert. Die Rebstöcke wurden großteils vom Großvater vor 40 Jahren ausgepflanzt, der Schwerpunkt liegt auf den Sorten Grüner Veltliner und Riesling.

Die Weine haben ein unverkennbares Profil: Sie sind gehaltvoll, aber nicht schwer, wirken frisch, mit markanter Würze und kraftvollem Bukett. Aigner baut seine Weine lagerfähig aus. Die Reserven sind noch nach 20 Jahren frisch, zeigen klare Frucht und vielschichtige Tertiäraromen.

(93–95) Grüner Veltliner DAC Reserve Sandgrube Elitär 2011
14,5 Vol.%, VL, Stahltank, 3000, €€€€€
Mittleres Grüngelb. Zart rauchig unterlegte weiße Tropenfruchtaromen, ein Hauch von weißem Apfel, zarter Blütenhonig, attraktives Bukett. Kraftvoll, zart rauchige Würze, Nuancen von frischer Birne, feiner Säurebogen, extraktsüßer Nachhall, sehr gute Länge, ein lagerfähiger Wein, dunkle Mineralik im Rückgeschmack.

(92–94) Grüner Veltliner DAC Reserve Sandgrube Privat 2011
14 Vol.%, DV, 3000, €€€
Mittleres Grüngelb. Frischer gelber Apfel, zart nach Honigmelone, feine Wiesenkräuter klingen an. Saftig, reife gelbe Frucht, zart nach Babybanane, kraftvolle Textur, Mangofrucht im Abgang, angenehme Mineralik im Finish, ein stoffiger Speisenbegleiter mit Reifepotenzial.

(92–94) Riesling DAC Reserve Weinzierlberg 2011
14 Vol.%, Stahltank, 4000, €€
Mittleres Grüngelb. Feine gelbe Pfirsichfrucht, ein Hauch von Blütenhonig und Orangenzesten. Saftig, reife gelbe Tropenfrucht, finessenreicher Säurebogen, zitronige Nuancen, wirkt sehr leichtfüßig und trinkanimierend, salzig-mineralischer Nachhall, sehr gutes Reifepotenzial.

90 Grüner Veltliner DAC Sandgrube 2011
13 Vol.%, DV, Stahltank, 6000, extratrocken, €€
Helles Grüngelb. Rauchig, frische Wiesenkräuter, Noten von gelber Apfelfrucht, zart nach Mango. Saftig, elegante Textur, finessenreiches Säurespiel, bleibt gut haften, weiße Frucht im Nachhall, salzig-mineralischer Abgang.

89 Grüner Veltliner Weinzierlberg 2011
12,5 Vol.%, DV, Stahltank, 6000, extratrocken, €€

88 Muskateller 2011
12 Vol.%, DV, Stahltank, 3000, extratrocken, €€

★★

WEINGUT BERGER

3494 Gedersdorf, Weinbergstraße 2
T: 02735/82 34-0, F: DW 4
office@weingut-berger.com
www.weingut-berger.com

KELLERMEISTER UND ANSPRECHPARTNER: Erich Berger
ANZAHL/FLASCHEN: k. A. (85 % weiß, 15 % rot) HEKTAR: 20
VERKOSTUNG: ja, gegen Voranmeldung AB-HOF-VERKAUF: ja
ÜBERNACHTUNGSMÖGLICHKEIT: ja ANDERE PRODUKTE IM VERKAUF: Sekt
VEREINSZUGEHÖRIGKEIT: Vinovative, losgelös(s)t
MESSEN: VieVinum, ProWein

Kremstal

Ein Familienbetrieb mit Tradition ist das Weingut E. und M. Berger in Gedersdorf bei Krems. Insbesondere die Sorten Grüner Veltliner, Riesling, Chardonnay und Blauer Zweigelt bilden seine Grundpfeiler.

Das Weinbaugebiet Kremstal wird vor allem durch den gebietstypischen Löss geprägt. Dieser verleiht den Weinen eine tiefe Frucht und eine herrliche Eleganz. Die Weingärten der Familie Berger werden nach den neuesten ökologischen Richtlinien bearbeitet und gepflegt. Die Weißweine werden temperaturkontrolliert vergoren und im Edelstahlfass gelagert. Die Rotweine werden im traditionellen Holzfass ausgebaut.

Im Gästehaus kann man natürlich nicht nur übernachten, auch der gesamte Ab-Hof-Verkauf findet dort statt. Bei einer geplanten Übernachtung in den topausgestatteten Zimmern wird um rechtzeitige Reservierung gebeten.

(91-93) Grüner Veltliner DAC Reserve Gebling 2011
13,5 Vol.%, DV, Stahltank, extratrocken, €€€
Mittleres Grüngelb. Zarte gelbe Fruchtnuancen, ein Hauch von Mango, Apfel, etwas Babybanane, zarte Kräuterwürze. Saftig, fast eine Spur opulent, extraktsüße Apfelfrucht, frischer Säurebogen, gute Mineralik im Abgang, zeigt gute Länge, bereits zugänglich, ein facettenreicher Speisenbegleiter.

(90-92) Riesling DAC Reserve Steingraben 2011
13,5 Vol.%, DV, Stahltank, extratrocken, €€€
Mittleres Grüngelb. Feine Steinobstanklänge, gelbe Pfirsichfrucht, ein Hauch von Honigmelone, ein Hauch von Zitruszesten. Saftige gelbe Tropenfrucht, gute Komplexität, weiße Frucht, frischer Säurebogen, angenehme Extraktsüße im Abgang, mineralischer Nachhall.

(88-90) Riesling Spiegel 2011
13,5 Vol.%, DV, Stahltank, extratrocken, €€€

(88-90) Grüner Veltliner DAC Reserve Wieland 2011
13 Vol.%, DV, Stahltank, extratrocken, €€

88 Grüner Veltliner DAC Lössterrassen 2011
13 Vol.%, DV, Stahltank, €€

88 Gelber Muskateller 2011
12 Vol.%, DV, Stahltank, trocken, €€

Kremstal

★★★

WEINGUT WALTER BUCHEGGER

3552 Droß 300
T: 02719/300 56, F: 02719/780 56
weingut@buchegger.at
www.buchegger.at

KELLERMEISTER UND ANSPRECHPARTNER: Walter Buchegger
ANZAHL/FLASCHEN: k. A. (90 % weiß, 10 % rot) **HEKTAR:** 9,25
VERKOSTUNG: ja, gegen Voranmeldung **AB-HOF-VERKAUF:** ja
ANDERE PRODUKTE IM VERKAUF: Sekt
ÜBERNACHTUNGSMÖGLICHKEIT: kann organisiert werden
VEREINSZUGEHÖRIGKEIT: Kooperierendes Mitglied der Traditionsweingüter Österreich, Vinovative **MESSEN:** VieVinum

Seit 1893 beschäftigen sich mehrere Generationen der Familie Buchegger in Gedersdorf mit dem Weinbau. 1994 übernahm Walter Buchegger den Betrieb von seinem Vater Leopold und führt seither mit seinen Eltern und Silke Mayr das Qualitätsweingut. Mit dem Jahrgang 2006 wurde der neue Weinkeller in Betrieb genommen und der Sitz des Weingutes von Gedersdorf nach Droß verlegt. Das gilt natürlich nicht für die Reben, die weiterhin am Gedersdorfer Weinberg verwurzelt sind. Alle bewirtschafteten Rebanlagen befinden sich im Weinbaugebiet Kremstal. Die Weingartenfläche umfasst derzeit zirka zehn Hektar, wobei sich die Produktion im Wesentlichen auf fünf Sorten beschränkt: Grüner Veltliner, Riesling, Chardonnay, Blauer Zweigelt und Merlot. Die Spitzenlagen sind die Gedersdorfer Rieden Moosburgerin, Pfarrweingarten, Gebling, Holzgasse und Tiefental, auf die sich über 70 Prozent der Weingartenfläche verteilen.

Anfang des Jahres 2008 konnte über ein Hektar alter Rebbestände in der Rohrendorfer Top-Lage Gebling zugepachtet werden. Typisch für die Gegend sind Löss- und Konglomeratverwitterungsböden. Bewusste Pflege alter Rebkulturen und rigorose Ertragsbeschränkung sind dem Betrieb ein besonderes Anliegen. Ausgebaut wird sowohl in Holzfässern als auch in Stahltanks, bei der Vinifikation werden möglichst sorten- und lagentypische Weine angestrebt. Auszeichnungen bei Wettbewerben sowie hervorragende Bewertungen in der Fachpresse bestätigen das Bemühen der ganzen Familie um allerhöchste Qualität. Bei Olympischen Spielen wird den Gästen im Österreich-Haus seit Jahren Buchegger-Wein kredenzt. Die hohe Reife der Weine garantiert Trinkvergnügen über viele Jahre, wovon sich die Besucher des Weinguts gerne überzeugen können.

94 Riesling DAC Reserve Moosburgerin Erste ÖTW Lage 2011
13,5 Vol.%, DV, Stahltank, extratrocken, €€€€
Mittleres Grüngelb. Einladendes Bukett nach gelbem Steinobst und feinen Tropenfruchtanklängen, mineralischer Touch. Saftig, weiße Frucht, frisch und elegant, feine Struktur, zart nach Weingartenpfirsich im Abgang, salzige Mineralik, bleibt sehr gut haften, harmonisch und mit großem Reifepotenzial ausgestattet.

93 Grüner Veltliner DAC Reserve Vordernberg Erste ÖTW Lage Leopold 2011
14 Vol.%, DV, Stahltank, extratrocken, €€€€
Mittleres Grüngelb. Feine Frucht nach Marille und gelbem Apfel, mit frischen Wiesenkräutern unterlegt, facettenreiches Bukett. Saftig, gute Komplexität, zarte Extraktsüße, finessenreicher Säurebogen, elegant und anhaltend, ein stoffiger Veltliner, feine Apfelfrucht auch im Rückgeschmack, ein vielseitiger Speisenbegleiter mit Potenzial.

93 Riesling DAC Reserve Tiefenthal 2011
13,5 %, DV, Stahltank, extratrocken, €€€
Mittleres Grüngelb. Attraktive frische Weingartenpfirsichnote, mit weißer Tropenfrucht unterlegt, zarter Blütenhonig, ein Hauch von Zitruszesten. Stoffig, feine Steinobstnote, angenehme Extraktsüße, elegant und ausgewogen, mit finessenreicher Säurestruktur unterlegt, zeigt eine gute Länge, bereits sehr gut antrinkbar.

**92 Grüner Veltliner Vordernberg
Erste ÖTW Lage Pfarrweingarten 2011**
13,5 Vol.%, DV, Stahltank, extratrocken, €€€
Mittleres Grüngelb. Frischer Golden-Delicious-Apfel, zart mit Wiesenkräutern und einem Hauch von Blütenhonig unterlegt. Saftig, gute Komplexität, feine Extraktsüße, feiner Säurebogen, weiße Frucht im Abgang, zeigt eine gute Länge, ein facettenreicher Speisenbegleiter.

91 Grüner Veltliner Gebling 2011
13 Vol.%, DV, Stahltank, extratrocken, €€
Mittleres Grüngelb. Einladende gelbe Tropenfrucht, reife Apfelnote, etwas Mango, mit feiner Kräuterwürze unterlegt. Saftig, stoffiger Stil, angenehme Extraktsüße, gut integrierter Säurebogen, bleibt gut haften, ein vielseitiger Speisenbegleiter.

90 Riesling DAC Gebling 2011
13 Vol.%, DV, Stahltank, extratrocken, €€€
Mittleres Grüngelb. Einladende Steinobstnote, feiner Pfirsichtouch, ein Hauch von Blütenhonig, attraktives Bukett. Saftig, reife gelbe Frucht, gute Balance, runde Säurestruktur, ein eleganter Speisenbegleiter mit Reifepotenzial.

Kremstal

★★★

WINZERHOF DOCKNER

3508 Höbenbach, Ortsstraße 30
T: 02736/72 62, F: DW 4
winzerhof@dockner.at
www.dockner.at

KELLERMEISTER: Josef Dockner jun. ANSPRECHPARTNER: Josef Dockner sen. ANZAHL/FLASCHEN: k. A. (75 % weiß, 24 % rot, 1 % süß) HEKTAR: 50 VERKOSTUNG: ja AB-HOF-VERKAUF: ja RESTAURANT/GASTHOF: ja wein.genuss Göttweig, Fr. und Sa. 11 bis 15 Uhr, So. Winzerbrunch (10-mal jährlich) HEURIGER: 4. bis 21. 7., 5. bis 22. 9. und 14. 11. bis 1. 12., TAG DER OFFENEN KELLERTÜR: 3. bis 5. 8., weitere Termine laut Homepage ÜBERNACHTUNGSMÖGLICHKEIT: kann organisiert werden ANDERE PRODUKTE IM VERKAUF: Edelbrände, Fruchtsäfte, Schaumweine VEREINSZUGEHÖRIGKEIT: Vinum Circa Montem MESSEN: VieVinum, ProWein

Dass Familie Dockner aus dem südlichen Kremstal immer wieder Neues zu berichten hat, ist keine Neuigkeit. Die letzten News aus dem kleinen Weinbauort Höbenbach auf dem Göttweiger Berg erfüllen die rastlosen Dockners aber mit besonderem Stolz. Wie geplant konnten sie ihr neues, modernes Weinverkostungszentrum rechtzeitig zur alljährlichen Weintaufe am 11. 11. 11 fertigstellen und mit Freunden und Prominenz aus Kultur, Politik und Sport eröffnen.

Die Weine haben also jetzt ein neues Zuhause gefunden, und das gesamte Sortiment des aktuellen Jahrgangs und Raritäten aus der Dockner'schen Schatzkammer können hier ab sofort in gepflegter Atmosphäre und nach Herzenslust verkostet werden. Im oberen Stockwerk, dem sogenannten »wein.genuss Göttweig«, kann man sich jeden Freitag und samstagmittags auf hohem Niveau kulinarisch verwöhnen lassen. Wer es lieber bodenständig will, kann sich selbstverständlich weiterhin an den Köstlichkeiten von Gudrun Dockner beim ausgezeichneten Heurigen delektieren.

Im Zentrum des Geschehens steht aber nach wie vor der Wein. Den neuen Jahrgang 2011 kann man durchaus als Geschenk des Himmels bezeichnen. Für Sepp und Josef ist es der wahrscheinlich perfekteste Rotweinjahrgang auf dem Göttweiger Berg. Aber auch bei den Weißweinen gibt es wieder hervorragende Qualitäten. Besonders die Rieslinge zeigen heuer eine wunderschöne und stark ausgeprägte Frucht und die Grünen Veltliner bestechen durch Ihre Intensität. Durch die etwas niedrigere Säure sind die Weine auch wieder bekömmlicher als in dem doch sehr säurebetonten Jahrgang 2010.

Der prächtige Herbst bereitete den Winzern aber auch einige Nachtschichten, um die Trauben möglichst kühl zu lesen.

(92-94) Riesling DAC Reserve Privatfüllung Sepp 2011

13,5 Vol.%, DV, großes Holzfass, trocken, €€€€
Mittleres Grüngelb. Feine, einladende Steinobstnoten, ein Hauch von Weingartenpfirsich, feiner Blütenhonig, attraktives Bukett. Saftig, elegant, feine gelbe Tropenfrucht, extraktsüß, finessenreicher Säurebogen, zart nach Maracuja und Mandarinen im Abgang, mineralischer Nachhall, sehr gute Länge, sicheres Entwicklungspotenzial.

(92-94) Grüner Veltliner DAC Reserve Privatfüllung Gudrun 2011

13,5 Vol.%, DV, großes Holzfass, extratrocken, €€€
Mittleres Gelbgrün. Feine weiße Fruchtnuancen, zart nach frischer Birne, attraktives Bukett, mineralisch unterlegt. Kraftvoll, feine vegetale Würze, grüner Apfel, feiner Säurebogen, dunkle Mineralik auch im Abgang, dezente Extraktsüße im Nachhall, hat Zukunft.

(91-93) Riesling DAC Reserve Rosengarten 2011

13,5 Vol.%, DV, Stahltank, trocken, €€€
Mittleres Grüngelb. Feiner Blütenhonigtouch, ein Hauch von Pfirsich und Ananas, mineralische Nuancen. Stoffig, kraftvolle Textur, frischer Säurebogen, feinwürziger Touch im Abgang, Noten von Grapefruit im Finish, gut anhaltend, ein vielseitiger Speisenbegleiter.

(91-93) Grüner Veltliner DAC Reserve Hollenburger Lusthausberg 2011

13,5 Vol.%, DV, Stahltank, extratrocken, €€€
Mittleres Grüngelb. Einladende Frucht nach Steinobst und reifem Apfel, mit feinen Wiesenkräutern unterlegt. Saftig,

elegante Textur, reife gelbe Fruchtnuancen, feines Säurespiel, zarte Würze im Nachhall, bleibt gut haften, ein vielseitiger Speisenbegleiter, gutes Reifepotenzial.

89 Riesling DAC Further Gottschelle 2011
12,5 Vol.%, Stahltank, extratrocken, €€

89 Grüner Veltliner DAC Further Oberfeld 2011
13 Vol.%, DV, Stahltank, extratrocken, €€

88 Riesling DAC Antonius 2011
12,5 Vol.%, DV, Stahltank, extratrocken, €€

88 Grüner Veltliner DAC Kremser Frauengrund 2011
12,5 Vol.%, DV, Stahltank, extratrocken, €€

93 Cabernet Sauvignon Reserve Neubergen 2009
13,5 Vol.%, DV, Barrique, extratrocken, €€€
Dunkles Rubingranat, violette Reflexe, dezenter Wasserrand. Zart kräuterwürzig unterlegtes dunkles Beerenkonfit, tabakige Nuancen, zart nach Nougat und Orangenzesten. Saftig, reife Zwetschken, präsente, gut integrierte Tannine, eleganter Nachhall, feine Kirschen und etwas Nougat im Nachhall.

93 Iosephus 2008 ME
13,5 Vol.%, Barrique, extratrocken, €€€€€
Dunkles Rubingranat, violette Reflexe, dezenter Wasserrand. Zarte Röstaromen, mit feinem Karamell unterlegt, dunkle Beerenfrucht, tabakige Nuancen, ein Hauch von Lakritze und Orangenzesten. Saftig, elegant, zart nach Nougat, gut integrierte Tannine, dunkle Mineralik, feine Kräuterwürze im Abgang, zart nach Dörrzwetschken, ein harmonischer Speisenbegleiter.

92 Sacra 2009 CS/ME/ZW
13,5 Vol.%, NK, Barrique, extratrocken, €€€€
Kräftiges Rubingranat, zarte violette Reflexe, breitere Randaufhellung. Einladendes Brombeerkonfit, zarte Edelholzwürze, rauchige Nuancen, attraktives Bukett. Stoffig, elegante Textur, extraktsüße Frucht, feiner Säurebogen, reife Kirschen im Nachhall, bleibt gut haften, feine Karamellnote im Abgang, gutes Zukunftspotenzial.

WEINGUT JOSEF EDLINGER

★★★

3511 Palt, Lindengasse 22
T: 02732/776 22, F: DW 17
j.edlinger@a1.net
www.edlingerwein.at

KELLERMEISTER: Josef Edlinger
ANSPRECHPARTNER: Gabriele und Josef Edlinger
ANZAHL/FLASCHEN: 70.000 (75 % weiß, 25 % rot) HEKTAR: 15
VERKOSTUNG: ja, gegen Voranmeldung AB-HOF-VERKAUF: ja
ÜBERNACHTUNGSMÖGLICHKEIT: ja
ANDERE PRODUKTE IM VERKAUF: Destillate
VEREINSZUGEHÖRIGKEIT: Vinum Circa Montem MESSEN: Vinobile Montfort

---

Im Jahr 2001 übernahm Josef Edlinger den elterlichen Betrieb mit fünf Hektar Weingärten. Heute wachsen auf der um ein Dreifaches vergrößerten Rebfläche vornehmlich Riesling- und Veltlinertrauben – jene beiden Sorten, denen Josef Edlingers Hauptaugenmerk gilt und die mit einem Anteil von rund 70 Prozent vertreten sind: »Wir haben für beide Sorten ideale Rieden; Löss- und Lehmböden für den Grünen Veltliner, Schotter und Urgesteinslagen für unsere Rieslinge!« Trotz dieser Dominanz darf nicht unerwähnt bleiben, dass es, nebst anderen Sorten, auch Sauvignon Blanc, Chardonnay und Pinot Noir in die Edlinger'schen Weingärten geschafft haben und oft großartige Ergebnisse liefern.

So wurden seine Rieslinge viermal hintereinander im »SALON Österreich Wein« ausgezeichnet und stellten dabei gleich zweimal (2007 mit dem »Neuberg«, 2009 mit »Silberbühel«) den Österreichsieger. Die Edlingers in Palt sind ein echter Familienbetrieb. Der Junior widmet sich hauptsächlich der Kellerarbeit, Gattin Gabi kümmert sich neben ihren Aufgaben als fürsorgliche Mutter zweier Sprösslinge, Paul und Anna, um das Büro und den Weinverkauf im Betrieb. Der Herr Papa ist Spezialist für die Weingärten, und die Frau Mama betreut Gäste und Urlauber, die sich in einem der fünf gemütlichen Zimmer des Winzerhofs wohlfühlen.

(92-94) Grüner Veltliner Point Lagen Privat 2011
14,5 Vol.%, DV, Stahltank, 2000, €€€€
Mittleres Gelbgrün. Reife gelbe Apfel-Quitten-Frucht, frische Wiesenkräuter, ein Hauch von Marille und Honig, facettenreiches Bukett, klarer Auslesecharakter. Stoffig, präsenter Restzucker, der aber von einer guten Säure gekontert ist, würzig und lange anhaltend, sehr vielversprechender kapitaler Veltliner-Stil, gute Mineralik im Nachhall, sicheres Entwicklungspotenzial.

(91-93) Grüner Veltliner DAC Reserve Optimas 2011
14 Vol.%, DV, Stahltank, 4000, extratrocken, €€
Mittleres Gelbgrün. Mit frischer Kräuterwürze unterlegte gelbe Apfelfrucht, zart nach Birnen und Mango, tabakige Nuancen. Kompakt, kraftvoll, zarter Honigtouch, feiner Säurebogen, pfeffrig-würzige Nuancen im Abgang, gute Länge, wird von einiger Flaschenreife profitieren.

(91-93) Riesling DAC Reserve Silberbühel 2011
13,5 Vol.%, DV, Stahltank, 3000, extratrocken, €€€
Mittleres Grüngelb. Feine florale Nuancen, weiße Tropenfrucht, ein Hauch von Ananas und Maracuja, mineralischer Touch. Saftig, elegant und trinkanimierend, die feine Fruchtsüße ist von einer lebendigen Säure gut gekontert, zitronige Nuancen im Abgang, gutes Zukunftspotenzial.

91 Riesling Neuberg 2011
13 Vol.%, DV, Stahltank, 5000, trocken, €€
Mittleres Grüngelb. Mit feinem Blütenhonig unterlegter Weingartenpfirsichtouch, weiße Tropenfrucht, feine Orangenzesten. Saftig, elegante Fruchtsüße, gelbe Tropenfrucht, zart nach Maracuja, feiner Säurebogen, extratsüßer Nachhall, gutes Entwicklungspotenzial.

(88-90) Grüner Veltliner DAC Reserve Silberbühel 2011
13,5 Vol.%, DV, Stahltank, 4000, extratrocken, €€

(88-90) Chardonnay Satzen 2011
13,5 Vol.%, DV, 2000, trocken, €€

★ ★

WEINGUT FELSNER

3485 Grunddorf, Ortsring 61
T: 02735/51 22, F: 02735/55 26
office@weingut-felsner.at
www.weingut-felsner.at

Kremstal

KELLERMEISTER UND ANSPRECHPARTNER: Manfred Felsner
ANZAHL/FLASCHEN: k. A. (68 % weiß, 30 % rot, 2 % süß) HEKTAR: 16
VERKOSTUNG: ja Ab-Hof-Verkauf: ja
ÜBERNACHTUNGSMÖGLICHKEIT: kann organisiert werden
VEREINSZUGEHÖRIGKEIT: losgelös(s)t
MESSEN: VieVinum

Manfred Felsner bewirtschaftet mit Hilfe seiner Familie 16 Hektar bester Weinbergslagen in Gedersdorf und Rohrendorf. Sein Fokus lässt sich in drei Worten beschreiben: Gebietstypizität, Sortencharakter und Terroir. Seitdem der junge Winzer 1990 den Betrieb übernahm, legt er besonderen Wert darauf, den Fruchttypus des Kremstals zum Ausdruck zu bringen und gleichzeitig den Charakter der jeweiligen Sorte herauszuarbeiten. Das Fundament bildet eine Selektion von alten Rebstöcken, die zur Veredelung bei Neuanlagen herangezogen werden. Manfred Felsner ist ein kompromissloser Verfechter des Terroirgedankens sowie des naturnahen Weinbaus.

Das größte Ziel des Veltliner-Spezialisten liegt in der Herausarbeitung der vielen verschiedenen Spielarten dieser urtypisch österreichischen Sorte. Auf seinen exponierten Terrassenweingärten mit eiszeitlichen Lössböden oder kalkreichen Konglomeratböden gedeiht Grüner Veltliner ganz hervorragend. Der milde pannonische Einfluss aus dem Osten und die kühlen Winde aus dem Waldviertel geben den Weinen ihre Würzigkeit und Finesse. Vom duftigen Grünen Veltliner »Moosburgerin« über den vollmundigen Grünen Veltliner »Vordernberg« bis zum mineralischen Grünen Veltliner »Gebling« und zum komplexen Grünen Veltliner »Alte Reben« ist jeder Wein eine Persönlichkeit für sich.

(91-93) Grüner Veltliner DAC Reserve Alte Reben 2011
14 Vol.%, DV, Stahltank, extratrocken, €€€
Mittleres Gelbgrün. Mit frischer Kräuterwürze unterlegte gelbe Tropenfrucht, feine tabakige Noten, gelber Apfel. Saftig, kraftvoll, elegante Textur, gute Würze, eingebundene Säurestruktur, zart nach Grapefruit im Abgang, salziger Nachhall, verfügt über Reifepotenzial.

(90-92) Grüner Veltliner DAC Reserve Gebling 2011
13,5 Vol.%, DV, Stahltank, extratrocken, €€
Leuchtendes Gelbgrün. Zart pfeffrig unterlegter reifer gelber Apfel, ein Hauch von Grapefruitzesten, dezente Kräuterwürze. Saftig, kraftvoller Stil, dunkle Mineralik, gelbe Tropenfrucht, dunkle Mineralik im Abgang.

(88-90) Grüner Veltliner DAC Reserve Vordernberg 2011
13 Vol.%, DV, Stahltank, extratrocken, €€

(88-90) Riesling DAC Gebling 2011
13 Vol.%, DV, Stahltank, trocken, €€

(87-89) Neuburger Reisenthal 2011
13,5 Vol.%, DV, Stahltank, extratrocken, €€

(87-89) Grüner Veltliner DAC Moosburgerin 2011
12,5 Vol.%, DV, Stahltank, extratrocken, €€

Kremstal

WEINHOF FINK

3508 Krustetten, Hollenburger Straße 2
T: 02739/25 44, F: DW 5
wein@weinhof-fink.at
www.weinhof-fink.at

KELLERMEISTER: Ing. Christoph Fink ANSPRECHPARTNER: Ing. Christoph und Sabine Fink ANZAHL/FLASCHEN: k. A. (80 % weiß, 20 % rot) HEKTAR: 38 VERKOSTUNG: ja, gegen Voranmeldung AB-HOF-VERKAUF: ja HEURIGER: 25. 6. bis 10. 7., 10. bis 25. 9. und 2. bis 18. 11., täglich ab 12 Uhr ÜBERNACHTUNGSMÖGLICHKEIT: kann organisiert werden ANDERE PRODUKTE IM VERKAUF: Sekt, Weinschokolade, Fruchtsäfte, Edelbrände VEREINSZUGEHÖRIGKEIT: Vinum Circa Montem MESSEN: ProWein, VieVinum

Im Wein- und Heurigenort Krustetten, auf einer Anhöhe zum Tor der Wachau mit herrlichem Rundblick auf Krems und das Benediktinerstift Göttweig gelegen, bewirtschaftet der Familienbetrieb 38 Hektar Rebflächen und sechs Hektar Obstgärten. Jungwinzer Christoph Fink, selbst begeistert von der Fruchtigkeit, Würzigkeit und Frische des aktuellen Jahrganges, stellt wieder eine sehr gelungene Palette vor. Bei der Weinerzeugung legt die Familie besonderen Wert auf sortentypische, fruchtige Weißweine und gehaltvolle Rotweine, immer im Streben nach bester Qualität.

Die Rieden des Betriebes befinden sich größteils auf den Hanglagen am Fuße des Göttweiger Berges und in bekannten Rieden des Kremstales wie Wetterkreuzberg, Seebodenberg, Frauengrund und Neubergen. Die Böden weisen in diesen Top-Lagen verschiedene Charaktere auf, die sich in den Weinen widerspiegeln. Die Sortenvielfalt des Weinhofes umfasst größtenteils Grünen Veltliner und Riesling, die in den verschiedensten Ausbaustufen erhältlich sind. Abgerundet wird das Sortiment durch Chardonnay, Pinot Blanc, Sauvignon Blanc, Gelber Muskateller und Roten Veltliner (das besondere Liebkind unseres Jungwinzers) sowie Zweigelt und Cabernet Sauvignon bei den Rotweinen. Tochter Sabine, ehemalige Weinkönigin und staatlich geprüfte Weinmanagerin, trägt ebenfalls zum gemeinsamen, perfekten Know-how des Betriebes bei.

Der Weinhof Fink produziert auch Edelobst, das direkt vermarktet, aber auch zu delikaten Edelbränden weiterverarbeitet wird. Besucher können sich beim traditionellen Heurigen oder bei kommentierten Weinverkostungen, Weinriedenwanderungen und Kellerführungen selbst überzeugen.

(91-93) Das Beste vom Grünen Veltliner 2011
14,5 Vol.%, DV, großes Holzfass, €€€
Mittleres Grüngelb, Silberreflexe, noch zart hefetrüb. Mit frischer Kräuterwürze unterlegte Nuancen von Ananas und Mango, tabakige Noten. Kraftvoll, gute Würze auch in der Textur, saftige gelbe Tropenfrucht, fast cremiger Körper, elegant und gut anhaltend, feine Säurestruktur, ein vielversprechender Speisenbegleiter.

91 Riesling Wetterkreuzberg 2011
13,5 Vol.%, DV, Stahltank, extratrocken, €€
Helles Grüngelb, Silberreflexe. Zart florale Nuancen, kleiner Weingartenpfirsich, frische Zitruszesten, mineralischer Touch. Mittlere Komplexität, weiße Apfelfrucht, feiner Säurebogen, bleibt gut haften, feine Nuancen von Grapefruit, hat Rasse und Entwicklungspotenzial.

(90-92) Grüner Veltliner Eichbühel 2011
14 Vol.%, DV, Stahltank/großes Holzfass, €€
Helles Grüngelb. Feine gelbe Apfelfrucht, ein Hauch von Birne, ein Hauch von Blütenhonig, tabakige Würze. Saftig, elegant, feine Extraktsüße, wirkt etwas opulent, rund und cremig, ein bald antrinkbarer Speisenbegleiter.

89 Grüner Veltliner Alte Reben 2011
14 Vol.%, DV, Stahltank, trocken, €€

89 Roter Veltliner Selektion 2011
13,5 Vol.%, DV, Stahltank, trocken, €€

88 Grüner Veltliner Goldbühel 2011
13 Vol.%, DV, Stahltank, extratrocken, €€

★★★

WEINGUT MEINHARD FORSTREITER

3506 Krems/Hollenburg, Hollenburger Kirchengasse 7
T: 02739/22 96
weingut@forstreiter.at
www.forstreiter.at

Kremstal

KELLERMEISTER UND ANSPRECHPARTNER: Meinhard Forstreiter
ANZAHL/FLASCHEN: k. A. (80 % weiß, 19 % rot, 1 % süß) HEKTAR: 28
VERKOSTUNG: ja, gegen Voranmeldung AB-HOF-VERKAUF: ja, limitierte
Mengen ÜBERNACHTUNGSMÖGLICHKEIT: kann organisiert werden
ANDERE PRODUKTE IM VERKAUF: Edelbrände, Fruchsäfte
VEREINSZUGEHÖRIGKEIT: Original Kremser Wein
MESSEN: VieVinum, ProWein

Die Familie Meinhard Forstreiter bewirtschaftet ein zurzeit 28 Hektar Rebflächen umfassendes Weingut, das sich bereits seit 1868 im Besitz der Familie befindet. Der Standort Hollenburg, ein Stadtteil von Krems an der rechten Donauseite, ist eine alte Weinbaugemeinde, hier wurde schon 400 nach Christus nachweislich Weinbau betrieben.

Die überwiegende Zahl der Reben des Gutes wächst in südlich bis östlich ausgerichteten Terrassenweingärten auf sogenannten »Hollenburger Konglomeratböden« mit verschieden starker Lössauflage. In Verbindung mit dem besonderen Mikroklima bringt dieses Terroir einzigartig fruchtige und würzig-pfeffrige Bergweine hervor.

Die von der Familie kultivierten Weißweinsorten sind Grüner Veltliner, Riesling, Muskateller, Chardonnay und Sauvignon Blanc. Die Rotweine umfassen Zweigelt, St. Laurent, Blauburger und – bisher einzigartig in Österreich – Zinfandel. In der Vinifikation wird auf dem neuesten Stand der Kellertechnik gearbeitet. Das Lesegut wird im Ganztraubenverfahren schonend gepresst und blitzblank vergoren. Dadurch entstehen fruchtige, elegante und sortentypische Weine, die fast ausschließlich trocken ausgebaut werden. In besonderen Jahren werden auch immer wieder süße und edelsüße Prädikatsweine gekeltert. Die Weine werden von Privatkunden und Gastronomie gleichermaßen geschätzt, auf den persönlichen Kontakt mit den Kunden wird größter Wert gelegt. Hochwertige Qualitätsbrände, zum Teil aus sehr seltenen Sorten, ergänzen das Sortiment. Kellerbesichtigungen mit Verkostungen der Erzeugnisse im Weingut werden gerne durchgeführt.

(92–94) Grüner Veltliner DAC Reserve Tabor 2011
14 Vol.%, NK, Stahltank, 2700, extratrocken, €€€€
Mittleres Gelbgrün. Feinwürzig unterlegte Nuancen von Birnen und gelbem Apfel, mineralischer Touch, zart nach Orangenzesten. Stoffig, kraftvolle Textur, gelbe Fruchtnuancen, mit frischem Säurebogen unterlegt, dunkle Mineralik auch im Abgang, bleibt gut haften, gutes Reifepotenzial.

(91–93) Grüner Veltliner DAC Reserve Schiefer 2011
13,5 Vol.%, DV, Stahltank, 10.000, extratrocken, €€
Helles Gelbgrün. Einladende frische gelbe Apfelfrucht, zarter Blütenhonig, feine Wiesenkräuter. Stoffig, feinwürzig unterlegte weiße Frucht, feine Säurestruktur, extraktsüßer Nachhall, Mango im Rückgeschmack.

(91–93) Riesling DAC Reserve Schiefer 2011
13,5 Vol.%, DV, Stahltank, 5000, extratrocken, €€
Helles Gelbgrün. Feine Steinobstanklänge, reifer Weingartenpfirsich, ein Hauch von Maracuja und Blüten. Saftig, engmaschig, knackige Säurestruktur, extraktsüßer Nachhall, gute Länge, ein vielseitiger Speisenbegleiter.

90 Grüner Veltliner DAC Neuberg 2011
13 Vol.%, Stahltank, extratrocken, 12.000, €€
Helles Gelbgrün. Zart tabakig unterlegte gelbe Apfelfrucht, ein Hauch von Mango und Blütenhonig, Nuancen von Orangenzesten. Saftig, gute Komplexität, cremige Textur, reife Birnenfrucht, dezente Fruchtsüße im Abgang, gute Länge, stoffiger Essensbegleiter.

88 Riesling DAC Donau 2011
13 Vol.%, Stahltank, 11.000, extratrocken, €€

Kremstal

88 Grüner Veltliner DAC Kremser Kogl 2011
12,5 Vol.%, DV, Stahltank, 50.000, €€

(90-92) Das Mammut 2009 ZW/SL/RÖ
14 Vol.%, NK, Barrique, 2000, extratrocken
Dunkles Rubingranat, opaker Kern, violette Reflexe. Feine süße Gewürzanklänge, reife Zwetschken, saftige Herzkirschen klingen an. Stoffig, feine Kräuternote, gut integrierte Tannine, schokoladiger Nachhall, bereits gut antrinkbar, ein vielseitiger Speisenbegleiter.

WEINGUT RUDOLF FRITZ

3506 Krems-Thallern, Fuchsleitenweg 1
T/F: 02739/27 34
weingut@rudolf-fritz.at
www.rudolf-fritz.at

KELLERMEISTER UND ANSPRECHPARTNER: Rudolf Fritz
ANZAHL/FLASCHEN: k. A. (90 % weiß, 10 % rot) HEKTAR: 12
VERKOSTUNG: ja, gegen Voranmeldung AB-HOF-VERKAUF: ja
ANDERE PRODUKTE IM VERKAUF: Marillenbrand
VEREINSZUGEHÖRIGKEIT: Original Kremser Wein

Kremstal

Das Weingut der Familie Fritz befindet sich am rechten Donauufer, im idyllischen Weinort Thallern, einem südlichen Stadtteil von Krems. Rudolf Fritz ist für die Weine verantwortlich, die aus einer bewirtschafteten Fläche von zwölf Hektar kommen. Der junge Absolvent der Kremser Weinbauschule verschreibt sich dabei ganz den typischen Kremstaler Sorten Grüner Veltliner und Riesling, »weil sie«, wie er betont, »aufgrund des hier herrschenden Klimas und der Bodenarten jedes Jahr hervorragende Weine erbringen.« Nichtsdestoweniger stehen auch Chardonnay, Sauvignon Blanc, Gelber Muskateller und etwas Zweigelt in den Weingärten.

Bodengesundheit, nützlingsschonender Pflanzenschutz und ein sich daraus ergebendes gut funktionierendes Ökosystem sind für den Jungwinzer vorrangige Kriterien, so wie ein kurzer Rebschnitt, gezielte Laubarbeit und Ertragsreduktion für ihn unerlässlich sind, um Trauben hoher physiologischer Reife ernten zu können. Rudolf Fritz verarbeitet ausschließlich Traubenmaterial aus eigenen Weingärten, das – abhängig von Sorte und Zustand – entweder sofort abgepresst oder einige Stunden auf der Maische belassen wird. Anschließend vergären die Weine in temperaturgesteuerten Stahltanks, wo sie teilweise noch einige Zeit auf der Feinhefe verbleiben. Während die Weißweine ausschließlich im Edelstahl ausgebaut werden, kommen die roten Gewächse – nach bis zu dreiwöchiger Maischegärung und anschließendem biologischem Säureabbau – in Holzfässer, teilweise auch in kleines Holz.

92 Grüner Veltliner DAC Reserve Schweren Zapfen 2011
13,5 Vol.%, DV, Stahltank, extratrocken, €€
Helles Grüngelb. Mit frischen Wiesenkräutern unterlegte feine Apfelfrucht, zarte tabakige Nuancen. Saftig, frischer grüner Apfel, weiße Tropenfruchtanklänge, feines Säurespiel, bleibt gut haften, ein eleganter Speisenbegleiter, gute Zukunft.

92 Riesling DAC Reserve Brunnberg 2011
13 Vol.%, DV, trocken, €€
Helles Grüngelb. Feine Pfirsichnote, ein Hauch von Blütenhonig, mineralische Nuancen, attraktives Bukett. Saftig, gute Komplexität, weiße Frucht, frischer Säurebogen, zitronige Nuancen im Abgang, trinkanimierender Stil, gutes Entwicklungspotenzial.

L 91 Grüner Veltliner DAC Frauengrund 2011
12,5 Vol.%, DV, Stahltank, extratrocken, €€
Helles Grüngelb. Feinwürzig unterlegte gelbe Apfelfrucht, zart tabakige Nuancen, ein Hauch von Wiesenkräutern, attraktives Bukett. Stoffig, elegante Textur, extraktsüße weiße Frucht, feines Säurespiel, bleibt sehr gut haften, mineralischer Nachhall, hat Reifepotenzial.

89 Riesling DAC Steinhagen 2011
12,5 Vol.%, DV, Stahltank, extratrocken, €€

89 Sauvignon Blanc 2011
12,5 Vol.%, DV, Stahltank, extratrocken, €€

89 Grüner Veltliner DAC Riedenselektion 2011
12,5 Vol.%, DV, Stahltank, extratrocken, €€

Kremstal

WEINGUT GEYERHOF – FAM. MAIER

★★★

3511 Furth/Göttweig, Oberfucha 1
T: 02739/22 59, F: DW 4
weingut@geyerhof.at
www.geyerhof.at

— BIO —

KELLERMEISTER UND ANSPRECHPARTNER: DI Ilse Maier
ANZAHL/FLASCHEN: k. A. (90 % weiß, 10 % rot) HEKTAR: 19,5
VERKOSTUNG: ja, gegen Voranmeldung AB-HOF-VERKAUF: ja
VEREINSZUGEHÖRIGKEIT: Traditionsweingüter Österreich,
11 Frauen und ihre Weine
MESSEN: VieVinum, ProWein

Der Aufwärtstrend dieses interessanten Betriebes ist seit längerer Zeit unübersehbar, die letzte Serie des zu den »Traditionsweingütern« zählenden Geyerhofs ist wieder sehr gelungen. Der Betrieb findet sich unweit des schönen Barockstifts Göttweig auf den Hügeln der rechten Donauseite, gegenüber von Krems.

Seit 1985 bewirtschaften Ilse und Josef Maier dieses Schmuckkästchen von einem Hof. Die rund 19,5 Hektar Fläche umfassenden Rieden weisen ein großes Spektrum an unterschiedlichen Böden auf, die von Urgestein über tertiäre Schotter bis Löss reichen und es der Familie ermöglichen, auf die spezifischen Bedürfnisse der einzelnen Rebsorten einzugehen. Die Lagen Johannisberg und Goldberg, die mit alten Rieslingstöcken bepflanzt sind, wurden 1999 übernommen. Somit bildet neben dem Grünen Veltliner auch der Riesling einen Schwerpunkt auf dem Geyerhof. Im Weingarten herrschen strikte biologische Prinzipien, schon sehr früh hat die Familie Maier die Grundsätze des Verbands »Ernte« umgesetzt, der sich dem Gedanken des organisch-biologischen Landbaus verpflichtet hat.

92 Grüner Veltliner DAC Reserve Steinleithn Erste ÖTW Lage 2011
13,5 Vol.%, DV, Stahltank, extratrocken
Mittleres Grüngelb. Feine Birnenfrucht, mit frischen Wiesenkräutern unterlegt, ein Hauch von Grapefruitzesten. Saftige Marillenfrucht, angenehme Kräuterwürze, feines Säurespiel, extratsüßer Nachhall, bleibt gut haften, tabakige Nuancen im Rückgeschmack.

92 Riesling Johannisberg 2011
13,5 Vol.%, DV, Stahltank, extratrocken
Helles Grüngelb. Einladende Nuancen von Steinobst, zart nach Weingartenpfirsich und Blütenhonig, feine Mineralik. Saftig, elegant, reife Pfirsichfrucht, angenehme Fruchtsüße, lebendige Säurestruktur, bleibt gut haften, fruchtiger Nachhall, bereits sehr gut antrinkbar.

92 Weißer Burgunder Ried Zasen 2011
14,5 Vol.%, DV, Stahltank, extratrocken
Helles Gelbgrün, Silberreflexe. Mit feiner Kräuterwürze unterlegte Anklänge von Honigmelone, zart nach Orangenzesten. Stoffig, elegant, harmonische Textur, angenehmes Säurespiel, reifer gelber Apfel im Abgang, gute Länge, ein vielseitiger, lagerfähiger Speisenbegleiter.

(91-93) Grüner Veltliner DAC Reserve Gaisberg Erste ÖTW Lage 2011
13,5 Vol.%, DV, Stahltank, extratrocken
Mittleres Grüngelb. Mit zarter Kräuterwürze unterlegte Nuancen nach Babybanane, etwas Mango und gelbem Apfel. Gute Komplexität, frische gelbe Frucht, angenehmes Säurespiel, bereits harmonisch und zugänglich, mineralischer Abgang, gute Länge, ein vielseitiger Speisenbegleiter.

L 90 Grüner Veltliner Wild Wux 2011
12,5 Vol.%, DV, Stahltank, extratrocken
Mittleres Grüngelb, feine reife Apfelfrucht, feine Wiesenkräuter, ein Hauch von Blütenhonig. Saftig, feinfruchtig, finessenreiche Säurestruktur, bleibt gut haften, extratsüßer Nachhall, vielseitig einsetzbar.

89 Riesling DAC Reserve Goldberg Erste ÖTW Lage 2010
12,5 Vol.%, DV, Stahltank, trocken

WEINGUT STIFT GÖTTWEIG

★★

3511 Furth, Göttweig 1
T: 02732/801-440, F: 02732/801-442
office@weingutstiftgoettweig.at
www.weingutstiftgoettweig.at

Kremstal

KELLERMEISTER: Fritz Miesbauer und Leopold Figl
ANSPRECHPARTNER: Fritz Miesbauer und Franz-Josef Gansberger
ANZAHL/FLASCHEN: 120.000 (90 % weiß, 10 % rot) HEKTAR: 26
VERKOSTUNG: ja, gegen Voranmeldung
AB-HOF-VERKAUF: ja, gegen Voranmeldung
VEREINSZUGEHÖRIGKEIT: Traditionsweingüter Österreich
MESSEN: ProWein

Gegenüber der Weinstadt Krems, am Südufer der Donau, ganz oben auf dem Gipfel des Göttweiger Bergs, da liegt es, das prächtige Benediktinerstift Göttweig. Die Stiftsanlage, die nach den Plänen des bekannten Architekten Johann Lukas von Hildebrandt erbaut wurde, ist weit über die Grenzen Österreichs hinaus bekannt, und die imposante barocke Kaiserstiege mit ihrem herrlichen Deckenfresko von Paul Troger, das in Form einer »Miniaturausgabe« für die Kapseln jeder Flasche dieses wiederbelebten Weinguts verwendet wird, ist sehenswert.

Schon 1083 ließen sich hier die Benediktiner nieder, und bereits im 16. Jahrhundert waren die Weine des Stifts für ihre Qualität bekannt und dadurch in den österreichischen Adelshäusern sowie bei den kaiserlichen Truppen gerne gesehen. Heute weht in der Person von Fritz Miesbauer, der schon vor mehr als zehn Jahren durch seine Arbeit bei den »Freien Weingärtnern Wachau« auch international bekannt wurde und dem man 1996 im Alter von 27 Jahren den »Winemaker of the Year«-Award in Schweden verlieh, ein frischer Wind durch die dicken Mauern. Seit Anfang 2006 leitet er nun die Bewirtschaftung der Weinberge sowie die Vinifizierung und den Vertrieb der Weine. Tatkräftige Unterstützung erhält er dabei von seinem Team, insbesondere von Verkaufsprofi Franz Josef Gansberger, der sich die Betreuung von Gastronomie und Handel zur Aufgabe gemacht hat.

Mit dem aktuellen Jahrgang bestätigen nun die Weine erneut das vorhandene Potenzial.

(92-94) Grüner Veltliner DAC Reserve Gottschelle Erste ÖTW Lage 2011
13,5 Vol.%, VL, Stahltank, extratrocken, €€€€
Mittleres Gelbgrün. Mit feiner Kräuterwürze unterlegte gelbe Apfelfrucht, angenehmer mineralischer Touch, zart nach frischer Birne. Saftig, extratsüße Nuancen von gelben Tropenfrüchten, finessenreicher Säurebogen, elegant und bereits harmonisch, bleibt gut haften, ein vielseitiger Speisenbegleiter.

(91-93) Riesling DAC Reserve Silberbichl Erste ÖTW Lage 2011
13,5 Vol.%, VL, Stahltank, extratrocken, €€€€
Helles Grüngelb. Frische gelbe Tropenfruchtanklänge, zart nach Steinobst, Nuancen von Ananas, ein Hauch von Blütenhonig. Saftig, gute Komplexität, reife Fruchtnuancen, elegant und ausgewogen finessenreich strukturiert, zeigt gute Länge, feiner Orangentouch im Nachhall.

89 Grüner Veltliner DAC Göttweiger Berg 2011
12,5 Vol.%, DV, Stahltank, extratrocken, €€€

88 Riesling DAC Göttweiger Berg 2011
13 Vol.%, DV, Stahltank, extratrocken, €€€

87 Grüner Veltliner Messwein 2011
12 Vol.%, DV, Stahltank, extratrocken, €€

87 Rosé Messwein 2011 PN
12,5 Vol.%, DV, Stahltank, extratrocken, €€

Kremstal

★★
WEINGUT ANTON HAGEN

3503 Krems-Rehberg, Seilerweg 45
T: 02732/781 60, F: DW 4
info@weingut-hagen.at
www.weingut-hagen.at

KELLERMEISTER: Anton Hagen ANSPRECHPARTNER: Ulrike und Anton Hagen
ANZAHL/FLASCHEN: 70.000 (90 % weiß, 10 % rot) HEKTAR: 15
VERKOSTUNG: ja, gegen Voranmeldung AB-HOF-VERKAUF: ja
ANDERE PRODUKTE IM VERKAUF: Destillate
VEREINSZUGEHÖRIGKEIT: Original Kremser Wein, Kremstaler Convent
MESSEN: VieVinum, Vinobile Montfort

Seit mehr als 200 Jahren befindet sich der in Krems-Rehberg gelegene Betrieb im Besitz der Familie Hagen, die sich immer mehr zum absoluten Veltliner-Spezialisten mausert. Anton Hagen betreut die Weingärten und ist der Kellermeister, seine Gattin Ulrike ist für Verkauf und Vermarktung verantwortlich. Auf den rund 15 Hektar großen Rebflächen stehen hauptsächlich Weißweine, aber auch etwas Rotwein ist im Programm.

Das Kleinklima des nahe gelegenen Donautals sowie die herbe, sauerstoffreiche Luft des Waldviertels begünstigen die Würze und Finesse des Weines. Dank kurzem, qualitätsförderndem Rebschnitt, sorgfältiger Laubarbeit, umweltbewusster Weingartenarbeit und schonender Traubenkelterung erzielt man hier Spitzenqualität. Anton Hagen zählt zu den verlässlichen Produzenten im Raum Krems und erzeugt hervorragende Weine aus Grünem Veltliner, Riesling, Chardonnay, Weißburgunder, Rivaner und Sylvaner. Der Grüne Veltliner – zwei Drittel der Weingartenfläche sind damit bepflanzt – gedeiht größtenteils auf Löss, ein kleiner Teil auf Schotterboden. Aus 45- bis 75-jährigen Weingärten hat Anton Hagen jenen Veltlinertyp selektioniert, der sich in Krems am wohlsten fühlt. Auf den kalkreicheren Lössterrassen sind Weißburgunder und Chardonnay gepflanzt. Die besten und sonnigsten Urgesteinsterrassen sind ideal für den Riesling, er wächst in der Kremsleithen, am Weinzierlberg und am Pfaffenberg.

(91-93) Riesling DAC Reserve Pfaffenberg 2011
13 Vol.%, DV, Stahltank, €€€
Helles Gelbgrün. Einladende gelbe Steinobstklänge, zart nach Ananas, feiner Blütenhonig, mit mineralischen Nuancen unterlegt. Saftig und komplex, angenehme Extraktsüße, feine Tropenfruchtanklänge, finessenreicher Säurebogen, bleibt lange haften, eleganter Speisenbegleiter mit gutem Zukunftspotenzial.

(90-92) Grüner Veltliner DAC Reserve Holzgasse 2011
13,5 Vol.%, DV, Stahltank, €€
Mittleres Grüngelb. Frische gelbe Apfelfrucht, zart nach Mango, ein Hauch von Kräuterwürze, mit Honigmelone unterlegt. Komplex, straffe Textur, feine weiße Frucht, gutes Säurespiel, dunkle Mineralik im Abgang, bleibt gut haften, feine Birnenfrucht im Nachhall.

(90-92) Grüner Veltliner Alte Reben 2011
14,5 Vol.%, DV, Stahltank, €€€
Mittleres Grüngelb. Zunächst etwas verhalten, feine Nuancen von weißer Frucht und etwas Pfeffer, mit reifem Apfel unterlegt. Kraftvoll, gelbe Nuancen, dezente Extraktsüße, ein stoffiger Speisenbegleiter, feine Orangennote im Nachhall, besitzt Zukunftspotenzial.

(89-91) Riesling Weinzierlberg 2011
13 Vol.%, DV, Stahltank, €€
Mittleres Grüngelb. Anklänge von frischem Weingartenpfirsich, Limettenzesten, ein Hauch von Wiesenkräutern. Mittlere Komplexität, weiße Tropenfrucht, frisch und knackig strukturiert, zitroniger Touch, trinkanimierender Stil, mineralischer Abgang.

89 Grüner Veltliner DAC Thurnerberg 2011
13 Vol.%, DV, Stahltank, extratrocken, €€

(88-90) Chardonnay 2011
14 Vol.%, DV, Stahltank, €€

WINZERHOF HOCH

3506 Hollenburg, Donauuferstraße 19
T: 0664/224 53 67, F: 02739/22 36
office@winzerhof-hoch.at
www.winzerhof-hoch.at

Kremstal

KELLERMEISTER: Harald und Christoph Hoch
ANSPRECHPARTNER: Harald und Andrea Hoch
ANZAHL/FLASCHEN: k. A. (90 % weiß, 10 % rot) HEKTAR: 15
VERKOSTUNG: ja, gegen Voranmeldung AB-HOF-VERKAUF: ja
ANDERE PRODUKTE IM VERKAUF: Edelbrände, Marmeladen
MESSEN: VieVinum, ProWein, The London International Wine & Spirits Fair

Der Winzerhof Hoch befindet sich im Kremstal am rechten Donauufer, im traditionsreichen Weinhauerort Hollenburg, wo die Familie Hoch bereits 1640 erstmals urkundlich erwähnt wird. Wie von vielen Betrieben sind die Südlagen bevorzugt, doch die kühle, feinfruchtige Frische der Weißweine erreicht man hier nur durch spezielle nord-nordöstlich expandierte Lagen. Durch diese außergewöhnlichen kühlen Rieden in Verbindung mit dem selten vorkommenden Konglomeratgestein, das auch als »Hollenburger Gold« bezeichnet wird, erlangen die Weine zusätzlich eine ziselierte Mineralik. Es wird zu 90 Prozent Weißwein erzeugt, wobei natürlich Rebsorten wie Grüner Veltliner, Riesling, Gelber Muskateller, Sauvignon Blanc und Weißburgunder nicht fehlen dürfen. Große Aufmerksamkeit wird dem Grünen Veltliner geschenkt, der in fünf verschiedenen Ausbauvarianten erhältlich ist. Als Innovation gelten im Alkohol leichte Lagenweine, die ein großes Potenzial aufweisen. Diese Eigenschaft der Weine wird mittlerweile auch im Fernen Osten bis hin nach Australien geschätzt – dementsprechend gerne werden sie auch getrunken.

(91-93) Grüner Veltliner DAC Reserve Danubius 2011
13,5 Vol.%, NK, Stahltank, extratrocken, €€€
Mittleres Grüngelb. Mit frischen Kräutern unterlegte einladende Marillenfrucht, ein Hauch von Ananas, zarter Blütenhonig. Saftig, elegante Textur, frische Birnenfrucht, gut integrierter Säurebogen, Orangen im Nachhall, zitroniger Touch im Rückgeschmack.

(91-93) Riesling DAC Reserve Steingarten 2011
13,5 Vol.%, NK, Stahltank, extratrocken, €€€
Mittleres Grüngelb. Einladene Nuancen von Weingartenpfirsich, frische Tropenfruchtaromen, feine Blütennote, mineralischer Touch. Saftig, gute Komplexität, weiße Frucht, lebendige Säurestruktur, feiner Zitrustouch im Abgang, gutes Entwicklungspotenzial.

91 Riesling Steingarten 2011
14 Vol.%, DV, Stahltank, extratrocken, €€
Helles Gelbgrün. Verhaltenes Bukett, zart nach Steinobst, ein Hauch von Blütenhonig. Am Gaumen rassig strukturiert, weiße Tropenfrucht, zitronige Nuancen im Abgang, lebendig und trinkanimierend, mineralischer Nachhall.

89 Grüner Veltliner DAC Reserve Blauer Berg 2011
13 Vol.%, DV, Stahltank, extratrocken, €€

89 Grüner Veltliner DAC Kogl 2011
12,5 Vol.%, DV, Stahltank, extratrocken, €€

88 Riesling DAC Kleedorf 2011
13 Vol.%, DV, Stahltank, extratrocken, €€

Kremstal

★★★★

WEINGUT MALAT

3511 Palt/Krems, Hafnerstraße 12
T: 02732/829 34, F: DW 13
weingut@malat.at
www.malat.at

ANSPRECHPARTNER: DI Michael Malat
ANZAHL/FLASCHEN: 250.000 (60 % weiß, 35 % rot, 5 % süß) HEKTAR: 50
VERKOSTUNG: ja, gegen Voranmeldung AB-HOF-VERKAUF: ja
ÜBERNACHTUNGSMÖGLICHKEIT: ja
ANDERE PRODUKTE IM VERKAUF: Destillate, Sekt, Traubensaft
VEREINSZUGEHÖRIGKEIT: Traditionsweingüter Österreich
MESSEN: VieVinum, ProWein

Das Weingut Malat gehört zu jenen Betrieben, die in allen Bereichen Spitzenprodukte erzeugen. Weiß, Rot, Sekt und Süß – und das ausschließlich aus den Trauben der eigenen Weingärten. Gerald Malat zählt zweifellos zu den bekanntesten Winzerpersönlichkeiten des Landes, was natürlich nicht zuletzt auf seine hervorragenden Weinqualitäten zurückzuführen ist.

Der mit zahlreichen (inter-)nationalen Auszeichnungen dekorierte Winzer ist ein innovativer Vorreiter bezüglich Sorten und Technik, insbesondere um die Rotweinkultur in (Nieder-)Österreich hat er sich verdient gemacht, er ist aber auch ein Vorreiter des Winzersektes. Mittlerweile leitet Sohn Michael Malat den Betrieb. Der durch die gesamte Weinwelt gereiste BOKU-Absolvent ist auf dem besten Weg, in die mächtigen Fußstapfen seines Vaters zu treten.

Die Malats verstehen es, die gesamte Klaviatur von leichten Weißweinen bis zu Hochprädikaten perfekt zu bespielen. Jedes Jahr darf man sich auf Spitzenweine aus diesem Haus freuen. Bezeichnungen wie »Das Beste vom Veltliner« und »Das Beste vom Riesling« sind durchaus ernst zu nehmen. Malat, selbst in Pinot Noir verliebt, gelingt sogar in der klimatisch weißweinbevorzugten Gegend ein Cabernet Sauvignon von internationalem Format.

Seit 1976 werden Österreichs erste Winzersekte, Malat Brut und Malat Brut Rosé, nach der traditionellen Methode erzeugt. Sortentypische, edelsüße Weine komplettieren die Produktpalette; auch diese zählen stets zu den Besten im Land. Im Weingut Malat gilt Perfektion als Leitmotiv, und das seit vielen Generationen.

(93-95) Das Beste vom Riesling DAC Reserve 2011
NK, Stahltank, €€€€
Helles Grüngelb. Reife gelbe Tropenfrucht, zart nach Marille, feiner Blütenhonig, Maracuja klingt durch. Am Gaumen stoffig, dunkle Mineralik, gelbe Pfirsichfrucht, gut integrierte Säurestruktur, hat noch etwas Babyspeck, extraktsüßer Nachhall, sehr gute Länge, wird von Flaschenreife sicher profitieren.

(93-95) Das Beste vom Veltliner DAC Reserve 2011
Großes Holzfass, €€€€
Mittleres Grüngelb. Mit deutlicher Kräuterwürze unterlegte saftige Birnenfrucht, tabakige Nuancen, dunkle Mineralik. Stoffig, engmaschig und komplex, weiße Tropenfrucht, feiner Säurebogen, bleibt gut haften, Mango im Nachhall, gutes Reifepotenzial.

(92-94) Riesling DAC Reserve Silberbichl Erste ÖTW Lage 2011
NK, Stahltank/großes Holzfass, €€€€
Helles Gelbgrün. Einladende Steinobstnoten, feiner Weingartenpfirsich, ein Hauch von Orangenzesten. Saftig, elegant, reife gelbe Tropenfrucht, frische Säurestruktur, bleibt gut haften, zitronige Nuancen im Abgang, gute Länge, mineralisches Finale.

(92-94) Grüner Veltliner DAC Reserve Gottschelle Erste ÖTW Lage 2011
NK, Stahltank/großes Holzfass, €€€€
Mittleres Grüngelb. Noch etwas verhalten, ein Hauch von Blutorangen, mit feinen Wiesenkräutern unterlegt. Stoffig, elegant, feine Grapefruitnuancen, finessenreicher Säurebogen, bleibt gut haften, wird von weiterer Flaschenreife porfitieren.

92 Chardonnay Reserve Hochrain 2010
13,5 Vol.%, NK, Barrique, trocken, €€€€
Mittleres Grüngelb. Reife gelbe Tropenfrucht, nach Blüten-

honig und Litschi. Saftig, fruchtbetont, weiße Tropenfruchtaromen, frische Säurestruktur, wirkt elegant und schwungvoll, gute Länge, ein vielseitiger Essensbegleiter.

(91-93) Grüner Veltliner DAC Reserve Höhlgraben Alte Reben Erste ÖTW Lage 2011
NK, Stahltank/großes Holzfass, €€€€
Helles Gelbgrün. Zart rauchig unterlegte gelbe Apfelfrucht, zart nach Ananas und Mango, ein Hauch von Kräuterwürze. Saftig, kraftvoll, dezenter Honigtouch, ein Hauch von Orangen, feine Extraktsüße im Abgang, tabakige Noten im Nachhall, ein stoffiger Speisenbegleiter.

91 Pinot Gris Zistel Reserve 2010
13,5 Vol.%, NK, Barrique, halbtrocken, €€€€€
Mittleres Grüngelb. Feine Holzwürze, zart nach Nelken und Vanille, feine reife Birnenfrucht. Saftig, gute Komplexität, feine Fruchtsüße, reifer Pfirsich, frisch strukturiert, die Säure vermag den Zucker gut zu puffern, bleibt gut haften, gutes Reifepotenzial, zart nach Karamell im Nachhall.

91 Grüner Veltliner DAC Höhlgraben 2011
13 Vol.%, DV, Stahltank/großes Holzfass, extratrocken, €€€
Mittleres Grüngelb. Einladende gelbe Tropenfrucht, ein Hauch von Ananas und Marille, frische Kräuterwürze, Orangenzesten. Saftig, elegant, feine Fruchtsüße, gut integrierter Säurebogen, Orangenfrucht im Abgang, sehr gute Länge, ein stoffiger Speisenbegleiter.

(90-92) Gelber Muskateller Auslese 2011
13 Vol.%, NK, Stahltank, trocken
Helles Gelbgrün. Feine Nuancen von Blütenhonig, Muskatnuss, frische Mandarinenzesten. Saftig, zart nach Holunderblütensaft, feine Grapefruitnote, feiner Säurebogen, honigsüßer Touch im Abgang, kraftvoll und anhaltend, traubiger Nachhall.

89 Pinot Blanc Am Zaum Wachau 2011
12,5 Vol.%, DV, Stahltank/großes Holzfass, extratrocken, €€

89 Sauvignon Blanc Brunnkreuz 2011
13,5 Vol.%, DV, Stahltank/großes Holzfass, extratrocken, €€€

89 Grüner Veltliner DAC Göttweiger Berg 2011
12,5 Vol.%, DV, Stahltank/großes Holzfass, extratrocken, €€

89 Riesling DAC Steinbühel Erste ÖTW Lage 2011
13 Vol.%, DV, Stahltank/großes Holzfass, extratrocken, €€€

(88-90) Gewürztraminer Reserve Katzengraben 2011
NK, großes Holzfass, €€€

88 Riesling Göttweiger Berg 2011
12,5 Vol.%, DV, Stahltank/großes Holzfass, extratrocken, €€

88 Gelber Muskateller Landwid 2011
13 Vol.%, DV, Stahltank/großes Holzfass, extratrocken, €€€

88 Chardonnay Steiner Point 2011
13 Vol.%, DV, Stahltank/großes Holzfass, extratrocken, €€

88 Rosé Zweigelt & Cabernet 2011
11,5 Vol.%, DV, Stahltank, extratrocken, €€

(89-91) Merlot Reserve 2010
NK, Teilbarrique, €€€
Mittleres Rubingranat, violette Reflexe, zarte Randaufhellung. Reife Waldbeerenaromen, Nuancen von Weichseln, zarte Kräuterwürze. Mittlerer Körper, rotbeerige Frucht, präsente Tannine, zitroniger Touch, dunkler Schokoanklang im Nachhall.

(88-90) Pinot Noir Reserve 2010
NK, Barrique, €€€€

(88-90) St. Laurent Reserve 2010
NK, Teilbarrique, €€€

88 Zweigelt Göttweiger Berg 2010
13 Vol.%, DV, großes Holzfass, extratrocken, €€

(87-89) Cabernet Sauvignon Reserve 2010
NK, Barrique, €€€€

92 Malat Brut Reserve 2008 CH/PN
12,5 Vol.%, NK, großes Holzfass, trocken, €€€€
Mittleres Grüngelb, feine, gut anhaltende Perlage. Feine gelbe Apfelfrucht, zartes Biskuit unterlegt, ein Hauch von Wiesenkräuter und Blütenhonig. Saftig, extraktsüße gelbe Tropenfrucht, elegant und cremig, zart nach Pfirsich und einem Hauch von Karamell, nussig unterlegtes Finale, vielseitig einsetzbar, im klassischen Stil der Champagne.

92 Malat Brut Rosé Reserve 2008
12,5 Vol.%, NK, Stahltank, extratrocken, €€€€
Helles Lachsrosa mit zarten Pinktouch, sehr feines, lebendiges Mousseux. Frisches rotes Waldbeerkonfit, zart nach Himbeermark, frische Limettenzesten, einladendes Bukett. Stoffig, feine Kirschenfrucht, lebendig strukturiert, mineralischer Touch im Abgang, zeigt seinen Rotweincharakter, gute Länge, feiner Speisenbegleiter, feiner zitroniger Nachhall.

Kremstal

Kremstal

★★★

WEINGUT MANTLERHOF

3494 Gedersdorf/Brunn im Felde, Hauptstraße 50
T: 02735/82 48, F: DW 33
mantlerhof@aon.at
www.mantlerhof.com

BIO

KELLERMEISTER UND ANSPRECHPARTNER: Sepp Mantler
ANZAHL/FLASCHEN: k. A. (98 % weiß, 2 % süß) HEKTAR: 14
VERKOSTUNG: ja, gegen Voranmeldung AB-HOF-VERKAUF: ja
ANDERE PRODUKTE IM VERKAUF: Destillate
VEREINSZUGEHÖRIGKEIT: Traditionsweingüter Österreich, losgelös(s)t
MESSEN: ProWein, VieVinum

Nähert man sich dem Weingut, dann öffnet sich in der Ortsmitte von Brunn im Felde der Blick auf einen lieblichen Teich. An dessen Westseite befindet sich ein imposanter Hof mit frühklassizistischer Fassade. Der Mantlerhof geht zurück auf das Stift Admont, das den stattlichen Wirtschaftshof bis Mitte des 16. Jahrhunderts besaß. Vor 200 Jahren wurde dieses Gut erworben. Eines kommt einem sofort in den Sinn: Solidität und Beständigkeit. Beim Blick auf das Etikett wiederholt sich dieser Eindruck. Jedoch: Dass hier keine verstockten Konservativen am Werk sind, merkt man spätestens beim persönlichen Kontakt.

Margit und Sepp Mantler bewirtschaften nicht nur Weingärten, sondern auch einen Ackerbaubetrieb. Beide Betriebszweige wurden schrittweise ab 2003 auf biologische Bewirtschaftung umgestellt und sind zertifiziert. Auf den beeindruckenden Terrassen aus Löss, dessen hellgelbe Wände weithin nach Süden leuchten, kultivieren sie die klassischen Weißweine der Region: Grünen Veltliner und Riesling in der Kremstal-DAC-Stilistik und großer Lagen-Vielfalt. Besonders verbunden mit dem Mantlerhof ist jedoch die Pflege der Weißweinrebe Roter Veltliner. Von hier stammen deren beeindruckendste Vertreter. In geringerem Ausmaß, aber mit der gleichen Passion werden noch Chardonnay, Gelber Muskateller und Neuburger ausgebaut. Der Neuburger wurde deshalb gepflanzt, weil ein Vorfahre der geborenen Wachauerin Margit Mantler-Ferstl ein Geburtshelfer dieser Sorte war. Die besten Lagen, von denen die Weine des Guts gekeltert werden, sind Spiegel (Grüner Veltliner), Wieland (Riesling), Steingraben (Riesling) und Mosburgerin (Grüner Veltliner). Alle sind Erste Lagen nach der Klassifizierung der »Österreichischen Traditionsweingüter« von 2010. Der eiszeitliche Löss mit seinem hohen Luft- und Kalkgehalt prägt den Grundcharakter der Weine, auch der leichten: saftig, körperbetont, nachhaltig. Die Weine des Mantlerhofs sind ausgesprochen deutlich in der Sortencharakteristik und haben sich den Ruf besonderer Lagerfähigkeit erworben. Obwohl der Hauptanteil der Weine trocken ist, gibt es eine breite Palette von edelsüßen Weinen mit großer Jahrgangstiefe. Die Sammlung alter Flaschen aus eigener Produktion beginnt mit 1947. Den Schwerpunkt der Vermarktung bilden Fachhandel und Gastronomie; der Exportanteil beträgt 45 Prozent.

(92-94) Riesling DAC Reserve Wieland Erste ÖTW Lage 2011

13 Vol.%, NK, Stahltank, 3000, extratrocken, €€€€
Mittleres Grüngelb. Einladende Steinobstklänge, frischer Weingartenpfirsich, mit einem Hauch von Maracuja und Ananas unterlegt, zarter Blütenhonig. Saftig, elegant, angenehme Extraktsüße, frischer Säurebogen, fruchtbetont im Abgang, bereits sehr gut antrinkbar, bleibt gut haften, mineralischer Nachhall.

(91-93) Grüner Veltliner DAC Reserve Mosburgerin Erste ÖTW Lage 2011

13 Vol.%, DV, Stahltank, 2000, trocken, €€€
Mittleres Gelbgrün. Attraktive Frucht nach gelbem Apfel, ein Hauch von Orangenzesten und Wiesenkräutern. Saftig, elegante Fruchtsüße, gute Komplexität, frisch strukturiert, feine Marillenfrucht im Abgang, bleibt gut haften, vielversprechende Zukunft.

(91-93) Grüner Veltliner DAC Reserve Spiegel Erste ÖTW Lage 2011
13,5 Vol.%, NK, Stahltank, 4000, trocken, €€€
Mittleres Gelbgrün. Zunächst etwas verhalten, frische Wiesenkräuter, zart nach Orangenzesten, feine gelbe Apfelfrucht, tabakige Nuancen. Saftig, feine Extraktsüße, elegant und ausgewogen, feiner Säurebogen, präsentiert sich bereits zugänglich, gute Länge, ein vielseitiger Speisenbegleiter.

(90-92) Roter Veltliner Reisenthal 2011
13 Vol.%, NK, Stahltank/großes Holzfass, 7000, trocken, €€€
Mittleres Gelbgrün. Intensive Kräuterwürze, gelbe Apfelfrucht, ein Hauch von Dörrobst, zart nach Birnen. Saftig, elegant, reife gelbe Tropenfrucht, feines Säurespiel, harmonisch und gut anhaltend, mineralischer Touch im Abgang, zitronige Nuancen im Rückgeschmack.

(90-92) Neuburger Hommage 2011
13,5 Vol.%, DV, Stahltank, 1900, extratrocken, €€
Helles Gelbgrün. Mit feiner Kräuterwürze unterlegte Birnenfrucht, zarte gelbe Tropenfrucht klingt mit etwas Luft durch, tabakige Nuancen. Komplex, feine gelbe Frucht, angenehme Säurestruktur, feiner Honigtouch im Abgang, ein vielseitiger Essensbegleiter mit gutem Potenzial.

(89-91) Riesling DAC Tiefenthal 2011
13 Vol.%, DV, Stahltank, 3300, extratrocken, €€€
Mittleres Grüngelb. Noch verhalten, reife gelbe Fruchtnuancen, feine Kräuterwürze, ein Hauch von Grapefruit. Saftig, elegant, frischer Säurebogen, mineralischer Abgang, gutes Entwicklungspotenzial.

Kremstal

★★★
WEINGUT HERMANN MOSER

3495 Rohrendorf, Bahnstraße 36
T/F: 02732/838 41
office@moser-hermann.at
www.moser-hermann.at

KELLERMEISTER: Martin Moser ANSPRECHPARTNER: Martin und Carmen Moser
ANZAHL/FLASCHEN: k. A. (90 % weiß, 9 % rot, 1 % süß) HEKTAR: 19
VERKOSTUNG: ja AB-HOF-VERKAUF: ja
ÜBERNACHTUNGSMÖGLICHKEIT: kann organisiert werden
ANDERE PRODUKTE IM VERKAUF: Destillate
VEREINSZUGEHÖRIGKEIT: Traditionsweingüter Österreich
MESSEN: ProWein, DAC Präsentationen

Mit fast 20 Hektar Rebfläche in besten Lagen in Rohrendorf haben Martin und Carmen Moser ein optimales Fundament für ihre breit gefächerte Palette an erstklassigen Weinen gelegt. Der talentierte Winzer Martin Moser stellt schon seit einigen Jahren als Kellermeister mit sehr kompletten Weinen eine erstaunliche Konstanz unter Beweis und hat auch im Kreise des »Österreichischen Traditionsweingüter« eine führende Rolle eingenommen, was die Qualität betrifft.

Jahr für Jahr stellt er eine kompakte Serie mit ausdrucksstarken Weinen vor, die von leichten Weiß- bis zu kompakten Rotweinen reicht. Sein besonderes Augenmerk gilt dem Grünen Veltliner, der sich auf den Lössböden der Region sehr wohlfühlt.

Mit der neuerlichen Erweiterung und dem Ausbau des Kellers sind nun auch technisch die besten Voraussetzungen für das Heranreifen von Spitzenqualität gegeben. Der großzügige Verkostungsraum, dessen Glasfront einen Blick auf das Rohrendorfer Weingebirge mit seinen Lössterrassen freigibt, bildet ein attraktives Ambiente für vinophile und kulinarische Veranstaltungen und kann für diverse Festlichkeiten angemietet werden. Martin Mosers Anstrengungen tragen mittlerweile auch im Export ihre Früchte, er ist mit seinen Weinen bereits in Holland, Dänemark, Deutschland, England sowie den USA erfolgreich. Mit dem Riesling vom Gebling 2010 erreichte Martin Moser den zweiten Platz beim »Falstaff Kremstal-DAC-Cup«.

93 Riesling DAC Reserve Gebling Kellerterrassen Erste ÖTW Lage 2011
13,5 Vol.%, DV, Stahltank, trocken, €€€
Mittleres Grüngelb. Frischer Weingartenpfirsich, mit feiner Mineralik unterlegt, ein Hauch von Zitruszesten, weißer Apfel. Saftig, elegante Textur, gute Komplexität, weiße Tropenfrucht auch am Gaumen, finessenreich strukturiert, bleibt gut haften, wirkt leichtfüßig und trinkanimierend, sicheres Reifepotenzial.

(92–94) Grüner Veltliner Gebling Hannah Erste ÖTW Lage 2011
14,5 Vol.%, DV, Barrique, extratrocken, €€€€
Mittleres Gelbgrün. Feinwürzig unterlegte gelbe Apfelfrucht, zart nach Kräutern, ein Hauch von Mandarinenzesten, mineralischer Touch. Kraftvoll, engmaschig, wieder gute Würze, feiner Säurebogen, dunkle Mineralik, bleibt gut haften, ein komplexer Speisenbegleiter, salziger Nachhall, gutes Zukunftspotenzial.

92 Grüner Veltliner DAC Reserve Gebling Fortissimo Erste ÖTW Lage 2011
13,5 Vol.%, DV, extratrocken, €€€
Mittleres Gelbgrün. Mit zarter Kräuterwürze unterlegte weiße Frucht, ein Hauch von Orangenzesten, Nuancen von frischer Birne, mineralischer Touch. Saftig, feine Extraktsüße, lebendiger Säurebogen, gelber Apfel im Abgang, feinwürzig und trinkanimierend, ein frischer Speisenbegleiter.

(91–93) Grüner Veltliner DAC Reserve Gebling »Der Löss« Erste ÖTW Lage 2011
14 Vol.%, DV, Stahltank, extratrocken, €€€
Mittleres Grüngelb. Noch etwas verhalten, weiße Apfelfrucht, zarte tabakige Nuancen, frische Wiesenkräuter. Saftig, zarte Extraktsüße, feine gelbe Frucht, gut integrierte Säurestruktur, bleibt gut haften, vielseitig gastronomisch einsetzbar.

90 Riesling DAC Gebling 2011
13 Vol.%, DV, Stahltank, extratrocken, €€
Mittleres Gelbgrün. Zart kräuterwürzig unterlegte gelbe Grapefruit, feine Pfirsichfrucht, Blütenhonig, dunkle, rauchige Mineralik. Saftig, elegant, guter Säurebogen, feine Extraktsüße im Abgang, vielseitig einsetzbar.

89 Grüner Veltliner DAC Karmeliterberg 2011
12,5 Vol.%, DV, Stahltank, extratrocken, €€

88 Grüner Veltliner DAC Gebling 2011
13 Vol.%, DV, Stahltank, extratrocken, €€

88 Gelber Muskateller 2011
11,5 Vol.%, DV, Stahltank, extratrocken, €€

88 Grüner Veltliner DAC PerDue 2011
12 Vol.%, DV, Stahltank, extratrocken, €€

88 Weißburgunder 2011
13 Vol.%, DV, Stahltank, lieblich, €€

87 Sauvignon Blanc 2011
12,5 Vol.%, DV, Stahltank, extratrocken, €€

87 Chardonnay 2011
13 Vol.%, DV, Stahltank, extratrocken, €€

88 Zweigelt Rosé Rosi Mosi 2011
11,5 Vol.%, DV, Stahltank, extratrocken, €€

Kremstal

Kremstal

WEINKELLEREI LENZ MOSER

3495 Rohrendorf, Lenz-Moser-Straße 1
T: 02732/855 41, F: 02732/859 00
office@lenzmoser.at
www.lenzmoser.at

KELLERMEISTER: Ing. Ernest Großauer
ANSPRECHPARTNER: Friedrich Wimmer
ANZAHL/FLASCHEN: 18 Mio. (50 % weiß, 49 % rot, 1 % süß)
VERKOSTUNG: ja, gegen Voranmeldung AB-HOF-VERKAUF: ja
ÜBERNACHTUNGSMÖGLICHKEIT: ja
ANDERE PRODUKTE IM VERKAUF: Sekt
MESSEN: ProWein, VieVinum, Alles für den Gast Salzburg

Die Weine von Lenz Moser sind international gesehen ein wichtiges Aushängeschild für die österreichische Weinszene. Die Weinkellerei, die ihren Sitz in Rohrendorf bei Krems hat, ist nicht nur Marktführer in Sachen Qualitätswein aus Österreich, sondern war und ist stets auch innovativ. Unter anderem wurde hier bereits 1984 der Drehverschluss eingesetzt, ab 2008 findet man diesen auf fast allen Weinen von Lenz Moser.

»Small is beautiful«, dieser Satz trifft auch auf die Weinkellerei Lenz Moser zu, bringt doch eine Vielzahl von Winzern, die zusammen die rund 2700 Hektar Weingärten betreuen, die Trauben im Herbst in kleinen Chargen in die Kellerei. Um sicherzugehen, dass nur gesunde und perfekt gereifte Trauben angeliefert werden, hält das vom Chefönologen Ernest Großauer geführte Team engen Kontakt zu den Weinbauern und steht ihnen das ganze Jahr über beratend zur Seite.

Neben der ausgezeichneten Qualität der Produkte aller Weinlinien und der Gewissheit, dass sie mit größter Sorgfalt entstanden sind, ist es auch das äußerst moderate Preisniveau aller Weine, das von den Konsumenten geschätzt wird. Auch seitens anerkannter Expertenjurys finden die Lenz-Moser-Weine im In- und Ausland gebührende Anerkennung.

92 Carpe Diem Mariage 2009 CS/CF/ME
14 Vol.%, NK, Barrique, 2500, extratrocken, €€€€€
Dunkles Rubingranat, violette Reflexe, dezenter Wasserrand. Mit zartem Selchton unterlegte Röstaromatik, feine Gewürzanklänge, mit schwarzer Beerenfrucht unterlegt, feiner Kräutertouch. Saftig, gute Komplexität, eingebundene Tannine, frisch strukturiert, extraktsüßes rotes Beerenkonfit, bleibt gut haften, zart nach Karamell im Abgang.

90 Carpe Diem Prestige Cuvée 2009 CS/CF/ME
14 Vol.%, NK, Barrique, 13.000, extratrocken, €€
Kräftiges Rubingranat, violette Reflexe, zarte Randaufhellung. Feine Nuancen von reifen Zwetschken und Kirschen, zarte Gewürzanklänge, einladendes Bukett. Saftig, elegante Textur, zart nach Brombeeren, schokoladige Nuancen, rotbeerige Anklänge, zitroniger Touch im Finish.

89 Blauer Zweigelt Prestige 2009
13 Vol.%, DV, großes Holzfass, 33.000, trocken, €€

88 Blaufränkisch Barrique Prestige 2008
13,5 Vol.%, DV, Barrique, 25.000, extratrocken, €€

89 Pinot Gris Prestige 2011
13 Vol.%, DV, Stahltank, 13.000, extratrocken, €€

88 Grüner Veltliner Prestige 2011
12,5 Vol.%, DV, Stahltank, 31.000, extratrocken, €€

★★★

WEINGUT SEPP MOSER

3495 Rohrendorf, Untere Wiener Straße 1
T: 02732/705 31, F: DW 10
office@sepp-moser.at
www.sepp-moser.at

--- BIO ---

KELLERMEISTER: Edwin Schreibeis ANSPRECHPARTNER: Nikolaus Moser
ANZAHL/FLASCHEN: 115.000 (95 % weiß, 4 % rot, 1 % süß) HEKTAR: 24
VERKOSTUNG: ja, am Wochenende gegen Voranmeldung AB-HOF-VERKAUF: ja
ÜBERNACHTUNGSMÖGLICHKEIT: kann organisiert werden
ANDERE PRODUKTE IM VERKAUF: Zweigelt Traubensaft
VEREINSZUGEHÖRIGKEIT: Traditionsweingüter Österreich
MESSEN: ProWein, VieVinum

Kremstal

Niki Moser, der heute die Geschicke des Betriebes leitet, strebt nach höchstmöglicher Balance und Eleganz seiner Weine. Dementsprechend »ganzheitlich« wird der Weinbau in den Sepp Moser'schen Rieden gesehen und auch umgesetzt. Die Rebkulturen werden biodynamisch nach Demeter-Richtlinien bewirtschaftet.

Bewusst sind Regionalität und Authentizität der Weine in den Vordergrund gestellt, die Charakterzüge der Ersten Lagen Gebling, Breiter Rain und Schnabel akzentuiert. 95 Prozent der Kremstaler Weingärten in den Terrassenlagen mit bis zu 45 Prozent Hangneigung sind mit Weißweinsorten – allen voran Grüner Veltliner und Riesling – bestockt. Die einzige Ausnahme bildet der Pinot Noir in der Riede Gebling. Die Philosophie in den Weingärten setzt sich im Keller des Rohrendorfer Atriumhauses als »Weniger ist mehr«-Strategie fort. Die Vergärung der Weine verläuft ausschließlich spontan, auf Enzyme und »kosmetische« Eingriffe wird bewusst verzichtet.

Die Sepp-Moser-Weine sind auf zahlreichen Weinkarten der Top-Gastronomie Österreichs und vieler anderer Länder zu finden.

93 Riesling DAC Reserve Gebling Erste ÖTW Lage 2011
13,5 Vol.%, DV, Stahltank, €€€
Mittleres Grüngelb. Feine Steinobstklänge, reifer Weingartenpfirsich, ein Hauch von Blütenhonig, mineralische Nuancen. Komplex, extraktsüßer Kern, gelbe Tropenfrüchte klingen an, feiner Säurebogen, zeigt eine gute Länge, zart nach Ananas im Rückgeschmack, sicheres Entwicklungspotenzial.

(92-94) Grüner Veltliner DAC Reserve Breiter Rain Erste ÖTW Lage 2011
13 Vol.%, DV, großes Holzfass, 3000, €€€
Mittleres Gelb, Silberreflexe. Mit frischen Wiesenkräutern unterlegte reife Apfelfrucht, ein Hauch von Orangenzesten, rauchige Mineralik. Komplex, stoffig, elegante Textur, feine Extraktsüße, bleibt gut haften, feine tabakige Nuancen im Abgang, ein vielseitiger Begleiter bei Tisch, sicheres Entwicklungspotenzial.

92 Chardonnay Gebling 2011
13 Vol.%, DV, 5000, extratrocken, €€€
Mittleres Grüngelb. Frischer gelber Apfel, ein Hauch von Honigmelone und Wiesenkräutern, mineralische Akzente. Saftig, kompakt, weiße Frucht, feiner Säurebogen, bleibt gut haften, Nuancen von Birnen im Abgang, ein eleganter Speisenbegleiter mit Zukunftspotenzial.

L 91 Riesling DAC von den Terrassen 2011
12,5 Vol.%, DV, Stahltank, 7000, extratrocken, €€
Helles Gelbgrün. Feine weiße Steinobstnote, zart nach Blütenhonig, ein Hauch von Orangenzesten, attraktives Bukett. Saftig, gelbe Tropenfrucht, rassiger Säurebogen, sehr trinkanimierend, salzig-mineralischer Nachhall, gute Länge.

L 90 Grüner Veltliner DAC Gebling Erste ÖTW Lage 2011
12,5 Vol.%, DV, Stahltank, 10.500, extratrocken, €€€
Helles Gelbgrün. Mit feiner Kräuterwürze unterlegte gelbe Apfelfrucht, feine tabakige Nuancen, ein Hauch von Blütenhonig. Kraftvoll, saftig, dunkle Würze, cremige Textur, gut eingebundene Säurestruktur, extraktsüßer Nachhall, gutes Entwicklungspotenzial.

88 Grüner Veltliner DAC von den Terrassen 2011
12,5 Vol.%, DV, Stahltank, 9000, extratrocken, €€

Kremstal

★ ★

WEINGUT MÜLLER-GROSSMANN

3511 Furth/Palt, Lindengasse 25
T: 02732/831 46, F: DW 4
office@mueller-grossmann.at
www.mueller-grossmann.at

KELLERMEISTER: Helma und Marlies Müller
ANSPRECHPARTNER: Marlies Müller
ANZAHL/FLASCHEN: 45.000 (90 % weiß, 10 % rot) HEKTAR: 10
VERKOSTUNG: ja AB-HOF-VERKAUF: ja ÜBERNACHTUNGSMÖGLICHKEIT: kann organisiert werden ANDERE PRODUKTE IM VERKAUF: Destillate, Vinotheksweine VEREINSZUGEHÖRIGKEIT: 11 Frauen und ihre Weine
MESSEN: VieVinum, ProWein

Am Fuße des Göttweiger Berges, im traditionsreichen Weinbaugebiet Kremstal bewirtschaften Helma und Marlies Müller-Grossmann zehn Hektar Weingärten. Oberstes Ziel ist das Schaffen von Genuss – naturnah und hochwertig. Die Wurzeln hierfür liegen in den Rebstöcken des Weingartens, der schonend und unter Berücksichtigung von Klima, Boden und Lage bearbeitet wird. Feinschliff erhalten die Weine im Keller und erlangen so ihre Individualität – durch die Handschrift von Helma und Marlies Müller-Grossmann. Im Mittelpunkt des genussvollen Interesses stehen ausschließlich Weißweine sowie ein Rosé vom Zweigelt. Dies ist auch der großen Vielfalt an Böden gedankt und dem natürlichen Wechselspiel von warmen Tagen und kühlen Nächten. Ein Großteil der Rieden des Weingutes befindet sich sowohl auf Lössböden als auch auf steinigen, nährstoffreichen, nicht zu schweren Böden. Klare Stilistik und ausgeprägte Fruchtigkeit kennzeichnen die Weine. Neben Klassikern wie Grüner Veltliner oder Riesling sowie den Burgundersorten haben Helma und Marlies Müller-Grossmann ein Herz für Spezialitäten wie den Gelben Muskateller oder den Frühroten Veltliner.

(90-92) Grüner Veltliner DAC Reserve Alte Reben 2011
13,5 Vol.%, DV, Stahltank, extratrocken, €€€
Helles Grüngelb. Mit zarten Wiesenkräutern und tabakigen Nuancen unterlegte gelbe Apfelfrucht, ein Hauch von Honigmelone. Saftig, elegante Textur, gute Würze, eingebundenes Säurespiel, mineralischer Nachhall, ein vielseitiger Speisenbegleiter.

(90-92) Riesling DAC Reserve Steinbiegl 2011
13,5 Vol.%, DV, Stahltank, extratrocken, €€€
Helles Grüngelb. Feine Nuancen von weißen Tropenfrüchten, zart nach Weingartenpfirsich, rauchige mineralische Komponenten. Stoffig, grüner Apfel, gut integrierter Säurebogen, zitronige Nuancen im Abgang, wirkt leichtfüßig und trinkanimierend, gutes Entwicklungspotenzial.

L 90 Riesling DAC Steiner Point 2011
12,5 Vol.%, DV, Stahltank, extratrocken, €€
Helles Grüngelb. Zart blättrig unterlegte Nuancen von Weingartenpfirsich, mineralischer Touch. Saftig, weiße Frucht, Steinobst, lebendiger Säurebogen, finessenreich und anhaltend, gute Länge, feine Zitrusaromen im Nachhall.

90 Grüner Veltliner DAC Hochrain 2011
13 Vol.%, DV, Stahltank, extratrocken, €€
Helles Grüngelb. Einladende gelbe Apfelfrucht, ein Hauch von Honigmelone, mit feiner Kräuterwürze unterlegt. Saftig, frische Birnen, elegante Textur, frischer Säurebogen, zitronige Nuancen im Abgang, gutes Potenzial.

89 Chardonnay Classic 2011
13,5 Vol.%, DV, Stahltank, trocken, €€

88 Pinot Blanc Göttweiger Berg 2011
13 Vol.%, DV, Stahltank, trocken, €€

88 Grüner Veltliner DAC Großer Satz 2011
12,5 Vol.%, DV, Stahltank, extratrocken, €€

★★

WEINGUT MÜLLER

3508 Krustetten, Hollenburger Straße 12
T: 02739/26 91, F: DW 14
info@weingutmueller.at
www.weingutmueller.at

Kremstal

KELLERMEISTER: Leopold Müller ANSPRECHPARTNER: Martha u. Leopold Müller ANZAHL/FLASCHEN: k. A. (82 % weiß, 17 % rot, 1 % süß) HEKTAR: 70 VERKOSTUNG: ja, gegen Voranmeldung AB-HOF-VERKAUF: ja HEURIGER: 11. bis 24. 7. und 26. 9. bis 9. 10. ÜBERNACHTUNGSMÖGLICHKEIT: kann organisiert werden ANDERE PRODUKTE IM VERKAUF: Sparkling, Edelbrände, Fruchtsäfte VEREINSZUGEHÖRIGKEIT: Vinum Circa Montem MESSEN: ProWein, VieVinum, Alles für den Gast, The London International Wine & Spirits Fair

Mitten im kleinen Weinort Krustetten im südlichen Kremstal erblickt man das Weingut Müller schon von Weitem. Der neu erbaute, moderne Keller mit dem gemütlichen Panoramaverkostungsstüberl ragt über alle Dächer hinaus. Von hier aus hat man einen hervorragenden Blick auf das Stift Göttweig, die besten Kremstaler Lagen und die Donau mit der Weinstadt Krems.

Mit viel Liebe und Einsatz keltert hier Leopold Müller seine fruchtbetonten und sortentypischen Weißweine. Besonderes Augenmerk legt er auf Grünen Veltliner und Riesling, der aus den besten Lagen des südlichen Kremstals stammt. Dennoch sollte man nicht auf die samtwürzigen Rotweine des Hauses vergessen, die nicht nur den Kellermeister immer wieder aufs Neue begeistern. Durch sein stetiges Streben nach Qualität konnte das Weingut in den letzten Jahren viele Erfolge verzeichnen, unter anderem neun Weine im »SALON Österreich Wein«, davon zweimal Bundeszweiter bei Grünem Veltliner und Riesling.

Um die sorgfältig angelegten Weingärten in den ausgezeichneten Lagen rund um den Göttweiger Berg kümmert sich der jüngere Bruder Stefan. Er bewirtschaftet die 70 Hektar Weingärten mit viel Leidenschaft und großem Können. Der Einfluss der Donau und die tiefgründigen Lehm- und Lössboden, aber auch die warmen Schotterböden unterstützen ihn bei seiner Arbeit und bilden so die optimalen Bedingungen für ein hochqualitatives Traubenmaterial. Außerdem ist Stefan der geborene Heurigenwirt und verwöhnt die Gäste im eigenen Heurigenlokal mit regionalen Spezialitäten und natürlich den hauseigenen Weinen.

(91-93) Grüner Veltliner DAC Reserve Gottschelle 2011
13,5 Vol.%, DV, Stahltank, extratrocken, €€€
Helles Grüngelb. Mit frischen Wiesenkräutern unterlegte feine Apfelfrucht, ein Hauch von weißer Birne, mineralische Nuancen. Saftig, reifer Golden-Delicous-Apfel, feiner Säurebogen, zart nach Blütenhonig im Abgang, zeigt eine gute Länge, ein vielseitiger Speisenbegleiter.

(91-93) Riesling DAC Reserve Leiten 2011
13,5 Vol.%, DV, Stahltank, extratrocken, €€€
Helles Grüngelb. Zarte Nuancen von Steinobst, frischer Weingartenpfirsich, zart nach Ananas, ein Hauch von Blütenhonig. Saftig, feine gelbe Tropenfrucht, finessenreicher Säurebogen, elegant und ausgewogen, verfügt über gutes Entwicklungspotenzial.

90 Grüner Veltliner DAC Bergkristall 2011
13 Vol.%, DV, Stahltank, extratrocken, €€
Mittleres Grüngelb. Frischer gelber Apfel, zarte Steinobstnote, ein Hauch von Blütenhonig, attraktives Bukett. Saftig, elegante Textur, extratsüßer Kern, feiner Säurebogen, bleibt gut haften, ein vielseitiger Essensbegleiter mit Reifepotenzial.

89 Riesling Göttweiger Berg 2011
12,5 Vol.%, DV, Stahltank, trocken, €€

88 Grüner Veltliner DAC Kremser Kogl 2011
12,5 Vol.%, DV, Stahltank, extratrocken, €€

88 Riesling DAC Neubergen 2011
13 Vol.%, DV, Stahltank, extratrocken, €€

88 Chardonnay Mugeln Reserve 2011
13,5 Vol.%, DV, Stahltank/großes Holzfass, trocken, €€

88 Gelber Muskateller Neubergen 2011
12,5 Vol.%, DV, Stahltank, extratrocken, €€

Kremstal

★★★★

WEIN-GUT NIGL
3541 Senftenberg, Kirchenberg 1
T: 02719/26 09, F: DW 4
info@weingutnigl.at
www.weingutnigl.at

KELLERMEISTER UND ANSPRECHPARTNER: Martin Nigl
ANZAHL/FLASCHEN: k. A. (90 % weiß, 9,5 % rot, 0,5 % süß) HEKTAR: 25
VERKOSTUNG: ja, gegen Voranmeldung AB-HOF-VERKAUF: ja
RESTAURANT/GASTHOF: Do. bis Mo. 12–14 und 18–24 Uhr
ÜBERNACHTUNGSMÖGLICHKEIT: ja
VEREINSZUGEHÖRIGKEIT: Traditionsweingüter Österreich
MESSEN: ProWein, VieVinum

Das Weingut Nigl liegt am Ortseingang von Senftenberg in der Kirchengasse, am Fuße des Burgbergs. Der Betrieb verfügt heute über 25 Hektar Weingärten, die auf die Premiumlagen des Kremstals verteilt sind. Die wichtigsten Weingärten heißen Piri, bestockt mit Riesling und Grünem Veltliner, und Hochäcker mit Riesling. Sie befinden sich bei Senftenberg, bei Rehberg und in Kremser Rieden. Spitzenlage des Hauses Nigl ist die Urgesteinsriede Kremsleiten, in der am Eingang des Kremstals ebenfalls Riesling steht.

Die besten Weine der Nigl'schen Palette tragen den Namen »Privat«. Das Traubengut für die beiden »Privat«-Füllungen stammt aus alten Weingärten im Senftenberger Piri. Auf kargen Urgesteinsböden bringen die 35 Jahre alten Rebstöcke zwar nur einen sehr geringen Ertrag, dafür aber umso höhere Qualität: Jahr für Jahr entstehen hier zwei große, lagerfähige Weine von bestechender Konzentration und Mineralik. Mit dem leichtfüßigen Riesling »Dornleiten« platzierte sich Martin Nigl 2011 wieder an der Spitze des »Falstaff Kremstal-DAC-Cups«.

95 Grüner Veltliner Herzstück vom Kirchenberg 2010
13,5 Vol.%, DV, großes Holzfass, 2000, extratrocken, €€€€€
Leuchtendes Grüngelb. Reife gelbe Tropenfruchtanklänge, ein Hauch von Quitten, feine Kräuterwürze, ein Hauch kandierter Orangenzesten. Saftig, sehr elegant, feine gelbe Frucht, angenehme Extraktsüße, finessenreicher Säurebogen, bleibt lange haften, frisch und harmonisch, sortentypische Würze im Nachhall, sicheres weiteres Entwicklungspotenzial, großes Veltliner-Kino.

(93–95) Riesling Privat Senftenberger Pellingen Erste ÖTW Lage 2011
13,5 Vol.%, DV, Stahltank, trocken, €€€€€
Helles Grüngelb. Kühle weiße Pfirsichfrucht, feine Nuancen von Maracuja, zart nach Blütenhonig. Stoffig, saftige gelbe Tropenfrucht, angenehme Extraktsüße, lebendiger Säurebogen, mineralischer Touch im Abgang, zarter Honigtouch, bleibt sehr gut haften, besitzt große Harmonie und Länge, ein Paradieriesling.

93 Riesling Senftenberger Piri 2011
13 Vol.%, DV, Stahltank, extratrocken, €€€€
Helles Gelbgrün. Einladende Steinobstklänge, gelber Pfirsich, ein Hauch von Tropenfrüchten, mit dunkler Mineralik unterlegt. Stoffig, engmaschige Textur, feiner Touch von Maracuja und Ananas, finessenreicher Säurebogen, elegant und ausgewogen, zitronige Nuancen im Abgang, bleibt lange haften, mineralisch auch im Nachhall, sicheres Entwicklungspotenzial.

(92–94) Grüner Veltliner Privat Senftenberger Pellingen Erste ÖTW Lage 2011
14 Vol.%, DV, extratrocken, €€€€€
Helles Gelbgrün. Mit feinen Nuancen von Kräuterwürze unterlegte gelbe Apfelfrucht, rauchige Noten, tabakiger Touch, facettenreiches Bukett. Komplex, feine Extraktsü-

ße, gelbe Apfelfrucht, feiner Säurebogen, zart nach Marille im Abgang, dunkle Mineralik im Nachhall, ein vielseitiger Speisenbegleiter.

(92-94) Riesling Senftenberger Hochäcker Erste ÖTW Lage 2011
13,5 Vol.%, DV, Stahltank, trocken, €€€€
Mittleres Grüngelb. Feine Nuancen von Weingartenpfirsich, etwa Blütenhonig, mit gelben Tropenfrüchten unterlegt, facettenreiches Bukett. Straff, engmaschig, feine Fruchtsüße, eleganter Körper, frischer Säurebogen, weiße Nuancen im Abgang, bereits gut antrinkbar.

(92-94) Grüner Veltliner Alte Reben 2011
13,5 Vol.%, DV, extratrocken, €€€
Helles Gelbgrün. Mit zarten Wiesenkräutern unterlegte weiße Apfelfrucht, feine rauchige Würze. Kraftvoll, saftige Birnenfrucht, frischer Säurebogen, kompakt im Abgang, zeigt eine gute Länge, feine Fruchtsüße im Nachhall, ein vielseitiger Speisenbegleiter, gutes Zukunftspotenzial.

88 Riesling DAC Dornleiten 2011
12,5 Vol.%, DV, Stahltank, trocken, €€€€

Kremstal

Kremstal

WEINHOF UND PENSION PARZER

3511 Furth/Göttweig, Oberfucha 9
T: 02739/24 14, F: DW 4
office@weinhof-parzer.at
www.weinhof-parzer.at

KELLERMEISTER: Christian Parzer
ANSPRECHPARTNER: Andrea und Christian Parzer
ANZAHL/FLASCHEN: k. A. (75 % weiß, 24 % rot, 1 % süß) HEKTAR: 6
VERKOSTUNG: ja, gegen Voranmeldung AB-HOF-VERKAUF: ja
ÜBERNACHTUNGSMÖGLICHKEIT: ja
ANDERE PRODUKTE IM VERKAUF: Destillate, Liköre, Traubensaft
VEREINSZUGEHÖRIGKEIT: Vinum Circa Montem

Der Weinhof Parzer, seit 1843 in Familienbesitz, liegt am Fuße des Göttweiger Berges. Der Urgesteinsboden und die besondere Lage lassen hier in einem günstigen Klima sortentypische Weine, aber auch Marillen wachsen.

Nicht nur Weine wie Grüner Veltliner, Riesling, Chardonnay, Zweigelt, Pinot Noir, Cabernet Sauvignon und Merlot werden hier zu bemerkenswerten Qualitäten gebracht. In der eigenen Brennerei erzeugt Johann Parzer auch Edelbrände, die schon mehrfach ausgezeichnet wurden.

Nach einer profunden Ausbildung und Praxis in Österreich und Italien übernahm der junge Christian Parzer die Rolle des Weinmachers und ist seither für den Stil des Hauses verantwortlich. Der junge Kellermeister ist drauf und dran, seinen Betrieb unter die besten der Göttweiger Region einzureihen. Die Familie führt eine Frühstückspension, auch Kellerführungen und Weinkostungen für bis zu 60 Personen werden gegen Voranmeldung angeboten.

(90-92) Grüner Veltliner Richtern Große Selektion 2011
14 Vol.%, DV, Stahltank, trocken, €€
Mittleres Gelbgrün, Silberreflexe. Zunächst etwas verhalten, mit zarter Kräuterwürze unterlegte gelbe Apfelfrucht, ein Hauch von Orangenzesten. Kraftvoll, komplex, feine Extraktsüße, reife Mango, feiner Säurebogen, bleibt gut haften, süße gelbe Frucht auch im Nachhall, zeigt eine gute Länge, ein vielseitiger Speisenbegleiter.

(90-92) Riesling Sprinzenberg 2011
13,5 Vol.%, DV, Stahltank, extratrocken, €€
Mittleres Grüngelb. Einladende gelbe Tropenfrucht, ein Hauch von Ananas und Maracuja, feiner Blütenhonig, attraktives Bukett. Saftig, weiße Frucht, zart nach Litschi und Zitrusfrüchten, lebendige Säurestruktur, trinkanimierend und leichtfüßig, salzig-mineralischer Abgang.

(89-91) Grüner Veltliner Richtern 2011
13,5 Vol.%, Stahltank, trocken, €€
Mittleres Grüngelb. Etwas verhalten, feine tabakige Nuancen, frische Apfel- und Mangofrucht, zart nach Wiesenkräutern. Saftig, frische gelbe Apfelfrucht, zeigt eine angenehme Würze, guter Säurebogen, lebendig strukturiert, trinkfreudige Stilistik, ein vielseitiger Speisenbegleiter.

89 Grüner Veltliner Gaisberg 2011
13 Vol.%, DV, Stahltank, extratrocken, €€

89 Grüner Veltliner DAC Sprinzenberg 2011
12,5 Vol.%, DV, Stahltank, extratrocken, €€

88 Riesling DAC vom Urgestein 2011
12,5 Vol.%, DV, Stahltank, extratrocken, €€

★★★

WEINGUT A. UND F. PROIDL

3541 Senftenberg, Oberer Markt 5
T: 02719/24 58, F: DW 4
weingut@proidl.com
www.proidl.com

Kremstal

KELLERMEISTER UND ANSPRECHPARTNER: Franz Proidl
ANZAHL/FLASCHEN: k. A. (90 % weiß, 5 % rot, 5 % süß) HEKTAR: 18
VERKOSTUNG: ja, gegen Voranmeldung
ÜBERNACHTUNGSMÖGLICHKEIT: kann organisiert werden
ANDERE PRODUKTE IM VERKAUF: Destillate
VEREINSZUGEHÖRIGKEIT: Kooperierendes Mitglied der Traditionsweingüter
Österreich, Kremstaler Convent MESSEN: VieVinum

Senftenberg liegt aus nördlicher Sicht am Beginn des Weinbaugebiets. Es verbindet die Weinbauregion der Wachau mit der für das Waldviertel typischen, durch Wald und Fels gegliederten Landschaft tief eingeschnittener Flusstäler. Das Zusammentreffen der kühlen Luftströme der böhmischen Masse mit den milden Temperaturen des Donauraums schafft zusammen mit Granitverwitterungsböden ideale Bedingungen für charaktervolle Weine.

Das große Kapital des Weinguts Proidl sind die bis zu 100 Prozent steilen Lagen im Durchbruchstal des Kremsflusses. Das Paradebeispiel ist die Riede Ehrenfels, die in jahrelanger Arbeit rekultiviert, das heißt von Gestrüpp, Wald und Felsen befreit wurde, bevor hier der Riesling wieder seinen sonnigen Steinterrassenplatz fand. Hier wachsen eigenständige Weine aus Grünem Veltliner und Riesling mit klarem mineralischem Charakter, der durch die betriebstypische späte selektive Ernte noch unterstrichen wird. Reinzuchthefen werden hier nicht eingesetzt, eine langsame Vergärung ist die Regel.

Bei Jungweinpräsentationen wird man Franz Proidl vermissen – anstatt hektisch zu arbeiten, verwendet er auf den Ausbau seiner Weine genügend Zeit, um diesen eine längere Lebensdauer zu verleihen. Neben Riesling und Grünem Veltliner bietet das Weingut Proidl auch Rivaner, Gelben Muskateller, Chardonnay, Blauen Zweigelt, St. Laurent, Cabernet Sauvignon und Merlot.

(92–94) Grüner Veltliner DAC Reserve Senftenberger Ehrenfels Erste ÖTW Lage 2011
14 Vol.%, DV, Stahltank/großes Holzfass, extratrocken, €€€€
Mittleres Grüngelb. Zart rauchig-mineralisch unterlegte gelbe Apfelfrucht, angenehme Kräuterwürze, braucht etwas Luft und Zeit, um sich zu öffnen. Stoffig, engmaschig, feinwürzig, reife Birnenfrucht, gut integriertes Säurespiel, bleibt gut haften, ein kraftvoller Essensbegleiter mit guten Zukunftsaussichten.

(92–94) Riesling DAC Reserve Senftenberger Ehrenfels Erste ÖTW Lage 2011
14 Vol.%, DV, Stahltank/großes Holzfass, trocken, €€€€
Mittleres Grüngelb. Zart mit frischen Wiesenkräutern und Orangenzesten unterlegte Steinobstnote, facettenreiches Bukett. Saftig, reife Marillenfrucht, wirkt opulent in der Frucht, finessenreiche Säurestruktur unterlegt, zart nach Ananas und Maracuja im Abgang, gute Länge, sicheres Entwicklungspotenzial.

(92–94) Riesling DAC Reserve Senftenberger Hochäcker Erste ÖTW Lage 2011
14,5 Vol.%, DV, Stahltank, trocken, €€€€
Mittleres Grüngelb. Einladender Duft nach Weingartenpfirsich, zart nach Blütenhonig, zart rauchig unterlegt. Kraftvoll, saftige gelbe Tropenfrucht, finessenreicher Säurebogen, Extraktsüße im Abgang, bleibt gut haften, zart nach Orangen im Abgang, etwas Honig, mineralisches Finale, gutes Reifepotenzial.

(92–94) Traminer Senftenberg 2011
15 Vol.%, DV, Stahltank, lieblich, €€€
Mittleres Gelbgrün. Feine Nuancen von Eibischnoten, zart nach Orangenzesten, feiner Blütenhonig. Saftig, sehr kraftvoll, süße Tropenfruchtaromen, finessenreicher Säurebo-

Kremstal

gen, zarte Honignote im Abgang, Orangen auch im Finish, noch sehr jung, wird einige Jahre auf der Flasche brauchen, um sich zu entwickeln.

(91-93) Riesling DAC Reserve Senftenberger Pfeningberg Erste ÖTW Lage 2011
14 Vol.%, DV, Stahltank, €€€€
Mittleres Grüngelb. Zarte Steinobstanklänge, ein Hauch von Honigmelone, dunkle Mineralik, ein Hauch von Orangenzesten. Saftig, engmaschig, gut integrierter Restzucker, frisches Säuregerüst, zart nach Grapefruit im Abgang, gute Länge, ein vielseitiger Speisenbegleiter.

(91-93) Grüner Veltliner DAC Reserve Alte Reben Senftenberger Pellingen Erste ÖTW Lage 2011
13,5 Vol.%, DV, Stahltank/großes Holzfass, extratrocken, €€€
Mittleres Grüngelb. Frische Wiesenkräuter, feine Birnenfrucht, mit zartem gelbem Apfel unterlegt. Kräftig, kompakt, zart nach Golden Delicious, saftig, frisches Säurespiel, zart nach gelber Tropenfrucht im Abgang, gute Länge, ein vielseitiger Speisenbegleiter.

90 Riesling DAC Senftenberger Rameln 2011
13 Vol.%, DV, extratrocken, €€
Mittleres Grüngelb. Mit feiner Mineralik unterlegte gelbe Tropenfrucht, ein Hauch von Ananas und Wiesenkräutern, Blütenhonig. Mittlere Komplexität, feine Fruchtsüße, angenehmer Säurebogen, ein vielseitiger Speisenbegleiter mit Reifepotenzial.

90 Grüner Veltliner DAC Senftenberger Burg 2011
13 Vol.%, DV, extratrocken, €€
Mittleres Gelbgrün. Feine Kräuterwürze, reife gelbe Apfelfrucht, zarter tabakiger Hauch. Stoffig, elegante Textur, feine Fruchtsüße, cremiger Körper, gelbe Frucht auch im Abgang, bereits gut antrinkbar.

88 Grüner Veltliner DAC Senftenberger Rameln 2011
12,5 Vol.%, DV, Stahltank, extratrocken, €€

88 Riesling DAC Senftenberger »Steilheit« 2011
2,5 Vol.%, DV, €€

(89-91) Riesling Senftenberg »Proidl spricht Deutsch« 2011
10 Vol.%, DV, süß, €€€€
Mittleres Gelbgrün. Zart nach Blütenhonig, mit gelbem Pfirsich unterlegt, ein Hauch von Mandarinenzesten. Saftig, elegant, reife Pfirsichfrucht, gut eingebundene Süße, ein fruchtbetonter Stil, mit guter Mineralik unterlegt.

WEINGUT JOSEF ROSENBERGER

3495 Rohrendorf, Leisergasse 29
T: 02732/838 43, F: DW 4
j.rosenbergerwein@aon.at
www.rosenbergerwein.at

Kremstal

KELLERMEISTER UND ANSPRECHPARTNER: Josef Rosenberger
ANZAHL/FLASCHEN: k. A. (90 % weiß, 9,5 % rot, 0,5 % süß) HEKTAR: 18
VERKOSTUNG: ja, gegen Voranmeldung AB-HOF-VERKAUF: ja
ÜBERNACHTUNGSMÖGLICHKEIT: ja
ANDERE PRODUKTE IM VERKAUF: Sekt, Frizzante, Essig, Destillate,
Traubenkernöl, Weinseife Vereinszugehörigkeit: losgelös(s)t
MESSEN: Alles für den Gast (Salzburg)

Das Familienweingut blickt auf eine lange Tradition zurück. Das Anwesen in Rohrendorf ist bereits seit 1722 in Familienbesitz. Es werden 18 Hektar Weingärten selbst bewirtschaftet. Die Familie Rosenberger ist durch ihre Verbundenheit mit der Natur bestrebt, Nachhaltigkeit und Umweltschutz zu pflegen und zu fördern. Naturnaher Weinbau, speziell die »Kontrollierte Integrierte Produktion«, das Arbeiten nach den Mondphasen bei der Weinlese und Verarbeitung, das Leben mit der Natur sowie der Einsatz moderner Kellertechnik zählen zu den wichtigsten Grundlagen der Philosophie.

Um weiterhin Spitzenweine produzieren zu können, wurde das Weingut völlig neu gebaut. Moderne Technik und modernes Know-how wurden dabei höchst behutsam in das Gesamtkonzept integriert. Die Architektur spiegelt die Eigenschaften der Weine wider – jung, dynamisch, modern. Die fünf Elemente vereinen Tradition und Moderne. Der Verkostungsraum ist das Herzstück des Weingutes. Er bietet Platz für bis zu 70 Personen und kann für Veranstaltungen und Seminare gemietet werden. Das Gästehaus besteht aus vier großräumigen Zimmern mit Loggien und einem barrierefreien Appartement. Alle Zimmer haben einen wunderschönen Ausblick auf den Rohrendorfer Weinberg. Der Weinkeller ist auf dem neuesten und modernsten Stand der Technik. Die Familie Rosenberger ist bekannt für den frischen, würzigen Grünen Veltliner und die gehaltvollen Rieslinge.

Zahlreiche nationale wie internationale Preise zeichnen diese Weine aus. Gegen Voranmeldung veranstaltet man gerne kommentierte Weinproben und Weinseminare sowie Führungen durch Weingärten und Keller. Wer möchte, kann im alten Vinothekskeller bei optimalen Lagerbedingungen seine eigene Flaschenbox mieten.

(90-92) Grüner Veltliner Gebling 2011
14 Vol.%, DV, Stahltank, 4000, extratrocken, €€
Mittleres Gelbgrün. Frische gelbe Tropenfrucht, ein Hauch von Quitten, feiner Kräutertouch, Nuancen von Blütenhonig. Kraftvoll, saftig, angenehme Extraktsüße, frische Marillen, lebendiger Säurebogen, der dem Wein viel Schwung gibt, gute Länge, sicheres Entwicklungspotenzial.

(89-91) Riesling Exklusiv 2011
13,5 Vol.%, DV, Stahltank, 4000, extratrocken, €€
Helles Grüngelb. Einladende Steinobstklänge, gelbe Frucht, zarter Blütenhonig, mineralische Nuancen. Stoffig, elegant, feine Fruchtsüße, angenehme Säurestruktur, Pfirsichtouch im Abgang, ein vielseitiger Speisenbegleiter.

(88-90) Weißburgunder 2011
13 Vol.%, DV, Stahltank, 3000, trocken, €€

(88-90) Riesling Lössterrassen 2011
12,5 Vol.%, DV, Stahltank, 4000, extratrocken, €€

(88-90) Sauvignon Blanc 2011
14 Vol.%, DV, Stahltank, 4000, extratrocken, €€

(87-89) Grüner Veltliner Kaiserstiege Lössterrassen 2011
12,5 Vol.%, DV, Stahltank, 6000, extratrocken, €€

Kremstal

★★★★

WEINGUT SALOMON UNDHOF

3504 Stein/Donau, Undstraße 10
T: 02732/832 26, F: DW 78
office@salomonwines.com
www.salomonwines.com

KELLERMEISTER: Bertold Salomon
ANSPRECHPARTNER: Bertold und Gertrud Salomon
ANZAHL/FLASCHEN: 150.000 (100 % weiß) HEKTAR: 30
VERKOSTUNG UND AB-HOF-VERKAUF: Mo. bis Fr. 13–17 Uhr
ANDERE PRODUKTE IM VERKAUF: Destillate; Rotweine von Salomon-Estate, Australia VEREINSZUGEHÖRIGKEIT: Traditionsweingüter Österreich
MESSEN: VieVinum, ProWein

Weine von Salomon Undhof vereinen Finesse und Charakter mit Mineralik und Frucht. Seit 1792 werden hier Weißweine aus den besten Urgesteinsterrassen in Stein und Krems erzeugt. Sie spiegeln die Landschaft, in der sie gewachsen sind, in vollendeter Weise wider. Auf den Steiner Toplagen Kögl und Pfaffenberg gedeihen die großen gleichnamigen Rieslinge des Hauses; der Grüne Veltliner »Von Stein« kommt von den steilen Bergterrassen über der Altstadt von Stein. Von den besten Kremser Lössterrassen stammen der »Lindberg« und »Wachtberg«.

Von der händischen Weingartenpflege bis zum schonenden Schwerkraftprinzip im Weinkeller wird die Brücke zwischen Natur und Mensch gelegt. Bei Salomon Undhof werden Sie Weine finden, in denen die Komplexität und die vielfältigen Aromen der Natur und ihrer Herkunft bewahrt sind. Ermöglicht wird dies sowohl durch den alten Weingartenbesitz der Familie Salomon in den besten Weinbergslagen von Stein und Krems als auch durch den hier praktizierten naturnahen Weinbau. Produktion im Sinne der KIP-Regularien: kontrollierte integrierte Produktion – eine umweltfreundliche Herstellung, die sich aber auch modernen Erkenntnissen der Wissenschaft nicht verschließt. Das Ergebnis sind Kremstal-DAC-Weine, die das unverkennbare Mikroklima ihrer großen Lagen im Weltkulturerbe Wachau widerspiegeln, mit unverwechselbarer Feinheit, Mineralik und Frucht. Langlebige, elegante Weine, für die das Haus Salomon Undhof berühmt ist. Zahlreiche internationale Auszeichnungen unterstützen auch den Exporterfolg. So findet man Salomon-Undhof-Weine auf der ganzen Welt von der New Yorker Park Avenue bei »Sherry-Lehman« über das »Mandarin Oriental« in Bangkok bis zum »Shangri-La« in Sydney.

Mehr als die Hälfte der 30 Hektar Weingärten ist mit Riesling, der Rest mit Grünem Veltliner und einem kleinen Teil Gelbem Traminer bepflanzt. Bert und Gertrud Salomon ergänzen die Weißweine aus Stein an der Donau durch ihre hochklassigen australischen Roten von Salomon Estate in Finniss River und neuerdings mit dem Joint Venture namens Salomon & Andrew in Neuseeland.

(93-95) Riesling DAC Reserve Pfaffenberg Erste ÖTW Lage 2011 (Metternich & Salomon)
DV, Stahltank, €€€€€
Mittleres Grüngelb. Einladende Nuancen von Weingartenpfirsich, ein Hauch von gelben Tropenfrüchten, feiner Blütenhonig. Straff, sehr puristisch, feine Pfirsichfrucht, zart nach Ananas, finessenreiche Säurestruktur, bleibt gut haften, mineralisch und gut anhaltend, vielversprechend, wird von Flaschenreife profitieren.

(92-94) Riesling DAC Reserve Steiner Kögl Erste ÖTW Lage 2011
DV, Stahltank, €€€€€
Leuchtendes Grüngelb. Frische gelbe Tropenfruchtanklänge, Nuancen von Maracuja und Ananas, zarter Honigtouch. Saftig, elegante Textur, reifes Steinobst, Noten von Marille, finessenreicher Säurebogen, frisch, bleibt gut haften, feine Extraktsüße im Nachhall, sicheres Entwicklungspotenzial.

**(92-94) Grüner Veltliner DAC Reserve Lindberg
Erste ÖTW Lage 2011**
DV, Stahltank, €€€€
Mittleres Grüngelb. Mit ansprechender Kräuterwürze unterlegte frische Nuancen von gelber Birne, rauchige Nuancen, gute dunkle Mineralik. Saftig, elegante Textur, kraftvoll und gut anhaltend, ein würziger Speisenbegleiter, gelbe Apfelnote im Abgang, gutes Entwicklungspotenzial.

(92-94) Grüner Veltliner DAC Reserve Von Stein 2011
DV, Stahltank, €€€€€
Mittleres Gelbgrün. Mit feinen Kräutern unterlegte gelbe Apfelfrucht, ein Hauch von Honigmelonen, zarter Blütenhonig, attraktiver Duft. Saftig, elegant, angenehme Extraktsüße, gut integrierter Säurebogen, salzige Mineralik im Abgang, gute Länge, sicheres Reifepotenzial.

**(91-93) Grüner Veltliner DAC Reserve
Alte Reben 2011**
VL, Stahltank, €€€
Helles Grüngelb. Zart tabakig unterlegte gelbe Apfelfrucht, feiner Mangotouch, ein Hauch von Babybanane. Saftig, mineralische Textur, weiße Frucht, lebendige Säurestruktur, zart nach Orangen im Abgang, ein vielseitiger Speisenbegleiter, feinwürziger Nachhall.

91 Riesling DAC Undhof Kögl Erste ÖTW Lage 2011
13 Vol.%, VL, Stahltank, extratrocken, €€€
Mittleres Gelbgrün. Mit feiner Kräuterwürze unterlegte Steinobstnote, mineralischer Touch, weiße Tropenfrucht. Saftig, elegante Textur, runder Säurebogen, feine Extraktsüße im Abgang, bereits gut antrinkbar.

90 Riesling DAC Pfaffenberg Erste ÖTW Lage 2011
13 Vol.%, DV, Stahltank, extratrocken, €€€
Leuchtendes Grüngelb. Einladende Steinobstnoten, frische Marille, mit rauchiger Mineralik unterlegt. Saftig, mittlere Komplexität, weiße Frucht, frischer Säurebogen, salzige Mineralik im Nachhall, ein vielseitiger Speisenbegleiter.

**90 Grüner Veltliner DAC Wachtberg
Erste ÖTW Lage 2011**
13 Vol.%, VL, Stahltank, extratrocken, €€€
Mittleres Gelbgrün. Reife gelbe Tropenfruchtaromen, zart nach Marille und Mango, mit feiner Kräuterwürze unterlegt. Saftig, eleganter Körper, harmonisch, runde Säure, mineralischer Abgang, zitronige Nuancen im Nachhall.

89 Grüner Veltliner DAC Wieden & Berg 2011
12,5 Vol.%, DV, Stahltank, extratrocken, €€€

89 Gelber Muskateller 2011
12 Vol.%, DV, Stahltank, €€€

89 Riesling DAC Stein.Terrassen 2011
13 Vol.%, DV, Stahltank, extratrocken, €€

88 Grüner Veltliner DAC Messwein 2011
12,5 Vol.%, DV, Stahltank, extratrocken, €€

88 Grüner Veltliner Hochterrassen 2011
12 Vol.%, DV, Stahltank, extratrocken, €€

Kremstal

★★★

WEINGUT JOSEF SCHMID

3552 Stratzing, Obere Hauptstraße 38
T: 02719/82 88, F: DW 18
weingut@j-schmid.at
www.j-schmid.at

KELLERMEISTER: Josef Schmid ANSPRECHPARTNER: Irene Schmid
ANZAHL/FLASCHEN: 80.000 (85 % weiß, 15 % rot) HEKTAR: 15
VERKOSTUNG: ja, gegen Voranmeldung
ÜBERNACHTUNGSMÖGLICHKEIT: kann organisiert werden
VEREINSZUGEHÖRIGKEIT: Kooperierendes
Mitglied der Traditionsweingüter Österreich, Kremstaler Convent
MESSEN: VieVinum

Die Familie Schmid betreibt ihr schmuckes Weingut in Stratzing, einem kleinen Dorf auf einem Hochplateau zwischen Krems und Langenlois. Die Weingärten befinden sich zum Großteil in Stratzing, auf Bergterrassen bei Senftenberg im Kremstal sowie rund um die Stadt Krems. Damit verfügt Josef Schmid über Lössböden ebenso wie über mineralische Urgesteinsweingärten und kann so eine breite Palette an Weißweintrauben an idealen Standorten ernten.

Die 15 Hektar große Rebfläche wird nach dem Prinzip der integrierten kontrollierten Produktion bewirtschaftet. Ziel ist es stets, möglichst elegante und fruchtbetonte Weine im Kabinettbereich zu erreichen. Die opulenteren Weine werden hier mit dem Begriff »Priorissa« bezeichnet – ein Name, der von allen Mitgliedern des Vereins »Kremstaler Convent« gebraucht werden darf. Die erstaunlich preiswerten Weine von Josef Schmid haben nicht nur zahlreiche Prämierungen erhalten, sie sind auch nahezu in der gesamten Top-Gastronomie Österreichs auf der Weinkarte zu finden.

(92-94) Riesling DAC Reserve Sunogeln
Erste ÖTW Lage 2011
13,5 Vol.%, DV, Stahltank, trocken, €€€
Mittleres Grüngelb. Zarter Zitruszestentouch, etwas Blütenhonig, mit feinem Steinobsttouch unterlegt. Komplex, engmaschig, gelbe Tropenfrucht, feiner Säurebogen, wirkt leichtfüßig und gut antrinkbar, zarte Honignote im Finale.

(92-94) Grüner Veltliner DAC Reserve Gebling
Erste ÖTW Lage 2011
14 Vol.%, DV, extratrocken, €€€
Mittleres Gelbgrün. Einladende gelbe Apfelfrucht, Golden Delicious klingt an, zart nach Wiesenkräutern, ein Hauch von Orangenzesten. Saftig, elegant, extraktsüße Frucht, ein Hauch von Honigmelone, feine Säurestruktur, würziger Nachhall, mineralischer Touch im Abgang.

(91-93) Riesling DAC Reserve Pfaffenberg 2011
13,5 Vol.%, DV, Stahltank, extratrocken, €€€
Mittleres Grüngelb. Feine weiße Tropenfruchtanklänge, zart nach Blütenhonig, dunkle Mineralik. Saftig, wiederum frische weiße Frucht, lebendige Struktur, zitronige Nuancen im Abgang, salzig-mineralischer Nachhall.

(91-93) Grüner Veltliner DAC Reserve Alte Reben 2011
13,5 Vol.%, DV, €€€
Mittleres Grüngelb. Frische Apfelfrucht, mit einem Hauch von Mango unterlegt, frische Wiesenkräuter, mineralischer Touch. Stoffig, reife weiße Tropenfruchtaromen, gute Säurestruktur, frische Birnen im Nachhall, bleibt gut haften, ein angenehmer Speisenbegleiter mit Potenzial.

L 91 Riesling DAC vom Urgestein Bergterrassen 2011
12,5 Vol.%, DV, 12.000, €€
Helles Gelbgrün. Attraktive Pfirsichnote, feiner Blütenhonigtouch, ein Hauch von Orangenzesten. Saftig, gute Komplexität, feine gelbe Fruchtaromen, frischer Säurebogen, zarte Extraktsüße, bleibt gut haften, hat Potenzial.

91 Grüner Veltliner DAC Kremser Weingärten 2011
13 Vol.%, DV, Stahltank, 8000, extratrocken, €€
Helles Grüngelb. Einladende Nuancen von frischer Apfelfrucht, zarter Blütenhonig, ein Hauch von Orangenzesten. Stoffig, elegante Textur, extraktsüße weiße Fruchtanklänge, frischer Säurebogen, mineralischer Nachhall, sehr gute Länge, feine Birnenfrucht im Rückgeschmack.

89 Grüner Veltliner DAC Pfarrweingarten 2011
12,5 Vol.%, DV, Stahltank, 12.000, extratrocken, €€

★★★

WEINGUT STADT KREMS

3500 Krems, Stadtgraben 11
T: 02732/80 14 41, F: 02732/80 14 42
office@weingutstadtkrems.at
www.weingutstadtkrems.at

KELLERMEISTER: Leopold Figl ANSPRECHPARTNER: Fritz Miesbauer
ANZAHL/FLASCHEN: 200.000 (100 % weiß) HEKTAR: 31
VERKOSTUNG: ja AB-HOF-VERKAUF: ja
ANDERE PRODUKTE IM VERKAUF: Sekt
ÜBERNACHTUNGSMÖGLICHKEIT: kann organisiert werden
VEREINSZUGEHÖRIGKEIT: Traditionsweingüter Österreich
MESSEN: VieVinum, ProWein

Kremstal

Das Weingut Stadt Krems zählt mit mehr als 550 Jahren zu den ältesten Weinproduzenten Österreichs und auch Europas. Das Traditionsweingut wird seit 2003 von Fritz Miesbauer geführt, der gemeinsam mit einem jungen, ambitionierten Team aus dem grundsympathischen, aber etwas erstarrten Weingut einen Musterbetrieb entwickelte. Durch ein enormes Umstellungsprogramm in den Weingärten sowie in den Kelleranlagen gelang es in kurzer Zeit, den Weinen ein klares Profil zu verleihen und authentische, hochwertige Weine zu vinifizieren.

Die volle Konzentration gilt den beiden Sorten Grüner Veltliner und Riesling (99 Prozent), die auf 31 Hektar eigenen Rebgärten in den besten Lagen innerhalb der Stadtgrenze wachsen. Die individuellsten Einzellagen – das sind Kögl, Grillenparz und Wachtberg – werden seit 2009 mit dem Begriff »1. Lage« tituliert. Die trockenen, authentischen Kremstal- und Kremstal-Reserve-Weine werden ausschließlich in der Gastronomie und im Fachhandel angeboten, wobei die Exportquote bereits 60 Prozent beträgt. Besonders freut man sich im Weingut darüber, dass der »Wine Spectator« bereits zweimal Weine des Hauses in seine Top-100-Liste aufgenommen hat und das Falstaff-Magazin den Riesling 2010 »Grillenparz« mit 95 Punkten bewertete. Der Aufstieg zu einem Leitbetrieb im Kremstal ist innnerhalb kurzer Zeit gelungen.

(92-94) Riesling DAC Reserve Grillenparz
Erste ÖTW Lage 2011
13,5 Vol.%, VL, Stahltank, trocken, €€€€
Helles Grüngelb. Feiner Pfirsichtouch, zart mit weißen Tropenfrüchten unterlegt, ein Hauch von Zitrusfrüchten, mineralischer Touch. Stoffig, elegante Textur, feinfruchtiger Körper, elegant und ausgewogen, feiner Säurebogen integriert, bleibt lange haften, sehr gutes Entwicklungspotenzial.

(91-93) Grüner Veltliner DAC Reserve Wachtberg
Erste ÖTW Lage 2011
VL, Stahltank, extratrocken, €€€€
Mittleres Grüngelb. Zart tabakig, feine Kräuterwürze, weiße Fruchtanklänge. Saftig, eleganter Körper, angenehme Extraktsüße, gut integrierter Säurebogen, zeigt eine gute Länge, balanciert, reife gelbe Apfelfrucht im Nachhall, trinkanimierende Stilistik.

(91-93) Riesling DAC Reserve Kögl
Erste ÖTW Lage 2011
13,5 Vol.%, VL, Stahltank, trocken, €€€€
Helles Grüngelb. Zarte Steinobstnuancen, ein Hauch von Blütenhonig, Zitruszesten. Saftig, gelbe Tropenfruchtaromen, elegante Textur, gut integrierte Fruchtsüße, feiner Säurebogen, harmonisch und gut anhaften, ein vielseitiger Speisenbegleiter mit Reifepotenzial.

89 Grüner Veltliner DAC Weinzierlberg 2011
12,5 Vol.%, DV, Stahltank, extratrocken, €€

89 Riesling DAC Steinterrassen 2011
13 Vol.%, DV, Stahltank, extratrocken, €€

88 Grüner Veltliner DAC 2011
12,5 Vol.%, DV, Stahltank, extratrocken, €€

LESEHOF STAGÅRD

3504 Krems-Stein, Hintere Fahrstraße 3
T: 0676/955 54 36
office@stagard.at
www.stagard.at

---- BIO ----

KELLERMEISTER: Urban T. Stagård ANSPRECHPARTNER: Dominique Stagård ANZAHL/FLASCHEN: k. A. (95 % weiß, 5 % rot) HEKTAR: 13 VERKOSTUNG: ja, gegen Voranmeldung AB-HOF-VERKAUF: ja HEURIGER: 24. 8. bis 2. 9., 20. 10. bis 1. 11., ab 16 Uhr ÜBERNACHTUNGSMÖGLICHKEIT: kann organisiert werden ANDERE PRODUKTE IM VERKAUF: Bio-Essig VEREINSZUGEHÖRIGKEIT: Original Kremser Wein, Kremser Stadtweinbauverein MESSEN: VieVinum, Vinordic Stockholm, BioFach Nürnberg, ProWein

Die Geschichte des Lesehof Stagård reicht bis ins Jahr 1000 zurück. Der alte Lesehof in Stein an der Donau war ursprünglich ein Wirtschaftsgebäude des bayrischen Klosters Tegernsee. Seit 1786 im Familienbesitz, übernahmen Dominique und Urban T. Stagård 2008 den Betrieb in der siebten Generation und vermarkten das Weingut erfolgreich unter dem schwedischen Namen, den Urbans Vater mitbrachte. Aus den Top-Lagen Steiner Hund, Schreck, Grillenparz, Pfaffenberg, Goldberg, Weinzierlberg, Kremserl und Pitschental stammen die Weißweine aus den Hauptsorten Grüner Veltliner und Riesling.

Einzellagen werden separat verarbeitet. Unter dem Motto »Natur, die es in sich hat« werden die Weingärten biologisch-dynamisch bewirtschaftet und wird auf Aufzuckerung, jegliche Schönung und sonstige Zusätze verzichtet – daher zeigen alle Weine ihre Herkunft völlig ungeschminkt und rein. Ziel der beiden ist es, Weine zu erzeugen die vom Terroir geprägt sind und die Weinbaugebiet, den Boden und das Mikroklima abbilden. In der Weinszene hat sich das junge Winzerpärchen mittlerweile einen Namen gemacht, ganz besonders die Rieslinge gewinnen immer wieder die Aufmerksamkeit. Extrem spannend sind auch die spontan vergorenen Weine wie zum Beispiel »Steinzeug«, der noch im Keller ruht und erst ab 2013 zu verkosten sein wird.

(91-93) Riesling DAC Reserve Grillenparz 2011
13 Vol.%, DV, Stahltank, €€€
Helles Grüngelb. Einladende Nuancen von gelbem Steinobst, zart nach Marillen und Blütenhonig, facettenreiches Bukett. Saftig, feine Fruchtsüße, finessenreicher Säurebogen, bleibt gut haften, sehr attraktiver Stil, mineralischer Nachhall, sicheres Reifepotenzial für viele Jahre.

(91-93) Grüner Veltliner DAC Reserve Goldberg 2011
14 Vol.%, DV, €€
Mittleres Grüngelb. Mit frischer Kräuterwürze unterlegte gelbe Apfelfrucht, sehr attraktives Bukett, feiner Blütenhonig. Stoffig, elegant, gut integrierte Fruchtsüße, reife gelbe Birnenfrucht, feiner Säurebogen, mit guter Mineralik unterlegt, hat Länge, ein vielseitiger Speisenbegleiter.

(90-92) Riesling DAC Reserve Steiner Hund 2011
13,5 Vol.%, NK, Stahltank, €€€€
Helles Gelbgrün. Einladende Nuancen von Weingartenpfirsich und frischen Tropenfrüchten, etwas Blütenhonig. Stoffig, frische weiße Fruchtnuancen, lebendiger Säurebogen, gute Mineralik im Abgang, zitronige Nuancen, verfügt über gute Länge, finessenreiche Stilistik.

(88-90) Riesling DAC Reserve Schreck 2011
13,5 Vol.%, NK, Stahltank, €€€€
Helles Grüngelb.

88 Grüner Veltliner Pfaffenberg 2011
12,5 Vol.%, DV, Stahltank, €€

88 Riesling Pfaffenberg 2011
12,5 Vol.%, DV, Stahltank, €€

★★

WEINGUT TANZER
3506 Krems-Thallern, Thallerner Hauptstraße 1
T: 02739/22 08, F: DW 4
wein@tanzer.at
www.tanzer.at

KELLERMEISTER UND ANSPRECHPARTNER: Franz Tanzer jun.
ANZAHL/FLASCHEN: k. A. (85 % weiß, 15 % rot) HEKTAR: 10 VERKOSTUNG: ja, gegen Voranmeldung AB-HOF-VERKAUF: ja HEURIGER: 3. bis 19. 8. und 25. 10. bis 11. 11. Kellergassenfest Höbenbach 27. bis 29. 7., Kellergassenfest Thallern 7. bis 9. 9. ÜBERNACHTUNGSMÖGLICHKEIT: kann organisiert werden ANDERE PRODUKTE IM VERKAUF: Edelbrände, Fruchtsäfte
VEREINSZUGEHÖRIGKEIT: Original Kremser Wein

Bischof Altmann von Passau schenkte 1083 den Ort »Talarin samt Weingärten« dem Stift Göttweig. Heute ist Thallern in Krems-Süd die Heimat der Familie Tanzer. Das Weingut umfasst acht Hektar Weingärten, die sich in den beiden wichtigsten Großlagen Herrentrost und Frauengrund befinden. Hauptsächlich Grüner Veltliner und Riesling werden im Kremstal kultiviert, doch man findet im Sortiment des Hauses auch Muskateller und Burgunder sowie preisgekrönte Rotweine.

Viermal im Jahr ist Tanzers Buschenschank geöffnet, der als Top-Heuriger prämiert wurde. Das Aushängeschild der Familie bezaubert nicht alleine durch die traditionelle Hauerjause, man kann sich auch auf Leckerbissen mediterranen Anstrichs freuen. Als Digestif gibt es Edelbrände von Marille, Williamsbirne und Apfel, jene Früchte, die ebenfalls aus eigener Produktion stammen.

Die Erfolge der letzten Jahre geben Winzer Franz Tanzer recht: Zweimal »SALON Österreich Wein« 2011, jeweils einmal »SALON Österreich Wein« 2003 und 2008, elffacher Kremser Weinstadtsieger, Profil-DAC-Sieger 2009 und viele mehr. Ein Besuch im Weingut Tanzer lohnt sich, man wird herzlichst empfangen.

(89-91) Riesling DAC Reserve Antonia 2011
13,5 Vol.%, DV, Stahltank, trocken, €€
Helles Grüngelb. Reife gelbe Steinobstanklänge, gelber Pfirsich, Orangenzesten, mineralische Nuancen. Saftig, kraftvolle Textur, feine Extraktsüße, zitronige Noten, salziger Touch im Abgang, wird von Flaschenreife noch profitieren.

(88-90) Pinot Blanc Reserve 2011
14,5 Vol.%, DV, Teilbarrique, trocken, €€

(88-90) Grüner Veltliner Talarin 2010
14 Vol.%, DV, Barrique, trocken, €€€

88 Gelber Muskateller Classic 2011
12,5 Vol.%, DV, Stahltank, extratrocken, €€

88 Grüner Veltliner DAC Frauengrund 2010
12,5 Vol.%, DV, Stahltank, extratrocken, €€

(87-89) Grüner Veltliner DAC Reserve Goldbühel 2011
13,5 Vol.%, DV, großes Holzfass, extratrocken, €€

Kremstal

★★

WEINGUT THIERY-WEBER

3495 Rohrendorf, Melker Straße 1
T: 02732/844 67, F: 02732/877 21
office@thiery-weber.at
www.thiery-weber.at

KELLERMEISTER: Artur Toifl
ANSPRECHPARTNER: Maria Weber und Artur Toifl
ANZAHL/FLASCHEN: k. A. (70 % weiß, 30 % rot,) HEKTAR: 19
VERKOSTUNG: ja AB-HOF-VERKAUF: ja
ÜBERNACHTUNGSMÖGLICHKEIT: kann organisiert werden
VEREINSZUGEHÖRIGKEIT: losgelös(s)t
MESSEN: VieVinum, ProWein

Erich und Maria Weber sind ein eingespieltes Team, das das Weingut Thiery-Weber seit zwanzig Jahren immer wieder zu schönen Erfolgen geführt hat. Unterstützung kommt seit dem Jahr 2004 vom Neffen Artur Toifl, der seinen auf der ganzen Welt gesammelten Wein-Erfahrungsschatz nun wieder in den Familienbetrieb einbringt und so zu seinen Wurzeln zurückgekehrt ist. Auch Tochter Manuela, die zurzeit noch in der VinoHAK die Schulbank drückt, hilft tatkräftig mit.

Auf insgesamt 19 Hektar setzt man vor allem auf den vielseitigen Grünen Veltliner, der auf dem Weingut Thiery-Weber in fast allen Qualitätsstufen ausgebaut wird. Aber auch die Rieslinge und der Blaue Zweigelt haben schon für Furore gesorgt. »Wir wollen charaktervolle Weine produzieren, die trotzdem viel Trinkspaß vermitteln«, so das hochgesteckte Ziel des ganzen Teams. Zwecks Ideen- und Erfahrungsaustausch, nach dem Motto »gemeinsam sind wir stark«, ist der Betrieb auch Mitglied beim Verein »losgelös(s)t«, dem außer dem Weingut Thiery-Weber noch 18 weitere namhafte Betriebe in Rohren- und Gedersdorf angehören.

92 Gemischter Satz Wolferl 2010
14,5 Vol.%, NK, Stahltank, 900, trocken, €€€
Mittleres Gelbgrün. Feine Pfirsichanklänge, ein Hauch von Blütenhonig, zart nach kandierten Orangenzesten, facettenreiches Bukett. Am Gaumen saftig, elegant, reife gelbe Frucht, frische, finessenreiche Säurestruktur, zart nach Steinobst im Nachhall, mineralischer Abgang, wirkt fast leichtfüßig, feiner Speisenbegleiter.

91 Grüner Veltliner DAC Reserve Gebling 2010
13,5 Vol.%, NK, großes Holzfass, 2000, extratrocken, €€€
Mittleres Gelbgrün. Zunächst etwas verhalten, mit feiner Kräuterwürze unterlegte reife Apfelfrucht, tabakiger Anklang. Kraftvoll, elegante Textur, feine Extraktsüße, harmonisch und bereits gut zugänglich, feine gelbe Frucht im Nachhall, gutes Entwicklungspotenzial.

(89-91) Riesling DAC Reserve Kremser Weinzierlberg 2011
14 Vol.%, DV, Stahltank, extratrocken, €€
Helles Grüngelb. Feine Nuancen von gelben Tropenfrüchten, ein Hauch von Blütenhonig, mit Zitruszesten unterlegt. Saftig, etwas Maracuja und Ananas, dezente Fruchtsüße, angenehmer Säurebogen, dunkle Mineralik im Abgang.

89 Grüner Veltliner DAC Reserve Kremser Weinzierlberg 2011
14 Vol.%, DV, Stahltank, 3000, extratrocken, €€

92 Riesling DAC Reserve Gebling 2010
14 Vol.%, NK, Stahltank, 2000, extratrocken, €€€
Mittleres Gelbgrün, Silberreflexe. Reife gelbe Tropenfrucht, zart nach Honig und Quitten, mit feinen Wiesenkräutern unterlegt. Saftig, weiße Fruchtnuancen, präsente Säurestruktur, zitroniger Touch im Abgang, mineralisches Finale, trinkanimierender Speisenbegleiter.

89 Sauvignon Blanc 2011
13,5 Vol.%, DV, 5000, extratrocken, €€

Kremstal

★★★
WEINGUT TÜRK

3552 Stratzing, Kirchengasse 16
T: 02719/28 46-0, F: DW 4
info@weinguttuerk.at
www.weinguttuerk.at

KELLERMEISTER UND ANSPRECHPARTNER: Franz Türk
ANZAHL/FLASCHEN: k. A. (85 % weiß, 10 % rot, 5 % süß) HEKTAR: 15
VERKOSTUNG: ja, gegen Voranmeldung AB-HOF-VERKAUF: ja, limitierte Mengen
ÜBERNACHTUNGSMÖGLICHKEIT: kann organisiert werden
VEREINSZUGEHÖRIGKEIT: Kooperierendes
Mitglied der Traditionsweingüter Österreich, Kremstaler Convent
MESSEN: ProWein, VieVinum

Das Weingut Türk liegt westlich von Wien, im idyllischen Weinort Stratzing im Kremstal, etwa sechs Kilometer nördlich von Krems. Die Wurzeln des renommierten Familienbetriebes reichen bis zum Beginn des 18. Jahrhunderts zurück. Der heutige Betriebsstandort wurde im Jahre 1836 erworben und von Generation zu Generation ausgebaut.

Das Hauptaugenmerk gilt den autochthonen Sorten, wobei der Grüne Veltliner einen Anteil von 70 Prozent einnimmt. Das Ziel ist es, durch eine schonende Vinifikation und einen Ausbau, der das Terroir und den regionaltypischen Charakter hervorhebt, finessenreiche, dichte und »lebendige« Weine zu formen. In diesen Weinen spiegelt sich das Kremstal mit seinen Böden und seinem Kleinklima wider.

Ein besonderer Geheimtipp sind die bereits international ausgezeichneten Süßweine. Der Eiswein vom Grünen Veltliner 2011 präsentierte sich erwartungsgemäß herausragend.

(92-94) Grüner Veltliner Frechau 2011
13,5 Vol.%, DV, extratrocken, €€€€
Mittleres Grüngelb, Silberreflexe. Zart rauchig-mineralisch unterlegte frische gelbe Apfelfrucht, feine Kräuterwürze, attraktives Bukett. Saftig, feine Steinobstklänge, finessenreicher Säurebogen, reife süße Birnenfrucht im Abgang, bleibt gut haften, ein kraftvoller Speisenbegleiter.

92 Grüner Veltliner Kremser Sandgrube 2011
13,5 Vol.%, DV, extratrocken, €€€
Helles Gelbgrün. Frischer grüner Apfeltouch, ein Hauch von Wiesenkräutern, mit exotischen Fruchtnuancen unterlegt. Saftig, engmaschige Textur, mit feinem Blütenhonig unterlegt, finessenreich strukturiert, gelbe Tropenfruchtaromen im Nachhall, bleibt gut haften, sicheres Reifepotenzial.

(91-93) Riesling Wachtberg 2011
13,5 Vol.%, DV, extratrocken, €€€
Mittleres Grüngelb. Zarte Nuancen von Weingartenpfirsich, weiße Tropenfruchtanklänge, zart nach Litschi, mineralischer Touch. Saftig, engmaschige Textur, gute Mineralik auch im Kern, frisch strukturiert, feine zitronige Nuancen im Abgang, bleibt gut haften, ein vielseitiger Speisenbegleiter.

(91-93) Grüner Veltliner Thurnerberg 2011
13,5 Vol.%, DV, Stahltank, extratrocken, €€€€
Helles Grüngelb. Mit frischen Wiesenkräutern unterlegte gelbe Tropenfrucht nach Mango und Papaya, zarter tabakiger Touch. Komplex, weiße Frucht, angenehme Extraktsüße, feiner Säurebogen, bereits harmonisch und gut antrinkbar, zarte Fruchtsüße im Abgang.

L 91 Grüner Veltliner DAC Kremser Weinberge 2011
12,5 Vol.%, DV, Stahltank, extratrocken, €€
Helles Grüngelb. Mit zarter Kräuterwürze unterlegte gelbe Frucht, zart nach Mango und Marille, rauchige Mineralik. Saftig, engmaschig, gute Komplexität, frischer Säurebogen, finessenreich und gut anhaltend, ein vielseitiger Speisenbegleiter mit gutem Reifepotenzial.

89 Grüner Veltliner DAC vom Urgestein 2011
12,5 Vol.%, DV, Stahltank, extratrocken, €€

88 Grüner Veltliner »Der Leichte« 2011
11,5 Vol.%, DV, €€

92 Grüner Veltliner Eiswein 2011
11 Vol.%, DV, Stahltank, süß, €€€€
Leuchtendes Gold mit Grünreflexen. Intensive weiße Drops-Nase, Honig und Litschi, Zitruszesten, frische Würzkräuter. Saftig, honigsüßer Körper, frische Säurestruktur, reife gelbe Steinobstfrucht, bleibt gut haften, wird von etwas Flaschenreife profitieren.

Kremstal

★★

WEINGUT PETRA UNGER

3511 Furth/Göttweig, Zellergraben 245
T: 0676/848 62 28 22
office@ungerwein.at
www.ungerwein.at

KELLERMEISTER UND ANSPRECHPARTNER: Petra Unger
ANZAHL/FLASCHEN: 60.000 (75 % weiß, 20 % rot, 5 % süß) **HEKTAR:** 10,5
VERKOSTUNG: ja **AB-HOF-VERKAUF:** ja
ANDERE PRODUKTE IM VERKAUF: Destillate, Sekt
ÜBERNACHTUNGSMÖGLICHKEIT: kann organisiert werden
VEREINSZUGEHÖRIGKEIT: Traditionsweingüter Österreich,
11 Frauen und ihre Weine **MESSEN:** ProWein, VieVinum

In Furth bei Göttweig – am Tor zur Wachau – liegt das Weingut Petra Unger. Der Betrieb umfasst zirka zehn Hektar Rebflächen, wobei sich der Großteil der Lagen auf einem Hochplateau am Fuße des Göttweiger Berges befindet. Vorherrschender Boden ist sandiger bis lehmiger Löss, teilweise von mächtigen tertiären Schotterkonglomeraten durchzogen. Hier findet der Grüne Veltliner, Hauptsorte des Betriebes, ideale Voraussetzungen, seine typischen Fruchtaromen und den peffrig-würzigen Geschmack zu entfalten.

Die Weine werden rund und geschmeidig, immer von Eleganz und Finesse begleitet. Der etwas stärkere, warme pannonische Klimaeinfluss hier – im Vergleich zur Wachau – bringt elegante, fruchtbetonte und geschmeidige Rotweine aus den Sorten Zweigelt und Pinot Noir hervor. Zwei Rieslingweingärten in Stein bei Krems gehören ebenfalls zum Herzstück des Weingutes: Hinters Kirchl – der Grundstein des Weingutes, 1964 vom Vater, Dr. Wolfgang Unger, erstanden – und Gaisberg mit seinen 47-jährigen Rebstöcken. Steile, südlich ausgerichtete Steinterrassen auf purem Urgestein hoch über der Donau bieten ein ideales Terroir für die eleganten, sehr charaktervollen Rieslinge.

Im Sommer 2010 begann Petra Unger eine Kooperation mit dem Weingut Josef Edlinger aus Furth-Palt. Gemeinsam werden Synergien in der Produktion genutzt. Einer nachhaltigen, naturnahen Pflege der Weingärten folgt eine sorgfältige Weinlese ausschließlich von Hand. Dies ermöglicht die Selektion des besten Traubenmaterials. Schonende Verarbeitung der Trauben im Keller ist eine natürliche Konsequenz.

(90-92) Grüner Veltliner DAC Reserve Oberfeld Alte Rebe 2011
14 Vol.%, DV, Stahltank, 2000, extratrocken, €€€
Mittleres Grüngelb. Frischer gelber Apfel, nach Golden Delicious, mit einem Hauch von Mango unterlegt. Saftig, opulent, reife gelbe Tropenfrucht, extraktsüß und gut anhaltend, ein stoffiger Speisenbegleiter mit Reifepotenzial.

(89-91) Grüner Veltliner DAC Reserve Gottschelle 2011
13,5 Vol.%, DV, Stahltank, 2500, extratrocken, €€€
Mittleres Grüngelb. Verhalten, zart tabakig unterlegte Apfelfrucht, dunkle Mineralik klingt an. Komplex, reife gelbe Frucht, dezenter Säurebogen, reife Birnen im Nachhall, wirkt alles in allem noch etwas zurückhaltend, dezente Süße im Rückgeschmack.

(89-91) Riesling DAC Reserve Gaisberg 2011
13,5 Vol.%, DV, Stahltank, 1500, extratrocken, €€€
Mittleres Grüngelb. Helle Tropenfrucht, zart nach Pfirsich, ein Hauch von Blütenhonig, zitronige Nuancen. Komplex, frischer Weingartenpfirsich, angenehme Extraktsüße, frischer Säurebogen, mineralischer Nachhall, verfügt über Entwicklungspotenzial.

89 Riesling Hinters Kirchl 2011
13,5 Vol.%, DV, Stahltank, 2500, trocken, €€

88 Grüner Veltliner DAC Oberfeld 2011
12,5 Vol.%, DV, Stahltank, 10.000, extratrocken, €€

89 Pinot Noir Gottschelle 2009
14 Vol.%, NK, Teilbarrique, 2000, extratrocken, €€€

★★★

WEINGUT VORSPANNHOF – MAYR

3552 Droß, Herrngasse 48
T: 02719/300 56, F: 02719/780 56
vorspannhof-mayr@aon.at
www.vorspannhof-mayr.at

Kremstal

KELLERMEISTER UND ANSPRECHPARTNER: Silke Mayr
ANZAHL/FLASCHEN: k. A. (90 % weiß, 5 % rot, 5 % süß) HEKTAR: 13
VERKOSTUNG: ja, gegen Voranmeldung AB-HOF-VERKAUF: ja
ÜBERNACHTUNGSMÖGLICHKEIT: kann organisiert werden
ANDERE PRODUKTE IM VERKAUF: Destillate, Traubensaft
VEREINSZUGEHÖRIGKEIT: Kremstaler Convent
MESSEN: VieVinum

Das Weingut Vorspannhof – Mayr befindet sich in Droß im Weinbaugebiet Kremstal – nur wenige Kilometer von der Weinstadt Krems entfernt. Früher war der Gutshof eine Pferdewechselstation, bei der die Fuhrwerker Station machten, bevor sie den Anstieg ins Waldviertel in Angriff nahmen.

Seit 1898 ist der Vorspannhof im Besitz der Familie Mayr, man bewirtschaftet heute 13 Hektar Weingärten. Silke Mayr führt das Weingut gemeinsam mit ihren Eltern Brigitta und Anton. Grüner Veltliner und Riesling sind die zentralen Sorten im Betrieb, die Trauben gedeihen rund um die Weinstadt Krems. Die wichtigsten Lagen für Grünen Veltliner sind Kremser Gebling und Loiser Weg. Der Riesling wird entsprechend den verschiedenen Böden ausgebaut, beginnend mit dem Riesling vom Löss – einem fruchtigen, offenen Wein vom humusreichen Lössboden des Kremstals. Kremsleithen, eine der wenigen Urgesteinslagen im Kremstal, bietet das ideale Terroir für den zweiten Riesling des Hauses. Die beste Rieslinglage liegt im Kremser Marthal, hier findet man Löss mit Schotterablagerungen der Ur-Donau. Abgerundet wird der Sortenspiegel durch Gelben Muskateller und Chardonnay.

Erklärtes Ziel des Vorspannhofes ist es, sorten- und lagentypische Weine aus dem Kremstal zu vinifizieren, die durch Eleganz und Trinkfreude bestechen. Die 500 Jahre alte Pferdestation hat schon viel gesehen, aber das Design des neuen Weinkellers, den Silke Mayr gemeinsam mit ihrem Lebensgefährten Walter Buchegger angelegt hat, ist wohl auch in der langen Geschichte des Guts ein echtes Novum.

92 Grüner Veltliner DAC Reserve
Kremser Gebling 2011
14 Vol.%, DV, Stahltank, extratrocken, €€€
Mittleres Grüngelb. Noch etwas verhalten, zarte gelbe Apfelfrucht unterlegt, tabakige Nuancen, mineralischer Touch. Saftig, komplex, angenehme Extraktsüße, ein stoffiger, fruchtbetonter Stil, zarter Honigtouch im Finale, bleibt gut haften, wird von Flaschenreife profitieren.

92 Riesling DAC Reserve Kremser Marthal 2011
13,5 Vol.%, DV, Stahltank, trocken, €€€
Mittleres Grüngelb. Feine gelbe Pfirsichfrucht, zarter Blütenhonig, mit mineralischen Nuancen unterlegt. Saftig, Noten von weißem Apfel, frischer Säurebogen, zitroniger Touch im Abgang, ein schwungvoller Essensbegleiter mit Entwicklungspotenzial.

91 Grüner Veltliner DAC Reserve
Loiser Weg 2011
14 Vol.%, DV, Stahltank, extratrocken, €€
Helles Gelbgrün. Zart tabakig-kräuterwürzig unterlegte reife Apfelfrucht, dezent nach Birnen, dunkle Mineralik. Kraftvoll, zart blättrige Nuancen, wieder etwas Birnenfrucht, gut integrierter Säurebogen, feinwürziger Abgang, ein komplexer Speisenbegleiter.

90 Riesling DAC Reserve Kremsleithen 2011
14 Vol.%, Stahltank, trocken, €€
Mittleres Grüngelb. Feine Steinobstklänge, ein Hauch von Zitruszesten, mineralisch, insgesamt noch etwas zurückhaltend. Saftig, weiße Frucht, wirkt sehr leichtfüßig, angenehme Säurestruktur, dezente Süße im Nachhall, im Moment nur mittlere Länge.

90 Grüner Veltliner DAC Point 2011
13 Vol.%, DV, Stahltank, 6000, extratrocken, €€
Helles Grüngelb. Feine gelbe Apfelfrucht, ein Hauch von

Kremstal

Honigmelone, Nuancen von Blütenhonig, einladendes Bukett. Saftig, eleganter Körper, feine Fruchtsüße, lebendiges Säurespiel, bleibt gut haften, ein vielseitiger Speisenbegleiter.

89 Gelber Muskateller 2011
12 Vol.%, 0 DV, Stahltank, trocken, €€

★★
WEINGUT RAINER WESS

3500 Krems, Sandgrube 24
T: 02732/723 89, F: DW 20
info@weingut-wess.at
www.weingut-wess.at

Kremstal

KELLERMEISTER UND ANSPRECHPARTNER: Rainer Wess
ANZAHL/FLASCHEN: 40.000 (100 % weiß) HEKTAR: 5
VERKOSTUNG: ja, gegen Voranmeldung AB-HOF-VERKAUF: ja
MESSEN: ProWein, VieVinum

Das Weingut wurde erst 2003 gegründet und vinifiziert heuer seinen siebenten Jahrgang. Die Wachau wurde zunächst als Ort des Geschehens einerseits wegen des einzigartigen Terroirs, und andererseits wegen der bereits erworbenen Kenntnisse der Region während der Tätigkeit als Geschäftsführer der Freien Weingärtner Wachau gewählt. Rainer Wess war von der Region fasziniert – in önologischer, aber auch in jeder anderen Hinsicht. Mittlerweile hat Wess seinen Betriebssitz in die Frechau bei Krems verlegt, wo er einen historischen Zehentkeller erwerben und modernisieren konnte. Die fachliche Ausbildung in Klosterneuburg sowie Auslandsaufenthalte und Tätigkeiten bei bedeutenden Unternehmen der Weinbranche verliehen dem ambitionierten Winzer das nötige Handwerkszeug und die Voraussetzung für die erfolgreiche Gründung eines Weingutes.
Von Anfang an war die Konzentration auf Grünen Veltliner und Riesling klar. Die Ausrichtung auf den internationalen Markt ebenso, auch wenn das Weingut klein ist und nur langsam wachsen soll. Der Stil der Weine war vom ersten Jahrgang an geprägt durch klare Frucht, Finesse und Langlebigkeit. Nie war es Ziel, mächtige »Powerweine« zu vinifizieren, sondern es stand und steht immer die gesunde Traube, die die Herkunft – sprich Lage – betont, im Mittelpunkt. Diese Stilvorstellung konnte bisher in jedem Jahrgang, und da bildet auch 2011 keine Ausnahme, umgesetzt werden.

(92-94) Riesling Pfaffenberg 2011
13,5 Vol.%, NK, Stahltank, 1500, extratrocken, €€€€
Mittleres Grüngelb. Reife Steinobstnoten nach Pfirsich und Marille, zarter Honigtouch, mit feinen Wiesenkräutern unterlegt. Stoffig, elegante Textur, dunkle Mineralik klingt an, feine gelbe Fruchtnuancen im Abgang, bleibt gut haften, sicheres Entwicklungspotenzial.

(92-94) Grüner Veltliner Loibenberg 2011
13,5 Vol.%, NK, großes Holzfass, 1500, extratrocken, €€€€
Mittleres Grüngelb. Mit frischer Kräuterwürze unterlegte gelbe Apfelfrucht, nach Golden Delicious, tabakige Nuancen. Betont mineralisch, gute Komplexität, feiner Säurebogen, besitzt eine gute Harmonie und Länge, ein vielseitiger Speisenbegleiter.

(91-93) Riesling Loibenberg 2011
13,5 Vol.%, NK, Stahltank, 2000, extratrocken, €€€€
Mittleres Grüngelb. Frische gelbe Tropenfruchtanklänge, zart nach Maracuja und Pfirsich, ein Hauch von Blütenhonig, Ananas. Saftig, elegante Textur, dunkle Mineralik, extraktsüßer Nachhall, bereits gut entwickelt.

(91-93) Grüner Veltliner Pfaffenberg 2011
13,5 Vol.%, großes Holzfass, 1500, extratrocken, €€€€
Mittleres Grüngelb. Noch etwas verhaltenes Bukett, zarte gelbe Tropenfrucht, ein Hauch von Orangenzesten. Komplex, feine Mineralik, typische Mandarinennoten, salziger Abgang, gutes Entwicklungspotenzial.

(90-92) Grüner Veltliner Kögl 2011
13,5 Vol.%, NK, 1200, extratrocken, €€€€
Mittleres Gelbgrün. Zart tabakig, mit feiner Kräuterwürze unterlegt, frische gelbe Apfelfrucht. Kraftvoll, würzig unterlegter Touch von Honigmelone, gut integriertes Säurespiel, pfeffrige Würze im Nachhall.

Kremstal

90 **Grüner Veltliner DAC 2011**
12,5 Vol.%, DV, Stahltank, extratrocken, €€
Mittleres Grüngelb. Frische gelbe Apfelfrucht, ein Hauch von Blütenhonig, attraktives Bukett. Saftig, gute Komplexität, elegant, feiner Säurebogen, salzig-mineralische Nuancen, bleibt gut haften, ein vielseitiger Speisenbegleiter mit Reifepotenzial.

93 **Riesling TBA 2009**
6 Vol.%, NK, Stahltank, 460, süß, €€€€€
Kräftiges Goldgelb. Mit zarter Kräuterwürze unterlegte Steinobstanklänge, tropische Fruchtnuancen, zarter Blütenhonig. Saftig, engmaschig, weiße Tropenfrucht, rassige Säurestruktur, zitronige Nuancen im Abgang, feine Süße im Nachhall, sicheres Entwicklungspotenzial.

Kremstal

WINZER KREMS – SANDGRUBE 13

3500 Krems, Sandgrube 13
T: 02732/855 11, F: DW 6
office@winzerkrems.at
www.winzerkrems.at, www.sandgrube13.at

KELLERMEISTER: Ing. Franz Arndorfer
ANSPRECHPARTNER: Dir. Franz Ehrenleitner
ANZAHL/FLASCHEN: k. A. (70 % weiß, 30 % rot) HEKTAR: 990
VERKOSTUNG: ja AB-HOF-VERKAUF: ja ANDERE PRODUKTE IM VERKAUF:
Weinschokolade, Sekt, Wachauer Marillenspezialitäten
MESSEN: ProWein, Alles für den Gast Salzburg und Wien,
GAST Klagenfurt, fafga Innsbruck, AB HOF – Wieselburg, Vinexpo, Anuga

Sandgrube 13 – zweifellos eine der ersten Adressen für Kremser Wein. Wer die Winzer Krems dort besucht, ist beeindruckt: Ihm präsentiert sich ein topmodernes Weingut mitten in den Weingärten der Kremser Sandgrube, in dem der Qualitätsgedanke ganz groß geschrieben wird. Hier werden handverlesene Trauben ausgesuchter Weingärten aus Krems und Umgebung mittels modernster Technik zu blitzsauberen Weinen vinifiziert. Grundlage ist aber die Arbeit der Winzer im Weingarten, denen eigens engagierte Qualitätsberater Tipps zu Laubarbeit, Pflanzenschutz, Bodenbewirtschaftung und Rebpflege geben.

Diese Liebe zum Wein ist das ganze Jahr über für Besucher erlebbar: Der Weinerlebnis-Rundgang »Sandgrube 13 wein.sinn« gewährt in acht Stationen Einblicke in die Weinwerdung bei Winzer Krems. Höhepunkt ist sicher der neue »4D«-Film – ein sinnesfreudiges Filmerlebnis im Kellerkino, das neben neuester 3D-Technik auch Eindrücke von Duft und Wind bietet.

L 90 Gelber Muskateller Kellermeister Privat 2011
11,5 Vol.%, NK, Stahltank, 20.000, extratrocken, €€
Helles Grüngelb. Feine Blütenaromen, Zitruszesten, ein Hauch von Muskatnuss. Saftig, feine weiße Apfelfrucht, lebendig strukturiert, rassig und trinkanimierend, zitroniger Nachhall, ein feiner Aperitifwein, ideal im Sommer.

**89 Grüner Veltliner DAC
Kremser Goldberg Kellermeister Privat 2011**
13 Vol.%, NK, Stahltank, 30.000, extratrocken, €€

88 Weinmanufaktur Krems Grüner Veltliner 2011
13 Vol.%, NK, Stahltank, 50.000, extratrocken, €€

**88 Riesling DAC Kremser Kremsleiten
Kellermeister Privat 2011**
13 Vol.%, NK, Stahltank, 20.000, trocken, €€€

90 Zweigelt Barrique Glatt & Verkehrt 2009
14 Vol.%, NK, Barrique, 5000, trocken, €€€€
Kräftiges Rubingranat, violette Reflexe, zarte Randaufhellung. Saftig, süße Kirschenfrucht, präsente Tannine, feine, extratsüße Zwetschken im Nachhall, schokoladiges Finale, ein vielseitiger Essensbegleiter.

88 Blauer Zweigelt Kellermeister Privat 2011
13,5 Vol.%, NK, Stahltank, 35.000, trocken, €€

Kremstal

WEINGUT ALOIS ZIMMERMANN

3494 Theiß, Obere Hauptstraße 20
T: 02735/82 09, F: DW 4
a.zimmermann@aon.at
www.weingut-zimmermann.at

KELLERMEISTER UND ANSPRECHPARTNER: Alois Zimmermann jun.
ANZAHL/FLASCHEN: k. A. (100 % weiß) HEKTAR: 11,5
VERKOSTUNG: ja, gegen Voranmeldung AB-HOF-VERKAUF: ja
ÜBERNACHTUNGSMÖGLICHKEIT: kann organisiert werden
ANDERE PRODUKTE IM VERKAUF: Traubenkernöl
VEREINSZUGEHÖRIGKEIT: Kremstal DAC
MESSEN: ProWein, VieVinum, Vinobile Montfort

Der Urgroßvater, der Pionier, legte 1902 den Grundstein. Vater Alois baute mit viel Liebe und Engagement den Weinbaubetrieb auf. Modernes Know-how, Experimentierfreudigkeit, Kreativität und das Gute noch besser zu machen sind Prioritäten von Alois junior, der die Erfolgsgeschichte konsequent und gekonnt weiterführt. Die Rebfläche wird ausschließlich mit den zwei bodenständigen Sorten Grüner Veltliner (75 Prozent) sowie Riesling bepflanzt und umfasst heute 11,5 Hektar. Seit Jahren praktiziert die Familie Zimmermann den naturnahen Anbau und setzt mit ihrem hohen Qualitätsanspruch auf kompromisslose Ertragsbegrenzung, Laubarbeit und gesunde Böden mit Mulch- und Gründüngung. Ein später Lesezeitpunkt und eine rigorose Auslese, verbunden mit moderner Vinifikation, ergeben sortentypische Weine voll Frische, Fruchtigkeit und Klarheit.

Die zahlreichen Erfolge im In- und Ausland – wie z. B. Bundessieger und diverse Prämierungen in Chicago, Paris und Verona – bestätigen diesen Weg.

(90-92) Riesling DAC Reserve Kremser Kraxn 2011
13,5 Vol.%, Stahltank, extratrocken, €€€
Helles Gelbgrün. Feine gelbe Tropenfruchtaromen, ein Hauch von Blütenhonig, ein Hauch von Orangenextrakt. Saftig, feine Nuancen von Maracuja, Papaya, frischer Säurebogen, weiße Fruchtanklänge im Abgang, zitroniger Touch, mineralisch im Nachhall, trinkanimierender, leichtfüßiger Stil.

(89-91) Grüner Veltliner DAC Kremser Gebling 2011
13,5 Vol.%, Stahltank, extratrocken, €€
Helles Grüngelb. Feine Apfelfrucht, zart nach Wiesenkräutern, mineralischer Touch. Saftig, weiße Apfelfrucht, lebendig strukturiert, knackige, trinkanimierende Stilistik, zitronig im Nachhall, ein unkomplizierter Speisenbegleiter.

(88-90) Grüner Veltliner DAC Reserve Rosshimmel 2011
13,5 Vol.%, Stahltank, extratrocken, €€

(88-90) Riesling DAC Rosshimmel 2011
12,5 Vol.%, DV, Stahltank, extratrocken, €€

(87-89) Riesling DAC Kapuzinerberg 2011
13 Vol.%, DV, Stahltank, extratrocken, €€

(87-89) Grüner Veltliner DAC Sandgrube 2011
12,5 Vol.%, DV, Stahltank, extratrocken, €€

THERMENREGION

S IOANNES ORA PRO NOBIS

Thermenregion – Gebiet mit Geschichte, Weine mit Zukunft

Die Thermenregion entstand mit dem Weingesetz 1985, als die früheren Weinbaugebiete Gumpoldskirchen und Bad Vöslau zusammengelegt wurden. 2500 Hektar Reben lehnen sich an die Ausläufer des Wienerwalds, vom Stadtrand Wiens entlang einer Hügelkette mit dem Anninger als höchster Erhebung bis südlich von Baden. Autochthone Rebsorten wie Zierfandler (auch Spätrot genannt) und Rotgipfler sind die Spezialität des Gebietes.

Schon vor mehr als 2000 Jahren wurden in der klimatisch begünstigten Region südlich von Wien Weinreben kultiviert. Römische Legionäre, die in Carnuntum und Vindobona stationiert waren, brachten Weinstöcke aus ihrer Heimat und Kenntnisse über die Weinerzeugung nach Pannonien. Der Name Thermenregion verweist auf die schwefelhaltigen heißen Quellen von Aquae (Baden).

Die Weinreben profitieren vom pannonischen Klimaeinfluss, mit heißen Sommern und trockenen Herbsten sowie 1800 Sonnenstunden im Jahr. Ständige Luftbewegung lässt im Herbst die Trauben nach Tau oder Regen rasch abtrocknen. Bei der geologischen Vielfalt überwiegen relativ schwere Böden wie lehmige Tone, sandige Lehme und Braunerde mit hohem Muschelkalkgehalt. Der darunterliegende Verwitterungsschutt und tief reichende Schichten von Schwemmland helfen bei Entwässerung und Durchwärmung. Im Steinfeld bieten eher steinige, karge Schotterböden den Rotweinsorten ausgezeichnete Bedingungen.

Hausrecht haben die gebietstypischen – sonst kaum zu findenden – weißen Rebsorten Zierfandler und Rotgipfler, die als Cuvée die legendäre Weinehe Spätrot-Rotgipfler eingehen. Zur traditionellen Sortenvielfalt gehören aber auch der früher als Vöslauer bezeichnete Blaue Portugieser oder der Neuburger, ebenso moderne Weine aus der Burgunderfamilie, St. Laurent und Zweigelt, aber auch Merlot und Cabernet Sauvignon. Rotweinzentren sind Bad Vöslau, Sooß, Tattendorf und Teesdorf, die klassischen Weißweine kommen aus Perchtoldsdorf, Gumpoldskirchen, Pfaffstätten, Baden, Guntramsdorf und Traiskirchen.

Natur und Kultur ermöglichen ein abwechslungsreiches Freizeitprogramm: von einem Besuch des wiedererblühten Freiguts Thallern des Zisterzienserstiftes Heiligenkreuz, eines der ältesten Weingüter Österreichs, über die Kultur- und Kurstadt Baden mit Theater, Operette, Wellness oder Traubenkur bis zu Ausflügen entlang der Weinstraße oder Wanderungen durch die Weinberge entlang der Wiener Hochquellenleitung. Das Wasser zum Wein als exzellenter Speisenbegleiter kommt dann auch in der Gastronomie zu seinem Recht.

Thermenregion

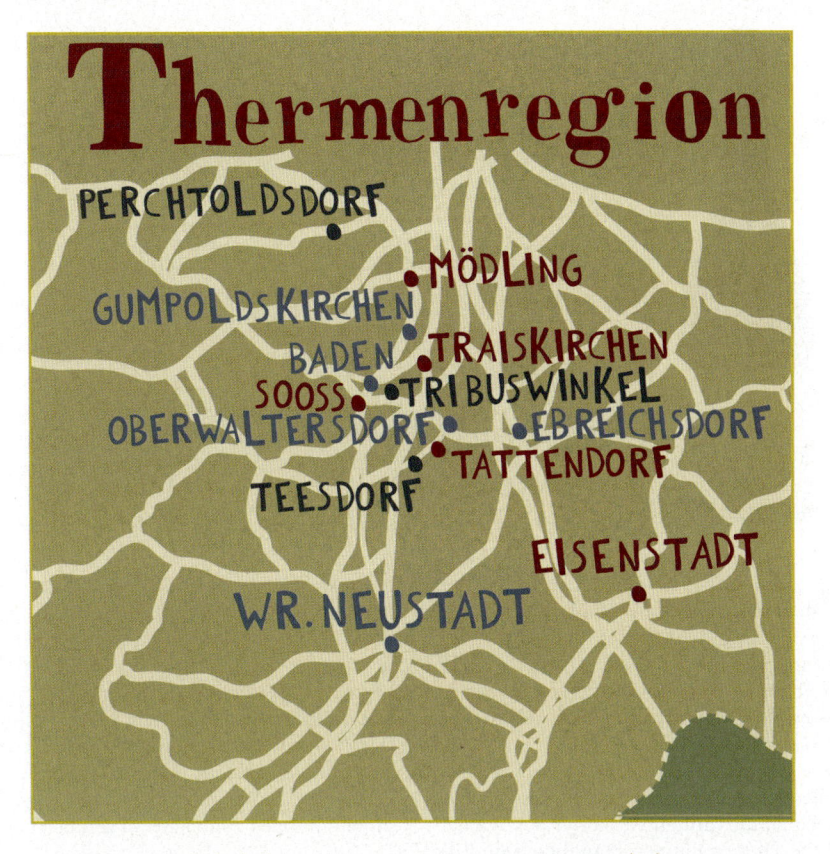

★★★★
- Weingut Karl Alphart, Traiskirchen
- Weingut Johanneshof Reinisch, Tattendorf

★★★
- Weingut Leopold Aumann, Tribuswinkel
- Weingut Christian Fischer, Sooß
- Weingut Schneider, Tattendorf
- Weingut Stadlmann, Traiskirchen

★★
- Weingut Familie Auer, Tattendorf
- Weingut Biegler, Gumpoldskirchen
- Weingut Krug, Gumpoldskirchen
- Winzerhof Landauer-Gisperg, Tattendorf

★★
- Weingut Josef Piriwe, Traiskirchen
- Weingut Spaetrot Gebeshuber, Gumpoldskirchen
- Freigut Thallern – Stiftsweingut Heiligenkreuz, Gumpoldskirchen
- Weingut Harald Zierer, Gumpoldskirchen

★
- Weingut Robert Schlumberger, Bad Vöslau

- Wein- und Sektkellerei Goldeck, Bad Vöslau
- Weingut Wegenstein, Wr. Neudorf

Thermenregion

★★★★

WEINGUT ALPHART

2514 Traiskirchen, Wiener Straße 46
T: 02252/523 28, F: DW 4
weingut@alphart.com
www.alphart.com

KELLERMEISTER: Florian Alphart **ANSPRECHPARTNER:** Familie Alphart
ANZAHL/FLASCHEN: k. A. (80 % weiß, 19 % rot, 1 % süß) **HEKTAR:** 25
VERKOSTUNG: ja, gegen Voranmeldung **AB-HOF-VERKAUF:** ja
HEURIGER: 29. 6. bis 15. 7., 17. 8. bis 2. 9. und 9. bis 25. 11.
Mo. bis Fr. ab 15 Uhr, Sa., So. und Fei. ab 11.30 Uhr
ANDERE PRODUKTE IM VERKAUF: Traubensaft, Traubenbrand, Tresterbrand, Frizzante, Sekt, Chutneys, Marmeladen
VEREINSZUGEHÖRIGKEIT: Thermenwinzer **Messen:** VieVinum

Karl Alphart hat 1986 den florierenden Familienbetrieb von seinen Eltern übernommen und seither die Rebanlagen, den Keller und die Buschenschank erweitert und modernisiert. Sohn Florian ist als Kellermeister für alle Arbeitsschritte von der Verarbeitung der Trauben bis zur Abfüllung des Weins zuständig.

Die Weingärten der Alpharts liegen im Herzen der Thermenregion. Malerisch schmiegen sie sich an die sanften Ausläufer des Wienerwaldes. Diese sonnigen Hanglagen und die besonderen Braunerde-Muschelkalk-Böden verleihen den Weinen ihre klare Mineralik. Natürlich ist modernste und schonendste Verarbeitung des Leseguts die Fortsetzung der peniblen Pflege der Rebanlagen. Nur so ist es möglich die feine Eleganz und klare Frucht der Trauben in den Weinen wiederzufinden. Vor allem wird den beiden Sorten Chardonnay und Rotgipfler in jeweils mehreren Ausbauarten Aufmerksamkeit geschenkt. Diese reifen Jahr für Jahr zu ganz besonderen Gewächsen auf den burgundischen Lagen Rodauner, Teigelsteiner, Satzing und Goldlacke heran. Auch die eleganten Rotweine des Hauses darf man nicht außer Acht lassen. Hier setzt das Duo Karl und Florian auf saftige Cuvées aus Zweigelt und Pinot Noir sowie auf die kräftige Paarung aus fleischigem Merlot und reifem Cabernet Sauvignon in der Cuvée »Alpha«. Der reinsortige Pinot Noir ist eine ganz besondere Leidenschaft des Winzerteams.

Der Heurige dient als Plattform zur Kommunikation mit den Kunden und zur Präsentation der eigenen Weine sowie der vorzüglichen Hausmannskost. Hier wird die Tradition der Buschenschank fortgeführt und Weinkultur in angenehmer Atmosphäre gepflegt. Kein Jahr ohne Neuigkeiten aus dem Hause Alphart: Nach dem Bau einer hoch technisierten Kellerei und der Beteiligung am Freigut Thallern folgte 2011 die Errichtung eines perfekt gestylten, modernen Weinshops beim Weingut. Damit wurde das Handling um den Ab-Hof-Verkauf vereinfacht und die Möglichkeit geschaffen, die Weine in einem angenehm hellen und luftigen Ambiente zu verkosten.

94 Rotgipfler Rodauner Top Selektion 2010
13,5 Vol.%, DV, Teilbarrique, trocken, €€€€€
Leuchtendes Gelbgrün. Mit zarter Kräuterwürze unterlegte weiße Tropenfruchtanklänge, zart nach Grapefruit und Orangenzesten, etwas Blütenhonig und feine Gewürzanklänge. Saftig, nach Litschi und Maracuja, stoffige weiße Frucht, finessenreicher Säurebogen, zitronige Nuancen im Abgang, verfügt über große Länge, zarter Touch vom neuen Holz im Finale, sicheres Reifepotenzial.

92 Chardonnay Reserve 2010
13,5 Vol.%, DV, Barrique, extratrocken, €€€€
Mittleres Gelbgrün. Zart nussig unterlegte gelbe Apfelfrucht, ein Hauch von Nougat und Karamell. Kraftvoll und kompakt, zart nach Marille, dezente Holzwürze, feine Röstanklänge im Abgang, ein feiner Essensbegleiter, verfügt über Reifepotenzial.

91 Chardonnay Teigelsteiner 2010
13,5 Vol.%, DV, großes Holzfass, extratrocken, €€€€
Mittleres Grüngelb. Frische Zitruszesten über gelber Tropenfrucht, feiner Apfeltouch, attraktives Bukett, zart nach Blütenhonig. Saftig, elegant, zarte Birnenfrucht, frisch strukturiert, Orangen im Nachhall, gutes Entwicklungspotenzial.

90 Chardonnay vom Berg 2011
13 Vol.%, DV, großes Holzfass, extratrocken, €€€
Helles Gelbgrün. Zartes Bukett, feine gelbe Apfelfrucht, ein Hauch von Kräuterwürze, ein Hauch von Zitrus. Saftig, elegant, feiner Pfirsichtouch, finessenreicher Säurebogen, angenehme Fruchtsüße im Abgang, harmonischer Essensbegleiter.

(89-91) Rotgipfler Rodauner 2011
13 Vol.%, DV, großes Holzfass, extratrocken, €€€
Mittleres Gelbgrün. Feine Birnenfrucht, zart nach Blütenhonig, mit frischen Wiesenkräutern unterlegt. Saftig, reife gelbe Apfelfrucht, angenehmer Säurebogen, mineralischer Nachhall, ein vielseitiger Speisenbegleiter, zitroniger Touch im Rückgeschmack.

92 Pinot Noir Reserve 2009
13,5 Vol.%, NK, Barrique, extratrocken, €€€€
Mittleres Rubingrant, violette Reflexe, breitere Randaufhellung. Einladendes dunkles Beerenkonfit, zarte Gewürzanklänge, reife Herzkirschen, Orangenzesten. Am Gaumen saftig und elegant, angenehme Extraktsüße, gute Tannine, feine Röstaromen im Abgang, bleibt gut haften, ein harmonischer, vielseitiger Speisenbegleiter.

Thermenregion

★★

WEINGUT FAMILIE AUER

2523 Tattendorf, Pottendorfer Straße 14
T: 02253/812 51, F: DW 4
office@weingutauer.at
www.weingutauer.at

KELLERMEISTER: Leopold Auer ANSPRECHPARTNER: Leopold und Helga Auer ANBAUWEISE: in Umstellung auf Bio ANZAHL/FLASCHEN: k. A. (20 % weiß, 80 % rot) HEKTAR: 18 VERKOSTUNG: ja AB-HOF-VERKAUF: ja ÜBERNACHTUNGSMÖGLICHKEIT: kann organisiert werden HEURIGER: 15. bis 26. 8., 18. bis 28. 10. und 22. 11. bis 2. 12., Mo. bis Fr. 14–23 Uhr, Sa., So. und Fei. 10–23 Uhr ANDERE PRODUKTE IM VERKAUF: Sekt, Brände, Likör VEREINSZUGEHÖRIGKEIT: Die Burgundermacher Messen: ProWein

Die Winzerfamilie Auer findet im Weinbaugebiet Thermenregion, in der Umgebung von Baden bei Wien, optimale Bedingungen vor – und macht im Einklang mit der Natur das Beste daraus: charaktervolle Weine. Die perfekten Grundlagen für St. Laurent und Pinot Noir sind der Tattendorfer Schwemmlandboden und das milde Klima der Thermenregion. Ob im Weinkeller, im Verkostungsraum oder im Heurigen: Der Familienbetrieb verwöhnt seine Gäste und Weinkenner mit feinsten Gaumenfreuden.

Als Mitglied der Winzervereinigung »Die Burgundermacher« widmet sich Familie Auer insbesondere dem Rotwein – die größte Leidenschaft gilt Pinot Noir und St. Laurent. Der Stil der Weine ist geprägt vom Terroir und vom Streben nach Gutem – wovon sich Weinkenner bei Degustationen im Barriquefasskeller oder in der Verkostungsgalerie überzeugen können. Nicht nur im Wein selbst, auch im stimmungsvollen Ambiente des Heurigenlokals mit dem gemütlichen »St. Laurent Stüberl« zeigt sich, was die Auers unter Genuss mit Stil verstehen: feinste Delikatessen, herzliche Bedienung, höchste Glaskultur – ein Fest der Sinne. Wer einmal dort war, kommt gerne wieder. Spitzenqualität ist Ehrensache: Im Familienbetrieb Auer wird das Streben nach höchster Qualität den Generationen weitergegeben.

(91-93) Pinot Noir Reserve 2010
NK, Barrique, €€€€
Mittleres Karmingranat, aufgehellt, breiter Ockerrand. Attraktive florale Nuancen, ein Hauch von Kräutern und Grapefruitzesten, mit süßem Waldbeerkonfit unterlegt. Saftig und frisch strukturiert, Kirschen klingen an, feine Tannine, angenehme Süße im Abgang, zeigt eine gute Länge, mineralischer Nuancen im Finale, verfügt über Reifepotenzial.

(90-92) St. Laurent Reserve 2010
NK, Barrique, €€€€
Dunkles Rubingranat, dunkler Kern, violette Reflexe, zarter Wasserrand. Intensive Kräuterwürze, schwarzes Waldbeerkonfit, frische Weichseln, zarter Gewürzanklang. Saftig, angenehme Extraktsüße, reife Herzkirschen, gut integrierte Tannine, frische Struktur, zitronig, reife Brombeeren im Nachhall, trinkanimierender Stil.

89 Pinot Noir 2010
13 Vol.%, DV, großes Holzfass/Teilbarrique, extratrocken, €€

89 Zweigelt 2011
13 Vol.%, DV, Stahltank/großes Holzfass, extratrocken, €€

90 Chardonnay 2010
14 Vol.%, DV, Teilbarrique, extratrocken, €€
Leuchtendes Gelbgrün. Mit zartem Karamell und Vanille unterlegte gelbe Tropenfrucht, ein Hauch von Biskuit. Saftig, elegant, harmonisch, feine Holzwürze, bleibt gut haften, ein kraftvoller, vielseitig einsetzbarer Speisenwein.

89 Rotgipfler/Zierfandler 2010
13 Vol.%, DV, Teilbarrique, extratrocken, €€

★★★
WEINGUT LEOPOLD AUMANN

2512 Tribuswinkel, Oberwaltersdorfer Straße 105
T: 02252/805 02, F: DW 50
weingut@aumann.at
www.aumann.at

KELLERMEISTER: Leopold Aumann
ANSPRECHPARTNER: Mag. Claudia Aumann
ANZAHL/FLASCHEN: k. A. (30 % weiß, 70 % rot) HEKTAR: 30
VERKOSTUNG: ja AB-HOF-VERKAUF: ja ÜBERNACHTUNGSMÖGLICHKEIT: kann organisiert werden HEURIGER: 7. bis 24. 7., 25. 8. bis 11. 9. und 3. bis 20. 11., Mo. bis Fr. 15–24 Uhr, Sa., So. und Fei. 10–24 Uhr
VEREINSZUGEHÖRIGKEIT: Thermenwinzer MESSEN: ProWein

Der kleine Weinort Tribuswinkel, der unmittelbar neben dem bekannten Kurort Baden liegt, ist dank der Leistungen des jungen Önologen Leopold Aumann zum Mekka für viele Weinkenner geworden. Die Weine demonstrieren einerseits die klimatischen Vorzüge der Thermenregion, andererseits aber auch das handwerkliche Können und das Einfühlungsvermögen des Winzers.

Aumann ist überzeugt, dass sich in den Details die Merkmale verbergen, die Gewöhnliches von Besonderem trennen. Er vinifiziert stilsicher Weißweine aus den Sorten Veltliner, Riesling, Pinot Blanc und Sauvignon Blanc, aber natürlich auch aus den nur in der Thermenregion angepflanzten Edelsorten. Der Rotgipfler stammt aus der Badener Top-Lage Flamming; der Zierfandler kommt mit einer dezenten Restsüße auf den Tisch. Berühmt geworden ist Leopold Aumann für seine Rotweine. Neben dem reinsortigen Zweigelt Reserve, der 14 Monate in neuen französischen Barriques heranreift, sind die Luxuscuvée vom Badener »Harterberg« und der Merlot alljährliche Meisterstücke. Erstmals im Sortiment ist die rote Luxuscuvée »Badnerberg«.

94 Badnerberg 2009 SL/ME
14,5 Vol.%, NK, Barrique, extratrocken, €€€€
Dunkles Rubingranat, violette Reflexe, dezenter Wasserrand. Zart tabakig-balsamisch unterlegtes dunkles Beerenkonfit, zart nach Schokolade, feine Edelholzwürze. Saftig, schokoladige Textur, gut eingebundene Tannine, extraktsüße Länge, kraftvolles Finish, Nougat im Nachhall, gutes Reifepotenzial.

92 Harterberg Merlot 2009
15,5 Vol.%, NK, Barrique, extratrocken, €€€€€
Kräftiges Rubingranat, breitere Randaufhellung. Dunkles Beerenkonfit, mit feiner Kräuterwürze unterlegt, ein Hauch von Dörrzwetschken, schokoladige Nuancen. Stoffig, extraktsüße, präsente Tannine, weiche, seidige Textur, kraftvoll im Abgang, erinnert in der Substanz an einen Zinfandel aus Kalifornien, zart nach Bitterschokolade im Abgang, ruft nach einem Grillabend.

90 Pinot Noir Reserve 2010
13,5 Vol.%, NK, Barrique (500 l), extratrocken, €€€
Mittleres Karmingranat, unterockert, zarter Wasserrand. Mit rauchiger Kräuterwürze unterlegtes rotes Waldbeerkonfit, aber auch Noten von Cassis, Röstklänge. Wirkt am Gaumen leichtfüßig, frische Herzkirschen, feine Tannine, Gewürze im Abgang, vielseitiger Speisenbegleiter.

(90-92) Rotgipfler Flamming 2011
14,5 Vol.%, DV, Stahltank, extratrocken, €€€
Mittleres Grüngelb. Mit feiner Kräuterwürze und zarten Grapefruitnoten unterlegte weiße Tropenfrucht. Stoffig, wieder feinwürzig, reife Birnenfrucht, lebendige Säurestruktur, mineralisch und trinkfreudig, zitroniger Touch, kompakter Speisenbegleiter.

88 Sauvignon Blanc 2011
12,5 Vol.%, DV, Stahltank, extratrocken, €€

88 Veltliner & friends 2011 GV
12 Vol.%, DV, Stahltank, extratrocken, €€

Thermenregion

Thermenregion

★★
WEINGUT BIEGLER

2352 Gumpoldskirchen, Wiener Straße 16–18
T: 02252/621 96, F: DW 4
weingut.biegler@kabsi.at
www.weingut-biegler.at

KELLERMEISTER: Othmar Biegler ANSPRECHPARTNER: Othmar und Susanne Biegler ANZAHL/FLASCHEN: 50.000 (70 % weiß, 20 % rot, 10 % süß) HEKTAR: 10 VERKOSTUNG: ja, gegen Voranmeldung AB-HOF-VERKAUF: ja ÜBERNACHTUNGSMÖGLICHKEIT: kann organisiert werden ANDERE PRODUKTE IM VERKAUF: Destillate, Sekt VEREINSZUGEHÖRIGKEIT: Thermenwinzer MESSEN: VieVinum, ProWein

Der renommierte Familienbetrieb liegt im Herzen von Gumpoldskirchen. Die rund neun Hektar Weingärten befinden sich in den besten Lagen, verstreut um Gumpoldskirchen, an den Südosthängen des Anningers. Das schottrige, kalkhaltige Terroir und das außergewöhnliche Mikroklima verhelfen den Trauben zu voller Reife und besonderer Güte. Eine sorgfältige, naturnahe und intensive Betreuung der Rebflächen durch die gesamte Familie unterstützt diesen natürlichen Reifeprozess. Ausgebaut werden die Weine im Stahltank sowie in kleinen und großen Holzfässern.

Manfred und Othmar Biegler, Vater und Sohn, stellen sich Jahr für Jahr der Aufgabe, sortentypische, feine und außergewöhnliche Weine zu kreieren. Diese werden überwiegend trocken ausgebaut, in guten Jahren werden auch Prädikatsweine angestrebt, mit denen Gumpoldskirchen ursprünglich seine Berühmtheit erlangte. Mit der Spätlese vom Rotgipfler konnte sich die Familie Biegler im Vorjahr über den niederösterreichischen Landessieger freuen.

Mehrmals im Jahr ist das stilvolle Hauerhaus für alle Freunde geöffnet, dann ist ausg'steckt, und die Damen des Hauses verwöhnen mit einem Spezialitätenbuffet, dazu werden alle Weine glasweise kredenzt.

92   Rotgipfler Spätlese 2011
14 Vol.%, DV, lieblich, €€€
Mittleres Grüngelb. Noch etwas zurückhaltend, feiner Blütenhonig, gelbe Steinobstklänge, mit feiner Kräuterwürze unterlegt. Stoffig, kraftvoll, saftige gelbe Tropenfrucht, feines Säurekleid, feine Honignoten im Abgang, der große traditionelle Klassiker der Region, der sich erst nach einigen Jahren Flaschenreife so richtig offenbart.

92   Sauvignon Blanc 2011
13,5 Vol.%, DV, Stahltank, trocken, €€
Mittleres Grüngelb. Sehr typisches Bukett nach Paprikaschoten, Stachelbeeren und Hollerblüten, frische Grapefruitzesten. Saftig, feine gelbe Frucht, lebendiger Säurebogen, angenehme Extraktsüße, fast im neuseeländischen Stil, sehr attraktiv und harmonisch, gute Länge.

90   Rotgipfler Brindlbach 2011
13,5 Vol.%, DV, Stahltank, 6000, trocken, €€
Helles Gelbgrün. Mit frischen Wiesenkräutern unterlegte feine Birnenfrucht, mineralische Noten, ein Hauch von Orangenzesten. Elegant, harmonisch, gute eingebundene Säurestruktur, ein ausgewogener Speisenbegleiter, vielseitig einsetzbar.

(88-90)   Riesling Grimmling 2011
13,5 Vol.%, DV, Stahltank, trocken, €€

(87-89)   Chardonnay Hausberg 2011
13,5 Vol.%, DV, Stahltank, 2000, trocken, €€

(90-92)   Rotgipfler Beerenauslese 2011
12 Vol.%, NK/DV, 2600, süß, €€€
Mittleres Grüngelb. Feiner Blütenhonig, reife Steinobstanklänge, zarte Kräuterwürze, ein Hauch von Dörrobst. Elegant, saftig, feine Fruchtsüße, angenehme Säurestruktur, bleibt gut haften, süßer Pfirsichtouch im Nachhall, gutes Entwicklungspotenzial

★★★

WEINGUT CHRISTIAN FISCHER

2500 Sooß, Hauptstraße 33
T: 02252/871 30, F: 02252/826 66
christian@weingut-fischer.at
www.weingut-fischer.at

Thermenregion

KELLERMEISTER UND ANSPRECHPARTNER: Christian Fischer
ANBAUWEISE: in Umstellung auf Bio
ANZAHL/FLASCHEN: 100.000 (15 % weiß, 85 % rot) HEKTAR: 20
VERKOSTUNG: ja, gegen Voranmeldung AB-HOF-VERKAUF: ja
HEURIGER: 2. bis 19. 8., 20. 9. bis 7. 10. und 8. bis 25. 11., Do. bis So. ab 11.30 Uhr
ANDERE PRODUKTE IM VERKAUF: Verjus pur, Verjus Frizz, Winzersekt, Marc
VEREINSZUGEHÖRIGKEIT: Thermenwinzer
MESSEN: VieVinum, ProWein, Merano WineFestival, Wein & Genuss Festival Sylt

Die Familie Fischer zählt zu den erfolgreichen Rotweinpionieren der Thermenregion und hat bereits früh begonnen, durch die Einbeziehung international anerkannter Rotweinsorten wie Pinot Noir, Cabernet und Merlot das zweifellos vorhandene Potenzial von Sooß zu nutzen. Das Resultat sind gehaltvolle, vielschichtige Rotweine, die sich durch eine harmonische Tanninstruktur und eine feinwürzige Frucht auszeichnen. Das Weingut Fischer, das heute 85 Prozent der rund 20 Hektar Fläche mit roten Sorten bestockt hat, zeigt, welche Möglichkeiten in den sanften Abhängen des beschaulichen Weinortes mit ihren warmen, lehmig-tonigen Böden stecken.

Christian Fischer ist Garant für erstklassige Rotweine. Die Cuvée »Gradenthal«, der im Barrique gereifte Pinot Noir, der Cabernet Merlot und der reinsortige Merlot zählen stets zu den besten Rotweinen Österreichs und haben eine Vielzahl von Auszeichnungen eingeheimst. Ein Besuch auf dem Weingut ist durch den hervorragenden Buschenschankbetrieb zusätzlich attraktiv.

(91–93) Merlot Hundred Cases 2006
14,5 Vol.%, NK, Barrique, extratrocken, €€€€
Kräftiges Rubingranat, dunkler Kern, breitere Randaufhellung. Feine Holzwürze, tabakig unterlegter Kräutertouch, ein Hauch von Lakritze, feines Nougat. Saftig, elegant und ausgewogen, feine Tannine, harmonisch und gut anhaltend, florale Nuancen im Abgang, extraktsüßer Nachhall.

(90–92) Gradenthal Premium 2010 ZW/CS/ME
13,5 Vol.%, Barrique, extratrocken, €€€
Dunkles Rubingranat, violette Reflexe, zarter Wasserrand. Einladende dunkle Beerenfrucht, reife Herzkirschen, zart nach Brombeeren und Cassis, dunkle Schokolade. Saftig, gute Komplexität, eher rotbeerige Frucht, gute Tannine, lebendige Textur, wieder Kirschen im Abgang, gutes Entwicklungspotenzial.

(89–91) Pinot Noir Premium 2010
13,5 Vol.%, NK, Barrique, extratrocken, €€€
Mittleres Karmingranat, breiter Ockerrand. Zart mit einem Hauch Karamell und feiner Kräuterwürze unterlegte Kirschenfrucht, feiner Dörrobsttouch. Saftig, rotes Waldbeerkonfit, gut integrierte Tannine, frisch im Abgang, ein vielseitiger Speisenbegleiter.

(88–90) Zweigelt Fasangarten Classic 2011
12,5 Vol.%, DV, großes Holzfass, extratrocken, €€

(88–90) Rotgipfler Premium 2011
13 Vol.%, DV, großes Holzfass, 1200, trocken, €€€

88 Spätrot-Rotgipfler Classic 2011 RG/ZF
12,5 Vol.%, DV, Stahltank, 1500, trocken, €€

WEIN- UND SEKTKELLEREI GOLDECK

2540 Bad Vöslau, Hans-Haderer-Gasse 8
T: 01/368 22 58-0, F: 01/368 22 58-230
office@goldeck.at
www.goldeck.at

— NEU —

KELLERMEISTER UND ANSPRECHPARTNER: Markus Lechner
VERKOSTUNG: ja, gegen Voranmeldung

»Goldeck«, die erste registrierte Weinmarke Österreichs, verbindet Genuss und österreichische Tradition auf unverwechselbare Weise. Goldeck ist der Spezialist für Grünen Veltliner Sekt zu 100 Prozent aus Österreich und bietet diesen in vier unterschiedlichen Geschmacksrichtungen: von extratrocken und brut bis trocken und halbtrocken. Die »Edle von Goldeck« (Geschmacksrichtung brut) ist exklusiv für die Gastronomie erhältlich.

Der Grüne Veltliner ist die Paraderebsorte Österreichs und begeistert mit seiner Vielfältigkeit und Einzigartigkeit. Er nimmt mehr als ein Drittel der Gesamtrebfläche Österreichs ein. Kein anderes Bundesland hat sich so dem Grünen Veltliner verschrieben wie Niederösterreich, das ideale Bedingungen für den Wein mit Weltruf bietet.

Der hohe Anspruch an Qualität, die Verbundenheit mit Österreich und die Kombination aus bewährter Tradition und Innovation kommt bei der Marke »Goldeck« auch im Design der Flaschen zum Ausdruck. Die Jugendstilfigur, die als Markensymbol alle Flaschen ziert, steht für höchste Qualität und edlen Genuss. Denn genau wie der Jugendstil – die typisch österreichische Kunstrichtung um die Jahrhundertwende – steht die Marke »Goldeck« als Sektspezialität für edlen Genuss und eleganten Lebensstil, der sich auf das Wesentliche besinnt.

90 Die Edle von Goldeck – Der Veltliner Sekt 2009
11,5 Vol.%, NK, trocken
Helles Grüngelb, feines, lebendiges Mousseux. Mit einem Hauch von Zitruszesten und frischen Wiesenkräutern unterlegtes Bukett, zarte gelbe Tropenfruchtanklänge. Saftig, elegante Textur, finessenreiche Säurestruktur, angenehme Mineralik, zitronige, trinkanimierende Nuancen im Abgang, zeigt eine gute Länge, schwungvolle Stilistik.

★★★★

WEINGUT JOHANNESHOF REINISCH

2523 Tattendorf, Im Weingarten 1
T: 02253/814 23, F: DW 4
office@j-r.at
www.j-r.at

KELLERMEISTER UND ANSPRECHPARTNER: Johannes Reinisch
ANBAUWEISE: derzeit in Umstellung auf Bio
ANZAHL/FLASCHEN: 230.000 (37 % weiß, 60 % rot, 3 % süß) **HEKTAR:** 40
VERKOSTUNG: ja **AB-HOF-VERKAUF:** ja
ÜBERNACHTUNGSMÖGLICHKEIT: kann organisiert werden
HEURIGER: Do. bis Fr. 15–23 Uhr, Sa., So. und Fei. 11.30–23 Uhr
ANDERE PRODUKTE IM VERKAUF: Destillate, Sekt, Holunderessig, Weinessig
VEREINSZUGEHÖRIGKEIT: Thermenwinzer **MESSEN:** ProWein

Thermenregion

Die Familie Reinisch betreibt in vierter Generation Weinbau in Tattendorf und bewirtschaftet Weingärten in den wertvollsten Lagen rund um die traditionsreichen Weinbauorte Tattendorf und Gumpoldskirchen. Die besondere Qualität der Schwemmland-Braunerdeböden liegt in ihrer großen Durchlässigkeit, die eine rasche Erwärmung gewährleistet und somit den Reifeprozess der Trauben eminent begünstigt. Der hohe Kalkanteil bringt eine ausgeprägte Mineralik in die Weine und macht die Rieden des Johanneshof Reinisch besonders geeignet für die Kultivierung von Reben der Burgunderfamilie.

Pinot Noir, St. Laurent und Chardonnay bilden den Sortenschwerpunkt im Angebot des Weinguts. Auf geeignetem Terroir im nahen Ort Gumpoldskirchen werden Rotgipfler und Zierfandler kultiviert, deren Ausbau bei Bewahrung des schönen Sortencharakters ebenso prägnant erfolgt wie der sämtlicher anderer Weine aus dem renommierten Betrieb. Den kleinklimatischen Bedingungen entsprechend sind etwa 60 Prozent der Weine aus dem Johanneshof Reinisch Rotweine, 40 Prozent entfallen auf Weiß- und Süßweine. Die Maxime ist ganz entschieden die persönliche Zuwendung der Winzer zum Wein. Die Brüder Johannes, Christian und Michael Reinisch bewirtschaften die Weingärten unter Einsatz von Nützlingen und variantenreicher Begrünung nach biologischen Richtlinien.

93 Steingarten 2009 SL/PN
13,5 Vol.%, NK, Teilbarrique/Barrique, 2000, extratrocken, €€€€€
Tiefdunkles Rubingranat, violette Reflexe, zarter Wasserrand. Feine rauchig-pfeffrige Würze, schwarzes Beerenkonfit, attraktives Bukett, zarte Röstaromen. Saftig, vollreife Kirschen, präsente Tannine, die gut eingebunden sind, zart nach Nougat im Abgang, ein stoffiger Speisenbegleiter mit Reifepotenzial.

(92-94) Pinot Noir Holzspur 2010
13,5 Vol.%, NK, Barrique, 2500, extratrocken, €€€€€
Dunkles Karmingranat, violette Reflexe, zarter Wasserrand. Feines rotes Waldbeerkonfit, zarte Kräuterwürze, ein Hauch von Edelholzwürze, etwas Rosinen. Saftig, gute Komplexität, reife Zwetschken, extraktsüßer Körper, präsente, würzige Tannine, gute Länge, mineralischer Nachhall, Holzklänge im Rückgeschmack, wird von Flaschenreife profitieren.

(91-93) Pinot Noir Grillenhügel 2010
13,5 Vol.%, NK, Teilbarrique, 6000, extratrocken, €€€€
Kräftiges Kirschrot, zart unterockert, Wasserrand. Zart blättrige Würze, ein Hauch von Dörrobst, Feigen, tabakige Nuancen. Saftige rotbeerige Frucht, präsente Tannine, zart nach Nougat, dunkle Mineralik im Abgang, Orangen im Rückgeschmack.

(91-93) St. Laurent Holzspur 2010
13,5 Vol.%, NK, 2500, extratrocken, €€€€
Tiefdunkles Rubingranat, violette Reflexe, zarter Wasserrand. Feine Röstaromen, zartes Nougat, dunkles Waldbeerkonfit, ein Hauch von Orangenzesten, facettenreiches Bukett. Saftig, elegant, frische Herzkirschen, gut eingebundene Tannine, mineralischer Touch im Abgang, bereits gut entwickelt, ein vielseitiger Speisenbegleiter.

Thermenregion

(90-92) Cabernet Sauvignon – Merlot 2010
13,5 Vol.%, NK, 7000, extratrocken, €€€€
Tiefdunkles Rubingranat, violette Reflexe, zarter Wasserrand. Zart tabakig unterlegte dunkle Beerenfrucht, noch etwas verhalten, zarte Kräuterwürze, feine Zwetschkenfrucht. Dezente Fruchtsüße, präsente Tannine, zart nach Dörrobst im Nachhall, blättrige Würze im Rückgeschmack.

(90-92) St. Laurent Frauenfeld 2010
13,5 Vol.%, NK, Barrique, 6000, extratrocken, €€€€
Dunkles Rubingranat, violette Reflexe, zarter Wasserrand. Feinwürzig unterlegte dunkle Beerenfrucht, zart nach Brombeeren und Röstanklängen. Saftig, zart florale Nuancen, frische Kirschen, lebendiger Säurebogen, präsente Tannine im Abgang, ein vielseitiger Speisenbegleiter.

(89-91) Zweigelt Frauenfeld 2010
13,5 Vol.%, NK, 3500, extratrocken, €€€
Tiefdunkles Rubingranat, opaker Kern, violette Reflexe. Reife Zwetschkenfrucht, mit Gewürzanklängen und Kräutern unterlegt, etwas Nougat. Saftig, reife Kirschen, lebendig und trinkanimierend, frisch strukturiert, Weichseln im Nachhall.

89 Zweigelt 2010
13 Vol.%, DV, großes Holzfass, 14.000, extratrocken, €€

89 Pinot Noir 2010
13 Vol.%, DV, großes Holzfass, 30.000, extratrocken, €€

88 St. Laurent 2010
13 Vol.%, NK, großes Holzfass, 22.000, extratrocken, €€

93 Rotgipfler Satzing 2010
13,5 Vol.%, NK, Teilbarrique, 1333, extratrocken, €€€€
Mittleres Gelbgrün. Reife gelbe Frucht nach Quitten und gekochtem Rhabarber, feine Röstaromen, ein Hauch von Karamell. Saftig, kraftvoll, gut eingebundene Holzkomponente, saftige gelbe Tropenfrucht, finessenreiche Säurestruktur, gute Länge, sicheres Reifepotenzial.

93 Chardonnay Lores 2010
13,5 Vol.%, NK, Teilbarrique, 8000, extratrocken
Mittleres Gelbgrün. Rauchig, Anklänge von Feuerstein, eine Nuance von Grapefruitzesten, mit gelbem Apfel unterlegt. Saftig, straff, angenehme Kräuterwürze, weiße Tropenfrucht, feiner Säurebogen, wirkt leichtfüßig und trinkanimierend, zitronige Nuancen im Nachhall.

92 Zierfandler Spiegel 2010
13,5 Vol.%, NK, Teilbarrique, extratrocken, €€€€
Mittleres Gelbgrün. Feine Kräuterwürze, etwas Karamell, reife Banane klingt an, zarte Mokkanuancen. Komplex, engmaschig, seidige Steinobstklänge, frischer Säurebogen, bleibt gut haften, ein finessenreicher Speisenbegleiter mit Entwicklungspotenzial.

L 91 Gumpoldskirchner Tradition 2011 ZF/RG
12 Vol.%, DV, Stahltank, 12000, halbtrocken, €€€€
Helles Grüngelb. Zart nussig unterlegte gelbe Birnenfrucht, etwas Mango, zarte Kräuterwürze. Saftig, elegante Textur, zart nach Banane, gut eingebundene Säure, die den dezenten Zuckerrest gut puffert, bereits gut antrinkbar, braucht aber noch zwei Jahre zur Trinkreife.

88 Rotgipfler 2011
12,5 Vol.%, DV, Stahltank/großes Holzfass, 15.000, extratrocken, €€

88 Dialog 2011 SB/CH
12,5 Vol.%, DV, Stahltank/großes Holzfass, 14.000, extratrocken, €€

94 Zierfandler Spiegel TBA 2010
NK, Teilbarrique, 260, süß, €€€€
Mittleres Goldgelb. Intensive Honignote, feine Dörrobstklänge, vollreife Marillen und Orangen, facettenreiches Bukett. Saftig, komplex, reife gelbe Tropenfrucht, finessenreiche Säurestruktur, mineralisch-salzig unterlegtes Finish, bleibt lange haften, Potenzial für viele Jahre, sehr balancierter Süßwein.

90 Rotgipfler AL 2011
7,5 Vol.%, DV, Stahltank, 6900, süß, €€
Mittleres Gelbgrün. Intensive weiße Tropenfrucht, ein Hauch von Weingartenpfirsich, feiner Blütenhonig. Stoffig, süße Ananasfrucht, opulent, seidige Textur, bereits entwickelt, angenehme Honignote im Nachhall.

★★

WEINGUT KRUG

2352 Gumpoldskirchen, Kirchenplatz 1
T: 02252/622 47, F: DW 4
office@krug.at
www.krug.at

KELLERMEISTER UND ANSPRECHPARTNER: Gustav Krug
ANZAHL/FLASCHEN: 200.000 (50 % weiß, 45 % rot, 5 % süß) HEKTAR: 34
VERKOSTUNG: ja AB-HOF-VERKAUF: ja
HEURIGER/RESTAURANT/GASTHOF: ja, ganzjährig geöffnet
ÜBERNACHTUNGSMÖGLICHKEIT: ja
ANDERE PRODUKTE IM VERKAUF: Weinbrand
MESSEN: ProWein, VieVinum

Thermenregion

Der junge Winzer Gustav Krug hat in den letzten Jahren die Strukturen des traditionellen Familienbetriebs kräftig umgestaltet. Beim romantischen Heurigenbetrieb, dem »Alten Zechhaus«, ist trotzdem alles beim Alten geblieben. Hier können Weinfreunde in einem Ensemble mit Kern aus dem 14. Jahrhundert auf 350 Sitzplätzen immerhin 363 Tage im Jahr die gepflegte Gastlichkeit der Familie Krug genießen.

1998 hat der dynamische Junghauer seinen Weinkeller ausgelagert und einen modernen, äußerst funktionellen Weingutsbetrieb außerhalb des Ortes errichtet. Rund 60 Prozent der Produktion sind Weißweine, bei denen seit 1998 neue önologische Wege beschritten werden. Der erste aufsehenerregende Wein war ein Pinot Gris, der nach einem biologischen Säureabbau im Barrique ausgebaut wurde.

Gustav Krug, der kein Freund der Verzettelung ist, hat sein Weinsortiment auf nur zehn Weine reduziert. Er vermarktet heute die Trauben von rund 34 Hektar. Auch in Sachen Rotwein ist Krug höchst erfolgreich. Seine Cuvée »Die Versuchung« findet sich auf den Weinkarten der besten Restaurants. Dazu kommt noch ein Cabernet Sauvignon namens »Privat«, ein weiterer Reserve-Wein in kleinerer Auflage, der das Können des Winzers unterstreicht.

(91-93) Die Versuchung 2011 PG
13,5 Vol.%, DV, 14.000, extratrocken, €€€€€
Helles Grüngelb. Feine Nuancen von Steinobst, ein Hauch von Pfirsich und Honigmelone, etwas Honig, attraktives Bukett. Saftig, elegante Textur, reife Birnenfrucht, lebendig und trinkanimierend, angenehme Extraktsüße, ein Hauch von Karamell im Nachhall.

(90-92) Kreuzweingarten 2011 RG/ZF
13 Vol.%, DV, Teilbarrique, 8000, extratrocken, €€€
Helles Grüngelb. Reife gelbe Tropenfruchtanklänge, Orangenzesten, ein Hauch von Blütenhonig und Apfel. Saftig, gelbe Tropenfrucht, zarte Holzwürze, feiner Säurebogen, reife Birnenfrucht im Abgang, ein stoffiger Speisewein mit Reifepotenzial.

(88-90) Chardonnay Selection 2011
13 Vol.%, DV, Teilbarrique, 10.000, extratrocken, €€

88 Gustav Edle Sorten 2011 GV/WR/SB
12,5 Vol.%, DV, Stahltank, 30.000, extratrocken, €€

93 Privat 2009 CS
NK/DV, Barrique, 14.000, extratrocken, €€€€€
Dunkles Rubingranat, opaker Kern, violette Reflexe. Intensive Nuancen von Dörrzwetschken, schwarzes Beerenkonfit, feine Gewürzanklänge, Nougat. Stoffig, extratsüße Textur, kandierte Orangen, feine Tannine, schokoladiger Abgang, gute Länge, ein komplexer Speisenbegleiter, gutes Reifepotenzial.

89 Gustav Edle Sorten 2011 ZW/PN
13 Vol.%, DV, Stahltank, 30.000, extratrocken, €€

Thermenregion

★★
WINZERHOF LANDAUER-GISPERG

2523 Tattendorf, Badner Straße 32
T: 02253/812 72
winzerhof@tattendorf.at
www.winzerhof.eu

ANSPRECHPARTNER: Franz und Johanna Landauer-Gisperg
ANZAHL/FLASCHEN: k. A. (13 % weiß, 85 % rot, 2 % süß) HEKTAR: 22
VERKOSTUNG: ja AB-HOF-VERKAUF: ja HEURIGER: 28. 6. bis 22. 7., 6. bis 30. 9. und 1. bis 25. 11. jeweils Do. und Fr. ab 16 Uhr, Sa. und So. ab 14 Uhr
ÜBERNACHTUNGSMÖGLICHKEIT: kann organisiert werden
ANDERE PRODUKTE IM VERKAUF: Destillate, Fruchtsäfte, Fruchtwein
VEREINSZUGEHÖRIGKEIT: Die Burgundermacher
MESSEN: ProWein, VieVinum

Johanna und Franz Landauer-Gisperg machen Wein aus Leidenschaft und arbeiten auf über 22 Hektar Weingärten in der bekannten Rotweingemeinde Tattendorf; sie gehören zur Gruppe »Die Burgundermacher«. Mit viel Engagement und Leidenschaft sind sie bedacht, im Einklang mit der Natur höchstmögliche Qualität zur Flaschenreife zu bringen. Der Betrieb ist nach der dreijährigen Umstellungsphase seit 2011 biologisch zertifiziert. Geringer Ertrag auf schnell trocknenden Böden bringt voll ausgereifte Trauben, die ein Garant für beste Weine sind. Diese Linie der Qualität wird bis in das Fass und in die Flasche fortgesetzt. Den Beweis bringen die ausdrucksstarken Rotweine sowie ihre fruchtig-frischen Weißweine.

Zu den Spitzenprodukten des Hauses zählen die eleganten Pinot Noirs und die finessenreichen St. Laurent und Zweigelt sowie die einladenden Cuvées; ausgebaut wird in jeweils drei Qualitäten: Klassik, Selektion und »best of«. Neu im Sortiment ist die Rotwein-Cuvée »Amphore« – ausgebaut in Ton-Amphoren, gekeltert aus bodenständigen Sorten garantiert sie den ursprünglichen Geschmack der Rebe, des Bodens und der Region.

Mit sehr viel Liebe betreibt die Familie in den ungeraden Monaten von Donnerstag bis Sonntag auch einen Heurigen. Unter dem Motto »Genuss pur – Weinkultur« genießt man mit innovativer Schmankerlküche und aktuellen Saisonschwerpunkten gemütliche Stunden. Die Bemühungen der Familie blieben nicht unbelohnt, davon zeugen mehrfache »SALON Österreich Wein«-Siege und Landessiege sowie drei Falstaff-Sortensiege.

(90-92) **Pinot Noir best of 2010**
13 Vol.%, DV, Barrique, extratrocken, €€€€
Mittleres Karmingranat, zarte Ockerreflexe, Wasserrand. Angenehme florale Anklänge, rotes Waldbeerkonfit, frische Orangenzesten, zugängliches Bukett. Saftig, frisch, rotbeerige Nuancen, angenehme Tanninstruktur, feine zitronige Noten im Abgang, mineralisch und gut anhaltend, ein vielseitiger Speisenbegleiter, mit einigem Reifepotenzial ausgestattet.

(89-91) **St. Laurent best of 2010**
13 Vol.%, Barrique, extratrocken, €€€€
Dunkles Rubingranat, violette Reflexe, zarter Wasserrand. Einladende dunkle Beerenfrucht, zart nach Brombeeren und Herzkirschen, mit feiner Kräuterwürze unterlegt, etwas Nougat. Mittlere Komplexität, schwarzes Beerenkonfit, gut integrierte Tannine, frisch strukturiert, bereits harmonisch und gut antrinkbar.

89 **Cuvée Neptun klassik 2011 SL/ZW**
13 Vol.%, DV, großes Holzfass, trocken, €€

89 **St. Laurent Selektion 2010**
13 Vol.%, DV, Barrique, trocken, €€

(88-90) **Zweigelt best of 2010**
13 Vol.%, DV, Barrique, extratrocken, €€€

88 **Pinot Noir Selektion 2010**
13 Vol.%, DV, Barrique, trocken, €€

★ ★

WEINGUT JOSEF PIRIWE
2514 Traiskirchen, Wiener Straße 34
T: 02252/559 88, F: 02252/50 83 34
weingut@piriwe.at
www.piriwe.at

Thermenregion

KELLERMEISTER UND ANSPRECHPARTNER: Josef Piriwe
ANZAHL/FLASCHEN: 30.000 (60 % weiß, 30 % rot, 10 % süß) HEKTAR: 9
VERKOSTUNG: ja, gegen Voranmeldung
AB-HOF-VERKAUF: ja, PIRIVINOTHEK, geöffnet Fr. 14–19 Uhr, Sa. 10–18 Uhr
HEURIGER: 16. bis 31. 7., 10. bis 25. 9. und 1. bis 12. 12.
ÜBERNACHTUNGSMÖGLICHKEIT: kann organisiert werden
ANDERE PRODUKTE IM VERKAUF: Destillate
MESSEN: VieVinum, ProWein

Gut Ding braucht Weile« mag das Motto dieses aufstrebenden Betriebs im Herzen der Thermenregion sein. Denn trotz einer großen Sortenvielfalt gelang es dem rastlosen Winzer Pepi Piriwe, die Qualität der gesamten Produktpalette in den vergangenen Jahren kontinuierlich zu steigern. Schritt für Schritt hat er sich so an die Spitze der heimischen Winzerschaft herangetastet.

Neben den vielfach preisgekrönten Hochprädikaten aus den autochthonen Rebsorten sowie der immer zuverlässigen Weißweinlinie ließ Piriwe immer wieder auch mit seinem eleganten Pinot Noir aufhorchen. Um sein Sortiment klarer zu strukturieren, hat das Familienweingut sein Sortiment in fünf Linien zu je drei Weinen (»5 x 3«) gegliedert, die von »fruchtig & leicht« über »delikat & süß« bis zu »elegant & rot« reichen. Auf keinen Fall sollte man sich die Möglichkeit entgehen lassen, die Weine im Josefshof, einem der besten Heurigen der Region, zu verkosten und sich dabei mit regionalen Schmankerln verwöhnen zu lassen.

(90-92) Neuburger Renaissance 2009
13,5 Vol.%, NK, 1200, extratrocken, €€€€
Leuchtendes Goldgelb, Silberreflexe. Mit feiner Kräuterwürze unterlegte Nuancen von Steinobst und Grapefruit, zarter Hauch von Marzipan, tabakige Noten. Saftig, elegante, cremige Textur, feine gelbe Fruchtnuancen, milde Struktur, harmonisch und gut anhaltend, ein vielseitig einsetzbarer Begleiter bei Tisch.

(89-91) Chardonnay Bründlbach Selektion 2009
14 Vol.%, NK, 1300, extratrocken, €€€€
Mittleres Goldgelb, Grünreflexe. Intensive gelbe Tropenfrucht, ein Hauch von Dörrobst, Zitruszesten, mit feiner Honignote unterlegt. Saftig, elegant, reife Birnenfrucht, feine Holzwürze, zart karamellig im Abgang, ein gut angereifter Speisenbegleiter.

89 Chardonnay Tradition 2010
12,5 Vol.%, NK, großes Holzfass, 2000, trocken, €€€

88 Rotgipfler Klassik 2011
12,5 Vol.%, DV, großes Holzfass, 2000, trocken, €€

88 Chardonnay Esprit 2011
13,5 Vol.%, DV, Stahltank, 2600, extratrocken, €€

95 Spätrot-Rotgipfler Ausbruch 2010 RG/ZF
13,5 Vol.%, NK, Stahltank, 600, süß, €€€€
Mittleres Gelbgold, Grünreflexe. Zart nussig unterlegter Blütenhonig, feine Marillenfrucht, kandierte Orangenzesten, attraktive Würze. Saftig, hochelegant, nach Mandarinen, frischer Säurebogen, der die Restsüße perfekt puffert, zitroniger Touch, salzig-mineralisch, lange anhaltend, ein delikater Süßwein mit großem Reifepotenzial.

Thermenregion

WEINGUT ROBERT SCHLUMBERGER

2250 Bad Vöslau, Hans-Haderer-Gasse 8
T: 01/368 68 92, F: DW 230
services@schlumberger.at
www.schlumberger.at

KELLERMEISTER: Johann Grames
ANSPRECHPARTNER: Peter Permann
ANZAHL/FLASCHEN: 20.000 (100 % rot) HEKTAR: 9,5
VERKOSTUNG: nein AB-HOF-VERKAUF: ja
ANDERE PRODUKTE IM VERKAUF: Sekt
VEREINSZUGEHÖRIGKEIT: Tu Felix Austria
MESSEN: VieVinum, ProWein

Vor 170 Jahren entschloss sich Robert Schlumberger, der schon in jungen Jahren als Prokurist und Kellermeister des ältesten noch aktiven Champagnerhauses Ruinart in Reims gearbeitet hatte, den Schaumwein nach der »Méthode champenoise« auch in der Habsburgermonarchie zu erzeugen. Noch heute ist die Marke Schlumberger Österreichs erfolgreichster und bekanntester Spitzenschaumwein.

Schlumberger erkannte aber auch das Potenzial der stillen Rotweine aus seinen Weingärten in Bad Vöslau. Er entwickelte bereits in der zweiten Hälfte des 19. Jahrhunderts einen roten Markenwein namens »Vöslauer Goldeck«, der überaus erfolgreich in alle Welt exportiert wurde. Neben den ortsüblichen Sorten Blaufränkisch und Portugieser wurden die Bordelaiser Edelsorten Cabernet und Merlot ausgepflanzt.

Die hier gekelterten Weine wurden am Hof der englischen Königin Victoria ebenso getrunken wie in New York oder in Indien. Diese traditionsreichen Rotweine sind wie die bekannten Sektmarken ein Stück österreichischer Weinkultur. In den letzten Jahren ist ein klarer Aufwärtstrend bei den Schlumberger-Rotweinen unübersehbar: Der 2000er »Privatkeller« wurde beim »Hamburger Weinsalon« 2003 mit einem »Grand Prix d'Honneur« ausgezeichnet. Nach einem guten Jahrgang 2008 zeigt der aktuell auf dem Markt verfügbare 2009er seine Klasse.

93 Schlumberger Privatkeller 2009 CS/ME
14 Vol.%, NK, Barrique, 20.000, extratrocken, €€€€
Dunkles Rubingranat, violette Reflexe, dezenter Wasserrand. Schwarze Beerenfrucht, mit zarter Holzwürze unterlegt, feine tabakige Nuancen, ein Hauch von Cassis. Saftig, süßes dunkles Konfit, feine Tannine, elegant, bleibt gut haften, schokoladiger Nachhall, angenehme Cassisnote auch im Finish, bereits jetzt ein delikater mineralischer Wein.

★★★
WEINGUT SCHNEIDER

2523 Tattendorf, Badner Straße 3
T: 02253/810 20, F: 02253/819 42
office@weingut-schneider.co.at
www.weingut-schneider.co.at

KELLERMEISTER UND ANSPRECHPARTNER: Georg Schneider
ANBAUWEISE: derzeit in Umstellung auf Bio
ANZAHL/FLASCHEN: k. A. (20 % weiß, 80 % rot) HEKTAR: 15
VERKOSTUNG: ja, gegen Voranmeldung AB-HOF-VERKAUF: ja
RESTAURANT/GASTHOF: Mo. bis Fr. 11–23 Uhr, Sa., So. und Fei. 10–23 Uhr
Mi. Ruhetag ÜBERNACHTUNGSMÖGLICHKEIT: kann organisiert werden
ANDERE PRODUKTE IM VERKAUF: Rotweinnudeln, Sekt, Traubensaft

Thermenregion

Das Weingut Schneider konzentriert sich insbesondere auf die Sorten der Burgunderfamilie: den internationalen Pinot Noir und den autochthonen St. Laurent. Diese Spezialisierung ergibt sich in erster Linie aus den hervorragenden Anbaubedingungen, die ein gekonntes Zusammenspiel des kontinentalen Klimas mit den Kalkschotterböden und der Erfahrung und Leidenschaft der einzelnen Winzer widerspiegeln. Dass die Burgunderweine bereits internationales Format haben, beweisen Spitzenplätze bei renommierten Verkostungen.

Gepflegte Gastlichkeit und vorbildliche Gastfreundschaft stehen im Restaurant Rebhof Schneider im Vordergrund. Unmittelbar neben dem Weingut angesiedelt, bietet es die Möglichkeit, die regionale Küche kennenzulernen. Probieren Sie die kulinarischen Köstlichkeiten und machen Sie es sich einfach bei einem guten Glas Wein gemütlich! Ziel der Familie Schneider ist es, dass sich ihre Gäste wohlfühlen. Mit dem Pinot Reserve 2009 holte sich Georg Schneider den Sortensieger bei der Falstaff-Rotweinprämierung 2011.

(92-94) Pinot Noir Reserve 2010
13 Vol.%, NK, Teilbarrique, 2000, extratrocken, €€€€
Mittleres Kirschrot, breiterer Ockerrand, zarter Wasserrand. Einladender Duft nach kandierten Orangen, zart nach Veilchen, mit feinem Himbeermark unterlegt. Stoffig, elegante, extraktsüße Textur, feine Tannine, finessenreiches Säurespiel, mineralische Nuancen im Abgang, feine Kirschenfrucht im Abgang, ein vielseitiger Speisenbegleiter.

(91-93) St. Laurent Reserve 2010
13 Vol.%, NK, Teilbarrique, 3000, extratrocken, €€€€
Dunkles Rubingranat, violette Reflexe, Wasserrand. Reifes, dunkles Beerenkonfit, zart nach Dörrzwetschken, Kräuterwürze klingt an. Saftig, feine Extraktsüße, elegante Textur, frisch und lebendig, reife Kirschen im Abgang, gute Länge, sicheres Entwicklungspotenzial.

(90-92) Kräutergarten Reserve 2010 SL/PN.
13,5 Vol.%, DV, Teilbarrique, 1500, extratrocken, €€€€
Kräftiges Rubingranat, violette Reflexe, Wasserrand. Ein Hauch von Brombeeren und Herzkirschen, mineralisch unterlegt. Am Gaumen saftige rotbeerige Frucht, zart nach Weichseln und Kirschen, fein eingewobenes Tannin, finessenreich und trinkanimierend strukturiert, angenehme Extraktsüße im Abgang, vielseitig einsetzbar.

(88-90) Cuvée Noir Reserve 2010 CS/ME/SL/PN
13,5 Vol.%, NK, Teilbarrique, 8000, extratrocken, €€€

(89-91) Rotgipfler Taglsteiner 2011
13,5 Vol.%, DV, großes Holzfass, 3000, extratrocken, €€€
Mittleres Grüngelb. Feine Birnenfrucht, zart nach Wiesenkräutern, mineralischer Touch. Saftig, engmaschig, gute Komplexität, gelbe Frucht, feiner Säurebogen, bleibt gut haften, verfügt über Entwicklungspotenzial.

(87-89) Weißburgunder 2011
12,5 Vol.%, DV, großes Holzfass, 2500, extratrocken, €€

Thermenregion

★★

WEINGUT SPAETROT GEBESHUBER

2352 Gumpoldskirchen, Jubiläumsstraße 43
T: 02252/611 64, F: 02252/621 29
office@spaetrot.com
www.spaetrot.com

KELLERMEISTER UND ANSPRECHPARTNER: Johanna und Johannes Gebeshuber
ANZAHL/FLASCHEN: k. A. (75 % weiß, 20 % rot, 5 % süß) **HEKTAR:** 20
VERKOSTUNG: ja, gegen Voranmeldung **AB-HOF-VERKAUF:** ja
ÜBERNACHTUNGSMÖGLICHKEIT: kann organisiert werden
ANDERE PRODUKTE IM VERKAUF: Traubensaft, Destillate, Frizzante
VEREINSZUGEHÖRIGKEIT: Thermenwinzer
MESSEN: VieVinum, ProWein

Das Weingut Spaetrot Gebeshuber produziert trockene, finessenreiche Weine aus den traditionellen, regionaltypischen Rebsorten der Thermenregion. Das Sortiment der Weine umfasst seit 2005 nur mehr drei Weiß- und drei Rotweine. Bei passendem Witterungsverlauf keltert das Weingut auch kleine Mengen an Prädikatsweinen.

Das Weingut steht mit seiner erfolgreichen Neuausrichtung für die Zukunft der Weinregion um Gumpoldskirchen. Die Weißweine sind eine Cuvée der Sorten Rotgipfler und Zierfandler – dessen Synonym im Übrigen »Spätrot« lautet. Die Rotweine setzen sich aus den Sorten St. Laurent und Pinot Noir zusammen. Sowohl Weiß- als auch Rotweine bietet das Weingut Spaetrot Gebeshuber in je drei Qualitätskategorien an: der fruchtig-eleganten Klassik-Linie, der vielschichtigen Reserve-Linie und schließlich stehen an der Spitze der Qualitätspyramide die Weine mit der Bezeichnung »Große Reserve«, die 18 Monate in neuen Barriques ausgebaut werden. Spaetrot Gebeshuber steht für trockene, vielschichtige und elegante Weine, wie sie nur in Gumpoldskirchen gedeihen können. Neben ihrer Eleganz sind sie auch sehr trinkanimierend, ganz gemäß der Überzeugung des Winzerehepaars Gebeshuber, wonach Wein Freude machen muss.

92 Gebeshuber Lage Rotgipfler Laim 2010 (BIO)
13,5 Vol.%, DV, Holzfass, €€€€
Mittleres Gelbgrün. Attraktives Bukett nach gelber Tropenfrucht, reife Steinobstanklänge, Orangenzesten, feine Kräuterwürze. Saftig, nach Ananas, elegant-cremige Textur, finessenreicher Säurebogen, mineralischer Abgang, salzig-mineralische Nuancen im Rückgeschmack, sicheres Entwicklungspotenzial.

91 Gebeshuber Lage Zierfandler Modler 2010 (BIO)
13,5 Vol.%, DV, Holzfass, €€€€
Leuchtendes Grüngelb. Zart nach Litschi, weiße Tropenfruchtaromen, frische Wiesenkräuter, ein Hauch von Blütenhonig. Straff, kompakte Textur, mit saftiger Frucht unterlegt, finessenreich strukturiert, lebendig und trinkanimierend, gelbe Frucht im Nachhall, vielseitig einsetzbar.

91 Spaetrot Gebeshuber Große Reserve 2010 ZF/RG
13,5 Vol.%, DV, Barrique, trocken, €€€€
Leuchtendes Gelbgrün. Zunächst verhalten, weiße Tropenfruchtanklänge, ein Hauch von Grapefruitzesten, feine Gewürzanklänge, facettenreiches Bukett. Saftig, sehr elegante Textur, zarte gelbe Frucht nach Apfel, feine Säure, insgesamt noch etwas zurückhaltend, wird von Flaschenreife profitieren.

90 Spaetrot Gebeshuber Reserve 2010 ZF/RG
13 Vol.%, DV, Stahltank, trocken, €€
Helles Grüngelb. Mit feinem Blütenhonig unterlegte reife weiße Fruchtnuancen, ein Hauch von Zitruszesten, mineralische Akzente. Saftig, elegant, feine weiße Frucht, angenehmer Säurebogen, frisch und gut anhaltend, ein unkomplizierter Speisenbegleiter mit Potenzial

88 Spaetrot Gebeshuber Klassik 2011 ZF/RG
13 Vol.%, DV, Stahltank, extratrocken, €€

89 Spaetrot Gebeshuber Große Reserve 2010 PN/SL
13 Vol.%, DV, Barrique, extratrocken, €€€€

★ ★ ★

WEINGUT STADLMANN
2514 Traiskirchen, Wiener Straße 41
T: 02252/523 43, F: 02252/563 32
kontakt@stadlmann-wein.at
www.stadlmann-wein.at

— BIO —

KELLERMEISTER: Johann Stadlmann
ANSPRECHPARTNER: Johann und Bernhard Stadlmann
ANZAHL/FLASCHEN: k. A. (70 % weiß, 22 % rot, 8 % süß) HEKTAR: 20
VERKOSTUNG: ja, gegen Voranmeldung AB-HOF-VERKAUF: ja
HEURIGER: ja, Termine auf Anfrage ÜBERNACHTUNGSMÖGLICHKEIT:
kann organisiert werden VEREINSZUGEHÖRIGKEIT: Thermenwinzer
MESSEN: VieVinum, ProWein, The London International Wine & Spirits Fair

Bereits 1780 stand das Haus Stadlmann im Zeichen des Weinbaus. Der Weingutsgründer Johann Stadlmann I. hatte sich der Produktion hochwertiger Weine verschrieben. Über sieben Generationen hinweg wurde das Weinwissen vermehrt und weitergegeben. Heute sind auf 20 Hektar daher nur Rebsorten ausgepflanzt, die mit Boden und Klima der Thermenregion harmonieren. Johann Stadlmann ist Vorsitzender des neu gegründeten regionalen Weinkomitees. Er hat seine profunde Ausbildung durch zahlreiche Praktika im Ausland vertieft und geht heute bei seiner Arbeit mit viel Erfahrung und Feingefühl vor. Das Haus Stadlmann hat sich stets dem Zierfandler in allen seinen Spielarten verschrieben, aber auch Weißburgunder, Chardonnay sowie Cabernet Sauvignon und Zweigelt reifen in großen Holzfässern der Perfektion entgegen. Der feinduftige Riesling wird durch Ausbau im Stahltank zur finessenreichen Spezialität.

(92-94) Zierfandler Große Reserve 2009
14 Vol.%, großes Holzfass, lieblich, €€€€€
Kräftiges Grüngelb. Feine Dörrobstnuancen, Orangenzesten, mit gelber Tropenfrucht unterlegt, zart nussiger Anklang. Saftig, gelber Pfirsich, Tropenfrüchte, elegant, fein eingebundene Süße, zart nach Ananas, feine Kräuterwürze im Abgang, bleibt gut haften, gutes Entwicklungspotenzial.

92 Zierfandler Mandel-Höh 2010
13 Vol.%, NK, großes Holzfass, trocken, €€€€
Mittleres Grüngelb. Feiner Blütenhonig, reife Ananas, feine Kräuterwürze, facettenreiches Bukett. Stoffig, saftige gelbe Steinobstnoten, mit finessenreicher Säurestruktur unterlegt, bleibt gut haften, angenehme Mineralik im Finale.

92 Rotgipfler Tagelsteiner 2010
13 Vol.%, NK, großes Holzfass, trocken, €€€€
Helles Gelbgrün. Frische Nuancen vom Golden-Delicious-Apfel, zart nussiger Touch, feine Wiesenkräuter. Mittlerer Körper, elegant, frisch strukturiert, feine Birnenfrucht im Abgang, leichtfüßig und finessenreich, gute Zukunft.

89 Zierfandler Igeln 2010
12,5 Vol.%, NK, trocken, €€€

88 Weißburgunder Anninger 2011
12,5 Vol.%, DV, großes Holzfass, extratrocken, €€

Thermenregion

★★

FREIGUT THALLERN

2352 Gumpoldskirchen, Thallern 1
T: 02236/534 77, F: DW 5
weingut@freigut-thallern.at
www.freigut-thallern.at

KELLERMEISTER: Karl Alphart, Leo Aumann und Erich Polz
ANSPRECHPARTNER: Willibald Balanjuk
ANZAHL/FLASCHEN: 100.000 (60 % weiß, 40 % rot) HEKTAR: 30
VERKOSTUNG: ja AB-HOF-VERKAUF: ja
RESTAURANT/GASTHOF: Klostergasthof Thallern, täglich 11–23 Uhr
ÜBERNACHTUNGSMÖGLICHKEIT: ja ANDERE PRODUKTE
IM VERKAUF: regionale Spezialitäten MESSEN: VieVinum, ProWein

Das Freigut Thallern ist eines der ältesten und traditionsreichsten Weingüter Österreichs. Seit 1141, als das Anwesen dem Zisterzienserorden als Schenkung übertragen wurde, wird dieses einzigartige Weingut durchgehend bewirtschaftet. Bis heute wird auf 30 Hektar der besten Rieden der Thermenregion Qualitätswein auf höchstem Niveau gekeltert. Spitzenweingärten wie Die Wiege, Ronal« und Student sind die Grundlage der feinsten Weine der Region.

Die besten Böden sind durch Muschelkalk geprägt, und das sonnenreiche und trockene Klima rundet die ausgezeichneten Voraussetzungen ab. Die perfekte geografische Beschaffenheit gewährleistet konstant hochwertige Weinqualitäten mit eigenständigem Charakter. In den Weingärten des Freiguts Thallern sind überwiegend Burgunderreben gepflanzt sowie die regionalen Spezialitäten. Mit den Rebsorten Weißburgunder, Grauburgunder, Chardonnay und Neuburger pflegt das Weingut die burgundische Tradition im Weißwein und mit Rotgipfler, Zierfandler und Riesling werden die regional typischen Weißweinrebsorten gekeltert. Pinot Noir und St. Laurent prägen die Rotweinlinie des Weingutes.

Geführt wird dieses Weingut von drei erfolgreichen Winzern und einem international erfahrenen Weinfachmann. Karl Alphart ist einer der versiertesten Weißweinwinzer der Region, Leo Aumann gehört zu den besten und erfolgreichsten Rotweinmachern Österreichs, Erich Polz gilt als einer der kompetentesten Winzer Österreichs und Willibald Balanjuk ist ein national und international erfolgreicher Weinvermarkter. Dieses Quartett garantiert hohe Qualität.

93 Wiege 2009 ZF/RG
14,5 Vol.%, großes Holzfass, 3500, trocken, €€€€
Mittleres Grüngelb. Zart nussig-kräuterwürzig unterlegte Birnenfrucht, ein Hauch von gelbem Apfel, zarte Wiesenkräuter, feiner Honigschmelz. Stoffig, komplex, kraftvoller Körper, feine Säurestruktur, weiße Frucht im Abgang, mineralisch und anhaltend, gutes Entwicklungspotenzial.

92 Rotgipfler Student 2010
13 Vol. %, DV, großes Holzfass, 5000, extratrocken, €€€€
Helles Grüngelb. Feine Frucht nach Quitten, zart nach Blutorangen, ein Hauch von Blütenhonig, attraktives Bukett. Saftig, elegant, angenehme Zitrusnoten, finessenreich strukturiert, extraktsüßer Nachhall, ein vielseitiger Speisenbegleiter mit Reifepotenzial.

89 Weißburgunder Selektion 2011
12,5 Vol.%, DV, Stahltank, 7000, extratrocken, €€

89 Gemischter Satz Thallern 1 2011 GM/WB/RG
11,5 Vol.%, DV, Stahltank, 5000, extratrocken, €€

92 St. Laurent Ronald 2010
14 Vol.%, NK, großes Holzfass, 4000, extratrocken, €€€€
Mittleres Rubingranat, violette Reflexe, zarte Randaufhellung. Feinwürzig unterlegtes dunkles Beerenkonfit, zart nach Brombeeren und Orangenzesten. Stoffig, gute Komplexität, reife Kirschen, gut integrierte Tannine, bleibt gut haften, ein vielseitiger Speisenbegleiter.

90 Pinot Noir Selektion 2010
14 Vol.%, DV, großes Holzfass, 6000, extratrocken, €€
Mittleres Kirschrot, violette Reflexe, Randaufhellung. Zart rauchig unterlegtes rotbeeriges Waldbeerkonfit, feine blättrige Würze. Saftig, elegante Textur, angenehme Extraktsüße, gut eingebundene Tannine, bleibt gut haften, mineralischer Nachhall. Ein Preis-Leistungs-Gigant.

Die Genießer App

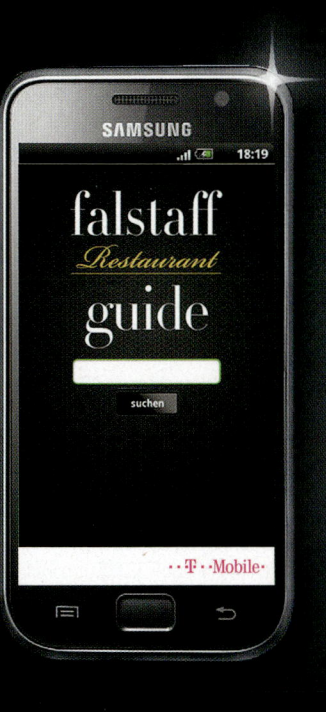

NEU!

Der Falstaff-Restaurant-Guide als mobile Applikation

Die **1.400** besten Restaurants Österreichs sowie die Top-Adressen in **23** europäischen Metropolen – kostenlos und unkompliziert via iPhone und Android-Handy abrufen!

So funktioniert's:
Die Apps stehen im Android-Market bzw. im App-Store – Stichwortsuche »Falstaff« – gratis zum Download zur Verfügung.

www.falstaff.at/app oder QR-Code scannen

WEINGUT WEGENSTEIN

2355 Wr. Neudorf, IZ-NÖ-Süd, Straße 3, Objekt 16
T: 02236/600 62 00, F: 02236/600 61 90
weinkellerei@wegenstein.at
www.wegenstein.at

KELLERMEISTER: Christian Frank
ANSPRECHPARTNER: Ing. Herbert Toifl
ANZAHL/FLASCHEN: k. A. (50 % weiß, 49 % rot, 1 % süß)
HEKTAR: k. A.

Das oberste Gebot bei Wegenstein lautet: beste Weinqualität österreichischen Ursprungs zum besten Preis. Im Weingarten pflegt die Weinkellerei über Jahre hinweg langfristige Partnerschaften mit Winzern. Die daraus resultierende Qualitätssteigerung ermöglicht eine wirtschaftlich erfolgreiche Basis vieler Haupt- und Nebenerwerbswinzer und leistet gleichzeitig einen wichtigen Beitrag zur Erhaltung der Wein- und Kulturlandschaft Österreichs.

Wegenstein zählt zweifelsohne zu den Big Playern der heimischen Weinwirtschaft. Das ermöglicht es dem Unternehmen aber gleichzeitig, qualitativ hochwertige Weine in klar strukturierten, verschiedenen Sortimentslinien zu präsentieren – alles natürlich unter strengsten Qualitätsauflagen. Mit den traditionell ausgebauten Weinen der »Edition Österreich«-Linie beginnt der Einstieg in die Qualitätsweinwelt Wegensteins, der sich in der »Wegenstein Klassik«, dem »fruchtigen Mittelgewicht mit Substanz« eindrucksvoll fortsetzt. Die Top-Linie »Wegenstein Reserve« überzeugt mit herausragender Qualität aus bevorzugten Weingärten namhafter österreichischer Weinbaugebiete.

90 Cabernet Sauvignon-Merlot Reserve Neckenmarkt 2009
14 Vol.%, DV, Barrique, 16.500, extratrocken, €€
Dunkles Rubingranat, violette Reflexe, zarte Randaufhellung. Einladende dunkle Beerenfrucht, mit feinem Schokotouch unterlegt, zart nach Orangenzesten und Kräutern. Saftig, elegante Textur, schwarzes Beerenkonfit, gut integrierte Tannine, bleibt gut haften, ein samtiger Speisenbegleiter, vielseitig einsetzbar.

88 Zweigelt Klassik 2011
13,5 Vol.%, DV, Stahltank, 32.000, extratrocken, €

88 Grüner Veltliner Klassik 2011
12 Vol.%, DV, Stahltank, 39.000, extratrocken, €

88 Muskat Ottonel Lieblich 2011
11,5 Vol.%, DV, Stahltank, 46.000, lieblich, €

87 Chardonnay Klassik 2011
12,5 Vol.%, DV, Stahltank, 33.000, trocken, €

87 Welschriesling Klassik 2011
11 Vol.%, DV, Stahltank, 32.000, extratrocken, €

★ ★

WEINGUT HARALD ZIERER

2352 Gumpoldskirchen, Badener Straße 36
T: 02252/60 73 02, F: 02252/60 71 65
zierer@weingut-zierer.at
www.weingut-zierer.at

KELLERMEISTER UND ANSPRECHPARTNER: Harald Zierer
ANZAHL/FLASCHEN: 50.000 (80 % weiß, 10 % rot, 10 % süß) **HEKTAR:** 13
VERKOSTUNG: ja **AB-HOF-VERKAUF:** ja
HEURIGER: laut Homepage
ANDERE PRODUKTE IM VERKAUF: Weinbrand, Destillate
VEREINSZUGEHÖRIGKEIT: Gumpoldskirchner Weinmacher
MESSEN: VieVinum

Das Weingut Zierer hat in Gumpoldskirchen tiefe historische Wurzeln und wurde erstmalig im Jahre 1790 erwähnt. Harald Zierer, Absolvent der HBLA Klosterneuburg, ist seit 1990 für die Vinifikation verantwortlich, wobei das Weingut nach wie vor noch von der gesamten Familie bewirtschaftet wird. Es werden drei Arten des Weinausbaus verfolgt: die klassische Linie »Klassik«, bei der die Weine im Stahltank ausgebaut werden; die Linie »Tradition«, wobei die Weine im großen Holzfass reifen; die »Reserve«-Linie, wobei der Ausbau in kleinen französischen Holzfässern erfolgt. Außerdem ist Harald Zierer für seine Süßweine bekannt, die entweder klassisch oder im Barrique ausgebaut werden.

Im Weingut wird traditionellerweise hohes Augenmerk auf die typischen autochthonen Gumpoldskirchner Sorten Zierfandler und Rotgipfler gelegt, die sowohl reinsortig wie auch als Cuvée ausgebaut werden. Neben diesen beiden Hauptsorten bleibt allerdings genug Platz für andere Weißweinsorten wie Riesling, Chardonnay, Welschriesling und Weißburgunder.

Seit einigen Jahren wird auch erfolgreich die Rotweinproduktion erweitert. Neben dem österreichischen Klassiker Zweigelt bietet das Weingut auch Syrah, Merlot und Pinot Noir. Um dem Anspruch perfekter Weinqualität nachzukommen, wurde neben dem Weingut in Gumpoldskirchen Ende des Jahres 2009 mit einem Zubau der Kellerei begonnen (Presshaus, Flaschenlager, Fasskeller sowie ein moderner Weinverkostraum), der kurz vor der Ernte 2010 fertiggestellt wurde. Da in den letzten Jahren die direkte Vermarktung immer wichtiger und zeitaufwändiger wurde, hat sich die Familie Zierer dazu entschlossen, einen Heurigenbetrieb in der Kurstadt Baden zu betreiben. Hier werden natürlich sämtliche Weine des Weinguts glasweise angeboten, des Weiteren gibt es warme und kalte Spezialitäten vom Buffet.

92 Zierfandler Rotgipfler Spätlese 2011 ZF/RG
13 Vol.%, NK, Stahltank, lieblich, €€€
Helles Gelbgrün. Einladende Fruchtsüße, ein Hauch von Blütenhonig, reife Mango. Saftig, gut eingebundener Restzucker, lebendige Säurestruktur, feiner Säurebogen, bleibt gut haften, wird nach einigen Jahren erst so richtig aufblühen, gutes Reifepotenzial.

(90–92) Rotgipfler Rodauner Reserve 2011
14 Vol.%, VL, Teilbarrique, trocken, €€€
Helles Grüngelb. Feine Apfelfrucht, ein Hauch von Honigmelone, zarte Holzwürze. Saftig, süße gelbe Tropenfrucht, mineralisch unterlegt, dezente Orangenfrucht im Abgang, braucht noch etwas Zeit, Golden Delicious im Rückgeschmack.

(89–91) Zierfandler Rasslerin Reserve 2011
13,5 Vol.%, VL, Teilbarrique, extratrocken, €€€
Mittleres Grüngelb. Zart rauchig, Nuancen von Wiesenkräutern, gelbe Apfelfrucht. Saftig, elegante weiße Frucht, feiner Säurebogen, ausgewogen, mineralischer Nachhall, ein vielseitiger Speisenbegleiter.

89 Riesling Satzing 2011
13,5 Vol.%, VL, Stahltank, extratrocken, €€

94 Rotgipfler TBA 2009
9 Vol.%, NK, Stahltank, süß, €€€€€
Leuchtendes Orangegold. Süße Steinobstklänge, kandierte Orangenzesten, feiner Dörrobsttouch, Honig. Saftig,

Thermenregion

gelber Pfirsich, elegant und ausgewogen, von einer finessenreichen Säurestruktur getragen, wieder etwas Honig im Finale, hat ein langes Leben vor sich.

91 Merlot Grande Cuvée 2009 ME/CS
14 Vol.%, NK, Barrique, extratrocken, €€€€
Kräftiges Rubingranat, violette Reflexe, zarter Wasserrand. Feine Gewürzanklänge, tabakige Nuancen, dunkle Beerenfrucht, zartes Nougat. Saftig, frische Herzkirschenfrucht, finessenreicher Säurebogen, rotbeerige Nuancen im Abgang, mineralischer Nachhall.

TRAISENTAL

Traisental – Weine mit Rückgrat und Finesse

Das jüngste Weinbaugebiet Österreichs – es besteht in dieser Form erst seit 1995 – ist mit rund 700 Hektar Rebfläche auch eines der kleinsten des Landes, aber in einer Beziehung ganz groß: Hier führt der Grüne Veltliner das Regiment. Fixpunkte in den kleinen Weinorten sind bodenständige Buschenschanken, Ausflüge in die Geschichte gewähren Traismauer oder Herzogenburg. Seit dem Jahrgang 2006 kommen typische fruchtige, würzige Grüne Veltliner und kernige, mineralische Rieslinge unter der Bezeichnung »Traisental DAC« auf den Markt.

In keinem anderen österreichischen Weinbaugebiet hat der Grüne Veltliner einen derart dominanten Flächenanteil: Mit 63 Prozent belegt das Traisental unangefochten Platz eins. Doch auch der Riesling gilt als Spezialität des Traisentals. Die Reben stehen überwiegend auf – oft winzigen – Terrassen mit trockenen, schottrigen, sehr kalkreichen Böden. Sie verleihen den Weinen ein sehr eigenständiges Profil, mit kräftigem Körper und festem Rückgrat. Die Mineralität ist auch Geschmacksträger, stützt die Säurestruktur und fördert somit die Langlebigkeit der Weine. Besondere Klimafaktoren – pannonische Einflüsse und gleichzeitig Kaltluft aus dem Alpenvorland bringen warme Tage und kühle Nächte – sorgen für eine sehr feine Aromatik und würzige Finesse. Die nahe Donau kann auch hier ihre temperaturausgleichende Rolle voll ausspielen.

Das Traisental ist ein attraktives Ausflugsziel für Weinliebhaber, Wanderer, Radfahrer und Kulturinteressierte. Uralte Weintradition – noch weit vor der Weinkultur der Römer in der Region datiert – bestätigen Funde von Traubenkernen aus der frühen Bronzezeit. Ein modernes Kulturprogramm in großer Vielfalt bietet die nahe gelegene niederösterreichische Landeshauptstadt St. Pölten. Von diesem südlichsten Punkt des Weinbaugebietes eröffnen sich viele Wege nach Westen und Osten: von Statzendorf, Unter- und Oberwölbling über Nussdorf, Reichersdorf, Getzersdorf, Inzersdorf, Herzogenburg mit seinem herrlichen Stift bis nach Stollhofen, Frauendorf und Gemeinlebarn.

Verbindendes Element ist die Weinkultur, die von den Winzerfamilien in den zahlreichen Buschenschankbetrieben auf sympathische und genussvolle Weise vermittelt wird. Die Winzerinnen und Winzer sind sich der Bedeutung von Grünem Veltliner und Riesling als Botschafter des Gebietes sehr wohl bewusst. Sie leisten einen wesentlichen Beitrag, den unverwechselbaren Weinstil noch bekannter zu machen – persönliche Nuancen bringen die dazu servierten bodenständigen kulinarischen Köstlichkeiten. Man sollte aber nicht versäumen, auch andere Sortenspezialitäten in Weiß und Rot zu verkosten.

Traisental

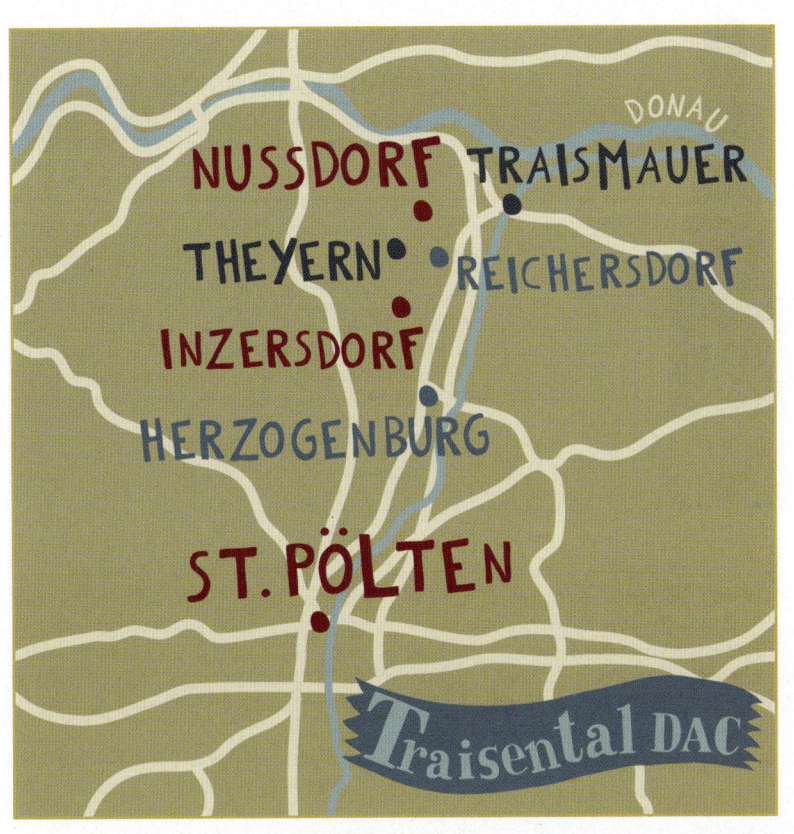

★★★★
- ◆ Weingut Ludwig Neumayer, Inzersdorf
- ◆ Weingut Markus Huber, Reichersdorf

★★
- ◆ Weingut Tom Dockner, Theyern
- ◆ Weingut Hauleitner, Traismauer
- ◆ Weingut Rudolf Hofmann, Traismauer
- ◆ Weingut Andreas Holzer, Nussdorf

★
- ◆ Winzerhof Karl Brindlmayer, Traismauer
- ◆ Wein- und Obstkultur Preiß, Theyern

- ◆ Weingut Leopold Figl, Wagram
- ◆ Winzerhof Josef Nolz, Traismauer
- ◆ Weingut Siedler – Kronenhof, Reichersdorf

WINZERHOF KARL BRINDLMAYER

3133 Traismauer, Wachaustraße 23
T: 02783/598, F: 02783/819 94
winzerhof@brindlmayer.at
www.brindlmayer.at

KELLERMEISTER UND ANSPRECHPARTNER: Karl Brindlmayer
ANZAHL/FLASCHEN: 50.000 (80 % weiß, 19 % rot, 1 % süß) **HEKTAR:** 11
VERKOSTUNG: ja, gegen Voranmeldung **AB-HOF-VERKAUF:** ja
ÜBERNACHTUNGSMÖGLICHKEIT: kann organisiert werden
ANDERE PRODUKTE IM VERKAUF: Gelber Muskateller Sekt, Brizzante, Destillate, Natursäfte
VEREINSZUGEHÖRIGKEIT: Vereinigung Traisentaler Weingärtner, Traisentaler Wein **MESSEN:** VieVinum

Der Familienbetrieb liegt im Winzerdorf Wagram nahe Traismauer. Die Weingärten befinden sich auf den süd-südostseitigen Lössmassen des Wetterkreuzberges, der die besten Voraussetzungen für die Produktion erlesener Weine mit höchster Qualität gewährleistet. Der sandige Löss als Oberboden und kalkreiches Konglomeratgestein als Unterboden geben den Weinen eine ausgeprägte Note.

Seit über 150 Jahren sind die Brindlmayers mit dem Weinbau verbunden. Ihr Ziel ist es, mit dem Einsatz all ihrer Kräfte und Talente Weine zu vinifizieren, die ihren Kunden Freude bereiten. Ebenso viel Freude macht ihnen die Erziehung der Rebstöcke und der – im wahrsten Sinne des Wortes – fruchtbringende und naturnahe Schaffenseifer im Weingarten. Das Ergebnis sind facettenreiche Weine mit Charakter, geprägt durch ihre Handschrift. Neben Brindlmayers Klassikern werden unverwechselbare Lagenweine (wie »Rosengarten« und »Sonnleithen«) vinifiziert. An der Spitze des Sortiments steht die Marke »Brigos« (altkeltisch für kräftig und mächtig).

(90-92) Grüner Veltliner DAC Reserve Brigos 2011
14 Vol.%, DV, Stahltank, extratrocken, €€
Mittleres Gelbgrün. Reife gelbe Frucht, ein Hauch von Tropenfrucht, zart nach Heublumen, frische Mandarinenzesten. Kraftvoll, engmaschig, zeigt eine deutliche Mineralik, gut eingebaute Säurestruktur, zitronige Nuancen im Abgang, wird von Flaschenreife profitieren.

90 Grüner Veltliner DAC Reserve Sonnleithen Erlesene Reben 2011
13,5 Vol.%, DV, Stahltank, extratrocken, €€
Mittleres Grüngelb. Rauchige Kräuterwürze, feine Nuancen von Babybanane, gelber Apfel unterlegt. Saftig, elegante Textur, frisch strukturiert, weiße Frucht im Abgang, besitzt eine gute Länge, zarte Birnenfrucht im Rückgeschmack.

89 Chardonnay 2011
13,5 Vol.%, DV, Stahltank, trocken, €€

88 Grüner Veltliner DAC Rosengarten 2011
12,5 Vol.%, DV, Stahltank, extratrocken, €€

88 Riesling DAC Klassik 2011
13 Vol.%, DV, Stahltank, trocken, €€

87 Grüner Veltliner DAC Klassik 2011
12,5 Vol.%, DV, Stahltank, extratrocken, €€

★★

WEINGUT TOM DOCKNER

3134 Theyern, Traminerweg 3
T: 0664/544 17 79, F: 02783/727 84
tom@weindockner.at
www.weindockner.at

KELLERMEISTER UND ANSPRECHPARTNER: Thomas Dockner
ANZAHL/FLASCHEN: k. A. (90 % weiß, 10 % rot)
HEKTAR: 12 VERKOSTUNG: ja, gegen Voranmeldung AB-HOF-VERKAUF: ja
ÜBERNACHTUNGSMÖGLICHKEIT: kann organisiert werden
ANDERE PRODUKTE IM VERKAUF: Destillate, Natursäfte
VEREINSZUGEHÖRIGKEIT: Vereinigung Traisentaler Weingärtner
MESSEN: VieVinum, ProWein

Traisental

Für den Winzer Thomas »Tom« Dockner ist die einzigartige Kalkgeologie des Traisentales Programm und auch gleich Name eines seiner Paradeweine: Sein Grüner Veltliner »Konglomerat« spiegelt die Mineralik einer Terrassenlage mit sehr alten Weinreben wider. Das Traisental ist für ihn Heimat, Lebensmittelpunkt und Auftrag zugleich. Sein Wein ist Ausdruck all dessen. Tom Dockner bewirtschaftet seine Weingärten daher sehr naturnah und nachhaltig: Zwischen den Rebzeilen wächst eine speziell zusammengestellte Kräutermischung, in der sich viele Nützlinge tummeln. Mit der händischen Laubarbeit sorgt der junge Winzer für ein günstiges Klima in der Rebwand selbst.

Gesunde und vitale Rebstöcke sieht er als Investition in die Zukunft und als Garant für den besten Ertrag. Grüner Veltliner und Riesling sind die bekanntesten Sorten des Traisentals und auch die Paradeweine das Hauses, aber auch Traminer, Zweigelt und Pinot Noir werden erzeugt. Kellerarbeit heißt für Tom Dockner, die Qualität und den Charakter der Trauben aus dem Weingarten ohne Verluste auf die Flasche zu bringen. Daher ist penible Sauberkeit und schonende Verarbeitung selbstverständlich. Die Weine erhalten genügend Zeit zur Selbstentwicklung, sind weder opulent noch reduktiv und haben so die Chance, ihren unverwechselbaren Charakter zu zeigen. Die Weine danken es, indem sie die Eigenständigkeit des Jahrganges und der Rieden in sich tragen. Nach der Abfüllung lagern die Lagenweine noch eine gute Zeit im Keller, um mit optimaler Reife zu brillieren, wenn die Flasche geöffnet wird. Ein Geheimtipp ist auch der Traminer.

(91-93) Traminer Pletzengraben 2011
14 Vol.%, DV, Stahltank, lieblich, €€€
Mittleres Gelbgrün. Feiner Rosenduft, zarte Selchnote, sehr typisches, dabei dezentes Bukett. Saftig, elegant, feine reife Tropenfrucht, angenehme Süße, harmonisch und gut anhaltend, zart nach Muskatnuss und Orangenblüten im Abgang, sehr gutes Entwicklungspotenzial.

(91-93) Grüner Veltliner DAC Reserve Pletzengraben 2011
13 Vol.%, DV, Stahltank, trocken, €€
Mittleres Grüngelb. Mit feinen Zitrusnoten unterlegte gelbe Apfelfrucht, feine Wiesenkräuter, mineralisch. Saftig, feine gelbe Tropenfrucht, feine Extraktsüße, gut integrierte Säurestruktur, hat eine gute Länge, zitroniger Touch auch im Abgang, ein vielseitiger Speisenbegleiter.

91 Grüner Veltliner DAC Theyerner Berg 2011
13 Vol.%, DV, Stahltank, extratrocken, €€
Mittleres Grüngelb. Zart rauchig-kräuterwürzig unterlegte gelbe Apfelfrucht, feine Orangenzesten, tabakige Nuancen, attraktives Bukett. Saftig und elegant, feine weiße Frucht, gut eingebundene Säurestruktur, bleibt gut haften, gutes Entwicklungspotenzial.

L 90 Grüner Veltliner DAC Tom 2011
12,5 Vol.%, DV, Stahltank, extratrocken, €€
Mittleres Grüngelb. Frische Wiesenkräuter, Nuancen von Mandarinenzesten, ein Hauch von Stachelbeeren. Saftige Textur, weiße Tropenfrucht, lebendiger Säurebogen, finessenreich und trinkanimierend, fruchtig, ein facettenreicher Speisenbegleiter.

89 Riesling DAC Parapluiberg 2011
12,5 Vol.%, DV, Stahltank, trocken, €€

88 Pinot Noir Hochschopf 2009
13,5 Vol.%, DV, Teilbarrique, extratrocken, €€€

Traisental

WEINGUT LEOPOLD FIGL

3133 Wagram, Wagramer Straße 7
T: 0660/198 10 35, F: 02783/500
office@weingut-figl.at
www.weingut-figl.at

---— NEU ——---

KELLERMEISTER UND ANSPRECHPARTNER: Leopold Figl
ANZAHL/FLASCHEN: k. A. (80 % weiß, 20 % rot) HEKTAR: 6
VERKOSTUNG: ja, gegen Voranmeldung AB-HOF-VERKAUF: ja
ÜBERNACHTUNGSMÖGLICHKEIT: kann organisiert werden
ANDERE PRODUKTE IM VERKAUF: Sekt, Destillate, Apfelsaft

Der Familienbetrieb Figl bewirtschaftet seit 1960 Weingärten im Unteren Traisental. Die Weingärten befinden sich im Umkreis von Wagram ob der Traisen und wachsen auf Lössböden, wobei Konglomerat das Muttergestein bildet. Der Klosterneuburger Absolvent Leopold Figl ist seit 2001 Kellermeister im Weingut Stadt Krems und leitet das smarte Weingut in Wagram ob der Traisen, worauf der Fokus bei den gebietstypischen Sorten Grüner Veltliner und Riesling liegt. Die Toprieden des Weinguts sind Setzen, Sonnleithen, Rosengarten und Kirchweg. Durch die gezielte Planung eines modernen Weinkellers 2009 wurden perfekte Bedingungen zur schonenden und sauberen Verarbeitung der Trauben geschaffen. Die besondere Pflege der Weingärten und das Bestimmen des optimalen Lesezeitpunktes sind wesentliche Bestandteile für die Produktion qualitativ hochwertiger Weine.

90 Grüner Veltliner DAC Reserve Kirchweg 2011
13,5 Vol.%, DV, Stahltank, extratrocken, €€€
Helles Grüngelb. Mit zarter Kräuterwürze unterlegte feine Apfelfrucht, ein Hauch von Mango, tabakige Nuancen. Saftig, elegant, reife Birnenfrucht, feine Extraktsüße, Nuancen von Orangen im Abgang, ein vielseitiger Speisenbegleiter mit Entwicklungspotenzial.

89 Grüner Veltliner DAC Setzen 2011
12,5 Vol.%, DV, Stahltank, extratrocken, €€

88 Riesling DAC Sonnleithen 2011
DV, Stahltank, €€

87 Grüner Veltliner Vom Löss 2011
12,5 Vol.%, DV, Stahltank, extratrocken, €€

87 Valentina 2010 ZW/ME/SL
14,5 Vol.%, DV, Barrique, extratrocken, €€

88 Figl Brut 2009 CH
12,5 Vol.%, NK, Stahltank, trocken, €€€

★★

WEINGUT HAULEITNER

3133 Wagram o. d. Traisen, Geymüllergasse 3
T: 0676/951 98 13
traisental@weingut-hauleitner.at
www.hauleitner.at

Traisental

KELLERMEISTER UND ANSPRECHPARTNER: Ing. Herwald Hauleitner
ANZAHL/FLASCHEN: 20.000 (80 % weiß, 20 % rot) HEKTAR: 7
VERKOSTUNG: ja Ab-Hof-Verkauf: ja
ÜBERNACHTUNGSMÖGLICHKEIT: kann organisiert werden
ANDERE PRODUKTE IM VERKAUF: Sekt, Edelbrände, Fruchtsäfte
VEREINSZUGEHÖRIGKEIT: Vereinigung Traisentaler Weingärtner,
Traisentaler Wein MESSEN: VieVinum, ProWein

Der Familienbetrieb Hauleitner besteht seit 1932 und bewirtschaftet heute rund sieben Hektar Weingärten im Winzerdorf Wagram nahe Traismauer. Der junge Betriebsführer Ing. Herwald Hauleitner verfügt über ausgezeichnetes Fachwissen, das er sich nicht zuletzt in der HLBA und BA für Wein- und Obstbau in Klosterneuburg erwerben konnte. Er kann aber auch auf das in der Familie überlieferte Know-how zurückgreifen. Neben einer regionaltypischen breiten Palette bietet der junge, dynamische Winzer auch Rosé- und Rotweine an, dazu kommen Winzersekt und eine große Auswahl an hauseigenen Edelbränden. Mit seinem Sieg beim »Falstaff Grüner Veltliner Grand Prix« vor drei Jahren hat sich der Betrieb bestens für die Aufnahme in den Guide empfohlen und mit seinem qualitätsvollen Sortiment sehr großen Anklang gefunden.

(91-93) Riesling DAC Reserve Selektion 2011
13,5 Vol.%, DV, Stahltank, trocken, €€
Mittleres Grüngelb. Attraktive Steinobstnoten, frischer Weingartenpfirsich, ein Hauch von Maracuja. Kompakt, feine gelbe Frucht, gut integrierte dunkle Mineralik, lebendige, gut eingebundene Säurestruktur, delikate Frucht im Abgang, bleibt gut haften, vielversprechendes Potenzial.

(90-92) Grüner Veltliner DAC Reserve Selektion 2011
13,5 Vol.%, DV, Stahltank, extratrocken, €€
Mittleres Gelbgrün. Frische Nuancen von weißer Tropenfrucht, feine Kräuterwürze, gelber Apfel, mineralischer Touch. Saftig, elegant, wirkt finessenreich und leichtfüßig, mineralischer Touch im Abgang, feine Zitrusaromen im Nachhall.

(89-91) Weißer Burgunder Setzen 2011
13,5 Vol.%, DV, Stahltank, trocken, €€
Mittleres Grüngelb. Zart nussig unterlegte feine weiße Birnenfrucht, rauchige Nuancen, Orangenzesten. Stoffig, geprägt von feiner Süße, dezentem Karamelltouch, runder Säure, gelber Tropenfrucht, ein Speisenbegleiter, der von einigen Jahren Reife profitieren wird.

89 Grüner Veltliner DAC Sonnleiten 2011
13 Vol.%, DV, Stahltank, extratrocken, €

89 Gelber Muskateller Bergern 2011
12,5 Vol.%, DV, Stahltank, trocken, €€

87 Grüner Veltliner Lössfeder 2011
12 Vol.%, DV, Stahltank, extratrocken, €

Traisental

★★

WEINGUT RUDOLF HOFMANN

3133 Traismauer, Oberndorfer Straße 41
T: 0676/313 35 66
office@weingut-hofmann.at
www.weingut-hofmann.at

---- BIO ----

KELLERMEISTER UND ANSPRECHPARTNER: Rudolf Hofmann
ANZAHL/FLASCHEN: k. A. (90 % weiß, 8 % rot, 2 % süß) HEKTAR: 14
VERKOSTUNG: ja, gegen Voranmeldung AB-HOF-VERKAUF: ja
ÜBERNACHTUNGSMÖGLICHKEIT: kann organisiert werden
ANDERE PRODUKTE IM VERKAUF: Destillate
VEREINSZUGEHÖRIGKEIT: Vereinigung Traisentaler Weingärtner
MESSEN: ProWein, VieVinum

Rudi Hofmann ist Autodidakt mit einem hohen Maß an ökologischer Verantwortung. Sein Credo »Zukunft entsteht in der Riede Fuchsenrand« ist Konzept. In Forschungsprojekten mit nationalen und internationalen Partnern versucht er, Antworten auf Fragen zu Nachhaltigkeit und Klimawandel zu finden. Die biologische Bewirtschaftung seiner Weingärten genügt ihm noch nicht, bis 2013 soll die Traubenproduktion nachweislich klimaneutral sein.

90 Prozent der Rebflächen sind mit Weißweinrebsorten bepflanzt (50 Prozent Grüner Veltliner, 20 Prozent Riesling, 20 Prozent Sauvignon Blanc, Muskateller, Chardonnay). Die beiden Hauptsorten Grüner Veltliner und Riesling werden als Traisental DAC vermarktet, sein C.M.S. ergänzt als frecher Sommerwein das Sortiment. Die Lagen Fuchsenrand und Kogl sind die Herzstücke des Weingutes. Während in der Riede Fuchsenrand mit ihren Muschelkalk- und Lössböden die Veltliner zur Hochform auflaufen, beheimatet die Riede Kogl mit ihren kargen Konglomerat- und Schotterböden vor allem den Riesling. Die Klassikweine liefern klare Sortentypizität, erlangen früh ihre Trinkreife und sind die Allrounder unter den Speisenbegleitern. Die Kraft der Reserven und die Feinheit der Lagenweine spiegeln das spezielle Terroir des Traisentales mit seinen kalkhältigen Böden wider, es verleiht ihnen Eigenständigkeit und Reifungspotenzial.

(91-93) Grüner Veltliner DAC Reserve Fuchsenrand 2011
13 Vol.%, DV, Stahltank, extratrocken, €€
Mittleres Grüngelb. Feine Nuancen von gelbem Apfel und Steinobstnoten, ein Hauch von Blütenhonig, zarte tabakige Anklänge, feine Kräuterwürze. Stoffig, gute Komplexität, extraktsüßer Körper, sehr gut integrierte Säurestruktur, feine Mineralik, elegant und anhaltend, sehr guter Speisenbegleiter mit Reifepotenzial.

90 Sauvignon Blanc 2011
13,5 Vol.%, DV, Stahltank, trocken, €€
Helles Grüngelb. Feine Würze, ein Hauch von Grapefruit und Stachelbeeren. Elegant, stoffig, angenehme Extraktsüße, finessenreich, bleibt gut haften, gelbe Tropenfrucht im Nachhall, mineralisch, besitzt Zukunft.

L 90 Riesling DAC Klassik 2011
12,5 Vol.%, DV, Stahltank, trocken, €€
Helles Grüngelb. Einladende weiße Steinobstnoten, zartes Blütenaroma, frische Orangenschalen. Stoffig, attraktive Frucht, intensiv und frisch, lebendiger Säurebogen, extraktsüßer Nachhall, saftiges Finale, ein vielseitiger Speisenbegleiter, gutes Potenzial.

L 90 Grüner Veltliner DAC Klassik 2011
12,5 Vol.%, DV, Stahltank, trocken, €€
Helles Grüngelb. Feinwürzig unterlegte Apfelfrucht, ein Hauch von Bauernbirne und Wiesenkräutern. Saftig, ausgewogen, gelbe Fruchtnuancen, angenehmer Säurebogen, salzig-mineralischer Touch im Nachhall, gutes Potenzial.

89 Grüner Veltliner DAC »GV 11« 2011
12 Vol.%, DV, extratrocken, €€

88 C.M.S. 2011 CH/GM/SB
12 Vol.%, DV, Stahltank, halbtrocken, €€

★★

WEINGUT HOLZER
3134 Nussdorf, Neusiedler Straße 54
T: 02783/84 26, F: DW 4
wein@weingutholzer.at
www.weingutholzer.at

Traisental

KELLERMEISTER UND ANSPRECHPARTNER: Alfred und Andreas Holzer
ANZAHL/FLASCHEN: k. A. (80 % weiß, 20 % rot) HEKTAR: 15
VERKOSTUNG: ja, gegen Voranmeldung AB-HOF-VERKAUF: ja
ÜBERNACHTUNGSMÖGLICHKEIT: kann organisiert werden
ANDERE PRODUKTE IM VERKAUF: Destillate, Sekt, Apfel- und Traubensaft
VEREINSZUGEHÖRIGKEIT: Vereinigung Traisentaler Weingärtner
MESSEN: VieVinum

Der Winzerhof der Holzers zählt zu den verlässlichsten Adressen der Region, die Familie bewirtschaftet bereits seit 1838 rund fünfzehn Hektar. Die Rieden befinden sich auf einer idealen Bodenstruktur, so sind die optimalen Voraussetzungen für qualitativ hochwertige Weine gegeben. Was die Kellertechnik betrifft, so versucht Vater Alfred, tatkräftig unterstützt von Sohn Andreas, internationale Weiterentwicklungen einfließen zu lassen. Die Vinifikation erfolgt innerhalb der dicken Mauern des unterirdischen Kellers.

Zahlreiche Auszeichnungen sind die Belohnung für die intensive Auseinandersetzung mit der Materie Weinbau. Mehrere Landes- und Gebietssiege, ein Bundessieg sowie die Silbermedaille bei der »International Wine Challenge« in London zeugen vom hohen Qualitätsstandard der Holzer-Weine. Das Prinzip des Betriebs lautet: »Natürliche Weine erzeugen, damit erhalten bleibt, was uns die Natur bei der Ernte an Fruchtigkeit und Fülle zum Geschenk macht.«

92 Riesling DAC Reserve Spiegeln 2011
13,5 Vol.%, DV, großes Holzfass, trocken, €€€
Mittleres Grüngelb. Feine einladende Steinobstnoten, mit einem Hauch von Tropenfrucht unterlegt, mineralische Nuancen. Am Gaumen elegant, saftig, gelbe Frucht, frischer Säurebogen, bleibt gut haften, mineralischer Nachhall, sehr gutes Entwicklungspotenzial.

90 Grüner Veltliner DAC Reserve Spiegeln 2011
13,5 Vol.%, DV, großes Holzfass, trocken, €€€
Mittleres Grüngelb. Feine tabakige Nuancen, ein Hauch von Bauernbirne, zart nussiger Touch, mit Kräuterwürze unterlegt. Stoffig, kraftvoll, ganz zartes Karamell, gut integrierte Säurestruktur, gelber Apfel im Abgang, ein vielseitiger Speisenbegleiter.

89 Riesling Privat 2011
13 Vol.%, DV, großes Holzfass, trocken, €€

88 Grüner Veltliner DAC 2011
12,5 Vol.%, DV, Stahltank, extratrocken, €€

88 Sauvignon Blanc 2011
12,5 Vol.%, DV, Stahltank, extratrocken, €€

87 Gelber Muskateller 2011
12,5 Vol.%, DV, Stahltank, extratrocken, €€

Traisental

★★★★

WEINGUT MARKUS HUBER

3134 Reichersdorf, Weinriedenweg 13
T: 02783/829 99, F: DW 4
office@weingut-huber.at
www.weingut-huber.at

KELLERMEISTER UND ANSPRECHPARTNER: Markus Huber
ANBAUWEISE: derzeit in Umstellung auf Bio
ANZAHL/FLASCHEN: k. A. (98 % weiß, 1 % rot, 1 % süß) **HEKTAR:** 30
VERKOSTUNG: ja, gegen Voranmeldung **AB-HOF-VERKAUF:** ja
ÜBERNACHTUNGSMÖGLICHKEIT: kann organisiert werden
HEURIGER: 21.10.–6.11. **ANDERE PRODUKTE IM VERKAUF:** Destillate
VEREINSZUGEHÖRIGKEIT: Traditionsweingüter Österreich
MESSEN: ProWein

Markus Huber hat es in nur wenigen Jahren geschafft, sich mit seinen Weinen national und international einen Namen zu machen. Das Anliegen des Winzers und Obmanns der Traisentaler Winzer ist es, einerseits individuelle, charaktervolle Weine zu erzeugen, und andererseits einen Beitrag zu leisten, um das Traisental mit seinen einzigartigen, kalkreichen Konglomeratböden bekannter zu machen – und Weine mit glockenklarer Stilistik, terroirbetonter Mineralik und Sortentypizität zu vinifizieren. Hauptsorte ist ganz klar der Grüne Veltliner, auf den mehr als zwei Drittel der gesamten Produktion entfallen. Dieser wird in vier verschiedenen Stilistiken angeboten, abhängig vom jeweiligen Bodentyp und dem Potenzial der Trauben wird der Wein entweder im Stahltank oder im großen Holzfass ausgebaut. Zweitwichtigste Sorte ist der Riesling, gefolgt von den Sorten Sauvignon Blanc und Gelber Muskateller. Sofern die Natur es zulässt, werden in geeigneten Jahren auch Süßweine erzeugt.

Salonauserwählter 2003, Landessieger, viermaliger »Falstaff Grüner Veltliner Grand Prix«-Sieger, Goldmedaille auf der »London International Wine and Spirit Competition« und Auszeichnung »Best White Wine Producer«, herausragende Kritiken in österreichischen Fachmedien, Nominierung für die Auszeichnung »Newcomer des Jahres« im »Falstaff« und schließlich die Bezeichnung »Wunderkind« im englischen »Decanter«-Magazin: Markus Huber scheint bereits auf dem richtigen Weg zu sein. Auch bei der Qualitätssicherung des Produktes geht Markus Huber geradlinig seinen Weg, seit 2007 ist das Weingut IFS- und BRC-zertifiziert. Kompromissloses Arbeiten zugunsten höchster Qualität ist die oberste Prämisse von Markus Huber. »Doch zu tun und zu lernen gibt es für mich noch irrsinnig viel«, so der junge Winzer. 2008 erfolgte die Aufnahme in den Verein der »Traditionsweingüter Österreich«.

95 Riesling DAC Reserve Berg
    Erste ÖTW Lage 2011
13 Vol.%, DV, Stahltank, 4000, trocken, €€€€€
Mittleres Grüngelb. Mit feinen Orangenzesten unterlegte gelbe Tropenfruchtanklänge, ein Hauch von Maracuja, zarte Nuancen von Blütenhonig. Stoffig, sehr gute Komplexität, weiße Frucht, gut integrierte und lebendige Säure, die dem Wein eine gute Länge verleiht, feine Zitrusanklänge im Abgang, markante Mineralik im Abgang, ein glasklarer Sortenvertreter.

94 Grüner Veltliner DAC Reserve Berg
    Erste ÖTW Lage 2011
13,5 Vol.%, DV, großes Holzfass, 5000, extratrocken, €€€€€
Mittleres Grüngelb. Reife gelbe Fruchtnuancen, ein Hauch von Marillen, zarte Kräuterwürze, Noten von Mango, facettenreiches Bukett. Saftig, sehr elegant, feine Extraktsüße, seidige Textur, finessenreicher Säurebogen, bleibt sehr gut haften, ausgewogen und mit angenehmer Mineralik im Abgang ausgestattet, gutes Entwicklungspotenzial.

93 Grüner Veltliner DAC Reserve Alte Setzen
    Erste ÖTW Lage 2011
13 Vol.%, NK/DV, großes Holzfass, 13.000, extratrocken, €€€
Mittleres Grüngelb. Feine Nuancen von Honigmelonen, ein Hauch von Orangenzesten, mit feinen Noten von Marille unterlegt. Saftig, elegante Textur, sehr gute Balance, fei-

ne Säurestruktur, gelbe Frucht im Nachhall, zeigt eine gute Harmonie, zarter Blütenhonig im Nachhall, bereits zugänglich, verfügt über Reifepotenzial.

L 92 Grüner Veltliner DAC Obere Steigen 2011
12,5 Vol.%, DV, 50.000, extratrocken, €€
Helles Grüngelb. Attraktive frische gelbe Apfelfrucht, zart nach Blütenhonig, mit feinen Wiesenkräutern unterlegt. Gute Komplexität, feine Extraktsüße, frische Struktur, feiner zitroniger Anklang im Abgang, mineralisch, gutes Entwicklungspotenzial.

L 91 Riesling DAC Engelreich 2011
12,5 Vol.%, DV, Stahltank, 20.000, trocken, €€€
Helles Grüngelb. Attraktiver Weingartenpfirsich, weiße Blütenaromen, ein Hauch von Mandarinenzesten. Stoffig, weiße Frucht, elegante Textur, finessenreicher Säurebogen, lebendig, zitroniger Touch im Abgang, gutes Entwicklungspotenzial.

L 90 Riesling DAC Terrassen 2011
12,5 Vol.%, DV, Stahltank, extratrocken, €€
Helles Grüngelb. Feine weiße Tropenfrucht, Litschi, aber auch Weingartenpfirsich, mit einem Hauch von Zitruszesten unterlegt. Saftig, feinfruchtig, Pfirsichanklänge, lebendiger Säurebogen, frisch und trinkanimierend, bereits gut entwickelt.

L 90 Sauvignon Blanc 2011
12,5 Vol.%, DV, Stahltank, 12.000, extratrocken, €€
Helles Grüngelb. Rauchige Nuancen, feine Paprikaschoten, Anklänge von Grapefruitzesten. Frisch, weiße Frucht, zart nach Stachelbeeren, frisch und knackig, zitronige Noten im Abgang, mineralischer Nachhall.

L 90 Grüner Veltliner DAC Terrassen 2011
12,5 Vol.%, DV, Stahltank, extratrocken, €€
Helles Grüngelb. Zarte Apfelfrucht, ein Hauch von Wiesenkräutern, etwas Mango. Mittlerer Körper, weiße Frucht, feine Säurestruktur, angenehme Mineralik, feine gelbe Frucht im Abgang, ein vielseitiger Speisenbegleiter.

L 90 Gelber Muskateller 2011
11,5 Vol.%, DV, Stahltank, extratrocken, €€
Helles Grüngelb. Intensives Bukett nach Holunderblüten, Muskatnuss und Mandarinenzesten. Mittlerer Körper, feine traubige Frucht, knackige Struktur, frisch und trinkanimierend, ein idealer Sommerwein.

88 Hugo GV 2011
12 Vol.%, DV, Stahltank, extratrocken, €€

Traisental

★★★★
WEINGUT LUDWIG NEUMAYER

3131 Inzersdorf ob der Traisen, Dorfstraße 37
T/F: 02782/829 85
neumayer@weinvomstein.at
www.weinvomstein.at

KELLERMEISTER UND ANSPRECHPARTNER: Ludwig Neumayer
ANZAHL/FLASCHEN: k. A. (100 % weiß) **HEKTAR:** 11
VERKOSTUNG: ja, gegen Voranmeldung **AB-HOF-VERKAUF:** ja
ÜBERNACHTUNGSMÖGLICHKEIT: ja
VEREINSZUGEHÖRIGKEIT: Traditionsweingüter Österreich
MESSEN: VieVinum

Der Leitbetrieb des Traisentales hat sich ausschließlich der Produktion von Weißwein verschrieben. Auf mageren, steinigen Böden entstehen Weine mit außerordentlicher Finesse.

Grüner Veltliner und Riesling sind die wichtigsten Sorten, neben den Reserven »Der Wein vom Stein« – sie stammen von den höchstgelegenen Weingärten in den Inzersdorfer Rieden – werden Lagenweine wie Grüner Veltliner »Zwirch« und «Rafasetzen« oder Riesling »Rothenbart« gekeltert. Zudem werden konzentrierte Weißburgunder und Sauvignon Blanc unter dem Label »Ikon« angeboten. Ziel von Ludwig Neumayer ist es, einen unverwechselbaren Stil darzustellen, dichte Weine, die zugleich viel Frische besitzen. Die helle Farbe, die für die Neumayer-Weine sehr typisch ist, entsteht nicht etwa durch mangelnde Reife der Trauben, sondern rührt von den speziellen Böden her.

Ein weiteres Plus der Weine ist eine ausgeprägte Säurestruktur, Restzucker wird nur ausnahmsweise toleriert, wenn er wirklich passt. Längst sind die anspruchsvollen Weine von der österreichischen und internationalen Topgastronomie entdeckt worden. So konnte sich Ludwig Neumayer bereits über Listungen auf Weinkarten freuen, von denen andere Winzer nur träumen dürfen, so zum Beispiel im Drei-Sterne-Tempel »Astrance« oder in Alain Ducasse' »Plaza Athénée« in Paris.

(93-95) Riesling Der Wein vom Stein 2011
13,4 Vol.%, DV, Stahltank, trocken, €€€€
Helles Gelbgrün. Mit frischen Zitrus- und Grapefruitzesten unterlegte weiße Steinobstnoten, ein Hauch von Maracuja und Blütenaromen. Saftig, hochelegant und voll mineralischer Frische, finessenreicher Säurebogen, weißer Apfel im Nachhall, bleibt sehr gut haften, delikater Rückgeschmack, sicheres Reifepotenzial.

(92-94) Grüner Veltliner Der Wein vom Stein 2011
14,3 Vol.%, DV, Stahltank, trocken, €€€€
Helles Grüngelb. Feine gelbe Tropenfruchtaromen, zart nach Wiesenkräutern, ein Hauch von Babybanane. Kraftvoll, feine nussige Aromen, reife gelbe Frucht, zart nach Honigmelone, runde Säurestruktur, wirkt opulent im Abgang, zeigt eine gute Länge, mit feiner Mineralik unterlegt.

(92-94) Sauvignon Blanc Der Wein vom Stein 2011
14,6 Vol.%, DV, Stahltank, trocken, €€€€
Helles Grüngelb. Intensiv nach eingelegten Paprikaschoten, frische Kräuterwürze, Blutorangenzesten, mit Holunderblüten unterlegt. Sehr stoffig, weiße Tropenfrucht, merkliche Süße, frischer Säurebogen, zart nach Mandarinen, sehr gute Länge, mineralischer Nachhall, sicheres Entwicklungspotenzial.

(91-93) Weißburgunder Der Wein vom Stein 2011
14,5 Vol.%, DV, Stahltank, trocken, €€€
Mittleres Grüngelb. Feine Fruchtsüße mit Nuancen von gelbem Apfel, ein Hauch von Birne, zart nach Kletzen. Saftig, opulenter Stil, reife weiße Tropenfrucht, feine Fruchtsüße, gut integrierte Säure, bleibt gut haften, dezenter Süßeschweif, braucht Zeit, um sich völlig zu harmonisieren.

(91-93) Riesling Rothenbart Erste ÖTW Lage 2011
13,3 Vol.%, DV, Stahltank, trocken, €€€
Helles Grüngelb. Duftige, einladende Noten von Steinobst,

ein Hauch von Weingartenpfirsich und Blüten. Komplex, saftig, feiner Restzucker, der gut eingebunden ist, finessenreiche Säurestruktur, zart nach Orangen, mineralischer Nachhall, sehr gutes Reifepotenzial.

**(91-93) Grüner Veltliner Zwirch
Erste ÖTW Lage 2011**
13,8 Vol.%, DV, Stahltank, trocken, €€€€
Helles Grüngelb. Mit zarten Wiesenkräutern unterlegte feine Apfelfrucht, ein Hauch von Orangenzesten. Stoffig, kraftvoll, elegante Textur mit angenehmer Extraktsüße, finessenreiches Säurespiel, zitroniger Touch im Abgang, mineralischer Nachhall.

91 Riesling DAC Grillenbühel 2011
13 Vol.%, DV, Stahltank, trocken, €€€
Helles Gelbgrün. Feine gelbe Tropenfruchtaromen, zart mit Steinobst unterlegt, ein Hauch von Blütenhonig. Saftig, opulente Frucht, feine Frucht, bleibt gut haften, zitroniger Touch, delikat, ein wunderbarer Sommerwein, vielseitig einsetzbar.

Traisental

WINZERHOF JOSEF NOLZ

3133 Traismauer, Hilperdorf 8
T: 0664/73 53 42 23, F: 02783/68 97
office@nolzwein.at
www.nolzwein.at

KELLERMEISTER UND ANSPRECHPARTNER: Ing. Josef Nolz ANZAHL/FLASCHEN: k. A. (85 % weiß, 14 % rot, 1 % süß) HEKTAR: 7,5 VERKOSTUNG: ja, gegen Voranmeldung AB-HOF-VERKAUF: ja HEURIGER: 22. 8. bis 4. 9. und 26. 12. bis 8. 1. 2013, täglich ab 14 Uhr, So. und Fei. ab 10 Uhr ÜBERNACHTUNGSMÖGLICHKEIT: kann organisiert werden ANDERE PRODUKTE IM VERKAUF: Traubensaft, Destillate, Frizzante VEREINSZUGEHÖRIGKEIT: Vereinigung Traisentaler Weingärtner

---

Gemäß dem Motto »Weine produzieren, mit denen wir uns identifizieren können, uns selbst und unsere Produkte ständig weiterentwickeln und mit dem bestmöglichen Service und der besten Beratung an unsere Kunden bringen« hat sich in den letzten Jahren auf dem Winzerhof Nolz einiges getan. Tradition, gepaart mit innovativen Ideen, kompromissloses Qualitätsdenken und ein Gefühl für den richtigen Zeitpunkt sind die Eckpfeiler des Erfolges des jungen Traisentaler Winzers Ing. Josef Nolz.

Der Betrieb zählt sicherlich zu jenen, die viel zum Imagegewinn des kleinen Weinbaugebietes beizutragen imstande sind. Ein Besuch des Heurigen in der Kellergasse am Eichberg ist jederzeit einen Abstecher wert.

90 Grüner Veltliner DAC Select 2011
13 Vol.%, DV, Stahltank, 4000, extratrocken, €€
Helles Grüngelb. Feine Steinobstnote, zarte Marille, tabakige Nuancen, feine Babybanane. Saftig, elegant, ausgewogene Textur, gut integrierte Säurestruktur, weiße Tropenfrucht, zitronige Noten im Nachhall, verfügt über Entwicklungspotenzial.

89 Gelber Muskateller 2011
12 Vol.%, DV, Stahltank, 1500, trocken, €€

88 Weißburgunder 2011
13,5 Vol.%, DV, 1350, extratrocken, €€

87 Grüner Veltliner DAC 2011
13 Vol.%, DV, Stahltank, 2500, extratrocken, €€

87 Riesling DAC 2011
13 Vol.%, DV, 2000, trocken, €€

87 Grüner Veltliner 2011 Hühnerkropf
12 Vol.%, DV, Stahltank, 5000, extratrocken, €

WEINKULTUR PREISS

3134 Theyern, Ringgasse 4
T: 02783/67 31, F: DW 13
wine@kulturpreiss.at
www.kulturpreiss.at

Traisental

KELLERMEISTER UND ANSPRECHPARTNER: Friedrich Preiß
ANZAHL/FLASCHEN: k. A. (90 % weiß, 10 % rot) HEKTAR: 11
VERKOSTUNG: ja, gegen Voranmeldung AB-HOF-VERKAUF: ja
ÜBERNACHTUNGSMÖGLICHKEIT: kann organisiert werden
ANDERE PRODUKTE IM VERKAUF: Destillate, Fruchtsäfte
VEREINSZUGEHÖRIGKEIT: Vereinigung Traisentaler Weingärtner,
Genuss Region Traisentaler Fruchtsäfte MESSEN: VieVinum

Kostbarkeiten sind rar – und Qualität ist Referenz. Erfahrung und der kompromisslose Wille aus hervorragenden Trauben große Weine zu keltern ist das Bestreben der Winzerfamilie Preiß. Sie bewirtschaftet elf Hektar Weinkulturen und neun Hektar Obstkulturen rund um den Ort Theyern. Dieser liegt auf einer Anhöhe, dem ältesten Teil der Gemeinde Nußdorf ob der Traisen.

Die Weingärten, meist kleinste Terrassen, stehen auf einem Muttergestein aus eiszeitlichen Konglomeratablagerungen mit hohem Kalkgehalt, teilweise mit mächtigen Lössanwehungen. Geprägt sind die Weine von einem hohen Kalkgehalt der Böden, der ihnen Würze, Rückgrat und Mineralik verleiht. Mittelhohe Erziehung, hohe Laubwand, hohe Stockanzahl und konsequente Ertragsreduktion sind weitere Säulen des Qualitätsanbaues.

Bei den Rebsorten dominiert der Grüne Veltliner mit über 60 Prozent, Riesling und Zweigelt folgen mit je zehn Prozent, aber auch Spezialitäten wie Sauvignon Blanc, Chardonnay und Gelber Muskateller gehören zum Sortiment. Möglichst viel von Frucht und Geschmack der Traube soll bei der Vinifizierung im Keller erhalten bleiben und Terroir und Liebe des Winzers im Wein widerspiegeln.

(90-92) **Grüner Veltliner DAC Reserve Brunndoppel 2011**
DV, Stahltank, €€
Mittleres Grüngelb. Mit deutlicher Kräuterwürze unterlegte gelbe Apfelfrucht, ein Hauch von Birne, tabakige Nuancen. Saftig, elegante Textur, feine weiße Frucht, zarte Extraktsüße, gut integrierter Säurebogen, zitronige Nuancen im Abgang, mineralisch und gut anhaltend.

90 **Grüner Veltliner DAC Hochschopf 2011**
13 Vol.%, DV, Stahltank, 3000, extratrocken, €€
Mittleres Grüngelb. Intensive gelbe Frucht, Nuancen von frischen Ananas, mineralischer Touch, zarte Wiesenkräuter, mit Golden Delicious unterlegt. Saftig, elegant, harmonische Textur, gut eingebundene Säurestruktur, mineralischer Nachhall, ein vielseitiger Speisenbegleiter.

89 **Riesling DAC 2011**
13 Vol.%, DV, Stahltank, 2500, extratrocken, €€

88 **Chardonnay 2011**
14,5 Vol.%, DV, Stahltank, 2000, trocken, €€

88 **Grüner Veltliner DAC 2011**
12,5 Vol.%, DV, Stahltank, 9000, extratrocken, €€

86 **Sauvignon Blanc 2011**
12,5 Vol.%, DV, Stahltank, 2000, extratrocken, €€

WEINGUT SIEDLER – KRONENHOF

3134 Reichersdorf, Obere Ortsstraße 25
T/F: 02783/75 63
office@weingut-siedler.at
www.weingut-siedler.at

KELLERMEISTER UND ANSPRECHPARTNER: Ing. Alexander Siedler
ANZAHL/FLASCHEN: k. A. (90 % weiß, 10 % rot) HEKTAR: 9,5
VERKOSTUNG: ja, gegen Voranmeldung AB-HOF-VERKAUF: ja
VEREINSZUGEHÖRIGKEIT: Vereinigung Traisentaler Weingärtner
MESSEN: VieVinum, ProWein

Der junge Önologe Alexander Siedler führt mit seiner Gattin Manuela und seinen nach wie vor im Weingut tatkräftig mitwirkenden Eltern den Betrieb bereits in fünfter Generation. Der Kronenhof liegt im kleinen Winzerort Reichersdorf, hier befinden auch die Weingärten der Familie. Das Hauptaugenmerk ist auf Weißwein gerichtet, wobei sich neben den Traisentaler DAC-Sorten Grüner Veltliner und Riesling auch Weißburgunder, Rivaner, Frühroter Veltliner, Gelber Muskateller und Sauvignon Blanc im Sortiment finden. Ergänzt wird die Palette um einige Rotweine, vornehmlich Blauer Portugieser, Zweigelt und etwas Merlot, die beiden letzten auch als im Barrique ausgebaute Cuvée.

Intensive Kontrollen und Beobachtungen der Anlagen in Hinsicht auf die Vorgaben des Jahrgangs und der Natur machen es möglich, die Kapazitäten an Qualität und Individualität voll auszuschöpfen. »Hohe Reife des Lesematerials kann nicht erzwungen, sondern ausschließlich gewonnen werden.« Dass diese Erkenntnis auch Abstriche an Quantität fordert, ist dem Betriebsleiter wie auch Kellermeister bestens bewusst. Traditionelle Produktionsmethoden werden genauso wie innovative Technologien zum beiderseitigen Vorteil der Qualitätserhaltung miteinander verbunden. Wichtig ist Alexander Siedler, Weine mit Profil und Individualität zu vinifizieren, mit denen auch der Betriebscharakter verbunden werden kann.

(90–92) Grüner Veltliner DAC Reserve final select 2011
14 Vol.%, DV, Stahltank/großes Holzfass, 1500, extratrocken, €€€
Helles Gelbgrün. Frische weiße Apfelfrucht, zart nach Mango, feine Wiesenkräuter, zarter tabakiger Hauch, attraktives Bukett. Saftig, gute Komplexität, feiner Karamelltouch, angenehme Säure, gelbe Tropenfrucht im Abgang, ein kraftvoller Speisenbegleiter, der bald zugänglich sein wird.

(89–91) Riesling DAC Reserve Riedenselect 2011
13,5 Vol.%, DV, Stahltank, 1800, €€€
Helles Gelbgrün. Feine Blütenaromen, ein Hauch von Mandarinenzesten, weiße Steinobstanklänge. Saftig, feine Fruchtsüße, ein Hauch von Maracuja und Orangen, gut integrierte Säurestruktur, dunkle Mineralik im Abgang, gutes Entwicklungspotenzial.

89 Riesling DAC Rohern 2011
13 Vol.%, DV, Stahltank, 4800, trocken, €€

88 Grüner Veltliner DAC Buchhammer 2011
13 Vol.%, DV, Stahltank, 3600, extratrocken, €€

88 Grüner Veltliner DAC Tradition 2011
12,5 Vol.%, DV, Stahltank, 5000, extratrocken, €€

88 Gelber Muskateller Kogeln 2011
11,5 Vol.%, DV, Stahltank, 2000, trocken, €€

WACHAU

Wachau – steile Terrassen, noble Logen für die Reben

Weltkulturerbe und bezaubernde Wohlfühllandschaft – das ist die Wachau, das enge Donautal zwischen Melk und Krems. Auf 1400 Hektar, teils auf steilen Terrassen, stehen hauptsächlich Grüner Veltliner und Riesling. Die Weinkategorien »Steinfeder«, »Federspiel« und »Smaragd« stehen für die Naturbelassenheit der Wachauer Weine. Die Entstehungsgeschichte eines der faszinierendsten Weinbaugebiete Österreichs ist spannend. In der Nacheiszeit setzten sich im Windschatten der Berge Staubböden ab, daraus wurden einerseits die heutigen Lössböden, andererseits die steil abfallenden Hänge aus Gföhler Gneis. Auch die Donau trug ihren Teil bei, indem sie Sand, Schotter und Schwemmlöss in den ebenen Rieden ablagerte. Diese geologischen Geländeverhältnisse in Verbindung mit den von den Menschen als »Landschaftspflegern« geschaffenen Terrassen zur Bewirtschaftung der besten Steillagen zeichnen das markante Bild der Wachauer Weinlandschaft. Spannungsreich ist auch das Klima, denn hier treffen zwei starke Einflüsse aufeinander – nicht frontal, sondern eng verzahnt: das westlich-atlantische und das östlich-pannonische Klima. Je nach Hanglage, Exposition, Geländeformation sowie durch die wärmespeichernden Mauern und Felsen werden Kleinstklimazonen wirksam. Die heißen, trockenen Sommer und die strengen Winter werden durch die große Wasserfläche der Donau ausgeglichen. Die kühlen Fallwinde aus dem nördlichen Waldviertel sorgen speziell in den Monaten vor der Ernte für große Schwankungen zwischen Tag- und Nachttemperatur. Vom kühleren Spitzer Graben bis zum wärmeren Loibenberg entstehen in diesem Zusammenspiel die vielschichtigen Aromen der Trauben. Dies wird in den Weinen als kühle Frucht mit teilweise exotischen Anklängen spürbar: von der schlanken Steinfeder über das elegante Federspiel bis zum noblen Smaragd, definiert vom unverzichtbar gewordenen Schutzverband »Vinea Wachau«.

Und nochmals spannend wird es, im historischen Ambiente der Weinorte auf die Suche nach weinkulinarischen Adressen zu gehen. Top-Winzer und Spitzengastronomen sind in der Wachau geradezu auf Schritt und Tritt zu finden, von Spitz über Weißenkirchen, Wösendorf und Joching bis Dürnstein und Loiben; wobei der eine oder andere Seitensprung ans rechte Donauufer zu empfehlen ist. Neben dem Herrscherpaar Riesling und Veltliner – gerühmt für ihr außergewöhnliches Alterungspotenzial – garantieren auch Weißburgunder, Neuburger, Muskateller oder Sauvignon Blanc exzellente Geschmackserlebnisse.

★★★★★

- Weingut Franz Hirtzberger, Spitz/Donau
- Weingut Knoll, Unterloiben
- Weingut F. X. Pichler, Oberloiben
- Weingut Prager, Weißenkirchen

★★★★

- Weingut Alzinger, Unterloiben
- Weingut Josef M. Högl, Spitz/Donau
- Weingut Josef Jamek, Joching
- Weingut Rudi Pichler, Wösendorf

Wachau

★★★★
- Weingut Schmelz, Joching

★★★
- Domäne Wachau, Dürnstein
- Weingut Johann Donabaum, Spitz/Donau
- Weingut Holzapfel, Joching
- Weingut Jäger, Weißenkirchen
- Weingut Pichler-Krutzler, Oberloiben
- Tegernseerhof – Mittelbach, Unterloiben

★★
- Weingut Bäuerl, Loiben
- Weingut Donabaum »In der Spitz«, Spitz/Donau
- Weingut Graben-Gritsch, Spitz/Donau
- Winzerhof Andreas Lehensteiner, Weißenkirchen
- Weingut Ilse Mazza, Weißenkirchen
- Weingut Anton Nothnagl, Spitz/Donau
- Weingut Franz Pichler, Wösendorf
- Weingut Rixinger, Spitz/Donau
- Weingut Heinz und Adrienne Sigl, Rossatz

★
- Weingut Josef Fischer, Rossatz
- Weingut Hofstätter, Spitz/Donau

- Weingut Karl Bracher, Spitz/Donau
- Weingut Tassilo – Wachau, Krustetten

Wachau

★ ★ ★ ★

WEINGUT ALZINGER
3601 Unterloiben 11
T: 02732/779 00, F: DW 50
weingut@alzinger.at
www.alzinger.at

KELLERMEISTER UND ANSPRECHPARTNER: Leo Alzinger sen. und jun.
ANZAHL/FLASCHEN: k. A. (100 % weiß) HEKTAR: 10
VERKOSTUNG: ja, gegen Voranmeldung AB-HOF-VERKAUF: ja
VEREINSZUGEHÖRIGKEIT: Vinea Wachau
MESSEN: VieVinum, ProWein

Seit 1983 zählt Leo Alzinger zu den Fixsternen am Wachauer Winzer-Himmel. Der als ruhig und etwas introvertiert geltende Winzer erzeugt, tatkräftig unterstützt von seinem gleichnamigen Sohn, in seinen Loibner und Dürnsteiner Top-Berglagen Grünen Veltliner und Riesling. In meiner heurigen Verkostung lagen wie gewohnt die Paradelagen Loibenberg und Steinertal an der Spitze, die durch Präzision und Strahlkraft beeindrucken. Alzingers langlebige Weine verdienen die ungeteilte Aufmerksamkeit der Weinfreunde, denn hier ist zum wiederholten Mal eine absolute Top-Palette gelungen.

Es ist egal, ob man sich zum Riesling oder zum Grünen Veltliner hinwendet, man wird bei der gigantischen Auswahl, die hier nur zum Teil wiedergegeben ist, unter Garantie fündig. Sollte man Gelegenheit haben, etwas reifere Weine dieses Hauses zu verkosten, dann wird man erst die ganze Pracht der Loibner Weine kennenlernen. Gerade Alzingers Weine sind in ihrer Jugend oft schüchtern, entwickeln aber nach einigen Jahren Pubertät eine starke Persönlichkeit. Will man also den Charakter eines Spitzenveltliners näher ergründen, dann sollte man einen gereiften Alzinger-Wein dekantieren, ihm etwas Zeit gönnen – und dann staunen. Bei der Gruppe der Smaragde mussten die Wachauer Winzer ganz besonders große Geduld aufbringen, um schließlich mit finessenreichen Lagenweinen belohnt zu werden.

96 Riesling Smaragd Steinertal 2011
13,5 Vol.%, NK
Helles Grüngelb. Feine gelbe Pfirsichfrucht, zarte Orangennote, mineralischer Touch, facettenreiches Bukett, saftig, hochelegante Textur, feiner Steinobsttouch, ausgewogen, mit einer finessenreichen Säurestruktur unterlegt, bleibt sehr gut haften, mineralischer Nachhall, von einer begeisternden Transparenz, sehr gutes Reifepotenzial.

96 Grüner Veltliner Reserve 2011
14 Vol.%, NK
Mittleres Gelbgrün. Frische Wiesenkräuter, reife Birnenfrucht, ein Hauch von Steinobst, feine Orangenzesten. Am Gaumen stoffig, kraftvoll, dabei wesentlich puristischer als üblich, da keinerlei Botrytiseinfluss vorhanden ist, mineralisch und lange anhaltend, feine Extraktsüße im Abgang, ein wahrer Parade-Veltliner der Wachau, langlebig und charaktervoll.

95 Riesling Smaragd Loibenberg 2011
13,5 Vol.%, NK
Mittleres Grüngelb. Zart mit Orangenzesten unterlegte Steinobstanklänge, ein Hauch von Honigmelone, rauchige Würze. Elegant, feine Textur, seidiger Körper, frische, knackige Säurestruktur, angenehme Extraktsüße im Abgang, salzige Mineralik im Nachhall, sehr gute Länge, sicheres Entwicklungspotenzial.

95 Grüner Veltliner Smaragd Steinertal 2011
13, 5 Vol.%, NK
Mittleres Grüngelb. Mit feiner tabakiger Würze unterlegt, weiße Apfelfrucht, feine Wiesenkräuter, zarte Mineralik. Sehr feine Textur, hochelegant, angenehme gelbe Frucht, zarter Säurebogen, geschmeidig und lange anhaltend, bereits in der Jungend sehr harmonisch, ein vielseitiger Speisenbegleiter.

94 Grüner Veltliner Smaragd Loibenberg 2011
13,5 Vol.%, NK
Mittleres Grüngelb. Feine gelbe Tropenfruchtanklänge, ein Hauch von Ananas und Mango, mit zarter Kräuterwürze unterlegt. Saftig, komplexe Textur, reife gelbe Frucht, eleganter Körper, feines Säurespiel, harmonisch, bereits zugänglich, sehr gutes Reifepotenzial.

94 Riesling Smaragd Höhereck 2011
NK
Helles Grüngelb. Attraktive helle Mineralik, weiße Frucht, zarter Blütenhonig, rauchige Nuancen. Saftig, engmaschig, elegant, feine reife Pfirsichfrucht, finessenreiche Säurestruktur, bereits sehr harmonisch und gut antrinkbar, wird von Flaschenreife profitieren.

93 Riesling Smaragd Hollerin 2011
NK
Helles Grüngelb. Noch etwas verhalten, feine Mineralik, ein Hauch von Zitruszesten, Blütenaromen. Seidig, elegante Textur, wirkt leichtfüßig und verspielt, feine Pfirsichfrucht, dezente Extraktsüße, gut eingesponnene Säurestruktur, zitroniger Touch im Nachhall, bereits gut zugänglich.

92 Grüner Veltliner Smaragd Liebenberg 2011
NK
Mittleres Grüngelb. Feine Marillenfrucht, feine Fruchtsüße, zarte Orangenzesten, dezente Würze. Saftig, elegant, angenehme gelbe Apfelfrucht, ein ruhiger, balancierter Stil, feine vegetale Würze im Abgang, dunkle Mineralik im Rückgeschmack.

92 Grüner Veltliner Smaragd Mühlpoint 2011
NK
Helles Grüngelb. Feine weiße Frucht, zarter Blütenhonig, zart nach frischem Apfel, ein Hauch von Wiesenkräutern. Saftig, feinfruchtig, elegante Textur, feine, gut integrierte Säurestruktur, bereits harmonisch und antrinkbar.

92 Riesling Smaragd Liebenberg 2011
13,5 Vol.%, NK
Helles Grüngelb. Zart kräuterwürzig unterlegte feine Pfirsichfrucht, zarter Blütenhonig, angenehme Mineralik. Saftig, elegante Textur, feine gelbe Tropenfrucht, wirkt leichtfüßig, feine Zitrusnoten im Nachhall, bietet unkompliziertes Trinkvergnügen.

L 90 Grüner Veltliner Federspiel Mühlpoint 2011
12,5 Vol.%, DV, extratrocken
Helles Grüngelb. Feine gelbe Apfelfrucht, ein Hauch von Quitten, zart tabakig, etwas Honig. Saftig, zart blättrige Würze, weiße Frucht, frischer, finessenreicher Säurebogen, elegant und anhaltend, mineralischer Nachhall, zitroniger Touch im Rückgeschmack.

90 Grüner Veltliner Hochstrasser 2011
13 Vol.%, DV
Helles Gelbgrün. Feine gelbe Frucht, zarte Marillen, rauchige Nuancen, Golden Delicious. Saftig, elegant, feine Extraktsüße, feines Säurespiel, bleibt gut haften, mineralischer Nachhall. Da ist sich das Federspiel heuer knapp nicht ausgegangen.

89 Grüner Veltliner Federspiel Frauenweingarten 2011
12,5 Vol.%, DV

89 Riesling Federspiel Dürnsteiner 2011
12,5 Vol.%, DV

Wachau

★★
WEINGUT BÄUERL

3601 Dürnstein, Oberloiben 28
T: 02732/755 55, F: DW 4
vino@baeuerl.at
www.baeuerl.at

KELLERMEISTER: Wolfgang Bäuerl
ANSPRECHPARTNER: Waltraud und Wolfgang Bäuerl
ANZAHL/FLASCHEN: 25.000 (90 % weiß, 10 % süß) HEKTAR: 4,5
VERKOSTUNG: ja, gegen Voranmeldung AB-HOF-VERKAUF: ja
HEURIGER: 10. bis 19. 8. und 16. bis 25. 11., täglich ab 16 Uhr
ÜBERNACHTUNGSMÖGLICHKEIT: ja ANDERE PRODUKTE IM VERKAUF:
Destillate VEREINSZUGEHÖRIGKEIT: Vinea Wachau

Es macht Freude, gerade in einer derart bekannten Weinregion eine echte Perle zu entdecken. Eine solche ist das Familienweingut Bäuerl in Oberloiben: Unspektakulär, fast im Stillen, entstehen hier Jahr für Jahr regional- und lagentypische Weißweine von höchster Qualität. Die Veltliner und Rieslinge aus erstklassigen Rieden wie Kellerberg, Loibenberg und Kreutles geraten elegant, klar, feinfruchtig, finessenreich und dank der Urgesteinsböden sehr mineralisch. Wolfgang Bäuerl arbeitet sowohl im begrünten Weingarten als auch im Keller naturnah und schonend. Er beherrscht die ganze Wachauer Palette – vom trinkanimierenden »Every-Day-Veltliner« bis zur Smaragd-Klasse –, wie das Aushängeschild des Weingutes, der Riesling »Kellerberg«, eindrucksvoll zeigt. Alle Bäuerl-Weine sind auch ausgezeichnete Speisebegleiter und begeistern zudem durch ihr fantastisches Preis-Leistungs-Verhältnis.

Seit Mai 2006 kann man die Weine auch im völlig neu errichteten und zeitgemäß gestalteten Heurigen der Familie verkosten, der traditionelle, aber verfeinerte und auf die jeweilige Saison abgestimmte Gerichte bietet. Wer Urlaub machen möchte, ist in der herzlichen Atmosphäre der Winzerfamilie gut aufgehoben: Direkt auf dem Weingut stehen zwei komfortable Ferienwohnungen zur Verfügung – mit Blick auf die Donau oder in die herrlichen Weingärten mit ihren typischen Steinterrassen.

(91–93) Riesling Smaragd Kellerberg 2011
14 Vol.%, NK, Stahltank, extratrocken, €€€
Helles Gelbgrün. Feine weiße Tropenfrucht, zart nach Grapefruitzesten und Mandarinen, mit feinen Steinobstanklängen unterlegt. Saftig, gelbe Fruchtanklänge, zart nach Honigmelone, frischer Säurebogen, dunkle Mineralik im Abgang, bleibt gut haften, wird von Flaschenreife profitieren.

(90–92) Riesling Smaragd Höhereck 2011
14,5 Vol.%, NK, Stahltank, extratrocken, €€€€
Mittleres Grüngelb. Einladender Duft nach gelbem Pfirsich, mit einem Hauch von Limetten unterlegt, zarter Blütenhonig. Saftig, zart nach Ananas und Maracuja, feines Säuregerüst, dunkle Mineralik im Abgang, gutes Reifepotenzial.

(89–91) Grüner Veltliner Smaragd Kellerberg 2011
14 Vol.%, NK, Stahltank, extratrocken, €€€
Mittleres Gelbgrün. Feine Kräuterwürze, ein Hauch von Mandarinenzesten, mineralische Nuancen. Saftige weiße Apfelfrucht, feiner Zitronenanklang, frisch strukturiert, salzig-mineralisch im Abgang, wirkt leichtfüßig, gutes Reifepotenzial.

(89–91) Riesling Smaragd Loibenberg 2011
13,5 Vol.%, NK, extratrocken, €€€
Helles Gelbgrün. Mit frischen Wiesenkräutern unterlegte Steinobstklänge, ein Hauch von Weingartenpfirsich, weiße Blüten. Feine Frucht, zarte vegetale Würze, lebendiger Säurebogen, mineralischer Nachhall, zitronige Nuancen im Rückgeschmack.

(88–90) Grüner Veltliner Smaragd Loibenberg 2011
13,5 Vol.%, NK, Stahltank, extratrocken, €€€

88 Grüner Veltliner Federspiel Loibner Kreutles 2011
12,5 Vol.%, DV, großes Holzfass, extratrocken, €€

WEINGUT KARL BRACHER

3620 Spitz/Donau, Marstal 7
T: 02713/25 28, F: 02713/729 39
office@weingut-bracher.at
www.weingut-bracher.at

KELLERMEISTER UND ANSPRECHPARTNER: Karl Bracher
ANZAHL/FLASCHEN: k. A. (100 % weiß) HEKTAR: 4
VERKOSTUNG: ja, gegen Voranmeldung AB-HOF-VERKAUF: ja
ÜBERNACHTUNGSMÖGLICHKEIT: ja
VEREINSZUGEHÖRIGKEIT: Vinea Wachau

Zwar bewirtschaftet Karl Bracher eine relativ kleine Eigenfläche, dafür zählen seine Weingärten zu den besten Lagen, die Spitz zu bieten hat. Mit Setzberg, Burgberg und Pluris verfügt der Winzer über exzellente Terrassenanlagen, die ihn sehr gutes Traubenmaterial verarbeiten lassen. Karl Bracher zählt schon seit Langem zu den Wachauer Geheimtipps, leider ist die Menge seiner Weine limitiert.

Bereits in den 1990er-Jahren ließ der energische Winzer mit seinen Smaragd-Weinen regelmäßig aufhorchen. Ein Besuch des Betriebes ist also lohnend, es werden auch Gästezimmer angeboten.

(90-92) Riesling Smaragd Tausendeimerberg Spitz 2011
14,5 Vol.%, NK, Stahltank, extratrocken, €€€€
Kräftiges Gelbgrün, Silberreflexe. Reife Steinobstnoten, nach Pfirsich, gelbe Ringlotte, getrocknete Marille und Blütenhonig. Saftig, kraftvoll, feine gelbe Tropenfrucht, frischer Säurebogen, Orangen im Nachhall, gute Länge, ein vielseitiger Speisenbegleiter.

(89-91) Grüner Veltliner Smaragd Setzberg Spitz 2011
14,5 Vol.%, NK, Stahltank, extratrocken, €€€€
Kräftiges Gelbgrün. Mit zarter Kräuterwürze unterlegte frische Birnenfrucht, ein Hauch von Quitten, zarter Blütenhonig. Saftig, reife Marillen, dunkle Mineralik, angenehmer Säurebogen, würziger Nachhall, bleibt gut haften, zarter Honigtouch im Finish.

89 Riesling Pluris Spitz 2011
13 Vol.%, NK, Stahltank, extratrocken, €€

(88-90) Riesling Setzberg Spitz 2011
13 Vol.%, NK, Stahltank, extratrocken, €€

88 Grüner Veltliner Steinborz Spitz 2011
13 Vol.%, NK, Stahltank, extratrocken, €€

87 Riesling Federspiel Burgberg Spitz 2011
12,5 Vol.%, NK, Stahltank, extratrocken, €€

Wachau

★★★

DOMÄNE WACHAU
3601 Dürnstein 107
T: 02711/371, F: DW 13
office@domaene-wachau.at
www.domaene-wachau.at

KELLERMEISTER: DI (FH) Heinz Frischengruber
ANSPRECHPARTNER: Mag. (FH) Roman Horvath
ANZAHL/FLASCHEN: 2,5 Mio. (90 % weiß, 9 % rot, 1 % süß) HEKTAR: 420
VERKOSTUNG: ja AB-HOF-VERKAUF: ja ÜBERNACHTUNGSMÖGLICHKEIT: kann organisiert werden ANDERE PRODUKTE IM VERKAUF: Veltlinerbrand, Wachauer Spezialitäten VEREINSZUGEHÖRIGKEIT: Vinea Wachau
MESSEN: VieVinum, ProWein, The London International Wine & Spirits Fair

---

In den Terrassen der Wachau bläst seit einigen Jahren ein stürmischer Wind. Seit das Duo Horvath und Frischengruber die Geschicke der Domäne Wachau lenkt, hat die Genossenschaft und ihre Mitglieder eine kaum gekannte Dynamik erfasst. Innerhalb kürzester Zeit stieg man zu den Big Playern an der Donau auf, nicht zuletzt aufgrund eines ausgeklügelten Weingartenprogramms und akribischer Qualitätsarbeit.

Authentizität ist das eine Schlagwort, Terroir das andere. Der Steilheit und Höhe der Terrassen wird Tribut gezollt, Einzellagen werden separat verarbeitet. Handlese und gezielte Selektion sind Grundvoraussetzungen für perfektes Traubenmaterial. Resultat ist ein einmaliges Spektrum unterschiedlicher Veltliner und Rieslinge, die der Vielfalt der großen Wachauer Lagen gerecht werden und längst auch die internationale Weinwelt zum Staunen gebracht haben. Top-Weine entstehen im Weingarten. Und obwohl die Domäne Wachau den modernsten Weinkeller der Region besitzt, respektiert man die altbewährte Philosophie. Minimale Intervention wird als naturgemäßer Idealzustand verstanden. Das Ergebnis kann sich sehen lassen. Und es lässt sich auch verkosten. Vom duftig-leichten Muskateller bis zum komplexen Smaragdveltliner, vom jungen Rieslingsekt bis zu den alten Glögerbränden gibt es jeden Tag das komplette Sortiment in der domäneeigenen Vinothek zu probieren, die einen zeitgemäßen Kontrapunkt zur barocken Welt des gegenüberliegenden Kellerschlössels darstellt. Dort, im Schlagschatten des Kellerbergs, ist das legendäre Gemäuer stimmiges Domizil für zahlreiche Veranstaltungen und außerordentliche Vertikalverkostungen sowie Treffpunkt für die Wein-Erlebnis-Welten der Domäne Wachau (weitere Informationen auf www.domaene-wachau.at).

(92-94) Riesling Smaragd Singerriedel 2011
DV, Stahltank/großes Holzfass, €€€€€
Helles Gelbgrün. Reife gelbe Tropenfrucht, ein Hauch von Orangenzesten. Saftig, gute Komplexität, frisch strukturiert, feinfruchtig, salzig-mineralischer Nachhall, zitroniger Touch im Abgang, wirkt leichtfüßig und trinkanimierend, ein straffer Riesling mit sicherem Reifepotenzial.

(92-94) Riesling Smaragd Kellerberg 2011
DV, Stahltank/großes Holzfass, €€€€€
Helles Gelbgrün. Frischer Weingartenpfirsich, weiße Tropenfruchtanklänge, Zitrustouch. Mittlerer Körper, angenehme Fruchtsüße, finessenreiche Säurestruktur, zitroniger Touch im Nachhall, dunkler mineralischer Rückgeschmack, wird von Flaschenreife profitieren.

(92-94) Grüner Veltliner Smaragd Kellerberg 2011
DV, Stahltank/großes Holzfass, €€€€€
Helles Grüngelb. Feine gelbe Fruchtnuancen, ein Hauch von Orangenschalen, mit zarten Wiesenkräutern unterlegt, etwas Steinobst. Stoffig, engmaschig, weiße Apfelfrucht, lebendiger Säurebogen, mit guter Mineralik unterlegt, zitronige Nuancen im Abgang, verfügt über Reifepotenzial.

(91-93) Grüner Veltliner Smaragd Achleiten 2011
DV, Stahltank/großes Holzfass, €€€€€
Helles Gelb. Rauchig unterlegte frische Apfelfrucht, feine Kräuterwürze, Nuancen von Birnen, dunkler Touch. Saftig,

gute Konzentration, feine gelbe Tropenfruchtaromen, straffes Säurekleid, weiße Fruchtnuancen im Abgang, mineralisch und anhaltend, gutes Entwicklungspotenzial.

(91-93) Riesling Smaragd Achleiten 2011
DV, Stahltank/großes Holzfass, €€€€
Helles Gelbgrün. Zarte Kräuterwürze, ein Hauch von Maracuja, frische Orangenzesten, mineralischer Touch. Saftig, elegant, auch am Gaumen sehr mineralisch, frischer Säurebogen, zitroniger Touch im Abgang, trinkanimierender, lebendiger Stil.

(91-93) Riesling Smaragd Loibenberg 2011
DV, Stahltank/großes Holzfass, €€€€
Helles Grüngelb. Zart nach frischer Marille, mit gelben Fruchtanklängen unterlegt, ein Hauch von Blütenhonig. Saftig, zarte Fruchtsüße, finessenreicher Säurebogen, mineralischer Touch im Abgang, gutes Entwicklungspotenzial.

(91-93) Grüner Veltliner Smaragd Axpoint 2011
DV, Stahltank/großes Holzfass, €€€€
Helles Grüngelb. Frischer Apfeltouch, ein Hauch von Steinobst, zart nach Mandarinen. Saftig, gute Komplexität, feine gelbe Frucht, feine Extraktsüße, lebendiger Säurebogen, rund und harmonisch, bereits gut antrinkbar.

(91-93) Roter Traminer Setzberg Reserve 2011
DV, Stahltank/großes Holzfass, €€€€
Mittleres Grüngelb. Zart nach Eibischteig und einem Hauch von Rosenöl, etwas Grapefruitzesten. Saftig, elegant, gut integrierte Süße, mineralisch und gut anhaftend, verfügt über sicheres Reifepotenzial, reifer Pfirsich im Finish.

(90-92) Riesling Smaragd Terrassen 2011
DV, Stahltank/großes Holzfass, €€€
Helles Grüngelb. Mit feinem Blütenhonig unterlegte frische Weingartenpfirsichfrucht, attraktives Bukett. Mittlerer Körper, gelbe Tropenfrucht, etwas Maracuja und Ananas, frische Säurestruktur, süßer Touch im Abgang, trinkanimierender Stil.

L 90 Riesling Federspiel Bruck 2011
12,5 Vol.%, DV, extratrocken, €€€
Helles Grüngelb. Feine gelbe Tropenfruchtaromen, zarte Wiesenkräuter, dunkle Mineralik. Saftig, straffe Textur, weiße Apfelfrucht, frischer Säurebogen, feine zitronige Nuancen, mineralisch auch im Abgang, ein facettenreicher Speisenbegleiter.

L 90 Grüner Veltliner Federspiel Loibenberg 2011
DV, Stahltank, extratrocken, €€
Helles Gelbgrün. Reife gelbe Apfelfrucht, mit dunkler Mineralik unterlegt, ein Hauch von Blütenhonig. Stoffig, feine Frucht, finessenreicher Säurebogen, harmonisch, trinkanimierend und frisch, gutes Reifepotenzial.

(89-91) Grüner Veltliner Smaragd Terrassen 2011
DV, Stahltank/großes Holzfass, €€€
Helles Grüngelb. Frische grüne Apfelfrucht, ein Hauch von Zitruszesten, frische Wiesenkräuter. Saftig, weiße Frucht, lebendiger Säurebogen, zitroniger Touch auch im Abgang, trinkanimierender, leichtfüßiger Stil.

89 Riesling Federspiel Loibenberg 2011
12,5 Vol.%, DV, Stahltank, extratrocken, €€€

89 Riesling Federspiel Tausend-Eimer-Berg 2011
12,5 Vol.%, DV, Stahltank, extratrocken, €€€

(88-90) Grüner Veltliner Smaragd Pichlpoint 2011
DV, Stahltank/großes Holzfass, €€€€

87 Grüner Veltliner Federspiel Kaiserberg 2011
12,5 Vol.%, DV, Stahltank, extratrocken, €€

98 Riesling TBA Kellerberg 2010
6 Vol.%, DV, süß, €€€€€€
Mittleres Goldgelb, grüne Reflexe. Reife Steinobstnoten, Honig, ein Hauch von Nougat, Ananas klingt an, sehr facettenreiches, junges Bukett. Stoffig, cremig-seidige Textur, getragen von der brillanten Säure des Jahrgangs, wirkt dadurch leichtfüßig und tänzelnd, sehr gute Länge, im Nachhall wieder etwas Honig, dazu etwas Salz, riesiges Zukunftspotenzial. Von größter Delikatesse.

96 Riesling Eiswein Kellerberg 2010
5,5 Vol.%, DV, süß, €€€€€€
Leuchtendes mittleres Gold, zarte Grünreflexe. Feines Gletschereis-Bonbon, zart an Tannenwipfel erinnernd, florale Nuancen, hochattraktive Frucht. Saftig, komplex, seidige Süße, weiße Tropenfrüchte, finessenreicher Säurebogen, hochelegant und anhaltend, blitzsauber vinifiziert, ein tolles Trinkdessert.

WEINGÄRTEN WEISSENKIRCHEN

(90-92) Grüner Veltliner Smaragd 2011
DV, €€€
Helles Grüngelb. Feine Nuancen von gelbem Apfel, ein Hauch von Quitten, Orangenzesten klingen an. Saftige gelbe Frucht, angenehme Extraktsüße, gut integrierte Säurestruktur, bleibt gut haften, Golden Delicious im Nachhall, ein vielseitiger Speisenbegleiter.

(90-92) Riesling Smaragd 2011
DV, Stahltank/großes Holzfass, €€€
Helles Grüngelb. Reife gelbe Steinobstklänge, ein Hauch von Orangenzesten, mit dunkler Mineralik unterlegt. Saftig, gelbe Tropenfruchtnuancen, zart nach Ananas und Maracuja, frischer Säurebogen, zitroniger Touch im Abgang, ausgewogen, bereits gut antrinkbar.

88 **Grüner Veltliner Federspiel 2011**
12,5 Vol.%, DV, Stahltank, extratrocken, €€

88 **Riesling Federspiel 2011**
DV, Stahltank, extratrocken, €€

WEINGÄRTEN DÜRNSTEIN

(90-92) **Riesling Smaragd Dürnstein 2011**
DV, Stahltank/großes Holzfass, €€€
Helles Grüngelb. Reife gelbe Frucht, feiner Blütenhonig, zart nach Steinobst und Ananas. Saftig, gute Komplexität, weiße Frucht, frischer Säurebogen, zitroniger Touch im Abgang, mineralischer Nachhhall.

(89-91) **Grüner Veltliner Smaragd Dürnstein 2011**
DV, Stahltank/großes Holzfass, €€€
Helles Gelbgrün. Noch etwas verhalten, dunkle Mineralik, weiße Apfelfrucht, ein Hauch von Honigmelone. Mittlerer Körper, grüner Apfel, frisch strukturiert, angenehmer Zitrustouch im Abgang, vielseitig einsetzbar.

88 **Grüner Veltliner Federspiel Dürnstein 2011**
12,5 Vol.%, DV, Stahltank, extratrocken, €€

87 **Riesling Federspiel Dürnstein 2011**
12,5 Vol.%, DV, extratrocken, €€€

★★★

WEINGUT JOHANN DONABAUM

3620 Spitz/Donau, Laaben 15
T/F: 02713/24 88
info@weingut-donabaum.at
www.weingut-donabaum.at

KELLERMEISTER UND ANSPRECHPARTNER: Johann Donabaum jun.
ANZAHL/FLASCHEN: 40.000 (100 % weiß) HEKTAR: 7
VERKOSTUNG: ja, gegen Voranmeldung AB-HOF-VERKAUF: ja, limitierte
Mengen HEURIGER: ja, auf Anfrage ÜBERNACHTUNGSMÖGLICHKEIT: ja
ANDERE PRODUKTE IM VERKAUF: Destillate
VEREINSZUGEHÖRIGKEIT: Vinea Wachau, Marivino
MESSEN: VieVinum, ProWein

Das Weingut Johann Donabaum zählt zu den aufstrebenden Gütern der Wachau. Der Junior wird tatkräftig von seinen Eltern bei der Bearbeitung der arbeitsintensiven Berg- und Terrassenlagen unterstützt. Die Lagenweine des Hauses – Riesling »Offenberg« und »Setzberg« sowie Grüner Veltliner »Spitzer Point« – findet man auf den bestsortierten Weinkarten des Landes. Auch die rare Traube Neuburger wird gepflegt, der Smaragd aus der Lage Spitzer Biern zählt zu den herausragenden Vertretern dieser Sorte.

Über eine kleine Brücke im Spitzer Graben führt der Weg zum geschichtsträchtigen, aus dem 16. Jahrhundert stammenden Anwesen. Ein konsequenter Arbeitseinsatz der ganzen Familie ist die Grundlage für ein optimales Traubengut, die Basis für hoch qualitative Weine, die durch Boden, Klima und die Handschrift des Winzers geprägt werden. Den bisher größten Erfolg erzielte das Gut beim »Decanter World Wine Award« 2009 in London, dem größten Weinwettbewerb der Welt. Der Riesling »Smaragd Setzberg« 2007 gewann die internationale Riesling-Trophäe und wurde somit zum besten Riesling über zehn Pfund gekürt.

(92-94) Grüner Veltliner Smaragd
Spitzer Point 2011
13,5 Vol.%, NK, Stahltank, extratrocken, €€€€
Mittleres Gelbgrün. Reife gelbe Apfelfrucht nach Golden Delicious, ein Hauch von Honigmelone, zarte Kräuterwürze. Saftig, gute Komplexität, feine Extraktsüße, finessenreicher Säurebogen, zart nach Marille und Ananas im Abgang, gute Länge, mineralischer Touch im Finale, gutes Entwicklungspotenzial.

(91-93) Grüner Veltliner Smaragd
Limitierte Edition 2011
14 Vol.%, NK, Stahltank, extratrocken, €€€€€€
Mittleres Grüngelb. Mit feiner Kräuterwürze unterlegte weiße Steinobstanklänge, etwas Mango und Papaya, mineralischer Touch. Saftig, feine gelbe Tropenfrucht, zarte Extraktsüße, feiner Säurebogen, zart nach Grapefruit im Abgang, elegant und gut anhaltend, verfügt über gutes Zukunftspotenzial.

(91-93) Riesling Smaragd Limitierte Edition 2011
14 Vol.%, NK, Stahltank, trocken, €€€€€€
Mittleres Grüngelb. Reife Ananas und zart nach Maracuja, feiner Blütenhonig, mit weißen Pfirsichnuancen unterlegt. Saftig und komplex, gelbe Frucht, extraktsüß, feiner Säurebogen, gute Länge, bleibt gut haften, ein saftiger Speisenbegleiter mit gutem Entwicklungspotenzial.

(90-92) Riesling Smaragd Setzberg 2011
13,5 Vol.%, NK, Stahltank, extratrocken, €€€€
Mittleres Grüngelb, Silberreflexe. Mit feinen Blütenaromen unterlegte Anklänge von frischem Weingartenpfirsich, ein Hauch von Orangenzesten. Saftig, frische grüne Apfelfrucht, rassige Struktur, zitroniger Touch, mineralisch und gut anhaltend, rassige Stilistik, gutes Entwicklungspotenzial.

(90-92) Grüner Veltliner Smaragd Kirchweg 2011
13,5 Vol.%, NK, Stahltank, extratrocken, €€€
Mittleres Gelbgrün. Frischer grüner Apfel, mit zarten Wiesenkräutern unterlegt, feine tabakige Nuancen, mineralischer Touch. Saftig und frisch, weiße Birnenfrucht, lebendige Säurestruktur, zitronige Noten im Abgang, trinkanimierender Stil, vielseitig einsetzbar.

L 90 Riesling Federspiel Bergterrassen 2011
12,5 Vol.%, DV, Stahltank, extratrocken, €€€
Helles Grüngelb. Feine gelbe Frucht, ein Hauch von Oran-

Wachau

genzesten, zart nach Blütenhonig. Saftig, elegante Textur, feine Fruchtsüße, lebendiger Säurebogen, zitroniger Touch im Abgang, trinkanimierender Stil, gute Länge, verfügt über Reifepotenzial.

(89-91) Riesling Smaragd Offenberg 2011
13,5 Vol.%, NK, Stahltank, extratrocken, €€€€€
Mittleres Grüngelb. Reife gelbe Pfirsichfrucht, ein Hauch von Ananas, mit zarten Wiesenkräutern unterlegt. Saftig, weiße Tropenfrucht, frischer Säurebogen, zitronige Nuancen, mineralischer Abgang, unkomplizierte Stilistik.

88 Grüner Veltliner Federspiel Johann 2011
12,5 Vol.%, DV, Stahltank, extratrocken, €€

88 Grüner Veltliner Federspiel Spitzer Point 2011
12,5 Vol.%, DV, Stahltank, extratrocken, €€

★★

WEINGUT DONABAUM »IN DER SPITZ«

3620 Spitz/Donau, In der Spitz 3
T: 02713/26 44, F: 02713/729 79
weingut@donabaum.at
www.donabaum.at

Wachau

KELLERMEISTER: Martin Donabaum
ANSPRECHPARTNER: Martin und Alexandra Donabaum
ANZAHL/FLASCHEN: 35.000 (75 % weiß, 22 % rot, 3 % süß) HEKTAR: 5,5
VERKOSTUNG: ja AB-HOF-VERKAUF: ja HEURIGER: 28. 7. bis 15. 8., 1. bis 8. 9.
ANDERE PRODUKTE IM VERKAUF: Winzersekt, Destillate, Traubensaft
ÜBERNACHTUNGSMÖGLICHKEIT: ja VEREINSZUGEHÖRIGKEIT: Vinea Wachau
MESSEN: Vinobile Montfort, Vinobile Feldkirch, Forum Vini München, fafga Innsbruck

Das Weingut »In der Spitz« von Martin Donabaum verfügt über ein recht umfangreiches Sortiment; beharrlich wird an der Optimierung der Weinqualität gearbeitet. Mehrmalige Lesedurchgänge, freiwillige Mengenbegrenzung und konsequentes Ausdünnen führten zu einer derart deutlichen Qualitätssteigerung, dass Martin Donabaum heute zu den Spitzenwinzern der Region zählt. Die Weingärten nehmen eine Rebfläche von knapp sechs Hektar ein, die zu 80 Prozent in den sonnigen Steinterrassen rund um Spitz liegen. Diese unterliegen den strengen Qualitätskontrollen der »Vinea Wachau«. Vinea-Mitglieder dürfen ausschließlich Weine aus der Wachau führen, die weder aufgebessert noch verändert werden dürfen. Beim Heurigen »Zum Strawanzer«, so der Name der Buschenschank, besteht die Möglichkeit, sich nicht nur von den Wachauer Klassikern, sondern auch vom jungen Sauvignon Blanc und Gelben Muskateller zu überzeugen. Zu erwähnen ist auch die Cuvée »Charisma« von Chardonnay, Weißburgunder und Sauvignon Blanc. Seit einiger Zeit wird auch Sekt nach traditioneller Methode erzeugt. Man kann auch im Gastgarten inmitten der Weingärten den Sonnenuntergang hinter dem Setzberg erleben, jener Riede, wo der größte Teil der Reben der Familie gepflanzt ist. Sollte man Lust und Laune verspüren, länger zu bleiben, ist man in den neuen Genießerzimmern oder Doppelzimmern des »Gästehaus Donabaum« bestens aufgehoben. Beim Heurigen »Zum Strawanzer« und im Gasthaus Donabaum findet man heute das perfekte Ambiente für den Genuss hochwertiger Weine. Durch die Glasfronten der neuen »Panorama Lounge« sitzt man bei jedem Wetter quasi im Grünen und genießt den Blick auf die berühmten Wachauer Terrassenlagen.

(91-93) Riesling Smaragd Terrassen Setzberg 2011
13,5 Vol.%, DV, Stahltank, extratrocken, €€€
Mittleres Grüngelb. Einladende Steinobstnote, ein Hauch von Honigmelone, zart nach Orangenzesten. Saftig, frische Pfirsichfrucht, komplexe Textur, finessenreicher Säurebogen, gelbe Frucht im Nachhall, mineralischer Touch im Abgang, gute Länge, verfügt über Reifepotenzial.

(91-93) Grüner Veltliner Smaragd Steinterrassen Setzberg 2011
13,5 Vol.%, DV, trocken, €€€€
Mittleres Grüngelb. Feine Kräuterwürze, reife Birne und gelber Apfel, pfeffriger Touch, mit dunkler Mineralik unterlegt. Komplex, weiße Frucht, kraftvolle Textur, integriertes Säurespiel, bleibt gut haften, im Abgang wieder nach Birnen, wird von Flaschenreife profitieren.

(90-92) Riesling Smaragd X-trem alte Stöcke 2011
14 Vol.%, NK, Stahltank, extratrocken, €€€€
Mittleres Grüngelb. Reife gelbe Pfirsichfrucht, florale Nuancen, ein Hauch von Blütenhonig. Kraftvoll, dunkle Mineralik, straffe gelbe Tropenfrucht, gut integriertes Säurespiel, Ananas und zart nach Maracuja im Abgang.

(89-91) Neuburger Smaragd Steinterrassen Setzberg 2011
14 Vol.%, DV, trocken, €€€
Helles Goldgelb. Mit zarter Kräuterwürze unterlegte reife Apfelfrucht, feiner Blütenhonig, tabakige Nuancen. Saftig, zarte Honignote, elegant, extraktsüßer Körper, dunkle Mineralik im Nachhall.

(88-90) Weißburgunder Smaragd Jubilee Steinterrassen Harteck 2011
14 Vol.%, DV, extratrocken, €€€

(88-90) Chardonnay Smaragd Lössterrassen Venusberg 2011
13 Vol.%, DV, Stahltank, trocken, €€€

Wachau

WEINGUT JOSEF FISCHER

3602 Rossatz, Marktplatz 58
T: 02714/62 29, F: DW 3
office@huchenfischer.at
www.huchenfischer.at

--- NEU ---

KELLERMEISTER: Josef Fischer ANSPRECHPARTNER: Josef Fischer jun. u. sen.
ANZAHL/FLASCHEN: 60.000 (96 % weiß, 4 % rot) HEKTAR: 8,5
VERKOSTUNG: ja, gegen Voranmeldung AB-HOF-VERKAUF: ja
VEREINSZUGEHÖRIGKEIT: Vinea Wachau
MESSEN: VieVinum

Mit tollen Bewertungen beim diesjährigen Falstaff-Federspiel-Cup hat sich das Weingut von Josef Fischer nachdrücklich für eine Aufnahme in diesen Guide empfohlen. Josef Fischer, der auch als professioneller Fischzüchter der raren Gattung Huchen bekannt ist, keltert Trauben aus den besten Lagen von Rossatz. Seit 1898 wird der Weinbaubetrieb, heute bereits von der vierten Generation, bewirtschaftet. 1993 wurde der Betrieb von Josef und Ulrike Fischer übernommen. Es wird stetig versucht, den Betrieb durch Kombination von traditionellen und neuen Techniken im Weinkeller sowie auch durch Innovationen im Bereich Vertrieb zu erweitern. So wurde 2005 ein neues »Degustationsstüberl« in traditionellem Stil errichtet, das den Gästen die Gelegenheit bietet, inmitten herrlicher Landschaft mit Blick auf das kleine Städtchen Dürnstein mit seiner mittelalterlichen Burgruine die Weine zu verkosten und zu genießen.

Die Weingärten umfassen insgesamt eine Fläche von neun Hektar, und bei den Sorten beschränkt man sich auf die Hauptsorten der Wachau, den Grünen Veltliner und den Rheinriesling. Zusätzlich werden noch Muskat Ottonel und Blauer Zweigelt angebaut. Sie befinden sich in den Top-Lagen Kirnberg, Steiger, Zanzl, Kellerweingärten, Pointen sowie der Ried Frauenweingärten.

93 Grüner Veltliner Smaragd Privatabfüllung 2011
14,5 Vol.%, DV, Stahltank, trocken, €€€
Mittleres Grüngelb. Einladende gelbe Frucht, feine tabakige Nuancen, zarter Blütenhonig, facettenreiches Bukett. Stoffig, elegante Textur, gelbe Tropenfrucht, feine Säurestruktur, extraktsüßer Nachhall, feine salzige Mineralik im Abgang, gute Zukunft, ein vielseitiger Essensbegleiter.

92 Riesling Smaragd Steiger 2011
13,5 Vol.%, DV, Stahltank, extratrocken, €€
Mittleres Grüngelb. Feiner Weingartenpfirsich, zarter Blütenhonig, ein Hauch von Zitruszesten. Saftig, feiner, filigraner Körper, weiße Fruchtnuancen, lebendiges Säurespiel, leichtfüßiger Stil, zitroniger Touch, mineralischer Nachhall, gutes Entwicklungspotenzial.

92 Grüner Veltliner Smaragd Frauenweingärten 2011
14 Vol.%, DV, Stahltank, extratrocken, €€
Helles Gelbgrün. Frische grüne Apfelfrucht, feine Blütenaromen, mineralischer Touch. Stoffig, Anklänge von weißer Tropenfrucht, lebendig strukturiert und leichtfüßig, feine Zitrusnoten, bleibt gut haften, saftiger Speisenbegleiter.

91 Grüner Veltliner Smaragd Steiger 2011
13,5 Vol.%, DV, Stahltank, extratrocken, €€
Helles Grüngelb. Gelbe Apfelfrucht, ein Hauch von Mango, mit feinen Wiesenkräutern unterlegt. Saftig, feine weiße Fruchtanklänge, lebendige Struktur, zarte Extraktsüße im Abgang, mineralischer Nachhall, verfügt über Entwicklungspotenzial.

L 91 Grüner Veltliner Federspiel Steiger 2011
12,5 Vol.%, DV, Stahltank, extratrocken, €€
Helles Gelbgrün. Feine, attraktive Nuancen von Steinobst, ein Hauch von Marille und Honigmelone, mineralischer

Anklang. Saftig, kompakt, mineralischer Kern, finessenreiches Säurespiel, feine Zitrusanklänge, gelbe Apfelfrucht im Abgang, sehr gutes Entwicklungspotenzial.

L 90 Grüner Veltliner Federspiel Zanzl 2011
12,5 Vol.%, DV, Stahltank, extratrocken, €€
Helles Gelbgrün. Einladende Nuancen nach Honigmelonen, zarte Wiesenkräuter, ein Hauch von Blütenhonig. Saftig, gute Komplexität, feine Fruchtsüße, gut integrierte Säure, zeigt Harmonie und gute Länge, feiner Essensbegleiter.

89 Riesling Federspiel 2011
12,5 Vol.%, DV, Stahltank, extratrocken, €€

89 Cuvée Federspiel Hucho 2011
12,5 Vol.%, DV, Stahltank, extratrocken, €€

88 Grüner Veltliner Federspiel Ried Pointen 2011
12,5 Vol.%, DV, Stahltank, extratrocken, €€

Wachau

★★

WEINGUT GRABEN-GRITSCH

3620 Spitz/Donau, Viessling 21
T/F: 02713/84 78
weingut@josef-gritsch.net
www.josef-gritsch.net

KELLERMEISTER UND ANSPRECHPARTNER: Josef Gritsch
ANZAHL/FLASCHEN: 30.000 (95 % weiß, 3 % rot, 2 % süß) HEKTAR: 5
VERKOSTUNG: ja AB-HOF-VERKAUF: ja HEURIGER: 19. 10. bis 4. 11.
ÜBERNACHTUNGSMÖGLICHKEIT: kann organisiert werden
ANDERE PRODUKTE IM VERKAUF: Marillen und Marillenprodukte
VEREINSZUGEHÖRIGKEIT: Vinea Wachau, Marivino, Wachauer Marille
MESSEN: VieVinum, ProWein

Der Familienbetrieb besteht nun bereits seit 500 Jahren, seit rund 50 Jahren beschäftigt man sich intensiv und seit 20 Jahren ausschließlich mit dem Weinbau. Das Weingut Graben-Gritsch befindet sich im Spitzer Graben am westlichen Ende der Wachau, wo etwa fünf Hektar bewirtschaftet werden, rund die Hälfte davon auf steilen Trockensteinterrassen. Josef Gritsch verfolgt beim Weinbau sowohl im Weingarten als auch in der Vinifikation eine eigene Linie, im Weinkeller kommen traditionelle ebenso wie moderne Methoden zum Einsatz.

Im Gegensatz zum allgemein sehr modern gewordenen reduktiven Stil bevorzugt der Winzer einen bewusst oxidativeren Ansatz, auch der Anteil der im großen Holzfass ausgebauten Weine steigt daher in seinem Keller stetig. Er legt Wert auf die »leisen Töne« im Wein, seine Produkte sind stets gut gereift, terroirbezogen und sortentypisch – oberflächliche und standardisierte Weine ohne klares Profil sucht man hier vergeblich. Mit seiner klaren Aussage zu einem traditionellen Weinbild hat sich Gritsch nicht nur in Österreich, sondern auch in ganz Europa und Amerika einen guten Namen gemacht.

93 Riesling Urgestein Bruck 2010
12,5 Vol%, NK, großes Holzfass, halbtrocken, €€€€
Mittleres Grüngelb. Frische gelbe Tropenfruchtanklänge nach Papaya und Ananas, mit reifen Steinobstanklängen unterlegt, Blüten und mineralische Akzente klingen an. Am Gaumen saftig, die zarte Fruchtsüße ist von einer rassigen Säurestruktur ideal gekontert, zitronige Nuancen im Abgang, salzig und gut anhaltend, verfügt über sicheres Reifepotenzial, ein trinkanimierender Speisenbegleiter.

(91-93) Riesling Smaragd Setzberg 2011
14 Vol.%, €€€
Mittleres Gelbgrün. Mit frischen Blütenaromen unterlegter Weingartenpfirsich, ein Hauch von Grapefruitzesten, mineralischer Anklang. Saftig, zarte Honignuancen am Gaumen, frische Struktur, gelbe Frucht im Nachhall, verfügt über Entwicklungspotenzial.

(90-92) Grüner Veltliner Smaragd Schön 2011
NK, €€€
Mittleres Grüngelb. Mit feiner Kräuterwürze unterlegte gelbe Tropenfruchtnuancen, ein Hauch von Ananas und Marille, mineralische Noten. Mittlere Komplexität, grüner Apfel, frischer Säurebogen, zitronige Nuancen im Abgang, würziger Nachhall, ein vielseitiger Speisenbegleiter.

L (89-91) Gelber Muskateller Federspiel Setzberg 2011
DV, €€
Mittleres Grüngelb. Intensive Nuancen nach Muskatnuss, zart nach Mandarinenzesten, Blütenhonig und etwas Cassis. Saftig, frische weiße Tropenfrucht, ein Hauch von Litschi, rassig und trinkanimierend, bleibt gut haften, ein feiner Sommerwein.

(88-90) Riesling Federspiel Bruck 2011
DV, €€

(87-89) Grüner Veltliner Federspiel Schön 2011
DV, €€

★★★★★
WEINGUT FRANZ HIRTZBERGER

3620 Spitz/Donau, Kremser Straße 8
T: 02713/22 09, F: DW 20
weingut@hirtzberger.com
www.hirtzberger.com

KELLERMEISTER: Franz Hirtzberger ANSPRECHPARTNER: Irmgard Hirtzberger
ANZAHL/FLASCHEN: 150.000 (99 % weiß, 1 % süß) HEKTAR: 20
VERKOSTUNG: ja, gegen Voranmeldung
AB-HOF-VERKAUF: ja, limitierte Mengen
VEREINSZUGEHÖRIGKEIT: Vinea Wachau
MESSEN: VieVinum, ProWein

Wachau

Die Familie Hirtzberger aus Spitz bewirtschaftet einige der besten Lagen der gesamten Wachau. Berühmt sind die Terrassenlagen wie der Singerriedel, der sich direkt hinter dem uralten, malerischen Winzerhaus erhebt und einen legendären Riesling hervorbringt. Aber auch die Riede Hochrain ist in Sachen Riesling eine fixe Größe im Kanon der österreichischen Grands Crus. Was Singerriedel für den Riesling, das ist die Lage Honivogl für den Grünen Veltliner.

Vater Franz und Sohn Franz jun. ergänzen sich in Weingarten so perfekt, da sitzt jeder Handgriff, und dies drückt sich in der gesamten Weinpalette aus. Mit dem Jahrgang 2011 hat die Familie Hirtzberger eine besonders elegante Weinserie im Keller. Noch relativ neu im Sortiment ist der Grüne Veltliner aus der Wösendorfer Lage Kirchweg, die heute zum zweiten Mal abgefüllt werden konnte. Das Jahr 2011 hat den Hirtzbergers eine Palette von blitzsauberen und präzisen Smaragden beschert, Weine mit runder Säure und viel Terroircharakter, die sich besonders gut als Speisenbegleiter eignen. Im Weinkeller trägt mittlerweile Franz jun. die Verantwortung, nicht ohne sich in den entscheidenden Details mit dem Vater abzustimmen. Das etwas kühlere Klima in Spitz hat in den Weinen, die gerade im Vergleich zum rassigen Jahr 2010 etwas weniger Säure haben, ausreichend Frische belassen, die Frucht kommt sehr gut zum Tragen und die Charakteristika der Einzellagen kommen sehr gut zum Vorschein. Ganz groß der Riesling Smaragd »Singerriedel«, der sich zu den Spitzenjahrgängen wie 1999 und 2006 hinzufügt.

98 Riesling Smaragd Singerriedel 2011
13,5 Vol.%, NK
Mittleres Gelbgrün. Verführerische Nuancen von Weingartenpfirsich und weißen Blüten, ein Hauch von Zitruszesten, mineralische Noten, sehr präzise und facettenreich. Komplex, engmaschig, angenehme Extraktsüße, finessenreiche Säurestruktur, gelbe Tropenfruchtanklänge, lupenreine Rieslingstilistik, zeigt schon in der Jugend eine umwerfende Länge, bleibt minutenlang am Gaumen haften. Wird sich unter den großen Singerriedeln einreihen.

97 Grüner Veltliner Smaragd Honivogl 2011
14 Vol.%, NK
Mittleres Grüngelb. Mit zarten Blütenaromen unterlegte feine Apfelfrucht, ein Hauch von Honig, mineralische Akzente, feine Zitrusnuancen. Komplex, hochelegant, feine Marillenfrucht, gelbe Tropenfrüchte klingen an, feine Säurestruktur, wirkt ungemein leichtfüßig, bietet großes Trinkanimo und Transparenz, tolle Länge, salzig-mineralisch im Abgang, großes Zukunftspotenzial.

96 Riesling Smaragd Hochrain 2011
13,5 Vol.%, NK
Mittleres Gelbgrün. Mit feiner Kräuterwürze unterlegte feine Marillenfrucht, mit dunkler Mineralik unterlegt. Komplex, feinstrahlig, gelbe Tropenfrucht, finessenreicher Säurebogen, extraktsüßer Fruchtdruck im Abgang, mineralisch und anhaltend, zarter Orangentouch im Nachhall, sehr lange, bereits in der Jugend sehr verführerisch und zugänglich.

95 Riesling Smaragd Setzberg 2011
13,5 Vol.%, NK
Mittleres Grüngelb. Attraktive weiße Tropenfrucht, ein Hauch von Steinobst, feine Zitruszesten. Stoffig, weißer Pfirsich, lebendige Säurestruktur, zitronige Nuancen, verfügt über große Länge, salziger Nachhall, gelbe Steinobst-

Wachau

noten im Nachhall, bereits jetzt sehr verführerisch, feiner Touch von Ananas im Nachhall.

95 Weißburgunder Smaragd Steinporz 2011
14,5 Vol.%, NK
Mittleres Grüngelb. Zart mit Orangenzesten unterlegt, gelbe Apfelfrucht, feiner Blütenhonig, facettenreiches, attraktives Bukett. Komplex, angenehme Extraktsüße, durchaus kraftvolle Struktur, wunderbar balanciert, schon heute perfekt ausgewogen, bleibt sehr lange haften, feiner nussiger Touch im Abgang, verfügt über großes Zukunftspotenzial, ein idealer Speisebegleiter.

94 Grüner Veltliner Smaragd Axpoint 2011
13,5 Vol.%, NK
Mittleres Grüngelb. Feine gelbe Frucht, zart nach Tropenfrucht, ein Hauch von Steinobst, feine pfeffrige Nuancen. Stoffig, elegante Textur, feine dunkle Mineralik, feiner Säurebogen, etwas dunkelfruchtiger, bleibt sehr gut haften, wirkt gut entwickelt, feine Fruchtsüße im Abgang, ein balancierter Speisebegleiter mit viel Zukunft.

94 Grüner Veltliner Smaragd Rotes Tor 2011
13,5 Vol.%, NK
Mittleres Grüngelb. Feine gelbe Frucht, zart nach Quitten, zart rauchige Nuancen, zart nach Marille, attraktives Bukett. Mineralisch und straff am Gaumen, elegante Textur, finessenreiche Säurestruktur, feine Extraktsüße im Abgang, bereits harmonisch und gut antrinkbar, sehr gutes Reifepotenzial.

94 Chardonnay Smaragd Schlossgarten 2011
14 Vol.%, NK
Mittleres Grüngelb. Reife gelbe Apfelfrucht, ein Hauch von Biskuit, feine Tropenfruchtnuancen, dezent nussiger Anklang. Saftig, weiße Frucht, elegante Textur, gut strukturiert, Nuancen von frischer Birne im Abgang, bleibt gut haften, mineralisch, ein ausgewogener Speisebegleiter mit guter Zukunft.

93 Neuburger Smaragd 2011
14,5 Vol.%, NK
Kräftiges Gelbgrün. Feine Kräuterwürze, zart nach Steinobst, ein Hauch von Orangenzesten, feine nussige Aromen, mit dunkler Mineralik unterlegt. Stoffig, reife weiße Frucht, zartes Karamell, sehr kraftvoll, milde Säurestruktur, feine Birnenfrucht im Abgang, ein vielseitiger Essensbegleiter.

93 Grüner Veltliner Smaragd Kirchweg 2011
13,5 Vol.%, NK
Mittleres Grüngelb. Einladende reife Apfelfrucht, mit gelber Tropenfrucht unterlegt, zart nach Wiesenkräutern, tabakige Nuancen. Saftig, zart nach Marille, angenehme Extraktsüße, finessenreicher Säurebogen, mineralisch und gut anhaftend, zeigt eine sehr gute Länge, feiner Blütenhonig im Nachhall, gutes Entwicklungspotenzial.

93 Grauburgunder Smaragd Pluris 2011
14,5 Vol.%, NK
Mittleres Grüngelb. Zarte Nuancen von weißen Birnen, Mango und Babybananen, ein Hauch von Wiesenkräutern. Saftig, elegant, rund und harmonisch, versteht es, seine Muskeln gut zu verstecken, feine gelbe Frucht im Abgang, feine Honignote im Nachhall, sehr gutes Entwicklungspotenzial.

L 92 Grüner Veltliner Federspiel Rotes Tor 2011
12,5 Vol.%, NK
Helles Gelbgrün. Feine Kräuterwürze, feine gelbe Fruchtanklänge von Apfel und Mango, mit zarter tabakiger Würze unterlegt. Saftig, angenehme Extraktsüße, frischer Säurebogen, reife gelbe Apfelfrucht auch im Finale, gute Länge, trinkanimierend, ein vielseitiger Essensbegleiter. Salzig-mineralisch im Rückgeschmack.

L 92 Riesling Federspiel Steinterrassen 2011
12,5 Vol.%, NK
Helles Gelbgrün. Feine Steinobstanklänge, ein Hauch von Honigmelone, mineralischer Touch. Saftig, gute Komplexität, feinfruchtig, weißer Apfel, finessenreicher Säurebogen, feine zitronige Anklänge, bleibt gut haften, harmonischer Essensbegleiter.

L 90 Grüner Veltliner Steinfeder Donaugarten 2011
11,5 Vol.%, NK
Helles Grüngelb. Feine Apfelfrucht, zarte Wiesenkräuter, attraktiv. Leichtfüßig, gute Fruchtsüße, gut integrierte Säure, elegant, mineralisch, ein feiner Sommerwein für viele Anlässe.

★★★★
WEINGUT JOSEF M. HÖGL

3620 Spitz/Donau, Viessling 31
T: 02713/84 58, F: DW 4
office@weingut-hoegl.at
www.weingut-hoegl.at

KELLERMEISTER UND ANSPRECHPARTNER: Josef Högl
ANZAHL/FLASCHEN: 60.000 (100 % weiß) **HEKTAR:** 7,5
VERKOSTUNG: ja, gegen Voranmeldung
AB-HOF-VERKAUF: ja, limitierte Mengen
ANDERE PRODUKTE IM VERKAUF: Destillate, Marmelade
VEREINSZUGEHÖRIGKEIT: Vinea Wachau, Marivino
MESSEN: ProWein

Wachau

Das Weingut liegt im Spitzergraben, einem Seitental des Donautals. »Terrasses only«, antwortete ein englischsprachiger Journalist auf die Frage von Josef Högl, wie er den Spitzergraben beschreiben würde. Tatsächlich empfindet der Anreisende in Richtung Weingut das Gefühl, als würden die Steinmauern über ihn hereinbrechen. Unzählige Stellen reichen hier von 300 bis 450 Metern Seehöhe, errichtet vor Jahrhunderten, in die Verantwortung der jetzigen Generation übergeben. Alleine Högls Riede Schön umfasst 57 Terrassen, etwa die Hälfte wurde in den letzten zwölf Jahren erworben, Steinmauern neu errichtet und bepflanzt. Die kräftigen Glimmerschieferböden eignen sich bestens für Grünen Veltliner mit Tiefgang und hoher Mineralik. Anders die Riede Bruck, wo die Glimmerschieferböden von Sandsteininseln durchzogen werden und eine sehr geringe Mächtigkeit aufweisen. Ideal für Riesling, der sich im Laufe der Jahre das Terroir erarbeitet.

Josef Högl liebt die Herausforderung, an die Grenze des handwerklich Möglichen zu gehen – eine genaue Kenntnis des Kleinklimas macht es möglich, jede Lage in der besten Reife zu ernten. Seine vielen Terrassen sind – wie die Musiker in einem Orchester – jede eigenständig, doch richtig vereint ergeben sie präzise, vielschichtige Weine. Bei der Vinifikation gilt der Grundsatz »weniger ist oft mehr«. Reinstes Lesegut (erzielt durch mehrmalige Handlese) schafft die Basis für greifbare Weine.

(94–96) Grüner Veltliner Smaragd Schön
alte Parzellen 2011
13,5 Vol.%, NK, Stahltank, 1500, extratrocken, €€€€€
Mittleres Grüngelb. Zart rauchig unterlegte Nuancen von Golden-Delicious-Apfel, feine Kräuterwürze, dunkle Mineralik. Stoffig, extratsüßer Körper, elegant und lange anhaltend, Nuancen von Orangen im Nachhall, ein saftiger Speisenbegleiter mit großem Reifepotenzial.

(94–96) Riesling Smaragd Loibner Vision 2011
13,5 Vol.%, NK, Stahltank, 2000, extratrocken, €€€€€
Helles Grüngelb. Attraktive gelbe Steinobstnote, nach Pfirsich und reifer Tropenfrucht, angenehmer Touch von Blütenhonig. Komplex, engmaschig, saftige Frucht, mit feiner Extraktsüße unterlegt, finessenreicher Säurebogen, bleibt lange haften, großes Zukunftspotenzial.

(94–96) Riesling Smaragd Bruck
alte Parzellen 2011
14 Vol.%, NK, Stahltank, 1500, trocken, €€€€€
Helles Grüngelb. Frischer Weingartenpfirsich, gelbe Tropenfrucht, zart nach Mango, dezenter Blütenhonig. Komplex, saftig, finessenreiche Säurestruktur, reife Steinobstnoten im Nachhall, salzig-mineralischer Touch im Rückgeschmack, sehr konzentrierter Rieslingstil.

(93–95) Riesling Smaragd Bruck 2011
14 Vol.%, NK, Stahltank, 2800, trocken, €€€€€
Helles Grüngelb. Einladende Steinobstnoten, feiner Blütenhonig, mineralischer Touch. Stoffig, extraktsüße weiße Frucht, finessenreicher Säurebogen, bleibt gut haften, zitroniger Touch im Abgang, saftige Frucht, gutes Entwicklungspotenzial.

(93–95) Grüner Veltliner Smaragd Schön 2011
13,5 Vol.%, NK, Stahltank, 3000, extratrocken, €€€€€
Mittleres Grüngelb. Zart tabakig unterlegter reifer gelber

Wachau

Apfel, feine Nuancen von Birnen, mineralisch unterlegt, zart nach Orangenzesten. Stoffig, extraktsüß, reife gelbe Tropenfrucht im Abgang, bleibt lange haften, feinwürziger Nachhall, gutes Entwicklungspotenzial.

(92-94) Grüner Veltliner Smaragd Tausendeimerberg 2011
13,5 Vol.%, NK, Stahltank, 2000, extratrocken, €€€€€
Mittleres Grüngelb. Zart mit Kräutern unterlegte Steinobstnote, feiner gelber Apfel, mineralischer Touch. Saftig, gute Komplexität, feine Fruchtsüße, elegant und ausgewogen, feines Säurespiel, bleibt lange haften, gutes Reifepotenzial.

L 92 Grüner Veltliner Federspiel Ried Schön 2011
12,5 Vol.%, DV
Mittleres Grüngelb. Feine Kräuterwürze, mineralische Nuancen, frischer gelber Apfel, ein Hauch von Orangenzesten, attraktives Bukett. Stoffig, engmaschig, feine weiße Birnenfrucht, straffe, gut integrierte Säurestruktur, trinkanimierende Textur, salziger Nachhall, sehr gute Länge, ein Parade-Veltliner.

L 92 Riesling Federspiel Ried Bruck 2011
12,5 Vol.%, DV
Mittleres Grüngelb. Einladender Duft nach frischem Weingartenpfirsich, Zitruszesten, weiße Blüten, ein Hauch von Akazienhonig. Stoffig, engmaschig, feiner Steinobsttouch, lebendiger Säurebogen, mineralisch und anhaltend, vermittelt großes Trinkvergnügen.

L 91 Gelber Muskateller Federspiel Wachauer Weingärten 2011
12,5 Vol.%, DV
Helles Gelbgrün. Einladende Nuancen von Holunderblüten, Muskatnuss und Grapefruitzesten. Saftig, gelbe Frucht, wieder nach Muskat, Mandarinen, frisch strukturiert, angenehme zitronige Noten, angenehme Mineralik im Abgang, Blutorangen im Nachhall.

WEINGUT HOFSTÄTTER

3620 Spitz/Donau, Quitten 2
T/F: 02713/26 14
office@weingut-hofstaetter.at
www.weingut-hofstaetter.at

KELLERMEISTER UND ANSPRECHPARTNER: Wolfgang Hofstätter
ANZAHL/FLASCHEN: 40.000 (90 % weiß, 10 % rot) HEKTAR: 6
VERKOSTUNG: ja AB-HOF-VERKAUF: ja
HEURIGER: 13. bis 22. 7.
ÜBERNACHTUNGSMÖGLICHKEIT: ja
VEREINSZUGEHÖRIGKEIT: Vinea Wachau

Der kleine Familienbetrieb wird von Franz und Gertraud Hofstätter geführt, die für die Weingärten verantwortlich sind, Sohn Wolfgang ist für den Keller zuständig. Das Weingut liegt an der Rückseite des Tausendeimerberges, inmitten der Weinriede Burgberg. Seit 2003 vermarktet man die Ernte der eigenen Rebflächen zur Gänze selbstständig, bis dahin wurden auch Trauben an die Domäne Wachau geliefert. Zu den besten Lagen des Betriebes zählen klingende Namen wie Singerriedel, Tausendeimerberg oder Hartberg.

Seit Mitte der 1980er-Jahre gibt es auch die Möglichkeit, im Hause Hofstätter Urlaub zu machen. Für die Gäste stehen fünf Doppelzimmer zur Verfügung. Die gerne besuchte Buschenschank ist zweimal jährlich für Gäste geöffnet, zehn Tage im Juli. Den größten Teil der Weine verkaufen die Hofstätters ab Hof, dazu auch an Gastronomie und einen kleinen Teil an Händler.

(90-92) **Riesling Smaragd Singerriedel 2011**
14 Vol.%, DV, großes Holzfass, 2000, trocken, €€
Mittleres Grüngelb. Feine Steinobstanklänge, Nuancen von Weingartenpfirsich und ein Hauch von Ananas, mit mineralischem Touch unterlegt. Kraftvoll, saftige weiße Tropenfrucht, lebendige Säurestruktur, salzige Mineralik im Abgang, gutes Reifepotenzial.

(90-92) **Grüner Veltliner Smaragd Harzenleiten 2011**
14 Vol.%, DV, großes Holzfass, 2100, extratrocken, €€
Mittleres Grüngelb. Mit zarter Kräuterwürze unterlegte gelbe Apfelfrucht, tabakige Nuancen. Am Gaumen stoffig und saftig, gelbe Tropenfrucht nach Mango, feiner Säurebogen, elegant und gut anhaftend, vielseitiger Speisenbegleiter.

(90-92) **Chardonnay Auslese Terrassen 2011**
13 Vol.%, DV, Stahltank, 1400, lieblich, €€
Mittleres Grüngelb. Zarter Blütenhonig, ein Hauch von Stachelbeerkonfit, feiner Anklang von Quitten. Saftig, gut eingebundene süße Frucht, gelber Tropenfruchttouch, feine Säurestruktur, ein Hauch von Honig auch im Abgang, gute Länge, sicheres Reifepotenzial.

(89-91) **Neuburger Smaragd 1000-Eimer-Berg 2011**
14 Vol.%, DV, Stahltank, 2000, trocken, €€
Mittleres Grüngelb. Frische Wiesenkräuter, zart nach reifen Birnen, weiße Blüten, ein Hauch von Orangenzesten. Komplex, elegante Textur, mit reifem gelbem Apfel unterlegt, frisch strukturiert, zeigt eine gute Länge und Harmonie, gutes Entwicklungspotenzial.

(88-90) **Chardonnay Smaragd Mühlberg 2011**
14 Vol.%, DV, 1400, trocken, €€

(88-90) **Weißburgunder Smaragd Hartberg 2011**
13 Vol.%, DV, Stahltank, 1400, trocken, €€

Wachau

★★★

WEINGUT HOLZAPFEL

3610 Weißenkirchen, Joching 36
T: 02715/23 10, F: DW 9
weingut@holzapfel.at
www.holzapfel.at

KELLERMEISTER UND ANSPRECHPARTNER: Karl Holzapfel
ANZAHL/FLASCHEN: k. A. (95 % weiß, 5 % rot) **HEKTAR:** 14
VERKOSTUNG: ja **AB-HOF-VERKAUF:** ja
RESTAURANT: Gutshof Restaurant Prandtauerhof
ANDERE PRODUKTE IM VERKAUF: Destillate
ÜBERNACHTUNGSMÖGLICHKEIT: ja
VEREINSZUGEHÖRIGKEIT: Vinea Wachau **MESSEN:** ProWein

Das Weingut Holzapfel hat seinen Sitz in einem ehemaligen Lesehof, einem vor 700 Jahren von den St. Pöltner Chorherren errichteten und von Jakob Prandtauer barockisierten Baujuwel. Damals, als die Weingärten der Wachau noch zum Großteil in kirchlicher Hand waren und den umliegenden Klöstern gehörten, war der Lesehof das Zentrum für die Kelterung der Weintrauben und für die Administration des Weinverkaufs vor Ort.

Heute werden insgesamt zirka 14 Hektar Rebfläche mit ausschließlich traditionellen Arbeitsmethoden bewirtschaftet. Darunter finden sich so hervorragende Lagen wie Achleiten, Vorderseiber, Weitenberg, Klaus und Kollmitz. Auf steinigen, mineralhaltigen, aber auch kalkhaltigen, schieferdurchsetzten Böden gedeihen Trauben erster Klasse. Aber nicht nur die besonderen Lagen und die Achtsamkeit auf geringe Erträge sind verantwortlich für die Einzigartigkeit dieser Trauben. Die durch spezielle klimatische Verhältnisse bewirkten Temperaturschwankungen und die unterschiedlichen Höhenlagen der Weingärten bedingen eine Säure, die für Frische und Eleganz sorgt. Karl Holzapfel strebt die Erzeugung von klaren, fruchtig-feinen, charaktervoll-lebendigen Weinen für den täglichen Genuss und von trocken-kompakten Smaragd-Weinen mit komplexem Aromaspiel und großem Potenzial an. Nach der Gärung bleibt der Wein in Kontakt mit der Feinhefe. So entstehen unverwechselbare Weine mit Stil, klarer, delikater Frucht und bester Balance zwischen Mineralität und Frische.

Durch die individuelle Art des Vinifizierens entwickeln sich Weine von besonderer Identität für vielerlei Trinkanlässe. Das Sortiment umfasst die Qualitätskategorien »Steinfeder«, »Federspiel« und »Smaragd« in den Sorten Grüner Veltliner, Riesling und Weißburgunder. Die Selektion Hippolyt beeindruckt durch besondere Cremigkeit, Eleganz sowie Finesse.

(93–95) Grüner Veltliner Smaragd Achleiten 2011
14 Vol.%, DV, Stahltank, extratrocken, €€€€
Helles Grüngelb. Feine tabakig unterlegte gelbe Frucht, angenehme Kräuterwürze, dunkle Mineralik. Saftig, gelbe Tropenfrucht, zart nach Marille, feiner Säurebogen, betont salzige Mineralik im Abgang, gute Länge, ein komplexer Speisenbegleiter mit gutem Reifepotenzial.

(92–94) Riesling Smaragd Vorderseiber 2011
13,5 Vol.%, DV, Stahltank, extratrocken, €€€€
Helles Grüngelb. Frischer Weingartenpfirsich, ein Hauch von Zitruszesten, weiße Blütenaromen. Saftig, reife gelbe Tropenfrucht, angenehme Extraktsüße, finessenreicher Säurebogen, zitroniger Touch, salzig-mineralischer Nachhall, gutes Entwicklungspotenzial.

(92–94) Grüner Veltliner Smaragd Kollmitz 2011
13,5 Vol.%, DV, Stahltank, extratrocken, €€€€
Helles Gelbgrün. Mit frischer Kräuterwürze unterlegte Ananasfrucht, gelber Apfel, mineralischer Touch. Saftig, reife gelbe Tropenfrucht, feine Säurestruktur, zart nach Birne im Abgang, ein eleganter Speisenbegleiter.

L 92 Grüner Veltliner Federspiel Achleiten 2011
12,5 Vol.%, DV, Stahltank, extratrocken, €€€
Helles Gelbgrün. Mit feiner Kräuterwürze unterlegte Nuancen von Birnen und Mango, zarte tabakige Noten, minera-

lisch. Saftig, elegante Textur, reife weiße Frucht, frischer Säurebogen, bleibt sehr gut haften, attraktive Mineralik, ein facettenreicher Speisenbegleiter mit Reifepotenzial.

L 90 Riesling Federspiel Zehenthof 2011
12,5 Vol.%, DV, Stahltank, extratrocken, €€€
Helles Grüngelb. Frische Tropenfrucht, etwas Maracuja, weiße Blüten, feine Mineralik. Saftig, knackig, lebendig strukturiert, feiner grüner Apfel im Abgang, trinkanimierender Stil, vielseitig einsetzbar.

L 90 Grüner Veltliner Federspiel Zehenthof 2011
12,5 Vol.%, DV, Stahltank, extratrocken, €€€
Helles Gelbgrün. Zart nach Pfirsich und Honigmelone, feine Wiesenkräuter, ein Hauch von Mineralik. Saftig, sehr gut balanciert, reife grüne Apfelfrucht, finessenreicher Säurebogen, feine Extraktsüße im Nachhall.

Wachau

★★★

WEINGUT JÄGER

3610 Weißenkirchen, Kremser Straße 1
T/F: 02715/25 35
jaeger@weingut-jaeger.at
www.weingut-jaeger.at

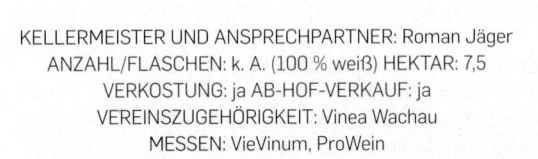

KELLERMEISTER UND ANSPRECHPARTNER: Roman Jäger
ANZAHL/FLASCHEN: k. A. (100 % weiß) HEKTAR: 7,5
VERKOSTUNG: ja AB-HOF-VERKAUF: ja
VEREINSZUGEHÖRIGKEIT: Vinea Wachau
MESSEN: VieVinum, ProWein

Seit Generationen befindet sich das Weingut in Familienbesitz und wird von Vater Manfred und Sohn Roman Jäger gemeinsam bewirtschaftet. Das »Jägerhaus« mit seiner klassizistischen Fassade stammt aus dem Jahr 1838 und steht unter Denkmalschutz. Die mit viel Liebe kultivierten Weingärten liegen in den besten Lagen – Ried Klaus, Ried Achleiten und Ried Steinriegl – rund um Weißenkirchen.

Im Betrieb legt man großen Wert darauf, dass jeder Weingarten individuell bewirtschaftet wird, in dem Bemühen, die notwendigen Eingriffe optimal auf die Sorte, die Lage und den Boden abzustimmen. Ab September wird der Reifezustand der Trauben ständig kontrolliert, um den optimalen Lesezeitpunkt festzulegen. Durch die schonende Verarbeitung bei der Ernte und bei der Weinbereitung werden die natürlichen Aromen der sortenrein verarbeiteten Trauben erhalten. Sie werden in den drei für die »Vinea Wachau« gültigen Qualitätsstufen – Steinfeder, Federspiel und Smaragd – in Edelstahltanks ausgebaut. So entwickeln sich jahrgangstypische, dem Sortencharakter entsprechende Weine voller Zartheit, Bukettdichte und fruchtiger Eleganz.

(92-94) Riesling Smaragd Achleiten 2011
13,5 Vol.%, NK, Stahltank, €€€€
Helles Grüngelb. Einladende gelbe Steinobstnoten nach Pfirsich und gelben Ringlotten, feine Wiesenkräuter, mineralischer Touch. Kompakt, engmaschige Textur, weiße Fruchtanklänge, saftige Säurestruktur, bleibt gut haften, zitronige Nuancen im Abgang, sehr harmonisch, ein finessenreicher Speisenbegleiter.

(91-93) Riesling Smaragd Steinriegl 2011
13,5 Vol.%, Stahltank, €€€€
Helles Grüngelb. Feine weiße Steinobstanklänge, Nuancen von Blüten, ein Hauch von Weingartenpfirsich. Saftig, kernig, feste Textur, frischer Säurebogen, dunkle Mineralik im Abgang, feine zitronige Noten im Nachhall, sicheres Entwicklungspotenzial.

(90-92) Grüner Veltliner Smaragd Achleiten 2011
13,5 Vol.%, NK, Stahltank, €€€
Mittleres Grüngelb. Mit feiner Kräuterwürze, angenehme gelbe Frucht nach Mango, mit dunklen mineralischen Nuancen unterlegt. Saftig, feine gelbe Apfelfrucht, frische Struktur, weiße Tropenfrucht im Abgang, feinwürziger Nachhall, gutes Reifepotenzial.

90 Grüner Veltliner Federspiel Claus 2011
12,5 Vol.%, DV, extratrocken, €€
Helles Gelbgrün. Mit feiner Kräuterwürze unterlegte gelbe Apfelfrucht, zart nach Blütenhonig, attraktive Mineralik. Stoffig, elegant, engmaschige Textur, feine Birnenfrucht, angenehmer Säurebogen, bleibt gut haften, ein vielseitiger Speisenbegleiter mit Zukunftspotenzial.

90 Riesling Federspiel Steinriegl 2011
12,5 Vol.%, DV, extratrocken, €€
Helles Gelbgrün. Feine Steinobstnoten, gelbe Fruchtanklänge, zart nach Wiesenkräutern, dunkle Mineralik. Stoffig, komplex, weiße Apfelfrucht, frischer Säurebogen, bleibt gut haften, angenehme Extraktsüße im Nachhall, gutes Entwicklungspotenzial.

89 Grüner Veltliner Selection 2011
13 Vol.%, DV, extratrocken, €€

WEINGUT JAMEK

★★★★

3610 Joching 45
T: 02715/22 35, F: DW 22
info@weingut-jamek.at
www.weingut-jamek.at

KELLERMEISTER: Volker Mader ANSPRECHPARTNER: Hans Altmann
ANZAHL/FLASCHEN: 180.000 (95 % weiß, 5 % rot) HEKTAR: 25
VERKOSTUNG: ja AB-HOF-VERKAUF: ja
GASTSTÄTTE: ganzjährig Mo. bis Do. 11.30–16 Uhr, Fr. 11.30–21 Uhr,
Sa. und So. geschlossen ÜBERNACHTUNGSMÖGLICHKEIT: ja
ANDERE PRODUKTE IM VERKAUF: Sekt
VEREINSZUGEHÖRIGKEIT: Vinea Wachau MESSEN: VieVinum, ProWein

Der Name Josef Jamek ist untrennbar mit der Kulturlandschaft Wachau verbunden. Der am 14. März 2011 verstorbene Doyen leitete bereits in den 1950er-Jahren mit seinen trockenen, naturbelassenen Weißweinen die Renaissance der österreichischen Weinkultur ein und stand mit seinen Ideen Pate für die Gründung der »Vinea Wachau«, des Schutzverbandes der Weine dieser herrlichen Landschaft. Die Tradition des Weinguts und des angeschlossenen Restaurants wird seit zehn Jahren von Jameks Tochter Jutta und ihrem Gatten Hans Altmann mit gleicher Ambition fortgeführt.

Das Weingut zählt mit einer eigenen Rebfläche von 25 Hektar zu den ansehnlichsten Privatbesitzungen und verfügt über große zusammenhängende Weingärten in den allerbesten Urgesteinslagen. Die Riede Klaus, ein Synonym für Jamek'sche Weinkultur, liegt in einer Steillage mit über hundert Steinterrassen übereinander. Hier entsteht seit Jahrzehnten Jameks Prototyp für den Wachauer Riesling. Bereits 50 Jahre lang füllt das Haus Jamek dieses Weinjuwel, das als Parabel auf das große Lebenswerk von Josef Jamek gelten darf. Untrennbar mit dem Weingut verbunden sind die Namen von Rieden wie Achleiten, Stein am Rain oder Hochrain. In der gemütlichen Atmosphäre des Restaurants kann man eine exzellente regionale Küche und alle Weine glasweise genießen. Das macht den Besuch im Hause Jamek-Altmann zum Pflichttermin für jeden Wachau-Reisenden. Als Robert Mondavi vor wenigen Jahren zu Gast in der Wachau war, ließ er es sich nicht nehmen, mit dem damals ebenfalls hochbetagten Kollegen Jamek gemeinsam bei einem schönen Glas Riesling den wunderbaren Blick von der Riede Klaus hinunter in das Donautal zu genießen.

94 Riesling Smaragd Ried Klaus 2011
14,5 Vol.%, NK, Stahltank/großes Holzfass, trocken, €€€€
Mittleres Grüngelb. Einladende gelbe Pfirsichfrucht, mit feinen Tropenfruchtanklängen unterlegt, ein Hauch von Blütenhonig, attraktives Bukett. Saftig, feinstrahlig, hochelegant, feiner Säurebogen, saftige gelbe Frucht im Abgang, mineralischer Rückgeschmack, sehr gute Länge, sicheres Reifepotenzial.

93 Grüner Veltliner Smaragd Ried Achleiten 2011
14 Vol.%, NK, Stahltank/großes Holzfass, extratrocken, €€€€
Mittleres Gelbgrün. Mit frischen Wiesenkräutern unterlegte feine Apfelfrucht, gelbe Tropenfruchtaromen klingen an, zarte tabakige Nuancen. Stoffig, engmaschige Textur, weiße Frucht, feiner Säurebogen, dunkle Mineralik, angenehme Würze im Ausklang, gutes Entwicklungspotenzial.

93 Weißburgunder Smaragd Ried Hochrain 2011
14,5 Vol.%, NK, Stahltank/großes Holzfass, trocken, €€€€
Helles Grüngelb. Feine Kräuterwürze, mit gelber Tropenfrucht unterlegt, zarter Blütenhonig. Saftig, elegant, zarte Fruchtsüße, finessenreiche Struktur, gelbe Nuancen im Abgang, gute Länge, feine Fruchtexotik im Rückgeschmack.

92 Grüner Veltliner Smaragd Ried Liebenberg 2011
14 Vol.%, NK, Stahltank/großes Holzfass, extratrocken, €€€
Mittleres Gelbgrün. Feiner Touch von Honigmelone und gelbem Apfel, zarte Wiesenkräuter. Saftig, elegante Textur,

Wachau

runder Säurebogen, angenehme Würze im Abgang, bereits gut antrinkbar, ein kraftvoller Speisenbegleiter.

92 Riesling Smaragd Freiheit 2011
13,5 Vol.%, NK, Stahltank/großes Holzfass, extratrocken, €€€€
Helles Grüngelb. Zarte Steinobstanklänge, ein Hauch von Orangenzesten, feine Blütenaromen. Mittlere Komplexität, frische weiße Fruchtnuancen, lebendiger Säurebogen, zitronige Nuancen, trinkanimierender, frischer Stil, bleibt gut haften, ein vielseitiger Speisenbegleiter.

91 Riesling Ried Klaus 2011
13 Vol.%, NK, Stahltank/großes Holzfass, extratrocken, €€€€
Helles Grüngelb. Mit dunkler Mineralik unterlegte frische Steinobstnote, feine Kräuterwürze, rauchiger Touch. Saftig, frische Weingartenpfirsichfrucht, lebendiger Säurebogen, zitronige Nuancen, mineralischer Nachhall.

90 Grüner Veltliner Ried Achleiten 2011
13 Vol.%, NK, Stahltank/großes Holzfass, extratrocken, €€€
Helles Gelbgrün. Nuancen von frischer Birne, tabakiger Anklang, frische Wiesenkräuter. Saftig, feine vegetale Würze, frischer Säurebogen, mineralischer Nachhall, vielseitiger Speisenbegleiter.

L 90 Weißburgunder Federspiel Ried Hochrain 2011
12,5 Vol.%, DV, Stahltank, extratrocken, €€€
Helles Gelbgrün. Feine frische Apfelfrucht, ein Hauch von Golden Delicous, frische Wiesenkräuter. Saftig, elegante Textur, angenehmer Birnentouch, finessenreicher Säurebogen, ein vielseitiger Speisenbegleiter, gutes Entwicklungspotenzial.

L 90 Riesling Federspiel Jochinger Pichl 2011
12,5 Vol.%, DV, Stahltank, extratrocken, €€€
Helles Gelbgrün. Zarte Nuancen von gelbem Pfirsich, ein Hauch von Blütenhonig, mineralische Akzente. Saftig, feine gelbe Tropenfrucht, rassige Säurestruktur, zitroniger Touch im Abgang, trinkanimierender, lebendiger Stil, ein facettenreicher Speisenbegleiter.

88 Gelber Muskateller Federspiel 2011
12 Vol.%, DV, Stahltank, extratrocken, €€€

★★★★★

WEINGUT KNOLL

3601 Dürnstein, Unterloiben 10
T: 02732/793 55, F: DW 5
weingut@knoll.at

KELLERMEISTER UND ANSPRECHPARTNER: Emmerich Knoll
ANZAHL/FLASCHEN: 140.000 HEKTAR: 15
VERKOSTUNG: ja, gegen Voranmeldung
AB-HOF-VERKAUF: ja, limitierte Mengen
ANDERE PRODUKTE IM VERKAUF: Destillate
VEREINSZUGEHÖRIGKEIT: Vinea Wachau
MESSEN: VieVinum, ProWein

Dieses Weingut hat in den letzten Jahrzehnten so viele Kultweine hervorgebracht, dass es an sich kein Problem wäre, alleine mit diesen Verkostungsnotizen ein ganzes Buch zu füllen. Emmerich Knoll ist kein Freund von fleischigen, überbordenden Weinen. Um das Terroir umzusetzen und die Feinheiten herauszuarbeiten, sind die Knolls wie die Schweizer Uhrmacher: detailverliebt und kompromisslos.

Das Haus der Familie Knoll in Unterloiben atmet Tradition, seine Bewohner sind charmant und zuvorkommend. Emmerich Knoll und sein im Rahmen von Praktika weit gereister und weinbegeisterter Sohn Emmerich jun. bearbeiten auf den Top-Lagen Schütt, Loibenberg, Kellerberg, Kreutles und Pfaffenberg zu je rund 45 Prozent Riesling und Grünen Veltliner; die restlichen zehn Prozent teilen sich Chardonnay, Gelber Muskateller, Rivaner, Blauer Burgunder und seit einigen Jahren Gelber Traminer. An die 30 unterschiedliche Weine weist die Sortimentliste Jahr für Jahr auf, und da sind nur aktuelle Produkte enthalten. Eine Vielzahl von Veltlinern und Rieslingen steht zur Wahl, edelsüße Hochprädikate bis zur Trockenbeerenauslese stehen immer dann auf dem Programm, wenn es die Wetterbedingungen erforderten, die Botrytistrauben auszuselektionieren – was 2010 und 2011 nicht der Fall war. Eine positive Praxis im Hause Knoll: Die Smaragde und Prädikatsweine werden erst ab September ausgeliefert, damit sie den Sommer über im kühlen Keller heranreifen können. Knoll-Weine gelten als Spätstarter (was in Wahrheit unzutreffend ist) und als sehr langlebig (was völlig zutreffend ist). Wollte man Knoll-Weine auf den kleinsten gemeinsamen Nenner reduzieren, lautet das Synonym »Schütt« für seine wahrscheinlich beste Lage und »Vinothekfüllung« für unübertroffene Qualität bei den Sorten Grüner Veltliner und Riesling.

96 Riesling Smaragd Ried Schütt 2011
€€€€€
Mittleres Grüngelb. Frischer kleiner Weingartenpfirsich, ein Hauch von Blüten, Nuancen von Maracuja und Ananas, gute mineralische Stütze. Stoffig, reife gelbe Tropenfrucht, wirkt tänzerisch, ja fast filigran, feiner Säurebogen, salzige Mineralik, zeigt eine sehr gute Länge, sicheres Reifepotenzial.

96 Riesling Smaragd Vinothekfüllung 2011
€€€€€
Mittleres Gelbgrün. Reifer gelber Pfirsich, mit Anklängen von Tropenfrucht, feine Mineralik, facettenreiches Bukett. Am Gaumen stoffig, extraktsüß, eher voluminös, aber keine Spur barock, zart nach reifen Ananas, gut eingebundene Säurestruktur, ein bedächtiger Riesling, der noch weitere Flaschenreife braucht, um sich ganz zu entfalten.

96 Grüner Veltliner Smaragd Vinothekfüllung 2011
€€€€€
Mittleres Gelbgrün. Reife gelbe Tropenfrucht, ein Hauch von Ananas und Mango, feine tabakige Würze, sehr facettenreich, dunkle Mineralik. Sehr elegant und samtig, von einer feinen Extraktsüße geprägt, ungemein mineralisch und salzig, dabei schon gut entwickelt, bleibt lange am Gaumen haften, sicheres Zukunftspotenzial.

95 Grüner Veltliner Smaragd Ried Loibenberg 2011
€€€€€
Mittleres Grüngelb. Feine gelbe Fruchtnuancen, ein Hauch von Mandarinen, rauchiger Touch, heller Blütentouch. Kraftvoll, komplex, saftige gelbe Frucht, feiner Säurebogen, extraktsüßer Nachhall, sehr balanciert, bleibt gut haften, sehr gutes Entwicklungspotenzial.

Wachau

95 Riesling Selection Ried Pfaffenberg 2011
€€€€€
Mittleres Gelbgrün. Feine gelbe Frucht, zart nach Maracuja, ein Hauch von Zitruszesten, sehr einladender Duft. Saftig, elegant, feine Fruchtsüße, die von einer feinen Säure gepuffert wird, zeigt eine gute Länge, sicheres Entwicklungspotenzial.

95 Grüner Veltliner Smaragd Ried Schütt 2011
€€€€€
Mittleres Gelbgrün. Mit zartem Orangentouch unterlegte feine Birnenfrucht, zart nach Blütenhonig, Marillen klingen an. Kraftvoll, reife gelbe Frucht, angenehme Extraktsüße, finessenreiche Struktur, saftiger Nachhall, mineralischer Rückgeschmack.

94 Riesling Smaragd Ried Kellerberg 2011
€€€€€
Mittleres Grüngelb. Zunächst etwas verhalten, mit einem Hauch von exotischen Früchten unterlegt, zarter Blütenhonig. Saftig, nach Maracuja und Mandarinen, dunkle Mineralik, sehr gute Länge, seidig und fein, extraktsüßer Nachhall, gutes Reifepotenzial.

94 Riesling Smaragd Ried Loibenberg 2011
€€€€€
Mittleres Grüngelb. Feiner weißer Tropenfruchtanklang, zart nach Zitruszesten, dunkle Mineralik. Feste Textur, engmaschig, angenehme Steinobstnoten, feine Säure, zart nach Blutorangen im Nachhall, gutes Reifepotenzial.

93 Grüner Veltliner Smaragd Ried Kreutles 2011
€€€€
Mittleres Grüngelb. Feinwürzig unterlegte gelbe Apfelfrucht, feiner mineralischer Touch, zart nach Orangenzesten. Engmaschig, straffe Textur, weißer Apfel, feine Säurestruktur, bleibt gut haften, zarte vegetale Würze im Abgang, ein vielseitiger Speisenbegleiter.

92 Riesling Smaragd 2011
€€€€
Helles Gelbgrün. Zart nach reifem gelben Pfirsich und Orangenzesten, zarte Kräuterwürze. Saftig, elegant, zarte Extraktsüße, ein sehr gut balancierter Speisenbegleiter mit fruchtigem Nachhall.

92 Riesling Ried Pfaffenberg 2011
€€€
Helles Grüngelb. Feine Steinobstklänge, zarte gelbe Tropenfrucht, zarte Marillenfrucht. Am Gaumen elegant und ausgewogen, runde Säurestruktur, ein harmonischer Speisenbegleiter, schwungvoller und unkomplizierter Stil.

92 Chardonnay Smaragd 2011
€€€€
Mittleres Grüngelb. Feine gelbe Tropenfrucht, ein Hauch von Babybanane, attraktives Bukett. Samtig, elegant und harmonisch, frisch strukturiert, zitronige Nuancen im Abgang, wirkt insgesamt geradlinig und schlank bei guter Dichte, ein guter Essensbegleiter.

92 Gelber Muskateller Smaragd 2011
€€€
Helles Gelbgrün. Zart rauchig-selchig, feine Grapefruitzesten, Muskatnuss, feiner Blütentouch. Wirkt leichtfüßig, gelbe Tropenfrucht, zitroniger Nachhall, saftig und trinkanimierend.

92 Traminer AL 2011
€€€, lieblich
Helles Grüngelb. Feines Rosenöl, ein Hauch von Eibischteig, rauchig-speckige Würze. Elegant, feine Süße, kraftvoll, dunkle Mineralik bleibt gut haften, feine pfeffrige Nuance im Abgang, braucht noch einige Zeit.

L 91 Grüner Veltliner Federspiel Ried Kreutles 2011
12,5 Vol.%, NK, trocken, €€€
Helles Gelbgrün. Mit frischen Wiesenkräuter unterlegte Apfelfrucht, eher zartes Bukett, zarte Marille klingt an. Stoffig, engmaschig, zeigt eine gute Komplexität, feiner Säurebogen, feine Fruchtsüße im Abgang, gute Länge, ein vielseitiger Speisenbegleiter mit Entwicklungspotenzial.

L 91 Riesling Federspiel 2011
€€€
Helles Gelbgrün. Weiße Fruchtnuancen, feine Tropenfrucht, Maracuja, Litschi, Blütenaromen. Saftig, Nuancen von grünem Apfel, frisch und trinkanimierend, ein vielseitiger Speisenbegleiter.

90 Traminer Smaragd 2011
€€€€
Mittleres Grüngelb. Feiner Blütenhonig, zart nach Dörrobst, erinnert zart an Eibisch, facettenreiches Aroma. Am Gaumen komplex, feine Dörrobstklänge, mit gelber Tropenfrucht unterlegt, gute Länge, dunkle Mineralik im Abgang.

L 90 Riesling Federspiel Ried Loibenberg 2011
12,5 Vol.%, NK, trocken, €€€
Helles Gelbgrün. Zarte Steinobstklänge, wirkt noch etwas verhalten, ein Hauch von Orangenzesten. Feingliedriger Körper, gelbe Frucht, frischer Säurebogen, mineralisch im Abgang, bleibt gut haften, vielseitiger Speisenbegleiter.

89 Grüner Veltliner Federspiel 2011
€€€

88 Grüner Veltliner Steinfeder 2011
€€

89 Gelber Muskateller Federspiel 2011
€€€

★★

WINZERHOF ANDREAS LEHENSTEINER

3610 Weißenkirchen, Kremser Straße 7
T: 02715/22 84, F: DW 4
info@lehensteiner-wachau.at
www.lehensteiner-wachau.at

Wachau

KELLERMEISTER UND ANSPRECHPARTNER: Andreas Lehensteiner
ANZAHL/FLASCHEN: k. A. (95 % weiß, 5 % rot) HEKTAR: 9
VERKOSTUNGSMÖGLICHKEIT: ja, gegen Voranmeldung AB-HOF-VERKAUF: ja
ÜBERNACHTUNGSMÖGLICHKEIT: ja
VEREINSZUGEHÖRIGKEIT: Vinea Wachau
MESSEN: VieVinum

Andreas Lehensteiner keltert besonders frische, sortentypische und finessenreiche Weine, hauptsächlich aus den Sorten Grüner Veltliner und Riesling. Er ist zwar kein ausgesprochener Geheimtipp mehr, aber es ist mehr als lohnend, seine Weißenkirchner Klassiker unter die Lupe zu nehmen. Große Verkostungserfolge konnte das Weingut in den letzten Jahren vor allem in der Federspielkategorie einfahren. Mit dem Grünen Veltliner »Hinterkirchen« 2008 konnte sogar der Falstaff-Federspiel-Cupsieger gestellt werden. Lehensteiner konnte sich gegen zahlreiche Prominenz aus der gesamten Wachauer Top-Riege durchsetzen. Der Riesling »Terrassen« 2009 wurde zuletzt zweiter Cupsieger.

Ein besonderer Wein ist der Veltliner von der Riede Achleiten, der mit seiner ureigenen Würze und Komplexität zu den Ikonen der heimischen Weißweine gerechnet werden muss und zu Recht Grand-Cru-Status genießt. Ein besonderes Trinkvergnügen ist der Riesling »Smaragd« aus der Riede Pichl Point, der heuer erstmals im Sortiment ist und eine echte Bereicherung darstellt. Übernachtungsmöglichkeit bieten Zimmer mit Frühstück und – neu ab Sommer 2012 – geräumige Ferienwohnungen im Nachbarhaus.

(92-94) Grüner Veltliner Smaragd Achleiten 2011
14 Vol.%, VL, Stahltank, extratrocken, €€€
Helles Grüngelb. Attraktiver Hauch von gelben Tropenfrüchten, zart nach Stachelbeerkonfit, zarte tabakige Nuancen, facettenreiches Bukett. Kraftvoll, saftige Frucht, feine Extraktsüße, elegant und frisch strukturiert, wirkt bereits sehr harmonisch, angenehmer Mangotouch im Nachhall, sicheres Reifepotenzial.

(91-93) Riesling Smaragd Pichl Point 2011
13,5 Vol.%, DV, Stahltank, extratrocken, €€€
Helles Grüngelb, Silberreflexe. Mit zarten Blütenaromen unterlegte Anklänge von frischem Weingartenpfirsich, feine mineralische Nuancen. Saftig, feine weiße Tropenfrucht, frischer Säurebogen, zarte Extraktsüße im Nachhall, ein vielseitiger Speisenbegleiter.

90 Grüner Veltliner Hinterkirchen 2011
13,5 Vol.%, DV, Stahltank, extratrocken, €€
Helles Grüngelb. Mit feiner Kräuterwürze unterlegte gelbe Apfelfrucht, ein Hauch von Honigmelone, etwas Ananas. Elegant, feine gelbe Frucht, gut integrierter Säurebogen, angenehme Mineralik im Abgang.

89 Grüner Veltliner Federspiel Terrassen 2011
12,5 Vol.%, DV, Stahltank, extratrocken, €€

(88-90) Sauvignon Blanc 2011
14 Vol.%, DV, Stahltank, extratrocken, €€

88 Riesling Federspiel Terrassen 2011
12,5 Vol.%, DV, Stahltank, extratrocken, €€

WEINGUT ILSE MAZZA

★★

3610 Weißenkirchen, Auf der Burg 124
T: 02715/23 00, F: DW 73
ilse@mazza.at
www.mazza.at

KELLERMEISTER UND ANSPRECHPARTNER: Ilse Mazza
ANZAHL/FLASCHEN: 12.000 (85 % weiß, 15 % rot) **HEKTAR:** 3
VERKOSTUNG: ja, gegen Voranmeldung **AB-HOF-VERKAUF:** ja
HEURIGER: 14. 8. bis 1. 9., weitere Termine auf www.mazza.at
ÜBERNACHTUNGSMÖGLICHKEIT: kann organisiert werden
VEREINSZUGEHÖRIGKEIT: Vinea Wachau

Seit nunmehr 30 Jahren bewirtschaftet Ilse Mazza mit großer Verantwortung und liebevoller Hand das kleine, aber feine Weingut im historischen Ortsteil »Auf der Burg« in Weißenkirchen. Tochter Christine hat ebenfalls die Ausbildung im Bereich Weinbau und Kellerwirtschaft absolviert und unterstützt nun seit einiger Zeit ihre Mutter tatkräftig im Weingarten, im Keller und selbstverständlich auch beim Heurigen. Mensch, Natur, Handwerk und Kultur in Einklang zu bringen ist Ilse Mazzas Philosophie. Ihre duftigen, fruchtigen und harmonisch eleganten Weine reflektieren diese herrliche Lebenseinstellung. Die Rieden des Weingutes befinden sich in den Vorzugslagen von Weißenkirchen, Joching und Dürnstein und sind überwiegend mit Grünem Veltliner und Riesling bestockt. Erweitert wird das Weinangebot noch um die Sorten Gelber Muskateller und Chardonnay sowie im Rotweinbereich um den Zweigelt. Die Weingärten werden mit größter Rücksichtnahme auf die Böden und Reben gepflegt, die Trauben sorgfältig von Hand geerntet und von der Winzerin mit großem Können und »G'spür«, wie sie zu sagen pflegt, schonend gekeltert: nach traditioneller Art, aber durch moderne Kellertechnik optimiert.

Der Heurige ist ein Treffpunkt aller Wachau-Kundigen; nicht nur wegen der ausgezeichneten Weine, auch die vielen hausgemachten Schmankerln ziehen viele Gäste an. Wer bei seinem Heurigenbesuch etwas Entspannung und Individualismus sucht, ist bei Ilse Mazza richtig. Wenn bei einer Fahrt durch Weißenkirchen keine Zeit für einen Besuch im Weingut besteht, können die Weine auch in der Vinothek Weißenkirchen, die direkt an der Bundesstraße liegt, bzw. im nahe liegenden Bauernladen erworben werden. Neben dem Klassiker des Hauses, dem Riesling aus der Paradelage Achleiten, konnte sich heuer besonders der Riesling »Vorder Seiber« in Szene setzen.

(91-93) Riesling Smaragd Vorder Seiber 2011
DV, €€€

Helles Grüngelb, Silberreflexe. Mit feinem Blütenhonig unterlegte gelbe Steinobstnote, ein Hauch von Orangenzesten. Saftig, gute Komplexität, reife Tropenfruchtanklänge, frischer Säurebogen, extraktsüßer Nachhall, bleibt gut haften, gutes Entwicklungspotenzial.

(90-92) Riesling Smaragd Ried Achleiten 2011
13,5 Vol.%, DV, €€€

Helles Grüngelb, Silberreflexe. Noch etwas verhalten, zarte Blütenaromen, ein Hauch von Weingartenpfirsich und frischer Ananas. Feingliedrige Textur, weiße Fruchtnuancen, feiner Säurebogen, zitronige Nuancen, wirkt leichtfüßig, angenehme Mineralik im Abgang, wird von weiterer Flaschenreife profitieren.

(88-90) Grüner Veltliner Smaragd
Ried Weitenberg 2011
14 Vol.%, DV, €€€

88 Gelber Muskateller Ried hinter der Burg 2011
13 Vol.%, extratrocken, €€

87 Grüner Veltliner Federspiel
Christines Grüner 2011
12,5 Vol.%, DV, extratrocken, €€

87 Grüner Veltliner Federspiel
Ried Hinter der Burg 2011
12,5 Vol.%, extratrocken, €€

★★

WEINGUT ANTON NOTHNAGL

3620 Spitz/Donau, Radlbach 7
T: 02713/26 12, F: 02713/729 69
weingut@nothnagl.at
www.nothnagl.at

Wachau

KELLERMEISTER UND ANSPRECHPARTNER: Anton Nothnagl
ANZAHL/FLASCHEN: 80.000 (100 % weiß) **HEKTAR:** 9
VERKOSTUNG: ja, gegen Voranmeldung **AB-HOF-VERKAUF:** ja
HEURIGER: Termine auf Anfrage **ÜBERNACHTUNGSMÖGLICHKEIT:** ja
VEREINSZUGEHÖRIGKEIT: Vinea Wachau

Das Weingut der Familie Nothnagl, der Rondellenhof, liegt im malerischen Ortsviertel Radlbach in Spitz an der Donau. Seit 1872 ist er im Besitz der Familie Nothnagl. Anton Nothnagl jun. arbeitet seit der Absolvierung der Weinbauschule Krems im Betrieb und übernahm 1997 dessen Leitung. Die Weingärten liegen in den besten Rieden von Spitz und umfassen eine Rebfläche von neun Hektar, aufgeteilt auf die Rieden Setzberg, Steinborz, Burgberg, Hartberg, Pluris und Kalkofen. Angebaut werden die Rebsorten Riesling, Grüner Veltliner, Rivaner, Neuburger, Chardonnay, Weißburgunder, Sauvignon Blanc und Gelber Muskateller. Die Arbeit in Presshaus und Keller, die im Jahr 2001 aufwändig renoviert wurden, stellt eine ideale Mischung aus überlieferten Traditionen und modernster Technik dar.

Im Jahr 2005 gelang dem sympathischen Jungwinzer der Durchbruch. Die Neugestaltung seiner Etiketten und der gesamten Marke »Nothnagl« in Form eines betont großen »N« unterstreicht die neue Qualitätsphilosophie des Hauses. Seither finden sich Nothnagl-Weine auf den Weinkarten vieler renommierter Restaurants Österreichs. Alle Weine des Hauses werden mit Schraubverschluss angeboten. Der Weinstil von Toni Nothnagl – duftige, elegante, sehr trinkanimierende Steinfeder- und Federspiel-Weine sowie besonders saftige und fruchtkonzentrierte Smaragde – und die Kontinuität der Weinbereitung haben in den letzten Jahren zu einer regen Nachfrage seiner Weine geführt.

(92-94) Riesling Smaragd Setzberg 2011
13,5 Vol.%, DV, Stahltank, 4000, trocken, €€€
Helles Grüngelb. Mit feinen Blütenaromen unterlegte weiße Steinobstfrucht, zart nach Weingartenpfirsich, Zitruszesten klingen an. Exotische Fruchtnuancen von Maracuja und Ananas, verspielte, frische Säurestruktur, zarte zitronige Noten im Abgang, mineralisch und anhaltend, gutes Zukunftspotenzial.

(91-93) Grüner Veltliner Smaragd Setzberg 2011
13,5 Vol.%, DV, Stahltank, 5000, extratrocken, €€
Mittleres Grüngelb. Reife gelbe Fruchtnuancen, zart nach Grapefruitzesten, ein Hauch von Stachelbeerkonfit, attraktives Bukett. Saftig, weiße Tropenfrucht, mit reifer Mango unterlegte feine Extraktsüße, lebendig strukturiert, zeigt eine gute Länge, ein vielseitiger Essensbegleiter.

(89-91) Weißburgunder Smaragd Steinborz 2011
13,5 Vol.%, DV, Stahltank, 2500, trocken, €€
Mittleres Grüngelb, Silberreflexe. Feine weiße Fruchtnuancen, mit feinen Wiesenkräutern unterlegt, angenehme Süße klingt an. Saftige gelbe Frucht, extraktreich und von einer feinen Säure getragen, ein eleganter, kraftvoller Speisenbegleiter, gutes Zukunftspotenzial.

89 Grüner Veltliner Federspiel Steinborz 2011
12,5 Vol.%, DV, Stahltank, 30.000, extratrocken, €€

(88-90) Chardonnay Smaragd Pluris 2011
13,5 Vol.%, DV, Stahltank, 2500, trocken, €€

88 Riesling Federspiel Burgberg 2011
12,5 Vol.%, DV, 9000, extratrocken, €€

Wachau

★★★★★

WEINGUT F. X. PICHLER

3601 Dürnstein, Oberloiben 57
T: 02732/853 75, F: DW 11
weingut@fx-pichler.at
www.fx-pichler.at

KELLERMEISTER: Lucas Pichler
ANSPRECHPARTNER: Johanna Pichler
ANZAHL/FLASCHEN: k. A. (100 % weiß) HEKTAR: 16
VERKOSTUNG: ja, gegen Voranmeldung
AB-HOF-VERKAUF: ja, limitierte Mengen
VEREINSZUGEHÖRIGKEIT: Vinea Wachau
MESSEN: VieVinum, ProWein

Das Weingut, das sich in der vierten Generation im Besitz der Familie befindet, wurde 1971 von Franz Xaver – abgekürzt: »F. X.« – Pichler von seinem Vater Franz mit einer Größe von etwa drei Hektar übernommen. Heute bewirtschaften die Pichlers rund 16 Hektar Weingärten. Zur Hälfte sind diese mit Grünem Veltliner, zu 48 Prozent mit Riesling und zu zwei Prozent mit Sauvignon Blanc bepflanzt. Franz Xaver wird dabei von seiner Frau Rudolfine, die auch für den gesamten Weinverkauf zuständig ist, und im Weinbau und vor allem in der Kellerwirtschaft von seinem Sohn Lucas tatkräftig unterstützt. Bereits 1928 selektionierte Franz Pichler sen. einen Grünen Veltliner, der kleinbeerige Trauben, dafür aber ein besseres Mostgewicht und eine größere Extraktfülle brachte. Diese Selektion steht heute in allen Lagen der Familie und legt so den Grundstein für die herausragende Qualität.

Die Weine wachsen zum Großteil in den besten und steilsten Lagen des Dürnsteiner und Loibner Raumes: dem Dürnsteiner Kellerberg, dem Loibner Loibenberg und dem Loibner Steinertal. Steile Bergterrassen, die aus dem 13. Jahrhundert stammen, müssen auch heute noch von Hand bewirtschaftet werden. Verwitterte, karge Urgesteinsböden, oft eisenhaltig, mit Gneis-, Granit- und Glimmerschieferlagen schaffen Weine mit unverwechselbarer Tiefe, Feinheit und Mineralik. Östlich-pannonische Strömungen aus dem Kremser Becken stoßen hier mit westlich-kontinentalen Strömungen zusammen. Dieser Klimafjord bewirkt starke Temperaturschwankungen zwischen Tag und Nacht. Die kleinklimatischen Faktoren begünstigen die besondere Aromenausbildung der Trauben. Der Dürnsteiner Kellerberg und der Loibner Loibenberg gehören zu den besten Einzellagen der Welt. Hier regieren die steilen Urgesteinslagen, wobei der Loibenberg eine reine Südausrichtung aufweist, der Kellerberg hingegen nach Südosten blickt und in einem kleinen Taleinschnitt liegt. Diese spezielle Exposition ergibt ganz besondere Weine, die sich immer durch ihre Mineralik und Einzigartigkeit auszeichnen. Die Weine aus diesen Lagen sind sehr dicht und komplex, fein strukturiert und nuancenreich. Sie zeichnen sich durch sehr große Lagerfähigkeit aus, der speziell beim Grünen Veltliner einige Bedeutung zukommt.

Für die Familie Pichler besteht der Reiz darin, sehr individuelle Weine zu erzeugen, die diese wunderbare Landschaft und ihr sehr spezielles Mikroklima widerspiegeln. Strenge Ertragsbeschränkungen und eine sehr sorgfältige Handlese sind Vorbedingung, um die Einzigartigkeit und Eigenständigkeit der Weine zu betonen und die bestmöglichen Voraussetzungen für die Kelterung höchster Qualitäten zu schaffen. Neben den Smaragd-Weinen aus den berühmten Einzellagen entstehen in besonderen Jahren auch kleine Mengen an Auslesen, hier wird der Begriff »M« für »Monumental« für Veltliner und Riesling verwendet sowie »Unendlich« für Rieslinge, deren Abgang dieses Prädikat suggeriert.

Die letzten beiden Jahrgänge sind der endgültige Beweis dafür, dass die Übersiedlung in den neuen Keller keinerlei Änderung in Stil und Qualität der Weine nach sich gezogen hat. Im Gegenteil: Fast scheint es, die Weine hätten insgesamt sogar noch an Strahlkraft und Präzision gewonnen. Die Smaragde von Riesling und Veltliner funkeln nur so um die Wette, glücklich, wer ein paar davon ergattern kann.

98 Riesling Smaragd Unendlich 2011
14,5 Vol.%, NK
Helles Grüngelb. Sehr dunkles Bukett, reife Birnen, zarte Honignuancen, zart nach Kletzen, dunkle Mineralik. Saftige Birnen, sehr kraftvoller Körper, engmaschig, feine Säurestruktur, zart nach Trockenkräutern, feines Orangenkonzentrat im Nachhall, bleibt sehr lange haften, ein sehr individueller Wein, mineralisch und vielversprechend.

97 Grüner Veltliner Smaragd M 2011
14,5 Vol.%, NK
Helles Grüngelb. Noch etwas verhalten, zarte Frucht klingt an, ein Hauch von Orangenzesten, feiner Mangotouch. Komplex, stoffig, dunkle Mineralik, sehr konzentriert, feiner Säurebogen, brillante gelbe Frucht im Abgang, wirkt ungemein frisch und samtig, ein großes Zukunftsversprechen.

97 Grüner Veltliner Smaragd Dürnsteiner Kellerberg 2011
Helles Grüngelb. Feines exotisches Fruchtbukett, zart nach Blutorangen, dunkle Mineralik, facettenreich. Sehr komplex und konzentriert, engmaschig, finessenreich unterlegte Säurestruktur, dunkle Mineralik, bleibt sehr lange haften, ein Langstreckenläufer und großes Zukunftsversprechen.

97 Grüner Veltliner Smaragd Dürnsteiner Kellerberg 2011
14,5 Vol.%, NK
Helles Grüngelb. Sehr feine gelbe Frucht, zarter Birnentouch, ein Hauch von Honig, zarte Nuancen von Mandarinenzesten. Saftig, reifer Golden Delicious, engmaschig und straff, feine, prononcierte Mineralik, stoffig und lange anhaltend, kann seine Muskeln gut hinter der Frucht verstecken, feine Kräuterwürze im Abgang, sicheres Entwicklungspotenzial.

95 Riesling Reserve M 2011
13,5 Vol.%, NK, halbtrocken
Mittleres Grüngelb. Einladende gelbe Pfirsichfrucht, zarte Orangenzesten, mit weißer Tropenfrucht unterlegt, facettenreiches Bukett. Sehr saftig, elegant, wieder reife Steinobstnoten, feine Säurestruktur, einfruchtig, die zarte Restsüße ist perfekt eingebunden, das ist Trinkvergnügen auf höchstem Niveau, wird von Flaschenreife nur profitieren.

95 Riesling Smaragd Loibner Loibenberg 2011
k. A.
Helles Grüngelb. Feine gelbe Frucht, zarte Steinobstnuan-

cen, ein Hauch von Blütenhonig, mit mineralischem Touch unterlegt. Komplex, engmaschig, gelber Pfirsich, enorm mineralische Würze, eher feingliedrig, extraktsüßer Abgang, zeigt bereits eine sehr gute Länge, feine Grapefruitnoten im Nachhall, sicheres Reifepotenzial.

94 Riesling Smaragd Loibner Steinertal 2011
Helles Grüngelb. Feine gelbe Tropenfrucht, intensive Marillennote, ein Hauch von Maracuja, frische Zitruszesten. Saftig, geschmeidige Textur, finessenreich strukturiert, mineralisch-salzig, feine Nuancen von Weingartenpfirsich, eher gelbe Frucht im Nachhall, dunkle Mineralik im Rückgeschmack, sehr gutes Reifepotenzial.

94 Grüner Veltliner Smaragd Dürnsteiner Liebenberg 2011
14,5 Vol.%, NK
Helles Grüngelb. Zart rauchig-würzig unterlegte dunkle Fruchtnuancen, ein Hauch Orangenzesten. Stoffig, dunkle Mineralik des Flinsbodens, wirkt frisch und trinkanimierend, salzig und gut anhaltend, Nuancen von Grapefruit und gelbem Apfel im Nachhall, gutes Reifepotenzial.

94 Grüner Veltliner Smaragd Loibner Loibenberg 2011
14,5 Vol.%, NK
Helles Grüngelb. Mit feinem Steinobst nach Marillen unterlegte feine Kräuterwürze, dazu ein Hauch von Melone. Saftig, gute Komplexität, frische Birnenfrucht, lebendiger Säurebogen, zarte Extraktsüße im Nachhall, sehr gutes Entwicklungspotenzial.

93 Sauvignon Blanc Große Reserve 2010
k. A.
Helles Grüngelb. Intensive Stachelbeerfrucht, feine Grapefruitnuancen, zart nach Paprikaschoten und Cassis. Saftige Textur, feiner cremiger Körper, feine Säurestruktur, gut integrierte Holznote, ein eleganter, ausgewogener Stil, bleibt gut haften, feine Steinobstanklänge im Abgang.

93 Riesling Smaragd Loibner Oberhauser 2011
DV
Helles Grüngelb. Attraktive reife Steinobstnote, Weingartenpfirsich, ein Hauch von Maracuja, aber auch vollreife Marille. Saftig, feine Nuancen von Orangenkonzentrat, extraktsüße Frucht, feiner Säurebogen, weicher Abgang, dunkle mineralische Würze im Nachhall.

93 Grüner Veltliner Smaragd Urgestein Terrassen 2011
13,5 Vol.%, DV
Helles Grüngelb. Mineralisch, zarte gelbe Frucht, ein Hauch von Honigmelone, gute Würze. Stoffig, kraftvoller Stil, feine weiße Frucht, angenehmer Säurebogen, Nuancen von grünem Apfel im Nachhall, bleibt gut haften, ein vielseitiger Speisebegleiter.

Wachau

L 92 Grüner Veltliner Federspiel
Loibner Klostersatz 2011
12,5 Vol.%, DV, trocken
Helles Gelbgrün. Feine rauchige Würze, ein Hauch von gelbem Apfel und Orangenzesten. Stoffig, weiße Frucht, lebendige Säurestruktur, betont mineralisch, gelbe Frucht auch im Nachhall, ein vielseitiger Speisenbegleiter.

L 92 Grüner Veltliner Federspiel
Loibner Frauenweingarten 2011
12,5 Vol.%, DV, trocken
Helles Grüngelb. Feine tabakige Nuancen, ein Hauch von Steinobst und Orangenzesten, Blütenhonig, attraktives Bukett. Saftig, engmaschig, feine Würze, mit gelber Apfelfrucht unterlegt, finessenreiches Säurespiel, bleibt sehr gut haften, angenehmer Kräutertouch im Abgang, sicheres Entwicklungspotenzial.

L 92 Riesling Federspiel Loibner Burgstall 2011
12,5 Vol.%, DV, trocken
Helles Grüngelb. Einladene gelbe Steinobstnote, zart nach Blütenhonig, mit mineralischer Würze unterlegt. Straff, saftig, reife gelbe Tropenfrucht, lebendiger Säurebogen, extraktsüßes Finale, sehr gute Länge, dunkle Mineralik im Abgang, sicheres Zukunftspotenzial.

★★

WEINGUT FRANZ PICHLER

3610 Wösendorf, Hauptstraße 68
T: 02715/23 07, F: DW 15
weingut.pichler@aon.at
www.f-pichler.at

Wachau

KELLERMEISTER UND ANSPRECHPARTNER: Franz Pichler sen. u. jun.
ANZAHL/FLASCHEN: k. A. (100 % weiß) HEKTAR: 7
VERKOSTUNG: ja, gegen Voranmeldung AB-HOF-VERKAUF: ja
ÜBERNACHTUNGSMÖGLICHKEIT: kann organisiert werden
ANDERE PRODUKTE IM VERKAUF: Schnäpse
VEREINSZUGEHÖRIGKEIT: Vinea Wachau
MESSEN: VieVinum, ProWein

Das Weingut Franz Pichler ist ein Familienbetrieb in Wösendorf in der Wachau. Ein Großteil der Weingärten ist in Terrassen angelegt, die sich in sehr guten Lagen wie Bachgarten, Kollmitz, Harzenleiten oder Gaisberg befinden. Der Weingartenpflege wird sehr großes Augenmerk geschenkt, denn nur aus physiologisch vollreifen Trauben können charaktervolle Weine vinifiziert werden. Um die gewünschte hohe Traubenreife zu erzielen, wird auf individuelle Boden- und Laubarbeit bzw. Ertragsbegrenzung durch konsequenten Rebschnitt und Traubenausdünnung am Rebstock gesetzt.

Frischen Wind bringt Franz Pichler jun. in den Betrieb. Er absolvierte 2006 die Weinbauschule in Klosterneuburg und hilft seither im elterlichen Betrieb mit. Er ist sehr bemüht, mit seinem Vater das vorhandene Potenzial in Weingarten und Keller zu verfeinern und die unterschiedlichen Kleinklimata der einzelnen Weingärten hervorzuheben. Die Hauptsorten sind Grüner Veltliner und Riesling, ergänzt durch Muskateller und Weißburgunder, die auf Urgesteins-, Verwitterungs-, Löss- oder Lehmböden angepflanzt sind. Nach einer späten Lese, die sich mitunter bis in die zweite Novemberhälfte hinzieht, werden die Trauben im Keller möglichst schonend weiterverarbeitet, um so fruchtbetonte und tiefgründige Weine mit langer Lagerfähigkeit zu erzielen.

92 Grüner Veltliner Smaragd Kollmitz 2011
14 Vol.%, NK, Stahltank/großes Holzfass, extratrocken, €€€€
Leuchtendes Grüngelb. Mit Nuancen von feiner gelber Tropenfrucht unterlegt, ein Hauch von Kräuterwürze, Orangenzesten klingen an. Stoffig, extraktsüße weiße Frucht, kraftvoll, feiner Säurebogen, zart nach Apfel und Birnen, bleibt gut haften, gutes Entwicklungspotenzial.

91 Riesling Smaragd Kollmitz 2011
13 Vol.%, NK, Stahltank, trocken, €€€€
Helles Grüngelb. Zartes Bukett, ein Hauch von Weingartenpfirsich, feiner mineralischer Touch. Mittlere Komplexität, weiße Tropenfrucht, zart nach Ananas, frische Säurestruktur, angenehmer zitroniger Touch im Abgang, gutes Entwicklungspotenzial.

91 Riesling Smaragd Harzenleiten 2011
13,5 Vol.%, NK, Stahltank, trocken, €€€€
Helles Grüngelb. Zunächst sehr verhalten, zarte gelbe Steinobstklänge, ein Hauch von Blütenhonig. Saftig, gute Komplexität, zarte vegetale Würze, weißer Apfel, frische Struktur, zitronige Nuancen, dunkle Mineralik, ein vielseitiger Speisenbegleiter.

91 Weißburgunder Smaragd Gaisberg 2011
14,5 Vol.%, NK, Stahltank/großes Holzfass, trocken, €€€
Helles Grüngelb. Mit Orangenzesten unterlegte gelbe Apfelfrucht, ein Hauch von Kräuterwürze, zart nach Ananas. Saftig, elegante Extraktsüße, gelbe Tropenfrucht, feine Säurestruktur, gute Länge, besitzt Zukunftspotenzial.

90 Grüner Veltliner Smaragd Hochrain 2011
13,5 Vol.%, NK, Stahltank, extratrocken, €€€€
Mittleres Grüngelb. Frische Wiesenkräuter, ein Hauch von grünem Apfel, rauchig-tabakige Nuancen. Komplex, kraftvoll, feine weiße Frucht, feine Säurestruktur, zitroniger Touch im Abgang, feine Birnenfrucht im Abgang, ein vielseitiger Speisenbegleiter.

89 Riesling Smaragd Gaisberg 2011
13 Vol.%, NK, Stahltank, trocken, €€€

Wachau

★★★★
WEINGUT RUDI PICHLER

3610 Wösendorf, Marienfeldweg 122
T: 02715/22 67, F: DW 40
weingut@rudipichler.at
www.rudipichler.at

KELLERMEISTER UND ANSPRECHPARTNER: Rudi Pichler
ANZAHL/FLASCHEN: 70.000 (100 % weiß) **HEKTAR:** 12,5
VERKOSTUNG: ja, gegen Voranmeldung **AB-HOF-VERKAUF:** ja
ANDERE PRODUKTE IM VERKAUF: Destillate
VEREINSZUGEHÖRIGKEIT: Vinea Wachau, Tu felix Austria
MESSEN: VieVinum, ProWein

Rudi Pichler jun. zählt mittlerweile längst zu den arrivierten Spitzenerzeugern der Wachau. Auf seinen Lagen, die über Joching, Wösendorf, Weißenkirchen und Mautern verstreut sind, erzeugt er charaktervolle Weißweine aus einer gemessen an der Betriebsgröße erstaunlich großen Sortenpalette. Neben Grünem Veltliner und Riesling kultiviert Rudi Pichler Burgundersorten und den meist voluminösen Roten Veltliner.

Rudi Pichler versteht es, den Weinen in jeder Kategorie sehr viel Sortencharakter einzuhauchen. Sein Federspiel vom Grünen Veltliner ist unter Kennern immer ein Favorit, der trinkanimierenden Stil mit klassischem Wachauer Sortenausdruck verbindet. Bei den großen Smaragden versteht es der Winzer, das Terroir wunderschön herauszuarbeiten. Diese kräftigen Weine entwickeln erst nach einigen Jahren ihre volle Pracht. Er setzt in letzter Zeit punktuell auf entsprechende Maischestandzeiten, die Gärdauer, die er in vergangenen Jahren eher länger angesetzt hat, ist nun wieder kürzer geworden, weil das dem angestrebten Stil besser entgegenkommt. Das Resultat sind nuancierte Spitzenweine von sehr individueller Prägung.

Nicht nur vom Standpunkt der Architektur aus sehenswert ist das neue Weingut, das 2004 feierlich eröffnet wurde. Es bietet dem engagierten Winzer nun den Raum, seine bemerkenswerten Weine unter optimalen Bedingungen zu keltern. Rudi Pichlers charaktervolle 2009er-Serie ist durch eine ungemeine mineralische Strahlkraft, Straffheit und Tiefe in der Aromatik gekennzeichnet, die unterschiedlichen Terroirs sind auf das Präziseste herausgearbeitet. Es ist eine Freude, sich diese Weine zu erschließen, allen voran den herausragenden Riesling »Achleithen«. Die Falstaff-Redaktion wählte Rudi Pichler zum »Winzer des Jahres« 2010.

96 Riesling Smaragd
Weißenkirchner Achleithen 2011
NK, €€€€€
Mittleres Grüngelb. Opulente Steinobstfrucht, reife Ananas, zarter Mandarinentouch, feinster Blütentouch, ein Hauch von Limetten, weiße Fruchtnuancen. Saftig, engmaschig, weiße Apfelfrucht, sehr feine Säurestruktur, zitronige Nuancen. Zeigt eine große Länge, verfügt über sicheres Reifepotenzial.

96 Grüner Veltliner Smaragd
Weißenkirchner Achleithen 2011
13,5 Vol.%, NK, €€€€
Mittleres Grüngelb. Einladende gelbe Fruchtnuancen, mit dunkler Mineralik unterlegt, feine tabakige Noten, reife Mango. Stoffig, reife, exotische Frucht, hochelegante Textur, feine Würze, angenehme Säurestruktur, extraktsüßer Nachhall, große Länge, braucht noch etwas Zeit, mineralisch im Abgang, feiner Honigtouch im Rückgeschmack.

96 Riesling Smaragd
Wösendorfer Hochrain 2011
NK, €€€€
Mittleres Grüngelb. Noch etwas verhalten, zarter Hauch von Orangenzesten, mineralisch, ein Hauch von Blütenhonig. Straff, engmaschig, feine Extraktsüße, feiner Säurebogen, zarte Steinobstklänge im Abgang, sehr gutes Reifepotenzial.

**95 Grüner Veltliner Smaragd
Wösendorfer Hochrain 2011**
14 Vol.%, NK, €€€€
Mittleres Grüngelb. Feine Birnenfrucht, zarte Wiesenkräuter, attraktive Würze, tabakige Nuancen. Saftig, gelbe Frucht, weißer Apfeltouch, sehr gut integrierte Säurestruktur, salzige Mineralik im Abgang, große Länge, bleibt haften, sehr gutes Reifepotenzial.

95 Riesling Smaragd Steinriegl 2011
NK, €€€
Helles Gelbgrün. Zarte Kräuterwürze, reife Ananas, dunkle Mineralik, ein Hauch Grapefruitzesten. Saftig, feine gelbe Tropenfrucht, feiner Pfirsichtouch, frisch, zitronige Nuancen, finessenreich und feingliedrig, ungemein trinkanimierend bereits in der Jugend, ein delikater Speisenbegleiter, salzig-mineralischer Touch.

**94 Grüner Veltliner Smaragd
Wösendorfer Kollmütz 2011**
14,5 Vol.%, NK, €€€€
Mittleres Gelbgrün. Rauchig, zarte weiße Fruchtnuancen, frische Kräuter, ein Hauch von Orangenzesten im Hintergrund. Kraftvoll, stoffig, dunkle Mineralik, feine Säurestruktur, tiefe Würze, weißer Apfel, zeigt eine sehr gute Länge, feiner Zitrustouch im Nachhall, sicheres Reifepotenzial.

**94 Riesling Smaragd
Wösendorfer Kirchweg 2011**
NK, €€€€
Mittleres Gelbgrün. Vollreifer Weingartenpfirsich, feiner Blütenhonig, zart nach gelber Tropenfrucht, ein Hauch von Zitruszesten. Saftig, elegant, feine gelbe Fruchtnuancen, harmonischer Säurebogen, bereits ausgewogen und gut antrinkbar, weiße Frucht im Nachhall, feiner Essensbegleiter.

94 Roter Veltliner Smaragd 2011
NK, €€€€
Mittleres Gelbgrün. Feine Botrytisanklänge, ein Hauch von Dörrobst, zartes Quittengelee, mineralischer Unterton. Stoffig, feine Kletzennote, ungemein kraftvoll, gelbe Steinobstfrucht im Abgang, verfügt über ein Riesenpotenzial, etwas für kühle Winterabende am offenen Kamin.

93 Grüner Veltliner Smaragd Terrassen 2011
13,5 Vol.%, NK, €€€
Mittleres Grüngelb. Mit feinen Orangenzesten unterlegte frische gelbe Apfelfrucht, zart tabakiger Touch, attraktives Bukett. Saftig, feine gelbe Tropenfrucht, elegant, feiner Säurebogen, würziger Nachhall, ein vielseitiger Speisenbegleiter.

93 Riesling Smaragd Terrassen 2011
NK, €€€€
Helles Grüngelb. Frischer Weingartenpfirsich, feiner Blütenhonig, einladende zitronige Nuancen. Saftig, delikate weiße Frucht, finessenreicher Säurebogen, elegant und ausgewogen, ein vielseitig einsetzbarer Speisenbegleiter, gutes Reifepotenzial.

**93 Weißburgunder Smaragd
Wösendorfer Kollmütz 2011**
14,4 Vol.%, NK, €€€
Helles Grüngelb. Feine gelbe Apfelfrucht, frische Wiesenkräuter, ein Hauch von Honigmelone. Saftig, sehr elegant und harmonisch, gelbe Frucht, angenehme Extraktsüße, bleibt gut haften, versteckt seine Muskeln mühelos, vielseitiger Speisenbegleiter.

L 92 Grüner Veltliner Federspiel 2011
12,5 Vol.%, NK, €€
Helles Gelbgrün. Mit feiner tabakiger Würze unterlegte gelbe Apfelfrucht, zarte Kräuternote, ein Hauch von Blütenhonig. Straff, engmaschig, feine weiße Frucht, gut integrierter Säurebogen, elegant und trinkanimierend, zitronig, mineralischer Nachhall, bereits zugänglich, mit Reifepotenzial ausgestattet.

L 91 Riesling Federspiel 2011
12,5 Vol.%, NK, €€
Helles Grüngelb. Zart kräuterwürzig unterlegte helle Steinobstnote, mit Orangenzesten unterlegt, mineralischer Touch. Saftig, gute Fruchtsüße, lebendige Säurestruktur, frisch und gut anhaltend, zart nach Blütenhonig im Nachhall, zitroniger Touch, verfügt über Entwicklungspotenzial.

Wachau

Wachau

★★★
WEINGUT PICHLER-KRUTZLER

3601 Dürnstein, Oberloiben 16
T: 02732/718 06, F: DW 11
office@pichler-krutzler.at
www.pichler-krutzler.at

KELLERMEISTER: Erich Krutzler
ANSPRECHPARTNER: Elisabeth Pichler-Krutzler
ANZAHL/FLASCHEN: 60.000 (97 % weiß, 3 % rot) HEKTAR: 9,5
VERKOSTUNG: ja, gegen Voranmeldung
AB-HOF-VERKAUF: ja
MESSEN: VieVinum, ProWein

Im Jahr 2006 beschlossen Elisabeth Pichler-Krutzler und Erich Krutzler, sich ihren Traum vom eigenen Weingut zu erfüllen. Mit dem Blaufränkisch »Weinberg« 2006 wurde der Grundstein dazu gelegt: Aus einem Weingarten im Herzstück der besten Lage von Deutsch-Schützen im Burgenland entstand ein kompromissloser Blaufränkisch ohne Firlefanz – eine Art Rückblick auf Erichs Weinmachen, das dort vor fast 25 Jahren begann. Seither konnten weitere Weingärten und Pachtflächen in der Wachau, der Heimat von Elisabeth Pichler-Krutzler, gefunden werden.

Dort, genauer in Oberloiben nahe dem malerischen Dürnstein, befindet sich nun auch der Sitz des mittlerweile über neun Hektar großen Weinguts. Aus den Lagen Dürnsteiner Frauengärten, Loibner Klostersatz, Dürnsteiner Supperin, Dürnsteiner In der Wand, Loibner Loibenberg und Dürnsteiner Wunderburg stammen die Weißweine aus den drei Sorten Grüner Veltliner, Riesling und Pinot Blanc. Heuer neu dazugekommen sind die Lagen Loibner Trum und Loibner Rothenberg. Der Blaufränkisch aus der Lage Weinberg blieb natürlich als Fixstern im Programm. Alle Weine des Betriebes sind lagenrein gelesen, verarbeitet und abgefüllt. Da auf Aufzuckerung, Wasser- oder Saftentzug, jegliche Schönung und sonstige Zusätze verzichtet wird, zeigen alle Weine ihre Herkunft vollkommen ungeschminkt und klar. Die hochwertigsten Grünen Veltliner und Rieslinge werden bis zur nächsten Ernte auf der Feinhefe belassen und erst im Herbst/Winter auf den Markt gebracht – große Holzfässer gewinnen dabei immer mehr an Bedeutung.

(93-95) Riesling Wunderburg 2011
13,5 Vol.%, NK, Stahltank, 3500, trocken, €€€€
Helles Grüngelb. Helles Steinobstnote, exotische Frucht, zarter Zitrustouch. Komplex, engmaschig, straff, dunkle Mineralik, feine Säureeinbindung, dunkle Würze, zeigt eine sehr gute Länge, zart nach Grapefruit, sehr gutes Reifepotenzial.

(92-94) Riesling Loibenberg 2011
13,5 Vol.%, NK, Stahltank/großes Holzfass, 4500, extratrocken, €€€€
Helles Grüngelb. Zart rauchige Nuancen, feine Ananasfrucht, Limettenzesten, gelbe Pfirsichfrucht, facettenreiches Bukett. Saftig, engmaschig, feine Mineralik, straff und gut anhaltend, wirkt insgesamt schlank und feingliedrig, ein vielversprechender Speisenbegleiter.

(92-94) Grüner Veltliner Wunderburg 2011
13,5 Vol.%, NK, großes Holzfass, 3000, extratrocken, €€€€
Mittleres Grüngelb. Zarte Würze, ein Hauch von Grapefruit, dunkler Touch, feine Mineralik. Komplex, engmaschig, saftige gelbe Frucht, feines Säurespiel, bleibt sehr gut haften, ein vielversprechender Speisenbegleiter.

92 Riesling In der Wand 2011
13 Vol.%, NK, Stahltank, 5000, trocken, €€€€
Helles Grüngelb. Zarte Nuancen von Marille und Pfirsich, ein Hauch von Zitrus. Elegant, rund, gelbe Frucht, zarter Blütenhonig. Stoffig, extraktsüße Textur, zart nach Ananas, feiner Säurebogen, Grapefruitzesten, mineralisch und anhaltend.

92 Pinot Blanc Klostersatz 2011
13,5 Vol.%, großes Holzfass, 1200, extratrocken, €€€
Helles Grüngelb. Feine Birnenfrucht, zartes Blütenaromen, einladendes Bukett. Kompakt, stoffig, angenehme gelbe Frucht, frische, strukturierende Säure, zartes Karamell, bleibt gut haften, mineralischer Nachhall.

(91-93) Grüner Veltliner Supperin 2011
13,5 Vol.%, NK, großes Holzfass, 3000, extratrocken, €€€€
Mittleres Grüngelb. Feine Wiesenkräuter, zarte Nuancen von Marillen, mineralischer Touch. Saftig, gelbe Frucht, noch etwas hefegeprägt, zart nach Tropenfrüchten, bleibt gut haften, feiner Ananastouch im Nachhall, dunkle mineralische Nuancen im Abgang.

91 Grüner Veltliner Klostersatz 2011
13 Vol.%, DV, Stahltank/großes Holzfass, 6000, extratrocken, €€€
Helles Grüngelb. Einladende weiße Apfelfrucht, zarte Kräuterwürze, mineralischer Touch. Stoffig, zarte Birnenfrucht, gute Komplexität, fein eingewobene Struktur, ein vielseitig einsetzbarer Speisenwein mit gutem Entwicklungspotenzial.

L 90 Riesling Trum 2011
12,5 Vol.%, DV, Stahltank, 6500, trocken, €€€
Helles Grüngelb. Feine Steinobstnoten, zarter Blütenhonig, ein Hauch von Orangenzesten. Frisch, feiner Pfirsichtouch, lebendige Säurestruktur, zitroniger Touch, trinkanimierend, vielseitig einsetzbar.

L 90 Grüner Veltliner Frauengärten 2011
12,5 Vol.%, DV, Stahltank, 13.000, extratrocken, €€
Helles Grüngelb. Frischer gelber Apfel, zarte Kräuterwürze, ein Hauch von Zitruszesten. Saftig, feine gelbe Frucht, gut integrierte Säure, ein harmonischer, eleganter Speisenbegleiter, bereits gut antrinkbar.

94 Blaufränkisch Weinberg 2009
13, 5 Vol.%, NK, großes Holzfass, 1200, extratrocken, €€€€
Leuchtendes Rubingranat, dunkler Kern, zarte Randaufhellung. Feine dunkle Beerenfrucht, ein Hauch von Weichseln, feine Kräuterwürze, zarter Nougattouch. Kraftvoll, straff, feine Herzkirschen, frisch strukturiert, mineralischer Touch, ein kompakter lebendiger Speisenbegleiter mit Zukunftspotenzial.

Wachau

★★★★★

WEINGUT PRAGER

3610 Weißenkirchen, Wachaustraße 48
T: 02715/22 48, F: 02715/25 32
prager@weissenkirchen.at
www.weingutprager.at

KELLERMEISTER: DI Toni Bodenstein
ANSPRECHPARTNER: DI Ilse Bodenstein
ANZAHL/FLASCHEN: k. A. (100 % weiß) HEKTAR: 17,21
VERKOSTUNG: ja, gegen Voranmeldung
AB-HOF-VERKAUF: ja, außer Sonntag
ANDERE PRODUKTE IM VERKAUF: Destillate
VEREINSZUGEHÖRIGKEIT: Vinea Wachau MESSEN: VieVinum

Vom Stein zum Wein« lautet die Devise. Toni Bodensteins Ambition liegt im Ausloten des Qualitätspotenzials der einzelnen Lagen. Sein Ziel: individuelle, archetypische Weine ins Glas zu bringen, die den einzigartigen Charakter ihrer Herkunft in sich tragen. Der als »Terroirist der Wachau« bekannte Winzer und Bürgermeister der Marktgemeinde Weißenkirchen steht für eine komplexe Philosophie: Geschichte und Zukunft, Nachhaltigkeit und Naturbelassenheit. So erfolgen die Arbeiten in Weinberg und Keller traditionell, gepaart mit der notwendigen Innovation, stets im Streben und auf der Suche nach dem qualitativ Möglichen. Naturverbundenheit und Inspiration werden in authentischen Weinen lebendig – als Ergebnis eines ganzheitlichen Konzepts mit nachhaltigem Handeln.

Aus Respekt vor der Natur, Wertschätzung des Lebensraumes und Verantwortung gegenüber kommenden Generationen entstehen Weine, die Eleganz und Finesse mit Ausdruck und Kraft vereinen; Weine, die zeigen, dass die großen Gewächse der Wachau zu den besten der Welt gehören. Zahlreiche internationale Auszeichnungen bestätigen die Philosophie von Ilse und Toni Bodenstein, die gemeinsam eines der renommiertesten Weingüter Österreichs führen. Der ansitzartige Lesehof, Teil des abgekommenen Weilers »Ritzling«, wurde bereits 1302 »das Haus am Chling« genannt. Originalurkunden aus den Jahren 1366 und 1715 dokumentieren die zugehörigen Weingärten Ritzling, Hinter der Burg und Leber. Sie befinden sich noch heute im Gutsbestand.

Die großen Lagen des Weingutes liegen teils in Weißenkirchen (Steinriegl, Zwerithaler, Klaus und Achleiten) sowie in Dürnstein (Kaiserberg, Hollerin und neuerdings auch Liebenberg). Beachtung verdient auch das »Wachstum Bodenstein«, ein Riesling, der seine filigrane Finesse extremer Höhenlage (460 Meter) verdankt. Beim Grünen Veltliner ist es die »Stockkultur« in der Achleiten, wo ein uralter Rebbestand einen konzentrierten mineralischen Wein liefert, in den man sich vertiefen kann. Neu ist die junge Stockkulturanlage von der Achleiten, die als Grüner Veltliner nun die Bezeichnung »Wachstum Bodenstein« führt. Zusammen sind es etwas mehr als 17 Hektar Weingärten, die größtenteils in extremer Terrassenlage bewirtschaftet werden. In diesem einzigartigen Landstrich Wachau Winzer sein zu dürfen bedeutet für Ilse und Toni Bodenstein gleichermaßen Vermächtnis wie Herausforderung.

(95–97) Riesling Smaragd
Wachstum Bodenstein 2011
14 Vol.%, NK, extratrocken, €€€€€
Mittleres Grüngelb. Feinwürzig unterlegte Steinobstnoten, dunkle Mineralik, zart nach Mandarinen, Orangenzesten. Engmaschig, komplex, gelbe Tropenfrucht am Gaumen, straffe Säurestruktur, zitronige Nuancen, angenehme Extraktsüße im Nachhall, facettenreich und lange anhaltend, ein großes Zukunftsversprechen.

(94–96) Grüner Veltliner Smaragd
Wachstum Bodenstein 2011
13,5 Vol.%, NK, extratrocken, €€€€€
Mittleres Grüngelb, Silberreflexe. Mit zarten Orangenzes-

ten unterlegte gelbe Apfelfrucht, feine Kräuterwürze, zart nach Marille. Komplex, engmaschig, elegante gelbe Frucht, finessenreiche Struktur, mineralisch-zitronige Nuancen im Abgang, bleibt gut haften, verfügt über großes Trinkanimo, zart nach Mango im Nachhall, gutes Zukunftspotenzial.

(94-96) Riesling Smaragd Klaus 2011
NK, extratrocken, €€€€€
Mittleres Grüngelb. Rauchig unterlegte feine Steinobstfrucht, feinster Blütenhonig, zart nach Mandarinen. Stoffig, reife Pfirsichfrucht, komplex und engmaschig, feine Säurestruktur, wirkt leichtfüßig, dabei gut anhaltend, mineralisch und mit enormem Potenzial ausgestattet.

(93-95) Riesling Smaragd Achleiten 2011
13,5 Vol.%, NK, extratrocken
Helles Gelbgrün. Feinwürzig unterlegte gelbe Tropenfruchtanklänge, kleiner Weingartenpfirsich, zitronige Nuancen. Komplex, feine weiße Frucht, finessenreiche Struktur, zitronige Noten, hochelegant, angenehme Extraktsüße, zarte Ananas im Nachhall, großes Zukunftspotenzial.

(93-95) Grüner Veltliner Smaragd Achleiten 2011
13,5 Vol.%, NK, extratrocken, €€€€€
Mittleres Grüngelb. Zart rauchig-speckige Noten, die so typisch für die Lage sind, mit feiner Apfelfrucht unterlegt, tabakiger Touch, viel Würze. Kraftvoll, engmaschige Textur, angenehme Kräuterwürze, feiner Säurebogen, frische Birnenfrucht im Abgang, gute Länge, ein vielseitiger Speisenbegleiter mit sicherer Zukunft.

(93-95) Grüner Veltliner Smaragd Achleiten Stockkultur 2011
14 Vol.%, NK, extratrocken, €€€€€
Mittleres Grüngelb. Feine Grapefruitnoten, frische Wiesenkräuter, ein Hauch von Stachelbeeren. Stoffig, opulente weiße Tropenfrucht, elegante Textur, gelbe Nuancen im Abgang, wirkt noch etwas unterentwickelt, ein facettenreicher Speisenbegleiter der Zukunft.

(92-94) Riesling Smaragd Steinriegl 2011
13,5 Vol.%, NK, extratrocken, €€€€
Helles Grüngelb. Zart rauchig-mineralisch unterlegte gelbe Steinobstfrucht, feine Blütenaromen, Zitruszesten. Komplex, feine weiße Frucht, saftig, finessenreiche Säurestruktur, salzige Mineralik im Abgang, zitroniger Nachhall, großes Zukunftspotenzial.

(92-94) Grüner Veltliner Smaragd Zwerithaler 2011
13,5 Vol.%, NK, extratrocken, €€€€
Mittleres Gelbgrün. Ein Hauch von Orangenzesten, feine mineralische Nuancen, ein Hauch von reifen Stachelbeeren. Stoffig, elegant, gelbe Tropenfrucht, gute Säurestruktur, zitronige Nuancen, bleibt gut haften, salziger Nachhall.

(91-93) Riesling Smaragd Kaiserberg 2011
13,5 Vol.%, NK, extratrocken, €€€€
Helles Gelbgrün. Zart nach Ananas und Mango, frische Blütenaromen, zitroniger Touch. Saftig, mittlere Komplexität, weiße Frucht, lebendiger Säurebogen, feine Pfirsichfrucht im Nachhall.

(91-93) Grüner Veltliner Smaragd Liebenberg 2011
13,5 Vol.%, NK, extratrocken, €€€€
Mittleres Gelbgrün. Deutliche Kräuterwürze, ein Hauch von Grapefruit, dunkle Mineralik. Kraftvoll, gelbe Apfelfrucht, feiner Säurebogen, zart nach Birne im Abgang, würziger Nachhall, gutes Entwicklungspotenzial.

L 91 Grüner Veltliner Federspiel Hinter der Burg 2011
12,5 Vol.%, DV, extratrocken, €€€
Helles Gelbgrün. Frische Birnenfrucht, zart rauchig, frische Kräuterwürze. Saftig, weiße Frucht, elegante Textur, lebendige Struktur, zart nach grünem Apfel im Abgang, ein vielseitiger Essensbegleiter.

L 91 Riesling Federspiel Steinriegl 2011
12,5 Vol.%, DV, Stahltank, extratrocken, €€€
Mittleres Gelbgrün. Feine gelbe Pfirsichfrucht, zart nach Maracuja und Ananas, Blütenhonig. Saftig, weiße Tropenfrucht, finessenreicher Säurebogen, zitroniger Nachhall, mineralisch und trinkanimierend.

WEINGUT RIXINGER

3620 Spitz/Donau, Gut am Steg 8
T/F: 02713/23 04
weingut@rixinger.at
www.rixinger.at

KELLERMEISTER: Friedrich Rixinger jun.
ANSPRECHPARTNER: Friedrich Rixinger jun. und sen.
ANZAHL/FLASCHEN: k. A. (90 % weiß, 5 % rot, 5 % süß) HEKTAR: 5
VERKOSTUNG: ja AB-HOF-VERKAUF: ja ÜBERNACHTUNGSMÖGLICHKEIT: ja
ANDERE PRODUKTE IM VERKAUF: Sekt, Destillate, Marillennektar, Traubensaft
VEREINSZUGEHÖRIGKEIT: Vinea Wachau, Marivino
MESSEN: VieVinum

Das Weingut Rixinger ist inmitten eigener Weinberge im westlichsten Teil der Wachau, dem »Spitzer Graben«, beheimatet. Die Familie bewirtschaftet fünf Hektar Weingärten und 0,8 Hektar Marillenfläche. Die beste und bekannteste Lage des Gutes ist die Riede Singerriedel, wo Riesling und Grüner Veltliner gepflanzt sind. Auf den Lagen Zornberg, Point, Kalkofen, Tannen und Baumgartental stehen neben den zwei Hauptsorten auch Muskateller, Weißburgunder, Neuburger und Zweigelt.

Der Großteil der Trauben wächst auf Steilterrassenanlagen. Diese Steinterrassen prägen aber nicht nur die Landschaft, sondern sind vor allem auch für die Qualität der Weine verantwortlich. Die Bewirtschaftung der Rieden erfolgt naturnah nach den Richtlinien des »Kontrollierten Integrierten Weinbaus«. Die Weine werden je nach Sorte und Jahrgang in modernen Stahltanks oder, wenn es der Weintyp erfordert, auch in Holzfässern vinifiziert und ausgebaut. Durch die späte Lese und die schonende Verarbeitung der Trauben, die sich wie ein roter Faden vom Most bis zur Flasche zieht, wird eine Haltbarkeit der Rixinger-Weine über Jahrzehnte erzielt. Durch den klimatischen Mix aus der gespeicherten Wärme der Steinterrassen, der kühlen Luft des Waldviertels und den extremen Temperaturschwankungen von Tag und Nacht profitiert der Spitzer Graben zunehmend von den wärmer werdenden Jahren, denn trotz vollendeter physiologischer Reife sind hier in den Weinen immer noch Frische, Fruchtigkeit und Eleganz vorherrschend.

An den Weinbaubetrieb angeschlossen ist auch eine Brennerei. Erholungsuchenden bietet das Weingut geschmackvoll eingerichtete Komfortzimmer mit Terrasse mitten im Weinberg.

(91-93) Riesling Smaragd Singerriedel 2011
14 Vol.%, NK, trocken, €€€
Mittleres Gelbgrün. Zarte Steinobstanklänge, ein Hauch von Pfirsich, aber auch reife Marillen, feine Wiesenkräuter, mineralisch unterlegt. Stoffig, feine gelbe Fruchtanklänge, eine angenehme Fruchtsüße wird von finessenreicher Säure gekontert, weiße Fruchtanklänge im Nachhall, gute Länge, sicheres Entwicklungspotenzial.

(90-92) Neuburger Smaragd Kalkofen 2011
14 Vol.%, NK, trocken, €€€
Mittleres Grüngelb. Noch etwas verhalten, zarte Birnenanklänge, gelbe Frucht und feiner Blütenhonigtouch. Saftig, elegante Textur, rund und stoffig, feine Extraktsüße, gelbe Tropenfrucht im Abgang, bleibt gut haften, ein milder Speisenbegleiter mit gutem Zukunftspotenzial.

(89-91) Grüner Veltliner Smaragd Singerriedel 2011
13,5 Vol.%, NK, extratrocken, €€€
Mittleres Gelbgrün. Mit feiner Kräuterwürze unterlegte gelbe Apfelfrucht, zart nach Mango, tabakiger Anklang. Komplex, stoffige weiße Frucht, feine Süße, dezente Säurestruktur, harmonisch, ein vielseitiger Wein bei Tisch.

89 Grüner Veltliner Federspiel Zornberg 2011
12,5 Vol.%, DV, Stahltank, extratrocken, €€

89 Riesling Federspiel Kalkofen 2011
12,5 Vol.%, DV, Stahltank, extratrocken, €€

88 Muskateller 2011
12,5 Vol.%, DV, Stahltank, trocken, €€

WEINGUT FAMILIE SCHMELZ

★★★★

3610 Joching, Weinbergstraße 14
T: 02715/24 35, F: DW 4
info@schmelzweine.at
www.schmelzweine.at

KELLERMEISTER UND ANSPRECHPARTNER: Johann und Thomas Schmelz
ANZAHL/FLASCHEN: k. A. (100 % weiß) **HEKTAR:** 9
VERKOSTUNG: ja **AB-HOF-VERKAUF:** ja
WEINBÜHNE: für Verkostung und Einkauf, Mo. bis Sa. 10–18 Uhr
ÜBERNACHTUNGSMÖGLICHKEIT: kann organisiert werden
VEREINSZUGEHÖRIGKEIT: Vinea Wachau
MESSEN: VieVinum, ProWein

Mitten im Herzen der Wachau, im kleinen Winzerort Joching befindet sich das Weingut Schmelz, das im Familienbetrieb von Johann und Monika sowie den beiden Söhnen Thomas und Florian geführt wird. Die Rebfläche verteilt sich auf einer Länge von zirka acht Kilometern von Wösendorf bis Unterloiben. Dadurch sind die Weine geprägt von verschiedenen Böden und Klimafaktoren. Der Grüne Veltliner ist die Hauptsorte mit 60 Prozent, gefolgt vom Riesling mit etwa 30 Prozent. Vervollständigt wird das Sortiment mit Gelbem Muskateller, Sauvignon Blanc und Weißburgunder.

Liebevolle Arbeit in den Weingärten während eines Vegetationsjahres, wobei der Natur Respekt und Achtung entgegengebracht werden, und eine sorgfältige Ernte sind die Basis für ein gesundes Traubenmaterial, das im Keller schonend mit moderner Technik verarbeitet wird. Es entstehen daraus trinkfreudige, unverwechselbare Weine mit dem gewissen Fruchtschmelz. Die Weine der Familie, die Gründungsmitglied des Gebietsschutzverbandes »Vinea Wachau« ist, wurden bei zahlreichen nationalen und internationalen Verkostungen ausgezeichnet. 2005 wurde Hans Schmelz von Falstaff zum »Winzer des Jahres« gewählt.

Verkosten kann man die Weine im modernen Ambiente mit traumhaftem Ausblick in die Weingärten. Für Weineinkauf ist die Familie Schmelz gerne von Montag bis Samstag von 10–18 Uhr für ihre Kunden da.

95 Grüner Veltliner Smaragd Pichl-Point 2011
DV, €€€€
Mittleres Grüngelb. Mit feiner weißer Steinobstfrucht unterlegte Fruchtexotik, zart nach Wiesenkräutern, rauchig-tabakige Nuancen, sehr facettenreiches Bukett. Stoffig, opulente weiße Frucht, feiner Säurebogen, zart nach Ananas im Abgang, mineralisch und anhaltend, sehr gutes Reifepotenzial.

95 Riesling Smaragd Dürnsteiner Freiheit 2011
14 Vol.%, DV, €€€€€
Mittleres Grüngelb. Saftige Steinobstklänge, ein Hauch von Mango, Ananas, feine Orangenfrucht, dunkle Mineralik im Abgang. Kraftvoll, stoffig, engmaschiger Stil, gut integrierte Säurestruktur, bleibt sehr gut haften, braucht noch seine Zeit, wird im Herbst erstmals richtig aufblühen.

95 Riesling Smaragd Steinriegl 2011
14,2 Vol.%, DV, €€€€
Mittleres Grüngelb. Einladende gelbe Pfirsichfrucht, zarter Blütenhonig, zarter Orangentouch, Zitruszesten. Saftig, sehr komplex, finessenreiche Säurestruktur, dichte Mineralik, feiner Grapefruittouch, bleibt sehr lange haften, sehr salzig, ein wunderbarer Speisenbegleiter.

95 Best of Riesling 2011
14 Vol.%, DV, Stahltank, trocken, €€€€€
Helles Grüngelb. Hochfeine Pfirsichfrucht, feine Zitrusnote, mineralisch, zarte Blütenaromen, facettenreich. Saftig, elegant, feine Orangenzesten, gut integrierte Säurestruktur, hat Kraft und Potenzial, gelbe Steinobstnoten im Nachhall, sehr gutes Zukunftspotenzial.

94 Best of Veltliner 2011
14 Vol.%, DV, Stahltank, halbtrocken, €€€€€
Helles Grüngelb. Mit zarter Kräuterwürze unterlegte Grapefruitanklänge, zart nach Stachelbeeren, braucht

Wachau

etwas Luft. Kraftvoll, saftig, gelbe Apfelfrucht, runde Säurestruktur, sehr gut mineralisch unterlegt, extraktsüßer Nachhall, bleibt lange haften, sehr fruchtbetont, sicheres Reifepotenzial.

94 Grüner Veltliner Smaragd Steinertal 2011
14,2 Vol.%, DV, €€€€
Mittleres Grüngelb. Noch etwas verhalten, feine gelbe Frucht, zart nach Mango, etwas Golden Delicious. Saftig, kraftvoll, dabei hochelegant, reife gelbe Tropenfrucht, mit feiner Säurestruktur unterlegt, dunkle Mineralik, feine süße Apfelfrucht.

93 Grüner Veltliner Smaragd Höhereck 2011
14,3 Vol.%, DV, €€€
Mittleres Grüngelb. Reife gelbe Apfelfrucht, zarter Blütenhonig, feiner, etwas zurückhaltender Duft. Am Gaumen kraftvoll, saftig, seidige Textur, zart nach Karamell, feine Kräuterwürze im Abgang, ein stoffiger Speisenbegleiter.

93 Weißer Burgunder Smaragd Postaller 2011
15,7 Vol.%, DV, €€€
Helles Grüngelb. Reife gelbe Frucht, zart nach Babybanane, zart nach weißem Pfirsich. Kraftvoll, reife gelbe Frucht, Mango, zarte Kräuter, zartes Karamell, ein trockener Powerwein, Orangen im Abgang.

92 Grüner Veltliner Smaragd Loibenberg 2011
14 Vol.%, DV, €€€€
Mittleres Grüngelb. Zarte Kräuterwürze, feiner Marillentouch, tabakige Nuancen, gute Mineralik angelegt. Saftig, angenehme Süße nach reifen Birnen, runder Säurebogen, kraftvoll im Abgang, bereits gut antrinkbar und entwickelt.

92 Gelber Muskateller Postaller 2011
13,2 Vol.%, DV, trocken, €€€
Helles Grüngelb. Sehr feine Blütenaromen nach Holunder, zart nach Mandarinen und Muskatnuss. Saftig, sehr gute Komplexität, feine gelbe Frucht, frische Säurestruktur, stoffig und gut anhaltend, feine Süße im Nachhall, mineralischer Rückgeschmack.

L 91 Riesling Federspiel Stein am Rain 2011
12,8 Vol.%, DV, extratrocken
Helles Grüngelb. Facettenreiche Steinobstnase, feiner Touch von Wiesenkräutern, zitroniger Touch, attraktives Bukett. Elegant und saftig, feine gelbe Tropenfrucht, finessenreicher Säurebogen, bleibt sehr gut haften, verfügt über Reifepotenzial.

L 90 Grüner Veltliner Federspiel Tom 2011
12,8 Vol.%, DV, extratrocken, €€
Mittleres Grüngelb. Zart kräuterwürzig unterlegtes Bukett, feine Nuancen von Steinobst, dazu Golden-Delicious-Apfel, einladende Nase. Stoffig, komplex, weiße Birnen, wirkt kraftvoll, finessenreiche Säurestruktur, saftig und anhaltend,

verfügt über Entwicklungspotenzial, dunkle Mineralik im Finish.

L 90 Grüner Veltliner Federspiel Steinwand 2011
12,7 Vol.%, DV, extratrocken, €€
Helles Grüngelb. Feine Würze, frische weiße Frucht, mineralischer Touch, ein Hauch von Zitrus. Am Gaumen elegant, feine Apfelfrucht, finessenreich strukturiert, gute Länge, ein ausgewogener Speisenbegleiter.

L 90 Riesling Federspiel Tom 2011
12,8 Vol.%, DV, extratrocken, €€€
Helles Grüngelb. Feine gelbe Pfirsichfrucht, zart nach Blütenhonig, zart nach Ananas, einladender Duft. Saftige Marillenfrucht, frischer Säurebogen, bleibt gut haften, mineralisch-salziger Nachhall, trinkfreudiger Stil.

89 Grüner Veltliner Federspiel Loibner Gärten 2011
12,8 Vol.%, DV, extratrocken, €€

89 Riesling Federspiel Wachauer Weingebirge 2011
12,9 Vol.%, DV, extratrocken, €€€

89 Sauvignon Blanc Donaufeld 2011
13 Vol.%, DV, extratrocken, €€

88 Grüner Veltliner Federspiel Pichl-Point 2011
12,9 Vol.%, DV, extratrocken, €€

88 Grüner Veltliner Steinfeder Buschenberg 2011
11,8 Vol.%, DV, extratrocken

★★

WEINGUT HEINZ UND ADRIENNE SIGL

3602 Rossatz 175
T: 02714/63 02, F: DW 28
winzerhof-sigl@direkt.at
www.winzerhof-sigl.at

KELLERMEISTER: Heinz Sigl ANSPRECHPARTNER: Heinz und Adrienne Sigl
ANZAHL/FLASCHEN: 60.000 (90 % weiß, 10 % rot) HEKTAR: 7,5
VERKOSTUNG: Ja, gegen Voranmeldung AB-HOF-VERKAUF: ja
ANDERE PRODUKTE IM VERKAUF: Destillate, Frizzante
VEREINSZUGEHÖRIGKEIT: Vinea Wachau
MESSEN: VieVinum, ProWein

Wachau

Mitten in den Weinbergen von Rossatz liegt das neue Weingut Sigl, der Ausblick auf das wunderschöne Donautal erstreckt sich von Dürnstein bis Krems. Bei einer Weinverkostung im modernen Ambiente können Weinliebhaber sowohl die hervorragenden Weine als auch die traumhafte Kulisse genießen.

Kreativität und viel Gefühl gepaart mit einer fundierten Ausbildung und moderner Weintechnologie bilden die perfekte Grundlage für die hochwertigen Weine, die unter anderem aus den Rieden Steiger, Frauenweingarten und Kirnberg kommen. Auf 7,5 Hektar zählt neben den Sortenklassikern Grüner Veltliner und Riesling auch Zweigelt zu den Leitsorten des Betriebes. Die besonderen Klimaverhältnisse in der Wachau, die vorausschauende qualitätsorientierte Arbeit im Weingarten, der richtige physiologische Reifezeitpunkt und die schonende Verarbeitung bilden die Basis für den unverwechselbaren Charakter der Weine. Kein Jahr gleicht dem anderen – und so ist es die wahre Herausforderung, dem Kunden konsequent die reintönigen und fruchttiefen Spitzenprodukte zu bieten. Das heißt aber auch, mit viel Liebe und Können die sortentypischen Merkmale der Trauben zu optimieren.

(91-93) Grüner Veltliner Smaragd Frauenweingarten 2011
14 Vol.%, DV, großes Holzfass, trocken, €€€
Mittleres Gelb mit Silberreflexen. Mit feinen Honigklängen unterlegte Apfel-Marillen-Frucht, ein Hauch von frischen Kräutern, gute Mineralik, tabakige Nuancen. Komplex, saftig, fast cremige Textur, reife Honigmelone, feiner Säurebogen, bleibt gut haften, verfügt über Reifepotenzial.

(90-92) Grüner Veltliner Smaragd Steiger 2011
13,5 Vol.%, DV, Stahltank, extratrocken, €€
Mittleres Grüngelb. Mit zarten Wiesenkräutern unterlegte frische Birnenfrucht, ein Hauch von Stachelbeerkonfit, Grapefruitzesten, feine tabakige Nuancen. Saftig, gute Komplexität, gelbe Tropenfrucht, feiner Mangotouch, frischer Strukturbogen, weißer Apfel im Nachhall, trinkanimierend, gut anhaltend.

(90-92) Riesling Smaragd Kirnberg 2011
13,5 Vol.%, DV, Stahltank, trocken, €€€
Mittleres Gelbgrün. Mit feinen Blütenaromen unterlegte frische Steinobstklänge, ein Hauch von Zitruszesten, nach Weingartenpfirsich. Saftige weiße Tropenfrucht, knackige Struktur, rassig und trinkanimierend, zitronig unterlegte Mineralik im Abgang.

L 90 Grüner Veltliner Federspiel Steiger 2011
12,5 Vol.%, DV, Stahltank, extratrocken, €€
Mittleres Grüngelb. Feinwürzig unterlegte gelbe Apfelfrucht, feiner Blütenhonig, mineralischer Touch. Saftig, gute Komplexität, zart nach Honigmelone, frischer Säurebogen, elegant und anhaftend, gutes Reifepotenzial, feine zitronige Nuancen, trinkanimierend.

89 Grüner Veltliner Federspiel Kirnberg 2011
12,5 Vol.%, DV, Stahltank, extratrocken, €€

(88-90) Sauvignon Blanc Smaragd 2011
13,5 Vol.%, DV, Stahltank, extratrocken, €€

88 Riesling Federspiel Kirnberg 2011
12,5 Vol.%, DV, Stahltank, extratrocken, €€

TASSILO – WACHAU
Weingut Müller
3508 Krustetten, Hollenburger Straße 12
T: 02739/26 91, F: DW 14
info@weingutmueller.at, www.weingutmueller.at

KELLERMEISTER UND ANSPRECHPARTNER: Leopold Müller
ANZAHL/FLASCHEN: k. A. (90 % weiß, 10 % rot) **HEKTAR:** 10
VERKOSTUNG: ja **AB-HOF-VERKAUF:** ja **HEURIGER:** 11. bis 24. 7. und 26. 9. bis 9. 10. **ÜBERNACHTUNGSMÖGLICHKEIT:** kann organisiert werden
ANDERE PRODUKTE IM VERKAUF: Edelbrand, Fruchtsäfte
VEREINSZUGEHÖRIGKEIT: Vinum Circa Montem
MESSEN: ProWein, VieVinum, Alles für den Gast

Die Brüder Stefan und Leopold Müller aus Krustetten im Kremstal führen seit dem Jahrgang 2009 eine neue Linie in ihrem Sortiment – »Tassilo«. Diese Weine stammen von zehn Hektar Top-Lagen in der Wachau, die von dem Brüderpaar sorgfältigst gepflegt und bewirtschaftet werden. Die Rebflächen kommen aus dem Besitz des Stiftes Kremsmünster, das 777 n. Chr. von Bayernherzog Tassilo III. gegründet wurde und seit dem Jahr 893 Reben in der Wachau pflegt. Die damals sorgfältig angelegten Weingärten bestechen auch heute noch durch ihre besonders guten Bodeneigenschaften und idealen klimatischen Verhältnisse. Vor allem die kargen Urgesteinsböden der tausendjährigen Rieden Süßenberg, Alte Point und Leukuschberg verleihen den Weinen eine charakteristische Mineralik und Vielschichtigkeit. Das kostbarste Stück der Kunstsammlung des Stiftes, der Tassilokelch, wurde in das Etikett als Zeichen der Wachauer Weine eingebaut.

(91-93) Riesling Süßenberg Reserve 2011
13,5 Vol.%, DV, Stahltank, 3000, extratrocken, €€€
Helles Grüngelb. Zart nach Blütenhonig, Steinobstklänge, ein Hauch von Ananas. Saftig, zart nach weißen Tropenfrüchten, Weingartenpfirsich, angenehme Extraktsüße, frischer Säurebogen, bleibt gut haften, mineralischer Nachhall, gutes Reifepotenzial.

89 Weißer Burgunder Süßenberg 2011
12,5 Vol.%, DV, Stahltank, 2000, extratrocken, €€

89 Grüner Veltliner Alte Point 2011
12,5 Vol.%, DV, Stahltank, 15.000, extratrocken, €€

(88-90) Grüner Veltliner Süßenberg Reserve 2011
13,5 Vol.%, DV, Stahltank, 4000, extratrocken, €€€

88 Grüner Veltliner Steinmauer 2011
12,5 Vol.%, DV, Stahltank, 30.000, extratrocken, €€

(87-89) Pinot Noir Süßenberg Reserve 2010
13,5 Vol.%, DV, Stahltank, 1800, extratrocken, €€€

★★★

TEGERNSEERHOF – MITTELBACH
3601 Dürnstein, Unterloiben 12
T: 02732/853 62, F: DW 20
office@tegernseerhof.at
www.tegernseerhof.at

KELLERMEISTER UND ANSPRECHPARTNER: Martin Mittelbach
ANZAHL/FLASCHEN: k. A. (95 % weiß, 3 % rot, 2 % süß) HEKTAR: 23
VERKOSTUNG: ja AB-HOF-VERKAUF: ja
HEURIGER: Alter Klosterkeller in Dürnstein, auf Anfrage, T: 02711/292
ANDERE PRODUKTE IM VERKAUF: Verjus
VEREINSZUGEHÖRIGKEIT: Vinea Wachau
MESSEN: VieVinum, ProWein

Wachau

Die Geschichte des Tegernseerhofs reicht über 1000 Jahre zurück, als Kaiser Heinrich II. dem Benediktinerkloster Tegernsee »zwei Huben Land« in der Wachau schenkte. Im Jahr 1176 wurde darauf der Tegernseerhof errichtet – benannt nach seinem Eigentümer. Heute, viele Jahrhunderte später, ist der Tegernseerhof bereits in der sechsten Generation im Besitz der Familie Mittelbach. Sein Name ist erhalten geblieben, ebenso das uralte Wissen über Wein, das von Generation zu Generation weitergegeben wurde.
Die Weingärten des Tegernseerhofs erstrecken sich über die besten Lagen der Wachau. Sie sind geprägt von steilen Terrassen aus massivem Urgestein, die optimal von den Winden und der Sonne umspielt werden. Das Ergebnis: eine unglaubliche Dichte an Aromen, die sich in den Smaragden des Weinguts auf unterschiedlichste Weise zu erkennen gibt. Ob Grüner Veltliner oder Riesling, jeder Wein hat seine eigene Persönlichkeit – jeder seinen eigenen Charakter.

(93-95) Riesling Smaragd Steinertal 2011
13,5 Vol.%, DV, Stahltank, extratrocken, €€€€€
Helles Grüngelb. Einladender frischer Weingartenpfirsich, ein Hauch von Grapefruit, weiße Blüten, facettenreiches Bukett. Saftig, engmaschig, kühle Stilistik, frischer Säurebogen, sehr gut anhaftend, dezente Fruchtsüße im Nachhall, angenehme zitronige Noten, reifer Pfirsich auch im Rückgeschmack, großes Entwicklungspotenzial.

(92-94) Riesling Smaragd Kellerberg 2011
13,5 Vol.%, DV, Stahltank, extratrocken, €€€€€
Mittleres Grüngelb. Zart mit Mandarinen unterlegte feine Steinobstnote, ein Hauch von Honigmelone, frische Limetten klingen an. Saftig, engmaschig, feine weiße Frucht, lebendige Säurerasse, frisch und trinkanimierend, bleibt sehr gut haften, zitronige Nuancen im Rückgeschmack, sicheres Reifepotenzial.

(92-94) Grüner Veltliner Smaragd Höhereck 2011
14 Vol.%, DV, Stahltank, extratrocken, €€€€€
Mittleres Grüngelb. Mit frischen Wiesenkräutern unterlegte gelbe Apfelfrucht, dunkle Mineralik, ein Hauch von Orangenzesten. Saftig, eleganter Körper, feiner Marillenanklang, seidige Textur, feines Säurespiel, ein ausgewogener Speisenbegleiter, gutes Entwicklungspotenzial.

(91-93) Riesling Smaragd Loibenberg 2011
13,5 Vol.%, DV, Stahltank, extratrocken, €€€€
Mittleres Grüngelb. Einladende gelbe Steinobstnote nach Pfirsich, zart mit Tropenfruchtnuancen unterlegt. Saftig, harmonisch, feine Fruchtsüße im Kern, angenehmer Säurebogen, zarte Zitrusanklänge, bleibt gut haften, mineralischer Nachhall.

(91-93) Grüner Veltliner Smaragd Loibenberg 2011
14 Vol.%, DV, Stahltank, extratrocken, €€€€
Mittleres Grüngelb. Noch etwas verhaltenes Bukett, zart

Wachau

nach Mango und gelbem Apfel. Saftig, gute Komplexität, reife gelbe Fruchtnuancen, gut integrierter Säurebogen, elegant und anhaltend, wird von Flaschenreife profitieren.

(91-93) Weissenkirchner Zwerithaler Smaragd 2011
14 Vol.%, DV, Stahltank, extratrocken, €€€
Mittleres Grüngelb. Frische weiße Apfelfrucht, Nuancen von Wiesenkräutern, ein Hauch von Mandarinenzesten. Kraftvoll, elegante Textur, feine Nuancen von gelben Tropenfrüchten, extraktsüßer Kern, feines Säurespiel, ein facettenreicher, mineralischer Speisenbegleiter.

L 91 Grüner Veltliner Federspiel Superin 2011
12,5 Vol.%, DV, Stahltank, extratrocken, €€
Mittleres Grüngelb. Mit zarten Gewürznuancen unterlegte reife gelbe Frucht, ein Hauch von Orangen, tabakige Anklänge, attraktives Bukett. Saftig, kompakt, reife gelbe Apfelnote, feine Säurestruktur, mineralisch, bleibt sehr gut haften, gutes Zukunftspotenzial, ein facettenreicher Speisenbegleiter.

WAGRAM

Wagram – Grüner Veltliner hat Lust auf Löss

Wagram, seit 2007 der offizielle Name dieses Weinbaugebiets, bezeichnet eine mächtige Geländestufe, die sich am linken Donauufer flussabwärts von Krems auf 30 Kilometern Länge erstreckt. Rund 2500 Hektar Rebfläche befinden sich in diesem Teil. Die restliche Weingartenfläche ist in der südlich der Donau gelegenen Großlage Klosterneuburg zu finden.

Der Wagram selbst kann in seiner geologischen und klimatischen Einheitlichkeit als idealtypisches Weinbaugebiet bezeichnet werden. Der Boden – eine Lössanwehung an den Ufern des Urmeeres, die ein einzigartiges Landschaftsbild formt – ist reich an Fossilien und Mineralien. Er verleiht den Weinen nachweislich eine ganz eigenständige Charakteristik. Der Einfluss des pannonischen Klimas mit sehr warmen Sonnentagen steht im Wechselspiel mit den kühlen Nächten. Die Kombination ergibt Weine von betonter Fruchtigkeit, Eleganz und Schmelz. Dieses »Terroir« kommt vor allem in der Hauptsorte des Gebiets, dem Grünen Veltliner, vollendet zum Ausdruck. Auch der autochthone Rote Veltliner gedeiht unter diesen Bedingungen hervorragend.

Gehaltvolle Rotweine – vorwiegend aus Blauem Zweigelt und Blauburgunder – sind in den führenden Weingütern ebenso anzutreffen wie Süßweine. Speziell Eisweine werden am Wagram in besonderer Qualität gekeltert. Die Qualitätssteigerung in den letzten Jahren hat den Wagram dem Status eines Geheimtipps enthoben. Orte wie Feuersbrunn, Fels, Kirchberg oder Großriedenthal haben sich längst als Adressen engagierter Betriebe etabliert.

Die Großlage Klosterneuburg deckt ein weites weinbauliches Spektrum ab: Hier befinden sich beschauliche Buschenschenken ebenso wie äußerst traditionsreiche Betriebe von stattlicher Größe, Sektkellereien und eine Institution von besonderem Wert: die Höhere Bundeslehranstalt für Wein- und Obstbau, die erste Weinbauschule der Welt und heute renommierte Ausbildungsstätte des österreichischen Winzernachwuchses.

★★★★

- Weinberghof Fritsch, Oberstockstall
- Weingut Leth, Fels/Wagram
- Weingut Bernhard Ott, Feuersbrunn

★★★

- Weingut Anton Bauer, Feuersbrunn
- Weingut Ecker – Eckhof, Mitterstockstall
- Weingut Josef Ehmoser, Großweikersdorf
- Weingut Josef Fritz, Zaussenberg

★★

- Familie Bauer – Naturnaher Weinbau, Großriedenthal

★★

- Weingut Josef Bauer, Feuersbrunn
- Weingut Stefan Bauer, Königsbrunn/Wagram
- Weingut Ernst, Großwiesendorf
- Weingut Kolkmann, Fels/Wagram
- Winzerhof Franz Anton Mayer, Königsbrunn/Wagram
- Weingut Mehofer – Neudeggerhof, Neudegg
- Weinbau Familie Reinberger, Grafenwörth
- Fritz Salomon – Gut Oberstockstall, Kirchberg/Wagram
- Weingut Familie Schuster, Großriedenthal

Wagram

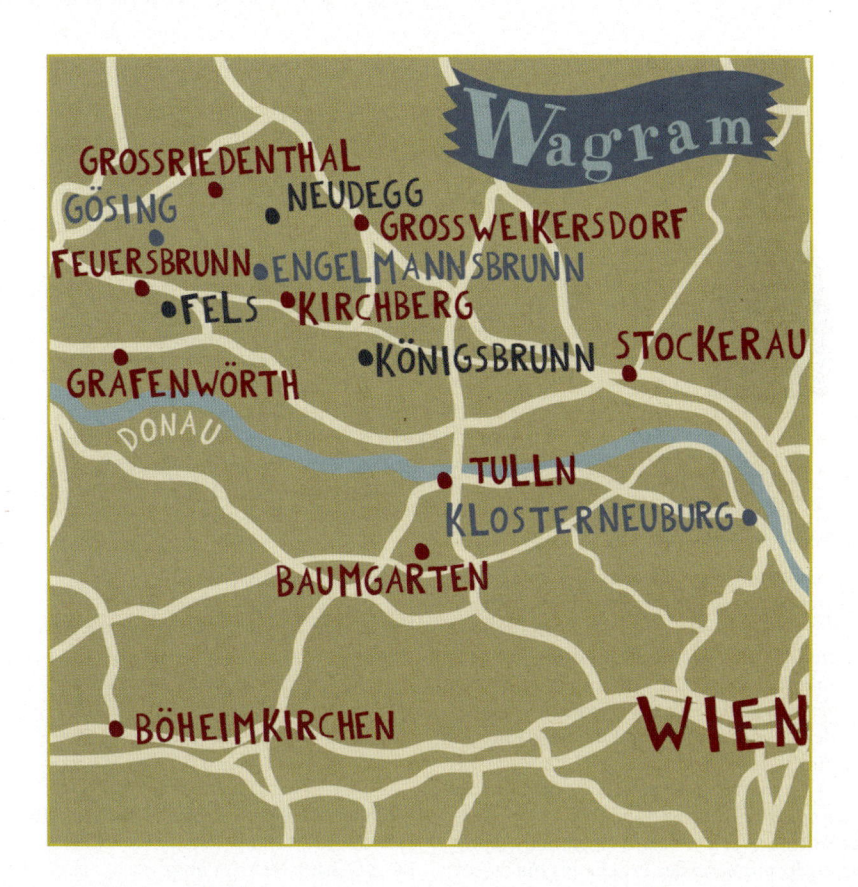

★★
- ◆ Weinhof Waldschütz, Sachsendorf
- ◆ Weingut Gerald Waltner, Engelmannsbrunn

★
- ◆ Weingut Benedikt, Kirchberg/Wagram
- ◆ Weingut Leopold Blauensteiner, Gösing/Wagram
- ◆ Weingut Christoph Daschütz, Mitterstockstall
- ◆ Weingut Karl Diwald, Großriedenthal
- ◆ Winzerhof Direder, Mitterstockstall
- ◆ Weingut Gerhold, Gösing
- ◆ Winzerhof Gmeiner, Seebarn/Wagram
- ◆ Weingut Norbert Greil, Unterstockstall
- ◆ Weinhof Grill, Fels/Wagram
- ◆ Weingut Heiderer-Mayer, Baumgarten

★
- ◆ Weingut Stift Klosterneuburg, Klosterneuburg
- ◆ Weingut Nimmervoll, Kirchberg
- ◆ Weingut Franz Sauerstingl, Fels/Wagram
- ◆ Weinmanufaktur Clemens Strobl, Linz
- ◆ Weingut Urbanihof – Familie Paschinger, Fels/Wagram

- ◆ Bründy – Weingut am Wagram, Feuersbrunn
- ◆ Weinhof Ehn, Engelmannsbrunn
- ◆ Weingut Polsterer, Feuersbrunn
- ◆ Weingut Stopfer, Ruppersthal
- ◆ Weingut Zeitlberger & Zeitlberger, Großweikersdorf

Wagram

★★★
WEINGUT ANTON BAUER

3483 Feuersbrunn, Neufang 42
T: 02738/25 56, F: DW 60
office@antonbauer.at
www.antonbauer.at

KELLERMEISTER UND ANSPRECHPARTNER: Anton Bauer
ANZAHL/FLASCHEN: k. A. (55 % weiß, 45 % rot) HEKTAR: 20
VERKOSTUNG: ja, gegen Voranmeldung
AB-HOF-VERKAUF: ja, limitierte Mengen
ÜBERNACHTUNGSMÖGLICHKEIT: kann organisiert werden
ANDERE PRODUKTE IM VERKAUF: Tresterbrände »Stroblbauer«
MESSEN: ProWein

Bereits in vierter Generation bewirtschaftet Anton Bauer den Familienbetrieb am Wagram. Sein Credo ist so simpel wie erfolgreich: Offen sein für neue Sorten, für neue Techniken und Ausbauweisen, und sich doch auf die Stärken der Region besinnen – und das sind der Grüne Veltliner und die tiefgründigen Lössböden des Wagrams.

Der Grüne Veltliner in seiner ganzen Bandbreite spielt bei Anton Bauer die Hauptrolle. Das Sortiment reicht von Weinen mit leichter, fruchtiger, animierender Frische bis hin zu solchen mit kraftvoller, ungeahnter Komplexität. Aber auch Riesling, Weißburgunder und Chardonnay präsentieren sich vom Terroir geprägt: rassig, dicht und extraktreich.

Und die Rotweine? Ein Spiel mit dem Feuer, wie schon der Name des Herkunftsortes nahelegt.

(92-94) Grüner Veltliner Grande Reserve 2011
14 Vol.%, NK, extratrocken, €€€€
Mittleres Grüngelb. Mit frischer Kräuterwürze unterlegte gelbe Apfelfrucht, zart nach Mango und Papaya, tabakige Nuancen. Saftig, feiner Blütenhonig klingt an, stoffig, ohne opulent zu wirken, gute Säurestruktur, dunkle mineralische Komponenten im Abgang, sehr gute Länge, sicheres Entwicklungspotenzial.

(92-94) Riesling Auslese 2011
14,5 Vol.%, NK, Stahltank, lieblich, €€€€
Kräftiges Gelb. Vollreife Steinobstklänge, feiner Honig, angenehme Botrytiswürze, fast rotbeeriger Charakter. Saftige gelbe Tropenfrucht, von einer präzisen Säurestruktur getragen, zitroniger Touch, versteckt seine Muskeln, feine gelbe Frucht und zarte Honigklänge im Abgang, große Zukunft.

92 Grüner Veltliner Rosenberg Alte Reben 2011
13,5 Vol.%, NK, Stahltank, extratrocken, €€€€
Helles Grüngelb. Mit feinen Wiesenkräutern unterlegte frische Apfelfrucht, zart nach Quitten und Orangenzesten. Saftig, angenehme Fruchtsüße, gelbe Tropenfruchtanklänge, finessenreiches Säurespiel integriert, zarte Mineralik im Abgang, gute Länge, verfügt über Reifepotenzial.

91 Grüner Veltliner Spiegel 2011
13,5 Vol.%, DV, Stahltank/großes Holzfass, extratrocken, €€€
Helles Grüngelb. Feine gelbe Apfelfrucht, ein Hauch von Honigmelone, zarter Blütenhonig. Saftig, elegant und ausgewogen, gelbe Frucht, feiner Säurebogen, angenehme Extraktsüße im Abgang, ein harmonischer, vielseitiger Speisenbegleiter.

(89-91) Cabernet Sauvignon 2010
13,5 Vol.%, NK, Barrique, extratrocken, €€€€
Kräftiges Rubingranat, violette Reflexe, zarte Randaufhellung. Zart balsamisch unterlegtes dunkles Beerenkonfit, ein Hauch von Nougat und Vanille. Saftig, frische Kirschenfrucht, ein Hauch von Cassis, angenehme Holzwürze, bleibt gut haften, zarte Kräuterwürze im Nachhall.

(88-90) Wagram Reserve 2010 CS/BF/ME/ZW/SY
13,5 Vol.%, NK, Barrique, extratrocken, €€€

FAMILIE BAUER – NATURNAHER WEINBAU

★★

3471 Großriedenthal, Hauptstraße 68
T: 02279/72 04, F: DW 4
info@familiebauer.at
www.familiebauer.at

Wagram

KELLERMEISTER UND ANSPRECHPARTNER: Josef Bauer
ANZAHL/FLASCHEN: k. A. (60 % weiß, 35 % rot, 5 % süß) HEKTAR: 18
VERKOSTUNG: ja, gegen Voranmeldung AB-HOF-VERKAUF: ja
HEURIGER: 1. und 2. 9.
ANDERE PRODUKTE IM VERKAUF: Traubenkernprodukte
VEREINSZUGEHÖRIGKEIT: Vin-Ursprung, Weingüter Wagram
MESSEN: VieVinum, ProWein

Im 18 Hektar großen Weinbaubetrieb nimmt der Grüne Veltliner mit 45 Prozent den größten Teil der Rebfläche ein. Daneben gehören aber auch zahlreiche andere Weiß- und Rotweinsorten zum Sortiment der Familie Bauer. Aufgrund der unterschiedlichsten Bodenarten konnten die verschiedenen Rebsorten ideal auf den passenden Standort abgestimmt werden. Die Burgundersorten und den Cabernet Sauvignon pflanzte man auf einem kalkhaltigen Lössboden, auf sandig-schottrigem Lössboden gedeihen Riesling und Merlot. Der Grüne Veltliner steht auf mächtigen Lössböden und auf rotem Schotter.

Besonderes Augenmerk legt das Weingut Bauer auf den naturnahen Weinbau. Für die intensiven Bemühungen in diese Richtung wurde der Betrieb schon früh mit einem Umweltpreis ausgezeichnet. Gesunde, zum richtigen Termin gelesene, vollreife Trauben werden sortenrein und je nach Weintyp verarbeitet. Die Rotweine reifen nach dem biologischen Säureabbau in Eichenholzfässern. Seit 1991 werden auch konsequent hochwertige Eisweine produziert. Grüner Veltliner, Blauer Burgunder und die Rarität Sylvaner werden mit viel Engagement durch den Reifeverlauf bis zur eisigen winterlichen Ernte bei mindestens minus sieben Grad Celsius begleitet. Wenn es die Botrytis zulässt, werden auch edelsüße Weine gekeltert.

92 Weißburgunder 2011
14 Vol.%, Stahltank, €€
Helles Grüngelb. Feiner Apfeltouch, zarte Kräuterwürze, nussiger Touch. Komplex, feine weiße Tropenfruchtanklänge, straffe Säure, extraktsüße Länge, feine Würze im Nachhall, mineralisch und anhaltend, ein kraftvoller Speisenbegleiter mit Zukunft.

91 Roter Veltliner Hinternberg 2011
13 Vol.%, DV, Stahltank, €€
Mittleres Gelbgrün. Feine gelbe Birnenfrucht nach Gute Louise, mineralische Nuancen, zarter Blütenhonig. Komplex, reife gelbe Apfelfrucht, frischer Säurebogen, zarter Zitrustouch im Finale, sicheres Entwicklungspotenzial.

(90-92) Grüner Veltliner Hinternberg 2011 WW1
14 Vol.%, DV, Stahltank, €€
Mittleres Gelbgrün. Reife gelbe Apfelfrucht, zart nach Quittengelee, unterlegt mit Nuancen von Wiesenkräutern. Stoffig, opulente Textur, reife gelbe Tropenfrucht, feine Säurestruktur, kraftvolles Finale, ein potenter Speisenbegleiter.

89 Grüner Veltliner Goldberg 2011
13 Vol.%, DV, Stahltank, €€

89 Chardonnay 2011
14 Vol.%, DV, Stahltank, €€

(88-90) Cuvée Reserve 2009 CS/ZW/ME
13,5 Vol.%, DV, Barrique, €€

Wagram

★★

WEINGUT JOSEF BAUER

3483 Feuersbrunn, Neufang 52
T/F: 02738/23 09
weingut@josefbauer.at
www.josefbauer.at

KELLERMEISTER UND ANSPRECHPARTNER: Josef Bauer
ANZAHL/FLASCHEN: 45.000 (85 % weiß, 15 % rot) **HEKTAR:** 10
VERKOSTUNG: ja **AB-HOF-VERKAUF:** ja
ÜBERNACHTUNGSMÖGLICHKEIT: kann organisiert werden
VEREINSZUGEHÖRIGKEIT: Weingüter Wagram
MESSEN: VieVinum

Bereits in vierter Generation bewirtschaftet Joe Bauer mit seiner Familie zehn Hektar Weingärten in den Rieden am Hengstberg in Feuersbrunn. Die ausgepflanzten Rebsorten des Weinguts Bauer sind zu 50 Prozent Grüner Veltliner, 20 Prozent Riesling, fünf Prozent Weißburgunder und Chardonnay, fünf Prozent Blauburger, zehn Prozent Zweigelt und fünf Prozent Cabernet Sauvignon. Das Hauptaugenmerk des Weinguts liegt vor allem auf der Fruchtigkeit der Weißweine. Die schonende Lese mit anschließendem Traubentransport in Kisten, die Ganztraubenpressung und die temperaturgesteuerte Gärung im Stahltank sind Voraussetzung für viel Frucht und jede Menge Trinkspaß. Die Rotweine werden nach der ersten und zweiten Gärung sowohl in großen Holzfässern als auch in Barriques ausgebaut.

Die Arbeit im Weingarten wird vor allem auf optimales Wassermanagement ausgelegt. Eher offener Boden während der Vegetation, niedrige Erziehungsformen und Ertragsreduktion speziell in extrem trockenen Jahren sind hierbei sehr wichtige Faktoren. Auch im Bereich Pflanzenschutz trachtet das Weingut Josef Bauer in erster Linie danach, die natürliche Widerstandskraft der Reben und Nützlinge so weit zu forcieren, dass chemische Behandlungen nur mehr zur Qualitätssicherung Verwendung finden und auf ein Mindestmaß reduziert werden können.

(91-93) Grüner Veltliner Rosenberg 2011
14 Vol.%, DV, Stahltank, extratrocken, €€€
Mittleres Grüngelb. Tabakig unterlegte Apfelfrucht, zart nach Mango und Kräuterwürze, dunkle Mineralik, facettenreiches Bukett. Saftig, reife gelbe Tropenfrucht, angenehme Extraktsüße, feiner Säurebogen, bleibt gut haften, zart nach Orangen im Abgang, ein vielseitiger Speisenbegleiter mit Reifepotenzial.

(91-93) Riesling Pfarrleithen 2011
14 Vol.%, DV, Stahltank, extratrocken, €€
Mittleres Gelbgrün, Silberreflexe. Einladender Duft nach Weingartenpfirsich, ein Hauch von weißen Blüten, zart mit Maracuja unterlegt. Saftig, reife gelbe Tropenfrucht, angenehme Extraktsüße, frischer Säurebogen, wirkt leichtfüßig und trinkanimierend, gute Länge, sichere Zukunft.

(90-92) Grüner Veltliner Spiegel Alte Reben 2011
13,5 Vol.%, DV, Stahltank, extratrocken, €€
Mittleres Gelb, Silberreflexe. Feine, reife Apfelfrucht, zarte tabakige Nuancen, angenehme Kräuterwürze. Saftig, feine Steinobstklänge, mineralisch und kompakt, feiner Säurebogen, zart nach Babybanane im Abgang, zeigt eine gute Länge, feine Apfelfrucht im Rückgeschmack.

89 Grüner Veltliner Katharina 2011
13 Vol.%, DV, extratrocken, €€

88 Grüner Veltliner Ried Spiegel 2011
13 Vol.%, DV, Stahltank, extratrocken, €

(87-89) Florian 2011 WB/CH
14 Vol.%, DV, Stahltank, extratrocken, €€

★★
WEINGUT STEFAN BAUER

3465 Königsbrunn/Wagram, Rathausplatz 19
T: 02278/27 71, F: DW 10
stefan@weingutbauer.at
www.weingutbauer.at

Wagram

KELLERMEISTER UND ANSPRECHPARTNER: Stefan Bauer
ANZAHL/FLASCHEN: k. A. (89 % weiß, 10 % rot, 1 % süß) HEKTAR: 11
VERKOSTUNG: ja AB-HOF-VERKAUF: ja HEURIGER: 3. bis 19. 8. und
2. bis 11. 11., Mo. bis Fr. ab 17 Uhr, Sa., So. und Fei. ab 16 Uhr
ÜBERNACHTUNGSMÖGLICHKEIT: kann organisiert werden
VEREINSZUGEHÖRIGKEIT: Wagramer Selektion
MESSEN: ProWein, VieVinum

Am Wagram tut sich was. Einer der jungen, aufstrebenden Winzer ist Stefan Bauer, der vor zehn Jahren die Verantwortung für das Weingut übernommen und in vorbildlicher Weise zum Status quo geführt hat. Mut zur Moderne beweist Stefan Bauer nun auch mit dem soeben fertiggestellten Neubau seines Wohnhauses mit integriertem Verkostungs- und Verkaufsraum.

Gewagt, visionär und doch auf eine gewisse Art und Weise zurückhaltend – das ist wohl die zutreffende Beschreibung, die eben auch den Charakter des Winzers widerspiegelt. Erkennbar ist diese Linie auch im neu gestalteten Heurigenlokal. Viel modernes Material wie Glas, Stahlbeton, Stein und neuartige Holzriegelbauweise sind in diesem Projekt verwirklicht. Wie Stefans Weingärten ist auch das Haus nach Süden ausgerichtet. Er beschreibt seine neue Wirkungsstätte so:»Kantig, kernig, zeitlos – wir haben versucht, Alt und Neu zu verbinden, und jetzt blicke ich stolz auf das gelungene Zusammenspiel dieser Faktoren.« Innovation und Weiterentwicklung stehen hier im Zentrum der Philosophie und gelten für seine ausgezeichneten Weine ebenso wie für ihn selbst. Nicht nur die eigene Offenheit und Gastfreundschaft soll dadurch noch stärker zum Ausdruck gebracht werden, sondern auch die der Region. Ziel ist es, neue Gäste in die spannende Weinregion Wagram zu locken. »Die Menschen müssen erfahren, dass bei uns von konzentrierten, finessenreichen feinen Weinen bis zu jenen mit kraftvollem Biss eine große Auswahl zur Verfügung steht. Für jeden Gaumen ist da etwas dabei«, ist Stefan Bauer überzeugt und bestätigt damit das Urteil vieler Weinjournalisten.

(92-94) Roter Veltliner Reserve 2011
14 Vol.%, DV, Stahltank, €€€
Mittleres Gelbgrün. Attraktives Bukett nach Orangenzesten und frischen Birnen, ein zarter Hauch von Dörrobst, feine Kräuterwürze, facettenreiches Bukett. Kraftvoller trockener Stil, feine gelbe Tropenfrucht, kompakt und mineralisch unterlegt, zeigt eine gute Länge, salziger Abgang, sehr gutes Reifepotenzial, exzellenter Sortenausdruck.

(91-93) Grüner Veltliner Steinagrund 2011
14 Vol.%, DV, Stahltank, €€€
Mittleres, leuchtendes Gelbgrün. Mit pfeffrigen Nuancen unterlegte gelbe Apfelfrucht, zart nach Honigmelone, mit angenehmer Kräuternote unterlegt. Stoffig, engmaschige Textur, weiße Apfelfrucht, feine Säurestruktur, tabakigwürzige Nuancen auch im Abgang, bleibt gut haften, ein vielseitiger, kraftvoller Essensbegleiter mit viel Zukunft.

90 Riesling 2011
13,5 Vol.%, DV, Stahltank, €€
Mittleres Grüngelb. Zunächst etwas verhalten, zarte Steinobstklänge, gelber Pfirsich, angenehmer Blütenhonig. Kompakt und komplex, zart nach Honigmelone, frischer Säurebogen, dezente Extraktsüße im Abgang, mineralisches Finale, gutes Entwicklungspotenzial.

89 Grüner Veltliner Wagram 2011
13 Vol.%, DV, Stahltank, €€

89 Roter Veltliner 2011
13 Vol.%, DV, Stahltank, €€

88 Grüner Veltliner Bromberg 2011
12,5 Vol.%, DV, Stahltank, €€

Wagram

WEINGUT BENEDIKT

3470 Kirchberg/Wagram, Mallon 26
T: 02279/24 75, F: DW 15
office@benedikt.cc
www.benedikt.cc

KELLERMEISTER UND ANSPRECHPARTNER: Wolfgang Benedikt
ANZAHL/FLASCHEN: k. A. (80 % weiß, 20 % rot) **HEKTAR:** 20
VERKOSTUNG: ja, gegen Voranmeldung **AB-HOF-VERKAUF:** ja
VEREINSZUGEHÖRIGKEIT: Wagramer Selektion
MESSEN: VieVinum

Er gehört zur neuen, jungen, aufstrebenden Winzergeneration am Wagram. Seine Weine bestechen durch blitzsaubere, fruchtbetonte Stilistik mit Tiefgang. Die Rede ist von Wolfgang Benedikt. Der Winzer, Mitglied bei der »Wagramer Selektion«, führt in der Gemeinde Kirchberg am Wagram einen Traditionsbetrieb (Weinbau seit 1776) mit modernem Weinverständnis, den er vor Kurzem von seinen Eltern übernommen hat.

Nach einigen Jahren der Umstrukturierungsphase ist im Spitzenweinsegment seine klare Handschrift und sein rigoroses Qualitätsdenken erkennbar. Sein vorrangiges Ziel ist es, sich auf die Leitsorte der Weinregion Wagram zu besinnen: den Grünen Veltliner. Diesen pflegt er mit vier verschiedenen Ausbaustufen, wobei der kräftige Lagenveltliner »Schafberg« das Aushängeschild darstellt und auch schon tolle Verkostungserfolge in der Vergangenheit aufzuweisen hat. Neben dem Grünen Veltliner werden noch die Sorten Frühroter Veltliner, Rivaner, Rheinriesling, Chardonnay und Welschriesling gekeltert.

Beim Rotwein spielt natürlich auch gebietsbezogen der Zweigelt die Hauptrolle. Neben dem klassischen Zweigelt versteht es Wolfgang Benedikt auch immer wieder, mit seiner Merlot-Zweigelt-Cuvée »Spartacus« zu beeindrucken.

91 Grüner Veltliner Schafberg 2011
14 Vol.%, DV, großes Holzfass, extratrocken, €€
Helles Grüngelb. Feine Nuancen von weißem Apfel, ein Hauch von frischer Birne, zarte tabakige Nuancen. Gute Komplexität, weiße Tropenfrucht, frischer Säurebogen, zitronige Nuancen im Abgang, mineralischer Nachhall, bereits gut antrinkbar.

90 Rheinriesling 2011
14 Vol.%, DV, großes Holzfass, trocken, €€
Helles Grüngelb. Intensive Steinobstnoten, unterlegt mit Tropenfrüchten wie Maracuja, zarte Grapefruitzesten. Saftig, elegant, gut integrierte Fruchtsüße, finessenreicher Säurebogen, Zitrusfrucht im Nachhall, trinkanimierende Stilistik.

89 Grüner Veltliner Alte Rebe 2011
13 Vol.%, DV, Stahltank, extratrocken, €€

88 Grüner Veltliner Hochrain 2011
12,5 Vol.%, DV, Stahltank, extratrocken, €€

87 Grüner Veltliner Klassik 2011
12 Vol.%, DV, Stahltank, extratrocken, €

88 Cuvée Spartacus 2009 ZW/ME
13,5 Vol.%, DV, großes Holzfass, extratrocken, €€

WEINGUT LEOPOLD BLAUENSTEINER

3482 Gösing/Wagram, Obere Zeile 12
T/F: 02738/21 16
leopold@blauensteiner.com
www.blauensteiner.com

Wagram

KELLERMEISTER UND ANSPRECHPARTNER: Leopold Blauensteiner
ANZAHL/FLASCHEN: k. A. (80 % weiß, 20 % rot) **HEKTAR:** 7
VERKOSTUNG: ja, gegen Voranmeldung **AB-HOF-VERKAUF:** ja
HEURIGER: Weinherbst am Winzerhof am 4. 9. 2012
ÜBERNACHTUNGSMÖGLICHKEIT: ja **ANDERE PRODUKTE IM VERKAUF:**
Destillate **VEREINSZUGEHÖRIGKEIT:** Weingüter Wagram
MESSEN: VieVinum, Alles für den Gast Salzburg, ProWein

Das Weingut liegt im Weinort Gösing – eingebettet in eine Mulde mitten am Wagram. Das wesentliche Kapital des Wagrams ist die unverwechselbare und unzerstörte Kulturlandschaft. Auf dem Weingut Blauensteiner wird der Hauptsorte Grüner Veltliner mit rund der Hälfte der Anbaufläche große Aufmerksamkeit geschenkt. Derzeit werden vom leichten Sommerwein »Wilbling« über »Essenthal« bis zur gehaltvollen »Rassing« insgesamt drei Ausbaustufen angeboten. Die zweite Hälfte der Betriebsfläche teilen sich Sauvignon Blanc, Chardonnay, Riesling sowie Zweigelt, Cabernet Sauvignon und Syrah. Der Rotweinanteil ist zwar in den letzten Jahren gewachsen, wird sich aber bei etwa einem knappen Drittel der Weingärten einpendeln.

Der gelbe Lössboden besitzt ein überaus hohes Wasserhaltevermögen und sorgt für die Vielschichtigkeit des Aromas der Weine. Trockene, heiße Sommer sind vorherrschend. Die relative Abkühlung während der Nachtstunden an den Hängen des Wagrams und vor allem hier in der Höhenlage von Gösing verleiht dem Wein Fruchtigkeit und eine subtile Aromatik. Zu den besten Rieden, die die Familie Blauensteiner bewirtschaftet, zählen Annaguld, Essenthal, Fumberg, Gmirk, Rassing und Wilbling. Das Weingut ist Gründungsmitglied der »Weingüter Wagram«.

92 Grüner Veltliner Rassing 2011
14 Vol.%, DV, Stahltank, extratrocken, €€
Mittleres Gelbgrün. Tabakig-würzig unterlegte Nuancen von reifer Birne, etwas Honigmelone, dunkle mineralische Anklänge. Stoffig, gute Komplexität, extraktsüße gelbe Frucht, frischer Säurebogen, zeigt eine gute Länge, verfügt über gutes Entwicklungspotenzial.

90 Grüner Veltliner Essenthal 2011
13,5 Vol.%, DV, Stahltank, extratrocken, €€
Mittleres Gelbgrün, Silberreflexe. Feinwürzig unterlegte gelbe Apfelfrucht, ein Hauch von Mango und Papaya, frische Wiesenkräuter klingen an. Saftig, ausgewogen, frische weiße Fruchtnuancen, feiner Säurebogen, zitroniger Touch im Nachhall, mineralischer Abgang.

89 Ferrara 2011 CH
15 Vol.%, DV, Stahltank, extratrocken, €€

89 Riesling Gmirk 2011
13,5 Vol.%, DV, Stahltank, extratrocken, €€

87 Grüner Veltliner Wilbling 2011
12,5 Vol.%, DV, Stahltank, extratrocken, €€

87 Sauvignon Blanc Lanner 2011
13,5 Vol.%, DV, Stahltank, extratrocken, €€

BRÜNDY – WEINGUT AM WAGRAM

3483 Feuersbrunn, Neufang 31
T: 02738/87 35, F: DW 4
office@bruendy.at
www.bruendy.at

KELLERMEISTER UND ANSPRECHPARTNER: Ing. Rudolf Bründlmayer
ANZAHL/FLASCHEN: k. A. (70 % weiß, 30 % rot) HEKTAR: 20
VERKOSTUNG: ja AB-HOF-VERKAUF: ja
ÜBERNACHTUNGSMÖGLICHKEIT: kann organisiert werden
MESSEN: Alles für den Gast Salzburg, Vinova

Seit Generationen betreibt die Familie Bründlmayer am Feuersbrunner Hengstberg Weinbau. Die Schreibweise des Namens hat sich über die Generationen von Pründlmayr (1730) über Bründlmayr (1763) und Bründelmayer (1838) bis zur heutigen Version (seit 1902) verändert. Seit 2007 wird die Betriebsbezeichnung »BRÜNDY – Weingut am Wagram« verwendet, um ein unverwechselbares Profil zu schaffen und den Bezug zum jüngsten Weinbaugebiet Österreichs, dem Wagram, zu signalisieren.

1988 pflanzte Ing. Rudolf Bründlmayer als erster Winzer dieser Region Cabernet Sauvignon aus, und er experimentierte bereits in den frühen 1980er-Jahren mit französischen Barriques. 1994 wurden die neuen Rebsorten Rathay und Roesler in der Riede Ritzenthal gepflanzt. Heute wird der Hauptfokus wieder auf die autochthonen Sorten Grüner Veltliner, Roter Veltliner und Zweigelt gerichtet. Die Trauben werden in drei Weinkategorien selektioniert: Die »BRÜ«-Weine sind frisch-fruchtig und jung zu trinken, bei den »LAGEN«-Weinen liegt die Betonung auf dem Terroirausdruck der Wagramer Rieden, und die Premiumweine sind die »Grand BRÜ«-Weine, die absolute Top-Qualität widerspiegeln und im kleinen Eichenholz ausgebaut werden.

Neu im Sortiment sind der Rote Traminer »Wieden« und der Gemischte Satz »Breitl«; erstmals auf dem Markt ist die Cuvée aus Rathay und Roesler, die 2002 ausgeplanzt wurden.

90 Grüner Veltliner Grand Brü 2010
13 Vol.%, DV, Stahltank/Teilbarrique, 2000, extratrocken, €€€
Helles Grüngelb. Feine Nuancen von gelben Tropenfrüchten, ein Hauch von Vanille und Karamell, mit zarter Kräuterwürze unterlegt. Saftig, weiße Frucht, lebendige Säurestruktur, zitronige Nuancen im Abgang, mineralischer Nachhall, ein frischer, trinkanimierender Stil.

(88-90) Roter Veltliner Ried Rosenberg 2011
13 Vol.%, DV, Stahltank, 3000, trocken, €€

88 Chardonnay Ried Holzweg 2011
12,5 Vol.%, DV, Stahltank/Teilbarrique, 6000, trocken, €€

(87-89) Grüner Veltliner Ried Stiegl 2011
13 Vol.%, DV, Stahltank, 8000, extratrocken, €€

**(87-89) Gemischter Satz Ried Breitl 2011
RV/GV/SB/GM**
12,5 Vol.%, DV, Stahltank, 4000, trocken, €€

(85-87) Sauvignon Blanc Ried Nussberg 2011
13 Vol.%, DV, Stahltank, 4000, extratrocken, €€

WEINGUT CHRISTOPH DASCHÜTZ

3470 Kirchberg/Wagram, Mitterstockstall 38
T: 02279/24 43, F: DW 19
weingut@daschuetz.at
www.daschuetz.at

KELLERMEISTER UND ANSPRECHPARTNER: Christoph Daschütz
ANZAHL/FLASCHEN: k.A. (75 % weiß, 25 % rot) **HEKTAR:** 8
VERKOSTUNG: ja, gegen Voranmeldung
AB-HOF-VERKAUF: ja
ÜBERNACHTUNGSMÖGLICHKEIT: kann organisiert werden

Der Betrieb der Familie Daschütz wird schon seit mehr als 200 Jahren als Familienbetrieb geführt. Das Hauptaugenmerk ist darauf gerichtet, regional- und terroirtypische Weine mit persönlicher Handschrift und einem gewissen internationalen Touch zu produzieren. Dabei werden natürlich wichtige ökologische und ökonomische Grundsätze berücksichtigt.

Der Grundstein für beste Weinqualität wird bereits im Weingarten gelegt. Nützlingsschonende integrierte Traubenproduktion sowie Sorgfalt und Genauigkeit sind ein absolutes Muss. Durch Rebschnitt und Ertragsreduktion erreicht die Familie Daschütz die angestrebte Vollreife der Trauben. Nach der händischen Ernte in mehreren Durchgängen – faules Traubenmaterial wird ausgelesen – werden diese schonend gepresst und mittels moderner Kellertechnik weiterverarbeitet. Hygiene und Sorgfalt sind hier die wichtigsten Faktoren. Leichte, fruchtige Weißweine werden im Stahltank ausgebaut, kräftigere Vertreter in Eichen- oder Akazienholzfässern. Einige Rotweine erhalten durch die Vergärung oder Lagerung in Eichenholzfässern (Barriques) zusätzliche Fülle und Komplexität. Hierbei ist wie bei fast allen Dingen im Leben die Zeit ein wesentlicher Faktor. Familie Daschütz ist überzeugt: Man sollte den Weinen die nötige Zeit zum Reifen und Entfalten geben, dann wird das Ergebnis umso hochwertiger und harmonischer.

91 Grüner Veltliner Tradition 2011
13,5 Vol.%, DV, Stahltank, extratrocken, €€
Helles Gelbgrün. Mit zarten Wiesenkräutern unterlegte gelbe Apfelfrucht, ein Hauch von Orangenzesten, tabakige Nuancen. Saftig, weiße Birnenfrucht, mineralische Textur, frische Säurestruktur, zitronige Noten im Abgang, ein lebendiger Speisenbegleiter mit Zukunftspotenzial.

90 Grüner Veltliner Schlossberg 2011
13 Vol.%, DV, Stahltank, extratrocken, €€
Mittleres Grüngelb. Zunächst etwas verhalten, feine weiße Apfelfrucht, ein Hauch von Honigmelone, dezente tabakige Noten unterlegt. Straff, gute Komplexität, grüner Apfel, lebendige, trinkanimierende Struktur, zitronig unterlegter Birnentouch im Abgang.

89 Weißburgunder 2011
13,5 Vol.%, Stahltank, extratrocken, €€

88 Grüner Veltliner Wagramterrassen 2011
12,5 Vol.%, DV, Stahltank, extratrocken, €€

87 Gelber Muskateller 2011
12 Vol.%, Stahltank, trocken, €€

87 Grüner Veltliner Classic 2011
12,5 Vol.%, DV, Stahltank, extratrocken, €€

Wagram

WEINGUT DIREDER

3470 Kirchberg/Wagram, Mitterstockstall 1a
T: 02279/26 59, F: DW 26
weingut@direder.at
www.direder.at

KELLERMEISTER UND ANSPRECHPARTNER: Gerhard und Robert Direder
ANZAHL/FLASCHEN: k. A. (75 % weiß, 25 % rot) HEKTAR: 14
VERKOSTUNG: ja, gegen Voranmeldung AB-HOF-VERKAUF: ja
ÜBERNACHTUNGSMÖGLICHKEIT: ja
ANDERE PRODUKTE IM VERKAUF: Urlaub beim Winzer
VEREINSZUGEHÖRIGKEIT: Wagramer Selektion
MESSEN: ProWein

Schon seit vielen Generationen wird hier Wein von höchster Qualität hergestellt. 1992 übernahm Gerhard Direder das Weingut seiner Eltern und bewirtschaftet seither 14 Hektar Weingärten mit größtem Einsatz und Liebe zum Detail. 2001 wurde mit dem Bau einer neuen Kellerei und sechs modern eingerichteten Gästezimmern begonnen. Rechtzeitig zur Ernte 2002 war die neue Heimstätte der Weine fertiggestellt. Im Sommer 2006 beendete der Junior Robert Direder seine Ausbildung an der Weinbauschule in Krems und ist nun bereits vollständig ins betriebliche Geschehen involviert.

Die Zusammenarbeit von Jung und Alt ermöglicht einen guten Mix aus Moderne und Tradition, der sich auch in den Weinen widerspiegelt. Das Weingut setzt vor allem auf eine naturnahe Arbeitsweise in den Weingärten und in der Kellerei. Einerseits bewirkt die Durchführung einer extensiven Bodenbearbeitung, dass der natürliche Lebensraum für die Nützlinge im Weingarten erhalten bleibt. Diese schonende Vorgehensweise erhält somit den Kreislauf der Natur. Die Produktion von hoher Qualität beginnt bereits im Winter beim Rebschnitt. Man achtet darauf, dass die Reben kurz geschnitten werden, sodass im Vorhinein schon eine gewisse Ertragsreduktion stattfindet. Im Laufe des Jahres wird weiters der Ertrag durch Ausdünnung und Selektion der Trauben reguliert. Die Trauben werden so schonend wie möglich geerntet und verarbeitet. Bei den Weißweinen wird nach dem Pressen eine temperaturgesteuerte Gärung eingeleitet. Rotweintrauben werden direkt auf der Maische vergoren. Danach wird ein biologischer Säureabbau durchgeführt. Zahlreiche Auszeichnungen wie Landessieger und »SALON«-Teilnahmen bestätigen diesen erfolgreichen Weg.

(90-92) **Grüner Veltliner Alte Rebe Reserve 2011**
14,5 Vol.%, DV, großes Holzfass, trocken, €€€€
Mittleres Grüngelb. Einladende gelbe Tropenfrucht, zart nach Blütenhonig, mit zarten Wiesenkräutern unterlegt. Saftig, gute Komplexität, weiße Tropenfrucht, feine Säurestruktur, mineralisch-salziger Nachhall, gute Länge, verfügt über Reifepotenzial.

90 **Grüner Veltliner Schlossberg Reserve 2011**
13,5 Vol.%, DV, Stahltank, trocken, €€€
Mittleres Grüngelb. Rauchig-kräuterwürzig unterlegte frische Birnenfrucht, zart nach Mango, mineralische Nuancen. Saftig, reife gelbe Fruchtanklänge, frischer Säurebogen, dezente Extraktsüße, bleibt gut haften, feine Apfelfrucht im Abgang, ein vielseitiger Speisenbegleiter.

89 **Grüner Veltliner Halterberg 2011**
12,5 Vol.%, DV, Stahltank, extratrocken, €€

(88-90) **Weißburgunder Kogl Reserve 2011**
13 Vol.%, DV, großes Holzfass, trocken, €€

88 **Grüner Veltliner Schlossberg 2011**
12,5 Vol.%, DV, Stahltank, extratrocken, €€

89 **Zweigelt Reserve 2009**
13 Vol.%, DV, großes Holzfass, extratrocken, €€€

WEINGUT KARL DIWALD

3471 Großriedenthal 33
T: 02279/72 18, F: 02279/273 66
weinbau.karl.diwald@aon.at
www.weinbau-karl-diwald.at

Wagram

KELLERMEISTER UND ANSPRECHPARTNER: Karl Diwald
ANZAHL/FLASCHEN: k. A. (70 % weiß, 29 % rot, 1 % süß) HEKTAR: 9,6
VERKOSTUNG: ja, gegen Voranmeldung AB-HOF-VERKAUF: ja
ANDERE PRODUKTE IM VERKAUF: Sekt
ÜBERNACHTUNGSMÖGLICHKEIT: kann organisiert werden

Ein Hauerhaus aus dem 17. Jahrhundert ist der Betriebsstandort der Familie Diwald. Das Weingut ist ein Familienbetrieb mit knapp unter zehn Hektar Weingartenfläche. Die Hauptsorte ist der Grüne Veltliner, der in fünf Ausbaustufen angeboten wird: von der leichten »Brise« über »Classic« und den »Riad'nthoi«, der nach traditioneller Art im Akazienfass reift, bis hin zum »Wadenthal« und dem »Goldberg Reserve«, dem hochwertigsten der Grünen Veltliner. Ebenso gibt es auch Eiswein vom Grünen Veltliner.

Seit 1997 wird auch Sekt aus den Sorten Chardonnay und Riesling angeboten. Frühroter Veltliner, Chardonnay, Riesling und Gelber Muskateller runden das Programm ab. Bei den Rotweinsorten, die 30 Prozent Anteil an der Gesamtmenge haben, dominiert der Zweigelt, dazu kommen Cabernet Sauvignon, Merlot und Blauer Portugieser. Für den Wein zuständig ist Karl Diwald jun., der in einigen namhaften österreichischen Betrieben sowie im Napa Valley und in Südafrika praktiziert hat.

91 Grüner Veltliner Goldberg Reserve 2010
13,5 Vol.%, DV, großes Holzfass, trocken, €€
Leuchtendes Gelbgrün. Mit feinen Honignoten und angenehmer Kräuterwürze unterlegte reife gelbe Tropenfrucht, zarte Nuancen von Karamell. Elegant, saftige Fruchtanklänge nach Mango und Papaya, frisch strukturiert, angenehme Extraktsüße, ein gut anhaltender, harmonischer Essensbegleiter.

91 Grüner Veltliner Wadenthal 2011
14,5 Vol.%, DV, Stahltank, extratrocken, €€
Mittleres Grüngelb. Zunächst etwas verhalten, zart nach frischem Apfel, ein Hauch von Honigmelonen, mit Wiesenkräutern unterlegt. Kraftvoll, saftige gelbe Apfelfrucht, lebendige Säurestruktur, bleibt gut haften, kompakt, bereits gut ausgewogen, ein stoffiger Speisenbegleiter mit gutem Zukunftspotenzial.

89 Riesling Hinternberg 2011
13,5 Vol.%, DV, Stahltank, trocken, €€

88 Grüner Veltliner Riad'nthoi 2011
13 Vol.%, DV, großes Holzfass, extratrocken, €€

87 Frühroter Veltliner Diebsnest 2011
12,5 Vol.%, DV, Stahltank, extratrocken, €

(88–90) Zweigelt Reserve 2010
13 Vol.%, NK, Barrique, extratrocken, €€€

Wagram

★★★

WEINGUT ECKER – ECKHOF

3470 Kirchberg/Wagram, Mitterstockstall 25
T: 02279/24 40, F: DW 50
weingut@eckhof.at
www.eckhof.at

KELLERMEISTER: Bernhard Ecker **ANSPRECHPARTNER:** Bernhard und Elisabeth Ecker **ANZAHL/FLASCHEN:** k. A. (72 % weiß, 25 % rot, 3 % süß) **HEKTAR:** 17 **VERKOSTUNG:** ja **AB-HOF-VERKAUF:** ja **ÜBERNACHTUNGSMÖGLICHKEIT:** kann organisiert werden **HEURIGER:** 3. bis 26. 8. und 29. 11. bis 9. 12., Mo. bis Fr. ab 17 Uhr, Sa., So. und Fei. ab 16 Uhr **ANDERE PRODUKTE IM VERKAUF:** Burgundersekt vom Winzer, Traubensaft **VEREINSZUGEHÖRIGKEIT:** Wagramer Selektion **MESSEN:** VieVinum, ProWein

---

Das Weingut Ecker liegt im idyllischen Weinort Mitterstockstall, eingebettet in die Lösshänge des Wagram. Die Familie ist nachweislich seit 400 Jahren im Weinbau der Region tätig. Bernhard Ecker, Jahrgang 1977, steht für Spitzenqualität ohne Kompromisse. Auf 17 Hektar Weingärten wächst ein umfangreiches Sortiment, vor allem aber der Grüne Veltliner. Des Weiteren sind Riesling, Weißburgunder, Frühroter Veltliner, Gelber Muskateller, St. Laurent, Zweigelt und Blauer Burgunder im Ertrag. Die Top-Lagen heißen Mordthal, Steinberg, Schlossberg, Berg-Wagram, Mitterberg und Hundsberg.

Die Weingärten werden naturnah und umweltschonend bewirtschaftet. Ausgebaut werden die Weine in den verschiedensten Stilrichtungen und Klassen vom leichten, fruchtigen Sommerwein bis hin zur kräftigeren Premiumschiene, in besonderen Jahren werden auch Süßweine erzeugt. Ziel der Familie ist es, möglichst regionstypische Weißweine und dichte, harmonische Rotweine herzustellen. Dem Weingut gelang bei der NÖ Landesmesse ein besonderes Kunststück, indem beide Landessieger der mit 1500 eingereichten Proben heiß umworbenen Kategorie Grüner Veltliner Ecker-Weine waren. Die Weine sind das ganze Jahr über erhältlich, entweder direkt beim Weingut (ein kurzer Anruf zuvor ist vorteilhaft) oder bei ausgesuchten Partnern in Österreich und Deutschland. Im betriebseigenen Heurigen kann man neben den Weinen auch andere Gaumenfreuden genießen.

93 Grüner Veltliner Mordthal 2011
14 Vol.%, DV, großes Holzfass, extratrocken, €€€
Mittleres Grüngelb. Einladender Duft nach frischem Apfel, ein Hauch von Marille, mit frischen Wiesenkräutern unterlegt. Stoffig, engmaschig, weiße Frucht, feiner Säurebogen, elegant und mit guter Länge ausgestattet, sicheres Entwicklungspotenzial.

93 Roter Veltliner Steinberg 2011
13,5 Vol.%, DV, großes Holzfass, extratrocken, €€
Mittleres Gelbgrün. Zarte gelbe Tropenfruchtaromen, ein Hauch von Quitte und Blütenhonig. Saftig, feiner Mangotouch, zarte Extraktsüße, finessenreich strukturiert, bleibt gut haften, ein Hauch von Honig auch im Abgang, ein toller Speisenwein.

91 Grüner Veltliner Berg-Wagram 2011
13 Vol.%, DV, Stahltank, extratrocken, €€
Helles Grüngelb. Frischer gelber Apfel, ein Hauch von Honigmelone, mineralischer Touch. Kompakt, weiße Birne, lebendiger Säurebogen, frische Struktur, feine zitronige Nuancen, bleibt gut haften, gut einsetzbar.

90 Grüner Veltliner Schlossberg 2011
13 Vol.%, DV, Stahltank, extratrocken, €€
Helles Grüngelb. Feine Nuancen nach frischem Apfel, zart nach Wiesenkräutern, tabakige Noten. Saftig, gute Komplexität, grüner Apfel, finessenreicher Säurebogen, sehr trinkanimierend, gut anhaltend, ein vielseitiger Speisenbegleiter mit Potenzial.

89 Roter Veltliner Wagram 2011
12,5 Vol.%, DV, Stahltank, extratrocken, €€

89 Grüner Veltliner Steinberg 2011
12,5 Vol.%, DV, extratrocken, €€

★★★
WEINGUT JOSEF EHMOSER

3701 Tiefenthal 9
T/F: 02955/704 42
office@weingut-ehmoser.at
www.weingut-ehmoser.at

KELLERMEISTER: Josef Ehmoser
ANSPRECHPARTNER: Josef und Martina Ehmoser
ANZAHL/FLASCHEN: k. A. (80 % weiß, 20 % rot) HEKTAR: 13,5
VERKOSTUNG: ja, gegen Voranmeldung AB-HOF-VERKAUF: ja
VEREINSZUGEHÖRIGKEIT: Weingüter Wagram
MESSEN: ProWein, VieVinum

Wagram

Die Weine von Josef Ehmoser erzählen von fruchtbarer Erde und intensiver Arbeit, von heißer Sonne und tiefgründigem Löss. Das ausdrucksstarke Sortiment des Wagramer Winzers ist längst kein Geheimtipp mehr, fällt es doch durch seine Homogenität jedes Jahr aufs Neue positiv auf. Im Stil kraftvoll und körperbetont, stellt jeder Wein, der von Winzer Josef Ehmoser gekeltert wird, eine unverwechselbare Persönlichkeit dar. Die Sorte Grüner Veltliner spielt im Wagramer Weingut die Hauptrolle: Vom klassischen, würzigen Veltliner »Von den Terrassen« über den gehaltvollen, vom Terroir gezeichneten Lagenwein »Hohenberg« bis hin zum Top-Veltliner des Hauses namens »Aurum«, vinifiziert aus Trauben von einem alten Veltliner-Weingarten und teilweise im großen Eichenfass ausgebaut. Dass auch Riesling in reinen Lösslagen eine herrliche Pikanz entwickelt, schafft Josef Ehmoser überzeugend.

Das hochwertige Rotwein-Programm aus dem Zweigelt »Primissimo« und einem aussagekräftigen St. Laurent wird in 500-Liter-Reifefässern ausgebaut. Mit dem Jahrgang 2011 neu im Sortiment ist ein duftiger, geradliniger Rosé aus 100 Prozent Zweigelttrauben, der mit viel frischem Charme beeindruckt. Der Winzer Josef Ehmoser unterstützt stets das Potenzial seiner Weine, betont deren Persönlichkeit, ohne sie auf vorgeschriebene Wege zu zwingen. Die Kraft der Natur bleibt so zur Gänze erhalten. Und das schmeckt man – auch noch Jahre später!

93 Grüner Veltliner Aurum 2010
14 Vol.%, DV, Stahltank/großes Holzfass, (€€€€)
Mittleres Gelbgrün. Einladende gelbe Tropenfruchtanklänge nach Papaya und Mango, fruchtbetontes Bukett, mit zart rauchiger Mineralik unterlegt. Stoffig, feine weiße Frucht, gute Komplexität, finessenreicher Säurebogen, bleibt sehr gut haften, bereits gut entwickelt, wirkt leichtfüßig und trinkanimierend, und das trotz seiner Statur, sicheres Reifepotenzial.

91 Grüner Veltliner Hohenberg 2011
13,5 Vol.%, DV, extratrocken, €€
Mittleres Grüngelb. Mit feiner Kräuterwürze unterlegte grüne Apfelfrucht, tabakige Nuancen. Saftig, frische gelbe Tropenruchtaromen, angenehmes Säurespiel, feine Extraktsüße im Nachhall, harmonisch, zart nach Blütenhonig im Rückgeschmack.

90 Riesling Vom gelben Löss 2011
13 Vol.%, DV, Stahltank, trocken, €€
Helles Grüngelb. Einladender Duft von gelben Pfirsichen, reife Marillen, Nuancen von Wiesenkräutern. Saftig, elegant, gelbe Tropenfrucht, feiner Säurebogen, bereits gut antrinkbar, ein vielseitiger Speisenbegleiter.

89 Weißburgunder 2011
13,5 Vol.%, DV, Stahltank/großes Holzfass
extratrocken, €€

88 Grüner Veltliner Von den Terrassen 2011
12 Vol.%, DV, Stahltank, extratrocken, €€

89 Rosé Zweigelt 2011
12 Vol.%, DV, Stahltank, extratrocken, €€

Wagram

WEINHOF EHN

3470 Engelmannsbrunn, Kapellenberg 47
T/F: 02279/27377
office@weinhofehn.at
www.weinhofehn.at

— NEU —

KELLERMEISTER UND ANSPRECHPARTNER: Gerhard Ehn
ANZAHL/FLASCHEN: k. A. (80 % weiß, 20 % rot) HEKTAR: 6 + 3
VERKOSTUNG: ja, gegen Voranmeldung AB-HOF-VERKAUF: ja
ÜBERNACHTUNGSMÖGLICHKEIT: kann organisiert werden
VEREINSZUGEHÖRIGKEIT: Wagramer Selektion
MESSEN: VieVinum

Der Wagram bietet durch seine vielseitigen Plateaus und Hanglagen die idealen Voraussetzungen für Gerhard Ehn, um in bewusster Auseinandersetzung mit der Natur hochwertige Weine zu produzieren. 2003 übernahm der junge Winzer den Familienbetrieb und modernisierte ihn Schritt für Schritt, bis hin zum Kellerneubau. Auch die Etiketten wurden auf eine schlichte, aber aussagekräftige Linie geändert. Die Vinifikation erfolgt so schonend wie möglich. Durch das Ausnutzen des vorhandenen Gefälles gelingt es dem Weingut, von der Traube bis zum fertigen Wein in der Flasche mit teilweise nur drei Pumpvorgängen das Auslangen zu finden. Alle Weine werden im Stahltank ausgebaut. Nur beim Chardonnay (Teilmenge) und Zweigelt wird Barrique eingesetzt.

Das Hauptaugenmerk des Winzers liegt beim Grünen Veltliner. Durch vier verschiedene Ausbauvarianten ist es hier gelungen, vom leichten, spritzigen Sommerwein »Swing« bis hin zum gehaltvollen Top-Veltliner »Sonnleitn« eine Reihe von qualitativ hochwertigen Weinen zu keltern, bei denen für jeden Geschmack etwas dabei ist.

Die Sorten Weißburgunder, Chardonnay, Riesling und Frühroter Veltliner runden das Angebot bei den Weißweinen ab. Beim Rotwein wird der Zweigelt klassisch und im Barrique ausgebaut, wobei Gerhard Ehn auf eine fruchtige und leichte Note Wert legt.

Ziel des aufstrebenden Betriebes ist es, mit moderner Kellertechnik und viel Naturbewusstsein hervorragende Weine zu produzieren, die einfach nur Freude am Genuss bereiten.

91 Grüner Veltliner Sonnleitn 2011
14 Vol.%, DV, Stahltank, extratrocken, €€
Mittleres Grüngelb. Mit feiner tabakiger Würze unterlegte gelbe Fruchtnuancen, frischer Apfel, ein Hauch von Wiesenkräutern. Saftig, elegant und frisch, versteht seine Muskeln gut zu verstecken, lebendiges Säuregerüst, weiße Frucht im Nachhall, gute Länge, hat Reifepotenzial.

90 Weißburgunder 2011
14,5 Vol.%, DV, Stahltank, extratrocken, €€
Helles Gelbgrün. Mit zarten Wiesenkräutern unterlegte frische Apfelfrucht, angenehme Mineralik. Saftig, frische weiße Tropenfrucht, angenehme Fruchtsüße, lebendige Säurestruktur, gelber Apfel im Abgang, bleibt gut haften, ein vielseitiger Speisenbegleiter, gutes Entwicklungspotenzial.

89 Chardonnay 2011
14 Vol.%, DV, Stahltank, extratrocken, €€

89 Grüner Veltliner Ried Satz 2011
13 Vol.%, DV, Stahltank, extratrocken, €€

88 Grüner Veltliner Swing 2011
12 Vol.%, DV, Stahltank, extratrocken, €

92 Grüner Veltliner Eiswein 2008
10 Vol.%, NK, Stahltank, süß, €€€
Leuchtendes Gelbgrün. Intensive gelbe Tropenfruchtnuancen, zarte Kräuterwürze, angenehmer Honigtouch, feine Dörrobstnote. Saftig, elegant, getrocknete Marillen klingen an, balanciert, zeigt eine gute Länge, reife Quitten im Nachhall, ein vielseitig einsetzbarer Süßwein.

WEINGUT ERNST

★★

3701 Großwiesendorf 34
T/F: 02955/703 25
weingut.ernst@aon.at
www.weingut-ernst.at

Wagram

KELLERMEISTER UND ANSPRECHPARTNER: Harald Ernst
ANZAHL/FLASCHEN: k. A. (85 % weiß, 13 % rot, 2 % süß) HEKTAR: 12,5
VERKOSTUNG: ja, gegen Voranmeldung AB-HOF-VERKAUF: ja
ANDERE PRODUKTE IM VERKAUF: Destillate
ÜBERNACHTUNGSMÖGLICHKEIT: kann organisiert werden
MESSEN: VieVinum

Harald Ernst ist für Weininteressierte schon länger kein Unbekannter mehr. Aber nicht nur durch seine vielen »SALON«-Siege, »SALON«-Weine und Landessiege, sondern auch durch andere nationale und internationale Auszeichnungen sind Weininteressierte auf den Winzer aufmerksam geworden. Die wichtigste Sorte, wie könnte es am Wagram anders sein, ist für den Betrieb Grüner Veltliner, von dem es mehrere Ausbaustufen gibt. Aber auch seine Rieslinge und Weißburgunder konnten schon große Auszeichnungen und Verkostungsergebnisse verbuchen. Seit einigen Jahren wird auch Roter Veltliner ausgebaut. Und auch mit dieser Sorte wurden bereits große Verkostungserfolge erzielt.

Die Weingärten des traditionellen Betriebes werden nach den Auflagen der »Integrierten Kontrollierten Produktion« bewirtschaftet. Nachhaltigkeit steht dabei im Vordergrund, denn nur auf gesunden und lebendigen Böden in der Kombination mit dem Verständnis für die Natur und die Reben werden sich diese wohlfühlen und auf Dauer hohe Traubenqualitäten erbringen können. Die Lese erfolgt in mehreren Durchgängen zu hundert Prozent von Hand. Im gemütlichen, freundlichen Verkostungsraum kann man gegen Voranmeldung die Weine probieren.

92 Grüner Veltliner Hohenberg 2011
13 Vol.%, DV, Stahltank, extratrocken, €€
Mittleres Gelbgrün. Intensive weiße Tropenfruchtanklänge, frischer grüner Apfel, etwas Marille, mit feinen Blütenaromen unterlegt. Stoffig, gute Komplexität, wieder frischer Apfel, feine Säurestruktur, reife gelbe Frucht im Abgang, zart nach Birnen im Rückgeschmack, gute Länge, ein vielseitiger Speisenbegleiter.

91 Weißburgunder Jungfernlese 2011
14,5 Vol.%, DV, Stahltank, halbtrocken, €€
Mittleres Gelbgrün. Zart nussig unterlegte gelbe Fruchtanklänge, zarte Wiesenkräuter, ein Hauch von Ananas, mineralischer Touch. Saftig, reife Tropenfrucht, angenehme Süße, von einer passenden Säurestruktur gekontert, zart nach Orangen im Nachhall, braucht noch etwas Flaschenreife, um sich voll zu entfalten.

(90-92) Riesling Premium 2011
13 Vol.%, DV, Stahltank, extratrocken, €€
Mittleres Grüngelb. Einladende Nase nach frischen Weingartenpfirsichen, weiße Blütenaromen, ein Hauch von Zitruszesten. Saftig, reife gelbe Tropenfrucht, zart nach Maracuja, frische, anregende Säurestruktur, dezente Fruchtsüße im Abgang, gute Länge, vielseitig einsetzbar.

89 Riesling Steinberg 2011
13 Vol.%, DV, großes Holzfass, trocken, €€

89 Grüner Veltliner Alte Rebe 2011
12,5 Vol.%, DV, trocken, €€

88 Grüner Veltliner Classic 2011
12,5 Vol.%, DV, Stahltank, extratrocken, €€

WEINBAU KARL FRITSCH

★★★★

3470 Kirchberg/Wagram, Oberstockstall 24
T: 02279/50 37 11, F: 02279/50 37 19
info@fritsch.cc
www.fritsch.cc

— BIO —

KELLERMEISTER UND ANSPRECHPARTNER: Karl Fritsch
ANZAHL/FLASCHEN: k. A. (62 % weiß, 38 % rot) HEKTAR: 25
VERKOSTUNG: ja, gegen Voranmeldung
AB-HOF-VERKAUF: ja, limitierte Mengen
ÜBERNACHTUNGSMÖGLICHKEIT: ja
VEREINSZUGEHÖRIGKEIT: respekt, Traditionsweingüter Österreich
MESSEN: VieVinum

Im neuen Jahrtausend Wein zu machen bedeutet für Karl Fritsch, Tradition auf ein positives Fundament für neues Handeln in der Gegenwart zu heben. Denn erst aufgrund traditioneller Erfahrungen und Werte, die mit Inspirationen der Gegenwart gepaart werden, kann Kulturgut bewahrt und können neue Werte geschaffen werden.

Auf einer Fläche von 25 Hektar werden rund zwei Drittel Weißwein mit Schwerpunkt Grüner Veltliner und Riesling und ein Drittel Rotwein erzeugt. Der Wagram bietet speziell dem Grünen Veltliner hervorragende Bedingungen in der Symbiose aus Klima und Boden. Sucht man nach den Kernkompetenzen des Weinberghofs, dann testet man am besten den Grünen Veltliner, der hier sowohl als leichter Sommerwein wie auch in Form von subtilen Lagenweinen wie »Steinberg« und »Schlossberg« angeboten wird. Bei den roten Weinen zählt die Cuvée »Foggathal« zu den bekanntesten und besten Österreichs, auch der saftige Pinot Noir hat einen exzellenten Ruf. Kopf des Weinberghofs und Weinmacher ist Karl Fritsch. Er hat unter den Winzern der Region Wagram aufgrund seiner Innovation und Umsetzungskraft einen sehr guten Ruf. Sein perfektes Händchen schöpft aus dem Universum Natur eine Vielfalt an Weinen. Das beweisen sowohl die wachsende Zahl seiner Kunden als auch die Prämierungen der Weine.

Bei Karl Fritsch stehen mit der Umstellung auf Biodynamie im Januar 2006 die Natur und ihre Ressourcen im Vordergrund seiner Arbeit, denn für ihn ist es nicht nur eine Verpflichtung, sondern auch ein Privileg, mit der Natur zu arbeiten. Ende 2007 wurde das Weingut Karl Fritsch in den Kreis der österreichischen Traditionsweingüter aufgenommen, was seine wichtige Rolle im Wagramgebiet unterstreicht.

(92–94) Grüner Veltliner Schlossberg
Erste ÖTW Lage 2011
13,5 Vol.%, DV, Stahltank, €€€€
Mittleres Grüngelb. Noch etwas verhalten, feine gelbe Tropenfrucht nach Mango, mit tabakigen Nuancen unterlegt, rauchige Würze. Saftig, frische Papaya, extraktsüßer Kern, bleibt gut haften, deutliche Kräuternote im Abgang, zart nach Honig im Rückgeschmack, gutes Reifepotenzial.

92 Grüner Veltliner Mordthal Erste ÖTW Lage 2011
13 Vol.%, Stahltank, €€€
Mittleres Grüngelb. Feine Steinobstklänge, zart nach Marille, ein Hauch von Blütenhonig. Saftig, frische Tropenfrucht, lebendiger Säurebogen, weiße Nuancen, zitroniger Touch im Abgang, gutes Trinkanimo, mineralisch unterlegt im Finale, gutes Potenzial.

(91–93) Riesling Kapuzinerberg
Erste ÖTW Lage 2011
14 Vol.%, DV, Stahltank, halbtrocken, €€€€
Mittleres Grüngelb. Zart nach reifer Babybanane, mit feiner Kräuterwürze unterlegt, vollreife Ananas, dezenter Honigtouch. Saftig, opulente Statur, reife gelbe Tropenfrucht, mit feinem Säurekleid unterlegt, süße Fruchtnoten im Abgang, bleibt gut haften, gutes Entwicklungspotenzial, individueller Stil.

(91–93) Roter Traminer 2011
14 Vol.%, DV, halbtrocken, €€ (0,5 l)
Mittleres Grüngelb. Mit reifer Steinobstfrucht unterlegte feine Rosenölanklänge, angenehmer Blütenhonig, Oran-

genzesten. Stoffig, elegante Textur, reife gelbe Tropenfrucht, ausgewogen, noch sehr jugendlich, guter Süßenachhall im Abgang, sicheres Entwicklungspotenzial.

L 91 Riesling Mordthal Erste ÖTW Lage 2011
12,5 Vol.%, Stahltank, trocken, €€€
Helles Grüngelb. Einladende weiße Steinobstnote, reifer Pfirsich, zarter Blütenhonig, Nuancen von Ananas. Saftig, elegant, viel Frucht, guter Schmelz, finessenreicher Säurebogen, angenehme Süße im Nachhall, bereits gut antrinkbar.

L 90 Grüner Veltliner Steinberg 2011
12,5 Vol.%, DV, Stahltank, €€
Mittleres Grüngelb. Feine Kräuterwürze, frischer gelber Apfel, ein Hauch von Kamille und Fenchel. Saftig, elegant, zeigt eine gute Komplexität und Mineralik, frische Struktur, weiße Frucht im Nachhall, zitroniger Touch, ein vielseitiger Speisenbegleiter.

89 Riesling Wagram 2011
12,5 Vol.%, DV, €€

89 Gelber Muskateller 2011
12,5 Vol.%, DV, Stahl, extratrocken, €€

88 Grüner Veltliner Wagram 2011
12 Vol.%, DV, Stahltank, €€

(92–94) Riesling BA 2011
12 Vol.%, DV, süß, €€€ (0,5 l)
Leuchtendes Goldgelb, grüne Reflexe. Intensive gelbe Tropenfrucht, mit feinem Honig unterlegt, vollreife Ananas klingt an, zart nach Weingartenpfirsich. Saftig und elegant, gut integrierter Restzucker, feiner Säurebogen, gelbe Frucht im Nachhall, gutes Entwicklungspotenzial, Dörrobst im Rückgeschmack.

Wagram

★★★

WEINGUT JOSEF FRITZ

3701 Zaussenberg, Ortsstraße 3
T: 02278/25 15, F: DW 4
office@weingut-fritz.at
www.weingut-fritz.at

KELLERMEISTER UND ANSPRECHPARTNER: Josef Fritz
ANZAHL/FLASCHEN: k. A. HEKTAR: 13,5
VERKOSTUNG: ja, gegen Voranmeldung AB-HOF-VERKAUF: ja
ÜBERNACHTUNG: kann organisiert werden
ANDERE PRODUKTE IM VERKAUF: Destillate, Sekt
VEREINSZUGEHÖRIGKEIT: Weingüter Wagram
MESSEN: VieVinum, ProWein

Wir sind ein traditionelles Weingut mit modernem Weinverständnis. Mit Leidenschaft vereinen wir Altbewährtes mit Neuem auf hohem Niveau«, so lautet das Credo der Familie Fritz, die seit fünf Generationen am Wagram Weinbau betreibt. Das Bestreben des Weinguts ist es, trockene, besonders fruchtige und feine Weine zu keltern, daher wird beim Rebschnitt und mittels gezielter Traubenausdünnung ein Höchstertrag von 50 Hektolitern pro Hektar angestrebt.

Das ökologische Gleichgewicht nimmt in den Überlegungen von Josef Fritz eine vorrangige Stellung ein. Der kontrollierte integrierte Pflanzenschutz wird auf das notwendige Minimum beschränkt, um den Facettenreichtum der natürlichen Umgebung zu erhalten. Der Ausbau der Weine erfolgt in einem alten Kellergewölbe in Holzfässern aus heimischer und französischer Eiche, aber auch im Edelstahltank. Das neue Presshaus ermöglicht durch seine drei in den Hang hineingebauten Ebenen eine moderne, nur durch Schwerkraft bewegte, schonende Traubenverarbeitung. Josef Fritz erzeugt Grünen Veltliner, Chardonnay, frische Rieslinge und Spezialitäten wie Roten Traminer und Roten Veltliner.

Bereits 30 Prozent der Weingärten sind mit Rotweinsorten bepflanzt, allen voran Blauer Zweigelt und St. Laurent. Die Rotweine reifen nach alter Manier im großen Holzfass oder im Barrique.

94 Roter Veltliner Steinberg Privat 2010
14 Vol.%, DV, Teilbarrique, trocken, €€€€
Mittleres Gelbgrün. Reife gelbe Tropenfrucht, feine Nuancen von Milchkaramell, Nuancen von Ananas, gelbem Pfirsich, zarter Blütenhonig. Opulent und saftig, wieder zartes Karamell, betont fruchtiger Nachhall, elegant und anhaltend, eine feine Säure verleiht dem Wein Länge, steht am Anfang einer großen Karriere.

93 Roter Veltliner Steinberg 2011
14,5 Vol.%, DV, großes Holzfass, extratrocken, €€€
Mittleres Gelbgrün. Mit zarter Kräuterwürze unterlegte gelbe Tropenfruchtaromen, ein Hauch von Quitte, zart nach Kletzen. Kraftvoll, feine Honigklänge, feine Säurestruktur, extraktsüß im Nachhall, verfügt über gute Länge, mineralisch-salzige Noten im Nachhall, sicheres Potenzial.

(92-94) Roter Traminer Grande Reserve Trausatz 2011
14,5 Vol.%, DV, Teilbarrique, trocken, €€€
Mittleres Gelbgrün. Einladende Nase nach Rosenöl, gelbem Steinobst, ein Hauch von frischen Dillspitzen, verführerisches Bukett. Stoffig, komplex, feinfruchtig, mineralisch und lange anhaltend, Mandarinen im Nachhall, ungemein facettenreich, ein Fixstern am Traminerhimmel.

89 Roter Veltliner Wagramterrassen 2011
13 Vol.%, DV, extratrocken, €€

(88-90) Grüner Veltliner Himmelreich 2011
14,5 Vol.%, DV, Stahltank, extratrocken, €€€*

88 Grüner Veltliner Schafberg 2011
12,5 Vol.%, DV, Stahltank, extratrocken, €€

WEINGUT GERHOLD

3482 Gösing, Untere Zeile 17
T: 02738/22 41, F: DW 4
info@gerhold.cc
www.gerhold.cc

KELLERMEISTER UND ANSPRECHPARTNER: Rainer Gerhold
ANZAHL/FLASCHEN: k. A. (65 % weiß, 35 % rot) HEKTAR: 12
VERKOSTUNG: ja, gegen Voranmeldung AB-HOF-VERKAUF: ja
ÜBERNACHTUNGSMÖGLICHKEIT: kann organisiert werden
VEREINSZUGEHÖRIGKEIT: Vinovative
MESSEN: VieVinum

Wagram

Das Weingut Gerhold ist ein weiterer aufstrebender Betrieb aus dem kleinen Weinörtchen Gösing. Rainer Gerhold ist ein Mitglied der jungen Vereinigung »Vinovative«, der auch andere engagierte Winzer aus dem Kremstal, dem Kamptal und dem Weinviertel angehören, darunter der Langenloiser Winzer Thomas Leithner, Erich Berger aus dem Kremstal und der Weinviertler Betrieb Hans Setzer. Das Weingut Gerhold bietet eine Palette der typischen Wagramer Sorten, die betont frisch und fruchtig, aber auch in eine stoffige Richtung ausgebaut sind. Die Weine des Hauses Gerhold weisen ein gutes Preis-Leistungs-Verhältnis auf.

Erzeugt wird neben einer breiten Palette an Grünen Veltlinern auch Roter Veltliner und in geeigneten Jahrgängen ein bemerkenswerter Rotwein namens »Cherub«. Der Grüne Veltliner Reserve wird zur Gänze im großen Holzfass ausgebaut, der Grüne Veltliner »Fumberg« zum Teil. Dies geschieht, um den Weinen mehr Geschmeidigkeit zu verleihen und allzu reduktiven Noten entgegenzuwirken. Mittlerweile wird die gesamte Palette der Weine mit Drehverschluss ausgestattet.

(90-92) Grüner Veltliner Reserve 2011
13,5 Vol.%, DV, großes Holzfass, extratrocken, €€€
Helles Grüngelb. Mit feiner Kräuterwürze unterlegte weiße Apfelfrucht, ein Hauch von Grapefruitzesten, zarte tabakige Anklänge. Saftig, elegante Textur, feine Extraktsüße, finessenreicher Säurebogen, reife gelbe Tropenfrucht im Abgang, zeigt eine gute Länge, fruchtbetonter Nachhall.

(89-91) Grüner Veltliner Fumberg 2011
13 Vol.%, DV, Stahltank, extratrocken, €€
Mittleres Grüngelb. Tabakige Nuancen, mit Anklängen von Kräuterwürze unterlegt, gelbe Apfelfrucht, dunkle Mineralik. Saftig, frische weiße Tropenfruchtnoten, angenehmer Säurebogen, feiner Zitrustouch im Finale, ein komplexer Speisebegleiter mit gutem Reifepotenzial.

(88-90) Pinot Blanc Mittersteig 2011
14,5 Vol.%, DV, Stahltank, extratrocken, €€

(88-90) Roter Veltliner Reich 2011
13 Vol.%, DV, Stahltank, extratrocken, €€

(87-89) Grüner Veltliner Zeisleiten 2011
12,5 Vol.%, DV, Stahltank, extratrocken, €€

(87-89) Riesling Fumberg 2011
12,5 Vol.%, DV, Stahltank, trocken, €€

Wagram

WINZERHOF GMEINER

3484 Seebarn/Wagram, Hauptstraße 65
T: 0664/485 88 91
office@gmeiner-weine.at
www.gmeiner-weine.at

KELLERMEISTER UND ANSPRECHPARTNER: Christian Gmeiner
ANZAHL/FLASCHEN: k. A. (60 % weiß, 35 % rot, 5 % süß) HEKTAR: 8,5
VERKOSTUNG: ja AB-HOF-VERKAUF: ja
HEURIGER: 8. bis 25. 11., Do. bis So. ab 17 Uhr, Dorffest Seebarn 3. bis 5. 8.
ÜBERNACHTUNGSMÖGLICHKEIT: kann organisiert werden
ANDERE PRODUKTE IM VERKAUF: Destillate, Sekt Messen: Vinobile Feldkirch

Der Winzerhof Gmeiner liegt 15 Kilometer östlich von Krems in Seebarn. Seine Weingärten verteilen sich auf eine Fläche von 8,5 Hektar entlang des Wagrams. Der Sortenspiegel des aufstrebenden Betriebs teilt sich je in etwa zur Hälfte in Weißweinsorten wie Grünen Veltliner, Riesling, Chardonnay, Welschriesling, Rivaner und Neuburger und Rotweinsorten wie Zweigelt, Cabernet Sauvignon, Syrah, Pinot Noir, Roesler und Blauburger. Neu im Sortiment ist eine Rotweincuvée namens »Capirah«, bei der die Sorten Cabernet Sauvignon, Pinot Noir und Shiraz für fünfzehn Monate im Kastanienholz ausgebaut werden.

Zahlreiche Auszeichnungen bestätigen, dass der junge Winzer, der wieder eine gute Serie sowohl mit seinen Weiß- als auch mit den Rotweinen vorlegte, auf dem richtigen Weg ist. Kennenlernen kann man die Weine auch beim neuen Heurigen.

90 Grüner Veltliner Eisenhut 2011
13,5 Vol.%, DV, Stahltank, 5000, extratrocken, €€
Mittleres Grüngelb. Mit deutlicher Kräuterwürze unterlegte Apfelfrucht, zart nach Honigmelone und frischer Birne. Gute Komplexität, weiße Tropenfruchtanklänge, frischer Säurebogen, zitronige Nuancen im Abgang, leichtfüßiger, trinkanimierender Stil.

89 Riesling Spielberg 2011
13,5 Vol.%, DV, 1300, trocken, €€

89 Chardonnay Classic 2011
14 Vol.%, DV, 1500, trocken, €€

88 Grüner Veltliner Wora 2011
13 Vol.%, DV, Stahltank, 6000, extratrocken, €€

87 Neuburger – Muskat Ottonel 2011
12,5 Vol.%, DV, Stahltank, 1200, halbtrocken, €€

88 Cabernet Sauvignon 2011
13,5 Vol.%, VL, 2600, trocken, €€

Wagram

WEINGUT NORBERT GREIL

3465 Unterstockstall, Alte Weinstraße 4
T: 02279/21 39, F: DW 14
office@weingut-greil.at
www.weingut-greil.at

KELLERMEISTER UND ANSPRECHPARTNER: Norbert Greil
ANZAHL/FLASCHEN: k. A. (70 % weiß, 30 % rot) **HEKTAR:** 8
VERKOSTUNG: ja, gegen Voranmeldung **AB-HOF-VERKAUF:** ja
ÜBERNACHTUNGSMÖGLICHKEIT: kann organisiert werden
ANDERE PRODUKTE IM VERKAUF: Traubensaft, Frizzante, Edelbrand
VEREINSZUGEHÖRIGKEIT: Wagramer Selektion
MESSEN: VieVinum

Das Weingut Greil wird seit 1778 als Familienbetrieb geführt. Unterstockstall (bei Kirchberg am Wagram) ist ein schönes Weindorf an den Hängen des Wagrams. So manches Etikett lichtet ein Schloss ab, das sich dann realiter als Bungalow herausstellt, so manches Wappen mit Weintraube, Schwert und Adler hat seinen Ursprung ausschließlich in der regen Fantasie des Winzers.

Norbert Greil hat derlei Täuschungen nicht nötig. Mönche aus Herzogenburg begründeten das Anwesen im Mittelalter, im Spätbarock wurde dem Gut das heutige Antlitz verpasst. Drei überlebensgroße Terrakottastatuen, die Göttinnen für Obst-, Weinbau und Landwirtschaft kamen aus der Toskana nach Unterstockstall. Eine davon ziert im 21. Jahrhundert das Weinetikett der Familie Greil. Als Mitgliedsbetrieb der Wagramer Selektion fühlt er sich verpflichtet, eine Bandbreite von klassischen leichten Veltlinern wie »Floh« über charaktervolle Grüne Veltliner wie »Raifel« bis zum kräftigen würzigen Veltliner »Nussberg« zu präsentieren. Der Lössboden bietet ideale Bedingungen für fruchtigen Weißburgunder, Riesling, Chardonnay und Roten Traminer sowie die alteingesesse Sorte Frühroter Veltliner.

91 Grüner Veltliner Nussberg 2011
13,5 Vol.%, DV, Stahltank, 3000, extratrocken, €€
Mittleres Grüngelb. Einladende reife Steinobstnoten nach Marille und Blütenhonig, mit frischen Kräutern unterlegt. Komplex, würzig, Nuancen von Orangen, feiner Säurebogen, mineralischer Nachhall, gelbe Frucht im Rückgeschmack.

91 Roter Traminer Gensäcker 2011
14 Vol.%, DV, Stahltank, 1900, halbtrocken, €€
Helles Grüngelb. Feine Nuancen von Rosenöl und Eibischteig, zart nach Vanille und Grapefruitzesten. Saftig, elegant, frische gelbe Tropenfrucht, feiner Säurebogen, bleibt gut haften, verfügt über gutes Reifepotenzial.

89 Grüner Veltliner Gold 2011
13,5 Vol.%, DV, Stahltank, 3000, extratrocken, €€

89 Riesling Zeiselgraben 2011
13 Vol.%, DV, Stahltank, 3000, extratrocken, €€

89 Chardonnay Zeiselgraben 2011
14 Vol.%, DV, 2500, extratrocken, €€

88 Weißburgunder Zeiselgraben 2011
14,5 Vol.%, 2500, halbtrocken, €€

Wagram

WEINHOF GRILL

3481 Fels/Wagram, Untere Marktstraße 19
T: 02738/22 39, F: DW 4
gudrun.grill@aon.at
www.weinhofgrill.at

KELLERMEISTER: Franz und Gudrun Grill **ANSPRECHPARTNER:** Gudrun Grill-Gnauer **ANZAHL/FLASCHEN:** k. A. (70 % weiß, 30 % rot) **HEKTAR:** 10 **VERKOSTUNG:** ja, gegen Voranmeldung **AB-HOF-VERKAUF:** ja **ÜBERNACHTUNGSMÖGLICHKEIT:** kann organisiert werden **ANDERE PRODUKTE IM VERKAUF:** Sekt, Edelbrände **VEREINSZUGEHÖRIGKEIT:** Weingüter Wagram **MESSEN:** VieVinum, ProWein, Vinobile Montfort

Franz und Gertrude Grill haben den kleinen, feinen Familienbetrieb nach der Übernahme im Jahr 1971 stetig ausgebaut und sich voll und ganz dem Qualitätsweinbau gewidmet. In der Zwischenzeit wird der zirka zehn Hektar umfassende Weinhof Grill von Tochter Gudrun Grill-Gnauer geführt.

Die Rebflächen befinden sich im Weinbaugebiet Wagram, in Fels am Wagram. Der Weinhof Grill beschäftigt sich sehr intensiv mit dem Grünen Veltliner, der am Wagram – ein Lösswall, der die Donau wie ein zweites natürliches Ufer über eine Strecke von 30 Kilometern begleitet – hervorragende Voraussetzungen findet. Die Palette reicht vom leichten, fruchtigen bis hin zum kräftigen, gereiften Wein. Ein ganz besonderes Augenmerk legt die junge Betriebsführerin auf den Roten Veltliner: Die alte, fast in Vergessenheit geratene Sorte wird Jahr für Jahr in einer hohen Qualität erzeugt. Aber auch Rieslinge erlangen auf den tiefgründigen Lössböden ihr volles Aroma mit einer sehr ausgewogenen Säure. Weißburgunder und Chardonnay zählen bei den Weißweinsorten zur »Spielwiese«.

Beim Rotwein hat sich der Weinhof Grill voll auf den Zweigelt konzentriert. Diese Sorte eignet sich hervorragend für die Lössböden und kann vom leichten, fruchtigen Zweigelt bis hin zum kräftig-samtigen Wein ausgebaut werden. Als Verschnittpartner für die Cuvée werden Cabernet Sauvignon und Syrah verwendet. Die Philosophie von Gudrun Grill-Gnauer ist es, Weine zu erzeugen, die einfach und unkompliziert zu trinken sind und Spaß bereiten, aber auch Weine, die Kraft und Finesse bringen und für eine längere Lagerung geeignet sind.

92 Grüner Veltliner Runa 2011
14 Vol.%, DV, Stahltank, 1400, halbtrocken, €€
Helles Grüngelb. Mit feinem Blütenhonig unterlegte gelbe Apfelfrucht, zart nach Mango und Papaya, feine Wiesenkräuter, einladendes Bukett. Saftig, feine Fruchtsüße, gelbe Tropenfrucht, elegant, feines Säurespiel, gut gezügelte Kraft, salzig-mineralisch im Abgang, gutes Zukunftspotenzial, schon jetzt ein guter Speisenbegleiter.

90 Roter Veltliner 2011
13 Vol.%, DV, Stahltank, 1400, trocken, €€
Mittleres Gelbgrün. Zarte Kräuterwürze, frische Birnenfrucht, weißer Apfel, feine Mineralik. Komplex, engmaschig, feine Extraktsüße, weiße Tropenfruchtanklänge, elegant und ausgewogen, ein feiner Speisenbegleiter, gutes Entwicklungspotenzial.

89 Riesling Brunnthal 2011
13,5 Vol.%, DV, Stahltank, 2000, halbtrocken, €€

89 Grüner Veltliner Selektion 2011
13,5 Vol.%, DV, Stahltank, 3500, trocken, €€

89 Emilia 2011 WB/CH
14 Vol.%, Stahltank, 1200, trocken, €€

88 Grüner Veltliner Scheiben 2011
13 Vol.%, DV, Stahltank, 4500, extratrocken, €€

WEINGUT HEIDERER-MAYER

3701 Baumgarten/Wagram 25
T: 02955/703 68, F: DW 4
office@heiderer-mayer.at
www.heiderer-mayer.at

KELLERMEISTER UND ANSPRECHPARTNER: Helmut Mayer
ANZAHL/FLASCHEN: k. A. (56 % weiß, 44 % rot) HEKTAR: 20
VERKOSTUNG: ja AB-HOF-VERKAUF: ja
ÜBERNACHTUNGSMÖGLICHKEIT: kann organisiert werden
ANDERE PRODUKTE IM VERKAUF: Frizzante, naturtrüber Apfelsaft
VEREINSZUGEHÖRIGKEIT: Wagramer Selektion
MESSEN: ProWein, Alles für den Gast Salzburg, Intervino

Immer im Einklang mit der Natur, im Streben, höchste Qualität vom Rebstock in die Flasche zu bringen – das ist das Motto des Familienbetriebes Gabriele und Helmut Mayer. Das klassifizierte Weingut der »Wagramer Selektion« bewirtschaftet rund 20 Hektar in Baumgarten am Wagram. Die südlich abfallenden Lössterrassen sind prädestiniert für Weißweine, allen voran für Grüne Veltliner. Auch fruchtbetonte Chardonnays und finessenreiche Rieslinge überzeugen durch ihre klare Struktur.

Die besondere Liebe aber gehört dem Rotwein, wofür die Trauben in geschützten Kessellagen mit geeigneten Böden exzellent gedeihen. Neben den Sortenschwerpunkten Zweigelt und St. Laurent wird auch ein Cabernet Sauvignon vinifiziert. Das Hauptaugenmerk wird auf fruchtige, kräftige Rotweine mit samtigem Tannin und schöner Farbintensität gelegt. Die im Barriquefass gereifte Rotweincuvée namens »Legat« soll die Mitgliedschaft bei der Europäischen Weinritterschaft bekunden. Mit dem Burgunder-Frizzante »Esprit« wird das vielseitige Angebot ergänzt. Bei einer Verkostung im gemütlichen Koststüberl kann man nicht nur den Lebenslauf der Weine kennenlernen, sondern sich auch vom Trinkspaß und dem optimalen Preis-Leistungs-Verhältnis überzeugen.

(88-90) **Grüner Veltliner Ried Silberberg 2011**
13,2 Vol.%, DV, großes Holzfass, 1300, extratrocken, €€
Mittleres Gelbgrün. Reife gelbe Tropenfruchtanklänge, zarte Kräuterwürze, ein Hauch von Blütenhonig. Saftig, zart nach Steinobst und Orange, dezente Extraktsüße, bleibt gut haften, ein vielseitiger Speisenbegleiter.

88 **Grüner Veltliner Wagramer Selektion 2011**
13 Vol.%, DV, Stahltank, 15.000, extratrocken, €€

87 **Muskateller Wagramer Selektion 2011**
12,5 Vol.%, DV, Stahltank, 2900, extratrocken, €€

87 **Chardonnay Wagramer Selektion 2011**
13 Vol.%, DV, Stahltank, 3500, trocken, €€

89 **Zweigelt Ried Bergthal 2011**
13,5 Vol.%, DV, großes Holzfass, 4500, extratrocken, €€

88 **Legat Barrique 2008 ZW/CS**
13 Vol.%, DV, Barrique, 2900, extratrocken, €€

Wagram

WEINGUT STIFT KLOSTERNEUBURG

3400 Klosterneuburg, Stiftsplatz 1
T: 02243/411-522, F: DW 550
weingut@stift-klosterneuburg.at
www.stift-klosterneuburg.at

KELLERMEISTER: Martin Muschlin **ANSPRECHPARTNER:** Dr. Wolfgang Hamm **ANZAHL/FLASCHEN:** k. A. (45 % weiß, 55 % rot) **HEKTAR:** 108 **VERKOSTUNG:** ja **VINOTHEK-VERKAUF:** ja **RESTAURANT/GASTHOF:** Di. bis Sa. 11–23 Uhr, So. 11–15 Uhr **ANDERE PRODUKTE IM VERKAUF:** Brände, Sekt, naturtrübe, sortenreine Apfelsäfte, naturtrübe Traubensäfte, Essig von St. Laurent, Traubenkernöl, Weingelee **MESSEN:** ProWein, VieVinum

Seit seiner Gründung im Jahr 1114 betreibt das Stift Klosterneuburg Weinbau und zählt damit zu den ältesten, größten und renommiertesten Weingütern Österreichs. Die Weingärten befinden sich in ausgewählten Lagen von Klosterneuburg, Wien, Gumpoldskirchen und Tattendorf. Während auf den 23 Hektar in Klosterneuburg die Rebsorten Grüner Veltliner, Riesling und Sauvignon Blanc kultiviert werden, stehen auf den Wiener Lagen die Burgundersorten im Vordergrund. Auf 25 Hektar an den Abhängen des Kahlenbergs und des Leopoldsbergs sowie am Wiener Nussberg gedeihen Weißburgunder, Chardonnay, Pinot Noir, Traminer, Riesling und Grüner Veltliner. In den Weingärten von Gumpoldskirchen werden die autochthonen Spezialitäten Zierfandler und Rotgipfler gepflegt.

In Tattendorf gedeihen Trauben für die berühmten Rotweine des Weinguts, allen voran den St. Laurent, der hier auf einer Fläche von 42 Hektar steht. Damit ist die Ried Stiftsbreite der größte St.-Laurent-Weingarten der Welt. Daneben werden auch Zweigelt, Blaufränkisch, Cabernet Sauvignon, Cabernet Franc und Merlot kultiviert. Das Weinangebot des Weinguts gliedert sich in zwei Linien: Die »Stiftsweine« sind von der Stilistik her fruchtbetonte, sortentypische Weine, die die Typizität des jeweiligen Weinbaugebiets widerspiegeln. Die »Lagenweine« stammen aus den besten Weingärten und sind einzigartige, konzentrierte, langlebige Weine aus physiologisch hochreifen Trauben. Die Weine, darunter auch der in der Flasche vergorene Sekt »Mathäi« können in der stiftseigenen Vinothek verkostet werden.

Ein besonderes Highlight für kulturinteressierte Weinfreunde ist das umfangreiche Führungsangebot durch Keller, Räumlichkeiten und Ausstellungen des Stiftes Klosterneuburg.

(90-92) Chorus 2010 SL/CS/ME/CF
NK, Barrique, €€€€
Dunkles Rubingranat, violette Reflexe, breiter Wasserrand. Reife Kirschen, zart nach Zwetschken, Edelholzwürze klingt an. Saftiges dunkles Waldbeerkonfit, präsente Tannine, die eingebunden sind, bleibt gut haften, feine vegetale Würze im Nachhall, wird von weiterer Flaschenreife profitieren.

(89-91) St. Laurent Reserve 2010
NK, Barrique, €€€€
Dunkles Rubingranat, violette Reflexe, zarter Wasserrand. Feine Kräuterwürze, ein Hauch von Weichseln und dunklem Beerenkonfit, zartes Nougat. Saftig, elegante Textur, frische Kirschenfrucht, feines Säurespiel, harmonisch, ein vielseitiger Speisenbegleiter.

(88-90) Escorial 2010 SL/CS/ME
NK, Barrique, großes Holzfass, €€€

(87-89) St. Laurent Ausstich 2010
NK, großes Holzfass, €€

90 Gewürztraminer 2011
DV, Stahltank, €€
Helles Grüngelb. Feine Nuancen von Rosenöl, zart mit gelber Tropenfrucht unterlegt, ein Hauch von Eibisch. Saftig, elegante Textur, gut eingebundene Süße, mineralischer Nachhall, gute Länge, verfügt über Reifepotenzial.

89 Zierfandler-Rotgipfler 2011
13,5 Vol.%, DV, Stahltank, halbtrocken, €€

Wagram

★★
WEINGUT KOLKMANN

3481 Fels/Wagram, Kremser Straße 53
T: 02738/24 36, F: DW 4
office@kolkmann.at
www.kolkmann.at

KELLERMEISTER: DI Sebastian Blümig
ANSPRECHPARTNER: Gerhard und Horst Kolkmann
ANZAHL/FLASCHEN: k. A. (73 % weiß, 27 % rot) HEKTAR: 34
VERKOSTUNG: ja AB-HOF-VERKAUF: ja
ANDERE PRODUKTE IM VERKAUF: Destillate, Frizzante
VEREINSZUGEHÖRIGKEIT: Wagramer Selektion
MESSEN: ProWein, VieVinum

Die beiden Winzer Horst und Gerhard Kolkmann engagieren sich unermüdlich, dem Terroir Jahr für Jahr die richtigen Ressourcen zu entlocken und so die Qualität ihrer Weine ständig zu steigern. Die Weingärten in den Top-Lagen der Wagramer Rieden werden konsequent nach ökologischen Grundsätzen bewirtschaftet – einerseits, um das natürliche Gleichgewicht zu erhalten, andererseits, um noch lebendigere und tiefgründigere Weine zu kreieren. Das Traubenmaterial wird gekühlt und schonend gepresst, sodass es anschließend im modern ausgestatteten Keller unter der Obhut von Kellermeister Dipl.-Ing. Sebastian Blümig zu fruchtigen, eigenständigen Weinen heranreifen kann.

Im spannenden Portfolio an animierenden, sortentypischen Weißweinen spielen der Grüne und der Rote Veltliner eine besondere Rolle. Der Grüne Veltliner wird in drei Spielarten angeboten. Darüber hinaus überrascht das Weingut mit kristallklaren Rieslingen, charmanten Chardonnays und Weißburgundern sowie den exotischen Sorten wie Sämling und Sauvignon Blanc. Mit dichten und gehaltvollen Rotweinen stellen die Kolkmanns unter Beweis, dass sich Zweigelt, Pinot Noir und Co auf den Lössterrassen des Wagrams »schmeckbar« wohlfühlen. Weinfreunde sind eingeladen, im modernen Verkaufs- und Verkostungsgebäude den »Wagram zu spüren«, einerseits beim Degustieren der guten Tropfen des Weingutes und andererseits durch den herrlichen Ausblick auf die umliegenden Weinberge.

91 Grüner Veltliner Brunnthal 2011
13,5 Vol.%, DV, Stahltank, 12.500, extratrocken, €€
Mittleres Grüngelb. Mit frischen Wiesenkräutern unterlegte Apfelfrucht, feine tabakige Nuancen. Saftig, gute Komplexität, feine gelbe Birnenfrucht, lebendiger Säurebogen, gutes Trinkanimo, mineralischer Nachhall, gutes Zukunftspotenzial.

90 Roter Veltliner 2011
13 Vol.%, DV, 4600, extratrocken, €€
Helles Gelbgrün. Mit zarten Wiesenkräutern unterlegte weiße Apfelfrucht, frischer Birnentouch. Gute Komplexität, grüner Apfel, frische Säurestruktur, zitronige Nuancen, trinkanimierender Stil, gutes Entwicklungspotenzial.

90 Riesling Fumberg 2011
13,5 Vol.%, DV, trocken, 8000, €€
Helles Gelbgrün. Frischer Weingartenpfirsich, feine Blütenaromen, ein Hauch von Zitruszesten. Saftig, extraktsüße Tropenfruchtanklänge, finessenreicher Säurebogen, zart nach Marille, bleibt gut haften, salziger Nachhall, vielseitig einsetzbar.

89 Grüner Veltliner Sonnberg 2011
12,5 Vol.%, DV, Stahltank, 30.000, extratrocken, €€

88 Grüner Veltliner »Ein Achterl vom Löss« 2011
12,5 Vol.%, DV, Stahltank, 32.000, extratrocken, €€

88 Pinot Noir Reserve 2009
13 Vol.%, DV, 2000, extratrocken, €€€

Wagram

★★★★

WEINGUT LETH

3481 Fels/Wagram, Kirchengasse 6
T: 02738/22 40, F: DW 17
office@weingut-leth.at
www.weingut-leth.at

KELLERMEISTER: Franz Leth jun. **ANSPRECHPARTNER:** Franz und Erich Leth **ANZAHL/FLASCHEN:** k. A. (75 % weiß, 25 % rot) **HEKTAR:** 43 **VERKOSTUNG:** ja **AB-HOF-VERKAUF:** ja **ÜBERNACHTUNGSMÖGLICHKEIT:** kann organisiert werden **ANDERE PRODUKTE IM VERKAUF:** Destillate, Altwein **VEREINSZUGEHÖRIGKEIT:** Kooperierendes Mitglied der Traditionsweingüter Österreich **MESSEN:** VieVinum, ProWein

Das Weingut der Familie Leth in Fels liegt direkt an den Lössterrassen des Wagrams. Der Löss prägt maßgeblich den Charakter der Weine, der Grüne Veltliner dankt es ihm mit großartiger Würze, Dichte und Harmonie. Es ist daher auch kein Zufall, dass mehr als die Hälfte der stattlichen 43 Hektar Rebfläche dieser Sorte gewidmet ist. Von den nach Süden ausgerichteten Terrassenlagen werden fünf verschiedene Grüne Veltliner gekeltert. Herausragend sind dabei die beiden Lagenweine von Brunnthal und Scheiben, die seit dem Jahrgang 2011 durch die Kooperation mit den Traditionsweingütern als »Erste Lagen« klassifiziert sind. Es ist nicht eine plakative Primärfrucht, die bei diesen Weinen im Vordergrund steht, sondern die Vielschichtigkeit der Aromatik, feine Mineralik und ein ausgezeichnetes Potenzial für lange Flaschenreife.

Eindrucksvolle Beweise, dass die Veltliner aus dem Weingut Leth zu den besten im Lande zählen, waren der 1. Platz beim »Falstaff Grüner Veltliner Grand Prix« 2011 für Brunnthal sowie der »SALON«-Sieg mit »Scheiben« jeweils aus dem Jahrgang 2010. Neben dem Grünen Veltliner liegt ein weiterer Schwerpunkt im Weingut auf der Wagramer Traditionssorte Roter Veltliner. Mit einer äußerst gelungenen Kombination aus Fruchtschmelz und Saftigkeit zeigt der ebenfalls aus der Lage Scheiben stammende Wein das hohe Qualitätspotenzial der immer beliebter werdenden Spezialität auf. Um der stark steigenden Nachfrage gerecht zu werden, wurden kürzlich einige Top-Parzellen erworben und mit Rotem Veltliner neu bepflanzt. Der Wagram ist mit Sicherheit als eine Weißweingegend zu bezeichnen, umso erstaunlicher ist es, dass sich das Weingut Leth im letzten Jahrzehnt auch eine geballte Rotweinkompetenz aufgebaut hat. Frischen Schwung und das notwendige Wissen dafür brachte hier Franz Leth jun. ein, der die Verantwortung für den Keller schon mit 22 Jahren übernommen hat.

Die strikte Fokussierung beim Rotwein auf Zweigelt, Pinot Noir und St. Laurent zeigt, wie gut diese Sorten in einer kühleren Klimazone gedeihen. Wie ausgezeichnet Franz Leth jun. damit umgehen kann, zeigt er mit dem »Gigama«, einem Ausnahme-Zweigelt, der ihm bereits den Sortensieg bei der Falstaff-Rotweinprämierung 2010 sowie zahlreiche weitere Top-Platzierungen bei Verkostungen eingebracht hat. Aber nicht nur bei der Weinqualität werden hier Maßstäbe gesetzt, auch im Vertrieb ist das Weingut eine der Speerspitzen der österreichischen Weinszene. Leth-Weine findet man heute in ganz Europa, Übersee und im Fernen Osten, gut zwei Drittel der verkauften Flaschen werden exportiert.

93 Roter Veltliner Scheiben 2011
14 Vol.%, DV, großes Holzfass, extratrocken, €€€
Mittleres Gelbgrün. Feine Steinobstanklänge, reife Ananasfrucht, einladender Blütenhonig. Saftig, elegant, gut integrierte Fruchtsüße, feiner Säurebogen, sehr harmonisch, feine Mineralik im Nachhall, ein kraftvoller Speisenbegleiter, gutes Entwicklungspotenzial.

(92–94) Grüner Veltliner Felser Scheiben 2011
14 Vol.%, DV, großes Holzfass, trocken, €€€
Mittleres Gelbgrün. Intensive Frucht nach Mango und Papaya, vollreife weiße Birnenfrucht klingt an, mit feiner

Kräuterwürze unterlegt. Stoffig, opulente Textur, reife Tropenfrucht, angenehmes Säurespiel, zart nach Grapefruit im Finale, bleibt gut haften, sicheres Zukunftspotenzial.

92 Grüner Veltliner Felser Brunnthal 2011
13,5 Vol.%, DV, großes Holzfass, extratrocken, €€€
Mittleres Gelbgrün. Mit frischen Wiesenkräutern unterlegte weiße Apfelfrucht, zart nach Honigmelone, feine tabakige Nuancen. Saftig, elegant, zart nach Honig, feiner Säurebogen, gelbe Frucht im Nachhall, trinkanimierender Stil, zitroniger Touch im Rückgeschmack.

92 Sauvignon Blanc Brunnthal 2011
13,5 Vol.%, DV, Stahltank, extratrocken, €€€
Mittleres Gelbgrün. Intensiv nach eingelegten gelben Paprikaschoten, zarter Honigtouch, rauchige Nuancen. Kraftvoll, reife Tropenfrucht, frischer Säurebogen, zitroniger Touch, feine Fruchtsüße im Nachhall, gutes Reifepotenzial.

92 Simply Wow! 2011
13,5 Vol.%, DV, Stahltank, extratrocken, €€€€
Mittleres Grüngelb. Feine gelbe Steinobstklänge, mit Tropenfruchtnoten unterlegt, ein Hauch von Eibischteig, facettenreiches Bukett. Saftig, elegante Textur, frische Frucht, markantes Säurespiel, zitroniger Touch im Abgang, bleibt gut haften, ein rassiger Speisenbegleiter.

92 Weißburgunder Scheiben 2011
14 Vol.%, DV, großes Holzfass, trocken, €€€
Mittleres Grüngelb. Zart nussig unterlegte feine weiße Frucht nach frischer Birne, zart nach Babybanane. Stoffig, elegant, kraftvolle Textur, feiner Säurebogen, grüner Apfeltouch im Abgang, gutes Entwicklungspotenzial.

91 Grüner Veltliner Schafflerberg 2011
13 Vol.%, DV, Stahltank, extratrocken, €€€
Mittleres Grüngelb. Zart tabakig unterlegte Apfelfrucht, eher verhaltenes Bukett, ein Hauch von weißen Blüten. Saftig, frisch strukturiert, reifer grüner Apfel, feine zitronige Nuancen, bereits sehr harmonisch, trinkfreudiger und zugleich auch lagerfähiger Stil.

91 Riesling Wagramterrassen 2011
13,5 Vol.%, DV, Stahltank, trocken, €€€
Mittleres Grüngelb. Intensive gelbe Tropenfrucht, ein Hauch von Maracuja und Ananas, mit mineralischem Touch unterlegt. Stoffig, extraktsüß, zart nach Blutorangen, feine Säurestruktur, salzige Mineralik im Abgang.

90 Chardonnay Floss 2010
13,5 Vol.%, DV, extratrocken, €€€
Mittleres Gelbgrün. Feiner Vanilletouch, ein Hauch von Karamell, feine Holzwürze über gelber Tropenfrucht. Mittlere Komplexität, süße Frucht im Kern, etwas weich im Abgang, bereits unkompliziert antrinkbar, zitroniger Touch im Finale.

91 Blauer Zweigelt Gigama 2009
14,5 Vol.%, 2500, €€€€€
Dunkles Rubingranat, violette Reflexe, zarte Randaufhellung. Feines Karamell, dunkles Beerenkonfit, Nuancen von Kardamom und Orangenzesten. Saftig, stoffige Textur, fein eingebundene Tannine, bleibt gut haften, mineralischer Nachhall, zart nach Bitterschokolade, ein kraftvoller Speisenbegleiter mit gutem Reifepotenzial.

91 Cabernet Sauvignon Reserve 2009
14 Vol.%, 2500, €€€
Kräftiges Rubingranat, zarte violette Reflexe, breitere Randaufhellung. Intensive Nuancen von Brombeeren und Cassis, ein Hauch von Zitruszesten, mit angenehmer Kräuterwürze unterlegt. Saftig, elegante Textur, feine Tannine, extraktsüßer Abgang, reife Kirschen und Nougat im Rückgeschmack, ein facettenreicher Speisenbegleiter.

90 Pinot Noir Reserve 2009
14,5 Vol.%, 2500, €€€
Kräftiges Rubingranat, zarte violette Reflexe, breitere Randaufhellung. Zarte Dörrobstnuancen, mit reifen Kirschen unterlegt, dezente vegetale Würze, ein Hauch von Gewürzen. Stoffig, kraftvoll, feine Tannine, deutliche Extraktsüße, zart nach Karamell, bleibt gut haften, ein vielseitiger Speisenbegleiter, bereits gut antrinkbar.

Wagram

WINZERHOF FRANZ ANTON MAYER

3465 Königsbrunn/Wagram, Kremser Straße 8
T: 02278/23 44, F: DW 4
mail@franzantonmayer.at
www.franzantonmayer.at

KELLERMEISTER UND ANSPRECHPARTNER: Franz Anton Mayer jun.
ANZAHL/FLASCHEN: k. A. (80 % weiß, 19 % rot, 1 % süß) HEKTAR: 18
VERKOSTUNG: ja, gegen Voranmeldung AB-HOF-VERKAUF: ja
ÜBERNACHTUNGSMÖGLICHKEIT: kann organisiert werden
ANDERE PRODUKTE IM VERKAUF: Traubensaft
VEREINSZUGEHÖRIGKEIT: Weingüter Wagram
MESSEN: VieVinum, Vinova, ProWein

Das aufstrebende Weingut am Wagram präsentiert eine Vielfalt an Grünen Veltlinern und auch die regionaltypische Sorte Roter Veltliner. Das Weingut ist bestrebt, die Kraft des Bodens und die Energie der Natur in ihren Weinen widerzuspiegeln. Franz Anton Mayer vinifiziert sehr präzise, saubere Weine mit einer klaren Stilsprache, die von hoher Extraktdichte und feinen Duftnoten gekennzeichnet sind.

Das Weingut durfte sich in jüngerer Zeit über zahlreiche Auszeichnungen freuen. Insbesondere wurden die Grünen Veltliner immer wieder mit höchsten Bewertungen bedacht. Franz Anton Mayer keltert fünf verschiedene Grüne Veltliner, dessen Reben in mehr als 50 Prozent der Weingärten wachsen. Von leicht bis kräftig, von fruchtig bis pfeffrig – aus den Lagen Hochrain, Bromberg und Rainmacher. »Zenit WW1« heißt der Kräftige. Zusätzlich weist die Weinliste weitere sieben Weißweinsorten und vier unterschiedliche Rotweine auf.

Die Familie Mayer bietet eine breite Palette an exzellenten regionaltypischen Weinen zu einem super Preis-Leistungs-Verhältnis.

(90–92) Grüner Veltliner Zenit 2011
13,5 Vol.%, DV, Stahltank, extratrocken, €€
Mittleres Grüngelb. Reife gelbe Apfelfrucht, feine Kräuterwürze, ein Hauch von Orangenzesten, mit dunkler Mineralik unterlegt. Stoffig, weiße Tropenfruchtanklänge, feiner Säurebogen, reife Marillen im Abgang, bleibt gut haften, feinwürziger Speisenbegleiter mit Reifepotenzial.

(90–92) Roter Veltliner Kreuzweingarten 2011
13,5 Vol.%, DV, Stahltank, extratrocken, €€
Mittleres Grüngelb. Mit zartem Blütenhonig unterlegte gelbe Birnenfrucht, zart nach Mandarinen, mineralischer Touch. Saftig, feine Dörrobstnote, kraftvoll, feiner Säurebogen, salzige Mineralik, bleibt gut haften, sicheres Reifepotenzial, wird von Flaschenreife profitieren.

89 Grüner Veltliner Ried Bromberg 2011
13 Vol.%, DV, Stahltank, extratrocken, €€

88 Grüner Veltliner Privat 2011
12,5 Vol.%, DV, Stahltank, extratrocken, €

88 Grüner Veltliner Ried Wagram 2011
12,5 Vol.%, DV, Stahltank, extratrocken, €

87 Grüner Veltliner Ried Hochrain 2011
12 Vol.%, DV, Stahltank, extratrocken, €

WEINGUT MEHOFER – NEUDEGGERHOF

★★

3471 Neudegg 14
T: 02279/72 47, F: DW 4
neudeggerhof@mehofer.at
www.mehofer.at

--- BIO ---

KELLERMEISTER UND ANSPRECHPARTNER: Stephan Mehofer
ANZAHL/FLASCHEN: k. A. (70 % weiß, 25 % rot, 5 % süß) HEKTAR: 18
VERKOSTUNG: ja, gegen Voranmeldung AB-HOF-VERKAUF: ja
ÜBERNACHTUNGSMÖGLICHKEIT: ja ANDERE PRODUKTE
IM VERKAUF: Destillate, Sekt VEREINSZUGEHÖRIGKEIT: Weingüter
Wagram, Bioveritas MESSEN: BioFach Nürnberg, ProWein, VieVinum,
GAST Klagenfurt, Alles für den Gast Salzburg, Vinobile Montfort

Wagram

Einmal bewusstes Leben bitte. Bereits seit zehn Generationen sind die Mehofers Stammkunden beim Storch – um genau zu sein, seit 1709. Die Erfahrung, die sie in mehr als dreihundert Jahren Weinbau gesammelt haben, bestimmt nicht nur den unverwechselbaren Geschmack ihrer Produkte, sondern auch ihr Denken und Handeln. Sie lieben die Natur. Ihr Zuhause ist der Wagram. Seine leuchtend gelben Lössböden, das ihrer Weine. Sie wollen sich und den nächsten Generationen dieses Zuhause bewahren. Als einer der Bio-Pioniere führte der Betrieb bereits 1992 die Bearbeitung der Weingärten nach organisch-biologischen Richtlinien ein. Weine im Einklang mit ihrem Zuhause zu kreieren ist ihre Art, einen Liebesbrief an die Natur zu schreiben. Bewusst Leben ist hier keine Floskel, es ist die Philosophie des Hauses.

92 Riesling Riesmein 2011
13 Vol.%, DV, Stahltank, halbtrocken, €€€
Helles Grüngelb. Intensive weiße Tropenfruchtanklänge, frischer Weingartenpfirsich, ein Hauch Maracuja. Saftig, elegant, zarte Extraktsüße, finessenreicher Säurebogen, harmonisch und gut anhaltend, gelbe Tropenfrucht im Nachhall, gutes Entwicklungspotenzial.

90 Gemischter Satz Alter Weingarten 2011
14 Vol.%, DV, Stahltank, trocken, €€
Helles Grüngelb. Feine gelbe Fruchtnuancen, ein Hauch von Blütenhonig, zarte Steinobstanklänge. Saftig, feinfruchtig, angenehme Extraktsüße, mit feinem Säurebogen unterlegt, bleibt gut haften, Anklänge von Ananas im Nachhall, ein facettenreicher Speisenbegleiter.

90 Grüner Veltliner Riesmein 2011
13 Vol.%, DV, Stahltank, trocken, €€€
Helles Grüngelb. Angenehme reife Apfelfrucht, ein Hauch von Orangenzesten, mineralischer Touch. Saftig, gute Komplexität, elegant und ausgewogen, finessenreicher Säurebogen, bleibt gut haften, gutes Reifepotenzial.

89 Chardonnay Wadenthal 2011
13,5 Vol.%, DV, Teilbarrique, trocken, €€€

89 Roter Veltliner Riesmein 2011
12 Vol.%, DV, Stahltank, trocken, €€

88 Neydek Cuvée Barrique 2009
13,5 Vol.%, NK, Barrique, extratrocken, €€€

Wagram

WEINGUT NIMMERVOLL

3470 Engelmannsbrunn, Steingassl 30
T: 0676/950 36 82
office@nimmervoll.cc
www.nimmervoll.cc

KELLERMEISTER UND ANSPRECHPARTNER: Gregor Nimmervoll
ANZAHL/FLASCHEN: k. A. (85 % weiß, 13 % rot, 2 % süß) HEKTAR: 6 + 7
VERKOSTUNG: ja, gegen Voranmeldung AB-HOF-VERKAUF: ja
ÜBERNACHTUNGSMÖGLICHKEIT: kann organisiert werden
ANDERE PRODUKTE IM VERKAUF: Destillate, Sekt, Traubensaft
MESSEN: VieVinum, ProWein, Weinmesse Salzburg, Weinmesse München

Einen rasanten Aufstieg hat Gregor Nimmervoll aus Engelmannsbrunn in den letzten Jahren hingelegt: Aus dem Ein-Hektar-Zuerwerbsbetrieb der Familie ist ein Weingut mit sechs Hektar Rebfläche in den besten Lagen von Engelmannsbrunn und Gösing entstanden. 2011 wurden zudem Trauben von weiteren sieben Hektar Vertragsfläche zugekauft. Diese werden nach strengen Qualitätsvorgaben von ausgewählten Partnerbetrieben bewirtschaftet.

Gregor Nimmervoll baut seine Weine kraftbetont und vielschichtig aus – Persönlichkeiten mit individuellen Charakterzügen und unverkennbarem »Gesicht« sollen entstehen. Dieser Zielsetzung kam der sehr reife Jahrgang 2011 ungemein entgegen. Ihre Bühne finden die Weine in der neu errichteten Kellerei im Steingassl in Engelmannsbrunn. Hier werden nicht nur Trauben zu Wein – sie steht Weinfreunden auch zum Kennenlernen und Vertiefen in die Nimmervoll-Weine offen.

92 Grüner Veltliner Schafberg 2011
14 Vol.%, DV, Stahltank, extratrocken, €€
Mittleres Grüngelb. Feine weiße Fruchtnuancen, ein Hauch von Blütenhonig, zarte Nuancen von Wiesenkräutern. Kraftvoll, Anklänge von reifer Honigmelone und Mango, feiner Säurebogen, zart nach Babybanane im Abgang, opulenter Stil, ein facettenreicher Speisenbegleiter mit Zukunft.

91 Riesling Weißer Schotter 2011
14 Vol.%, DV, Stahltank, trocken, €€
Helles Grüngelb. Einladende gelbe Steinobstnote, mit frischen Orangen unterlegt, zarter Blütenhonig. Komplex, saftige gelbe Tropenfrucht, angenehme Extraktsüße, finessenreicher Säurebogen, zitronige Nuancen im Abgang, Marille im Nachhall, bleibt gut haften, gutes Reifepotenzial.

90 Traminer Fuchsberg 2011
14 Vol.%, DV, Stahltank, trocken, €€
Helles Grüngelb. Zarte Nuancen nach Eibisch und Rosenöl, feine Anklänge von Mandarinenzesten, ein Hauch von Kräuterwürze. Saftig, elegant, feine Fruchtsüße, ausgewogen und gut anhaltend, mineralische Nuancen im Finish, zart nach Blütenhonig im Abgang.

89 Grüner Veltliner von den Rieden 2011
13 Vol.%, DV, Stahltank, extratrocken, €€

89 Grüner Veltliner Wagram 2011
13,5 Vol.%, DV, Stahltank, extratrocken, €€

89 Weißburgunder Mittersteig 2011
14,5 Vol.%, DV, Stahltank, extratrocken, €€

★★★★

WEINGUT BERNHARD OTT
3483 Feuersbrunn, Neufang 36
T: 02738/22 57, F: DW 22
bernhard@ott.at
www.ott.at

--- BIO ---

KELLERMEISTER: Günter Weisböck ANSPRECHPARTNER: Bernhard Ott
ANZAHL/FLASCHEN: k. A. (100 % weiß) HEKTAR: 32
VERKOSTUNG: ja, gegen Voranmeldung
AB-HOF-VERKAUF: ja, limitierte Mengen
ANDERE PRODUKTE IM VERKAUF: Destillate, Marillenmarmelade
VEREINSZUGEHÖRIGKEIT: respekt
MESSEN: ProWein, VieVinum

Wagram

Bernhard Ott hat sich ganz dem Grünen Veltliner verschrieben, rund 90 Prozent seiner Produktion sind der heimischen Leitsorte gewidmet. Daneben wird noch eine kleine Menge Sauvignon und Riesling erzeugt, die auf höheren Rieden auf schottrigen Böden wachsen. Wichtigster Wein im Haus ist der Grüne Veltliner mit der Bezeichnung »Fass 4« – ein Wein, der aus den Trauben fünf kleinerer Lagen rund um den Rosenberg erzeugt wird. Bernhard Ott bezeichnet ihn als den Wein der goldenen Mitte, »Fass 4« soll Eleganz mit Trinkvergnügen verbinden. Ein würziger und körperreicher Veltliner trägt den Namen »Der Ott« und macht seinem Erzeuger alle Ehre, im Herbst 2004 ist der Veltliner vom Rosenberg dazugekommen, ein würziger Kapital-Veltliner, den man am besten in der Magnum kauft und dann einige Zeit im Keller vergisst.

Letzte internationale Erfolge: Platz eins für den Grünen Veltliner »Tausend Rosen« 2003 bei der Degustation der »Grand Jury Européen« im Loisium 2006, Platz zwei für »Der Ott« 2005 beim »Falstaff Grüner Veltliner Grand Prix 2006«. Daneben sind zwei feine Rieslinge im Sortiment: der trockene »Vom roten Schotter« und der nach deutschem Vorbild süß angelegte, finessenreiche »Rheinriesling«.

Bernhard Ott wurde für seine Leistungen zum »Falstaff Winzer des Jahres 2008« gekürt. Kleine Mengen vom Engabrunner Stein im Ausmaß von 300 Litern (Löss und Gföhler Gneis) erblickten in diesem Jahr das Licht der Welt. Im Jahr 2009 erzeugte Ott erstmals einen Grünen Veltliner nach antiken Vorbildern in verschieden großen Tongefäßen, die in den Löss eingegraben wurden. Das Ergebnis sorgte bei der »VieVinum« 2010 für einiges Aufsehen.

(92-94) **Grüner Veltliner Feuersbrunner Rosenberg Erste ÖTW Lage 2011**
13,5 Vol.%, DV, Stahltank, trocken, €€€€€
Mittleres Grüngelb. Zart rauchig, angenehme Kräuterwürze, feine gelbe Birnenfrucht, mit mineralischem Touch unterlegt. Saftig, reife gelbe Frucht, feine Fruchtsüße, guter Säurekern, zart nach Honig im Nachhall, markante Süße im Abgang, insgesamt balanciert, individueller Veltlinerstil, gute Lagerfähigkeit ist garantiert.

(92-94) **Grüner Veltliner Feuersbrunner Spiegel Erste ÖTW Lage 2011**
13,5 Vol.%, DV, Stahltank, trocken, €€€€€
Mittleres Gelb. Feine Nuancen von Ananas, Anklänge von Blütenhonig, reife Marillenfrucht, mit feiner Kräuternote unterlegt. Saftig, gelbe Frucht, angenehme Extraktsüße, feiner Säurebogen, zarte Honignote im Abgang, zitroniger Touch im Rückgeschmack, insgesamt etwas opulenter als gewohnt, wird von Flaschenreife profitieren.

(91-93) **Grüner Veltliner Engabrunner Stein Erste ÖTW Lage 2011**
13,5 Vol.%, DV, Stahltank, trocken, €€€€€
Mittleres Gelb. Zart rauchig-mineralisch unterlegt weiße Apfelfrucht, feine Orangenzesten, etwas Kräuterwürze. Saftig, feine Extraktsüße, opulenter Körper, elegant und gut anhaltend, gelbe Tropenfrucht im Finale, mineralischer Nachhall, sehr gutes Entwicklungspotenzial.

(90-92) **Grüner Veltliner Der Ott 2011**
13 Vol.%, DV, Stahltank, €€€€
Mittleres Grüngelb. Frische gelbe Apfelfrucht, zart nach Honigmelone, angenehmer Touch von Wiesenkräutern,

Wagram

Orangenzesten klingen an. Ausgewogen, feine gelbe Frucht, Nuancen von Steinobst, feines Säurespiel, bleibt gut haften, bereits gut antrinkbar.

L 90 Grüner Veltliner Fass 4 2011
12,5 Vol.%, DV, Stahltank, extratrocken, €€€
Mittleres Grüngelb. Zart rauchig, kräuterwürzig unterlegte gelbe Apfelfrucht, ein Hauch von Bauernbirne. Saftig, elegante Textur, zart nach gelber Tropenfrucht, feiner Honigtouch, bleibt gut haften, ein balancierter Speisenbegleiter, vielseitig einsetzbar.

(89-91) Sauvignon Blanc 2011
13 Vol.%, Stahltank, extratrocken, €€€
Helles Grüngelb. Intensive Kräuterwürze, ein Hauch von Cassis und Stachelbeeren, ein Hauch von frischem Heu. Saftig, gelbe Tropenfrucht, rassige Säurestruktur, finessenreich und gut anhaltend, zitroniger Touch im Nachhall, gutes Trinkanimo.

WEINGUT ANDREAS B. POLSTERER

3483 Feuersbrunn, Neufang 9
T: 0664/241 17 55, F: 02738/873 15
office@weingut-polsterer.at
www.weingut-polsterer.at

KELLERMEISTER UND ANSPRECHPARTNER: Andreas B. Polsterer
ANZAHL/FLASCHEN: k. A. (70 % weiß, 29 % rot, 1 % süß) HEKTAR: 12
VERKOSTUNG: ja, gegen Voranmeldung AB-HOF-VERKAUF: ja
ÜBERNACHTUNGSMÖGLICHKEIT: kann organisiert werden
ANDERE PRODUKTE IM VERKAUF: Destillate
MESSEN: VieVinum, Vinobile

Der Familienbetrieb bearbeitet eine Fläche von zwölf Hektar und hat sich ganz einer Bewirtschaftung im Einklang mit der Natur verschrieben. In der Gemeinde Feuersbrunn, die als erster Ort Niederösterreichs mit dem Landes-Umweltschutzpreis ausgezeichnet wurde, ist das fast schon Pflicht. Die Böden bestehen aus Löss sowie Sand- und Schotterlagen. Andreas Polsterer keltert eine breite Sortenpalette, die von Grünem Veltliner über Welschriesling, Riesling, Chardonnay und die lokale Spezialität Roter Veltliner bis hin zu Rotweinsorten reicht.
Um die Fruchtigkeit der Produkte zu unterstreichen, wird schonend gepresst und bei Bedarf während der Gärung gekühlt. Die Weißweine werden in Edelstahl, die Rotweine in Holzfässern ausgebaut.

(89-91) Grüner Veltliner Reserve 2011
14 Vol.%, DV, Stahltank, 1000, extratrocken, €€€
Mittleres Gelbgrün. Mit Kräuterwürze unterlegte gelbe Apfelfrucht, frische Orangenzesten, rauchige Mineralik. Komplex und kraftvoll, zarte vegetale Würze im Kern, reifer gelber Apfel, dunkle Nuancen im Abgang, Blutorangen im Rückgeschmack, stoffiger Speisenbegleiter.

89 Roter Veltliner Roter Graben 2011
13 Vol.%, DV, Stahltank, 2000, trocken, €€

89 Grüner Veltliner Rosenberg 2011
13 Vol.%, DV, Stahltank, 3000, extratrocken, €€

(88-90) Grüner Veltliner Jakob 2011
14 Vol.%, DV, Stahltank, 2000, extratrocken, €€€

88 Chardonnay Stiegl 2011
13 Vol.%, DV, Stahltank, 2000, extratrocken, €€

88 Riesling Rosenberg 2011
13 Vol.%, DV, Stahltank, 2500, trocken, €€

Wagram

WEINBAU FAMILIE REINBERGER

★★

3484 Grafenwörth, Kremser Straße 10
T: 02738/27 95, F: DW 4
weinbau@reinberger.at
www.reinberger.at

KELLERMEISTER UND ANSPRECHPARTNER: Ing. Alfred Reinberger
ANZAHL/FLASCHEN: k. A. (85 % weiß, 14 % rot, 1 % süß) HEKTAR: 9
VERKOSTUNG: ja, gegen Voranmeldung AB-HOF-VERKAUF: ja
ÜBERNACHTUNGSMÖGLICHKEIT: Ja
ANDERE PRODUKTE IM VERKAUF: Destillate
VEREINSZUGEHÖRIGKEIT: Weingüter Wagram
MESSEN: Vinobile Montfort, ProWein, VieVinum

Unweit der Donau, wo sich die Felder gemächlich dem Wagram zuneigen, liegen die Weingärten der Familie Reinberger. In sonnigen Hanglagen gedeihen die Weine besonders gut, dort bringt der Grüne Veltliner seine ganze Würze, Rasse und Pikanz zum Ausdruck.

Kein Wunder, dass man dieser Sorte mehr als die Hälfte der Rebfläche widmet. Aus Überzeugung behält man auch die »altösterreichischen Sorten«, den Roten und Frühroten Veltliner im Programm, an denen man die frische Frucht und die zarte Eleganz besonders schätzt. Riesling, Chardonnay und Zweigelt sorgen dafür, dass die Weinpalette durch eine entsprechende Sortenvielfalt für die Kunden attraktiv gehalten wird. Auch heuer gab sich der engagierte Betrieb keine Blöße und zeigt wieder eine sehr homogene Qualität.

(91-93) Grüner Veltliner Reserve 2011
14 Vol.%, DV, Stahltank, extratrocken, €€
Mittleres Grüngelb. Feine Kräuterwürze, zarter Honigtouch, vollreife Marillenfrucht, attraktives Bukett. Komplex, engmaschige Textur, frische weiße Fruchtnuancen, gut integrierte Säurestruktur, feiner Zitrustouch im Abgang, gute Länge, verfügt über Reifepotenzial.

91 Grüner Veltliner Rose Grün 2011
14 Vol.%, DV, Stahltank, extratrocken, €€
Helles Grüngelb. Feine einladende weiße Tropenfrucht, ein Hauch von gelbem Apfel und Blütenhonig, mineralische Nuancen. Saftig, kraftvoll, angenehme Extraktsüße, feiner Säurebogen, gelbe Tropenfrucht im Nachhall, bleibt gut haften, kompakter Speisenbegleiter.

89 Roter Veltliner Lössterrassen 2011
13,5 Vol.%, DV, Stahltank, extratrocken, €€

89 Grüner Veltliner Brenner 2011
13 Vol.%, DV, Stahltank, extratrocken, €€

89 Riesling Wora 2011
13 Vol.%, DV, Stahltank, extratrocken, €€

88 Chardonnay 2011
13,5 Vol.%, DV, Stahltank, trocken, €€

★★

FRITZ SALOMON – GUT OBERSTOCKSTALL

3470 Kirchberg/Wagram, Oberstockstall 1
T: 02279/23 35-12, F: DW 6
wein@gutoberstockstall.at
www.gutoberstockstall.at

KELLERMEISTER: Fritz Salomon ANSPRECHPARTNER: Fritz und Birgit Salomon
ANZAHL/FLASCHEN: k. A. (70 % weiß, 30 % rot) HEKTAR: 15
VERKOSTUNG: ja, gegen Voranmeldung AB-HOF-VERKAUF: ja
RESTAURANT/GASTHOF: Sommer: Mi. 17.30–21 Uhr, Do. bis Sa. 11.30–21 Uhr
So. 11.30–15 Uhr; Winter: Fr. und Sa. 11.30–21 Uhr, So. 11.30–15 Uhr
ÜBERNACHTUNGSMÖGLICHKEIT: ja ANDERE PRODUKTE IM VERKAUF: Sekt,
Edeldestillate, Marillenmarmelade, Marillennektar, roter Traubensaft
VEREINSZUGEHÖRIGKEIT: Demeter MESSEN: VieVinum, ProWein

Das Gut Oberstockstall wurde im 12. Jahrhundert erstmals urkundlich genannt, als es ein »Herr von Stochestale« dem Domkapitel Passau vermachte. Klimatisch begünstigte Lage, fruchtbare Böden – mächtige Lössschichten über Schottern – und reichlich vorhandene Quellen gaben schon in der Frühbronzeit Anlass, hier zu siedeln. Der Gutshof wurde im Laufe der Zeit ausgebaut und diente als Residenz der Pfarrherren, adeligen Domherren aus Passau, die seit Anfang des 14. Jahrhunderts auch als Obercellerare des Bistums aufscheinen. 1310/20 wurde die gotische Kapelle erbaut. Den Wohntrakt des Schlosses ließ der Domherr Christoph von Trenbach in den 1540er-Jahren erbauen. Er betrieb auch weltweit einzigartige alchemistische Forschungen, wie das 1980 ausgegrabene Laborinventar bezeugt. 1803 kam das Gut an die Hofkammer und wurde 1857 von Karl Salomon ersteigert, der mit Salzhandel und als Schiffseigner zu Wohlstand gekommen war.

1970 übernahm Fritz Salomon sen. den Betrieb. Im 1986 von Eva Salomon eröffneten Haubenrestaurant, mittlerweile geführt von Sohn Matthias, wird nur das Frischeste aus den Gärten des Guts – Gemüse, Obst und Kräuter – verarbeitet, dazu Produkte aus der Landwirtschaft. Und natürlich werden vor allem eigene Weine und Brände ausgeschenkt. Fritz jun. führt seit 1990 den Betrieb. Seit 2002 arbeitet er im Weinbau wie auch in der Landwirtschaft konsequent organisch-biologisch. Jetzt geht er noch einen Schritt weiter mit der Umstellung auf biologisch-dynamische Arbeitsweise. Deshalb grast auf den umliegenden Weiden seit 2008 auch Waldviertler Blondvieh.

91 Weißer Burgunder 2011
13,5 Vol.%, DV, Stahltank, 3000, €€
Helles Grüngelb, Silberreflexe. Mit feiner Kräuterwürze unterlegte gelbe Apfelfrucht, zart nussige Anklänge. Komplex, saftig, feine weiße Frucht, angenehmer Säurebogen, zart nach Birnen im Abgang, bleibt gut haften, feine Extraktsüße im Nachhall, mineralischer Rückgeschmack.

(90-92) Gelber Traminer 2011
14 Vol.%, DV, Stahltank, trocken, €€€
Mittleres Gelbgrün. Feine Nuancen nach Quitten, ein Hauch von Rosenöl, zart nach Eibisch, reife gelbe Frucht. Stoffig, reife Frucht, angenehme Süße, dunkle Mineralik, zeigt eine sehr gute Länge, wird von weiterer Flaschenreife profitieren, zeigt klaren Sortencharakter.

89 Grüner Veltliner Maulbeerpark 2011
12,5 Vol.%, DV, Stahltank, 2000, €€€

(88-90) Riesling Tobel 2011
12 Vol.%, DV, Stahltank, 4500, €€

(88-90) Chardonnay 2011
13 Vol.%, DV, Stahltank, halbtrocken, €€

88 Grüner Veltliner Brunnberg 2011
12 Vol.%, DV, Stahltank, 4000, €€

WEINGUT FRANZ SAUERSTINGL

3481 Fels/Wagram, Parkstraße 11
T/F: 02738/34 35
franz.sauerstingl@aon.at
www.sauerstingl.at

KELLERMEISTER UND ANSPRECHPARTNER: Franz Sauerstingl
ANZAHL/FLASCHEN: k. A. (85 % weiß, 15 % rot) HEKTAR: 12
VERKOSTUNG: ja AB-HOF-VERKAUF: ja
VEREINSZUGEHÖRIGKEIT: Wagramer Selektion

Das Weingut Sauerstingl wird als Familienbetrieb geführt und bewirtschaftet zwölf Hektar Rebfläche, die überwiegend mit Grünem Veltliner bepflanzt sind. Das weitere Weißweinsortiment setzt sich aus dem regional sehr bedeutenden Roten Veltiner, aus Riesling und Weißburgunder zusammen. Ebenfalls ausgebaut wird Frühroter Veltliner, der etwa von November bis März als Jungwein angeboten wird. Der Rotweinanteil im Betrieb, der etwa 15 Prozent umfasst, setzt sich großteils aus Zweigelt und daneben etwas Blauburger und Cabernet Sauvignon zusammen.

Die Weingärten liegen rund um Fels und reichen von der Wagramkante, die ins Tullnerfeld abfällt, auf zirka 190 Metern Seehöhe liegt und von lockeren Schotterböden mit Lössauflage geprägt ist, bis knapp unter den Hengstberg, der mit 360 Metern Seehöhe die höchste Erhebung am Wagram bildet. Dort befinden sich auch die wichtigsten Lagen des Betriebs: Scheiben und Brunnthal, die von tiefgründigen Lössböden dominiert sind. Seit 2002 ist Franz Sauerstingl jun. für die Vinifikation der Weine verantwortlich; seither liegt der Fokus noch stärker auf dem Grünen Veltliner, der in vier verschiedenen Varianten angeboten wird – nämlich LÖSS I bis LÖSS IV. Diese Bezeichnung vereint die geologischen Gegebenheiten am Wagram mit der Klassifizierung der Veltliner von leicht-fruchtig-unkompliziert (LÖSS I) bis gehaltvoll-reif-ausdrucksstark (LÖSS IV).

(90-92) Roter Veltliner Reserve 2011
14,5 Vol.%, DV, großes Holzfass, trocken, €€€
Mittleres Gelbgrün. Feine Nuancen von gelber Tropenfrucht, feine Wiesenkräuter, ein Hauch von frischer Quitte und Blütenhonig. Saftig, elegant, feine Fruchtsüße, angenehme Säurestruktur, feiner Honigtouch im Abgang, bleibt gut haften, ein lagerfähiger Speisenbegleiter.

(90-92) Grüner Veltliner Löss IV Brunnthal 2011
13,5 Vol.%, DV, Stahltank/großes Holzfass, extratrocken, €€
Mittleres Gelbgrün. Zart tabakig-kräuterwürzig unterlegte gelbe Fruchtnuancen, mineralischer Touch, facettenreiches Bukett. Saftig, weiße Tropenfrucht, angenehme Extraktsüße, finessenreicher Säurebogen, bleibt gut haften, elegant und trinkanimierend, gutes Entwicklungspotenzial.

90 Grüner Veltliner Löss III Scheiben 2011
13 Vol.%, DV, Stahltank, extratrocken, €€
Helles Gelbgrün. Feine gelbe Apfelfrucht, frische Wiesenkräuter, ein Hauch von Orangenzesten. Saftig, frische weiße Frucht, lebendige Säurestruktur, zitroniger Anklang im Finish, zart nach Birnen im Rückgeschmack.

89 Roter Veltliner 2011
13 Vol.%, DV, Stahltank, extratrocken, €€

88 Grüner Veltliner Löss II 2011
12,5 Vol.%, DV, Stahltank, extratrocken, €€

★★
WEINGUT FAMILIE SCHUSTER

3471 Großriedenthal, Hauptstraße 61
T: 02279/72 03, F: DW 4
office@weingut-schuster.at
www.weingut-schuster.at

KELLERMEISTER UND ANSPRECHPARTNER: Karl Schuster
ANZAHL/FLASCHEN: k. A. (65 % weiß, 30 % rot, 5 % süß) HEKTAR: 8
VERKOSTUNG: ja, gegen Voranmeldung AB-HOF-VERKAUF: ja
ANDERE PRODUKTE IM VERKAUF: Destillate, Riesling-Sekt
ÜBERNACHTUNGSMÖGLICHKEIT: ja
VEREINSZUGEHÖRIGKEIT: Weingüter Wagram
MESSEN: VieVinum, ProWein

»Lust auf Löss« lautet die Devise im Weingut der Familie Schuster, einem echten Familienbetrieb aus der »Öko-Oase« und dem »Eiswein-Mekka« Großriedenthal. Weinbau ist durch eine Hauschronik aus dem Jahr 1772 urkundlich dokumentiert. Der Betrieb wird von Karl und Helga Schuster geführt, unterstützt von Sohn Thomas. In den vergangenen Jahren wurde der Betrieb durch eine neue Produktionsstätte erweitert, es entstand eine regelrechte »Schaukellerei« inklusive modernem Kostraum. Sogar Gästezimmer, um die sich Helga Schuster kümmert, stehen zur Verfügung. Die stilistische Weinlinie geht eindeutig in Richtung reintönige und fruchtbetonte, bekömmliche Weine. Die Naturverbundenheit wird mit dem Marienkäfer auf dem Etikett hervorgehoben.

92 Grüner Veltliner Valvinea WW1 2011
13,5 Vol.%, VL, Stahltank, halbtrocken, €€€
Mittleres Grüngelb. Deutliche Kräuterwürze, reife Birnenfrucht, zarter Blütenhonig, zart nach Marille. Saftig, elegante Textur, süße Frucht, angenehmer Säurebogen, ein Hauch von Orangen, bleibt gut haften, zarter Honigtouch im Abgang, gelbe Tropenfrucht im Nachhall, gutes Entwicklungspotenzial, zitronige Noten im Rückgeschmack.

91 Roter Veltliner Valvinea 2011
14 Vol.%, VL, Stahltank, lieblich, €€€
Mittleres Grüngelb. Reife gelbe Tropenfrucht, feines Stachelbeerkonfit, ein Hauch von Grapefruit, angenehmer Honigtouch, mit reifen Birnen unterlegt. Saftig, süße Textur, feiner Honigtouch, opulent und gut anhaltend, gutes Reifepotenzial.

90 Roter Veltliner Altweingarten 2011
13 Vol.%, DV, Stahltank, trocken, €€
Mittleres Gelbgrün. Einladende gelbe Frucht, ein Hauch von Steinobst und Apfel, mit feinen Wiesenkräutern unterlegt. Saftig, elegant und komplex, reife gelbe Tropenfrucht, feine karamellige Nuancen, feine Säurestruktur, extraktsüßer Nachhall, reife Birnen im Abgang, gute Länge, verfügt über Reifepotenzial.

89 Grüner Veltliner Alte Reben 2011
13 Vol.%, DV, Stahltank, extratrocken, €€

89 Sauvignon Blanc Diebstein 2011
13 Vol.%, VL, Stahltank, extratrocken, €€

88 Roter Veltliner Wagramterrassen 2011
12,5 Vol.%, Stahltank, trocken, €€

Wagram

WEINHOF THOMAS STOPFER

3701 Ruppersthal 41
T/F: 02955/704 53
office@weinhof-stopfer.at
www.weinhof-stopfer.at

— NEU —

KELLERMEISTER UND ANSPRECHPARTNER: Thomas Stopfer
ANZAHL/FLASCHEN: k. A. (80 % weiß, 20 % rot) **HEKTAR:** 6
VERKOSTUNG: ja, gegen Voranmeldung **AB-HOF-VERKAUF:** ja
ÜBERNACHTUNGSMÖGLICHKEIT: kann organisiert werden

Der Weinbau ist in der Familie Stopfer seit Generationen verankert. Für Thomas Stopfer bedeutet er mehr als nur gute alte Tradition. Wein vereint seine Liebe und Verbundenheit zur Natur mit der Freude am Genießen. Es ist kein Geheimnis, dass die Basis für hochwertige Weine bereits in den Weingärten geschaffen wird. Oberstes Ziel von Thomas Stopfer ist daher, die Qualität der über das Jahr behutsam gereiften Trauben in jede einzelne Flasche zu bringen.

Im Sortiment findet sich der Grüne Veltliner »Classic«, fruchtig und pfeffrig, der »Steinberg«, kräftig, würzig und mineralisch sowie die »Reserve« für die Liebhaber gereifter Weine. Die Sortenvielfalt reicht vom Rosé, Roten Veltliner und Riesling bis hin zum Gelben Muskateller. Bei den Rotweinen setzt man auf die Sorten Zweigelt und Cabernet Sauvignon als Cuvéepartner, die zum größten Teil im Barrique ausgebaut werden.

Wer die Stille sucht und gerne in der Natur seine Seele baumeln lässt, der wird den Wagram lieben. Genießen steht bei den Stopfers im Vordergrund, sei es kulinarisch, kulturell oder spirituell – gerne begleitet von einem guten Achterl Wein.

90 Grüner Veltliner Steinberg 2011
14 Vol.%, DV, Stahltank, extratrocken, €€
Mittleres Gelbgrün. Mit frischer Kräuterwürze unterlegte gelbe Apfelfrucht, rauchig-tabakige Nuancen, zart nach Orangenzesten. Komplex, saftige gelbe Frucht, dunkle Mineralik, feine Fruchtsüße im Abgang, zart nach Ananas und Mango im Finish, gutes Entwicklungspotenzial.

89 Riesling Sonnenried 2011
13 Vol.%, Stahltank, trocken, €€

88 Grüner Veltliner Classic 2011
12,5 Vol.%, DV, Stahltank, extratrocken, €

88 Gelber Muskateller Sommernachtstraum 2011
13 Vol.%, DV, Stahltank, extratrocken, €€

87 Roter Veltliner 2011
12,5 Vol.%, DV, Stahltank, extratrocken, €

WEINMANUFAKTUR CLEMENS STROBL

4020 Linz, Klosterstraße 3
T: 0732/89 04 78
office@clemens-strobl.at
www.clemens-strobl.at

KELLERMEISTER: Clemens Stobl
ANSPRECHPARTNER: Michael Fellöcker
ANZAHL/FLASCHEN: 30.000 (60 % weiß, 40 % rot) **HEKTAR:** 13
VERKOSTUNG: ja, gegen Voranmeldung
AB-HOF-VERKAUF: ja, limitierte Mengen
ÜBERNACHTUNGSMÖGLICHKEIT: kann organisiert werden
MESSEN: VieVinum, ProWein

Wagram

Der Linzer Clemens Strobl erfüllte sich seinen Lebenstraum und ist seit 2009 Winzer in Feuersbrunn am Wagram. Auf einem Gebiet von derzeit zirka elf Hektar kultiviert er primär heimische Rebsorten, aus denen Weine in höchster Qualität entstehen. Bei der Weinproduktion stehen für Clemens Strobl die Regionstypizität und der unverwechselbare Charakter der Weinbauregion Wagram im Vordergrund.

Vor allem die Lagen Rosenberg, Losling, Nussberg und Spiegel gehören zu den Top-Veltlinerlagen Österreichs. Die besonders speicherfähigen Lehm- und Lössböden sowie das milde Klima mit pannonischem Einfluss aus dem Osten versprechen Weine mit einzigartigen und vielschichtigen Aromen. Neben dem Rosé »Sagenhaft« konzentriert sich die Weinmanufaktur Strobl in erster Linie auf Grünen Veltliner und die Rotweinsorte Pinot Noir.

(91-93) Riesling Oberer Rosenberg 2011
14 Vol.%, 2600, trocken, €€€€
Mittleres Grüngelb. Intensive frische Steinobstnote, weiße Tropenfrucht, ein Hauch von Ananas und Marcuja. Stoffig, gute Komplexität, angenehme gelbe Fruchtnuancen, frischer Säurebogen, versteckt seine Muskeln, rassig-mineralisches Finale, ein vielseitiger Speisenbegleiter mit Entwicklungspotenzial.

(90-92) Grüner Veltliner Losling 2011
13,5 Vol.%, NK, Stahltank, 4000, extratrocken, €€€€
Helles Grüngelb. Feine gelbe Apfelfrucht, zart nach Mango, etwas Birne klingt an, feine Wiesenkräuter. Stoffig, ausgewogen, angenehmer Säurebogen, dunkle Mineralik im Nachhall, tabakige Nuancen im Rückgeschmack, würzige Stilistik.

(90-92) Grüner Veltliner Schreckenberg 2011
13 Vol.%, NK, 4000, extratrocken, €€€€
Mittleres Grüngelb. Feine Nuancen von frischer Birne, gelbe Apfelfrucht, angenehme Kräuterwürze, ein Hauch von Orangenzesten, ein Hauch von Blütenhonig. Saftig, reife gelbe Tropenfrucht, feine Extraktsüße, finessenreicher Säurebogen, harmonisch, vielseitig einsetzbar.

(89-91) Riesling Fumberg 2011
13,5 Vol.%, 1300, trocken, €€€€
Mittleres Grüngelb. Feine Steinobstnote, ein Hauch von Weingartenpfirsich, zarter Blütenhonig. Saftig, elegant und extraktsüß, runde Säurestruktur, gelbe Frucht im Nachhall, bereits gut antrinkbar, feiner Honigtouch im Finale.

89 Grüner Veltliner Dorner 2011
12,5 Vol.%, DV, Stahltank, 8000, extratrocken, €€€

(88-90) Welschriesling Spiegel 2011
14 Vol.%, NK, 1300, lieblich, €€€€

Wagram

WEINGUT URBANIHOF – FAMILIE PASCHINGER

3481 Fels/Wagram, St.-Urban-Straße 3
T: 02738/23 44, F: DW 4
weingut@urbanihof.at
www.urbanihof.at

KELLERMEISTER: Georg Spitaler ANSPRECHPARTNER: Ing. Franz Paschinger
ANZAHL/FLASCHEN: k. A. (70 % weiß, 30 % rot) HEKTAR: 25
VERKOSTUNG: ja, gegen Voranmeldung AB-HOF-VERKAUF: ja
ANDERE PRODUKTE IM VERKAUF: Destillate, Sekt, Traubensaft
VEREINSZUGEHÖRIGKEIT: Wagramer Selektion
MESSEN: ProWein, VieVinum, Alles für den Gast (Wien und Salzburg)

Der Betrieb von Franz und Sonja Paschinger zählt zu den traditionsreichsten Betrieben des Wagrams und blickt auf eine über 400-jährige Weinbautradition zurück. Seit 1598 bewirtschaftet die Familie Paschinger bereits in der elften Generation den Urbanihof. Mit viel Engagement und Liebe zum Detail werden die Weine ausgebaut.

Als klassifiziertes Weingut der Wagramer Selektion gilt die Konzentration dem Grünen Veltliner und dem Zweigelt. Der Grüne Veltliner steht im Vordergrund der Palette, das Angebot geht vom puristisch leichten »Urbi-Leicht« über den Klassiker »Wagramer Selektion« zu den »Alten Reben«. Langer Feinhefekontakt und spätere Abfüllung bringen den feinfruchtigen, kräftigen und sehr lagerfähigen »Von der Hefe« hervor. »Barrique No. 5« steht für Premium-Zweigelt, der durch seine anregend balancierte Tanninstruktur begeistert. Die eigens kompostierte Trester-Pferdedung-Mischung, nützlingsschonende Pflanzenschutzmethoden und eine durchgehende Bodenbegrünung bilden die Basis für ein funktionierendes Ökosystem, in dem dank aufwändiger Grünarbeit und ertragsreduzierenden Maßnahmen große Qualitäten geschaffen werden. Franz Paschinger ist bestrebt, authentische Weine zu erzeugen, je nach Stil und Potenzial der Trauben wird der Verarbeitungsweg festgelegt.

91 Grüner Veltliner Alte Reben 2011
14 Vol.%, DV, Stahltank, 3000, trocken
Helles Grüngelb. Frische weiße Birnenfrucht, zarte Nuancen von Wiesenkräutern, mit feinem Apfeltouch unterlegt. Kraftvoll, saftige gelbe Tropenfrucht, zart nach Mango, feiner Säurebogen, Orangen im Abgang, mit dunkler Mineralik unterlegt, gute Länge, ein stattlicher Speisenbegleiter.

90 Grüner Veltliner »1598« 2011
14 Vol.%, DV, Stahltank, 2500, trocken
Mittleres Grüngelb. Zart rauchig-tabakig unterlegte gelbe Apfelfrucht, dezente Kräuterwürze. Stoffig, kraftvolle Textur, reife gelbe Birnenfrucht, gut integrierte Säurestruktur, zarter Honigtouch im Abgang, ein kräftiger Essensbegleiter, gutes Reifepotenzial.

89 Riesling 2011
13,5 Vol.%, DV, Stahltank, 1500, trocken

88 Grüner Veltliner Wagramer Selektion 2011
12,5 Vol.%, DV, Stahltank, 6000, extratrocken

87 Merlot Rosé 2011
12,5 Vol.%, DV, Stahltank, 2000, trocken

88 Barrique Nr. 5 2009 ZW
13,5 Vol.%, NK, Barrique, 3500, extratrocken

wagramer selektion

wagramer selektion

garantiert selektion

www.wagramerselektion.at

weingut stefan bauer	königsbrunn
weingut benedikt	mallon
weingut direder	mitterstockstall
weingut ecker-eckhof	mitterstockstall
weinhof ehn	engelmannsbrunn
weingut greil	unterstockstall
weingut heiderer-mayer	baumgarten
weingut kolkmann	fels
weingut m. mayer	königsbrunn
weingut sauerstingl	fels
weingut urbanihof	fels
weinhof waldschütz	sachsendorf
winzerhaus zehetner	ottenthal

W WAGRAM

Wagram

★★

WEINHOF WALDSCHÜTZ

3474 Sachsendorf 17
T: 02738/23 87, F: DW 19
wein@waldschuetz.at
www.waldschuetz.at

KELLERMEISTER: Anton Waldschütz
ANSPRECHPARTNER: Anton und Elfriede Waldschütz
ANZAHL/FLASCHEN: k. A. (58 % weiß, 40 % rot, 2 % süß) HEKTAR: 15
VERKOSTUNG: ja, gegen Voranmeldung AB-HOF-VERKAUF: ja
HEURIGER: aktuelle Termine auf www.waldschuetz.at ANDERE PRODUKTE
IM VERKAUF: Tresterbrand VEREINSZUGEHÖRIGKEIT: Wagramer Selektion
MESSEN: VieVinum, ProWein, Forum Vini München

Familie, Tradition und Erfahrung werden bei den Waldschütz' großgeschrieben. Der Weinhof besteht in seiner heutigen Form seit 1992. Die Weingärten bedecken eine Fläche von 15 Hektar auf sonnigen Hängen in den beiden bekannten Weinbaugebieten Kamptal und Wagram. Auf Urgestein, sandigem Lehm und Löss-Schotter-Böden sowie auf tiefgründigem Lehm-Löss wachsen fruchtbetonte, elegante Weine. Die behutsame Pflege jedes einzelnen Weinstocks, Laubarbeit, Traubenausdünnung und Handlese sind die natürliche Voraussetzung für die hohe Qualität der Weine und lassen jedes Produkt zu einem individuellen Charakter heranwachsen.

Im reichhaltigen, hochwertigen Angebot finden sich leichte und bekömmliche Weine unter der Bezeichnung »Classic« oder »Kabinett«. Die Spitzenweine des Hauses Waldschütz, auch teilweise im Barrique ausgebaut, werden unter der Bezeichnung »Reserve« verkauft. Viermal im Jahr verwöhnt die Familie Waldschütz ihre Gäste bei ihrem Heurigenbetrieb in der Ortschaft Obernholz, wo hausgemachte Köstlichkeiten die guten Weine erst richtig zur Geltung bringen. Am Betriebssitz in Sachsendorf wurde ein Verkaufsraum neu errichtet und sehr geschmackvoll und modern gestaltet. Verkostung und Kauf der Weine sind am besten nach telefonischer Voranmeldung möglich.

(90-92) Grüner Veltliner Reserve Ried Scheibe 2011
13,5 Vol.%, DV, Stahltank, extratrocken, €€
Helles Gelbgrün. Mit zarter Kräuterwürze unterlegte Anklänge von grünem Apfel, frische Zitruszesten, mineralischer Touch. Saftig, angenehme Extraktsüße, zarte vegetale Würze, gelber Apfel, finessenreiche Säurestruktur, zitroniger Touch im Nachhall.

(89-91) Riesling Reserve Ried Anzental 2011
13,5 Vol.%, DV, Stahltank, extratrocken, €€
Helles Grüngelb. Feine Tropenfruchtanklänge, Noten von Maracuja, Ananas, ein Hauch von Steinobst und Blütenhonig. Saftig, weiße Frucht, frischer Säurebogen, zitronige Nuancen im Abgang, bereits zugänglich.

(88-90) Weißer Burgunder Ried Schafberg 2011
14 Vol.%, DV, Stahltank, lieblich, €€

88 Riesling Kamptal DAC 2011
12,5 Vol.%, DV, Stahltank, extratrocken, €€

88 Grüner Veltliner Kamptal DAC 2011 Classic
12 Vol.%, DV, Stahltank, extratrocken, €€

87 Grüner Veltliner Kabinett 2011
12 Vol.%, DV, Stahltank, extratrocken, €€

WEINGUT GERALD WALTNER

★★

3470 Engelmannsbrunn, Am Berg 18
T/F: 02279/24 71
info@weingutwaltner.at
www.weingutwaltner.at

Wagram

KELLERMEISTER UND ANSPRECHPARTNER: Gerald Waltner
ANZAHL/FLASCHEN: k. A. (75 % weiß, 25 % rot) HEKTAR: 9,5
VERKOSTUNG: ja AB-HOF-VERKAUF: ja
ÜBERNACHTUNGSMÖGLICHKEIT: kann organisiert werden
ANDERE PRODUKTE IM VERKAUF: Destillate
MESSEN: ProWein

In nur knapp zehn Jahren ist es Gerald Waltner gelungen, den bis dahin auf Traubenverkauf ausgerichteten Betrieb komplett umzustrukturieren und an die Spitze der Wagramer Weingüter zu führen. Die größte Aufmerksamkeit schenkt er dem Grünen Veltliner, der am Wagram mit seinem einzigartigen Terroir wohl beste Voraussetzungen für seinen typischen Charakter vorfindet. Gerald Waltner baut diese Sorte in unterschiedlichen Stilistiken und von verschiedenen Lagen aus und vinifiziert damit Weine verschiedenster Formate: von fruchtig und trinkanimierend (GV »Hochrain«) über würzig und feinmineralisch (GV »Steinberz«) bis gehaltvoll und schmelzig (GV »Dorner«). Die GV »Reserve« aus der Top-Lage Dorner wird nach langer Reifung auf der Feinhefe immer erst im September des Folgejahres auf die Flasche gefüllt. In seiner Sortenpalette finden sich auch Weißburgunder, Chardonnay, Riesling, Gelber Muskateller und Zweigelt, der klassisch (»Halterberg«) und im Barrique (»Marienberg«) ausgebaut wird.

Auffallend ist der sehr hohe Exportanteil der Waltner-Weine. Neben dem Verkauf in Österreich werden bereits über 50 Prozent der Produktion nach Deutschland und Irland, in die Schweiz sowie die Niederlande exportiert. Zahlreiche Auszeichnungen und die in den letzten Jahren erfolgten Aufnahmen in verschiedene Weinguides bestätigen die Arbeit des dynamischen Winzers und zeugen von der Qualität seiner Weine.

93 Grüner Veltliner Dorner 2011
14 Vol.%, DV, Stahltank, extratrocken, €€
Helles Grüngelb, Silberreflexe. Mit feiner Kräuterwürze unterlegte weiße Apfelfrucht, zarter Blütenhonig, feiner Touch von Steinobst. Stoffig, sehr elegante Textur, zart nach Honigmelone, feiner Säurebogen, salzig-mineralisch im Abgang, zarte Fruchtsüße im Rückgeschmack.

92 Weißburgunder 2011
13,5 Vol.%, DV, Stahltank, extratrocken, €€
Helles Grüngelb. Etwas zurückhaltend, feine weiße Fruchtnoten, mineralischer Touch. Gute Komplexität, angenehmes Spiel aus reifer Frucht und frischer Säure, bleibt sehr gut haften, mineralischer Nachhall, verfügt über sicheres Reifepotenzial, exzellenter Sortenverteter.

90 Grüner Veltliner Steinberz 2011
13 Vol.%, DV, Stahltank, extratrocken, €€
Helles Grüngelb. Frische Apfelfrucht, zart nach Wiesenkräutern, ein Hauch von Orangenzesten. Saftig, weiße Fruchtnuancen, finessenreicher Säurebogen, elegant und gut anhaftend, ein leichtfüßiger und vielseitiger Speisenbegleiter.

89 Gelber Muskateller 2011
12 Vol.%, DV, extratrocken, €€

89 Chardonnay 2011
13 Vol.%, DV, Stahltank, trocken, €€

89 Grüner Veltliner Hochrain 2011
12,5 Vol.%, DV, Stahltank, extratrocken, €

Wagram

WEINGUT
JOSEF ZEITLBERGER & JOSEF ZEITLBERGER

3701 Großweikersdorf, Tiefenthal 4
T: 02955/703 69, F: DW 4
office@zeitlberger.at, www.zeitlberger.at

KELLERMEISTER UND ANSPRECHPARTNER: Josef Zeitlberger
ANZAHL/FLASCHEN: 50.000 (50 % weiß, 50 % rot) **HEKTAR:** 9
VERKOSTUNG: ja **AB-HOF-VERKAUF:** ja
HEURIGER: 29. 6. bis 24. 7. und 7. 9. bis 25. 9.
ÜBERNACHTUNGSMÖGLICHKEIT: kann organisiert werden
MESSEN: ProWein

Wenn man sich einen Platz an der Spitze der österreichischen, aber auch internationalen Weinwelt erobern möchte, ist die konsequente Qualitätsproduktion Voraussetzung, davon ist die Familie Zeitlberger überzeugt. Derzeit werden rund neun Hektar Weingartenfläche bewirtschaftet. Heute arbeiten drei Generationen daran, aus den Weingärten das Beste herauszuholen und damit die Qualitätslinie für die Zukunft zu sichern. Dem Urgedanken der traditionellen Weißweinproduktion im Gebiet zum Trotz hat sich Familie Zeitlberger auf die Produktion hochwertiger Rotweine spezialisiert.

Basis ist die Ried Himmelreich, eine Lage, die durch ihre Bodenbeschaffenheit, die Sonneneinstrahlung und die luftige Südlage die besten Vorraussetzungen für die Herstellung qualitativer Weine bietet. Hier gedeiht der Blaue Zweigelt ganz vorzüglich. Selbstverständlich kommt dabei die Weißweinlinie nicht zu kurz: Zeitlberger & Zeitlberger bieten auch den regionaltypischen Grünen Veltliner sowie etwas Riesling, Chardonnay und Gelben Muskateller.

(88-90) Grüner Veltliner Hohenberg 2011
13 Vol.%, DV, Stahltank, 1500, extratrocken, €€
Helles Grüngelb. Feine weiße Tropenfrucht, unterlegt mit zarter Kräuterwürze, ein Hauch von Orangenzesten. Frische gelbe Apfelfrucht, lebendiger Säurebogen, trinkanimierender Stil, zitroniger Touch im Abgang, mineralischer Nachhall.

88 Riesling 2011
13,5 Vol.%, DV, Stahltank, 2000, trocken, €€

87 Grüner Veltliner classic 2011
13 Vol.%, DV, Stahltank, 4000, extratrocken, €€

87 Gelber Muskateller 2011
12 Vol.%, DV, Stahltank, 2000, trocken, €€

88 Rosé 2011
11,5 Vol.%, NK, extratrocken, €€

90 Diabolo 2009 ZW/CS/SL
14 Vol.%, NK, Barrique, 1350, extratrocken, €€€
Kräftiges Rubingranat, zarte violette Reflexe, breitere Randaufhellung. Feines dunkles Beerenkonfit, mit zarter Kräuterwürze unterlegt, schokoladiger Touch. Stoffig, süße schwarze Beerenfrucht, feine Tannine, die gut eingebunden sind, gut integriertes Säurespiel, reife Herzkirschen im Nachhall, gutes Reifepotenzial.

WEINVIERTEL

Weinviertel – Weites Veltlinerland mit neuem Profil

Das Weinviertel ist ein vielfältiges, offenes und einladendes Land. Weingärten auf sanften Hügeln wechseln sich ab mit im Wind wogenden Kornfeldern. Außergewöhnliche Kulturdenkmäler und verträumte Kellergassen prägen die weite Landschaft. Über 16.650 Hektar sind davon mit Reben bepflanzt. Ungefähr die Hälfte der Weingärten birgt das wahre Erfolgsrezept des Weinviertels in sich: Grüner Veltliner, namentlich bezeichnet in der gebietstypischen Ausprägung als »Weinviertel DAC«. Von der Donau im Süden bis zur tschechischen Grenze im Norden, vom Manhartsberg im Westen bis zur slowakischen Grenze im Osten erstreckt sich das mächtige Weinbaugebiet. Wichtigste Rebsorte ist der Grüne Veltliner, der als wahrer Sortenstar auf rund 8500 Hektar Rebfläche fest verwurzelt ist. Dazu kommen sein fruchtbetontes Bukett und die frische Säure. Dieser spezifische Weincharakter findet seit 2002 in der ersten kontrollierten Herkunftsbezeichnung (DAC) in Österreich seinen Ausdruck. Damit wurde der »Weinviertel DAC« zum Vorreiter des neuen österreichischen Herkunftsmarketings.

In der Gegend um die Weinstadt Wolkersdorf wächst neben dem Grünen Veltliner auch der Weißburgunder. Eine weitere Weißweinsorte, der Riesling, ist an den Hängen des Bisambergs zu Hause. Bei Mannersdorf an der March herrschen bei pannonischem Klimaeinfluss beste Bedingungen für Rieslinge, Burgunder und Traminer. Die Winzer im nordöstlichen Teil des Weinviertels um Poysdorf keltern vor allem Welschriesling und Grünen Veltliner. An der Nordgrenze ist Falkenstein ein Fixpunkt für fruchtbetonte Weißweine. Im Westen des Weinviertels zwischen Retz und Röschitz warten Grüne Veltliner und Rieslinge mit mineralischer Finesse und tiefer Würze auf. Die Rotweininsel Haugsdorf ist aufgrund des trockenen Klimas prädestiniert für fruchtige gehaltvolle Zweigelt und Blaue Portugieser.

Weinviertel West

★★★
- Weingut Gschweicher, Röschitz
- Schlossweingut Graf Hardegg, Seefeld-Kadolz
- Weingut Setzer, Hohenwarth
- Winzerhof Stift, Röschitz

★★
- Weingut Bannert, Obermarkersdorf
- Weingut Christoph Bauer, Jetzelsdorf
- Weingut Fidesser, Platt
- Weingut Ewald Gruber, Röschitz
- Weingut Hofbauer-Schmidt, Hohenwarth

Weinviertel West

Weinviertel

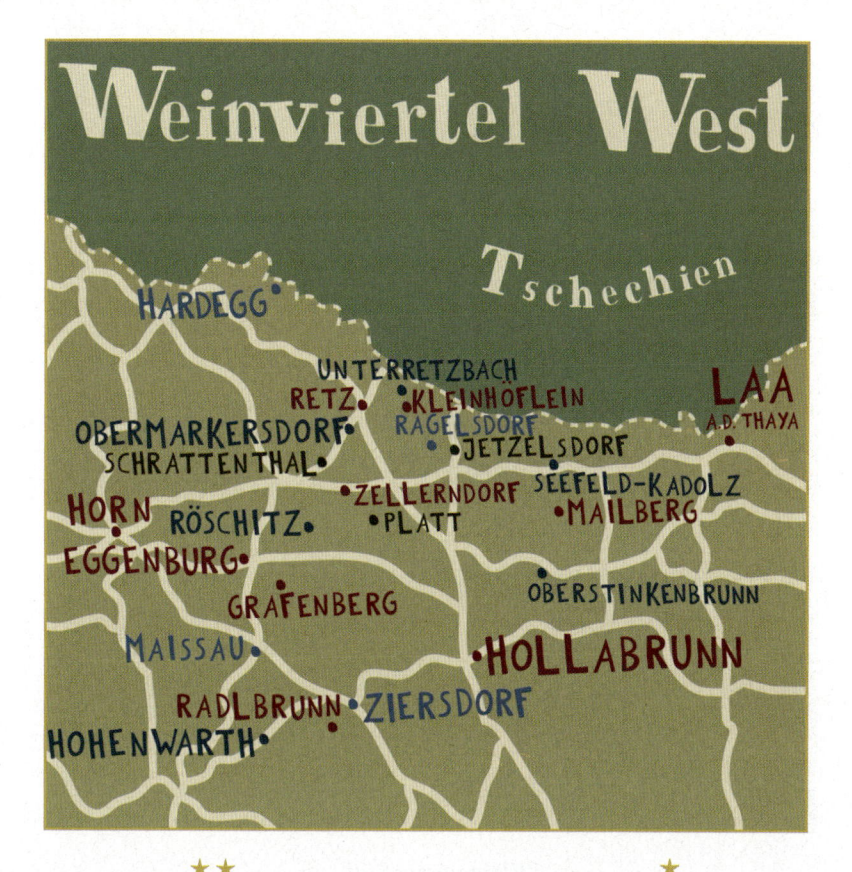

★★
- Weingut Schloss Maissau, Maissau
- Weingut Maurer, Röschitz
- Weingut Prechtl, Zellerndorf
- Weingut Wolfgang Seher, Platt
- Weingut Studeny, Obermarkersdorf
- Weingut Josef Zens, Mailberg

★
- Weingut Stift Altenburg, Röschitz
- Weingut Norbert Bauer, Jetzelsdorf
- Weingut Gerald und Andrea Diem, Obermarkersdorf
- Weingut Josef Ecker, Grafenberg
- Weinhof Hannes Edlinger, Röschitz
- Weingut Hagn, Mailberg
- Weingut Ludwig Hofbauer, Unterretzbach
- Winzer Jassek, Ragelsdorf

★
- Schlossweingut Malteser Ritterorden, Mailberg
- Weingut Pröglhöf, Obernalb
- Respiz-Hof Kölbl, Röschitz
- Weingut Herbert Schneider, Röschitz
- Weingut Seifried, Oberstinkenbrunn
- Weingut Herbert Toifl, Kleinhöflein
- Weinhof Uibel, Ziersdorf
- Bio-Weingut Johannes Zillinger, Velm-Götzendorf

- Weingut Blaha, Röschitz
- Weingut Ingrid Groiss, Breitenwaida
- NÖ Landesweingut Retz Gut Altenberg, Retz
- Weingut Pröll, Radlbrunn

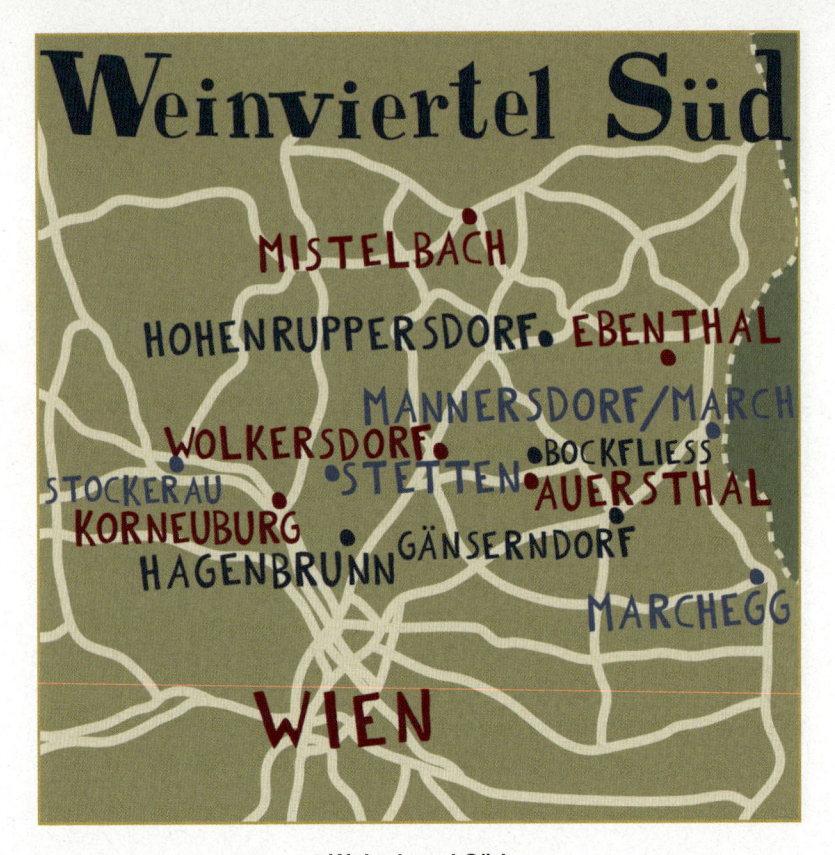

Weinviertel Süd

★★★★
◆ Weingut R. & A. Pfaffl, Stetten

★★
◆ Weingut Ewald Diem, Hohenruppersdorf
◆ Weingut »RM« Roland Minkowitsch, Mannersdorf/March
◆ Weingut Schwarzböck, Hagenbrunn

★
◆ Bio-Weingut H. und M. Hofer, Auersthal
◆ Weingut Gerhard Lobner, Mannersdorf/March
◆ Weingut Pleil, Wolkersdorf
◆ Weingut Wannemacher, Hagenbrunn

Veltliner Land

★★★★
◆ Weingut Zull, Schrattenberg

★★★
◆ Weingut Taubenschuss, Poysdorf
◆ Weingut Weinrieder, Kleinhadersdorf-Poysdorf

★★
◆ Weingut Dürnberg, Falkenstein
◆ Weingut Frank, Herrnbaumgarten
◆ Weingut Martinshof, Neusiedl/Zaya
◆ Weingut Schuckert, Poysdorf
◆ Weingut Schwarz, Schrattenberg

★
◆ Weinbau Ing. Wilhelm Eminger, Niedersulz
◆ Weingut Hirtl, Poysdorf
◆ Hofkellerei des Fürsten von Liechtenstein, Wilfersdorf

—

◆ Weingut Walek, Poysdorf

Weinviertel

WEINGUT STIFT ALTENBURG

3743 Röschitz, Winzerstraße 46
T: 02984/27 65, F: DW 25
weingut@stiftaltenburg.com
www.weingutstiftaltenburg.com

KELLERMEISTER: Ewald Gruber ANSPRECHPARTNER: Maria Gruber
ANZAHL/FLASCHEN: k. A. (70 % weiß, 30 % rot) HEKTAR: k. A.
VERKOSTUNG UND AB-HOF-VERKAUF: ja, beim Weingut Ewald Gruber
MESSEN: ProWein, VieVinum, The London International Wine & Spirits Fair

Die Geschwister Ewald, Maria und Christian Gruber haben sich mit viel Elan in das elterliche Weingut in Röschitz eingebracht und in den vergangenen Jahren bereits einen Gutteil der Aufgaben übernommen. Seit dem Jahr 2007 bewirtschaftet und vermarktet das erfolgreiche Trio auch die Weingärten des nur wenige Kilometer von Röschitz entfernten Stifts Altenburg. Weinbau wird im Stift Altenberg schon seit über 250 Jahren betrieben.

Etwa zwölf Hektar Weingärten sind es, die in Limberg, südwestlich von Röschitz gelegen, dem Stift angehören. Schon alleine das hierzulande einzigartige Vorkommen von Algensilikat, einer Meeresablagerung aus der Zeit des Urmeers (die in einer weniger eisenhaltigen Form auch als Kieselgur bekannt ist), machen sie zu einem kostbaren geologischen Juwel – ein Terroir, das Zweigelt und Merlot eine eigenständige mineralische Komponente verleiht und zu charaktervollen Weinen mit zuordenbarer Herkunft macht. Mit bis zu 40 Jahre alten Reben der Urgesteinslage Hohenstein ist die Basis für allerfeinsten Grünen Veltliner gegeben. Ein Chardonnay einer Einzelparzelle mit einem mächtigen, lehmigen Lössboden namens Dreißigviertel rundet das Sortiment ab.

Schon bei ihrer ersten Weingartenbegehung waren die Geschwister Gruber fasziniert von dem unglaublichen Potenzial, der Kostbarkeit der Stift Altenburg'schen Lagen und deren Rebbestand. Der Klon des Grünen Veltliners stammt von der berühmten Rebschule Much. Den Weinen dieses Rebmaterials wird eine besondere Würze nachgesagt, die als idealtypisch für Grünen Veltliner bezeichnet wird.

Auch das Vorkommen von Merlot auf der Lage Taubenberg übt auf die jungen engagierten Winzer große Faszination aus. Auch an Aktivitäten mit Verkostungsmöglichkeit soll es nicht mangeln. Vor allem aber soll der traditionelle Kontakt mit Klosterläden in Österreich und Deutschland beibehalten werden, was ohne Zweifel eine Bereicherung für jedes derartige Sortiment darstellt.

91 Chardonnay Dreißigviertel-Limberg 2011
14 Vol.%, DV, Teilbarrique, 7000, extratrocken, €€
Mittleres Grüngelb. Mit feinen Wiesenkräutern unterlegte zarte Birnenfrucht, ein Hauch von Honigmelone, feine tabakige Anklänge. Saftig, reife gelbe Apfelfrucht, feiner Säurebogen, zart nach Orangen im Abgang, salzig-mineralisch im Nachhall, gutes Entwicklungspotenzial.

89 Grüner Veltliner Hohenstein-Limberg 2011
13 Vol.%, DV, Stahltank, 1500, trocken, €€

88 Weinviertel DAC 2011
12,5 Vol.%, DV, Stahltank, 10.000, extratrocken, €€

WEINGUT BANNERT

★★

2073 Obermarkersdorf 198
T: 02942/83 37, F: DW 6
office@weingutbannert.com
www.weingutbannert.com

KELLERMEISTER: Manfred Bannert **ANSPRECHPARTNER:** Nicole und Manfred Bannert **ANZAHL/FLASCHEN:** k. A. (70 % weiß, 30 % rot) **HEKTAR:** 20 **VERKOSTUNG:** ja **AB-HOF-VERKAUF:** ja **HEURIGER:** 6. und 7. 10., ab 15 Uhr **ÜBERNACHTUNGSMÖGLICHKEIT:** ja **ANDERE PRODUKTE IM VERKAUF:** Frizzante Perla Vera, Frizzante Rosé, Weinschokolade **VEREINSZUGEHÖRIGKEIT:** Weingüter Retzer Land **MESSEN:** VieVinum, ProWein

Eines der interessantesten Weingüter in der schönen Gegend um Retz wird von Manfred und Nicole Bannert betrieben. Nicht umsonst wurde das Weingut als »die Toskana Niederösterreichs« geehrt, denn inmitten der Weingärten am Fuße des Manhartsberges hat sich die junge Familie einen Lebenstraum erfüllt.

Die Architektur des neuen Weinguts mit einer eindrucksstarken Steinmauer spricht eine einzigartige Sprache. Das moderne Betriebsgebäude ist eine echte »Landmarke« des Weinviertels geworden. Landesweite Auszeichnungen wie Prämierungssieger »NÖ Wein«, »SALON« 2010 und andere mehr zeichnen seine hochwertigen Weine aus – und nicht umsonst wurde das Weingut mit dem »Vineus Award« 2012 ausgezeichnet. Es ist nicht nur Ort vinophiler Geschmackserlebnisse, sondern lässt auch private Veranstaltungen der Kunden und Events zu einem Erlebnis werden.

92 Weißburgunder Reserve 2011
15 Vol.%, DV, Stahltank, trocken, €€
Helles Grüngelb, Silberreflexe. Feine reife Birnenfruchtklänge, ein Hauch von Honigmelone, mit kandierten Marillen unterlegt, facettenreiches Bukett. Stoffig, komplexe Textur, feiner Dörrobsttouch, feiner Säurebogen, extraktsüßer Nachhall, mineralisch, ein mächtiger Speisenbegleiter mit gutem Zukunftspotenzial.

91 Weinviertel DAC Reserve 2010
14 Vol.%, DV, Stahltank, extratrocken, €€€
Helles Gelbgrün. In der Nase feine Anklänge an gelbe Tropenfrucht, Mango und Papaya, mit frischen Wiesenkräutern unterlegt, mineralischer Touch. Saftig, elegante Textur, reife Birnenfrucht, lebendiger Säurebogen, angenehme Extraktsüße im Nachhall, verfügt über gutes Entwicklungspotenzial, ein facettenreicher Speisenbegleiter.

90 Urgesteinsriesling Sündlasberg 2011
13 Vol.%, DV, Stahltank, extratrocken, €€
Helles Grüngelb. Rauchig unterlegte Nuancen von Grapefruit und weißem Pfirsich, dunkle Mineralik. Saftig, feine Steinobstanklänge, frischer Säurebogen, angenehme Extraktsüße im Nachhall, zitroniger Touch, gutes Entwicklungspotenzial.

90 Chardonnay Nussberg 2011
14 Vol.%, DV, Stahltank, trocken, €€
Helles Gelbgrün. Frische gelbe Apfelfrucht, zart nach Blütenhonig, mit feiner Kräuterwürze unterlegt, Orangenzesten klingen an. Saftig, elegant, harmonische Textur, feiner Säurebogen, gute Länge, ein vielseitiger Speisenbegleiter.

89 Weinviertel DAC Satz 2011
12,5 Vol.%, DV, Stahltank, extratrocken, €€

88 Sauvignon Blanc Nussberg 2011
13,5 Vol.%, DV, Stahltank, trocken, €€

88 St. Laurent Reserve 2009
13,5 Vol.%, DV, Teilbarrique, extratrocken, €€

WEINGUT CHRISTOPH BAUER

★★

2053 Jetzelsdorf 49
T: 02944/23 04, F: 02944/264 94
office@bauerwein.at
www.bauerwein.at

KELLERMEISTER UND ANSPRECHPARTNER: Christoph Bauer
ANZAHL/FLASCHEN: k. A. (40 % weiß, 60 % rot) HEKTAR: 18
VERKOSTUNG: ja, gegen Voranmeldung AB-HOF-VERKAUF: ja
ÜBERNACHTUNGSMÖGLICHKEIT: kann organisiert werden
ANDERE PRODUKTE IM VERKAUF: Weinschokolade
VEREINSZUGEHÖRIGKEIT: Weingüter Retzer Land
MESSEN: VieVinum, ProWein

Christoph Bauer überzeugt seit Jahren mit charakteristischen Weiß- und Rotweinen. Dass beides auf hohem Niveau möglich ist, liegt an den einzigartigen Rieden der Winzerfamilie: Jetzelsdorf bei Haugsdorf bietet einerseits sehr gute Lagen und Böden für Weißweine, und andererseits warme Kessellagen, in denen rote Sorten optimal heranreifen. Reife Trauben und schonende Verarbeitung sind die Basis für die Weine von Christoph Bauer: Der Grüne Veltliner ist der wichtigste Weißwein, ausgebaut von »Klassisch« über »Reserve« bis »Privat«. Der Welschriesling als Sommerwein bietet viel Trinkfreude, der Graue Burgunder ist füllig, der Sauvignon Blanc intensiv. Zweigelt ist die Rotwein-Hauptsorte. Die bereits oftmals ausgezeichneten Premium-Rotweine sind Zweigelt »Reserve«, Zweigelt »Privat«, Pinot Noir sowie Cabernet-Merlot, die im Barrique ausgebaut werden. Abgerundet wird das Sortiment durch den roten Süßwein »Vintage«, der nach der Portweinmethode hergestellt wird.

91 Sauvignon Blanc Reserve 2011
15,5 Vol.%, trocken, €€€
Helles Grüngelb, Silberreflexe. Zarte Kräuterwürze, zunächst eher verhaltenes Bukett, subtile Stachelbeeraromen, ein Hauch von Zitruszesten, mit gelber Frucht unterlegt. Kraftvoll, stoffige Textur, feine Extraktsüße, saftige Steinobstaromen, mineralisch-salziger Nachhall, ein Essensbegleiter mit gutem Reifepotenzial.

90 Grüner Veltliner Spezial 2011
13,5 Vol.%, DV, Stahltank, €€
Mittleres Grüngelb. Zarte Kräuterwürze, tabakig unterlegte gelbe Fruchtnuancen, dunkle Mineralik. Saftig, elegant, kraftvoller Körper, reife Birnenfrucht, salziger Touch im Abgang, gelbe Tropenfrucht im Rückgeschmack.

89 Weinviertel DAC 2011
12,5 Vol.%, DV, Stahltank, extratrocken, €€

89 Grauer Burgunder 2011
15,5 Vol.%, Stahltank, trocken, €€

89 Cabernet Merlot 2008 CS/ME
13,5 Vol.%, NK, Barrique, extratrocken, €€€

(88–90) Zweigelt Reserve 2010
13 Vol.%, NK, Barrique, extratrocken, €€

★

WEINGUT NORBERT BAUER

2053 Jetzelsdorf 180
T: 02944/25 65, F: DW 20
office@bauer-wein.com
www.bauer-wein.com

Weinviertel

KELLERMEISTER: Norbert Bauer und Markus Glanz
ANSPRECHPARTNER: Norbert und Gisela Bauer
ANZAHL/FLASCHEN: k. A. (40 % weiß, 60 % rot) HEKTAR: k. A.
VERKOSTUNG/AB-HOF-VERKAUF: ja ÜBERNACHTUNGSMÖGLICHKEIT: ja
HEURIGER: Jeden Freitag und Samstag ab 14 Uhr »Weinleutgeben«
ANDERE PRODUKTE IM VERKAUF: Traubensaft, Winzersekt, Weinschokolade
VEREINSZUGEHÖRIGKEIT: Premium Weingüter Weinviertel
MESSEN: VieVinum, ProWein

Die Kultur des Weins ist die Kunst des Genusses: ein Motto und ein Anspruch, der für höchste Qualität im Dienst eines gehobenen Lebensgefühls steht, für traditionelle Winzerkultur mit zeitgemäßer Technik – am Weingut Norbert Bauer seit 1721. Inmitten der Rotweininsel im Weinviertel, dem Pulkautal um Jetzelsdorf-Haugsdorf nahe der tschechisch-österreichischen Grenze, liegt der Schatzberg, eine bordeauxformatige Kessellage mit Lössböden; darin befindet sich die Riede Haidberg für Norbert Bauers ganz große Rote und einen ungewöhnlichen, charaktervollen Grünen Veltliner.

Das »geschichtenträchtige« Pulkautal – Stichwort Simon Polt – verkörpert die Essenz des Weinviertels. Norbert Bauers Wein dazu wächst im zehn Kilometer entfernten Gut Mittergrabern: Mehr als 40 Jahre alte Veltliner-Weinstöcke ehren den unangefochtenen König des Weinviertler Weins mit idealen sortentypischen, besonders ausdrucksstarken »GrüVes«. Das Land, das Gut und der Wein lassen sich eine gute Autostunde nördlich von Wien auch unmittelbar erleben. Fünf liebevoll eingerichtete und mit Arbeiten von Weinviertler Kunstschaffenden geschmückte Zimmer stehen bereit – und ein mit viel Stilgefühl renoviertes Weingartenhäuserl samt Lösskeller auf der Tigeralm am Schatzberg, wo es sich besonders gut verweilen lässt: der Blick weit, der Wein ganz nah ...

L 90 Weinviertel DAC Alte Rebe Diermannsee 2011
12,5 Vol.%, DV, Stahltank
Mittleres Gelbgrün. Feinwürzig unterlegte gelbe Tropenfruchtanklänge, frische Birne, etwas Mango, Wiesenkräuter klingen an. Saftig, elegante Textur, reife gelbe Frucht, lebendig und trinkanimierend, zarte Extraktsüße im Nachhall, ein vielseitiger Speisenbegleiter.

88 Weinviertel DAC Kellerberg 2011
12 Vol.%, DV, Stahltank

88 Riesling Diermannsee 2011
11 Vol.%, DV, Stahltank

90 Rotweincuvée Schatzberg 2009 CS/CF/ME/SL
14 Vol.%, NK, Barrique
Kräftiges Rubingranat, violette Reflexe, zarte Randaufhellung. Reifes dunkles Beerenkonfit, zart nach Brombeeren und Zwetschken, Gewürzanklänge. Saftig, gute Komplexität, dunkle Waldbeeren, gut integrierte Tannine, schokoladiger Touch im Abgang, ein stoffiger Speisenbegleiter.

89 Zweigelt Reserve Haidberg 2006
13,5 Vol.%, NK, Barrique

Weinviertel

WEINGUT BLAHA

3743 Röschitz, Im Winkl 7
T: 02984/27 43
weingut-blaha@wavenet.at
www.weingut-blaha.at

— NEU —

KELLERMEISTER UND ANSPRECHPARTNER: Martin Blaha
ANZAHL/FLASCHEN: 40.000 (90 % weiß, 10 % rot) HEKTAR: 9
VERKOSTUNG: ja, gegen Voranmeldung AB-HOF-VERKAUF: ja
ANDERE PRODUKTE IM VERKAUF: Weißer Traubensaft,
Marillen- und Birnenbrand
MESSEN: Weinviertel-DAC-Präsentationen

Das Weingut Blaha befindet sich in Röschitz im westlichen Teil des Weinviertels. Mit viel Hingabe und bereits über mehrere Generationen hinweg widmet sich die Familie Blaha der Erzeugung von Weinen mit hoher Qualität. In den Weingärten wurde zum Großteil Grüner Veltliner ausgepflanzt, der hier besonders frisch und sortentypisch gedeiht und auf Löss- und Urgesteinsböden reift. Die Top-Lagen heißen Mühlberg und Reipersberg.

Die Familie Blaha betreibt naturnahen Weinbau, wobei die Weingärten nach ökologischen Gesichtspunkten bearbeitet und die Erträge reduziert werden, um das Heranreifen hochwertiger Weine zu ermöglichen. Die Weißweine reifen in Edelstahltanks und die Rotweine in Holzfässern, sodass sie ihr typisches Aroma erreichen können. Im urigen Kellerstüberl in der Kellergasse, das für circa 100 Personen Platz bietet, organisiert man gerne Weindegustationen und Feierlichkeiten jeder Art. Keller- und Weingartenführungen sind nach Voranmeldung möglich. Neben Qualitätsweinen verarbeiten die Blahas übrigens auch Obst aus eigenen Obstgärten zu naturnahen edlen Bränden und Likören.

90 Grüner Veltliner Reipersberg 2011
13,5 Vol.%, DV, Stahltank, 3500, extratrocken, €€
Helles Grüngelb. Feine gelbe Tropenfruchtanklänge nach Mango und Ananas, ein Hauch von Blütenhonig, frische Wiesenkräuter klingen an, helle Mineralik. Saftig, elegant, feine weiße Frucht, feines Säurespiel, zitronige Nuancen, bleibt gut haften, ein vielseitiger Speisebegleiter mit einigem Reifepotenzial.

89 Grüner Veltliner Exklusiv 2011
13 Vol.%, DV, Stahltank, 4000, trocken, €

89 Riesling Vom Urgestein 2011
12,5 Vol.%, DV, Stahltank, 2000, trocken, €€

89 Gelber Muskateller Reipersberg 2011
12 Vol.%, DV, Stahltank, 2000, trocken, €€

88 Weinviertel DAC 2011
12,5 Vol.%, DV, Stahltank, 6000, extratrocken, €€

87 Frühroter Veltliner Pezibär 2011
12 Vol.%, DV, Stahltank, 1500, extratrocken, €

★★

WEINGUT EWALD DIEM

2223 Hohenruppersdorf, Obere Hauptstraße 28
T: 02574/82 92, F: 02574/89 04
info@wein-diem.at
www.wein-diem.at

KELLERMEISTER UND ANSPRECHPARTNER: Ewald Diem
ANZAHL/FLASCHEN: k. A. (60 % weiß, 40 % rot) HEKTAR: 10
VERKOSTUNG: ja AB-HOF-VERKAUF: ja
ÜBERNACHTUNGSMÖGLICHKEIT: kann organisiert werden

Weinviertel

Seit Jahrzehnten erzeugt der Weinbaubetrieb Diem erfolgreich Qualitätsweine und zählt heute zu den echten Geheimtipps in Sachen Preis-Leistungs-Verhältnis. Auf zehn Hektar Weingärten arbeiten die Diems ausschließlich schonend und naturnah. So wird in Hohenruppersdorf im südlichen Weinviertel der Grundstein für hochwertiges, physiologisch vollreifes Traubenmaterial gelegt.

Die Weine der Familie zeichnen sich durch Sortentypizität, Fruchtbrillanz und kräftige Extrakte aus. Die klassischen Weißweine werden in Edelstahl, die Rotweine im großen Holzfass ausgebaut. Exquisite Reifung in kleinen Barriques wird den hochwertigsten Spezialitäten sowohl bei Weißwein als auch bei Rotwein zuteil. Das ansprechende Qualitätsniveau, das auf moderner Kellertechnologie basiert, hat den Weinen einen breiten, kontinuierlich wachsenden Kundenkreis verschafft.

92 Grüner Veltliner Reserve Ried Goasripp 2010
13,5 Vol.%, NK, großes Holzfass, extratrocken, €€
Mittleres Grüngelb. Reife weiße Tropenfruchtaromen, unterlegt mit zartem Mangotouch, feine zitronige Nuancen, ein Hauch von Blütenhonig. Saftig, elegante Textur, feine weiße Fruchtexotik, rassige Struktur, extraktsüßer Nachhall, gute Länge, ein stoffiger Speisenbegleiter.

90 Weißburgunder 2011
13,5 Vol.%, DV, Stahltank, extratrocken, €€
Helles Grüngelb. In der Nase frische Apfelfrucht, ein Hauch von weißen Blüten, zarte Grapefruitnuancen, mineralischer Touch. Saftig, eleganter Körper, gelbe Apfelfrucht, frische Säurestruktur, gute Länge, ein vielseitiger Speisenbegleiter, gutes Potenzial.

89 Weinviertel DAC Ried Breitenlus 2010
12,5 Vol.%, DV, Stahltank, extratrocken, €€

89 Riesling 2011
13 Vol.%, DV, Stahltank, extratrocken, €€.

88 Grüner Veltliner Kabinett 2011
12 Vol.%, DV, Stahltank, extratrocken, €

89 Zweigelt Exklusiv 2009
13,5 Vol.%, NK, Barrique, extratrocken, €€

Weinviertel

WEINGUT GERALD UND ANDREA DIEM

2073 Obermarkersdorf 87
T/F: 02942/82 08
office@diem-weine.at
www.diem-weine.at

KELLERMEISTER: Gerald Diem ANSPRECHPARTNER: Gerald und Andrea Diem
ANZAHL/FLASCHEN: k. A. (80 % weiß, 20 % rot) HEKTAR: 20
VERKOSTUNG: ja, gegen Voranmeldung AB-HOF-VERKAUF: ja
ANDERE PRODUKTE IM VERKAUF: Rizzante Perlwein
VEREINSZUGEHÖRIGKEIT: Weingüter Retzer Land
MESSEN: ProWein

Seit 1848 sind Mitglieder der Familie Diem aus Obermarkersdorf bei Retz als erfolgreiche Weinhändler und innovative Winzer der Weinkultur verbunden. Im Jahr 2000 hat Gerald Diem in fünfter Generation das traditionelle Familienunternehmen übernommen. Die Passion für den Weinbau wurde in ihm schon in frühester Jugend geweckt, nach der Handelsakademie absolvierte er den Weinmanagementlehrgang in Krems, schließlich erweiterte er seine Kenntnisse in Anbau, Pflege und Kellertechnik mit einem sechsmonatigen Praxisaufenthalt auf Château Haut-Chatain in Lalande-de-Pomerol in Bordeaux.

Das Weingut Diem konzentriert sich auf den Anbau von fruchtigen gebiets- und sortentypischen Weinen, die klassisch ausgebaut werden. In der Ried Nussberg fühlt sich der Grüne Veltliner sehr wohl, ein erstaunlich mineralischer Riesling wächst am Sündlasberg, auf kalkreicherem Untergrund wie in der Ried Triftberg ist der Chardonnay gut aufgehoben. So gelingt es der Familie Diem, dank optimaler Böden Weine mit eigenständigem Charakter zu keltern.

91 Weinviertel DAC Nussberg 2011
13 Vol.%, DV, Stahltank, extratrocken, €€
Helles Grüngelb, Silberreflexe. Frische gelbe Apfelfrucht, ein Hauch von Golden Delicious, Nuancen von Orangenzesten. Saftig, elegante Textur, frische gelbe Tropenfrucht, finessenreicher Säurebogen, harmonisch im Abgang, zeigt eine gute Länge, bereits gut antrinkbar.

89 Weißer Riesling Rosenhügel 2011
13,5 Vol.%, DV, Stahltank, trocken, €€

(88-90) Chardonnay Triftberg 2011
14 Vol.%, DV, Stahltank, trocken, €€

88 Weinviertel DAC 2011
12,5 Vol.%, DV, Stahltank, extratrocken, €€

88 Gelber Muskateller Nussberg 2011
12,5 Vol.%, DV, Stahltank, trocken, €€

(87-89) Sauvignon Blanc Rosenhügel 2011
13 Vol.%, DV, Stahltank, extratrocken, €€

★★
WEINGUT DÜRNBERG

2162 Falkenstein, Neuer Weg 284
T: 02554/853 55, F: DW 30
weingut@duernberg.at
www.duernberg.at

KELLERMEISTER: Christoph Körner ANSPRECHPARTNER: Matthias Marchesani
ANZAHL/FLASCHEN: k. A. (80 % weiß, 20 % rot) HEKTAR: 56
VERKOSTUNG: ja, gegen Voranmeldung AB-HOF-VERKAUF: ja
ÜBERNACHTUNGSMÖGLICHKEIT: kann organisiert werden
HEURIGER: 14. 4. bis 8. 7., 25. 8. bis 28. 10., Sa. und So. ab 13 Uhr
ANDERE PRODUKTE IM VERKAUF: Destillate, Delikatessen
MESSEN: ProWein, The London International Wine & Spirits Fair, Vinexpo

Weinviertel

Sucht man – im schönsten Sinne des Begriffes – nach einem absolut typischen Vertreter des Weinviertels, so wird man zweifellos auf das Weingut Dürnberg stoßen. Mehr noch. Die Weine von Dürnberg verkörpern alle Tugenden, die der anspruchsvolle Weinliebhaber in aller Welt mit österreichischem Wein an sich verbindet: glasklare Frucht, elegante Frische, feiner Sortenausdruck und vor allem Leichtfüßigkeit mit mineralischer Prägung.

Das kommt daher, weil Christoph Körner in seinen Weinen ganz bewusst auf pappige Üppigkeit verzichtet, sondern auf Frische und Eleganz fokussiert. Respektvolle Bewirtschaftung der kalkgeprägten Weinlagen und behutsame Betreuung im Keller führen zu authentischem Charakter. Darüber hinaus lässt er den Weinen alle Zeit der Welt, um sich zu entwickeln. Daher sind schon die »Select«-Weine anspruchsvolle Zeitgenossen, ohne anstrengend zu sein. Die Einzellagenweine wie »Kirchberg« oder »Rabenstein« werden von alten Reben vinifiziert und dürfen ein Jahr länger im großen Holz zu noch mehr Ausdruck reifen. Durch den Einstieg von Dr. Georg Klein, einem langjährigen Freund von Christoph Körner, ist das Weingut Dürnberg nun auch in der Betreuung der Kunden und Geschäftspartner in aller Welt noch dynamischer geworden. Das Trio Klein-Marchesani-Körner hat die Zukunft eines der vielsprechendsten österreichischen Weingüter fest in der Hand und managt es ebenso professionell wie mit freundschaftlicher Gelassenheit. Aus Falkenstein wird man in nächster Zeit so manche Erfolgsmeldung hören.

(90-92) Weinviertel DAC Reserve Rabenstein 2011
13,5 Vol.%, DV, großes Holzfass, extratrocken, €€€
Mittleres Grüngelb. Mit zarter Kräuterwürze unterlegte feine Tropenfruchtanklänge nach Mango, zarte Ananasanklänge, angenehme rauchige Nuancen. Saftig, elegant, seidige Textur, feiner Säurebogen, mineralischer Abgang, ein kräftiger, aber keine Spur opulenter Speisenbegleiter mit angenehmer Würze im Rückgeschmack.

L 90 Weinviertel DAC Alte Reben Neuberg 2011
12,5 Vol.%, DV, Stahltank, extratrocken, €€
Helles Grüngelb. Einladende frische Apfelfrucht, zart tabakig unterlegte Nuancen von Wiesenkräutern. Saftig, frische weiße Fruchtanklänge, lebendig strukturiert, feine zitronige Nuancen im Abgang, trinkanimierender Stil.

89 Traminer Altes Kreuz 2011
12,5 Vol.%, DV, großes Holzfass, lieblich, €€€

(88-90) Weißburgunder Burggarten 2011
13,5 Vol.%, DV, großes Holzfass, trocken, €€

(88-90) Grüner Veltliner
Falkensteiner Tradition 2011
13 Vol.%, DV, Stahltank, extratrocken, €€

88 Falko 2011 GM/WR/SB
11,5 Vol.%, DV, Stahltank, extratrocken, €€

Weinviertel

WEINGUT JOSEF ECKER

3730 Grafenberg 11
T/F: 02984/34 65
office@weingut-ecker.com
www.weingut-ecker.com

KELLERMEISTER UND ANSPRECHPARTNER: Josef Ecker
ANZAHL/FLASCHEN: k. A. (80 % weiß, 15 % rot, 5 % süß) HEKTAR: 2 + 2
VERKOSTUNG: ja, gegen Voranmeldung AB-HOF-VERKAUF: ja
ÜBERNACHTUNGSMÖGLICHKEIT: kann organisiert werden

Der Betrieb der Familie Ecker liegt im westlichen Teil des Weinviertels, in der Nähe von Eggenburg und Röschitz. Josef Ecker versucht, die Qualität seiner Produkte im Weingarten zu optimieren, deshalb werden die neuen Anlagen mit selektioniertem und ausgesuchtem Rebmaterial eng bepflanzt, darüber hinaus setzt er auf eine hohe Laubwand und eine geringe Stockhöhe.

Die Rieden selbst befinden sich in den besten Lagen auf Lehm- und Lössböden. Im Keller wird eine fruchtige, sortentypische Weinlinie unter kontrollierter Gärung angestrebt. Im Hause Ecker werden drei Linien angeboten: »Klassik«, »Selection« und die »Reserve«-Linie für Barriqueweine. Die Rotweine werden stets im kleinen Holzfass ausgebaut. Der Betrieb füllt ausschließlich Bouteillenweine ab, für die er bereits zahlreiche Auszeichnungen entgegennehmen konnte – eigentlich kein Wunder, denn Josef Ecker ist hauptberuflich der Kellermeister an der HBLA und BA Klosterneuburg.

90 Weinviertel DAC Alte Reben 2011
13 Vol.%, DV, Stahltank, extratrocken, €€
Helles Grüngelb. Mit feiner Kräuterwürze und tabakigen Nuancen unterlegte frische Birnenfrucht, zart nach Mango. Saftig, engmaschige Textur, weiße Apfelfrucht, frisch strukturiert, feinwürziger Nachhall, mineralisch, zitroniger Touch im Rückgeschmack.

88 Sauvignon Blanc Selection 2011
13 Vol.%, DV, Stahltank, extratrocken, €€

87 Riesling Selection 2011
13 Vol.%, DV, extratrocken, €€

87 Weinviertel DAC Klassik 2011
12,5 Vol.%, DV, Stahltank, extratrocken, €€

(88–90) Kogelstein Rot
Grande Reserve 2009 ME/CS/ZW
14 Vol.%, NK, Barrique, extratrocken, €€€€

WEINHOF HANNES EDLINGER

3743 Röschitz, Granitzstraße 15
T/F: 02984/27 96
office@edlinger-wein.at
www.edlinger-wein.at

KELLERMEISTER UND ANSPRECHPARTNER: Hannes Edlinger
ANZAHL/FLASCHEN: 80.000 (90 % weiß, 10 % rot) HEKTAR: 12
VERKOSTUNG: ja AB-HOF-VERKAUF: ja
ÜBERNACHTUNGSMÖGLICHKEIT: kann organisiert werden
ANDERE PRODUKTE IM VERKAUF: Frizzante

Im westlichen Weinviertel ist das Familienweingut Edlinger zu Hause, das hier schon seit Generationen Weinbau betreibt. Heute bewirtschaftet Hannes Edlinger zwölf Hektar, die fast ausschließlich mit Weißweinreben bepflanzt sind. Der Grüne Veltliner spielt traditionsbedingt die Hauptrolle. Je nach Eigenschaft der Lage dominieren Löss- oder Urgesteinsböden, und dies wiederum spiegelt sich in den Weinen entsprechend wider.

Gemeinsam ist den Edlinger-Weinen jedoch der fruchtig-blumige Charakter, der von einer frischen Säure unterstützt wird. Neben dem Grünen Veltliner sind es Riesling, Chardonnay und Sauvignon Blanc, die in Röschitzer Top-Lagen wie Galgenberg und Reipersberg heranwachsen. Die Böden sind berühmt für ihre hohen Traubenqualitäten, hier gibt es echte Urgesteinslagen, aber auch fette Lössgründe. Kühle Nächte und sehr warme Tagestemperaturen sorgen für ein ausgeprägtes Aromenspiel. Der Weinhof Edlinger verfügt auch über komfortable Gästezimmer – ein idealer Ausgangspunkt für alle, die die Weinregion erwandern oder erradeln wollen. Besuchen Sie die Familie Edlinger in ihrem Weinhof, um schöne Momente in gemütlichem Ambiente zu genießen. Jeden Samstag von 10 bis 18 Uhr ist für den Ab-Hof-Verkauf der Weine, Accessoires und Blumen geöffnet.

90 Weinviertel DAC Galgenberg 2011
13 Vol.%, DV, Stahltank, 6000, extratrocken, €€
Helles Grüngelb, Silberreflexe. Attraktive weiße Fruchtnuancen, frischer Apfel, zart mit gelben Tropenfruchtaromen unterlegt. Saftig, feine Kräuterwürze, wieder weiße Frucht, lebendiges Säurespiel, salzige Mineralik, zitronige Nuancen im Abgang, sehr trinkanimierend, zart nach Grapefruit in Rückgeschmack.

89 Weinviertel DAC Hundspoint 2011
13 Vol.%, DV, Stahltank, 6500, extratrocken, €€

89 Riesling Mathäa 2011
13,5 Vol.%, DV, Stahltank, 1500, extratrocken, €€

88 Sauvignon Blanc Exzellent 2011
13 Vol.%, DV, Stahltank, 3500, extratrocken, €€

88 Weinviertel DAC Lössjuwel 2011
12,5 Vol.%, DV, Stahltank, 10.000, extratrocken, €€

87 Grüner Veltliner stoa pur 2011
12,5 Vol.%, DV, Stahltank, 4500, extratrocken, €€

Weinviertel

WEINBAU ING. WILHELM EMINGER

2224 Niedersulz 90–91
T: 02534/242, F: 02534/406 72
emingersweine@aon.at
www.emingersweine.at

KELLERMEISTER UND ANSPRECHPARTNER: Ing. Wilhelm Eminger
ANZAHL/FLASCHEN: 70.000 (58 % weiß, 40 % rot, 2 % süß) **HEKTAR:** 12
VERKOSTUNG: ja, gegen Voranmeldung **AB-HOF-VERKAUF:** ja
ÜBERNACHTUNGSMÖGLICHKEIT: kann organisiert werden
ANDERE PRODUKTE IM VERKAUF: Brände, Sekt, Fruchtsäfte

Qualitativ hochwertige Weine, die ein hohes Maß an Trinkvergnügen bieten, dafür ist die Weinhauerfamilie Eminger bekannt. Geführt wird dieser Familienbetrieb von Ing. Wilhelm Eminger und seiner Frau Miriam, die tatkräftig von seinen Eltern unterstützt werden. Aus dem ehemals gemischten Betrieb entwickelte sich in den letzten zwanzig Jahren ein Leitbetrieb der Region. Ertragsbegrenzung und intensive Pflege der zwölf Hektar Rebflächen sowie schonende Traubenverarbeitung und Vergärung bei optimalen Bedingungen sind hier die qualitative Basis.

Eine im Jahr 2001 neu erbaute Kellerei, die sich die Schwerkraft zunutze macht, erleichtert das Erreichen der angestrebten Ziele. Ein großes Sortiment lädt zum Gustieren ein: Der Grüne Veltliner ist hier natürlich die Hauptsorte und nimmt mehr als ein Drittel der Rebfläche ein, aber auch Riesling, Sauvignon Blanc, Muskateller, Welschriesling, Pinot Blanc und Rivaner werden mit Erfolg gekeltert. Einen guten Namen hat sich Familie Eminger auch aufgrund ihrer Rotweine gemacht, die inzwischen schon 40 Prozent der Gesamtproduktion einnehmen. Besonders für den Zweigelt, den es klassisch, aber auch im Barrique ausgebaut gibt, erhielt der Betrieb schon gute Bewertungen.

(90-92) Weinviertel DAC Reserve Simon 2011
14 Vol.%, DV, großes Holzfass, extratrocken, €€€
Helles Grüngelb, Silberreflexe. Feine Wiesenkräuter, ein Hauch von frischer Birnenfrucht, zart nach gelbem Apfel, angenehme Mineralik. Saftig, elegant, cremige Textur, runde Säurestruktur, ausgewogen, bleibt lange haften, bereits gut zugänglich, feine Extraktsüße im Nachhall, gutes Reifepotenzial.

90 Grüner Veltliner Steinbergen Exklusiv 2011
13 Vol.%, DV, Stahltank, extratrocken, €€
Helles Gelbgrün. Einladende frische Apfelfrucht vom Golden Delicious, ein Hauch von Orangenzesten, mit feinen mineralischen Akzenten unterlegt. Saftig, elegant, feine weiße Frucht, finessenreicher Säurebogen, feine Zitrusfrucht im Abgang, ein vielseitiger Speisenbegleiter.

89 Pinot Blanc Breiten Exklusiv 2011
13,5 Vol.%, DV, extratrocken, €€

88 Weinviertel DAC 2011
12,5 Vol.%, DV, Stahltank, extratrocken, €€

88 Gelber Muskateller 2011
12 Vol.%, DV, Stahltank, extratrocken, €€

89 Elias 2009 CS/ZW
13 Vol.%, NK, Barrique, extratrocken, €€€

WEINGUT FIDESSER

★★

2051 Platt 39
T/F: 02945/25 92
weingut@fidesser.at
www.fidesser.at

— BIO —

KELLERMEISTER: Norbert Fidesser
ANSPRECHPARTNER: Norbert und Gerda Fidesser
ANZAHL/FLASCHEN: k. A. (75 % weiß, 25 % rot) HEKTAR: 15
VERKOSTUNG: ja, gegen Voranmeldung AB-HOF-VERKAUF: ja
VEREINSZUGEHÖRIGKEIT: Premium Weingüter Weinviertel
MESSEN: VieVinum, ProWein

Das Weingut der Familie Fidesser befindet sich im Weinort Platt, in einer sanft hügeligen Landschaft südlich der Stadt Retz. Die Böden dort sind meist kalkreich, einige haben einen hohen Tonanteil, andere feinsandigen Löss. Der Sandberg mit seiner Riede Außerm Holz gehört zu den höchsten Lagen des Weinviertels (339 Meter Seehöhe).

Die Weingärten werden biologisch-organisch bewirtschaftet. Die Weine sind handwerklich gefertigt und haben Persönlichkeit. Gebietsbedingt dominiert hier der Anbau des Grünen Veltliners. Besonderer Stellenwert gilt den Sorten Sauvignon Blanc, Muskateller und Traminer. Eine weitere Spezialität des Betriebes in außerordentlicher Qualität findet man mit dem autochthonen Roten Veltliner. Die Rotweine tragen Namen wie »Retzer Parapluieberg« – eine Cuvée aus Syrah und Zweigelt, »Kapellenberg« (Pinot Noir) und »Kirchleiten« (Zweigelt).

92 Grüner Veltliner Alte Reben 2011
14,2 Vol.%, DV, Stahltank, extratrocken, €€
Mittleres Gelbgrün. Frische Birnenfrucht, zart nach Honigmelonen, ein Hauch von Orangenzesten, dezente Kräuterwürze im Hintergrund. Saftig, weiße Tropenfrucht, elegant und stoffig, feiner Säurebogen, zitronige Nuancen, trotz aller Kraft noch trinkfreudig, gute Länge, hat Zukunftspotenzial.

92 Weißer Traminer Oberer Höhweingarten 2011
15,2 Vol.%, DV, halbtrocken, €€€
Helles Gelbgrün, Silberreflexe. Intensive Nuancen von Eibischteig und Rosoglio, mit frischen Grapefruitzesten unterlegt, auch weiße Blüten klingen an, facettenreicher Duft. Saftig, kraftvoll, deutlicher Zuckerrest, der die Kraft des Weines etwas zügelt, gute Länge, im Abgang wird der hohe Alkohol dennoch spürbar, wird von etwas Flaschenreife profitieren.

(89-91) Grüner Veltliner Retzer Stein 2011
14 Vol.%, DV, Stahltank, trocken, €€€
Mittleres Gelbgrün. Intensive Kräuterwürze, mit gelber Tropenfrucht unterlegt, tabakige Noten, mit dunkler Mineralik unterlegt. Kraftvoll, saftig, extraktsüßer Körper, reife Ananas, feiner Säurebogen, mineralisch im Abgang, Wiesenkräuter und Blutorangen im Nachhall.

89 Sauvignon Blanc Sandberg 2011
14,5 Vol.%, DV, Stahltank, extratrocken, €€€

(88-90) Roter Veltliner Höhweingarten 2011
14 Vol.%, DV, Stahltank, extratrocken, €€€

88 Weinviertel DAC Platter Rieden 2011
12,5 Vol.%, DV, Stahltank, extratrocken, €€

Weinviertel

★★

WEINGUT FRANK

2171 Herrnbaumgarten, Kellergasse 5 und 11
T: 02555/23 00, F: DW 4
frank@weingutfrank.at
www.weingutfrank.at

KELLERMEISTER: Adolf, Gerhard und DI Harald Frank
ANSPRECHPARTNER: DI Harald Frank
ANZAHL/FLASCHEN: k. A. (60 % weiß, 40 % rot) HEKTAR: 18
VERKOSTUNG: ja, gegen Voranmeldung AB-HOF-VERKAUF: ja
ÜBERNACHTUNGSMÖGLICHKEIT: kann organisiert werden
MESSEN: ProWein

Das Weingut Frank liegt in Herrnbaumgarten im nordöstlichen Weinviertel. Natürlich spielt auf den Lössböden der Grüne Veltliner die Hauptrolle. Auf den kalkreichen Böden nördlich von Herrnbaumgarten fühlen sich aber die Rotweinsorten wohl. So ist es nicht verwunderlich, dass Zweigelt, Merlot und Co 40 Prozent der Produktion ausmachen.

In diesem Weingut hat man erkannt, dass die Entwicklungsmöglichkeiten im Keller bald ausgereizt sind. Deshalb versucht die Familie, das Qualitätspotenzial der Weingärten voll auszuschöpfen. Besonderes Augenmerk wird auf gesunde Böden gelegt. Harald Frank probiert immer wieder neue Begrünungspflanzen aus, um das Bodenleben zu fördern und auf natürliche Weise den Wasser- und Nährstoffhaushalt der Reben zu steuern. Frank-Weine werden in zahlreiche Länder exportiert.

(90-92) Grüner Veltliner Reserve Hoher Weg 2011
13 Vol.%, DV, Stahltank, extratrocken, €€€
Helles Grüngelb. Frisches Bukett nach gelbem Apfel, ein Hauch von Mango, frische Wiesenkräuter, zart nach Orangenzesten. Saftig, elegant, Nuancen von gelben Tropenfrüchten, feiner Säurebogen, zarte Würze auch im Abgang, sehr harmonisch und gut anhaltend, feiner Begleiter bei Tisch.

(89-91) Chardonnay Alte Reben 2011
14 Vol.%, DV, Teilbarrique, extratrocken, €€€
Helles Grüngelb. Einladende Nuancen von Steinobst und Vanille, ein feiner Hauch von Karamell, mit Honigmelone unterlegt. Saftig, elegant, cremige Textur, kraftvoll, dabei geschmeidig, feine Extraktsüße, ein stoffiger Speisenbegleiter mit guter Länge.

89 Grüner Veltliner Johannesbergen 2011
13 Vol.%, DV, Stahltank, extratrocken, €€

88 Pinot & Co. 2010 WB/CH/GV
13 Vol.%, DV, Stahltank, trocken, €€

88 Weinviertel DAC 2011
12,5 Vol.%, DV, Stahltank, extratrocken, €€

88 M.C.S. 2009 ME/CS/SL
13 Vol.%, NK, Teilbarrique, extratrocken, €€

WEINGUT INGRID GROISS

2014 Breitenwaida, Herrengasse 29
T: 0676/392 77 03
info@ingrid-groiss.at
www.ingrid-groiss.at

--- NEU ---

KELLERMEISTER UND ANSPRECHPARTNER: Ingrid Groiss
VERKOSTUNG: ja AB-HOF-VERKAUF: ja
HEURIGER: 1. 2. bis 31. 12., Fr. ab 16 Uhr, Sa. und So. ab 11 Uhr
ÜBERNACHTUNGSMÖGLICHKEIT: kann organisiert werden
MESSEN: VieVinum, ProWein

Weinviertel

Die junge Winzern Ingrid Groiss definiert sich selbst mit diesen drei Worten: Leidenschaft, Gefühl und Zielstrebigkeit. Sie hat sich entschlossen, den Weg der Eltern weiterzugehen und damit die Familientradition fortzuführen. Es ist ihr ein Anliegen, den Charakter der österreichischen Rebsorten, aber auch ihre eigene Persönlichkeit in die Flasche zu bringen – und wie sich anhand der ersten, anlässlich der »VieVinum« präsentierten Serie sehen lässt, gelingt dies auch ganz hervorragend.

Am Wochenende führen die Groiss in Breitenweida, das in der Nähe von Hollabrunn liegt, einen ausgezeichneten Heurigenbetrieb, in dem man auch die Weine der aufstrebenden Kellermeisterin kennenlernen kann. Ohne Zweifel ein Name, den man sich merken sollte.

92 Weinviertel DAC Reserve In der Schablau 2011
14,5 Vol.%, DV, Stahltank, 1400, extratrocken, €€€
Mittleres Grüngelb. Verhalten, zarte Wiesenkräuter, zarte Birnenfrucht, ein Hauch von Blütenhonig. Kraftvoll, reife Honigmelonen, frische Säurestruktur, gelbe Apfelfrucht, bleibt gut haften, ein stoffiger Speisenbegleiter, mineralisch, mit guten Zukunftsaussichten.

90 Gemischter Satz In der Schablau 2011
13 Vol.%, DV, Stahltank, 1400, extratrocken, €€
Mittleres Grüngelb. Frische gelbe Apfelfrucht, ein Hauch von Zitruszesten, frische Wiesenkräuter. Saftig, elegant, feine Extraktsüße, frische Säurestruktur, trinkanimierend, grüne Apfelfrucht im Abgang, gutes Entwicklungspotenzial.

89 Weinviertel DAC 2011
12,5 Vol.%, DV, Stahltank, 8400, extratrocken, €€

Weinviertel

WEINGUT EWALD GRUBER

★★

3743 Röschitz, Winzerstraße 46
T: 02984/27 65, F: DW 25
office@gruberwein.at
www.gruberwein.at

KELLERMEISTER: Ewald Gruber **ANSPRECHPARTNER:** Maria Gruber
ANZAHL/FLASCHEN: k. A. (70 % weiß, 30 % rot) **HEKTAR:** k. A.
VERKOSTUNG: ja, gegen Voranmeldung **AB-HOF-VERKAUF:** ja
ANDERE PRODUKTE IM VERKAUF: Frizzante
VEREINSZUGEHÖRIGKEIT: Weingüter Retzer Land
MESSEN: ProWein, VieVinum, Vinexpo

Das Weingut Ewald Gruber ist trotz seiner stattlichen Größe ein reiner Familienbetrieb. Dies ist möglich, weil drei der sechs Kinder von Ewald und Hermine Gruber im Weingut arbeiten. Für Ewald Gruber sen. war es nach wie vor die beste Idee, voll auf die eigenen Stärken zu setzen; auf die des Weinviertels als Weinbaugebiet mit eigenem Charakter und fast unbegrenzten Möglichkeiten, und auf jene der Familie.

Röschitz, an den östlichen Ausläufern des Manhartsberges gelegen, bietet gute Voraussetzungen für Weinbau. Röschitz ist nämlich eine Ausnahme: Es gibt hier keine fetten Schwarzerdeböden, sondern karge Urgesteinsböden mit Granit und teilweise seichten Lössüberdeckungen. Das kristalline Urgestein ermöglicht im Zusammenspiel mit dem eher kühlen Klima einen speziellen, fruchtig-eleganten Weinstil. Die Weingärten befinden sich in Höhen von 250 bis 320 Metern, während es tagsüber recht warm werden kann, sind die Nächte immer kühl. Die durchschnittliche Jahresniederschlagsmenge ist mit rund 490 Millimetern gering. Das trockene Klima und die gute Durchlüftung sorgen für äußerst gesunde Trauben. Ewald Gruber jun.: »Beim Niederschlag kommt es auch sehr auf seine Verteilung an. Unsere verschiedenen Lagen mit Löss und Urgestein erlauben uns unterschiedliche Weinstile, wir können hier sehr viel machen. Grundsätzlich ist das Gebiet für geradlinige elegante Weine bekannt, aber auch kräftige gesunde Trauben sind möglich. Die Säure bleibt auch bei hoher Gradation erhalten. Das trockene Klima und das Urgestein zwingen die Wurzeln der Rebstöcke tief in den Boden, was auch ein Vorteil ist.« Ewald und Christian Gruber sind sich einig: »Man muss sehr auf die Auswahl der Sorte für die Böden achten. Grünen Veltliner kann ich auf beide Böden setzen. Auf Urgestein wird er intensiv und kräftig, aber nicht fett. Für leichtere Veltliner bevorzugen wir Lössböden, weil die Reife schneller einsetzt. Die Natur gibt uns also den Weinstil bereits vor. Und Riesling kommt natürlich immer auf Urgestein.«

92 Weinviertel DAC Reserve Mühlberg 2010
13,5 Vol.%, DV, Teilbarrique, 2000, extratrocken, €€€
Mittleres Grüngelb. Feine Kräuterwürze, mit attraktiven gelben Fruchtnuancen unterlegt, zarter tabakiger Hauch, zart mit Mango und Blütenhonig unterlegt. Stoffig, zart nach grünem Apfel, feine Mineralik, pfeffrige Komponente, zitroniger Touch im Abgang, gute Länge und Frische, sicheres Reifepotenzial.

90 Riesling Königsberg 2011
13,5 Vol.%, DV, Stahltank, 6000, trocken, €€
Helles Grüngelb. Attraktive weiße Steinobstnote, zart mit Grapefruit unterlegt, mineralischer Touch. Saftig und frisch, nach Weingartenpfirsich, lebendige Säurestruktur, zitronige Note im Abgang, sehr trinkanimierender Stil.

89 Weinviertel DAC Terrasse Reipersberg 2011
12,5 Vol.%, DV, Stahltank, 8000, extratrocken, €€

89 Chardonnay Hinterholz 2011
13,5 Vol.%, DV, Teilbarrique, 4000, extratrocken, €€

88 Weinviertel DAC Hundspoint 2011
13 Vol.%, DV, Stahltank, 4000, extratrocken, €€

89 Cuvée Royale 2009 ZW/ME
13,5 Vol.%, NK, Barrique, 1600, extratrocken, €€€€

★★★

WEINGUT GSCHWEICHER

3743 Röschitz, Winzerstraße 29
T: 02984/38 00, F: DW 4
weingut.stift@gschweicher.at
www.gschweicher.at

KELLERMEISTER: Gerhard und Bernhard Gschweicher
ANSPRECHPARTNER: Gerhard Gschweicher
ANZAHL/FLASCHEN: k. A. (100 % weiß) HEKTAR: 13
VERKOSTUNG: ja, gegen Voranmeldung AB-HOF-VERKAUF: ja
ÜBERNACHTUNGSMÖGLICHKEIT: kann organisiert werden
VEREINSZUGEHÖRIGKEIT: Weingüter Retzer Land
MESSEN: VieVinum, ProWein

Die Gschweichers sammeln und lieben uralte Rebstöcke, vor allem vom Grünen Veltliner. Das Weingut erzeugt ausschließlich Weißwein. Rund um Röschitz bis hinauf zum Manhartsberg ist alles mit alten Rebanlagen bestockt. Die älteste Anlage ist bereits über 80 Jahre alt und steht auf kargem Urgesteinsboden, was den mineralischen Ausdruck der Weine erklärt. Das Flaggschiff ist der Grüne Veltliner »Primary Rocks« aus der Top-Lage Reipersberg. Reipersberg Riesling Reserve, Reipersberg Urgesteinsriesling, Reipersberg Sauvignon Blanc, Kellerberg Grüner Veltliner Weinviertel Reserve, Galgenberg Grüner Veltliner und Gebirg Grauer Burgunder sind feingliedrige Weine mit Entwicklungspotenzial. Grüner Veltliner Urkristall, Weinviertel DAC Klassik und Gelber Muskateller zählen zu den leichten und trinkfreudigen Weinen des Weingutes.

(91-93) **Grüner Veltliner Primary Rocks 2011**
13,5 Vol. %, DV, Stahltank/großes Holzfass, extratrocken, €€€€
Mittleres Grüngelb. Zarte Nuancen von gelber Tropenfrucht, etwas Ananas und Honigmelone, feine rauchige Mineralik, mit zarter Kräuterwürze unterlegt. Saftig, süße Birnenfrucht, feiner Säurebogen, mit dunkler Mineralik unterlegt, salzig und gut anhaltend, sicheres Entwicklungspotenzial.

(90-92) **Weinviertel DAC Reserve Kellerberg 2011**
13,5 Vol.%, DV, Stahltank, extratrocken, €€€
Mittleres Gelbgrün. Feine weiße Fruchtnuancen, frische Birne, mit zarter Kräuterwürze unterlegt, attraktives Bukett. Saftig, angenehme Extraktsüße, seidige Textur, feines Säurespiel, reife gelbe Frucht im Abgang, bleibt gut haften, ein zugänglicher, vielseitiger Speisenbegleiter.

(90-92) **Riesling Reserve Reipersberg 2011**
13,5 Vol.%, DV, Stahltank, lieblich, €€€
Helles Gelbgrün. Einladende weiße Steinobstanklänge, ein Hauch von Maracuja, feiner Blütenhonig, mineralischer Touch. Saftig, süßer gelber Pfirsich, elegante Textur, feiner Säurebogen, bleibt gut haften, mineralischer Nachhall, angenehme Fruchtsüße im Rückgeschmack.

89 **Grüner Veltliner Galgenberg 2011**
12,5 Vol.%, DV, Stahltank, extratrocken, €€

(88-90) **Riesling Urgestein Reipersberg 2011**
12,5 Vol.%, DV, Stahltank, trocken, €€

88 **Weinviertel DAC Klassik 2011**
12 Vol.%, DV, Stahltank, extratrocken, €€

Weinviertel

NÖ LANDESWEINGUT RETZ – GUT ALTENBERG

2070 Retz, Seeweg 2
T: 02942/22 02, F: DW 40
lwg.retz@diefachschule.at
www.diefachschule.at

Kellermeister und Ansprechpartner: Leopold Wurst
Anzahl/Flaschen: k. A. (60 % weiß, 35 % rot, 5 % süß) Hektar: 11,4
Verkostung: ja Ab-Hof-Verkauf: ja
Übernachtungsmöglichkeit: kann organisiert werden
Andere Produkte im Verkauf: Traubensaft, Apfelsaft
Messen: VieVinum

Das Landesweingut Gut Altenberg liegt in Retz, der bekannten Weinstadt im nordwestlichen Niederösterreich, direkt an der tschechischen Grenze. Die Weingärten befinden sich in den besten Retzer Rieden, Altenberg und Züngel, an den Ausläufern des Manhartsberges. Sie liegen in geschützter Südlage und profitieren einerseits vom mineralreichen, durchlässigen Urgesteinsboden, andererseits von einem besonders sonnenreichen, pannonisch beeinflussten Klima.

Die reifen, gesunden Trauben werden schonend verarbeitet und je nach Weintyp ausgebaut. Bei den Weißweinen wird vor allem auf Fruchtigkeit und Frische großer Wert gelegt. Die Rotweine werden generell in großen Holzfässern ausgebaut, bei St. Laurent, Cabernet Sauvignon und Pinot Noir erfolgt der Ausbau zum Teil auch in Barrique-Fässern. Die besten Weine jedes Jahrganges tragen die Bezeichnung »ERGO«. Dank der hohen Qualität der Produkte darf sich das Landesweingut immer wieder über Auszeichnungen freuen, die die Leistungen des Musterbetriebes unterstreichen, wie etwa in den Jahren 2007 und 2008 über den Titel »Winzer des Jahres der Retzer Weinwoche« im Weinviertel West sowie das Erreichen eines »SALON«-Weines mit dem »ERGO« Gewürztraminer Beerenauslese 2006. Das Weingut verfügt über ein Winzerhaus mitten in den Weinbergen, das sich für herrliche Feste und Events anbietet.

L 90 Weinviertel DAC 2011
12,5 Vol.%, DV, Stahltank, 10.000, extratrocken, €€
Helles Grüngelb. Mit frischer Kräuterwürze unterlegte gelbe Apfelfrucht, feine tabakige Nuancen, mineralischer Touch. Saftig, kompakt, elegante Textur, ein Hauch von Grapefruit, salzige Nuancen, trinkfreudiger Stil, sehr guter Sortenausdruck, vielseitig einsetzbar.

89 Chardonnay 2011
13,5 Vol.%, DV, Stahltank, 2000, trocken, €€

88 Sauvignon Blanc 2011
13 Vol.%, DV, Stahltank, 2500, trocken, €€

88 Grüner Veltliner Direkt von der Hefe 2011
13 Vol.%, DV, Stahltank, 5000, extratrocken, €

87 Grüner Veltliner Leicht und trocken 2011
12 Vol.%, DV, Stahltank, 1600, extratrocken, €

WEINGUT HAGN

2024 Mailberg 154
T: 02943/22 56, F: DW 72
info@hagn-weingut.at
www.hagn-weingut.at

KELLERMEISTER: Leo Hagn **ANSPRECHPARTNER:** Wolfgang Hagn
ANZAHL/FLASCHEN: k. A. (70 % weiß, 30 % rot) **HEKTAR:** 35
VERKOSTUNG: ja **AB-HOF-VERKAUF:** ja **RESTAURANT:** Ganzjährig, Do. 16 bis 24 Uhr, Fr. und Sa. 10 bis 24 Uhr, So. und Fei. 10 bis 22 Uhr
ÜBERNACHTUNGSMÖGLICHKEIT: ja **ANDERE PRODUKTE IM VERKAUF:** Sekt, Destillate, Weinschokolade **VEREINSZUGEHÖRIGKEIT:** Mailberg Valley
MESSEN: VieVinum, ProWein, Vin Austria, Alles für den Gast Salzburg

Das Weingut Hagn ist ein Familienbetrieb, der seit rund 300 Jahren im malerischen Ort Mailberg im westlichen Weinviertel ansässig ist. Das »Mailberg Valley«, wie dieses kleine Tal auch genannt wird, bietet durch seine Kessellage ausgezeichnete Bedingungen für die Reifung der Trauben. Die kalkhaltigen Böden sind mit lehmigem Sand und Löss bedeckt und tragen zur Individualität der Weine bei. Der Favorit unter den Rebsorten ist der Grüne Veltliner, den es in sechs Ausbaustufen gibt. Daneben finden sich Riesling, Chardonnay, Muskateller, Welschriesling und Sauvignon Blanc im Sortenspektrum. Auch um Rotwein ist man hier bemüht: Blauer Zweigelt, Blauburger, Blauer Burgunder, Cabernet Sauvignon und Merlot teilen sich die roten Anbauflächen.

Modernste Kellertechnik wird am Weingut Hagn mit bewährten traditionellen Methoden eng verknüpft. Es gilt, die Qualität des Leseguts optimal in die Flasche zu bringen. Die modernen Aspekte der Weinbereitung sind der Garant dafür, dass sich die in den rund 35 Hektar Weingärten produzierte Qualität im Glas widerspiegelt. Inmitten der Weinberge der berühmten Riede Hundschupfen befindet sich das Anwesen mit dem neuen Weindomizil – ein Lifestyle-Restaurant mit Vinotheksbereich, Weinlounge, Bar und Panoramaterrasse. Vom Restaurant wie auch von den sechs behaglichen Gästezimmern der Vierstereknkategorie bietet sich ein fantastischer Ausblick auf die pittoreske Landschaft sowie zum Malteserschloss Mailberg. Im Rahmen von einsichtsreichen Kellerführungen bekommt der Besucher einen spannenden Einblick in die vielfältige Welt des Weines. Eine mundende Weindegustation sowie die saisonale Kulinarik lassen einen Besuch zu einem besonderen Erlebnis werden. Bei der »NÖ Wein« 2012 durfte sich das Weingut Hagn gleich über drei Landessieger freuen – ein Rekordergebnis.

91 Grüner Veltliner Premium Mailberg 2010
14 Vol.%, NK, großes Holzfass, trocken, €€€
Mittleres Gelbgrün. Mit feinen Wiesenkräutern unterlegte gelbe Apfelfrucht, tabakige Nuancen, facettenreiches Bukett. Saftige gelbe Fruchtnuancen, elegant und ausgewogen, feiner Säurebogen, zart nach reifer Mango im Abgang, ein vielseitiger Speisenbegleiter.

90 Chardonnay Premium Mailberg 2010
14 Vol.%, NK, Teilbarrique, trocken, €€€
Leuchtendes Gelbgrün. Intensive gelbe Tropenfrucht, reife Babybanane, feine Kräuterwürze. Saftig, reife Nuancen von Mango und Papaya, frischer Säurebogen, kraftvoller Abgang, extraktsüße Steinobstnoten im Nachhall.

89 Weinviertel DAC Reserve 2010
13,5 Vol.%, DV, Teilbarrique, trocken, €€€

88 Grüner Veltliner Hundschupfen 2011
13 Vol.%, DV, Stahltank, extratrocken, €€

88 Chardonnay Classic 2011
13 Vol.%, DV, Stahltank, trocken, €€

87 Riesling Classic 2011
13 Vol.%, DV, Stahltank, trocken, €€

Weinviertel

★★★

SCHLOSSWEINGUT GRAF HARDEGG

2062 Seefeld-Kadolz, Großkadolz 1
T: 02943/22 03, F: DW 10
office@hardegg.at
www.grafhardegg.at

BIO

KELLERMEISTER: Andreas Gruber
ANSPRECHPARTNER: Maximilian Hardegg und Andreas Gruber
ANZAHL/FLASCHEN: 250.000 (65 % weiß, 33 % rot, 2 % süß) HEKTAR: 35
VERKOSTUNG: ja, gegen Voranmeldung AB-HOF-VERKAUF: ja
ANDERE PRODUKTE IM VERKAUF: Honig, kalt gepresstes Rapsöl
VEREINSZUGEHÖRIGKEIT: Premium Weingüter Weinviertel
MESSEN: VieVinum, ProWein

Dipl.-Ing. Maximilian Hardegg hat es sich zum Ziel gesetzt, die fast 400-jährige Familientradition des Weinmachens und nachhaltigen Wirtschaftens fortzusetzen und die Vorwärtsbewegung des österreichischen Spitzenweinbaus mitzugestalten. Das 35 Hektar große Schlossweingut liegt im Pulkautal, nahe der tschechischen Grenze im nördlichen Weinviertel. Der barocke Hofkeller aus dem Jahre 1640 mit seinem beeindruckenden Gewölbe und seinen verzweigten Kellergängen gibt Aufschluss über die jahrhundertelange gräfliche Weinbautradition und wird heute noch für die Reifung von Spitzengewächsen genutzt.

Der unternehmerische Pioniergeist von Maximilian Hardegg und seinen Mitarbeitern hat sich ausgezahlt, zählt doch das Weingut mit seiner exklusiven Produktpalette seit Jahren zu den heimischen Spitzenbetrieben und Vorreitern. Speziell durch das kontinental geprägte Klima mit wenig Niederschlag, heißen Tagen, aber kühlen Spätsommernächten gelingt es Hardegg, klassische Weine mit viel Eleganz, Finesse und feinem Säurerückgrat zu keltern. Unterstützt wird dies durch die vorherrschenden Sand-Rohgesteinsböden marinen Ursprungs mit hohem Kalkanteil sowie durch die biologische Wirtschaftsweise, die den terroirbetonten und individuellen Charakter der Weine unterstreicht. Maximilian Hardegg bezeichnet das Ergebnis dieser Arbeit gerne als »cool climate«-Stilistik, passend zur geografischen nördlichen Lage des Weingutes. Die grundsätzlichen Weinlinien sind »Veltlinsky«, »Graf Hardegg«, »Weine vom Schloss« und die terroirbetonten Lagenreserven von der 14 Hektar großen Ried Steinbügel. Mit dem Brut wurde durch die mehrjährige Hefelagerung auf der Flasche ein eigenständiger Sekt mit feinem Mousseux geschaffen, der ob seiner eleganten und strukturierten Art zu den besten Winzersekten Österreichs gezählt werden darf. Zu den Kultweinen unter Connaisseurs gehören sicherlich der Viognier (»V«) sowie der »Forticus« – fortifiziert aus Merlot im Stil eines Vintage Port, aber trotzdem unverwechselbar.

(90-92) Grüner Veltliner Steinbügel 2011
13,5 Vol.%, DV, großes Holzfass, extratrocken, €€€
Mittleres Grüngelb. Einladende gelbe Frucht, zart nach Mango und Babybanane, feine Kräuterwürze. Saftig, mit weißer Frucht unterlegt, frischer Säurebogen, zitroniger, trinkanimierender Touch im Nachhall.

90 »V« 2010 Viognier
12,5 Vol.%, DV, Barrique, 2100, extratrocken, €€€
Kräftiges Gelb, Goldreflexe. Feine Nuancen von Karamell und reifer Birnenfrucht, ein Hauch von Dörrobst klingt an. Saftige gelbe Tropenfrucht, cremige Textur, feine Holzwürze, extraktsüßer Nachhall, mineralisches Finish.

(88-90) Riesling Steinbügel 2011
13,5 Vol.%, DV, großes Holzfass, extratrocken, €€€

(88-90) Grüner Veltliner vom Schloss 2011
13 Vol.%, DV, großes Holzfass, extratrocken, €€€

88 Riesling vom Schloss 2011
13 Vol.%, DV, großes Holzfass, 10.000, extratrocken, €€€

88 Grüner Veltliner 2011
12,5 Vol.%, DV, Stahltank, 15.000, extratrocken, €€

87 Veltlinsky 2011 GV
12 Vol.%, DV, Stahltank, 30.000, extratrocken, €€

89 Pinot Noir Steinbügel 2008
13 Vol.%, DV, Barrique, 1800, extratrocken, €€€€

(88-90) Pinot Noir vom Schloss 2009
13 Vol.%, DV, großes Holzfass, extratrocken, €€€

89 Graf Hardegg Brut 2006 CH/PN
12 Vol.%, NK, großes Holzfass, 3000, trocken, €€€

Weinviertel

Weinviertel

WEINGUT HIRTL

2170 Poysdorf, Brunngasse 72
T/F: 02552/21 82
weingut.hirtl@utanet.at
www.weingut-hirtl.at

KELLERMEISTER: Martin Hirtl ANSPRECHPARTNER: Andrea Hirtl
ANZAHL/FLASCHEN: k. A. (74 % weiß, 25 % rot, 1 % süß) HEKTAR: 25
VERKOSTUNG: ja, gegen Voranmeldung AB-HOF-VERKAUF: ja
HEURIGER: 6. bis 9. 9. zum Poysdorfer Winzerfest
ÜBERNACHTUNGSMÖGLICHKEIT: kann organisiert werden
ANDERE PRODUKTE IM VERKAUF: Traubensaft weiß
MESSEN: VieVinum, ProWein, Forum Vini

Wenn es in den letzten Jahren um die Spitzenplatzierungen bei nationalen und internationalen Weinevents ging, tauchte der Name des Weinguts Hirtl aus Poysdorf immer wieder ganz vorne auf. Zu verdanken ist das nicht nur dem konsequenten Qualitätsstreben des niederösterreichischen Traditionsbetriebes, sondern vor allem dem natürlichen Zugang zur Weinproduktion, den sich Andrea und Martin Hirtl seit ihrer Betriebsübernahme im Jahr 2001 bewahrt haben. Der persönliche Kontakt und Austausch mit den Kunden steht dabei ebenso im Vordergrund wie der Respekt vor den natürlichen Ressourcen einer einzigartigen Weinregion.

Die geologischen und klimatischen Besonderheiten des Weinviertels werden mit Know-how, Erfahrung und viel Gespür kombiniert und eins zu eins in die Flasche gebracht. Die Qualität zieht sich dementsprechend durch den gesamten Sortenspiegel, der zahlreiche prämierte Vertreter aufzuweisen hat. Insgesamt steht das Weingut Hirtl für fruchtig-spritzige Weißweine, legendäre Rote und ausgezeichnete Prädikatsweine, von denen man sich gerne ein Glas nachschenkt – und, was in Zeiten wie diesen besonders wichtig ist: die nicht nur kostbar, sondern auch leistbar sind.

L 90 Weinviertel DAC Waldberg 2011
12,5 Vol.%, DV, Stahltank, 6000, extratrocken, €€
Mittleres Grüngelb. Feine gelbe Apfelfrucht, mit zarten Wiesenkräutern unterlegt, ein Hauch von Birne, einladendes Bukett. Elegant, saftig, weiße Fruchtanklänge, finessenreiche Säurestruktur, angenehmer zitroniger Nachhall, ein vielseitiger, leichtfüßiger Speisenbegleiter.

89 Weinviertel DAC Kirchberg 2011
12,5 Vol.%, DV, Stahltank, 10.000, extratrocken, €€

(88-90) Weißburgunder Exklusiv 2011
13,5 Vol.%, DV, Stahltank, 3500, trocken, €€

(88-90) Chardonnay Selection 2011
14,5 Vol.%, DV, Stahltank, 2600, trocken, €€

88 Weinviertel DAC Franz 2011
12,5 Vol.%, DV, Stahltank, 7000, extratrocken, €€

(87-89) Weinviertel DAC Bürsting 2011
12,5 Vol.%, DV, Stahltank, 2600, extratrocken, €€

WEINGUT LUDWIG HOFBAUER

2074 Unterretzbach, Hauptstraße 1
T: 02942/25 05, F: 02942/207 08
office@weingut-hofbauer.at
www.weingut-hofbauer.at

KELLERMEISTER UND ANSPRECHPARTNER: Ludwig Hofbauer
ANZAHL/FLASCHEN: 90.000 (73 % weiß, 25 % rot, 2 % süß) HEKTAR: 18
VERKOSTUNG: ja, gegen Voranmeldung AB-HOF-VERKAUF: ja
ÜBERNACHTUNGSMÖGLICHKEIT: kann organisiert werden Andere
PRODUKTE IM VERKAUF: Brände, Kürbiskernöl, Sekt, Liköre
VEREINSZUGEHÖRIGKEIT: Weingüter Retzer Land
MESSEN: VieVinum, Vinexpo

Ludwig Hofbauer ist der Burgunderspezialist des Weinviertels. Sein Weißburgunder zählt zu den besten Weinen dieser Rebsorte, die in Österreichs größtem Weinbaugebiet gekeltert werden. Mit seinem Chardonnay ist er immer wieder im »SALON«, der heimischen Wein-Staatsmeisterschaft, vertreten. Einmal konnte Hofbauer mit einem Wein aus der Sorte Weißburgunder sogar den »SALON«-Sieger stellen. Auch Pinot Noir gedeiht in den Rieden an der Grenze zu Tschechien hervorragend. Eine Jahrgangsvertikale, bei der Blauburgunder aus dem Weingut Hofbauer zurück bis in die 1950er-Jahre zu verkosten waren, zeigte die eindrucksvolle Tradition des Gutes aus Unterretzbach auch bei burgundischen Rotweinen.

Das 1615 erstmals urkundlich erwähnte Traditionsweingut ist schon seit vielen Generationen im Familienbesitz. Ludwig Hofbauer sen. begann bereits 1931 mit sortenreiner Auspflanzung und Vinifikation – eine Pioniertat im ganzen Gebiet. 1949 füllte Edwin Hofbauer den ersten Wein in Flaschen ab. Damit setzte er die Familientradition fort: Innovation und vorausschauendes Denken. Seit dem Jahr 2000 zeichnet Ludwig Hofbauer für den Betrieb verantwortlich. Er hat erst vor Kurzem ein neues Presshaus gebaut, in dem das Traubenmaterial schonend verarbeitet und auf dem Stand der Technik vinifiziert wird. Neben den Burgundersorten, die am Weingut intensiv gepflegt werden, wird – natürlich – Grüner Veltliner in mehreren Ausbauvarianten hergestellt. Spezialitäten aus weißen und roten Trauben sowie erlesene Trebernbrände vervollständigen das Sortiment.

91 Grüner Veltliner Heiliger Stein 2009
13,5 Vol.%, 1500, extratrocken, €€
Mittleres Grüngelb. Mit zarter Kräuterwürze unterlegte gelbe Tropenfruchtnote, zart nussige Aromen, mineralischer Touch. Saftig, gute Komplexität, reife gelbe Apfelfrucht, feiner Säurebogen, extratsüßer Nachhall, ein vielseitiger Speisenbegleiter mit Reifepotenzial.

90 Weißburgunder Bergsatz 2011
14,5 Vol.%, DV, Stahltank, 4000, halbtrocken, €€
Mittleres Grüngelb. Feiner Duft nach gelbem Apfel, zart nach Quitte und Mango, frische Wiesenkräuter, ein Hauch von Orangenzesten. Kraftvoll, saftig, weiße Fruchtnuancen, feine Restsüße, mineralisch und gut anhaltend, wird von weiterer Flaschenreife profitieren.

89 Weinviertel DAC Halblehen 2011
12,5 Vol.%, DV, Stahltank, 6000, trocken, €€

89 Chardonnay Sandgrube 2011
14,5 Vol.%, DV, Stahltank, 5000, trocken, €€

89 Traminer Sandgrube 2011
13,5 Vol.%, 2000, lieblich, €

88 Neuburger Halblehen 2011
13,5 Vol.%, DV, Stahltank, 2000, extratrocken, €€

Weinviertel

★★

WEINGUT HOFBAUER-SCHMIDT

3472 Hohenwarth 24
T: 02957/221, F: DW 4
weingut@hofbauer-schmidt.at
www.hofbauer-schmidt.at

KELLERMEISTER: Leopold Hofbauer-Schmidt
ANZAHL/FLASCHEN: 80.000 (85 % weiß, 15 % rot) HEKTAR: 14
VERKOSTUNG: ja Ab-Hof-Verkauf: ja
ÜBERNACHTUNGSMÖGLICHKEIT: ja
ANDERE PRODUKTE IM VERKAUF: Destillate, Sekt
MESSEN: VieVinum

Tradition wird am Hohenwarther Weingut Hofbauer-Schmidt großgeschrieben, denn die jahrzehntelange Erfahrung des Winzerehepaares Leopold und Petra sowie der gefühlvolle Umgang mit der Kraft der Natur bringt Jahrgang für Jahrgang fantastische Weine hervor. Doch Tradition bedeutet für das Weingut Hofbauer-Schmidt keinesfalls Stillstand. Kurzlebige Modeerscheinungen werden ignoriert, aber es fließen ständig neue, sinnvolle Gepflogenheiten in die Herstellung der Weine ein, die sich bewähren und zu neuen Traditionen werden. Dafür sorgen unter anderem Junior Johannes und sein Know-how über modernste Kellertechnologie. Rechtzeitig für den aktuellen Jahrgang wurde das neue Presshaus fertiggestellt, das durch viel Raum und seine fein zu steuernden Anlagen noch idealere Vinifikationsbedingungen bietet. Vom klassischen Riesling bis zum eleganten roten Veltliner – alle Weine der Winzerfamilie Hofbauer-Schmidt profitieren von der Kombination aus Tradition und Moderne.

Für das Weinviertel, die Heimatregion des Weinguts, ist der »Weinviertel DAC« besonders bedeutend. Die Bezeichnung steht für jene Grünen Veltliner, die das Weinviertel in typischer Weise geschmacklich repräsentieren. Das Weingut Hofbauer-Schmidt stellt drei verschiedene DAC-Weine her: Weinviertel DAC Klassik, Hochstrass und Reserve. Sie alle haben das typische »Pfefferl« des Weinviertels. Vom regionalen Weinkomitee Weinviertel wurde das Weingut Hofbauer-Schmidt 2011 als Top-Betrieb gewürdigt. Als eines von nur sieben Weingütern wurde Hofbauer-Schmidt mit der Höchstbewertung »Weinviertel Leitbetrieb« ausgezeichnet, was die Familie mit Stolz erfüllt und ihr zeigt, dass ihre Kombination von Tradition und Weiterentwicklung der richtige Weg ist.

92   Weinviertel DAC Reserve 2010
13 Vol.%, DV, Teilbarrique, 1500, extratrocken, €€€
Mittleres Grüngelb. Mit zarter Vanille unterlegte gelbe Tropenfruchtaromen, ein Hauch von Babybanane, Mango, etwas Karamell. Stoffig, cremige Textur, feine Honigmelone, feiner Säurebogen, extraktsüßer Nachhall, gute Länge, ein vielseitiger Speisenbegleiter.

(90-92)   Roter Veltliner Alte Reben 2011
13,5 Vol.%, DV, Teilbarrique, 5000, extratrocken, €€
Mittleres Gelbgrün. Feine Kräuterwürze, reife gelbe Frucht, saftig, elegant, vollreife Birnenfrucht, angenehme Frucht, zart nach Karamell. Stoffig, süße, gut eingebundene Holznote, bleibt lange haften, reife, gelbe Frucht im Nachhall, sehr gutes Entwicklungspotenzial.

(90-92)   Grüner Veltliner Alte Reben 2011
13 Vol.%, DV, großes Holzfass, 3000, extratrocken, €€
Mittleres Gelbgrün. Tabakig-kräuterwürzig unterlegte Apfelfrucht, weiße Tropenfruchtanklänge, zart blättrige Nuancen. Straff, fester Körper, angenehme Extraktsüße, feiner Säurebogen, zitronig, ein Hauch von grünem Apfel im Abgang, gutes Reifepotenzial.

(89-91)   Riesling Alte Reben 2011
13,5 Vol.%, DV, Stahltank, 3000, extratrocken, €€
Helles Grüngelb. Feiner Pfirsichtouch, weiße Tropenfruchtanklänge, mineralische Nuancen. Elegant, feinfruchtig, frischer Säurebogen, Orangen im Nachhall, bleibt gut haften, zitronige Noten im Rückgeschmack.

89   Weinviertel DAC Hochstrass 2011
12,5 Vol.%, DV, Stahltank, 6000, extratrocken, €€

88   Sauvignon Blanc Mühlweg 2011
13 Vol.%, DV, Stahltank, 2000, extratrocken, €€

Ich habe Pfeffer.
Mein Wein auch.

WEINVIERTEL DAC

Weinviertel DAC
Österreichs „pfeffrigster" Veltliner

Wer Grünen Veltliner schätzt, wird Weinviertel DAC lieben. Durch den typischen, würzig-fruchtigen Geschmack ist dieser trockene Weißwein ein hervorragender Begleiter feiner Speisen und passt ideal zur modernen, leichten Küche. Lassen Sie sich von Weinviertel DAC verführen und von seinem berühmten „Pfefferl" begeistern: Die charakteristische Geschmacksnote von weißem Pfeffer bereitet Weinliebhabern einen ganz besonderen Genuss.

Genuss hat ein Zuhause.

Auf einen Weinviertel DAC können Sie sich bei der Auswahl Ihres Grünen Veltliners verlassen: Bis hin zum typischen „Pfefferl" wird dieser besondere Tropfen von unabhängigen Experten nach strengsten Kriterien kontrolliert. Diese umfassende Herkunfts-Sicherheit ist Ihre Garantie für höchste Qualität aus Österreichs größtem Weinbaugebiet. Genießen Sie „Ihr Weinviertel"!

Weinviertel Districtus Austriae Controllatus ist Ihre Garantie für Herkunftskontrolle auf höchstem Niveau. Nähere Informationen: www.weinvierteldac.at

Genießen Sie Weinviertel DAC mit Verantwortung.

ÖSTERREICH WEIN

Weinviertel

★ BIO-WEINGUT H. UND M. HOFER

2214 Auersthal, Neubaugasse 66
T/F: 02288/65 61
weingut-hofer@utanet.at
www.weinguthofer.com

BIO

KELLERMEISTER UND ANSPRECHPARTNER: Hermann Hofer
ANZAHL/FLASCHEN: k. A. (70 % weiß, 30 % rot) HEKTAR: 20
VERKOSTUNG: ja, gegen Voranmeldung AB-HOF-VERKAUF: ja
HEURIGER: 22. 6. bis 24. 7. täglich außer Mo. geöffnet
ÜBERNACHTUNGSMÖGLICHKEIT: kann organisiert werden ANDERE
PRODUKTE IM VERKAUF: Winzersekt, Traubensaft VEREINSZUGEHÖRIGKEIT:
Bioveritas MESSEN: VieVinum, BioFach, Forum Vini München

Das national und international vielfach ausgezeichnete Weingut liegt 20 Kilometer vor den Toren Wiens. Viele der Hofer'schen Weingärten befinden sich am ersten Aufwall der Hügel dieses Gebietes. Das Weingut bewirtschaftet die Reben nach biologisch organischen Richtlinien – dadurch wollen die Hofers nicht nur die Natur schützen, sondern auch für die Konsumenten ein Stück Natur in das Weinglas bringen. In den Weingärten wachsen neben der Hauptsorte Grüner Veltliner auch Welschriesling, Weißburgunder und Riesling. Als Rotweinsorten wurden Zweigelt und St. Laurent gepflanzt. Neben dem Weingut betreibt die Familie auch noch einen Bio-Heurigen.

(91-93) Grüner Veltliner Freiberg 2011
14 Vol.%, DV, Stahltank, 6600, extratrocken, €€
Helles Grüngelb. Mit feinen Orangennoten unterlegte frische Ananasfrucht, weiße Blüten, attraktives Bukett, ein Hauch von Kräuterwürze. Komplex, stoffig, feine Fruchtexotik, frisches Säuregerüst, mineralisch und gut anhaltend, gelbe Apfelfrucht im Abgang, sicheres Entwicklungspotenzial.

(90-92) Grüner Veltliner Kirchlissen 2011
14,5 Vol.%, DV, Stahltank, 6600, extratrocken, €€
Mittleres Gelbgrün. Mit zarten Wiesenkräutern unterlegte reife gelbe Apfelfrucht, feine tabakige Nuancen, mineralischer Touch. Kraftvoll, saftig, gelbe Tropenfruchtanklänge, zarter Blütenhonig, feiner Säurebogen, zitronige Akzente im Abgang, gute Länge, verfügt über Reifepotenzial.

89 Welschriesling Frauenberg 2011
13 Vol.%, DV, Stahltank, 4000, trocken, €€

88 Grüner Veltliner Von den Rieden 2011
12,5 Vol.%, DV, Stahltank, 8600, extratrocken, €€

88 Zweigelt Rosé 2011
13 Vol.%, DV, Stahltank, 2000, trocken, €€

88 Calypso 2008 Monarch/Cabernet Carol
13,5 Vol.%, NK, Barrique, 2500, €€€

WINZER JASSEK

2053 Ragelsdorf 16
T: 0664/465 07 98, F: 02944/265 73
office@winzer-jassek.at
www.winzer-jassek.at

KELLERMEISTER UND ANSPRECHPARTNER: Christian Jassek
ANZAHL/FLASCHEN: 10.000 (55 % weiß, 43 % rot, 2 % süß) HEKTAR: 7
VERKOSTUNG: ja, gegen Voranmeldung AB-HOF-VERKAUF: ja
ÜBERNACHTUNGSMÖGLICHKEIT: kann organisiert werden
ANDERE PRODUKTE IM VERKAUF: Tresterbrand

Weinviertel

»Wein zu machen ist für mich eine Sache, die in Summe einfach irrsinnig Spaß macht«, so Christian Jassek. »Es ist Beruf und Berufung, immer eine Herausforderung. Arbeit in, mit und für die Natur – mit Spaß, Freude und Erfolg. Für mich ein Lebensgefühl. Es gibt jährlich etwas Neues, nie sind die Abläufe gleich, immer musst du am Drücker sein. Wenn möglich schon einen Schritt voraus, um zwei Wochen später zu merken, dass zwei Schritte weiter hinten besser gewesen wären. Kein Rezept – nur die Idee im Kopf, nach vielen Schweißperlen das Ergebnis im Glas und dann noch der Aha-Effekt beim Verkosten – einfach darum! Regionales als Grundlage, als Basis, um darauf aufzubauen. Internationales als Draufgabe – Weiß als Vorgabe und Rot als Passion. Wenn es das Jahr erlaubt, Süß als Zugabe. Die Natur dient als Grundlage, sie gibt vor. Erhalten, veredeln, umsetzen. Weine zu erzeugen, die Charakter haben, mit wenig Schnick und noch weniger Schnack. Dem Motto folgend: Guten Wein zu machen ist eine Fertigkeit – feinen Wein eine Kunst.«

92 Schatzberg 2007 ME/ZW
14,5 Vol.%, NK, Barrique, 1400, extratrocken, €€€€€
Dunkles Karmingranat, violette Reflexe, zarter Wasserrand. Mit zarter Kräuterwürze unterlegte dunkle Beerenfrucht, ein Hauch von Brombeeren und Cassis, Orangenzesten klingen an, tabakige Nuancen. Stoffig, reife Herzkirschen, angenehme Extraktsüße, präsente, gut integrierte Tannine, feines Waldbeerkonfit im Abgang, mineralisch und anhaltend, ein vielseitiger Speisenbegleiter, gutes Reifepotenzial.

89 Quercus Reserve 2008 ZW/ME
14 Vol.%, NK/DV, Teilbarrique, 3500, extratrocken, €€

91 Weißburgunder Cru Reserve 2007
13,5 Vol.%, NK/DV, Barrique, 1200, extratrocken, €€€
Mittleres Gelbgrün. Einladende Röstaromen, mit zartem Karamell unterlegt, reife gelbe Tropenfrucht, helles Stollwerck dominiert. Saftig, elegant und frisch am Gaumen, die Holznote ist sehr gut integriert, feine Extraktsüße im Abgang, ein feiner Speisenwein, gutes Zukunftspotenzial.

89 Weinviertel DAC 2011
12,5 Vol.%, DV, Stahltank, 7000, extratrocken, €€

87 Welschriesling 2011
12 Vol.%, DV, Stahltank, 2500, extratrocken, €

(90–92) Beerenauslese vom Haidsatz 2011 WB
13,5 Vol.%, NK/DV, Stahltank, süß, €€ (0,5 l)
Helles Gelb, Silberreflexe. Zart nussig unterlegte reife gelbe Birnenfrucht, feiner Honigtouch. Saftig, angenehme Süße, frisch strukturiert, reife weiße Tropenfrucht im Abgang, wirkt noch etwas zurückhaltend, wird mit etwas Reife noch zulegen.

Weinviertel

HOFKELLEREI DES FÜRSTEN VON LIECHTENSTEIN

2193 Wilfersdorf, Brünner Straße 8
T: 02573/22 19-2, F: DW 47
hofkellerei@sfl.at
www.hofkellerei.at

KELLERMEISTER UND ANSPRECHPARTNER: Josef Weinmeyer
ANZAHL/FLASCHEN: k. A. (46 % weiß, 54 % rot) HEKTAR: 38,5
VERKOSTUNG: ja AB-HOF-VERKAUF: ja
ÜBERNACHTUNGSMÖGLICHKEIT: kann organisiert werden
ANDERE PRODUKTE IM VERKAUF: Sekt
VEREINSZUGEHÖRIGKEIT: Premium Weingüter Weinviertel
MESSEN: Expovina Zürich

Auf 38,5 Hektar der österreichischen Domäne Wilfersdorf, 50 Kilometer nördlich von Wien, und auf vier Hektar der liechtensteinischen Domäne Vaduz gedeihen in besten Reblagen die Weine der Hofkellerei des Fürsten von Liechtenstein. Weinwissen seit 1436 und professionelles Know-how sorgen für Verlässlichkeit und Qualität. Dominiert wird der Sortenspiegel der Hofkellerei vom Grünen Veltliner, der unter der Marke »Weinviertel DAC« verkauft wird. Das Weingut legt nun wieder mehr Wert auf Weißweinspezialitäten wie Muskat Ottonel, Gelben Muskateller, Traminer und Sauvignon Blanc. Bei den Rotweinen verdient speziell der Merlot Erwähnung.

Als beste Lagen gelten die Rieden Karlsberg und Johannesberg. Für Spätlesequalitäten benutzt man hier den Begriff »Clos Domaine«. Er bezeichnet kräftige, ausgeprägte, sortenreine Weine, die in limitierter Menge abgefüllt werden. Die Top-Produkte sind die Weine der »Selektion Karlsberg«. Die in kleinen französischen Fässern ausgebauten Weine heißen »Profundo Zweigelt« und »Merlot Anberola«, die neue Kreation trägt den Namen »Principatus«, eine Cuvée aus Zweigelt und Merlot, die 16 Monate im Holz heranreift; sie macht ihrem Namen alle Ehre. Trockener Sekt aus den Sorten Grüner Veltliner und Riesling sowie eine Cuvée aus beiden Sorten runden das breite Sortiment ab.

Nach großen Investitionen in die Qualität ihrer Weine hat die Hofkellerei nun auch ein stilvolles Ambiente für Wein und Events geschaffen: Die neu gestaltete Hofkellerei bietet seit November 2011 die perfekte Location für individuelle Weinverkostungen, stilvolle Hochzeiten, Firmenevents, Betriebsausflüge und Tagungen.

90 Riesling Clos Domaine 2011
13,5 Vol.%, Stahltank, 8000, trocken, €€
Helles Grüngelb. Weiße Blütenaromen, ein Hauch von Pfirsich und Grapefruit, mineralische Nuancen. Saftige Steinobstklänge, weiße Frucht, zarte Extraktsüße, finessenreicher Säurebogen, elegant und ausgewogen, feine zitronige Nuancen im Abgang, ein vielseitiger Speisebegleiter.

88 Sauvignon Blanc Clos Domaine 2011
13 Vol.%, Stahltank, 6000, extratrocken, €€

87 Gelber Muskateller Clos Domaine 2011
12 Vol.%, Stahltank, 4000, extratrocken, €€

89 Principatus Selektion Karlsberg 2009 ZW/ME
13 Vol.%, NK, Barrique, 5000, extratrocken, €€€

88 Merlot Clos Domaine 2011
13 Vol.%, NK, großes Holzfass, 6000, extratrocken, €€

87 Anberola Selektion Karlsberg 2008 ME
13 Vol.%, NK, Barrique, 5000, extratrocken, €€€

WEINGUT GERHARD LOBNER

2261 Mannersdorf/March, Hauptstraße 62
T: 0664/270 94 80, F: 02283/23 91
info@weingut-lobner.at
www.weingut-lobner.at

KELLERMEISTER: Gerhard Lobner
ANSPRECHPARTNER: Waltraud und Gerhard Lobner
ANZAHL/FLASCHEN: k. A. (70 % weiß, 26 % rot, 4 % süß) HEKTAR: 7,5
VERKOSTUNG: ja, gegen Voranmeldung AB-HOF-VERKAUF: ja
ÜBERNACHTUNGSMÖGLICHKEIT: kann organisiert werden
ANDERE PRODUKTE IM VERKAUF: Destillate, Sekt
VEREINSZUGEHÖRIGKEIT: Marchweingärtner

Das Weingut Gerhard Lobner bewirtschaftet 7,5 Hektar der besten Lagen in Mannersdorf/March. Die Lobners sind nicht nur bekannt für fruchtige Weißweine, sondern sie keltern seit nun fast 30 Jahren auch kräftige Rotweine. Mit besonderer Liebe vinifizieren sie hochprädikatige Gewürztraminer, mit denen sie bis hin zum »SALON«-Sieg schon viele Erfolge erzielen konnten.

Gerhard Lobner machte sich aber auch als langjähriger Weinbauvereinsobmann einen guten Namen, konnte er doch 2003 die einzige Tröpfchenberegnung im südlichen Weinviertel am Mannersdorfer Rochusberg in Betrieb nehmen. In einem Jahr wie 2007 waren schließlich auch die letzten Zweifler von der Wichtigkeit und dem Erfolg dieses Projekts überzeugt und begeistert. Die ausgezeichneten Lobnerweine kann man am Rochusberg Nr. 84 im gemütlichen Verkostungsraum degustieren. Zum Kundenstamm des Familienbetriebes Gerhard und Waltraud Lobner zählen langjährige Privatkunden sowie Gastronomie und Vinotheken.

90 Riesling Gelsenberg 2011
13 Vol.%, DV, Stahltank, 1600, trocken, €€
Helles Gelbgrün. Einladende Steinobstklänge nach weißem Pfirsich, mit einem Hauch von Litschi und Grapefruit unterlegt. Exotischer Fruchtcocktail am Gaumen, saftig und rund, lebendiges Säurespiel, Zitrusfrüchte im Abgang, gute Länge, vielseitig einsetzbar.

90 Chardonnay Gelsenberg 2011
13,5 Vol.%, DV, 1500, extratrocken, €€
Helles Gelbgrün. Mit zartem Biskuit und feiner Kräuterwürze unterlegte gelbe Apfelfrucht, dunkle Mineralik. Saftig, reife Birnenfrucht, zarte Extraktsüße, frische Säurestruktur, bleibt gut haften, zitronige Nuancen im Abgang, ein eleganter Speisenbegleiter.

89 Weinviertel DAC Rochusberg 2011
12,5 Vol.%, DV, 2000, extratrocken, €€

88 Muskateller 2011
12 Vol.%, DV, 1250, trocken, €€

87 Rosa-mundet 2011 ME/BF
13,5 Vol.%, DV, 1500, extratrocken, €€

88 Zweigelt Constantin I 2010
13 Vol.%, DV, großes Holzfass, 1500, extratrocken, €€

Weinviertel

Weinviertel

★★

WEINGUT SCHLOSS MAISSAU

3743 Röschitz, Winzerstraße 46
T: 02984/27 65, F: DW 25
weingut@schlossmaissau.com
www.weingutschlossmaissau.com

KELLERMEISTER: Ewald Gruber
ANSPRECHPARTNER: Ewald Gruber und Josef M. Schuster
ANZAHL/FLASCHEN: k. A. (100 % weiß) HEKTAR: 7
VERKOSTUNG UND AB-HOF-VERKAUF: ja, beim Weingut Ewald Gruber
MESSEN: VieVinum, ProWein

Wo vor 20 Millionen Jahren die Wogen des Urmeers Parathetys anbrandeten, liegen heute die Weingärten von Schloss Maissau. Es wurde im 13. Jahrhundert erbaut und ist seit 1537 im Besitz der Familie Abensperg und Traun. Das Schlossweingut wird seit dem Jahrgang 2006 von Ewald Gruber und Josef M. Schuster bewirtschaftet.
Hier wird auf sieben Hektar nur eine Sorte kultiviert: der Grüne Veltliner. Die Weine von Schloss Maissau spiegeln die Einzigartigkeit der typisch österreichischen Rebsorte in Verbindung mit den optimalen geologischen und mikroklimatischen Voraussetzungen am Manhartsberg, der in seinem Kern aus Granit besteht und der letzte Ausläufer der Böhmischen Masse ist. Durch Selektion der besten und reifsten Trauben entstehen an seinen Südosthängen außergewöhnliche Weine, welche die klassischen Attribute eines guten Grünen Veltliners bei Weitem übertreffen und echten Herkunftscharakter zeigen. Neben dem filigranen »Weinviertel DAC«, dem würzigen »Maissauer Berg« und dem kraftvollen »Juliusberg« gibt es seit Kurzem auch einen Manhartsberg Brut – natürlich ebenfalls von der Rebsorte Grüner Veltliner.

92 Weinviertel DAC Reserve Quittengang 2010
13 Vol.%, DV, Teilbarrique, 1500, extratrocken, €€€€
Mittleres Grüngelb. Zart rauchige Nuancen von Quitten, ein Hauch von Dörrobst, Anklänge von Honigmelone, mit feiner Kräuterwürze unterlegt. Saftig, Noten von Steinobst, etwas Pfirsich, frisch, lebendige Struktur, zitroniger Touch im Abgang, gutes Entwicklungspotenzial.

91 Weinviertel DAC Reserve Juliusberg 2009
13 Vol.%, NK, großes Holzfass, 1500, extratrocken, €€€€
Mittleres Grüngelb. Feine Nuancen von Ananas, ein Hauch von Blütenhonig, feine Wiesenkräuter, tabakige Nuancen. Saftig, feine weiße Frucht, finessenreiches Säurespiel, zitroniger Touch im Nachhall, bereits sehr harmonisch, ein vielseitiger Speisenbegleiter.

(88–90) Grüner Veltliner Maissauer Berg 2011
13 Vol.%, DV, Stahltank, 3000, trocken, €€

88 Weinviertel DAC 2011
12,5 Vol.%, DV, Stahltank, 15.000, extratrocken, €€

SCHLOSSWEINGUT MALTESER RITTERORDEN

2024 Mailberg, Schaflerhof 199, Vertrieb: Weinkellerei Lenz Moser
3495 Rohrendorf, Lenz-Moser-Straße 1
T: 02732/855 41, F: 02732/859 00
office@lenzmoser.at, www.lenzmoser.at

KELLERMEISTER: Ing. Ernest Großauer
ANSPRECHPARTNER: Friedrich Wimmer
ANZAHL/FLASCHEN: 200.000 (48 % weiß, 52 % rot) HEKTAR: 48
VERKOSTUNG: ja AB-HOF-VERKAUF: ja
ÜBERNACHTUNGSMÖGLICHKEIT: ja ANDERE PRODUKTE IM VERKAUF: Sekt
VEREINSZUGEHÖRIGKEIT: Premium Weingüter Weinviertel, Mailberg Valley
MESSEN: VieVinum, ProWein, Alles für den Gast Salzburg

Seit nahezu 900 Jahren lautet der Leitsatz des Souveränen Malteser Ritterordens »Optimus quisque«, was so viel wie »Gerade die Besten« bedeutet. Und das zu erzeugen hat sich auch die Weinkellerei Lenz Moser vorgenommen, die seit 1969 das Weingut des Ordens in Mailberg bewirtschaftet. Seither wurde der Rebenbestand in den 48 Hektar Weingärten in den besten Lagen Mailbergs erneuert, sodass heute die typischen Österreicher wie Grüner Veltliner und Blauer Zweigelt dominieren. Daneben finden aber auch Chardonnay, Sauvignon Blanc, Cabernet Sauvignon, Merlot und Blauer Burgunder ideale Bedingungen vor.

Seit vielen Jahren wird hier nach ökologisch orientierten Grundsätzen bewirtschaftet. Viele Pionierleistungen wie z.B. der Ausbau von Rotweinen im Barrique, der biologische Säureabbau oder die kontrollierte gekühlte Vergärung haben im Mailberger Traditionsweingut ihren Ursprung.

Ab 2012 gibt es mit dem Schlosshotel und dem Schlossrestaurant Mailberg ein noch besseres Angebot. Das Schlosshotel und der benachbarte Pfarrhof bieten Platz für neun großzügige Doppelzimmer und zwölf elegante Suiten. Sie wurden in den letzten Jahren liebevoll renoviert, mit Holz- oder Steinböden und gemütlichen Möbeln ausgestattet. Von den Zimmern reicht der Blick hinaus in den Schlossgarten und über die Weinberge von Mailberg und den Nachbarorten des Weinviertels.

Im Schlossrestaurant Mailberg erwarten den Besucher helle und schöne Räume sowie eine Gartenterrasse mit viel Platz für Entspannung und Genuss. Die Neuinterpretation traditioneller Gerichte bietet den Gästen zu jeder Zeit eine abwechslungsreiche Auswahl schmackhafter Speisen mit den dazu begleitenden Weinen aus Mailberg und dem Weinviertel.

90 Kommende Mailberg 2009 CS/ME
14 Vol.%, NK, Teilbarrique, 12.000, extratrocken, €€€
Kräftiges Rubingranat, zarte violette Reflexe, breitere Randaufhellung. Feine Edelholzwürze, zart nach Orangenzesten, mit dunkler Beerenfrucht unterlegt. Saftig, elegante Textur, schwarze Beerenfrucht, gut integrierte Tannine, bleibt gut haften, reife Kirschenfrucht im Abgang.

89 Grüner Veltliner Hundschupfen 2011
12,5 Vol.%, DV, Stahltank, 18.000, extratrocken, €€

89 Chardonnay 2011
13,5 Vol.%, DV, Stahltank, 12.000, trocken, €€

88 Weinviertel DAC 2011
12,5 Vol.%, DV, Stahltank, 12.000, extratrocken, €€

88 Malteser Brut Sekt 2010 GV/CH/PN
12 Vol.%, NK, Stahltank, 30.000, extratrocken, €€

Weinviertel

★★

WEINGUT MARTINSHOF

2183 St. Ulrich-Neusiedl/Zaya, Hauptstraße 28
T: 02533/897 77, F: DW 4
weingut@martinshof.at
www.martinshof.at

KELLERMEISTER: Michael Martin ANSPRECHPARTNER: Dr. Freya Martin
ANZAHL/FLASCHEN: k. A. (70 % weiß, 30 % rot) HEKTAR: 13,5
VERKOSTUNG: ja, gegen Voranmeldung
AB-HOF-VERKAUF: ja, limitierte Mengen
HEURIGER: März bis Oktober, Fr. bis Mo. ab 17 Uhr; Termine laut Homepage
ÜBERNACHTUNGSMÖGLICHKEIT: kann organisiert werden
ANDERE PRODUKTE IM VERKAUF: Friends, Nitsch-Doppler, Klapper Muss Leben

---

Grüner Veltliner, Zweigelt und der Hang zu den Burgundern, so definiert sich das Interesse an Wein der Familie Martin. »Wir wurden nicht immer gelobt, als wir Ende der Achtzigerjahre Pinot Noir und Weißburgunder auspflanzten. Aber was ist schon die Alternative zu Grünem Veltliner und Zweigelt, wenn man im Weinviertel ein Weingut hat?«, so Michael Martin. Der Weg zu einem österreichischen Burgunder war noch harte Arbeit.

Schon der Urgroßvater hatte Weißburgunder ausgepflanzt, der jedoch nach dessen Tod wieder gerodet wurde, weil er zu wenig Ertrag brachte. Da sich der Blickwinkel der Winzer in Richtung »herausragende Weine« verändert hat, wurden die Burgunder wieder ins Spiel gebracht. Österreichischer Burgunder galt Ende der Neunzigerjahre als »uncool«, da hieß es durchtauchen – stur sein. Mittlerweile sind es gut 13 Hektar in den besten Lagen von St. Ulrich – Hausberg, Sonnberg und Galgenberg –, dazu kommt der Weingarten des weltberühmten Hermann Nitsch – auch ein Weinviertler, der die Besonderheit der Region schätzt. Durch die Weine ergeben sich schon automatisch besondere Kunden – Burgundergenießer –, Individualisten einfach. Dass burgundische Weine kompliziert und teils kapriziös sind, ist Fakt. Nicht nur deswegen bezeichnet man sie vielfach auch als feminine Weine. Manches widerspricht sich, ergibt aber, wenn man es mit Herz betrachtet, Sinn. Das hat Bestand und dadurch Qualität.

(90–92) Weinviertel DAC Reserve 2011
14 Vol.%, NK, großes Holzfass, extratrocken, €€€
Mittleres Gelbgrün. Mit feinen Wiesenkräutern unterlegte gelbe Apfelfrucht, ein Hauch von Zitruszesten, attraktives, frisches Bukett. Saftig, kompakt, engmaschige Textur, feine Frucht nach reifen Birnen, angenehmes Säurespiel, lebendige, leichtfüßige Stilisitik, mineralischer Touch im Abgang, gute Länge, verfügt über Reifepotenzial.

(89–91) Weißburgunder Reserve 2011
14 Vol.%, NK, großes Holzfass, extratrocken, €€€
Mittleres Gelbgrün. Zarte Kräuterwürze, mit gelben Tropenfruchtaromen unterlegt, ein Hauch von Grapefruit, dunkler mineralischer Touch. Kraftvoll, reife Mangofrucht, feines Säurespiel, weiße Fruchtnuancen im Abgang, ein stoffiger Speisenbegleiter.

89 Weinviertel DAC Friends 2011
12,5 Vol.%, DV, Stahltank, trocken, €€

89 Weinviertel DAC Hausberg 2011
12,5 Vol.%, DV, Stahltank, extratrocken, €€

88 Chardonnay 2011
13 Vol.%, DV, Stahltank, trocken, €€

88 Riesling 2011
12,5 Vol.%, DV, trocken, €€

★★

WEINGUT MAURER

3743 Röschitz, Winzerstraße 19
T/F: 02984/29 40
info@maurerwein.at
www.maurerwein.at

KELLERMEISTER UND ANSPRECHPARTNER: Leopold Maurer
ANZAHL/FLASCHEN: k. A. (90 % weiß, 8 % rot, 2 % süß) HEKTAR: 12
VERKOSTUNG: ja Ab-Hof-Verkauf: ja
ÜBERNACHTUNGSMÖGLICHKEIT: kann organisiert werden
VEREINSZUGEHÖRIGKEIT: Weingüter Retzer Land
MESSEN: ProWein

Der Weinort Röschitz liegt im westlichen Weinviertel, südlich von Retz. Das Wissen um das Keltern von Wein wurde in der Familie Maurer von Generation zu Generation weitergegeben. Leopold Maurer führt den Betrieb sei 2001 und setzt vor allem auf die Leitsorte des Weinviertels, den Grünen Veltliner. Die Rebsorten Chardonnay, Pinot Blanc, Riesling, Sauvignon Blanc, Gelber Muskateller und Zweigelt vervollständigen das Sortiment.

Im Weingarten wird großer Wert auf naturnahe, umweltschonende Pflege gelegt, um ausschließlich gesundes und reifes Traubenmaterial zu ernten. »Schließlich ist das Aroma der Trauben die Grundlage für ausdrucksvolle Weine«, weiß der Kellermeister. Im Keller achtet Leopold Maurer auf schonendste Pressung sowie auf gekühlte Gärung. Diese Sorgfalt in Weingarten und Keller garantiert Sortentypizität, Mineralität und Fruchtigkeit, die die Weine des Weinguts Maurer auszeichnen. Die Rieden befinden sich in den besten Lagen auf Urgesteins- und Lössböden, die besonders fruchtige und mineralische Weine heranreifen lassen. Die wichtigste Rebsorte ist der Grüne Veltliner, der in den Rieden Reipersberg und Stoitzenberg gedeiht. Der Grüne Veltliner »Urkristall« spiegelt die Mineralik des kristallinen Urgesteins wider. Der gehaltvollste Grüne Veltliner der Familie Maurer gedeiht in der Riede Himmelreich. Die Riede Sängerleiten mit ihrem kalkhaltigen Boden ist die Basis für feinfruchtige Weinsorten wie Chardonnay und Pinot Blanc. Die Riede Haidweingärten mit ihrem Urgesteinsverwitterungsboden bietet den idealen Standort für die eleganten Rieslinge der Familie Maurer. Die Riede Mühlberg, die einen mittelschweren Boden aufweist, ist geradezu prädestiniert für den Sauvignon Blanc. Nationale und internationale Auszeichnungen bestätigen die hohe Qualität der Weine.

(90-92) Grüner Veltliner Himmelreich 2011
13,5 Vol.%, DV, Stahltank, trocken, €€
Mittleres Grüngelb. Einladende gelbe Apfelfrucht, ein Hauch von Honigmelone, zart nach Orangenzesten, mit Blütenhonig unterlegt. Komplex, reife weiße Fruchtnuancen, frischer Säurebogen, dunkle Mineralik, bleibt gut haften, feine Fruchtsüße im Nachhall.

89 Grüner Veltliner Stoitzenberg 2011
13,5 Vol.%, Stahltank, extratrocken, €€

89 Pinot Blanc Sängerleiten 2011
14 Vol.%, DV, Stahltank, extratrocken, €€

89 Grüner Veltliner Urkristall 2011
13,5 Vol.%, DV, Stahltank, extratrocken, €€

(88-90) Chardonnay Sängerleiten 2011
13,5 Vol.%, DV, Stahltank, trocken, €€

88 Gelber Muskateller 2011
12,5 Vol.%, DV, Stahltank, extratrocken, €€

Weinviertel

★★
WEINGUT »RM« ROLAND MINKOWITSCH

2261 Mannersdorf/March, Kirchengasse 64
T/F: 02283/25 83
weingut@roland-minkowitsch.at
www.roland-minkowitsch.at

KELLERMEISTER: Roland Minkowitsch
ANSPRECHPARTNER: Maria Henriette Minkowitsch
ANZAHL/FLASCHEN: k. A. (90 % weiß, 10 % süß) **HEKTAR:** 9
VERKOSTUNG: ja, gegen Voranmeldung **AB-HOF-VERKAUF:** ja
ÜBERNACHTUNGSMÖGLICHKEIT: kann organisiert werden
ANDERE PRODUKTE IM VERKAUF: Winzersekt
VEREINSZUGEHÖRIGKEIT: Premium Weingüter Weinviertel **MESSEN:** VieVinum

---

Der traditionsreiche Betrieb mit seiner wunderschönen Anlage am Kellerberg unterhalb der Rochuskapelle brilliert mit seinen Prädikats- und feinfruchtigen Qualitätsweinen, die dank des sehr warmen pannonischen Klimas hier an der Grenze zur Slowakei wachsen. Roland Minkowitsch tendiert zu einer relativ späten Lese, er arbeitet heute noch mit der schonenden Baumpresse. Nach kontrollierter Vergärung werden die Weine je nach Qualität im Holz oder im Edelstahl ausgebaut. Dadurch werden die Fruchtigkeit und das feine Sortenbukett betont.

Die besondere Liebe gehört dem Riesling, der unter dem Namen »de vite« verkauft wird, ebenso wie dem Gewürztraminer, der auf den Mannersdorfer Böden eine ganz eigenständige Charakteristik entwickelt. Erzeugt wird auch eine Kleinstmenge an feinem Chardonnay Barrique, der in Halbliterflaschen abgefüllt wird. Das Weingut zählt zu den höchstbewerteten Betrieben des Weinviertels und präsentiert seine Weine im neu gestylten Winzerhof am Kirchenplatz.

91 Rheinriesling De Vite Jähe Lissen 2011
13 Vol.%, DV, Stahltank, 3500, halbtrocken, €€
Helles Gelbgrün. Mit zarter Kräuterwürze unterlegte Nuancen von frischem Weingartenpfirsich, weiße Blütenaromen, ein Hauch von Orangenzesten. Saftig, gelbe Tropenfrucht, feine Fruchtsüße, angenehm intergriertes Säurespiel, zitronig-mineralischer Touch im Abgang, zeigt eine gute Länge, gutes Reifepotenzial.

90 Chardonnay Premium 2011
13,5 Vol.%, DV, Stahltank, 3200, trocken, €€
Helles Grüngelb. Frischer Golden-Delicious-Apfel, mit gelben Tropenfruchtnuancen unterlegt, ein Hauch von Zituszesten und feinen Wiesenkräutern. Saftig, elegant, feine Extraktsüße, finessenreicher Säurebogen, reife Birnenfrucht, mineralischer Touch im Abgang, ein vielseitiger Speisenbegleiter, sicheres Zukunftspotenzial.

89 Grüner Veltliner Rochus 2011
13 Vol.%, DV, Stahltank, 5200, extratrocken, €€

89 Rheinriesling De Vite 2011
12,5 Vol.%, DV, 5300, trocken, €€

88 Weinviertel DAC 2011
12,5 Vol.%, DV, Stahltank, 5500, extratrocken, €€

88 Welschriesling Rochusberg 2011
12,5 Vol.%, DV, Stahltank, 4300, extratrocken, €

★★★★

WEINGUT R. & A. PFAFFL

2100 Stetten, Schulgasse 21
T: 02262/67 34 23, F: DW 21
wein@pfaffl.at
www.pfaffl.at

KELLERMEISTER: Roman Josef Pfaffl **ANSPRECHPARTNER:** Familie Pfaffl
ANZAHL/FLASCHEN: k. A. (70 % weiß, 30 % rot) **HEKTAR:** 75 **VERKOSTUNG:** ja
AB-HOF-VERKAUF: Mo. bis Fr. 8–12 und 13–17 Uhr
ÜBERNACHTUNGSMÖGLICHKEIT: kann organisiert werden
ANDERE PRODUKTE IM VERKAUF: Sekt
VEREINSZUGEHÖRIGKEIT: Premium Weingüter Weinviertel
MESSEN: VieVinum, ProWein, Vinexpo, FHA Singapore

Weinviertel

Der Grüne Veltliner gehört zum Weingut R. & A. Pfaffl wie das Schnitzel zu Wien. Von Beginn an ist diese Rebsorte unter den Paradesorten des Weinguts. Schon vor über dreißig Jahren erkannte Roman Pfaffl das Potenzial dieser Sorte und füllte sie als einer der Ersten als Qualitätswein ab – noch dazu in sämtlichen Varianten, sogar in Holz ausgebaut. Ein Raunen ging deshalb damals durch die Weinszene, und bis heute ist das Veltliner-Sortiment der Pfaffls so differenziert geblieben.

Auch mit Riesling wissen die Kellermeister Roman Josef Pfaffl und Vater Roman Pfaffl meisterlich umzugehen. Einmal trocken und mineralisch von den felsigen Terrassen Sonnleiten – ein Unikat in der Gegend –, einmal fruchtbetont lieblich bis süß von einer sandigen Bergkuppe. Aber auch mit internationalen Sorten will die Familie das Potenzial des Weinviertels unter Beweis stellen. Chardonnay und Sauvignon Blanc reifen hier zur international vergleichbaren Finesse heran. Im Rotweinsektor spielt Roman Josef Pfaffl ganz vorne mit.

Die Wiener Lagen in Stammersdorf bieten optimale Voraussetzungen für einen herrlichen Pinot Noir, der hier zur perfekten Sortentypizität heranreift. Für den Merlot hat man ein sandig-kalkiges Plätzchen gefunden, wo er besonders rund wird und damit der ideale Partner für den würzigen Cabernet Sauvignon in den Top-Cuvées »Heidrom« und »Excellent« ist. Der St. Laurent als österreichische Rotweinsorte ist das besondere Liebkind des jungen Kellermeisters. Jahr für Jahr findet sich der im kleinen Holz ausgebaute St. Laurent »Altenberg« unter den besten Rotweinen des Landes.

Das umfangreiche Angebot an Weinen ist unter anderem wohl auf die Vielfalt der von den Pfaffls bewirtschafteten Böden zurückzuführen. Die Zerstreuung auf elf Gemeinden, die sich von Gebieten mit metertiefem Löss nahe des Marchfelds über die kalkreiche Flyschzone der Bisambergkette bis hin zu sandigen und steinigen Anlagen bei Wolkersdorf oder Wien ziehen, bringt auch unterschiedlichstes Mikroklima mit sich und macht schließlich eine derartige Sortenvielfalt möglich. Zudem hat sich Roman Josef Pfaffl selbst strengste Qualitätskriterien auferlegt. Sein Grundsatz ist, dass die Qualität im Weingarten wachsen muss, im Keller können Versäumnisse nicht mehr ausgebessert werden – auch wenn das ganzen Körpereinsatz selbst bei größter Hitze verlangt.

93 Chardonnay Rossern 2009
14,5 Vol.%, NK, Barrique, extratrocken, €€€€€
Mittleres Grüngelb. Mit rauchiger Würze unterlegte gelbe Tropenfrucht, zarter Honigtouch, feine Röstaromen. Kraftvoll, komplex, reife gelbe Frucht, gut integrierte Holzwürze, mineralisch und lange anhaltend, dezenter Karamelltouch im Finish, großes Reifepotenzial.

93 Riesling am Berg 2010
12,5 Vol.%, NK, großes Holzfass, lieblich, €€€€€
Kräftiges Gelbgrün. Feine gelbe Steinobstnote, ein Hauch von Akazienhonig, mit reifer Pfirsichfrucht unterlegt. Opulente Frucht, Nuancen von Maracuja, Ananas, zart nach Dörrmarille, frischer Säurebogen, feine Süße im Abgang, bleibt sehr gut haften, großes Zukunftsversprechen.

Weinviertel

(92-94) Weinviertel DAC Reserve Goldjoch 2011
14 Vol.%, NK, großes Holzfass, extratrocken, €€€
Mittleres Grüngelb. Deutliche Kräuterwürze, rauchige Mineralik, gelbe Apfelfrucht, reifer Birnentouch. Kraftvoll am Gaumen, weiße Fruchtanklänge, frisch strukturiert, betont würzig auch im Finale, wird von Flaschenreife profitieren, weiße Tropenfruchtnuancen im Nachhall, ein stoffiger Speisenbegleiter.

92 Weinviertel DAC Reserve Hundsleiten 2011
13,5 Vol.%, DV, Stahltank/großes Holzfass, trocken, €€
Mittleres Grüngelb. Feine Wiesenkräuter, frische Apfelfrucht, mit rauchigen mineralischen Nuancen unterlegt. Komplex, angenehme Extraktsüße, feiner Säurebogen, weiße Frucht im Nachhall, bleibt sehr gut haften, sicheres Entwicklungspotenzial.

L 91 Riesling Terrassen Sonnleiten 2011
12,5 Vol.%, DV, Stahltank, trocken, €€€
Helles Grüngelb. Einladende Steinobstnoten nach gelbem Pfirsich, zart nach Blütenhonig, mineralisch unterlegt. Komplex, saftige Tropenfrucht, angenehme Extraktsüße, bleibt gut haften, ein Hauch nach Ananas im Abgang, gutes Reifepotenzial.

91 Chardonnay Exclusiv 2011
13 Vol.%, DV, großes Holzfass, extratrocken, €€€
Mittleres Gelbgrün. Mit feiner Kräuterwürze unterlegte gelbe Apfelfrucht, attraktives Bukett. Kraftvolle Textur, gelbe Tropenfrucht, zart nach Babybanane, feiner Säurebogen, zart nach Blütenhonig im Abgang, feine Mineralik, bleibt gut haften, stoffiger Speisenbegleiter, sicheres Entwicklungspotenzial.

89 Weinviertel DAC Haidviertel 2011
12,5 Vol.%, DV, Stahltank, trocken, €€

88 Sauvignon Blanc Seiser am Eck 2011
12,5 Vol.%, DV, Stahltank, extratrocken, €€€

88 Weinviertel DAC Zeiseneck 2011
12 Vol.%, DV trocken, €€

88 Wien.1 2011 RR/GV/PB
11,5 Vol.%, DV, Stahltank, trocken, €€

89 Rosé Zweigelt 2011
11,5 Vol.%, DV, Stahltank, trocken, €€

92 Heidrom 2008 ME/CS
13,5 Vol.%, NK, Barrique, extratrocken, €€€€
Dunkles Rubingranat, violette Reflexe, dezenter Wasserrand. Intensives Brombeerkonfit, zart nach Cassis und Lakritze, angenehme florale Nuancen, ein Hauch Blutorangen. Saftig, frische rote Frucht, präsente Tannine, die noch etwas fordernd sind, Beerenkonfit im Abgang, dezente Süße im Rückgeschmack, ein facettenreicher Speisenbegleiter.

91 St. Laurent Altenberg 2009
13,5 Vol.%, NK, Barrique, extratrocken, €€€
Dunkles Rubingranat, violette Reflexe, dezenter Wasserrand. Mit etwas Nougat und zarter Kräuterwürze unterlegtes dunkles Beerenkonfit, einladendes Bukett, ein Hauch von Dörrobst. Saftig, elegant, extratsüßer Kern, zarter Nougat, feine Tannine, reife Kirschenfrucht im Nachhall, zart nach Orangen im Rückgeschmack.

91 Pinot Noir 2009
12,5 Vol.%, NK, Barrique, extratrocken, €€€€
Kräftiges Rubingranat, zarte violette Reflexe, breitere Randaufhellung. Feinwürzig unterlegte reife Zwetschkenfrucht, mit feinem Kirschenkonfit unterlegt, zarte florale Nuancen. Stoffig, dunkle Beeren, präsente Tannine, Brombeerkonfit im Abgang, zitronige Nuancen, mineralischer Nachhall, gutes Entwicklungspotenzial.

90 St. Laurent Waldgärten 2011
13,5 Vol.%, DV, Stahltank, extratrocken, €€
Dunkles Rubingranat, violette Reflexe, zarter Wasserrand. Feine dunkle Beerenfrucht, Brombeeren und reife Kirscheklingen an, mit zarter Kräuterwürze unterlegt. Saftig, elegante Textur, angenehme Extraktsüße, bleibt gut haften, ein vielseitiger Speisenbegleiter mit Entwicklungspotenzial.

89 Excellent 2009 ZW/CS/ME
13,5 Vol.%, NK, Barrique, extratrocken, €€€

89 Blauer Zweigelt 2011
13 Vol.%, DV, Stahltank, extratrocken, €€

89 Wien.2 2011 ZW/PN
13,5 Vol.%, DV, Stahltank, trocken, €€

★

WEINGUT PLEIL

2120 Wolkersdorf, Adlergasse 32
T: 02245/24 07, F: DW 4
weingut@pleil.at
www.pleil.at

KELLERMEISTER UND ANSPRECHPARTNER: Ing. Christian Pleil
ANZAHL/FLASCHEN: 100.000 (70 % weiß, 29 % rot, 1 % süß) HEKTAR: 22
VERKOSTUNG: ja, gegen Voranmeldung AB-HOF-VERKAUF: ja
ÜBERNACHTUNGSMÖGLICHKEIT: kann organisiert werden
ANDERE PRODUKTE IM VERKAUF: Destillate, Sekt, Traubensaft
VEREINSZUGEHÖRIGKEIT: Premium Weingüter Weinviertel
MESSEN: VieVinum, ProWein

Die Familie Pleil betreibt seit Generationen Weinbau. Zurzeit bewirtschaftet sie 22 Hektar Weingartenflächen nach den Richtlinien der »Kontrollierten Integrierten Produktion«. Während sich Senior DI Josef Pleil als Präsident des österreichischen Weinbaus um alle Belange der nationalen Weinwirtschaft bemüht, sorgt Junior Christian Pleil für die beste Qualität im Weingut. Um diesen Anforderungen auch gerecht zu werden, hat er nach der Matura an der HBLA Klosterneuburg die internationale Weinwirtschaft im Rahmen von Praxisaufenthalten kennengelernt. So war er in Franken in Deutschland, in Kalifornien, Südafrika und Australien tätig.

Die Weißweine werden in Tanks mit gekühlter Gärung ausgebaut, um die Fruchtigkeit und den Sortencharakter zu erhalten. Es werden aber auch Weißweine nach internationalem Vorbild im Barrique gereift. Die Rotweine werden mit biologischem Säureabbau im Holzfass ausgebaut, teilweise auch im Barrique gelagert. Etwas Sekt und Prädikatsweine runden das Sortiment ab. Zahlreiche Auszeichnungen und Aufnahmen in diverse Weinführer belegen die Qualität der Produkte von Familie Pleil.

(91-93) Weinviertel DAC Reserve 2011
14 Vol.%, NK, Stahltank, 2000, extratrocken, €€€
Mittleres Grüngelb. Frische, einladende Apfelfrucht nach Golden Delicious, zart mit Mangonoten unterlegt, exotische Nuancen, frische Wiesenkräuter. Saftiger, kraftvoller Stil, reife Frucht, angenehmes Säurespiel, zarte Extraktsüße, bleibt gut haften, geschmeidig und anhaltend, gelbe Nuancen im Nachhall, sicheres Entwicklungspotenzial.

89 Weinviertel DAC Klassik 2011
12,5 Vol.%, DV, Stahltank, 3000, extratrocken, €€

88 Weinviertel DAC Pfaffenhölzl 2011
13 Vol.%, DV, Stahltank, 10.000, extratrocken, €€

87 Chardonnay Wienerfeld 2011
13,5 Vol.%, DV, Stahltank, 7000, trocken, €€

87 Riesling 2011
13 Vol.%, DV, Stahltank, 3000, extratrocken, €€

87 Sauvignon Blanc 2011
13,5 Vol.%, DV, Stahltank, 1500, extratrocken, €€

Weinviertel

★★

WEINGUT PRECHTL

2051 Zellerndorf 12
T: 02945/22 97, F: DW 40
weingut@prechtl.at
www.prechtl.at

KELLERMEISTER UND ANSPRECHPARTNER: DI Franz Prechtl
ANZAHL/FLASCHEN: 130.000 (90 % weiß, 9 % rot, 1 % süß) HEKTAR: 17
VERKOSTUNG: ja AB-HOF-VERKAUF: ja CAFÉ: April bis Dez. Sa. 10–19 Uhr
ÜBERNACHTUNGSMÖGLICHKEIT: kann organisiert werden
ANDERE PRODUKTE IM VERKAUF: Sommerladen (Feinstkost & Accessoires)
VEREINSZUGEHÖRIGKEIT: Premium Weingüter Weinviertel
MESSEN: VieVinum, ProWein

Seit fünf Generationen wird im heute 14 Hektar großen Weingut Prechtl in Zellerndorf Weinbau betrieben. Nach Abschluss der Weinbauschule in Klosterneuburg und des Landwirtschaftsstudiums an der Universität für Bodenkultur übernahm Franz Prechtl 1993 den traditionsreichen Betrieb seiner Eltern und hat das Weingut seither gemeinsam mit seiner Frau Petra, ihres Zeichens Weinakademikerin, zu einem anerkannten Spezialisten für Grüne Veltliner gemacht. Diese werden als Weinviertel DAC abgefüllt und bestechen durch lagen- und sortenspezifische Finessen.

Drei unterschiedliche Bodenformationen bestimmen die Charakteristik der Prechtl-Weine: Einerseits bringt die Böhmische Masse an den Ausläufern des Manhartsberges mit granitverwitterten Urgesteinsböden würzig-pfeffrige Veltliner mit langem Abgang hervor, wie zum Beispiel den Weinviertel DAC »Ried Altenberg«. Andererseits sind die durch angewehten Flugsand entstandenen, tiefgründigen Lössböden wie die Ried Längen idealer Standort für würzige, vielschichtige Veltliner mit opulenten und exotischen Aromen. Hier wächst auf der übrigens ältesten Lage in Zellerndorf der Weinviertel DAC »Ried Längen«, dessen Reben bereits vor über 30 Jahren von der Winzerfamilie ausgepflanzt wurden. Die besten Lagen sind mindestens 25 Jahre alt – die tiefwurzelnden Reben verleihen den Weinen ihre besondere, vielschichtige Stilistik. Die Weine aus dem Hause Prechtl sind regelmäßig im »SALON Österreich Wein« vertreten, vor allem die Grünen Veltliner stechen bei Verkostungen immer wieder hervor. Aber auch Riesling und Sauvignon Blanc überzeugten in diversen Fachjurys.

(90-92) **Weinviertel DAC Reserve Leitstall 2011**
14 Vol.%, großes Holzfass, 4000, extratrocken, €€€
Mittleres Grüngelb. Frische Wiesenkräuter, rauchige Nuancen, gelbe Tropenfruchtanklänge, ein Hauch von Grapefruitzesten. Saftige gelbe Birnenfrucht, dezente Süße, zart nach Blütenhonig, eher dezenter Säurebogen, extraktsüßer Nachhall, wirkt bereits gut entwickelt, süße Fruchtnuancen auch im Rückgeschmack.

(90-92) **Weinviertel DAC Reserve Äußere Berge 2011**
13,5 Vol.%, großes Holzfass, 4000, extratrocken, €€€
Mittleres Grüngelb. Zart rauchig mineralisch unterlegte gelbe Apfelfrucht, frische Orangenzesten, dezente Kräuterwürze. Saftig, feine Extraktsüße, dunkle Mineralik, feiner Säurebogen, salzige Nuancen im Abgang, zart nach Blütenhonig im Finale, gutes Reifepotenzial.

L 90 **Weinviertel DAC Längen 2011**
12,5 Vol.%, DV, Stahltank, 19.000, extratrocken, €€
Helles Gelbgrün. Frische gelbe Apfelfrucht, ein Hauch von Wiesenkräutern, zarter Blütenhonig. Saftig, elegante Frucht, zarte Extraktsüße, frischer, trinkanimierender Säurebogen, feine zitronige Nuancen im Abgang, mineralisch, guter Speisenbegleiter.

89 **Weinviertel DAC Alte Reben 2011**
13 Vol.%, DV, Stahltank, 5000, extratrocken, €€

88 **Weinviertel DAC Altenberg 2011**
13 Vol.%, DV, Stahltank, 5000, extratrocken, €€

88 **Sauvignon Blanc Altenfeld 2011**
13 Vol.%, DV, Stahltank, 11.000, extratrocken, €€

88 **Gelber Muskateller Maulavern 2011**
12,5 Vol.%, DV, Stahltank, 2000, extratrocken, €€

★

WEINGUT PRÖGLHÖF
2070 Obernalb/Retz, Brunnwinkl 11
T/F: 02942/21 74
office@proeglhoef-weine.at
www.proeglhoef-weine.at

Weinviertel

KELLERMEISTER: Markus Pröglhöf
ANSPRECHPARTNER: Roswitha und Markus Pröglhöf
ANZAHL/FLASCHEN: k. A. (50 % weiß, 47 % rot, 3 % süß) HEKTAR: 11
VERKOSTUNG: ja, gegen Voranmeldung AB-HOF-VERKAUF: ja
ÜBERNACHTUNGSMÖGLICHKEIT: kann organisiert werden
VEREINSZUGEHÖRIGKEIT: Weingüter Retzer Land
MESSEN: ProWein

Der Familienbetrieb in Obernalb hat Tradition, denn bereits seit 1771 ist das Weingut im Besitz der Weinhauerfamilie Pröglhöf. Die Spezialitäten des Hauses sind Grüner Veltliner (Weinviertel DAC), Riesling, Zweigelt »Exclusive« sowie die Cuvée »Manhartsberg«.

An den schützenden Hängen des Manhartsbergs mit seinem lauen Klima und den trockenen Bedingungen im Sommer und Herbst finden die Reben von Kellermeister Markus Pröglhöf ideale Wachstumsbedingungen vor: Urgesteinsböden sowie lehmige Sand- und Lössböden ermöglichen Weißweine, die mit Frische, Fruchtigkeit und Eleganz bezaubern. Die Rotweine der Pröglhöfs beeindrucken mit finessenreicher Frucht, milder Säure und einem samtigen Abgang.

90 Grüner Veltliner Speiser 2011
13,5 Vol.%, DV, Stahltank, trocken, €€
Leuchtendes Grüngelb. Frischer Apfel, mit zarter Kräuterwürze unterlegt, weiße Fruchtnuancen klingen an, mineralische Noten. Saftig, elegant, wieder von deutlichen mineralischen Nuancen geprägt, feiner Säurebogen, zitroniger Touch, gelbe Frucht im Rückgeschmack.

(89-91) Tegel & Mergel 2011 CH/WB
13,5 Vol.%, DV, Stahltank, trocken, €€
Mittleres Grüngelb, Silberreflexe. Einladender Duft nach weißer Tropenfrucht, zart nach Ananas und Papaya, Zitruszesten klingen an, ein Hauch von Wiesenkräutern. Saftig, feine Extraktsüße, reife Steinobstnoten, frischer Säurebogen, extraktsüßer Abgang, bleibt gut haften, feiner Bananentouch im Nachhall.

89 Weinviertel DAC 2011
12 Vol.%, DV, Stahltank, extratrocken, €€

88 Weißer Riesling 2011
12,5 Vol.%, DV, Stahltank, trocken, €€

89 Zweigelt Exclusive 2009
13,5 Vol.%, NK, extratrocken, €€

90 Malvasier Auslese 2011
12 Vol.%, DV, Stahltank, süß, €€
Grüngelb mit Silberreflexen, zarte Kräuterwürze, Nuancen von Türkischem Honig, zart nach Litschi. Saftig, elegant, fein eingebundene Süße, guter Säurekonter, harmonisch, trinkanimierender Süßweinstil, leichtfüßig, dezente Honignote im Abgang, vielseitig einsetzbar.

Weinviertel

WEINGUT PRÖLL

3710 Radlbrunn 48
T/F: 02956/34 41
proell@weingut-proell.at
www.weingut-proell.at

KELLERMEISTER: Ing. Andreas Pröll
ANSPRECHPARTNER: Michaela und Ing. Andreas Pröll
ANZAHL/FLASCHEN: k. A. (70 % weiß, 30 % rot) HEKTAR: 17
VERKOSTUNG: ja, gegen Voranmeldung AB-HOF-VERKAUF: ja
ÜBERNACHTUNGSMÖGLICHKEIT: kann organisiert werden
ANDERE PRODUKTE IM VERKAUF: Frizzante
VEREINSZUGEHÖRIGKEIT: www.weingueter-weinviertel.at MESSEN: VieVinum

Seit 1705 bewirtschaftet die Familie Pröll das Weingut. In den 1970er-Jahren wurde intensiv in den Weinbau investiert, die Rebfläche wurde ständig vergrößert und umfasst derzeit 17 Hektar. Der Betrieb liegt im westlichen Weinviertel nahe dem Manhartsberg im Schmidatal.

Die Hauptsorte des Weinguts ist der Grüne Veltliner, der auf den Lössböden hervorragend gedeiht. Seit 2008 wird aus der Ried Lehlen ein Grüner Veltliner gekeltert, der den Namen »Der geistliche Pröll« trägt. Am 14. Dezember 2008 hatte die Familie eine Audienz bei Papst Benedikt XVI. im Vatikan, anlässlich dieser überreichte sie dem Heiligen Vater einen Rebstock als Geschenk, der in den Vatikanischen Gärten gepflanzt wurde. Dieses besondere Ereignis veranlasste das Weingut Pröll, diesem Wein, der aus der Riede des Weinstockes gekeltert wurde, diesen besonderen Namen zu geben. Man bietet Gästen und Kunden in familiärer Atmosphäre ein Produkt von hoher Qualität und Identität an. Der Gast bekommt mehr als guten Wein, nämlich als »Pünktchen auf dem i ein Weinviertler Lebensgefühl«. So können die Weininteressierten in den Hohlwegen und Weinwanderwegen das Weinviertel genießen. So können sie den Wein in seiner Gesamtheit verstehen. Treu nach dem Motto »Leben & Wein«. Im Winzerhof findet übrigens alle zwei Jahre Ende Juli, Anfang August ein großes Weinfest namens »Der Musikalische Weinsommer Radlbrunn« statt. Top-Weine und eine Vielzahl erstklassiger Volksmusikgruppen sorgen für die Unterhaltung der Gäste. Sechsmal »SALON Österreich Wein«, Gebiets- und Landessieger bestätigen die kontinuierliche Qualität des Weinguts.

90 Grüner Veltliner Lehlen Der Geistliche Pröll 2011
13,5 Vol.%, DV, Stahltank, trocken, €€
Helles Gelbgrün. Mit zarten Wiesenkräutern unterlegte frische Apfelfrucht, ein Hauch von Mango, mit feinem Blütenhonig unterlegt. Saftig, elegant, zeigt eine gute Extraktsüße, feiner Säurebogen, zart nach Grapefruit im Abgang, gute Länge, ein vielseitiger Speisenbegleiter.

89 Chardonnay Karln 2011
14 Vol.%, DV, Stahltank, trocken, €€

88 Weißburgunder Karln 2011
13,5 Vol.%, DV, Stahltank, trocken, €€

88 Riesling Kirchberg 2011
13 Vol.%, DV, Stahltank, trocken, €€

88 Zweigelt Antonia Barrique 2009
13,5 Vol.%, NK, Teilbarrique, trocken, €€€

RESPIZ-HOF KÖLBL

3743 Röschitz, Winzerstraße 5
T: 02984/27 79, F: DW 4
weingut@respiz-hof.at
www.respiz-hof.at

KELLERMEISTER: Johannes Kölbl ANSPRECHPARTNER: Margit und Johannes Kölbl ANZAHL/FLASCHEN: k. A. (90 % weiß, 10 % rot) HEKTAR: 14 VERKOSTUNG: ja, gegen Voranmeldung AB-HOF-VERKAUF: ja ÜBERNACHTUNGSMÖGLICHKEIT: kann organisiert werden ANDERE PRODUKTE IM VERKAUF: Frizzante, Traubensaft VEREINSZUGEHÖRIGKEIT: Weinviertel DAC, Weinstraße Weinviertel MESSEN: VieVinum

An den Ausläufern des Manhartsbergs im nordwestlichen Weinviertel liegt Röschitz, erstmals urkundlich erwähnt im Jahre 1198 unter dem Namen »Respiz« (Rebspitz). Die Familie Kölbl ist seit 1660 in Röschitz ansässig, und seit damals gehört der Weinbau zur Familientradition. 1998 wurde der Betrieb von Johannes Kölbl übernommen und trägt seit damals den Namen »Respiz Hof«.

Hauptsorte ist traditionellerweise der Grüne Veltliner mit 45 Prozent Rebanteil. Auf dem verwitterten Granitmassiv und den fruchtbaren, angewehten Flugsandablagerungen (Löss) der Lagen Reipersberg, Himmelreich, Galgenberg und Hundspoint gedeihen aber auch Riesling, Weißburgunder, Neuburger, Chardonnay und Zweigelt. Durch den neuen Kellerzubau ist der Betrieb auf dem neuesten Stand der Technik, dank derer das Traubenmaterial schonend verarbeitet werden kann. Das Ergebnis der Bemühungen sind elegante, fruchtig-duftige Weine. Mit Liebe und Sorgfalt keltert die Familie Kölbl Weine gemäß ihrem Motto: »Qualität ist nie Zufall, sondern das Zusammenwirken von Natur und Mensch mit seinem angewandten ökologischen Know-how, aber vor allem mit seinem Fingerspitzengefühl und seiner Erfahrung«.

90 Weinviertel DAC Himmelreich 2011
13 Vol.%, DV, Stahltank, 10.000, extratrocken, €€
Helles Grüngelb. Feine Apfelfrucht, zart mit weißer Tropenfrucht unterlegt, ein Hauch von Tabak und Wiesenkräutern, dezent nach Orangenzesten. Saftig, elegante Textur, frischer Säurebogen, zitronige Nuancen im Abgang, weißer Apfel im Rückgeschmack, ein vielseitiger Essensbegleiter, verfügt über Reifepotenzial.

89 Weinviertel DAC Reipersberg 2011
12,5 Vol.%, DV, Stahltank, 10.000, extratrocken, €€

89 Riesling vom Urgestein Galgenberg 2011
12,5 Vol.%, DV, Stahltank, 10.000, extratrocken, €€

88 Gelber Muskateller 2011
11,5 Vol.%, DV, Stahltank, 1500, trocken, €€

(87–89) Neuburger Galgenberg 2011
13 Vol.%, DV, Stahltank, 1000, €€

87 Sauvignon Blanc Hiatahoad 2011
12,5 Vol.%, DV, Stahltank, 2000, extratrocken, €€

Weinviertel

WEINGUT SCHNEIDER

3743 Röschitz, Granitz 9
T/F: 02984/27 98
weingutschneider@aon.at
www.weingutschneider.at

KELLERMEISTER: Gerald Schneider
ANSPRECHPARTNER: Astrid und Gerald Schneider
ANZAHL/FLASCHEN: k. A. (100 % weiß) HEKTAR: 8
VERKOSTUNG: ja, gegen Voranmeldung AB-HOF-VERKAUF: ja
ÜBERNACHTUNGSMÖGLICHKEIT: kann organisiert werden
MESSEN: Vinobile

Das Weingut Schneider liegt in Röschitz im westlichen Weinviertel und umfasst eine Rebfläche von acht Hektar. Der Grüne Veltliner ist mit rund 80 Prozent die Hauptsorte des Betriebs. Auch Riesling, Chardonnay und Sauvignon Blanc reifen auf Löss- und Urgesteinsböden zu Top-Qualitäten heran. In den besten Lagen von Röschitz wie Galgenberg und Hundspoint wachsen auf alten Rebstöcken die besten Veltliner des Weinguts.

Durch intensive Laubarbeit und Ertragsreduktion wird alljährlich hochwertiges Traubenmaterial geerntet. Die Trauben werden schonend verarbeitet und anschließend im Stahltank gekühlt vergoren. Der Chardonnay und die kräftigen Veltliner werden im großen Holzfass ausgebaut. Zahlreiche Prämierungen wie der »Falstaff Grüner Veltliner Grand Prix«-Sieg 2005 und zwei Veltliner im »SALON« 2004 bestätigen die hohe Qualität der Weine.

(90–92) Grüner Veltliner Reserve 2011
13,5 Vol.%, DV, großes Holzfass, extratrocken, €€
Mittleres Grüngelb. Mit feiner Kräuterwürze unterlegte frische Apfelfrucht, dezente Tabaknote, mineralischer Touch. Saftig, weiße Fruchtnuancen, angenehmes Säurespiel, zart nach Orangen im Finale, bleibt gut haften, verfügt über Reifepotenzial.

89 Chardonnay 2011
13 Vol.%, großes Holzfass, extratrocken, €€

89 Grüner Veltliner Kirchberg 2011
13 Vol.%, DV, Stahltank, extratrocken, €€

88 Weinviertel DAC Galgenberg 2011
12,5 Vol.%, DV, Stahltank, extratrocken, €€

88 Riesling 2011
13 Vol.%, DV, Stahltank, trocken, €€

87 Weinviertel DAC Classic 2011
12,5 Vol.%, DV, Stahltank, extratrocken, €€

★★

WEINGUT SCHUCKERT

2170 Poysdorf, Wilhelmsdorfer Straße 40
T: 02552/23 89, F: 02552/293 89
weingut@schuckert.com
www.schuckert.com

KELLERMEISTER: Rainer Schuckert ANSPRECHPARTNER: Rainer Schuckert ANZAHL/FLASCHEN: k. A. (75 % weiß, 24 % rot, 1 % süß) HEKTAR: 20 VERKOSTUNG: ja Ab-Hof-Verkauf: ja HEURIGER: 13. bis 15. 19. Offener Keller und 21. bis 22. 10. Weinherbst, täglich ab 14 Uhr ÜBERNACHTUNGSMÖGLICHKEIT: kann organisiert werden ANDERE PRODUKTE IM VERKAUF: Poy-Secco, Sekte, Brände, Traubensaft VEREINSZUGEHÖRIGKEIT: Weinviertel DAC MESSEN: VieVinum, ProWein

Das Weingut Schuckert in Poysdorf ist ein klassischer Familienbetrieb, hier teilen sich die Eltern Gertrude und Josef mit Sohn Rainer die Arbeit (von Keller über Weingarten bis Marketing) auf. An die 40 Einzellagen auf 20 Hektar werden bewirtschaftet, die Pflege der Weingärten nach ökologischen Gesichtspunkten erfordert viel Einsatz. Ertragsreduktion durch kurzen Schnitt und Ausdünnung, kontrollierte Gärung und Barriqueausbau bei Weiß- und Rotweinen stehen auf dem Programm.

Der Einsatz für die Qualität hat sich gelohnt, zahlreiche Auszeichnungen im In- und Ausland hat man bereits erhalten. Seit Jahren werden auch Weine zu Schaumweinen vergoren, und eine Vielzahl an feinsten Destillaten kann man im »Antonio«-Koststüberl, das dem Weingut angeschlossen ist, kennenlernen.

91 Grüner Veltliner Novemberlese 2011
13,5 Vol.%, DV, Stahltank, extratrocken, €€
Mittleres Grüngelb. Feine gelbe Apfelfrucht, ein Hauch von Anis, zarte Kräuterwürze, mit Anklängen von Marille unterlegt. Saftig, elegante Textur, zart nach Birnen, frischer Säurebogen, bleibt gut haften, mineralisch im Nachhall, ein harmonischer Speisenbegleiter.

91 Weißburgunder 2011
14 Vol.%, DV, Stahltank, extratrocken, €€
Helles Grüngelb. Einladende weiße Frucht, zart nussiger Touch, ein Hauch von Orangenzesten, Quitten. Stoffig, sehr elegant und ausgewogen, salzig-mineralisch unterlegt, von einer finessenreichen Säure getragen, gute Länge, sicheres Reifepotenzial.

89 Weinviertel DAC Selection 2011
13 Vol.%, DV, Stahltank, €€

89 Riesling Steinberg 2011
13,5 Vol.%, DV, Stahltank, extratrocken, €€

89 Weinviertel DAC Classic 2011
12,5 Vol.%, DV, Stahltank, extratrocken, €€

88 Grüner Veltliner Nestelbecher 2011
12,5 Vol.%, DV, Stahltank, extratrocken, €€

Weinviertel

★★

WEINGUT SCHWARZ

2172 Schrattenberg, Kleine Zeile 8
T: 02555/25 44, F: DW 4
office@schwarzwines.com
www.schwarzwines.com

BIO

KELLERMEISTER: Alois und Reinold Schwarz **ANSPRECHPARTNER:** Familie Schwarz **ANZAHL/FLASCHEN:** k. A. (24 % weiß, 75 % rot, 1 % süß) **HEKTAR:** 22 **VERKOSTUNG:** ja, gegen Voranmeldung **AB-HOF-VERKAUF:** ja **ÜBERNACHTUNGSMÖGLICHKEIT:** kann organisiert werden **ANDERE PRODUKTE IM VERKAUF:** Sekt, Frizzante, Traubensaft, Destillate, Schoko **MESSEN:** VieVinum, ProWein, Vin Austria, Alles für den Gast Salzburg

Das Weingut der Familie Schwarz befindet sich in Schrattenberg, einem der ältesten und bedeutendsten Weinorte Österreichs. Primär werden hier Rotweine von besonderer Qualität, aber auch feine Weißweine und elegante Süßweine gekeltert. Im Mittelpunkt des Handelns steht die Pflege der Weingärten, die biologisch bewirtschaftet werden. Für qualitätsorientierten Rebschnitt, Anbau von standortangepassten Begrünungspflanzen, Ausbringung von Kompost, mehrmalige Laubarbeiten, Ausdünnen und Teilung der Trauben sowie die händische, selektive Ernte wird ein Maximum an Arbeitszeit aufgewändet. Bei der Vinifikation hingegen beschränkt man sich nur auf die notwendigsten Handgriffe, denn im Keller soll der Wein machen, was er will, um dadurch seine Einzigartigkeit zu bewahren. So entstehen Jahr für Jahr sehr eigenständige Weine in allen Kategorien: rot, weiß, Rosé, süß und prickelnd.

91 Grande Reserve 2009 SY/CS/ZW/ME
13,5 Vol.%, NK, Barrique, extratrocken, €€€€
Dunkles Rubingranat, violette Reflexe, dezenter Wasserrand. Angenehme Röstaromen, Mokka und Karamell klingen an, saftige dunkle Beerenfrucht, attraktives Bukett. Stoffig, feste Tannine, die gut eingebettet sind, dunkle Mineralik, im Abgang etwas austrocknend, braucht noch etwas Zeit, gutes Reifepotenzial.

89 Zweigelt Premium 2010
13 Vol.%, NK/VL, Teilbarrique, extratrocken, €€€

87 Blaufränkisch 2010
12,5 Vol.%, DV, großes Holzfass, extratrocken, €€

91 Chardonnay Premium 2010
14 Vol.%, NK, Teilbarrique, €€€
Mittleres Grüngelb. Feine Gewürznote, reife, gelbe Tropenfruchtaromen, zart nach Nelken, mineralischer Touch. Saftig, feine weiße Frucht, zart nach Mango und Litschi, ein Hauch von Karamell, frisch und gut anhaltend, angenehme Holzwürze im Nachhall, ein facettenreicher Speisenbegleiter.

87 Gemischter Satz 2011
12 Vol.%, DV, Stahltank, trocken, €€

(89-91) Chardonnay BA 2011
NK, Stahltank, süß, €€€
Mittleres Gelbgrün. In der Nase zart nach Honig, ein Hauch von Marzipan, nussiger Touch, feine Wiesenkräuter, mit gelber Frucht unterlegt. Saftig, wirkt kraftvoll, reife Ananasfrucht, frischer Säurebogen, zitroniger Abgang, feiner Honigtouch im Nachhall.

★ ★

WEINGUT SCHWARZBÖCK

2102 Hagenbrunn, Hauptstraße 56–58
T: 02262/67 27 40, F: DW 20
weingut@schwarzboeck.at
www.schwarzboeck.at

KELLERMEISTER: Rudolf Schwarzböck ANSPRECHPARTNER: Anita Schwarzböck ANZAHL/FLASCHEN: k. A. (75 % weiß, 25 % rot) HEKTAR: 24 VERKOSTUNG: Mo. bis Fr. 13–18 Uhr, Sa. 10–17 Uhr, vormittags nach Vereinbarung AB-HOF-VERKAUF: ja ÜBERNACHTUNGSMÖGLICHKEIT: kann organisiert werden ANDERE PRODUKTE IM VERKAUF: Sekt, Destillate, Weingelees, Marmeladen, Schokoladen etc. VEREINSZUGEHÖRIGKEIT: Premium Weingüter Weinviertel MESSEN: VieVinum, ProWein

Weinviertel

Rudolf und Anita Schwarzböck haben in nicht einmal zehn Jahren das Weingut als einen der interessantesten Qualitätsbetriebe des Weinviertels etabliert – in der Philosophie sehr dynamisch und zeitgemäß, aber auch mit viel Gespür für Rebe und Naturverbundenheit. Die nachhaltige Bewirtschaftung steht an oberster Stelle. In der Weinserie spürt man die Handschrift des Winzers: Die Weine präsentieren sich stets klar und ausdrucksstark, mit einem Tick mehr Schmelz, ohne dabei Finesse vermissen zu lassen.

Die Weingärten befinden sich hauptsächlich auf dem und rund um den Bisamberg. Das vorkommende Flyschgestein, eine Bodenschicht aus Sand und Mergel, die teils vom Löss überlagert wird, schafft ideale Voraussetzungen für die Reben.

Die Grünen Veltliner zeigen sich balanciert in der Säure, mit pfeffriger Würze und voller Ausgewogenheit im frischen Stil; die Rieslinge wiederum mineralisch, delikat und elegant; die Rotweine wie Zweigelt und Merlot fruchtbetont mit feiner Struktur. Die Premiumweine wie der Grüne Veltliner »vom Flysch« (vormals »Hölle«) oder etwa der 2011 gelungene Riesling der Extraklasse namens »Katharinas Reserve« begeistern nicht nur durch ihre volle Reife, präsentieren sie sich doch überaus facettenreich mit Feinheit und Finesse.

Besuchen sie das neue, architektonisch sehr geschmackvolle Weingut vor den Toren Wiens. In der an das Weingut angeschlossenen Vinothek finden regelmäßig Events und Weinverkostungen statt. Informationen dazu finden sie auf der Homepage. Die Weine sind im gut sortierten Fachhandel sowie in den besten Restaurants Österreichs und in der ganzen Welt vertreten.

(90-92) Weinviertel DAC Reserve vom Flysch 2011
14 Vol.%, DV, Stahltank, €€€
Mittleres Gelbgrün. Mit intensiver Kräuterwürze unterlegte gelbe Tropenfruchtanklänge, tabakige Nuancen. Saftig, deutliche mineralische Prägung, feine kreidige Nuancen, angenehme Säurestruktur, dunkle Nuancen im Abgang, zart nach Grapefruit im Rückgeschmack.

90 Grüner Veltliner Sätzen-Fürstenberg 2011
13,5 Vol.%, DV, Stahltank, €€
Mittleres Grüngelb. Zarte gelbe Steinobstanklänge, feiner Apfeltouch, ein Hauch von Blütenhonig. Mit zarten Wiesenkräutern unterlegte Birnenfrucht, dezenter Säurebogen, angenehme Fruchtsüße, ein vielseitiger Speisenbegleiter.

89 Weinviertel DAC Ried Schachern 2011
12,5 Vol.%, DV, Stahltank, €€

(88-90) Riesling Katharinas Reserve 2011
13,5 Vol.%, DV

88 Gelber Muskateller 2011
11,5 Vol.%, Stahltank, €€

89 Zweigelt Reserve 2009
14 Vol.%, NK, Barrique, €€€

Weinviertel

★★

WEINGUT WOLFGANG SEHER

2051 Platt 28
T/F: 02945/271 38
office@weingutseher.at
www.weingutseher.at

KELLERMEISTER UND ANSPRECHPARTNER: Wolfgang Seher
ANZAHL/FLASCHEN: k. A. (70 % weiß, 30 % rot) HEKTAR: 14
VERKOSTUNG: ja, gegen Voranmeldung AB-HOF-VERKAUF: ja, limitierte Mengen ÜBERNACHTUNGSMÖGLICHKEIT: kann organisiert werden
ANDERE PRODUKTE IM VERKAUF: Schokolade
VEREINSZUGEHÖRIGKEIT: Weingüter Retzer Land
MESSEN: VieVinum, ProWein

Wolfgang Seher, der den elterlichen Betrieb im Jahr 2001 übernommen hat, bewirtschaftet Rebflächen etwa zu gleichen Teilen in Platt und in Obermarkersdorf sowie in der Gemarkung Schrattenthal. Die verschiedenen Böden und das differenzierte Kleinklima erlauben es dem Winzer, verschiedene Weiß- und Rotweine auf bestens geeigneten Standorten zu kultivieren.

Der Schwerpunkt des Betriebs liegt auf der Sorte Grüner Veltliner. Der Weinviertel DAC des Winzers besteht immer aus Trauben verschiedener Lagen, um dadurch auch bei leichteren Weinen die Vielschichtigkeit in den Vordergrund zu rücken. Die beste Obermarkersdorfer Veltlinerlage heißt Nussberg: eine tiefgründige Urgesteinslage mit sehr hohem Mineralanteil. Sie ist mit einer eigenen Veltliner-Selektion bestockt, die bereits dreißig Jahre alt ist. Zusätzlich im Programm ist seit 2004 der »Sandberg«, ein Lagenwein aus Platt, dominiert von Löss- und Lehmböden. Der »Feuerberg« ist der Reserve-Veltliner des Hauses, benannt nach der höchsten Erhebung des Manhartsberges bei Obermarkersdorf. Nach langer Feinhefelagerung ist dies ein besonders reifer und haltbarer Veltliner.

Neben den Veltlinern werden auch Riesling, Sauvignon Blanc und Pinot Blanc vinifiziert. Bei den Rotweinen steht der Blaue Zweigelt im Mittelpunkt. Die Cuvées werden im Barrique ausgebaut und tragen Namen wie »Vertigo« oder »Roter Oktober«. Nach einigen Jahren positiver Erfahrungen mit dem Schraubverschluss werden seit dem Jahrgang 2007 alle Seher-Weine damit abgefüllt, wobei junge, früh zu trinkende Weine mit silbernen, kräftige und lagerfähige Weine mit einem schwarzen Schrauber verschlossen werden. Die Top-Weine des Weinguts erhalten die Zusatzbezeichnung »Reserve«.

91 Grüner Veltliner Reserve Kapellenberg 2010
13,5 Vol.%, DV, Stahltank, extratrocken, €€€
Helles Grüngelb. Nuancen von reifen gelben Tropenfrüchten, zart nach Ananas und Papaya, frische Wiesenkräuter. Saftig, frischer grüner Apfel, dezente Extraktsüße, lebendiger Säurebogen, trinkanimierender zitroniger Touch, guter Speisenbegleiter.

90 Grüner Veltliner Reserve Feuerberg 2010
13,5 Vol.%, Stahltank, extratrocken, €€€
Mittleres Grüngelb, Silberreflexe. Feine gelbe Apfelfrucht, ein Hauch von Mango, dezente tabakige Nuancen. Stoffig, feine gelbe Apfelfrucht, gut integrierte Säure, extraktsüßer Abgang, feine Birnenfrucht im Nachhall, mineralische Nuancen, im Moment noch etwas zurückhaltend.

89 Sauvignon Blanc Faustberg 2011
13,5 Vol.%, DV, Stahltank, extratrocken, €€

89 Grüner Veltliner Nussberg 2011
13 Vol.%, DV, Stahltank, extratrocken, €€

88 Grüner Veltliner Sandberg 2011
12,5 Vol.%, DV, Stahltank, extratrocken, €€

87 Weinviertel DAC 2011
12 Vol.%, DV, Stahltank, extratrocken, €€

WEINGUT SEIFRIED

2023 Oberstinkenbrunn 43
T/F: 02953/23 39
office@weinbau-seifried.at
www.weinbau-seifried.at

KELLERMEISTER: Josef Seifried ANSPRECHPARTNER: Hannes Seifried
ANZAHL/FLASCHEN: k. A. (80 % weiß, 20 % rot) HEKTAR: 13
VERKOSTUNG: ja, gegen Voranmeldung AB-HOF-VERKAUF: ja
ÜBERNACHTUNGSMÖGLICHKEIT: kann organisiert werden
ANDERE PRODUKTE IM VERKAUF: Destillate, Frizzi-Frazzi (Frizzante)
MESSEN: ProWein, VieVinum

Der Familienbetrieb besteht seit 1849 und wird von Josef und Christa in fünfter und von Hannes, Stefan, und Lisa in sechster Generation geführt. Eva bringt sich vorerst nur auf spielerische Art ein: Sie kam 1997 zur Welt. »Wir haben das Glück und die Freude, unsere Trauben unter den günstigsten natürlichen Voraussetzungen anbauen zu dürfen«, so Josef Seifried. Löss- und Urgesteinsverwitterungsböden prägen die Weine unverwechselbar mit Würze, Mineralik und Frucht.

Der Heimatort der Seifrieds, Oberstinkenbrunn, südlich der Weinbaustadt Retz gelegen, genießt pannonisch-kontinentalen Klimaeinfluss. Hohe Tageserwärmung fördert die Reife der Trauben, die typischen großen Temperaturunterschiede zwischen Tag und Nacht begünstigen ihren Charakter. Es ist der Winzerfamilie ein besonderes Anliegen, bei aller technischen Perfektion vor allem den Charakter der Sorte und des Bodens zu bewahren – und damit der guten Weinviertler Tradition folgend natürliche, ehrliche Weine zu keltern.

90 Grüner Veltliner Alte Reben 2011
13,5 Vol.%, DV, Stahltank, extratrocken, €€
Mittleres Grüngelb. Zart rauchig-tabakig unterlegte frische Apfelfrucht, mit etwas Mango und Stachelbeere unterlegt, zarte Kräuterwürze. Kompakt, engmaschig, weiße Frucht, frisches Säurespiel, zitronige Nuancen im Abgang, Anklänge von Grapefruit im Nachhall.

89 Grüner Veltliner Lange Haide 2011
13 Vol.%, DV, Stahltank, extratrocken, €€

88 Riesling Zwei Gärten 2011
13 Vol.%, DV, Stahltank, extratrocken, €€

88 Weinviertel DAC 2011
12,5 Vol.%, DV, Stahltank, extratrocken, €€

87 Gelber Muskateller 2011
12 Vol.%, DV, Stahltank, extratrocken, €€

87 Sauvignon Blanc 2011
13,5 Vol.%, Stahltank, extratrocken, €€

Weinviertel

Weinviertel

★★★
WEINGUT SETZER
3472 Hohenwarth 28
T: 02957/228, F: DW 8
setzer@gmx.at
www.weingut-setzer.at

KELLERMEISTER UND ANSPRECHPARTNER: Hans Setzer
ANZAHL/FLASCHEN: k. A. (85 % weiß, 15 % rot) HEKTAR: 30
VERKOSTUNG: ja AB-HOF-VERKAUF: ja
ANDERE PRODUKTE IM VERKAUF: Destillate, Sekt
VEREINSZUGEHÖRIGKEIT: Vinovative, Premium Weingüter Weinviertel
MESSEN: VieVinum, ProWein

Hans Setzer und seine Frau Uli gehören zu jener Generation der österreichischen Winzer, die Wein zum Lebensstil erhoben haben. Dies zeigt sich in der Präsenz ihrer Weine in namhaften Top-Restaurants von Österreich bis Los Angeles und In-Locations von New York bis Ibiza. Neben dem Grünen Veltliner, der mit Abstand die wichtigste Rolle im Betrieb spielt, ist die uralte Weißweinrebsorte Roter Veltliner maßgeblich. Das Herzstück des Roten Veltliners bildet die Lage Kreimelberg: Über 40 Jahre alte Rebstöcke wachsen auf 20 Meter tiefem Schotterboden. Grüner Veltliner wird in fünf verschiedenen Gewichtsklassen ausgebaut. Der Weinviertel DAC Reserve »8000« ist das Flaggschiff des Hauses: Die Zahl bezieht sich auf die Menge der gepflanzten Reben pro Hektar in der besten Lage des Betriebes namens Laa. Die hohe Bepflanzungsdichte, der extrem kalkreiche Boden und das genetisch alte Grüner-Veltliner-Pflanzgut formen diesen Wein. Beide Setzers sind gelernte Önologen, ihre Begeisterung gehört dem Grünen und Roten Veltliner.

(92–94) Weinviertel DAC Reserve »8000« 2011
14 Vol.%, NK, Stahltank

Mittleres Grüngelb. Feine gelbe Fruchtexotik, nach Mango und Ananas, zart nach Wiesenkräutern, tabakige Nuancen. Stoffig, saftige gelbe Apfelfrucht, feiner Säurebogen, finessenreiche Säurestruktur, zitroniger Touch im Abgang, ein sehr guter Speisenbegleiter, gutes Entwicklungspotenzial.

(90–92) Roter Veltliner Kreimelberg 2011
13,5 Vol.%, NK, Stahltank

Mittleres Grüngelb. Reife Birnen, zart nach Orangenzesten, rauchige Nuancen, dunkle Mineralik klingt an. Kraftvoll, saftige Textur, gelbe Frucht, zart nach Dörrobst, typischer Kletzentouch, dunkle Würze im Nachhall, klassischer Sortentypus, gute Länge, saftiger Wein bei Tisch.

(90–92) Weinviertel DAC Reserve »Die Lage« 2011
13,5 Vol.%, NK, Stahltank

Mittleres Grüngelb. Mit zarter Kräuterwürze unterlegte gelbe Tropenfrucht, dezent nach Ananas und Mango, ein Hauch von Blütenhonig. Saftig, extraktsüß und elegant, ein Hauch von Marillen, bleibt gut haften, guter Speisenbegleiter mit mineralischem Nachhall.

L 90 Weinviertel DAC Ausstich 2011
12,5 Vol.%, KK, Stahltank

Helles Grüngelb, feine gelbe Frucht, zart nach Blütenhonig, Nuancen von Steinobstanklängen. Saftig, elegant, gut ausgewogen, frischer Säurebogen, dezente Marille im Nachhall, ein vielseitiger Speisenbegleiter.

89 Weißburgunder 2011
13 Vol.%, KK, Stahltank

88 Sauvignon Blanc 2011
12,5 Vol.%, KK, Stahltank

★★★

WINZERHOF STIFT

3743 Röschitz, Lange Zeile 6
T/F: 02984/31 44
office@winzerhof-stift.at
www.winzerhof-stift.at

Weinviertel

KELLERMEISTER: Franz Stift ANSPRECHPARTNER: Franz und Regina Stift
ANZAHL/FLASCHEN: k. A. (90 % weiß, 10 % rot) HEKTAR: k. A.
VERKOSTUNG: ja, gegen Voranmeldung AB-HOF-VERKAUF: ja
ÜBERNACHTUNGSMÖGLICHKEIT: ja
HEURIGER: 1. bis 2. 9. zum Röschitzer Winzerfest
VEREINSZUGEHÖRIGKEIT: Weingüter Retzer Land
MESSEN: VieVinum

Der Weinort Röschitz gilt landesweit als Veltlinerhochburg, deren Vertreter bei jedem Veltliner-Vergleichsbewerb im Spitzenfeld landen. Franz Stift kann mit seinem Weingut problemlos im Konzert der populären Winzer mitspielen und ist beim Grünen Veltliner sogar tonangebend. Der Sieg beim »SALON« 2009 sowie seit Jahren gute Platzierungen beim »Falstaff Grüner Veltliner Grand Prix« unterstreichen dies deutlich.

Eine zweite tragende Säule ist der Riesling, der 2008 beim internationalen Wettbewerb »Best of Riesling« in Deutschland mit dem Sonderpreis »Bester europäischer Riesling außerhalb Deutschlands« ausgezeichnet wurde. Weiters werden aber auch Gelber Muskateller, Chardonnay, Sauvignon Blanc, Zweigelt und Cabernet Sauvignon gekeltert. Dass auch diese Sorten Anklang finden, beweist der Titel »Winzer des Jahres« für die beste Kollektion des Jahres 2009 bei den »Retzer Weintagen«. Franz Stift ist einer der erfolgreichsten Röschitzer Winzer, der für jede Sorte an den Hängen des Manhartsberges mit seinen Urgesteins- und Lössböden genau das richtige Platzerl gefunden hat. Exklusiv ist auch der wunderschöne Innenhof des Winzerhauses, der ein einmaliges mediterranes Flair ausstrahlt. Weinkenner und Musikfreunde bevölkern diesen zu besonderen Anlässen, so haben sich die jährlichen Big-Band- und Jazzabende am Winzerhof längst einen Namen gemacht.

92 Grüner Veltliner Methusalem 2011
13,5 Vol.%, DV, extratrocken, €€
Helles Grüngelb. Tabakig unterlegte weiße Fruchtnuancen nach frischem Apfel und Birnen, zart nach Honigmelone, dunkle Mineralik klingt an. Stoffig, feine gelbe Frucht, angenehme Extraktsüße, frisches Säurespiel, zeigt eine gute Länge, elegant und vielseitig einsetzbar, gutes Entwicklungspotenzial.

90 Grüner Veltliner Tante Mitzi 2011
13 Vol.%, DV, Stahltank, extratrocken, €€
Helles Gelbgrün. Ein Hauch von Golden-Delicious-Apfel, zart nach Mango, feine Wiesenkräuter klingen an, attraktives Bukett. Saftig, frischer gelber Apfel, lebendige Säurestruktur, feine Zitrusnoten, mineralisch und anhaltend im Abgang, sehr trinkanimierend, angenehme Fruchtsüße im Abgang.

89 Grüner Veltliner Ried Galgenberg 2011
13,5 Vol.%, DV, Stahltank, extratrocken, €€

88 Riesling vom Urgestein 2011
13,5 Vol.%, DV, Stahltank, extratrocken, €€

88 Weinviertel DAC vom Urgestein 2011
12,5 Vol.%, DV, Stahltank, extratrocken, €€

87 Sauvignon Blanc 2011
13 Vol.%, DV, Stahltank, extratrocken, €€

WEINGUT STUDENY

★★

2073 Obermarkersdorf 174
T: 02942/82 52, F: DW 20
office@studeny.at
www.studeny.at

KELLERMEISTER UND ANSPRECHPARTNER: Herbert Studeny
ANZAHL/FLASCHEN: k. A. (75 % weiß, 20 % rot, 5 % süß) HEKTAR: 17
VERKOSTUNG: ja, gegen Voranmeldung AB-HOF-VERKAUF: ja
ÜBERNACHTUNGSMÖGLICHKEIT: kann organisiert werden
ANDERE PRODUKTE IM VERKAUF: Sekt
VEREINSZUGEHÖRIGKEIT: Weingüter Retzer Land
MESSEN: VieVinum, Vinobile, ProWein

Der junge Herbert Studeny betreibt sein 17 Hektar großes Weingut im wunderschönen Retzer Land im westlichen Weinviertel. An das kühle Klima angepasst, gibt es im Weingut 75 Prozent Weißwein. Das Flaggschiff des Hauses ist der Sauvignon Blanc »Sündlasberg«, der durch seine ausgeprägte Mineralik viele Anhänger gefunden hat. Die physiologische Traubenreife ist dem Winzer ganz besonders wichtig. Daraus resultiert, dass die Lagenweine kräftig, stoffig und gehaltvoll sind. Durch einen ein- bis dreimonatigen Ausbau auf der Feinhefe wird das Lagerpotenzial wesentlich erhöht.

Der kleine Weinort Obermarkersdorf liegt direkt am Fuß des Manhartsberges. An diesen Hängen gibt es hervorragende Südostlagen mit Urgesteinsböden wie Triftberg und Sündlasberg. Die Weine, die aus Trauben dieser Lagen gekeltert werden, sind daher immer feingliedrig und facettenreich und mit einer spannenden Säurestruktur ausgestattet. Herbert Studeny setzt neben dem Sauvignon auch auf Veltliner und Riesling, die es jeweils in zwei Gewichtsklassen gibt. Nach Studienreisen nach Übersee und Frankreich versucht der Winzer immer wieder, die Feinheiten seiner Weine besser freizulegen – ein ständiges, spannendes Streben nach bestmöglicher Qualität. Auffällig beim Jahrgang 2011: Studeny entwickelt sich immer mehr zum Sauvignon-Blanc-Spezialisten.

(91-93) **Sauvignon Blanc Reserve Sündlasberg 2011**
15 Vol.%, NK, Teilbarrique, extratrocken, €€€€
Mittleres Grüngelb. Mit feinen Röstaromen und angenehmer Kräuterwürze unterlegte gelbe Frucht, Stachelbeerkonfit, ein Hauch von gelben Paprikaschoten. Kraftvoll, stoffig, reife Mangofrucht, präsente Holzwürze, frisch strukturiert, mineralisch und anhaltend, feine Extraktsüße im Abgang, sehr gutes Entwicklungspotenzial.

90 **Sauvignon Blanc Sündlasberg 2011**
13,5 Vol.%, DV, Stahltank, extratrocken, €€
Mittleres Grüngelb. Zart mit Grapefruitzesten unterlegte weiße Tropenfruchtanklänge, ein Hauch von Cassis und Blütenaromen. Saftig, elegant, Noten von Litschi und Stachelbeeren, extraktsüßer Kern, dunkle Mineralik im Abgang, gut entwickelter Sortencharakter.

89 **Weißburgunder Nussberg 2011**
13,5 Vol.%, DV, Stahltank, extratrocken, €€

89 **Weinviertel DAC Classic 2011**
12,5 Vol.%, DV, Stahltank, extratrocken, €€

88 **Riesling Classic 2011**
13 Vol.%, DV, Stahltank, trocken, €€

87 **Grüner Veltliner Leichtes Spiel 2011**
12 Vol.%, DV, Stahltank, extratrocken, €€

★★★

WEINGUT TAUBENSCHUSS

2170 Poysdorf, Körnergasse 2
T: 02552/25 89, F: DW 4
weingut@taubenschuss.at
www.taubenschuss.at

KELLERMEISTER: Helmut Taubenschuss
ANSPRECHPARTNER: Helmut und Monika Taubenschuss
ANZAHL/FLASCHEN: k. A. (98 % weiß, 2 % rot) HEKTAR: 20
VERKOSTUNG: ja AB-HOF-VERKAUF: ja
ANDERE PRODUKTE IM VERKAUF: Destillate, Sekt
VEREINSZUGEHÖRIGKEIT: Premium Weingüter Weinviertel
MESSEN: VieVinum, ProWein

Das Weingut Taubenschuss ist in Poysdorf beheimatet, der bekannten Weinstadt im nördlichen Weinviertel. Hier bewirtschaften Monika und Helmut Taubenschuss eine Rebfläche von 20 Hektar in besten Lagen. Die heutigen Besitzer führen einen Familienbetrieb, geprägt von großer Tradition, die bis ins Jahr 1670 zurückreicht. Die Pionierrolle des Betriebes lässt sich daran ablesen, dass schon 1942 mit der Abfüllung auf Bouteillen begonnen wurde. Rigorose Mengenbeschränkung, größtmögliche Schonung des Pressgutes und das Bemühen um eine konsequente Umsetzung moderner und zugleich behutsamer Kellertechnologien ermöglichen natürliche, gebietscharakteristische Weine.

Immer interessant ist der Vergleich der Grünen Veltliner aus den verschiedenen Lagen, denn die Merkmale der Rieden führen zu überaus markanten Unterschieden. Eine weitere Stärke des Hauses sind die Burgundersorten. Sowohl Chardonnay als auch Weißburgunder gehören zu den absoluten Highlights des Weingutes mit der weißen Taube auf dem Etikett. Gemeinsam haben alle Taubenschuss-Weine eine trockene, dichte Charakteristik, vom leichten Kabinettwein bis zum kräftigen, gehaltvollen Premiumwein mit großem Potenzial.

91 Grüner Veltliner Ried Tenn 2011
13 Vol.%, DV, Stahltank, trocken, €€
Helles Grüngelb. Feine Kräuterwürze, zart nach gelber Tropenfrucht, ein Hauch von Paprikaschoten, etwas Mango. Stoffig, gute Komplexität, zart nach Litschi, frischer Säurebogen, bleibt gut haften, ein vielseitiger Speisenbegleiter, zarte Grapefruitnoten im Nachhall.

L 90 Weinviertel DAC Hermannschachern 2011
12,5 Vol.%, DV, Stahltank, extratrocken, €€
Helles Grüngelb. Frischer gelber Apfel, florale Nuancen, ein Hauch von Honigmelone. Mittlere Komplexität, feine weiße Apfelfrucht, zitronige Noten, mineralischer Touch im Abgang.

89 Weißburgunder Selection 2009
13,5 Vol.%, DV, großes Holzfass, halbtrocken, €€€

88 Sauvignon Blanc 2011
13,5 Vol.%, DV, Stahltank, trocken, €€

88 Gelber Muskateller 2011
12,5 Vol.%, DV, Stahltank, extratrocken, €€

87 Weißburgunder Classic 2011
13 Vol.%, DV, Stahltank, trocken, €€

WEINGUT GEORG TOIFL

2074 Kleinhöflein, Untere Hauptstraße 15 u. 17
T: 0676/614 20 74, F: 02942/26 80
office@weingut-toifl.at
www.weingut-toifl.at

KELLERMEISTER UND ANSPRECHPARTNER: Georg Toifl
ANZAHL/FLASCHEN: k. A. (50 % weiß, 49 % rot, 1 % süß) HEKTAR: 8,7
VERKOSTUNG: ja, gegen Voranmeldung AB-HOF-VERKAUF: ja
ÜBERNACHTUNGSMÖGLICHKEIT: kann organisiert werden
ANDERE PRODUKTE IM VERKAUF: Destillate
MESSEN: VieVinum, ProWein

Das Weingut Toifl liegt in Kleinhöflein bei Retz im westlichen Weinviertel. Seit dem Frühjahr 2009 bewirtschaftet Georg, der jüngste Sohn der Familie, die etwa zehn Hektar große Rebfläche des Betriebes. Georg Toifl ist Absolvent der HBLA Klosterneuburg und praktizierte bei international bekannten Weingütern wie Erich & Walter Polz, Schloss Johannisberg im Rheingau, Tenuta Manincor in Südtirol und dem Bioweingut Geyerhof von Ilse Mayer. Die Weingartenflächen konzentrieren sich auf das Lagenplateau um Retz sowie auf die Hanglagen des Buchbergs bei Obritz im Pulkautal.

Mit der Ernte 2010 definiert sich das Sortenspektrum des Weinguts über folgende Vinifikationsstile: »G« steht für glasklaren, geradlinigen und günstigen Genuss, den man sich immer gönnen kann. »GEO« ist das unverwechselbare Resultat des Zusammenspiels von Geologie, Geografie, den Reben und Georg. Primärfrucht, Eleganz und Persönlichkeit sind Ausdruck dieser Stilistik. »GE.ORG« ist ganz Georgs Linie. Eigenständig, individualistisch, bis an die Grenzen gehend. Unverwechselbares Einzellagenprofil, in Kombination mit höchstmöglicher physiologischer Traubenreife und Persönlichkeit prägen das Reifepotenzial dieser Serie.

(90-92) Grüner Veltliner Wolfsthal GE.ORG 2011
13,5 Vol.%, DV, Teilbarrique, 1500, trocken, €€
Mittleres Grüngelb. Zart nussig unterlegte reife weiße Apfelfrucht, ein Hauch von Orangenzesten, dunkle Mineralik. Saftig, komplexe Textur, ein Hauch von Holzwürze, frisch strukturiert, zitronige Nuancen, bleibt gut haften, reife Birnenfrucht im Nachhall, ein kraftvoller Essensbegleiter.

90 Weißburgunder Seeleiten GE.ORG 2010
14 Vol.%, DV, Barrique, 2000, extratrocken, €€€
Helles Grüngelb, Silberreflexe. Rauchig, feine Röstaromen, gelbe Frucht klingt an, ein Hauch von Zitruszesten. Saftig, weiße Tropenfruchtaromen, wirkt leichtfüßig und elegant, feinwürzig im Abgang, zitronig-mineralisch, gute Balance und Länge, verfügt über Reifepotenzial.

89 Riesling Siebzehnlehen GE.ORG 2011
14,5 Vol.%, DV, Stahltank, 2000, €€

88 Weinviertel DAC GEO 2011
12,5 Vol.%, DV, Stahltank, 5000, extratrocken, €€

87 Gelber Muskateller GEO 2011
12 Vol.%, DV, Stahltank, 5000, extratrocken, €€

89 Blauer Zweigelt Seeleiten GE.ORG 2010
14 Vol.%, NK, Barrique, 1500, extratrocken, €€

WEINHOF UIBEL

3710 Ziersdorf, Hollabrunner Straße 35
T: 0699/11 36 81 61
wine@uibel.at
www.uibel.at

KELLERMEISTER UND ANSPRECHPARTNER: Leopold Uibel
ANZAHL/FLASCHEN: k. A. (77 % weiß, 23 % rot) HEKTAR: 7
VERKOSTUNG: ja, gegen Voranmeldung AB-HOF-VERKAUF: ja
HEURIGER: 17. 8. bis 9. 9. und 26. 10. bis 18. 11., jeweils Fr. ab 17 Uhr, Sa., So. und Fei. ab 16 Uhr ÜBERNACHTUNGSMÖGLICHKEIT: ja ANDERE PRODUKTE IM VERKAUF: Traubensaft, Destillate VEREINSZUGEHÖRIGKEIT: Weingüter Retzer Land, Weinstraße Weinviertel MESSEN: ProWein

Der Weinhof der Familie Uibel liegt im westlichen Weinviertel, in Ziersdorf im Schmidatal. Der kleine Familienbetrieb konzentriert sich auf die Produktion hochwertiger Weine mit dem Fokus auf Grünem Veltliner. Der junge Winzer Leopold Uibel arbeitet mit dem Potenzial der Lagen und Pflanzen, um daraus Weine mit Sorten- und Bodencharakteristik zu erzeugen. Ziel ist die Kelterung authentischer Weine. Die Idee dahinter ist, Zeit zur Reife zuzulassen, wie es schon seit Jahrhunderten Tradition ist. Um dieser Vision von Wein gerecht zu werden, versucht der Jungwinzer, die gewonnenen Erfahrungen mit neuem Wissen zu verbinden.

Seine Rieden befinden sich auf den südlichen Hang- und Terrassenlagen des Köhlberges, sie heißen Katzensprung, Hundsberg, Berg sowie End des Berges und werden naturnah bewirtschaftet. Die Sortenpalette besteht zu 77 Prozent aus Weißwein (Grüner Veltliner, Rivaner, Chardonnay, Frühroter Veltliner), und zu 23 Prozent aus Rotwein wie Zweigelt und Pinot Noir.

Für den Top-Wein, den Grünen Veltliner aus der Lage Hundsberg, konnte sich der aufstrebende Betrieb bereits über in- und ausländische Auszeichnungen freuen. Zuletzt gewinnen aber auch die Burgundersorten verstärkt an Bedeutung, da sich die Schmidataler Lagen dafür besonders zu eignen scheinen. Der Pinot Noir Reserve sowie Chardonnay Reserve finden auch im kleinen, aber feinen Sortiment einen hohen Stellenwert.

(90-92) Grüner Veltliner Hundsberg 2011
13,5 Vol.%, DV, Teilbarrique, €€€€
Mittleres Gelbgrün. Einladende gelbe Apfelfrucht, mit Nuancen von reifen Birnen unterlegt, frische Kräuterwürze, mineralischer Touch. Saftig, feine Extraktsüße, Anklänge von Orangen, zarte Vanille, zeigt eine gute Frische und Länge, ein stoffiger Speisenbegleiter.

(88-90) Grüner Veltliner Katzensprung 2011
13,5 Vol.%, DV, Stahltank, €€€

(88-90) Grüner Veltliner Golem 2011
13 Vol.%, DV, Stahltank, €€

(87-89) Frühroter Veltliner Reserve 2011
13 Vol.%, DV, Stahltank, €€

(86-88) Grüner Veltliner Vollmondlese 2011
12,5 Vol.%, DV, Stahltank, €

88 Pinot Noir Reserve 2009
13,5 Vol.%, NK, Barrique, 1500, extratrocken, €€€€

Weinviertel

WEINGUT WALEK

2170 Poysdorf, Gewerbepark 3
T: 02552/23 54, F: DW 8
walek@reben.at
www.reben.at

KELLERMEISTER UND ANSPRECHPARTNER: Wolfgang Walek
ANZAHL/FLASCHEN: 110.000 (70 % weiß, 30 % rot) **HEKTAR:** 25
VERKOSTUNG: ja, gegen Voranmeldung **AB-HOF-VERKAUF:** ja, gegen Voranmeldung **HEURIGER:** Offene Kellertür 6. bis 12. 8. 2012
ANDERE PRODUKTE IM VERKAUF: Traubensaft, Brände
ÜBERNACHTUNGSMÖGLICHKEIT: kann organisiert werden
MESSEN: VieVinum, Weinviertel-DAC-Präsentationen

Auf 25 Hektar Rebfläche wird jedes Jahr von der Familie Walek gerne die Herausforderung aufs Neue angenommen, um authentische Weine zu keltern. Der im Jahr 2003 errichtete moderne Weinkeller unterstützt das Bestreben erheblich. Um alle Ziele umzusetzen, arbeitet ein ganzes Familienteam Tag für Tag daran, das Beste in die Flasche zu bringen. Gerhard Walek ist der Motor der Maschinerie, der durch Erfahrung und Weitblick den Familienbetrieb führt und alle Arbeiten koordiniert. Reinhard Walek ist der Techniker, der die Weingärten nicht nur optisch gut aussehen lässt, sondern sich um die Vitalität und Gesundheit der Böden und Weinstöcke kümmert.

Aber was wären die besten Weintrauben ohne den Önologen Wolfgang Walek, der bei der Kelterung darauf achtet, genau den Weintyp zu kreieren, den die Sorte und die Lage hergeben. Andrea Walek ist noch in Ihrer Ausbildung, jedoch zeigt Sie ebenfalls Interesse in der Materie Wein. Als amtierende Veltlinerlandweinkönigin wirbt Sie für diese Weinregion und mit der Ausbildung zur Jungweinsommelière hat Sie ihr Weinwissen erweitert. Hinter einem erfolgreichen Familienbetrieb ist natürlich auch viel Schreibarbeit, Koordination und Marketing notwendig, darum kümmert sich Helene Walek.

90 Weinviertel DAC Reserve 2010
13,5 Vol.%, DV, Stahltank, 1300, extratrocken, €€€
Mittleres Gelbgrün. Zart nussig unterlegte gelbe Steinobstanklänge, reife Marille, ein Hauch von Ananas, feine Wiesenkräuter. Saftig, gute Komplexität, ein Hauch von Karamell, cremige Textur, feiner Säurebogen, gelbe Tropenfrucht im Nachhall.

88 Weinviertel DAC 2011
12 Vol.%, DV, Stahltank, 3333, extratrocken, €€

88 Sauvignon Blanc 2011
12,5 Vol.%, DV, Stahltank, 1301, extratrocken, €€

88 Riesling 2011
13 Vol.%, DV, Stahltank, 2147, trocken, €€

87 Welschriesling 2011
12 Vol.%, DV, Stahltank, 1354, extratrocken, €€

88 Rosé 2011 ZW
13 Vol.%, Stahltank, 1966, extratrocken, €€

WEINGUT WANNEMACHER

2102 Hagenbrunn, Hauptstraße 41
T/F: 02262/67 27 95
wein@weingut-wannemacher.at
www.weingut-wannemacher.at

KELLERMEISTER UND ANSPRECHPARTNER: Josef Wannemacher
ANZAHL/FLASCHEN: k. A. (74 % weiß, 25 % rot, 1 % süß) HEKTAR: 10
VERKOSTUNG: ja AB-HOF-VERKAUF: ja
HEURIGER: 22. 6. bis 20. 7., 17. 8. bis 23. 9. und 3. 11. bis 16. 12.,
täglich ab 11 Uhr, Mo. Ruhetag
ÜBERNACHTUNGSMÖGLICHKEIT: kann organisiert werden
ANDERE PRODUKTE IM VERKAUF: Sekt

Weinviertel

Nur einen Katzensprung von der Wiener Innenstadt entfernt, liegt das Weingut Wannemacher, im idyllischen Ort Hagenbrunn. Dort betreiben Elisabeth und Josef Wannemacher sehr engagiert und dynamisch ein Weingut sowie eine Buschenschank. Der junge Winzer versteht es, Weine mit absoluter Klarheit und Sortentypizität zu vinifizieren. Auch in schwierigen Jahren schafft er es mit Feingefühl und Kompetenz eine beeindruckende Weinpalette zu präsentieren.

Besonderes Augenmerk – wie könnte es im Weinviertel auch anders sein – wird auf den Grünen Veltliner und den Riesling gelegt. Beide Sorten werden in zwei Spielarten ausgebaut. Außerdem gibt es mit dem Jahrgang 2011 erstmalig einen Gemischten Satz von der Wiener Riede Proschen. Besonders sortentypisch sind auch der Gelbe Muskateller, Chardonnay und der Sauvignon Blanc. Sicherlich ein Highlight ist der Traminer, diese alte Rebsorte wird von den Wannemachers seit jeher gepflegt. Der Blaue Zweigelt wird ebenso wie der St. Laurent ganz klassisch in gebrauchten Barriquefässern ausgebaut, »Die Erfüllung« (Cabernet Sauvignon und St. Laurent) hingegen wird in neuen Barriquefässern gelagert.

Zu verkosten gibt es alle Weine natürlich auch beim Heurigen der Familie Wannemacher – ein typischer Buschenschankbetrieb mit einem umfangreichen Buffet und einem wunderschönen, großen Innenhof, der den idealen Rahmen für gemütliche, genussreiche Stunden bietet.

(90-92) Grüner Veltliner Marlene 2011
14,5 Vol.%, DV, Teilbarrique, extratrocken, €€€
Helles Grüngelb, Silberreflexe. Mit feiner Kräuterwürze unterlegte gelbe Frucht, ein Hauch von Vanille und Banane, tabakige Anklänge. Stoffig, kraftvolle Textur, reife gelbe Apfelfrucht, cremiger Körper, bleibt gut haften, dunkle Mineralik im Abgang.

90 Riesling Exclusive 2011
13 Vol.%, DV, Stahltank, halbtrocken, €€
Helles Grüngelb. Feiner Blütenhonig, weiße Frucht, ein Hauch von Weingartenpfirsich, mit einem Hauch von Zitruszesten unterlegt. Saftig, elegant, reife Steinobstnoten am Gaumen, feiner Säurebogen, gut eingebundene Säurestruktur im Nachhall, verfügt über Reifepotenzial.

89 Grüner Veltliner Hofmauer 2011
13,5 Vol.%, DV, Stahltank, €€

(88-90) Chardonnay Leutl 2011
14,5 Vol.%, DV, Teilbarrique, trocken, €€

(88-90) Riesling Hölle 2011
13 Vol.%, DV, Stahltank, extratrocken, €€

88 Blauer Zweigelt 2009
13,5 Vol.%, NK, Teilbarrique, extratrocken, €€

Weinviertel

★★★
WEINGUT WEINRIEDER

2170 Kleinhadersdorf-Poysdorf, Untere Ortsstraße 44
T: 02552/22 41, F: 02552/37 08
weinrieder@netway.at
www.weinrieder.at

KELLERMEISTER UND ANSPRECHPARTNER: Friedrich Rieder
ANZAHL/FLASCHEN: k. A. (95 % weiß, 5 % süß) HEKTAR: 20
VERKOSTUNG: ja, gegen Voranmeldung AB-HOF-VERKAUF: ja
ANDERE PRODUKTE IM VERKAUF: Sekt
VEREINSZUGEHÖRIGKEIT: Premium Weingüter Weinviertel
MESSEN: ProWein

Kleinhadersdorf bei Poysdorf liegt im Herzen des Weinviertels an der Schnittstelle zwischen Wien und Brünn. Das Anbaugebiet liefert nicht nur die Spitzenweine für die österreichische Sekterzeugung, sondern ist auch ein bedeutendes Zentrum des Grünen Veltliners. Das Weingut Weinrieder der Familie Rieder gilt als Spezialist für hochwertige Weißweine und ist bekannt für das Sortiment mit leichten und trockenen Weißweinen sowie kraftvollen Premiumqualitäten mit großem Potenzial, aber ganz besonders für seine Süßweine von internationaler Klasse mit einem fantastischen Süße-Säure-Spiel.

Besonders gepflegt werden die traditionsreichen Sorten wie der pfeffrige Grüne Veltliner, rassige Rieslinge, feine Chardonnays und kraftvolle Weißburgunder. Das edelsüße Sortiment besteht aus Eiswein, Trockenbeerenauslesen sowie aus der Spezialität Strohwein. Grundlage für alle Kategorien sind Trauben aus den eigenen 20 Hektar Weingärten von den Rieden Birthal, Kugler, Schneiderberg und Bockgärten, die unter Weinfreunden längst zum Begriff geworden sind.

92 Riesling Grande Reserve 2010
12 Vol.%, NK, Stahltank, 2000, lieblich, €€€
Mittleres Grüngelb. Etwas verhalten, reife Noten von Steinobst, feiner Honigtouch, mineralische Nuancen. Stoffig, zart nach Marillen, gut integrierte Süße, frischer Säurebogen, lebendiger, trinkanimierender Stil, zitronig im Abgang, feiner Honig auch im Nachhall, gutes Reifepotenzial.

(90-92) Weißburgunder Birthal 2010
13 Vol.%, DV, Stahltank, 10.000, extratrocken, €€
Helles Grüngelb. Feine nussig unterlegte weiße Frucht nach Birne und etwas Zitronenzesten, ein Hauch von Orangen, feine Blütenaromen. Am Gaumen schlank und finessenreich, präzise Stilistik, lebendige Säurestruktur, trinkanimierend, feine Zitrusanklänge, mineralischer Nachhall, gut antrinkbar, facettenreicher Speisenbegleiter.

90 Grüner Veltliner Reserve 2010
14 Vol.%, NK, Stahltank, 3000, extratrocken, €€€
Mittleres Gelbgrün. Zarte Kräuterwürze, feiner tabakiger Touch, ein Hauch von Birne. Saftige gelbe Apfelfrucht, etwas Honigmelone, feiner Säurebogen, mineralischer Touch, ein kraftvoller, harmonischer Speisenbegleiter.

(88-90) Grüner Veltliner Schneiderberg 2011
13 Vol.%, NK/DV, Stahltank, 10.000, extratrocken, €€

(87-89) Chardonnay Bockgärten 2011
13,5 Vol.%, NK/DV, Stahltank, 5000, extratrocken, €€

95 Riesling Eiswein Schneiderberg 2010
8 Vol.%, Stahltank, 800, süß, €€€€
Helles Goldgelb. Intensive gelbe Tropenfruchtanklänge, Maracuja, vollreife Ananas, feiner Honig, exotische Blüten. Saftig, wieder gelbe Fruchtexotik, frischer Säurebogen, gut eingebundene Süße, die von einer knackigen Säure getragen wird, bleibt gut haften, balanciert und frisch.

93 Welschriesling Eiswein Hohenleiten 2010
9 Vol.%, Stahltank, 600, süß, €€€€
Mittleres Gelbgold. Nuancen von Dörrmarillen, kandierte Orangenzesten, feine Kräuterwürze, Honignoten. Saftig, komplex, reife Ananas, zitronige Nuancen, frischer Säurebogen, Orangen im Nachhall, süßes Finale, bereits gut antrinkbar.

★★

WEINGUT JOSEF ZENS

2024 Mailberg, Holzgasse 66
T: 02943/35 57, F: 02943/28 03
office@weingutzens.at
www.weingutzens.at

Weinviertel

KELLERMEISTER UND ANSPRECHPARTNER: Josef Zens
ANZAHL/FLASCHEN: k. A. (100 % weiß) HEKTAR: 7
VERKOSTUNG: ja, gegen Voranmeldung AB-HOF-VERKAUF: ja
ÜBERNACHTUNGSMÖGLICHKEIT: ja
VEREINSZUGEHÖRIGKEIT: Mailberg Valley
MESSEN: VieVinum, Weintage im MuseumsQuartier Wien

Josef Zens hat entscheidend dazu beigetragen, dass der kleine Weinbauort Mailberg etwas besser bekannt ist als der Großteil der Weinviertler Weinorte. Als Obmann hat er die Gründung der Qualitätsvereinigung »Mailberg Valley« vorangetrieben, die sich zum Ziel gesetzt hat, das gute Potenzial des Mailberger Kessels mit seinem speziellen Mikroklima einem breiteren Publikum vorzustellen. Die Bewirtschaftung erfolgt nach ökologisch-ökonomischen Grundsätzen.

Die Mailberger Böden sind sehr kalkhaltig, mit lehmigen Sanden und Löss bedeckt und tragen zur Individualität der Weine in Form von Frische und Würze bei. Auch in der Kellerwirtschaft wird streng auf Qualität geachtet. Vergärung im Tank und sortenspezifischer Ausbau im Holzfass sind Tradition im Betrieb. Josef Zens erzeugt vielschichtige Weißweine, unter denen der trockene Traminer eine Sonderstellung einnimmt. Seine kräftigen, als langlebig bekannten Produkte entwickeln sich gut mit einiger Flaschenreife, der Eigenständigkeit jedes Jahrganges wird besondere Bedeutung beigemessen.

(90-92) Grüner Veltliner Reserve Ried Hundschupfen 2011
14 Vol.%, NK, Stahltank/großes Holzfass, extratrocken, €€
Mittleres Gelbgrün. Mit feiner Kräuterwürze unterlegte weiße Apfelfrucht, ein Hauch frischer Birne, dunkle Mineralik. Saftig, gelbe Tropenfruchtanklänge, frische Säurestruktur, trinkanimierender Stil, bleibt gut haften, sicheres Zukunftspotenzial.

(89-91) Weißburgunder Reserve Ried Atlasberg 2011
13,5 Vol.%, NK, Stahltank, extratrocken, €€
Mittleres Gelbgrün. Zunächst rauchig-würzige Anklänge, mit reifer gelber Frucht unterlegt, braucht etwas Zeit. Kompakt und engmaschig am Gaumen, mineralische Nuancen, feines Säurespiel, zart nach gelbem Apfel im Abgang, ein eleganter Speisenbegleiter mit Entwicklungspotenzial.

(88-90) Grüner Veltliner Reserve Ried Altenpoint 2011
13,5 Vol.%, NK, Stahltank, extratrocken, €€

(88-90) Chardonnay Reserve Ried Atlasberg 2011
14 Vol.%, NK, Stahltank/großes Holzfass, extratrocken, €€

(87-89) Rheinriesling Reserve Ried Hundschupfen 2011
13,5 Vol.%, NK, Stahltank, extratrocken, €€

(87-89) Weinviertel DAC Ried Atlasberg Mailberger Bündnis 2011
12,5 Vol.%, DV, Stahltank, extratrocken, €€

(86-88) Gelber Muskateller Ried Atlasberg 2011
12,5 Vol.%, DV, Stahltank, extratrocken, €€

Weinviertel

BIOWEINGUT JOHANNES ZILLINGER

2245 Velm-Götzendorf, Landstraße 70
T/F: 0676/635 78 81
office@zillinger.at
www.zillinger.at

BIO

KELLERMEISTER UND ANSPRECHPARTNER: Johannes Zillinger
ANZAHL/FLASCHEN: 120.000 (68 % weiß, 30 % rot, 2 % süß) **HEKTAR:** 18
VERKOSTUNG: ja **AB-HOF-VERKAUF:** ja
ÜBERNACHTUNGSMÖGLICHKEIT: kann organisiert werden
ANDERE PRODUKTE IM VERKAUF: Sekt, Traubensaft
VEREINSZUGEHÖRIGKEIT: Bioveritas
MESSEN: VieVinum, ProWein

Im Jahr 1673 gründet David Zillinger das Weingut. 1985 stellt Vater Johann das gesamte Gut auf Bio-Bewirtschaftung um und weitet die Fläche auf 20 Hektar aus, die zu 60 Prozent mit Weißwein und zu 40 Prozent mit Rotwein bepflanzt sind.

Im Jahr 2000 vinifiziert Johannes Zillinger seinen ersten Rotwein aus pilzresistenten Trauben und Cabernet. Velm-Götzendorf im südlichen Weinviertel ist der Standort des Betriebs. Hier dominiert auf Böden wie Löss, Lehm und Sandstein der Grüne Veltliner – aber auch andere Sorten wie Muskateller, Sauvignon und Riesling liefern hervorragende Qualitäten. Johannes Zillinger hat sich zum Ziel gesetzt, biologisch und nachhaltig zu vinifizieren, sodass auch noch sein kleiner Sohn Noah in einer gesunden, intakten und vielfältigen Umwelt aufwachsen kann.

92 Traminer Sonnberg 2009 (unfiltriert)
14 Vol.%, DV, Stahltank, 1500, trocken, €€€€
Kräftiges Gelb, Goldreflexe. Feine Dörrobstnoten, mit kandierten Orangenzesten unterlegt, zart nach Rosenöl, aber auch Estragonwürze, mit Nuancen von Eibisch und Karamell unterlegt. Kraftvoll, frisch, reife gelbe Pfirsichfrucht, bleibt gut haften, facettenreiche Aromatik, zart nach Honig im Finish.

91 Grüner Veltliner K2 2010 (unfiltriert)
13 Vol.%, DV, Stahltank, 1500, extratrocken, €€€€
Kräftiges Gelb, Goldreflexe. Intensive Nuancen nach Quitengelee, reife Babybanane, zarte Dörrobstanklänge. Saftig, feine gelbe Tropenfrucht, finessenreiche Säurestruktur, zart nach Ringlotten im Abgang, individueller Stil.

89 Weinviertel DAC Kellerberg 2011
12,5 Vol.%, Stahltank, 12.000, extratrocken, €€

88 Sauvignon Lissen 2011
12,5 Vol.%, DV, Stahltank, 7000, extratrocken, €€

88 Welschriesling 2011
12,5 Vol.%, DV, Stahltank, 4500, extratrocken, €€

88 Muskateller 2011
11,5 Vol.%, Stahltank, 5000, extratrocken, €€

★★★★
WEINGUT ZULL

2073 Schrattenthal 9
T: 02946/82 17, F: DW 4
office@zull.at
www.zull.at

KELLERMEISTER UND ANSPRECHPARTNER: Phillip Zull
ANZAHL/FLASCHEN: k. A. (70 % weiß, 30 % rot) HEKTAR: 18
VERKOSTUNG: ja, gegen Voranmeldung
AB-HOF-VERKAUF: ja
VEREINSZUGEHÖRIGKEIT: Premium Weingüter Weinviertel
MESSEN: VieVinum, ProWein

Egal, wohin man schaut malerische Weinberge, die sich kilometerweit aneinanderschmiegen – das ist das Weinviertel. Mitten in dieser Idylle und unweit der tschechischen Grenze liegt Schrattenthal, die kleinste Weinstadt Österreichs. Und dort findet man das Weingut Zull, das mit 18 Hektar Lagen zwar nicht richtig groß ist, aber große Weine erzeugt. Alles an diesem Weingut ist Familie. Anfang der 1980er-Jahre, Werner Zull wollte gerade sein Studium beginnen, verunglückte sein Bruder tödlich. Die Familie hielt in dieser schweren Zeit zusammen und Werner Zull tauschte das Studium gegen die Arbeit im Weinberg. Seit damals wird am Weingut Zull Qualitätswein erzeugt und – das war neu – in Flaschen abgefüllt.

Mittlerweile ist das kleine Weingut längst bekannt und für seine Weine berühmt. Und das liegt zum einen am besonderen Mikroklima der Gegend: Hitze und Sonne verhelfen den Trauben zu einer optimalen Reifung, der nahe gelegene Manhartsberg hält kalte Winde ab, die dem Rebmaterial schaden könnten. Die tief verankerten Wurzeln der Weinstöcke holen das Beste aus dem Boden heraus. Die Arbeitsweise der Zulls trägt ein Übriges zu den unverkennbar eleganten und gleichzeitig vielschichtigen Weinen bei. Statt großer Gesten und übertriebenem Technologieeinsatz besinnt man sich auf Fingerspitzengefühl, Ausdauer und viel Geduld mit Mut zum Experiment. Sohn Phillip führt das fort, was Vater Werner schon immer als Vision verfolgt hat: charaktervolle Weine mit Brillanz und großem Lagerpotenzial zu produzieren, allen voran der Grüne Veltliner »Äußere Bergen«, der Riesling »Innere Bergen« und der gesuchte Pinot Noir.

92 Riesling Innere Bergen 2011
13 Vol.%, DV, Stahltank, trocken, €€€
Helles Gelbgrün. Einladende gelbe Steinobstanklänge, reifer gelber Pfirsich, mit rauchiger Mineralik unterlegt, attraktives Bukett. Saftig, elegant, feine Frucht, finessenreicher Säurebogen, extraktsüßer Nachhall, ausgewogen, ein vielseitiger Speisenbegleiter mit guter Länge.

(91-93) Grüner Veltliner Äußere Bergen 2011
14 Vol.%, DV, Stahltank/großes Holzfass, extratrocken, €€€
Mittleres Grüngelb. Reife Frucht nach Apfel und gelber Birne, mit zarter Kräuterwürze unterlegt, tabakiger Anklang. Kraftvoll, saftige gelbe Fruchtnuancen, feiner Säurebogen, angenehmer zitroniger Touch im Abgang, salzige Mineralik im Nachhall, gutes Entwicklungspotenzial

(90-92) Chardonnay 2011
14 Vol.%, DV, Teilbarrique, extratrocken, €€
Mittleres Grüngelb. Feine Nuancen von gelber Tropenfrucht, ein Hauch von Babybanane, etwas Mango. Stoffig, elegant, cremige Textur, mit reifer Birnenfrucht unterlegt, frischer Säuretouch, weiße Frucht im Abgang, ein harmonischer Speisenwein mit gutem Reifepotenzial.

L 90 Weinviertel DAC 2011
12,5 Vol.%, DV, Stahltank, extratrocken, €€
Helles Gelbgrün. Mit frischer Kräuterwürze unterlegte Nuancen von grünem Apfel, ein Hauch von Zitruszesten. Saftig, feine Frucht, lebendiger Säurebogen, bleibt gut haften, sehr trinkanimierend, anhaltend, lebendiger Sortenvertreter.

92 Pinot Noir 2009
13 Vol.%, NK, Barrique, trocken, €€€€
Kräftiges Rubingranat, violette Reflexe, zarter Wasserrand. Einladendes frisches Kirschkonfit, mit roten Waldbeeren unterlegt, kandierte Orangenzesten, feines Nougat. Saftig,

Weinviertel

elegant, reife Zwetschkenfrucht, gut integrierte Tannine, extraktsüßer Nachhall, gute Balance, dunkle Mineralik im Finale, ein vielseitiger Speisenbegleiter, gutes Reifepotenzial.

90 Schrattenthal 9 2009
13,5 Vol%, NK, Barrique, extratrocken, €€€
Dunkles Rubingranat, violette Reflexe, zarter Wasserrand. Mit feiner Gewürznote unterlegte dunkle Beerenfrucht, zart nach Brombeergelee, zarte Kräuterwürze. Saftig, extraktsüßer Kern, feine schokoladige Nuancen, gut integrierte Tannine, feines Nougat im Abgang, harmonischer Essensbegleiter.

STEIERMARK

Steiermark – Das Mekka der frischen Weißen

Es gibt sicherlich Weinbaugebiete, in denen wuchtigere und vor allem alkoholischere Weine wachsen. Aber es gibt auf der ganzen Welt keine frischeren, brillanteren und daher auf elegante Weise herkunftstypischeren Gewächse als im Süden der Steiermark. Damit sind übrigens alle drei steirischen Weinbaugebiete mit ihren unvergleichlichen Spezialitäten auf 4400 Hektar gemeint, die alle mehr oder weniger im Süden des Bundeslandes liegen. Im Westen dieses auch landschaftlich einzigartigen Hügellandes dominiert der Schilcher, jener pikante Rosé, der mit seiner typischen Schiefernote einer der ausgeprägten Terroirweine des Landes ist. Im Sausal und an der Südsteirischen Weinstraße geben Sauvignon Blanc und Muskateller den Ton an, während im südöstlichen Vulkanland neben den Burgundern und dem Sauvignon Blanc der Traminer als echtes Juwel für den Kenner funkelt. Der am weitesten verbreitete steirische Wein, der Welschriesling, hat mit seinem an grüne Äpfel erinnernden Bukett viel mehr Anhänger, als sich so mancher Weinkritiker träumen lässt. Wer etwas mehr Körper will, ist mit der Pinot-Familie gut beraten. Hier überzeugt der Weißburgunder von kalkreichen Böden mit einem Hauch raffinierter Mineralik. Der Chardonnay, auch Morillon genannt, kann bei aller Frische mitunter schon kräftig ausfallen und wie die besten Grauburgunder (Ruländer, Pinot Gris) auch durch längere Lagerung zulegen.

Der neue Jahrgang wird in der Steiermark traditionell mit dem leichten »Junker« gefeiert, der Anfang November Premiere hat. Im Frühling kommen die trockenen Klassik-Weine auf den Markt. Auf die großen Lagenweine müssen die Weinfreunde in Zukunft länger warten. Die steirischen Winzer bauen sie immer langsamer und sorgfältiger aus, damit echte steirische Klasse zur Weltklasse wird.

SÜDOSTSTEIERMARK

Südoststeiermark – Vulkanische Klippen, unverwechselbare Weine

Viele kleine Weininseln prägen das Weinbaugebiet Südoststeiermark, vor allem an den Hängen erloschener Vulkane, die dem Landschaftsbild seine Eigenart verleihen. 1300 Hektar Rebfläche werden bewirtschaftet, in konzentrierter Form rund um die Orte Klöch, St. Anna am Aigen und Straden. Eine Rebsorte hat besonderes Flair: der hocharomatische Traminer. Bevorzugte Vermarktungsform ist die Buschenschank.

Die Region war über Jahrhunderte hinweg immer wieder heiß umstrittenes Grenzland, davon zeugen befestigte Burgen und Schlösser auf hoch aufragenden Basaltklippen. Heute sind die Grenzen offen, die Riegersburg, Schloss Kapfenstein und andere herrschaftliche Ansitze werden zu Schauplätzen friedlicher kultureller oder vielfach auch weinkulinarischer Ereignisse. Für solche bietet das Weinbaugebiet auch genügend Auswahl, denn eine Sortenvielfalt wie hier ist in wenigen anderen Weinbaugebieten anzutreffen: Welschriesling, Chardonnay beziehungsweise Morillon, Weiß- und Grauburgunder, Gelber Muskateller, Traminer in allen Spielarten, Sauvignon Blanc und sogar Riesling auf der weißen Seite, ergänzt von interessanten Rotweinen, vorzugsweise aus Blauem Zweigelt, aber auch anderen Rebsorten wie St. Laurent oder Blauburgunder. Verbindendes Element ist eine feine, mineralische Würze, die auf die besonderen geologischen Bedingungen zurückzuführen ist.

Vier Weinstraßen führen durch die reizvolle Hügellandschaft, einen guten Überblick über die Produktion bietet die Gesamtsteirische Vinothek in St. Anna am Aigen, beliebte touristische Ziele sind die Thermenorte entlang der vulkanischen Bruchlinie. Der Weinbau wird hauptsächlich im Nebenerwerb betrieben, der Großteil des Weines in den Hunderten Heurigen – hier Buschenschank genannt – verkauft. Die wichtigsten Weinbauorte sind Bad Radkersburg, Feldbach, Gleisdorf, Hartberg, Kapfenstein, Klöch, Riegersburg, St. Peter, Straden, Tieschen und Weiz. Im Norden befinden sich am Ringkogel bei Hartberg Weingärten bis in 650 Meter Seehöhe, die zu den höchsten Anlagen in ganz Österreich gehören. Klimatisch macht sich in der Region der Übergang vom heißen, trockenen, pannonischen zum feuchtwarmen Mittelmeerklima stark bemerkbar. Die Reben wachsen vielfach auf warmen Böden aus Vulkanerde, Basalt, Sand, Lehm und Verwitterungsgestein.

Südoststeiermark

★★★★
- Weingut Neumeister, Straden

★★★
- Wein von Ploder-Rosenberg, St. Peter/Ottersbach
- Weingut Winkler-Hermaden, Kapfenstein

★★
- Weingut Frauwallner, Straden
- Weingut Frühwirth, Klöch
- Weingut Krispel, Straden
- Weinhof Platzer, Tieschen

★
- Weingut Scharl, St. Anna am Aigen
- Weingut Trummer, St. Nikolai ob Draßling

- Weinhof Wippel, Riegersburg

Südoststeiermark

★★

WEINGUT FRAUWALLNER

8345 Straden, Karbach 7
T: 03473/71 37, F: 03473/200 57
weingut@frauwallner.com
www.frauwallner.com

KELLERMEISTER UND ANSPRECHPARTNER: Walter Frauwallner
ANZAHL/FLASCHEN: k. A. (80 % weiß, 18 % rot, 2 % süß) HEKTAR: 14
VERKOSTUNG: ja AB-HOF-VERKAUF: ja
ÜBERNACHTUNGSMÖGLICHKEIT: kann organisiert werden
ANDERE PRODUKTE IM VERKAUF: Destillate, Kürbiskernöl
VEREINSZUGEHÖRIGKEIT: Eruption
MESSEN: ProWein, Vinoble Montfort

Mit 30 Jahren steht Walter Frauwallner die Bezeichnung »Jungwinzer« zwar noch sehr gut – tatsächlich hat er sich in den vergangenen Jahren aber längst den Respekt der »Pioniere« erarbeitet und das Weingut als Spitzenbetrieb im Steirischen Vulkanland positioniert. Händisches Arbeiten, sensible Laubarbeit, Mengenreduzierungen und eine selektive Traubenlese sind für ihn selbstverständlich, und neben der Liebe zum Beruf besitzt er die nötige Geduld und eine gute Portion Talent, um Terroir und Jahrgang bestmöglich in die Flasche zu bringen.

Das Resultat ist eine hochwertige Gesamtpalette mit zwei Ausbaulinien: Die klassisch im Stahltank vinifizierten Weine (Linie »f«: fein, fruchtig, finessenreich) interpretieren die Natur am authentischsten und bringen das Aroma jeder Rebsorte optimal zum Ausdruck. Die Lagenweine profitieren vom Terroir der beiden Rieden Buch und Hochrosenberg, die höchste Qualität ermöglichen. Ausgewählte hochreife Trauben, kleine oder große Eichenfässer und das Gespür für die optimale Reifezeit jeder Rebsorte tun ihr Übriges. Neben den steirischen Klassikern Welschriesling und Sauvignon zeigen verstärkt die Burgunderlagenweine des Weingutes auf (Weißburgunder vom Buch, Morillon als »Eruption« der Lage Buch und Grauburgunder »Hochrosenberg«). Wie der Traminer »Hochrosenberg« zählen sie sowohl national als auch international zu den Besten des Landes. Abgerundet wird das vielschichtige Sortiment mit einem als Rotwein ausgebauten Blauen Wildbacher vom Buch, der über 30 Monate in Eichenfässern reift, und einer Trockenbeerenauslese aus dem Jahrgang 2010.

92 Grauburgunder Hochrosenberg 2009
14 Vol.%, DV, Barrique, extratrocken, €€€
Mittleres Gelb. Feine Feuersteinnuancen, kandierte Orangenzesten, feine Fruchtanklänge, Gewürzanklänge. Kraftvoll, extraktsüß, elegante Textur, sehr harmonisch und lange anhaltend, zarter Honigtouch im Abgang, ein facettenreicher Essensbegleiter mit gutem weiterem Potenzial.

92 Eruption weiß Morillon vom Buch 2009
13,5 Vol.%, NK, Barrique, extratrocken, €€€
Mittleres Gelbgrün. Mit feinem Karamelltouch unterlegte reife gelbe Frucht, zart nach Marille, angenehme Kräuterwürze. Saftig, elegante, runde Textur, feiner Nougattouch im Kern, bleibt gut haften, ein kraftvoller Speisenbegleiter, gutes Entwicklungspotenzial.

91 Sauvignon Blanc Hochrosenberg 2011
13,5 Vol.%, DV, Stahltank, extratrocken, €€€
Helles Grüngelb. Frische weiße Tropenfruchtanklänge, feines Stachelbeergelee, ein Hauch von Cassis, zarte Kräuterwürze. Saftig, wieder weiße Frucht, lebendiger Säurebogen, frisch, gute Mineralik, sicheres Reifepotenzial.

90 Traminer Hochrosenberg 2011
11,5 Vol.%, DV, Stahltank, lieblich, €€€
Mittleres Grüngelb. Intensive Nuancen von Rosenöl und Eibischteig, mit feinen weißen Fruchtaromen unterlegt, Mandarinenzesten klingen an. Saftig, gut integrierte Fruchtsüße, lebendiger Säurebogen, wirkt fast rassig, zitronige Nuancen im Abgang, leichtfüßiger Stil.

89 Sauvignon Blanc »f« 2011
12,5 Vol.%, DV, Stahltank, extratrocken, €€

88 Morillon »f« 2011
13 Vol.%, DV, Stahltank, extratrocken, €€

88 Weißburgunder »f« 2011
12,5 Vol.%, DV, Stahltank, extratrocken, €€

87 Welschriesling »f« 2011
11 Vol.%, DV, Stahltank, extratrocken, €€

88 Blauer Wildbacher vom Buch 2008
13,5 Vol.%, NK, Barrique, extratrocken, €€€

92 TBA 2010 WB/PG/TR
8 Vol.%, DV, Barrique, süß, €€€€
Kräftiges Gelbgold, Bernsteinreflexe. Mit rauchiger Kräuterwürze unterlegte Dörrobstanklänge, dunkle Stilistik. Stoffig, viel Honig, gute Säurestruktur, zart nach Steinobst, zitronige Nuancen im Finish, Rosinen im Abgang, bereits antrinkbar, verfügt über Reifepotenzial. Stilistisch eher ein traditioneller Ausbruch.

Südoststeiermark

★★ WEINGUT FRÜHWIRTH

8493 Klöch, Deutsch Haseldorf 46
T: 03475/23 38, F: DW 4
weingut@fruehwirth.at
www.fruehwirth.at

KELLERMEISTER UND ANSPRECHPARTNER: Fritz Frühwirth jun.
ANZAHL/FLASCHEN: k. A. (80 % weiß, 20 % rot) **HEKTAR:** 12
VERKOSTUNG: ja **AB-HOF-VERKAUF:** ja **HEURIGER:** März bis November Mi.–Sa. ab 15 Uhr, September und Oktober auch So. geöffnet
ÜBERNACHTUNGSMÖGLICHKEIT: kann organisiert werden
ANDERE PRODUKTE IM VERKAUF: Frizzante, Säfte
VEREINSZUGEHÖRIGKEIT: Klöcher Traminer **MESSEN:** VieVinum

Die Familie Frühwirth in Klöch sieht sich als Betrieb zwischen Tradition und Moderne, zwischen profundem Handwerk und zeitgemäßer Technologie. Man bemüht sich, mit den Weinen die Balance zwischen Ursprünglichkeit und Tradition auf der einen und Internationalität und Moderne auf der anderen Seite zu finden. Am besten kann man sich den Weinen in der gemütlichen Buschenschank annähern.

Vater Fritz und Sohn Fritz jun. arbeiten mit der gleichen Leidenschaft daran, ihren Weinen ein optimales Profil zu verleihen. Die Bezeichnung »Koasasteffl«, der Vulgo-Name der Familie, tragen Premium-Weine mit kräftiger und fülliger Statur, deren Trauben einer strengen Auslese unterzogen werden und teilweise auch in Barriques vergären und reifen. Der Top-Rotwein wird als »Roter Koasasteffl« bezeichnet und in einem speziellen Sandsteinkeller ausgebaut. Die Spezialität des Hauses ist der Traminer, der sich mittlerweile auch in den Vereinigten Staaten, speziell in New York, eine treue Anhängerschaft erworben hat. Authentische, unverwechselbare Weine, die ihre Herkunft zeigen, sind das wichtigste Anliegen der Winzerfamilie Frühwirth. Neben den bestehenden Paradesorten von Klöch, dem Traminer bzw. Gewürztraminer, wird die schon in Vergessenheit geratene Spielart des Traminers, der Gelbe Traminer, wieder vermehrt ausgepflanzt. Die Böden am Hochwarth sind vulkanischer Herkunft. Diese kräftige rote Erde und der dunkle Basalt tragen dazu bei, dass die vielen Sonnentage auch in der Nacht wirken – wo sie die Tageswärme an die Stöcke abgeben. Dieses perfekte Terroir liebt der Traminer so in Klöch.

93 Gewürztraminer Extrem 2011
13 Vol.%, DV, Stahltank, lieblich, €€€
Mittleres Grüngelb. Feine Nuancen nach Rosenblättern und Pfirsichfrucht, ein Hauch von Kapstachelbeeren, etwas Sanddorn, auch weiße Blüten klingen an. Saftig, elegante Textur, gut integrierte Süße, feines Säurespiel, zart nach Banane, bleibt gut haften, typische Aromatik, feinwürziger Touch im Abgang, gelbe Frucht auch im Rückgeschmack, sicheres Entwicklungspotenzial.

92 Traminer Hochwarth 2011
13,5 Vol.%, DV, Stahltank, trocken, €€
Helles Goldgelb. Ein Hauch von Grapefruitzesten, Nuancen von Eibisch und Rosoglio, gelbe Fruchtanklänge. Stoffig, kraftvoll, gelbe Tropenfruchtanklänge, dunkle Mineralik, feine Kräuterwürze, Orangenzesten im Abgang, salzige Nuancen im Abgang, harmonisch, noch sehr jugendlich, wird mit Flaschenreife noch an Facetten gewinnen.

91 Gelber Traminer 2011
12,5 Vol.%, DV, Stahltank, halbtrocken, €€
Helles Goldgelb. Mit zartem Rosenduft unterlegte reife gelbe Tropenfrucht, Nuancen von Ananas und Papaya, rauchig-mineralisch, zarte Kräuterwürze. Saftig am Gaumen, gut integrierte Süße, elegant, feiner Säurebogen, bleibt gut haften, bereits gut antrinkbar, verfügt über gutes Entwicklungspotenzial.

89 Sauvignon Blanc 2011
12,5 Vol.%, DV, Stahltank, extratrocken, €€

88 Chardonnay Rosenberg 2011
13 Vol.%, DV, Stahltank, trocken, €€

89 Roter Koasasteffl 2008 ZW/BF/ME/SY
13,5 Vol.%, DV, Barrique, trocken, €€

★★
WEINGUT KRISPEL

8345 Straden, Neusetz 29
T: 03473/78 62, F: DW 4
wein@krispel.at
www.krispel.at

Südoststeiermark

KELLERMEISTER: Stefan Krispel ANSPRECHPARTNER: Familie Krispel
ANZAHL/FLASCHEN: k. A. (95 % weiß, 5 % rot) HEKTAR: 34
VERKOSTUNG: ja AB-HOF-VERKAUF: ja HEURIGER: Do. bis Sa. ab 15 Uhr;
November: Fr. bis Sa. ab 15 Uhr ÜBERNACHTUNGSMÖGLICHKEIT: ja
ANDERE PRODUKTE IM VERKAUF: großes Sortiment regionaler Spezialitäten
VEREINSZUGEHÖRIGKEIT: Eruption, Marktgemeinschaft Steirischer Wein, Winzer Vulkanland, Steirischer Junker MESSEN: VieVinum, Vinobile

Krispel steht nicht nur für den Wein. Krispel steht für ein ganz besonderes Lebensgefühl. Der Name bürgt für das wertvollste Gut, dem wahre Genussmenschen ihr Leben lang auf der Spur bleiben: Lebensqualität. Zum Wein muss man nicht viel sagen. Hier steht Krispel seit Jahren für Qualität. Die Wollschwein-Spezialitäten hingegen sind eine noch junge Leidenschaft. Sie sind naturbelassen und genügen höchsten Ansprüchen. Der Name Krispel steht also auch auf diesem Gebiet regelmäßig für spannende Kulinarik-Innovationen. Dass im Buschenschank der Familie die feinen Lebensmittel auf der Karte stehen, liegt auf der Hand.

Und weil zum Genuss auch der Schlaf gehört, kann man inmitten der kulinarischen Hochkultur in herrlicher Landschaft auch urlauben – in den Wohlfühlzimmern der Familie Krispel (natürlich mit Pool!).

93 Terroir Vulkanberg 2008 WB/CH/SB
14 Vol.%, DV, großes Holzfass/Barrique, extratrocken, €€€
Leuchtendes Gelbgrün. Feine Holzwürze, Vanille, Röstanklänge, kandierte Orangenzesten, gelbe Tropenfrucht, Kapstachelbeeren. Stoffig, elegante Textur, extratsüßer Kern, feine Struktur, reife Pfirsich- und Ananasfrucht im Abgang, facettenreiche Aromatik, gute Länge, ein wunderbarer Speisenbegleiter, gute Zukunft, zart salzig im Nachhall.

(90-92) Grauburgunder Strandl 2011
14 Vol.%, DV, großes Holzfass, extratrocken, €€€€
Mittleres Gelb, zarter rötlicher Schimmer. Nuancen von frischer Birnen, gelber Apfel, ein Hauch von Kräuterwürze, mineralischer Touch. Kraftvoll, stoffig, extratsüße weiße Tropenfrucht, feiner Säurebogen, salzig-mineralischer Nachhall, sehr gute Länge, ein kompakter Speisenbegleiter.

(89-91) Sauvignon Blanc Neusetzberg 2011
13,5 Vol.%, DV, großes Holzfass, extratrocken, €€€
Mittleres Grüngelb. Feine Nuancen von gelber Tropenfrucht, mit angenehmen Wiesenkräutern unterlegt, rauchige Mineralik klingt an. Saftig, kraftvoll, feine Extratsüße nach reifer Mango, feiner Säurebogen, bleibt gut haften, Noten von Blutorangen im Nachhall, hat Reifepotenzial.

(88-90) Traminer Auslese Neusetzberg 2011
13 Vol.%, DV, großes Holzfass, lieblich, €€€

(88-90) Eruption weiß 2011 CH
14 Vol.%, NK/DV, großes Holzfass/Barrique, extratrocken, €€€

(87-89) Weißburgunder Rosenberg 2011
12,8 Vol.%, DV, großes Holzfass, extratrocken, €€

88 Pinot Noir 2009
13,5 Vol.%, DV, Barrique, extratrocken, €€€

Südoststeiermark

★★★★

WEINGUT NEUMEISTER
8345 Straden 42
T: 03473/83 08, F: DW 4
weingut@neumeister.cc
www.neumeister.cc

KELLERMEISTER: Christoph Neumeister
ANSPRECHPARTNER: Matthias Neumeister
ANZAHL/FLASCHEN: k. A. (91 % weiß, 8 % rot, 1 % süß) **HEKTAR:** 30+5
VERKOSTUNG: ja **AB-HOF-VERKAUF:** ja **RESTAURANT:** Saziani Stub'n,
von März bis Dez. Mi.–So. geöffnet **ÜBERNACHTUNGSMÖGLICHKEIT:** ja
ANDERE PRODUKTE IM VERKAUF: Trebernbrand, Verjus, Essig, Traubenkernöl
VEREINSZUGEHÖRIGKEIT: Steirische Terroir- und Klassikweingüter,
Winzer Vulkanland Steiermark **MESSEN:** VieVinum, ProWein

Das Weingut Neumeister befindet sich im südoststeirischen Straden, in der Großlage Steirisches Vulkanland. Die Böden der Weingärten sind geprägt von schweren, teils stark kalkhaltigen Sedimentböden aus dem Tertiär und dem Einfluss von pannonischem und illyrischem Mischklima. Die Grundlage sind naturnah bewirtschaftete Weingärten rund um Straden. Zu den Premium-Lagen des Weinguts zählen Klausen und Steintal (Erste STK Lagen) sowie Moarfeitl und Saziani (Große STK Lagen). Insgesamt werden 36 Hektar verarbeitet, davon 30 selbst und sechs von Vertragstraubenproduzenten bewirtschaftet.

Der Sortenspiegel weist die klassisch steirischen Weißweine Sauvignon Blanc, Gelber Muskateller, Weißburgunder, Grauburgunder, Morillon, Welschriesling und Traminer sowie Zweigelt und Pinot Noir aus. Im Weingarten werden mehrere Selektionen durchschritten, um Trauben im vollreifen Zustand zu ernten, die in 20-Kilogramm-Kisten handgelesen werden. Auf einem Rüttelpult erfolgt händisch die abschließende Qualitätskontrolle. Der Keller nutzt die Gesetze der Schwerkraft und somit die schonendste Art der Traubenverarbeitung: Vor dem Pressen wird bei allen Sorten eine ausgedehnte Maischestandzeit durchgeführt, um die Vielschichtigkeit der Weine zu erhöhen. Zusammen mit einem langsamen, der jeweiligen Sorte und Lage angepassten Ausbau und intensiver Hefekontaktzeit ergeben sich die für Neumeister typischen Weine. In enger Verbindung mit dem Weingut betreibt die Familie Neumeister das vielfach ausgezeichnete Restaurant »Saziani Stub'n« und das Hotel »Schlafgut Saziani«.

94 Morillon Moarfeitl Große STK Lage 2009
14 Vol.%, NK, gr. Holzfass/Barrique, €€€€€
Mittleres Gelbgrün. Intensive Kräuterwürze, feine Edelholzanklänge, zart nach Karamell, mit gelber Tropenfrucht unterlegt. Komplex, angenehme Extraktsüße, gut integrierte Holznote, feine Steinobstklänge, fruchtig im Abgang, mineralischer Touch im Rückgeschmack, ein kraftvoller Essensbegleiter.

93 Grauburgunder Saziani Große STK Lage 2009
14 Vol.%, NK, großes Holzfass/Barrique, €€€€€
Mittleres Gelbgrün. Mit frischen Wiesenkräutern unterlegte gelbe Birnenfrucht, zart nach Blütenhonig, ein Touch von Kletzen im Hintergrund. Kraftvoll am Gaumen, reife gelbe Tropenfrucht, elegant, versteckt seine Muskeln gekonnt, feiner Bananentouch im Nachhall.

(92-94) Roter Traminer Steintal Erste STK Lage 2011
13 Vol.%, NK, großes Holzfass, €€€€
Mittleres Gelbgrün, noch zart hefetrüb. Feine Nuancen von Rosenblättern, ein Hauch von Litschi, frische Mandarinenzesten. Saftig, elegant, zart nach Eibischteig am Gaumen, feiner Säurebogen, gut integrierte zarte Süße, verfügt über Länge, gastronomisch sehr gut einsetzbar.

92 Weißburgunder Klausen Erste STK Lage 2011
13 Vol.%, NK, großes Holzfass, €€€€
Mittleres Grüngelb. Zart nussig unterlegte weiße Apfelfrucht, ein Hauch von Wiesenkräutern, zarter Blütenhonig. Elegant, saftig, zeigt eine gute Komplexität, feiner Säurebogen, weiße Frucht im Nachhall, ein vielseitiger Speisenbegleiter.

L 92 Sauvignon Blanc Steirische Klassik 2011
12,5 Vol.%, DV, Stahltank, €€€
Helles Grüngelb. Feinwürzig unterlegte Noten von gelben

Paprikaschoten, ein Hauch von Stachelbeeren, Grapefruitzesten. Saftig, gute Komplexität, weiße Frucht, lebendiger Säurebogen, dunkle Mineralik, würzig und typisch, feiner zitroniger Touch im Nachhall.

(91-93) Sauvignon Blanc Klausen Erste STK Lage 2011
13 Vol.%, NK, großes Holzfass, €€€€
Helles Grüngelb. Noch etwas verhaltenes Bukett, zart nach weißer Tropenfrucht, Zitruszesten, angenehme Kräuterwürze. Saftig, elegante Textur, runder Säurebogen, mineralischer Nachhall, insgesamt noch etwas zurückhaltende Aromatik.

90 Grauburgunder Steirische Klassik 2011
13 Vol.%, DV, Stahltank/großes Holzfass, €€€
Mittleres Grüngelb. Mit zarter Kräuterwürze unterlegte frische Birnenfrucht, zart nussiger Touch. Stoffig, feine weiße Frucht, zart nach Orangen, gute Komplexität und Länge, ein saftiger Speisenbegleiter.

L 90 Gelber Muskateller Steirische Klassik 2011
11,5 Vol.%, DV, Stahltank/großes Holzfass, €€
Helles Grüngelb. Feine, intensive Note von Hollerblüten, Grapefruitzesten, Muskatnuss. Kernig, weiße Tropenfrucht, leichtfüßig und frisch strukturiert, zitroniger Touch im Nachhall, mineralischer Nachhall, idealer Sommerwein.

89 Weißburgunder Steirische Klassik 2011
12,5 Vol.%, DV, Stahltank, €€

89 Welschriesling STK® 2011
11,5 Vol.%, DV, Stahltank, €€

88 Gemischter Satz 2011
12 Vol.%, DV, Stahltank/großes Holzfass, €€

91 Cuvée de Merin 2009 ZW/CS/ME
13,5 Vol.%, NK, Teilbarrique, €€€€
Kräftiges Rubingranat, violette Reflexe, zarter Wasserrand. Rauchig-tabakig unterlegte dunkle Kirschenfrucht, ein Hauch von Weichseln. Komplexer Körper, feines dunkles Waldbeerkonfit, gut integrierte Tannine, gute Balance, reife Kirschen im Nachhall, ein vielseitiger Speisenbegleiter.

89 Pinot Noir 2009
13,5 Vol.%, NK, Teilbarrique, €€€€

95 Saziani TBA 2010
9 Vol.%, NK, Teilbarrique, €€€€
Leuchtendes Gelbgold. Feine Nuancen von reifem Steinobst, frische Mandarinenzesten, angenehmer Honigtouch, vollreife Marillen. Saftig, elegant, sehr gut integrierte Süße, ungemein harmonisch, von einer finessenreichen Säurestruktur getragen, gelbe Tropenfrucht im Abgang, Honig im Nachhall, hat Potenzial für viele Jahrzehnte.

Südoststeiermark

WEINHOF PLATZER

★★

8355 Tieschen, Pichla 25
T: 03475/23 31, F: DW 4
platzer@weinhof-platzer.at
www.weinhof-platzer.at

KELLERMEISTER: Robert Platzer **ANSPRECHPARTNER:** Familie Platzer
ANZAHL/FLASCHEN: 150.000 (68 % weiß, 30 % rot, 2 % süß) **HEKTAR:** 30
VERKOSTUNG: ja **AB-HOF-VERKAUF:** ja
ÜBERNACHTUNGSMÖGLICHKEIT: kann organisiert werden
ANDERE PRODUKTE IM VERKAUF: Destillate

Idyllisch eingebettet zwischen den Hügeln des südoststeirischen Vulkanlandes befindet sich der Weinhof der Familie Platzer. Schon seit mehreren Generationen wird am Hof Weinbau betrieben. Die Weingärten befinden sich allesamt in der näheren Umgebung des Weinhofs.

Die wichtigsten Lagen sind Aunberg, Königsberg, Klöchberg und Rosenberg. In diesen Top-Lagen bildet sich schon die hohe Qualität der Trauben, die behutsam bis in die Weinflasche gebracht wird. Die Rebstöcke werden fortlaufend durch die Vegetationsperiode begleitet, um ein Maximum an Qualität und regionaler Stilistik zu erreichen. Von der Ernte bis zur Füllreife ist es den Platzers ein großes Anliegen sehr schonend zu arbeiten, um das Bukett der Trauben bis ins Weinglas zu bringen. Selektive Handlese ist dabei eine Selbstverständlichkeit. Danach werden die Beeren bei sehr niedrigem Druck gepresst. Damit sich der Wein unbelastet bis zur Füllreife entwickeln kann, ist der Weinkeller, der 2005 neu errichtet wurde, sehr durchdacht angelegt.

Die Hingabe an den Wein wurde vielfach prämiert. Zahlreiche Auszeichnungen in den letzten Jahren wie Siege bei der »Steirischen Landesweinbewertung«, im »SALON Österreich Wein« und bei der »Austrian Wine Challenge« belegen die hohe Qualität der Platzer-Weine.

(90-92) Chardonnay Selection 2011
13 Vol.%, DV, Barrique, extratrocken, €€
Leuchtendes Grüngelb. Feine Gewürzklänge, mit frischer gelber Apfelfrucht unterlegt, ein Hauch von Kräutern und Limettenzesten. Saftig, elegant, zart nach reifer Honigmelone, mineralischer Touch, gute Länge, zitronige Nuancen im Abgang, ein finessenreicher Speisenbegleiter.

90 Gewürztraminer 2011
13 Vol.%, DV, Stahltank, trocken, €€
Helles Grüngelb. Attraktive Nase nach Rosenblüten, feinem Eibischteig, zart nach Mandarinenzesten. Elegant, gut integrierte Fruchtsüße, dunkle Mineralik mit dem typischen Traminerbitterl, feiner Grapefruittouch im Abgang, gutes Zukunftspotenzial.

(89-91) TAU 2010 CH/PG
13 Vol.%, DV, Stahltank, extratrocken, €€
Mittleres Gelbgrün. Frischer Anklang von Golden-Delicious-Apfel, feine Wiesenkräuter, ein Hauch von Orangenzesten. Stoffig, angenehme Extraktsüße, mit frischem Säurebogen unterlegt, weiße Tropenfrucht im Abgang, rund und elegant, verfügt über Entwicklungspotenzial.

89 Sauvignon Blanc Aunberg 2011
13 Vol.%, DV, Stahltank, extratrocken, €€

88 Welschriesling Aunberg 2011
11,5 Vol.%, DV, Stahltank, extratrocken, €€

(87-89) Königsberg 2010 ZW/SL
13 Vol.%, DV, Barrique, extratrocken, €€

★★★

WEIN VON PLODER-ROSENBERG

8093 St. Peter/Ottersbach 86
T: 03477/32 34, F: DW 4
office@ploder-rosenberg.at
www.ploder-rosenberg.at

—————— BIO ——————

KELLERMEISTER UND ANSPRECHPARTNER: Alfred Ploder
ANZAHL/FLASCHEN: k. A. (85 % weiß, 14 % rot, 1 % süß) **HEKTAR:** 10,5
VERKOSTUNG: ja, gegen Voranmeldung; 1. 9.: Eruptionsfest ab 15 Uhr
AB-HOF-VERKAUF: ja
ÜBERNACHTUNGSMÖGLICHKEIT: kann organisiert werden
ANDERE PRODUKTE IM VERKAUF: Destillate, Fruchtsäfte, Honig, Kernöl
VEREINSZUGEHÖRIGKEIT: Eruption **MESSEN:** VieVinum, ProWein

Südoststeiermark

Das Weingut Ploder-Rosenberg liegt in St. Peter am Ottersbach mitten im Steirischen Vulkanland. Seit 20 Jahren werden zu 100 Prozent Qualitätsweine auf Bouteillen gefüllt, seit fünfzehn Jahren betreiben die Ploders ihr Engagement zu 100 Prozent im Weinbau, seit sieben Jahren hinterfragen die Ploders massiv langjährig praktizierte Methoden in der Produktion und seit 2010 gibt es die erste zertifizierte Ernte aus allen von ihnen bewirtschafteten Weingärten nach biodynamischen Grundsätzen. Sie gewinnen durch ihre Weine vermehrt Einblicke in die Weinberge, den Jahreswitterungsverlauf und die Vorlieben des Winzers. »So trinken Sie nicht Wein, sondern kosten Geheimnisse von Ploder-Rosenberg«, könnte man das Trinkerlebnis treffend umschreiben.

Es werden zehn Hektar tragende sowie zwei Hektar neu entstehende Weinberge biodynamisch bearbeitet. Die wichtigsten Lagen sind Alte Riede, Eichholz, Michlkeller, Kreuzfeld, Luttenberg, Kapellen, Steinriegel und Mitteregg. Zusätzlich werden zurzeit rund fünf Hektar Traubenmaterial von Vertragspartnern zugekauft und verarbeitet. Bei der Qualität gehen die Ploders keine Kompromisse ein. Sorgfältige Weingartenarbeit und Vinifizierung nach bewährten Erkenntnissen sind für sie deshalb selbstverständlich. 85 Prozent der Produktion entfallen auf Weißweine wie Welschriesling, Weißburgunder, Grauburgunder, Morillon, Sauvignon Blanc, Gelber Muskateller, Gelber Traminer, Viognier, Muscaris und Souvignier Gris – die beiden Letzteren sind pilzwiderstandsfähige Sorten, sogenannte »PIWIs«. Bei den Rotweinen erfolgt die Reduktion auf Blauen Zweigelt und Pinot Noir. Das Aushängeschild des Betriebes sind die Weine der »LINIE A« aus den Vulkanland-Lagen: Linea Pinot Gris, Linea Sauvignon Blanc Reserve, Linea Chardonnay Reserve, Linea Pinot Blanc, Linea Vigne und Linea Blauer Zweigelt sind gekennzeichnet von langen Hefekontakten und überjähriger Lagerung in getoasteten 300-Liter- und 600-Liter-Eichenfässern. Mit vertikalem Tiefgang und ausdrucksstarker Vielschichtigkeit machen diese Weine Druck am Gaumen und überzeugen langlebig. So vinifiziert, spiegelt auch »Eruption W« die Kondition vom großen Wein wider.

Bei Ploder-Rosenberg wird ganzheitliche biodynamische Landwirtschaft so angestrebt, dass die geistigen Anteilnahmen samt Bedachtnahme auf irdische und übergeordnete kosmische Kräfte den Vorstellungen einer l(i)ebenswerten Welt entsprechen. Abgerundet wird das stimmige Gesamtkonzept des Weingutes mit einer hochwertigen Präsentation: moderne Architektur, Etiketten, Werbemittel, Imagebroschüre, Weinkartons und Internetauftritt sind authentisch professionell und realitätsbezogen ansprechend gestaltet.

93 Linea Chardonnay Reserve 2009
13,5 Vol.%, DV, großes Holzfass, trocken, €€€€€
Mittleres Gelbgrün, Silberreflexe. Feine Gewürznoten, fast rotbeeriger Touch, angenehmer Kräuteranklang, mit gelber Tropenfrucht unterlegt. Saftig, elegante Textur, zarter Kokostouch, feine gelbe Frucht, etwas Nougat, bleibt gut haften, zart nach Orangen, ein facettenreicher Speisenbegleiter.

Südoststeiermark

92 Linea Sauvignon Blanc Reserve 2009
13 Vol.%, DV, großes Holzfass, extratrocken, €€€€
Mittleres Gelbgrün, Silberreflexe. Feiner Holzkuss, zart nach Kokos und Gewürzen, mit Schwarzen Johannisbeeren unterlegt, dunkle Mineralik, braucht etwas Luft. Saftig, elegant, feine gelbe Tropenfrucht, zarte Extraktsüße, gute Balance, zart nach Steinobst im Nachhall, ein vielseitiger Speisenbegleiter.

92 Linea Pinot Gris 2009
13 Vol.%, DV, großes Holzfass, extratrocken, €€€€
Mittleres Gelbgrün, Silberreflexe. Zart karamellig unterlegte reife gelbe Birnenfrucht, ein Hauch von Honigmelone, kandierte Orangenzesten. Saftig, cremige Textur, zart nach Banane, angenehme Extraktsüße, elegant und gut anhaftend, ein vielseitiger Speisenbegleiter, vielseitig einsetzbar und mit Reifepotenzial ausgestattet.

92 Linea Vigne 2009 (Viognier)
13 Vol.%, DV, großes Holzfass, extratrocken, €€€€
Mittleres Gelbgrün. Feiner Blütenduft, ein Hauch von Eibisch, kandierte Orangenzesten, hochattraktives Bukett, das etwas an Traminer erinnert. Komplex, feine Textur, mineralisch, zart nach gelbem Apfel und einem Hauch Litschi im Abgang, bleibt gut haften, ein guter Speisenbegleiter mit Entwicklungspotenzial.

L 90 Sauvignon Blanc 2011 (bio)
12,5 Vol.%, DV, Stahltank, €€€
Helles Grüngelb. Mit feinen Wiesenkräutern unterlegtes zartes Stachelbeerkonfit, rauchig-würzige Nuancen, dezent nach Cassis. Saftig, feingliedrig, finessenreiche Säurestruktur, salzig-mineralisch im Abgang, zitroniger Nachhall.

L 90 Gelber Muskateller 2011 (bio)
11,5 Vol.%, DV, Stahltank, extratrocken, €€€
Helles Grüngelb. Intensive Nuancen nach Holunderblüten und Muskatnuss, zart nach Grapefruitzesten, attraktives, typisches Bukett. Leichtfüßig, dabei durchaus saftig, frisch strukturiert, zitroniger Nachhall, herrlicher Sommerwein.

89 Pinot Blanc 2011 (bio)
12 Vol.%, DV, Stahltank, extratrocken, €€€

WEINHOF SCHARL

8354 St. Anna am Aigen, Plesch 1
T: 03158/23 14, F: DW 33
weinhof-scharl@utanet.at
www.weinhof-scharl.at

KELLERMEISTER: Josef Scharl jun. ANSPRECHPARTNER: Josef Scharl jun. und Andrea Sudy ANZAHL/FLASCHEN: k. A. (75 % weiß, 24 % rot, 1 % süß) HEKTAR: 10 VERKOSTUNG: ja AB-HOF-VERKAUF: ja BUSCHENSCHANK: 7. 7. (Terra Vulcania), 1. 9. (Eruptionsfest); 7. 9. bis 10. 11. und März bis Juni 2013 ÜBERNACHTUNGS-MÖGLICHKEIT: ja ANDERE PRODUKTE IM VERKAUF: Kürbiskernöl, Fruchtsäfte, Honig, regionale Spezialitäten VEREINSZUGEHÖRIGKEIT: Eruption, Marktgemeinschaft Steirischer Wein, Steirischer Junker

Sankt Anna am Aigen in der hügeligen Südoststeiermark ist die Heimat vom Weinhof Scharl und einem der leidenschaftlichsten Winzer der Region. Josef Scharl jun. ist mit seinen rund zehn Hektar Rebfläche aufgewachsen und ist – quasi seit er denken kann – mit diesem »Stückchen Glück« in seinen Fässern und Flaschen engstens verbunden. Und so wie der Wein seine einzigartige Präsenz und seinen Charakter aus dem Boden zieht, so dürfte auch Josef jun. seine Leidenschaft und Kraft aus seiner Heimat inhaliert haben. Naturverbunden und stolz mit tiefem Respekt vor Land und Leuten werden hier Jahr für Jahr die schönsten Weine erarbeitet. Die Kombination von Mut zu kreativen Ideen und einer großen Liebe zur Arbeit macht die Produkte aus dem Hause Scharl zu nachhaltig beeindruckenden Erlebnissen. Das betrifft Keller und Küche genauso wie die Gastlichkeit im eigenen, mietbaren Winzerhäuschen.
Ausgezeichnete Weine gibt es in der regionalen Winzergemeinschaft »Eruption« – der natürlich auch Josef Scharl jun. angehört – schon einige, und hier schließt sich dann auch der Kreis der gegenseitigen Befruchtung von Mensch und Land. Stimmig und intensiv, wie die hauseigenen Weine, präsentiert sich der Weinhof Scharl seinen Besuchern. Edle Genüsse harmonieren hier perfekt mit bodenständiger Gemütlichkeit. Ein Stück vom Glück im Steirischen Vulkanland.

(90-92) Eruption Weiß Annaberg 2011 CH
13,5 Vol.%, NK, großes Holzfass/Barrique, 4000, extratrocken, €€€
Helles Gelbgrün, Silberreflexe. Intensive Röstaromen, mit deutlicher Kräuterwürze und gelber Tropenfrucht unterlegt, ein Hauch von Blutorangen und Karamell. Saftig, kraftvoll und elegant, gut eingebundene Holznote, gewürzig im Abgang, feine Steinobstnote im Rückgeschmack, ein stoffiger Speisenbegleiter mit Reifepotenzial.

89 Sauvignon Blanc Zwei Rieden 2011
12 Vol.%, DV, Stahltank, extratrocken, €€

89 Muskateller Kirchleiten 2011
12,5 Vol.%, DV, Stahltank, extratrocken, €€

88 Chardonnay Schemming 2011
13 Vol.%, NK/DV, Stahltank/großes Holzfass, extratrocken, €€

88 Muskateller Schemming 2011
11,5 Vol.%, DV, Stahltank, extratrocken, €€

89 Travertin 2009 ZW
13 Vol.%, NK/DV, Barrique, extratrocken, €€

Südoststeiermark

Südoststeiermark

WEINGUT TRUMMER

8422 St. Nikolai ob Draßling, Pessaberg 26
T: 03184/24 26, F: 03184/406 12
office@weinbau-trummer.at
www.weinbau-trummer.at

KELLERMEISTER UND ANSPRECHPARTNER: Matthias Trummer
ANZAHL/FLASCHEN: 25.000 (90 % weiß, 10 % rot) **HEKTAR:** 7
VERKOSTUNG: ja, gegen Voranmeldung **AB-HOF-VERKAUF:** ja
HEURIGER: ganzjährig geöffnet, Do. bis Fr. 15–23 Uhr, Sa. und So. 14–23 Uhr
ÜBERNACHTUNGSMÖGLICHKEIT: kann organisiert werden
ANDERE PRODUKTE IM VERKAUF: Spezialitäten vom Turopolje-Schwein
MESSEN: VieVinum

Der erst 28-jährige Matthias Trummer fügt seiner bemerkenswerten Erfolgsgeschichte Jahr für Jahr ein weiteres Kapitel hinzu. 2011 war das Jahr, in dem aus dem südoststeirischen Geheimtipp ein Senkrechtstarter in die Top-Liga des steirischen Weinbaus wurde: Seine glasklaren, einnehmend eleganten und konsequent sortentypischen Weine eroberten einige der begehrtesten Weinkarten Österreichs. Und wer im Spätsommer Trummer-Weine verkosten wollte, musste auf den Jahrgang 2011 vertröstet werden: Der 2010er-Jahrgang des jungen Winzers war – bis auf ein letztes Kontingent, das eisern für den Ausschank in der familieneigenen Buschenschank reserviert blieb – ausverkauft.

Matthias Trummer nutzt das für steirische Verhältnisse ungewöhnliche pannonische Klima der Südoststeiermark perfekt und bewirtschaftet ausschließlich ausgewählte Lagen, die seinen hohen Anforderungen gerecht werden. Das allerbeste Traubenmaterial baut er gemäß seiner Philosophie der »Reinen Seele« zur Top-Linie aus: Trummer unterlässt dabei alles, was den Wein oberflächlich behübschen oder seinen wahren Charakter verändern könnte. Der große zusätzliche Aufwand im Ausbau seiner »Reine Seele«-Weine lohnt aber, Trummers eigenständig entwickelte Methode bringt unverwechselbare, enorm charaktervolle Weine hervor. Am stimmungsvollsten verkosten lassen sich die Weine des Youngsters in der prachtvoll gelegenen Buschenschank. An schönen Sommer- und Herbsttagen genießt man hier unter Weinreben sitzend einen traumhaften Panorama-Fernblick über die Südsteiermark bis zur Koralpe, Trummers außergewöhnliche Weine und Herzhaftes von den hauseigenen Turopolje-Schweinen.

91 Sauvignon Blanc Reine Seele 2011
13 Vol.%, DV, Stahltank, trocken, €€€
Helles Grüngelb. Frische Kräuterwürze, zarte Nuancen nach Grapefruitzesten und Holunderblüten, rauchiger Touch. Saftig, gelbe Frucht, feine vegetale Würze, frische Säurestruktur, ein Hauch von Weingartenpfirsich, zitronige Nuancen, mineralischer Abgang, ein feiner Essensbegleiter.

L 90 Weißburgunder Reine Seele 2011
12,5 Vol.%, DV, Stahltank, trocken, €€€
Helles Grüngelb. Zart nussig unterlegte weiße Fruchtaromen, ein Hauch von Blüten, zart nach Orangenzesten. Saftig, frisch, etwas Grapefruit, frischer Säurebogen, bleibt gut haften, ein leichtfüßiger Speisenbegleiter.

89 Gelber Traminer Reine Seele 2011
13,5 Vol.%, DV, Stahltank, halbtrocken, €€€

89 Morillon Reine Seele 2011
13,5 Vol.%, DV, Stahltank, extratrocken, €€€

89 Sauvignon Blanc 2011
13 Vol.%, DV, Stahltank, trocken, €€

88 Gelber Muskateller 2011
12 Vol.%, DV, Stahltank, trocken, €€

★★★

WEINGUT WINKLER-HERMADEN

8353 Kapfenstein 105
T: 03157/23 22, F: DW 4
weingut@winkler-hermaden.at
www.winkler-hermaden.at

Südoststeiermark

KELLERMEISTER: Georg Winkler-Hermaden ANSPRECHPARTNER: Georg und Margot Winkler-Hermaden ANBAUWEISE: derzeit in Umstellung auf Bio ANZAHL/FLASCHEN: 200.000 (49 % weiß, 50 % rot, 1 % süß) HEKTAR: 36 VERKOSTUNG: ja, gegen Voranmeldung AB-HOF-VERKAUF: ja RESTAURANT: 9. 3. bis 16. 12., ab 4. 11. So. Abend bis Mi. Ruhetag ÜBERNACHTUNGSMÖGLICHKEIT: ja ANDERE PRODUKTE IM VERKAUF: Destillate, Sekt, Fruchtsäfte, Essig VEREINSZUGEHÖRIGKEIT: Steirische Terroir- und Klassikweingüter MESSEN: VieVinum, ProWein

Das Weingut liegt im Südosten der Steiermark, mitten im Steirischen Vulkanland, nur wenige Kilometer von der slowenischen und ungarischen Grenze entfernt. Die Familie Winkler-Hermaden führt das Weingut schon seit 1918 als Familienbetrieb. Das Schloss und auch die alten Weinkeller haben eine lange Geschichte, die bis ins 11. Jahrhundert zurückreicht. Die Weingärten des Gutes (Winzerkogel, Kirchleiten, Schlosskogel, Rosenleiten, Hinteregg und Froschlacken) sind auf den steilen Abhängen des Kapfensteiner Vulkans angelegt. Ein Teil der bewirtschaften Flächen befindet sich auf dem Klöcher Vulkan. Hochwarth und Ölberg sind die Lagen der »Domäne Stürgkh«.

Seit 2009 wird der Betrieb biologisch-organisch bewirtschaftet. 2012 wird er, nach drei Jahren Umstellungszeit, als biologischer Betrieb zertifiziert sein. Gesunde Böden und eine intakte Umwelt sind der Familie ein besonderes Anliegen. Um das zu erreichen, sind die Weingärten dauerbegrünt, verzichtet man auf den Einsatz von Herbiziden, fördert die natürlichen Gegenspieler der Schädlinge, düngt mit selbst hergestelltem Kompost und stärkt die Widerstandskraft der Reben mit Pflanzenextrakten (Fenchelöl, Algenextrakt, Ackerschachtelhalmauszug, Orangenöl etc.) und Tees. Ein »sanfter Rebschnitt« hilft, die alten Rebstöcke länger gesund zu halten, Ertragsreduktion durch Traubenausdünnung und intensive Laubarbeit tragen dazu bei, den optimalen Reifegrad jeder Sorte zu erreichen. Selektive Handlese, schonende Traubenverarbeitung und möglichst wenige Eingriffe in den darauffolgenden Ausbau der Weine – das ist die Devise. Ziel ist es,

den typischen Charakter der Böden und der jeweiligen Sorten in den Weinen spürbar zu machen. Der eine Schwerpunkt der Produktion liegt bei Sauvignon Blanc und den »Burgundersorten« (Morillon, Weißburgunder und Grauburgunder), der andere, ungewöhnlich für die Steiermark, beim Rotwein (Blauer Zweigelt, Pinot Noir, Cabernet Sauvignon, Merlot und St. Laurent). Welschriesling als die bekannteste steirische Sorte sowie Traminer und Gewürztraminer (meist im Prädikatsweinbereich) als besondere Spezialität des vulkanischen Bodens runden das Sortiment ab.

Im sogenannten »Löwenkeller«, einem ehemaligen Zehentkeller, treffen sich Tradition und moderne Technik. In dem alten, hohen Gewölbe aus dem 18. Jahrhundert haben neben den traditionellen Holzfässern auch diverse Geräte und Tanks aus Edelstahl ihren Platz. Die besten Rotweine, aber auch ausgesuchte Weißweine werden seit den 1980er-Jahren in Barriques ausgebaut. Das Holz, aus dem die kleinen Eichenfässer gemacht werden, stammt aus dem eigenen Wald auf dem Kapfensteiner Kogel. In den Jahren 1995 bis 1997 wurde ein weiterer Keller, der »Lange Keller«, renoviert. In dem 60 Meter langen und 350 Jahre alten Kreuzgewölbe lagert nun der Rotwein in kleinen Eichenfässern.

93 Gewürztraminer Ölberg Domäne Stürgkh 2010
12 Vol.%, VL, Stahltank, 3000, halbtrocken, €€€
Mittleres Gelbgrün. Einladende Quittenfrucht, zart mit Rosenblättern und einem Hauch von Eibisch unterlegt. Saf-

Südoststeiermark

tig, feine Frucht, gut integrierte Süße, angenehmes Säurespiel, sehr balanciert, zeigt ein gute Länge, zarte Fruchtexotik im Nachhall, sicheres Entwicklungspotenzial.

**91 Grauburgunder Schlosskogel
Erste STK Lage 2010**
13 Vol.%, VL, Barrique, 2000, extratrocken, €€€€
Mittleres Gelbgrün. Zart karamellig unterlegte Nuancen von Quitten, feine Gewürzanklänge, ein Hauch von Honig. Saftig, mittlere Komplexität, extraktsüßer Kern, gelbe Tropenfruchtanklänge, feine Honignuancen auch im Abgang, gute Länge, individueller Stil.

**90 Sauvignon Blanc Kirchleiten
Große STK Lage 2010**
13,5 Vol.%, VL, Stahltank, 2000, extratrocken, €€€€
Mittleres Gelbgrün. Mit dezenter Kräuterwürze unterlegte gelbe Fruchtnuancen, zart nach Blütenhonig, mineralische Noten. Kraftvoll, weiße Tropenfrucht, vegetale Würze, frischer Säurebogen, Apfelfrucht im Nachhall, mittlere Länge, verfügt über Entwicklungspotenzial.

**89 Sauvignon Blanc Hochwarth
Domäne Stürghk 2010**
13 Vol.%, VL, Stahltank, 2800, extratrocken, €€€

89 Sauvignon Blanc Steirische Klassik STK 2011
12,5 Vol.%, VL, Stahltank, 10.000, extratrocken, €€€.

88 Morillon Steirische Klassik STK 2011
12,5 Vol.%, VL, Stahltank, 2500, extratrocken, €€

88 Weißburgunder Steirische Klassik STK 2011
12 Vol.%, DV, Stahltank, 13.000, extratrocken, €€

87 Welschriesling STK 2011
11 Vol.%, DV, Stahltank, 10.000, extratrocken, €€

87 Caphenstein Cuvée weiß 2011 WB/CH/SB/PG/RR
11,5 Vol.%, DV, Stahltank, 4000, extratrocken, €€

(88-90) Olivin 2010 ZW
13,5 Vol.%, VL, Barrique, 25.000, extratrocken, €€€€

88 Merlot Von den Schlossterrassen 2009
14 Vol.%, VL, Barrique, 1500, extratrocken, €€€

88 Caphenstein Cuvée rot 2009
13,1 Vol.%, DV, Stahltank/großes Holzfass, 6000, extratrocken, €€

87 Pinot Noir Reserve 2009
14 Vol.%, VL, Barrique, 2000, extratrocken, €€€

(85-87) Hermada 2010 ME/CS/ZW
13,5 Vol.%, VL, Barrique, 3500, extratrocken, €€€€

WEINHOF WIPPEL

8333 Riegersburg, Hofberg 67
T: 03153/73 60, F: DW 10
office@weinhof-wippel.at
www.weinhof-wippel.at

KELLERMEISTER UND ANSPRECHPARTNER: Martin Wippel **ANZAHL/FLASCHEN:** k. A. (80 % weiß, 20 % rot) **HEKTAR:** 9 **VERKOSTUNG:** ja, gegen Voranmeldung **AB-HOF-VERKAUF:** ja **ÜBERNACHTUNGSMÖGLICHKEIT:** kann organisiert werden **HEURIGER:** ganzjährig, Informationen laut Homepage **RESTAURANT/GASTHOF:** Informationen unter www.hofbergstubn.at **ANDERE PRODUKTE IM VERKAUF:** Sekt, Säfte, Kernöl, regionale Spezialitäten **VEREINSZUGEHÖRIGKEIT:** Marktgemeinschaft Steirischer Wein, Winzer Vulkanland, Steirisches Thermenland **MESSEN:** Weinmesse München

Höchste Qualität aus vulkanischer Erde, ein Schuss Ehrgeiz, schonende Reife und Individualität – so einfach lassen sich die Weine von Martin Wippel jun. beschreiben. Auf einer Gesamtbetriebsfläche von 21 Hektar gedeihen Weinreben und Obstbäume, begünstigt durch das milde Klima der Südoststeiermark.

Die Sortenpalette des Weinhofs reicht von den fruchtigen und mit angenehmer Säure unterlegten leichten bis zu den kräftigen, voluminösen Weinen mit hohem Reifepotenzial und feiner Frucht. Auszeichnungen und Prämierungen bei nationalen (»Landessieger«) und internationalen Verkostungen sind ein sichtbarer Beweis für die qualitätsorientierte Arbeit im Keller. Bruder Stefan Wippel führt die »Hofbergstubn«, wo die Weinfreunde bei einem herrlichen Blick auf die Riegersburg zum kulinarischen Genuss eingeladen sind. Neben der bodenständigen steirischen kalten Jause serviert man auch warme Speisen. Diese werden mit hochwertigen Produkten aus der Region zu einem besonderen Geschmackserlebnis zubereitet.

Als zusätzliches Schmankerl bietet Familie Wippel im alten Gewölbekeller (Rotweinkeller) gegen Vorbestellung mehrgängige Menüs an.

90 Morillon 2010
13 Vol.%, DV, Stahltank, extratrocken, €€
Helles Gelbgrün. Mit feinen Karamellnoten unterlegte gelbe Birnenfrucht, zart nach Honigmelone und Litschi, feiner Hauch von Wiesenkräutern. Saftig, exotische Fruchtnuancen, frischer Säurebogen, zitronige Nuancen, extraktsüß im Finale, Ananasfrucht im Rückgeschmack.

89 Weißer Burgunder 2011
12 Vol.%, DV, Stahltank, extratrocken, €€

88 Sauvignon Blanc 2011
13 Vol.%, DV, Stahltank, extratrocken, €€

88 Welschriesling 2011
11 Vol.%, DV, Stahltank, extratrocken, €€

88 Sämling 2011
12 Vol.%, DV, trocken, €€

87 Blauer Zweigelt 2010
13 Vol.%, DV, Stahltank, extratrocken, €€

Südsteiermark

SÜDSTEIERMARK

Südsteiermark – Sauvignon Blanc und Co aus dem südlichen Hügelland

Die Südsteiermark steht für duftige, frische Weine, vor allem aus der Leitsorte Sauvignon Blanc. Doch auf den 1950 Hektar Rebfläche ist genügend Platz für ein breites Sortenspektrum vom Welschriesling über Morillon und Muskateller bis zum Traminer. Hier in einer der reizvollsten Weinlandschaften Europas ist Weinbau allerdings Schwerarbeit, sind doch die meisten Rebflächen extreme Steilhänge.

So vielschichtig wie die Rebsorten sind auch die Böden, die im Weinbaugebiet Südsteiermark zur Verfügung stehen, von Sand und Schiefer bis zu Mergel und Muschelkalk. Feuchtwarmes, mediterranes Klima bestimmt den langen Vegetationsverlauf, kühle Nächte fördern die Entwicklung einer reichhaltigen Aromatik, die den Weißweinsorten zu Nuancenreichtum und Noblesse verhilft. Vom schlanken, fruchtbetonten Jungwein – als »Junker« einer der Vorboten des neuen Jahrgangs – über die elegante Klassik-Linie bis zu hochreifen, extraktreichen Lagenweinen spielen die Winzer ihre Stärken aus. Speziell die Rebsorte Sauvignon Blanc konnte sich im Zuge der kontinuierlichen Weiterentwicklung an die Spitze emporarbeiten, und heute gehören Sortenvertreter aus der Südsteiermark zur Weltklasse. Dass dies auch in Zukunft so bleibt, garantiert eine äußerst aufgeschlossene Winzerschaft, die auf Reisen und bei Praxisaufenthalten in der Weinwelt Erfahrungen gesammelt hat. Doch auch die Weinbauschule in Silberberg trägt in Theorie und Praxis dazu bei, Nachwuchswinzer mit besten Qualifikationen auszustatten.

Das Gebiet kennenzulernen, lohnt sich in jeder Jahreszeit, besondere Reize hat eine herbstliche Weinreise entlang der Weinstraße, zum einen entlang der slowenischen Grenze, zum anderen durch die Region Sausal westlich der Stadt Leibnitz. Dabei ist genügend Zeit einzuplanen für Stationen wie Ehrenhausen, Gamlitz, Leutschach oder Kitzeck. Klingende Namen von Lagen wie Czamillonberg, Pössnitzberg, Kranachberg, Hochgrassnitzberg, Steinriegel, Kittenberg, Nussberg, Obegg oder Zieregg wecken Assoziationen zu den entsprechenden Top-Weinen. Diese haben mittlerweile auf den Weinkarten nicht nur der regionalen Gastronomie Einzug gehalten, sondern sorgen auch international für Aufsehen. Erzherzog Johann, ein Enkel der Kaiserin Maria Theresia und Weinbaupionier mit für seine Zeit »europäischem« Weitblick in Sachen Weinkultur, dessen Spuren bis heute im Gebiet nachvollziehbar sind, wäre stolz auf seine südsteirischen Winzer.

★★★★★
- Weingut Tement, Berghausen

★★★★
- Weingut Gross, Ratsch
- Weingut Lackner-Tinnacher, Gamlitz
- Weingut Erich und Walter Polz, Spielfeld
- Weingut Sattlerhof, Gamlitz
- Weingut Wohlmuth, Fresing/Kitzeck

★★★
- Weingut Hannes Harkamp, St. Nikolai im Sausal
- Weingut Daniel Jaunegg, Eichberg-Trautenburg
- Weingut Wolfgang Maitz, Ratsch
- Domäne Müller Gutsverwaltung – Gut am Ottenberg, Groß St. Florian
- Weingut Muster.Gamlitz, Gamlitz

Südsteiermark

(Map of Südsteiermark wine region showing locations: Kitzeck, Leibnitz, Gabersdorf, Seggauberg, Fresing, Ehrenhausen, Kranach, Gamlitz, Eichberg-Trautenburg, Sernau, Berghausen, Spielfeld, Steinbach, Ratsch, Grassnitzberg, Sulztal, Leutschach, Glanz, Pössnitz, with Mur river and border to Slowenien)

★★★
- Weingut Stefan Potzinger, Gabersdorf
- Weingut Erwin Sabathi, Leutschach
- Weingut Hannes Sabathi, Gamlitz
- Weingut Skoff Original, Gamlitz
- Weingut Tschermonegg, Glanz

★★
- Weingut Branigg, Fresing/Kitzeck
- Dreisiebner Stammhaus, Sulztal
- Weingut Elsnegg, Gamlitz
- Meinhardt Hube, Gamlitz
- Weingut Markus Pongratz, Gamlitz
- Weingut Regele, Berghausen
- Weingut Karl Renner, Leutschach
- Weingut Repolusk, Glanz
- Landesweingut Silberberg, Leibnitz
- Weingut Peter Skoff – Domäne Kranachberg, Gamlitz

★★
- Weingut Tscheppe am Pössnitzberg, Leutschach
- Weingut Brolli-Arkadenhof, Gamlitz

★
- Weingut Georgiberg, Berghausen
- Weingut Peter Masser, Leutschach
- Weingut Oberguess, Leutschach
- Weingut Primus, Spielfeld
- Seggau – Bischöflicher Weinkeller, Leibnitz
- Weingut J. und A. Skringer, Eichberg-Trautenburg
- Weingut Maria und Johannes Söll, Gamlitz

- Weingut Fuchs, Glanz
- Hirschmugl – Domaene am Seggauberg, Leibnitz

Südsteiermark

★★

WEINGUT BRANIGG

Verkauf über Weingut Wohlmuth
8441 Kitzeck im Sausal, Fresing 24
T: 03456/23 03, F: 03456/21 21
office@branigg.com, www.branigg.com

KELLERMEISTER UND ANSPRECHPARTNER: Gerhard Wohlmuth
ANZAHL/FLASCHEN: 140.000 (85 % weiß, 15 % rot) HEKTAR: 25
VERKOSTUNG: ja AB-HOF-VERKAUF: ja
MESSEN: VieVinum, ProWein, Vinexpo

Das Weingut Branigg wurde im Stiftsregister der Herrschaft Grottenhofen von 1674 erstmals erwähnt und ist somit einer der ältesten Weinbaubetriebe des Sausals. Es wechselte in seiner Geschichte sechsmal den Besitzer und war bereits zwischen den Jahren 1874 und 1920 im Besitz der Familie Wohlmuth. Durch Erbschaften kam es leider abhanden und konnte erst Ende des 20. Jahrhunderts durch Gerhard Wohlmuth wieder erworben werden. Aufgrund des besonderen Mikroklimas und der langen Geschichte des Weinbaubetriebs Branigg hat sich Gerhard Wohlmuth dazu entschlossen, die Marke Branigg auf den Markt zu bringen. Gerhard Wohlmuth ist sowohl im Weinbau als auch in der Vinifikation ein Perfektionist. Eine möglichst naturnahe Pflege der Reben und selektive Lese sind für ihn die Basis für große Weinerlebnisse. Die händisch durchgeführte Lese, die oft in mehreren Durchgängen vollzogen wird, garantiert physiologisch reife Trauben. Im Keller versucht Wohlmuth möglichst wenig einzugreifen und legt großes Augenmerk auf eine langsame und schonende Gärung. Durch das Fingerspitzengefühl von Gerhard Wohlmuth entstehen fruchtintensive, finessenreiche und komplexe Weine. Eines ist ihm besonders wichtig: »Das Terroir muss sich auch in den Branigg-Weinen widerspiegeln.«

L 91 Sauvignon Blanc 2011
12,5 Vol.%, DV, Stahltank, trocken, €€€
Helles Grüngelb. Mit zarten Blütenaromen unterlegte Stachelbeernote, ein Hauch von Grapefruitzesten. Saftig, feine weiße Frucht, lebendiger Säurebogen, kühle Stilistik, Nuancen von Zitrusfrüchten im Abgang, gutes Entwicklungspotenzial, leichtfüßig und trinkanimierend.

90 Morillon 2011
13 Vol.%, DV, Stahltank, trocken, €€
Helles Grüngelb. Zarte gelbe Tropenfrucht, ein Hauch von Blütenhonig. Weißer Apfel, feine Textur, rund und harmonisch, zart nach Birnen im Abgang, ein facettenreicher Essensbegleiter.

L 90 Weißburgunder 2011
12,5 Vol.%, DV, Stahltank, trocken, €€
Helles Grüngelb. Feine weiße Frucht, zart nach Orangenzesten, feine Wiesenkräuter. Elegant, saftige Apfelfrucht, feiner Säurebogen, bleibt gut haften, ein vielseitiger Speisenbegleiter.

L 90 Gelber Muskateller 2011
12 Vol.%, DV, Stahltank, trocken, €€
Helles Grüngelb. Feiner Duft, zarte Muskatnuss, zitroniger Touch, sehr einladend. Saftig, elegant und frisch, weiße Apfelfrucht, feine Holunderblüten im Abgang.

89 Welschriesling 2011
11,5 Vol.%, DV, Stahltank, trocken, €€

(87–89) Zweigelt 2011
13,5 Vol.%, DV, Teilbarrique, trocken, €€

WEINGUT BROLLI-ARKADENHOF

8462 Gamlitz, Eckberg 43
T: 03453/23 41, F: DW 4
weingut@brolli.at
www.brolli.at

Südsteiermark

KELLERMEISTER: Reinhard F. Brolli
ANSPRECHPARTNER: Reinhard F. Brolli und Bettina M. Brolli
ANZAHL/FLASCHEN: k. A. (90 % weiß, 8 % rot, 2 % süß) HEKTAR: 15
VERKOSTUNG: ja, in den Wintermonaten nach telefonischer Voranmeldung
AB-HOF-VERKAUF: ja BUSCHENSCHANK: März bis November 9–20 Uhr,
Montag Ruhetag; ab August kein Ruhetag ANDERE PRODUKTE IM VERKAUF:
Gelber-Muskateller-Sekt, Fruchtsäfte, Edelbrände MESSEN: VieVinum,
Vin Austria, Vinoble Montfort, Alles für den Gast Salzburg, ProWein

Das traditionsbewusste Weingut Brolli-Arkadenhof ist seit 1895 im Familienbesitz und wird nun von Weinbau- und Kellermeister Reinhard Brolli sowie seiner Schwester Dipl. Touristikkauffrau Bettina Maria in fünfter Generation geführt. Seit die beiden die Geschicke des Weinguts lenken, haben sie architektonisch mit dem modernen Neubau der Kellerei- und Produktionsräume Akzente gesetzt. Das Ziel war es, traditionsreiches Gedankengut mit technischem Know-how optimal in Einklang zu bringen. Der Charme und die Verbundenheit zum Winzerhandwerk sind jedoch in diesem idyllisch gelegenen Weingut in Gamlitz an der Südsteirischen Weinstraße nicht wegzudenken. Die Weingärten befinden sich im Naturpark Südsteirisches Weinland auf sonnenverwöhnten, steilen Hanglagen und liegen auf erstklassigen Höhenlagen zwischen 400 und 500 Metern Seehöhe. Die Rieden Eckberg, Pössnitzberg, Ratscher Herrenberg und Obereckberg bieten unterschiedliche Bodenbegebenheiten, auf denen eine Vielfalt an regionstypischen Rebsorten wie Welschriesling, Morillon, Sauvignon Blanc und Gelber Muskateller ausgepflanzt sind. Spezialitäten wie Traminer, Rheinriesling und Cabernet Sauvignon komplettieren das Sortiment. Reinhard Brolli legt Wert auf einen schonenden Umgang mit der Natur und den Ressourcen – nur so ist es möglich, hochwertige Traubenqualitäten zu produzieren und charaktervolle Qualitätsweine mit unverwechselbarem Profil zu erzeugen. Die Weine tragen seine Handschrift, sie sind fein strukturiert, von tiefer Frucht geprägt und mit tugendreicher Finesse bei zugleich südsteirischer Typizität. Die großen Lagenweine sind von beeindruckender Eleganz und bilden die Meisterstücke des Weingutes. Sämtliche Weine können in der hauseigenen Vinothek verkostet werden. Lassen Sie sich auf keinen Fall einen Buschenschankbesuch im Weingut Brolli-Arkadenhof entgehen! Genießen Sie hier den wundervollen südsteirischen Rundblick mit einem Glas Muskateller-Sekt und köstlichen Weinlandspezialitäten. Das Weingut Brolli-Arkadenhof sieht seinen Erfolg darin, dass, »Wein, Buschenschank, Tradition und hochwertige Qualität« gelebt werden.

(90–92) Sauvignon Blanc Pössnitzberg 2011
13 Vol.%, DV, Stahltank, extratrocken, €€€
Mittleres Grüngelb. Attraktives Bukett nach Stachelbeeren, einem Hauch von Grapefruit und Cassis, mit weißen Blüten unterlegt. Saftig, weiße Tropenfrucht, lebendiger Säurebogen, mineralischer Nachhall, gutes Potenzial.

(90–92) Morillon Ratscher Herrenberg 2010
13,5 Vol.%, NK, Teilbarrique, extratrocken, €€€€
Mittleres Gelbgrün. Zart nach Gewürzen und gelben Steinobstnoten, mit frischen Wiesenkräutern unterlegt. Stoffig, elegante Textur, gut integrierte Holznote, weiße Frucht im Abgang, mineralisch, angenehmer zitroniger Touch im Finish, ein vielseitiger Speisenbegleiter.

89 Sauvignon Blanc Eckberg 2011
12,5 Vol.%, DV, Stahltank, extratrocken, €€

(88–90) Traminer Obereckberg 2011
13,5 Vol.%, NK, großes Holzfass, trocken, €€€

88 Gelber Muskateller Eckberg 2011
11,5 Vol.%, DV, Stahltank, extratrocken, €€

88 Weißburgunder Eckberg 2011
12,5 Vol.%, DV, Stahltank, extratrocken, €€

Südsteiermark

DREISIEBNER STAMMHAUS

8461 Ehrenhausen, Sulztal 35
T: 03453/25 90, F: DW 22
stammhaus@dreisiebner.com
www.dreisiebner.com

KELLERMEISTER UND ANSPRECHPARTNER: Hannes Dreisiebner
ANZAHL/FLASCHEN: 100.000 (85 % weiß, 13 % rot, 2 % süß)
HEKTAR: 15 VERKOSTUNG: ja AB-HOF-VERKAUF: ja
BUSCHENSCHANK: von April bis Mitte November Do. bis Di. ab 14 Uhr
ANDERE PRODUKTE IM VERKAUF: Destillate, Fruchtsäfte
ÜBERNACHTUNGSMÖGLICHKEIT: ja
MESSEN: VieVinum

Das Dreisiebner Stammhaus ist eines der traditionsreichsten Weingüter in der Steiermark, es ist seit 1890 im Familienbesitz und wird heute von der vierten Generation bewirtschaftet. In den letzten Jahren wurde auch bei den Dreisiebners vieles auf den modernsten Stand gebracht und das in jahrzehntelanger Tradition gesammelte Know-how der Familie für heutige Verhältnisse adaptiert. Diese Umstellung stellte den jungen Kellermeister Hannes Dreisiebner vor große Herausforderungen, die er mustergültig bewältigte.

Das Sortiment gliedert sich in drei Linien: Die Linie »Classic« präsentiert frische, traubige Frucht und frische Säure. Die zweite Linie ist nach der Top-Lage Hochsulz benannt, Eleganz und Sortenausdruck sind hier gefragt. Erreichen die Trauben der drei Sorten Sauvignon Blanc, Traminer und Chardonnay eine optimale Reife, dann werden sie in Barriques zur »Hochsulz Reserve« ausgebaut, die sich durch viel Finesse, Kraft und Harmonie auszeichnet. Die Riede Hochsulz, die sich im alleinigen Familienbesitz befindet, liegt in idealer Höhenlage zwischen 400 und 500 Metern Seehöhe mit einem wunderschönen Panorama-Ausblick in das steirisch-slowenische Weinland.

Die Familie Dreisiebner hat sich mit vollster Überzeugung den steirischen Qualitätsoffensiven »Ausgezeichneter Buschenschank« und »Winzerzimmer« angeschlossen. Gästezimmer laden zum längeren Verweilen ein.

(91–93) Sauvignon Blanc Hochsulz Reserve 2008
14,5 Vol.%, NK, Barrique, 2000, extratrocken, €€€€
Leuchtendes Gelbgrün. Feine Nuancen von gelber Tropenfrucht, frische Kräuterwürze, süße Gewürznoten, Steinobstklänge. Kraftvoll, saftig, feine Holzanklänge, die gut integriert sind und dem Wein Länge geben, gelbe Fruchtnuancen im Abgang, gute Länge, ein stoffiger Speisenbegleiter mit sicherem Entwicklungspotenzial.

(90–92) Gelber Traminer Hochsulz Reserve 2008
14,5 Vol.%, NK, 2000, extratrocken, €€€€
Mittleres Gelbgrün. Attraktive gelbe Frucht nach Babybanane, gewürzige Nuancen, etwas Blütenhonig, ein Hauch von Rosenblättern. Stoffig, engmaschig, feine gelbe Tropenfrucht, etwas Mango, gut integrierte Holznote, feine Mineralik im Finale, sehr gute Länge, gute Zukunft.

89 Gelber Muskateller Hochsulz 2011
13,5 Vol.%, DV, 7000, extratrocken, €€€

89 Morillon Hochsulz 2011
14 Vol.%, DV, 6000, extratrocken, €€€

88 Sauvignon Blanc Classic 2011
12,5 Vol.%, DV, Stahltank, 17.000, extratrocken, €€

87 Gelber Muskateller Classic 2011
12 Vol.%, DV, Stahltank, 15.000, extratrocken, €€

★★

WEINGUT ELSNEGG

8462 Gamlitz, Eckberg 26
T: 03453/48 12, F: DW 4
weingut@elsnegg.at
www.elsnegg.at

KELLERMEISTER: Engelbert und Regina Elsnegg ANSPRECHPARTNER: Regina Elsnegg ANZAHL/FLASCHEN: 80.000 (85 % weiß, 13 % rot, 2 % süß) HEKTAR: 10 VERKOSTUNG: ja AB-HOF-VERKAUF: ja HEURIGER: Ostern bis Allerheiligen Fr., Sa., So. und Feiertag ANDERE PRODUKTE IM VERKAUF: Destillate, frisches Obst, Muskateller-Sekt, Fruchtnektar ÜBERNACHTUNGSMÖGLICHKEIT: ja VEREINSZUGEHÖRIGKEIT: Steirischer Junker MESSEN: Alles für den Gast Salzburg

Südsteiermark

Auf einem malerischen Hügel gelegen präsentiert sich das Weingut Elsnegg mit seinem idyllischen Ausblick auf die angrenzenden Weinberge. Genießer schätzen an der Klassik-Linie vor allem ihre Jugendlichkeit, die in fruchtigen Noten und großer Trinkfreude zum Ausdruck kommt. Im Ertrag stehen faszinierende Lagen wie Urlkogel, Steilhang, Edelbach und Eckberg. Die daraus entstehenden Weine sind konturiert mit eigenständiger Persönlichkeit, Finesse, Eleganz und Sortentypizität. Ob klassisch frisch und fruchtig oder tiefgründig und charakterstark – die edlen Tropfen zählen zu den absoluten Top-Produkten der Region. Erstmalig erhältlich und unbedingt im Voraus zu reservieren sind die limitierten Mengen an Reserven vom Jahrgang 2011, die in kleinen Barriquefässern ausgebaut werden.

Beim Verkosten der Weine wird eines sofort klar: Der Ehrgeiz der Familie ist groß, eine klare hochwertige Betriebslinie ist markant erkennbar. Reicht die große Sortpalette doch von Welschriesling, Weißburgunder, Morillon über primärfruchtige Sorten wie Muskateller, Sauvignon Blanc und Rheinriesling, kräftige Speisenbegleiter mit Lagerpotenzial wie Gelber Traminer und Grauburgunder bis hin zum Zweigelt für Rotweinfreunde. Probieren kann man diese unterschiedlichen Genussfreuden im Verkostungsraum am Eckberg, der jeden Weineinkauf zum Erlebnis macht. Ein Besuch bietet jedoch weit mehr als die Möglichkeit, erlesenen Wein zu kaufen – auch die kulinarische Reiseroute führt auf der Südsteirischen Weinstraße zu den Elsneggs. Die Buschenschank gilt bei Südsteiermark-Fans schon lange Zeit als beliebter Treffpunkt.

(91–93) **Grauburgunder Eckberg 2011**
14 Vol.%, DV, großes Holzfass, trocken, €€
Mittleres Gelb mit rötlichem Schimmer. Noch verhalten, feine reife Birnenfrucht klingt an, ein Hauch von Blütenhonig, dezente Kräuterwürze. Saftig, angenehme Fruchtsüße, gute Komplexität, cremige Textur, zarter Orangentouch im Abgang, bleibt gut haften, ein vielversprechender Sortenvertreter.

(90–92) **Sauvignon Blanc Urlkogel 2011**
13,5 Vol.%, DV, Stahltank/großes Holzfass, extratrocken, €€€
Helles Gelbgrün. Mit feiner Kräuterwürze unterlegte Nuancen von Stachelbeerkonfit und Grapefruitzesten, dunkle Mineralik. Saftig, gute Komplexität, frischer Säurebogen, weiße Tropenfrucht, zitroniger Touch im Abgang, mineralischer Nachhall.

90 **Muskateller 2011**
12 Vol.%, Stahltank, trocken, €€
Helles Grüngelb. Intensiver Blütenduft, zitroniger Touch, würzige Nuancen, zart nach Grapefruit, etwas Holunder. Saftig, finessenreiche Struktur, weiße Frucht, rassiger Säurebogen, zitronige Nuancen im Abgang, trinkanimierender, frischer Stil, toller Sommerwein.

89 **Sauvignon Blanc 2011**
12,5 Vol.%, DV, Stahltank, extratrocken, €€

(88–90) **Weißburgunder Edelbach 2011**
13 Vol.%, DV, großes Holzfass, extratrocken, €€

Südsteiermark

WEINGUT ADOLF & HEINRICH FUCHS

8463 Glanz an der Weinstraße 6
T: 03454/387, F: 03454/700 87
office@fuchs-weine.at
www.fuchs-weine.at

KELLERMEISTER UND ANSPRECHPARTNER: Heinrich Fuchs
ANZAHL/FLASCHEN: k. A. (70 % weiß, 30 % rot) **HEKTAR:** 14
VERKOSTUNG: gegen Voranmeldung
AB-HOF-VERKAUF: ja, limitierte Mengen
ÜBERNACHTUNGSMÖGLICHKEIT: kann organisiert werden
MESSEN: ProWein

In der südsteirischen Hügellandschaft liegt das Weingut Fuchs, das sich seit dem Jahr 1920 im Familienbesitz befindet. Die Familie Fuchs betreibt bereits in dritter Generation Weinbau und folgt somit einer Tradition, die vor über 200 Jahren in Deutschland begann. Heute leiten die Brüder Adolf und Heinrich Fuchs das Familienunternehmen. Adolf ist für die Weingärten, Heinrich für den Vertrieb der Weine zuständig. Die Verantwortung im Weinkeller teilen sich die Brüder. Die Basis der erfolgreichen Unternehmensphilosophie liegt in dem Bestreben, frische, fruchtige und trinkfreudige Weine herzustellen. Die Weißweine werden in Edelstahltanks ausgebaut. Die Rotweine lagern entweder in Edelstahltanks oder in kleinen Eichenfässern.

89 Gewürztraminer Rossberg Reserve 2011
13,5 Vol.%, DV, Stahltank, 2000, trocken, €€
Mittleres Gelbgrün. Feine Eibischnote, zart mit Orangenzesten unterlegt, gelbe Tropenfruchtanklänge, mit reifer Birne unterlegt. Mittlere Komplexität, gelbe Birnenfrucht, zarte Rosenölnuancen, integriertes Säurespiel, feine Kräuterwürze im Abgang.

88 Morillon Chardonnay 2011
12,5 Vol.%, DV, Stahltank, 3500, extratrocken, €€

87 Sauvignon Blanc 2011
13 Vol.%, DV, Stahltank, 3000, extratrocken, €€

87 Weißburgunder 2011
13 Vol.%, DV, Stahltank, 4500, extratrocken, €€

86 Gelber Muskateller 2011
13 Vol.%, DV, Stahltank, 3000, extratrocken, €€

86 Welschriesling 2011
12 Vol.%, DV, Stahltank, 6000, extratrocken, €€

★

WEINGUT GEORGIBERG

8461 Berghausen, Wielitsch 54
T: 03453/202 43, F: DW 4
office@weingut-georgiberg.at
www.weingut-georgiberg.at

KELLERMEISTER: Matthias Vormeier
ANSPRECHPARTNER: Nora Trierenberg, Elisabeth Seifert
ANZAHL/FLASCHEN: 80.000 (70 % weiß, 15 % rot, 1 % süß, 10 % Sekt, 4 % Rosé) HEKTAR: 12 VERKOSTUNG: ja AB-HOF-VERKAUF: ja
ÜBERNACHTUNGSMÖGLICHKEIT: kann organisiert werden
ANDERE PRODUKTE IM VERKAUF: Hauseigene Brände, Säfte, Weinessig
MESSEN: VieVinum, ProWein

Südsteiermark

Das Weingut Georgiberg gilt seit Jahrhunderten als eine der ersten Lagen im Südsteirischen Weinland. Eingebettet in den romantischen Talkessel des Wielitschbaches in Berghausen, ruht es umgeben von sanften Weinbergen, grünen Wäldern und stillen Teichen. Der Boden und das warme illyrische Klima bilden die besten Voraussetzungen für herausragende Weine.

Besonders berühmt ist das Weingut für seinen hohen Anteil an Rotweinen von erstklassiger, für die Steiermark geradezu einzigartiger Qualität. Die Geschichte von Georgiberg beginnt im Jahre 1777, als Johann und Juliana Schilcher den Grundstein zum heutigen Weingut legten. Im 20. Jahrhundert ging das Weingut in den Besitz der Familie Wagner über, die erstmals exklusive rote Rebsorten aus der Rebschule des italienischen Autobauers Ferruccio Lamborghini pflanzte sowie ausgewählte Rebstöcke aus Frankreich importierte. 2008 übernahm die Familie Trierenberg das Weingut, um die Tradition hochwertiger Qualität entsprechend fortzuführen. Zu den in ihrer herausragenden Qualität für die Steiermark untypischen Rotweinen zählen Zweigelt, Pinot Noir, Merlot und Cabernet.

Eine Rarität ist der Brut Rosé, der nach traditioneller Methode aus Blauem Muskateller hergestellt wird. Sekt, Schnaps, Saft und Weinessig runden das Angebot ab, das seit Neuestem auch durch die regionalen Delikatessen der heimatlichen »Vulcano-Schinkenmanufaktur« ergänzt wird.

91 Sauvignon Blanc Wielitsch 2010
13,5 Vol.%, DV, großes Holzfass, 2000, extratrocken, €€€
Helles Gelbgrün. Rauchig-würzig unterlegte gelbe Tropenfruchtanklänge, frische Brennnessel, etwas Cassis, mineralischer Touch. Feiner Grapefruittouch, weiße Frucht, lebendige Säurestruktur, dunkle Mineralik im Nachhall, ein facettenreicher Speisenbegleiter mit Entwicklungspotenzial.

89 Sauvignon Blanc Wielitsch 2008
12,5 Vol.%, DV, Barrique, 1500, extratrocken, €€€€

89 Pinot Blanc Wielitsch 2010
13 Vol.%, DV, großes Holzfass, 2000, trocken, €€€

87 Pinot Blanc 2011
13 Vol.%, DV, Stahltank, 6000, extratrocken, €€

87 Rosé 2011 ZW
12 Vol.%, DV, Stahltank, 4500, extratrocken, €€

89 Merlot Cabernet Wielitsch 2009 ME/CS
12,5 Vol.%, DV, Barrique, 2500, extratrocken, €€€

Südsteiermark

★★★★

WEINGUT GROSS

8461 Ratsch an der Weinstraße 26
T: 03453/25 27, F: 03453/27 28
weingut@gross.at
www.gross.at

KELLERMEISTER: Johannes Gross ANSPRECHPARTNER: Alois Gross
ANZAHL/FLASCHEN: 300.000 (93 % weiß, 6 % rot, 1 % süß) HEKTAR: 45
VERKOSTUNG: ja AB-HOF-VERKAUF: ja
ANDERE PRODUKTE IM VERKAUF: Traubensaft, Kürbiskernöl
VEREINSZUGEHÖRIGKEIT: Steirische Terroir- und Klassikweingüter,
Tu felix Austria MESSEN: VieVinum, ProWein

Das Weingut Gross liegt am Ratscher Nussberg, einer der besten Lagen der Südsteiermark. Die Weine gedeihen auf steilen Rebhängen auf 300 bis 600 Metern Seehöhe und sind klimatisch von den Alpen und der Öffnung hin zum Mittelmeer geprägt. Auf den vielfältigen Böden der Region – von Kalk über Schotter und Schiefer bis hin zu jenen vulkanischen Ursprungs – wachsen überwiegend Weißweinsorten wie Welschriesling, Weißburgunder, Gelber Muskateller und Sauvignon Blanc. Die Weine von Gross sind bekannt für ihren eleganten Stil und zählen Jahrgang für Jahrgang zu den besten Österreichs. Der Sauvignon Blanc »Privat« 2001 erreichte mit 97 Punkten die bis heute höchste Falstaff-Bewertung, die einem steirischen Wein je zuteil wurde.

Alois und seine Söhne Johannes und Michael Gross setzen in der bäuerlich geprägten Kulturlandschaft nahe der »grünen Grenze« zu Slowenien auf nachhaltige, aufwändige Handarbeit. Der behutsame Ausbau der Weine in großen traditionellen Holzfässern hat besonderen Einfluss auf die Stilistik des Weinguts.

Ziel der Gross-Familie ist es, jeden Wein zum Botschafter seines Jahrgangs, seiner Rebsorte und seiner Herkunft zu machen. Jahr für Jahr arbeiten Alois, Johannes und Michael Gross im wahrsten Sinne des Wortes mit Fingerspitzengefühl daran, elegante, vielschichtige Weine im einzigartigen Charakter der Region zu keltern. Das Sortiment besteht zum einen aus den sortentypischen Weinen der »Steirischen Klassik«, zum anderen aus den charaktervollen Lagenweinen der Rieden Ratscher Nussberg, Kittenberg, Perz und Sulz. Neu im Programm ist »Jakobi«, ein richtiger Südsteirer. Der Alte Bauernkalender auf dem Etikett erzählt mit Wetter- und Weinbausymbolen von wichtigen Ereignissen des Jahres, in dem »Jakobi« herangewachsen ist: vom ersten Frost über die Blüte bis hin zur Ernte. Namensgeber ist der Schutzpatron des Wetters, den die Winzer in der Südsteiermark am 25. Juli bei einer Wanderung hochleben lassen. Von diesem Tag an soll der Klapotetz, ein hölzernes Windrad, mit seinem rhythmischen Geklapper Vögel von den reifenden Weinbeeren fernhalten. Geschmacklich ist der feinwürzige »Jakobi« von der Rebsorte Sauvignon Blanc geprägt, die auf den Rieden der reizvollen südsteirischen Hügellandschaft besonders gut gedeiht. Das gesamte Sortiment kann auf dem Ratscher Nussberg bei eindrucksvoller Aussicht ins Hügelland verkostet werden.

93 Sauvignon Blanc Ratscher Nussberg Große STK Lage 2010
13 Vol.%, DV, großes Holzfass, extratrocken, €€€€
Helles Gelbgrün. Mit feinen Blütenaromen unterlegte feine Stachelbeerfrucht, dunkle Mineralik, ein Hauch von Grapefruit. Feine weiße Frucht, elegant, wirkt leichtfüßig und frisch, finessenreiche Struktur, ein feiner Sauvignon Blanc, zitronige Nuancen im Abgang, bereits gut antrinkbar.

93 Sauvignon Blanc Sulz Erste STK Lage 2011
13,5 Vol.%, DV, großes Holzfass, extratrocken, €€€
Helles Grüngelb. Noch etwas reduktiv, kräuterwürzig unterlegte Stachelbeeranklänge, feine gelbe Steinobstfrucht, rauchiger Touch. Kraftvoll, elegant, feine Extratsüße, zitronige Nuancen, feine blättrige Noten im Abgang, bleibt gut haften, zarter Orangentouch im Nachhall, wird von weiterer Flaschenreife profitieren.

92 Weißburgunder Kittenberg Erste STK Lage 2011
13 Vol.%, DV, großes Holzfass, extratrocken, €€€
Helles Grüngelb. Feine weiße Birnenfrucht, frische Kräuterwürze, zart nach Anis und Fenchel. Straff und elegant, angenehme Extraktsüße, finessenreicher Säurebogen, feine Steinobstanklänge, ein Hauch von Orangen im Abgang.

92 Sauvignon Blanc Steirische Klassik 2011
13 Vol.%, DV, Stahltank, extratrocken, €€€
Helles Grüngelb. Feine vegetale Würze, zart nach Stachelbeeren, rosa Grapefruitzesten. Saftig, straffe Textur, elegant und mineralisch, finessenreiche Säurestruktur, zitroniger Nachhall, sehr trinkanimierend, zeigt eine sehr gute Länge, ein vielseitiger Speisenbegleiter.

(91-93) Gelber Muskateller Perz Erste STK Lage 2011
13 Vol.%, DV, großes Holzfass, trocken, €€€
Helles Grüngelb. Mit zarter Kräuterwürze unterlegte gelbe Frucht, feiner Eibischtouch, zitronig-ätherisch. Saftig, elegant, feine gelbe Tropenfrucht, gut integrierter Säurebogen, ausgewogener Stil, feine Honignote im Nachhall.

L 90 Gelber Muskateller Steirische Klassik 2011
12,5 Vol.%, DV, Stahltank, trocken, €€
Helles Grüngelb. Feine traubige Nuancen, zart nach Muskatnuss, Mandarinenzesten, ein Hauch von Holunderblüten. Saftig, feine Orangennoten, extraktsüßer Kern, bleibt gut haften, florale Nuancen im Nachhall, stoffig und trinkanimierend.

L 90 Jakobi Südsteiermark 2011
12,5 Vol.%, DV, Stahltank, extratrocken, €€
Helles Grün. Feinwürzige Nuancen, zart nach Cassis und Stachelbeeren, frische Grapefruitzesten. Saftig, weiße Frucht, frisch und knackig, angenehme blättrige Würze, sehr trinkanimierend, mineralischer Nachhall.

89 Weißburgunder Steirische Klassik 2011
12,5 Vol.%, DV, Stahltank, extratrocken, €€

89 Welschriesling STK 2011
11,5 Vol.%, DV, Stahltank, extratrocken, €€

88 Sämling Scheurebe 2011
11,5 Vol.%, DV, Stahltank, extratrocken, €€

93 Beerenauslese 2007
11,5 Vol.%, DV, großes Holzfass, süß, €€€€
Kräftiges Goldgelb. Feine Nuancen von Marillenkonfit, zarter Honigtouch, kandierte Orangenzesten. Saftig, gut eingebundene Süße, frischer Säurebogen, finessenreicher Stil, bereits harmonisch, zitronig unterlegtes Finale, feine gelbe Tropenfrucht im Nachgeschmack.

Südsteiermark

Südsteiermark

★★★
WEINGUT HANNES HARKAMP

8505 St. Nikolai im Sausal, Flamberg 46
T: 03185/306 30, F: DW 4
weingut@harkamp.at
www.harkamp.at

KELLERMEISTER: Hannes Harkamp
ANSPRECHPARTNER: Petra und Hannes Harkamp
ANZAHL/FLASCHEN: 100.000 (90 % weiß, 10 % rot) HEKTAR: 16
VERKOSTUNG: ja, gegen Voranmeldung AB-HOF-VERKAUF: ja
ANDERE PRODUKTE IM VERKAUF: Edelbrände, Sekte, Essig, Konfitüren
VEREINSZUGEHÖRIGKEIT: Marktgemeinschaft Steirischer Wein
MESSEN: VieVinum

Das Weingut Harkamp liegt am südsteirischen Flamberg, dort, wo das Sausalgebirge wegen seiner wolkenwärts aufgetürmten Rebenterrassen gerne als »Himmelreich« bezeichnet wird. So exponiert ist die Lage, dass der Blick von der Koralpe über die ungarische Tiefebene bis hinüber nach Slowenien reicht. Die Südsteiermark ist für ihre erfrischenden, frucht- und säurebetonten Weißweine international bekannt. Doch hier am Flamberg, im nördlichsten Teil der Südsteiermark, schaffen Hannes und Petra Harkamp mit viel Fingerspitzengefühl noch weit mehr. Kaum einem anderen Weingut gelingt es, neben so viel Frische auch noch so noble Eleganz und Finesse in die Weine zu bringen. Die Top-Lagen von Hannes Harkamp gehören zu den besten in der Südsteiermark. Oberburgstall, direkt am Flamberg gelegen, mit seinem Muschelkalkboden und Kogelberg, weiter südlich gelegen, mit seinem Schieferboden bilden die Basis für subtile und feingliedrige Weine. Hannes Harkamp versteht es wie kein Zweiter, das Potenzial dieser steilen Lagen in die Flasche zu bringen. Er vinifiziert klassische Sortenweine, die sich durch frische Frucht und den typisch steirischen Charakter auszeichnen. Die Trauben von den Lagen Oberburgstall und Kogelberg werden zu finessenreichen und eleganten Terroir-Weinen ausgebaut, die ihre Herkunft unverkennbar widerspiegeln. Mittlerweile lässt sich auch Hannes' heimliche Liebe nicht mehr verstecken: Er hat sich als begnadeter Versekter entpuppt, wie zum Beispiel seine Brut Reserve eindrucksvoll unter Beweis stellt. Sogar das Versektungs-Handwerk hat er sich autodidaktisch erarbeitet – typisch für den stillen, nachdenklichen Winzer. Das Harkamp-Anwesen kann man wohl als »Gesamterlebnis für alle Sinne« bezeichnen. Neben eleganten Weinen genießt man hier im Restaurant der Familie authentische Küche mit subtiler Note und wohnt in einem charmanten Hotel. Und das alles in Kombination mit dem atemberaubenden Blick über das südsteirische Hügelland.

(92–94) Sauvignon Blanc Kogelberg 2011
14 Vol.%, NK, großes Holzfass, €€€€

Helles Gelbgrün. Mit frischer Kräuterwürze unterlegte weiße Tropenfruchtanklänge, zart nach Cassis, Grapefruitzesten, dunkle Mineralik. Kraftvoll, saftig, extraktsüß und elegant, feinwürziger Wein mit guter Mineralik und Länge, Blutorangen im Abgang, salzig und anhaltend, sicheres Reifepotenzial.

(92–94) Grauburgunder Oberburgstall 2011
15 Vol.%, NK, Teilbarrique, €€€€

Helles Messinggelb. Mit zarter Kräuternote unterlegte Birnenfrucht, ein Hauch Vanille, gelber Apfel klingt an, ein Hauch von Orangenzesten. Saftig, gute Komplexität, extraktsüße gelbe Tropenfruchtaromen, feiner Säurebogen, harmonisch, versteckt seine Muskeln, mineralischer Nachhall, zitronige Nuancen im Rückgeschmack, ein stoffiger Speisenbegleiter mit sehr guter Zukunft.

(91–93) Sauvignon Blanc Oberburgstall 2011
13,5 Vol.%, NK, großes Holzfass, €€€€

Helles Gelbgrün. Feines Stachelbeerkonfit, ein Hauch von Grapefruit, mineralische Nuancen. Saftige weiße Tropenfruchtanklänge, finessenreicher Säurebogen, frische Apfelfrucht im Abgang, salzig-zitroniger Rückgeschmack, ein vielseitiger Speisenbegleiter.

(91-93) Morillon Oberburgstall 2011
14 Vol.%, NK, Teilbarrique, €€€€
Helles Gelbgrün, Silberreflexe. Attraktive gelbe Tropenfruchtanklänge, ein Hauch von Grapefruit und Kräuterwürze. Saftig, elegant, angenehme Extraktsüße, sehr gut eingebundener Holztouch, bleibt gut haften, sehr gute Länge, ein stoffiger Speisenbegleiter, gutes Potenzial.

(90-92) Gelber Muskateller Oberburgstall 2011
13 Vol.%, NK, Stahltank, €€€€
Helles Grün, Silberreflexe. Frische Limettenzesten, ein Hauch von Holunderblüten, mineralischer Touch, attraktives Bukett. Saftig, elegante Textur, feine Fruchtsüße, feiner Säurebogen, salzig geprägt im Abgang, gute Länge, ein aromatischer, gut ausgewogener Sommerwein.

91 Harkamp Brut Reserve
12,5 Vol.%, NK, großes Holzfass, €€€€
Mittleres Gelbgrün, lebendiges Mousseux. Zart mit Biskuit unterlegte Nuancen von Orangenzesten, gelber Apfel und feine Kräuterwürze klingen an. Saftig, weiße Frucht, finessenreiches Säurespiel, zitroniger Touch im Abgang, bleibt gut haften, Limetten im Nachhall.

Südsteiermark

HIRSCHMUGL – DOMAENE AM SEGGAUBERG

8430 Leibnitz, Seggauberg 41
T: 03452/863 00 , F: 03452/844 38 18
toni@hirschmugl-domaene.at
www.hirschmugl-domaene.at

NEU

KELLERMEISTER UND ANSPRECHPARTNER: Alexander Scherübl
ANZAHL/FLASCHEN: 18.000 (85 % weiß, 15 % rot) **HEKTAR:** 10
VERKOSTUNG: ja, gegen Voranmeldung **AB-HOF-VERKAUF:** ja
ANDERE PRODUKTE IM VERKAUF: Sekt, Honig, Fruchtessig, Fruchtsäfte
ÜBERNACHTUNGSMÖGLICHKEIT: kann organisiert werden
MESSEN: VieVinum, Vinalia

»Zurück zu den Wurzeln und im Einklang mit der Natur sein« – das ist Motivation und Antrieb, eine Philosophie, die Anton und Astrid Hirschmugl und ihr Team im Alltag sowie in der Arbeit begleitet. Schon Kelten, Römer und deren Götter wussten Produkte der Natur zu schätzen. Nicht umsonst hieß der Seggauberg früher Götterberg, der heilige Berg. Die von Wald umgebene Domäne ist ein Ort, der förmlich dazu herausfordert, die Tradition biologischer Produktgewinnung fortzuführen.

Der Wunsch nach einem ursprünglichen Wein machte Christoph Sturm auf PIWI-Rebsorten (pilzwiderstandsfähige Rebsorten) aufmerksam. Beim Auswählen der »PIWIs« wurde größter Wert auf Aromaspektrum und Geschmackspotenzial der Rebsorten gelegt. In den Weingärten reifen nun die Trauben von Muscaris, Cabernet Blanc und Cabertin. Diese Rebsorten sind widerstandsfähiger, in hohem Maße resistent gegen Pilzkrankheiten, und sie erlauben eine biologische und extensive Arbeitsweise.

Auf der Domäne am Seggauberg und in den Weingärten finden sich verschiedene Arten von Nattern. Diese ungiftigen Schlangen gelten als Anzeiger einer intakten Umwelt, die nur bei einer naturnahen Arbeitsweise gewährleistet ist. Um dieses Naturverständnis zu dokumentieren, wird die Natter als Symbol und Etikett gleichermaßen verwendet. Das Weinsortiment umfasst neben »PIWIs« natürlich auch die klassischen steirischen Rebsorten wie Sauvignon Blanc, Welschriesling, Weißburgunder, Traminer und einem Rotwein, eine Cuvée aus Zweigelt und St. Laurent.

(90-92) Morillon Aurum 2010
13 Vol.%, NK, 1300, extratrocken, €€€€
Mittleres Grüngelb, noch zart getrübt. Einladende gelbe Tropenfruchtaromen, zartes Nougat, feine Kräuterwürze. Saftig, gute Komplexität, zart nach Steinobst, finessenreicher Säurebogen, zitronige Nuancen im Abgang, ein eleganter Speisenbegleiter, angenehme Extraktsüße im Nachhall, verfügt über Entwicklungspotenzial.

89 Sauvignon Blanc 2011
13,5 Vol.%, DV, Stahltank, 2500, extratrocken, €€€

89 Morillon 2011
13 Vol.%, DV, Stahltank, 3000, extratrocken, €€

(88-90) Muscaris 2011 (Piwi-Sorte)
14,5 Vol.%, DV, Stahltank, 3500, extratrocken, €€

(87-89) Cabernet Blanc 2011 (Piwi-Sorte)
13,5 Vol.%, DV, Stahltank, 2500, extratrocken, €€€

(87-89) Traminer Aurum 2010
13 Vol.%, NK, 1300, extratrocken, €€€€

90 RWC 2009 ZW/SL
13,5 Vol.%, NK, Barrique, 1500, extratrocken, €€€
Leuchtendes Rubingranat, violette Reflexe, zarter Wasserrand. Zart floral unterlegte dunkle Beerenfrucht, feiner balsamischer Touch, zartes Nougat. Saftig, elegante Textur, feiner Dörrobsttouch, gute Mineralik, bleibt gut haften, ein eleganter Speisenbegleiter.

87 Sekt Brut Decto Rosso Methode Traditionelle 2010 ZW/SL
12 Vol.%, NK, 1800, halbtrocken, €€€

★★★
WEINGUT DANIEL JAUNEGG

8463 Leutschach, Eichberg-Trautenburg 160
T: 03455/67 54, F: DW 4
weingut@jaunegg.at
www.jaunegg.at

KELLERMEISTER UND ANSPRECHPARTNER: Daniel Jaunegg
ANZAHL/FLASCHEN: k. A. (100 % weiß) HEKTAR: 8
VERKOSTUNG: ja, gegen Voranmeldung AB-HOF-VERKAUF: ja
ÜBERNACHTUNGSMÖGLICHKEIT: ja
ANDERE PRODUKTE IM VERKAUF: Destillate
MESSEN: ProWein

Südsteiermark

Das Weingut Daniel Jaunegg befindet sich in wunderschöner Lage auf gut 500 Metern Seehöhe, wo sich dem Besucher eine herrliche Aussicht bietet. Durch den Einfluss der in der Ferne sichtbaren Koralpe liegt ein kühleres Kleinklima vor, das auch in den Weinen spürbar wird. Sie haben eine feine, kühle Aromatik, sind facettenreich und komplex und lassen ihre Herkunft wunderbar nachvollziehen.

Bereits bei den klassisch ausgebauten Herkunftsweinen, die die Bezeichnung »Südsteiermark« tragen, merkt man, dass nur physiologisch voll ausgereifte Trauben geerntet werden – ausgeprägte Sortentypizität und Harmonie werden hier angestrebt. Die Weine der Lage Knily (Grauburgunder, Sauvignon Blanc) spiegeln den Boden und das Klima besonders gut wieder: Die engmaschige Struktur und feine Mineralik sind geprägt vom sandigen, schottrigen Untergrund. Die »Muris« (Sauvignon Blanc und Chardonnay) stehen für das beste Lesegut eines Jahres. Der Jahrgang 2010 stellte hier eine besondere Herausforderung dar, beim Sauvignon Blanc wurde nach einer Vielzahl von Lesedurchgängen das Herzstück herausgearbeitet, das durch Komplexität und Strahlkraft überzeugt. Der Chardonnay wurde in diesem Jahr als TBA geerntet, mit einer einmaligen Zucker-Säure-Konzentration, die diesem Wein neben seiner Süße Lebendigkeit, Frische und Langlebigkeit verleiht.

Einmal hingefunden, kann man sich persönlich von der Qualität der Weine überzeugen, die mittlerweile seit Jahren einen hohen Standard erfüllen und das Weingut Daniel Jaunegg zu einer der Top-Adressen in der Steiermark machen.

L 93 Sauvignon Blanc Muri 2010
12,5 Vol.%, DV, gebr. Barrique, extratrocken, (€€€€€)
Helles Gelbgrün. Intensiv nach grünen Paprikaschoten, betont würziges Bukett, ein Hauch von Estragon, weiße Fruchtnoten, Zitruszesten. Saftig, gute Komplexität, wieder weißfruchtig, lebendige Säurestruktur, hat Rasse und Trinkanimo, gute Mineralik, fast salziger Nachhall, leichtfüßig und gut anhaftend.

(90-92) Sauvignon Blanc Knily 2011
13 Vol.%, DV, Stahltank/großes Holzfass, extratrocken, €€€
Helles Grüngelb. Feine Kräuterwürze, etwas Cassis, Stachelbeeraromen, Grapefruitzesten. Saftig, weiße Tropenfrucht, knackige Struktur, zart vegetale Nuancen im Abgang, zitroniger Touch, bleibt gut haften, feiner Speisenbegleiter.

(89-91) Gelber Muskateller Knily 2011
12,5 Vol.%, DV, Stahltank, extratrocken, €€€
Helles Grüngelb. Feine Nuancen von Holunderblüten, zart nach Grapefruit, weiße Tropenfrucht, kein lauter Typ. Fein, engmaschig, zeigt eine gute Komplexität, angenehmer Säurebogen, zitronige Nuancen im Abgang, mineralisches Finish.

89 Sauvignon Blanc 2011
12,5 Vol.%, DV, Stahltank, extratrocken, €€

88 Gelber Muskateller 2011
11,6 Vol.%, DV, Stahltank, extratrocken, €€

96 Chardonnay Muri TBA 2010
9,5 Vol.%, DV, Barrique, süß, €€€€€
Leuchtendes Goldgelb, Grünreflexe. Mit feinem Honig unterlegte reife gelbe Tropenfruchtaromen, ein Hauch von Zitrusfrüchten, zarte Kräuternote, blitzsauberes Bukett. Saftig, sehr komplex, kraftvolle Restsüße, die von einer brillanten Säure gekontert ist, Orangen im Nachhall, zitronig und salzig der Nachhall, ein Top-Süßwein.

Südsteiermark

★★★★

WEINGUT LACKNER-TINNACHER

8462 Gamlitz, Steinbach 12
T: 03453/21 42, F: 03453/48 41
weingut@tinnacher.at
www.tinnacher.at

KELLERMEISTER: DI Katharina und Fritz Tinnacher
ANSPRECHPARTNER: Wilma Tinnacher
ANZAHL/FLASCHEN: 110.000 (92 % weiß, 6 % rot, 2 % süß) HEKTAR: 21
VERKOSTUNG: ja, gegen Voranmeldung AB-HOF-VERKAUF: ja, limitierte
Mengen ANDERE PRODUKTE IM VERKAUF: Destillate
VEREINSZUGEHÖRIGKEIT: Steirische Terroir- und Klassikweingüter
MESSEN: ProWein

Das Weingut Lackner-Tinnacher liegt inmitten von Wein- und Obstgärten auf einer Hügelkette in Steinbach bei Gamlitz. Seit Jahrhunderten wird auf dem Anwesen Weinbau betrieben, bereits 1787 wurden im Josefinischen Kataster ausführlich vier Weingartenstücke beschrieben.

Heute wird das Weingut von Fritz, Wilma und Katharina Tinnacher bewirtschaftet. Rund 21 Hektar Weingärten befinden sich auf der klimatisch idealen Seehöhe von 400 bis 500 Metern auf besten Steillagen in Steinbach und Eckberg sowie im Sausal. Die Weingärten stehen für Fritz Tinnacher im Mittelpunkt seiner Aufmerksamkeit. Das besondere Kleinklima der Rieden erhält er durch Wiesenränder und Schutzwälder. Drei- bis viermal wird der Rebstock ausgedünnt, und die Triebe werden sorgsam händisch formiert, um eine hohe Reife der Trauben zu erreichen. Die Ernte erfolgt zumeist spät, auf präzise Handlese zum besten Reifezeitpunkt wird geachtet. Ebenso ist es Standard, dass die Trauben, die ausschließlich aus eigenen Weingärten stammen, rasch und unversehrt zur Presse gelangen und schonend gekeltert werden. Die traditionelle und behutsame Vinifikation bestimmt seit vielen Jahren die zeitlos elegante Linie des Weingutes.

Fritz Tinnachers Weine sind stets fein strukturiert, durchzogen von tiefer Frucht und authentisch geprägt von Boden, Klima und Jahrgang. Konsequent stammen alle Weine des Gutes aus den eigenen Weingärten. Die einzelnen Lagen und Rieden verfügen über unterschiedliche Bodenbegebenheiten, und der Familie Tinnacher ist es ein besonderes Anliegen, diese feinen und unterschiedlichen Strukturen im Wein aufzuzeigen. Die Hauptsorte des Weingutes ist der Sauvignon Blanc, wobei der Sauvignon Blanc »Klassik« von überwiegend lehmhältigen Böden stammt und der Sauvignon Blanc »Steinbach« auf sandigen und schottrigen Böden wächst. Der Sauvignon Blanc »Welles« hat ein steiniges, mineralhaltiges Schotterkonglomerat als Untergrund, und der Oberboden besteht aus roten und grauen Sanden. Aus 2007 kommt noch eine spät gelesene »Welles« Reserve dazu. Ebenso seit Langem im Fokus sind am Weingut die Burgundersorten: Weißburgunder »Eckberg« und Morillon »Eckberg« stehen auf Kalkmergelböden, Weißburgunder »Steinbach«, Morillon »Steinbach« und Grauburgunder »Steinbach« wachsen auf sandigen und schottrigen Böden. Weiters werden Welschriesling, Gelber Muskateller aus der Lage Gamitz, hier erstmals als Steirische Klassik von den jungen Reben und als Gelber Muskateller »Gamitz« aus den beinahe fünfzig Jahre alten Stöcken, und Roter Traminer kultiviert. Aus den Rieslingtrauben wird, wenn es der Jahrgang ermöglicht, bevorzugt Prädikatswein gekeltert.

Mit Jahresbeginn 2008 wurde das Weingut um Weingärten in Flamberg in der Gemeinde St. Nikolai im Sausal erweitert, und die Einbindung der neuen Lagen erfolgt schrittweise. Die fünf Hektar umfassenden, kesselförmigen Süd- bis Südwesthänge bieten ein spezielles – vom Muschelkalkboden geprägtes – Terroir und sind ein spannender Kontrast zu den Lagen in Steinbach. So wundert es nicht, dass Flamberg nun vor allem im Hauptaugenmerk von Katharina Tinnacher liegt, die sich bereits während ihres Studiums an der Universität für

Bodenkultur mit der Interaktion von Rebe, Boden und Klima beschäftigt hat. Neben der Erhaltung der wertvollen alten Rebstöcke setzt sie bei Flamberg auf die Kultivierung von Sauvignon-Blanc- und Burgundersorten.

94 Sauvignon Blanc Welles Große STK Lage 2010
13 Vol.%, VL, €€€€€
Mittleres Grüngelb. Feine reife Tropenfrucht, feine Johannisbeerfrucht, Grapefruit, ein Hauch von Ananas, mit angenehmer Kräuterwürze unterlegt. Elegant, feine weiße Frucht, feine Säurestruktur, zitronige Nuancen, engmaschig, wirkt insgesamt sehr leichtfüßig, großes Reifepotenzial, ein finessenreicher Sortenvertreter.

93 Morillon Flamberg 2011
13 Vol.%, VL, großes Holzfass, €€€€
Mittleres Gelbgrün. Feine Steinobstklänge, zarte Apfelfrucht, feine Mineralik. Saftig, seidige Textur, finessenreiche Struktur, dezente zitronige Nuancen, ein sehr subtiler Wein, zart und mit guter Länge ausgestattet, ein delikater Terroirwein, wie aus einem Guss.

92 Morillon Steinbach Erste STK Lage 2011
13,5 Vol.%, VL, großes Holzfass, €€€
Helles Grüngelb. Reife gelbe Tropenfrucht, feine Pfirsichfrucht, zarte Ananas, dezenter Holztouch. Stoffig, gute Komplexität, feine Mineralik, finessenreicher Speisenbegleiter, facettenreich und gut anhaltend, wird von etwas Flaschenreife zusätzlich profitieren.

92 Grauburgunder Steinbach Erste STK Lage 2011
14 Vol.%, VL, großes Holzfass, €€€
Mittleres Gelbgrün. Verhaltenes Bukett, zart nach gelben Birnen, ein Hauch von frischen Quitten, braucht etwas Luft. Kraftvoll, aber nicht opulent, dunkle Mineralik, feine Säurestruktur, weiße Frucht im Nachhall, ein stoffiger Speisenbegleiter.

91 Sauvignon Blanc Steinbach Erste STK Lage 2011
14 Vol.%, Stahltank, €€€€
Mittleres Gelbgrün. Rauchig, reife gelbe Frucht, braucht Luft, zart mit Honigmelone unterlegt, süßliche Nuancen. Am Gaumen kraftvoll, wirkt noch unentwickelt, zart nach Steinobst im Nachhall, etwas weicher Abgang, mittlere Länge.

91 Weißburgunder Steinbach Erste STK Lage 2011
13,5 Vol.%, VL, großes Holzfass, €€€
Helles Grüngelb. Feine gelbe Apfelfrucht, mit zarten Wiesenkräutern unterlegt, rauchige Nuancen, attraktives Bukett. Feine Birnenfrucht, extratsüße Noten, finessenreiche Struktur, mineralische Anklänge, gelbe Apfelfrucht, ein facettenreicher Speisenbegleiter.

91 Gelber Muskateller Gamitz Erste STK Lage 2011
13 Vol.%, VL, Stahltank, €€€€
Helles Grüngelb. Feiner Holunderblütentouch, Muskatnoten, attraktives Bukett. Saftig, angenehme weiße Tropenfrucht, feiner Säurebogen, mineralisch und gut anhaltend, zitroniger Nachhall, wirkt zart und trinkanimierend.

90 Sauvignon Blanc Flamberg 2011
13 Vol.%, €€€€
Helles Gelbgrün. Rauchig, zart nach Brennnessel, Grapefruit, Cassis, sehr typische Würze. Saftig, gelbe Frucht, rassiges Säurespiel, zitronig, mineralischer Nachhall, ein lebendiger Sommerwein mit gutem Reifepotenzial.

L 90 Gelber Muskateller Steirische Klassik 2011
12,5 Vol.%, VL, Stahltank, €€€
Mittleres Grüngelb. Zarter Touch von Mandarinen, feine Holunderblüten, angenehmer Muskattouch. Saftig, elegante Textur, runder Säurebogen, mineralisch, feine Kräuterwürze im Nachhall.

89 Sauvignon Blanc Steirische Klassik 2011
13 Vol.%, VL, Stahltank, €€€

89 Weißburgunder Eckberg 2011
13 Vol.%, €€

89 Morillon Eckberg 2011
12,5 Vol.%, Stahltank/großes Holzfass, €€

88 Welschriesling STK 2011
12 Vol.%, VL, Stahltank, €€

88 Roter Traminer Türken 2011
14 Vol.%, VL, €€€

Südsteiermark

★ ★ ★

WEINGUT WOLFGANG MAITZ

8461 Ratsch an der Weinstraße 45
T: 03453/21 53, F: DW 7
weingut@maitz.co.at
www.maitz.co.at

KELLERMEISTER UND ANSPRECHPARTNER: Wolfgang Maitz jun. ANZAHL/ FLASCHEN: k. A. (90 % weiß, 8 % rot, 2 % süß) HEKTAR: 15 VERKOSTUNG: ja, gegen Voranmeldung AB-HOF-VERKAUF: ja ANDERE PRODUKTE IM VERKAUF: Destillate, Sekt RESTAURANT/GASTHOF: Mitte März bis Mitte Nov. 14–22 Uhr, Do. und So. Ruhetag ÜBERNACHTUNGSMÖGLICHKEIT: ja VEREINSZUGEHÖRIGKEIT: Marktgemeinschaft Steirischer Wein MESSEN: VieVinum, ProWein

Wolfgang Maitz jun. ist Winzer aus Leidenschaft. Als klassischer Familienbetrieb bietet das Weingut Maitz in traumhafter Lage in Ratsch an der Südsteirischen Weinstraße ein Weinsortiment, das sich eindrucksvoll auf das Wesentliche konzentriert. Grundverschiedene Lagenweine von enormer Vielfalt – direkt vor der Haustüre. Für den jungen Winzer stehen bei seiner Arbeit die Eigenständigkeiten der Trauben jedes Jahrgangs sowie die Lage und das Terroir im Vordergrund. Der Weingarten wird hier als das wahre Potenzial des Weinbauern verstanden. Lage, Boden und Mikroklima eines Weingartens sind der »Kreativität« der Natur ausgesetzt.

Daher lautet ein Credo im Hause Maitz: »Das, was die Traube aus dem Weingarten mitbringt, soll im Keller zu Wein umgesetzt werden.« Ein Wein muss Herkunft, Reifepotenzial und Trinkspaß besitzen. In der bewussten Zusammenarbeit mit der Natur überzeugen die südsteirischen Weine des Familienweinguts durch Frische, vielschichtige Aromatik und straffe Struktur, die als Qualitätsmerkmal mit der Reife eine gesteigerte Trinkfreude vermittelt. Die traumhafte Lage inmitten der südsteirischen Weinberge wird darüber hinaus mit einem idyllischen Weinlokal mit der typischen südsteirischen Kulinarik und Gastfreundschaft perfekt genutzt. Neu in diesem Jahrgang: die Sortenweine ohne Lagenangabe tragen nun den Zusatz »Südsteiermark« auf dem Etikett.

92 Sauvignon Blanc Schusterberg 2010
13 Vol.%, DV, großes Holzfass, extratrocken, €€€€
Helles Gelbgrün. Einladendes Bukett nach Stachelbeerkonfit und Cassis, mit angenehmer Kräuterwürze unterlegt, zart nach Orangenzesten. Saftig, elegante Textur, feine weiße Tropenfruchtanklänge, finessenreicher Säurebogen, zitronige Nuancen, mineralischer Nachhall.

92 Morillon Schusterberg 2009
13,5 Vol.%, DV, großes Holzfass/Teilbarrique, extratrocken, €€€€
Mittleres Gelbgrün. Feine Gewürzanklänge, reife gelbe Fruchtnuancen, ein Hauch von Vanille, feine Orangenfrucht. Stoffig, gute Komplexität, zart nach Babybanane, elegant und ausgewogen, zarter Holzkuss im Abgang, extraktsüßer Nachhall, gutes Entwicklungspotenzial.

91 Traminer Krois 2010
13,5 Vol.%, DV, Teilbarrique, extratrocken, €€€€
Mittleres Gelbgrün. Feine Nuancen nach Rosenöl, ein Hauch von Kräutern und Eibischteig, mit gelber Tropenfrucht unterlegt. Saftig, zart nach Maracuja und Papaya, frisch strukturiert, das Holz ist gut eingebunden, elegante Stilistik, dunkle Mineralik im Abgang.

89 Grauburgunder Schusterberg 2010
13 Vol.%, DV, Teilbarrique, extratrocken, €€€€

89 Rheinriesling Hochstermetzberg 2009
12 Vol.%, DV, großes Holzfass, lieblich, €€€€

88 Sauvignon Blanc Südsteiermark 2011
12,5 Vol.%, DV, Stahltank, extratrocken, €€

★

WEINGUT PETER MASSER

8463 Leutschach, Fötschach 41
T/F: 03454/467
weingut@masser.cc
www.masser.cc

Südsteiermark

KELLERMEISTER UND ANSPRECHPARTNER: Peter Masser
ANZAHL/FLASCHEN: k. A. (75 % weiß, 23 % rot, 2 % süß) HEKTAR: 7,5
VERKOSTUNG: ja AB-HOF-VERKAUF: ja HEURIGER: »Picknick im Weingarten«
am 11. 8. und »Alles Masser am Moserhof« vom 16. bis 18. 11.
ÜBERNACHTUNGSMÖGLICHKEIT: kann organisiert werden
ANDERE PRODUKTE IM VERKAUF: Destillate, Sekt, Produkte vom
schottischen Hochlandrind MESSEN: VieVinum, PraVinum

Das Weingut von Peter Masser liegt in Fötschach unweit von Leutschach und ist bei Gourmets nicht nur für seine Weine, sondern auch für das zweite Standbein, die Zucht von schottischen Hochlandrindern bekannt. Auch die Veranstaltung »Wein & Steak« im Juni, wo man hausgemachte Spezialitäten und die Weine des Hauses kennenlernen kann, hat mittlerweile viele Fans. Nahe der Südsteirischen Weinstraße finden die Massers ideale Bedingungen für die Erzeugung von Qualitätswein vor.

In den Lagen Sernau, Oberglanz und Hoisl, wo die Hangneigung bis zu 50 Grad erreicht, finden die Reben ideale Bedingungen vor. Die Palette deckt die typisch südsteirischen Rebsorten ab: knackiger Welschriesling, Morillon, diverse Burgunder, aber auch Sauvignon Blanc und Muskateller. In geeigneten Jahren entstehen auch Süßweine (Eiswein, Ausbruch, Trockenbeerenauslese). Rotweinfreunde werden mit Zweigelt »Klassik«, Zweigelt »Sernau«, Blauem Wildbacher »Hoisl« und der »Reserve PM1« verwöhnt.

Am 11. August lädt die Familie Masser zum »Picknick im Weingarten«, und im November heißt es dann »Alles Masser am Moserhof«.

91 Sauvignon Blanc Oberglanz 2008
13 Vol.%, NK, großes Holzfass, extratrocken, €€€€
Mittleres Gelbgrün. Intensiv nach gelben Tropenfrüchten, feiner Gewürztouch, ein Hauch von Orangen, zart nach gelben Paprikaschoten. Saftig, feine Kräuterwürze, zart nach Cassis und Stachelbeeren, angenehmer Säurebogen, ein eleganter und gut gereifter Speisenbegleiter.

L 90 Gelber Muskateller Oberglanz 2011
12,5 Vol.%, DV, Stahltank, trocken, €€
Helles Grün, Silberreflexe. Feine Steinobstnoten, weiße Blüten, mit feinen Grapefruitanklängen unterlegt, ein Hauch von frischen Wiesenkräutern. Elegant, saftige weiße Tropenfrucht, finessenreicher Säurebogen, balanciert, zitronige Nuancen, angenehme Mineralik im Abgang, ein feiner Begleiter zu sommerlichen Gerichten.

89 Sauvignon Blanc Selektion 2011
13 Vol.%, DV, Stahltank, trocken, €€

89 Grauer Burgunder Klassik 2011
13 Vol.%, DV, Stahltank, trocken, €€

88 Sauvignon Blanc Klassik 2011
12,5 Vol.%, Stahltank, extratrocken, €€

88 Reserve PM1 2007 ZW/BW
13,5 Vol.%, NK, Barrique, extratrocken, €€€

Südsteiermark

★★
MEINHARDT HUBE

8462 Gamlitz, Steinbach 11
Verkauf über Weingut Wohlmuth
T: 03456/23 03, F: 03456/21 21
office@meinhardthube.com, www.meinhardthube.com

KELLERMEISTER UND ANSPRECHPARTNER: Gerhard Wohlmuth
ANZAHL/FLASCHEN: 60.000 (100 % weiß) **HEKTAR:** 12
VERKOSTUNG: ja **AB-HOF-VERKAUF:** ja
MESSEN: VieVinum, ProWein, Vinexpo

Das Weingut Meinhardt Hube ist eines der ältesten in der Region überhaupt und wurde bereits 1574 erstmals erwähnt. Die rund zwölf Hektar Weingärten sind allesamt südlich oder südwestlich ausgerichtet, weisen bis zu 50-jährigen Rebbestand auf und bringen Weine mit steirischer Typizität auf höchstem Niveau mit enormer Finesse hervor.

Das spezifische Mikroklima bildet hier zusammen mit den guten Lagen und dem Untergrund ein spezifisch steirisches Terroir. An den Abenden kühlt es während der Reifezeit der Trauben stark ab, die Tag-Nacht-Differenz von bis zu 25 Grad Celsius fördert die Bildung feiner Aromen. Die Folge sind sehr reife und fruchtige Weine, die durch die Mineralik des Bodens in ihrer Finesse unterstrichen werden.

Die unterschiedlichen Bodentypen (sowohl kalkhaltige Sande über Kalksandstein als auch kalkfreie, lehmige Sande bis hin zu Kreuzbergschotter und Sedimenten von Meerestieren) erlauben eine gute Differenzierung der Lagen. Die Weine der Meinhardt Hube werden im hochmodernen Keller des Stammhauses unter der fachkundigen Hand von Gerhard Wohlmuth vinifiziert. Wichtig ist der Familie Wohlmuth, dass hier Weine entstehen, die durch ihre Herkunft klare stilistische Unterschiede zu den bekannten Wohlmuth-Weinen aus Kitzeck aufweisen.

(91–93) Sauvignon Blanc KISL 2011
13,5 Vol.%, NK, großes Holzfass, trocken, €€€
Helles Grüngelb. Mit rauchiger Mineralik unterlegte Grapefruitnote, reife Stachelbeernote, zart nach Pfirsich, attraktive Würze. Saftig, elegante Extraktsüße, zart nach Mango, komplex und gut anhaltend, finessenreicher Wein, bereits zugänglich, dunkle Mineralik im Abgang.

91 Sauvignon Blanc Steinbach 2011
13 Vol.%, DV, Stahltank, trocken, €€€
Helles Grüngelb. Feinwürzig unterlegte Stachelbeernote, ein Hauch von Grapefruit, zarte Paprikaschoten. Saftig, weiße Frucht, knackige Struktur, finessenreich und gut anhaltend, ein leichtfüßig wirkender Wein mit viel Trinkanimo, mineralischer Nachhall.

91 Chardonnay Steinbach 2011
13 Vol.%, DV, Stahltank/großes Holzfass, trocken, €€
Helles Grüngelb. Ein Hauch von Orangenzesten, frischer Apfel, angenehme Mineralik. Saftig, gelbe Tropenfrucht, zart nach Ananas, frisch und lebendig, angenehme Apfelfrucht, zarte Kräuterwürze im Abgang, ein lagerfähiger Essensbegleiter.

L 90 Gelber Muskateller Steinbach 2011
12,5 Vol.%, DV, Stahltank, trocken, €€
Helles Grüngelb. Attraktive Blütenaromen, frische Stachelbeeren, zart nach Muskatnuss. Saftig, feine, zitronig unterlegte Textur, rassige Struktur, mineralischer Touch im Abgang, optimal für die sommerliche Terrasse.

L 90 Welschriesling Steinbach 2011
12 Vol.%, DV, Stahltank, trocken, €€
Helles Grüngelb. frischer gelber Apfel, zart mit Honigmelone unterlegt. Saftig, kernige Textur, frischer Säurebogen, rassig und trinkanimierend, knackiger Stil, ein idealer Sommerwein.

89 Pinot Blanc Steinbach 2011
13 Vol.%, DV, Stahltank/großes Holzfass, trocken, €€

★★★
DOMÄNE MÜLLER GUTSVERWALTUNG – GUT AM OTTENBERG

8522 Groß St. Florian, Grazer Straße 71
T: 03464/21 55, F: 03464/21 16 25
office@mueller-wein.at, www.domaene-mueller.com

Südsteiermark

KELLERMEISTER: Dkfm. Günter J. Müller und Yves-Michel Müller
ANSPRECHPARTNER: Dkfm. Günter J. und Eva R. Müller
ANZAHL/FLASCHEN: 140.000 (55 % weiß, 44 % rot, 1 % süß) HEKTAR: 26
VERKOSTUNG: ja, gegen Voranmeldung AB-HOF-VERKAUF: ja, limitierte
Mengen ÜBERNACHTUNGSMÖGLICHKEIT: kann organisiert werden
ANDERE PRODUKTE IM VERKAUF: Destillate, Sekt, Schilcheressig, Kürbiskernöl
MESSEN: ProWein, Alles für den Gast Salzburg, fafga Innsbruck, Vinexpo, Igeho Basel, HOFEX Hongkong

Die Weine der Domäne Müller werden aus der »Dreisamkeit« der Lebensphilosophie ihrer engagierten Erzeuger geformt: Harmonie der Familie, Gemeinsamkeit der Menschen und sorgsame Pflege der Natur. Unter diese Devise stellen Eva und Günter Müller sowie ihre Kinder Marie Yvette und Yves Michel ihr Streben nach Perfektion und wahren das Lebenswerk durch ständiges Weiterentwickeln des Erreichten in der vierten Generation.

In ihren Händen vereinen sich zwei Weingüter: das Gut am Ottenberg, das in der Südsteiermark liegt, und das »Ehem. Prinz Liechtenstein'sche Weingut« in Deutschlandsberg in der Weststeiermark. Die Familie Eva und Günter Müller ist als langjähriger Importeur edler Weine mit der Kultur Frankreichs eng verbunden. Aus der großen Weinpalette, die die Domäne Müller Gutsverwaltung in ihren beiden Weingütern in der Süd- und der Weststeiermark erzeugt, ragen jene aus französischen Edelsorten ganz besonders hervor. Die Weine stammen ausschließlich von den eigenen, rund 26 Hektar umfassenden Rebbergen, ausschließlich von prädestinierten Einzellagen. Eine »allgemeine Klassiklinie« ohne Herkunft wird nicht angeboten. Das »Gut am Ottenberg« wurde schrittweise um namhafte Lagen erweitert, allein hier verfügt das Weingut über eine erstklassige Fläche von 26 Hektar. Die Domäne hat beim Rebsatz dem jeweiligen Terroir entsprechend reagiert und Chardonnay aus kalifornischer Provenienz, Sauvignon Blanc aus dem Loiretal, Weißburgunder und Welschriesling sowie die Rotweinsorten Cabernet Sauvignon, Cabernet Franc, Merlot und Zweigelt ausgepflanzt. Der Rotweinanteil ist für ein steirisches Weingut mit fast 45 Prozent der Fläche sehr groß, wird aber durch die erzeugten Weine mehr als gerechtfertigt. »Der Sauvignon Blanc« ist für die Domäne Müller etwas Besonderes und zu einem Markenzeichen des Betriebes geworden. Er ist ein sehr eigenwilliges Gewächs, das Aufmerksamkeit erregen möchte und dazu auch prädestiniert ist. Längst ist er ein erklärter Liebling österreichischer Spitzengastronomen, aber auch gefragter Exportartikel. (Der angeführte Artikel vor der Rebsorte weist im Hause Müller immer auf den besten Wein einer Sorte im Haus hin, also gibt es auch einen »Der Cabernet Sauvignon« oder einen »Der Morillon«, immer vorausgesetzt, der Jahrgang hat gepasst.)

Die letzte Akquisition des »Gutes am Ottenberg« war eine kleine Rebfläche in der bekannten Top-Lage Zieregg, die Yves-Michel Müller nach Rodung und Brache nach seinen Vorstellungen bepflanzen wird.

92 Der Sauvignon Blanc
Ried Deutsche Weingärten 2010
14 Vol.%, NK, Stahltank, 6800, extratrocken, €€€€€
Helles Grüngelb. Zart blättrig unterlegte Stachelbeeranklänge, ein Hauch von Grapefruit, vegetaler Touch. Saftig, elegante Textur, feine weiße Tropenfrucht, frisch strukturiert, zitroniger Touch im Abgang, wirkt leichtfüßig, salzige Mineralik im Abgang, gutes Entwicklungspotenzial.

Südsteiermark

**92 Der Chardonnay Private Reserve
      Ried Deutsche Weingärten 2009**
14,5 Vol.%, NK, Barrique, 2700, extratrocken, €€€€
Leuchtendes Gelb, zarte Goldreflexe. Intensive Noten von Nougat und Karamell, feine Kräuterwürze klingt an, mit gelben Tropenfruchtnuancen unterlegt. Kraftvoll, saftig, gelbe Frucht, zarte Kokosanklänge, schokoladige Nuancen im Abgang, bleibt gut haften, ein stoffiger Speisenbegleiter.

**91 Der Chardonnay
      Ried Deutsche Weingärten 2007**
14,5 Vol.%, NK, Barrique, 3800, extratrocken, €€€€
Leuchtendes Gelbgrün. Mit deutlicher Kräuterwürze unterlegte gelbe Fruchtanklänge, rauchig-mineralische Nuancen, zarte Orangenzesten. Kraftvoll, feine Birnenfrucht, gut integrierte Holzwürze, gelbe Fruchtnoten im Abgang, ein straffer Speisenwein mit komplexem Finale, der Holzeinsatz kommt im Finish deutlich zutage.

90 Sauvignon Blanc 2011
13,5 Vol.%, DV, Stahltank, 13.000, extratrocken, €€€
Helles Grüngelb. Helle Birnenfrucht, zart mit Wiesenkräutern und einem Hauch von Grapefruit unterlegt. Kraftvolle weiße Tropenfrucht, lebendiges Säurespiel, mineralischer Nachhall, ein stoffiger Speisenbegleiter mit salzigem Nachhall.

**89 Morillon Chardonnay
      Ried Deutsche Weingärten 2010**
13 Vol.%, DV, Stahltank/großes Holzfass, 7900, extratrocken, €€€

(88-90) Der Merlot Untere Ranz Ried 2007
13,5 Vol.%, NK, Barrique, 4500, extratrocken, €€€€

★★★

WEINGUT MUSTER.GAMLITZ

8462 Gamlitz, Grubtal 14
T: 03453/23 00, F: DW 4
weingut@muster-gamlitz.at
www.muster-gamlitz.at

Südsteiermark

KELLERMEISTER: Reinhard Muster ANSPRECHPARTNER: Familie Muster
ANZAHL/FLASCHEN: 130.000–150.000 (90 % weiß, 9 % rot, 1 % süß)
HEKTAR: 20 VERKOSTUNG: ja AB-HOF-VERKAUF: ja
HEURIGER: von März bis November
ÜBERNACHTUNGSMÖGLICHKEIT: kann organisiert werden
ANDERE PRODUKTE IM VERKAUF: Destillate, Sekt
MESSEN: VieVinum, ProWein, ÖGW Zürich

Bis 1973 wurde das Gut als gemischter landwirtschaftlicher Betrieb geführt. 1974 legten die beiden Familien Muster und Dreisiebner gemeinsam den Grundstein für die heutige Betriebsform und begannen mit Wein- und Obstbau. Diese einzigartige Partnerschaft dauerte 26 Jahre lang. In dieser Zeit wurden die grundlegenden Bausubstanzen geschaffen, acht Hektar Eigenflächen für den Weinbau vorbereitet, mit Reben bepflanzt und ein Ab-Hof-Verkauf sowie eine Buschenschank als Vermarktungsweg aufgebaut.

Im Jahr 2000 endete aus gesundheitlichen Gründen diese Betriebsgemeinschaft, und die Familie Muster führt seither diesen Betrieb als »Einfamilienbetrieb« weiter. Seither verfolgt man weitere Ziele hinsichtlich Vermarktung, Betriebsgröße und auch eine erweiterte Philosophie beim Ausbau der Weine. Im Jahr 2002 wurde mit MUSTER.gamlitz eine neue Marke gegründet.

Die Klassik-Weine zeichnen sich durch Leichtigkeit und Aromatik aus. Die Reverenz-Linie zeigt kräftigen und gehaltvollen Charakter. Terroir und Mineralität widerzuspiegeln ist der Familie sehr wichtig. Man arbeitet viel mit großen und kleinen Holzfässern – teilweise im Rückverschnitt, aber auch »pur«.

Mit MUSTER.gamlitz wollte man extravagante Weine und eine ernst zu nehmende Weinmarke entstehen lassen, die die zentraleuropäische Weinlandschaft mitgestaltet und formt. Eingeteilt werden die Weine in eine jugendliche, frische Klassik-Linie, eine Reverenz-Linie und Weine der Lage Grubthal. Letztere, Privat Reserve »Grubthal«, gilt als eine besonders wertvolle und extravagante Weinlage. Sehr spezielle Bodenbeschaffenheiten und Kleinklimabedingungen prägen diese Weine. In Ausnahmejahrgängen werden hier die besten Beeren pro Traube selektioniert, sorgfältig zu Wein verarbeitet und bis zum Beginn der Trinkreife in den Fässern belassen. Mit großem Erfolg, wie die jüngst auf den Markt gekommenen Weine zeigen.

94 Chardonnay Grubthal Privat-Reserve 2007
14,5 Vol.%, VL, Barrique, extratrocken, €€€€
Kräftiges Gelbgrün. Intensive Kräuterwürze, feine gelbe Frucht nach Ananas, ein Hauch von Maracuja, dunkle Mineralik, angenehmer Blütenhonig, attraktive Frucht. Stoffig, zarte Nuancen von Steinobst und Honigmelonen, gut integrierte Holzwürze, zart nach Orangenzesten, Anklänge von Nougat im Nachhall.

93 Sauvignon Blanc Grubthal 2009
14 Vol.%, VL, Barrique, extratrocken, €€€€
Mittleres Grüngelb. Mit feiner Holzwürze unterlegte gelbe Tropenfruchtaromen, zart nach Wiesenkräutern, ein Hauch von Cassis und dunkler Mineralik. Stoffig, süße weiße Fruchtnuancen, gut integrierte Säurestruktur, feine zitronige Noten, bleibt gut haften, feine Mangofrucht im Nachhall, sicheres Entwicklungspotenzial.

92 Chardonnay Grubthal 2009
14 Vol.%, VL, Barrique, extratrocken, €€€€
Mittleres Grüngelb. Zarte Gewürzanklänge, feine Nuancen von gelbem Steinobst, zart nach Babybanane und Mango. Elegant, stoffig, feine Extraktsüße, mit feinem Säurebogen unterlegt, bleibt gut haften, ein kraftvoller Speisenbegleiter, zartes Karamell im Nachhall.

89 Muskateller Klassik 2011
11,5 Vol.%, DV, Stahltank, trocken, €€

Südsteiermark

89 Sauvignon Blanc Klassik 2011
12 Vol.%, DV, Stahltank, extratrocken, €€

93 TBA Steinbach 2010 TR
9,5 Vol.%, DV, Barrique, süß, €€€€
Leuchtendes Gelbgold, Grünreflexe. Vollreife Steinobstanklänge, gelber Pfirsich, exotische Nuancen, Ananas, Gewürznelken, sehr facettenreiches Bukett. Komplex, enorme Restsüße, feines Säurespiel, gelbe Tropenfrucht und Honig im Abgang, sehr gute Länge, noch ganz jung, wird von Flaschenreife profitieren und noch an Sortencharakter zulegen.

WEINGUT OBERGUESS

8463 Leutschach, Schlossberg 9
T: 0664/438 08 38, F: 03454/636 61
office@oberguess.com
www.oberguess.com

--- NEU ---

KELLERMEISTER: Christian Krampl
ANSPRECHPARTNER: Christian Krampl, Mag. Birgit Koch
ANZAHL/FLASCHEN: 25.000 (100 % weiß) HEKTAR: 5,5
VERKOSTUNG: ja, gegen Voranmeldung AB-HOF-VERKAUF: ja
BUSCHENSCHANK: März bis 15. November, Mi. bis So. 13–21 Uhr
ÜBERNACHTUNGSMÖGLICHKEIT: kann organisiert werden
ANDERE PRODUKTE IM VERKAUF: Spirituosen

Bevor Christian Krampl Anfang 2010 den elterlichen Hof übernahm, war er zehn Jahre als Kellermeister am Weingut Erich und Walter Polz tätig. Bereits 2008 entstanden die ersten Weine aus eigener Produktion unter dem Label »oberGuess«, was den Vulgo-Namen des Hofs und gleichzeitig über 500 Jahre Familienbesitz repräsentiert.

Naturnahe Bewirtschaftung der knapp sechs Hektar Weingärten auf 600 Metern Seehöhe sowie Spontangärung, Verzicht auf jegliches Hightech und Einsatz von 600-Liter-Eichenholzfässern ermöglichen einzigartige, unverwechselbare Herkunfts- und Geschmacksimpressionen des auf Sauvignon Blanc und Muskateller spezialisierten Weingutes.

Der wunderschön ruhig gelegene Hof und die revitalisierte, kleine, feine Buschenschank laden zum Verweilen ein und vermitteln ein unvergleichliches Stück Südsteiermark.

93 oberGuess Privat 2009 CH/WB
13,5 Vol.%, DV, Barrique, (€€€€€)
Helles Gelbgrün. Feine Holzwürze, zarte Orangenzesten, Nuancen von Vanille und gelber Tropenfrucht. Stoffig, gute Komplexität, elegante Textur, feine Mineralik, zart nach Feuerstein im Nachhall, zitroniger Touch, kühler Stil, zeigt eine feine Klinge, sehr facettenreich im Rückgeschmack.

92 Weißburgunder Schlossberg 2011
13,5 Vol.%, DV, Teilbarrique, €€
Helles Grüngelb. Zarte Apfelfrucht, mit feinen Wiesenkräutern unterlegt, ein Hauch von Blütenhonig. Stoffig, elegant, feine Extraktsüße, ausgewogenes Säurespiel, reife gelbe Apfelfrucht im Abgang, zeigt eine gute Länge, harmonischer Speisenbegleiter mit gutem Reifepotenzial.

L 91 Sauvignon Blanc Schlossberg 2011
12 Vol.%, DV, Stahltank/Teilbarrique, €€€
Helles Grüngelb. Mit feiner Kräuterwürze unterlegte zarte Stachelbeernote, ein Hauch von Ananas, eher diskretes Bukett. Knackig, grüner Apfel, rassig und trinkanimierend, leichtfüßiger, zitroniger Stil, salziges Finish.

L 90 Gelber Muskateller Schlossberg 2011
12 Vol.%, DV, Stahltank, €€
Helles Grüngelb. Feine Blütenaromen, zart nach Grapefruit und Limettenzesten, attraktives Bukett. Saftig, elegante Textur, mit feiner Mineralik unterlegt, weiße Tropenfrucht im Nachhall, bleibt gut haften.

Südsteiermark

★★★★

WEINGUT ERICH UND WALTER POLZ

8471 Spielfeld, Grassnitzberg 54a
T: 03453/23 01, F: DW 6
weingut@polz.co.at
www.polz.co.at

KELLERMEISTER: Christoph Polz ANSPRECHPARTNER: Mag. Peter Keller
ANZAHL/FLASCHEN: 700.000 (90 % weiß, 10 % rot) HEKTAR: 70
VERKOSTUNG: ja AB-HOF-VERKAUF: ja HEURIGER: ja
ÜBERNACHTUNGSMÖGLICHKEIT: ja
MESSEN: VieVinum, ProWein, Meran International WineFestival

Sehr gut bleibt, was immer besser wird!« Dieser Leitsatz der Brüder Erich und Walter Polz gilt als höchste Maxime des seit 1912 bestehenden Weinguts. Mit zahlreichen Auszeichnungen und Spitzenbewertungen zählt Polz heute zu den führenden Weingütern in Österreich. Die Brüder übernahmen Ende der 1980er-Jahre das Weingut ihrer Eltern und entwickelten es im Laufe der Zeit zu einer Größe von 70 Hektar.

Mit dem Grassnitzberg und den später erworbenen Weingärten am Hochgrassnitzberg, an der Obegg und der Theresienhöhe bewirtschaften sie heute einige der vorzüglichsten Lagen der Steiermark. Die Rieden sind zum überwiegenden Teil mit den regionstypischen Rebsorten Sauvignon Blanc, Gelber Muskateller, Welschriesling und Morillon bestockt, Spezialitäten wie Traminer, Pinot Noir oder Zweigelt sowie finessenreiche Cuvées komplettieren das Sortiment.

Der Ausbau der Weine erfolgt differenziert, wobei die Linie »Steirische Klassik STK« mit besonderem Augenmerk auf Fruchtigkeit, Frische und strahlende Sortentypizität im Edelstahl ausgebaut wird. Die Lagenweine (Erste STK Lage und Große STK Lage) gelangen je nach Charakter und Potenzial des Jahrgangs in großen oder kleinen Eichenfässern zur Reife. Seit 2007 bewirtschaften Erich und Walter Polz die Weingärten des traditionsreichen Schlosses Seggau, dessen zehn Hektar Rebflächen sich in der Großlage Sausal von Kainberg bis Kitzeck ausbreiten. Mit den Weinen aus dem Bischöflichen Weinkeller Schloss Seggau haben die Polz-Brüder ihr Sortiment um weitere unverwechselbare Facetten erweitert.

(93–95) **Sauvignon Blanc Hochgrassnitzberg Große STK Lage 2010**
DV, großes Holzfass
Mittleres Gelbgrün. Feine weiße Tropenfruchtanklänge, Blütenaromen, ein Hauch von Orangenzesten, facettenreich. Saftig, extraktsüße gelbe Tropenfrucht, weißer Apfel, frischer Säurebogen, elegant und sehr salzig-mineralisch unterlegt, zeigt sichere Länge und Reifepotenzial.

93 **Morillon Obegg Große STK Lage 2008**
DV, Barrique, extratrocken
Mittleres Gelbgrün. Mit feiner Kräuterwürze unterlegter angenehmer Holztouch, zart nach Karamell, reife gelbe Tropenfrucht, facettenreicher Duft. Saftig, nach Steinobst, seidige Textur, finessenreicher Säurebogen, feiner Nougattouch, zart nach reifer Ananas im Abgang, ein vielseitiger Speisenbegleiter.

(92–94) **Sauvignon Blanc Therese Erste STK Lage 2011**
DV, Stahltank
Helles Grüngelb. Mit frischer Kräuterwürze unterlegte Stachelbeernuancen, Mandarinenzesten, ein Hauch von Brennnessel. Stoffig, sehr komplex, kraftvolle weiße Frucht, finessenreich unterlegt, zitronige Nuancen, mineralisch und lange anhaltend, gutes Reifepotenzial.

(92–94) **Morillon Moth Erste STK Lage 2011**
DV, großes Holzfass
Mittleres Grüngelb. Feinwürzig unterlegte gelbe Steinobstanklänge, zarte Kräuterwürze. Stoffig, elegant, kraftvolle Textur, zart nach reifer Birne, mineralisch-salziger Nachhall, zeigt eine gute Länge, vielversprechender Jungwein.

(91–93) **Grauburgunder Grassnitzberg Erste STK Lage 2011**
DV, großes Holzfass
Mittleres Gelbgrün. Feine Nuancen von Feuerstein, zart

nach weißer Birne, dezente Kräuterwürze unterlegt. Saftig, elegant, weiße Frucht, frisch strukturiert, feinwürziger Nachhall, gutes Entwicklungspotenzial, ein stattlicher Speisenbegleiter.

91 Sauvignon Blanc Steirische Klassik 2011
13 Vol.%, DV, Stahltank
Helles Grüngelb. Rauchig unterlegte Kräuterwürze, nach Grapefruit und Stachelbeeren, ein Hauch von eingelegten Paprikaschoten. Straff, weiße Tropenfrucht, knackige Säurestruktur, Grapefruittouch auch im Abgang, zitronige Nuancen im Nachhall, ein vielseitiger Speisenbegleiter.

(90-92) Gelber Muskateller Grassnitzberg
Erste STK Lage 2011
DV, großes Holzfass
Helles Grüngelb. Zart vegetal unterlegte Nuancen von Hollerblüten, feine Anklänge von Macis, Limettenzesten. Saftig, feine weiße Tropenfrucht, zart nach Litschi, elegant und gut anhaltend, seidige Textur, zitroniger Nachhall.

L 90 Gelber Muskateller Steirische Klassik 2011
12,5 Vol.%, DV, Stahltank
Helles Grüngelb. Nuancen von frischen Mandarinenzesten, feine Holunderblüten, traubige Noten. Saftig, gelbe Tropenfrucht, frischer Säurebogen, mineralisch, knackig-frische Stilistik, zitroniger Nachhall.

(89-91) Grassnitzberg 54a 2011 MO/SB/TR
DV, großes Holzfass
Helles Grüngelb. Intensive Kräuterwürze, Nuancen von Grapefruit, dunkle Mineralik. Stoffig, reife weiße Tropenfrucht, kraftvoll, feines Säurespiel unterlegt, zitronige Noten, ein facettenreicher Speisenbegleiter.

89 Welschriesling STK 2011
11 Vol.%, DV, Stahltank, extratrocken

89 Weißburgunder Steirische Klassik 2011
12,5 Vol.%, DV, Stahltank

88 Morillon Steirische Klassik 2011
12,5 Vol.%, DV, Stahltank

88 Steirischer Spiegel 2011 RR/SB
11 Vol.%, DV, Stahltank

92 Sauvignon Blanc Hochgrassnitzberg BA 2009
DV, Stahltank, süß
Kräftiges Goldgelb. Mit feiner Kräuterwürze unterlegte Dörrobstnote, zarter Blütenhonig, ein Hauch von Feigen. Feinwürzig, reife weiße Frucht, zart nach Kletzen, feiner Säurebogen, bereits gut antrinkbar, vielseitig einsetzbar.

Südsteiermark

★★

WEINGUT PONGRATZ

8462 Gamlitz, Kranachberg 73
T: 03453/44 77
wein@pongratz.cc
www.pongratz.cc

KELLERMEISTER: Markus Pongratz
ANSPRECHPARTNER: Markus und Sabine Pongratz
ANZAHL/FLASCHEN: k. A. (90 % weiß, 9 % rot, 1 % süß) HEKTAR: 10
VERKOSTUNG: ja, gegen Voranmeldung AB-HOF-VERKAUF: ja
HEURIGER: gegen Voranmeldung für Veranstaltungen wie Hochzeiten,
Konzerte usw. ÜBERNACHTUNGSMÖGLICHKEIT: ja
ANDERE PRODUKTE IM VERKAUF: Edelbrände MESSEN: ÖGW Zürich, VieVinum

Markus Pongratz überzeugt die Weinkenner und Kritiker im In- und Ausland mit seiner beständigen fruchtigen Linie schon die letzten Jahre hindurch. Die Erfolge sind kein Zufall mehr, sondern auf das gute Zusammenspiel vieler Faktoren zurückzuführen. Auf der einen Seite liefern die Top-Lagen am Kranachberg und am Hochberg mit den sandigen Böden den Grundstein für die gute Qualität der Weine aus dem Hause Pongratz. Ein weiterer wichtiger Punkt ist die hohe Reife der Trauben, die durch mehrmaliges Lesen vorselektiert werden. Ebenso ein Kriterium dafür, dass jedes Jahr aufs Neue so hervorragende Weine entstehen, ist der neueste Stand der Kellertechnik, kombiniert mit dem Wissen von Kellermeister Markus Pongratz. Seit 2008 haben Markus und Sabine Pongratz von Hermine und Franz das Weingut übernommen, die natürlich den Jungen unter die Arme greifen, wo sie können.

In der gemütlichen, urigen Buschenschank mit all ihren Vorzügen werden vor allem Hochzeiten und andere Feste sehr ausgiebig gefeiert. Auch Willi Resetarits (ehem. »Dr. Kurt Ostbahn«) und seine Stubnblues-Band haben das Weingut Pongratz mit der herrlichen Lage und der gemütlichen Stube für sich entdeckt. Daher finden seit 2005 Ende Juni die legendären Stubnblues-Open-Air-Konzerte am Weingut Pongratz statt. Nicht nur die Lage und die Buschenschank haben die Band überzeugt, sondern natürlich auch die hervorragenden Pongratz-Weine.

Das hat Markus Pongratz zum Anlass genommen und zusammen mit der Band zum Stubnblues-Programm die dazu passenden Weine kreiert – nämlich einen Sauvignon Blanc Kranachberg »Aus Sun und aus Reb'n« und einen Chardonnay Kranachberg »No so vü«.

92 Sauvignon Blanc Hochberg 2010
13,5 Vol.%, Barrique, €€€€
Mittleres Grüngelb. Feine weiße Tropenfrucht, zart nach Steinobst, ein Hauch von Limetten, sehr attraktiv. Stoffig, elegante Textur, zart nach Litschi, frischer Säurebogen, vollkommen integriertes Holz, bleibt gut haften, ein finessenreicher Speisenbegleiter.

92 Sauvignon Blanc Kranachberg 2011
13 Vol.%, DV, Stahltank/großes Holzfass, €€€
Helles Grüngelb. Intensive Nuancen von getrocknetem Johanniskraut, Brennnesseln, Cassis, dunkler Mineralik. Saftig, elegant, weiße Frucht, lebendige Säurestruktur, zitroniger Touch, bleibt gut haften, salzig-mineralisch auch im Nachhall, alles ganz typisch Kranachberg.

90 Grauburgunder Hochberg 2011
14 Vol.%, €€
Mittleres Grüngelb. Noch etwas verhalten, zarte gelbe Apfelfrucht, feine Kräuterwürze. Saftig, gelbe Tropenfrucht, aber auch reife Birne, feines Säuregerüst, ein kraftvoller Speisenbegleiter mit gutem, anhaltendem Finale, gutes Entwicklungspotenzial.

89 Gelber Muskateller Kranachberg 2011
12 Vol.%, DV, Stahltank/großes Holzfass, €€

89 Weißburgunder Kranachberg 2011
13 Vol.%, DV, großes Holzfass, €€

88 Chardonnay Kranachberg 2011
13 Vol.%, großes Holzfass, €€

★★★
STEFAN POTZINGER

8424 Gabersdorf 12 (Weingut), 8461 Ratsch 6 (Winzerhaus)
T: 0664/521 64 44, F: 03452/822 77
potzinger@potzinger.at
www.potzinger.at

KELLERMEISTER: Hans Peter Wippel
ANSPRECHPARTNER: Heidi und Stefan Potzinger, Hans Peter Wippel
HEKTAR: 13 **VERKOSTUNG:** ja, gegen Voranmeldung **AB-HOF-VERKAUF:** ja
ÜBERNACHTUNGSMÖGLICHKEIT: kann organisiert werden
ANDERE PRODUKTE IM VERKAUF: Destillate, Kernöl
MESSEN: VieVinum, ProWein

Südsteiermark

Das Gut der Familie Potzinger in Gabersdorf geht auf das 16. Jahrhundert zurück. Im Jahre 1860 wurden die Weingärten in Ratsch mit dem dazugehörigen Winzerhaus gekauft. Der Weinbau hat in der Familie somit eine über 150-jährige Tradition.

Stefan Potzinger übernahm nach seiner Ausbildung in Klosterneuburg und einiger Praxis im Jahre 1997 die Verantwortung für Weingärten und Keller. Der Gedanke naturbelassene südsteirische Qualitätsweine von höchster Qualität und Typizität zu erzeugen prägt seither den Stil der Weine. Sowohl im Sausal als auch in der Südsteiermark werden Weingärten bewirtschaftet. Ein wichtiger Weingarten des Gutes ist die seit 1208 für Weinbau genutzte Riede Sulz. Weiters werden unter anderem Weingärten in Ratsch, am Csamillonberg (ehem. Pfarrweingarten), in der Riede Kaltenegg, am Kittenberg und am Oberburgstall genutzt.

»Gewachsen, nicht gemacht« ist das Credo des Gutes. Integrierter Anbau, selektive Handlese und der Ausbau in Edelstahltanks garantieren die Qualität der Weine. Im Gut wird auf Aufbesserung, Gerbstoff- und Säurekorrekturen bei den Weinen verzichtet. Durch diese Naturbelassenheit sind die Weine sehr lagerfähig und eignen sich besonders als Begleiter zu gutem Essen.

93 Sauvignon Blanc Joseph Ried Sulz 2010
13 Vol.%, DV, Stahltank, extratrocken

Helles Gelbgrün. Mit frischen Kräutern unterlegter Grapefruittouch, mit etwas Cassis unterlegt, feine Mineralik klingt an. Saftig, elegant, reife gelbe Tropenfruchtaromen, gut integriertes Säurespiel, zart nach Steinobst im Abgang, gute Länge, facettenreiche Aromatik im Abgang, ein vielseitiger Essensbegleiter.

L 91 Sauvignon Blanc aus den Rieden 2011
12,5 Vol.%, DV, Stahltank, trocken

Helles Grüngelb. Noch etwas verhalten, zart nach Grapefruit, vegetale Würze, mit etwas Cassis unterlegt. Komplex, reife gelbe Tropenfrucht, finessenreicher Säurebogen, mineralisch und gut anhaltend, ein feiner Speisenbegleiter, zitroniger Touch im Nachhall.

(90-92) Traminer Cuvée Kaltenegg 2011
12,5 Vol.%, DV, Stahltank

Mittleres Grüngelb. Feine Nuancen von Rosenöl, reife Steinobstklänge, gelber Pfirsich, zart nach Eibisch. Stoffig, honigsüßer Restzucker, der gut gepuffert wird, zeigt eine gute Länge, besitzt noch etwas Babyspeck, dunkle Mineralik im Abgang, wird von Flaschenreife profitieren.

(90-92) Weißburgunder Alte Reben 2011
13,5 Vol.%, DV, Stahltank, trocken

Helles Grüngelb. Mit frischen Wiesenkräutern unterlegte feine weiße Fruchtanklänge, ein Hauch von Mandarinenschalen. Saftig, angenehme Fruchtsüße, gut integriertes Säurespiel, bleibt gut haften, extraktreich im Abgang, bereits antrinkbar, verfügt über sicheres Reifepotenzial

(88-90) Morillon aus den Rieden 2011
14 Vol.%, DV, Stahltank, trocken

88 Weißburgunder aus den Rieden 2011
13 Vol.%, DV, Stahltank, trocken

Südsteiermark

WEINGUT PRIMUS

8471 Spielfeld, Grassnitzberg 53
T: 03453/39 11, F: 03453/42 41
weingut@primus.cc
www.primus.cc

KELLERMEISTER: Christian Polz ANSPRECHPARTNER: Thomas Polz
ANZAHL/FLASCHEN: k. A. (97 % weiß, 2 % rot, 1 % süß) HEKTAR: 15
VERKOSTUNG: ja AB-HOF-VERKAUF: ja
HEURIGER: Freitag bis Sonntag
ÜBERNACHTUNGSMÖGLICHKEIT: ja
ANDERE PRODUKTE IM VERKAUF: Destillate

Das Weingut am Grassnitzberg wird seit Generationen in Form eines Familienbetriebes bewirtschaftet. Anfangs noch eine gemischte Landwirtschaft, hat man sukzessive umgestellt, sodass seit nunmehr 20 Jahren ausschließlich Weinbau betrieben wird. Der Betrieb verfügt über einige der besten Lagen in der Südsteiermark aus den Rieden Grassnitzberg und Zieregg. Mit diesem Fundament bauen die beiden Brüder ein ausgewogenes Sortiment an, das mit dem Terroir bestens harmoniert und hier höchste Qualität entwickelt. Mit größtem Engagement arbeiten sie weiter an der außergewöhnlichen Qualität ihrer Weine. Wie alle Jahre legt man auch heuer wieder Wert auf eine sortentypische, klare Weinlinie mit der unverwechselbaren Handschrift des Winzers.

Die Weine kann man in der hauseigenen Buschenschank verkosten oder auch bequem von zu Hause aus im Internetshop bestellen. Da die heimischen Flächen rar wurden, haben sich die Brüder entschlossen, auch im benachbarten Slowenien einen Weinberg zu kultivieren. Das Weingut verfügt über einige komfortable Gästezimmer mit herrlicher Aussicht in die südsteirische Hügellandschaft – eine Idylle für Genießer.

91 Sauvignon Blanc Zieregg 2009
13,5 Vol.%, DV, Stahltank/großes Holzfass, €€€
Helles Grüngelb. Rauchig unterlegte weiße Fruchtnuancen, zart nach Stachelbeeren und Cassis, frische Grapefruitzesten, feine Kräuterwürze. Saftig, wieder feines Stachelbeerkonfit, feine Kräuterwürze, salzig-mineralische Textur, zart nach Blutorangen im Nachhall, ein feiner Speisenbegleiter mit guter Zukunft.

(89-91) Chardonnay/Morillon Grassnitzberg 2011
13,5 Vol.%, DV, großes Holzfass, €€€
Helles Gelbgrün. Frische gelbe Apfelfrucht, zart nach Golden Delicious, ein Hauch von Wiesenkräutern. Saftig, gelbe Tropenfrucht, stoffige Textur, lebendiges Säurespiel, bleibt gut haften, angenehmer mineralischer Touch im Abgang.

(88-90) Sauvignon Blanc Grassnitzberg 2011
13 Vol.%, DV, Stahltank/großes Holzfass, €€€

(88-90) Weißburgunder Grassnitzberg 2011
13,5 Vol.%, DV, Stahltank/großes Holzfass, €€€

88 Sauvignon Blanc Klassik 2011
12,5 Vol.%, DV, Stahltank, €€

88 Gelber Muskateller Klassik 2011
11,5 Vol.%, DV, Stahltank, extratrocken, €€

★★

WEINGUT REGELE

8461 Ehrenhausen, Berghausen 34
T: 03453/24 26, F: DW 10
office@regele.com
www.regele.com

KELLERMEISTER: Ing. Georg Regele
ANSPRECHPARTNER: Ing. Georg Regele und Thomas Bergthaler B. A.
ANZAHL/FLASCHEN: 100.000 (89 % weiß, 10 % rot, 1 % süß) HEKTAR: 19
VERKOSTUNG: ja AB-HOF-VERKAUF: ja
ANDERE PRODUKTE IM VERKAUF: Destillate, Sekt, Essig, Kernöl
MESSEN: VieVinum

Kaum ein anderes Weingut der Südsteiermark blickt auf eine so lange Weinbautradition zurück wie das Weingut Regele. Seit der Gründung im Jahr 1830 ist es im Familienbesitz und wird jetzt in sechster Generation von Georg und Ingrid Regele – beide Weinakademiker – geführt.

Zu den erstklassigen steirischen Weinen hinzugekommen ist das Interesse am Einzigartigen und am Besonderen wie den Sekten und Schaumweinen des Hauses, so etwa dem »Blanc de Blancs«, ein von Hand gerüttelter und degorgierter Chardonnay-Sekt. Dass im Grundsatz »Gutes beginnt immer an der Wurzel« nicht nur leere Worte gesehen werden, weiß jeder, der einmal die Möglichkeit hatte, dieses idyllisch gelegene Weingut zu besuchen. Mit großem önologischem Wissen und ebensolchem Einsatz sorgt man hier für die optimale Entwicklung der Ernte zu großen Weinen. Die typisch steirischen Leitsorten sind es, die in den Kellern des Weingutes zur vollen Reife kommen. Welschriesling, Weißburgunder, Sauvignon Blanc, Morillon, Gelber Muskateller, Grauburgunder, Traminer – sie alle gedeihen prächtig, und die Rieden Sulz und Zoppelberg im Sulztal zählen zu den besten Lagen der Region. Probieren kann man die Weine im modern gestalteten Verkostungsraum: Er ist hell, freundlich, zum Garten und zu den ansteigenden Rebreihen hin geöffnet. Die Materialien Holz und Glas, sanfte Farbtöne und gut gewählte Kunstwerke verbreiten eine kultivierte Atmosphäre für Weinfreunde und Genießer.

91 Traminer Sulztaler Zoppelberg 2011
13,5 Vol.%, DV, Stahltank, 1500, trocken, €€
Mittleres Gelbgold. Feine Nuancen von Blütenhonig und Quitten, zart mit Rosenblättern unterlegt, ein Hauch von Eibisch. Saftig, elegante Textur, feine Extraktsüße, zart nach Ananaserdbeeren, ausgewogen und gut anhaltend, gelbe Tropenfrucht im Nachhall, verfügt über Entwicklungspotenzial.

L 90 Morillon Obegg 2010
12,5 Vol.%, DV, Stahltank, 1500, trocken, €€
Mittleres Gelbgrün. Feine gelbe Apfelfrucht, zarte Kräuterwürze klingt an, angenehme Mineralik. Saftig, harmonische Textur, feiner Säurebogen, angenehmes Säurespiel, ein ausgewogener Speisenbegleiter.

89 Sauvignon Blanc 2011
12,5 Vol.%, DV, Stahltank, 5000, trocken, €€

89 Gelber Muskateller Klassik 2011
11,5 Vol.%, DV, Stahltank, 5000, trocken, €€

89 Weißburgunder 2011
12 Vol.%, DV, Stahltank, 8000, extratrocken, €€

87 Welschriesling Kranachberg 2011
12 Vol.%, DV, Stahltank, 8000, extratrocken, €€

Südsteiermark

★★

WEINGUT KARL RENNER

8463 Leutschach, Pössnitz 79
T: 03454/64 83, F: DW 4
office@weingutrenner.at
www.weingutrenner.at

KELLERMEISTER UND ANSPRECHPARTNER: Karl Renner
ANZAHL/FLASCHEN: k. A. (80 % weiß, 20 % rot) **HEKTAR:** 6
VERKOSTUNG: ja **AB-HOF-VERKAUF:** ja

Die Produktion eigenständiger, charaktervoller und langlebiger Weine und ein behutsamer und wertschätzender Umgang mit den natürlichen Ressourcen sind die Markenzeichen des Weingutes von Karl Renner in Pössnitz bei Leutschach unweit der slowenischen Grenze. Hier entstehen erstklassige, gebietstypische Weißweine, die »eine Geschichte erzählen« und zum Philosophieren anregen.

Karl Renner ist davon überzeugt, dass herausragende Weinqualität nur auf gesunden Böden möglich ist. Seit über 15 Jahren sind im Betrieb des in Klosterneuburg ausgebildeten Winzers deshalb keine Kunstdünger und Herbizide in Verwendung. Er ist zwar kein zertifizierter Bio-Winzer, hat aber ökologische Bewirtschaftungsmethoden übernommen und für sich adaptiert. Auf 400 Metern Seehöhe bewirtschaftet er sechs Hektar Rebflächen mit einer Hangneigung bis zu 70 Prozent. Mit Welschriesling, Weißburgunder, Sauvignon Blanc und Muskateller liegt das Hauptaugenmerk auf Weißwein, rund ein Fünftel des Sortiments entfällt auf Zweigelt.

(91-93) Sauvignon Blanc Winburg Limited 2008
13,5 Vol.%, NK, Barrique, €€€
Kräftiges Gelbgrün. Zarte Gewürzanklänge, mit reifer gelber Tropenfrucht unterlegt, ein Hauch von Pfirsich, Grapefruitzesten klingen an. Stoffig, feiner Karamelltouch, nach Mango und Papaya, feiner Säurebogen, angenehme Röstaromen im Nachhall, Orangen im Rückgeschmack, gutes Zukunftspotenzial.

(90-92) Sauvignon Blanc Winburg 2009
13,5 Vol.%, NK, großes Holzfass, €€€
Mittleres Gelbgrün. Feine Nuancen von Cassis und Holunderblüten, ein Hauch von Orangenzesten, mineralisch unterlegt. Saftig, gute Komplexität, gelbe Tropenfrucht, zart nach Banane und Kräuterwürze im Abgang, ein kraftvoller Speisenbegleiter mit Reifepotenzial.

(88-90) Morillon Winburg 2009
13,5 Vol.%, NK, großes Holzfass, €€€

(88-90) Weißburgunder 2011
13,5 Vol.%, DV, Stahltank, €€

(87-89) Sauvignon Blanc Classic 2011
13 Vol.%, DV, Stahltank, €€

(87-89) Muskateller 2011
13 Vol.%, DV, Stahltank, €€

★★
WEINGUT REPOLUSK

8463 Glanz an der Weinstraße 41
T: 03454/313, F: DW 4
weingut@repolusk.at
www.repolusk.at

KELLERMEISTER: Roland Repolusk
ANSPRECHPARTNER: Barbara und Roland Repolusk
ANZAHL/FLASCHEN: k. A. (86 % weiß, 12 % rot, 2 % süß) HEKTAR: 11,5
VERKOSTUNG: ja AB-HOF-VERKAUF: ja
HEURIGER: von März bis Dezember, Dienstag und Mittwoch Ruhetag
ANDERE PRODUKTE IM VERKAUF: Destillate, Sekt, Traubensaft, Kürbiskernöl
MESSEN: Vin Austria

Südsteiermark

Das Weingut Repolusk ist eines mit einer großen Tradition. Idyllisch gelegen an der Südsteirischen Weinstraße, bewacht von drei Pappeln – den stillen Beobachtern des Südsteirischen Weinlandes. Bereits der Urgroßvater war für einen der besten Gelben Muskateller bekannt. Roland Repolusk und sein Sohn Karl-Philipp sind fest verwurzelt in der Tradition und immer offen für Neues. Beide verfolgen dasselbe Ziel: Top-Qualität in die Flasche zu bringen und so Jahr für Jahr für ein echtes Weinerlebnis zu sorgen.

Der sorgsame Umgang mit der Natur hat höchste Priorität am Weingut Repolusk. Die Trauben werden in möglichst hoher und harmonischer Reife geerntet. Im Keller werden so wenige Eingriffe in den Wein vorgenommen wie möglich, damit die sortentypische Frucht und die besonderen Eigenschaften des jeweiligen Jahrgangs optimal zum Ausdruck kommen. Das Ergebnis sind Weine mit unverwechselbarem Profil, gehaltvoll, strukturiert und vielschichtig. Die Top-Lagen: die Riede Oberglanz, eine der steilsten Lagen der Südsteiermark, und die Riede Kaltenegg, beide nach Süden ausgerichtet. Die Paradesorten des Weingutes – der Gelbe Muskateller, der Sauvignon Blanc und der Rote Traminer – werden riedenrein ausgebaut, Welschriesling, Weißburgunder, Morillon-Chardonnay und der Zweigelt runden das Weinangebot ab. Die Weine der Riede Oberglanz bringen viel Fruchtfülle und Eleganz mit einem Hauch von Mineralik; die Weine der Riede Kaltenegg sind sehr feinfruchtig, duftig und etwas leichter.

In sehr guten Jahren wird ein Teil des Morillons und des Zweigelts in kleinen Eichenfässern vergoren und mindestens 24 Monate darin zur Reifung gelagert – das Ergebnis ist immer sehr spannend. Die kulinarische Einzigartigkeit der Region kann man in der angeschlossenen Buschenschank der Familie genießen. Alles, was hier von Barbara Repolusk und ihrer Schwester Gudrun angeboten wird, ist selbst gemacht oder kommt von den Bauernhöfen der Region – Genuss pur. Ein kulinarisches Erlebnis für alle Südsteiermarkfans.

(90-92) Sauvignon Blanc Oberglanz 2011
13 Vol.%, 6000, trocken, €€
Helles Gelb, Silberreflexe. Angenehmes Bukett nach Cassis und Stachelbeeren, mit frischen gelben Fruchtnuancen unterlegt, zarte Kräuterwürze. Saftig, cremige Textur, reife gelbe Tropenfrucht, dunkle Mineralik im Nachhall, gutes Entwicklungspotenzial.

(89-91) Gelber Muskateller Oberglanz 2011
13 Vol.%, NK, großes Holzfass, 8000, extratrocken, €€
Helles Gelb, Silberreflexe. Intensive Blütenaromen, ein Hauch von Grapefruitzesten, zart nach Muskatnuss, attraktives Bukett. Saftig, kräftige Aromatik, nach Maracuja und Ananas, feiner Säurebogen, zitronige Nuancen im Abgang.

89 Gelber Muskateller Kaltenegg 2011
12 Vol.%, DV, Stahltank, 12.000, extratrocken, €€

89 Sauvignon Blanc Kaltenegg 2011
12,5 Vol.%, DV, Stahltank, 8000, extratrocken, €€

(88-90) Roter Traminer Oberglanz 2011
13,5 Vol.%, NK, großes Holzfass, 5000, lieblich, €€

88 Morillon-Chardonnay 2011
12,5 Vol.%, DV, Stahltank, 5000, extratrocken, €€

Südsteiermark

★★★

WEINGUT ERWIN SABATHI

8463 Leutschach, Pössnitz 48
T: 03454/265, F: DW 6
weingut@sabathi.com
www.sabathi.com

KELLERMEISTER: Erwin Sabathi ANSPRECHPARTNER: Familie Sabathi
ANZAHL/FLASCHEN: k. A. (99 % weiß, 1 % süß)
HEKTAR: 34 Verkostung: ja Ab-Hof-Verkauf: ja
ANDERE PRODUKTE IM VERKAUF: Destillate, Kürbiskernöl
ÜBERNACHTUNGSMÖGLICHKEIT: ja
MESSEN: VieVinum, ProWein

Erwin Sabathi aus Pössnitz legt bei seinen Qualitätsansprüchen einen besonders großen Wert auf die naturnahe Bewirtschaftung der Weingärten. Der engagierte Winzer führt das Traditionsweingut in dritter Generation und hat das Erbe seiner Eltern erfolgreich auf dem heimischen Weinmarkt etabliert. Unterstützt wird er vor allem von seinen Brüdern Gerd, zuständig für die Qualitätskontrollen der Weingärten, und Christoph, verantwortlich für das administrative Management. Besonderen Wert legt er auf das Terroir seiner Weinberge, vereinen sich doch darin die wichtigsten Voraussetzungen für einen eigenständigen Wein.

Die Qualitätsspitze von Sabathis Weinen stammt von der Lage Pössnitzberg. Das spezielle, individuelle Terroir der Weinbaulage Pössnitzberg ergibt sich in der Verbindung mit der Expositur, der Hangneigung und der Seehöhe. Der Pössnitzberg liegt südlich von Leutschach auf einer Seehöhe von bis zu 540 Metern. Die Rieden am Pössnitzberg profitieren von zwei klimatischen Einflüssen wie den warmen Aufwinden der angrenzenden slowenischen Täler und der kühlen Luftströmen der nahe gelegenen Koralpe. Die großen Temperaturunterschiede bewirken eine kräftige, vielfältige Aromenausbildung und enorme Fruchttiefe. Die Hangneigung der Weingärten beträgt hier bis zu 80 Prozent. Die Rebstöcke sind zum Teil über 50 Jahre alt, und die Wurzeln dringen tief in den kalkhaltigen Opok-Boden. Die Lagen-Weine vom Pössnitzberg zeigen eine straffe Frucht und glänzen durch ihre kontinuierliche, finessenreiche Mineralik, die Jahrgang für Jahrgang immer wieder die Lage widerspiegelt. Der großartige Jahrgang 2011 war für Erwin Sabathi ein ganz besonderes Jubiläum: seine 20. Weinernte.

93 Chardonnay Merveilleux 2010
13 Vol.%, DV, Barrique, €€€€€
Mittleres Gelbgrün. Mit feiner Biskuitnote unterlegte gelbe Apfelfrucht, ein Hauch von Röstaromen und Feuerstein, zart nach Orangenzesten. Saftig, weiße Frucht, frisch strukturiert, dezente Holzklänge im Abgang, gelber Apfel und feine nussige Anklänge im Rückgeschmack.

(92-94) Sauvignon Blanc Pössnitzberg 2011
13,5 Vol.%, großes Holzfass, €€€€€
Mittleres Gelbgrün. Feine Stachelbeernuancen, mit gelber Tropenfrucht und zarter Kräuterwürze unterlegt. Straff, knackige Textur, gute Mineralik, feine gelbe Frucht, Extraktsüße, bleibt gut haften, bereits gut entwickelt, gelbe Frucht im Nachhall, ein vielseitiger Speisenbegleiter.

(92-94) Chardonnay Pössnitzberg 2011
13,5 Vol.%, DV, großes Holzfass, €€€€
Mittleres Gelbgrün. Feine nussige Aromen, reifer Golden-Delicous-Apfel, ein Hauch von Quitten, etwas Biskuit. Straffe Textur, kraftvoll, mit feiner gelber Tropenfrucht unterlegt, angenehme Gewürzanklänge im Abgang, noch jung, großes Reifepotenzial, ein facettenreicher Speisenbegleiter.

(92-94) Grauburgunder Jägerberg 2011
13,5 Vol.%, DV, Teilbarrique, €€€€
Mittleres Gelbgrün. Reife gelbe Tropenfrucht, zart nach Birne, etwas Blütenhonig, mit zarter Kräuterwürze unterlegt. Saftig, kraftvoller Körper, extraktsüß, zarter Honigtouch, dunkle Mineralik im Nachhall, sehr gutes Reifepotenzial.

92 Sauvignon Blanc Merveilleux 2010
13 Vol.%, DV, Teilbarrique, €€€€
Mittleres Gelbgrün. Zarte Holzwürze, zarter Karamelltouch, ein Hauch von kandierten Orangen, mit gelber Frucht unterlegt. Saftige weiße Frucht, mittlere Komplexität, frischer Säurebogen, zitronige Nuancen, dezente Mineralik im Nachhall, bereits gut antrinkbar, leichtfüßiger Stil.

92 Sauvignon Blanc Poharnig 2011
13 Vol.%, DV, großes Holzfass, €€€
Mittleres Gelbgrün. Gelbe Paprikaschoten, ein Hauch von Blüten, mit feinen Grapefruitzesten unterlegt, attraktives Bukett. Rassig, saftig, weiße Frucht, lebendige Säurestruktur, zitroniger Touch im Nachhall, gute Mineralik, trinkanimierender Stil.

92 Weißburgunder Jägerberg 2011
13,5 Vol.%, DV, Teilbarrique, €€€
Helles Gelbgrün. Zart nussig unterlegte weiße Apfelfrucht, feine Holzwürze im Hintergrund. Stoffig, zart nach Kokos und Karamell, reife frische Birnenfrucht, finessenreiche Säurestruktur, gute Balance, bleibt haften, verfügt über gutes Trinkanimo, reifer Speisenbegleiter.

L 90 Gelber Muskateller Pössnitzberg 2011
12 Vol.%, DV, großes Holzfass, €€€
Helles Gelbgrün. Zart mit Orangenzesten unterlegte Holunderblüten, feiner Honigtouch. Saftig, elegant, feiner Eibischtouch, finessenreicher Säurebogen, mineralischer Nachhall, vielseitig einsetzbar.

90 Chardonnay 2011
13,5 Vol.%, DV, großes Holzfass, €€
Helles Gelbgrün. Feine gelbe Apfelfrucht, Birnentouch, zart nach Wiesenkräutern. Saftig, extraktsüße Frucht, zeigt Kraft, gute Frische, weiße Frucht im Nachhall, ein harmonischer Speisenbegleiter mit Entwicklungspotenzial.

89 Gelber Muskateller Klassik 2011
11,5 Vol.%, DV, Stahltank, €€€

89 Sauvignon Blanc Klassik 2011
12,5 Vol.%, DV, Stahltank, €€€

89 Weißburgunder Klassik 2011
12 Vol.%, DV, Stahltank, €€

88 Welschriesling Klassik 2011
11 Vol.%, DV, Stahltank, €€

88 Sabathini 2011 WR/SB
11 Vol.%, DV, Stahltank, €€

Südsteiermark

★★★
WEINGUT HANNES SABATHI

8462 Gamlitz, Kranachberg 51
T: 03453/29 00, F: DW 29
office@hannessabathi.at
www.hannessabathi.at

KELLERMEISTER UND ANSPRECHPARTNER: Hannes Sabathi
ANZAHL/FLASCHEN: k. A. (100 % weiß) **HEKTAR:** 20
VERKOSTUNG: ja **AB-HOF-VERKAUF:** ja
HEURIGER: Donnerstag bis Montag ab 11 Uhr
ANDERE PRODUKTE IM VERKAUF: Kernöl, Traubensaft
MESSEN: VieVinum, ProWein, Vinexpo

Hannes Sabathi zählt heute zu den Ausnahmewinzern in der Südsteiermark. Mit seinen authentischen, charaktervollen und erdverbundenen Weinen darf er sich über Fans auf der ganzen Welt freuen. Sabathi weicht bewusst vom steirischen Mainstream ab und fordert die Weinfreunde heraus, sich intensiv mit seinen Weinen auseinanderzusetzen. Neben den Böden ist für ihn die Zeit ein entscheidender Faktor beim Weinmachen. Kaum ein Winzer in der Südsteiermark gibt seinen Weinen so viel Zeit zum Reifen wie Hannes Sabathi.

Mit den Top-Lagen Kranachberg, Jägerberg und Steinbach verfügt der Winzer über mehr als eine solide Basis, um besonders charaktervolle Weine entstehen zu lassen. Die ideale Synthese aus Bodencharakter und Sortentypizität ist es, die der dynamische Weinmacher auf die Flasche bringen will. Mit dem Jahrgang 2011 macht Sabathi wieder mit einer Novität auf sich aufmerksam. Seit Mai ist seine neue Weinlinie »Gamlitz« erhältlich. Damit präsentiert er als erster Winzer in der Südsteiermark Weine, die sich an das »Village«-Prinzip aus Frankreich anlehnen. Nicht die Lage steht im Vordergrund, sondern das Gebiet. Mit seinen ersten »Gamlitz«-Weinen aus dem Jahrgang 2011 ist ihm das eindrucksvoll gelungen.

92 Sauvignon Blanc Kranachberg 2010
13 Vol.%, großes Holzfass, €€€€
Helles Grüngelb. Frisches Stachelbeerkonfit, zart nach Grapefruitzesten, ein Hauch von Cassis. Stoffig, weiße Tropenfrucht, rassige Säurestruktur, mineralisch und gut anhaltend, Zitrusnoten im Abgang, trinkanimierender Stil, leichtfüßig und finessenreich.

92 Grauburgunder Jägerberg 2010
13 Vol.%, VL, großes Holzfass/Teilbarrique, €€€€
Leuchtendes Gelbgrün. Feine rauchig unterlegte Holzwürze, reife gelbe Apfelfrucht, dunkle Mineralik. Saftig, weißfruchtig, feine Gewürzanklänge, frisch strukturiert, salziger Nachhall, ein vielseitiger Speisenbegleiter.

91 Sauvignon Blanc Klassik 2011
13 Vol.%, VL, Stahltank, €€
Helles Grüngelb. Feine gelbe Tropenfruchtaromen, mit zarter Kräuterwürze unterlegt, ein Hauch von Stachelbeeren. Gute Komplexität, saftig, feiner Säurebogen, extraktsüßer Nachhall, mineralischer Touch im Rückgeschmack.

88 Gelber Muskateller Klassik 2011
12 Vol.%, VL, Stahltank, €€

★★★★

WEINGUT SATTLERHOF
8462 Gamlitz, Sernau 2
T: 03453/25 56, F: 03453/57 32
weingut@sattlerhof.at
www.sattlerhof.at

Südsteiermark

KELLERMEISTER: Wilhelm Sattler ANSPRECHPARTNER: Wilhelm und Maria Sattler ANZAHL/FLASCHEN: k. A. (95 % weiß, 3 % rot, 2 % süß) HEKTAR: 35 VERKOSTUNG: ja, gegen Voranmeldung AB-HOF-VERKAUF: ja ÜBERNACHTUNGSMÖGLICHKEIT: ja RESTAURANT: Mitte März bis Mitte Dezember ANDERE PRODUKTE IM VERKAUF: Generationenbrand 1979, Trebernbrände, Kürbiskernöl, Susleseessig VEREINSZUGEHÖRIGKEIT: Steirische Terroir- und Klassikweingüter MESSEN: VieVinum, ProWein

Willi Sattler stellt Visionen auf eine realistische Basis – die wohl fruchtbarste Cuvée des Sattlerhofs. Bereits Vater Wilhelm war ein Pionier und zeigte dem in den 1970er-Jahren gänzlich ruhmlosen steirischen Wein durch die Einführung der trockenen Ausbauweise eine neue Perspektive auf. Von der nationalen und internationalen Weinszene mit zahllosen Auszeichnungen bedacht, werden Sattlers Sauvignon Blancs heute von Spitzensommeliers in Österreich, Deutschland, Japan, Korea, den USA und Skandinavien vor allem wegen ihres authentischen Charakters geschätzt. Eine beeindruckende Erfolgsgeschichte, galt das südsteirische Grenzland vor rund vierzig Jahren doch noch als Österreichs Armenhaus. In seinem hoch technisierten Keller trifft der Vollblutwinzer heute alle Entscheidungen selbst, stellt zur Lesezeit jede Presse persönlich ein, kommt als Erster und geht als Letzter. Ein großer Wein hat für ihn weder mit dem Behälter zu tun, in dem er vergoren wird, noch mit der Temperatur, sondern resultiert aus einer perfekten Traube, die unter ebensolchen Bedingungen gereift ist. Das Terroir muss erkennbar sein und das Lagerpotenzial hoch. Ehefrau Maria unterstützt ihn dabei seit 25 Jahren, und auch die Söhne Andreas (23), Alexander (21) und Lukas (18) leisten ihren Beitrag.

Sattler kooperiert eng mit Fachleuten, bewirtschaftet Bio-Versuchsweingärten und hat nach vierjähriger Vorbereitung 2009 erstmals keinerlei Insektizide eingesetzt. Dem derzeitigen Biotrend will er allerdings nicht bedingungslos folgen: »Die klimatischen Bedingungen der Südsteiermark lassen den biologischen Weinbau derzeit noch nicht ohne Qualitätsverlust zu.« Wobei dieser durchaus ein Ziel ist: »Wir Südsteirer haben unsere Betriebe super entwickelt und die Grundlagen für internationale Weine geschaffen. Jedes Mengenstreben sollte jetzt der Zufriedenheit weichen und dem Ziel, unser wunderbares Terroir bestmöglich zu bearbeiten.«

94 Sauvignon Blanc Privat 2007
14 Vol.%, VL, Barrique, extratrocken
Mittleres Grüngelb. Feine Gewürzanklänge, zarte Kokosnoten, ein Hauch von Nougat, reife gelbe Tropenfrucht, ein Hauch von Karamell. Kraftvoll, feine weiße Frucht, wieder etwas Karamell und helles Stollwerck, engmaschig, reife Sauvignonfrucht, reife Stachelbeeren im Nachhall.

94 Sauvignon Blanc Kranachberg 2010
13,5 Vol.%, VL, Stahltank, extratrocken, €€€€
Helles Grüngelb. Intensives Bukett, frische Kräuterwürze, exotische Früchte, zarter Blütenhonig, dunkle Mineralik. Saftig, elegant, sehr feine Textur, schwungvoller Säurebogen, zitronige Nuancen, guter Druck, bleibt gut haften, ein harmonischer Wein mit vielseitigen Einsatzmöglichkeiten.

93 Morillon Pfarrweingarten 2008
13,5 Vol.%, VL, Barrique, extratrocken, €€€€
Mittleres Grüngelb. Feine Holzwürze, feine Mandarinennote, mit gelber Apfelfrucht unterlegt. Saftig, sehr mineralisch, weiße Frucht, gut integrierte Holzwürze, zart nach Birnen im Nachhall, ein feiner Speisebegleiter, ein Hauch von Orangen im Abgang.

Südsteiermark

92 Muskateller Sernauberg 2011
13 Vol.%, VL, extratrocken, €€€
Helles Grüngelb. Feine Muskatnote, angenehme Zitrusanklänge, ein Hauch von Eibisch. Saftig, elegante Textur, feine Säurestruktur, traminereske Rosenölnote, facettenreich, dunkle Mineralik im Abgang.

(91-93) Sauvignon Blanc Sernauberg 2011
VL, Stahltank, €€€€
Helles Gelbgrün, noch hefetrüb. Feine Grapefruitnuancen, zarte Kräuterwürze, ein Hauch von Stachelbeeren. Saftig, elegant, dunkle Note, feiner Säurebogen, mineralischer Touch im Nachhall, zitronige Nuancen, ein stoffiger Speisenbegleiter.

91 Sauvignon Blanc Pfarrweingarten 2010
13 Vol.%, VL, Stahltank, extratrocken
Helles Grüngelb. Weiße Tropenfrucht, ein Hauch von Litschi, mit Limettenzesten unterlegt. Saftig, fein ziseliert, zitronige Nuancen, frischer Säurebogen, sehr lebendig, salzig, trinkanimierender Stil, auch im Abgang zitronig dominiert, zart vegetaler Nachhall.

L 90 Sauvignon Blanc Steirische Klassik 2011
12,5 Vol.%, VL, Stahltank, extratrocken, €€€
Helles Gelbgrün. Feine Kräuterwürze, mit zarten Stachelbeernuancen unterlegt, ein Hauch von Grapefruitzesten. Saftig, weiße Tropenfrucht, finessenreicher Säurebogen, dunkle Mineralik und zitronige Nuancen im Abgang.

L 90 Morillon Steirische Klassik 2011
VL, Stahltank, extratrocken, €€
Helles Grüngelb. Feine weiße Fruchtnuancen, zarte Kräuterwürze, mineralischer Touch. Elegant, extraktsüß, feiner Säurebogen, zart nach gelber Birne, ein vielseitiger Speisenbegleiter.

L 90 Welschriesling Alte Rebstöcke 2011
12,5 Vol.%, DV, Stahltank, €€
Helles Grüngelb. Frischer Apfel, zarte Pfirsichnote, ein Hauch von Zitrus, attraktives Bukett. Saftig, kerniger Stil, frische Säurestruktur, bleibt gut haften, zarte Kräuterwürze im Abgang, ein leichtfüßiger Sommerwein.

89 Weißburgunder Steirische Klassik 2011
13 Vol.%, VL, Stahltank, extratrocken, €€

89 Muskateller Steirische Klassik 2011
VL, extratrocken, €€€

88 Welschriesling 2011
11 Vol.%, DV, Stahltank, extratrocken, €€

87 Vom Sand 2011 SB/WR
11,5 Vol.%, DV, Stahltank, extratrocken, €€

96 Sauvignon Blanc Kranachberg TBA 2010
9,5 Vol.%, VL, Stahltank, süß, €€€€€
Kräftiges Bernstein, Goldreflexe. Intensive Honignote, Dörrobstanklänge, ein Hauch von Steinobst, attraktiv und feinwürzig. Saftig, zart nach Feigen, gute Komplexität, rassige Säurestruktur, bleibt sehr gut haften, mineralischer Nachhall, sehr großes Reifepotenzial.

BISCHÖFLICHER WEINKELLER SEGGAU

8430 Leibnitz, Seggauberg 1
T: 03452/824 35, F: DW 7600
weingut@seggau.com
www.seggau.com

KELLERMEISTER: Christoph Polz
ANSPRECHPARTNER: Mag. Peter Keller
ANZAHL/FLASCHEN: 35.000–40.000 (93 % weiß, 7 % rot)
HEKTAR: 10,5 VERKOSTUNG: ja AB-HOF-VERKAUF: ja
ÜBERNACHTUNGSMÖGLICHKEIT: ja

Südsteiermark

Prächtig trohnt Schloss Seggau über dem Sausal, und glanzvoll können die Weine sein, die den Weingärten des ehrwürdigen Hauses entspringen. Ein eigener Typus von Wein ist es, den die alten Rebanlagen an den Südhängen des romantischen Tals am Rand der Südsteiermark begünstigen – frisch und doch von kraftvollem Körper.

Seit dem Jahrgang 2007 werden die Weine von Erich und Walter Polz gekeltert. Mit den Seggauer Weinen können sie eine neue und höchst eigenständige Facette in ihr Weinangebot bringen.

Schloss Seggau ist eine große Sehenswürdigkeit in der südlichen Steiermark. Seit dem 12. Jahrhundert wird hier die Kultur gepflegt, vor allem auch die Weinkultur. Zum Schloss gehören umfangreiche Weingärten im Sausal, das den auf ihm gezogenen Weinen eine markante Würzigkeit verleiht. Auf Schiefer und Verwitterungsurgestein und im sonnenreichen Klima des lang gestreckten Tales erreichen die Trauben eine wunderbare Reife und entwickeln eine für die Gegend typische Mineralik.

Die höchst interessanten Weingärten des Schlosses Seggau können nun bewirtschaftet werden, und damit kann allen Freunden des südsteirischen Weines eine weitere Delikatesse angeboten werden: duftige, körperreiche und würzige Weine aus dem Sausal.

L (91-93) Sauvignon Blanc Einöd 2011
12,5 Vol.%, DV, Stahltank, trocken
Helles Grüngelb. Frische Kräuterwürze, Grapefruitzesten, weiße Frucht, dunkle Mineralik. Saftig, feine Steinobstanklänge, angenehme Extraktsüße, feiner Säurebogen, zitronige Nuancen, trinkanimierender Stil, facettenreicher Speisenbegleiter.

(88-90) Sauvignon Blanc Sausal 2011
12 Vol.%, DV, Stahltank

(88-90) Weißburgunder Sausal 2011
12 Vol.%, DV, Stahltank

(87-89) Gelber Muskateller Sausal 2011
12 Vol.%, DV, Stahltank

(87-89) Welschriesling Sausal 2011
11,5 Vol.%, DV, Stahltank

(87-89) Messwein Sausal 2011
12 Vol.%, DV, Stahltank

Südsteiermark

★★

LANDESWEINGUT SILBERBERG

8430 Leibnitz, Kogelberg 16
T: 03452/823 39-45, F: DW 17
weinkeller@silberberg.at
www.silberberg.at

KELLERMEISTER: Josef Kratzer
ANSPRECHPARTNER: Josef Kratzer und Reinhold Holler
ANBAUWEISE: teilweise zertifiziert biologisch, teilweise konventionell
ANZAHL/FLASCHEN: 130.000 (88 % weiß, 12 % rot) HEKTAR: 25
VERKOSTUNG: ja AB-HOF-VERKAUF: ja
ANDERE PRODUKTE IM VERKAUF: Destillate, Sekt, Essig

Als die Kaderschmiede der Steiermark bekannt – geben doch viele erfolgreiche steirische Winzer der Ausbildung ihr bestes Zeugnis –, hat sich das angeschlossene Landesweingut zu einer fixen Größe der Weinszene entwickelt. Seit 1895 bemüht man sich, dem Weinbau Leben und Impulse zu geben, und beweist dies mit beständig hohen Qualitäten aus den eigenen Rieden.

Ein Triumvirat aus Weinbaumeister Johann Schwarz, Kellermeister Josef Kratzer und Önologe Ing. Reinhold Holler bemüht sich um Reben und Wein. Klassisch ausgebaute Weine dominieren das Angebot, das vom Welschriesling über Muskateller, Weißburgunder und Morillon bis zum Sauvignon Blanc reicht. Zu den bekannten Weinen des Gutes zählt auch ein feiner Riesling aus Terrassenanlagen in Kitzeck. Getrennt ausgebaut werden Weine aus Sausaler Lagen, die als geologische Besonderheit auf Schieferböden liegen. Zum bekanntesten Wein zählt man den Weißburgunder aus der Lage Annaberg, der in großen Holzfässern vergärt und reift. Auf Schieferuntergrund, jedoch mit sehr tiefgründigem Feinanteil steht ein Chardonnay in der Lage Trebien, der im neuen großen Holz ausgebaut wird. Ebenfalls auf Schieferuntergrund liegen die Terrassen der Lage Steinbruch am Südhang des Kogelbergmassivs. Namengebend für diesen mineralischen Sauvignon Blanc ist ein aufgelassener Steinbruch, der zur Errichtung von Mauerterrassen angelegt wurde. Die Reben stammen aus Selektionen des Sauvignon-Blanc-Altmeisters Franz Hirschmugl. In besonders guten Jahren wird ein Teil im neuen Holz vergoren, mit dem Siegel »B.o.S.« (»Best of Silberberg«) versehen und abgefüllt. Während in der modernen Kellerei die Weißweine lagern, erfolgt der Ausbau der Rotweine – schwerpunktmäßig Zweigelt – auf hohem Niveau in einem eigenen Keller, der sehr einladend gestaltet wurde und im Zuge von Führungen und Verkostungen gerne präsentiert wird.

(90-92) Sauvignon Blanc Steinbruch 2011
14 Vol.%, VL, Stahltank, extratrocken, €€€
Mittleres Gelbgrün. Feine Kräuterwürze, ein Hauch von Grapefruit, gelbe Fruchtnuancen, weiße Blüten, insgesamt etwas verhaltenes Bukett. Stoffig, elegante Textur, reife Steinobstanklänge, etwas Mango, bleibt gut haften, ein saftiger Speisenbegleiter, gutes Entwicklungspotenzial.

89 Chardonnay Trebien 2010
12,5 Vol.%, NK, neues großes Holzfass

(88-90) Weißburgunder Annaberg 2011
13,5 Vol.%, DV, großes Holzfass, trocken, €€

88 Sauvignon Blanc Klassik 2011
13 Vol.%, DV, Stahltank, extratrocken, €€

88 Gelber Muskateller Kitzeck 2011
12 Vol.%, DV, Stahltank, extratrocken, €€

88 Zweigelt Reserve 2009
13,5 Vol.%, NK, Barrique, extratrocken, €€€

★★★

WEINGUT SKOFF ORIGINAL

8462 Gamlitz, Eckberg 16
T: 03453/42 43, F: DW 17
weingut@skofforiginal.com
www.skofforiginal.com

Südsteiermark

KELLERMEISTER: Walter und Joachim Skoff
ANSPRECHPARTNER: Joachim Skoff
ANZAHL/FLASCHEN: k. A. (88 % weiß, 10 % rot, 2 % süß)
HEKTAR: k. A. VERKOSTUNG: ja AB-HOF-VERKAUF: ja
HEURIGER: März bis Dezember ÜBERNACHTUNGSMÖGLICHKEIT: ja
ANDERE PRODUKTE IM VERKAUF: Edelbrände, Sekt, Accessoires
MESSEN: VieVinum, Vinexpo, ProWein, Igeho Basel

Walter Skoff zählt zu den besten Winzern Österreichs und hat sich sowohl national wie auch international durch die hohe Qualität seiner Weine einen Namen gemacht. Das Weingut hat in den letzten Jahren eine beachtliche Erfolgsgeschichte geschrieben, und so zählt der Sauvignon Blanc »Royal« nicht nur zu einem der besten Weißweine Österreichs, sondern wird unter anderem auch am norwegischen und am niederländischen Königshaus sowie in 2- und 3-Michelin-Sternerestaurants in Tokio getrunken.

Im letzten Jahr hat der steirische Top-Winzer gemeinsam mit seinem Sohn Joachim eine neue Premiumlinie unter dem Namen SKOFF ORIGINAL auf den Markt gebracht, unter der alle Classique- wie auch Lagen-Weine gefüllt werden. Während die Linie »Walter Skoff« nach wie vor in der bekannten Stilistik verfügbar ist, zeigen sich die Weine von SKOFF ORIGINAL noch eleganter, fruchtiger und terroirbetonter.

Die Familie besitzt insgesamt elf verschiedene Lagen, die sich in einem Umkreis von ca. 15 Kilometern um den Betrieb befinden und verschiedene Böden sowie Mesoklimen aufweisen. Jede Riede bildet ihre ganz besondere geschmackliche Charakteristik in den Trauben aus, die im Keller durch die lagenreine Vinifizierung geformt wird und dadurch eine individuelle Gestalt annimmt. Die Trauben der Classique-Weine stammen aus verschiedenen Lagen und spiegeln die unterschiedlichen, lagenspezifischen Besonderheiten in hoher, traubiger Fruchtkomplexität wider. Besonders herausragend sind die Lagenweine des Weingutes. Sie stellen das perfekte Zusammenspiel aus in besonderen Lagen und auf mineralischen Böden

gewachsenen Trauben höchster Reife mit perfektionierter Vinifizierung und langer Reifezeit dar. Die Weine sind sehr weich, gut ausbalanciert, mit einer besonderen Struktur und langem Lagerungspotenzial. Das Hauptaugenmerk hat der Vorzeigewinzer, der auch als »Mr. Sauvignon Blanc« bezeichnet wird, bereits sehr früh auf diese Rebsorte gelegt. In sieben verschiedenen Stilrichtungen lässt Walter Skoff die unterschiedlichen Aromenspektren des Sauvignon Blanc erstrahlen. Von klassisch und würzig über den mineralischen, fruchtbetonten Sauvignon Blanc »Hochsulz«, bis hin zum reifen, schmelzigen Sauvignon Blanc »Royal« – der wie eingangs erwähnt zu den besten Weißweinen Österreichs zählt.

LINIE »SKOFF ORIGINAL«

93 Sauvignon Blanc Royal 2010
14 Vol.%, DV, Barrique, trocken, €€€€
Mittleres Grüngelb. Angenehme Gewürzklänge, Vanille und Nelke begleiten eine feine Stachelbeer-Grapefruitfrucht, rauchige Nuancen. Saftig, elegant, cremige Textur, feine Holzanklänge, weiße Frucht im Nachhall, zart nach Röst-Karamell im Rückgeschmack, sicheres Entwicklungspotenzial, bereits jetzt sehr verführerisch.

92 Sauvignon Blanc Obegg 2010
13,5 Vol.%, DV, großes Holzfass/Teilbarrique, trocken, €€€
Mittleres Grüngelb. Mit feiner Kräuterwürze unterlegte feine Steinobstnote, zart nach Cassis und Stachelbeeren, facettenreiches Bukett. Saftig, elegant, feine Holzwürze, weiße Tropenfrucht im Abgang, zitroniger Touch im Rückgeschmack, ein vielseitiger Speisenbegleiter.

Südsteiermark

92 Gelber Muskateller Hohenegg 2011
13 Vol.%, DV, Stahltank, extratrocken, €€€
Helles Grüngelb. Intensiver Blütenduft nach Holunder, Nuancen von Nektarinen, Grapefruit und Muskatnuss, attraktives Bukett. Saftig, gute Komplexität, frischer Säurebogen, weiße Tropenfrucht im Nachhall, salzige Mineralik im Rückgeschmack.

91 Morillon Grassnitzberg 2010
13,5 Vol.%, DV, großes Holzfass/Teilbarrique, extratrocken, €€€
Mittleres Gelbgrün. Mit feiner Holzwürze unterlegte gelbe Apfelfrucht, noch etwas zurückhaltend, ein Hauch von Blütenhonig. Saftig, elegant, gut ausgewogen, angenehmer Säuretouch, weiße Fruchtnoten im Nachhall, bereits gut antrinkbar.

91 Weißburgunder Grassnitzberg 2010
13,5 Vol.%, großes Holzfass/Teilbarrique, trocken, €€€
Helles Gelbgrün. Feine, etwas verhaltene gelbe Fruchtanklänge, zart nach Quitte, Nuancen von Blütenhonig. Saftig, elegant, gute Mineralik, feiner Säurebogen, ein ausgewogener Speisenbegleiter, gutes Reifpotenzial.

91 Sauvignon Blanc Grassnitzberg 2011
13,5 Vol.%, DV, Stahltank, extratrocken, €€€
Helles Grüngelb. Feinwürzig unterlegte gelbe Frucht, wirkt etwas verhalten, zart nach Grapefruit. Mittlere Komplexität, zart vegetale Nuancen, weiße Tropenfrucht, feiner Säurebogen, bleibt gut haften, Zitrusfrüchte auch im Abgang.

(90-92) Sauvignon Blanc Hochsulz 2011
13,5 Vol.%, DV, Stahltank/großes Holzfass, extratrocken, €€€
Helles Grüngelb. Frische Zitrusanklänge, weiße Tropenfrucht, feiner Blütentouch. Saftig, zarte vegetale Würze, grüner Apfel, frischer Säurebogen, zitronige Nuancen auch im Abgang, rassiger Stil, mittlere Länge, ein unkomplizierter Speisenbegleiter.

90 Morillon Classique 2011
13 Vol.%, DV, Stahltank, extratrocken, €€
Helles Grüngelb. Mit feiner Kräuterwürze unterlegte Nuancen von Mango und Birne. Saftige gelbe Apfelfrucht, stoffige Textur, frische Säurestruktur, mineralisch unterlegt, zitronige Nuancen im Abgang, ein vielseitiger Speisenbegleiter.

89 Grauburgunder 2011
13 Vol.%, DV, Stahltank, extratrocken, €€€

88 Welschriesling Classique 2011
11,5 Vol.%, DV, Stahltank, extratrocken, €€

87 Skoffignon 2011 WR/SB
11,5 Vol.%, DV, Stahltank, extratrocken, €€

89 Zweigelt Barrique 2010
14 Vol.%, DV, Barrique, extratrocken, €€€

87 Zweigelt 2010
13 Vol.%, DV, großes Holzfass, extratrocken, €€

92 Sauvignon Blanc TBA 2010
10,5 Vol.%, DV, Stahltank, süß
Helles Gelbgrün, zarte Goldreflexe. Getrocknete Marillenfrucht klingt an, angenehme Kräuterwürze, ein Hauch von Honig, etwas Vanille. Saftig, süß und elegant, stilistisch einer Beerenauslese näher, fein eingewogener Säurebogen, salziger Nachhall, noch sehr jung, gutes Entwicklungspotenzial.

LINIE »WALTER SKOFF«

90 Sauvignon Blanc Classique 2011
13 Vol.%, DV, Stahltank, extratrocken, €€€
Helles Grüngelb. Mit frischer Kräuterwürze unterlegte Nuancen von Stachelbeeren und Cassis, Grapefruitzesten, mineralischer Touch. Saftig, weiße Frucht, frischer Säurebogen, zitroniger Anklang im Abgang, trinkanimierender Stil, mineralisch im Rückgeschmack.

89 Gelber Muskateller Classique 2011
12,5 Vol.%, DV, Stahltank, extratrocken, €€€

88 Weißburgunder Classique 2011
13 Vol.%, DV, Stahltank, extratrocken, €€

★★

WEINGUT PETER SKOFF – DOMÄNE KRANACHBERG

8462 Gamlitz, Kranachberg 50 – Sauvignonweg
T: 03454/61 04, F: DW 4
weingut@peter-skoff.at, www.peter-skoff.at

KELLERMEISTER UND ANSPRECHPARTNER: Peter und Markus Skoff
ANZAHL/FLASCHEN: k. A. (95 % weiß, 4 % rot, 1 % süß) **HEKTAR:** 20
VERKOSTUNG: ja, im Winter telefonische Voranmeldung erbeten
AB-HOF-VERKAUF: ja **BUSCHENSCHANK:** Palmsamstag bis Mitte November 14–22 Uhr, So. bis 18 Uhr, Di. und Mi. Ruhetag
ÜBERNACHTUNGSMÖGLICHKEIT: ja **ANDERE PRODUKTE IM VERKAUF:** Destillate, Sekt **VEREINSZUGEHÖRIGKEIT:** GutFinden – Südsteiermark
MESSEN: VieVinum, ProWein

Südsteiermark

Das Weingut der Familie Peter Skoff gehört zu den Top-Adressen in der südsteirischen Winzerszene. Beim Sauvignon Blanc, dem Steckenpferd des Betriebes, stehen gleich vier aktuelle Verkostungssiege (Landessieger 2008 und 2009, AWC-Sieger 2009 und 2010) zu Buche. Auch zahlreiche weitere Auszeichnungen und Spitzenbewertungen bestätigen das kompromisslose Qualitätsstreben.

Das Weingut liegt inmitten der höchstgelegenen Weingärten am Kranachberg mit wunderbarem Panoramablick über den Naturpark Südsteirisches Weinland. Peter Skoff und seine beiden Söhne Markus und Peter jun. bewirtschaften etwa 20 Hektar Rebfläche auf einer der besten Weinlagen des Landes. Die mineralisch geprägten Weine punkten vor allem mit harmonischem Trinkvergnügen und als perfekte Speisenbegleiter.

Genießer lassen sich den Wein und die von Anna Skoff kreativ zubereiteten Schmankerln in der beliebten Buschenschank schmecken und können sich dann in einem der fünf gemütlichen Gästezimmer einkuscheln.

92 Morillon Kranachberg Reserve 2008
14 Vol.%, NK, Barrique, extratrocken, €€€€
Mittleres Grüngelb. Intensive gelbe Tropenfrucht, Blütenhonig, zarte Holzwürze, ein Hauch von Estragon, fast rotbeerige Nuancen. Elegant, süßer Steinobsttouch, frisch strukturiert, Litschi im Nachhall, zartes Karamell im Rückgeschmack, ein vielschichtiger Speisenbegleiter.

91 Sauvignon Blanc Kranachberg 2011
13 Vol.%, NK/DV, großes Holzfass, extratrocken, €€€
Helles Grüngelb. Frische, intensive Kräuterwürze, zart mit Grapefruit unterlegtes Cassis, Nuancen von Stachelbeerkonfit. Saftig, weiße Tropenfrucht, lebendige Säurestruktur, zart vegetale Würze im Abgang, mineralisches Finale.

89 Sauvignon Blanc Klassik 2010
12 Vol.%, DV, Stahltank, extratrocken, €€

88 Sauvignon Blanc Jungfernhang 2011
12,5 Vol.%, DV, Stahltank, extratrocken, €€€

88 Gelber Muskateller Kranachberg 2011
12,5 Vol.%, DV, Stahltank, extratrocken, €€€

93 Gewürztraminer Ausbruch 2010
14,5 Vol.%, DV, großes Holzfass, süß, €€€€
Kräftiges Gelbgold. Intensive Dörrobstnoten, fast rotbeeriger Charakter, feine rauchige Würze, Honiganklang, zart nach Rosenöl. Saftig, gut integrierter Restzucker, rassiges Säurespiel, frische Marillen im Nachhall, bereits zugänglich, verfügt über großes Entwicklungspotenzial.

Südsteiermark

WEINGUT J. UND A. SKRINGER

8453 Eichberg-Trautenburg 28
T/F: 03456/26 66
weingut@skringer.at
www.skringer.at

KELLERMEISTER: Johann Skringer
ANSPRECHPARTNER: Johann und Anneliese Skringer
ANZAHL/FLASCHEN: k. A. (100 % weiß) HEKTAR: k. A.
VERKOSTUNG: ja AB-HOF-VERKAUF: ja
ÜBERNACHTUNGSMÖGLICHKEIT: ja

Das Weingut Skringer verdankt seine besondere Qualität der außergewöhnlichen Lage auf der Sonnenterrasse des Eichbergs. Herausragende Flächen des insgesamt rund zehn Hektar großen Weingutes sind dabei die Riede Trautenburg und Karsabathi, die das Weingut zur Gänze umschließen.

Das Weinsortiment beginnt mit einer Cuvée der Marke »SOWISO«, eine fruchtbetonten, aromatische Cuvée aus Welschriesling, Sauvignon Blanc und Gelbem Muskateller. Die klassische Linie von Skringer umfasst den Welschriesling, den Weißen Burgunder, den Morillon-Chardonnay sowie den Gelben Muskateller und den klassischen Sauvignon. Die Weinpalette wird von charaktervollen, klar strukturierten Lagenweinen komplettiert – die Weine der Lage Trautenburg sind Gelber Muskateller, Grauer Burgunder und Sauvignon Blanc. Von der Lage Karsabathi kommen »Klevner«, Grauer Burgunder und ebenfalls ein feiner Sauvignon. Der Absatz der Weine erfolgt zum Großteil per Ab-Hof-Verkauf und über Verleger. Ein echter, steirischer Geheimtipp, den zu entdecken es sich mehr als lohnt.

(90-92) Sauvignon Blanc Trautenburg 2011
13 Vol.%, DV, Stahltank, extratrocken
Helles Grüngelb. Feine Nuancen von Holunderblüten, ein Hauch von Grapefruit und Stachelbeeren, mineralischer Touch, zart nach Cassis. Elegant, saftige weiße Beerenfrucht, finessenreicher Säurebogen, zitroniger Touch, salziger Nachhall, ein vielseitiger Speisenbegleiter mit sicherem Entwicklungspotenzial.

(89-91) Grauer Burgunder Karsabathi 2011
14 Vol.%, großes Holzfass, extratrocken
Mittleres Gelbgrün, zart rötlicher Schimmer. Feine Nuancen nach reifer Birne, zarte gelbe Tropenfrucht, ein Hauch von frischen Wiesenkräutern. Kraftvoll am Gaumen, feine karamellige Nuancen, dunkle Mineralik, ein stoffiger Essensbegleiter mit guter Länge und salzigem Finish.

(88-90) Sauvignon Blanc Selektion 2011
13 Vol.%, DV, großes Holzfass, extratrocken

(88-90) Sauvignon Blanc Karsabathi 2011
13 Vol.%, DV, Stahltank, extratrocken

(87-89) Weißer Burgunder Klevner Karsabathi 2011
13 Vol.%, DV, großes Holzfass, extratrocken

(87-89) Gelber Muskateller Trautenburg 2011
12 Vol.%, DV, extratrocken

WEINGUT MARIA UND JOHANNES SÖLL

8462 Gamlitz, Steinbach 63 A
T: 03454/66 67, F: DW 77
familie@weingut-soell.at
www.weingut-soell.at

KELLERMEISTER UND ANSPRECHPARTNER: Johannes Söll
ANZAHL/FLASCHEN: 35.000 (85 % weiß, 13 % rot, 2 % süß) HEKTAR: 7,5
VERKOSTUNG: ja HEURIGER: ja, gegen Voranmeldung
ÜBERNACHTUNGSMÖGLICHKEIT: ja AB-HOF-VERKAUF: ja
ANDERE PRODUKTE IM VERKAUF: Isabella Frizzante,
Welschriesling/Sauvignon Blanc Frizzante
MESSEN: VieVinum

Südsteiermark

K lein, aber fein!«, so lautet das Motto der Familie Maria und Johannes Söll. Lebensfreude und puren Genuss bietet das kleine Weingut mit exzellenten Weinen, einem kleinen Gästehaus für einen richtigen Erholungsurlaub und extravaganten Hausgerichten für Gäste und Weinkunden. Gegen Voranmeldung können sich bis zu 30 Personen auf der herrlichen Terrasse mit Panoramablick kulinarisch verwöhnen lassen, im Haus findet die halbe Personenanzahl Platz. Die Weine aus den typisch steirischen Sorten wachsen in den sonnenverwöhnten bekannten Lagen Sernauberg und Steinbach, als Spezialität füllt Johannes Söll seinen Altsteirischen Mischsatz und ausgezeichnete Rotweine.

Die Qualität kommt nicht von ungefähr: Seit 15 Jahren wurde keine Rebfläche gedüngt, auch bei der Schädlingsbekämpfung wird bewusst gespart, auf Botrytisbehandlungen wird seit Jahren verzichtet. Der Spritzaufwand und Treibstoffverbrauch wurde in dieser Zeit auf etwa ein Drittel reduziert. Man arbeitet mit Natur-Experten aus ganz Europa zusammen. In den Weingärten blüht heute eine Vielzahl von Gräsern, Kräutern und Heilpflanzen. Nächste Schritte sind geplant, Bioweinbau ist aber derzeit kein Thema. Gearbeitet wird nach Mondphasen, und darüber führen die Sölls penibel Buch. Interessant ist auch die vielfältige Palette an Edelbränden, die aus Obst, das nach biologischen Kriterien geerntet wird, entstehen.

92 Sauvignon Blanc Sernauberg 2007
13,5 Vol.%, DV, Stahltank/großes Holzfass, extratrocken, €€€€
Helles Grüngelb. Intensive Stachelbeernote, frische Kräuterwürze, ein Hauch von Grapefruit, weiße Blüten, attraktives Bukett. Saftig, feines Cassis, ein Touch von Litschi, frischer, trinkanimierender Säurebogen, weiße Frucht im Abgang, mineralisch, sehr gut anhaftend, hat seine erste Trinkreife erreicht.

**(90–92) Gelber Muskateller
Steinbach-Selektion 2010**
14,5 Vol.%, DV, Stahltank/Teilbarrique, extratrocken, €€€€
Helles Grüngelb, Silberreflexe. Feine gelbe Tropenfrucht, zart nach Grapefruitzesten, Nuancen von roten Beeren, Holunderblüten klingen an. Kraftvoll, saftig, wieder nach Grapefruit und Blutorangen, dunkle Mineralik, extraktsüße Länge, salziges Finale.

(88–90) Gelber Muskateller Steinbach 2011
12,5 Vol.%, DV, Stahltank, extratrocken, €€

88 Welschriesling Steinbach 2011
11,5 Vol.%, DV, Stahltank, extratrocken, €€

87 Riesling Klassik 2011
12 Vol.%, DV, Stahltank, extratrocken, €€

Südsteiermark

★★★★★

WEINGUT TEMENT
8461 Berghausen, Zieregg 13
T: 03453/41 01, F: DW 30
weingut@tement.at
www.tement.at

KELLERMEISTER: Manfred und Armin Tement **ANSPRECHPARTNER:** Manfred Tement **ANZAHL/FLASCHEN:** 550.000 (96 % weiß, 3 % rot, 1 % süß) **HEKTAR:** 95 **VERKOSTUNG:** ja **AB-HOF-VERKAUF:** ja **GASTHOF:** Magnothek und Wirtshaus am Zieregg, Do. bis Mo. 10–24 Uhr **ANDERE PRODUKTE IM VERKAUF:** Destillate, Traubensaft, Apfelsaft **VEREINSZUGEHÖRIGKEIT:** Steirische Terroir- und Klassikweingüter **MESSEN:** VieVinum, ProWein, Vinitaly, Prodexpo Moskau

Das Weingut Tement hat in den letzten drei Jahrzehnten eine unglaubliche Erfolgsgeschichte geschrieben. Der Besucher dieses Familienweingutes, das auf einem kleinen Bergplateau oberhalb der imposanten Lage Zieregg liegt, genießt einen herrlichen Rundblick, einerseits weit in das Nachbarland Slowenien, andererseits in die südliche Oststeiermark hinein.

In den letzten Jahren konnten die Tements ihre Eigenflächen sehr gut erweitern und halten bei der Endgröße von rund 95 Hektar. Auf die wertvollste Lage (Zieregg) entfallen jetzt 13, auf die Lage Sulz rund 20 sowie zehn auf die Lage Grassnitzberg. Sernau mit 2,5 Hektar, Hochkittenberg mit acht sowie Wielitsch, Ottenberg und Steinbach runden das vielfältige Lagenportfolio des Weingutes ab.

Mit gut 55 Prozent der ausgepflanzten Reben ist die Sorte Sauvignon Blanc die wichtigste Rebsorte. Gereiht nach Bedeutung vinifizieren Manfred und Junior Armin Tement aber auch alle anderen gebietstypischen Sorten wie Welschriesling, Gelben Muskateller, Morillon, Weißburgunder und Gewürztraminer. 95 Prozent der Gesamtproduktion entfallen auf diese Sorten, vier auf Rotweinsorten wie Blauer Zweigelt und Pinot Noir, mit einem Prozent wird das Sortiment durch diverse Prädikatsweine abgerundet. Der Durchschnittsertrag liegt sortenabhängig zwischen 3500 und 5500 Litern pro Hektar. Der Ausbau der einzelnen Sorten sowie Weine erfolgt unterschiedlich. Unter der Bezeichnung »Steirische Klassik« versteht man jene Weine, die frisch, fruchtig, mit viel Sortencharakter, jahrgangstypisch, leicht im Alkoholgehalt, vorwiegend im Stahltank ausgebaut werden. Die zweite Ausbaulinie stellen die STK-Lagenweine dar. Voll ausgereifte Trauben aus den besten Lagen werden schonend und langsam vergoren und reifen bis zu ihrer Abfüllung in vorwiegend großen Eichenholzfässern. Ob es sich um die Weine der Steirischen Klassik oder um Lagenweine handelt – die Ernte wird selbstverständlich immer von Hand mit viel Sorgfalt und Mühe, botrytisfrei und sehr selektiv durchgeführt. Zwischen drei und fünf Erntedurchgänge sind die Regel.

Der bedeutendste Wein ist der Sauvignon Blanc von der Riede Zieregg. Er reift in zumeist großen Holzfässern und zeigt erst nach mehrjähriger Flaschenreife seine ganze Würze und Vielschichtigkeit. Der Morillon »Zieregg« vergärt spontan in 228-Liter-Eichenholzfässern und lagert nach der Malolaktik noch zirka zehn Monate in diesen Gebinden. Bei beiden Morillons erfolgt die weitere Reifung in großen Holzfässern. Mit dem heurigen Jahrgang kommt erstmals ein neuer Sauvignon Blanc aus den slowenischen Tement-Weingärten auf den Markt: der »Fosilni Breg«, zu deutsch »Fossilienberg«, der neuen Domaine Ciringa. Angrenzend an die Lage Zieregg, aber auf slowenischem Boden gelegen, wurde hier auf purem Muschelkalk und Braunerde vor einigen Jahren ausschließlich Sauvignon Blanc ausgepflanzt. Dieser Wein wird mit einem eigenen Etikett und in einer Burgunderflasche auf den Markt kommen. Die sommerliche, frische Weinserie »Temento« wird seit vorigem Jahr nach »Green«, »Rosé« und »Red« um den Temento »Sweet« erweitert – eine Beerenauslese aus den aromatischen Sorten Sauvignon, Muskateller und Welschriesling. Die Weingärten von Tennisstar Thomas Muster vom Hochkittenberg betreut Manfred Tement nach wie vor mit großem Erfolg, diese sind aber seit 2009 unter dem Tement-Label auf den Markt.

96 Vinothek Reserve Zieregg 2007 SB
14 Vol.%, VL, Barrique, halbtrocken, €€€€€
Mittleres Grüngelb. Mit zartem Akazienhonig unterlegte gelbe Steinobstnoten, feine Tropenfruchtnuancen, facettenreiches Bukett. Sehr saftig, komplex, feine Orangenzesten, gut integrierter Restzucker, elegant und gut anhaltend, feiner Pfirsichtouch im Abgang, sehr gute Länge, sicheres Entwicklungspotenzial.

95 Sauvignon Blanc Zieregg »IZ« Reserve 2007
14 Vol.%, VL, Barrique, extratrocken, €€€€
Mittleres Grüngelb. Feine rauchige Würze, ein Hauch von Stechginster, etwas Sanddorn, ein Hauch von Dörrobst, Estragon, facettenreich, aber nicht laut. Stoffige weiße Frucht, zitroniger Touch, das Holz ist völlig integriert, mineralisch und lange anhaltend, ein finessenreicher Sauvignon Blanc in eigenständiger Stilistik, großes Entwicklungspotenzial.

(93-95) Sauvignon Blanc Zieregg Große STK Lage 2010
13 Vol.%, VL, großes Holzfass, extratrocken, €€€€
Mittleres Grüngelb. Feine gelbe Tropenfrucht, mit einem zarten Hauch von eingelegten Paprika unterlegt, feine Kräuterwürze, Nuancen von Blütenhonig. Saftig, zarte weiße Steinobstnote, fast rieslinghafte Struktur, finessenreicher Säurebogen, zart nach gelbem Pfirsich, gute Länge, delikater Speisenbegleiter.

(93-95) Morillon Zieregg Große STK Lage 2010
13 Vol.%, großes Holzfass/Teilbarrique, extratrocken, €€€€
Helles Gelbgrün. Feine Anklänge von gelbem Tropenholz, zarte Gewürzanklänge von neuem Holz, dezente rauchige Würze. Sehr elegant, feine weiße Frucht, finessenreicher Säurebogen, gute Länge, zart salziger Touch im Abgang, ein vielseitig einsetzbarer Speisenbegleiter.

93 Sauvignon Blanc Grassnitzberg Erste STK Lage 2011
13,5 Vol.%, VL, Stahltank/großes Holzfass, extratrocken, €€€
Helles Grüngelb. Intensive Zitruszesten, feiner Blütenduft, attraktives Bukett. Saftig, frisch, feine weiße Frucht, zitroniger Touch, mineralisch, sehr harmonisch, finessenreich strukturiert, ein vielseitiger Speisenbegleiter.

93 Gewürztraminer Wielitsch Erste STK Lage 2011
14 Vol.%, VL, großes Holzfass, trocken, €€€€
Helles Gelbgrün. Rauchig unterlegte gelbe Steinobstnoten, zart nach Rosenblättern, feiner Blütenhonig. Saftig, helle Frucht, wirkt feingliedrig und elegant, zitronige Nuancen, versteckt seine Muskeln gekonnt, frisch und animierend, wird von Flaschenreife profitieren.

(92-94) Sauvignon Blanc Sernau Erste STK Lage 2010
13 Vol.%, VL, großes Holzfass, extratrocken, €€€€€
Helles Grüngelb. Gelbe Paprikaschoten, zart nach Babybananen, dunkle Mineralik. Saftig, weiße Tropenfrucht, finessenreich, angenehme zitronige Nuancen im Abgang, mineralischer Nachhall, gutes Entwicklungspotenzial.

(92-94) Morillon Sulz Erste STK Lage 2010
13 Vol.%, VL, großes Holzfass, extratrocken, €€€€
Helles Gelbgrün. Zartes Karamell, reife gelbe Tropenfrucht, einladendes Bukett. Elegant, feine gelbe Frucht, gut integrierte Fruchtsüße, Weingartenpfirsich und zart nach Banane im Abgang, ein vielseitiger Speisenbegleiter, mineralischer Nachhall.

L 92 Sauvignon Blanc Steirische Klassik 2011
12,5 Vol.%, VL, Stahltank, extratrocken, €€€
Helles Gelbgrün. Mit feiner Kräuterwürze unterlegte frische Stachelbeernote, ein Hauch von Grapefruit und Cassis. Saftig, weiße Frucht, sehr elegant, lebendige Säurestruktur, gute Würze im Abgang, salzig, zitronig, sehr trinkanimierend, toller kühler Stil.

92 Gelber Muskateller Steinbach Erste STK Lage 2011
13 Vol.%, VL, extratrocken, €€€
Helles Gelbgrün. Frischer Hauch von Orangen- und Mandarinenzesten, zarter Blütenhonig, reife traubige Note. Strahlend und saftig, knackige Struktur, reife Ananasfrucht und zart nach Litschi im Abgang, gute Länge, mineralischer Nachhall.

(91-93) Pino.T Sulztal 2011 CH/WB/PG
13 Vol.%, VL, großes Holzfass, extratrocken, €€€
Mittleres Grüngelb. Frische Steinobstklänge, zart nach Wiesenkräutern, feiner nussiger Touch. Stoffig, elegant, feine grüne Apfelfrucht, extraktsüßer Kern, finessenreicher Säurebogen, gute Länge, zart nach Steinobst im Nachhall.

(91-93) Weißburgunder Hochkittenberg 2011
13,5 Vol.%, VL, großes Holzfass, extratrocken, €€€
Helles Grüngelb. Feine Steinobstklänge, ein Hauch von Marille und reifem Apfel, rauchige Nuancen. Salzig, elegante Textur, mineralisch und straff, zitroniger Touch im Finish, ein gut anhaltender, trinkanimierender Stil, gutes Reifepotenzial.

Südsteiermark

Südsteiermark

(91-93) Sauvignon Blanc Hochkittenberg 2011
13,5 Vol.%, VL, Stahltank, extratrocken, €€€
Helles Grüngelb. Rauchig unterlegte rosa Grapefruitnoten, kräutrige Würze, dunkle Schiefermineralik. Knackig, weiße Apfelfrucht, frisch strukturiert, engmaschig und fest, mineralisch geprägt auch im Abgang.

L 91 Gelber Muskateller Hochkittenberg 2011
12,5 Vol.%, VL, Stahltank, extratrocken, €€€
Helles Grüngelb. Zart vegetal unterlegte Nuancen von Cassis und Grapefruit, dunklere Mineralik. Engmaschig, saftig, frische Zitrusnoten, dezente Fruchtsüße im Abgang, vielseitig einsetzbar.

L 91 Weißburgunder Steirische Klassik 2011
12,5 Vol.%, VL, Stahltank, extratrocken, €€
Helles Grüngelb. Zart rauchig-nussig unterlegte feine Apfelfrucht, ein Hauch von Feuerstein. Saftig, feinwürzig und elegant, angenehme Extraktsüße, zeigt eine gute Länge, ein vielseitiger Speisenbegleiter.

L 90 Gelber Muskateller Steirische Klassik 2011
12 Vol.%, VL, Stahltank, extratrocken, €€
Helles Grüngelb. Intensive Zitrusnote, Holunderblüten und Muskatnuss. Saftig, elegant, feine weiße Tropenfrucht, mineralischer Nachhall, sommerliches Trinkvergnügen pur.

90 Sauvignon Blanc Fosilni Breg Domaine Ciringa 2011 (Slowenien)
13 Vol.%, VL, Stahltank, extratrocken, €€
Helles Gelbgrün. Feine Nuancen von Brennnesseln, ein Hauch von Zitruszesten, rauchig-mineralischer Touch. Saftig, helle Frucht, frisch, zitronige Nuancen, wirkt leichtfüßig, bietet unkompliziertes Trinkvergnügen.

89 Welschriesling STK 2011
11 Vol.%, DV, Stahltank, extratrocken, €€

(88-90) Morillon Muschelkalk 2011
13 Vol.%, großes Holzfass, extratrocken, €€€

88 Temento green 2011 WR/SB
12 Vol.%, DV, Stahltank, extratrocken, €€

88 Temento rosé 2011 ZW/BW
12 Vol.%, DV, Stahltank, extratrocken, €€

93 BA.T Jahrgangscuvée
9,5 Vol.%, DV, Stahltank, süß, €€€
Leuchtendes Gelbgold. Feiner Honigtouch, reife Ananasfrucht, ein Hauch von Dörrmarille, zart nach Nougat. Saftig, elegant, frischer Säurebogen, gute Rasse, zitroniger Nachhall, gelbe Tropenfruchtanklänge im Rückgeschmack, bereits gut antrinkbar.

★★

WEINGUT TSCHEPPE AM PÖSSNITZBERG

8463 Leutschach, Pössnitz 168
T: 03454/205, F: DW 77
weingut@tscheppe.com
www.tscheppe.com

KELLERMEISTER: Christoph Polz ANSPRECHPARTNER: Mag. Peter Keller
ANZAHL/FLASCHEN: 120.000–150.000 (90 % weiß, 10 % rot) HEKTAR: 32
VERKOSTUNG: ja AB-HOF-VERKAUF: ja
RESTAURANT/GASTHOF: »Kreuzwirt«; KÜCHENZEITEN: Mi. bis Do. 19–21 Uhr,
Fr. bis Mo. 12–14 und 19–21 Uhr
ÜBERNACHTUNGSMÖGLICHKEIT: ja ANDERE PRODUKTE IM VERKAUF:
Destillate, Essig MESSEN: VieVinum, ProWein

Südsteiermark

Das Weingut Tscheppe verfügt über zwei der traditionsreichsten und besten Lagen in der Südsteiermark, den Czamillonberg und Pössnitzberg. Auf insgesamt 32 Hektar werden auf einem Terroir von eigenständigem Charakter die klassischen Rebsorten der Region kultiviert: Welschriesling, Weißburgunder, Gelber Muskateller, Morillon, Gewürztraminer, Pinot Gris und Sauvignon Blanc. Zweigelt und St. Laurent komplettieren das Sortiment.

Dank einer behutsamen Vinifizierung durch Erich und Walter Polz präsentieren sich die Weine dieser Premiumlagen mit allen Tugenden, die der Kenner an steirischen Kreszenzen zu schätzen weiß: Duftigkeit, Frucht und Körper. Die Produktion des Weinguts teilt sich in zwei Linien: Einerseits werden Weine der »Klassik«-Linie gekeltert, wofür überwiegend Trauben vom Pössnitzberger Römerstein verwendet werden, andererseits werden aus den Trauben der legendären Weingärten des Grafen Woracziczki am Czamillonberg mächtige und kraftvolle Lagenweine gewonnen.

(91-93) Sauvignon Blanc Czamillonberg 2010
DV, großes Holzfass/Teilbarrique
Mittleres Grüngelb. Feine vegetale Würze, dunkle Stachelbeernote, ein Hauch von Cassis, zart mit Mandarinen unterlegt. Saftig und frisch, sehr lebendige trinkanimierende Stilistik, zitroniger Touch im Abgang, vielseitiger Speisenbegleiter, feine Holzwürze im Nachhall.

L (90-92) Gelber Muskateller vom Pössnitzberg 2011
11,5 Vol.%, DV, Stahltank, trocken
Helles Gelbgrün. Intensiver Duft, Nuancen von Eibisch und Muskatnuss, frische Mandarinenzesten, florale Anklänge. Saftig, kraftvolle Textur, elegant, feine Würze, zart nach Blutorangen im Abgang, bleibt gut haften, deutliche Mineralik im Finish.

89 Sauvignon Blanc vom Pössnitzberg 2011
12,5 Vol.%, DV, Stahltank, extratrocken

89 Morillon vom Pössnitzberg 2011
12,5 Vol.%, DV, Stahltank

88 Weißburgunder vom Pössnitzberg 2011
12 Vol.%, DV, Stahltank, extratrocken

87 Vino 2011 WR/SB
11,5 Vol.%, DV, Stahltank, extratrocken

87 Welschriesling vom Pössnitzberg 2011
11 Vol.%, DV, Stahltank, extratrocken

92 Morillon Czamillonberg 2009
DV, großes Holzfass/Teilbarrique
Mittleres Gelbgrün. Nussig-röstige Nuancen, zarter Nougattouch, reife gelbe Paprikanote, nach Feuerstein, attraktives Bukett. Komplex, elegant, feiner Säurebogen, tiefe, extraktsüße Frucht, bleibt sehr gut haften, mineralischer Nachhall, sehr gutes Entwicklungspotenzial.

Südsteiermark

★★★

WEINGUT TSCHERMONEGG

8463 Glanz an der Weinstraße 50
T: 03454/326, F: DW 50
weingut@tschermonegg.at
www.tschermonegg.at

KELLERMEISTER: Erwin Tschermonegg
ANSPRECHPARTNER: Sonja und Erwin Tschermonegg
ANZAHL/FLASCHEN: k. A. (95 % weiß, 4 % rot, 1 % süß) HEKTAR: 25
VERKOSTUNG: ja AB-HOF-VERKAUF: ja ÜBERNACHTUNGSMÖGLICHKEIT: Wohnen beim Wein RESTAURANT/GASTHOF: täglich 12–22 Uhr, Mi. Ruhetag
ANDERE PRODUKTE IM VERKAUF: Destillate, Sekt, Traubensaft, Kürbiskernöl
MESSEN: VieVinum, Foodex Tokio

Der Betrieb liegt im Herzen des südsteirischen Weinlandes im Gemeindegebiet von Glanz, der zweitgrößten Weinbau betreibenden Gemeinde der Steiermark. Der Hof liegt uneinsehbar auf einer Anhöhe direkt an der Südsteirischen Weinstraße, eingebettet in die rund 25 Hektar Weingärten.

Die Arbeiten in den steilen, sonnenverwöhnten Hanglagen werden nach den Richtlinien der »integrierten Produktion« durchgeführt. Durch die Höhenlage von über 550 Metern Seehöhe (bereits über der Nebelgrenze) ist es möglich, absolut gesundes Traubenmaterial zu verarbeiten. Eine modern ausgestattete Kelleranlage ermöglicht es, traditionelles Gedankengut mit technischem Know-how optimal zu verbinden.

Tschermonegg-Weine zeigen sich quer durch alle Rebsorten in einer blitzsauberen Sortenstilistik mit extrem vielschichtigen Aromakomponenten, mäßiger Säure und nicht allzu hohem Alkoholgehalt – vielleicht ein Grund dafür, dass sich das Weingut regelmäßig über Top-Bewertungen und Auszeichnungen freuen darf. Für jene, die einige Tage oder auch länger in der südsteirischen Weinlandschaft bleiben wollen, bietet das Weingut Tschermonegg eine Frühstückspension mit 17 wunderschönen Gästezimmern, Pool und Sauna.

(91-93) Sauvignon Blanc Lubekogel 2011
14 Vol.%, DV, großes Holzfass, trocken, €€€
Mittleres Gelbgrün. Noch etwas verhalten, weiße Tropenfrucht, mit zarter Kräuterwürze unterlegt, ein Hauch von Cassis, florale Nuancen. Saftig, extraktsüße weiße Frucht, frische Struktur, bleibt gut haften, zitronige Nuancen, bereits harmonisch, mineralischer Nachhall, sicheres Entwicklungspotenzial.

(91-93) Sauvignon Blanc Oberglanzberg 2010
13,5 Vol.%, DV, großes Holzfass, extratrocken, €€€
Mittleres Gelbgrün. Intensive gelbe Frucht, eingelegte Paprikaschoten, frischer Blütenhonig und Cassis, sehr attraktive Nase. Saftig, elegante Textur, zart nach Steinobst, etwas Babybanane und Mango, zeigt eine gute Länge, reife Tropenfrucht auch im Nachhall, ein vielseitiger Speisebegleiter mit Reifepotenzial.

L 91 Gelber Muskateller Classic 2011
11,5 Vol.%, DV, Stahltank, extratrocken, €€
Helles Grüngelb. Verführerisches Aroma von Hollerblüten, zart mit Muskatnuss und Grapefruitanklängen unterlegt. Saftige weiße Frucht, zitronige Nuancen, rassige Struktur, leichtfüßig und trinkanimierend, der ideale Sommerwein.

89 Weißburgunder Classic 2011
12,5 Vol.%, DV, Stahltank, extratrocken, €€

89 Sauvignon Blanc Classic 2011
12,5 Vol.%, DV, extratrocken, €€

88 Morillon Classic 2011
13 Vol.%, DV, Stahltank, halbtrocken, €€

★★★★

WEINGUT WOHLMUTH

8441 Kitzeck im Sausal, Fresing 24
T: 03456/23 03, F: 03456/21 21
wein@wohlmuth.at
www.wohlmuth.at

Südsteiermark

KELLERMEISTER UND ANSPRECHPARTNER: Gerhard Wohlmuth
ANZAHL/FLASCHEN: 350.000 (85 % weiß, 14 % rot, 1 % süß) HEKTAR: 70
VERKOSTUNG: ja AB-HOF-VERKAUF: ja
ANDERE PRODUKTE IM VERKAUF: Destillate, Sekt, Kernöl
MESSEN: VieVinum, ProWein, Vinexpo, Vinitaly

Seit über 200 Jahren hat sich die Familie Wohlmuth ganz dem Weinbau verschrieben und keltert von ihren Sausaler Lagen komplexe und vor allem vom Schiefer geprägte Weine, die in ihrer Mineralik Unikate der Südsteiermark darstellen. Das Gebiet Sausal, das sich um den südsteirischen Ort Kitzeck befindet, zählt zu den historischsten Weinregionen Österreichs. Die Weingärten liegen auf einer Seehöhe von 380 bis 650 Metern und zählen mit einer durchschnittlichen Steilheit von bis zu 80 Prozent zu den steilsten Rebbergen Europas.

Die bedeutendsten Lagen der Familie Wohlmuth – Altenberg, Edelschuh, Gola, Sausaler Schlössl, Anöd und Steinriegel – werden seit dem 14. Jahrhundert bereits zu den hochwertigsten Einzellagen der Steiermark gezählt. Dieses Kulturerbe wird von Maria und Gerhard sowie von deren Sohn Gerhard und dessen Frau Marion gepflegt und erweitert. Durch naturnahe Weingartenbewirtschaftung und geringe Ernteerträge kann die Familie Wohlmuth auf eine ganz besondere Traubenqualität zurückgreifen und versucht diese mit möglichst wenigen Eingriffen im Wein widerzuspiegeln.

Hundert Prozent Handarbeit ist der Grundstock für die hochwertige Qualität der Weine aus dem Hause Wohlmuth. Jahr für Jahr werden alle Arbeitsschritte von erfahrenen Händen sorgfältig durchgeführt. Vom Rebschnitt bis zur Ernte – Hand in Hand mit der Natur. Selten finden sich anderswo jene Bodenbedingungen, die man im Sausal antrifft. Der rote, graue und blau-schwarze Schiefer macht sich im Wein bemerkbar, verleiht den Weinen einen markanten unverwechselbaren Charakter mit würzigen Komponenten und einer oft salzigmineralischen Säurestruktur.

Perfektes Herbstwetter bescherte 2011 ideale Bedingungen für die Ernte. Die Höhenlage und die mineralischen Schieferböden des Sausals sorgen für ein spannendes Spiel von Kraft, Komplexität und Finesse. Ein großer Jahrgang, der ein langes Reifepotenzial besitzt und einen bedeutenden Schritt für das traditionsreiche Gut darstellt.

94 Riesling Edelschuh 2011
13,5 Vol.%, NK, großes Holzfass, trocken, €€€€€
Mittleres Grüngelb. Feine dunkle Mineralik, feine gelbe Steinobstnote, ein Hauch von Mandarinen, zarter Blütenhonig. Saftig, feine Nuancen von Ananas und Maracuja, sehr präzise und pur in der Textur, eigenständige Mineralik, wirkt ungemein leichtfüßig und trinkanimierend, dabei lange anhaftend, feiner Weingartenpfirsich im Nachhall, sicheres Reifepotenzial.

94 Pinot Gris Gola Privat 2010
13,5 Vol.%, NK, großes Holzfass, trocken, €€€€
Mittleres Grüngelb. Feine Gewürzanklänge, ein Hauch von Orangenzesten, angenehmer Vanilletouch. Saftig, elegant, frische weiße Tropenfrucht, versteckt gekonnt seine Muskeln, angenehme Extraktsüße im Abgang, gewürzige Nuancen im Abgang, zitroniger Touch im Nachhall, sicheres Reifepotenzial, komplexer Speisenbegleiter.

93 Sauvignon Blanc Edelschuh 2010
13,5 Vol.%, NK, großes Holzfass, trocken, €€€€€
Helles Grüngelb. Feine weiße Tropenfrucht, ein Hauch von Litschi, zarte Holzwürze, gewürzige Anklänge. Saftig, nach

Südsteiermark

Papaya, dunkle Terroirnoten, salzig und gut anhaftend, reife gelbe Nuancen im Abgang, zart nach Ananas im Abgang, bereits zugänglich, vielseitiger Speisenbegleiter.

93 Sauvignon Blanc Steinriegel 2011
13,5 Vol.%, NK, Stahltank/großes Holzfass, trocken, €€€
Helles Grüngelb. Mit zarten Grapefruitzesten unterlegte weiße Frucht, ein Hauch von Stachelbeerkonfit, feine florale Nuancen. Saftig, elegant, feine mineralische Noten, finessenreiche Säurestruktur, angenehme Fruchtsüße im Abgang, zitroniger Touch im Nachhall, gutes Entwicklungspotenzial, feiner kühler Schiefertouch, der die Frische im Wein unterstreicht.

93 Chardonnay Edelschuh 2009
13,5 Vol.%, NK, Barrique, trocken, €€€€
Mittleres Grüngelb. Feine Edelholzwürze, zartes Karamell, mit zarter weißer Birnenfrucht unterlegt, ein Hauch von Ananas, ein Hauch von Feuerstein. Stoffig, elegant, reife Tropenfrucht, finessenreiche Säurestruktur, zitroniger Nachhall, sehr gute Länge, ein harmonischer Speisenbegleiter mit gutem Reifepotenzial.

93 Pinot Blanc Sausaler Schlössl 2011
13,5 Vol.%, NK, großes Holzfass, trocken, €€€
Helles Gelbgrün. Intensive rauchige Mineralik, Blutorangenzesten, zart nach gelbem Steinobst. Saftig, komplex, kraftvoll, mit feiner Holzwürze unterlegt, reife gelbe Frucht, feine Grapefruitnoten im Nachhall, bleibt lange haften, angenehmer Schiefertouch im Rückgeschmack.

93 Cuvée Sausal »Selektion Johanna Maier« 2011 CH/PG/SB/RR
13,5 Vol.%, NK, großes Holzfass, trocken, €€€€
Helles Grüngelb. Feine Kräuterwürze, einladende Grapefruitanklänge, dunkle Mineralik. Saftig, reife Honigmelone, stoffig und elegant, feine Tropenfrucht, bleibt sehr gut haften, steht einem großen weißen Bordeaux in nichts nach, sehr gutes Entwicklungspotenzial.

93 Gelber Muskateller Steinriegel Privat 2011
13,5 Vol.%, NK, Stahltank, lieblich, €€€€
Helles Grüngelb. Feine gelbe Frucht, angenehme Blütenaromen, ein Hauch von Muskatnuss, ein Hauch von Grapefruit. Saftig, kraftvoll, gut eingebundener Restzucker, der von der Säure gut gepuffert wird, angenehme Steinobstanklänge im Abgang, sicheres Entwicklungspotenzial für viele Jahre.

92 Gewürztraminer Steinriegel 2011
13 Vol.%, DV, Stahltank/großes Holzfass, trocken, €€
Helles Gelbgrün. Feine Rosenblätternote, ein Hauch von gelbem Pfirsich, mineralischer Touch, keine Spur vorlaut. Feingliedrig, finessenreich strukturiert, feine Fruchtsüße, zart nach Ananas, bleibt gut haften, zarter Eibischtouch im Abgang, gastronomisch toll einsetzbar.

92 Sauvignon Blanc Klassik 2011
13 Vol.%, DV, Stahltank, trocken, €€€
Helles Grüngelb. Feine florale Nuancen nach Holunderblüten, zart nach Grapefruitzesten, ein Hauch von Steinobst. Saftig, sehr elegant, mit extraktsüßer Tropenfrucht unterlegt, gelbe Noten im Nachhall, feiner Zitrustouch im Finish, ein vielseitiger Speisenbegleiter.

92 Pinot Blanc Gola 2011
13 Vol.%, DV, Stahltank/großes Holzfass, trocken, €€
Helles Grün. Feine weiße Frucht, zart nach Blütenhonig, mineralischer Touch. Saftig, elegante Textur, extraktsüße Textur, finessenreicher Säurebogen, bleibt gut haften, zarte Birnenfrucht im Abgang, gutes Reifepotenzial, ein feiner Speisenbegleiter.

L 92 Gelber Muskateller Steinriegel 2011
12,5 Vol.%, DV, Stahltank, trocken, €€
Helles Grün. Attraktive florale Nuancen, zart rauchig, feine Grapefruitnuancen, Blütenhonig. Saftig, feinfruchtig, gelbe Tropenfruchtanklänge, lebendige Struktur, im Abgang die Salzigkeit des roten Schiefers, zeigt gute Länge, weiße Fruchtnuancen im Nachhall.

L 91 Gelber Muskateller Klassik 2011
12 Vol.%, DV, Stahltank, trocken, €€
Helles Grüngelb. Mit rauchiger Mineralik unterlegte Muskatnuss, zart nach Holunderblüten, feine Grapefruitzesten. Saftig, fruchtig, frisch strukturiert, zitroniger Nachhall, feine salzige Schiefermineralik im Abgang, ein toller Sommerwein.

91 Pinot Gris Gola 2011
13 Vol.%, DV, Stahltank/großes Holzfass, trocken, €€
Helles Grüngelb. Frische Wiesenkräuter, mit weißem Apfel unterlegt. Saftig, feine Frucht, dezente Karamellnote, ein eleganter Speisenbegleiter, vielseitig einsetzbar, gutes Reifepotenzial.

91 Chardonnay Gola 2011
13 Vol.%, DV, Stahltank/großes Holzfass, trocken, €€
Helles Gelbgrün. Feine gelbe Apfelfrucht, ein Hauch von weißer Birne, feine Wiesenkräuter. Saftig, elegant, ausgewogen und harmonisch, angenehmer Säurebogen, angenehmer Zitrustouch im Nachhall, frisch und trinkanimierend.

L 90 Riesling Sausal 2011
12,5 Vol.%, DV, Stahltank, trocken, €€
Helles Grüngelb. Feine gelbe Steinobstnote, Pfirsich und Blütenaromen. Am Gaumen saftig, frische Struktur, gute Säurerasse, dunkle Mineralik im Abgang, zeigt eine gute Länge, klarer Sortencharakter.

L 90 Pinot Blanc Klassik 2011
12,5 Vol.%, DV, Stahltank, trocken, €€
Helles Gelbgrün. Einladende gelbe Apfelfrucht, zart nach

Blütenhonig, attraktives Bukett. Frisch, lebendig strukturiert, weiße Frucht, mit guter Mineralik unterlegt, ein sehr vielseitiger Speisenbegleiter.

89 Chardonnay Klassik 2011
13 Vol.%, DV, Stahltank, trocken, €€

89 Steirischer Panther 2011 SB/GM/RR/PG/CH
12 Vol.%, DV, Stahltank, trocken, €€

89 Welschriesling Klassik 2011
11,5 Vol.%, DV, Stahltank, trocken, €€

94 Rabenkropf Privat 2007 BF
13,5 Vol.%, NK, Barrique, trocken, €€€€€
Dunkles Rubingranat, opaker Kern, violette Reflexe, zarte Randaufhellung. Feine balsamische Nuancen, mit Nougat unterlegte dunkle Beerenfrucht, feine Kräuterwürze. Komplex, saftig, reife Kirschen, gut integrierte Tannine, feiner Säurebogen, elegant und ausgewogen, bleibt sehr gut haften, ein facettenreicher Speisenbegleiter.

90 Blaufränkisch Hochberg 2011
13,5 Vol.%, Teilbarrique, trocken, €€
Dunkles Rubingranat, violette Reflexe, zarter Wasserrand. Frische Herzkirschen, zarte Gewürzanklänge, zart nach Orangenzesten. Saftig, feines Waldbeerkonfit, frisch und trinkanimierend, gute Extraktsüße im Abgang, zartes Nougat im Finish.

90 Aristos 2010 BF/CS
13,5 Vol.%, NK, Barrique, trocken, €€€
Kräftiges Rubingranat, violette Reflexe, zarte Randaufhellung. Dunkle Beerenfrucht, reife Herzkirschenfrucht, ein Hauch Cassis. Saftig, elegant und rund, finessenreiche Struktur, Kirschen im Nachhall, extraktsüßes Finale, vielseitig einsetzbar.

89 Red Nek 2011 BF
13,5 Vol.%, DV, Barrique, trocken, €€

89 Pinot Noir Altenberg 2009
13,5 Vol.%, NK, Barrique, trocken, €€€€

(92–94) Gewürztraminer Alte Reben Auslese 2011
12,5 Vol.%, NK, großes Holzfass, süß, €€€
Mittleres Grüngelb. Mit zartem Honig unterlegte Nuancen von Eibischteig, ein Hauch von Grapefruitzesten, feine rauchige Würze. Stoffig, feine Süße, gute Komplexität, bleibt sehr gut haften, noch embryonal, gutes Zukunftspotenzial, süße Tropenfrucht im Nachhall.

Weststeiermark

WESTSTEIERMARK

Weststeiermark – Heimat des Schilchers

Nur 450 Hektar sind in der Weststeiermark mit Reben bepflanzt, doch daraus schaffen die Winzerfamilien eine verblüffende Vielfalt an Produkten: rassige, säurebetonte Schilcher, kraftvolle, tanninbetonte Rotweine sowie elegante, charmante Schaumweine. Das alles kommt allerdings aus einer einzigen Rebsorte: dem Blauen Wildbacher. Von ungeklärter Herkunft, steuert er in eine erfolgreiche Zukunft. Das kleinste Weinbaugebiet der Steiermark ist ein uraltes Weinland, in dem schon Illyrer, Kelten und später Römer Weinreben kultivierten. Die Weingärten ziehen sich in einem schmalen, langen Band bis zu 600 Metern Seehöhe an den Ausläufern der Koralpe und des Reinischkogels nach Süden bis zur slowenischen Grenze. Die Lage bedingt tagsüber starke Erwärmung und schützt vor rauen Winden. Steile Hänge mit malerischen kleinen Kellerstöckeln sind zu überwinden, tiefe Täler zu durchqueren auf dem Weg von Ligist im Norden über St. Stefan ob Stainz bis nach Deutschlandsberg und Eibiswald. Abstecher in Weinorte wie Greisdorf, Gundersdorf, Wildbach oder Wies bringen überraschende Perspektiven – beim Panorama ebenso wie beim Wein.

Ungewöhnlich sind auch die Bodenbeschaffenheit des Gebietes, mit vorwiegend Gneis- und Schiefer-Urgestein, sowie das sogenannte illyrische Klima, mit südeuropäisch-mediterranen Einflüssen und relativ hohen Niederschlägen. Das Zusammenspiel all dieser Eigenheiten erklärt auch ein wenig die Einzigartigkeit des Weintyps, der einem hier auf Schritt und Tritt begegnet. Die Weststeiermark ist das klassische Schilcherland, denn auf dem Großteil der Rebfläche wächst Blauer Wildbacher, eine uralte Rebsorte, die als Grundlage für den rosafarbenen Wein dient, der eine beinahe unglaubliche Erfolgsgeschichte erlebt hat. Ursprünglich ein rustikaler Bauernwein mit aggressiver Säure, verwandelte er sich durch kontinuierliche Qualitätsverbesserungen unter den Händen ambitionierter Winzer zu einem begehrten Getränk: vom frisch-fruchtigen Aperitif bis hin zu raffinierten Süßweinen. Nicht zu unterschätzen auch die roten Varianten, die mit ihrer individuellen Stilistik eine Bereicherung auf dem Sektor Terroir-Wein in Österreich darstellen.

Für den Weintourismus ist der Schilcher ein wesentlicher Erfolgsfaktor, und die geschützte Herkunftsbezeichnung – nur Wein, der zu hundert Prozent von der Rebsorte Blauer Wildbacher aus der Weinbauregion Steirerland gekeltert wurde, darf sich Schilcher nennen – bewahrt vor Wildwuchs.

Weststeiermark

★★★

◆ Domäne Müller Gutsverwaltung – Ehem. Prinz Liechtenstein'sches Weingut, Groß St. Florian

★★

◆ Weingut Jöbstl, Wernersdorf
◆ Weingut Reiterer, Wies

Weststeiermark

★★★

DOMÄNE MÜLLER GUTSVERWALTUNG
EHEM. PRINZ LIECHTENSTEIN'SCHES WEINGUT

8522 Groß St. Florian, Grazer Straße 71
T: 03464/21 55, F: 03464/21 16 25
office@mueller-wein.at, www.domaene-mueller.com

KELLERMEISTER: Dkfm. Günter J. Müller und Yves-Michel Müller
ANSPRECHPARTNER: Dkfm. Günter J. und Eva R. Müller
ANZAHL/FLASCHEN: 140.000 (55 % weiß, 44 % rot, 1 % süß) **HEKTAR:** 9
VERKOSTUNG: ja **AB-HOF-VERKAUF:** ja
ANDERE PRODUKTE IM VERKAUF: Destillate, Sekt, Schilcheressig, Kürbiskernöl
ÜBERNACHTUNGSMÖGLICHKEIT: kann organisiert werden
MESSEN: ProWein, Alles für den Gast Salzburg, fafga Innsbruck, Vinexpo, Igeho Basel, HOFEX Hongkong

In der Weststeiermark erstrecken sich auf den Südhängen unter der mächtigen Burg Landsberg die 9,1 Hektar des »Prinz Liechtenstein'schen Weingutes«. Auf den Urgesteinsböden der Ried Burgegg und ihrem Herzstück, dem »Fürstenstück« mit einem ganz speziellen Mikroklima, zieht die Domäne Müller heute Welschriesling, Traminer, Pinot Gris und Zweigelt sowie eine ganz besondere Spezialität der Weststeiermark: den Schilcher (Blauer Wildbacher). Aus dieser urwüchsigen Sorte wird ein rassiger Roséwein gewonnen, der mit herzhafter Art und engmaschiger Struktur im Sommer ein erfrischender Durstlöscher und im Winter ein eleganter Begleiter zu Lachs und Schalentieren ist.

Aus dem Blauen Wildbacher wird auch ein klassischer Rotwein erzeugt, der den Namen »Out of Red« trägt und nicht nur in Österreich mit 90 Punkten ausgezeichnet wurde, sondern auch Liebhaber im Ausland findet. Darüber stehen die Sortenweine aus den beiden Gütern und deren jeweiligen Lagen, Weine im klassischen Ausbau und solche mit Barriqueausbau. Letztere erweisen sich als echte »Vins de Garde«, als lagerfähige Spitzenweine, die mit den Jahren an aromatischen Facetten noch weiter zulegen und sich ihrer Perfektion nähern.

91 Der Schilcher Seelenfreund
Ried Burgegg Fürstenstück Alte Reben 2011
12,5 Vol.%, DV, Stahltank, 3400, extratrocken, €€€
Helles Pink. Zart floral unterlegte rote Waldbeerfrucht, zitroniger Touch, rauchige Mineralik. Straff, feine Weichselfrucht, rassige Struktur, Limetten im Abgang, bleibt gut haften, zeigt eine prononcierte Mineralik im Finish.

90 Schilcher Kabinett Ried Burgegg 2011
12 Vol.%, DV, Stahltank, 12.400, extratrocken, €€
Intensives Pink. Frische rotbeerige Frucht, zart nach Limettenzesten, weiße Tropenfrucht. Knackig, feiner Himbeertouch, rassig strukturiert, lebendig und trinkanimierend, rotbeerig-zitronig im Abgang, ein toller Sommerwein.

L 90 Pinot Gris Ried Burgegg 2010
12,5 Vol.%, DV, 4600, extratrocken, €€€
Helles Grüngelb. Mit feiner Kräuterwürze unterlegte weiße Birnenfrucht, zart nach Orangenzesten. Saftig, gute Komplexität, angenehme Fruchtkomponente, eingebundene Säurestruktur, feine Zitrusnote, mineralisch und gut anhaftend, ein vielseitiger Speisenbegleiter.

88 Welschriesling Ried Burgegg 2011
11,5 Vol.%, DV, Stahltank, 11.600, extratrocken, €€

91 Zweigelt Ried Burgegg Alte Reben 2008
13,5 Vol%, NK, Barrique, 4100, extratrocken, €€€
Dunkles Rubingranat, violette Reflexe, zarter Wasserrand. Zart balsamisch-tabakig unterlegte Weichselfrucht, mit schwarzen Beeren unterlegt. Saftig, reifes dunkles Beerenkonfit, gut integrierte Holzwürze, mineralisch im Abgang, ein vielseitiger Speisenbegleiter, salziger Nachhall.

★★

WEINGUT SCHILCHEREI® JÖBSTL

8551 Wernersdorf, Am Schilcherberg 1
T: 03466/432 10, F: DW 53
info@joebstl.eu
www.joebstl.eu

Weststeiermark

KELLERMEISTER: Ing. Johannes Jöbstl ANSPRECHPARTNER: Ing. Johannes und Luise Jöbstl ANZAHL/FLASCHEN: 30.000 (15 % weiß, 10 % rot, 5 % süß, 70 % rosé) HEKTAR: 7 VERKOSTUNG: ja AB-HOF-VERKAUF: ja, ANDERE PRODUKTE IM VERKAUF: Destillate, Sekt, Natursäfte ÜBERNACHTUNGSMÖGLICHKEIT: kann organisiert werden VEREINSZUGEHÖRIGKEIT: Klassischer Weststeirischer Schilcher, Emmaus Winzer, Masters of Schilcher MESSEN: Alles für den Gast Salzburg, Die Weinmesse Innsbruck

Durch sorgfältige Selektion der Trauben und schonende Vinifizierung kreiert Johannes Jöbstl, der »Master of Schilcher«, bemerkenswerte Kreszenzen und garantiert persönlich für allerhöchste Qualität, Trinkvergnügen und perfekte Sortentypizität. Die Liebe der Jöbstls gehört der Sorte Blauer Wildbacher, aus der der Schilcherwein gewonnen wird. Wie kein anderer Wein transportiert dieser den besonderen Charme seiner Herkunft. Denn nur hier, im südweststeirischen Hügel- und Bergland, ist die Heimat des echten Schilchers.

Der Stil des Weinguts Jöbstl und die Identität des Jahrgangs, vereint zu immer neuen Facetten, spiegeln sich in einer beeindruckenden Vielfalt wider. Nicht nur die unterschiedlichsten Schilcher-Varianten entstehen, der Bogen reicht vom duftig-feinstrahligen Muskateller über den eleganten Sauvignon Blanc, den fruchtigen Zweigelt und den dichten, samtigen Blauen Wildbacher bis hin zum einzigartigen, rubinrot glänzenden süßen Schnürlwein. Naturreine Fruchtsäfte, Jahrgangssekt und edelsüße Weine runden das Angebot ab.

90 Schilcher Alter Weingarten 2011
12 Vol.%, DV, Stahltank, 2500, trocken, €€
Mittleres Lachsrot, Wasserrand. Feines rotes Waldbeerkonfit, Nuancen von Ribiseln und Kirschen, zart nach frischem Apfel. Saftig, feine rotbeerige Nuancen, frischer Säurebogen, zitronige Nuancen, salzige Mineralik im Abgang, ein sommerliches Trinkvergnügen.

88 Schilcher N° 5 2011
12 Vol.%, DV, 2500, halbtrocken, €€

89 Sauvignon Blanc 2011
12 Vol.%, 1500, extratrocken, €€

88 Morillon 2011
12 Vol.%, DV, Stahltank, 1500, trocken, €€

89 Blauer Wildbacher 2010
12,5 Vol.%, NK, Teilbarrique, 1000, extratrocken, €€

94 Schilcher Strohwein 2008
10 Vol.%, NK, Stahltank, 200, süß, €€€€€
Mittleres Karminrot, Orangereflexe. Feine Nuancen von Dörrzwetschken, kandierte Orangenzesten, angenehme Kräuterwürze, ein Hauch von Honig, etwas Quitten. Am Gaumen saftig und elegant, Nuancen von getrockneten Datteln und Feigen, sehr gute Balance, Rosinen im Nachhall, ein finessenreicher Süßwein, eigenständig und mit gutem Zukunftspotenzial ausgestattet.

Weststeiermark

★★
WEINGUT REITERER

8551 Wies, Lamberg 11
T: 03465/39 50, F: DW 6
info@weingut-reiterer.com
www.weingut-reiterer.com

KELLERMEISTER UND ANSPRECHPARTNER: Christian Reiterer
ANZAHL/FLASCHEN: k. A. (10 % weiß, 90 % rosé) **HEKTAR:** 50
VERKOSTUNG: ja **AB-HOF-VERKAUF:** ja
ÜBERNACHTUNGSMÖGLICHKEIT: kann organisiert werden
ANDERE PRODUKTE IM VERKAUF: Destillate, Schaumweine
MESSEN: VieVinum, ProWein, Vinitaly, Vinexpo Hongkong

Schon um 400 v. Chr. haben die Kelten im Gebiet der heutigen Weststeiermark aus einer heimischen Wildrebe den Blauen Wildbacher gezüchtet, besser bekannt in seiner Rosé-Variante als Schilcher. Inmitten dieser landschaftlich einmaligen Gegend begann Christian Reiterer 1978, sich mit dem Schilcher zu beschäftigen. Mittlerweile bearbeitet er 50 Hektar Weingärten, die mit dieser weltweit unvergleichlichen Rebsorte bepflanzt sind.

Nach einer internationalen Weinausbildung in Italien und an der Universität Montpellier hat sich Christian Reiterer vor mehr als zehn Jahren voll und ganz dem Schilcher verschrieben. Der Blaue Wildbacher, der wegen der Gneis-Schiefer-Böden an den Ausläufern der Koralpe in der Weststeiermark besonders gut gedeiht, bringt unglaublich frische und fruchtbetonte Weine hervor. Der Winzer ist vom Potenzial dieser Rebsorte zutiefst überzeugt. Vom frischen Schilcher »Classic« bis zu den Weinen aus seinen Top-Lagen Lamberg, Riemerberg und Engelweingarten und vor allem auch im Schaumweinbereich gehören die Reiterer-Weine zur absoluten Spitze. Mittlerweile zählt Reiterer auch mit seinen Weißweinen vom Kranachberg in der Südsteiermark zu den steirischen Top-Betrieben. Der bereits bestens bekannte »Schilcherfrizzante«, der »Schilchersekt« (gemeinsam mit Schlumberger in Wien nach der klassischen Methode produziert) sowie der »R&R«-Sekt, eine Zusammenarbeit mit Sepp Reiterer in Südtirol, gehören mittlerweile zu gefragten Weinspezialitäten im In- und Ausland.

Das auf einer Anhöhe am Lamberg bei Wies mit Blick auf die Koralpe und das Sulmtal gelegene Gutshaus aus dem 17. Jahrhundert bietet ein unvergleichliches Ambiente, um direkt vor Ort in die Welt des Schilchers einzutauchen.

90 Schilcher Engelweingarten Alte Reben 2011
12,5 Vol.%, DV, Stahltank, trocken, €€
Leuchtendes mittleres Pink, zarter Wasserrand. Mit ätherischen Nuancen nach Minze unterlegtes rotes Waldbeerkonfit, Zitruszesten. Saftig, nach Walderdbeeren, rassiges Säurespiel, Limetten im Abgang, trinkanimierender, lebendiger Stil, zitroniger Nachhall.

89 Schilcher Lamberg 2011
12 Vol.%, DV, Stahltank, extratrocken, €€

88 Schilcher Riemerberg 2011
12 Vol.%, DV, Stahltank, trocken, €€

90 Schilcher Sekt Brut 2011
11,5 Vol.%, NK, Stahltank, halbtrocken, €€€
Leuchtendes Lachsrot, Pinkreflexe, lebhaftes Mousseux. Feines Waldbeerkonfit, ein Hauch von Orangen und Herzkirschen, zarte Kräuterwürze. Stoffig, feine Fruchtsüße, gelbe Nuancen, frisch strukturiert, bleibt gut haften, zarte Honignuancen im Abgang, zitroniger Rückgeschmack.

88 Schilcher Frizzante 2011
11 Vol.%, Kronenkorken, Stahltank, halbtrocken, €€

88 Sauvignon Blanc 2011
12,5 Vol.%, DV, Stahltank, extratrocken, €€

BURGENLAND

Burgenland – Kraftvolle Weine aus dem Land der Sonne

Unter dem Einfluss des pannonischen Klimas (warm, trocken, gemäßigt, Winter mitunter recht kalt) wachsen auf insgesamt 14.500 Hektar Rebfläche im östlichsten Bundesland auch die körperreichsten Rotweine Österreichs. Dabei gibt es bei den natürlichen Voraussetzungen nicht zu unterschätzende Unterschiede. Ganz im Süden beispielsweise bietet der Eisenberg mit seinem speziellen Boden und einem Hauch steirischer Frische im Klima dem Blaufränkisch beste Bedingungen für Weine von feinster Mineralik und unvergleichlicher Eleganz. Auf den schwereren Lehmböden des Mittelburgenlandes und auch nördlich des Rosaliagebirges wachsen Blaufränkischtrauben, die Weine mit besonderer Fruchttiefe und Länge hervorbringen. Im Hügelland westlich des Neusiedler Sees kann dazu eine ausgeprägte Mineralnote mit spürbarem Tannin kommen.

In den letzten Jahren erreichten auch Weine aus internationalen Rebsorten und Cuvées höchste Anerkennung. Der Ostabhang des Leithagebirges mit seinen Kalk- und Schieferböden ist außerdem ein einzigartiges Terroir für komplexe Weißweine, vor allem Weißburgunder und Chardonnay, aber auch Grüner Veltliner. Feine Prädikatsweine wie der legendäre »Ruster Ausbruch« komplettieren die Dreifaltigkeit der burgenländischen Weinkompetenz.

Östlich des Neusiedler Sees dominiert der Blaue Zweigelt mit kraftvollen, saftigen Rotweinen, auch wenn Blaufränkisch und St. Laurent ebenfalls hervorragende Ergebnisse liefern. Der Seewinkel im südlichen Teil mit seinem speziellen Mikroklima zählt zu den wenigen großen Süßweinhochburgen der Welt. Hier begünstigt die hohe Luftfeuchtigkeit aufgrund der zahlreichen »Zicklacken« im Herbst die Bildung der Edelfäule (Botrytis cinerea). Somit können hier regelmäßig große Beeren- und Trockenbeerenauslesen gewonnen werden. Neben einigen anderen Sorten wie Chardonnay, Scheurebe oder Traminer erreicht in dieser Form besonders der Welschriesling höchstes Qualitätsniveau.

NEUSIEDLERSEE

Neusiedlersee – Vielfalt des Zweigelts und große Süßweine

So gut wie alles ist möglich im Weinbaugebiet Neusiedlersee. Auf 9100 Hektar Rebfläche reift an den Ufern des flachen Steppensees eine Sortenvielfalt in Weiß, Rot und Süß heran. Von trockenen, frischen Weinen über Gehaltvolles und Aromatisches bis zu den weltberühmten Süßweinen, wobei in den letzten Jahren die Vielfalt des Zweigelts immer mehr in den Vordergrund tritt.

Sonne pur können die Reben in den weitläufigen, geschlossenen Weingärten speichern. Das voll wirksame pannonische Klima mit seinen heißen, trockenen Sommern und kalten Wintern sorgt gemeinsam mit dem Neusiedler See als Temperaturregler für eine lange Vegetationsperiode. Hohe Luftfeuchtigkeit und herbstliche Nebeleinfälle begünstigen die hier regelmäßig auftretende Edelfäule (Botrytis cinerea) als Basis für höchste Prädikatsweine wie Beerenauslesen und Trockenbeerenauslesen. Diese Spezialitäten haben wesentlich dazu beigetragen, den im Vergleich zu traditionsreicheren österreichischen Weinbaugebieten noch relativ jungen Seewinkel in der ganzen Welt bekannt zu machen.

Die sehr differenzierte Bodenstruktur – von Löss und Schwarzerde bis zu Schotter und Sand – lässt eine ebenso vielfältige Rebsortenpalette gedeihen. Sind es beim Weißwein neben der Leitsorte Welschriesling vor allem Weißburgunder und Chardonnay sowie aromatische Sorten, so steht im roten Segment der Blaue Zweigelt an der Spitze, begleitet von Blaufränkisch, St. Laurent und Blauburgunder sowie internationalen Zuwanderern. Ob fruchtcharmant ausgebaut, im Holzfass oder Barrique gereift, ob reinsortig oder als Cuvée – die Rotweine vom Neusiedler See sind eindeutig auf Erfolgskurs.

Einen wahren Genussfeldzug hat auch die regionale Gastronomie gestartet, die mit einer spannenden Kombination aus kreativer, moderner Küche und bodenständigen Produkten punktet. Gemüsespezialitäten, Fisch oder alte Rinderrassen bereichern die Speisekarten, kongenial begleitet von passenden Weinen für jeden Geschmack. Als Ausgleich zum weinkulinarischen Verwöhnprogramm bieten sich Radtouren, Reiten oder Wassersport an, auch die Auswahl an Gästezimmern in jeder Kategorie lässt nichts zu wünschen übrig – von Neusiedl am See und Gols am Nordufer über Podersdorf, Illmitz, Apetlon und Pamhagen im Süden bis zu Andau, Frauenkirchen oder Mönchhof im Osten des Gebietes. Kulturelle Glanzlichter setzt das Schloss Halbturn mit Ausstellungen und Konzerten rund ums Jahr.

★★★★★
- Weingut Gernot und Heike Heinrich, Gols
- Weinlaubenhof Kracher, Illmitz
- Weingut Pöckl, Mönchhof

★★★★
- Weingut Paul Achs, Gols
- Weingut Juris, Gols
- Weingut Anita und Hans Nittnaus, Gols
- Weingut Claus Preisinger, Gols
- Hans Tschida – Angerhof, Illmitz
- Weingut Umathum, Frauenkirchen
- Weingut Velich, Apetlon

★★★
- Weingut Werner Achs, Gols
- Weingut Markus Altenburger, Jois
- Weingut Judith Beck, Gols
- Weingut Robert Goldenits, Tadten
- Weingut Gsellmann Hans & Andreas, Gols
- Weingut Haider, Illmitz
- Weingut Heiss, Illmitz
- Weingut Leo Hillinger, Jois
- Weingut Leitner, Gols
- Josef Lentsch – Dankbarkeit, Podersdorf
- Weingut Sepp Moser, Apetlon
- Weingut Willi Opitz, Ilmitz

Neusiedlersee

★★★
- Weingut Pittnauer, Gols
- Weingut Renner, Gols
- Weingut Erich Scheiblhofer, Andau
- Schwarz Wein, Andau
- Weingut Vinum Pannonia Allacher, Gols

★★
- Weingut Anita und Richard Goldenits, Tadten
- Weingut Horvath, Gols
- Weingut Kadlec, Illmitz
- Weingut Kroiss, Illmitz
- Weingut Franz und Elisabeth Lentsch, Podersdorf
- Weingut Heinrich Lunzer, Gols
- Weingut Münzenrieder, Apetlon
- Weingut Gerhard Nekowitsch, Illmitz
- Weingut Hans und Christine Nittnaus, Gols
- Weingut PMC Münzenrieder, Apetlon
- Weingut Georg Preisinger Gols
- Weingut Helmut Preisinger, Gols
- Weingut Salzl – Seewinkelhof, Illmitz
- Weingut Erich Sattler, Tadten
- Weingut Horst und Georg Schmelzer, Gols

★★
- Weingut Julius Steiner, Podersdorf
- Sektkellerei Szigeti, Gols
- Weingut Christian Tschida, Illmitz
- Weingut Wurzinger, Tadten
- Weingut Zantho, Andau

★
- Weingut Matthias und Ilse Gsellmann, Gols
- Weingut Thomas Hareter, Weiden/See
- Winzerhof Kiss, Jois
- Weingut Michaela und Gerhard Lunzer, Gols
- Weingut Paul Rittsteuer, Neusiedl/See
- Weingut Hannes Steurer, Jois
- Weingut Gerald Tschida, Apetlon

- Andert-Wein, Pamhagen
- Weingut Bernthaler + Bernthaler, Gols
- Weingut Günter Fink, Wallern
- Weingut Heideboden, Podersdorf
- Weingut Hannes Reeh, Andau
- Weingut Karl Sattler, Jois
- Weingut Schuhmann, Gols
- Weingut Markus Weiss, Gols

Neusiedlersee

★★★★

WEINGUT PAUL ACHS

7122 Gols, Neubaugasse 13
T: 02173/23 67, F: DW 7
office@paul-achs.at
www.paul-achs.at

— BIO —

KELLERMEISTER: Ronny Rebscher ANSPRECHPARTNER: Paul Achs
ANZAHL/FLASCHEN: 100.000 (20 % weiß, 80 % rot) HEKTAR: 24
VERKOSTUNG: ja, gegen Voranmeldung AB-HOF-VERKAUF: ja
ANDERE PRODUKTE IM VERKAUF: Destillate
VEREINSZUGEHÖRIGKEIT: Pannobile,
Renommierte Weingüter Burgenland
MESSEN: ProWein, VieVinum

Der Golser Pannobile-Winzer Paul Achs, der über den Umweg Kalifornien und eine Reihe mehr oder weniger glücklicher Umstände zum Weinbau fand, ist mit der Ernte 1991 voll in den elterlichen Betrieb eingestiegen: Schon vier Jahre später wurde er als »Falstaff Winzer des Jahres« ausgezeichnet. Seither ist aus dem einst dem Weißwein verschriebenen Betrieb, der seit jeher Tradition mit moderner Kellertechnologie verbindet, ein Produzent ausgezeichneter Rotweine geworden.

Paul Achs produziert keine Show-Weine, er setzt auf Eleganz und Finessenreichtum. Der Rotweinanteil hat mittlerweile schon 90 Prozent erreicht. Der größte Teil der Weine wird in Barriques ausgebaut. Das gilt sowohl für Chardonnay und Sauvignon Blanc als auch für die Rotweinspezialitäten – von Pinot Noir über Blaufränkisch »Ungerberg« bis hin zur Cuvée »Pannobile«. Als Voraussetzung für höchste Qualität wird eine extreme Ernteschränkung auf maximal 3000 Kilo Trauben pro Hektar angesehen. Bemühungen, die sich längst ausgezahlt haben, denn heute zählen die Weine von Paul Achs zu den besten in der österreichischen Rotweinszene.

Wie gut in der Zweigelt-Metropole auch Blaufränkisch geraten kann, bewies Paul Achs einmal mehr mit dem Blaufränkisch »Ungerberg« 2003, der im Herbst 2005 bei der Falstaff-Rotweinprämierung unter insgesamt rund 1700 Weinen den zweiten Rang erreichte. Im Herbst 2006 setzte sich der Blaufränkisch »Ungerberg« 2004 an die absolute Spitze dieser Prämierung und verschaffte Paul Achs den begehrten Titel »Falstaff-Sieger«. Im Herbst 2009 war es der Blaufränkisch 2007 aus der Lage Spiegel, der den dritten Platz in der Gesamtbewertung der Falstaff-Rotweinprämierung belegte. Die Weine von Paul Achs sind immer im absoluten Spitzenfeld zu finden.

(92-94) Blaufränkisch Spiegel 2010
€€€€€
Dunkles Rubingranat, violette Reflexe, zarter Wasserrand. Feine, einladende dunkle Beerenfrucht, zart mit Nougat und Gewürzen unterlegt, ein Hauch von Orangenzesten. Mittlerer Körper, feine rotbeerige Frucht, finessenreich strukturiert, angenehme zitronige Nuancen, harmonisch und lebendig, sehr trinkanimierender Stil, präzise und mineralisch im Abgang, toller leichtfüßiger Speisenbegleiter.

(92-94) Blaufränkisch Ungerberg 2010
€€€€€
Dunkles Rubingranat, violette Reflexe, zarter Wasserrand. Mit feiner Kräuterwürze unterlegtes dunkles Waldbeerkonfit, zarte tabakige Note, ein Hauch von Nougat. Saftig und frisch, gute Extraktsüße, lebendig strukturiert, bleibt gut haften, mittlere Komplexität, harmonisch, bietet viel Trinkvergnügen, feine Kirschenfrucht im Nachhall.

(92-94) Pannobile rot 2010 SL/BF/ZW
€€€€€
Dunkles Rubingranat, violette Reflexe, zarter Wasserrand. Etwas verhaltenes Bukett, zarte Nuancen von frischen Zwetschken, ein Hauch von Nougat, feine Kräuterwürze. Saftig, rotbeeriges Konfit, feine, gut integrierte Tannine, zart nach Himbeeren im Abgang, zitroniger Touch, mineralischer Rückgeschmack, bleibt gut haften. Delikater Stil.

Neusiedlersee

(91-93) Blaufränkisch Altenberg 2010
€€€€€
Dunkles Rubingranat, violette Reflexe, zarter Wasserrand. Zart blättrig unterlegtes dunkles Beerenkonfit, ein Hauch von Zwetschken, Kräutertouch. Saftige Kirschenfrucht, elegant und frisch strukturiert, feine Tannine, reife Weichseln im Abgang, bereits harmonisch, vielseitig gastronomisch einsetzbar.

(91-93) Pinot Noir 2010
€€€€€
Helles Rubingranat, violette Reflexe, breitere Randaufhellung, Wasserrand. Verhalten, zarte rotbeerige Frucht, frische Sommerkirschen, Orangenzesten. Am Gaumen schlank, fein strukturiert, durchaus präsente Tannine, wieder Kirschen im Abgang, ein zartes Gewirk, angenehme Extraktsüße im Nachhall, ein sehr feiner Wein.

(90-92) Zweigelt Alte Reben 2011
€€€
Leuchtendes Rubingranat, violette Reflexe, zarter Wasserrand. Feine Kräuterwürze, dunkle Beerenfrucht, ein Hauch von Zwetschken. Saftig, süße Beeren, gute Komplexität, feine Tannine, bleibt gut haften, schokoladiger Nachhall, vielversprechender Jungwein.

(90-92) Blaufränkisch Edelgrund 2011
€€€
Leuchtendes Rubingranat, violette Reflexe, zarter Wasserrand. Rauchig-würzig unterlegtes Brombeerkonfit, feiner Nougatanklang, angenehmer Kräutertouch. Saftig, elegante Textur, zarter rotbeeriger Touch, gut integrierte Tannine, mineralisch, leichtfüßig wirkender Stil, vielseitig einsetzbar.

(88-90) Blaufränkisch Heideboden 2011
€€

(88-90) Zweigelt Classic 2011
€€

93 Pannobile weiß 2010 CH
12,5 Vol.%, NK, extratrocken, €€€€€
Mittleres Gelbgrün. Feine Edelholzwürze, mit gelber Frucht unterlegt, zart nach Nelken, ein Hauch von Vanille. Komplex, feinwürzig unterlegte weiße Frucht, engmaschig und doch leichtfüßig wirkend, Noten von grünem Apfel im Abgang, gutes Trinkanimo, sehr präzise, sicheres Entwicklungspotenzial.

90 Chardonnay 2011
13,5 Vol.%, DV, extratrocken, €€
Helles Gelb. Zart tabakig-kräuterwürzig unterlegte reife Birnenfrucht, ein Hauch von Orangenzesten. Saftig, elegant, reifer gelber Apfel, gut integriertes Säurespiel, mineralisch, straffer Abgang, bleibt gut haften.

Neusiedlersee

★★★
WEINGUT WERNER ACHS

7122 Gols, Goldberg 5
T/F: 02173/239 00
mail@wernerachs.at
www.wernerachs.at

KELLERMEISTER UND ANSPRECHPARTNER: Werner Achs
ANZAHL/FLASCHEN: k. A. (100 % rot) HEKTAR: 11
VERKOSTUNG: ja, gegen Voranmeldung
AB-HOF-VERKAUF: ja, limitierte Mengen

Den Weg zum Wein fand Werner Achs über Alois Kracher. »Ein charismatischer junger Mann auf steilem Weg in dünner Luft. Der Kopf voll Tatendrang, mit heißblütigem Willen zur Perfektion. Neue Emotionen mit Grenzen außer Sichtweite.« So beschrieb der Großmeister des Süßweins Ende der 1990er-Jahre den jungen Mann aus Gols, der ihn während seiner Schulzeit zu internationalen Messeveranstaltungen begleitete. Die dort entstandenen Kontakte nützte er, um einige Zeit in Frankreich und Italien zu verbringen. Ab diesem Zeitpunkt war eines für ihn klar: Er wollte Wein machen und an seinen Zielen festhalten.

Das Weingut wurde 1999 mit 1,27 Hektar gegründet, seit dem Jahr 2006 stehen Weinparzellen mit insgesamt elf Hektar im Ertrag. Werner Achs' Weinsortiment ist sehr gestrafft und setzt sich aus dem klassischen Zweigelt vom Goldberg und der Cuvée »XUR«, die nur aus autochthonen Sorten besteht, zusammen. Die Beschränkung auf nur zwei und in besonders guten Weinjahren drei Weine – in solchen kommt die Top-Cuvée »Werner Achs« hinzu – drückt jene Klarheit aus, die fasziniert: Weniger ist mehr. Diese Reduktion ermöglicht eine Fokussierung auf das Wesentliche.

(93-95) Werner Achs 2009
13,5 Vol.%, NK, Barrique, 1200, extratrocken, €€€€
Tiefdunkles Rubingranat, opaker Kern, zarter Wasserrand. Feines schwarzes Waldbeerkonfit, florale Nuancen klingen an, zart nach Heidelbeerkonfit, ein Hauch von Holzwürze. Saftig, elegante Textur, dunkle Beeren auch am Gaumen, seidige Tannine, salzig, mineralische Nuancen, gute Länge, angenehmer Nougatschmelz im Nachhall, sehr gutes Entwicklungspotenzial.

(92-94) XUR 2010 BF/ZW/SL
13,5 Vol.%, NK, Barrique, extratrocken, €€€€
Dunkles Rubingranat, schwarzer Kern, violette Reflexe. Einladende Nuancen von süßen Gewürzen, angenehme Edelholznote, mit dunkler Beerenfrucht unterlegt, kandierte Orangenzesten klingen an. Saftige dunkle Beerenfrucht, zarte Röstnote, präsente Tannine, frisch strukturiert, etwas Bitterschokolade im Finish, herzhafter Speisenbegleiter.

(91-93) Zweigelt Goldberg 2011
13,5 Vol.%, DV, Teilbarrique, extratrocken, €€
Tiefdunkles Rubingranat, opaker Kern, zarter Wasserrand. Einladender Duft nach vollreifen Herzkirschen, angenehmer Gewürztouch, feines Waldbeerkonfit, zartes Nougat. Saftig, extratsüß, süßes Brombeerkonfit, elegant und gut anhaltend, zeigt eine gute Länge, Kräuterwürze im Abgang.

★★★
WEINGUT MARKUS ALTENBURGER

7093 Jois, Untere Hauptstraße 62
T/F: 02160/710 89
contact@markusaltenburger.com
www.markusaltenburger.com

KELLERMEISTER UND ANSPRECHPARTNER: Markus Altenburger
ANZAHL/FLASCHEN: k. A. (19 % weiß, 80 % rot, 1 % süß) HEKTAR: 11
VERKOSTUNG: ja, gegen Voranmeldung AB-HOF-VERKAUF: ja
ANDERE PRODUKTE IM VERKAUF: Sekt
VEREINSZUGEHÖRIGKEIT: Club Batonnage, Leithaberg
MESSEN: VieVinum, ProWein

Die Hälfte der Rebfläche von Markus Altenburger ist mittlerweile mit Blaufränkisch bepflanzt. Als er nach einigen Jahren auf dem Schlossweingut Halbturn in den Familienbetrieb zurückkehrte, war das noch anders. Der Rebsortenspiegel des ehemaligen Weißweinbetriebs wurde innerhalb kürzester Zeit umgestellt und das Verhältnis von Rot- zu Weißweinflächen von 30:70 auf 80:20 umgekehrt. Dabei blieben natürlich einige spannende Neuburgeranlagen und der Chardonnay »Jungenberg« von den Rodungen verschont. Der Fokus wurde vor allem auf bestehende alte Blaufränkischanlagen gelegt. Sämtliche Weingärten liegen in Jois und werden nach strikten Qualitätsrichtlinien in Verbindung mit restriktiver Mengenbeschränkung bearbeitet. Vom Jahrgang 2007 gab es zum ersten Mal lagenrein ausgebaute Weine wie »Gritschenberg« und »Jungenberg«, die zur österreichischen Blaufränkischspitze zählen.

Sämtliche Weine werden im Familienweingut in Jois vinifiziert und ausgebaut. Mit seinen alten Gewölbekellern bietet es eine optimale Umgebung für sanftes Vinifizieren. Die Weine können sich hier in vor allem großen Holzfässern und Barriques entwickeln.

Im Jahr 2010 ist der Betrieb der »Leithaberg«-Bewegung beigetreten, die für puristische, klar strukturierte und lebendige Blaufränkische aus den Kalk- und Schieferlagen steht, die man entlang des Leithagebirges findet. Der 2008er Leithaberg Rot folgt dem »Blaufränkisch Markus Altenburger« in Stil und Ausbau nach und fügt sich nahtlos in die Serie ein. Wie schon im Vorjahr wird der »Jois 2009« eine Cuvée aus Blaufränkisch, Cabernet Sauvignon und Merlot sein. Der warme und trockene Herbst dieses Jahrgangs kam dem kraftvollen Stil des Weins durchaus entgegen.

94 Blaufränkisch Jungenberg 2009
14 Vol.%, NK, Barrique, 900, extratrocken, €€€€€€
Tiefdunkles Rubingranat, opaker Kern, violetter Kern. Feine tabakige Würze, zart nach Trockenkräutern, Orangenzesten, dunkles Nougat, balsamische Anklänge. Komplex, schwarze Beerenfrucht, engmaschig, feiner Säurebogen, schokoladiger Touch im Abgang, extratsüßer Nachhall, reife Herzkirschen, etwas nach Orangen, Brombeeren, tolle Länge, mineralisch-salzig, feine Röstaromen, tolles Reifepotenzial, ein facettenreicher Speisenbegleiter.

94 Leithaberg DAC rot 2009
13,5 Vol.%, NK, großes Holzfass, 2500, extratrocken, €€€€
Dunkles Rubingranat, violette Reflexe, zarter Wasserrand. Intensives dunkles Beerenkonfit, feine Röstaromen, angenehme Gewürzanklänge, reife Pflaumen, schokoladiger Touch. Stoffig, frische Brombeeren, zart nach Cassis, pfeffrige Nuancen, gut integrierte Tannine, finessenreiche Säurestruktur, reife Herzkirschen im Nachhall, bereits antrinkbar, facettenreicher Speisenbegleiter mit sicherem Reifepotenzial.

93 Blaufränkisch Gritschenberg 2009
14 Vol.%, NK, Barrique, 900, extratrocken, €€€€€€
Tiefdunkles Rubingranat, violetter Rand. Feine balsamische Nuancen, kandierte Orangenzesten, schwarzes Beerenkonfit, Herzkirschen, schokoladige Noten, tabakiger Touch. Kraftvoll, präsente Tannine, etwas Bitterschokolade, stoffig, Brombeerfrucht, zarter Karamelltouch im Nachhall, salziger Rückgeschmack.

Neusiedlersee

Neusiedlersee

93 Jois 2009 BF/CS/ME
14 Vol.%, NK, Barrique, 4800, extratrocken, €€€€€
Tiefdunkles Rubingranat, opaker Kern, zarte Randaufhellung. Mit feinem Nougat unterlegte schwarze Beerenfrucht, zarte Kräuterwürze, ein Hauch von Dörrobst, feine tabakige Nuancen. Saftig, stoffig, reife Kirschenfrucht, extraktsüß, finessenreiche Struktur, sehr elegant und anhaltend, dezente Gewürzanklänge, frisch und rotbeerig, gute Länge, ein vielseitiger Speisenbegleiter, mineralisch und anhaltend.

92 Blaufränkisch Steinäcker 2008
14 Vol.%, NK, großes Holzfass, 2000, extratrocken, €€€€€
Kräftiges Rubingranat, violette Reflexe, breitere Randaufhellung. Mineralisch unterlegtes dunkles Beerenkonfit, feine Edelholzwürze, rauchige Nuancen. Saftig, elegant, leichtfüßige Textur, mit zartem Nougat unterlegt, lebendige Säurestruktur, bereits ausgewogen, frischer, trinkanimierender Stil mit ausgeprägter Mineralik im Nachhall.

90 Joiser Reben rot 2009 ZW/ME/BF
14 Vol.%, NK/DV, Teilbarrique, 5000, extratrocken, €€€
Dunkles Rubingranat, violette Reflexe, zarter Wasserrand. Tabkig-kräuterwürzig unterlegte Brombeernote, mit dunklem Beerenkonfit unterlegt, dunkle Mineralik, Orangenzesten. Gute Komplexität, frische Herzkirschen, präsente Tannine, gute Frische, mineralischer Nachhall, ein facettenreicher Speisenbegleiter.

88 Blaufränkisch Ried Satz 2010
13,5 Vol.%, DV, großes Holzfass, 6000, extratrocken, €€

89 Chardonnay Jungenberg 2010
14 Vol.%, NK, Barrique, 1200, extratrocken, €€€€€

88 Chardonnay vom Kalk 2011
13 Vol.%, DV, Teilbarrique, 6000, extratrocken, €€

Neusiedlersee

ANDERT-WEIN

7152 Pamhagen, Lerchenweg 16
T: 0680/551 54 72, F: 02174/301 32
pamhogna@wellcom.at
www.pamhogna.at

KELLERMEISTER: Michael Andert ANSPRECHPARTNER: Erich Andert
ANZAHL/FLASCHEN: 15.000 (40 % weiß, 55 % rot, 5 % süß) HEKTAR: 4,6
VERKOSTUNG: ja AB-HOF-VERKAUF: ja
ÜBERNACHTUNGSMÖGLICHKEIT: kann organisiert werden
ANDERE PRODUKTE IM VERKAUF: Spirituosen
VEREINSZUGEHÖRIGKEIT: Demeter
MESSEN: BioFach

Als Kinder einer Großfamilie auf einem Hof mit gemischter Landwirtschaft aufgewachsen, lernten die Brüder Michael und Erich Andert, Menschen, Tiere und die damit verbundene Arbeit zu respektieren. Heute, als Winzer, hat sich dieser Respekt noch vertieft.

Mit der biodynamischen Wirtschaftsweise glauben sie, den richtigen Weg gefunden zu haben, um nachhaltig wertvolle Weine zu keltern. Sie respektieren irdische und kosmische Einflüsse sowie den Lauf der Jahreszeiten. Seit dem Umstieg auf Biodynamik hat die Arbeit im Weingarten eine höhere Wertigkeit. Es macht Freude zu beobachten, wie sich immer mehr Tierarten im Weingarten zu Hause fühlen. Diese Artenvielfalt schafft ein natürliches Gleichgewicht zwischen Nützlingen und Schädlingen und fördert die Gesundheit der Reben. Es erfordert Mut, unbekannte Wege zu gehen und ungewohnte Maßnahmen zu ergreifen. Noch mehr Mut erfordert es aber, nichts zu tun und die Trauben oder den Wein ihrer natürlichen Entwicklung zu überlassen. Die Weine aus dieser Produktionsart gewinnen an Individualität, haben mehr Charakter, sind bekömmlicher und stabiler und bereiten nach einiger Zeit mehr Genuss.

Die Reben stehen auf Schwarzerdeböden mit Humusgehalt. Pflanzenschutz erfolgt ohne Insektizide und Herbizide. Teeanwendungen ergänzen die Pflege, und Düngung erfolgt ausschließlich mit Stallmist. Die Lese wird händisch durchgeführt. Bei der Vinifikation setzt man auf offene Vergärung beim Rotwein, wenig oder keine Sedimentation beim Weißwein und Spontanvergärung. Temperatursteuerung erfolgt aufgrund der kleinen Behälter keine.

90 Zweigelt Rustenacker 2009
13 Vol.%, NK, großes Holzfass, 1300, extratrocken, €€€€
Kräftiges Rubingranat, violette Reflexe, zarter Wasserrand. Frische Zwetschken und Herzkirschen klingen an, ein Hauch von Zitruszesten, feine Nuancen von feuchtem Unterholz. Saftig, elegant, leichtfüßiger Stil, rote Beerenfrucht, salzig-mineralisch, ein vielseitiger Speisenbegleiter.

89 Pamhogna rot 2009 ZW/CS/SL
13 Vol.%, NK, 4000, extratrocken, €€

90 Ruländer 2009
13,5 Vol.%, NK, großes Holzfass, 1200, extratrocken, €€€
Mittleres Gelbgrün, rötlicher Schimmer. Rauchig unterlegte feine Birnenfrucht, angenehme Kräuterwürze, zart nach Orangenzesten. Saftig, feine Karamellnote, gelbe Apfelfrucht, gute Komplexität, zart nach Orangen auch im Abgang, ein vielseitiger Speisenbegleiter, gutes Entwicklungspotenzial.

88 Pamhogna weiß 2009 NB/WB/PG
13 Vol.%, NK, großes Holzfass, 1200, extratrocken, €€

Neusiedlersee

★★★

WEINGUT JUDITH BECK

7122 Gols, In den Reben 1
T: 02173/27 55, F: 02173/221 75
judith@weingut-beck.at
www.weingut-beck.at

--- BIO ---

KELLERMEISTER UND ANSPRECHPARTNER: Judith Beck
ANZAHL/FLASCHEN: k. A. (15 % weiß, 85 % rot) **HEKTAR:** 15
VERKOSTUNG: ja, gegen Voranmeldung **AB-HOF-VERKAUF:** ja
VEREINSZUGEHÖRIGKEIT: respect, Pannobile, 11 Frauen und ihre Weine
MESSEN: VieVinum, ProWein

Wenn man wie Judith Beck nicht nur laut Postadresse, sondern tatsächlich inmitten der Reben lebt, entwickelt man eine tiefe Beziehung zu den eigenen Weingärten. Die schönsten davon, in denen sie bevorzugt die traditionellen Sorten Zweigelt, Blaufränkisch, St. Laurent, Weißburgunder und Chardonnay pflegt, liegen an den Hängen und auf den Hügeln des sogenannten Wagrams. So nennt man die zum großen Teil sehr gut sonnenexponierte Hangstufe, die sich vom Tiefland im Osten des Neusiedler Sees zur sogenannten Parndorfer Platte erhebt.

Die Böden hier sind extrem vielschichtig und zeigen sich oft innerhalb eines einzigen Weingartens humos, schottrig, lehmig, kalkig oder mineralisch, was eine ideale Grundlage für komplexe, facettenreiche Weine ist, die ihre Herkunft widerspiegeln. Natürlichkeit und Identität sind daher die Merkmale, die Judith Beck in allen ihren Weinen sehen und zeigen will, weshalb sie sich seit 2007 auch von Rudolf Steiner und seinen Ideen inspirieren lässt – sprich ganzheitliche Methoden bei der Bearbeitung ihrer biologisch bewirtschafteten Weingärten anwendet, die darauf abzielen, die Reben ganz natürlich gesund zu erhalten. Dazu zählen Begrünung, Pflege der Biodiversität, Düngung mit biologischem Humus, Handarbeit, Berücksichtigung der Mondzyklen und mehr.

Konsequenterweise setzt Judith Beck daher auch keine Reinzuchthefen zu, sondern »riskiert es«, ihre Weine spontan und somit wirklich natürlich vergären zu lassen. Ihre Weine sind daher im besten Sinne natürlich, wahrhaftig, echt und vor allem authentisch. Immer eher zurückhaltend als laut tönend. Stets eine zweiten »Blick« wert. Mit Judith Becks Worten: »Internationalen Stil kann jeder überall machen. Weine wie meine nur ich, hier und jetzt. Und das ist für mich das Schönste, was es gibt. Wie mein Leben in den Reben.«

(92–94) Blaufränkisch Alte Lagen 2010
12,5 Vol.%, DV, Teilbarrique, extratrocken, €€€
Dunkles Rubingranat, violette Reflexe, zarter Wasserrand. Attraktives dunkles Beerenkonfit, mit feiner Kräuterwürze und Edelholznoten unterlegt, ein Hauch von Schokolade. Stoffig, engmaschig, feine schwarze Beerenfrucht, frisch und leichtfüßig, mineralischer Touch im Abgang, bereits harmonisch, gute Entwicklungsmöglichkeiten.

(91–93) Pannobile 2010 BF/ZW
13 Vol.%, NK, Barrique, extratrocken, €€€€
Dunkles Rubingranat, violette Reflexe, zarter Wasserrand. Feine balsamische Würze, ein Hauch von Nougat, mit dunkler Beerenfrucht unterlegt, braucht etwas Luft. Saftig, rotbeerige Frucht, frische Weichseln, präsente Tannine, bleibt gut haften, lebendiger Nachhall, ein vielseitiger Speisenbegleiter mit Entwicklungspotenzial.

(90–92) Pinot Noir 2010
13 Vol.%, NK, Barrique, extratrocken, €€€
Mittleres Rubingranat, zart unterockert, breiter Wasserrand. Verhalten, zart nach eingelegten Kirschen, Mandarinenzesten, ein Hauch von Edelholz. Mittlerer Körper, feinwürzig unterlegtes rotes Waldbeerenkonfit, präsentes Tannin, dunkle Mineralik im Abgang, zart nach Orangen, etwas Nougat im Nachhall.

(89-91) Heideboden 2010 ZW/BF/SL/ME
12,5 Vol.%, DV, Barrique, extratrocken, €€€
Mittleres Rubingranat, violette Reflexe, Wasserrand. Ein Hauch von Weichseln und Kirschen, feine tabakige Würze. Saftig, mittlere Textur, rotbeerige Frucht, gut integrierte Tannine, zart nach Kirschen im Abgang, frisch und trinkanimierend, bleibt gut haften.

(88-90) Zweigelt 2011
12,5 Vol.%, DV, großes Holzfass, extratrocken, €€

93 Weißburgunder 2011
13,5 Vol.%, DV, extratrocken
Helles Grüngelb. Feine Birnenfrucht, ein Hauch von Tropenfrüchten, feine Wiesenkräuter, attraktives Bukett. Saftig, elegante Textur, weiße Frucht, angenehme Extraktsüße, gut unterlegte Säurestruktur, harmonisch, feine Zitrusnoten im Abgang, mineralischer Nachhall, sicheres Reifepotenzial.

Neusiedlersee

WEINGUT BERNTHALER + BERNTHALER

7122 Gols, Untere Hauptstraße 116
T: 0664/920 86 60, F: 02173/26 02
bernthaler@gmx.at
www.winebernthaler.at

— BIO —

KELLERMEISTER: Mag. Helmut Bernthaler
ANSPRECHPARTNER: Mag. Helmut Bernthaler, DI Herbert Bernthaler
ANZAHL/FLASCHEN: 50.000 (50 % weiß, 45 % rot, 5 % süß) HEKTAR: 8
VERKOSTUNG: ja, gegen Voranmeldung AB-HOF-VERKAUF: ja
VERKAUFSLOKAL: 1020 Wien, Komödiengasse 3, Di., Do., Fr. 15–19 Uhr
ÜBERNACHTUNGSMÖGLICHKEIT: kann organisiert werden
VEREINSZUGEHÖRIGKEIT: Bio Austria MESSEN: VieVinum, ProWein

Das Weingut Bernthaler + Bernthaler der Brüder Helmut und Herbert Bernthaler zählt mittlerweile zum fixen Bestandteil der heimischen Qualitätswinzer aus Gols am Neusiedler See. Man beschäftigt sich mit regionalen Rot- und Weißweinsorten zu gleichen Teilen und erntet regelmäßig neben Prämierungen in Österreich auch in Düsseldorf, London und sogar den USA internationale Auszeichnungen, die den Betrieb an der burgenländischen Qualitätsspitze etablieren. Die ungewöhnliche Idee, »Chastanie«, einen Chardonnay, in kleinen Fässern aus Kastanienholz auszubauen, hat sich bereits bis in die deutsche Fachpresse durchgesprochen, das Falstaff-Magazin hat diesen Wein zuvor bei der jährlichen Burgundertrophy über mehrere Jahre hinweg entsprechend gewürdigt.

Durch die zertifizierte organisch-biologische Arbeitsweise im Weingarten und Keller soll die Individualität der Weine weiter unterstrichen werden. Seit dem Jahrgang 2010 zeigt sich das Bio-Sortiment auch in gelungener reduzierter Optik, das Etikett wurde neu gestaltet. Neuerungen sind auch im Weinangebot erfolgt. Dabei setzen die Brüder Bernthaler das spezielle Potenzial alter Weingärten ein, um elegante Weine nach dem Vorbild Burgunds zu erzielen. Altanlagen (über 30 Jahre) machen mittlerweile ein Drittel der Gesamtfläche aus, darunter Golser Top-Lagen wie Ungerberg und Altenberg. Der älteste Weißweingarten wurde bereits 1940 und 1960 ausgepflanzt, und bei den Rotweinen kann man auf Rebbestände zwischen 1963 bis 1976 zurückgreifen. Diese Rotweinlagen bilden die Basis für drei Weine, die mit dem Jahrgang 2010 neue Bezeichnungen erhalten: St. Laurent »Alte Reben«, Zweigelt »Alte Reben Bonum« und Blaufränkisch »Alte Reben B« sind eine Hommage an die Weinklassiker der Welt.

(89-91) Chardonnay Chastanie 2011
12,5 Vol.%, DV, Teilbarrique, 2000, extratrocken, €€
Helles Gelbgrün. Mit feinen Nuancen von Blütenhonig unterlegte Apfelfrucht, zarte Kräuterwürze, ein Hauch von Birne. Saftig, elegant, feine Extraktsüße, balanciertes Säurespiel, bleibt gut haften, leichtfüßiger Stil mit guter Länge, ein vielseitiger Speisenbegleiter.

89 Weißburgunder Neufeld 2011
13 Vol.%, DV, Stahltank, 1700, extratrocken, €€

88 Sauvignon Blanc Alte Reben willmann wein 2011
12,5 Vol.%, DV, Stahltank, 2500, extratrocken, €€

(88-90) Blaufränkisch Alte Reben B 2010
13 Vol.%, NK, Teilbarrique, 1400, extratrocken, €€€

(87-89) Zweigelt Alte Reben Bonum 2010
13 Vol.%, NK, Teilbarrique, 1300, extratrocken, €€€

(86-88) Pinot Noir Altenberg 2010
13,5 Vol.%, NK, Teilbarrique, 1200, extratrocken, €€€

WEINGUT GÜNTER FINK

7151 Wallern, Bahnstraße 66
T: 02174/23 84, F: DW 9
weingut@fink.at
www.fink.at

BIO

KELLERMEISTER UND ANSPRECHPARTNER: Günter Fink
ANZAHL/FLASCHEN: 25.000 (40 % weiß, 50 % rot, 10 % süß) HEKTAR: 6,27
VERKOSTUNG: ja, gegen Voranmeldung AB-HOF-VERKAUF: ja
ÜBERNACHTUNGSMÖGLICHKEIT: kann organisiert werden
ANDERE PRODUKTE IM VERKAUF: Brände, Säfte, Essig, Traubenkernöl
MESSEN: VieVinum, VinAustria, ProWein

Neusiedlersee

Seit Generationen lebt die Familie Fink in Wallern vom Weinbau. Nach der Übernahme des Betriebs durch Günter Fink im Jahr 2000 hat sich aber vieles verändert. Die Weingärten wurden umstrukturiert, die Sortenvielfalt auf lokale und regionale Sorten reduziert. Dennoch gibt es mittlerweile fast vierzigjährige Reben, die den trockenen, sandig-schottrigen Böden faszinierende Weine abringen.

Die Verarbeitung der Trauben erfolgt möglichst schonend. In den letzten Jahren wurde in die Kellerei investiert, die nun sowohl baulich als auch ausstattungsmäßig auf dem neuesten Stand ist. Die wichtigste Richtungsentscheidung für die Qualität findet aber bei der Weingartenarbeit statt, wo sich ein dreistufiges Selektionsverfahren bewährt hat. Außerdem hat man sich auch hier für eine biodynamische Bewirtschaftung entschieden. Die intensive Beschäftigung mit Wein schmeckt man in der Reintönigkeit, der Fruchtintensität und der Harmonie der Weine. Günter Fink produziert nicht nur Wein, er hat sich auch einen Namen mit der Erzeugung von Essig und der Verarbeitung von Früchten und Gemüse der Region wie Paradeisern, Gurken und Marillen gemacht. Auch ein vorzügliches kalt gepresstes Weintraubenkernöl zählt zum Sortiment.

90 Weißburgunder Auslese 2011
11,5 Vol.%, DV, Stahltank, süß, €€
Helles Gelbgrün, Silberreflexe. Feine Dörrobstnote, kandierte Marillen, zart nach Blütenhonig. Saftig, angenehme Fruchtsüße, elegante, cremige Textur, gut integriertes Säurespiel, zart nach Orangen im Abgang, gutes Entwicklungspotenzial.

88 Muskat Ottonel 2011
13 Vol.%, DV, Stahltank, €€

87 Welschriesling 2011
12 Vol.%, DV, Stahltank, €€

89 Fink Pink 2011 ZW/CS/SL/BF
12 Vol.%, DV, Stahltank, €€

Neusiedlersee

★★

WEINGUT ANITA UND RICHARD GOLDENITS

7162 Tadten, Obere Hauptstraße 9
T/F: 02176/36 38
office@goldenits.com
www.goldenits.com

BIO

KELLERMEISTER UND ANSPRECHPARTNER: Ing. Richard Goldenits
ANZAHL/FLASCHEN: k. A. (40 % weiß, 59 % rot, 1 % süß) HEKTAR: 17 + 5
VERKOSTUNG: ja, gegen Voranmeldung AB-HOF-VERKAUF: ja
ÜBERNACHTUNGSMÖGLICHKEIT: kann organisiert werden
VERANSTALTUNGEN: 17. bis 18. 11. Weintage Tadten
ANDERE PRODUKTE IM VERKAUF: Destillate, Traubensaft, Liköre
VEREINSZUGEHÖRIGKEIT: Vinology, Pannonischer Reigen
MESSEN: Vin Austria, VieVinum, ProWein, Igeho Basel

Fast alles ist neu im WeingutAnita und Richard Goldenits: Die Weingärten werden seit 2007 biologisch bewirtschaftet, die Verarbeitung wurde nach modernsten Erkenntnissen umgestellt, der Verkostungsraum und das Barriquelager wurden neu gebaut und auch die Flaschen haben neue Etiketten bekommen. Gleich geblieben ist das Bestreben, Weine mit Charakter und Eigenständigkeit zu erzeugen, die schmeckbar erkennen lassen, woher sie stammen. Sorten und Herkunftstypizität gehen für Anita und Richard Goldenits vor Uniformität. Traditionell burgenländische Reben wie der Muskat Ottonel werden in zeitgemäßer Stilistik gekeltert. Das Familienweingut umfasst derzeit 15 Hektar Weingärten in den besten Rieden. Die Anbaufläche teilt sich zu gleichen Teilen in rote und weiße Reben. Bei den Weißweinen steht die Frucht im Vordergrund, bei den Rotweinen Extrakt und Geschmeidigkeit. Die Hauptsorten sind Welschriesling, Sauvignon Blanc, Chardonnay sowie Blauer Zweigelt, Blaufränkisch, St. Laurent und Cabernet Sauvignon. Nationale und internationale Auszeichnungen unterstreichen die Qualität der Weine.

90 Blauer Zweigelt Drei Eichen 2010
13,5 Vol.%, DV, Teilbarrique, extratrocken, €€€
Dunkles Rubingranat, violette Reflexe, zarter Wasserrand. Mit zarten, süßen Gewürzklängen unterlegte dunkle Beerenfrucht, ein Hauch von Kirschen, Vanille, angenehmes Brombeerkonfit. Saftig, feines Waldbeerkonfit, präsentes, gut eingebundenes Tannin, zart blättrige Würze im Abgang, ein vielseitig einsetzbarer Speisenbegleiter.

89 Cabernet Sauvignon 2010
13 Vol.%, DV, Teilbarrique, extratrocken, €€€

89 Blaufränkisch Prädium 2010
13 Vol.%, DV, großes Holzfass, extratrocken, €€

88 St. Laurent Prädium 2010
12,5 Vol.%, DV, Teilbarrique, extratrocken, €€€

88 Blauer Zweigelt Select 2010
13,5 Vol.%, DV, großes Holzfass, extratrocken, €€

(89-91) Chardonnay Neue Welt 2011
13,5 Vol.%, DV, Teilbarrique, extratrocken, €€
Mittleres Gelbgrün. Feine Gewürzklänge, zart nach Vanille und Babybanane, frische Wiesenkräuter. Saftig, extraktsüße gelbe Tropenfrucht nach Mango und Papaya, lebendiger Säurebogen, gelbe Zitrusnote im Abgang, ein geschmeidiger Speisenbegleiter, vielseitig einsetzbar.

WEINGUT ROBERT GOLDENITS

★★★

7162 Tadten, Untere Hauptstraße 8
T: 02176/22 94, F: DW 11
robert@goldenits.at
www.goldenits.at

KELLERMEISTER: Robert Goldenits
ANSPRECHPARTNER: Robert und Birgit Goldenits
ANZAHL/FLASCHEN: k. A. (25 % weiß, 75 % rot) HEKTAR: 24
VERKOSTUNG: ja, gegen Voranmeldung AB-HOF-VERKAUF: ja
MESSEN: ProWein

Tadten im Seewinkel ist eine kleine Weinbaugemeinde. Ebendort erzielt Robert Goldenits mit gekonntem Einsatz sehr gute Resultate. Das pannonische Klima erlaubt es ihm, hochreife Trauben zu keltern, und vor allem die Rotweine werden von Weichheit und Harmonie getragen.

Goldenits produziert sowohl trockene Weißweine, beispielsweise einen klassisch ausgebauten Chardonnay, als auch Rotweine mit Potenzial wie die Cuvée »Tetuna«, nach dem alten Namen für Tadten benannt, und unter der geschützten Bezeichnung »Mephisto« eine Cuvée aus Syrah, Merlot und Cabernet, die sich mit einem ungewöhnlichen Etikett präsentiert. Im Zuge dessen wurden auch die anderen Weine mit einem neuen Etikett behübscht. Bei den Falstaff-Rotweinprämierungen der letzten Jahre war der »Mephisto« immer unter den besten Rotweincuvées des Landes zu finden – ein Erfolg, der für sich selbst spricht, denn es schafft nicht jeder Wein jedes Jahr, sich gegen rund 400 Mitbewerber durchzusetzen und sich unter den allerbesten zu platzieren.

(90-92) Tetuna 2010 BF/ZW/CS/SY/ME
13 Vol.%, NK, Barrique, extratrocken, €€€€
Dunkles Rubingranat, violette Reflexe. Mit frischer Kräuterwürze unterlegte dunkle Beerenfrucht, ein Hauch von Cassis, Kirschen und etwas Nougat. Stoffig, gute Komplexität, extraktsüßer Körper, gut integrierte Tannine, schwarze Beeren im Abgang, bleibt gut haften, hat Reifepotenzial, dunkles Nougat im Nachhall.

90 Pinot Noir 2010
13,5 Vol.%, NK, Barrique, extratrocken, €€€
Mittleres Karmingranat, zart unterockert, Wasserrand. Feine Nuancen von Himbeerkonfit, rote Beerenfrucht, zarte florale Anklänge, mit Orangenzesten unterlegt. Saftig, samtige Textur, frische Kirschen, präsente, gut integrierte Tannine, rotbeeriger, tabakig-würziger Nachhall.

(88-90) Blaufränkisch 2010
13 Vol.%, DV, extratrocken, €€

(88-90) Zweigelt Heideboden 2010
13 Vol.%, DV, Teilbarrique, extratrocken, €€

Neusiedlersee

Neusiedlersee

★★★
WEINGUT GSELLMANN HANS & ANDREAS

7122 Gols, Obere Hauptstraße 38
T: 02173/22 14, F: DW 14
wein@gsellmann.at
www.gsellmann.at

--- BIO ---

KELLERMEISTER UND ANSPRECHPARTNER: Andreas Gsellmann
ANZAHL/FLASCHEN: k. A. (20 % weiß, 75 % rot, 5 % süß) **HEKTAR:** 20
VERKOSTUNG: ja, gegen Voranmeldung **AB-HOF-VERKAUF:** ja
ÜBERNACHTUNGSMÖGLICHKEIT: kann organisiert werden
ANDERE PRODUKTE IM VERKAUF: Traubensaft
VEREINSZUGEHÖRIGKEIT: Pannobile, respekt
MESSEN: VieVinum, ProWein

Die Weine von Hans und Andreas Gsellmann sollen ein Spiegelbild von Mensch und Region sein. Kein zeitgeistiges Produkt, sondern die Essenz aus Kopf- und Handarbeit. In diesem Sinne drücken sie ihren Weinen auch keinen Stempel auf – der Wein hat sie geprägt, nicht sie den Wein. Das Maß ihrer Dinge ist die Natur. So gilt ihr Interesse den großen Erkenntnissen der Biodynamie, die der Natur mit größter Achtung begegnet. Die Methodik: Unterstützung anstatt Ausbeutung. Stärkung des Immunsystems der Pflanzen, der Böden und der Kleinstlebewesen, die ihre Böden fruchtbar machen. Der Dank der Natur sind authentische, finessenreiche Weine. Die Umstellung auf biologisch-dynamische Bewirtschaftung ist abgeschlossen, der Betrieb von Hans und Andreas Gsellmann wurde bereits zertifiziert. Demnächst kommen die ersten Weine in den Verkauf.

(91-93) Pannobile rot 2010 ZW/BF
13 Vol.%, NK, Barrique (500 l), extratrocken
Tiefdunkles Rubingranat, schwarzer Kern, violetter Rand. Angenehmes dunkles Waldbeerkonfit, ein Hauch von Brombeeren und reifen Zwetschken, mit zart tabakigen Nuancen unterlegt. Saftig, angenehme Extraktsüße, wieder reife Kirschen, frisch strukturiert, trinkanimierend, feine blättrige Würze im Abgang, ein eleganter Speisenbegleiter.

(90-92) Pinot Noir Goldberg 2010
13 Vol.%, NK, Barrique (500 l), extratrocken
Mittleres Rubingranat, violette Reflexe, zarter Wasserrand. Feines rotes Waldbeerkonfit, ein Hauch von Herzkirschen, sehr zarte Gewürzanklänge. Mittlerer Körper, rotbeerig, leichtfüßige Stilistik, feine Tannine, zart nach Erdbeeren im Abgang, ein lebendiger Speisenbegleiter.

(88-90) St. Laurent Klassik 2011
12,5 Vol.%, DV, Barrique (500 l), €€

(88-90) Blauer Zweigelt Vom Heideboden 2011
13 Vol.%, DV, gebr. Barrique, €€

(90-92) Traminer Spiegel 2011
13 Vol.%, NK, extratrocken, €€€€€
Kräftiges Gelbgrün, noch hefetrüb. Feine Rosenblätter, typische Nuancen von Eibischteig, Orangenzesten. Straff, mineralisch, trockene Stilistik, sehr salzige Mineralik im Abgang, wieder feine Eibischnote im Nachhall.

90 Grauburgunder 2011
13 Vol.%, NK, extratrocken
Helles Messinggelb. Feine reife Birnenfrucht, ein Hauch Blütenhonig und Wiesenkräuter. Elegant, saftige Textur, feine Melonenfrucht, angenehmes Säurespiel, zarter Zitrustouch, vielseitiger, leichtfüßiger Speisenbegleiter.

WEINGUT MATTHIAS UND ILSE GSELLMANN

7122 Gols, Obere Hauptstraße 28
T/F: 02173/34 31
office@gsellmann-weine.at
www.gsellmann-weine.at

Neusiedlersee

KELLERMEISTER UND ANSPRECHPARTNER: Matthias Gsellmann
ANZAHL/FLASCHEN: k. A. (35 % weiß, 60 % rot, 5 % süß) HEKTAR: 18
VERKOSTUNG: ja, gegen Voranmeldung AB-HOF-VERKAUF: ja
ÜBERNACHTUNGSMÖGLICHKEIT: kann organisiert werden
MESSEN: VieVinum, ProWein, Vin Austria

Das 18 Hektar umfassende Familienweingut Matthias und Ilse Gsellmann liegt am nordöstlichen Rand des Neusiedler Sees und erstreckt sich über Top-Lagen der Gemeinden Gols, Halbturn und Jois. Durch das milde pannonische Klima ergeben sich optimale Voraussetzungen für den Reifeprozess der Trauben, die zu 60 Prozent aus roten Sorten bestehen. Winzermeister Matthias Gsellmann setzt mit seiner natürlichen Be- und Verarbeitungsweise in Weingarten und Keller klare Linien, die sich in den jeweils charakteristischen Noten der Weine widerspiegeln.

Rotweine wie Zweigelt, Blaufränkisch, St. Laurent, Merlot und Cabernet Sauvignon oder Blauer Burgunder überzeugen durch ihre dichte, fruchtige Struktur. Dennoch wird der Weißwein keinesfalls vernachlässigt. Das Sortiment reicht von kräftigen, lagerfähigen Weiß- und Grauburgundern über Chardonnay bis zu leichten Sommerweinen wie Welschriesling und Gelbem Muskateller. Neu umgesetzte Ideen, junges Design und höchste Qualitätsansprüche ergänzen das Konzept der Familie Gsellmann, das von der jüngeren der beiden Töchter, Christine, fortgesetzt wird. Nach ihrem Abschluss der Handelsakademie für Weinbau- und Agrarmanagement studiert sie zurzeit an der Universität für Bodenkultur und sorgt damit für einen nahtlosen Übergang des Weinguts in die nächste Generation.

Die Präsenz des Weinguts bei internationalen Fachmessen, Verkostungen am Weingut selbst sowie Auftritte bei diversen Veranstaltungen in ganz Österreich bieten dem Konsumenten die Möglichkeit, die Weine kennenzulernen.

(89–91) Alte Lagen 2010 ZW/BF/CS/ME
14 Vol.%, NK, Barrique, extratrocken, €€€
Dunkles Rubingranat, orange Reflexe, dezenter Wasserrand. Feine Gewürzklänge, dunkles Waldbeerkonfit, ein Hauch von Erdbeeren, Nuancen von Orangenzesten. Saftig, elegant, feine Brombeernote, frisch strukturiert, zitronige Noten im Nachhall.

(88–90) Blauer Zweigelt Vom Heideboden 2010
13 Vol.%, DV, Teilbarrique, extratrocken, €€

(88–90) Blaufränkisch 2010
13 Vol.%, DV, Teilbarrique, extratrocken, €€

89 Traminer 2011
13,5 Vol.%, DV, Stahltank, extratrocken, €€

88 Chardonnay 2011
13 Vol.%, DV, Stahltank, extratrocken, €€

93 TBA Jännerlese 2006 SÄ/GM
7 Vol.%, NK, Stahltank, süß, €€€
Helles Bernstein mit Orangereflexen. Feiner Touch von Marillenkonfitüre, florale Noten, Orangenzesten, angenehmer Honigtouch. Saftig, zart nach Dörrobst, deutlicher Restzucker, cremige Textur, lebendiger Säurekonter, bleibt sehr gut haften und klingt lange nach.

Neusiedlersee

★★★
WEINGUT HAIDER

7142 Illmitz, Seegasse 16
T: 02175/23 58, F: DW 4
office@weinguthaider.at
www.weinguthaider.at

KELLERMEISTER: Gerhard Haider
ANSPRECHPARTNER: Silvia und Gerhard Haider
ANZAHL/FLASCHEN: k. A. (20 % weiß, 40 % rot, 40 % süß) **HEKTAR:** 13
VERKOSTUNG: ja, gegen Voranmeldung **AB-HOF-VERKAUF:** ja
ÜBERNACHTUNGSMÖGLICHKEIT: kann organisiert werden
ANDERE PRODUKTE IM VERKAUF: gereifte Prädikatsweine
MESSEN: VieVinum, ProWein

»Gegen Kritik kann man sich wehren – gegen Lob ist man allerdings machtlos«, das ist der Leitspruch eines Winzers, der dies gelassen sagen kann. Mehr als 300 Goldmedaillen und höchste Bewertungen in der österreichischen und internationalen Weinszene hat Senior Martin Haider bereits für seine Süßweine erhalten. Die Latte liegt also hoch für Sohn Gerhard und Tochter Silvia, die den traditionsreichen Betrieb nun in vierter Generation weiterführen.

Dreizehn verschiedene Rebsorten sind auf Sand-, Schotter- und Schwarzerdeböden ausgepflanzt. Sie und auch das einzigartige Klima sind das große Kapital der Winzerfamilie. Alle Weiß- und Prädikatsweine werden klassisch im Edelstahltank ausgebaut. Sie glänzen durch besondere Feinheit, Eleganz, Frucht und Sortentypizität. Botrytis- und Honignoten akzentuieren die Einmaligkeit des Weinbaugebiets. Die Rotweine des Hauses werden einerseits fruchtbetont und klassisch ausgebaut, andererseits zeigen sich die Barriqueweine üppig und kraftvoll mit viel Charakter. Die dynamische Form des Etiketts soll künstlerisch die gesamte Bandbreite der Duft- und Aromastoffe beim Schwenken des Weinglases charakterisieren.

96 Sämling 88 TBA 2010
11,5 Vol.%, NK, Stahltank, süß, €€€€
Kräftiges Gelbgold. Mit zarten Mandarinenzesten unterlegte gelbe Fruchtexotik, feiner Honigtouch, weiße Blüten, zitroniger Touch. Saftig, gute Komplexität, ein voller Korb mit Tropenfrüchten, brillanter Säurebogen, delikat und anhaltend, ein perfekter Sortenvertreter, zeigt eine gute Länge, stoffig, frisch, sehr verführerisch, salzig-mineralischer Nachhall, bereits toll antrinkbar.

95 Welschriesling TBA 2010
10 Vol.%, NK, Stahltank, süß, €€€€
Kräftiges Gelbgrün. Rauchig unterlegte gelbe Tropenfrucht, feine Kräuterwürze, zart nach Dörrobst, ein Hauch von Grapefruitzesten klingt an. Saftig, reife Ananas, zart nach Maracuja, elegant und ausgewogen, finessenreiches Säurespiel, das die Süße gut ausgleicht, bleibt lange haften, ein feiner Süßwein, der mit guter Zukunft ausgestattet ist.

94 Traminer TBA 2010
14 Vol.%, NK, Stahltank, süß, €€€
Mittleres Goldgelb. Zart rauchiges Bukett, ein Hauch von Rosenblättern und Honig, eher verhaltenes Bukett, mineralisch unterlegt. Süß und saftig, am Gaumen geprägt von den typischen Noten von Eibischteig, kraftvoll und lange anhaltend, sortentypisch und mit großem Reifepotenzial ausgestattet.

93 Sauvignon Blanc TBA 2010
12,5 Vol.%, NK, Stahltank, süß, €€€€
Mittleres Gelbgold. Feine Kräuterwürze, zart nussig-brotig unterlegte weiße Tropenfruchtnoten, feines Stachelbeerkonfit, etwas schwarze Beerenfrucht. Saftig, stoffige gelbe Tropenfrucht, kraftvoller Körper, finessenreicher Säurebogen, der den Restzucker gut ausgleicht, feiner Honigtouch im Abgang, gutes Entwicklungspotenzial.

93 Blauer Zweigelt TBA 2010
11 Vol.%, NK, Stahltank, süß, €€€€
Mittleres Bernstein mit rötlichem Schimmer. Zart rauchig unterlegte Nuancen nach Kirschen und rotem Waldbeerkonfit, Orangenzesten. Saftig, elegant, feiner Honigtouch, zart nach Marillenkonfitüre, bleibt gut haften, sehr gut balanciert, ein veritables Trinkdessert.

(88–90) Sauvignon Blanc Auslese 2011
11,5 Vol.%, DV, Stahltank, süß, €€

★

WEINGUT THOMAS HARETER

7121 Weiden am See, Untere Hauptstraße 73
T/F: 02167/76 12
weingut@hareter.at
www.hareter.at

--- BIO ---

KELLERMEISTER UND ANSPRECHPARTNER: Thomas Hareter
ANZAHL/FLASCHEN: k. A. (40 % weiß, 50 % rot, 10 % süß) HEKTAR: 10
VERKOSTUNG: ja AB-HOF-VERKAUF: ja
ÜBERNACHTUNGSMÖGLICHKEIT: kann organisiert werden

Der Boden in Weiden am See ist von kargem Schotter, sandigem Lehm und unschwerer Schwarzerde geprägt. Dementsprechend legen Thomas und Mathias Hareter ihr Hauptaugenmerk auf die heimischen Sorten, besonders auf die Sorte Zweigelt. Der Boden ist die Basis des Weins, und seine Eigenschaften prägen die Trauben und so auch die Weine, die einen eigenständigen Charakter und eine spezielle Mineralik erhalten. Um die unverfälschten Eigenschaften des jeweiligen Weins beizubehalten und zu unterstreichen, werden die Weine hier spontan vergoren.

Das Weingut Hareter hat sich den traditionellen Verarbeitungsmethoden verschrieben. Thomas Hareter ist auch überzeugter Traditionalist in Bezug auf die Sortenwahl. Sein Credo: »Wir arbeiten im Bewusstsein, dass uns sowohl die Lebenskräfte der Natur als auch unsere eigenen Kräfte geschenkt wurden. Deshalb ist nicht Ausbeutung unser Leitsatz, sondern ein dosiertes Miteinander von Weingarten und Mensch. Es gilt, die Grenzen zu erkennen und diesen Horizont sanft zu erweitern. Durch die bioorganische Wirtschaftsweise, gepaart mit dem Einsatz von Kräuterauszügen können wir zurückfinden zum von der Natur Intendierten: zur Balance in den Weingärten und letztlich auch zu einer Balance in uns selbst.« Im Ausbau wird der patriotische Gedanke fortgesetzt, denn auch die Barriques stammen vorwiegend aus österreichischen Bindereien. Nach seinem philosophischen Ansatz »Dissonanz und Harmonie wachsen zur Balance« zeigen die Weine ausdrucksstarke Klarheit, Struktur und Vielschichtigkeit. Die verschiedenen Charakterzüge und Gegensätze balancieren einander frei aus.

93 TBA 2010 CH/SB
10 Vol.%, NK, Barrique, süß, €€€
Mittleres Goldgelb. Intensives Stachelbeerkonfit, feine Kräuterwürze, zart nach Litschi, angenehmer Honigtouch. Saftig, elegant, weiße Tropenfrucht, feiner Säurebogen, gute Mineralik integriert, wirkt frisch und animierend, sicheres Entwicklungspotenzial.

89 Zweigelt 2011
12,5 Vol.%, DV, großes Holzfass, extratrocken, €€

88 St. Laurent 2011
12 Vol.%, DV, großes Holzfass, extratrocken, €€

88 Welschriesling 2011
11.5 Vol.%, DV, Stahltank, extratrocken, €

87 Weißburgunder 2011
12 Vol.%, DV, Stahltank, extratrocken, €€

WEINGUT HEIDEBODEN

7141 Podersdorf/See, Neusiedlerstraße 32
T: 0664/103 37 89, F: 02176/32 31
schwarz.johann@speed.at

KELLERMEISTER UND ANSPRECHPARTNER: Johann Schwarz
ANZAHL/FLASCHEN: k. A. Hektar: k. A.

Der Heideboden ist ein immer noch nahezu unbekannter Winkel des Burgenlands, eine melancholische Landschaft voller Geschichte und zugleich eine Region, in der kräftige, würzig-saftige Rotweine gedeihen. Wo das Feuchtgebiet des Seewinkels in eine trockene Schotterebene übergeht und die ungarische Puszta bereits am Horizont sichtbar wird, dort beginnt der Heideboden. Die Qualitäten des Heidebodens als Rotweingebiet wurden erst in den letzten zehn Jahren so richtig entdeckt. Die Schotterböden entwässern gut und speichern Wärme.

Anders als der Seewinkel weist der Heideboden kaum Nebel auf, weshalb hier keine Edelfäule (Botrytis) entsteht, wie sie für Süßweine notwendig, bei noblen Rotweinen aber nicht erwünscht ist. Ein langer, warmer Herbst ermöglicht es den Trauben, zu saftiger Intensität heranzureifen. Vor allem der Zweigelt findet hier ideale Voraussetzungen, um seine Stärken zu entfalten, die dann vom Weingut Heideboden vinifiziert werden.

90 **Zweigelt Heideboden 2010**
12,5 Vol.%, NK, Teilbarrique, extratrocken
Kräftiges Rubingranat, violette Reflexe, zarter Wasserrand. Einladende frische Herzkirschen, zart mit Weichseln unterlegt, reife Zwetschken und etwas Nougat klingen an. Saftig, elegant, wieder nach Zwetschken, feine Holzwürze, Kirschen im Abgang, schokoladiger Nachhall, ein vielseitiger Speisenbegleiter.

★★★★★

WEINGUT GERNOT UND HEIKE HEINRICH

7122 Gols, Baumgarten 60
T: 02173/31 76, F: DW 4
office@heinrich.at
www.heinrich.at

--- BIO ---

KELLERMEISTER: Gernot Heinrich und Harald Lehner
ANSPRECHPARTNER: Heike Heinrich
ANZAHL/FLASCHEN: k. A. (1 % weiß, 99 % rot) HEKTAR: 60
VERKOSTUNG: ja, gegen Voranmeldung
AB-HOF-VERKAUF: ja, limitierte Mengen
VEREINSZUGEHÖRIGKEIT: respekt, Pannobile
MESSEN: VieVinum, Vinitaly, ProWein

Gernot und Heike Heinrich besitzen eines der sehenswertesten Weingüter Österreichs. Dessen ungeachtet laden sie ihre Gäste lieber in den Salzberg und in den Gabarinza am Golser Wagram oder in den Alten Berg am Leithagebirge ein – je nach Jahreszeit auch inklusive eines Besuchs bei den Kirschbäumen und mit Besichtigung der Komposthaufen. Das ist nur natürlich, denn die Heinrichs betrachten ihren Betrieb lediglich als eine Station auf dem Weg zum Wein und als Mittel zum Zweck: mit so wenig Eingriffen in die Natur wie irgend möglich Weine zu erzeugen, die unverwechselbar für ihre Herkunft sind. Ihr Sortenspiegel ist daher stark von den heimischen Sorten Zweigelt, Blaufränkisch und St. Laurent dominiert, die sie in bevorzugten Lagen an beiden Seiten des Neusiedler Sees kultivieren. Daraus entstehen, je nach Jahrgangsausprägung unterschiedlich, von »beiden Ufern« zusammengestellt, die reinsortigen Heinrich-Weine, die das gesamte Weinbaugebiet in Boden und Mikroklima abbilden.

Dem gegenüber stehen die reinen Lagenweine wie der »Salzberg«, der »Gabarinza« (diese beiden Cuvées erfahren internationale Unterstützung durch Merlot) und seit 2007 auch der Blaufränkisch »Alter Berg« (Winden), mit denen man sich ganz dem Terroir verschrieben hat. Quasi zwischen diesen Welten liegt der »Pannobile«: eine Cuvée aus heimischen Sorten von definierter Herkunft, und eine Leidenschaft, die man mit acht weiteren WinzerkollegInnen aus Gols teilt. Weniger im Fokus der allgemeinen Aufmerksamkeit stehen (noch) die extrem spannenden Weißweine vom Leithagebirge, denen sich die Heinrichs in den letzten Jahren wieder verstärkt widmen. Als Geheimtipp gehandelt wird der Weißburgunder »Leithakalk«, der im Namen trägt, was seine Botschaft ist. Seit Herbst 2011 gibt es auch den Blaufränkisch »Leithaberg DAC« – wie sich überhaupt auf dieser Seite des Sees in den kommenden Jahren viel tun wird, wie man hören kann. Bleiben wir also gespannt, denn die Heinrichs sind nicht nur für die kompromisslose Qualität ihrer Weine bekannt, sondern auch immer für die eine oder andere Überraschung gut.

(96-98) Salzberg 2009 ME/BF/ZW
14 Vol.%, NK, Barrique, extratrocken, €€€€€
Dunkles Rubingranat, opaker Kern, violette Reflexe. Angenehme Gewürzklänge, feiner balsamischer Touch, dunkles Beerenkonfit, ein Hauch von Nougat. Komplex, kraftvoll, feine Kräuterwürze, reife Herzkirschen, präsente, noch etwas fordernde Tannine, wirkt dabei fein und leichtfüßig, angenehme Zwetschkenfrucht im Abgang, dunkle Schokolade im Rückgeschmack, sehr facettenreich und lange anhaltend, verfügt über enormes Reifepotenzial, enorm salzig-mineralisch im Finish. Steht ganz am Anfang einer grandiosen Karriere, ein Meilenstein des österreichischen Rotweines.

94 Gabarinza 2009 ZW/BF/ME
13,5 Vol.%, NK, Barrique, €€€€€
Dunkles Rubingranat, violette Reflexe, zarter Wasserrand. Reife Zwetschkenfrucht, schwarze Beerenfrucht, feine balsamische Nuancen, dunkle Mineralik, Orangenzesten, feines Nougat. Saftig, elegant, angenehme Extraktsüße, etwas Weichseln, feiner Säurebogen, eingebundene Tannine, die dem Wein eine gute Länge geben, feine blättrige Würze im Abgang, ein finessenreicher Speisenbegleiter.

Neusiedlersee

(91-93) Pannobile rot 2010 ZW/BF
13 Vol.%, VL, Barrique, extratrocken, €€€€€
Dunkles Rubingranat, violette Reflexe, zarter Wasserrand. Feine Kräuterwürze, tabakige Nuancen, mit schwarzer Beerenfrucht unterlegt, zart nach Orangenzesten und Nougat. Saftig, eher schlanke Textur, dabei durchaus komplex, feine rotbeerige Komponente, feinwürziges Tannin, mineralischer Nachhall, ein bereits zugänglicher Speisenbegleiter.

(91-93) Blaufränkisch Leithaberg 2010
13 Vol.%, VL, Barrique, extratrocken, €€€€
Dunkles Rubingranat, violette Reflexe, zarter Wasserrand. Frisches Brombeerkonfit, zart tabakig unterlegt, ein Hauch von Trockenkräutern. Mittlere Statur, feine Kirschenfrucht, zarte, seidige Tannine, mineralisch-salzige Nuancen, bleibt gut haften, eleganter, präziser Stil, gutes Potenzial.

90 Zweigelt 2010
12,5 Vol.%, VL, großes Holzfass, extratrocken, €€
Dunkles Rubingranat, violette Reflexe, zarter Wasserrand. Frische Zwetschkenfrucht, feine Kräuterwürze, einladendes Bukett. Saftige Kirschenfrucht, feine Extraktsüße, angenehmes Säurespiel, trinkanimierend und leichtfüßig, feiner Süßetouch im Abgang, vielseitig einsetzbar.

(89-91) St. Laurent 2011
12,5 Vol.%, VL, Teilbarrique, extratrocken, €€€
Tiefdunkles Rubingranat, opake Farbe, violette Reflexe. Rauchig-würzig unterlegtes dunkles Beerenkonfit, ein Hauch von Preiselbeeren klingt an. Stoffig, feine rotbeerige Frucht, zart nach Weichseln, frisch und lebendig, knackiger, leichtfüßiger Stil, mittlere Länge.

(91-93) Salzberg 2010 WB
13 Vol.%, VL, großes Holzfass, extratrocken, €€€€€
Mittleres Grüngelb. Zunächst verhalten, feiner weißer Birnentouch, ein Hauch von Wiesenkräutern, dezenter Blütenhonig. Saftig, engmaschig, elegante Textur, gut eingebundene, präsente Säurestruktur, zitronige Nuancen, finessenreich am Gaumen und anhaltend, feiner Speisenbegleiter.

(91-93) Leithaberg DAC weiß 2010 WB
13 Vol.%, VL, großes Holzfass, extratrocken, €€€€€
Mittleres Grüngelb. Zart rauchig, dezente Kräuterwürze, Nuancen von Grapefruitzesten. Saftig, zarte gelbe Tropenfruchtaromen, feine Säurestruktur, zitronig-mineralischer Nachhall, trinkanimierender Stil, bleibt gut haften.

92 BA 2010
13 Vol.%, VL, großes Holzfass, süß, €€€€€
Mittleres Orangerot, zarter rötlicher Bernstein, Wasserrand. Feine süße Nuancen von Dörrzwetschken, frische Erdbeerkonfitüre und Honig. Saftig, elegant, rotes Waldbeerkonfit, finessenreich strukturiert, rund und harmonisch, bereits zugänglich, feinwürzig im Abgang.

Neusiedlersee

★★★
WEINGUT HEISS

7142 Illmitz, Untere Hauptstraße 12
T/F: 02175/33 32
weingut@fr-heiss.at
www.fr-heiss.at

KELLERMEISTER UND ANSPRECHPARTNER: Maria Heiss
ANZAHL/FLASCHEN: k. A. HEKTAR: 9,5 VERKOSTUNG: ja
AB-HOF-VERKAUF: ja ÜBERNACHTUNGSMÖGLICHKEIT: ja
MESSEN: Vinobile Feldkirch

Bei den Weinen machte man im Weingut Heiss keine Kompromisse – vom Weingarten, wo nach den Methoden des integrierten Landbaus gearbeitet wird, bis zur Arbeit im Keller. Der Großteil der Weingärten liegt in der Riede Römerstein, wo humoser Lehmboden vorherrscht und der Boden teilweise mit Schotter durchzogen ist.

Der Familienbetrieb Heiss verabschiedet sich in diesem Jahr von den Lesern, denn die Produktion wird pensionsbedingt nicht weiter fortgesetzt. Die breite Palette aus den letzten Jahrgängen, die nicht nur hervorragende Prädikatsweine, sondern auch trockene Weiße und Rotweine umfasst, wird aber weiterhin zum Verkauf angeboten. Unter dem Motto »Wein in seiner Vielfalt« lädt die Winzerfamilie auch in den kommenden Jahren zu kommentierten Weinproben, die die unterschiedlichen Sorten, Ausbauarten und Stile des Hauses dokumentieren und damit besonders die faszinierende Welt der Süßweine zeigen, denen diesmal aus gegebenem Anlass eine etwas größere Retrospektive gewidmet ist.

95   Sämling TBA 2008
10,5 Vol.%, NK, süß, €€€€
Mittleres Goldgelb. Intensive Fruchtexotik, einladende Honigsüße, Nuancen von Orangenzesten, vollreife gelbe Tropenfrucht. Saftig, komplex, zart nach Marillenmarmelade und Litschi, opulent und von einer frischen Säure getragen, sehr gute Länge, ein stoffiger Süßwein mit sehr gutem Reifepotenzial.

94   Welschriesling Eiswein 2009
10 Vol.%, NK, süß, €€€€
Mittleres Goldgelb. Intensive gelbe Tropenfruchtanklänge, ein Hauch von Maracuja und Ananas, feiner Blütenhonigtouch. Elegant und balanciert, exotische Frucht, die Süße ist von einer finessenreichen Säurestruktur gekontert, Steinobstnoten im Nachhall, feiner Zitrustouch im Finish, delikater Süßwein, bereits antrinkbar.

94   Sämling/Sauvignon TBA 2009
9,5 Vol.%, NK, Barrique (Akazie), süß, €€€
Mittleres Gelbgrün. Zart rauchig, feine Kräuterwürze, gelbe Tropenfruchtanklänge, nach Maracuja und Orangenzesten, feine Gewürzanklänge. Saftig, cremige Textur, reife gelbe Pfirsichfrucht, dezente Holzwürze klingt an, feiner Honigtouch im Abgang, bleibt gut haften, zart nach Ananas und Steinobst im Nachhall, gutes Reifepotenzial.

93   Blaufränkisch Essenz TBA 2006
6,5 Vol.%, NK, süß, €€€
Helles Ziegelrot, unterockert, breite Randaufhellung. Einladendes süßes Beerenkonfit, feine Honignote, mit Orangenzesten unterlegt. Stoffig, intensive Süße, deutlich vom Restzucker geprägt, mit rotem Waldbeerkonfit unterlegt, samtig und lange anhaltend, süße Tropenfrucht im Rückgeschmack, großes Reifepotenzial.

93   Sauvignon Blanc BA 2008
11 Vol.%, NK, Barrique (Akazie), süß, €€€
Mittleres Goldgelb. Reife gelbe Steinobstnoten, ein Hauch von Stachelbeerkonfit, mit feinen Gewürzanklängen unterlegt, zart nach Orangenzesten. Elegant, ausgewogen, süße Mangofrucht, frischer Säurebogen, feine Süße im Kern, Pfirsichfrucht im Abgang, gute Länge, verfügt über Reifepotenzial.

Neusiedlersee

92 Welschriesling Eiswein 2010
10 Vol.%, NK, süß, €€€€
Mittleres Gelbgrün. Mit zarter Kräuterwürze unterlegte gelbe Apfelfrucht, ein Hauch von reifem Steinobst, Nuancen von Zitruszesten. Saftig, wirkt leichtfüßig, weiße Tropenfrucht, gut eingebundene Süße, ausgewogen, zarter Stil, zitroniger Touch im Finish.

92 Sämling TBA 2010
9 Vol.%, süß, €€€€
Mittleres Gelbgrün. Mit frischen Mandarinen- und Limettenzesten unterlegte weiße Tropenfrucht, zart rauchig-mineralische Nuancen. Saftig, dezente vegetale Würze, deutliche Süße, feiner Säurebogen, zart nach Maracuja und Honig im Abgang, eher barocke Stilistik.

90 Riesling BA 2010
10 Vol.%, NK, süß, €€€
Helles Gelbgrün. Mit frischem Blütenhonig unterlegte reife Pfirsichfrucht, ein Hauch von Mandarinenzesten, feiner Zitrustouch. Saftig, weiße Tropenfrucht, gut integrierte Süße, feiner Säurebogen, mineralische Nuancen, bereits gut antrinkbar, mittlere Länge.

★★★

WEINGUT LEO HILLINGER
7093 Jois, Hill 1
T: 02160/83 17, F: DW 17
office@leo-hillinger.com
www.leo-hillinger.com

Neusiedlersee

KELLERMEISTER: DI Edgar Brutler ANSPRECHPARTNER: Marina Müllner ANBAUWEISE: derzeit in Umstellung auf Bio ANZAHL/FLASCHEN: k. A. (40 % weiß, 60 % rot) HEKTAR: 50 VERKOSTUNG: ja AB-HOF-VERKAUF: ja ÜBERNACHTUNGSMÖGLICHKEIT: kann organisiert werden ANDERE PRODUKTE IM VERKAUF: Schnäpse, Säfte, Schokolade, Essig, Öl, Honig, Gelees MESSEN: VieVinum, ProWein, The London International Wine & Spirits Fair

Mit einer Anbaufläche von 50 Hektar zählt das Weingut Hillinger zu den größten Weinproduzenten im Top-Qualitätssegment in Österreich. Seit Leo Hillinger 1990 den kleinen väterlichen Weinhandel übernahm, entwickelte er den Betrieb durch intelligente Strukturreformen und Zukäufe guter Lagen rund um Jois, Oggau und Rust zu einem österreichischen Musterbetrieb. 2004 wurde in Jois um sechs Millionen Euro eine neue Produktionsstätte mit angeschlossener Degustations-Lounge und einem Seminarraum errichtet, die modernste Kellertechnik mit anspruchsvoller Architektur und ausgezeichnetem Design verbindet. Events werden im Weingut zum großen Erlebnis.

Im burgenländischen Parndorf eröffnete Leo Hillinger als erster Winzer weltweit einen »Flagship-Store«, der ausschließlich eigene Weine führt. 2006 sowie 2007 arbeitete Leo Hillinger intensiv am Aufbau des internationalen Netzwerks, so »eroberte« er 18 Länder mit seinen Weinen. 2008 startete Leo Hillinger ein Sozialprojekt. Er widmete ein Eigenlabel seines Schaumweins »Secco« der Pink-Ribbon-Aktion. Ein Euro pro Flasche geht an die Österreichische Krebshilfe. Ein Jahr später eröffnete Hillinger im Designer-Outlet Salzburg, angelehnt an den Parndorfer »Flagship-Store«, seine »HILL Lounge«. Die Weine – allen voran die Top-Cuvées »Hill 1«, »Hill 2« und »Hill 3« – werden regelmäßig im In- und Ausland ausgezeichnet (Falstaff, Gault Millau, Parker, Mundus Vini, Wine Spectator, Decanter, Wine and Spirits, u. v. m.). Insgesamt überzeugen die Weine mit schöner Frucht, kräftigem Körper und hohem Entwicklungspotenzial. Mit innovativen Produkten wie dem Rosé-Schaumwein »Secco« oder der »Small-Hill-Serie« (red, white, rosé, sweet) gelingt es Hillinger, insbesondere auch neue, junge Konsumentengruppen anzusprechen. Schon mehr als 50 Prozent der Gesamtproduktion werden exportiert, speziell in die Schweiz, die USA und nach Fernost, aber auch nach Polen und Russland und weitere Länder Osteuropas. Großes Potenzial ortet Hillinger auch auf dem indischen Markt.

92 Leithaberg DAC rot 2009
13 Vol.%, NK, Teilbarrique, 3000, extratrocken, (€€€€)
Dunkles Rubingranat, violette Reflexe, zarter Wasserrand. Intensives schwarzes Beerenkonfit, ein Hauch von Preiselbeeren, angenehme Kräuterwürze, mineralische Nuancen. Saftig, frische Kirschenfrucht, gut integrierte Tannine, finessenreicher Säurebogen, eher rotbeerige Nuancen im Abgang, trinkanimierender, leichtfüßiger Stil, ein vielseitiger Speisenbegleiter mit Reifepotenzial.

90 Cabernet Sauvignon 2009
14 Vol.%, NK, Barrique, 8000, extratrocken, €€€€
Dunkles Rubingranat, violette Reflexe, dezenter Wasserrand. Intensive Nuancen von Amarenakischen, zarte Edelholzwürze, feines Nougatkaramell. Saftig, elegante Textur, gut integrierte Tannine, ein Hauch von Gewürznelken, angenehme Kirschenfrucht im Nachhall, ein vielseitiger Speisenbegleiter.

90 HILL Side 2009 SY/ZW/ME
13,5 Vol.%, NK, Barrique, 30.000, extratrocken, €€€
Dunkles Rubingranat, violette Reflexe, dezenter Wasserrand. Frisches dunkles Beerenkonfit, ein Hauch von Brombeeren und Cassis, mit frischen Orangenzesten unterlegt,

Neusiedlersee

zart nach Karamell. Saftig, gute Komplexität, gut integrierte Tannine, schokoladige Textur, feine Anklänge von Dörrobst, bleibt gut haften, Zwetschken im Nachhall.

90 Leithaberg DAC 2010 WB
13 Vol.%, NK, Teilbarrique, 3500, extratrocken, (€€€€)
Mittleres Gelbgrün. Reife Steinobstanklänge, zart nach Honig, angenehme Kräuterwürze, ein Hauch von Karamell. Stoffig, mineralischer Kern, feine Holzwürze, reife Pfirsich-Birnen-Frucht, gut integrierte Säurestruktur, feine Extraktsüße im Nachhall, ein vielseitiger Speisenbegleiter.

L 90 Chardonnay 2011
12,5 Vol.%, DV, Stahltank, 22.000, extratrocken, €€
Helles Gelb. Zart mit Steinobstnoten unterlegte gelbe Apfelfrucht, feine Wiesenkräuter. Saftig, elegante, cremige Textur, angenehme Säurestruktur, fruchtsüßer Nachhall.

89 Grüner Veltliner 2011
12,5 Vol.%, DV, Stahltank, 25.000, extratrocken, €€

Neusiedlersee

★★
WEINGUT HORVATH

7122 Gols, Untere Hauptstraße 165
T/F: 02173/33 78
info@weingut-horvath.at
www.weingut-horvath.at

KELLERMEISTER UND ANSPRECHPARTNER: Günter Horvath
ANZAHL/FLASCHEN: k. A. (30 % weiß, 70 % rot) HEKTAR: 12
VERKOSTUNG: ja, gegen Voranmeldung AB-HOF-VERKAUF: ja
VEREINSZUGEHÖRIGKEIT: Select Gols
MESSEN: VieVinum, Vinobile Monfort

Inmitten des Weinbaugebietes Neusiedlersee – bekannt für die hervorragenden klimatischen Bedingungen, die besten Wein wachsen lassen – ist das Weingut Horvath seit Generationen direkt in Gols beheimatet. Auf unterschiedlichsten Grundlagen wie Löss-, Schwarzerde- und Sandböden in unmittelbarer Nähe zum Neusiedler See und dessen Nationalpark kommen hier besonders vielschichtige Weine hervor. Günter Horvath übernahm 1992 den elterlichen Betrieb und führte die Ausrichtung komplett in die Qualitätsweinerzeugung über. Respekt vor der Natur, schonender Umgang, Genauigkeit und viel Wissen sowie Erfahrung über Generationen sind der Garant für eine gleichbleibend hohe Qualität. Charaktervoll, vom Terroir gezeichnet, von höchster Qualität und mit persönlicher Note gekelterte Weine spiegeln sich im gesamten Produktsortiment wider. Auch optisch zeigt man an der Produktausstattung die Verbundenheit zur Region: eine vereinfachte, modernisierte Turm-Darstellung des Wappensymbols von Gols – Tradition und Moderne sozusagen.

Die Hauptsorte des Weinguts ist der Zweigelt, gefolgt von Blaufränkisch und Chardonnay. Das Traubenmaterial für den klassischen Zweigelt und den Blaufränkisch »Heideboden«, der teilweise im Barrique ausgebaut wird, stammt von jenen Weingärten, deren Rebstöcke unter 15 Jahre alt sind. Die Trauben der älteren Rebstöcke und Top-Lagen stellen das Grundmaterial für den Blaufränkisch »Gabarinza«, die Cuvée »Gols« aus Zweigelt und Blaufränkisch sowie den Cabernet Sauvignon und Merlot »Altenberg Reserve«. Beim Weißwein konzentriert sich das Weingut voll und ganz auf den Chardonnay, der klassisch vergoren die Bezeichnung Chardonnay »Heideboden« trägt und in der Premiumvariante mit 14-monatiger Barriquelagerung und vollzogenem biologischem Säureabbau sowie Batonnage Chardonnay »Gabarinza« heißt.

(91-93) Altenberg Reserve 2009 CS/ME
14 Vol.%, DV, Barrique, €€€
Dunkles Rubingranat, violette Reflexe, dezent unterockert, zarte Randaufhellung. Mit zarten Anklänge von Cassis und Minze unterlegte schwarze Beerenfrucht, ein Hauch von Kräuterwürze, attraktives Bukett. Saftig, feine Nuancen von Schwarzen Johannisbeeren, elegant und ausgewogen, angenehmes Nougat im Finish, gutes Entwicklungspotenzial.

(89-91) Blaufränkisch Gabarinza 2010
14 Vol.%, DV, Barrique, €€€
Kräftiges Rubingranat, violette Reflexe, dezenter Wasserrand. Feine Nuancen von frischen Herzkirschen, zart mit dunklem Beerenkonfit unterlegt. Mittlere Komplexität, rotbeerige Noten, gut eingebundenes Tannin, bereits zugänglich, unkomplizierter Stil.

(88-90) Gols 2010 ZW/BF
13,5 Vol.%, DV, Barrique, €€€

88 Blauer Zweigelt 2011
13 Vol.%, DV, großes Holzfass, 10.000, extratrocken, €€

(87-89) Heideboden 2010 BF/ME
13,5 Vol.%, DV, Teilbarrique, 3000, extratrocken, €€

88 Chardonnay Heideboden 2011
13,5 Vol.%, DV, Stahltank, 12.000, extratrocken, €€

Neusiedlersee

★★★★

WEINGUT JURIS

7122 Gols, Marktgasse 12–18
T: 02173/27 48, F: 02173/33 23
office@juris.at
www.juris.at

KELLERMEISTER: Axel Stiegelmar **ANSPRECHPARTNER:** Herta Stiegelmar
ANZAHL/FLASCHEN: 120.000 (20 % weiß, 80 % rot) **HEKTAR:** 18
VERKOSTUNG: ja, gegen Voranmeldung **AB-HOF-VERKAUF:** ja
ANDERE PRODUKTE IM VERKAUF: Destillate
VEREINSZUGEHÖRIGKEIT: Renommierte Weingüter Burgenland
MESSEN: ProWein

Als Axel und Herta Stiegelmar 1995 den Stammsitz der Familie Stiegelmar, das Weingut Juris, übernahmen, konnten sie an eine Tradition anknüpfen, die bis ins Jahr 1571 zurückreicht. Obwohl man da schon von alteingesessen sprechen kann, ist dieser Umstand Auftrag und Ansporn zugleich. Man betrachtet hier den Ort, an dem Wein entsteht, als Schnittstelle zwischen Alt und Neu, zwischen Tradition und Vision.

Nach seiner Ausbildung an der Weinbauschule in Klosterneuburg holte sich Axel Stiegelmar den letzten Schliff auf internationalen Top-Weingütern wie Château Canon La Gaffelière von Stephane Neipperg in Bordeaux und Opus One von Robert Mondavi im Napa Valley. Es galt schließlich, in die Fußstapfen des Vaters Georg Stiegelmar zu treten, eines Pioniers, der in den 1980ern und 1990ern durch zahlreiche Innovationen den Ruf des Gebietes hochgehalten hat und 2000 die Leitung des Weingutes an Axel übergab.

Auf Juris konzentriert man sich in erster Linie auf die Pflege der Burgundersorten, allen voran Pinot Noir und St. Laurent. Gearbeitet wird mit eigenen Selektionen von den besten Rebstöcken ebenso wie mit kleinbeerigen Qualitätsklonen. Die Weine der Reserve-Linie, aus Trauben gekeltert, sind Stammgäste der niveauvollsten Weinwettbewerbe. Die Cuvées »St. Georg«, »Ina'mera« und neuerdings der Blaufränkisch »Tricata« sind Charakterbeispiele der Möglichkeiten, die man hier im warmen pannonischen Klimagebiet vorfindet. All das entsteht in einer der modernsten Kellereien des Landes. Schwerkraft, um den Wein zu bewegen, und Null-Energie, um ihn optimal zu lagern, gipfeln schließlich in der Stilistik des Gutes. All diese Bemühungen führten im Laufe der Jahre zu zahlreichen Prämierungen wie den Titel »Winemaker of the year« 1995 in London und den drei Falstaff-Siegen.

(91-93) Ina'mera Reserve 2010 BF/ME/CS
13,5 Vol.%, NK, Barrique, extratrocken, €€€€
Dunkles Rubingranat, violette Reflexe, zarter Wasserrand. Mit feinen ätherischen Nuancen unterlegte reife dunkle Beerenfrucht, zart nach Nougat. Stoffig, feines Brombeerkonfit, präsente Tannine, die den Wein gut strukturieren, gute Länge, wird von Flaschenreife profitieren.

(90-92) St. Laurent Reserve 2010
13 Vol.%, NK, Barrique, extratrocken, €€€€
Dunkles Rubingranat, violette Reflexe, breitere Randaufhellung. Feine reife Zwetschkenfrucht, dunkles Waldbeerkonfit, mit zarter vegetaler Würze unterlegt. Saftig, feine Textur, rotbeerige Fruchtanklänge, seidiges Tannin, bleibt gut haften, harmonischer Speisenbegleiter mit gutem Reifepotenzial.

90 Syrah Juris Villa 2008 (Badacsony, Ungarn)
13,5 Vol.%, NK, Teilbarrique, extratrocken, €€€
Kräftiges Rubingranat, zart unterockert. Feine Kräuterwürze, feine Weichselfrucht, kandierte Orangenzesten. Saftig, elegante-cremige Textur, dunkle Beerenfrucht, salzig-mineralische Nuancen im Abgang, Brombeerfrucht im Abgang, zart nach Nougat im Rückgeschmack.

90 Pinot Gris Juris Villa 2011 (Badacsony, Ungarn)
13,5 Vol.%, NK, Teilbarrique, extratrocken, €€€
Helles Grüngelb. Zart nach Orangenzesten, mit feinen Nuan-

cen von Honigmelone unterlegt, feiner Blütenhonig. Elegant, saftig, seidige Textur, finessenreicher Säurebogen, mineralisch und gut anhaltend, ein ausgewogener, leichtfüßig wirkender Speisenbegleiter.

89 Sauvignon Blanc Selection 2011
13 Vol.%, DV, extratrocken, €€

89 Muskat Ottonel Selection 2011
12 Vol.%, DV, extratrocken, €€

Neusiedlersee

Neusiedlersee

WEINGUT KADLEC

★★

7142 Illmitz, Untere Hauptstraße 34
T: 0664/103 13 06
kadlec@lyss.at
www.lyss.at

KELLERMEISTER UND ANSPRECHPARTNER: Karl Kadlec
ANZAHL/FLASCHEN: 50.000 HEKTAR: 5
MESSEN: VieVinum, Vinova, ProWein, Igeho Basel,
The London International Wine & Spirits Fair

Am Ostufer des Neusiedler Sees, zwischen Illmitz und Apetlon, gedeihen – begünstigt durch den warmen, flachen See und das besondere Mikroklima – hochwertige Prädikatsweine und dank der hohen Luftfeuchtigkeit exzellente Botrytis-Weine. Darüber hinaus prägt der leichte Boden den Charakter der Weine und trägt zu dessen Qualität bei.

In dieser Gegend liegen die Weingärten des Riedenhofs von Karl Kadlec, der sich zum Ziel gesetzt hat, Weine für höchste Ansprüche in bester Qualität zu keltern und damit erfolgreich zu sein. Dazu gehören ökologische Bewirtschaftung der Weingärten, Traubenselektion, Investitionen in die Kellertechnik sowie Professionalität in Auftritt und Vermarktung. Einprägsam ist das Etikett, und die Weine führen allesamt den Namen »Lyss«. Der Sortenspiegel ist klar und knapp. Internationale Stilistik mit regionalen Akzenten heißt die Devise – Cuvées, Barriqueausbau und hochwertige Süßweine. »Lyss Excellence Cuvée« steht für eine Komposition aus Cabernet, Merlot, Blaufränkisch und Zweigelt. Der »Lyss rouge« aus dem Jahr 2009 ist wieder ein reinsortiger Blaufränkisch und aus dem Jahr 2010 ein reinsortiger Zweigelt. »Lyss doux« steht für Süßwein, der in dieser Region nicht fehlen darf. Relativ neu ist der Grüne Veltliner »Lyss blanc Excellence«, für den Trauben aus Niederösterreich zugekauft wurden.

90 Lyss Blanc Chardonnay Barrique 2011
13,5 Vol.%, NK, Barrique, 1000, extratrocken, €€€
Helles Grüngelb. Feine Gewürzanklänge, mit gelber Tropenfrucht unterlegt, ein Hauch von Apfel, zart nach Vanille. Saftig, angenehme Extraktsüße, zart nach Karamell, elegant und gut anhaftend, ein balancierter Speisenbegleiter, reife Pfirsichnote im Abgang, hat Entwicklungspotenzial.

88 Lyss Blanc Chardonnay 2011
13 Vol.%, DV, Stahltank, 1000, extratrocken, €€

91 Lyss Blaufränkisch 2009
13,5 Vol.%, NK, Barrique, 2000, extratrocken, €€€
Mittleres Karmingranat, zart unterockert, Wasserrand. Feine Kräuterwürze, zarte florale Nuancen, angenehmes Kirschkonfit, ätherische Noten, attraktives Bukett. Elegant, ausgewogen, feine rotbeerige Frucht, frische Struktur, zartes Cassis im Nachhall, delikater Speisenbegleiter, vielseitig einsetzbar.

89 Lyss Merlot 2011
13,5 Vol.%, NK, Barrique, 2500, extratrocken, €€€

(88–90) Lyss Zweigelt 2010
14 Vol.%, NK, Barrique, extratrocken, €€€

88 Lyss Rosé Cuvée 2011 ZW/BF
12 Vol.%, 1000, trocken, €€

WINZERHOF KISS

7093 Jois, Josef-Haydn-Gasse 1
T: 02160/82 56, F: 02160/200 97
ronald.kiss@aon.at
www.winzerhof-kiss.at

NEU

KELLERMEISTER UND ANSPRECHPARTNER: Ronny Kiss
ANZAHL/FLASCHEN: 70.000 (38 % weiß, 60 % rot, 2 % süß) **HEKTAR:** 14
VERKOSTUNG: ja **AB-HOF-VERKAUF:** ja
ANDERE PRODUKTE IM VERKAUF: Sekt, Schnaps, Traubensaft, Essig, Schokolade
ÜBERNACHTUNGSMÖGLICHKEIT: ja
VEREINSZUGEHÖRIGKEIT: Joiser Renommee, Leithaberg

Neusiedlersee

Ronald Kiss weiß sich das Terroir in Jois zunutze zu machen. An den Ausläufern des Leithagebirges gelegen, entstehen in seinem Weingut verführerisch fruchtbetonte, muskulöse Rotweine und herrliche frisch-fruchtige Weißweine. Im Mittelpunkt des Sortiments steht die Sorte Blaufränkisch, die von der bekannten Lage Jungenberg den Top-Wein im Programm stellt. Auf Schiefergestein gepflanzt und nach Süden – Richtung Neusiedler See – ausgerichtet, laufen die Reben hier zur Höchstform auf.

Die Cuvée »Stuamandl« (BF/ZW/PN) steht in der Beliebtheitsskala der Kunden ebenfalls ganz oben. Die animierende Beerenfrucht, dazu ein spannungsvolles Spiel aus reifem Tannin, Schmelz und Mineralität sprechen für sich. Als heißer Tipp seien die liebevoll eingerichteten Gästezimmer verraten, auf Wunsch können Verkostung und Riedenwanderung dazugebucht werden.

93 Kellerkatze 2009 BF/CS
14 Vol.%, NK, Barrique, 1200, extratrocken, €€€€
Tiefdunkles Rubingranat, schwarzer Kern, violette Reflexe. Mit feiner Kräuterwürze unterlegtes dunkles Beerenkonfit, ein Hauch von Cassis und Herzkirschen, angenehme Zitruszesten. Elegant, frisches schwarzes Waldbeerkonfit, gut integrierte Tannine, zitronige Nuancen, mineralisch und gut anhaltend, gutes Reifepotenzial.

92 Renommee 2010 ZW/CS
13 Vol.%, NK, Barrique, 1800, extratrocken, €€€
Tiefdunkles Rubingranat, schwarzer Kern, violette Reflexe. Zart ätherisch unterlegte dunkle Beerenfrucht, Nuancen von Orangenzesten und Cassis, mineralischer Touch. Saftig, extraktsüß, gut integrierte Tannine, finessenreiche Säurestruktur, elegant und bereits gut antrinkbar.

89 Blaufränkisch 2011
13 Vol.%, DV, großes Holzfass, 5500, extratrocken, €€

89 Zweigelt 2011
13 Vol.%, DV, großes Holzfass, 6000, extratrocken, €€

93 Chardonnay Gritschenberg 2009
14 Vol.%, DV, Barrique, 1200, extratrocken, €€
Mittleres Grüngelb. Attraktive Röstaromen, zart nach Nougat und kandierten Orangenzesten, mit gelber Frucht unterlegt. Saftig, elegant und extraktsüß, sehr gut eingebundene Holzwürze, reife gelbe Tropenfrucht, feiner Säurebogen, bleibt lange haften, burgundische Anmutung, stoffig, sehr gutes Entwicklungspotenzial.

88 Chardonnay 2011
13,5 Vol.%, DV, Stahltank, 1600, extratrocken, €€

Neusiedlersee

★★★★★

WEINLAUBENHOF KRACHER

7142 Illmitz, Apetloner Straße 37
T: 02175/33 77, F: DW 4
office@kracher.at
www.kracher.at

KELLERMEISTER: Gerhard Kracher
ANSPRECHPARTNER: Gerhard und Michaela Kracher
ANZAHL/FLASCHEN: k. A. (5 % weiß, 15 % rot, 80 % süß) HEKTAR: 25
VEREINSZUGEHÖRIGKEIT: Renommierte Weingüter Burgenland
MESSEN: ProWein, Vinexpo, The London International,
Wine & Spirits Fair

Alois Kracher war für die österreichische Weinwirtschaft ein wahrer Glücksfall. Im Herbst 2007 erlag der unermüdlich scheinende Botschafter des österreichischen Weines einem Krebsleiden, über tausend Menschen begleiteten ihn an der Seite seiner Familie zur ewigen Ruhe, allen voran der Bundeskanzler.

Nun ist es an Gerhard Kracher, geboren im Jahr 1981 – genau in jenem Jahr hatte sein Vater Alois die Vinifikation vom Großvater übernommen –, den Betrieb weiterzuführen. Nach einer betriebswirtschaftlichen Ausbildung begann Gerhard, aktiv im Weingut mitzuarbeiten, viele Kontakte zu knüpfen und seine eigenen Ideen und Vorstellungen einzubringen. Gemeinsam mit seinem Vater plante und führte er den Umbau des Weingutes durch, Schritt für Schritt übernahm er die Verantwortung in einzelnen Märkten und sammelte Erfahrungen bei den Distributionspartnern in den USA. So konnte sich Gerhard Kracher ein fundiertes Weinwissen aneignen, und er fand Gelegenheit, seinen Gaumen zu schulen. Jetzt leitet er das Weingut mit der Unterstützung seiner Mutter Michaela, die sich um die organisatorischen und administrativen Belange des Weingutes kümmert. Der Name Kracher steht längst nicht mehr ausschließlich für beste Süßweine. Zusammen mit befreundeten Herstellern hat Alois Kracher eine ganze Reihe von Produkten des gehobenen Genusses geschaffen.

Gerhard Kracher führt die erfolgreichen Kooperationen weiter. Es ist ein spannendes Erbe, das Kracher junior übertragen wurde. Dazu zählen nicht nur ein weltberühmt gewordenes Weingut und gesuchte Weine mit Höchstpunkten, sondern auch der Geist, die Stärke, der unbeugsame Wille und die Konsequenz, die Gerhard von seinem weltbekannten Vater hinterlassen wurden – von dessen Charme und Sinn für Humor ganz zu schweigen.

93 Welschriesling TBA No. 1 2009
12,5 Vol.%, NK, Stahltank, süß, €€€€
Mittleres Goldgelb. Feiner Honig, zartes Steinobst, Anklänge von Orangenzesten, feine Dörrobstanklänge. Stoffig, reife gelbe Tropenfrucht, mineralische Komponenten, wirkt kraftvoll, aber keine Spur üppig, wirkt im Finish straff, feiner Nougattouch im Abgang, salziger Nachhall, sehr gute Balance.

93 Scheurebe TBA No. 2 2009
11 Vol.%, NK, Stahltank, süß, €€€€
Helles Goldgelb. Feine Grapefruitzesten, weiße Blüten, zarte Würze nach Estragon, ein Hauch von geröstetem Sesam, frische Tropenfruchtaromen. Saftig, seidige Textur, feine Honignote, eleganter Körper, straff, feine Säurestruktur, reife gelbe Pfirsichfrucht im Nachhall, bereits sehr verführerisch, gute Länge.

95 Welschriesling TBA No. 3 2009
10 Vol.%, NK, Stahltank, süß, €€€€
Mittleres Gelbgrün mit Goldreflexen. Feine Nuancen von kandierten Orangenzesten, intensive Honignoten, Anklänge von Honigmelonen, zarte Kräuterwürze, noch sehr junges Bukett, facettenreich angelegt. Saftig, gute Komplexität, gelbe Steinobstanklänge, sehr elegant, wie aus einem Guss, perfekte Säurestruktur, ganz auf der eleganten, feinen Seite des Welschriesling, bleibt sehr gut am Gaumen haften, feines Nougat im Nachhall.

92 Muskat Ottonel TBA No. 4 2009
11 Vol.%, NK, Stahltank, süß, €€€€
Kräftiges Goldgelb. Intensive Muskatnuss, florale Nuancen, zart nach Grapefruitzesten, feiner ätherischer Hauch. Blitzsauber, saftig, intensive Tropenfrucht, gut integrierte Süße, es fehlt ein wenig die Säure, wird im Abgang etwas breiter, feine Honignote, im Finale wirkt der Wein eine kleine Spur zu süß, sollte eher früher genossen werden.

95 Traminer TBA No. 5 2009
11,5 Vol.%, NK, Barrique, süß, €€€€
Kräftiges Goldgelb. Zart rauchig-würzig unterlegte reife gelbe Frucht, nur zart mit Rosen und Eibisch unterlegt, Ananas, reifer Pfirsich, mineralische Nuancen. Saftig, komplex, gut integrierte Süße, zeigt noch Ecken und Kanten, sehr großes Entwicklungspotenzial, hat die Anlagen zu einem tollen Sortenvertreter, hier passt alles zusammen.

95 Grande Cuvée TBA No. 6 2009 CH/WR
11,5 Vol.%, NK, großes Holzfass/Barrique, süß, €€€€
Mittleres Goldgelb. Braucht etwas Luft, reife Steinobstnuancen, das neue Holz wird hier spürbar, wirkt im Bukett noch etwas verhalten. Stoffig, feine gelbe Tropenfrucht, wirkt frisch und lebendig, stoffig und jugendlich, dezente zitronige Noten, gute Würze, gute Mineralik, salzige Note im Abgang, sicheres Reifepotenzial.

93 Rosenmuskateller No. 7 2009
10,5 Vol.%, NK, Barrique, süß, €€€€
Helles Orangerot, rötliche Reflexe. Feines Marillenkonfit, frisches Kirschenkonfit, zarte Gewürzklänge, sehr verführerisches Bukett. Saftige Steinobstnoten, zart rauchige Nuancen, feine Struktur, elegant integrierte Süße, finessenreich und ausgewogen.

94 Rosenmuskateller No. 8 2009
10,5 Vol.%, NK, Stahltank, süß, €€€€
Mittleres Orangerot, rötliche Reflexe. Noch etwas verhalten, zarte Eibischnote, ist vom Holz im Bukett noch etwas zurückversetzt. Saftig, mineralisch, zarte Würze, gute Komplexität, überzeugt am Gaumen mehr als im Bukett, bleibt sehr gut haften, besitzt ein ausgezeichnetes Reifepotenzial.

94 Chardonnay TBA No. 9 2009
10,5 Vol.%, Barrique, süß, €€€€
Mittleres Gelbgold. Feiner Honig, reife gelbe Tropenfrucht, angenehme Holzwürze, zart nach Milchkaramell, zugänglicher Stil. Saftig und rund, ohne Haken und Ösen, sehr balancierter Körper, gute Frische, wunderschöner Zitruston im Abgang, bereits jetzt problemlos antrinkbar.

94 Scheurebe TBA No. 10 2009
NK, süß, €€€€€
Mittleres Gelbgold. Ungemein intensiv, frische Mandarinen und Blütenaromen, hochattraktives Bukett, feiner Honig integriert. Stoffig, opulente Süße, feine Mineralik, dezente Zitrusnote, zeigt eine gute Eleganz, salzige Nuancen im Abgang, seidige Textur im Nachhall, bereits zugänglich, sehr harmonisches Trinkdessert.

95 Chardonnay TBA No. 11 2009
5,5 Vol.%, NK, Barrique, süß, €€€€€
Kräftiges Goldreflexe. Kräftige Orangenanklänge, gelbe Tropenfrucht, Hochelegant, mineralisch, komplex, Honigtiefe, salzig und lange anhaltend, saftige gelbe Apfelfrucht, Honiganklänge, feine Dörrobstnuancen im Nachhall, stoffig, zarte Edelholzwürze im Abgang, salzig-mineralischer Rückgeschmack, bei aller Süße doch elegant.

93 Beerenauslese Cuvée 2009 CH/WR
13 Vol.%, NK, Stahltank/großes Holzfass, süß, €€€
Mittleres Gelbgrün, zarte Goldreflexe. Feine Nuancen von Mandarinen, zart nach Blütenhonig, zartes Milchkaramell, reifer Steinobsttouch. Stoffig, reife Steinobstanklänge, gelber Pfirsich und Honigmelone, kraftvoll, gutes Säuregerüst, mineralisch und ausgewogen, zeigt eine gute Länge und Harmonie, feine gelbe Tropenfrucht im Abgang, würziger Nachhall, im Preissegment von 12–15 Euro ein absolutes Schnäppchen.

92 Zweigelt Beerenauslese 2010
11,5 Vol.%, NK, süß
Mittleres Kirschrot, zarter Ockertouch. Feine florale Nuancen, angenehme Gewürzklänge vom neuen Holz, Bourbonvanille, rauchige Noten. Elegant, feines rotbeeriges Konfit, zart nach Kirschen, feines Säuregefüge, rotbeerige Nuancen, Erdbeerkonfit im Abgang, noch jung, aber bereits zugänglich. Harmonisch, leichtfüßig und trinkanimierend.

91 Zweigelt Auslese 2009
12,5 Vol.%, NK, süß
Helles Kirschrot, zart unterockert. Mit getrockneter Marillenfrucht unterlegte rote Beerenfrucht, feine florale Nuancen, zart nach Orangenzesten, ein Hauch von Erdbeeren. Saftig, guter Rotweincharakter, dezenter Gerbstoff, zarter Honigtouch, Nuancen von dunklen Beeren, Brombeerkonfit im Nachhall, zeigt eine gute Komplexität, feinwürziger Nachhall.

Neusiedlersee

WEINGUT KROISS

7142 Illmitz, Untere Hauptstraße 32
T/F: 02175/21 37
weingut.kroiss@bnet.at
www.rolandkroiss.at

KELLERMEISTER: Roland Kroiss
ANSPRECHPARTNER: Walter und Katharina Kroiss
ANZAHL/FLASCHEN: k. A. (40 % weiß, 50 % rot, 10 % süß) HEKTAR: 16
VERKOSTUNG: ja, gegen Voranmeldung AB-HOF-VERKAUF: ja
ÜBERNACHTUNGSMÖGLICHKEIT: ja
ANDERE PRODUKTE IM VERKAUF: Destillate

Das Weingut Kroiss in Illmitz befindet sich seit Generationen im Familienbesitz. Qualitätsstreben und das Erhalten des hohen Qualitätsstandards sind vor allem auf die gelungene Symbiose aus Tradition und Innovation zurückzuführen. Zielstrebig werden diese Wertvorstellungen auch von Junior Roland und seiner Frau Erika verfolgt. Erstaunlich für Illmitz: Die Hälfte der Weine sind rot.

Der zweite Produktionsschwerpunkt liegt aber dann doch auf dem Süßwein. Bei den trockenen Weißweinen bietet Roland Kroiss neben seinem burgenländischen Chardonnay auch erstaunliche Weiße aus besten Wiener Lagen an, die er von seinem Schwiegervater übernommen hat. Bei der Buschenschank in Wien-Sievering, die in den ungeraden Monaten durchgehend geöffnet hat, dürfen nur die Wiener Weine ausgeschenkt werden. Und als Wahlwiener setzt sich der engagierte Winzer seit ein paar Jahren mit seinem Zweigelt »Hackenberg« bei der Wiener Landesweinprämierung durch.

Mit der Übernahme des benachbarten Gästehauses in Illmitz gibt es nun auch Übernachtungsmöglichkeiten auf dem Weingut. Dort kann das gesamte Sortiment der Familie Kroiss verkostet werden.

93 Chardonnay TBA 2009
6,5 Vol.%, NK, Stahltank, €€€
Leuchtendes Orangegold. Intensive Dörrobstanklänge, kandierte Marillen und Orangenzesten, feiner Honigkaramelltouch, etwas Nougat. Saftige, süße Steinobstnote, mineralischer Touch, feiner Säurebogen, reife Marillen im Abgang, gute Länge, sicheres Reifepotenzial.

91 Weißburgunder BA 2010
12 Vol.%, NK, Stahltank, süß, €€
Leuchtendes Orangegold. Feine Dörrobstnoten nach Quitten und Feigen, mit frischer Kräuterwürze unterlegt, angenehmer Honigschmelz. Saftig, wieder etwas Dörrzwetschken, Marillenkonfitüre klingt an, gute Länge, zitronige Nuancen, Rosinen im Rückgeschmack.

(87-89) Chardonnay 2011
13,5 Vol.%, DV, Stahltank, extratrocken, €€

(86-88) Weißburgunder 2011
13,5 Vol.%, NK, Stahltank, extratrocken, €€

89 Zweigelt 2010
13,5 Vol.%, NK, großes Holzfass, extratrocken, €€

(88-90) Trialog 2010 CS/ZW/SL
13,5 Vol.%, NK, Barrique, extratrocken, €€€

Neusiedlersee

★★★

WEINGUT LEITNER

7122 Gols, Quellengasse 33
T: 02173/25 93, F: 02173/215 47
weingut@leitner-gols.at
www.leitner-gols.at

KELLERMEISTER UND ANSPRECHPARTNER: Gernot Leitner
ANZAHL/FLASCHEN: 70.000 (10 % weiß, 82 % rot, 8 % süß) HEKTAR: 11,7
VERKOSTUNG: ja, gegen Voranmeldung AB-HOF-VERKAUF: ja
ANDERE PRODUKTE IM VERKAUF: Weinbrand
VEREINSZUGEHÖRIGKEIT: Pannobile
MESSEN: ProWein, Expovina Zürich

Das Weingut Leitner ist seit Generationen im Besitz der Familie. 1975 übernahmen Melitta und Matthias Leitner den Betrieb, der bis 1990 noch im Nebenerwerb geführt wurde. Die entscheidende Neuorientierung – hin zu Qualität und zum Abfüllen der Weine in die Bouteille – begann bereits Anfang der Achtzigerjahre. Erste nationale und internationale Bestätigungen ab dem Jahr 1985 zeigten, dass die eingeschlagene Qualitätsstrategie erfolgreich war. Die nächste große Wende fand 1991 statt, als Matthias Leitner seinen Beruf als Handelsreisender aufgab, um sich ausschließlich dem Weinbau zu widmen. In diesen Jahren wuchs die bewirtschaftete Fläche des Weingutes auf fast zwölf Hektar an.

Seit 1. Jänner 2003 arbeitet Gernot Leitner hauptberuflich im elterlichen Betrieb. Der Kern der Betriebsphilosophie ist das Streben, charaktervolle, vom Terroir geprägte Weine höchster Qualität zu vinifizieren. Um dies zu erreichen, werden die Weingärten naturnah bewirtschaftet. Was die Natur dem Winzer schenkt, wird im Keller mit akribischer Genauigkeit und in schonendstem Umgang mit Traube und Wein bis in die Flasche gebracht.

Die Rieden Ungerberg, Salzberg, Schafleiten und Satz zählen zu den besten Lagen in Gols, und genau dort befinden sich auch die Weingärten von Familie Leitner. Die Böden sind leichte Sand-Lehm- bis Kalk-Muschel-Verwitterungsböden. Bei der Bepflanzung wurde immer darauf geachtet, aus Edelsorte, Unterlagsrebe und Boden eine optimale Symbiose zu erzeugen, die prädestiniert dafür ist, hohe Qualität hervorzubringen. Das Weingut Leitner ist Gründungsmitglied der »Pannobile«-Gruppe.

93   St. Laurent Altenberg 2009
13 Vol.%, NK, Barrique, 1200, extratrocken, €€€€
Dunkles Rubingranat, violette Reflexe, Wasserrand. Feine Gewürzanklänge, zart nach Edelholz und Nougat, ein Hauch von Lakritze. Saftig, elegant, zarter schokoladiger Touch, feine Weichselfrucht im Nachhall, ein feiner, gut ausgewogener Speisenbegleiter.

92   Zweigelt Altenberg 2009
13,5 Vol.%, NK, Barrique, 1200, extratrocken, €€€€
Dunkles Rubingranat, violette Reflexe, zarter Wasserrand. Feine einladende Zweigeltfrucht, reife Kirschenfrucht, mit angenehmer Gewürznote unterlegt. Saftig, zartes Nougat, feine Brombeernote, gut integriertes Tannin, bleibt gut haften, ein angenehmer, ausgewogener Speisenbegleiter.

(91-93)   Pannobile 2010 ZW/BF/SL
13 Vol.%, NK, Barrique, extratrocken, €€€
Dunkles Rubingranat, violette Reflexe, zarter Wasserrand. Feine Kräuterwürze, mit dunklem Beerenkonfit unterlegt, ein Hauch von Orangenzesten. Mittlere Komplexität, zart nach Orangen, Brombeeren, seidige Tannine, zarter schokoladiger Nachhall, verfügt über Entwicklungspotenzial.

92   Pannobile weiß Salzberg 2010 WB
13 Vol.%, NK, trocken
Mittleres Grüngelb. Mit feiner Kräuterwürze und Karamell, ein Hauch von Steinobst, zart nach Babybanane. Saftig, elegante Textur, feine weiße Frucht, zart nach weißem Apfel, zitronig-mineralische Nuancen im Abgang, ein facettenreicher Speisenbegleiter.

89   Pinot Blanc Salzberg 2011
13 Vol.%, DV, Stahltank, €€

88   Sauvignon Blanc 2011
13 Vol.%, DV, Stahltank, 1200, €€

WEINGUT FRANZ UND ELISABETH LENTSCH

★★

7141 Podersdorf/See, Neusiedler Straße 40
T: 02177/23 98, F: DW 4
info@weingut-lentsch.com
www.weingut-lentsch.com

KELLERMEISTER: Franz Lentsch
ANSPRECHPARTNER: Franz und Elisabeth Lentsch
ANZAHL/FLASCHEN: 60.000 (40 % weiß, 50 % rot, 10 % süß) HEKTAR: 13
VERKOSTUNG: ja, gegen Voranmeldung AB-HOF-VERKAUF: ja
ÜBERNACHTUNGSMÖGLICHKEIT: kann organisiert werden

Der 13 Hektar große Familienbetrieb von Franz und Elisabeth Lentsch liegt in der Nationalparkgemeinde Podersdorf am Neusiedler See. Das einzigartige Mikroklima des Sees lässt alljährlich Weine von hervorragender Qualität und Eigenständigkeit reifen. Im Weingut werden Rotweine aus den traditionellen Sorten Zweigelt, Blaufränkisch und St. Laurent gekeltert. Der Ausbau erfolgt im kleinen und großen Holzfass.

Als Rotweinliebhaber ist man bei einem der »fünfzig besten Falstaff-Rotweinwinzer« 2008/2009 im Hause Lentsch genau richtig. Auch zahlreiche Landessiege unterstreichen die Qualität seiner Weine. Weißweinfans finden im reichhaltigen Sortiment sicherlich auch ganz gewiss ihren persönlichen Favoriten. Als Allroundtalent keltert Franz Lentsch natürlich auch die für den Seewinkel so typischen edelsüßen Prädikatsweine in allen Qualitätsstufen.

91 Remanenz ZW/BF/SL 2009
13,5 Vol.%, NK, Barrique, 2000, extratrocken, €€€
Dunkles Rubingranat, violette Reflexe, dezenter Wasserrand. Mit feiner Holzwürze unterlegte Kirschenfrucht, feine Nuancen von schwarzen Johannisbeeren und Zwetschken, attraktives Bukett. Saftig, süße Beerenfrucht, sehr gut integrierte Tannine, ausgewogen, gut anhaltend, feine Kirschen im Nachhall, mit gutem Entwicklungspotenzial ausgestattet.

90 Blaufränkisch Lüss 2009
13,5 Vol.%, NK, Barrique, 2000, extratrocken, €€
Dunkles Rubingranat, violette Reflexe, dezenter Wasserrand. Mit Nougat unterlegtes dunkles Beerenkonfit, reife schwarze Kirschenfrucht, kandierte Orangenzesten. Stoffig, gute Komplexität, dunkle Frucht, feine Tannine, extraktsüßer Nachhall, schokoladiger Touch im Abgang, bereits zugänglich, gutes Reifepotenzial.

89 St. Laurent Reserve 2009
13 Vol.%, NK, Barrique, 2000, extratrocken, €€€

90 Chardonnay 2011
13 Vol.%, DV, Stahltank, extratrocken, €€
Helles Gelbgrün. Frischer Golden-Delicious-Apfel, ein Hauch von Blütenhonig, attraktives Bukett. Saftig, feine Extraktsüße, zart nach Steinobst, runder Säurebogen, reife gelbe Pfirsichfrucht im Abgang, mineralischer Touch im Nachhall, ein vielseitiger Essensbegleiter.

90 Grauburgunder 2011
13,5 Vol.%, DV, Stahltank, trocken, €
Mittleres Gelbgrün. Mit angenehmer Kräuterwürze unterlegte frische Birnenfrucht, ein Hauch von weißen Blüten, mineralischer Touch. Saftig, eleganter Körper, saftige gelbe Apfelfrucht, frischer, trinkanimierender Säurebogen, Orangen im Abgang, ein stoffiger Speisenbegleiter, gutes Zukunftspotenzial. Ein Preis-Leistungs-Gigant.

90 Traminer Spätlese 2011
11,5 Vol.%, DV, Stahltank, süß, €€
Helles Grüngelb. Feiner Rosenduft, ein Hauch von Grapefruit und Eibisch, zarte Wiesenkräuter. Saftig, reife Steinobstfrucht, elegant, cremige Textur, fruchtige Süße im Abgang, zart nach Orangen im Nachhall, gutes Potenzial.

★★★
JOSEF LENTSCH – DANKBARKEIT

7141 Podersdorf, Hauptstraße 39
T: 02177/22 23, F: DW 4
office@dankbarkeit.at
www.dankbarkeit.at

KELLERMEISTER UND ANSPRECHPARTNER: Josef Lentsch
ANZAHL/FLASCHEN: 30.000 (30 % weiß, 30 % rot, 40 % süß)
HEKTAR: 1,5 (+ 4) VERKOSTUNG: ja AB-HOF-VERKAUF: ja
GASTHAUS: ja ÜBERNACHTUNGSMÖGLICHKEIT: ja
ANDERE PRODUKTE IM VERKAUF: Destillate, Sekt

Neusiedlersee

Zwei Seelen wohnen in Josef Lentschs Brust: Zum einen führt er einen gastronomischen Betrieb, der seit Generationen im Familienbesitz ist, zum anderen liebt er den Weinbau über alles. Das »Gasthaus zur Dankbarkeit« ist ein wichtiger Anlaufpunkt für hungrige und durstige Feinschmecker am Neusiedler See. Ein entscheidender Punkt dabei ist die Verwendung von heimischen Produkten, im Speziellen von solchen aus der Gegend. Das bietet zugleich eine sehr gute Möglichkeit, sich einen Überblick über die Palette der Weine von Josef Lentsch und darüber hinaus des Burgenlands zu verschaffen. Denn er ist auch ein Botschafter für seine Winzerkollegen und die zahlreichen Gourmandisenerzeuger der Region.

Der rührige Wirt hat immer ein Auge auf seinen Weinkeller, in dem er trotz der geringen Betriebsgröße von nur 1,5 Hektar stets einige mutige Versuche laufen hat. Langfristig gebundene Traubenlieferanten stocken sein Volumen auf. Interessant sind vor allem der Pinot Gris und der Pinot Noir, die in guten Jahren beide auch als Prädikatsweine ausgebaut werden. Die Ried Karmarzik, unter Einheimischen »Schrammel« genannt, ist seine Lieblingsriede. Sie liegt direkt am See Richtung Hölle (der tiefste Punkt Österreichs) und ist reiner, heller Schwemmsand, der die klare Frucht zum Ausdruck bringt; trotz moderater Säure sind die Weine sehr gut haltbar und harmonisch. Die Lage befindet sich mitten im Nationalpark, besonders gut gedeihen hier Welschriesling- und Weißburgunderreben. 1989 wurden diese Weingärten ausgepflanzt, und seit 1998 werden aus dem dort gewachsenen Traubenmaterial jedes Jahr Prädikatsweine erzeugt. Sowohl für sein Engagement als Wirt als auch für seine Bemühungen als Weinbauer, stets aber nicht nur für sich, sondern für das gesamte Burgenland, wurden ihm schon oft Ehrungen zuteil. Lentsch steht für einen echten Familienbetrieb: Mittlerweile arbeiten bereits alle drei Kinder in verschiedenen Funktionen aktiv mit.

(90-92) Pinot Gris 2010
13,5 Vol.%, DV, Barrique, 4000, extratrocken, €€€
Mittleres Gelbgrün. Feine Kräuterwürze klingt an, dazu angenehmer Röstanklang, mit gelber Tropenfrucht unterlegt. Saftig, frische weiße Fruchtnuancen, finessenreicher Säurebogen, bleibt gut haften, zarte Extraktsüße im Abgang, ein vielseitiger Speisenbegleiter mit Entwicklungspotenzial.

(87-89) Dankbarkeit weiß 2011 PG/WB/NB
13 Vol.%, DV, großes Holzfass, 6500, extratrocken, €€

88 Frizzante Rosé Brut Christine Lentsch
12,5 Vol.%, DV

92 Pinot Noir 2009
13,5 Vol.%, DV, Barrique, 9000, extratrocken, €€€
Mittleres Rubingranat, violette Reflexe, breitere Randaufhellung. Feine Röstaromen, angenehme dunkle Beerenfrucht, zart nach Karamell und Nougat, facettenreiches Bukett. Saftig, präsente Tannine, feine florale Nuancen, süßes Brombeerkonfit im Abgang, reife Kirschen im Nachhall, bleibt gut haften, feinwürziger Rückgeschmack.

89 Dankbarkeit rot 2010 ZW/PN/SL
12 Vol.%, DV, großes Holzfass, 8000, extratrocken, €€

Neusiedlersee

93 TBA Welschriesling 2008
12 Vol.%, DV, Barrique, 1300, süß, €€€
Helles Bernstein mit Orangereflexen. Mit kräftiger Kräuterwürze unterlegtes Marillenkonfit, feiner Touch von Dörrzwetschke, zarte Gewürzanklänge, Orangenzesten, zitronige Nuancen. Saftig, opulent, honigsüß, von einer salzigen Säurestruktur gekontert, bleibt gut haften, Dörrobst auch im Nachhall.

★★

WEINGUT HEINRICH LUNZER

7122 Gols, Breitenäcker 1
T: 02173/25 00, F: 02173/200 55
weingut@heinrich-lunzer.at
www.heinrich-lunzer.at

KELLERMEISTER: Heinrich Lunzer
ANSPRECHPARTNER: Heinrich und Mag. Franziska Lunzer
ANZAHL/FLASCHEN: 45.000 (50 % weiß, 50 % rot) HEKTAR: 9
VERKOSTUNG: ja, gegen Voranmeldung AB-HOF-VERKAUF: ja
ÜBERNACHTUNGSMÖGLICHKEIT: kann organisiert werden

Zielstrebiger Wille zu Top-Qualitäten gepaart mit viel Engagement und Kontinuität verleiht dem Weingut Heinrich Lunzer sein unverwechselbares Profil. Der Bogen des Angebots spannt sich von jugendlich-fruchtigen Weißweinen wie etwa einem duftigen Welschriesling, einem Rosé aus der Sorte Pinot Noir oder einem Gelben Muskateller bis hin zu einer Linie mit mehr Extrakt, die in einem Chardonnay zum Ausdruck kommt, und in der Cuvée »Divine«, einem Verschnitt von Chardonnay und Pinot Blanc (im Barrique ausgebaut), ihren Höhepunkt findet.

Bei den Rotweinen dominieren neben dem Zweigelt die Burgundersorten wie der St. Laurent und der im Barrique geschulte, kräftige Pinot Noir. Die Cuvée »d'amitié« aus Cabernet, Blaufränkisch und Merlot rundet das Sortiment nach oben hin ab. Mit den beiden Cuvées »HENRI blanc« und »HENRI rouge« kreierte Heinrich Lunzer zwei qualitativ hochwertige Weine, die aber auch rasches, unkompliziertes Trinkvergnügen bieten. Zahlreiche Auszeichnungen bestätigen das außerordentlich hohe Qualitätsniveau.

Verkosten kann man die sauber vinifizierten, sortentypischen Weine in einem durchgestylten Verkostungsraum, der perfekt mit der Noblesse der Weine harmoniert.

(90-92) Cuvée d'Amitié 2010 ME/CS
13,5 Vol.%, NK, Barrique, €€€
Dunkles Rubingranat, violette Reflexe, zarter Wasserrand. Einladende dunkle Beerenfrucht, reife Herzkirschen, zarte Gewürzanklänge, mit feinen floralen Nuancen unterlegt. Saftig, elegant und ausgewogen, zart nach Brombeeren und Cassis, angenehme Frische, mineralischer Nachhall, zitroniger Touch im Rückgeschmack.

90 HENRI rouge 2010 ME/ZW
13 Vol.%, DV, Teilbarrique, 2000, extratrocken, €€€
Dunkles Rubingranat, violette Reflexe, zarter Wasserrand. Feines rotes Waldbeerkonfit, ein Hauch von Kirschen und frischen Zwetschken. Elegant, frisch, wieder angenehme rote Frucht, trinkanimierender, leichtfüßiger Speisenbegleiter, bereits gut antrinkbar.

89 Pinot Noir 2010
13,5 Vol.%, NK/DV, Barrique, 2000, extratrocken, €€€

(88-90) Zweigelt 2011
DV, Teilbarrique, €€

(90-92) Divine 2009 CH/WB
13,5 Vol.%; NK, Barrique, €€€
Mittleres Grüngelb. Zart rauchig unterlegte feine gelbe Fruchtnuancen, dezente Grapefruitnoten, ein Hauch von Wiesenkräutern. Saftig, extraktsüße gelbe Tropenfruchtanklänge, gut integrierte Holznuancen, zart nach Karamell, gelbe Apfelfrucht im Abgang, mineralisch und anhaltend, gutes Zukunftspotenzial.

88 Chardonnay 2011
13,5 Vol.%, DV, 2500, extratrocken, €€

Neusiedlersee

WEINGUT MICHAELA UND GERHARD LUNZER

7122 Gols, Untere Hauptstraße 98
T: 02173/33 64, F: 02173/200 36
weingut.mg.lunzer@aon.at
www.lunzerwein.at

KELLERMEISTER: Gerhard Lunzer
ANSPRECHPARTNER: Michaela und Gerhard Lunzer
ANZAHL/FLASCHEN: 30.000 (18 % weiß, 80 % rot, 2 % süß) HEKTAR: 7,5
VERKOSTUNG: ja, gegen Voranmeldung AB-HOF-VERKAUF: ja
MESSEN: Vinobile Montfort

Seit 1985 führen Michaela und Gerhard Lunzer ihr Weingut als Familienbetrieb und konnten sich bei den Falstaff-Rotweinprämierungen der vergangenen Jahre schon zweimal unter den 30 Besten platzieren. Kein Wunder, denn hier wird nach strengen Richtlinien der kontrollierten und integrierten Produktion vorgegangen.

Das Hauptaugenmerk liegt, wie könnte es in Gols anders sein, natürlich beim Rotwein. Klima, Boden, aber auch die Persönlichkeit des Winzers spiegeln sich in den charakteristischen Weinen wider. Besonders gut gelingt immer wieder der reinsortige Merlot, der sehr elegant ist, aber auch das restliche Sortiment der rührigen Winzer verdient Beachtung. Abgesehen vom Weinbau ist Michaela und Gerhard Lunzer auch die Förderung junger Künstler ein Anliegen. Neben einer ständigen Präsentation von Keramiken veranstalten sie mehrmals jährlich Ausstellungen.

90 Zweigelt Golser Pahlen 2009
NK, Barrique, 1500, extratrocken, €€€
Dunkles Rubingranat, violette Reflexe, zarter Wasserrand. Einladendes dunkles Waldbeerkonfit, ein Hauch von reifen Zwetschken und Orangen. Saftig, elegante Textur, angenehme Extraktsüße, präsente Tannine, mineralisch, feiner Schokotouch im Abgang, ein ausgewogener Speisenbegleiter, gutes Entwicklungspotenzial.

89 Blaufränkisch 2011
13 Vol.%, DV, großes Holzfass, 4000, extratrocken, €€

(88-90) Merlot 2010
13 Vol.%, NK, Barrique, extratrocken, €€€

(88-90) Heideboden 2010
13 Vol.%, NK, Barrique, extratrocken, €€€

(87-89) Blauer Zweigelt 2011
13 Vol.%, DV, €€

89 Grauer Burgunder 2011
13 Vol.%, DV, Stahltank, trocken, 1500, €€

★★★

WEINGUT SEPP MOSER

7143 Apetlon, Wallerner Straße 59
T: 02732/705 31, F: DW 10
office@sepp-moser.at
www.sepp-moser.at

— BIO —

KELLERMEISTER: Edwin Schreibeis ANSPRECHPARTNER: Nikolaus Moser
ANZAHL/FLASCHEN: 125.000 (10 % weiß, 80 % rot, 10 % süß) HEKTAR: 28
VERKOSTUNG: ja, gegen Voranmeldung AB-HOF-VERKAUF: ja, limitierte Mengen ANDERE PRODUKTE IM VERKAUF: Zweigelt Traubensaft
VEREINSZUGEHÖRIGKEIT: Traditionsweingüter Österreich
MESSEN: ProWein, VieVinum

Neusiedlersee

In der Ortschaft Apetlon befindet sich das zweite Standbein der Kremstaler Familie Sepp Moser. Hier, im burgenländischen Seewinkel und inmitten des Nationalparks Neusiedlersee-Seewinkel, ist der Zweigelt bei einem Rotweinanteil von 80 Prozent die wichtigste Sorte. Aber auch Merlot und Cabernet spielen eine bedeutende Rolle. Ab 2006 wurden die Weingärten von Sepp Mosers Sohn Nikolaus auf biodynamische Wirtschaftsweise mit Demeter-Zertifizierung umgestellt. Um Individualität und Regionalität der Weine zu unterstreichen, steht die Handwerklichkeit in Weingarten und Keller im Mittelpunkt. Die Lese erfolgt ausschließlich manuell, bei der Vinifizierung nimmt man Bedacht darauf, möglichst wenig Einfluss zu nehmen. Die Sepp-Moser-Weine sind jedenfalls stets gut strukturiert, ausdrucksstark und exzellente Begleiter zur feinen Küche. Bei Voranmeldung gibt es die Möglichkeit, direkt am Hof zu verkosten und zu kaufen. In stimmungsvollem Ambiente werden geführte Degustationen für Gruppen bis zu 30 Personen angeboten.

(92-94) Zweigelt Große Reserve 2009
13,5 Vol.%, NK, Barrique, €€€€
Dunkles Rubingranat, violette Reflexe, zarte Randaufhellung. Feine dunkle Beerenfrucht, reife Zwetschken, ein Hauch von Brombeerkonfit, zart nach Orangenzesten und Nougat. Komplex, saftig und extraktsüß, seidige Tannine, sehr gute Balance, reife Herzkirschen im Nachhall, gutes weiteres Entwicklungspotenzial.

91 Banfalu 2009 ZW/ME/CS
13,5 Vol.%, NK, Barrique, 10.000, extratrocken, €€€€
Kräftiges Rubingranat, violette Reflexe, breitere Randaufhellung. Reife dunkle Beerenfrucht, angenehme Gewürzanklänge, ein Hauch von Dörrzwetschken. Elegant, rotes Waldbeerkonfit, integrierte Tannine, frisch strukturiert, trinkanimierender Stil, vielseitig einsetzbar.

91 Zweigelt Reserve 2009
13 Vol.%, NK, Barrique, 15.000, extratrocken, €€€
Kräftiges Rubingranat, violette Reflexe, breitere Randaufhellung. Einladendes dunkles Waldbeerkonfit, zart nach Weichseln. Saftig, mittlere Komplexität, süße Kirschenfrucht, frisch strukturiert, elegant und gut anhaltend, ein vielseitiger Speisenbegleiter.

90 Merlot 2009
13,5 Vol.%, NK, Barrique, 8000, extratrocken, €€€€
Kräftiges Rubingranat, violette Reflexe, zarte Randaufhellung. Mit zarten Gewürzanklängen unterlegtes dunkles Waldbeerkonfit, reife Herzkirschen. Saftig, angenehme Extraktsüße, guter Tanninkern, ein zugänglicher Speisenbegleiter, reife Zwetschkenfrucht im Nachhall, bereits gut antrinkbar.

88 Pinot Blanc 2011
12,5 Vol.%, DV, 6000, extratrocken, €€

88 Muskat Ottonel 2011
12 Vol.%, DV, Stahltank, 4000, extratrocken, €€

WEINGUT MÜNZENRIEDER

7143 Apetlon, Wallerner Straße 27
T: +43/(0)2175/22 59, F: DW 6
info@muenzenrieder.at
www.muenzenrieder.at

KELLERMEISTER UND ANSPRECHPARTNER:
Johann und Johannes Münzenrieder
ANZAHL/FLASCHEN: k. A. (10 % weiß, 60 % rot, 30 % süß) HEKTAR: 22
VERKOSTUNG: ja AB-HOF-VERKAUF: ja
ÜBERNACHTUNGSMÖGLICHKEIT: ja
ANDERE PRODUKTE IM VERKAUF: Altwein (bis 1991)
MESSEN: VieVinum, Vinexpo, ProWein, Prodexpo Moskau

Das Weingut Münzenrieder liegt in Apetlon, in unmittelbarer Nähe zahlreicher Salzlacken, die für diese Gegend äußerst typisch sind. Heute ist dieser Betrieb alles andere als unbekannt – vor allem, was seine Prädikatsweine anbelangt, deren Ausgewogenheit eines der wichtigsten Anliegen des Winzers ist. Der typische Terroircharakter spiegelt sich in den Weinen der engagierten Weinbaufamilie wider.

Frischen Wind brachte der Einstieg des Juniors Johannes, dessen Rotweincuvée »Mavie« ebenso neue Impulse setzt wie der Umbau des Kellers und der neue Verkaufsraum. Die Rebsorten Bouvier, Welschriesling und Chardonnay sind aufgrund ihrer Fruchtigkeit und Konzentration am besten dafür geeignet, gebietstypische Trockenbeerenauslesen hervorzubringen, die eine harmonische Verbindung der Vanillearomen des Holzes mit den Fruchtkomponenten des Weins zum Ausdruck bringen. Genauso überzeugen kann das Weingut inzwischen mit dem Zweigelt bzw. den Cuvées aus Zweigelt, Cabernet Sauvignon und Merlot. Immer mehr widmet sich die Familie Münzenrieder aber auch den trockenen Weißweinen.

Internationale Auszeichnungen und die oftmalige Aufnahme in den »SALON Österreich Wein« bezeugen die Qualität ebenso wie die Exporterfolge nach Übersee.

92 Siddhartha TBA 2009 WR
11,5 Vol.%, NK, Stahltank, 1000, süß, €€€
Kräftiges Goldgelb. Feiner Honig, unterlegt mit reifen gelben Tropenfrüchten, zart nach Nüssen und Dörrobst. Mittlere Komplexität, zart nach Pfirsich, feiner Säurebogen, kraftvoller Stil, getrocknete Marillen im Nachhall, gutes Reifepotenzial.

89 Eiswein Cuvée 2010 GV/WR
10 Vol.%, NK, Stahltank, 6400, süß, €€€

(89–91) Mavie 2010 ZW/CS/ME
13,5 Vol.%, NK/DV, Barrique, €€€€
Kräftiges Rubingranat, violette Reflexe, zarter Wasserrand. Anklänge von Dörrzwetschken, kandierte Orangenzesten, dunkle Beeren, feine Kräuterwürze. Komplex, präsente, noch etwas raue Tannine, Kirschen im Abgang, wird von Flaschenreife profitieren.

89 Illmitzer Weg 2009 ZW
13,5 Vol.%, NK, Barrique, 4500, extratrocken, €€€

(88–90) Heideboden Reserve 2010 ZW/CS
13,5 Vol.%, DV, Barrique, 11.000, €€

89 Chardonnay Classic 2011
13,5 Vol.%, DV, Stahltank, 4000, €€

★★

WEINGUT GERHARD NEKOWITSCH

7142 Illmitz, Urbanusgasse 2
T: 02175/20 39, F: DW 4
info@nekowitsch.at
www.nekowitsch.at, www.schilfwein.at

KELLERMEISTER UND ANSPRECHPARTNER: Gerhard Nekowitsch
ANZAHL/FLASCHEN: 25.000 (10 % weiß, 20 % rot, 70 % süß) HEKTAR: 4,5
VERKOSTUNG: ja, gegen Voranmeldung
AB-HOF-VERKAUF: ja
ÜBERNACHTUNGSMÖGLICHKEIT: ja

Gerhard Nekowitsch führt den etwas mehr als vier Hektar großen Betrieb, der im Nationalpark Neusiedler See-Seewinkel liegt, seit 1990. Schon bald darauf verging seither kein Jahr ohne eine nationale oder internationale Auszeichnung. Vor allem im Prädikatsweinbereich hat man einiges zu bieten.

Zu den weißen Sorten Welschriesling, Chardonnay und Scheurebe kommen noch etwas Zweigelt und Blaufränkisch. Bekanntheit erlangten die Nekowitschs vor allem durch ihre Schilfweine, darunter die süße Rotweinspezialität »The Red One«. Für diese Kreszenzen werden die Trauben vier Monate lang auf Schilfmatten getrocknet, bevor sie sehr schonend gepresst und vergoren werden. In geeigneten Jahrgängen wird die gesamte Prädikatsweinpalette bis zur Trockenbeerenauslese erzeugt, und auch Eiswein ist, wenn es das Wetter erlaubt, im Sortiment, das an Hochklassigkeit nichts zu wünschen übrig lässt. Besonders beeindruckend ist immer wieder der Schilfwein »Tradition«, der meist alle anderen Weine dieser Kategorie überstrahlt.

(93-95) Schilfwein Tradition 2009 MO/SÄ/CH
NK, Stahltank, süß, €€€€
Kräftiges Gelbgold, zarter Messingtouch. Mit frischer Kräuterwürze unterlegte gelbe Tropenfrucht, Orangenzesten, feine Honigsüße. Saftig, komplex, gut eingebundene Süße, elegante Textur, cremig und gut anhaltend, reife gelbe Tropenfruchtnoten auch im Abgang, bereits gut antrinkbar.

(92-94) Schilfwein The Red One 2009 ZW/BF
NK, Stahltank, süß, €€€€
Helles, unterockertes Ziegelrot, breiter Wasserrand. Rauchig, nach Dörrzwetschken, dunkle Beerenfrucht klingt an, kandierte Orangenzesten. Saftig, wieder nach Dörrobst, Honig, seidiger Körper, süß und anhaltend, feine Kräuterwürze im Abgang, etwas Nougat im Rückgeschmack.

(92-94) Beerenauslese 2011 SÄ
13 Vol.%, NK, Stahltank, süß, €€€
Kräftiges Goldgelb. Mit frischen Mandarinenzesten und Grapefruit unterlegte Dörrobstnoten, ein Hauch von Limetten. Saftige Steinobstnote, reifer gelber Pfirsich, samtige Textur, die Süße wird von einer brillanten Säurestruktur gekontert, bleibt gut haften, sicheres Entwicklungspotenzial.

(89-91) Sämling Spätlese 2011
12,5 Vol.%, NK, Stahltank, lieblich, €€
Mittleres Grüngelb. Feine Nuancen von Blüten und Mandarinenzesten, zarter Honigtouch, etwas Maracuja. Saftig, gelbe Fruchtexotik, Noten von Grapefruit, frischer Säurebogen, der die Süße gut kontert, delikater Stil.

88 Welschriesling 2011
13,5 Vol.%, DV, Stahltank, 3000, extratrocken, €€

89 Zweigelt 2011
13 Vol.%, DV, Stahltank, 4000, extratrocken, €€

Neusiedlersee

Neusiedlersee

★★★★

WEINGUT ANITA UND HANS NITTNAUS

7122 Gols, Untere Hauptstraße 49
T: 02173/22 48, F: DW 20
office@nittnaus.at
www.nittnaus.at

KELLERMEISTER: Hans Nittnaus ANSPRECHPARTNER: Anita und Hans Nittnaus
ANBAUWEISE: teilweise zertifiziert biologisch, teilweise in Umstellung auf Bio
ANZAHL/FLASCHEN: k. A. (10 % weiß, 90 % rot) HEKTAR: 35
VERKOSTUNG: ja AB-HOF-VERKAUF: ja
ÜBERNACHTUNGSMÖGLICHKEIT: kann organisiert werden
VEREINSZUGEHÖRIGKEIT: respect, Pannobile, Leithaberg
MESSEN: VieVinum, ProWein

Das Weingut Nittnaus liegt in Gols an der Ostseite des Neusiedler Sees, zwischen der höher gelegenen Parndorfer Platte im Norden und dem flachen Heideboden im Süden, und ist seit jeher dem Weinbau eng verbunden. Das 1927 errichtete heutige Anwesen wurde von Anita und Hans Nittnaus 1985 übernommen und modernisiert. Heute umfasst die Rebfläche 35 Hektar, wobei etwa 90 Prozent mit Rotwein- und der Rest mit Weißweinreben bepflanzt sind.

Die wichtigsten Sorten sind Blaufränkisch und Zweigelt, weiters haben auch Pinot Noir, St. Laurent und Merlot Bedeutung. Bei den Weißen dominieren Chardonnay, Weißburgunder, Sauvignon Blanc und seit Kurzem auch der Grüne Veltliner, der vom Leithagebirge kommt und sich dort bekanntlich sehr wohlfühlt. Ein wichtiger Grundsatz im Betrieb lautet: »Wir ›machen‹ den Wein nicht, sondern wir versuchen, ihn in seiner Entwicklung zu unterstützen.« – ein Zugang zur Vinifikation, der auch seinen Schülern zu Erfolg verhalf. An der Spitze des Rotweinsortiments stehen bereits mehrere Weine: der »Pannobile« großteils aus der heimischen Sorte Zweigelt, der »Comondor« (der Jahrgang 2006 gewann die Reserve-Trophy der Falstaff-Rotweinprämierung) aus Merlot, Zweigelt und Blaufränkisch und der St. Laurent von der Lage Kurzberg. Die beiden Blaufränkisch »Leithaberg« sowie »Kalk und Schiefer« bekommen Konkurrenz aus dem eigenen Haus in Form des Blaufränkisch »Tannenberg«.

Die weißen Top-Weine sind der Sauvignon Blanc aus der Riede Spiegel sowie die weiße Cuvée »Pannobile«, ein mächtiger Wein mit Lagerpotenzial, die ebenfalls weiße, feinfruchtige Cuvée »Heideboden« und der reinsortige Chardonnay »Leithaberg«. Das Mittelsegment bilden die preiswerte rote Cuvée »Burgenland«, der früher zugängliche rote »Heideboden« und ein fruchtbetonter Zweigelt.

Eine besondere Vorliebe hat Hans Nittnaus für die Produktion von Trockenbeerenauslesen, die für ihn immer noch das Höchste sind, was die Region Neusiedlersee der Welt anzubieten hat. Hier agiert er auch mit einem eigenen Stil: balanciert, nicht übersüß, ausgestattet mit guter Struktur und zweijähriger Fasslagerung. Auf der anderen Seite des Sees, am Leithagebirge, keltert Hans Nittnaus auf Muschelkalk und Schieferböden sehr terroirbezogene, mineralische Weine.

95 Comondor 2009 ME/BF/ZW

13,5 Vol.%, NK, 500-l-Fass, 3000, extratrocken, €€€€€€
Dunkles Rubingranat, guter Farbkern, violette Reflexe. Feine Kräuterwürze, ganz zarter animalischer Touch, mit dunkler Beerenfrucht unterlegt, rauchig-tabakige Nuancen. Stoffig, saftige Frucht, reife Kirschen, präsentes, noch etwas forderndes Tannin, extraktsüße Länge, mineralischer Nachhall, gute Frische, ein kraftvoller Speisenbegleiter, sollte noch einige Jahre auf der Flaschen heranreifen dürfen.

94 Blaufränkisch Tannenberg 2009

13,5 Vol.%, NK, 500-l-Fass, 3000, extratrocken, €€€€€€
Tiefdunkles Rubingranat, opaker Kern, violette Reflexe. Süßes Beerenkonfit, ein Hauch von Brombeer und Lakritze, angenehme Kräuterwürze und Edelholzanklänge, etwas

Nougat. Stoffig, extraktsüß, seidige Tannine, rund und lange anhaftend, bereits sehr harmonisch, feines Nougat im Abgang, ein saftiger Speisenbegleiter für viele Anlässe.

93 Leithaberg DAC rot 2009
13,4 Vol.%, NK, 500-l-Fass, 2600, extratrocken, €€€€
Dunkles Rubingranat, violette Reflexe, breiterer Wasserrand. Mit feiner Kräuterwürze unterlegte dunkle Beerenfrucht, intensive Mineralik, Brombeeren, Kirschen, dezente Gewürznote. Stoffig, gute Komplexität, angenehme kirschige Fruchtanklänge, gut integrierte Tannine, feine zitronige Nuancen, frisch und gut anhaltend, bereits gut einsetzbar, verfügt über Reifepotenzial.

92 Blaufränkisch Kalk und Schiefer 2010
12,5 Vol.%, DV, 500-l-Fass, 13.000, extratrocken, €€€
Dunkles Rubingranat, violette Reflexe, feiner Wasserrand. Zart rauchig unterlegte dunkle Beerenfrucht, zart blättrige Würze. Saftig, elegante Texzur, feine Brombeerfrucht, reife Kirschen, finessenreicher Säurebogen, harmonisch, sehr trinkanimierend, bereits zugänglich.

(91-93) Pannobile 2010 ZW/BF
12,8 Vol.%, NK, 500-l-Fass, extratrocken, €€€€
Dunkles Rubingranat, fast opaker Kern, violette Reflexe. Mit feiner Kräuternote und Tabak unterlegte feine Zwetschkenfrucht, ein Hauch von Herzkirschen und Edelholz. Saftig, frisch strukturiert, präsente Tannine, rotbeerige Nuancen, bleibt gut haften, wird von etwas Flaschenreife profitieren, ein vielseitiger Essensbegleiter.

(90-92) Heideboden rot 2010 ZW/BF/ME/SL
12,7 Vol.%, NK/DV, 500-l-Fass, extratrocken, €€€
Dunkles Rubingranat, opaker Kern, violette Reflexe. Feines dunkles Beerenkonfit, zarte Kräuterwürze, ein Hauch von Nougat. Saftig, elegant, angenehme Fruchtsüße, gut integrierte Tannine, vermittelt einige Trinkfreude, frisch und gut anhaltend, zarte Schokonote im Abgang.

89 John 2009 ZW/BF
12,5 Vol.%, DV, großes Holzfass, 26.000, extratrocken, €€

92 Leithaberg DAC weiß 2010 CH/WB
13 Vol.%, großes Holzfass, 2000, extratrocken, €€€€
Mittleres Grüngelb. Zart nussig unterlegte weiße Frucht, Nuancen von Orangen und Apfel. Elegant, frisch, feine Extraktsüße, lebendige Säurestruktur, zitroniger Touch, mineralischer Nachhall, facettenreicher Speisenbegleiter.

89 Heideboden weiß 2011 WB
12,5 Vol.%, DV, Stahltank, 9800, extratrocken, €€

94 TBA 2006 CH/WB
11 Vol.%, NK, Barrique, 3500, süß, €€€€
Leuchtendes Orangegelb. Zart nussig-karamellig unterlegte Honignote, feine Dörrobstanklänge, kandierte Orangenzesten. Stoffig, präsente Süße, zart nach Dosenpfirsichsaft, elegante Textur, wirkt sehr jugendlich, feine Gewürzanklänge, mit salziger Mineralik unterlegt, ein delikater, sehr gut balancierter Süßwein mit gutem Reifepotenzial.

Neusiedlersee

Neusiedlersee

WEINGUT HANS UND CHRISTINE NITTNAUS

7122 Gols, Untere Hauptstraße 105
T: 02173/21 86, F: DW 4
h.c.nittnaus@aon.at
www.nittnaus.net

KELLERMEISTER: Hans Nittnaus
ANSPRECHPARTNER: Hans und Christine Nittnaus
ANZAHL/FLASCHEN: k. A. (20 % weiß, 70 % rot, 10 % süß) **HEKTAR:** 30
VERKOSTUNG: ja **AB-HOF-VERKAUF:** ja
ÜBERNACHTUNGSMÖGLICHKEIT: kann organisiert werden
ANDERE PRODUKTE IM VERKAUF: Frizzante
MESSEN: VieVinum, ProWein, Vinexpo

Das Familienweingut Hans und Christine Nittnaus liegt in Gols und wird seit 1986 von den beiden bewirtschaftet. Das Weinspektrum setzt sich aus starken, ausdrucksvollen und sehr guten Weinen jeder Kategorie zusammen. Mit viel Liebe zum Wein und großem Engagement hat es das Winzerpaar geschafft, das Markenzeichen des Weingutes, die »geometrische Weintraube«, zu einem Synonym für höchste Weinqualität in Sachen Wein zu etablieren. Löss- und Lehmböden, Sand- und Schotterböden sowie tiefgründige, humose Sandböden östlich des Neusiedler Sees sind Ursprung des variantenreichen Sortiments von Hans und Christine Nittnaus. Auch Eiswein und Prädikatsweine bis hin zur Trockenbeerenauslese werden mit viel Erfahrung und Geschick erzeugt. Gesunde Weingärten sind die wichtigste Voraussetzung für qualitativ hochwertige Weine, daher bewirtschaftet man behutsam und nach biologischen Grundsätzen. Insgesamt bearbeitet das Winzerpaar an die 15 Lagen, darunter Altenberg, Salzberg, Ungerberg, Gabarinza oder Luckenwald, die zu den besten des Anbaugebietes zählen.

Die Weißweine werden temperaturkontrolliert vergoren und zum Großteil frisch-fruchtig mit einem ausgewogenen Alkohol-Säure-Verhältnis ausgebaut. Bei Rotweinen werden eine temperaturgeführte Maischegärung und anschließend ein biologischer Säureabbau durchgeführt. Die Lagerung erfolgt je nach Sorte und Jahrgang in einem großen Eichenfass oder im Barrique für mindestens zwölf Monate. Mit dem Jahrgang 2010 präsentierten Hans und Christine Nittnaus erstmals auch je einen weißen und roten Leithaberg DAC Reserve.

Mit den beiden Weinen verfügen sie nun auch über exzellente Lagenweine, die von der westlichen Seite des Neusiedler Sees stammen. Zahlreiche Medaillen bei österreichischen und internationalen Verkostungen bestätigen den erfolgreichen Weg des Winzerpaares.

91 Leithaberg DAC weiß 2011 WB/CH
13 Vol.%, DV, Teilbarrique, 1500, extratrocken, €€
Helles Gelbgrün. Feine, rauchig unterlegte Röstaromen, zart mit weißer Tropenfrucht unterlegt, ein Hauch von Gewürzen. Saftig, elegante Textur, feine Litschinote, zarte Extraktsüße, finessenreicher Säurebogen, bleibt gut haften, ein Hauch von Blütenhonig im Nachhall, gutes Entwicklungspotenzial.

89 Chardonnay Heideboden 2011
13,5 Vol.%, DV, Stahltank, 2500, extratrocken, €€

(89-91) Zweigelt Luckenwald 2010
13 Vol.%, NK, Barrique, €€€
Tiefdunkles Rubingranat, violette Reflexe, zarter Wasserrand. Reife Zwetschkenfrucht, mit frischen Kirschen unterlegt, zart nach Orangenzesten. Saftig, angenehme Extraktsüße, würzige Tannine, bleibt gut haften, verfügt über Zukunftspotenzial.

(88-90) Zweigelt/Blaufränkisch Heideboden Selection 2010
13 Vol.%, NK, Teilbarrique, €€

92 TBA Sauvignon Blanc/Sämling 88 2009
9,5 Vol.%, NK, Teilbarrique, 2200, süß, €€€
Leuchtendes Gelb mit Grünreflexen. Zart mit Grapefruit und Stachelbeernuancen unterlegte feine Kräuterwürze,

angenehmer Holztouch. Saftige Pfirsichfrucht, mit deutlicher Süße unterlegt, reife gelbe Tropenfruchtanklänge, bleibt gut haften, zart nach Zimt im Finale, gute Balance.

90 TBA Riesling 2007
12 Vol.%, NK, Stahltank, 2500, süß, €€€
Leuchtendes Gelb. Feine Nuancen von getrockneten Marillen, feine Kräuterwürze, ein Hauch von Grapefruit und Honig. Saftig, mittlere Konzentration, rassiger Säurekern, gut abgepufferte Süße, zitroniger Touch im Abgang, eher leichtfüßiger Stil.

Neusiedlersee

★★★
WEINGUT WILLI OPITZ

7142 Illmitz, St. Bartholomäusgasse 18
T: 02175/20 84
winery@willi-opitz.at
www.willi-opitz.at

KELLERMEISTER: Willi Opitz
ANSPRECHPARTNER: Maria Opitz
ANZAHL/FLASCHEN: 75.000 (33 % weiß, 33 % rot, 33 % süß) **HEKTAR:** 17
VERKOSTUNG: ja, gegen Voranmeldung **AB-HOF-VERKAUF:** ja
ÜBERNACHTUNGSMÖGLICHKEIT: ja **CATERING:** Private Dining C.I.A. gegen Voranmeldung, durch Tochter Angela Opitz
MESSEN: ProWein, The London International Wine & Spirits Fair

Willi Opitz steht für Innovation. Als Schilfwein-Erfinder hat er zahlreiche nationale und internationale Auszeichnungen errungen (Landessieger Burgenland, Winemaker of the Year – London, Star Wine Award, Top Winespectator Rating, Vinaria Trophy) und Kunden gewonnen (McLaren-Formel-1-Team, Bill Clinton, Harrod's, British Airways First Class). Opitz wird bei Fachleuten und Konsumenten gleichermaßen geschätzt und gibt mit dem Satz »Das Leben ist zu kurz, um schlechten Wein zu trinken« seinen Kunden auch gleich die »Gebrauchsanweisung« für seine Weine mit.

Auf 17 Hektar wird Traubenmaterial für zirka 75.000 Flaschen produziert, wobei je ein Drittel auf Weißwein, Rotwein und auf Dessertwein entfallen. Die wichtigsten Rebsorten sind im Weißweinbereich Pinot Gris, Pinot Blanc und Welschriesling und für Dessertweine Muskat Ottonel, Gewürztraminer und Scheurebe. Als wichtigste rote Rebsorte darf der Pinot Noir bezeichnet werden, von dem das gesamte Spektrum von Sekt über Rosé und trocken bis hin zur Trockenbeerenauslese sowie Essig produziert wird. Natürlich werden auch von den heimischen Rebsorten Zweigelt, St. Laurent und Blaufränkisch hervorragende und lagerfähige Rotweine gekeltert.

Eine unvergessliche Zeit kann man auf dem Weingut in Illmitz verbringen und nach einem erlebnisreichen Tag in einem der liebevoll eingerichteten Gästezimmer entspannen. Gerne organisiert man ein Rahmenprogramm zu den Festspielen in Mörbisch und St. Magarethen oder einen Tag mit Kutschenfahrt im Nationalpark Neusiedler See. Unter dem Titel »Criminally Good Food« der »C.I.A. – Catering by Iain Ashworth und Angela Opitz« (Willi Opitz' Tochter), ehemals Starköche im »Mandarin Oriental«, im »Savoy« und bei Marco Pierre White in London und erprobt beim internationalen »Davidoff Gourmet Festival«, werden perfekte Kombinationen zum Wein angeboten.

95 Opitz One 2009 ZW
10 Vol.%, NK, Barrique, 3000, süß, €€€€
Kräftiges Karmingranat, Ockerrand. Zart rauchig-tabakig unterlegte Dörrzwetschkenaromen, dunkles Milchkaramell, viel Honig, Kräuterwürze klingt an, amaronehaftes Bukett. Saftig, schokoladige Textur, zart nach Rauch und Erdbeerkonfit, sehr individuelles Trinkerlebnis, seidiger Nachhall, bleibt lange haften.

(89-91) TBA 2004 WB
9 Vol.%, NK, Teilbarrique, 2400, süß, €€€€€
Mittleres Gold mit Bernsteinschimmer. Zarte Oxidationsanklänge, kandierte Mandarinenzesten, gereiftes Bukett. Feines Karamell, elegant, nach Orangen, gelbe Tropenfrucht, nussiger Nachhall, feines Säurespiel, gut eingebundene Süße im Abgang.

(88-90) Pinot Noir 2010
NK, Barrique, 4500, extratrocken, €€€€

(87-89) Cuvée Angela 2010 ME/ZW
14 Vol.%, NK, Teilbarrique, 5000, extratrocken, €€€€€

87 Heideboden 2011 ZW/BF
13 Vol.%, DV, Stahltank, 10.000, extratrocken, €€

89 Weißburgunder Neufeldacker 2010
14,5 Vol.%, DV, Barrique, 3500, extratrocken, €€€

★★★
WEINGUT PITTNAUER

7122 Gols, Neubaugasse 90
T: 02173/34 07, F: 02173/200 88
weingut@pittnauer.com
www.pittnauer.com

--- BIO ---

KELLERMEISTER: Gerhard Pittnauer ANSPRECHPARTNER: Brigitte Pittnauer
ANZAHL/FLASCHEN: 120.000 (5 % weiß, 95 % rot) HEKTAR: 16
VERKOSTUNG: ja AB-HOF-VERKAUF: ja
VEREINSZUGEHÖRIGKEIT: respect, Pannobile
MESSEN: VieVinum, ProWein

Neusiedlersee

Unbeirrt von Moden und Trends sind Gerhard und Brigitte Pittnauer ihrer Lieblings- und Hauptsorte treu geblieben: Wie kein anderes Weingut in Gols haben sie sich der Pflege des St. Laurent verschrieben. Die »Pittis« sind überzeugt vom Potenzial, das diese Sorte auf den kühleren, gut durchlüfteten Plateaulagen am Südrand der Parndorfer Platte mitbringt. Auch kommen die kalkhaltigen Schotterböden dieser botrytisempfindlichen Sorte sehr entgegen. Um die Vielseitigkeit des sensiblen St. Laurent zu zeigen, wird man auch weiterhin Einzellagen getrennt ausbauen und abfüllen. Im Herbst 2009 überzeugten sie allerdings mit ihrem Pinot Noir »Baumgarten« 2007 das Falstaff-Panel und wurden damit Sortensieger.

Die Komponenten für den »Pannobile« stammen einerseits von den lehmigen Südwesthängen oberhalb von Gols und Weiden (Blaufränkisch), und andererseits von den humosen, leicht südlich geneigten Ausläufern des Wagrams der Parndorfer Platte am Übergang zum Heideboden (Zweigelt).

Ab 2006 befand sich der Betrieb in Umstellung auf biodynamischen Anbau, und seither verzichtet man im Hause Pittnauer auf Reinzuchthefen, Enzyme und massiven Holzeinsatz. Für vinifikatorische Entscheidungen sind nicht Laboranalysen die Grundlage, sondern Sensorik und Gefühl des Winzers. Das Ergebnis sind lebendige, haltbare Weine mit herkunftsgerechter Typizität und einer individuellen Stilistik jenseits des Mainstreams.

(93-95) Altenberg Reserve 2009
14,5 Vol.%, NK, gebr. Barrique, extratrocken, €€€€€
Kräftiges Rubingranat, zart unterockert, dezenter Wasserrand. Reife Zwetschken, dunkle Beerenfrucht, etwas Nougat, mit feiner Kräuterwürze unterlegt. Stoffig, extratsüß, wirkt kraftvoll und kompakt, präsente Tannine, feiner Säurebogen, schokoladiger Nachhall, feine Würze im Abgang, ein saftiger Speisenbegleiter, wird von weiterer Reife profitieren.

(92-94) Pannobile rot 2010
13 Vol.%, Barrique, extratrocken, €€€€€
Dunkles Rubingranat, violette Reflexe, zarter Wasserrand. Einladendes Beerenkonfit, mit feiner Kräuterwürze unterlegt, zart nach Nougat und Orangen. Saftig, elegant, extratsüße Note, reife Herzkirschen, feine Tannine, sehr gut anhaftend, ein harmonischer Speisenbegleiter mit gutem Reifepotenzial.

(91-93) St. Laurent Alte Reben 2010
12,5 Vol.%, Barrique, extratrocken, €€€€€
Kräfiges Rubingranat, gute Kerntiefe, violette Randaufhellung. Deutliche Kräuterwürze, dunkle Beeren, rauchige Nuancen. Saftig, angenehme Extratsüße, gut eingebundene Tannine, kerniger Stil, reife Kirschen im Nachhall, bleibt gut haften, verfügt über Zukunftspotenzial.

(91-93) Pinot Noir Baumgarten 2010
13 Vol.%, NK, gebr. Barrique, extratrocken, €€€€€
Mitleres Rubingranat, violette Randaufhellung, zarter Wasserrand. Mit zartem Veilchenduft unterlegte Kirschenfrucht, ein Hauch von Orangenzesten. Saftig, feines rotes Waldbeerkonfit, frisch strukturiert, zitronige Nuancen, mineralischer Nachhall, ein leichtfüßiger Speisenbegleiter, gutes Entwicklungspotenzial.

Neusiedlersee

(90-92) St. Laurent Rosenberg 2010
12,5 Vol.%, Barrique, extratrocken, €€€€€
Kräftiges Rubingranat, gute Kerntiefe, violette Randaufhellung. Zart floral unterlegtes dunkles Beerenkonfit, kandierte Orangenzesten, feine Kräuterwürze. Saftig, mittlere Komplexität, rotbeerige Fruchtanklänge, frisch strukturiert, zugänglich, ein unkomplizierter Speisenbegleiter.

(90-92) Blaufränkisch Ungerberg 2010
13 Vol.%, Barrique, extratrocken, €€€€€
Dunkles Rubingranat, violette Reflexe, zarte Randaufhellung. Zart floral unterlegt, ein Hauch von Weichseln, kandierte Veilchen, etwas Cassis. Saftig, eher mittlerer Körper, rotbeerige Frucht, präsente Tannine, zitroniger Nachhall, Kräuter im Rückgeschmack.

(89-91) Blaufränkisch Heideboden 2011
Barrique, extratrocken, €€
Jugendliches Rubingranat, violette Reflexe, zarter Wasserrand. Einladende Kirschenfrucht, attraktives Bukett. Saftige dunkle Beerenfrucht, feine Tannine, harmonisch, fruchtsüßer Nachhall, harmonisch, ein vielseitiger Speisenbegleiter.

(88-90) St. Laurent Dorflagen 2011
Barrique, extratrocken, €€

(88-90) Zweigelt Heideboden 2011
Barrique, extratrocken, €€

89 Weiße Reben 2010
12,5 Vol.%, DV, Barrique, 4000, extratrocken, €€

88 Rosé 2011
12,5 Vol.%, DV, Stahltank, 14.000, trocken, €€

★★
WEINGUT PMC MÜNZENRIEDER

7143 Apetlon, Triftgasse 31
T: 02175/267 00, F: 02175/267 01
office@weingut-pmc.at
www.weingut-pmc.at

KELLERMEISTER: Christoph Münzenrieder
ANSPRECHPARTNER: Peter Münzenrieder
ANZAHL/FLASCHEN: 100.000 (10 % weiß, 60 % rot, 30 % süß)
HEKTAR: 20
VERKOSTUNG: ja AB-HOF-VERKAUF: ja
MESSEN: VieVinum, ProWein, Prodexpo

Unmittelbar neben der Langen Lacke in Apetlon – Herzstück des Nationalparks Neusiedler See-Seewinkel – findet man das Weingut der Brüder Peter und Christoph Münzenrieder. Steht man davor, lässt sich eine architektonische Interpretation des einprägsamen Etiketts nicht leugnen. Die Verkostungsräume bieten einen Einblick in den imponierenden Barriquekeller, in dem die Lagenweine bei optimaler Temperatur heranreifen können.

Mit ihrer Lagenphilosophie und ihrem Terroir-Feeling liegen die Brüder richtig. Von den Einzellagen sind drei Weine besonders erwähnenswert: Pinot Noir vom Neubruch, eine der besten Burgunderlagen in Apetlon, und in Zukunft auch Chardonnay vom Neubruch. Die Hauptsorte ist aber der Zweigelt. In der Lage Tiglat fühlt er sich besonders wohl und dankt es mit hervorragenden Qualitäten. Nach sortenreiner und lagenseparater Ernte und Vinifikation werden die Top-Cuvées des Weinguts »Diabolus«, der rote Teufel, und »Auratum TBA«, das flüssige Gold, erst nach ausreichender Reifezeit in französischen Barriques verschnitten und in die Flasche gefüllt.

Einige der weltbesten Süßweinproduzenten des Erdballs stammen aus dem Seewinkel. Mit ihren unzähligen internationalen Goldmedaillen und anderen hohen Auszeichnungen für ihre weißen und roten Prädikatsweine gehören die beiden Brüder dazu. PMC-Weine findet man auf zahlreichen Weinkarten der Spitzengastronomie rund um den Globus.

(93–95) Auratum TBA 2010 CH/WR
10 Vol.%, NK, Barrique, süß, €€€
Leuchtendes Gelbgold. Mit feiner Edelholzwürze unterlegte reife gelbe Fruchtaromen, angenehmer Honigtouch, attraktives Bukett. Saftig, elegant, gut eingebundes Holz, die Süße wird gut von einer fruchtigen Säure gepuffert, bereits zugänglich, angenehme gelbe Tropenfrucht im Nachhall, gute Zukunft.

(92–94) Welschriesling TBA 2010
10 Vol.%, NK, großes Holzfass, süß, €€€
Mittleres Gelbgold. Noch etwas verhalten, feines Bukett, ein Hauch von gelber Birne, dezenter Honiganklang, zarte Kräuternote. Elegant, saftige Frucht, frische, fast rassige Säurestruktur bringt viel Lebendigkeit, feine zitronige Nuancen, gute Länge, sicheres Entwicklungspotenzial.

(91–93) Chardonnay TBA 2010
9,5 Vol.%, NK, großes Holzfass, süß, €€€
Kräftiges Gelbgold. Mit zarter Kräuterwürze unterlegte gelbe Tropenfruchtaromen, feiner Honigtouch, zart nussiger Anklang, rauchige Nuancen. Saftig, gut eingebundene Süße, reifer gelber Pfirsich, bleibt gut haften, reifer Maracujatouch, honigsüßer Nachhall.

(89–91) Merlot 2010
14 Vol.%, Barrique, €€€€
Dunkles Rubingranat, violette Reflexe, zarter Wasserrand. Einladendes dunkles Beerenkonfit, feine Gewürzanklänge, ein Hauch von Orangenzesten. Mittlere Komplexität, Kirschenfrucht, präsente Tannine, die noch etwas fordernd wirken, etwas Bitterschoko im Nachhall.

(88–90) Zweigelt vom Tiglat 2010
14 Vol.%, NK, Barrique, €€€€

(88–90) Diabolus 2010 ZW/BF/ME
13,5 Vol.%, NK, Barrique, €€€

Neusiedlersee

Neusiedlersee

★★★★★

WEINGUT PÖCKL

7123 Mönchhof, Zwergäcker 1
T: 02173/802 58, F: DW 44
info@poeckl.com
www.poeckl.com

KELLERMEISTER: René Pöckl **ANSPRECHPARTNER:** Theresa Pöckl
ANZAHL/FLASCHEN: 200.000 (99,5 % rot, 0,5 % süß) **HEKTAR:** 34
VERKOSTUNG: ja, gegen Voranmeldung
AB-HOF-VERKAUF: ja, limitierte Mengen
ANDERE PRODUKTE IM VERKAUF: Tresterbrand
MESSEN: VieVinum, ProWein

Die Geschichte des Weinguts Pöckl beginnt bereits 1910, als Albert Pöckl aus den USA nach Österreich zurückkehrte. Er legte den Grundstein für die Landwirtschaft, die damals aus Ackerbau, Viehzucht und Weinbau bestand. Über die Jahre hinweg spezialisierte sich Familie Pöckl – zuerst auf Weinbau, dann auf Rotwein. Und der Erfolg gibt ihnen Recht. Denn die Gegend in und um Mönchhof bietet den idealen Nährboden für Zweigelt und Blaufränkisch, aber auch für internationale Sorten wie zum Beispiel Merlot, Cabernet Sauvignon und Syrah. Aufgrund der richtigen Bepflanzung und der günstigen klimatischen Bedingungen können die Pöckls ihre Leidenschaft für den Rotwein voll ausleben.

Zwei Zitate von Josef bzw. René Pöckl bringen die Philosophie des Weinguts auf den Punkt: »Ein Winzer, der seinen Boden, seine Reben und seine Klimaverhältnisse nicht ganz genau kennt, kann nie einen großen Wein machen«, und: »Was man versäumt, im Weingarten zu erarbeiten, kann man im Keller nicht mehr nachholen.« Das schmecken auch die Konsumenten, denn Pöckl-Weine lassen die regionale Typizität, das Klima, die Lage sowie die Sorgfalt der Weingartenarbeit und der Vinifizierung schön erkennen. René Pöckl, der das Weingut jetzt zusammen mit seiner Mutter Theresa führt, konnte sich schon vor einigen Jahren mit seinem »Rêve de Jeunesse« in Szene setzen und mehrmals bei der Falstaff-Rotweinprämierung erfolgreich hervortreten. Zusammen mit dem vielfach ausgezeichneten »Admiral« stellt er den Top-Wein des Weinguts dar. Ein weiterer qualitativ hochwertiger Teil des Sortiments ist der Pinot Noir, der bei den Falstaff-Prämierungen immer wieder einen Podestplatz erreicht. Er wird in geringen Mengen hergestellt und zählt wegen seiner vitikulturellen Herausforderungen zu den Liebkindern.

Außerdem überrascht das Weingut Pöckl immer wieder mit neuen Weinkonzepten, die oft die gute Kooperation mit seinen Partnern unterstreichen. Der bekannteste Nischenwein ist aber der »Mystique«. Ihn gibt es nur in außergewöhnlich guten Jahren und in sehr kleinen Mengen, und er kann es durchaus mit den ganz Großen der Weinwelt aufnehmen. Der »Mystique« ist eigentlich ein Forschungswein, mit dem das Weingut die Möglichkeiten im Weingarten und bei der Vinifizierung auslotet. Die daraus gewonnenen Erkenntnisse fließen dann in die Produktion des gesamten Sortiments ein. Das ist auch ein Grund, warum das Potenzial der großen Weine aus dem Hause Pöckl kaum zu übertreffen ist und seine Roten, mit einiger Flaschenreife, für höchsten Trinkgenuss stehen. Für das tägliche Trinkvergnügen wurde im Hause Pöckl gleichfalls gesorgt. Ob »Solo Rosso«, Zweigelt Classique oder für gehobenere Ansprüche die Cuvée »Rosso e Nero« – ein Abend mit Pöckl-Weinen lässt sich sinnvoll und vergnüglich gestalten. In geeigneten Jahren werden ebenso hervorragende Prädikatsweine erzeugt. Aufgrund der kontinuierlichen Leistungen über viele Jahre und des rastlosen Tüftelns an noch elaborierteren Weinen ist das Weingut stolzer Träger von fünf Sternen und somit Teil der obersten Winzerelite.

(92-94) Admiral 2010 ZW/CS/ME
13,5 Vol.%, NK, Barrique, trocken
Tiefdunkles Rubingranat, opaker Kern, violette Reflexe. Zart balsamisch unterlegte dunkle Beerenfrucht, feiner Edelholztouch, ein Hauch von Orangenzesten und Kräutern. Stoffig, elegante Textur, pfeffrig-würzig, extrem präsente, kraftvolle Tannine, Tintenblei, heftet sich an, zeigt eine gute Länge, wird von Flaschenreife profitieren.

(91-93) Pinot Noir 2010
13,5 Vol.%, NK, Barrique, trocken
Mittleres Rubingranat, zart unterockert, violette Reflexe, Wasserrand. Feine Röstaromen, zart mit Nougat unterlegt, straffe Tannine, dunkle Beerenfrucht, reife Kirschen im Abgang, Kräuterwürze im Nachhall, dunkle Mineralik im Nachhall, ein vielseitiger Speisenbegleiter.

(90-92) Rosso e Nero 2010 ZW/CS/ ME
13,5 Vol.%, NK, Barrique/gebr. Barrique, extratrocken
Tiefdunkles Rubingranat, opakter Kern, violette Reflexe, zarter Wasserrand. Feine Edelholzwürze, zart nach Herzkirschen und Nougat, kandierte Orangenzesten. Mittlere Komplexität, pfeffrige Würze, dunkle Beerenfrucht, noch etwas adstringentes Finale, mineralischer Nachhall.

90 Zweigelt Classique 2011
13 Vol.%, NK, Teilbarrique, extratrocken, €€
Tiefdunkles Rubingranat, opaker Kern, violette Reflexe. Reife Zwetschkenfrucht, feine Kräuterwürze, zart floral unterlegt. Mittlerer Körper, angenehmes Waldbeerkonfit, zartes Nougat, ein Hauch von Preiselbeeren im Abgang.

92 Chardonnay 2011
14 Vol.%, Teilbarrique, extratrocken
Helles Grüngelb. Feine gelbe Birnenfrucht, zarter Gewürznelkentouch, Nuancen von Orangenzesten. Saftig, knackige Textur, reife Apfelfrucht, straff, feine Säurestruktur, Grapefruit im Nachhall, mineralisch im Rückgeschmack, ein kraftvoller Speisenbegleiter.

Neusiedlersee

★★★★

WEINGUT CLAUS PREISINGER

7122 Gols, Goldbergstraße 60
T: 02173/25 92, F: 02173/200 00
wein@clauspreisinger.at
www.clauspreisinger.at

--- BIO ---

KELLERMEISTER UND ANSPRECHPARTNER: Claus Preisinger
ANZAHL/FLASCHEN: k. A. (5 % weiß, 95 % rot) HEKTAR: 16
VERKOSTUNG: ja, gegen Voranmeldung
VEREINSZUGEHÖRIGKEIT: respekt, Pannobile
MESSEN: VieVinum, ProWein

Jung ist er noch, der Claus Preisinger, und doch bereits ganz vorne unter den österreichischen Rotweinwinzern. Mit seinem »Paradigma«, einem Wein voll Eleganz, Intensität, Dichte und Spannung, hat er sich gleich in die Herzen der Weinfreunde katapultiert und vor einigen Jahren auf Anhieb gegen prominenteste Weingüter die Königsklasse bei der Falstaff-Prämierung gewonnen. Die Sorte Pinot Noir, die sehr viel Fingerspitzengefühl erfordert, scheint ihm besonders zu liegen, und seit Kurzem macht der Blaufränkisch »Buehl« seinen bestens eingeführten Weinen Konkurrenz. Vor zwei Jahren belegte er mit diesem Ausnahmewein des Jahrgangs 2006 den dritten Platz bei der »Falstaff Reserve Trophy«, im letzten Jahr gewann er mit dem Nachfolgejahrgang diesen Bewerb.

Es kommen ihm vor allem die in der weiten Welt gesammelten Erfahrungen zugute, komplettiert durch seine Tätigkeit als Assistent im Keller von Hans »John« Nittnaus. Beim jüngsten »Pannobile«-Mitglied hat sich in den letzten Jahren einiges getan. Die Weingartenflächen wurden ständig erweitert, und vor zwei Jahren begann man, auf biodynamische Bewirtschaftung umzustellen. 2009 wurde ein neues Kellereigebäude mitten in den Golser Weingärten fertiggestellt, um den qualitativen Anforderungen gerecht zu werden. Bei der Einweihungsfeier wurde zugleich auch das 20-jährige Bestehen der »Pannobile«-Gruppe gefeiert. Die minimalistische Strenge der Flaschenetiketten soll nicht täuschen: Dahinter verbergen sich sehr warmherzige Weine voller Komplexität und Vielschichtigkeit, die gerne als Ausdruck der Winzerpersönlichkeit gelten dürfen.

95 Blaufränkisch Buehl 2009
13,5 Vol.%, NK, Barrique, €€€€€
Tiefdunkles Rubingranat, opaker Kern, violette Reflexe. Zart mit Schokolade unterlegte dunkle Beerenfrucht, feine Edelhölzer, zarte balsamische Würze, facettenreiches Bukett, benötigt Luft zur Entfaltung. Saftig, süße Herzkirschen, sehr gute Komplexität, elegante Textur, feine Tannine, sehr präzise und fein, feine Brombeerfrucht im Abgang, bleibt lange haften, mineralischer Rückgeschmack, sicheres Zukunftpotenzial für viele Jahre.

(92–94) Pinot Noir 2010
NK, Barrique, €€€€€
Kräftiges Kirschrot, zart unterockert, Wasserrand. Feine, karamellig unterlegte Röstklänge, frische Herzkirschen, ein Hauch von Veilchen und Lakritze. Saftig, feine rote Waldbeerfrucht, elegante Tannine, frisch und lebendig am Gaumen, zarte Kirschennoten auch im Abgang, Orangen im Nachhall, gute Mineralik im Rückgeschmack, ein feiner Sortenvertreter.

(91–93) Pannobile rot 2010 ZW/BF
13 Vol.%, NK, Barrique, €€€€€
Dunkles Rubingranat, violette Reflexe, zarter Wasserrand. Zarte Edelholzwürze, dunkle Beerenfrucht, feine tabakige Nuancen, Orangenzesten. Saftig, mittlere Komplexität, frische Kirschenfrucht, leichtfüßig, frische Säurestruktur, rotbeeriger Nachhall, salzig-mineralischer Abgang, finessenreicher Stil.

90 Heideboden 2010 ZW/BF/ME
13 Vol.%, NK, Barrique, €€€
Dunkles Rubingranat, violette Reflexe. Reife Zwetschkenfrucht, zarte Kräuterwürze, feine Nuancen von Dörrobst. Saftig, frisch, zeigt eine runde Stilistik, feine Kirschenfrucht, zitroniger Nachhall, ein unkomplizierter, vielseitiger Essensbegleiter.

(89-91) **Blaufränkisch 2011**
13,5 Vol.%, DV, Barrique, €€
Tiefdunkles Rubingranat, violette Reflexe. Intensive Beerenfrucht, dezente Süße, attraktives Bukett. Saftig, frische rotbeerige Frucht, zart nach Weichseln, lebendig strukturiert, trinkanimierend und leichtfüßig, mineralischer Touch im Abgang, knackiger Jungwein.

(88-90) **Zweigelt 2011**
13 Vol.%, DV, Barrique, €€

WEINGUT GEORG PREISINGER

★★

7122 Gols, Neubaugasse 26
T/F: 02173/22 56
wein@georgpreisinger.at
www.georgpreisinger.at

KELLERMEISTER: Georg Preisinger ANSPRECHPARTNER: Katharina Preisinger
ANZAHL/FLASCHEN: k. A. (35 % weiß, 65 % rot) HEKTAR: 10
VERKOSTUNG: ja, gegen Voranmeldung AB-HOF-VERKAUF: ja
ANDERE PRODUKTE IM VERKAUF: Essig, Zweigelt TBA
VEREINSZUGEHÖRIGKEIT: Select Gols
MESSEN: VieVinum, ProWein

Georg Preisinger freut sich über die brandneue, starke Visualisierung seiner Leidenschaft. Der Künstler und Designer Nikolaus Eberstaller entwickelte für das Weingut mit der prägnanten Rakete einen ungewöhnlichen, aber durchaus nachvollziehbaren Zugang zum Wein: Weintrinker sind Zeitreisende. Sie reisen durch die Zeit der Reife bis in den Jahrgang der Ernte. Die Rakete steht aber auch für Abenteuer, Sehnsucht und Experimentierfreudigkeit – drei Dinge, die jedem großen Wein zugrunde liegen.

Eine besonders ausgedehnte Zeitreise kann man am Gaumen mit den Lagentopweinen erleben, die mit bis zu 47 Jahre alten Rebanlagen am meisten Geschichte in die Weine von Georg Preisinger einbringen. »Alles, was du tust, findet Resonanz. In den Weingärten, im Keller. Vinifikation ist ein ganzheitlicher Prozess, dessen einzelne Komponenten in untrennbarer Beziehung zueinander stehen. Wertschätzung, Behutsamkeit, Talent.« Der Lohn dafür ist unbezahlbar: die innere Zufriedenheit, etwas Sinnvolles getan und dabei etwas Geschmackvolles erzeugt zu haben. Die Erinnerung an die Kraft der Tradition ist bei der Entstehung ebenso wichtig wie der Blick nach vorne. Nicht nur der Genuss des Weines, auch dessen Vinifikation ist eine Zeitreise: ein spannender Paarlauf von Gestern, Heute und Morgen.

(89-91) Sixty-Nine St. Laurent 2010
12,5 Vol.%, VL, Teilbarrique, €€€€
Mittleres Rubingranat, violette Reflexe, breitere Randaufhellungen. Mit feiner Kräuterwürze unterlegte Zwetschkenfrucht, reife dunkle Beerenfrucht, zart nach Nougat. Saftig, rotbeerige Nuancen, frisch strukturiert, wirkt leichtfüßig und trinkfreudig, mineralischer Nachhall, zitroniger Rückgeschmack.

(89-91) Sixty-Eight Zweigelt 2010
13 Vol.%, Barrique, €€€€
Dunkles Rubingranat, violette Reflexe, zarte Randaufhellungen. Feine Nuancen von Cassis und Weichseln, mit dunkler Beerenfrucht unterlegt, ein Hauch von Zitruszesten. Saftige Kirschenfrucht, lebendig und trinkanimierend, frischer Stil, bietet unkompliziertes Trinkvergnügen.

(88-90) Cuvée Gols 2010 ZW/BF
13 Vol.%, VL, Barrique, €€€

(87-89) Pinot Noir Goldberg 2010
13 Vol.%, VL, Teilbarrique, €€€

(90-92) Sixty-Four Weißburgunder 2009
13 Vol.%, VL, Teilbarrique, €€€€
Mittleres Gelbgrün. Mit frischer Kräuterwürze unterlegte Nuancen von weißer Apfelfrucht und zart nach Birnen, ein Hauch von Grapefruitzesten. Stoffig, engmaschige Textur, würzige Holznuancen, dunkle Mineralik, weiße Tropenfrucht im Nachhall, ein saftiger Speisenbegleiter.

(88-90) Chardonnay Ungerberg 2009
13,5 Vol.%, VL, Teilbarrique, €€€

Neusiedlersee

★★

WEINGUT HELMUT PREISINGER

7122 Gols, Neubaugasse 19
T: 02173/23 62, F: DW 40
office@weingut-preisinger.at
www.weingut-preisinger.at

KELLERMEISTER: Helmut Preisinger
ANSPRECHPARTNER: Helmut und Gabriele Preisinger
ANZAHL/FLASCHEN: k. A. (25 % weiß, 74 % rot, 1 % süß) HEKTAR: k. A.
VERKOSTUNG: ja AB-HOF-VERKAUF: ja
ÜBERNACHTUNGSMÖGLICHKEIT: ja
ANDERE PRODUKTE IM VERKAUF: Sekt, Destillate, Schokolade, Essig
VEREINSZUGEHÖRIGKEIT: Select Gols MESSEN: ProWein

Helmut Preisinger ist einer der Jungen und Dynamischen im Lande. Kreativität zeigt er auch bei der Namensgebung seiner Weine. Die Leidenschaft des Winzers für den Barriqueausbau ist bei seinem Sortiment nicht zu übersehen. »Villa Pannonia« und »S.EX« (»Sehr EXtrem«) sind die weißen Beispiele hierfür. Die roten Cuvées tragen diesbezüglich ebenfalls unverkennbar die Handschrift des Winzers. Dabei hat er die Möglichkeiten voll ausgeschöpft, seinen persönlichen und stilistischen Vorlieben Raum zu geben. Merlot findet seine Verbindung mit Cabernet in der Cuvée »Mithras«; »Gols« hingegen steht für eine rein österreichische Liaison.

Bei der Falstaff-Rotweinprämierung 2004 nahm Helmut Preisingers St. Laurent »Katharina« einen Stockerlplatz ein, und sein Merlot 2005 wurde von der Falstaff-Jury vor einigen Jahren zum besten Wein dieser Sorte gewählt. Auch mit seinen Süßweinen bewegt sich Preisinger immer wieder im Spitzenfeld.

(90-92) Blaufränkisch Altenberg 2010
VL, Barrique, €€€€€
Dunkles Rubingranat, violette Reflexe, zarte Randaufhellung. Schwarze Beerenfrucht, reife Kirschen, feine Gewürzanklänge, zart nach Orangenzesten. Saftig, frisches Brombeerkonfit, elegante Textur, angenehme Extraktsüße, mineralisch im Abgang, gutes Entwicklungspotenzial.

(90-92) Mithras 2010 ME/CS
VL, 3000, €€€€
Dunkles Rubingranat, violette Reflexe, zarte Randaufhellung. Etwas verhalten, zartes dunkles Beerenkonfit, feine tabakige Nuancen, ein Hauch von Holzwürze. Saftig, elegant, gute Fruchtsüße, dezente Tannine, ausgewogen, dunkles Waldbeerkonfit im Nachhall, bereits gut antrinkbar.

(89-91) Gols 2010 ZW/BF
VL, 2700, €€€€
Dunkles Rubingranat, violette Reflexe, zarte Randaufhellung. Zart floral unterlegte Nuancen von Kirschen und Brombeerkonfit, zarte Kräuterwürze. Süß und samtig am Gaumen, feines Waldbeerkonfit, gut integrierte Tannine, bleibt gut haften, Kirschen im Nachhall, ein vielseitiger Speisenbegleiter.

(88-90) Pinot Noir 2010
14 Vol.%, VL, 1000, €€€€

(88-90) Zweigelt DAC 2011
12,5 Vol.%, DV, 15.000, €€

(90-92) S.EX 2011 PG
15 Vol.%, VL, Barrique, 1500, extratrocken, €€€€€
Mittleres Gelbgrün. In der Nase feine Nuancen von Karamell, ein Hauch von reifer Birne, zart nach Gewürzen und Mango. Kraftvoll, feine Mokkaanklänge, reife weiße Frucht, runder Säurebogen, mineralisch, gut anhaftend, ein stoffiger Speisenbegleiter, extraktsüßer Nachhall, gutes Entwicklungspotenzial.

WEINGUT HANNES REEH

7163 Andau, Augasse 11
T: 02176/270 11, F: DW 40
wein@hannesreeh.at
www.hannesreeh.at

— NEU —

KELLERMEISTER: Hannes Reeh
ANSPRECHPARTNER: Hannes und Kathrin Reeh
ANZAHL/FLASCHEN: k. A. (15 % weiß, 85 % rot) **HEKTAR:** 23
VERKOSTUNG: ja **AB-HOF-VERKAUF:** ja
ÜBERNACHTUNGSMÖGLICHKEIT: kann organisiert werden
MESSEN: VieVinum, Wein-Burgenland-Präsentationen in Wien/Linz/Bratislava

Hannes Reeh ist ein unkonventioneller Weinmacher aus Andau im Burgenland. Er steht für einen unbeschwerten Lebensstil und verfolgt doch zielstrebig seine Pläne. Hannes bewirtschaftet seit 2007 mittlerweile knapp 40 Hektar. Die Feinarbeit der Vinifizierung behält er sich selbst vor. Sein Stil spiegelt die Persönlichkeit des Hannes Reeh wider: eine spannende Mischung aus Familientradition, Neue-Welt-Erfahrung, Seewinkler Authentizität, ungehemmtem Zukunftsglauben und starken burgenländischen Wurzeln. Mit viel Intuition und Unbefangenheit tut er, was ihm Spaß macht, und hat damit großen Erfolg.

Andau ist der Ort, der sich ganz im Osten des Seewinkels im Weinbaugebiet Neusiedlersee befindet. Hier wachsen die Trauben für die Weine von Hannes Reeh. Andau ist auch jener Ort an der ungarischen Grenze, der ein erstaunliches Alleinstellungsmerkmal besitzt: mit rund 2400 Sonnenstunden ist er der sonnenreichste Ort Österreichs. Ein sehr trockenes Pflaster, auf dem sich die Reben mit geringen Niederschlagsmengen zufriedengeben müssen. Die Böden, auf denen die Trauben gedeihen, sind großteils schottrig und ergeben Weine, die mit außerordentlicher Kraft, Fülle und Reife überzeugen.

Die Weine sind in drei unterschiedliche Linien eingeteilt. »Klassik« umfasst die sortenreinen Weine und bietet fröhlichen Trinkgenuss. »Heideboden« steht für zwei charmante Cuvées in Rot und Weiß, welche die schönsten Seiten des günstigen Klimas und der Lage im Seewinkel hervorbringt. »Unplugged« nennt Hannes Reeh jene Spezialitäten, die ohne viel Schnickschnack, aber mit Gefühl für den Takt der Natur entstehen. »Unplugged« ist Andauer Natur pur. Ohne Schönungsmittel, ohne Enzyme und ohne gezüchtete Hefen.

91 Chardonnay Unplugged 2011
13,5 Vol.%, Teilbarrique, 20.000, trocken, €€
Mittleres Gelbgrün. Zarte gelbe Fruchtnuancen, zart nach Apfel, ein Hauch von Steinobst. Saftig, feine Holzwürze, finessenreicher Säurebogen, zart nach Honigmelone, sehr harmonisch, wirkt leichtfüßig und trinkanimierend, ein vielseitiger Speisenbegleiter.

88 Heideboden weiß 2011 SB/CH/WB
12,5 Vol.%, DV, Stahltank, 15.000, extratrocken, €€

90 Merlot Unplugged 2010
14 Vol.%, NK, Barrique, 20.000, extratrocken, €€€€
Dunkles Rubingranat, violette Reflexe, zarte Randaufhellung. Zart nach Kräutern und Gewürzen, dunkles Beerenkonfit klingt an, reife Zwetschken, ein Hauch von Nougat. Saftig, rote Waldbeerfrucht, präsente Tannine, frisch strukturiert, trinkanimierender Stil, würziger Nachhall.

89 Zweigelt Unplugged 2010
13,5 Vol.%, NK, Barrique, 50.000, extratrocken, €€€

88 Heideboden rot 2010 ZW/SL/ME/CS
13,5 Vol.%, Teilbarrique, 70.000, extratrocken, €€

87 Zweigelt 2010
12,5 Vol.%, Stahltank, 25.000, extratrocken, €€

★★★

WEINGUT RENNER

7122 Gols, Obere Hauptstraße 97
T: 02173/22 59, F: DW 4
wein@rennerhelmuth.at
www.rennerhelmuth.at

Neusiedlersee

KELLERMEISTER UND ANSPRECHPARTNER: Helmuth Renner
ANBAUWEISE: derzeit in Umstellung auf Bio
ANZAHL/FLASCHEN: 70.000 (10 % weiß, 90 % rot) **HEKTAR:** 14
VERKOSTUNG: ja, gegen Voranmeldung **AB-HOF-VERKAUF:** ja
ÜBERNACHTUNGSMÖGLICHKEIT: kann organisiert werden
ANDERE PRODUKTE IM VERKAUF: Sekt
VEREINSZUGEHÖRIGKEIT: Pannobile **MESSEN:** ProWein, VieVinum

Der Familienbetrieb mit heute 14 Hektar Weingärten wurde von Birgit und Helmuth Renner im Jahre 1988 übernommen und modernisiert. Mit kleinen, aber konsequenten Schritten wurde ein modernes Weingut aufgebaut, das auch im internationalen Wettbewerb bestehen kann. Den Charakter der Gegend im Wein spürbar machen, das will Helmuth Renner. Komplexität, Geschmeidigkeit und Unverwechselbarkeit sind sein Credo.

Helmuth Renner, der schon bisher zeigte, dass er einen eigenen Stil beherrscht, zählt die beiden Weißweinsorten Chardonnay und Weißburgunder zu seinen Lieblingen. Den Roten gehört aber seine Leidenschaft. Seit dem Jahrgang 2000 vinifiziert er einen St. Laurent »Alter Weingarten« und die Cuvée »Altenberg« aus Blaufränkisch und Merlot. Erstmals gab es im Jahr 2000 einen reinsortigen Zweigelt vom Golser Altenberg. Erst sieben Jahre später wurde wieder ein reinsortiger Zweigelt aus dieser Lage ausgebaut und der Wein schaffte den 1. Platz in der Premium-Zweigelt-Kategorie.

Beginnend mit 2009 wird es in Zukunft jeweils einen Zweigelt und einen Blaufränkisch vom Altenberg geben. Merlot ist die zweite internationale Sorte, die seit 2000 angepflanzt ist. Großteils findet sie in der Cuvée »Roter Renner« Verwendung. Ein kleiner Weingarten am Abhang der Parndorfer Platte, der mit zehnjährigen Reben eine steigende Qualitätskurve aufweist, liefert künftig Trauben für eine Merlot Reserve. Die weiße und die rote Cuvée »Pannobile« sind wesentliche Weine des Sortiments. »Heideboden« ist ein gebietstypischer Rotwein aus St. Laurent und Zweigelt. Wenn es eine gute Botrytis gibt, wird auch Süßwein vinifiziert.

(91-93) Pannobile rot 2010 ZW/BF
13 Vol.%, NK, Barrique, €€€€€
Dunkles Rubingranat, opaker Kern, violette Reflexe, zarter Wasserrand. Mit dunkler Mineralik unterlegte Beerenfrucht, feine Gewürznoten, pfeffrige Würze, zart nach Orangenzesten. Saftig, engmaschige Textur, reife Herzkirschen, feine Tannine, die dem Wein Länge geben, straff und präzise, gute weitere Reifeaussichten.

(91-93) Blaufränkisch Golser Altenberg 2010
13,5 Vol.%, NK, Barrique, extratrocken, €€€€€
Dunkles Rubingranat, violette Reflexe, zarter Wasserrand. Zart tabakig-würzig unterlegte dunkle Beerenfrucht, ein Hauch von Brombeeren und Zwetschken. Saftig und frisch, angenehme süße Kirschenfrucht, präsentes Tannin, im Abgang zart blättrige Noten, gute Länge, hat Zukunft.

(90-92) St. Laurent Alter Weingarten 2010
12 Vol.%, NK, Barrique, extratrocken, €€€€€
Kräftiges Rubingranat, violette Reflexe, zarter Wasserrand. Rauchig unterlegtes rotes Beerenkonfit, zarte Weichselfrucht, etwas Orangen. Mittlerer Körper, wieder rotbeerige Nuancen, feine Säurestruktur, harmonisch, Extraktsüße.

(89-91) Zweigelt Golser Altenberg 2010
13 Vol.%, NK, Barrique, extratrocken, €€€€€
Dunkles Rubingranat, violette Reflexe, breiterer Wasserrand. Mit zarter Kräuterwürze unterlegte feine Zwetschkenfrucht, zarte tabakige Nuancen, etwas Kirsche. Saftig, mittlerer Körper, angenehmes rotes Waldbeerkonfit, präsente Tannine, gute Länge, mineralischer Nachhall.

Neusiedlersee

(88-90) **Pinot Noir 2010**
13,5 Vol.%, NK, Barrique, extratrocken, €€€€€

91 **Pannobile weiß 2009 WB**
13,5 Vol.%, NK, Barrique, extratrocken, €€€€
Mittleres Gelbgrün. Feine Holzwürze, zart nach Kräutern, mit gelber Apfel- und Birnenfrucht unterlegt, ein Hauch Vanille. Stoffig, rauchige Nuancen, reifer Golden Delicious, feiner Säurebogen, ein kraftvoller Speisenbegleiter, zartes Karamell im Nachhall.

WEINGUT PAUL RITTSTEUER

7100 Neusiedl/See, Hauptplatz 18
T: 02167/20 11, F: DW 4
office@weingut-rittsteuer.at
www.weingut-rittsteuer.at

KELLERMEISTER UND ANSPRECHPARTNER: Paul Rittsteuer
ANZAHL/FLASCHEN: k. A. (55 % weiß, 45 % rot) HEKTAR: 9
VERKOSTUNG: ja AB-HOF-VERKAUF: ja
ÜBERNACHTUNGSMÖGLICHKEIT: kann organisiert werden
VEREINSZUGEHÖRIGKEIT: Renommierte Weingüter Burgenland, Neusiedler am See
MESSEN: VieVinum, ProWein, Weinmesse Berlin, Forum Vini

Seit Jahrhunderten beschäftigt sich die Familie Rittsteuer mit dem Kulturgut Wein. Dieser Tradition folgend, stehen das Bemühen um höchste Qualität und das Erzeugen von charaktervollen, eigenständigen Weinen im Vordergrund. Die Betriebsgröße beträgt zurzeit neun Hektar. Davon sind 55 Prozent mit Weiß- und 45 Prozent mit Rotweinreben bepflanzt. Die Weingärten befinden sich auf den sanften Hügellagen am Nordufer des Neusiedler Sees. Das pannonische, vom See geprägte Klima schafft die besten Voraussetzungen für große Weine.

Durch sorgsame Bewirtschaftung des Bodens, naturnahe, nützlingschonende Pflege der Rebstöcke sowie durch konsequentes Ausdünnen und Laubarbeit werden die natürlichen Ressourcen im Weingarten optimal genutzt. Nach schonender Pressung erfolgt der Ausbau der Weine je nach Stilrichtung im Edelstahltank oder im kleinen Eichenfass. Das oberste Ziel ist es, das von der Natur Gegebene zur vollen Entfaltung zu bringen. Das Weingut Rittsteuer ist Mitglied der Gruppe »Neusiedler am See« und Ehrenmitglied der »Renommierten Weingüter Burgenland«.

91 Chardonnay Lehmgruber 2010
13 Vol.%, NK, Barrique, 1600, extratrocken, €€
Mittleres Gelbgrün. Mit frischer Kräuterwürze unterlegte Apfelfrucht, zart nach Grapefruit und weißen Blüten, feines Bukett, zart nach Vanille. Saftig, weiße Tropenfrucht, finessenreicher Säurebogen, gut integrierter Säurebogen, elegant und gut anhaftend, zitronige Nuancen, sehr trinkanimierend, gute Länge und Mineralik im Abgang, gutes Entwicklungspotenzial.

90 Am See weiß 2010 WB/CH
13 Vol.%, NK, Teilbarrique, 1600, extratrocken, €€
Mittleres Grüngelb. Einladende gelbe Tropenfrucht, ein Hauch von Quittengelee und Litschi, dezent mit Honigmelone unterlegt. Saftig, elegante Textur, frische Frucht, lebendige Struktur, extraktsüßer Nachhall, mineralisch im Abgang, ein angenehmer Speisenbegleiter mit Reifepotenzial.

88 Weißburgunder 2010
13 Vol.%, DV, Stahltank, 2000, extratrocken, €€

90 Am See rot 2009 ZW/BF/ME
13,5 Vol.%, NK, Barrique, 1800, extratrocken, €€€
Dunkles Rubingranat, violette Reflexe, dezenter Wasserrand. Feinwürzig unterlegtes dunkles Beerenkonfit, ein Hauch von Edelholz und Gewürzen, attraktives Bukett. Saftig, elegante Textur, gut eingebundene Tannine, dunkles Waldbeerkonfit im Abgang, süße Herzkirschen im Rückgeschmack.

89 Merlot Neuberg 2008
14 Vol.%, NK, Barrique, 1600, extratrocken, €€€

88 Zweigelt 2010
12,5 Vol.%, NK, Stahltank, 2600, extratrocken, €€

WEINGUT SALZL – SEEWINKELHOF

★★

7142 Illmitz, Zwischen den Reben
T: 02175/243 42, F: DW 4
salzl@wein-salzl.at
www.salzl.at

KELLERMEISTER UND ANSPRECHPARTNER: Josef und Christoph Salzl
ANZAHL/FLASCHEN: k. A. (25 % weiß, 70 % rot, 5 % süß) **HEKTAR:** 20
VERKOSTUNG: ja, gegen Voranmeldung **AB-HOF-VERKAUF:** ja
ÜBERNACHTUNGSMÖGLICHKEIT: ja
MESSEN: VieVinum, ProWein

Rund und harmonisch, ohne Ecken und Kanten, so präsentiert sich das neue Weingut der Familie Salzl. Das trifft jedoch nicht nur bei der Architektur zu, sondern gilt auch für die Charakteristik der Weine. Angepasst an die klimatischen Gegebenheiten und die Eigenschaften der Region, die Wärme und Weite des Seewinkels, setzt man auf eigenständige, fruchtbetonte Weine. Die sandigen und schotterreichen Böden sowie die zahlreichen Salzlacken in der Ebene um Illmitz sorgen dabei für ein ganz spezielles Terroir, das sich in den samtig-weichen Weinen durch eine salzige Mineralität widerspiegelt. Auf dem Weingut Salzl – Seewinkelhof arbeiten heute drei Generationen mit ein und demselben Ziel: das Maximum an Qualität herauszuholen.

Die wichtigste Rebsorte ist der regionaltypische Zweigelt. Neben dem Blaufränkisch sorgen Cabernet Sauvignon, Merlot und Syrah für eine internationale Stilistik. Auch Süßwein darf bei einem Illmitzer Weingut nicht fehlen.

(90-92) 3-5-8 2009 CS/ME
13,5 Vol.%, NK, Barrique, extratrocken, €€€€€
Dunkles Rubingranat, violette Reflexe, aufgehellter Rand. Feine Gewürzanklänge, ein Hauch von Kokos und Schokolade, mit dunklen Beeren unterlegt. Süßes Brombeerkonfit, reife Kirschen, gut integrierte Tannine, feines Nougat im Abgang, ausgewogen und anhaltend, dunkle Beerenfrucht im Rückgeschmack, verfügt über Reifepotenzial.

(89-91) Pannoterra 2010 ZW/ME/CS
13,5 Vol.%, NK, Barrique, extratrocken, €€€€
Kräftiges Rubingranat, violette Reflexe, aufgehellter Rand. Mit zarter Kräuterwürze unterlegtes dunkles Waldbeerkonfit, ein Hauch von Orangenzesten, feines Nougat. Saftig, elegante Textur, zarte Extraktsüße, feine Tannine, fruchtiger Abgang, ein vielseitiger Speisenbegleiter.

89 Sacris 2009 ZW
13,5 Vol.%, NK, Barrique, extratrocken, €€€

(88-90) Grande Cuvée 2010 ZW/ME/CS/SY
13,5 Vol.%, NK, Barrique, extratrocken, €€€

92 Sämling TBA 2010
11 Vol.%, NK, gebr. Barrique, süß, €€€
Leuchtendes Gelbgold. Zart rauchig-zitronig unterlegte weiße Tropenfruchtanklänge, mineralische Nuancen, zarter Blütenhonig, Mandarinenzesten. Saftig und süß, reife Maracuja, elegant und ausgewogen, der Restzucker ist gut eingebunden, ein feines Trinkdessert.

90 Beerenauslese 2010
11,5 Vol.%, NK, Stahltank, süß, €€
Leuchtendes Gelbgold. Süße Steinobstanklänge, frische Orangenzesten, mit Honignoten unterlegt. Saftige gelbe Tropenfrucht, vollreife Papaya, feiner Säurebogen, zitronige Nuancen im Abgang, vielseitig einsetzbar, hat Zukunft.

WEINGUT ERICH SATTLER

★★

7162 Tadten, Obere Hauptstraße 10
T: 0699/11 65 85 71, F: 02176/281 82
erichsattler@gmx.at
www.erichsattler.com

KELLERMEISTER UND ANSPRECHPARTNER: Erich Sattler
ANZAHL/FLASCHEN: k. A. (10 % weiß, 90 % rot) HEKTAR: 11
VERKOSTUNG: ja, gegen Voranmeldung AB-HOF-VERKAUF: ja
ÜBERNACHTUNGSMÖGLICHKEIT: kann organisiert werden
MESSEN: ProWein

Der Familienbetrieb wird seit dem Jahr 2000 von Erich Sattler geleitet und bewirtschaftet. Er hat an der Universität für Bodenkultur in Wien studiert und Erfahrung in Kalifornien gesammelt. Auf einer Fläche von elf Hektar rund um Tadten produziert das Weingut vorwiegend St. Laurent und Zweigelt. Die vielschichtigen Böden bestehen vor allem aus Schotter und einer dünnen Auflage Braunerde, dazwischen gibt es auch Sand- und Lehmeinschlüsse. Die Weingärten gehören zu den sonnenreichsten in Österreich. Strenge Ertragsbeschränkung, Laubarbeit und eine gewissenhafte Auslese sind die Grundlage für die hohe Qualität der Weine.

Beim Großteil der Reben wird die Anzahl der Trauben auf fünf bis sieben Stück pro Stock reduziert, und die Ernte erfolgt ausschließlich händisch unter möglichst schonendem Umgang. Der Betrieb widmet sich der Produktion von regionalen Rotweinen auf höchstem internationalem Niveau. St. Laurent und Zweigelt werden als klassische Weine in großen Fässern und Stahltanks ausgebaut oder bleiben als Reserve für zwölf bis 18 Monate in kleinen Eichenfässern. Die Weine zeichnen sich durch viel Dichte, elegante Frucht, samtige Tannine, Sortentypizität und gutes Lagerpotenzial aus.

Der Großteil der Produktion geht in den Export, der Rest wird in Österreich vertrieben. Die Weine werden in Restaurants wie dem »Wallsé« (New York), dem »Four Seasons« (Amsterdam) oder dem »La Maison Blanche« (Paris) angeboten und erhielten schon sowohl lokale als auch internationale Auszeichnungen. Vorletzten Herbst belegte Erich Sattler mit seinem St. Laurent »Reserve« den zweiten Platz in der Gruppe der St. Laurents bei der Falstaff-Rotweinprämierung.

(90-92) Zweigelt Reserve 2010
13,5 Vol.%, NK, extratrocken, €€€
Tiefdunkles Rubingranat, violette Reflexe, zarte Randaufhellung. Reife Zwetschkenfrucht, ein Hauch von Brombeeren, feine vegetale Nuancen. Saftig, extraktsüße, weiche Tannine, dunkles Waldbeerkonfit im Abgang, bleibt gut haften, ein vielseitiger, bereits zugänglicher Speisenbegleiter.

(90-92) St. Laurent Reserve 2010
13,5 Vol.%, NK, Barrique, extratrocken, €€€
Dunkles Rubingranat, violette Reflexe, breite Randaufhellung. Mit angenehmer Kräuterwürze unterlegte dunkle Beerenfrucht, zart nach Nougat und süßen Gewürzen. Kernig, gute Komplexität, reife Herzkirschen, feine Tannine, frisch strukturiert, gute Länge, hat einiges Reifepotenzial.

89 Zweigelt 2011
13,5 Vol.%, NK, Stahltank, extratrocken, €€

(88-90) St. Laurent 2011
13,5 Vol.%, DV, Stahltank, extratrocken, €€

88 Heideboden 2010 ZW/SL/SY
13,5 Vol.%, DV, €€

88 Zweigelt Rosé 2011
12,5 Vol.%, DV, Stahltank, extratrocken, €

Neusiedlersee

WEINGUT KARL SATTLER

7093 Jois, Klausenberg 3
T: 02160/82 06, F: DW 4
info@sattler-seeblick.at
www.sattler-seeblick.at

--- **NEU** ---

KELLERMEISTER UND ANSPRECHPARTNER: Karl Sattler jun.
ANZAHL/FLASCHEN: 70.000 (30 % weiß, 70 % rot) HEKTAR: 14
VERKOSTUNG: ja AB-HOF-VERKAUF: ja
ANDERE PRODUKTE IM VERKAUF: Frizzante, Traubensaft
ÜBERNACHTUNGSMÖGLICHKEIT: ja
VEREINSZUGEHÖRIGKEIT: Joiser Renommee

Die Joiser Winzer verfügen über hervorragende Rieden direkt vor der Haustür. Das Weingut Sattler ist besonders stolz in den besten Lagen von Jois seine Weingärten zu haben. Jede Lage mit seiner besonderen Struktur in diesem Gebiet sorgt für unvergessliche Momente bei Weinliebhabern und gibt den Weinen einen typischen Geschmack.

Rund um das Leithagebirge, wo die Böden sehr kalkhaltig und die Nächte durch den Wald sehr kühl sind, gedeihen die Sorten Merlot, Welschriesling und Chardonnay besonders gut. Die Lage am Jungenberg ist geprägt von mineralischem Urgestein. Speziell am Südhang finden die Sorten Blaufränkisch, Cabernet Sauvignon, Syrah und Sauvignon Blanc optimale Bedingungen vor. Die Rieden am Ladisberg und Wurmtristel beeindrucken durch ihre tiefgründige Bodenbeschaffenheit, bestimmt durch Ton- und Schwarzerde.

Die Weine der Linie »Classic« zeichnen sich durch eine elegante Note aus, sehr fruchtbetont wirken sie animierend auf die Geschmacksnerven. Bei der Linie »Exklusiv« vereinen sich Frucht und Holz in einer harmonischen Komposition. Das Ergebnis sind Weine mit vollem Körper und einer kräftigen Struktur mit Zukunftspotenzial. Die Linie »Jungenberg« besticht mit einer feinen Mineralik, die sich am Gaumen vielschichtig ausbreitet und eine außergewöhnlich elegante Note verbreitet. Doris und Karl Sattler haben 2012 neben dem Weinbau auch die Pension »Zum Seeblick« übernommen. Karls Weinverkostungen und die Herzlichkeit von Doris machen den Urlaub hier zum Erlebnis.

91 Renommee 2010 ZW/SY/BF
13,5 Vol.%, NK, Barrique, 1500, extratrocken, €€€
Kräftiges Rubingranat, violette Reflexe, breiterer Wasserrand. Feines dunkles Beerenkonfit, ein Hauch von Brombeeren und Cassis, mit zarter Kräuterwürze unterlegt. Saftig, rotes Waldbeerkonfit, feine Tannine, frische Struktur, zitronige Nuancen im Nachhall, trinkanimierend, gutes Entwicklungspotenzial.

89 Waasensteffl 2010 ZW/SY
13 Vol.%, NK, Barrique, 2400, extratrocken, €€

89 Zweigelt 2011
13 Vol.%, NK, Teilbarrique, 8000, extratrocken, €€

89 Blaufränkisch 2010
13 Vol.%, NK, Stahltank, 2400, extratrocken, €€

89 Chardonnay Exclusiv 2011
14 Vol.%, DV, Teilbarrique, 2400, extratrocken, €€

89 Sauvignon Blanc Classic 2011
13,5 Vol.%, DV, Stahltank, 2000, extratrocken, €€

WEINGUT ERICH SCHEIBLHOFER

★★★

7163 Andau, Halbturner Straße 1a
T: 02176/26 10, F: DW 4
office@scheiblhofer.at
www.scheiblhofer.at

KELLERMEISTER UND ANSPRECHPARTNER: Erich Scheiblhofer
ANZAHL/FLASCHEN: k. A. (15 % weiß, 85 % rot) HEKTAR: 37
VERKOSTUNG: ja   Ab-Hof-Verkauf: ja
ÜBERNACHTUNGSMÖGLICHKEIT: ja
VEREINSZUGEHÖRIGKEIT: Club Batonnage

Erich Scheiblhofer zählt zur jungen Garde im Burgenland, die in den letzten Jahren vor allem mit ihren Top-Rotweinqualitäten die volle Aufmerksamkeit auf sich gezogen hat. Auch er hat die Welt bereist und Erfahrungen bei Meistern ihres Faches in Kalifornien und Australien gesammelt, um sie im eigenen Betrieb, der erst 1999 gegründet wurde, umzusetzen.

Mit der ersten Ernte aus dem Jahr 2000 wurde der Zweigelt »Prädium«, sein nach eigener Aussage wichtigster Wein, Landes- und Bundessieger. Im Jahr darauf entschied der Zweigelt den »Falstaff Grand Prix« für sich, ein Jahr später kam er beim selben Bewerb auf Platz drei. Top-Weine des engagierten Winzers sind der Merlot und der Shiraz, die ebenfalls von der Lage Prädium stammen. Die Merlot-Weine der Jahre 2002 und 2004 und der Cabernet Sauvignon 2008 wurden Falstaff-Sortensieger. Scheiblhofers Sortiment wird noch von der Cuvée »Legends« ergänzt. Der einzige Weißwein des jungen Weinmachers ist ein Chardonnay, der, wie die Rotweine auch, in neuen Barriques ausgebaut wird.

(91-93) Merlot Perfection 2010
13,5 Vol.%, NK, Barrique, extratrocken, €€€€€
Tiefdunkles Rubingranat, opaker Kern, violetter Rand. Reife Zwetschkenfrucht, zart nach Dörrobst, kandierte Orangenzesten, Edelhozwürze. Stoffig, schwarze Beeren, gut integrierte Tannine, zart nach Bitterschokolade, bereits zugänglich, mineralischer Nachhall, ein kraftvoller Speisenbegleiter, sollte einige Jahre reifen dürfen.

(91-93) Cabernet Sauvignon Perfection 2010
13,5 Vol.%, NK, Barrique, extratrocken, €€€€€
Tiefdunkles Rubingranat, opaker Kern, violetter Rand. Zarte Gewürzanklänge, dunkles Beerenkonfit, ein Hauch von Cassis, ein Hauch von Vanille und Karamell. Saftig, dunkles Waldbeerkonfit, straffe Tannine, zeigt eine gute Frische und Länge, sicheres Entwicklungspotenzial.

(90-92) Blaufränkisch Jois 2010
NK, Barrique, extratrocken, €€€€€
Tiefdunkles Rubingranat, opaker Kern, violetter Rand. Einladende dunkle Beerenfrucht, zart nach Nougat, mit feiner Kräuterwürze unterlegt. Gute Komplexität, süße Gewürznote, dunkle Beeren, ausgewogen, extraktsüßer Nachhall, ein vielseitiger Speisenbegleiter.

(90-92) Shiraz Perfection 2010
NK, Barrique, extratrocken, €€€€€
Tiefdunkles Rubingranat, opaker Kern, violetter Rand. Intensive Nuancen von Gewürznelken und Vanille, mit schwarzer Beerenfrucht unterlegt, feine ätherische Anklänge. Saftig, elegant, etwas forderndes, noch raues Tannin, das noch seine Zeit braucht, im Abgang etwas austrocknend, feines Brombeerkonfit, Orangen im Rückgeschmack.

(90-92) Prädium 2011 ZW
13,5 Vol.%, NK, Barrique, extratrocken, €€€€
Tiefdunkles Rubingranat, opaker Kern, violetter Rand. Intensiv nach Zwetschken und Weichseln, zarter Vanilletouch. Saftig, schwarze Beerenfrucht, stoffige Textur, lebendiges Säurespiel, schokoladiger Nachhall, feine Röstanklänge im Nachhall, würziger Rückgeschmack.

(88-90) Legends 2010 CS/ME
13,5 Vol.%, NK, Barrique, extratrocken, €€€

Neusiedlersee

WEINGUT HORST UND GEORG SCHMELZER

★★

7122 Gols, Neubaugasse 29
T: 02173/34 90, F: 02173/200 34
info@wein-schmelzer.at
www.wein-schmelzer.at

KELLERMEISTER: Horst und Georg Schmelzer
ANSPRECHPARTNER: Georg Schmelzer
ANZAHL/FLASCHEN: k. A. (30 % weiß, 60 % rot, 10 % süß) HEKTAR: 12
VERKOSTUNG: ja, gegen Voranmeldung AB-HOF-VERKAUF: ja
ÜBERNACHTUNGSMÖGLICHKEIT: kann organisiert werden
VEREINSZUGEHÖRIGKEIT: Select Gols
MESSEN: VieVinum, ProWein

Zwölf Hektar in den besten Lagen rund um Gols werden vom Weingut Schmelzer bewirtschaftet, wovon ein großer Teil mit der Sorte Zweigelt bepflanzt ist. Für diese Sorte gelten die Brüder Horst und Georg seit einigen Jahren auch als absolute Spezialisten. Das wird durch die Falstaff-Rotweinprämierungen bestätigt, im Rahmen derer in den letzten Jahren kontinuierlich Top-Platzierungen erzielt wurden. Mit dem Sieg 2005 gelang es den beiden nach 1999 bereits zum zweiten Mal, die Zweigelt-Konkurrenz zu übertrumpfen.

Auch in der Cuvée »Gols« nimmt der Zweigelt die Hauptrolle ein. Hier werden die alten, traditionellen Sorten aus Gols wie Zweigelt, Blaufränkisch und St. Laurent verwendet, um Gebietstypizität in Form eines hochwertigen, im kleinen Eichenfass gereiften Rotweins zu transportieren. Die Top-Cuvée aus den Sorten Zweigelt, Blaufränkisch und Cabernet Sauvignon trägt den Namen »Barcaso«. Die Brüder Schmelzer erzeugen auch sehr bemerkenswerte Süßweine und fruchtbetonte Weißweine, mit dem Welschriesling wurden sie im Jahr 2005 sogar Landes- und Bundessieger. Inzwischen finden die engagierten Schmelzers auch bei der internationalen Presse immer mehr Beachtung.

(91-93) Barcaso 2010 BF/ZW/CS
13,5 Vol.%, NK, Barrique, €€€€
Tiefdunkles Rubingranat, schwarzer Kern, violetter Rand. Einladende dunkle Beerenfrucht, mit vollreifen Herzkirschen unterlegt, ein Hauch von Gewürzen, zart nach Brombeeren. Saftig, elegant, feine Extraktsüße, reife schwarze Beerenfrucht, feine Tannine, schokoladige Nuancen im Abgang, gute Länge, gutes Reifepotenzial.

(90-92) Blauer Zweigelt Barrique 2010
13,5 Vol.%, Barrique, €€€€
Tiefdunkles Rubingranat, violette Reflexe, zarter Wasserrand. Mit feinem Nougat unterlegte intensive dunkle Beerenfrucht, zarter ätherischer Touch, attraktives Bukett. Saftig, extraktsüße Textur, frisch strukturiert, feine Tannine, schokoladige Nuancen im Abgang, zeigt eine gute Länge, verfügt über Reifepotenzial.

(88-90) Blauer Zweigelt 2011
13 Vol.%, großes Holzfass, €€

(88-90) Blaufränkisch 2011
13 Vol.%, großes Holzfass, €€

89 Muskat Ottonel 2011
12 Vol.%, DV, Stahltank, 3000, extratrocken, €€

87 Chardonnay 2011
13 Vol.%, Stahltank, €€

Neusiedlersee

WEINGUT SCHUHMANN

7122 Gols, Marktgasse 2–6
T/F: 02173/26 12
info@weingut-schuhmann.at
www.weingut-schuhmann.at

NEU

KELLERMEISTER UND ANSPRECHPARTNER: Gernot Schuhmann
ANZAHL/FLASCHEN: k. A. (30 % weiß, 50 % rot, 20 % süß) HEKTAR: 14
VERKOSTUNG: ja AB-HOF-VERKAUF: ja
MESSEN: Vinobile Montfort, Dornbirner Frühjahrs- und Herbstmesse

Das seit 1974 als Familienbetrieb geführte Weingut liegt im Herzen der größten Weinbaugemeinde Österreichs – in Gols im Nordburgenland. Das einzigartige Mikroklima um den Neusiedler See und die vielfältigen, fruchtbaren Böden schaffen perfekte Voraussetzungen für die Produktion hervorragender Rot- und Weißweine. Nach seiner Ausbildung zum Weinbau- und Kellermeister übernahm Gernot Schuhmann 1997 die Verantwortung für die Kellerwirtschaft und die Vermarktung der Weine und setzte damit einen Prozess der Umstrukturierung und Qualitätssteigerung in Gang. Die Rebfläche wurde kontinuierlich aufgestockt und umfasst heute ca. 14 Hektar, wobei die Anteile von Weiß- und Rotwein mit je 50 Prozent ausgeglichen sind. Das Weingut setzt auf jahrzehntelange Erfahrung in der Kellerwirtschaft kombiniert mit modernsten Technologien und naturnaher Bewirtschaftung. Es wird penibel darauf geachtet, dass nur heimische Rebsorten, die auch der jeweiligen Bodenbeschaffenheit der unterschiedlichen Golser Lagen entsprechen, ausgepflanzt werden. Kontrolliert integrierter Pflanzenschutz, intensive Laubarbeit und Traubenausdünnung sind weitere wichtige Maßnahmen, um gesundes und physiologisch reifes Traubenmaterial zu erzielen. Gemäß dem heutigen Stand des Wissens wird im Weingut Schuhmann besonderer Wert darauf gelegt, das reife, gesunde Traubenmaterial rasch und schonend zu verarbeiten. Weißweine werden temperaturkontrolliert vergoren und in Edelstahltanks ausgebaut. So werden die Frische, die Frucht und die Reintönigkeit der Weißweine optimal erhalten. Rotweine werden offen auf der Maische vergoren und reifen nach erfolgtem biologischem Säureabbau klassisch im Holzfass oder im kleinen Eichenfass (rund 14 Monate). Engagement und Perfektionsdrang des Winzers Gernot Schuhmann haben eines zum Ziel: eine große Palette an hochwertigen Weinen mit unterschiedlichen Charakteren und Ausbaustilen zu vinifizieren.

90   Zweigelt Goldberg 2010
13,5 Vol.%, NK, Barrique, 1200, extratrocken, €€€
Kräftiges Rubingranat, violette Reflexe, breitere Randaufhellung. Mit feinen Gewürznoten und etwas Nougat unterlegtes dunkles Waldbeerkonfit, reife Zwetschken klingen an. Saftig, extraktsüß, elegant und ausgewogen, reife Beerenfrucht im Nachhall, ein zugänglicher, vielseitiger Essensbegleiter.

89   COS No. 10 2010 BF/ZW
13 Vol.%, NK, Barrique, 2350, extratrocken, €€

89   Zweigelt Classic 2011
13,5 Vol.%, DV, großes Holzfass, 5760, extratrocken, €

88   Welschriesling Classic 2011
12 Vol.%, DV, Stahltank, 4000, extratrocken, €

87   Weißburgunder Classic 2011
DV, Stahltank, €€

89   Traminer Spätlese 2011
10,5 Vol.%, DV, Stahltank, 2650, süß, €€

SCHWARZ WEIN

★★★

7163 Andau, Hauptgasse 21
T: 02175/33 77, F: DW 4
fine-wine-trade@kracher.at
www.thebutcher.at

KELLERMEISTER: Johann Schwarz
ANSPRECHPARTNER: Fine Wine Trade – Erich Andert
ANZAHL/FLASCHEN: k. A. HEKTAR: 12

With friendly help of Mr. »K« – so lautet die Unterzeile dieses Weingutkonzeptes. Fleischermeister Hans Schwarz baut auf die kenntnisreiche Unterstützung der beiden »Ks«: des Süßwein-Gurus Alois Kracher – mittlerweile dessen Sohns Gerhard – und des in Südkalifornien ansässigen Spitzenwinzers mit österreichischen Wurzeln Manfred Krankl (»Sine Qua Non«), die mit ihm gemeinsam den Trauben aus den Andauer Rieden an der ungarischen Grenze eine internationale Dimension einhauchen. Ein Weiß-, ein Rot- und bis vor ein paar Jahren noch ein Roséwein namens »The Butcher« – das war das ganze Sortiment, von dem 50 Prozent ins Ausland exportiert werden. Seit dem Vorjahr gibt es statt des Roséweins einen Strohwein aus Zweigelt als dritten Wein, dazu noch »A Lita« in Weiß und Rot und ebenfalls in Weiß und Rot gehalten zwei Weine namens »Kumarod«, hochdeutsch Kamerad, die Alois Kracher quasi als Haustrunk gewidmet sind.

Jahrelang bearbeitete Hans Schwarz seine zwölf Hektar nach Anleitung von Alois Kracher und war stets einer seiner wichtigsten und besten Traubenlieferanten. 1999 beschlossen die beiden Freunde, die Schwarz-Trauben getrennt zu verarbeiten und eigene Schwarz-Weine zu vinifizieren. Das erklärte Ziel lautet, Weine zu produzieren, wie es sie in Österreich noch nie gegeben hat. Nach den bisherigen Jahrgängen zu schließen, ist das auch gelungen. Der »Schwarz Rot 2002« wurde Falstaff-Sieger 2004 und die Folgejahrgänge waren regelmäßig unter den Top Ten zu finden, im Jahr 2010 ein zweiter Platz.

(92-94) Schwarz Rot 2010 ZW
13,5 Vol.%, NK, Barrique, extratrocken
Dunkles Rubingranat, violette Reflexe, zarter Wasserrand. Feines schwarzes Beerenkonfit, Brombeergelee, kandierte Veilchen, facettenreiches, florales Bukett. Saftig, elegante Textur, reife Kirschen, zart nach Zwetschken, feine Säurestruktur, harmonisch, wird bald zugänglich sein, ein vielseitiger Speisenbegleiter, feine Grapefruitnoten im Nachhall, gutes Reifepotenzial.

(91-93) Schwarz Weiß 2010 CH/GV
14 Vol.%, NK, Barrique, extratrocken
Kräftiges Grüngelb. Rauchig, kandierte Orangenzesten, feine Edelholzwürze, Nelkentouch. Saftig, reife Birnenfrucht, feine Extraktsüße, dezent nach Vanille, gelbe Tropenfrucht im Abgang, dort wird das neue Holz etwas präsenter, braucht noch etwas Zeit, sicheres Entwicklungspotenzial. Litschi im Rückgeschmack.

(90-92) Kumarod Weiß 2011 CH/SB/SÄ
14 Vol.%, Teilbarrique, extratrocken
Mittleres Grüngelb. Zart nach Mandarinenzesten, Blütenhonig und etwas Wiesenkräuter, mit weißer Frucht unterlegt. Elegant, feine Apfelfrucht, dezenter Holztouch, wirkt leichtfüßig und trinkanimierend, mineralischer Abgang, ein guter Essensbegleiter.

(89-91) 1 Lita Schwoaz Weiß 2011
14 Vol.%, NK, Stahltank, extratrocken, (1 l)
Mittleres Grüngelb. Reife Orangen- und Steinobstnoten, zart nach Wiesenkräutern, attraktiver Duft. Saftig, fruchtbetont, ein Hauch von Marille, kraftvolle Textur, feines Säurespiel, mineralisch im Nachhall, ein vielseitiger Speisenbegleiter.

(92–94) **Schwarz Gold Strohwein 2010 MO**
12 Vol.%, Stahltank, süß
Helles Goldgelb. Saftiger Honigtouch, vollreife Marillen, feine Muskatnuss, delikate, einladende Aromen. Saftig, cremige Textur, florale Nuancen, mittlere Komplexität, fruchtbetont, zart nach Limetten und Blüten, bereits gut antrinkbar, ein Trinkdessert.

(92–94) **Schwarz Schwarz Strohwein 2010 ZW**
10,5 Vol.%, NK, Barrique, süß
Dunkles Karmongranat, zarter Ockerrand. Mit rauchiger Gewürznote unterlegter Dörrobsttouch, Feigen, ein Hauch von Kletzen. Saftig, honigsüße Textur, feine Tannine, die gut anhaften, zeigt eine angenehme Struktur, verfügt trotz enormer Süße über Frische und einen gewissen Rotweincharakter, Kirschen im Nachhall, wirkt nicht opulent wie Vintage Port, sondern fruchtbetont und vital, sehr gutes Reifepotenzial.

Neusiedlersee

★★

WEINGUT JULIUS STEINER

7141 Podersdorf/See, Seezeile 2
T: 02177/274 30, F: DW 4
info@julius-steiner.at
www.julius-steiner.at

KELLERMEISTER: Julius Steiner ANSPRECHPARTNER: Familie Steiner ANZAHL/FLASCHEN: k. A. (50 % weiß, 40 % rot, 10 % süß) HEKTAR: 9 VERKOSTUNG: ja, gegen Voranmeldung AB-HOF-VERKAUF: ja ÜBERNACHTUNGSMÖGLICHKEIT: ja WINZERLADEN/GREISSLEREI: Mo. bis Sa. 9–12 und 15–19 Uhr, So. und Fei. 9–12 Uhr ANDERE PRODUKTE IM VERKAUF: Schokolade, Sekt, Schnäpse, Fruchtsäfte, regionale Spezialitäten MESSEN: VieVinum, Linzer Weinherbst, München

---

Die Ambitionen von Julius Steiner sind geprägt von höchstem Qualitätsbewusstsein. Bei der Auswahl der Rebsorten legt der Kellermeister besonderen Wert auf Regionalität. Sein aromatischer Winzersekt aus der Sorte Muskat Ottonell wurde 2011 in den »SALON« aufgenommen. Im Besonderen sei auf den Neubau des Presshauses samt Weinkeller und Flaschenlager sowie auf den modernen Winzerladen hingewiesen, in dem man das gesamte Weinangebot und regionale Produkte wie Chutneys, Süßes und Saures von Erich Stekovics, Kürbiskernöle, Seewinkler Nudeln, eingelegten Spargel und Mangalitza-Spezialitäten erwerben kann.

Die ältere Tochter von Julius und Mariella Steiner, Patricia, hat die Winzerleidenschaft von ihren Eltern in die Wiege gelegt bekommen. Sie vinifiziert schon seit ein paar Jahren ihren eigenen Wein, eine Cuvée namens »Laurentina«. Im August 2011 hat sie das Amt der Bundesweinkönigin übernommen und präsentiert nun schon fast ein Jahr mit größtem Engagement den österreichischen Wein. Außerdem hat sie ihr Studium für internationales Weinmarketing erfolgreich abgeschlossen und trägt nun stolz ihren Titel.

Gerne wird zu einer Kellerführung mit anschließender Weinprobe eingeladen. Kommentierte Weinverkostungen mit Betriebsführung nach telefonischer Vereinbarung sind hier jederzeit möglich. Für die wertvollen Urlaubstage steht das »Haus Mariella« mit schmucken Gästezimmern und Ferienwohnungen in unmittelbarer Seenähe am wohl schönsten Strand des Neusiedler Sees zur Verfügung.

91 Laurentina weiß by Patricia Steiner 2010 PG/CH/WB
13,5 Vol.%, DV, Stahltank/Teilbarrique, extratrocken, €€
Mittleres Gelbgrün. Zart nach Steinobst, ein Hauch von Honigmelone, weiße Blüten, feiner Gewürztouch. Komplex, saftige exotische Früchte, zart nach Maracuja, Litschi, finessenreicher Säurebogen, zitronige Akzente im Abgang, gute Länge, vielseitig einsetzbar, verfügt über Reifepotenzial.

90 Weißburgunder Grossfeld 2011
13,5 Vol.%, DV, Stahltank, extratrocken, €€
Helles Gelbgrün. Mit frischen Wiesenkräutern unterlegte weiße Apfelfrucht, ein Hauch von Orangenzesten. Saftig, elegante Textur, feine gelbe Fruchtanklänge, finessenreicher Säurebogen, zart nach Steinobst im Finale, trinkanimierend, ein feiner Speisenbegleiter.

89 Grauer Burgunder Spätlese 2011
11 Vol.%, DV, lieblich, €€

88 Chardonnay Zeiselfeld 2011
13 Vol.%, DV, extratrocken, €€

90 Sapientia 2010 BF/ZW/ME
13,5 Vol.%, NK, Teilbarrique, extratrocken, €€€
Dunkles Rubingranat, violette Reflexe, zarte Randaufhellung. Feinwürzig unterlegte dunkle Beerenfrucht, zart nach Orangenzesten, tabakige Noten. Saftig, extraktsüß, zarter animalischer Touch, feine Tannine, schokoladiger Nachhall, ein vielseitiger Speisenbegleiter mit Kirschnachhall.

89 Merlot Heideboden 2010
13 Vol.%, NK, Teilbarrique, extratrocken, €€

WEINGUT HANNES STEURER

7093 Jois, Bahnstraße 28
T: 0664/551 17 80 , F: 02160/83 33
wein-steurer@aon.at
www.weingut-steurer.at

--- NEU ---

KELLERMEISTER UND ANSPRECHPARTNER: Hannes Steurer
ANZAHL/FLASCHEN: 80.000 (27 % weiß, 70 % rot, 3 % süß) **HEKTAR:** 10
VERKOSTUNG: ja **AB-HOF-VERKAUF:** ja
HEURIGER: von 24. 4. bis Ende August, Fr. und Sa. ab 18 Uhr, So. ab 17 Uhr
ÜBERNACHTUNGSMÖGLICHKEIT: ja
VEREINSZUGEHÖRIGKEIT: Joiser Renommee

Das Weingut Steurer liegt in Jois und wird als Familienbetrieb engagiert geführt. Während Hannes Steurer von der Rebarbeit bis hin zur Vinifizierung für alle Arbeiten rund um den Wein verantwortlich zeichnet, unterstützt ihn seine Frau Emma in der Verwaltung und beim Verkauf. Insgesamt werden auf zehn Hektar Weingartenflächen bewirtschaftet, wovon 75 Prozent mit Rotwein- (Zweigelt, Blaufränkisch, Shiraz und Cabernet Sauvignon) und 25 Prozent mit Weißweinsorten (Welschriesling, Grüner Veltliner, Traminer, Sauvignon Blanc und Pinot Blanc) bepflanzt sind. In bester Lage zwischen Hügeln des Leithagebirges und dem Neusiedler See belohnen die Reben den Winzer mit optimalem Traubenmaterial für kräftige Rot- und fruchtige Weißweine.

Der Grundphilosophie des Betriebs, keine Berührungsängste vor Modernem zu haben, ohne dabei die Tradition aus den Augen zu verlieren, vertraut Steurer auch bei der Vinifizierung. Die Weißweine vergären in elektronisch gesteuerten Kühltanks und lagern danach im Edelstahl – dadurch kann die Traubenfrucht optimal bis in die Flasche transportiert werden. Auch für die Lagerung der klassischen Rotweine werden Edelstahltanks verwendet, ein Gutteil der Roten reift aber in französischen Barriquefässern heran und weist dadurch feine Röst-, Vanille- und Schokoaromen auf. Besonders wichtig ist es dem Winzer, dass seine Weine Spaß machen und das Gebiet im Wein erkennbar wird. Zahlreiche Auszeichnungen (»SALON«, »Austrian Wine Challenge«) untermauern die Qualität der Steurer-Weine, einen ganz besonderen Erfolg bedeutete der ausgezeichnete dritte Platz bei der letzten Falstaff-Rotweinprämierung.

Neben dem Weingut betreibt die Familie auch einen Heurigen – wer etwas länger verweilen möchte, kann in einem der Gästezimmer nächtigen. Ab-Hof-Verkauf erfolgt täglich, am besten nach telefonischer Vereinbarung.

91 HST 2010 ZW/CS
13,5 Vol.%, NK, Barrique, 2100, extratrocken, €€€
Kräftiges Rubingranat, violette Reflexe, zarter Wasserrand. Angenehmes dunkles Waldbeerkonfit, zarte Gewürzanklänge, ein Hauch von Cassis und Brombeeren, mit Orangenzesten unterlegt. Elegant, extraktsüß, feine Tannine, ausgewogen, feine Kirschfrucht im Nachhall, ein vielseitiger Speisenbegleiter mit Reifepotenzial.

90 Renommee 2010 ZW/CS
13,5 Vol.%, NK, Barrique, 2100, extratrocken, €€€
Kräftiges Rubingranat, violette Reflexe, zarter Wasserrand. Feine balsamische Nuancen, dunkle Beerenfrucht, tabakige Noten, ein Hauch von Kokos. Saftig, elegant, reife Zwetschken, süßer Kern, feine Tannine, zart nach Kokosflocken auch im Abgang, ein zugänglicher Speisenbegleiter.

89 Emma 2010 ZW/CS/BF
13,5 Vol.%, NK, Teilbarrique, 5000, extratrocken, €€

89 Zweigelt 2011
13 Vol.%, NK, Stahltank, 7000, extratrocken, €

89 Pinot Blanc 2011
13 Vol.%, DV, Stahltank, extratrocken, €

88 Sauvignon Blanc 2011
12,5 Vol.%, DV, Stahltank, 3000, trocken, €€

89 Traminer Spätlese 2011
10,5 Vol.%, DV, Stahltank, 1800, süß, €€

Neusiedlersee

SEKTKELLEREI SZIGETI

7122 Gols, Am Anger 31
T: 02173/21 67, F: 02173/25 14
sektkellerei@szigeti.at
www.szigeti.at

KELLERMEISTER: Norbert Szigeti ANSPRECHPARTNER: Peter Szigeti
ANZAHL/FLASCHEN: 1 Mio. HEKTAR: 90 (Vertragswinzer)
VERKOSTUNG: ja AB-HOF-VERKAUF: ja
ANDERE PRODUKTE IM VERKAUF: Champagner, Szigeti Beer
MESSEN: VieVinum, ProWein, The London International Wine & Spirits Fair

Die Brüder Szigeti sind Spezialisten für flaschenvergorene Qualitätssekte und Frizzante. Die Sortenvielfalt der sonnengereiften burgenländischen Trauben wird unter strengen Qualitätskriterien bei Szigeti zu bestem Sekt verarbeitet. Dafür werden die Basisweine gemeinsam mit Önologen aus der Champagne verkostet, um dann die jeweils perfekt zur Sorte harmonierende Champagnerhefe auszuwählen. So entstehen sortenreine Sekte, die sich speziell durch ihre Fruchtigkeit und den sortenspezifischen Charakter auszeichnen. Seit der Gründung des Unternehmens im Jahr 1991 bestimmen zwei Prinzipien die Philosophie des Hauses: ein konsequentes Bekenntnis zu höchster Qualität und eine unvergleichliche Sortenvielfalt. Das unterscheidet Szigeti von vielen seiner Mitbewerber und macht seine Schaumweine so einmalig.

Norbert Szigeti, der für die Produktion verantwortlich ist, verbringt viel Zeit mit den Winzern im Weingarten, um bestes Traubenmaterial für die Sektproduktion zu garantieren. Sein Bruder Peter kümmert sich um den Vertrieb. Die außergewöhnlich Qualität der Schaumweine, die bereits zahlreiche nationale und internationale Auszeichnungen gewonnen haben, ermöglicht es, dass der Familienbetrieb seine Produkte mittlerweile bis in die USA und nach Asien exportiert.

Durch regelmäßige Produktinnovationen und die einmalige Sortenvielfalt bietet Szigeti der Gastronomie unzählige Einsatzmöglichkeiten und damit perfekte Verkaufschancen.

92 Edition Adele Blanc de Blancs Brut 2009 CH
13,5 Vol.%, NK, trad. Flaschengärmethode, trocken, €€€€
Helles Gelbgrün, lebendiges Mousseux. Mit zarten Wiesenkräutern unterlegte Frucht nach frischem Apfel und Steinobst, gelbe Tropenfruchtanklänge. Saftig, exotische Nuancen von Mango, Ananas, etwas Pfirsich, elegante, cremige Textur, frisch strukturiert, bleibt gut haften, feine gelbe Apfelnote im Abgang.

92 Cuvée Prestige Brut 2010 CH/WB/BF
12,5 Vol.%, NK, trad. Flaschengärmethode, trocken, €€€
Helles Lachsrosa, Goldreflexe, lebendige Perlage. Mit angenehmen Blütenaromen unterlegtes rotes Waldbeerkonfit, ein Hauch von Zitruszesten, attraktives Bukett. Stoffig, saftiger Fruchtkern, feine, gut integrierte Säure, gelbe Frucht im Abgang, zeigt eine gute Länge, facettenreicher Nachhall, vielseitiger Speisenbegleiter.

91 Weißburgunder Sekt Brut 2010
13 Vol.%, NK, trad. Flaschengärmethode, trocken, €€€
Helles Gelbgold, grüne Reflexe, feine, gut anhaltende Perlage. Zart nach Biskuit, gelbe Apfelfrucht, zart nussiger Touch, mineralische Nuancen. Saftig, feiner Birnentouch, cremige Textur, frisches Säurespiel, lebendig, elegant und gut anhaltend, feine Apfelnote, mineralisch auch im Nachhall.

89 Welschriesling Sekt Brut 2010
12 Vol.%, NK, trad. Flaschengärmethode, trocken, €€

89 Grüner Veltliner Sekt Brut 2010
12 Vol.%, NK, trad. Flaschengärmethode, trocken, €€

89 Pinot Noir Rosé Brut 2009
13 Vol.%, NK, trad. Flaschengärmethode, trocken, €€€€

★★★★
HANS TSCHIDA – ANGERHOF

7142 Illmitz, Angergasse 5
T: 02175/31 50, F: DW 4
weingut@angerhof-tschida.at
www.angerhof-tschida.at

KELLERMEISTER: Hans Tschida ANSPRECHPARTNER: Hans und Lisa Tschida
ANZAHL/FLASCHEN: k. A. (30 % rot, 70 % süß) HEKTAR: 30
VERKOSTUNG: ja, gegen Voranmeldung AB-HOF-VERKAUF: ja
ÜBERNACHTUNGSMÖGLICHKEIT: kann organisiert werden
MESSEN: VieVinum, ProWein, Vinitaly, Vinexpo

Neusiedlersee

Einige der weltbesten Süßweinwinzer stammen aus dem Burgenland. Einer davon ist Hans Tschida aus Illmitz. Sein absolutes Qualitätsstreben bei der Traubenproduktion und sein feinsinniges Gespür im Keller bestimmen seine vielfach ausgezeichneten Weine. 70 Prozent seiner Weinproduktion sind im Prädikatsweinbereich angesiedelt. Das Klima am Neusiedler See hilft ihm dabei, denn es könnte für die Erzeugung von Botrytisweinen kaum besser sein. Wenn im Herbst die Trauben schon eine ausreichend hohe Zuckergradation haben und die Frühnebel einsetzen, sind fast über Nacht die Beeren von dem gewünschten Edelschimmel befallen. Ein Albtraum für die Rotweinwinzer im nördlichen Burgenland, ein Geschenk der Natur an die Süßweinproduzenten.

Stilistisch bestechen die Weine vom Angerhof durch ihre Sortentypizität und Eleganz. Sie sind eher reduktiv angelegt, und bei den Zuckergraden bevorzugt Hans Tschida meist den unteren Bereich. Dickflüssige, sirupartige Essenzen sind nicht seine Sache. Enorm wichtig ist ihm der Trinkfluss seiner Produkte. Seine Weine sind niemals klebrig, und er ist ein Fan der Lage Lüss, weil die Weine von dort meist einen um ein Promille höheren Säuregehalt aufweisen. Der Sämling ist die Sorte, mit der sich das Weingut einen exzellenten Ruf erarbeitet hat. Angetan haben es ihm dabei auch ganz speziell seine Spätlesen und Auslesen. Sie sind sozusagen die Einstiegsweine, wenn man sich dem Thema Süßwein nähern will. Und wer es einmal probiert, der kann ohnehin die Finger nicht mehr davon lassen.

97 Gelber Muskateller Eiswein 2010
9 Vol.%, NK, Stahltank, süß, €€€€
Mittleres Grüngelb, Silberreflexe. Intensives Bukett nach Holunderblüten, Mandarinenzesten und Muskatnuss, mit ganz zarter Honigsüße unterlegt. Saftig, weiße Tropenfrucht, hochelegant, finessenreich strukturiert, angenehm kerniger Touch, zitroniger Nachhall, tänzelnd auf der Zunge, salzig-mineralisch im Abgang, grandioser Sortenausdruck.

95 Muskat Ottonel Schilfwein 2009
9,5 Vol.%, NK, Stahltank, süß, €€€€
Mittleres Goldgelb. Intensive, attraktive Muskatnase, nach Macis und Muskatnuss, weiße Blüten, frische Limettenzesten. Saftig, intensive Süße, mit zartem Eibischton unterlegt, angenehmes Säurespiel, nicht zu üppig, sehr exotisch, zeigt eine gute Länge, ein außergewöhnliches Trinkdessert.

94 Sämling TBA 2010
8,5 Vol.%, NK, Stahltank, süß, €€€€
Mittleres Goldgelb. Reife gelbe Frucht, zart nach Mandarinen, ein Hauch von Dörrobst und Babybanane. Saftig, süß und opulent, seidige Honigtextur, opulent, aber auch eine Spur weitmaschig und in die Breite angelegt, bleibt gut haften, süße gelbe Tropenfrucht im Nachhall.

93 Chardonnay TBA 2010
9 Vol.%, Stahltank, süß, €€€€
Mittleres Gelbgold. Feine Dörrobstanklänge, gelbe Tropenfrucht, Gewürzanklänge, zart nach Honig. Feine Textur, saftige gelbe Steinobstnote, frischer Säurebogen, zitroniger Touch, mineralisch und gut anhaltend, stilistisch einer Beerenauslese näher.

93 Sämling BA 2010
9,5 Vol.%, NK, Stahltank, süß, €€€
Helles Gelbgold. Mit frischen Limettenzesten unterlegte

Neusiedlersee

weiße Tropenfruchtaromen, zarte Kräuterwürze. Saftig, elegant und cremig, mittlerer Körper, frische Struktur, Orangenzesten im Abgang, bereits gut antrinkbar, ein eleganter Wein, feine Süße im Nachhall.

93 Sauvignon Blanc BA 2010
9,5 Vol.%, NK, Stahltank, süß, €€€
Helles Gelbgold. Feine gelbe Tropenfrucht, zart nach Babybanane, Orangenzesten, Blütenhonig. Elegant, mittlere Komplexität, gelbe Steinobstnote, rassige Struktur, zitroniger Touch, wirkt leichtfüßig und unkompliziert, delikates Finale.

★ ★

WEINGUT CHRISTIAN TSCHIDA

7142 Illmitz, Apetloner Straße 23
T: 02175/241 58
hedonismus@aon.at
www.tschidaillmitz.at

KELLERMEISTER UND ANSPRECHPARTNER: Christian Tschida
ANBAUWEISE: derzeit in Umstellung auf Bio
ANZAHL/FLASCHEN: k. A. (30 % weiß, 69 % rot, 1 % süß)
VERKOSTUNG: ja, gegen Voranmeldung
AB-HOF-VERKAUF: ja, limitierte Mengen
ÜBERNACHTUNGSMÖGLICHKEIT: ja
VEREINSZUGEHÖRIGKEIT: Club Batonnage MESSEN: VieVinum

Neusiedlersee

Ein eigenwilliger, junger Winzer und seine Art von Wein, die ihm an Originalität in nichts nachsteht: Das ist Christian Tschida. Seine kraftvollen Schöpfungen erscheinen primär subtil und strahlen dabei nicht selten eine eigene Art von Ästhetik aus. »Meine Weine kann man mit einer Symphonie von Beethoven oder einem genialen Arrangement von Pink Floyd oder Clapton vergleichen«, meint das Enfant terrible aus Illmitz. Dabei spürt man bei jedem Schluck das Handwerk, man fühlt die Vitalität der Reben, das Verständnis des Winzers für die Natur.

Christian Tschida ist stolz auf seine mittlerweile 40-jährigen Rebanlagen, ein ausgeklügeltes Bewirtschaftungssystem zwingt die Wurzeln tief in die Erde. So wachsen Trauben mit höchster Geschmacksintensität, und sämtliche physiologischen Prozesse wie z. B. die Zuckerbildung werden verlangsamt. Diese Bemühungen machen sich bezahlt: Der Alkoholgehalt ist trotz später Ernte oft niedriger, als man aufgrund des starken Drucks am Gaumen erwarten könnte, der Wein per se jedoch hoch im Extrakt, lebt aber vor allem von Struktur und Tiefgang. Ganz und gar ohne esoterischen Beigeschmack bleiben sämtliche Weine naturbelassen und werden ausschließlich in Eichenfässern in Größen von 225 bis 1500 Litern gelagert – manchmal bis zu 28 Monate und ganz ohne Filtration.

Vergangenes Jahr erstmalig und nicht minder individuell: Blaufränkisch und Syrah, beide reinsortig und pur, 24 Monate im großen Eichenfass gelagert. Er fühle sich eben keinem Stil außer seinem eigenen verpflichtet, so der Kommentar dieses Weinavantgardisten.

(90–92) Domkapitel 2010
12,5 Vol.%, NK, Teilbarrique
Tiefdunkles Rubingranat, opaker Kern, violette Reflexe, Wasserrand. Frische Weichseln, unterlegt mit dunklem Beerenkonfit und intensiver Kräuterwürze. Stoffig, komplex, würzige Holznote, kompakte dunkle Frucht im Abgang, dezente Süße im Abgang, noch embryonal, besitzt eine gute Länge, feine Röstaromen im Nachhall.

(88–90) Kapitel I 2010
12,5 Vol.%, NK, Teilbarrique

(88–90) Himmel auf Erden 2011
12,5 Vol.%, NK, Teilbarrique

WEINGUT GERALD TSCHIDA

7143 Apetlon, Rebschulgasse 13
T: 0664/450 70 06, F: 02175/29 03
gerald@tschida-wein.at
www.tschida-wein.at

KELLERMEISTER: Rudolf Tschida **ANSPRECHPARTNER:** Gerald Tschida **ANZAHL/FLASCHEN:** k. A. (20 % weiß, 70 % rot, 10 % süß) **HEKTAR:** 14 **VERKOSTUNG:** ja, gegen Voranmeldung **AB-HOF-VERKAUF:** ja **ANDERE PRODUKTE IM VERKAUF:** Destillate **ÜBERNACHTUNGSMÖGLICHKEIT:** ja

Der Weinbaubetrieb von Gerald Tschida verfügt über vierzehn Hektar Weingärten in den besten Lagen rund um Apetlon, in Illmitz und in Podersdorf. Eigentlich werden alle bedeutenden Rebsorten des Burgenlandes angebaut. Schon alleine die Vielfalt der vorhandenen Böden verlangt danach. Durch die unterschiedliche Bodenbeschaffenheit kommt auch den Lagen eine besondere Bedeutung zu. Genau darauf achtet Familie Tschida ganz besonderen. Oft variiert die Bodenbeschaffenheit auch innerhalb einer Riede. Nur durch Handlese, bei der der Winzer persönlich dabei ist, kann auf diese Unterschiede reagiert werden. So ist es möglich, die Trauben schon bei der Lese auch innerhalb einer Lage zu selektionieren.

Im Keller werden die Weine dann behutsam ausgebaut. Der Bogen spannt sich vom besonders fruchtigen Ausbau im Stahltank bis zum Ausbau im kleinen Holzfass. Dabei ist zu erwähnen, dass mit Ausnahme vom Welschriesling alle Weißweine zumindest zum Teil im Holzfass ausgebaut werden. Beim Rotwein dominiert naturgemäß diese Art des Ausbaus. Mit Ausnahme des Zweigelt »Medium« werden alle Roten zumindest zum Teil im kleinen Holzfass ausgebaut. Vom Sauvignon Blanc wird auch Süßwein erzeugt. Je nach Jahr gelingt entweder eine Beerenauslese oder eine Trockenbeerenauslese. Man verfügt über eine breite Produktpalette, bei der bei jedem Wein mit besonderer Sorgfalt und Liebe gearbeitet wird.

92 Pinot Noir 2009
14 Vol.%, DV, Teilbarrique, trocken, €€€€
Mittleres Rubingranat, violette Reflexe, breiter Wasserrand. Mit feiner Kräuterwürze unterlegtes Erdbeerkonfit, reife Kirschen, mineralischer Touch. Saftig, elegante Textur, zart nach Himbeeren, florale Nuancen, süßer Nachhall, feine Röstaromen im Rückgeschmack, bereits gut antrinkbar.

90 Magnat 2010 CS/ME/CF
14 Vol.%, NK, Barrique, extratrocken, €€€€
Kräftiges Rubingranat, zart unterockert, Randaufhellung. Reife Zwetschkenfrucht, mit rotem Waldbeerkonfit unterlegt, zart nach Gewürzen. Saftig, mittlere Komplexität, süße Beerenfrucht, gut eingewobene Tannine, schokoladiger Touch im Abgang, bereits zugänglich, ein vielseitiger Essensbegleiter.

89 Zweigelt Fuchsloch 2010
13,5 Vol.%, NK, Barrique, extratrocken, €€€

88 Zweigelt Classic 2011
13,5 Vol.%, DV, großes Holzfass, extratrocken, €€

89 Sauvignon Blanc Roter Stein 2011
12,5 Vol.%, DV, Teilbarrique, trocken, €€

88 Pinot Blanc 2011
12 Vol.%, DV, Teilbarrique, trocken, €€

★★★★

WEINGUT UMATHUM

7132 Frauenkirchen, St. Andräer Straße 7
T: 02172/24 40, F: 02172/217 34
office@umathum.at
www.umathum.at

— BIO —

KELLERMEISTER: Wolfgang Dachs ANSPRECHPARTNER: Josef Umathum
ANZAHL/FLASCHEN: k. A. (9 % weiß, 90 % rot, 1 % süß) HEKTAR: 30
VERKOSTUNG: ja AB-HOF-VERKAUF: ja
ANDERE PRODUKTE IM VERKAUF: Destillate, Essig
VEREINSZUGEHÖRIGKEIT: Renommierte Weingüter Burgenland

Das Weingut ist vor allem für seine authentischen Rotweine bekannt, doch Josef Umathum keltert auch einige sehr faszinierende Weißweine. Er hat die ursprüngliche pannonische weiße Rebsorte »Lindenblättriger« im Burgenland wiederbelebt, und es werden auch die seltenen Sorten Gelber Traminer und Pinot Gris angebaut. Mit etwa 85 Prozent der 30 Hektar Rebfläche bilden die österreichischen Rotweinsorten Zweigelt, St. Laurent und Blaufränkisch den Schwerpunkt.

Auf beiden Ufern des Neusiedler Sees wird eine reichhaltige Vielfalt an verschiedenen Böden von Schiefer, Kalk, Lehm und Kieselstein bewirtschaftet. Die wichtigsten Lagen heißen Ried Hallebühl, Vom Stein, Haideboden und Kirschgarten, wo sich auch die einzige Steinterrassenanlage des Burgenlandes befindet. »Lebendiger Boden und wache Pflanzen weisen uns auf den richtigen Weg und geben uns die notwendige Inspiration, wie wir mit ihnen und miteinander umgehen sollen«, so Josef Umathum über seine Einstellung zum Weinbau. Überhaupt sieht man hier die Weinreben aus einer etwas anderen Sicht: »Pflanzen haben ein Gedächtnis. Um diese Genetik zu bewahren, selektionieren wir unsere Reben aus unseren uralten Weingärten.«

Das Weingut arbeitet in überschaubaren Strukturen, nach biodynamischen Richtlinien von Demeter. Ziel ist es, reife und gesunde Weintrauben unversehrt in den Keller zu bringen, daher gibt es ausschließlich handverlesene Trauben. Die Kellerarbeit ist schonend und der Ausbau erfolgt vor allem in großen Holzfässern aus österreichischer Eiche. Als einer der Wenigen bringt das Weingut Umathum seine hochwertigen Lagenweine erst nach über drei Jahren Lagerung am Weingut zum Verkauf. Aufmerksamkeit erregte Josef Umathum auch durch seine ungewöhnlichen Förderaktionen für junge Talente aus dem landwirtschaftlichen Bereich. Alle bisher Geförderten, wie der Gemüseproduzent Erich Stekovics oder der Winzer Uwe Schiefer, waren damals noch unbekannt und sind heute in ihrem Bereich fixe Größen.

95 Blaufränkisch Kirschgarten 2009
13,5 Vol.%, VL, großes Holzfass/Teilbarrique/Barrique, extratrocken, €€€€
Dunkles Rubingranat, kräftiger Kern, violette Reflexe, feiner Wasserrand. Feine Röstaromen, intensives Brombeerkonfit, rauchige Mineralik, ein Bukett, das an große Burgunder erinnert. Saftig, komplex, mit reifer schwarzer Beerenfrucht unterlegt, sehr gut verwobene Tannine, frisch strukturiert, salzig-mineralisch im Nachhall, angenehme Extraktsüße im Abgang, tolles Reifepotenzial.

93 Blaufränkisch Kirschgarten 2008
13,2 Vol.%, großes Holzfass/Teilbarrique/Barrique, extratrocken, €€€€
Dunkles Rubingranat, violette Reflexe, zarter Wasserrand. In der Nase erdig, frische Brennnesseln, ätherische Nuancen, mit dunklem Beerenkonfit unterlegt, zart nach Zitruszesten. Stoffig, gute Frucht, komplexe Textur, feinwürzige Aromatik, Nuancen von Brombeeren, bleibt gut haften, mineralischer Nachhall, dekantieren daher empfehlenswert.

Neusiedlersee

92   Haideboden 2009 ZW/BF/CS
13 Vol.%, VL, Barrique, extratrocken, €€€€
Mittleres Karmingranat, violette Reflexe, breite Randaufhellung. Feines schwarzes Beerenkonfit, zarte Kräuterwürze, feine rauchige Nuancen. Saftig, elegant, extraktsüße Kirschenfrucht, lebendige Struktur, reife Zwetschkenfrucht im Abgang, mineralischer Nachhall, ein stoffiger Speisenbegleiter.

(90-92)   Zweigelt 2011
12,5 Vol.%, VL, großes Holzfass, extratrocken, €€
Kräftiges Rubingranat, violette Reflexe, zarte Randaufhellung. Mit angenehmer Kräuterwürze unterlegte dunkle Beerenfrucht, dunkle Mineralik, zart nach Orangenzesten. Saftig, elegant, frische Herzkirschen, lebendig strukturiert, feines Nougat im Abgang, ein facettenreicher Speisenbegleiter.

(90-92)   Gelber & Roter Traminer 2011
13,5 Vol.%, VL, Stahltank, extratrocken, €€
Helles Gelbgrün. Intensive Nase nach Rosenöl, feiner Grapefruittouch, ein Hauch von Eibischteig. Saftig, weiße Frucht, feine Mineralik, zarter Rosenblütentouch im Abgang, sehr elegant und frisch, gutes Entwicklungspotenzial.

(89-91)   Pinot Gris – Grauburgunder 2011
13,5 Vol.%, VL, großes Holzfass, extratrocken, €€€
Mittleres Gelbgrün. Mit zarter Kräuterwürze unterlegte, feine gelbe Apfelfrucht, Gewürze klingen an. Saftig, elegante Textur, finessenreiche Struktur, weiße Frucht im Nachhall, feine Röstanklänge im Nachhall, ein vielseitiger Begleiter bei Tisch.

89   Sauvignon Blanc 2011
11,5 Vol.%, VL, Stahltank, extratrocken, €€€

89   Welschriesling Maurersteig 2011
11 Vol.%, DV, Stahltank, extratrocken, €€

89   Rosa 2011 ZW/SL/BF
12,5 Vol.%, VL, Stahltank, extratrocken, €€

92   TBA Scheurebe 2010
11,5 Vol.%, VL, Barrique, süß, €€€€€
Mittleres Goldgelb. Intensiver Honigtouch, unterlegt mit kandierten Mandarinenzesten, ein Hauch von Karamell. Zarte Kräuterwürze, getrocknete Marillen, feiner Säurebogen, angenehmer Honigtouch im Abgang, Dörrobst im Nachhall.

★★★★

WEINGUT VELICH

7143 Apetlon, Seeufergasse 12
T: 02175/31 87, F: DW 4
weingut@velich.at
www.velich.at

KELLERMEISTER UND ANSPRECHPARTNER: Heinz Velich
ANZAHL/FLASCHEN: 50.000 (65 % weiß, 35 % süß) **HEKTAR:** 10
VERKOSTUNG: ja, gegen Voranmeldung **AB-HOF-VERKAUF:** ja
ÜBERNACHTUNGSMÖGLICHKEIT: ja
HOTEL: ganzjährig geöffnet
VEREINSZUGEHÖRIGKEIT: Renommierte Weingüter Burgenland
MESSEN: ProWein, VieVinum

Neusiedlersee

Das Weingut der Familie Velich liegt im Herzen des Naturschutzgebiets Neusiedler See-Seewinkel in Apetlon, einem Ort umgeben von zahlreichen kleinen Seen, die hier Lacken genannt werden. Durch diese entsteht ein spezielles Kleinklima, das sich für den Weinbau als besonders förderlich erwiesen hat. Heinz Velich bewirtschaftet zurzeit zehn Hektar Rebfläche, die ausschließlich mit Weißweinsorten bepflanzt sind.

45 Prozent davon nimmt der Chardonnay ein, etwa ein Viertel der Fläche ist mit Welschriesling bestockt, den Rest teilen sich Muskat Ottonel und Bouvier. Die leichten, fruchtigen Weine wie Welschriesling und Muskat werden im Stahltank vinifiziert. Chardonnay als Vertreter der extrakt-, aber finessenreichen Weine wird bevorzugt im gebrauchten Barrique vergoren und ausgebaut. Der Chardonnay mit dem Namen »Tiglat« gilt seit Jahren als einer der besten Sortenvertreter des Landes. Ihm zur Seite stehen der zweite trockene Chardonnay des Hauses, der »Darscho«, und eine Cuvée aus Chardonnay, Welschriesling und Sauvignon Blanc mit der Bezeichnung »TO« (was auf Ungarisch »See« bedeutet). Süßweine werden nur in geeigneten Jahren gekeltert und zum größten Teil im Barrique vinifiziert. Der Betrieb legt besonderen Wert auf eine hohe Reife und regionaltypischen Charakter der Weine. Das Falstaff-Magazin zeichnete Heinz Velich als »Winzer des Jahres« 2012 aus.

97 Tiglat 2009 CH
13,5 Vol.%, NK, Barrique, €€€€€
Mittleres, leuchtendes Gelbgrün. Intensive Feuersteinnote, Grapefruitzesten und Kräuterwürze, gelbe Steinobstaromen, vielschichtiges Bukett. Stoffig, ungemein seidige Textur, weiße Frucht, finessenreiche Säurestruktur, salzige Mineralik im Abgang, bleibt sehr gut haften, sehr guter Fruchtdruck im Nachhall, Zitrusanklänge, enormes Zukunftspotenzial, wohl der beste Tiglat.

94 Darscho 2009 CH
13,5 Vol.%, NK, Barrique, €€€€
Leuchtendes Gelbgrün. Attraktive Nase, zarte Holzwürze, gelbe Tropenfrucht, Akazienhonig, ein Hauch von Feuerstein, facettenreich. Gute Komplexität, straff, elegante Textur, fein eingesponnene Säurestruktur, weiße Birnenfrucht, mineralischer Nachhall, wunderbar balanciert, bleibt gut haften, wirkt leichtfüßig, zitroniger Rückgeschmack.

91 TO 2009 CH/SB/WR
13 Vol.%, NK, Barrique, €€€
Leuchtendes Gelbgrün. Feine Röstwürze, frische Orangenzesten, ein Hauch von Gewürznelken, mineralischer Touch. Saftig, straff, zart nach Grapefruit, finessenreich, zitroniger Anklang, bleibt gut haften, salziger Nachhall.

L 90 Welschriesling 2011
12,5% NK, trocken, €€
Helles Grün. Frische Apfelfrucht, zarte Kräuterwürze, mineralischer Touch. Saftig, zarter Birnentouch, elegant, runde Säurestruktur, zitroniger Nachhall.

95 Seewinkel BA 2008 CH/SÄ/WR
13,5 Vol.%, NK, süß, €€€
Kräftiges Goldgelb, Orangereflexe. In der Nase nach Marille, feinhefige Nuancen, Orangenzesten, ein Hauch von Dörrobst. Saftig, balanciert, die 180 Gramm sind sehr gut eingebunden, feine Dörrobstnote, finessenreich strukturiert, eleganter und trinkanimierender Stil, bereits gut antrinkbar, auch als Aperitif gut einsetzbar.

WEINGUT VINUM PANNONIA ALLACHER

★★★

7122 Gols, Neubaugasse 3–5
T: 02173/33 80, F: DW 4
allacher@vinum-pannonia.at
www.vinum-pannonia.at

KELLERMEISTER UND ANSPRECHPARTNER: Michael Allacher
ANZAHL/FLASCHEN: k. A. (50 % weiß, 50 % rot) HEKTAR: 30
VERKOSTUNG: ja, gegen Voranmeldung AB-HOF-VERKAUF: ja
ANDERE PRODUKTE IM VERKAUF: Frizzante
ÜBERNACHTUNGSMÖGLICHKEIT: kann organisiert werden
MESSEN: Dornbirner Frühjahrs- und Herbstmesse, fafga Innsbruck, Vinobile Montfort, GAST Klagenfurt, Intervino, VieVinum

Seit Generationen bearbeitet Familie Allacher eigene Rieden und erzeugt qualitativ hochwertige Weine. Das Wissen wird vom Vater an den Sohn weitergegeben, dieser gibt seine Erfahrungen an die eigenen Kinder weiter. Das Weingut Vinum Pannonia Allacher ist ein traditioneller Familienbetrieb. Bereits die Eltern Gerhard Allachers arbeiteten in den eigenen Rieden und gaben die Freude und die Motivation für ihre Arbeit an den Sohn weiter. Auch seine Gattin Inge kommt aus einem Weinbaubetrieb und arbeitet auf dem Weingut mit. Ihr Sohn Michael wurde schon sehr früh von der Faszination des Weinbaus gepackt und ebnete bereits durch seine schulische Laufbahn seinen Weg zum Top-Winzer.

Die Allachers erzeugen eine breite Palette, die von trockenen Weißweinen über Rotweine bis hin zu edelsüßen Dessertweinen reicht. Speziell mit den Rotweinen hat sich der Golser Betrieb einen sehr guten Ruf erworben, der Zweigelt aus der Spitzenlage Altenberg ist immer unter den besten Sortenvertretern. Beachtlich ist auch der Eiswein aus der Sorte Grüner Veltliner, der zuletzt 2005 erzeugt wurde und mit guter Fülle punktet. Mit der Cuvée »Altenberg« 2003 war die Familie Allacher im Jahr 2005 im »SALON Österreich Wein« vertreten, wo die besten 200 Weine Österreichs einem breiten Publikum vorgestellt werden. Mit dem Zweigelt »All Red« 2009 wurde das Weingut Zweiter beim »Falstaff Zweigelt Grand Prix«.

(92-94) Altenberg 2010 SL/ME/CS
14 Vol.%, VL, Barrique, extratrocken, €€€€
Tiefdunkles Rubingranat, opaker Kern, violette Reflexe. Feine Röstaromen, feine Kräuterwürze, schwarzes Beerenkonfit, attraktives Bukett. Stoffig, gute Komplexität, gut integrierte Tannine, schokoladiger Nachhall, Cassis im Abgang, mineralischer Rückgeschmack, gute Länge, sicheres Reifepotenzial.

92 Salzberg 2010 ZW
14,5 Vol.%, VL, Barrique, extratrocken, €€€€
Tiefdunkles Rubingranat, opaker Kern, violette Reflexe. Feine Kräuterwürze, zart nach Nougat, dunkles Beerenkonfit, ein Hauch von Orangenzesten. Saftig, engmaschig, schwarze Frucht, gut integrierte Tannine, bleibt gut haften, feine Zwetschkenfrucht im Abgang, zart nach Bitterschokolade im Rückgeschmack.

92 All Red 2011 ZW
14,5 Vol.%, VL, Teilbarrique, extratrocken, €€
Tiefdunkles Rubingranat, opaker Kern, violette Reflexe. Reife Zwetschken, zart mit Weichseln unterlegt, ein Hauch von Brombeerkonfit. Saftig, süß und elegant, feine Holzstütze, ein Hauch von Nougat im Abgang, gute Länge, ein samtiger, vollmundiger Speisenbegleiter.

90 St. Laurent 2011
13,5 Vol.%, VL, Teilbarrique, extratrocken, €€
Tiefdunkles Rubingranat, violette Reflexe. Feine schwarze Beeren, feine Kräuterwürze, ein Hauch von Roten Johannisbeeren. Saftige dunkle Beerenfrucht, angenehme Extraktsüße, frisch strukturiert, ausgewogen und gut anhaftend, frische Kirschen im Nachhall.

88 Chardonnay 2011
13 Vol.%, DV, Stahltank, extratrocken, €€

WEINGUT MARKUS WEISS

7122 Gols, Marktgasse 1
T: 02173/26 30, F: 02173/226 82
info@markus-weiss.com
www.markus-weiss.com

KELLERMEISTER UND ANSPRECHPARTNER: Markus Weiss
ANZAHL/FLASCHEN: k. A. (30 % weiß, 70 % rot) **HEKTAR:** 6
VERKOSTUNG: ja, gegen Voranmeldung
AB-HOF-VERKAUF: ja, limitierte Mengen

Tradition, Geschichte und das Wissen über den Weinbau – das haben Mitglieder einer klassischen Weinbaufamilie in Fleisch und Blut. Bei Familie Weiss trifft mit Juniorwinzer Markus genau das zu. Er besuchte bis 2005 die HTL für Flugtechnik in Eisenstadt, aber nicht um den »Weiss-Weinen« Flügel zu verleihen, sondern um zu neuen Weindimensionen aufzusteigen. Schon als Markus sein Maturazeugnis überreicht bekam, sagte sein Klassenvorstand: »So, und jetzt wirst du sicher ein Winzer!« – Hellseherische Fähigkeiten wollte man dem Herrn Lehrer ja nicht gerade zugestehen, aber er hatte recht. Für Markus Weiss stand zu diesem Zeitpunkt schon fest: Er wollte Winzer der neuen Generation werden und sein Studium »Önologie und Weinwirtschaft« an der Universität für Bodenkultur in Wien beginnen.

Aber nicht nur das Lernen, sondern auch das Anwenden und Tun sind für Markus Weiss ein Ergebnis moderner Weinkultur. In der Praxis wird das umgesetzt, was an der Uni gelehrt wird. Ein innovatives »Mehr«, das die Kraft der Jugend und der Neugierde beisteuert, lässt Weine einer neuen Generation entstehen. Schon bei seinem Startprojekt, der Cuvée mit dem Erzeugernamen »Markus«, hat er all sein Hintergrundwissen herangezogen – nicht um die traditionelle Weinkultur der Familie Weiss zu beenden, nein, im Gegenteil, um diese mit Feingefühl und Geschmack in eine junge und freche Richtung zu verändern. Jeder Jahrgang bringt eine neue Herausforderung und verlangt den individuellen Zugang zum Naturprodukt Wein. Markus Weiss hat diesen Zugang und kreiert mit Gefühl, Instinkt, Nase und Mund Weine einer neuen Generation. Die Cuvée »Markus« zeigt, dass Markus Weiss durchaus das Potenzial zum »Überflieger« hat.

(90-92) Markus 2010 ZW/SL/BF
14 Vol.%, NK, Barrique, 5000, extratrocken, €€€€
Dunkles Rubingranat, violette Reflexe, zarte Randaufhellung. Intensive Gewürzanklänge, ein Hauch von Lakritze und Cassis, mit dunklem Waldbeerkonfit unterlegt, florale Nuancen. Saftig, süße Frucht, Steinobstanklänge, feine Tannine, extraktsüß im Abgang, zart nach Nougat und Kokos, bleibt gut haften, verfügt über Reifepotenzial.

WEINGUT WURZINGER

7162 Tadten, Obere Hauptstraße 11
T/F: 02176/34 51
office@weingut-wurzinger.at
www.weingut-wurzinger.at

KELLERMEISTER: Josef Wurzinger
ANSPRECHPARTNER: Josef Wurzinger und Pia Lisa Ehweiner
ANZAHL/FLASCHEN: k. A. (30 % weiß, 70 % rot) **HEKTAR:** 13
VERKOSTUNG: ja, gegen Voranmeldung **AB-HOF-VERKAUF:** ja
ÜBERNACHTUNGSMÖGLICHKEIT: kann organisiert werden
ANDERE PRODUKTE IM VERKAUF: Apfelbrand
MESSEN: VieVinum, Gast Salzburg, fafga Innsbruck

Josef Wurzinger ist als der Weißweinwinzer des Seewinkels im Burgenland bekannt. Die Fruchtigkeit, Finesse und Frische seiner Weißweine überraschen viele Weinfreunde, die solche Kreszenzen eher der Steiermark zuordnen würden. Im Westen Österreichs stehen aber auch seine Rotweine ganz hoch im Kurs, allen voran der Zweigelt »Heideboden«, mit dem Josef Wurzinger schon einmal den zweiten Platz beim »Falstaff Zweigelt Grand Prix« belegte, und die Cuvée vom Kreuzjoch aus Zweigelt, Blaufränkisch, Cabernet Sauvignon, Merlot und St. Laurent, die besonders durch die saftige Frucht, die reifen weichen Tannine und die besondere Trinkanimation besticht. Aber auch bei den reinsortig ausgebauten Rotweinen zeigt der engagierte Winzer ein gutes Gefühl für die Vinifikation und den richtigen Holzeinsatz.

Josef Wurzinger legt besonders viel Wert auf den richtigen Lesezeitpunkt und die Sortierung des gesunden Traubenmaterials, das die Basis für gute Weine darstellt. Besonders viel Zeit und Leidenschaft investiert er in die Vinifikation und den Ausbau seiner Weine. Das kommt auch den Freunden der Wurzinger-Weine zugute, die sich über beständige Qualität und deshalb über jede Menge Trinkspaß freuen können.

92 Merlot M+ 2009
14 Vol.%, NK, Barrique, 3400, extratrocken, €€€€
Dunkles Rubingranat, violette Reflexe, dezenter Wasserrand. Attraktive Röstaromen, feines Nougatkaramell, darunter süße Brombeer-Cassis-Anklänge, zart nach Veilchen. Saftig, elegant, frische schwarze Beerenfrucht, feine Tannine, mineralisch-salziger Nachhall, bleibt gut haften, gutes Reifepotenzial, bereits zugänglich.

91 St. Laurent 2009
NK, Teilbarrique, extratrocken, €€€
Dunkles Rubingranat, violette Reflexe, dezenter Wasserrand. Deutliche Röstaromen, mit Karamell unterlegt, dunkle Beeren, zart floral unterlegt, sehr attraktives Bukett. Saftig, elegante Textur, feine Tannine, frische Säurestruktur, süße Kirschen im Abgang, blumiger Rückgeschmack, gute Länge.

91 Kreuzjoch 2009 ZW/BF/CS/ME
13,5 Vol.%, NK, Barrique, 13.000, extratrocken, €€€
Dunkles Rubingranat, violette Reflexe, dezenter Wasserrand. Feine Röstaromen, mit dunkler Beerenfrucht unterlegt, zart nach Karamell, einladendes Bukett. Saftiges Brombeerkonfit, gut integrierte Tannine, reife Kirschen, extratsüßer Abgang, feine Schokonote im Nachhall, ein eleganter Speisenbegleiter

90 Sauvignon Blanc Rosengarten 2011
13 Vol.%, DV, Stahltank, 13.000, extratrocken, €€
Helles Grüngelb. Mit zarter Kräuterwürze unterlegte weiße Frucht, ein Hauch von Stachelbeerkonfit, Grapefruitzesten, weiße Blüten. Saftig, weiße Tropenfrucht, frischer Säurebogen, zitronige Nuancen im Abgang, bleibt gut haften, trinkanimierende Stilistik.

89 Chardonnay Steinriegel 2011
13 Vol.%, DV, Stahltank, 8000, extratrocken, €€

88 Welschriesling Alter Weingarten 2011
11,5 Vol.%, DV, Stahltank, 8000, extratrocken, €

★★

WEINGUT ZANTHO
7163 Andau, Dammweg 1a
Tel.: 02176/270 77, Fax: 02176/270 78
office@zantho.com
www.zantho.com

KELLERMEISTER: Wolfgang Peck ANSPRECHPARTNER: Thomas Gratzer
ANZAHL/FLASCHEN: 400.000 (20 % weiß, 75 % rot, 5 % süß) HEKTAR: 70
VERKOSTUNG: ja AB-HOF-VERKAUF: ja
ÜBERNACHTUNGSMÖGLICHKEIT: kann organisiert werden
ANDERE PRODUKTE IM VERKAUF: Traubensaft
MESSEN: VieVinum, ProWein, Vinexpo

Mit dem Projekt »Zantho« beschreiten Spitzenwinzer Josef Umathum und Wolfgang Peck neue Wege im burgenländischen Qualitätsweinbau. Das Projekt kann auch als perfekte Symbiose von Know-how, bester technischer Ausstattung und optimalen natürlichen Bedingungen bezeichnet werden. Produziert wird im Winzerkeller Andau, einer der modernsten Weinkellereien Österreichs. Das Traubengut liefert eine kleine Gruppe ausgewählter Mitglieder, die – von Josef Umathum geschult und kontrolliert – speziell für »Zantho« die Weingärten bearbeiten.

Zantho, der Name des kleinen burgenländischen Ortes Andau in dessen erster urkundlicher Erwähnung, ist zugleich Bezeichnung der Weinlinie, und die pannonische Waldeidechse dient als einprägsames Symbol. Produziert wird vornehmlich Rotwein aus heimischen Sorten – »Zantho« Zweigelt, St. Laurent, Blaufränkisch und die Zweigelt Reserve. Neu ist seit letztem Jahr ein Pinot Noir. Daneben runden »Zantho« Muskat und Grüner Veltliner in Weiß sowie ein »süßer« Zantho das Sortiment ab. Ziel ist es, Weine aus österreichischen Rebsorten in für den internationalen Markt relevanten Mengen herzustellen. Die Weine sind im Fachhandel, in der Gastronomie sowie ab Hof erhältlich.

(90-92) Zantho Zweigelt 2011
13 Vol.%, VL, Stahltank/Teilbarrique, 170.000, extratrocken, €€
Dunkles Rubingranat, violette Reflexe, zarte Randaufhellung. Reife Kirschen, feines Zwetschkenkonfit, ein Hauch von Nougat und Gewürzen, einladendes Bukett. Saftig, feine Frucht, angenehme Extraktsüße, dunkle Beeren im Nachhall, ein vielseitiger Speisenbegleiter.

(89-91) Zantho Blaufränkisch 2011
13 Vol.%, VL, Stahltank/Teilbarrique, 100.000, extratrocken, €€
Dunkles Rubingranat, violette Reflexe, zarte Randaufhellung. Mit feiner Kräuterwürze unterlegtes Brombeerkonfit, Orangenzesten. Saftig, feines dunkles Waldbeerkonfit, feine Holzwürze, bleibt gut haften, zart nach Nougat im Abgang, elegant und anhaltend.

(88-90) Zantho St. Laurent 2011
13 Vol.%, VL, Stahltank/Teilbarrique, 130.000, extratrocken, €€

89 Zantho Grüner Veltliner 2011
12 Vol.%, VL, Stahltank, 120.000, extratrocken, €€

89 Zantho Welschriesling 2011
11,5 Vol.%, VL, Stahltank, 25.000, extratrocken, €€

89 Zantho Muskat Ottonel 2011
12 Vol.%, VL, Stahltank, 30.000, extratrocken, €€

88 Zantho Sauvignon Blanc 2011
12 Vol.%, VL, Stahltank, 40.000, extratrocken, €€

92 Zantho Grüner Veltliner Eiswein 2010
9 Vol.%, VL, Stahltank, 5000, süß, €€€€
Kräftiges Goldgelb. Zart nussig unterlegter Touch von Dörr-

Neusiedlersee

Neusiedlersee

zwetschke, kandierte Orangenzesten, feiner Honigtouch. Kräftiger Restzucker, gelbe Tropenfruchtanklänge, angenehmes Säurespiel, bleibt gut haften, Honig im Finale.

(90-92) Zantho Scheurebe BA 2011
9 Vol.%, VL, Stahltank, 25.000, süß, €€€
Mittleres Goldgelb. Zarte Dörrobstnote, getrocknete Marillen, zart nach Quittengelee und Honig. Elegant, gut eingebundene Süße, feines Säurespiel, Nuancen von Rosinen im Abgang, bereits gut antrinkbar.

NEUSIEDLERSEE HÜGELLAND

© Burgenland Tourismus,

Neusiedlersee-Hügelland/Leithaberg DAC – Fulminante Qualität bei Weiß, Rot und Süß

Am Leithagebirge sind die Allrounder zu Hause. Kaum ein anderes Weinbaugebiet erlaubt eine solche Vielfalt an Weintypen wie die 4150 Hektar am Westufer des Neusiedler Sees. Mit dem Ruster Ausbruch ist auch einer der berühmtesten Süßweine der Welt ein Fixpunkt der regionalen Weinidentität.

Die trockenen Weine sind geprägt von den mineralischen Böden am Abhang des Leithagebirges, wo zwischen kalkreichen Schichten immer wieder auch Urgesteinsinseln durchbrechen. Die besonders gebietsypischen Weine werden unter der neuen Bezeichnung »Leithaberg DAC« vermarktet. Das gesetzlich definierte Produktionsgebiet für den Leithaberg DAC umfasst den politischen Bezirk Eisenstadt Umgebung, die Freistadt Eisenstadt und die politischen Gemeinden Jois und Winden. Der weiße Leithaberg DAC darf aus den Sorten Weißburgunder, Chardonnay, Neuburger oder Grüner Veltliner erzeugt werden. Zugelassen sind auch Cuvées aus diesen Sorten. Der rote Leithaberg DAC stammt aus der Sorte Blaufränkisch, wobei ein Verschnitt mit maximal 15 Prozent Zweigelt, St. Laurent oder Pinot Noir möglich ist. Leithaberg DACs sind immer mineralisch und mittelkräftig im Charakter (Alkohol am Etikett 12,5, 13,0 oder 13,5 Prozent). Daneben wird im Gebiet westlich des Neusiedler Sees eine große Vielfalt anderer Sorten und Stile gepflegt, die meist unter den Bezeichnungen »Neusiedlersee-Hügelland« oder »Burgenland« vermarktet werden. Die edlen Süßweine der Freistadt Rust werden unter der bereits erwähnten Bezeichnung »Ruster Ausbruch« vermarktet.

Das Gebiet mit vielen leistungsfähigen Weinbaubetrieben ist auch ein weintouristisches Mekka. (Wein-)Kultur als Rahmenprogramm bieten u. a. die Landeshauptstadt Eisenstadt mit dem berühmten Schloss Esterházy, Mörbisch mit den Seefestspielen, Sankt Margarethen mit den Musikfestspielen im Römersteinbruch oder die Weinakademie in Rust.

★★★★★
- Weingut Kollwentz, Großhöflein

★★★★
- Weingut Feiler-Artinger, Rust
- Weingut Prieler, Schützen/Gebirge
- Weingut Ernst Triebaumer, Rust

★★★
- Weingut Bayer-Erbhof, Donnerskirchen
- Esterházy Wein, Eisenstadt
- Weingut Toni Hartl, Reisenberg
- Weingut Kloster am Spitz, Purbach
- Weingut Josef Leberl, Großhöflein
- Weingut Moric, Großhöflein

Leithaberg DAC
Neusiedler See-Hügelland

Neusiedlersee-Hügelland

★★★
- Weingut Franz Schindler, Mörbisch
- Weingut Rosi Schuster, St. Margarethen
- Weingut Sommer, Donnerskirchen
- Weingut Günter und Regina Triebaumer, Rust

★★
- Weingut Dr. Hans Bichler, Purbach
- Weingut Grenzhof-Fiedler, Mörbisch
- Weinmanufaktur Follner, Rust
- Weingut Giefing, Rust
- Weingut Liegenfeld, Donnerskirchen
- Weingut Nehrer, Eisenstadt
- Gut Oggau – Familie Tscheppe-Eselböck, Oggau
- Weingut Panta Rhei, Eisenstadt
- Weingut Peter Schandl Rust

★★
- Weingut Seiler, Rust
- Weingut Wagentristl, Großhöflein

★
- Klosterkeller der Barmherzigen Brüder, Eisenstadt
- Weingut Gmeiner, Purbach
- Hammer Wein, Rust
- Weingut JBN – Jägersberger, Neudörfl
- Klosterkeller Siegendorf, Siegendorf
- Weingut Hans Moser, Eisenstadt
- Weingut Heuriger Piribauer, Neudörfl
- Weinbau Tremmel, Rust

- Domaine Pöttelsdorf, Pöttelsdorf
- Weingut Alfred Fischer, Stöttera

Neusiedlersee-Hügelland

KLOSTERKELLER DER BARMHERZIGEN BRÜDER

7000 Eisenstadt, Esterházystraße 26
T: 02682/601-1675, F: DW 1699
klosterkeller@bbeisen.at
www.klosterkeller.at

KELLERMEISTER: Ing. Rudolf Krizan
ANSPRECHPARTNER: Hr. Billes und Hr. Nährer
ANZAHL/FLASCHEN: 50.000 (30 % weiß, 70 % rot) HEKTAR: 11,5
VERKOSTUNG: ja, gegen Voranmeldung AB-HOF-VERKAUF: ja
ANDERE PRODUKTE IM VERKAUF: Sekt
VEREINSZUGEHÖRIGKEIT: Haydnwein

Der Weinbau hat im Burgenland seit jeher eine enorme volkswirtschaftliche und kulturelle Bedeutung. Als Paul Anton Esterházy anno 1756 das Krankenhaus der Barmherzigen Brüder in Eisenstadt stiftete, diente der angeschlossene Weinbau ausschließlich dem sozialen Werk und der Produktion von Messwein.

Bei den Barmherzigen Brüdern galt schon immer die Devise »Mit dem Volk – für das Volk«, weshalb der anfänglich noch kleine Weinbaubetrieb stets gefördert und vergrößert wurde. Im Zuge der Krankenhauserweiterungen gingen immer wieder Teile der ursprünglichen Weingärten rund um das Krankenhaus verloren. Ersatzflächen fand man in der Nachbargemeinde Großhöflein in den Rieden Föllig und Tatschler. 1980 wurde das Weingut von einem traditionellen zu einem modernen Betrieb umstrukturiert. Das Terrain des Klosterkellers der Barmherzigen Brüder wurde in Zusammenarbeit mit der Universität für Bodenkultur Wien für die Sorten Blauburgunder, Zweigelt und Blaufränkisch als am besten geeignet empfunden. Die Weingärten wurden nach dieser Erkenntnis angelegt.

Ing. Rudolf Krizan, der langjährige Kellermeister, versteht es gekonnt, Spitzenqualitätsweine mit Struktur und Finesse zu keltern. Schon seit 1985 landet der Klosterkeller mit der Sorte Blaufränkisch bei den alljährlichen Falstaff-Rotweinverkostungen immer wieder unter den Besten des Landes.

90 Blaufränkisch 2011
13 Vol.%, DV, großes Holzfass, 5000, extratrocken, €€
Dunkles Rubingranat, violette Reflexe, zarter Wasserrand. Attraktives Bukett, frische Beerenfrucht, ein Hauch von Johannisbeeren, Zitruszesten. Süße Brombeerfrucht, jugendlich und fein, samtige Textur, frisch strukturiert, angenehme Extraktsüße, mineralisch und anhaltend, schwarze Beeren auch im Nachhall, bereits gut antrinkbar.

89 Blauer Burgunder 2010
13 Vol.%, NK, großes Holzfass, 3000, extratrocken, €€

88 Zweigelt 2011
13 Vol.%, DV, großes Holzfass, 5000, extratrocken, €€

★★★

WEINGUT BAYER – ERBHOF

7082 Donnerskirchen, Hauptstraße 50
T: 02683/85 50, F: DW 5
weingut@bayer-erbhof.at
www.bayer-erbhof.at

KELLERMEISTER UND ANSPRECHPARTNER: Ing. Josef Bayer
ANZAHL/FLASCHEN: k. A. (55 % weiß, 40 % rot, 5 % süß)
HEKTAR: 22 VERKOSTUNG: ja AB-HOF-VERKAUF: ja
HEURIGER: »Schemitz«, Donnerskirchen ÜBERNACHTUNGSMÖGLICHKEIT: ja
ANDERE PRODUKTE IM VERKAUF: Frizzante, Traubensaft
VEREINSZUGEHÖRIGKEIT: Weinquartett Donnerskirchen, Leithaberg
MESSEN: VieVinum, ProWein

Neusiedlersee-Hügelland

Die Familie Bayer bewirtschaftet den Erbhof, eines der ältesten Weingüter in Donnerskirchen. Seine faszinierende Geschichte reicht bis 1741 zurück. Die Winzerfamilie hat mit großer Sorgfalt und Innovation Altes erhalten und Neues erschaffen. Die Lagen an den südlichen Ausläufern des Leithagebirges waren schon immer Garant für würzige Weiß- und Rotweine. Josef Bayer produziert auf insgesamt 22 Hektar eine erstaunliche Weinvielfalt entsprechend den Unterschieden, die die einzelnen Lagen ermöglichen. Welschriesling und Grüner Veltiner, die Burgundersorten sowie die Aromasorten Sauvignon Blanc, Gelber Muskateller und Muskat Ottonel sind feste Bestandteile in seinem Sortiment. Diese Weißweine mit ihrer prägnanten Frucht und Textur gehören schon länger zu den besten im Lande.

Durch die intensivere Beschäftigung mit der Materie Rotwein durch Josef Bayer jun. gelingt es nun auch dort, dichte und würzige Top-Rotweine mit ausgeprägtem Sortencharakter zu keltern. Mit der neuen Rotweincuvée »CARABUS« ist es dem Junior auch gelungen, in der Weinwelt groß aufzuzeigen. Muschelkalk und Schiefer – diese Böden sind der größte Schatz, den die Region Leithaberg ihren Winzern bietet. Die Vereinigung »Leithaberg«, die sehr puristisch an den Ausbau der autochtonen Sorten herangeht, produziert Weine mit Charakter. Besonderes Augenmerk legt Sepp Bayer dabei auf Blaufränkisch und die Burgundersorten, die hier am Leithaberg ideale Bedingungen vorfinden.

Mit den Weingärten im »Himmelreich« – ein Projekt des »Weinquartetts Donnerskirchen« zur Rekultivierung ehemaliger aufgelassener Steillagen – wurde auf dem Terroir des Leithagebirges ein neues Weinbaukapitel aufgeschlagen.

92 Leithaberg DAC Reserve weiß 2010 CH
13 Vol.%, DV, Stahltank/Teilbarrique, extratrocken, €€
Helles Grüngelb. Mit feinen Gewürzanklängen unterlegte zarte gelbe Tropenfrucht, ein Hauch von Steinobst, mineralischer Touch. Saftig, frische Mango- und Papayafrucht, zarter Holzkuss, frisch strukturiert, mineralisch und gut anhaltend, Nuancen von Ananas im Nachhall, gute Länge und mit Reifepotenzial ausgestattet.

90 Grüner Veltliner Bergweingarten 2011
13 Vol.%, DV, Stahltank, extratrocken, €€
Helles Grüngelb. Zart tabakig unterlegte feine Mangofrucht, Zitruszesten, mineralischer Touch. Saftig, gute Komplexität, grüner Apfel, straffes Säuregerüst, weiße Frucht im Abgang, zitronige Nuancen, bleibt gut haften, Wiesenkräuter im Abgang.

89 Pinot Blanc Kapellenjoch 2011
13,5 Vol.%, DV, Stahltank, extratrocken, €€

88 Gelber Muskateller Wolfsbach 2011
12 Vol.%, DV, Stahltank, trocken, €€

92 Carabus Reserve 2009 BF/ME/CS
14 Vol.%, NK, Barrique, extratrocken, €€€€
Tiefdunkles Rubingranat, dunkler Farbkern, zarte Randaufhellung. Süße, einladende Beerenfrucht, reife Zwetschken, feine Edelholzwürze. Saftig, elegant, dunkles Waldbeerkonfit, sehr gut integrierte Tannine, bleibt gut haften, zarter Schokonachhall, ein stoffiger Speisebegleiter mit gutem Entwicklungspotenzial

Neusiedlersee-Hügelland

90 Phönix 2009 BF/CS
13,5 Vol.%, NK, großes Teilbarrique/Barrique, extratrocken, €€€
Kräftiges Rubingranat, zarte violette Reflexe, breitere Randaufhellung. Zart rauchig unterlegtes dunkles Beerenkonfit, ein Hauch von Brombeeren und Lakritze, feine Kräuterwürze. Saftig, finessenreich strukturiert, extraktsüße Kirschenfrucht, mineralisch und gut anhaltend, zartes Nougat im Abgang, gute Länge, ein vielseitiger Speisenbegleiter mit Reifepotenzial.

★★

WEINGUT DR. HANS BICHLER

7083 Purbach, Sätzgasse 22 und 1030 Wien, Weyrgasse 8
T: 02683/54 10 und 01/717 20, F: 02683/54 10-4 und 01/717 20-99
office@b-z.at
www.bichler-weinbau.eu, www.gutpurbach.at

KELLERMEISTER: Thomas Schwarz
ANSPRECHPARTNER: Brigitte Zeczelitsch und Dr. Hans Bichler
ANZAHL/FLASCHEN: 10.000 (70 % weiß, 30 % rot) HEKTAR: 3,6
Verkostung: ja, gegen Voranmeldung AB-HOF-VERKAUF: ja
ÜBERNACHTUNGSMÖGLICHKEIT: kann organisiert werden
VEREINSZUGEHÖRIGKEIT: Leithaberg

Neusiedlersee-Hügelland

Das Weingut des Wiener Wirtschaftsanwalts Dr. Hans Bichler besteht schon seit mehr als zwanzig Jahren. 1986 erwarb er einen kleinen, mit Pinot Gris bestockten Weingarten in Purbach. Kurz darauf traf er seinen Freund Josef Leberl, der ihm die Trauben, damals wie heute, zu Wein verarbeitete. Aus der Freundschaft entstand eine äußerst produktive Zusammenarbeit.

Inzwischen verfügt das Weingut über rund 3,6 Hektar Weingärten, allesamt an den Südosthängen des Leithagebirges gelegen. Der Fokus liegt auf den Sorten Pinot Gris, Chardonnay und Blauburgunder. Zusätzlich wird noch Blaufränkisch kultiviert. Die Kellerarbeit hat mittlerweile Thomas Schwarz (Kloster am Spitz, Purbach) von Josef Leberls heuer viel zu jung verstorbenem Sohn Gerald übernommen. Schonende Verarbeitung unter Vermeidung technischer Hilfsmittel und anderer Aufbesserungsarbeiten steht im Vordergrund.

Die Rotweine werden, um ihre typische Charakteristik herauszuarbeiten, spontan vergoren und reifen nach dem biologischen Säureabbau etwa 15 Monate in kleinen Eichenfässern. Danach gönnt man ihnen noch sechs Monate Flaschenreifung, bevor sie in den Verkauf kommen. Das Gleiche gilt in etwa auch für die Weißweine. Nur beim Pinot Gris, und da auch nur in Ausnahmefällen, erfolgt eine temperaturgesteuerte Vergärung mit anschließender Lagerung im Stahltank. Das Weingut ist Mitglied der Vereinigung »Leithaberg«.

L 92 Leithaberg DAC weiß 2010 CH/NB
12,5 Vol.%, NK, Teilbarrique, 1300, extratrocken, €€€
Mittleres Gelbgrün. Feine, einladende Nuancen von gelbem Apfel und etwas Tropenfrucht, zart nach Blütenhonig und Vanille. Saftig, elegant, zarte Mangofrucht, feiner Säurebogen, mineralisch unterlegt, extraktsüßer Nachhall, ein facettenreicher Speisenbegleiter mit gutem Reifepotenzial.

91 Blaufränkisch 2009
13 Vol.%, NK, Barrique, 1500, extratrocken, €€€
Dunkles Rubingranat, violette Reflexe, zarte Randaufhellung. Zart balsamisch unterlegtes dunkles Beerenkonfit, ein Hauch von Bergamotte, frische Kräuter. Saftig, elegante Textur, frische Herzkirschen, lebendige Stilistik, rotbeerige Nuancen im Abgang, trinkanimierend und anhaltend.

(88-90) Blauburgunder 2010
NK, Barrique, €€€

Neusiedlersee-Hügelland

DOMAINE PÖTTELSDORF

7023 Pöttelsdorf, Kellerweg 15
T: 02626/52 00, F: DW 33
office@w-d-p.at
www.w-d-p.at

KELLERMEISTER: Rainer Kurz ANSPRECHPARTNER: Sabine Schandl
ANZAHL/FLASCHEN: k. A. (100 % rot) HEKTAR: 115
VERKOSTUNG: ja AB-HOF-VERKAUF: ja
ÜBERNACHTUNGSMÖGLICHKEIT: kann organisiert werden
VEREINSZUGEHÖRIGKEIT: Vinum Rosalia
MESSEN: VieVinum, ProWein

Die Domaine Pöttelsdorf gehört zu den modernsten und leistungsfähigsten Qualitätskellereien im Burgenland mit Sitz in der traditionsreichen Weinbaugemeinde Pöttelsdorf. Die Kellerei ist im Besitz von engagierten Winzerfamilien aus der Region Rosalia. 2002 hat man sich dazu entschlossen, dem Unternehmen den Namen seines Standortes, »Domaine Pöttelsdorf«, zu geben – quasi als Bekenntnis der Winzer zu ihrem Ursprung und ihrer Verbundenheit zum Terroir. Pöttelsdorf liegt im Randbereich des pannonischen Kontinentalklimas, umgeben von den Ausläufern des Ödenburger Gebirges und den Hängen des Rosaliengebirges. Hier ist der Sommer heiß und der Herbst mild – geradezu das ideale Klima für den Weinbau. Besonders die roten Rebsorten gedeihen hier optimal, wobei die Leitsorte der Domaine mit 80 Prozent der Anbaufläche ganz klar der Blaufränkisch ist. Seit Jahrhunderten wird diese Sorte in Pöttelsdorf gehegt und gepflegt. Das Ergebnis: ein charaktervoller, unverwechselbarer Rotwein, der auf der ganzen Welt geschätzt wird.

Die Winzer der Domaine Pöttelsdorf arbeiten nach den strengen Qualitätskriterien des Kellermeisters Rainer Kurz. Er ist seit über drei Jahrzehnten für den Ausbau der Weine, ob klassisch im Edelstahltank, im großen Eichenfass oder im Barrique, verantwortlich. Dank der über Jahre bewiesenen Leistungen kann man sagen, dass er daran »schuld« ist, dass die Pöttelsdorfer Weine so einzigartig schmecken.

92 Blaufränkisch Exzellenz 2009
14 Vol.%, NK, Barrique, 2100, extratrocken, €€€€
Kräftiges Rubingranat, violette Reflexe, deutliche Randaufhellung. Dunkle Beerenfrucht, ein Hauch von Cassis und Brombeeren, feines Nougat klingt an. Kraftvoll, saftig, angenehme Extraktsüße, gut eingebundene Tannine, süße Herzkirschen im Abgang, gute Frische und Länge, verfügt über gutes Reifepotenzial.

89 Blaufränkisch Tradition 2009
13 Vol.%, NK, großes Holzfass, 12.000, extratrocken, €€

89 Zweigelt Classic 2011
12,5 Vol.%, DV, Stahltank, 20.000, extratrocken, €€

88 Blaufränkisch Classic 2009
12,5 Vol.%, DV, Stahltank, 18.000, extratrocken, €€

88 Rubeo 2009 BF/CS
13 Vol.%, DV, großes Holzfass, 10.000, extratrocken, €

87 Zweigelt Bankett 2011
12,5 Vol.%, DV, Stahltank, 40.000, extratrocken, €

★★★

ESTERHÁZY WEIN

7000 Eisenstadt, Schloss Esterházy
Weinshop und Weingut: 7061 Trausdorf
T: 02682/633 48, F: 02682/633 16
wein@esterhazy.at, www.esterhazywein.at

KELLERMEISTER: Ing. Josef Pusch ANSPRECHPARTNER: Andreas Vollmer
ANZAHL/FLASCHEN: 600.000 (35 % weiß, 64 % rot, 1 % süß)
HEKTAR: 65 Verkostung: ja AB-HOF-VERKAUF: ja
ANDERE PRODUKTE IM VERKAUF: Spirits, Schaumweine, Feinkost
MESSEN: VieVinum, ProWein, The London International Wine & Spirits Fair, Foodex, Vinexpo

Neusiedlersee-Hügelland

Über Jahrhunderte haben die Fürsten Esterházy das kulturelle und politische Leben Mitteleuropas geprägt. Sie gingen als großzügige Mäzene, bedeutende Bauherren und leidenschaftliche Kunstsammler in die Geschichte ein, schon Goethe sprach in seinen Memoiren »Dichtung und Wahrheit« vom »Feenreich der Esterházy«. Und auch beim Wein ist die Tradition groß: Das Haus Esterházy gibt dem Weinbau und der kulinarischen Kultur des pannonischen Raumes seit mehr als 250 Jahren entscheidende Impulse. Heute führt das hochmoderne Weingut Esterházy diese lange und ehrwürdige Tradition mit Verve fort und setzt neue Maßstäbe bei Qualität und Typizität der Weine dieser historisch bedeutsamen Gegend.

Die stattliche Summe von über 6 Millionen Euro wurde in das State-of-the-Art-Weingut investiert, das mit der Ernte 2006 seinen Betrieb aufnahm. Der Weinkeller ist auf dem allerneuesten Stand der Vinifikationstechnik und so konstruiert, dass die besondere Charakteristik der einzelnen Weinlagen optimal herausgearbeitet werden kann. Auf Pumpen wird vollständig verzichtet und nur mit schonender Schwerkraft gearbeitet. Mit Josef Pusch konnte einer der besten Önologen Österreichs als Weinmacher gewonnen werden.

Das Weingut verfügt über 65 Hektar Weingärten im Herzen des Weinbaugebietes Neusiedlersee-Hügelland, rund um die Landeshauptstadt Eisenstadt, darunter einige der besten Lagen der gesamten Region. Sie liegen an den Südhängen des Leithagebirges, an den Hängen des Ruster Hügellandes und am Föllig bei Großhöflein. Die einzigartige Symbiose aus kalkhaltigen Böden und dem außergewöhnlichen, durch den nahen Neusiedler See und die Pannonische Tiefebene beeinflussten beinahe mediterranen Klima bringt Weine von ausgeprägtem Terroir-Charakter hervor.

Die Weine des Weingutes Esterházy sind binnen weniger Jahre zu enthusiastisch aufgenommenen Botschaftern der österreichischen Weinkultur avanciert. Neben dem Heimatmarkt konnten nachhaltige Erfolge in Deutschland, Japan, der Schweiz, Skandinavien, Großbritannien, Belgien, Südkorea und China erzielt werden.

(91-93) Blaufränkisch Föllig 2010
13,5 Vol.%, NK, Barrique, extratrocken, €€€€€
Dunkles Rubingranat, opaker Kern, violette Reflexe. Zart tabakig unterlegte dunkle Beerenfrucht, ein Hauch von Brombeerkonfit, zart nach Orangenzesten, etwas verhaltenes Bukett. Mittlere Komplexität, eher rotbeerige Frucht, gut integrierte Tannine, frisch strukturiert, zeigt eine gute Länge, mineralisch und trinkanimierend im Abgang, gutes Entwicklungspotenzial.

(90-92) Merlot Schneiderteil 2010
14 Vol.%, NK, Barrique, extratrocken, €€€€€
Dunkles Rubingranat, violette Reflexe, zarte Randaufhellung. Reife Zwetschkenfrucht, feine Nuancen von Mandarinenzesten, ein Hauch von Dörrobst. Frisch, nach Herzkirschen, lebendig strukturiert, angenehme Extraktsüße, zart vegetale Nuancen im Abgang, mineralisches Finale.

(88-90) Estoras 2010 BF/CS
13,5 Vol.%, NK, extratrocken, €€€

Neusiedlersee-Hügelland

92 Pinot Blanc Tatschler 2010
13,5 Vol.%, NK, Barrique, 2000, extratrocken, €€€€
Mittleres Gelbgrün. Feine Nuancen von weißen Tropenfrüchten, ein Hauch von Grapefruitzesten, rauchige Mineralik. Saftig, elegant, feine Holzwürze, zart nach Kokos, feine Zitrusanklänge im Abgang, mineralisch, nussiger Rückgeschmack, ein facettenreicher Speisenbegleiter.

92 Chardonnay Lama 2010
13 Vol.%, NK, Barrique, 4300, extratrocken, €€€€
Mittleres Gelbgrün. Zart mit frischem Biskuit unterlegte gelbe Apfelfrucht, ein Hauch von Orangenzesten, mineralischer Touch. Saftige gelbe Tropenfrucht, zarte Röstaromen, weiße Frucht im Abgang, salzige Nuancen im Rückgeschmack, gutes Entwicklungspotenzial.

(88-90) Estoras 2011 SB
13 Vol.%, NK, Stahltank, extratrocken, €€

★★★★

WEINGUT FEILER-ARTINGER

7071 Rust, Hauptstraße 3
T: 02685/237, F: DW 22
office@feiler-artinger.at
www.feiler-artinger.at

―――――― BIO ――――――

KELLERMEISTER: Hans und Kurt Feiler
ANSPRECHPARTNER: Inge und Katrin Feiler, Brigitte Conrad
ANZAHL/FLASCHEN: 150.000 (30 % weiß, 55 % rot, 15 % süß) **HEKTAR:** 28
VERKOSTUNG: ja, gegen Voranmeldung **AB-HOF-VERKAUF:** ja
VEREINSZUGEHÖRIGKEIT: Renommierte Weingüter Burgenland,
Cercle Ruster Ausbruch, respekt
MESSEN: VieVinum, ProWein

Neusiedlersee-Hügelland

Weltberühmt ist das Weingut Feiler-Artinger mit seinen herrlichen Süßweinen geworden. Es zählt neben dem Weinlaubenhof Kracher zu den international gesuchten Spitzenproduzenten von edelsüßen Spezialitäten. Das wäre außergewöhnlich genug, aber in Rust fühlt man sich der ganzen Weintrilogie verpflichtet, denn die klimatischen Voraussetzungen erlauben beste Ergebnisse auch bei trockenen Weiß- und Rotweinen. Diesem Anspruch wird das Weingut voll und ganz gerecht.

Die Erfolgsgeschichte des Weinguts Feiler-Artinger ist eine Anerkennung für die ganze Familie. Schon die Großeltern legten den Grundstein für den Betrieb in seiner heutigen Form, sie erwarben auch das prächtige Haus im Herzen von Rust. Im Jahre 1947 füllte der Großvater Gustav Feiler erstmals Wein auf Flaschen; mit der Ernte 1953 war er der erste Winzer, der wieder Ausbruchweine erntete. 1955 beginnt sein Sohn Hans Feiler, die Geschichte des Weinguts mitzubestimmen. Auch Schwester Gertrude Artinger arbeitet im elterlichen Betrieb mit. Gemeinsam mit Inge Feiler, der Gattin von Hans, kümmert sie sich hauptsächlich um den Verkauf. Seit 1994 ist Kurt, der älteste Sohn von Hans und Inge Feiler, voll ins Geschehen am Weingut eingebunden.

Die trockenen Weißweine werden überwiegend sortenrein ausgebaut, die Palette ist sehr umfangreich. Aus Grauburgunder, Chardonnay und Neuburger wurde in den letzten Jahren die einzige Cuvée namens »Gustav« komponiert, zu 100 Prozent im Barrique vergoren und gereift. »Gustav 2006« ist ein reinsortiger Neuburger. Daran reihen sich die Süßweine von der Spätlese-Cuvée »Quartett« bis hin zu fruchtbetonten Auslesen aus Weißburgunder und Traminer. Aus diesen beiden Sorten werden immer wieder Beerenauslesen angestrebt. An der Spitze der Weißweinpyramide steht der Ruster Ausbruch, jene edelsüße Spezialität, die dem Weingut Feiler-Artinger bisher die größten internationalen Erfolge gebracht hat. Das Thema Ruster Ausbruch aus dem Hause Feiler-Artinger halbwegs vollständig darzustellen erfordert ein eigenes Buch (das im Moment nur in deutscher Sprache existiert), denn die Palette ist groß und stark jahrgangsabhängig. In einem großen Botrytisjahr wird es stets eine Trilogie der Süße geben: Vom exzellenten, eleganten Basis-Ruster-Ausbruch spannt sich der Bogen über den finessenreichen Ruster Ausbruch »Pinot Cuvée« hin zum Ruster Ausbruch »Essenz«. Internationale Kritiken von »Wine Spectator« bis Robert Parker geben diesen Weinen Punkte in den hohen 90ern. Zuletzt wurden Hans und Kurt Feiler bei der »Wine Challenge« in London zum »Late Harvest Wine Maker of the Year« ernannt.

In Österreich haben sich aber auch die Rotweine einen Platz im Spitzenfeld erobert. Die Cuvée »Solitaire« ist ein fruchtbetonter, eleganter Rotwein, seit dem Jahrgang 1992 wird die sogenannte »1000er-Serie«, eine Cuvée aus Cabernet und Merlot, angeboten. Bei einem Besuch im Burgenland sollten Sie dieses Weingut als Pflichttermin einplanen, nehmen Sie sich aber Zeit dafür.

Neusiedlersee-Hügelland

(90-92) Solitaire 2010 BF
NK/DV, großesHolzfass/Barrique
Dunkles Rubingranat, opaker Kern, violette Reflexe, zarter Wasserrand. Mit zarter Kräuterwürze unterlegte Nuancen von reifen Zwetschken, tabakige Nuancen, schwarze Beerenfrucht, ein Hauch von Orangenzesten. Stoffig, elegante Textur, feine Holzwürze, reife Kirschen im Abgang, salzig-mineralischer Touch im Rückgeschmack, ein vielseitig einsetzbarer Speisenwein.

(90-92) Blaufränkisch Greiner 2009
DV, großes Holzfass, €€€€€
Dunkles, zart unterockertes Rubingranat, dezenter Wasserrand. Rauchig-blättrig unterlegte Herzkirschenfrucht, zart nach Brombeergelee, tabakig, mineralische Nuancen. Saftig, rote Waldbeeren, frisch strukturiert, wirkt leichtfüßig, Nuancen von Weichseln im Abgang, zartes Nougat im Rückgeschmack.

92 Gustav 2010 CH/NB
13,5 Vol.%, DV, Barrique, 1550, extratrocken, €€€
Mittleres Grüngelb. Rauchig unterlegte Kräuterwürze, Nuancen von Grapefruitzesten, nussig, zart nach gelbem Apfel und Orangen. Straff, komplex, zart nach Babybanane, gut eingebundene Holzwürze, bleibt gut haften, mineralischer Nachhall, sicheres Enwticklungspotenzial.

89 Neuburger 2011
13,5 Vol.%, DV, Stahltank, 3450, trocken, €€

98 Ruster Ausbruch Essenz 2007 CH/WR
6,5 Vol.%, NK, 2100, süß, €€€€€
Leuchtendes Goldgelb. Intensiver Honig, zarter Lanolintouch, vollreife Steinobstnoten, facettenreiches Bukett. Ungemein konzentrierte Süße, dabei cremig und elegant, salzige Nuancen, feiner Honig im Nachhall, bleibt minutenlang haften, vollreifer Pfirsich im Rückgeschmack, eine wahre Weinessenz für Jahrhunderte.

95 Ruster Ausbruch Pinot Cuvée 2008 CH/WB/PG
11 Vol.%, DV, 4100, süß, €€€€€
Mittleres Gelbgold. Attraktives Bukett nach Dörrmarillen und kandierten Orangenzesten, ein Hauch von Grapefruitzesten. Stoffig, deutlicher Honigtouch, feines Säuregerüst, Nuancen von Dörrzwetschken, salzige Mineralik, sehr gute Länge, süße Feigen im Nachhall, große Zukunft.

93 Beerenauslese 2010 WB/WR/NB/CH
11 Vol.%, DV, Stahltank, 2000, süß, €€€
Mittleres Gelbgold. Zart rauchig unterlegte gelbe Tropenfrucht, ein Hauch von Dörrobst, Marillen, zarte Kräuterwürze. Komplex, saftig, reife Ananas, Rosinen, feiner Säurebogen, zart nach Biskuit im Abgang, dezentes Nougat im Rückgeschmack, sicheres Entwicklungspotenzial.

★★

WEINGUT GRENZHOF-FIEDLER

7072 Mörbisch/See, Weinzeile 2
T: 02685/82 76, F: DW 4
weingut@grenzhof-fiedler.at
www.grenzhof-fiedler.at

KELLERMEISTER: Bernhard und Gerhard Fiedler
ANSPRECHPARTNER: Bernhard und Elfi Fiedler
ANZAHL/FLASCHEN: k. A. (47 % weiß, 50 % rot, 3 % süß) HEKTAR: 10
VERKOSTUNG: ja, gegen Voranmeldung AB-HOF-VERKAUF: ja
VEREINSZUGEHÖRIGKEIT: Leithaberg
MESSEN: VieVinum

Neusiedlersee-Hügelland

Bernhard Fiedler bringt im elterlichen Weingut Grenzhof-Fiedler von Jahr zu Jahr neue Ideen ein. Der Weinakademiker, der auch als Vortragender an der Weinakademie tätig ist, versucht dabei, auf die Besonderheiten der Region einzugehen und Tradition und Moderne zu verbinden. Auf zehn Hektar Rebfläche an den nach Osten ausgerichteten Hängen rund um Mörbisch gedeihen auf abwechslungsreichen Böden elegante trockene Weißweine und charaktervolle Rotweine. In manchen Jahren wird das Sortiment durch edle Süßweine ergänzt.

Pinot Blanc, Chardonnay und Muskat Ottonel sind die Schwerpunkte beim Weißwein, Blaufränkisch, Zweigelt und Cabernet Sauvignon beim Rotwein. Bernhard Fiedler pflegt einen eleganten, ausgewogenen Stil, allzu markanter Barriqueeinsatz ist nicht seine Sache. Seit dem Jahr 2010 ist der Winzer Mitglied der Gruppe »Leithaberg« und stellt mit seinem roten Leithaberg DAC aus der Sorte Blaufränkisch das Potenzial der Mörbischer Rieden unter Beweis.

Bernhard Fiedler gilt als einer der aktivsten Weblog-Betreiber unter den österreichischen Winzern. Auf www.bernhard-fiedler.at gibt es laufend Neues und Wissenswertes aus der Welt des Weins im Allgemeinen und vom eigenen Weingut im Speziellen zu lesen.

92 Leithaberg DAC rot 2009
13,5 Vol.%, DV, Teilbarrique, extratrocken, €€€€
Dunkles Rubingranat, violette Reflexe, Wasserrand. Tabakig unterlegtes dunkles Waldbeerkonfit, frische Orangenzesten, Kirschen klingen an, facettenreiches Bukett. Elegant, gute Komplexität, feine Frucht, gute Tannine, feine Extraktsüße, bleibt gut haften, ein finessenreicher Speisenbegleiter mit gutem Reifepotenzial.

91 Cabernet Sauvignon 2009
13,5 Vol.%, NK, Barrique, extratrocken, €€€€
Kräftiges Rubingranat, zarte violette Reflexe, breitere Randaufhellung. Mit dunkler Mineralik unterlegte schwarze Beerenfrucht, nach Cassis und Lakritze, zarte balsamische Nuancen, frische Orangenzesten. Saftig, frische Herzkirschen, feine Tannine, lebendiger Säurebogen, schwarze Frucht im Abgang, salziger Nachhall.

89 Blaufränkisch 2010
13 Vol.%, DV, großes Holzfass, extratrocken, €€

(87–89) Chardonnay Duett 2011
13,5 Vol.%, DV, Teilbarrique, extratrocken, €€

(86–88) Pinot Blanc 2011
13 Vol.%, DV, Stahltank, extratrocken, €€

(87–89) Süße Auslese 2011 WB/TR
10,5 Vol.%, DV, Stahltank, süß, €€

WEINGUT ALFRED FISCHER

7023 Stöttera, Rosenthalgasse 2–6
T: 02626/52 38, F: DW 83
weingut@alfredfischer.com
www.alfredfischer.com

KELLERMEISTER: Thomas Fischer ANSPRECHPARTNER: KR Alfred Fischer
ANZAHL/FLASCHEN: k. A. (40 % weiß, 55 % rot, 5 % süß) HEKTAR: 12
VERKOSTUNG: ja, gegen Voranmeldung AB-HOF-VERKAUF: ja
ÜBERNACHTUNGSMÖGLICHKEIT: kann organisiert werden
VEREINSZUGEHÖRIGKEIT: Vinum Rosalia
MESSEN: ProWein, VieVinum, Vinexpo, Vinitaly

Der Familienbetrieb Alfred Fischer ist im Burgenland von großer Bedeutung. Gegründet wurde das Weingut im Jahr 1931 und seitdem ständig erweitert. Bewirtschaftet werden zwölf Hektar in den besten Lagen von Pöttelsdorf, einem seit jeher bekannten Weinort im Herzen des Wulkatals.

Die Sorten Blaufränkisch, Blauer Zweigelt, Merlot, Pinot Noir und Cabernet Sauvignon stehen im Ertrag. Beim Weißwein konzentriert man sich auf die Sorten Grüner Veltliner, Welschriesling und Pinot Blanc. Selbstverständlich sieht man sich hier auch der Süßweintradition verpflichtet. Zugekauft werden ausschließlich Trauben höchster Qualität von ausgesuchten Traubenproduzenten rund um den Neusiedler See. Qualität ist oberstes Gebot. Dass diese Betriebsphilosophie eingehalten wird, zeigen die vielen Auszeichnungen, die das Weingut im In- und Ausland erhält.

90 Blaufränkisch Barrique 2009
13 Vol.%, NK, 1250, extratrocken
Kräftiges Rubingranat, violette Reflexe, zarte Randaufhellung. Reife Herzkirschen, mit dunklem Beerenkonfit unterlegt, zarte Kräuterwürze. Saftig, angenehmes Brombeerkonfit, gut integrierte Tannine, schokoladiger Touch im Abgang, feinwürziger Nachhall, ein guter Essensbegleiter mit Zukunftspotenzial.

88 Blaufränkisch 2010
13 Vol.%, NK, 2700, extratrocken

(87–89) Zweigelt 2010
13 Vol.%, DV, 10.000, extratrocken

89 Pinot Blanc 2011
13 Vol.%, DV, Stahltank, 8200, extratrocken, €

88 Grüner Veltliner 2011
11,5 Vol.%, DV, Stahltank, 15.000, extratrocken, €

87 Welschriesling 2011
11,5 Vol.%, DV, Stahltank, 6000, extratrocken, €

★★
WEINMANUFAKTUR FOLLNER
7071 Rust
T: 0664/73 47 27 70
office@follner.com
www.follner.com

KELLERMEISTER: Kurt Feiler
ANSPRECHPARTNER: Dr. Ludwig und Dagmar Follner
ANBAUWEISE: derzeit in Umstellung auf Bio
ANZAHL/FLASCHEN: 6000 (100 % rot) HEKTAR: 2,5
VERKOSTUNG: ja, gegen Voranmeldung
AB-HOF-VERKAUF: ja
MESSEN: VieVinum

Neusiedlersee-Hügelland

Das Ehepaar Dagmar und Dr. Ludwig Follner startete nach jahrelangen Vorplanungen und mit Unterstützung von Kurt Feiler 2006 in Rust seine Winzerlaufbahn. Weine mit eigenständigem Charakter, die gebiets- und jahrgangstypische Merkmale erkennen lassen, komplex und herausfordernd sind und natürlich Freude bereiten sollen, das ist ihr Ziel. Mit ihrem ersten Jahrgang 2006 haben sie das auch erreicht.

Der 100-Prozent-Blaufränkisch »Freude pur« und die Cuvée »Leidenschaft pur« reihen sich bei den besten Rotweinen des Landes ein. Mit dem Jahrgang 2008 haben sie nun noch einen dritten Wein im Sortiment, der ihren Nachnamen trägt und ein reinsortiger Merlot ist. Ihr Credo: Ausdrucksstärke und Qualität entsteht nur im Weingarten. Größte Aufmerksamkeit wird daher auf die sorgfältige Betreuung der Rebstöcke während des ganzen Jahres gelegt. Strenge Ertragskontrolle und rigorose Selektion sind dafür unerlässlich. Nur gesunde und reife Trauben – von Hand geerntet – gelangen bei ihnen in den Keller. Und hier haben sie mit Kurt Feiler einen Spitzenönologen als Kellermeister, der mit ihnen das Produkt zur Reife bringt.

94 Leidenschaft pur 2009 CS/ME/BF/CF
14 Vol.%, NK, Barrique, 1500, extratrocken, €€€€€
Kräftiges Rubingranat, dunkler Farbkern, violette Reflexe, zarter Wasserrand. Einladendes dunkles Beerenkonfit, feine balsamische Nuancen, rauchige Mineralik. Stoffig, gute Komplexität, schwarze Frucht, feine Tannine, die sehr gut integriert sind, bleibt lange haften, extraktsüßer Nachhall, ein hocheleganter Speisenbegleiter, feine Würze im Finish, sicheres Reifepotenzial.

93 Follner pur 2009 ME
14 Vol.%, NK, Barrique, 1500, extratrocken, €€€€€
Kräftiges Rubingranat, dunkler Farbkern, violette Reflexe, zarter Wasserrand. Zarte vegetale Würze, dunkles Waldbeerenkonfit, ein Hauch von Kokos und Nougat, tabakiger Touch. Saftig, elegant, reife Herzkirschen, gut eingebundene Tannine, die noch eine Spur fordernd wirken, wird von weiterer Flaschenreife profitieren, gute Länge.

93 Freude pur 2009 BF
13,5 Vol.%, NK, Barrique, 1200, extratrocken, €€€€€
Dunkles Rubingranat, violette Reflexe, dezenter Wasserrand. Mit feiner Kräuterwürze unterlegtes dunkles Beerenkonfit, tabakig-balsamische Nuancen, facettenreiches Bukett. Stoffig, elegante Textur, feine Tannine, saftiges schwarzes Beerenkonfit, zartes Nougatkaramell im Nachhall, seidig, frisch und lange anhaltend, bereits antrinkbar, aber auch mit sicherem Reifepotenzial ausgestattet.

91 Das kleine Glück 2009 ME/CS/BF
14 Vol.%, NK, 1200, extratrocken, €€€€€
Kräftiges Rubingranat, zarte violette Reflexe, breitere Randaufhellung. Zart mit Nougat unterlegte reife Kirschenfrucht, ein Hauch von Kräuterwürze, Orangenzesten, facettenreich. Gute Komplexität, dunkle Beerenfrucht, präsente Tannine, frisch strukturiert, zart schokoladiger Touch, mineralischer Nachhall, ein vielseitiger Speisenbegleiter.

Neusiedlersee-Hügelland

★★

WEINGUT GIEFING

7071 Rust, Hauptstraße 13
T: 02685/379
giefing@wein-rust.at
www.wein-rust.at

KELLERMEISTER: Claudia Giefing
ANSPRECHPARTNER: Erich und Claudia Giefing
ANZAHL/FLASCHEN: k. A. (10 % weiß, 85 % rot, 5 % süß) HEKTAR: 14
VERKOSTUNG: ja AB-HOF-VERKAUF: ja
ANDERE PRODUKTE IM VERKAUF: edelsaurer Trinkessig (Chardonnay), Sekt
VEREINSZUGEHÖRIGKEIT: Cercle Ruster Ausbruch
MESSEN: VieVinum, ProWein

In einem 500 Jahre alten Weinbauernhaus in der Hauptstraße 13 wurde der Grundstein zum Weingut Giefing gelegt. Der Freihof stammt aus dem 15. Jahrhundert und ist ein Weltkulturerbe. Die Winzerfamilie setzt ihr Hauptaugenmerk auf die Ruster Trilogie: fruchtige Weißweine, extraktreiche Rotweine und natürlich den Ruster Ausbruch.

Jeder Rebstock des vierzehn Hektar großen Weinguts wird mehrmals jährlich kontrolliert, um ihn in die gewünschte Richtung zu lenken. Es werden Triebe ausgebrochen und überzählige Trauben entfernt, um ein Maximum an physiologischer Reife zu erlangen. Erich und Claudia Giefing arbeiten streng nach den Regeln der »kontrollierten integrierten Produktion«. Auf den sanft ansteigenden Hängen des Ruster Hügellandes gedeiht zu 50 Prozent die Sorte Blaufränkisch – die ältesten Rebstöcke sind über 60 Jahre alt –, weitere 45 Prozent setzen sich vorwiegend aus Zweigelt, Pinot Noir, Shiraz, Cabernet Sauvignon, Chardonnay, Grünem Veltliner und Furmint zusammen.

Die Top-Linie wird ausschließlich in außerordentlich guten Jahren produziert. 1997 wurde zum ersten Mal das Flaggschiff, der »Cardinal«, kreiert. Die Jahre darauf folgten der reinsortige Pinot Noir »Cavallo«, Blaufränkisch »Reserve«, »Marco Polo«, eine Cuvée aus Syrah, Merlot und Cabernet Sauvignon, und »Contessa«, ein reinsortiger Chardonnay, zu 100 Prozent in neuen Barriques ausgebaut. Erich und Claudia Giefing haben sich mit der Unverwechselbarkeit ihrer Weine und der kleinen, aber feinen Betriebsstruktur eine hohe Wertschätzung im In- und Ausland erarbeitet.

94 Blaufränkisch Reserve 2009
13,5 Vol.%, NK, Barrique, 4000, extratrocken, €€€€€
Dunkles Rubingranat, opaker Kern, violette Reflexe. Attraktives dunkles Beerenkonfit, zart nach Brombeeren, ein Hauch von Kräutern, feiner Edelholztouch. Saftig, elegant, extraktsüße Textur, feine Tannine, schokoladiger Schmelz im Abgang, bleibt sehr gut haften, ein feiner Speisenbegleiter mit Reifepotenzial.

92 St. Laurent Reserve 2008
13 Vol.%, NK, Barrique, 2000, extratrocken, €€€€€
Kräftiges Karmingranat, violette Reflexe, zart aufgehellte Ränder. Süße rote Waldbeeren, reife Herzkirschen, zarter Honigtouch. Saftig, feine florale Nuancen, reife Kirschfrucht, präsente, gut integrierte Tannine, rotbeeriger Nachhall, würzig, zarter Nougattouch im Rückgeschmack.

90 Zweigelt Reserve 2009
13 Vol.%, NK, Barrique, 4000, extratrocken, €€€
Leuchtendes Rubingranat, violette Reflexe. Einladende Zwetschkenfrucht, mit feinem Edelholztouch unterlegt, ein Hauch von Erdbeerkonfit. Saftig, extraktsüß, reife dunkle Beerenfrucht, feine Tannine, bleibt gut haften, ein ausgewogener Speisenbegleiter.

89 Pinot Noir Cavallo 2007
13,5 Vol.%, NK, Barrique, 2000, extratrocken, €€€€€

88 Blaufränkisch Umriss 2010
12,5 Vol.%, DV, großes Holzfass, 5000, extratrocken, €€

89 Chardonnay Contessa 2007
13 Vol.%, NK, Barrique, 2000, trocken, €€€€

WEINGUT GMEINER

7083 Purbach, Angergasse 13
T: 02683/52 77, F: 02683/300 65
mail@weingut-gmeiner.at
www.weingut-gmeiner.at

KELLERMEISTER: Bertl und Robert Gmeiner
ANSPRECHPARTNER: Bertl Gmeiner
ANZAHL/FLASCHEN: k. A. (30 % weiß, 70 % rot) HEKTAR: 20
VERKOSTUNG: ja, gegen Voranmeldung Ab-Hof-Verkauf: ja
ÜBERNACHTUNGSMÖGLICHKEIT: ja
ANDERE PRODUKTE IM VERKAUF: Destillate
VEREINSZUGEHÖRIGKEIT: Leithaberg MESSEN: VieVinum, ProWein

Neusiedlersee-Hügelland

Die Qualität beginnt im Weingarten, da sind sich die Gmeiners einig. Auf rund 20 Hektar bester Purbacher Rieden werden Welschriesling, Sauvignon Blanc und Chardonnay, aber vor allem die Rotweinsorten Zweigelt, Blaufränkisch, Pinot Noir, Cabernet Sauvignon, Merlot und auch Syrah kultiviert. Für die Verarbeitung des Leseguts finden nur beste Gärsysteme Verwendung.

Die Familie versucht, ein ganz persönliches Rezept zu verwirklichen: Weine, die ihren österreichischen Ursprung nicht verleugnen können, aber auch international alle Trümpfe parat haben – Weine also, die einerseits jugendlich-charmant sind, andererseits aber ihre wahre Größe erst mit den Jahren zeigen. Besondere Vorliebe hegt Bertl Gmeiner für die Burgundersorten.

Im Jahr 2002 wurden ein besonderer Verkostungsraum (man hat dabei einen alten Baum umbaut, um ihn nicht fällen zu müssen) und eine neue Verarbeitungsstätte errichtet, wo der Kellermeister gemeinsam mit seinem Sohn bei klassischer Musik wie im Konzerthaus die Weine bereitet – ein harmonisches Weinerlebnis. Das Weingut Gmeiner ist Mitglied der Gruppe »Leithaberg«.

91 Syrah 2009
14 Vol.%, NK, Barrique, €€€€
Dunkles Rubingranat, tiefer Farbkern, violette Reflexe, zarte Randaufhellung. Feine Kräuterwürze, schwarze Beeren, ein Hauch von Oliven, mit tabakigen Nuancen unterlegt. Kraftvoll, zarte Selchnoten, dunkle Waldbeeren, extraktsüßer Abgang, blättrige Würze und etwas Bitterschoko im Nachhall, ein komplexer Speisenbegleiter.

91 Blaufränkisch Antiquum 2009
13,5 Vol.%, NK, Barrique, €€€
Dunkles Rubingranat, tiefer Farbkern, violette Reflexe, zarte Randaufhellung. Mit zartem Nougat unterlegtes Brombeerkonfit, feine Zwetschkenfrucht, angenehme Kräuterwürze. Saftig, feine Röstaromen, dunkles Beerenkonfit, gut integrierte Tannine, schokoladiger Nachhall, ein würziger, harmonischer Speisenbegleiter.

89 Merlot Ried Heide 2009
14,5 Vol.%, NK, Barrique, €€€

89 Cabernet Sauvignon 2009
14 Vol.%, NK, Barrique, €€€

89 Leithaberg DAC weiß 2010 CH
13 Vol.%, DV, großes Holzfass, €€€

89 Sauvignon Blanc Classic 2011
13,5 Vol.%, DV, Stahltank, €€

Neusiedlersee-Hügelland

★★

GUT OGGAU – FAMILIE TSCHEPPE-ESELBÖCK

7063 Oggau, Hauptstraße 31
T: 0664/206 92 98, F: 02685/479 48
office@gutoggau.com
www.gutoggau.com

— BIO —

KELLERMEISTER: Eduard Tscheppe
ANSPRECHPARTNER: Stephanie Tscheppe-Eselböck
ANZAHL/FLASCHEN: 25.000 (45 % weiß, 50 % rot, 5 % süß) HEKTAR: 13
VERKOSTUNG: ja, gegen Voranmeldung AB-HOF-VERKAUF: ja
HEURIGER: 7. 4. bis 2. 9. Do. bis So. 11–22 Uhr, 7. bis 30. 9. Fr. bis So. 11–22 Uhr
ÜBERNACHTUNGSMÖGLICHKEIT: kann organisiert werden
VEREINSZUGEHÖRIGKEIT: Demeter MESSEN: ProWein

Die Marktgemeinde Oggau am Neusiedler See ist ein Weinbauort von bekannt hoher Qualität mit einer Tradition, die bis in die frühe Römerzeit zurückreicht und sie zur ältesten Rotweingemeinde Österreichs macht. Auch das Gut Oggau blickt zurück auf ein langes Bestehen, das jetzt von Eduard Tscheppe und Stephanie Tscheppe-Eselböck in modernem Sinne fortgeführt wird. Der biologisch-dynamische Weinbau und die Konzentration auf das Wesentliche führen zu einem sehr straffen Sortiment an regionaltypischen und authentischen Weinen. Qualität, Tradition, Innovation und Charakter sind die Grundsätze, die ihre Arbeit bestimmen.

Dank seiner langjährigen Erfahrung im Weinbau und als Mitglied des Demeter-Bundes weiß Eduard Tscheppe besonders um die Bedeutung des biologisch-dynamischen Anbaus und setzt gemeinsam mit seiner Frau diese Philosophie im Gut Oggau um – konsequent und auf das Wesentliche konzentriert. Angestrebt wird eine natürliche Balance des Rebstocks in Verbindung mit maximal schonender Weinbereitung. Dadurch kann die volle Kraft der Weingärten genutzt werden und die Weine können im Keller in Ruhe ihre Wirkung entfalten. Rund 30 unterschiedliche Parzellen, die in der Umgebung von Oggau und in Purbach liegen, werden bewirtschaftet. Das Sortiment teilt sich je zu einer Hälfte in Weiß- und Rotwein, alle Weine haben dabei ihre eigene Persönlichkeit und werden so Mitglieder in einem Stammbaum, der sich in eine Jugend-, Eltern- und Großelterngeneration aufteilt.

Eduard Tscheppe fängt mit dieser Gliederung die Komplexität der Weine ein, die durch das Alter der Weinstöcke geprägt wird. Besonderes Augenmerk wird zudem auf Ursprünglichkeit und Authentizität gelegt. So werden die Weine »Mechthild« und »Bertholdi« ganz auf traditionelle Weise von Hand in einer alten Baumpresse gekeltert. Die hohe Sorgfalt und Mühe im gesamten Herstellungsprozess werden letztlich belohnt durch die hohe Qualität und den unverwechselbaren Charakter der gewonnenen Weine. Eine überaus spannende Dynastie, die ein näheres Kennenlernen immer lohnt.

Die Fachwelt hat die Weine von Gut Oggau schon entdeckt und weiß sie zu schätzen. Die Jury des deutschen Gourmetmagazins »Der Feinschmecker« setzte den »Joschuari« 2007 bei einer Blaufränkisch-Probe auf Platz eins. Besuchenswert ist der Heurigenbetrieb in diesem liebevoll restaurierten Gutshof, der sich auch für geschlossene Veranstaltungen anbietet. Das Gut Oggau zählt jedenfalls zu den erfreulichsten Neuerscheinungen auf dem dynamischen österreichischen Weinmarkt.

93 Traminer Emmeram 2010
13 Vol.%, NK, großes Holzfass, €€€€
Mittleres, leuchtendes Gelbgrün. Sehr feine Eibischteignuancen, feines Rosenöl, angenehme ätherische Noten, weiße Tropenfrucht, sehr attraktives Bukett. Knackig, vollkommen trocken durchgegoren, mineralisch, mit zarter gelber Frucht unterlegt, seidige, feine Textur, zarte salzige Nuancen, feine Kräuterwürze im Nachhall.

92 Timotheus 2010 GV/WB
12,5 Vol.%, NK, großes Holzfass, €€€€
Mittleres Grüngelb. Mit feiner Kräuterwürze unterlegte gelbe Tropenfrucht, feiner Blütenhonig, ein Hauch von Aka-

zien. Stoffig, gute Komplexität, feine seidige Textur, angenehme Extraktsüße, bleibt gut haften, feiner mineralischer Biss, zeigt bereits eine gute Länge, sehr trinkanimierender Stil, gastronomisch gut einsetzbar.

L 91 Theodora 2011 GV/WR
12 Vol.%, DV, großes Holzfass, €€€
Helles Grüngelb. In der Nase feine frische Birnenfrucht, feine tabakig unterlegte Kräuterwürze, zart nussiger Touch. Straff, gute Komplexität, zart rauchig, feine, gut integrierte Säurestruktur, bleibt gut anhaften, ein eleganter Speisenbegleiter, trotz seiner Leichtigkeit mit guter Substanz ausgestattet.

90 Winifred Rosé 2011 BF/ZW
12 Vol.%, DV, großes Holzfass, €€€
Helles Pink mit Orangereflexen. Feine rote Waldbeerfrucht, ein Hauch von Karamell, kandierte Orangenzesten. Elegant, feine Nuancen von Erdbeeren, ausgewogen und frisch, angenehmer Orangentouch im Nachhall.

92 Blaufränkisch Joschuari 2009
13 Vol.%, NK, großes Holzfass, €€€€
Mittleres Rubingranat, zarte Randaufhellung, dezenter Wasserrand. Feine Nuancen von Herzkirschen, angenehmes rotes Waldbeerkonfit, feine tabakige Würze, zart nach Orangenzesten. Saftig, feine Frucht, präsentes, gut integriertes Tannin, angenehmer Säurebogen, mineralisch-salzig im Nachhall, frische Weichselfrucht und etwas Zitrone im Rückgeschmack, bleibt gut haften.

90 Atanasius 2010 ZW/BF
12 Vol.%, DV, großes Holzfass, €€€
Leuchtendes Rubingranat, violette Reflexe, breiter Wasserrand. Feinwürzig unterlegte Zwetschkenfrucht, feine Kräuterwürze, attraktives Bukett. Saftig, feine dunkle Beerenfrucht, reife, runde Tannine, vermittelt eine gute Frische, angenehme Weichselnote im Abgang.

Neusiedlersee-Hügelland

HAMMER WEIN RUST

7071 Rust, Hauptstraße 9
T: 02685/231
info@hammerwein.at
www.hammerwein.at

KELLERMEISTER: Ing. Hermann Hammer
ANSPRECHPARTNER: Eleonore und Ing. Hermann Hammer
ANZAHL/FLASCHEN: k. A. (75 % weiß, 15 % rot, 10 % süß) HEKTAR: 6
VERKOSTUNG: ja, gegen Voranmeldung AB-HOF-VERKAUF: ja
ÜBERNACHTUNGSMÖGLICHKEIT: ja

Viele Wege führen zum Wein: Hermann Hammer bereiste als Berufsfotograf die Welt, bevor er Mitte der Siebzigerjahre nach Österreich zurückkehrte, wo er nach seiner Heirat mit Eleonore in das Elektrounternehmen der Schwiegereltern in Rust einstieg. Er kümmerte sich auch um die Weingärten von Eleonores Eltern, baute jedoch Wein nur als Hobby an.

1989 kommt es zur Initialzündung: Nach dem Verkosten eines großen Weins beschließen die Hammers, in Zukunft mehr als nur Wein zu machen. Sie beginnen, ihre Rebfläche konsequent zu erweitern, und seit 1994 widmen sie sich ausschließlich dem Weinbau. Bald stellen sich die ersten motivierenden Erfolge ein.

Heute gehört Hermann Hammer bereits zum Ruster Establishment. Im modernst ausgestatteten Keller entsteht, typisch für Rust, eine schier unglaubliche Sorten- und Kategorienvielfalt. Die Familie Hammer stellt trockene Weiß- und Rotweine her und zählt zu den besten Erzeugern des gesuchten süßen Ruster Ausbruchs, der hier aus vielen Sorten gekeltert wird. Seit dem Jahr 2000 versucht die Familie, die Weißweine des Hauses dem biologischen Säureabbau zu unterziehen und trotzdem die Eleganz und Spritzigkeit ihrer Weine zu bewahren. Der Applaus der ständig steigenden Kundenzahl und die Bewertungen der nationalen und internationalen Fachjurys bestätigen ihren Weg.

92 Merlot 2008
14 Vol.%, DV, Barrique, 1200, extratrocken, €€€€€
Kräftiges, gut gedecktes Rubingranat, violette Reflexe. Mit feiner Edelholzwürze unterlegtes dunkles Beerenkonfit, zarte Nuancen von Brombeeren, ein Hauch von Kräutern. Saftig, elegant, extraktsüße Frucht, feine Tannine, rotbeerige Fruchtnoten im Abgang, zart nach Nougat und Röstaromen im Nachhall, sehr balancierter Speisenbegleiter, gutes Entwicklungspotenzial.

89 Blaufränkisch Vogelsang 2009
13,5 Vol.%, DV, Barrique, 3600, extratrocken, €€

89 Sauvignon Blanc Ludmaisch 2011
13 Vol.%, DV, Stahltank, 3600, €€

89 Gelber Muskateller 2011
11,5 Vol.%, DV, Stahltank, 1800, extratrocken, €€

87 Welschriesling Vogelsang 2011
11,5 Vol.%, DV, Stahltank, 4000, extratrocken, €€

94 Welschriesling TBA 2007
5,5 Vol.%, DV, Barrique, 600, süß
Bernstein mit Goldreflexen. Mit zarten ätherischen Nuancen unterlegte intensive Dörrobstnote, kandierte Grapefruitzesten, Kräuterwürze. Eine süße Essenz, ölige Textur, Nuancen von Orangen, stoffig und lange anhaltend, viel Honig im Abgang, sehr großes Reifepotenzial.

★★★
WEINGUT TONI HARTL

2440 Reisenberg, Florianigasse 7
T: 02234/806 36-0 F: DW 4
wine@toni-hartl.at
www.toni-hartl.at

— BIO —

KELLERMEISTER UND ANSPRECHPARTNER: Toni Hartl
ANZAHL/FLASCHEN: k. A. (25 % weiß, 72 % rot, 3 % süß) HEKTAR: 23
VERKOSTUNG: ja, gegen Voranmeldung AB-HOF-VERKAUF: ja
ÜBERNACHTUNGSMÖGLICHKEIT: ja
VEREINSZUGEHÖRIGKEIT: Leithaberg
MESSEN: VieVinum, ProWein, Hamburger Wein Salon

Neusiedlersee-Hügelland

Ein Drittel der Weingärten von Toni Hartl liegt in Reisenberg, das zur Thermenregion gehört, zwei Drittel liegen in Purbach im burgenländischen Neusiedlersee-Hügelland. Ein Viertel der Rebsorten ist weiß, der weitaus größere Anteil ist mit verschiedensten roten Sorten bestockt. Das Wissen über die unterschiedlichsten Klimaverhältnisse und die Vielfalt der Weingartenböden in Reisenberg und Purbach ermöglichen es, jeder Weinsorte den optimalen Platz zum Gedeihen zukommen zu lassen. Den jeweiligen Gebietstypus und die Eigenständigkeit herauszuarbeiten ist ein wesentliches Ziel der Vinifikation.

Neu im Sortiment von Toni Hartl ist ein Reserve-Pinot-Noir aus der Lage Zwergsberg in Reisenberg, die sich durch ihren hohen Kalkgehalt auszeichnet und auf der alte Rebstöcke stehen. Dieser Wein kommt erst nach dreijähriger Lagerung und nur in außergewöhnlich guten Jahren auf den Markt. Zum Reserve-Bereich zählt auch der Blaufränkisch »Eisner«, der, wie sein Name verrät, von Reben einer eisenhaltigen Top-Lage am Leithagebirge stammt.

Die Böden im optimalen Zusammenspiel mit dem jeweiligen Mikroklima bilden die Grundlage, um gebietstypische, physiologisch vollreife, klare und ausdrucksstarke Weine zu keltern. Unter dem Leitspruch »Es ist alles nur geliehen« wird nach neuesten ökologischen Erkenntnissen gearbeitet. Um das biologisch-organische Gleichgewicht zu erhalten, wird auf schonende Bodenpflege und gezielte Erhaltung der Nützlinge geachtet. Das Weingut ist seit 2010 biozertifiziert und Gründungsmitglied der Vereinigung Leithaberg.

93 Leithaberg DAC rot Rosenberg 2009
13 Vol.%, NK, großes Holzfass, €€€€€
Kräftiges, dunkles Rubingranat, violette Reflexe, breitere Randaufhellung. Zart tabakig-mineralisch unterlegte dunkle Beerenfrucht, Nuancen von Orangenkonfit, angenehme Kräuterwürze, ein Hauch von Graphit. Saftig, frisches rotbeeriges Waldfrüchtekompott, feine, bereits gut eingebundene Tannine, mineralisch auch im Nachhall, zart nach Weichseln und Johannisbeeren, angenehme Extraktsüße, frisch und trinkanimierend.

92 Cabernet Franc 2009
13,5 %, NK, Barrique, €€€€€
Dunkles Rubingranat, violette Reflexe. Mit feiner Edelholzwürze unterlegte dunkle Beerenfrucht, zarter Nougat. Saftig, elegant, sehr harmonisch, feiner schokoladiger Touch, bleibt gut haften, ein sehr guter Speisenbegleiter, sicheres Reifepotenzial.

(91-93) Pinot Noir Goldberg 2010
13 Vol.%, NK, Barrique, €€€€
Mittleres Granatrot, breiter Ockerrand. Feine florale Nuancen, ein Hauch von Hibiskus und Himbeeren, zart nach Mandarinenzesten, attraktives Bukett. Elegant, extraktsüßes, angenehmes rotes Waldbeerkonfit, gut integrierte Holzwürze, frisch und gut anhaltend, schokoladiger Touch im Finale.

(89-91) Blaufränkisch Edelgraben 2010
13 Vol.%, NK, Barrique, €€€€
Dunkles Rubingranat, violette Reflexe, zarter Wasserrand. Reife Zwetschken, mit feiner Kräuternote unterlegt, schwarze Beeren, dezente tabakige Nuancen. Mittlere Komplexität, frische Weichselfrucht, mineralisch und trinkanimierend, Brombeerkonfit im Nachhall.

Neusiedlersee-Hügelland

91 Leithaberg DAC weiß 2010 CH
13 Vol.%, NK, großes Holzfass, €€€
Helles Gelbgrün. Zart nussig unterlegte gelbe Apfelfrucht, zart nach Kräuterwürze, mineralische Akzente, ein Hauch von Blütenhonig. Knackig, komplex, feine gelbe Frucht, lebendige Säurestruktur, extraktsüßer Nachhall, bleibt gut haften, ein vielseitiger Speisenbegleiter.

WEINGUT JBN – JÄGERSBERGER

7201 Neudörfl, Sankt-Nikolaus-Gasse 9
T: 0664/538 06 90 F: 02622/771 16
office@weingut-jbn.at
www.weingut-jbn.com

KELLERMEISTER: Dietmar und Marcus Kaiser
ANSPRECHPARTNER: Franz Jägersberger
ANZAHL/FLASCHEN: 10.000 (95 % rot, 5 % süß) HEKTAR: 7
VERKOSTUNG: ja, gegen Voranmeldung AB-HOF-VERKAUF: ja
VEREINSZUGEHÖRIGKEIT: Vinum Rosalia
MESSEN: ProWein, The London International Wine & Spirits Fair

Neusiedlersee-Hügelland

Das in der Region Rosalia ansässige Weingut JbN hat mit seinen innovativen »Weinen aus eingetrockneten Trauben« eine völlig neue Ära eingeläutet: Diese positionieren sich als eigenständige Nischenprodukte zwischen Amarone und Port – ein Marktsegment, das vor allem in qualitativer Hinsicht weltweit bisher als unbesetzt gegolten hat. Neben den Spitzenplatzierungen im letztjährigen Falstaff Weinguide 2011 konnten die beiden Rosolos sowie der süße Rosalito zahlreiche nationale und internationale Weinjuroren begeistern. So wurde der Rosolo »Senza Rancor« 2009 im September 2011 in Hong Kong im Rahmen der »China Wine Awards« mit dem besonders begehrten Doppel-Gold prämiert; sein stärkerer »Bruder«, der Rosolo »Babbino Caro« 2009, konnte im Februar 2012 als einer von wenigen Weinen »Großes Berliner Gold« erringen. Auch mit dem Jahrgang 2010 wurde der erfolgreich eingeschlagene Weg konsequent fortgesetzt. Nicht nur deswegen wird das von Franz Jägersberger geführte Weingut JbN nicht mehr lange unter Insidern als absoluter Geheimtipp der österreichischen Weinszene gehandelt werden.

(92–94) Rosalito 2010 BF/CS
14 Vol.%, NK, Barrique, 2500, süß, €€€€€€
Leicht gebräuntes dunkles Granatrot, opaker Farbkern. Intensiv nach Dörrobst und Zwetschkenkrampus, mit dunklem Nougat unterlegt, süße Feigen und Honig klingen an. Stoffig, süß und kraftvoll, von einer lebendigen Säure getragen, feine Gerbstoffe, Dörrzwetschken auch im Nachhall, Nougat und Honig im Rückgeschmack, besitzt eine beträchtliche Länge.

(91–93) Rosolo Babbino Caro 2010 ZW
18 Vol.%, NK, Barrique, 5000, lieblich, €€€€€€
Tiefdunkles Rubingranat, opaker Kern, zarter Wasserrand. Intensive Kräuterwürze, tabakige Nuancen, feuchtes Unterholz, mit Dörrzwetschken unterlegt. Stoffig, süß, komplexe Textur, kraftvoll, angenehme Extraktsüße, präsente Tannine, die dem Wein Struktur geben, ein schokoladig-konzentriertes Trinkerlebnis der besonderen Art.

Neusiedlersee-Hügelland

★★★
WEINGUT KLOSTER AM SPITZ

7083 Purbach, Waldsiedlung 2
T: 0676/960 88 75, F: 02683/55 19 23
weingut@klosteramspitz.at
www.klosteramspitz.at

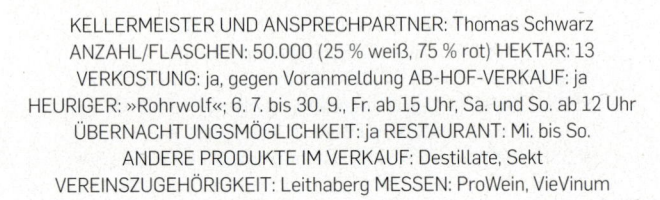

BIO

KELLERMEISTER UND ANSPRECHPARTNER: Thomas Schwarz
ANZAHL/FLASCHEN: 50.000 (25 % weiß, 75 % rot) **HEKTAR:** 13
VERKOSTUNG: ja, gegen Voranmeldung **AB-HOF-VERKAUF:** ja
HEURIGER: »Rohrwolf«; 6. 7. bis 30. 9., Fr. ab 15 Uhr, Sa. und So. ab 12 Uhr
ÜBERNACHTUNGSMÖGLICHKEIT: ja **RESTAURANT:** Mi. bis So.
ANDERE PRODUKTE IM VERKAUF: Destillate, Sekt
VEREINSZUGEHÖRIGKEIT: Leithaberg **MESSEN:** ProWein, VieVinum

Das Weingut von Thomas Schwarz ist modern gestaltet, mit viel Holz und riesigen Glaswänden. Im Winter, wenn die Bäume keine Blätter tragen, sieht er in der Ferne sogar ein kleines Stück des Neusiedler Sees. Er nennt es liebevoll sein »Baumhaus«. Es ist seine Kommandozentrale, sein bevorzugter Zufluchtsort. Dort kommen ihm die besten Ideen, von dort genießt er den freien Blick in die Natur. Im Sommer hingegen ist er von Grün umgeben. Dann ist es wirklich ein Baumhaus – inmitten einer malerischen Anhöhe, direkt über der burgenländischen Stadt Purbach gelegen.

Thomas Schwarz ist einer jener jungen Winzer, die in vielerlei Hinsicht andere Wege gehen. Bereits im Jahr 2005 hat er begonnen, auf organisch-biologische Arbeitsweise umzustellen. So sind es auch keine allzu modischen Weine, die Schwarz erzeugt, keine vom Barrique dominierten Kraftpakete oder gefällige Schmeichler, sondern Weine, die sich durch ihre klare, frische Frucht und ungeschminkte Mineralik auszeichnen. Finesse und Terroir-Ausdruck sind ihm wichtiger als beliebiger und verkaufsorientierter Mainstreamgeschmack. Ebenfalls 2005 hat Schwarz das Weingut von seinen Eltern übernommen und im September 2008 die Umstellungsphase auf biologischen Weinbau abgeschlossen. Ganz generell zählen die Leithaberg-Weine inzwischen zu den begehrtesten des Burgenlands. Das liegt nicht zuletzt an dem einzigartigen geologischen Phänomen dieser Gegend. Zumeist ist der Boden ein Gemisch aus verwittertem Urgestein, Muschelkalk, Sand und Lehm. Der sogenannte »Leithakalk« ist reich an tertiären Meeresablagerungen, an über fünf Millionen Jahre alten Muscheln, Schnecken und Korallenüberresten, überschichtet mit Löss, Lösslehm oder Kies. Es entstehen mineralische, feinnervige und subtile Gewächse voller Finesse. Wegen der speziellen Bodenbeschaffenheit nennt Thomas Schwarz einen seiner Weißweine »Muschelkalk«, eine Cuvée aus Chardonnay und Weißburgunder. Die Trauben dafür stammen aus den Rieden Eisner und Bauernfeind am Südosthang des Leithabergs. Zu den bevorzugten roten Rebsorten von Thomas Schwarz zählt neben dem Blaufränkisch vor allem Pinot Noir. Er nennt diese Sorte eine »Diva«, mit der er Jahr für Jahr besser umzugehen versteht. Überdies hat er noch Zweigelt, Cabernet Sauvignon, Cabernet Franc, Merlot, Syrah sowie Grünen Veltliner und Roten Muskateller ausgepflanzt.

94 Leithaberg DAC rot 2009
13 Vol.%, DV, großes Holzfass, extratrocken, €€€€
Dunkles Rubingranat, violette Reflexe, zarter Wasserrand. Einladende schwarze Beerenfrucht, ein Hauch von Zitruszesten, feine Kräuterwürze, Nuancen von Kokos und Nougat, vielschichtige Aromatik. Stoffig, aber auch leichtfüßig am Gaumen, delikate Johannisbeerfrucht, vermittelt Rasse und Trinkfreude, ein lebendiger Speisenbegleiter, dunkles Beerenkonfit auch im Nachhall.

93 Blaufränkisch Eisner 2009 BF
13,5 Vol.%, NK, extratrocken, €€€€€
Dunkles Rubingranat, violette Reflexe, dezenter Wasserrand. Mit feiner Mineralik unterlegte frische Kirschfrucht, attraktive Waldbeernote, ein Hauch von Orangen, ein Hauch

von Nougat und Cassis im Hintergrund. Stoffig, elegant, feines Brombeerkonfit, seidige Tannine, feine Würze, zeigt eine extraktsüße Länge, bleibt gut haften, sehr gutes Zukunftspotenzial, dunkle Mineralik im Nachhall.

93 Antonius 2009 ME/CS/SY
13,5 Vol.%, NK, großes Holzfass, extratrocken, €€€€€
Dunkles Rubingranat, violette Reflexe, dezenter Wasserrand. Dunkles Beerenkonfit, zarte Orangenzesten, feine Kräuterwürze, etwas Nougat, mineralisch unterlegt. Saftig, reife Kirschen, gut integrierte Tannine, bleibt gut haften, ein vielseitiger Speisenbegleiter mit gutem Entwicklungspotenzial.

93 Blaufränkisch Rohrwolf 2009
13,5 Vol.%, NK, großes Holzfass, extratrocken, €€€€€
Dunkles Rubingranat, violette Reflexe, dezenter Wasserrand. Zart tabakig-mineralisch unterlegte schwarze Beerenfrucht, frische Brombeeren, Cassis, feine blättrige Würze. Elegant, gute Komplexität, feine Textur, sehr gut eingebundene Tannine, dunkles Beerenkonfit im Abgang, extraktsüß und gut anhaltend, sicheres Entwicklungspotenzial, bereits heute gut antrinkbar.

91 Muschelkalk 2010 CH/PB
13 Vol.%, DV, großes Holzfass, extratrocken, €€€
Helles Gelbgrün. Mit zarter Kräuterwürze unterlegte gelbe Apfelfrucht, ein Hauch von frischen Tropenfrüchten, mineralisch unterlegt. Saftig, elegante Textur, zarte Extraktsüße, harmonisch und gut anhaltend, gelbe Frucht auch im Abgang, feine zitronige Nuancen, gute Länge, ein vielseitiger Speisenbegleiter.

90 Vindemia No. 7 BF
18 Vol.%, DV, Teilbarrique, süß, €€€
Tiefdunkles Rubingranat, opaker Kern, Wasserrand. Intensive Nuancen von Cassis, Holunderbeeren und schwarzem Waldbeerkonfit, ein Hauch von Rum und Gewürzen. Kraftvoll, frische schwarze Frucht, präsente Tannine, lebendig strukturiert, pfeffrige Würze im Abgang, dem portugiesischem Vorbild durchaus nahe.

KLOSTERKELLER SIEGENDORF

7011 Siegendorf, Rathausplatz 12
Vertrieb: Weinkellerei Lenz Moser, 3495 Rohrendorf
Lenz-Moser-Straße 1, T: 02732/855 41, F: 02732/859 00
office@lenzmoser.at, www.lenzmoser.at

KELLERMEISTER: Ing. Ernest Großauer
ANSPRECHPARTNER: Friedrich Wimmer
ANZAHL/FLASCHEN: 100.000 (25 % weiß, 75 % rot) HEKTAR: 25
VERKOSTUNG: ja, gegen Voranmeldung AB-HOF-VERKAUF: ja
ANDERE PRODUKTE IM VERKAUF: Sekt
MESSEN: ProWein, VieVinum, Alles für den Gast Salzburg

Der Winzerort Siegendorf, 60 Kilometer südlich von Wien und nur wenige Kilometer von der ungarischen Grenze entfernt, wurde 1244 erstmals urkundlich erwähnt.

Im Weingut Klosterkeller Siegendorf, das eine Rebfläche von 25 Hektar umfasst, wird zur Gänze nach den ökologisch orientierten Richtlinien der »kontrolliert integrierten Produktion« gearbeitet. Die wichtigsten Grundsätze dieser Bewirtschaftung sind: Güte vor Menge, organische Düngung, lebendiger Boden sowie integrierte Schädlings- und mechanische Unkrautbekämpfung. Die Nähe des Neusiedler Sees, die südwestliche Ausrichtung der Weingärten und das pannonische Klima begünstigen hier den Weinbau. Die warmen, sandighumosen Böden eignen sich ideal für den Anbau von Cabernet Sauvignon, Cabernet Franc, Merlot und Weißburgunder. Seit Längerem ist auch ein Blauburgunder im Sortiment.

Seit dem Jahrgang 2005 wird der Weißburgunder als »Siegendorf 11$^{1/2}$« angeboten. Diese Bezeichnung soll auf den geringen Alkoholgehalt hinweisen. Ganz im Trend der Zeit wird dieser Wein als erster Siegendorfer mit dem praktischen Drehverschluss angeboten und ist somit garantiert »korkfrei« und ideal für den glasweisen Ausschank sowie für das Catering. »Siegendorf Rot«, eine Cuvée aus Cabernet Sauvignon und Merlot, überrascht immer wieder mit einem ausgezeichneten Preis-Leistungs-Verhältnis.

89 Siegendorf Rot 2009 CS/ME
NK, großes Holzfass, 26.000, trocken, €€
Kräftiges Rubingranat, zarte violette Reflexe, breitere Randaufhellung. Verhalten, dunkles Beerenkonfit, zarter Dörrobsttouch, etwas Nougat. Saftig, rund und elegant, feine Tannine, rotbeeriges Waldbeerkonfit im Nachhall, feine Würze im Rückgeschmack.

88 Weißburgunder Siegendorf 11$^{1/2}$ 2011
11,5 Vol.%, DV, Stahltank, 12.000, extratrocken, €€

Neusiedlersee-Hügelland

★★★★★

WEINGUT KOLLWENTZ

7051 Großhöflein, Hauptstraße 120
T: 02682/651 58-0, F: DW 13
kollwentz@kollwentz.at
www.kollwentz.at

KELLERMEISTER: Andi Kollwentz ANSPRECHPARTNER: Familie Kollwentz
ANZAHL/FLASCHEN: 90.000 (32 % weiß, 66 % rot, 2 % süß) HEKTAR: 20
VERKOSTUNG: ja, gegen Voranmeldung AB-HOF-VERKAUF: ja
ANDERE PRODUKTE IM VERKAUF: Weinbrand
VEREINSZUGEHÖRIGKEIT: Renommierte Weingüter Burgenland
MESSEN: VieVinum, ProWein

Neusiedlersee-Hügelland

Das macht die wirklich Großen unter den Winzern aus: Ob kleiner oder grandioser Jahrgang, auf sie ist immer Verlass. Und mit der Familie Kollwentz ist bereits seit Jahren bei jeder Verkostung zu rechnen – egal, welche Ausbauart oder welche Sorte das Thema ist.

Bei der jährlich im Sommer vom Falstaff-Magazin durchgeführten Bewertung von weißen Burgundern sind sich die Verkoster bei einem Weingut immer ganz einig. Jahr für Jahr zählt nicht nur der klassisch ausgebaute Chardonnay vom Leithagebirge zu den Sortenbesten, die beiden oftmaligen Sieger der Burgunder-Barrique-Trophy aus den Rieden Gloria und Tatschler sind immer an vorderster Front anzutreffen. Nicht anders zeigen sich die Bewertungen bei den Rotweinen. Holte im Jahr 2003 der Cabernet Sauvignon den Sortensieg in seiner Kategorie, so erwählten die Juroren den Kollwentz'schen Blaufränkisch Point 2004 zum zweitbesten Wein der Reserve-Trophy. Bei der Falstaff-Rotweinprämierung 2009 konnte sich Familie Kollwentz über drei Stockerlplätze freuen und im Jahr 2010 erzielte die Familie zwei Gruppensiege mit dem Pinot Noir »Dürr« und zum wiederholten Mal mit der Cuvée »Steinzeiler«.

Anton Kollwentz, der Senior, ist der Pionier des Cabernet Sauvignon in Österreich und hat durch seine Falstaff-Siege 1984 und 1985 einen regelrechten Cabernet-Boom ausgelöst. Andi Kollwentz, der Junior, ist der Zehnkämpfer unter Österreichs Winzern, denn er versteht sich auf die unterschiedlichsten Disziplinen und ist in jeder Kategorie im Spitzenfeld zu finden. Im Sortiment der Kollwentz-Rotweine dominieren Blaufränkisch und Zweigelt. Die Traditionssorte Blaufränkisch bildet mit Kraft und Würze das Rückgrat von »Steinzeiler« und »Eichkogel« und bringt auch reinsortig als Blaufränkisch »Vom Leithagebirge«, »Point« und »Setz« erstklassige Weine hervor. Der Zweigelt ist mit dunkelbeeriger Frucht, Eleganz und Geschmeidigkeit ein vielschichtiger Rotwein, der sowohl als Zweigelt »Föllikberg« wie auch als harmoniebringendes Element in Cuvées eingesetzt wird. Neu im Sortiment ist ein exzellenter Pinot Noir aus der Riede Dürr. Besondere Beachtung verdient der Sauvignon Blanc von der Riede Steinmühle, deren Feuersteinboden optimale Voraussetzungen für diese würzige Sorte bietet.

Aus Sauvignon Blanc wie auch aus Chardonnay und Welschriesling werden Jahr für Jahr kleine Mengen an hochfeinen edelsüßen Weinen gekeltert, die sich in der Kollwentz'schen Privatvinothek bis ins Jahr 1963 zurückverfolgen lassen.

2010 wurden die Spitzenrotweine im Hause Kollwentz ausgelassen, es gibt daher keinen Steinzeiler, keinen Cabernet und keine Blaufränkisch aus der Einzellage Point.

(95–97) Chardonnay Gloria 2010
NK, Barrique

Mittleres Grüngelb, Silberreflexe. Rauchig, feine Kräuterwürze, ein Hauch von Feuerstein, zart nach Nougat und Karamell, sehr attraktives Bukett, burgundische Anmutung. Stoffig, straff und engmaschig, saftige Steinobstanklänge, sehr gut integriertes Holz, verfügt über eine überzeugende Eleganz und Länge, salzig-mineralisch im Nachhall, großes Zukunftspotenzial.

Neusiedlersee-Hügelland

(93-95) Chardonnay Tatschler 2010
NK, Barrique
Mittleres Grüngelb, Silberreflexe. Feine Röstaromen, zart nach Karamell, ein Hauch von Grapefruit klingt an, feiner Honigtouch, gelbe Apfelfrucht. Saftig, komplex, feine gelbe Tropenfrucht, Nuancen von Marille und Maracuja, finessenreiche Struktur, wirkt eher leichtfüßig, elegant und gut anhaltend, dezente Extraktsüße, sehr gutes Reifepotenzial, facettenreicher Speisenbegleiter.

(92-94) Sauvignon Blanc Steinmühle 2011
NK, großes Holzfass
Helles Grüngelb. Feine Stachelbeeraromen, ein Hauch von Grapefruitzesten, etwas Blutorangen, attraktiv, weiße Blüten. Saftig, elegant, weiße Tropenfruchtaromen, finessenreiche Säurestruktur, angenehme Extraktsüße im Abgang, sehr gute Länge, sicheres Entwicklungspotenzial.

(91-93) Chardonnay Leithagebirge 2011
NK, großes Holzfass
Helles Gelbgrün. Feine Holzwürze, feine Birnenfrucht, zart nach kandierten Orangenzesten, ein Hauch von Karamell, einladendes Bukett. Saftig, reife gelbe Frucht, zart nach Ananas, finessenreicher Säurebogen, zitroniger Touch im Abgang, gute Länge, ein attraktiver Speisenbegleiter.

96 Blaufränkisch Point 2009
NK, Barrique
Kräftiges Rubingranat, violette Reflexe, Randaufhellung. Feiner Nougattouch, rotbeerige Nuancen, feine Edelholznote, süßer Havannatabak, facettenreiches Bukett. Komplex, feine Waldbeerfrucht, reife Kirschenfrucht, präsente, sehr feine Tannine, zart nach Himbeermark und Orangen, langer Abgang, angenehme Extraktsüße, verfügt über ein großes Reifepotenzial, sollte in keiner Vinothek fehlen.

95 Steinzeiler 2009 BF/CS/ZW
NK, Barrique
Dunkles Rubingranat, violette Reflexe, zarter Wasserrand. Einladendes Brombeergelee, feine Gewürznoten, angenehmer schokoladiger Touch, facettenreiches Bukett. Am Gaumen saftig, dunkelbeerig, hochelegant, finessenreich strukturiert, extraktsüß, herrlicher Wein, langer Nachhall, feines Nougat im Abgang. Ein harmonischer Speisenbegleiter, sehr großes Reifepotenzial.

94 Blaufränkisch Setz 2009
NK, Barrique
Kräftiges Rubingranat, violette Reflexe, Randaufhellung. Süßes Brombeerkonfit, Anklänge an Gewürznelken und Kardamom, reife Kirschen, mineralische Aspekte. Saftig, kompakt, engmaschig, feiner schokoladiger Touch, sehr gut eingebundene Tannine, feiner Karamelltouch im Abgang, sehr gutes Zukunftspotenzial.

(92-94) Pino Noir Dürr 2010
NK, Barrique
Mittleres Karmingranat, breite Randaufhellung. Zart balsamisch-gewürzig unterlegtes rotes Waldbeerkonfit, frische Weichseln, rauchige Nuancen, ein Hauch von Nougat und Orangenzesten. Saftig, gute Komplexität, feine Zwetschkenfrucht, präsente, perfekt integrierte Tannine, feiner schokoladiger Anklang im Abgang, Kirschen im Nachhall, sehr gute Länge, harmonisch, ein feiner Speisenbegleiter.

(91-93) Eichkogel 2010 BF/ZW
NK, Barrique
Dunkles Rubingranat, violette Reflexe, zarter Wasserrand. Feine Edelholzwürze, tabakige Nuancen, dunkle Beerenfrucht, mit feinen floralen Nuancen unterlegt. Am Gaumen reife Zwetschkenfrucht, straff, präsente Tannine, die dem Wein eine gute Struktur geben, reife Kirschen und zartes Nougat im Abgang, ein vielseitiger Speisenbegleiter.

(90-92) Blaufränkisch Leithagebirge 2010
NK
Dunkles Rubingranat, violette Reflexe, zarter Wasserrand. Dunkles Waldbeerkonfit, zart tabakig-würzig unterlegt, ein Hauch von Brombeeren und schwarzen Kirschen. Saftig, gute Komplexität, präsentes, tragendes Tannin, feine Würze im Abgang, feiner pfeffriger Rückgeschmack.

WEINGUT JOSEF LEBERL

★★★

7051 Großhöflein, Hauptstraße 91
T: 02682/678 00, F: DW 14
weingut@leberl.at
www.leberl.at

KELLERMEISTER: Josef Leberl ANSPRECHPARTNER: Alexander Leberl
ANZAHL/FLASCHEN: 90.000 (25 % weiß, 74 % rot, 1 % süß) HEKTAR: 17 (+ 5)
VERKOSTUNG: ja, gegen Voranmeldung AB-HOF-VERKAUF: ja
ÜBERNACHTUNGSMÖGLICHKEIT: kann organisiert werden
ANDERE PRODUKTE IM VERKAUF: Sekt, Weinbrand
VEREINSZUGEHÖRIGKEIT: Renommierte Weingüter Burgenland
MESSEN: VieVinum, ProWein

Neusiedlersee-Hügelland

Das Weingut Josef Leberl – ein seit Generationen bestehender Familienbetrieb – kultiviert 22 Hektar Weingärten. Anneliese und Josef, die »Ältern«, pflegen die Weingärten penibel, naturschonend und mit viel Handarbeit. Es werden feinfruchtige Weine mit eleganter Struktur, Raffinesse und sehr viel Potenzial gekeltert. Sohn Alexander betreut die vielen Stammkunden und den Auftritt des Weingutes. Sein Bruder Gerald, ein international erfahrener Kellermeister, der den Weinen in den letzten Jahren den richtigen Schliff gab, verunglückte im Frühjahr 2012 auf tragische Weise beim Fallschirmspringen.

Die Weingärten ranken sich rund um die Marktgemeinde Großhöflein. An den sonnenreichen Südhängen und Ausläufern vom Leithagebirge und Fölligberg bilden Böden aus Schwarzerde, Lehm, leichter Braunerde, Muschelkalk, Glimmerschiefer und Kalkfels eine perfekte Grundlage. Die Lagen zählen zu den besten im Burgenland. Die vielen unterschiedlichen Böden ermöglichen eine große Auswahl an Sorten. Sowohl Weißweinsorten wie Welschriesling, Sauvignon Blanc, Chardonnay und Sämling als auch Rotweinsorten wie Zweigelt, Blaufränkisch, Merlot und Cabernet Sauvignon finden optimale Bedingungen. Die prominenteste Rotwein-Cuvée aus dem Hause Leberl trägt den Namen »Peccatum« (lat. »Sünde«). Wirklich große Rotweine erzielt man laut Leberl-Philosophie nur bei rigoroser Ertragsreduktion. »Eine Sünde ist das!«, mahnten noch deren Vorfahren. Der Erfolg gibt den Leberls jedoch recht. Das restliche Rotweinsortiment steht der Qualität des Vorzeigeweines kaum nach: Der Blaufränkisch »Glorienstein« von der höchsten Riede am Leithagebirge beeindruckt durch seine intensive Leithaberg-Terroir-Note. Der Cabernet Sauvignon besticht durch seine Bordelaiser Aromatik – bei Blindverkostungen mit namhaften Bordeaux-Weinen wird nicht selten gestaunt, wenn sich der Leberl'sche Cabernet Sauvignon bei der Auswertung unter den besten befindet. Ein nennenswertes Detail am Rande: Die Leberls garantieren für ihre Top-Rotweine 20 Jahre Trinkvergnügen.

(91-93) Peccatum 2010 BF/CS/ZW
13,5 Vol.%, NK, Barrique, extratrocken, €€€€
Dunkles Rubingranat, violette Reflexe, zarter Wasserrand. Mit feiner Kräuterwürze unterlegte Nuancen von Brombeeren und Cassis, ein Hauch von Grapefruitschalen, zart nach Schokolade. Saftig, elegant, feine rotbeerige Nuancen, gut integriertes Tannin, bleibt gut haften, zart nach Bitterschoko im Abgang, gute Länge, verfügt über Zukunftspotenzial, ein vielseitiger Speisenbegleiter.

(91-93) Blaufränkisch Glorienstein 2010
13,5 Vol.%, NK, Barrique, extratrocken, €€€€
Dunkles Rubingranat, violette Reflexe, zarter Wasserrand. Mit feinem Nougat unterlegtes schwarzes Waldbeerkonfit, ein Hauch von Orangenzesten und Edelholzwürze. Saftig, gute Komplexität, reife Kirschen, zart mit Brombeeren unterlegt, gut integrierte Tannine, würzig und anhaltend, dunkle Mineralik im Abgang, Edelschokofinish.

(90-92) Blaufränkisch Reisbühel 2010
13,5 Vol.%, NK, Barrique, extratrocken, €€€
Dunkles Rubingranat, violette Reflexe, zarter Wasserrand. Zunächst etwas verhalten, mit dunkler Beerenfrucht unter-

Neusiedlersee-Hügelland

legt, feine Edelholznuancen klingen an. Saftige, süße Herzkirschenfrucht, präsente Tannine, frische Struktur, rotbeerige Nuancen im Abgang, straffer Stil, bleibt gut haften, herzhafter Speisenbegleiter mit Reifepotenzial.

89 Sauvignon Blanc Tatschler 2011
13 Vol.%, DV, Stahltank, trocken, €€

88 Rosé Cabernet Sauvignon 2011
11,5 Vol.%, DV, Stahltank, trocken, €€

94 TBA 2010 CH/SB
13 Vol.%, NK, Barrique, süß, €€€€
Leuchtendes Goldgelb. Zart mit Nougat unterlegte Dörrobstnote, Nuancen von Karamell und Gewürzen, reife gelbe Tropenfrucht, feiner Honig. Saftig, kraftvoll, süße Birnenfrucht, zart nach Honigmelone, finessenreiche Säurestruktur, die den Restzucker gut balanciert, bleibt sehr gut haften, sicheres Reifepotenzial.

★★
WEINGUT LIEGENFELD

7082 Donnerskirchen, Johannesstraße 25
T: 02683/83 07, F: DW 4
weingut@liegenfeld.at
www.liegenfeld.at

Neusiedlersee-Hügelland

KELLERMEISTER: Manuel Kreiler ANSPRECHPARTNER: Gerda Liegenfeld
ANZAHL/FLASCHEN: 130.000 (85 % weiß, 15 % rot) HEKTAR: 30
VERKOSTUNG: ja AB-HOF-VERKAUF: ja
ÜBERNACHTUNGSMÖGLICHKEIT: kann organisiert werden
VEREINSZUGEHÖRIGKEIT: Weinquartett Donnerskirchen, Leithaberg
MESSEN: VieVinum, ProWein

Nachdem Andi Liegenfeld, der bereits weinbaupolitisch als Obmann der »Wein Burgenland« tätig war, im Mai 2011 in die burgenländische Landesregierung als Landesrat für Land- und Forstwirtschaft, Wasser- und Abfallwirtschaft und Natur- und Umweltschutz berufen wurde, führt seine Frau Gerda Liegenfeld den Betrieb gemeinsam mit einem jungen engagierten Kellermeister. Andi Liegenfeld ist gern gesehener Berater.

Zunächst ist man bestrebt, die vorgegebenen Pfade weiter zu beschreiten. Eine beeindruckende Weißweinpalette bildet das Rückgrat des Betriebes. An der Spitze die Leithaberg-Weine mit mineralischer Note, gefolgt von Weinen mit ausgeprägter Frucht, Sortencharakteristik und Eleganz. Die Lage der Weingärten im Anschluss an die kühlenden, bewaldeten Hügel des Leithagebirges und in Sichtweite des Neusiedler Sees bietet die Voraussetzung für optimale Traubenreife und für Weine mit vielschichtiger Fruchtaromatik. Spannenden Herausforderungen stellt man sich als Teil des »Weinquartetts Donnerskirchen« mit dem Projekt »Himmelreich«, einer Rekultivierung von in den 1960er- und 1970er-Jahren aufgelassenen Steillagen. Die einzigartige Glimmerschieferlage, umgeben vom Eichen-Hainbuchen-Wald, bietet einen beeindruckenden Blick über einen großen Teil des nördlichen Burgenlandes und weckt Neugier auf zukünftige Weine.

L 91 Leithaberg DAC weiß 2010 GV
12,5 Vol.%, NK/DV, großes Holzfass, extratrocken, €€
Mittleres Grüngelb. Angenehme Kräuterwürze, zart nach weißer Tropenfrucht, Mango und Papaya klingen an. Saftig, elegante Textur, feiner Säurebogen, zarte Würze im Abgang, pfeffrige Nuancen, bleibt gut haften, mineralischer Nachhall, vielseitiger Speisenbegleiter.

90 Grüner Veltliner Bergweingarten 2011
13,5 Vol.%, DV, Stahltank, trocken, €€
Helles Grüngelb. Mit feinen Wiesenkräutern unterlegte frische gelbe Apfelfrucht, zart nach Honigmelone. Saftig, elegant, feine Birnenfrucht, zart nach Marille, angenehmer Säurebogen, fruchtige Extraktsüße im Abgang, mineralisch und balanciert, gute Länge, verfügt über Entwicklungspotenzial.

89 Riesling Hochauer 2011
13,5 Vol.%, DV, Stahltank, trocken, €€

88 Chardonnay Hofsatz 2011
13 Vol.%, DV, Stahltank, extratrocken, €€

88 Pinot Blanc Hopferberg 2011
13,5 Vol.%, DV, Stahltank, extratrocken, €€

90 Leithaberg DAC rot 2009
13,5 Vol.%, NK, großes Holzfass, extratrocken, €€€
Dunkles Rubingranat, violette Reflexe, zarte Randaufhellung. Feine Edelholzwürze, zart nach Vanille und Kräutern, mit kandierten Orangenzesten unterlegt, dunkles Beerenkonfit. Saftig, reife Kirschenfrucht, fruchtbetont, lebendig strukturiert, rotes Waldbeerkonfit, bereits gut zugänglich.

Neusiedlersee-Hügelland

★★★

WEINGUT MORIC

7051 Großhöflein, Kirchengasse 3
T: 0664/400 32 31, F: 02682/215 06
office@moric.at
www.moric.at

KELLERMEISTER UND ANSPRECHPARTNER: Roland Velich
ANZAHL/FLASCHEN: k. A. (5 % weiß, 95 % rot)
HEKTAR: 15

Nur wenige andere Winzer haben in den letzten Jahren für so viel Gesprächsstoff gesorgt wie Roland Velich. Er hat sich zum erklärten Ziel gesetzt, der Sorte Blaufränkisch ein neues, eigenständiges Profil zu verleihen, das es möglich macht, diese typisch österreichische Rebsorte in eine Reihe mit den großen Rotweinen der Welt zu stellen. Velich sieht im Burgenland ähnlich hervorragende Bedingungen, um großartige Rotweine zu machen wie im Burgund oder nördlichen Rhônetal. Dabei strebt er keine stilistischen Kopien an, sondern es ist der »cool climate«-Charakter, den er in seinen Weinen darstellen will. Velich geht es also um Originale und nicht um Kopien, er vertraut ganz auf die Stärken des Burgenlandes und versucht, das ganze Potenzial der Sorte Blaufränkisch und der unterschiedlichen Böden zu nutzen.

Roland Velich fand die entsprechenden Parzellen für sein Konzept zunächst im Mittelburgenland. In Neckenmarkt und Lutzmannsburg entdeckte er uralte Weingärten, manche Stöcke sollen über hundert Jahre auf dem Buckel haben und stehen in großer Pflanzdichte von bis zu 8000 Reben pro Hektar. Hier wachsen in idealer Exposition und auf bestens geeignetem Terroir jene kleinbeerigen Trauben, welche die Basis für die beiden Top-Weine der Moric-Linie bilden, die den Namen »Alte Reben« tragen. So entsteht der feine, von floralen Nuancen geprägte mineralische Wein aus Lutzmannsburg; aus der Nachbargemeinde Neckenmarkt kommt ein würziger, vom Schieferboden dunkel gefärbter Blaufränkisch der Extraklasse. Kleine Erträge im Weingarten und extrem zurückhaltende Verarbeitung sowie ein langer Ausbau in gebrauchten 500- und 1000-Liter-Holzfässern lassen den speziellen Sorten- und Bodencharakter der einzelnen Terroirs besonders in den Vordergrund treten.

Aus St. Georgen bei Eisenstadt stammt ein delikater, feinfruchtiger Blaufränkisch mit klarem Leithabergcharakter, hier keltert Velich auch in kleiner Menge einen finessenreichen Grünen Veltliner. Gemeinsam mit seinem jungen Kollegen Hannes Schuster hat Velich ein Projekt namens »Jagini« begründet, bei dem es darum geht, die letzten verbliebenen Top-Lagen in Zagersdorf zu erhalten. Hier sind zukünftig auch Neuauspflanzungen geplant. Aufgrund des schweren Hagels 2010 musste man diesen Jahrgang bei »Jagini« auslassen.

(93-95) Blaufränkisch Alte Reben Neckenmarkt 2010
13 Vol.%, NK, großes Holzfass, 1500, €€€€€€
Leuchtendes Rubingranat, opaker Kern, violette Reflexe, zarte Randaufhellung. Noch etwas verhalten, mit zarter schwarzer Beerenfrucht unterlegt, tabakige Nuancen, balsamischer Touch, zart nach Kardamom und Pfeffer. Saftig, rotbeerige Nuancen, präsente Holzwürze, zart blättriger Touch im Abgang, wirkt auch am Gaumen noch etwas zurückhaltend, saftige Herzkirschen im Abgang, zitronig, zeigt eine sehr gute Länge, gutes Entwicklungspotenzial, mineralisch, sehr vielversprechend, leichtfüßiger Stil.

(93-95) Blaufränkisch Alte Reben Lutzmannsburg 2010
13 Vol.%, NK, großes Holzfass, 1000, €€€€€€
Leuchtendes Rubingranat, opaker Kern, violette Reflexe, zarte Randaufhellung. Zart balsamisch unterlegte rote

Beerenfrucht, ein Hauch von Waldbeeren, feine Kräuterwürze, feine ätherische Anklänge, dunkle Mineralik. Stoffig, sehr engmaschig, feine Kirschenfrucht, feine Würze, sehr gute Länge, mineralischer Nachhall, delikat und finessenreich, feiner Preiselbeertouch im Rückgeschmack, sicheres Entwicklungspotenzial.

(92–94) Blaufränkisch Moric Reserve 2010
13 Vol.%, NK, großes Holzfass, €€€€€
Leuchtendes Rubingranat, violette Reflexe, Randaufhellung. Reife dunkle Beerenfrucht, ein Hauch von süßen Feigen, florale Nuancen, zarte vegetale Würze, frisch strukturiert, tabakiger Touch. Mittlerer Körper, engmaschig, rotbeerig, finessenreicher Säurebogen, zitronig, salziger Abgang, Weichseln im Rückgeschmack. Leider nur ein Drittel einer Normalernte.

92 Blaufränkisch Burgenland 2010
12,5 Vol.%, NK, großes Holzfass, €€€
Leuchtendes Rubingranat, violette Reflexe, Randaufhellung. Zart pfeffrig unterlegte dunkle Beerenfrucht, reife, angenehme Kirschenfrucht. Frisch, zart nach Weichseln, lebendig strukturiert, dezente Würze, rotes Waldbeerkonfit im Abgang, mineralischer Nachhall.

93 Grüner Veltliner St. Georgen 2011
14 Vol.%, NK, großes Holzfass, €€€€
Mittleres Gelbgrün. Reife Apfelfrucht, ein Hauch von Birnen, zarte Kräuterwürze, feiner Blütenhonig. Saftig, gute Komplexität, süße weiße Frucht, dezenter Säurebogen, mit feinen blättrigen Nuancen unterlegt, elegant und samtig, mineralische Frische, feiner Birnenanklang im Nachhall, ein facettenreicher Speisenbegleiter.

91 Neuburger Müllendorf 2011
14 Vol.%, NK
Helles Gelbgrün. Zarte gelbe Apfelfrucht, etwas Mango, feine Wiesenkräuter. Saftig, feine kompakte Birnenfrucht, finessenreicher Säurebogen, elegant und gut anhaftend, gelbe Frucht im Abgang, kreidiger, zitroniger Touch, klares Finish, mineralischer Nachhall.

89 Burgenland Hausmarke 2011 GV/CH
12,5 Vol.%, NK, Stahltank, €€€

Neusiedlersee-Hügelland

Neusiedlersee-Hügelland

WEINGUT HANS MOSER

7000 Eisenstadt, St. Georgener Hauptstraße 13
T: 02682/666 07, F: DW 14
weingut@hans-moser.at
www.hans-moser.at

KELLERMEISTER: Hans Moser **ANSPRECHPARTNER:** Sabine und Hans Moser
ANZAHL/FLASCHEN: 100.000 (38 % weiß, 60 % rot, 2 % süß)
HEKTAR: 14 (+ 6) **VERKOSTUNG:** ja, gegen Voranmeldung **AB-HOF-VERKAUF:** ja
ÜBERNACHTUNGSMÖGLICHKEIT: kann organisiert werden
ANDERE PRODUKTE IM VERKAUF: Destillate, Sekt
VEREINSZUGEHÖRIGKEIT: Vinology, Leithaberg
MESSEN: VieVinum, ProWein, Prodexpo Moskau

Auf den Süd- und Südosthängen des Leithagebirges gedeihen unter idealen Boden- und Klimaverhältnissen die Reben des Weinguts Hans Moser. Das angestrebte Ziel ist es, Jahr für Jahr charaktervolle Weine mit unverwechselbarer Typizität zu vinifizieren. Dabei wird auf das Wissen vieler Generationen zurückgegriffen, denn schon 1648 wurde das Weingut erstmals urkundlich erwähnt.

Die unterschiedlichen Gegebenheiten der Region ermöglichen den Ausbau von Weiß-, Rot- und Süßweinen in hoher Qualität. Die lagerfähigen Weine des Hauses bestechen durch volle Würze und Kraft und garantieren beste Bekömmlichkeit. Gearbeitet wird stets im Einklang mit der Natur unter Berücksichtigung der Wetterbedingungen und der klimatischen Gegebenheiten, um zum richtigen Zeitpunkt die richtigen Arbeiten im Weingarten zu verrichten. Sortentypische Aromatik, mineralische Würze, Ausbaupotenzial und die unverkennbare Typizität der Weine werden durch gefühlvolle Vinifikation Jahr für Jahr erreicht. Der Leithaberg in seiner Einzigartigkeit ist für Familie Moser Ideologie und Lebensinhalt.

Mit der Dokumentation eines Winzerjahres, die auf DVD erhältlich ist, beschreitet Hans Moser neue Wege, um auch dem Weinfreund, der keine Gelegenheit zu einem Weingutsbesuch hat, sein Schaffen näherzubringen.

92 Merlot 2009
14 Vol.%, NK, 4000, extratrocken, €€€€
Dunkles Rubingranat, violette Reflexe, zarte Randaufhellung. Mit feiner Kräuterwürze unterlegte dunkle Beerenfrucht, Nuancen von Edelholz und Nougat, tabakiger Touch. Saftig, elegante Textur, reife schwarze Kirschen und Zwetschken, gut integrierte Tannine, feiner Karamelltouch im Abgang, mineralischer Nachhall.

(89–91) VTS – Vintage Top Select 2009
CS/CF/SY/BF/ME/ZW
13,5 Vol.%, NK, Teilbarrique, 8000, extratrocken, €€€
Dunkles Rubingranat, violette Reflexe, zarte Randaufhellung. Zart blättrig unterlegte Nuancen von Brombeeren, reife Herzkirschen, feine balsamische Noten. Gute Komplexität, schwarze Beerenfrucht, frisch strukturiert, bleibt gut haften, ein vielseitiger Speisenbegleiter.

89 Leithaberg DAC rot 2009
13,5 Vol.%, NK/DV, großes Holzfass, 4000, extratrocken, €€€

90 Leithaberg DAC weiß 2010 CH
13,5 Vol.%, DV, Stahltank/10 % mit BSA im großen Holzfass, 8000, extratrocken, €€
Mittleres Grüngelb. Mit zartem Karamell unterlegte gelbe Apfelfrucht, frische Wiesenkräuter, ein Hauch von Orangenzesten. Saftig, elegant, zart nach Quitten, feiner Säurebogen, extraktsüßes Finale, ein vielseitiger Speisenbegleiter.

88 Gemischter Satz 2011
12,5 Vol.%, DV, Stahltank, 7000, extratrocken, €€

87 Sauvignon Blanc 2011
12,5 Vol.%, DV, Stahltank, 6000, extratrocken, €€

★★
WEINGUT NEHRER

7000 Eisenstadt, St. Georgener Hauptstraße 16
T: 02682/643 80, F: DW 4
weingut@nehrer.at
www.nehrer.co.at

KELLERMEISTER UND ANSPRECHPARTNER: DI Hans Nehrer
ANZAHL/FLASCHEN: 120.000 (35 % weiß, 65 % rot) **HEKTAR:** 24
VERKOSTUNG: ja **AB-HOF-VERKAUF:** ja
ÜBERNACHTUNGSMÖGLICHKEIT: kann organisiert werden
RESTAURANT/GASTHOF: täglich gegen Voranmeldung
ANDERE PRODUKTE IM VERKAUF: Weinbrand
VEREINSZUGEHÖRIGKEIT: Leithaberg **MESSEN:** VieVinum, ProWein

Neusiedlersee-Hügelland

Das Weingut Nehrer umfasst eine Fläche von rund 24 Hektar am Südhang des Leithagebirges. In den letzten Jahren wurde die Kellertechnik überlegt verfeinert. Weingärten wurden mit Sorgfalt und Verständnis neu angelegt, um die Einzigartigkeit des Weinbaugebietes auch in den Weinen zu manifestieren.

Eine der Top-Lagen ist die Riede Hummelbühel, der Favorit von Hans Nehrer. Sie bringt eine ausgezeichnete Cuvée hervor. Die Rotweine, allen voran Zweigelt und Blaufränkisch sowie diverse Cuvées, dominieren mit zirka 65 Prozent die Anbaufläche. Bei der Falstaff-Rotweinprämierung holte sich Hans Nehrer bereits einen Sortensieg für seinen Merlot. Die Weißweine wie Welschriesling, Chardonnay und Sauvignon Blanc präsentieren sich fruchtig-frisch und runden das Sortiment ab. Die Unterschiedlichkeit der Böden – darunter Muschelkalk, Löss und Urgesteinsverwitterungsböden – bringt einiges an Komplexität. Die beiden Leithaberg-DAC-Weine brillieren stets durch Mineralik und Frische.

(91-93) Sonnschein 2010 ME/CS/SY
13,5 Vol.%, NK, Barrique, 1800, extratrocken, €€€€
Dunkles Rubingranat, violette Reflexe, zarter Wasserrand. Tabakig-kräuterwürzig unterlegtes dunkles Waldbeerkonfit, zart nach Herzkirschen, ein Hauch von Cassis, feine Edelholzwürze. Saftig, elegante Textur, feine Tannine, gute Frische, rotbeerige Nuancen im Abgang, ein guter Wein bei Tisch, verfügt über Entwicklungspotenzial.

91 Cabernet Sauvignon 2009
13,5 Vol.%, NK, Barrique, 2000, extratrocken, €€€
Kräftiges Rubingranat, violette Reflexe, zarter Wasserrand. Schwarze Beeren, ein Hauch von Orangenzesten und Nougat. Saftige dunkle Beerenfrucht, Anklänge von Cassis, gut integrierte Tannine, feiner Brombeertouch, mineralisch und anhaftend, zitronige Nuancen, ein feiner Speisenbegleiter

89 Pinot Noir 2009
13,5 Vol.%, NK, Barrique, 2000, extratrocken, €€€

(88-90) Hummelbühel 2010 ME/ZW/PN
13,5 Vol.%, NK, Barrique, 2000, extratrocken, €€€

88 Syrah 2009
13,5 Vol.%, DV, Barrique, 2800, extratrocken, €€€€

89 Chardonnay 2011
13 Vol.%, DV, Stahltank, 6000, extratrocken, €€

Neusiedlersee-Hügelland

★★

WEINGUT PANTA RHEI

7000 Eisenstadt, Weingartenstraße 37
T: 0664/434 41 90, F: 02175/318 74
weingut@velich.at
www.panta.at

KELLERMEISTER UND ANSPRECHPARTNER:
Johann Schwarz und Heinz Velich
ANZAHL/FLASCHEN: k. A. HEKTAR: k. A.
VERKOSTUNG: ja, gegen Voranmeldung
MESSEN: ProWein

An den Hängen des Leithagebirges rund um Eisenstadt herrschen hervorragende Rahmenbedingungen für die Produktion von Trauben: die Wärme der Sonne, die Kühle des Waldes und die mineralischen Böden. Gemeinsam verarbeiten und vinifizieren Hans Schwarz und Heinz Velich die besten Trauben aus sehr alten Beständen westlich des Neusiedler Sees und »exportieren« somit ihr gemeinsames Know-how in ein anderes Weinbaugebiet. Nachdem dieses Winzerprojekt auf dem »Zusammenfließen« ausgewählter Faktoren und Personen basiert, wurde die Kooperation unter das philosophische Motiv »Panta rhei – alles fließt« gestellt. Die »Panta rhei«-Weine zeichnen sich durch hohe Qualität aus. Chardonnay und Grüner Veltliner werden im Weingut Velich produziert. Blaufränkisch, Pinot Noir und Caberhei – eine Cuvée aus Cabernet Sauvignon, Cabernet Franc und Merlot – werden im Hause Schwarz hergestellt.

95 Caberhei 2009 ME/CS/CF
14 Vol.%, NK, Barrique, extratrocken, €€€€€
Dunkles Rubingranat, violette Reflexe, zarter Wasserrand. Zarte Röstaromen, feine dunkle Beerenfrucht, ein Hauch von Vanille, tabakige Nuancen, zart nach Nougat, braucht Luft. Saftig, reife Zwetschkenfrucht, präsentes Tannin, dunkle Schokonoten im Abgang, angenehme Extraktsüße im Nachhall, ein vielseitiger Speisenbegleiter.

94 Pinot Noir 2009
14 Vol.%, NK, Teilbarrique, extratrocken, €€€€€
Helles Karminrot, breiter Wasserrand. Feinwürzig unterlegtes Erdbeerkonfit, zarte Röstaromen, frische Orangenzesten. Elegant, feine rotbeerige Frucht, dezente Tannine, dunkle Mineralik, bleibt gut haften, Blutorangen im Nachhall, wirkt leichtfüßig, besitzt ein enormes Reifepotenzial.

93 Blaufränkisch 2009
13,5 Vol.%, NK, Teilbarrique, extratrocken, €€€€€
Kräftiges Rubingranat, violette Reflexe, Wasserrand. Mit intensiver Kräuterwürze unterlegte Brombeernote, facettenreich. Saftig, engmaschig, feines Waldbeerkonfit, wirkt mineralisch und fast filigran, dunkle Frucht im Nachhall, feine Säurestruktur, angenehme kalkige Nuancen, sehr gute Länge, sicheres Entwicklungspotenzial.

93 Chardonnay 2009
13,5 Vol.%, NK, großes Holzfass, €€€€€
Mittleres Grüngelb. Feine Kräuterwürze, ein Hauch von Grapefruit, ein Hauch von Lemongrass, gelbe Steinobstnote. Saftig, elegante Textur, finessenreicher Säurebogen, feine kreidige Mineralik, zitroniger Nachhall, eleganter Speisenbegleiter, gutes Entwicklungspotenzial.

92 Grüner Veltliner 2009
13 Vol.%, NK, großes Holzfass, €€€€€
Mittleres Grüngelb. Etwas verhalten, feine gelbe Fruchtnuancen, ein Hauch von Mandarinen, zart nach Wiesenkräutern. Saftig, engmaschige Textur, zarte Birnenfrucht, finessenreicher Säurebogen, Noten von gelbem Apfel im Abgang, ein eleganter Speisenbegleiter.

WEINGUT – HEURIGER PIRIBAUER

7201 Neudörfl, Hauptstraße 71
T: 02622/772 91, F: DW 15
office@piribauer.net
www.piribauer.net

KELLERMEISTER: Anton Piribauer
ANSPRECHPARTNER: Anton Piribauer jun. und Klemens Piribauer
ANZAHL/FLASCHEN: 30.000 (40 % weiß, 60 % rot) HEKTAR: 12
VERKOSTUNG: ja AB-HOF-VERKAUF: ja ÜBERNACHTUNGSMÖGLICHKEIT: kann organisiert werden HEURIGEN: 12. 7. bis 26. 8., 7. 9. bis 21. 12., täglich von 11 bis 24 Uhr ANDERE PRODUKTE IM VERKAUF: Schmankerln aus eigener Erzeugung VEREINSZUGEHÖRIGKEIT: Vinum Rosalia Messen: VieVinum

Neusiedlersee-Hügelland

Bereits Mitte des 19. Jahrhunderts kamen die Vorfahren der Familie Piribauer als Freibauern nach Neudörfl. Mit Liebe und Leidenschaft haben sie sich hier ein Leben geschaffen, das den Grundstein für die Wirtschaft und das Weingut legte. 1930 eröffnete die Familie den Heurigen, und seitdem hat jede weitere Generation ihre Träume verwirklicht und durch Erweiterungen und Neuerungen das Unternehmen zu dem gemacht, was es heute ist.

Weingut und Heuriger sind mit der Familie gewachsen, weil alle zusammenhelfen, den Traum einer Familie weiterleben zu lassen. Die Hingabe, mit der die Piribauers diese Visionen verfolgt haben, hat aus ihrer Familiengeschichte eine Erfolgsgeschichte gemacht, deren Erbe gesichert ist – denn es wächst bereits die vierte Generation heran, die ihre Geschichte weiterschreiben wird. Topografisch, klimatisch und geologisch ist im Anbaugebiet Rosalia für Abwechslung gesorgt. Finesse zeigen bei Weißweinen Chardonnay sowie Sauvignon Blanc oder die Traditionssorte Grüner Veltliner, bei den Rotweinen Blaufränkisch, Zweigelt, St. Laurent, Cabernet Sauvignon und Merlot. Noch handelt es sich hier um wohlbehütete Kenner- und Geheimtipps, die man am besten genussvoll beim Heurigen der Familie lüftet.

(90-92) St. Laurent 2011
13,5 Vol.%, NK, Teilbarrique, extratrocken, €€
Dunkles Rubingranat, violette Reflexe, zarte Randaufhellung. Frisches schwarzes Beerenkonfit, reife Zwetschken, zarte Gewürzanklänge, Orangenzesten. Saftige Brombeeren, etwas Weichseln, feines Tannin, frische Struktur, zart nach Nougat im Abgang, ein finessenreicher Speisenbegleiter, mineralischer Nachhall.

(89-91) PI.RO. 2010 SL/ZW/BF
13,5 Vol.%, NK, Teilbarrique, €€
Kräftiges Rubingranat, violette Reflexe, zarte Randaufhellung. Mit feiner Kräuterwürze unterlegte dunkle Beerenfrucht, reife Zwetschken, ein Hauch von Gewürzen und Nougat. Saftige Kirschenfrucht, feine Extraktsüße, gut integrierte Tannine, rotes Waldbeerkonfit im Abgang, eleganter Speisenbegleiter, feine Würze im Nachhall.

89 Zweigelt 2011
14 Vol.%, DV, Stahltank, 4000, extratrocken, €€

89 Chardonnay 2011
13,5 Vol.%, NK, Stahltank, 2000, extratrocken, €€

88 Weißburgunder 2011
13,5 Vol.%, DV, Stahltank, 3600, extratrocken, €

88 Grüner Veltliner 2011
13,5 Vol.%, DV, Stahltank, 3600, extratrocken, €

Neusiedlersee-Hügelland

★★★★

WEINGUT PRIELER

7081 Schützen/Gebirge, Hauptstraße 181
T: 02684/22 29, F: DW 4
weingut@prieler.at
www.prieler.at

KELLERMEISTER: Georg und Silvia Prieler
ANSPRECHPARTNER: Engelbert, Irmgard, Silvia und Georg Prieler
ANZAHL/FLASCHEN: 90.000 (30 % weiß, 70 % rot) **HEKTAR:** 20
VERKOSTUNG: ja, gegen Voranmeldung **AB-HOF-VERKAUF:** ja
ÜBERNACHTUNGSMÖGLICHKEIT: kann organisiert werden
ANDERE PRODUKTE IM VERKAUF: Weinbrand (17 Jahre im Fass gelagert), Traminer Weinessig **VEREINSZUGEHÖRIGKEIT:** 11 Frauen und ihre Weine, Leithaberg **MESSEN:** VieVinum, ProWein

Im Zentrum der Familie Prieler steht der Schützner Stein, denn sämtliche Weingärten dieses kleinen, aber feinen Weingutes befinden sich dort. In jeder Himmelsrichtung gibt es eine andere Bodenzusammensetzung, und so ist es einfach zu erklären, dass für die einzelnen Sorten ausgezeichnete Standorte gewählt werden konnten.

Um allerdings schon seit vielen Jahren feinste Weiß- und Rotweine zu erzeugen, benötigt man einiges an Fingerspitzengefühl. Georg Prieler, der junge Önologe mit Auslandserfahrung, und Silvia Prieler, die promovierte Mikrobiologin, verfügen über diese Gabe. Sie sind echte Allrounder, treffen ihre Entscheidungen stets intuitiv, und das ist gut so, denn hier werden Weine erzeugt, die im Gedächtnis bleiben. Boden und Terroir sind bei Familie Prieler jedenfalls kein leeres Gerede. Wenn Silvia bei diesem Thema ins Detail geht, dann funkeln ihre Augen.

Die Kalkböden findet man in den Rieden Seeberg und Sinner, die Richtung Neusiedler See liegen und die Trauben für die großen Weißweine des Weingutes liefern. Johanneshöhe und Unterbergen stehen für sandigen Lehm mit Kieselsteinen und sind ideale Standorte für spät reifende Sorten wie Cabernet Sauvignon und Merlot. Goldberg, die unbestritten beste Lage des Hauses, bietet kargen Glimmerschiefer und ist prädestiniert für den Blaufränkisch, der die traditionsreichste und wichtigste Sorte ist. Zwei Ausbaustufen gibt es davon: Der Blaufränkisch »Johanneshöhe« wird im großen Holzfass geschult, der Blaufränkisch »Goldberg« hingegen erhält seine unglaubliche Geschmeidigkeit während seines bis zu 26 Monate langen Aufenthalts in Barriques – ein Wein der Superlative und Sieger der »Falstaff Reserve-Trophy« 2005 und 2008.

In den letzten Jahren hat Familie Prieler aber auch mit den Weißweinen bei der »Falstaff Burgunder-Trophy« kräftig zugeschlagen: Gleich zwei von vier Trophys wurden mit Pinot Blanc »Seeberg« 2004 und dem exzeptionellen gereiften Chardonnay »Seeberg« 2001 geholt. Die Leithaberg-Weine, die sich mit einem fulminanten Start ins Sortiment eingliedern, sorgen regelmäßig für Top-Platzierungen. Der rote Leithaberg 2004 belegte im Herbst 2006 den dritten Platz der Gesamtwertung bei der Falstaff-Rotweinprämierung und wurde zugleich in der Gruppe der Cuvées Zweiter. Im letzten Winter wurde der Leithaberg DAC 2008 wieder Zweitbester, diesmal schon als reinsortiger Blaufränkisch. Kein Wunder also, dass die Familie 2009 als »Winzer des Jahres« ausgezeichnet wurde.

(94-96) Blaufränkisch Goldberg 2009
13,5 Vol.%, NK, Barrique

Dunkles Rubingranat, violette Reflexe, zarter Wasserrand. Einladendes dunkles Beerenkonfit, unterlegt mit zarten Gewürzanklängen, einem Hauch von kandierten Orangenzesten, feiner Süße, ein facettenreiches Bukett. Komplex, reife Brombeerfrucht, feste Tannine, die perfekt integriert sind, schokoladige Textur im Abgang, zeigt eine gute Frische, bleibt sehr lange haften, mineralischer Nachhall, verfügt über großes Reifepotenzial, feine Kirschenfrucht im Rückgeschmack.

Neusiedlersee-Hügelland

92 Leithaberg DAC rot 2009
13,5 Vol.%, NK, Barrique
Dunkles Rubingranat, violette Reflexe, zarter Wasserrand. Einladende Röstaromen, zart nach Nougat und Gewürzen, mit dunkler Beerenfrucht unterlegt, attraktives Bukett. Saftig, elegant, feiner Schokoanklang, gut integrierte Tannine, reife Pflaumen, extraktsüßer Nachhall, bleibt sehr gut haften, Nougat im Abgang, feine Herzkirschenfrucht im Rückgeschmack.

(91-93) Schützner Stein 2010 BF/ME
13,5 Vol.%, NK, Barrique
Dunkles Rubingranat, violette Reflexe, zarter Wasserrand. Mit feiner Kräuterwürze unterlegte dunkle Beerenfrucht, zarte tabakige Nuancen. Saftig, reife Kirschen, mit süßen Zwetschken unterlegt, gut integrierte Holznote, schokoladiger Nachhall, ein eleganter Speisenbegleiter.

(90-92) Pinot Noir 2010
13 Vol.%, NK, großes Holzfass/Teilbarrique
Mittleres Granatrot, zart unterockert, dezenter Wasserrand. Zart balsamisches Bukett, feine Gewürzanklänge, reife Kirschenfrucht. Elegant, saftig, feiner Säurebogen, eher zarter, aber gut balancierter Stil, rotbeeriger Nachhall, feine Extraktsüße im Finish, trinkanimierender Wein.

(88-90) Blaufränkisch Johanneshöhe 2010
13 Vol.%, DV, großes Holzfass

92 Leithaberg DAC weiß 2010 PB
13,5 Vol.%, DV, Stahltank
Mittleres Grüngelb. Angenehme Kräuterwürze, zart nach Biskuit, ein Hauch von Orangenzesten, mit gelber Tropenfrucht unterlegt. Elegant, zart nach Kokos, frisch strukturiert, feiner zitroniger Touch, mineralisch-salzig im Abgang, wirkt leichtfüßig und trinkfreudig, gutes Reifepotenzial.

90 Pinot Blanc Seeberg 2011
13,5 Vol.%, DV, Stahltank
Helles Grüngelb. Mit frischen Wiesenkräutern unterlegte zarte Apfelfrucht, ein Hauch von Birnen, feine tabakige Noten. Stoffig, weiße Tropenfrucht, elegante Textur, feiner Säurebogen, gelber Apfel im Abgang, gutes Reifepotenzial.

89 Chardonnay Sinner 2011
13,5 Vol.%, DV, Stahltank

Neusiedlersee-Hügelland

★★

WEINGUT PETER SCHANDL

7071 Rust, Haydngasse 3
T: 02685/265, F: DW 4
info@schandlwein.com
www.schandlwein.com

KELLERMEISTER UND ANSPRECHPARTNER: Paul Schandl
ANBAUWEISE: derzeit in Umstellung auf Bio
ANZAHL/FLASCHEN: 60.000 (40 % weiß, 40 % rot, 20 % süß) HEKTAR: 15
VERKOSTUNG: ja AB-HOF-VERKAUF: ja BUSCHENSCHANK: 18. 3. bis 14. 11.
ÜBERNACHTUNGSMÖGLICHKEIT: ja
ANDERE PRODUKTE IM VERKAUF: Destillate, Sekt
VEREINSZUGEHÖRIGKEIT: Cercle Ruster Ausbruch MESSEN: VieVinum

Das Weingut Peter Schandl liegt in der Freistadt Rust im burgenländischen Weinbaugebiet Neusiedlersee-Hügelland. Es ist bereits seit über 250 Jahren in Familienbesitz. Paul und seine Schwester Barbara Schandl führen das Weingut und die angeschlossene Buschenschank.

Die Weingärten umfassen 15 Hektar Rebflächen in verschiedenen Ruster Rieden, die zu rund zwei Dritteln mit Weißwein- und zu etwa einem Drittel mit Rotweinsorten bestockt sind. Der Schwerpunkt liegt bei fruchtbetonten sortenreinen Weinen, das trifft sowohl für trockene als auch für Prädikatsweine zu. Die besondere Liebe gilt den Burgundern, die als Weiß-, Grau- und Blauburgunder gekeltert werden. Auch traditionelle Weißweine wie Gelber Muskateller und Furmint werden in den Weingärten angebaut. Bei den gehaltvollen, dichten Rotweinen, Blaufränkisch, Cabernet und Pinot Noir, ist das oberste Ziel die Erhaltung der Frucht. Neben Spätlesen und Auslesen produziert die Familie Schandl drei- bis viermal im Jahrzehnt den ganzen Stolz ihrer Heimatstadt: den Ruster Ausbruch.

Es werden auch Destillate (Wein- und Tresterbrand) und Sekt erzeugt. Das Weingut ist Mitglied bei der Winzervereinigung »Cercle Ruster Ausbruch«.

92 Pinot Gris Ried Kreften 2010
13,5 Vol.%, DV, Barrique, extratrocken, €€€
Mittleres Grüngelb. Feine, attraktive Röstanklänge, mit zarter weißer Tropenfrucht unterlegt, mineralischer Touch. Saftig, elegante Textur, feine Extraktsüße, ein Hauch von Grapefruit, bleibt gut haften, frisch und trinkanimierend, gute Frucht im Finish, gutes Entwicklungspotenzial.

90 Chardonnay Ried Gertberg 2011
13,5 Vol.%, DV, Stahltank, trocken, €€
Helles Grüngelb. Frischer gelber Apfel, ein Hauch von Wiesenkräutern, zart nach Grapefruit. Saftig, kraftvoll, reife gelbe Tropenfrucht, feiner Säurebogen, stoffige Frucht auch im Abgang, elegant und anhaltend, ein vielfältig einsetzbarer Speisenbegleiter.

90 Furmint 2011
13 Vol.%, DV, trocken, €€€
Helles Grüngelb. Mit Nuancen von Orangen und Grapefruit unterlegte Birnenfrucht, feine Wiesenkräuter. Saftig, gute Komplexität, gelbe Fruchtanklänge, feines Säurespiel, bleibt gut haften, feine Kräuterwürze im Abgang, gute Länge, dunkle Mineralik im Rückgeschmack.

89 Sauvignon Blanc 2011
13 Vol.%, DV, Stahltank, extratrocken, €€

88 Gelber Muskateller 2011
12 Vol.%, DV, Stahltank, extratrocken, €€

91 Pinot Noir 2009
13,5 Vol.%, DV, Barrique, extratrocken, €€€
Helles Rubingranat, zart unterockert, breiter Wasserrand. Mit feinen Röstaromen unterlegte Kirschfrucht, rauchige Würze, attraktives Bukett. Saftig, elegante Textur, extraktsüße Beerenfrucht, gut integrierte Tannine, bereits zugänglich, Erdbeernoten im Nachhall, floraler Rückgeschmack.

★★★
WEINGUT FRANZ SCHINDLER

7072 Mörbisch, Neustiftgasse 6
T/F: 02685/83 26
office@weingut-schindler.at
www.weingut-schindler.at

KELLERMEISTER UND ANSPRECHPARTNER: Franz Schindler
ANZAHL/FLASCHEN: 70.000 (35 % weiß, 60 % rot, 5 % süß) HEKTAR: 15
VERKOSTUNG: ja AB-HOF-VERKAUF: ja
ÜBERNACHTUNGSMÖGLICHKEIT: ja
VEREINSZUGEHÖRIGKEIT: Vinology, Mörbischer Wein
MESSEN: ProWein, VieVinum

Neusiedlersee-Hügelland

Die 15 Hektar Weingarten der Familie Schindler befinden sich in den besten Rieden von Mörbisch. Nach strengsten Qualitätskriterien bearbeitet, bilden sie den Grundstein für die angestrebte Substanz und Dichte der Weine. Das pannonische Klima am Ufer des Neusiedler Sees sorgt Jahr für Jahr für vollreife Trauben.

Die Weißweinsorten Welschriesling und Muskat-Ottonel werden klassisch und fruchtbetont in Edelstahltanks ausgebaut. Die besten Chargen der internationalen Sorten Chardonnay und Sauvignon Blanc reifen bis zu 18 Monate ausschließlich in neuen Barriques. Der daraus resultierende Top-Weißwein »Cuvée d'Argent« zeigt internationales Profil. Die Sorten Blaufränkisch, Zweigelt und Cabernet Sauvignon werden im Stahltank vergoren und nach der Malolaktik entweder im großen Eichenfass oder wie im Fall der »Cuvée d'Or«, des Flaggschiffs des Hauses, bis zu 24 Monate in neuen Barriques ausgebaut. Mit dem Jahrgang 1999 wurde erstmals die Luxusausführung als »Grande Cuvée d'Or« vorgestellt, ein Prestigewein, der nur in den besten Rotweinjahrgängen aufgelegt wird. Für immer mehr Furore sorgt der reinsortige Merlot, den Kraft und Potenzial auszeichnen.

Die Süßweine bestechen durch Harmonie, Kraft, Fruchttiefe und eine feine Säure. Die Philosophie des Hauses, den großen Gewächsen mehr Fassreife zu gönnen und erst später zu füllen bzw. in den Verkauf zu geben, wird durch Spitzenplätze bei Verkostungen bestätigt.

93 Blaufränkisch Lehmgrube 2009
13 Vol.%, NK, Barrique, 2000, extratrocken, €€€€
Dunkles Rubingranat, violette Reflexe, dezenter Wasserrand. Mit zarter tabakiger Würze unterlegte reife Kirschenfrucht, dunkle Mineralik, Anklänge von schwarzen Beeren. Saftig, gute Komplexität, feine Tannine, extraktsüßes Beerenkonfit, schokoladige Textur, mineralisch-salziger Nachhall, sehr gute Länge, sicheres Entwicklungspotenzial.

92 Cuvée d'Or 2009 BF/CS/ME
13,5 Vol.%, NK, Barrique, 5000, extratrocken, €€€€
Dunkles Rubingranat, violette Reflexe, dezenter Wasserrand. Feine dunkle Beerenfrucht, ein Hauch von Lakritze, etwas Edelholz, dezentes Nougat. Saftige Kirschenfrucht, gute Komplexität, straffe Tannine, frische Struktur, Kirschen im Abgang, bleibt gut haften, ein guter Speisenbegleiter, der über Reifepotenzial verfügt.

89 L'esprit Ferry 2009 BF/ME/CS/SY
13 Vol.%, Barrique, 2500, extratrocken, €€€

89 Blaufränkisch Selection 2009
12,5 Vol.%, DV, Teilbarrique, 5000, extratrocken, €€

90 Cuvée d'Argent 2009 CH/SB
13,5 Vol.%, NK, Barrique, 2000, extratrocken, €€€€
Mittleres Grüngelb. Mit feinen Grapefruitzesten und etwas Röstaromen unterlegte weiße Frucht, ein Hauch von Kräuterwürze. Kaftig, komplex, angenehme Extraktsüße, feiner Holzkuss, zart nach Orangen im Abgang, gute Länge, mineralischer Nachhall.

88 Sauvignon Blanc 2011
12,5 Vol.%, DV, Stahltank, 3000, extratrocken, €€

Neusiedlersee-Hügelland

★★★

WEINGUT ROSI SCHUSTER

7062 St. Margarethen, Prangergasse 2
T: 0650/979 99 90
weingut@rosischuster.at
www.rosischuster.at

KELLERMEISTER: Hannes Schuster
ANSPRECHPARTNER: Hannes und Rosi Schuster
ANZAHL/FLASCHEN: 35.000 (100 % rot) HEKTAR: 11
VERKOSTUNG: ja, gegen Voranmeldung AB-HOF-VERKAUF: ja
ÜBERNACHTUNGSMÖGLICHKEIT: kann organisiert werden
MESSEN: VieVinum, ProWein

Das Weingut Rosi Schuster befindet sich in St. Margarethen, die elf Hektar Weingärten großen Weingärten liegen in den interessantesten Lagen von St. Margarethen, aber auch in Zagersdorf. Seit der Ernte 2005 ist Hannes Schuster für den Ausbau der Weine und die Pflege der Weingärten verantwortlich. Mit dem reinsortigen St. Laurent aus Zagersdorf ließ er bereits aufhorchen, seit dem Vorjahr ergänzt der hochklassige St. Margarethener Blaufränkisch unter der Bezeichnung »Rusterberg« die Palette, neu dazugekommen ist mit 2009 auch ein St. Laurent aus St. Margarethen. Der 2009er-Jahrgang der bekannten Cuvée »C.M.B« kommt nun im Jahr 2012 auf den Markt. Für die Zukunft hat Schuster geplant, sich auf die heimischen Rotweinsorten zu konzentrieren, Weißweine wird es vermutlich nicht mehr geben.

Die Weine sind maßgeblich von den verschiedenen Böden geprägt. Die schweren Lehmböden mit unterschiedlichem Ton- und Kalkgehalt befinden sich in Zagersdorf, die sandigeren, kalkfreien Böden in St. Margarethen. Langlebige und finessenreiche Weine sind das Ergebnis. Der St.-Laurent-Weingarten in Zagersdorf wurde 2010 schwer von Hagel verwüstet, sodass Schuster nur verschwindend geringe 300 Liter erzeugen konnte; der Wein zeigt aber einmal mehr das große Potenzial dieser heimischen Sorte auf. Bereits die Einstiegsweine bei St. Laurent und Blaufränkisch zeigen ein tolles Niveau und glänzen mit hervorragendem Preis-Leistungs-Verhältnis.

94   C.M.B. 2009 BF/ME
13,5 Vol.%, NK, großes Holzfass, €€€€€
Tiefdunkles Rubingranat, violette Reflexe, zarte Randaufhellung. Dunkle Beerenfrucht, rauchig-blättrige Würze, reife Zwetschkenfrucht, etwas Nougat. Saftig, engmaschig, frisch strukturiert, rotbeerig, sehr gut eingebundene Holzwürze, bleibt gut haften, feine Kirschenfrucht im Nachhall, sehr guter Speisenbegleiter.

(92–94)   St. Laurent Zagersdorf 2010
12,5 Vol.%, NK, 300-l-Holzfass, €€€€€
Tiefunkles Rubingranat, violette Reflexe, zarte Randaufhellung. Mit feinem Nougat unterlegte schwarze Beerenfrucht, tabakige Würze, feine Mineralik. Saftig, frische Weichselfrucht, sehr elegante Textur, frischer Säurebogen, zart nach Cranberries, feine Schokonote im Abgang, zitroniger Touch, bleibt gut haften, feine Sauerkirsche im Rückgeschmack.

(91–93)   Blaufränkisch Rusterberg 2010
13 Vol.%, NK, großes Holzfass, €€€€€
Tiefdunkles Rubingranat, opaker Kern, violette Reflexe, zarter Wasserrand. Intensives Brombeergelee, feine Kräuterwürze, mit dunkler Beerenfrucht unterlegt. Saftig, engmaschig, rotbeerige Frucht, knackig und frisch, gutes Trinkanimo, zarte vegetale Würze und frische Weichseln im Abgang, salziger Nachhall, ein leichtfüßiger Speisenbegleiter.

(91–93)   St. Laurent St. Margarethen 2010
12,5 Vol.%, NK, großes Holzfass, €€€€€
Leuchtendes Rubingranat, violette Reflexe, zarte Randaufhellung. Mit intensiver Kräuterwürze unterlegte Weichselfrucht, ein Hauch von Preiselbeeren, frische Orangenzesten, tabakige Nuancen. Am Gaumen elegant, sehr präzise und klar strukturiert, feine rote Waldbeerfrucht, frisch, feine Mineralik, bereits gut entwickelt, frische Kirschen im Abgang, feiner zitroniger Touch im Finish.

90 St. Laurent 2010
12 Vol.%, NK, großes Holzfass, €€
Leuchtendes Rubingranat, violette Reflexe, zarte Randaufhellung. Mit intensiver Kräuterwürze unterlegte dunkle Waldbeerfrucht, zarter animalischer Touch, ein Hauch von süßem Kirschkonfit. Saftig, rotbeeriger Touch, frisch strukturiert, leichtfüßiger, trinkanimierender, delikater Stil, zart nach Weichseln im Abgang.

90 Zweigelt 2010
12,5 Vol.%, NK, großes Holzfass, €€
Mittleres Rubingranat, violette Reflexe, Feine reife Kirschenfrucht, etwas Bitumen, zart nach Teer, dunkle Kräuterwürze. Elegant, gute Substanz, frische Zwetschken, extraktsüß, rotbeeriger Nachhall, facettenreicher, leichtfüßiger Speisenbegleiter.

Neusiedlersee-Hügelland

Neusiedlersee-Hügelland

★★

WEINGUT SEILER

7071 Rust, Conradplatz 10
T: 0699/12 29 32 28, F: 02685/644 94
georg.seiler@gmx.at
www.weingut-seiler.at

KELLERMEISTER: Georg Seiler **ANSPRECHPARTNER:** Georg und Friedrich Seiler
ANZAHL/FLASCHEN: k. A. (45 % weiß, 45 % rot, 10 % süß) **Hektar:** 9
VERKOSTUNG: ja, gegen Voranmeldung **AB-HOF-VERKAUF:** ja
HEURIGER: 2. 7. bis 28. 8., 7. 9. bis 4. 11., Mi. und Do. Ruhetag
ANDERE PRODUKTE IM VERKAUF: Destillate (Tresterbrand), Frizzante (GM)
VEREINSZUGEHÖRIGKEIT: Cercle Ruster Ausbruch
MESSEN: VieVinum

Die Familie Seiler ist seit über 400 Jahren in Rust ansässig und war mit dem Weinbau immer eng verbunden. Es steht eine breite Palette von Sorten im Anbau. Bei den Weißweinen sind insbesondere die für Rust seit jeher typischen Sorten Furmint und Gelber Muskateller zu erwähnen, denen sich Familie Seiler besonders verpflichtet fühlt. Aber auch mit dem Chardonnay »Rieglband« konnte man schon tolle Erfolge verbuchen.

Im Rotweinbereich liegt der Schwerpunkt bei den typisch österreichischen Sorten Zweigelt und Blaufränkisch. St. Laurent, Pinot Noir, Cabernet Sauvignon sowie Cabernet Franc und neuerdings auch ein reinsortiger Merlot gehören aber ebenfalls zum Programm. Natürlich gibt es auch edelsüße Weine, allen voran den Ruster Ausbruch. Im Weingarten wird möglichst schonend gearbeitet, um optimales Lesegut für die Weinbereitung zu ernten.

Da das Weingut in der Setzgasse schon aus allen Nähten platzte, wurde 2004 ein nun vollständig im Familienbesitz befindliches Bürgerhaus in der Altstadt von Rust, am Conradplatz 10, mustergültig restauriert und für weinbauliche Zwecke adaptiert. Neben der neu errichteten Buschenschank beheimatet es jetzt die Räumlichkeiten für die Traubenverarbeitung und den Weinausbau. Die lange Liste der nationalen und internationalen Erfolge würde hier den Rahmen sprengen.

90 Chardonnay Rieglband 2011
13,5 Vol.%, DV, großes Holzfass, extratrocken, €€
Mittleres Grüngelb. Feine gelbe Apfelfrucht, zart nach Wiesenkräutern, ein Hauch von Grapefruitzesten. Saftig, komplex, angenehme Fruchtsüße, feiner Säurebogen, elegant, bleibt gut haften, feine Mineralik, ein Hauch von Honig im Rückgeschmack.

89 Weißburgunder 2010
13 Vol.%, DV, Stahltank/großes Holzfass, trocken, €€

88 Gelber Muskateller 2011
12 Vol.%, DV, Stahltank, extratrocken, €€

89 Cabernet 2009 CF/CS
13 Vol.%, DV, Teilbarrique, extratrocken, €€€

88 Pinot Noir 2010
12,5 Vol.%, großes Holzfass, extratrocken, €€

90 Traminer Spätlese 2011
12,5 Vol.%, DV, Stahltank, süß, €€
Helles Gelbgrün, Silberreflexe. Feiner Rosenduft, ein Hauch von Maracuja, angenehme Steinobstklänge, mineralische Nuancen. Saftig, elegante gelbe Tropenfrucht, kraftvolles Finale, reife Birnenfrucht im Rückgeschmack, wird von Flaschenreife profitieren.

★★★

WEINGUT SOMMER

7082 Donnerskirchen, Johannesstraße 26
T: 02683/85 04, F: DW 4
info@weingut-sommer.at
www.weingut-sommer.at

KELLERMEISTER UND ANSPRECHPARTNER: Ing. Leo Sommer
ANZAHL/FLASCHEN: 145.000 (80 % weiß, 18 % rot, 2 % süß) HEKTAR: 30
VERKOSTUNG: ja, gegen Voranmeldung AB-HOF-VERKAUF: limitierte Mengen
HEURIGER: Partnerbetrieb »Der Schemitz«, geöffnet Mi. bis So.
ÜBERNACHTUNGSMÖGLICHKEIT: ja bzw. kann organisiert werden
ANDERE PRODUKTE IM VERKAUF: 15-jähriger Veltlinerbrand, Sekt, Frizzante
VEREINSZUGEHÖRIGKEIT: Weinquartett Donnerskirchen, Leithaberg
MESSEN: ProWein, VieVinum

Neusiedlersee-Hügelland

Das Weingut Sommer präsentiert sich ab dem Jahrgang 2011 neu. Die klare Struktur der Weine spiegelt sich von jetzt an auch im neuen Corporate Design des Weingutes wider. An den Südosthängen des Leithagebirges keltert Leo Sommer mineralisch unverwechselbare Weine, die seine Handschrift tragen. Das Zusammenspiel innovativer Kellertechnik mit der behutsamen Pflege und Förderung der Weingärten bringt Weine mit Vielfalt und Klasse hervor.

Das Terroir am Leithagebirge ermöglicht es der Familie, ihren Lebenstraum Wein zu verwirklichen und ihn mit anderen zu teilen. Die beeindruckende Weißweinpalette reicht von frischen, fruchtigen bis hin zu gehaltvollen und extraktreichen Weinen mit unverkennbarer Identität. Das Gebiet am Westufer des Neusiedler Sees lässt neben hervorragenden Weißweinen auch große Rotweine mit Dichte und Würze gedeihen. Um beste Qualitäten garantieren zu können, wird in hohem Maße verstärkt Wert auf die Kelterung der Trauben gelegt. Die Vielfalt und Klasse der Weine vom Weingut Sommer ist auch aus der österreichischen Gastronomie nicht mehr wegzudenken. Unterstrichen und betont durch die besonderen und einzigartigen Urgesteinsböden am Leithagebirge und der »Vereinigung Leithaberg«, werden neue Impulse für das Gebiet gesetzt.

Das Weingut bewirtschaftet heute rund 30 Hektar Weingartenflächen, wobei der Wachstumsprozess diesbezüglich noch nicht abgeschlossen ist.

92 Grüner Veltliner Bergweingarten M 2011
13,5 Vol.%, DV, Stahltank, extratrocken, €€
Helles Grüngelb. Mit feiner Kräuterwürze unterlegte Birnenfrucht, zart nach Mango, angenehme tabakige Würze. Komplex, reife Apfelfrucht, lebendiger Säurebogen, sehr trinkanimierend, weiße Frucht im Abgang, zeigt ein gute Länge, sicheres Reifepotenzial.

90 Riesling Bergweingarten 2011
13 Vol.%, DV, Stahltank, €€
Helles Grüngelb. Zarte Steinobstanklänge, frischer Weingartenpfirsich, ein Hauch von Blütenhonig. Saftig, weiße Frucht, finessenreicher Säurebogen, zitroniger Touch im Abgang, mineralischer Nachhall, vielseitig einsetzbar.

89 Sauvignon Blanc Wolfsbach 2011
13,5 Vol.%, DV, trocken, €€

88 Chardonnay Kreuzjoch 2011
DV, Stahltank, extratrocken, €€

88 Muskateller MUMO 2011
11,5 Vol.%, DV, Stahltank, trocken, €€

89 Gewürztraminer Spätlese 2011
11,5 Vol.%, DV, Stahltank, süß, €€

Neusiedlersee-Hügelland

WEINBAU TREMMEL

7071 Rust, Weinberggasse 19
T/F: 02685/368
weinbau.tremmel@gmx.at
www.weinbau-tremmel.at

KELLERMEISTER UND ANSPRECHPARTNER: Harald Tremmel
ANZAHL/FLASCHEN: 40.000 (45 % weiß, 45 % rot, 10 % süß) **HEKTAR:** 10
VERKOSTUNG: ja, gegen Voranmeldung **AB-HOF-VERKAUF:** ja
ÜBERNACHTUNGSMÖGLICHKEIT: kann organisiert werden
VEREINSZUGEHÖRIGKEIT: Cercle Ruster Ausbruch
MESSEN: Dornbirner Frühjahrs- und Herbstmesse, Forum Vini München

Das Weingut der Familie Tremmel wurde um das Jahr 1700 gegründet, und wer die Familie besucht, merkt sofort: Rust ist ein ganz besonderer Ort, und die Vorgängergenerationen haben hier ein kleines Juwel geschaffen. Zurzeit werden zehn Hektar Rebflächen in den verschiedensten Ruster Rieden bewirtschaftet. Das Mosaik an unterschiedlichen Böden ist Grundlage der Vielfalt. Um den Sortenausdruck zu fördern, legt man besonderes Augenmerk auf die physiologische Reife des Traubenmaterials. Im Keller wird auf schonende Traubenverarbeitung geachtet.

Einige Sorten sind die besonderen Lieblinge des Betriebs und typisch für Rust: Furmint, Muskat, Grauburgunder, Pinot Noir, Blaufränkisch (speziell aus der Riede Bandkreftn) sowie die edlen Ruster-Ausbruch-Weine, der Exportschlager der Donaumonarchie. Eine Laune der Natur begünstigt die Entwicklung der Edelfäule in den Ruster Weingärten in einer einzigartigen Weise. Der geschichtsträchtige Süßwein hat den Bürgern schon viel Ansehen, Freiheit und Reichtum gebracht und ist prädestiniert, den Ruster Weinen auch weiterhin Weltgeltung zu verleihen.

Durch die ausgezeichnete Lagerfähigkeit baut er Brücken zwischen der Vergangenheit und der Zukunft. Die Familie Tremmel zeigt aber auch immer wieder ihr Können bei der Bereitung ihrer trockenen Weiß- und Rotweine.

90 Furmint 2011
14 Vol.%, DV, Stahltank, 1200, trocken, €€ (0,5 l)
Mittleres Grüngelb. Einladender Duft, ein Hauch von Mandarinen, mit gelber Tropenfrucht unterlegt. Saftig, kraftvoll, süße Ananas klingt an, frischer Säurebogen, zart nach reifem Steinobst im Abgang, lange anhaltend, feine Honignuancen im Abgang, gutes Entwicklungspotenzial.

(89-91) Grauburgunder 2011
13,5 Vol.%, DV, großes Holzfass/Teilbarrique, 4000, extratrocken, €€
Helles Grüngelb. Mit zarten Wiesenkräutern unterlegte feine Birnenfrucht, ein Hauch von Mango, mineralischer Touch. Mittlere Komplexität, feine Holzwürze, frisch strukturiert, weiße Tropenfrucht im Abgang, ein vielseitiger Speisenbegleiter.

89 Weißburgunder & Chardonnay 2011
13,5 Vol.%, DV, großes Holzfass, 4000, extratrocken, €€

88 Sauvignon Blanc 2011
13 Vol.%, DV, Stahltank, 4000, extratrocken, €€

(88-90) Blaufränkisch 2010
13 Vol.%, DV, großes Holzfass, 4000, extratrocken, €€

93 Ruster Ausbruch 2004 (Neufüllung)
11,5 Vol.%, DV, Teilbarrique, 3000, süß, €€€€
Mittlerer Bernstein, Goldreflexe. Zart mit Nougat unterlegte Dörrobstklänge, zarte Kräuterwürze, tabakige Nuancen. Saftig, reife gelbe Tropenfrucht, frischer Säurebogen, zitronige Noten im Abgang, bleibt gut haften, feine Holznote im Nachhall, gutes weiteres Zukunftspotenzial.

★★★★
WEINGUT ERNST TRIEBAUMER

7071 Rust, Raiffeisenstraße 9
T: 02685/528, F: 02685/607 38
ernst@triebaumer.com
www.triebaumer.com

KELLERMEISTER: Herbert und Gerhard Triebaumer ANSPRECHPARTNER: Margarethe Triebaumer ANZAHL/FLASCHEN: 100.000 (20 % weiß, 75 % rot, 5 % süß) HEKTAR: 20 VERKOSTUNG: ja, gegen Voranmeldung AB-HOF-VERKAUF: ja, limitierte Mengen ÜBERNACHTUNGSMÖGLICHKEIT: kann organisiert werden ANDERE PRODUKTE IM VERKAUF: im Hofladen, Beate und Richard Triebaumer am Rathausplatz Nr. 4, Rust VEREINSZUGEHÖRIGKEIT: Cercle Ruster Ausbruch, Renommierte Weingüter Burgenland MESSEN: VieVinum, ProWein

Unauffällig, aber wirkungsvoll haben Herbert und Gerhard Triebaumer schrittweise die volle Verantwortung für die Produktion übernommen. Das Motto des Vaters Ernst, »im Weingarten sehr viel, dafür im Keller weniger zu tun«, wird auch in Zukunft weiterverfolgt. Noch mehr als bisher wird die Wüchsigkeit der Reben zurückgenommen (weniger maschinelle Bodenlockerung), um kleinere, widerstandsfähigere, geschmacksintensivere Trauben zu erhalten; ein erwünschter Nebeneffekt dieser Methode ist die Durchwurzelung tieferer Bodenschichten, was positiv für Ausdruckskraft und Lebensdauer der Weine ist. Eckpunkte der Produktion sind: Schonung und Gesundhaltung der Böden, das heißt keine Herbizidanwendung, keine Bewässerung, Reduktion der Überfahrten.

Gewissenhafte Grünarbeit für gut durchlüftete Laubwände ist ebenso selbstverständlich wie eine lockere Traubenzone. Die perfekte Traubenselektion beginnt gleich vom Stock weg bei der Ernte von Hand, und man hält an bewährten, bodenständigen Rebsorten fest. Über die Hälfte der Weingärten ist dem Blaufränkisch gewidmet. Wichtig sind den Triebaumers das totale Eingehen auf die Möglichkeiten der verschiedenen Jahrgänge (Erntezeitpunkt, Stilrichtung, Ausbauschritte) und eine besondere Zurückhaltung bei allen Pflege- und Ausbaumaßnahmen, um jedem Wein seine Eigenart zu erhalten.

96 Blaufränkisch Mariental 2009
NK/VL, Barrique, €€€€€

Tiefdunkles Rubingranat, opaker Kern, violette Reflexe. Intensive schwarze Beerenfrucht, unterlegt mit ätherisch-balsamischen Anklängen, feines Nougat, zart nach Edelholz, vielschichtige Aromatik. Saftig, süße Brombeeren, kompakt, finessenreiche Säurestruktur, reife, gut integrierte Tannine, bleibt gut haften, süße Kirschen im Abgang, Orangen im Nachhall, sicheres Reifepotenzial.

95 Blaufränkisch Oberer Wald 2009
NK/VL, Barrique, €€€€

Dunkles Rubingranat, violette Reflexe, dezenter Wasserrand. Ganz zart animalisch unterlegte schwarze Beerenfrucht, angenehme Gewürzanklänge, Brombeeren und Cassis, mineralischer Touch. Saftig, elegant und frisch strukturiert, feste Tannine, angenehme Fruchtsüße im Nachhall, bleibt gut haften, ein vielseitiger Speisenbegleiter mit Reifepotenzial.

93 Cabernet Sauvignon Merlot 2009
NK/VL, Barrique, €€€€

Dunkles Rubingranat, opaker Kern, violette Reflexe. Zart blättrig unterlegte schwarze Beerenfrucht, Nuancen von Cassis und Lakritze, dunkle Mineralik, tabakige Noten, braucht etwas Luft. Stoffig, schwarze Beerenfrucht, feines Nougat, präsente Tannine, eher rotbeeriger Nachhall, Herzkirschen im Rückgeschmack.

90 Maulwurf 2009 BF/CS/ME
13,5 Vol.%, NK/VL, 300-l-Fass, extratrocken, €€€€

Kräftiges Rubingranat, zarte violette Reflexe, breitere Randaufhellung. Frische Nuancen von Cassis und Brombeeren, mit zarter Kräuterwürze unterlegt, Orangenzesten klingen an. Saftig, elegant, stoffige rotbeerige Frucht, gut eingebundene Tannine, rassiger Stil, Weichseln und etwas Zitrone im Nachhall, ein trinkanimierender Speisenbegleiter.

Neusiedlersee-Hügelland

Neusiedlersee-Hügelland

89 Blauburgunder 2009
13,5 Vol.%, NK/VL, 300-l-Fass, extratrocken, €€€€

89 Blaufränkisch Gmärk 2010
12 Vol.%, NK/VL, 300-l-Fass, extratrocken, €€

92 Chardonnay Pandkräften 2009
13,5 Vol.%, NK/VL, Barrique, trocken, €€€€
Mittleres Grüngelb. Ein Hauch von Biskuit, nussig unterlegte gelbe Apfelfrucht, feine Nuancen von Vanille, einladendes Bukett. Saftig, elegant, feine karamellige Note, gelbe Tropenfrucht, feiner Säurebogen, zitronige Nuancen, mineralisch, bleibt gut haften, ein guter Speisenbegleiter.

89 Sauvignon Blanc Ried Vogelsang 2011
NK/VL, Stahltank, €€

88 Gelber Muskateller Ried Greiner 2011
NK/VL, Stahltank

93 Eiswein 2009 GV/WR/TR
10,5 Vol.%, NK, Teilbarrique, süß, €€€
Mittleres Gelbgold. Zart nach Honig und Lanolin, Nuancen von weißem Spargel, eingelegter Pfirsch, zarte rauchige Würze. Stoffige, süße Steinobstfrucht, feiner Säurebogen, bleibt sehr gut haften, gelbe Tropenfrucht im Abgang, intensive Honignote im Rückgeschmack, gutes Reifepotenzial.

★★★

WEINGUT GÜNTER UND REGINA TRIEBAUMER

7071 Rust, Neue Gasse 18
T: 0676/472 82 88, F: 02173/20 08 04
guenter@triebaumer.at
www.triebaumer.at

KELLERMEISTER: Günter Triebaumer
ANSPRECHPARTNER: Günter und Regina Triebaumer
ANZAHL/FLASCHEN: 130.000 (25 % weiß, 65 % rot, 10 % süß) HEKTAR: 25
VERKOSTUNG: ja, gegen Voranmeldung AB-HOF-VERKAUF: ja
ANDERE PRODUKTE IM VERKAUF: Perlwein Muscato
VEREINSZUGEHÖRIGKEIT: Cercle Ruster Ausbruch
MESSEN: ProWein, VieVinum

Neusiedlersee-Hügelland

»Low tech – high effort« heißt die Devise von Günter und Regina Triebaumer. Aufbauend auf der Ruster Kernkompetenz – Blaufränkisch, Furmint und Gelber Muskateller sowie Ruster Ausbruch – wird hier in der ehrwürdigen Freistadt Rust Weinbau mit Verve, Herzblut und Bodenhaftung betrieben.

Die Triebaumers produzieren Weine, die dem Burgenland stets eindeutig zuordenbar sind und auch bleiben. Dabei setzen sie Erfahrungen aus langen Jahren im internationalen Wein- und Gastronomiehandel, im Import/Export, in der Weinakademie sowie aufgrund ausgedehnter Weinreisen um. Die »burgundischen« Strukturen (25 Hektar auf 45 Parzellen) verbieten es derzeit noch, eine einzelne Lage am Etikett anzugeben. Aber gut Ding braucht bekanntlich Weile. Und das Lagenbewusstsein ist definitiv groß. Der Blaufränkisch stellt mit acht Hektar souverän den »Chef«, sowohl klassisch, fein-kirschfruchtig als auch vielschichtig-gewürzig in Form der Blaufränkisch Reserve. Ohne Zweifel ist der Ruster Ausbruch die älteste, ohne Unterbrechung gepflegte Herkunftsbezeichnung für Wein in Österreich. Im Hause Triebaumer wird dieser konzentrierte Charaktersüßwein stets aus den verlässlichen Welschriesling angestrebt. Der »Muscato«, ein leichter und beschwingter Perlwein aus Gelbem Muskateller nach der Asti-Methode, verdient gewiss besondere Erwähnung.

93 Blaufränkisch Reserve Oberer Wald 2009
14 Vol.%, DV, Barrique, 1500, extratrocken, €€€€
Dunkles Rubingranat, opaker Kern, violette Reflexe. Deutliche Edelholzanklänge, Brombeerkonfit und Gewürze, facettenreiches Bukett. Stoffig, frisches schwarzes Waldbeerkonfit, finessenreicher Säurebogen, mineralischer Nachhall, dunkle Beeren auch im Rückgeschmack, bleibt gut haften, ein vielseitiger Speisenbegleiter.

93 Weite Welt 2009 CF/CS/SY/ME
14 Vol.%, NK/DV, Barrique, 2000, extratrocken, €€€€
Dunkles Rubingranat, dunkler Kern, violette Reflexe. Einladendes dunkles Beerenkonfit, feine Nuancen von Brombeeren und vollreifen Weichseln, mit angenehmer Kräuterwürze unterlegt. Saftig, extraktsüß, gute Komplexität, integrierte Tannine, frisch strukturiert, angenehme Brombeernote im Abgang, schokoladiger Rückgeschmack, gutes Reifepotenzial.

93 Blaufränkisch Reserve Plachen 2009
15 Vol.%, DV, Barrique, 1500, extratrocken, €€€€
Dunkles Rubingranat, opaker Kern, violette Reflexe. Mit frischer Kräuterwürze und Orangenzesten unterlegtes dunkles Waldbeerkonfit, feiner Nougatanklang, Gewürznoten. Kraftvoll, saftige Kirschenfrucht, präsente Tannine, die noch etwas fordernd wirken, zart nach Bitterschokolade im Abgang, ein stoffiger Speisenbegleiter für würzige Speisen, gutes Entwicklungspotenzial.

88 Sauvignon Blanc 2011
13,5 Vol.%, DV, Stahltank, 13.000, trocken, €€

90 Traminer Spätlese 2011
11 Vol.%, DV, Stahltank, 5000, süß, €€€
Helles Grün, Silberreflexe. Feine traubig unterlegte Rosenblütenaromen, zart nach Grapefruit. Saftig, elegant, weiße Tropenfruchtanklänge, finessenreicher Säurebogen, mineralisch und balanciert, zart nach Eibisch im Rückgeschmack.

89 Muscato Perlwein mild 2011 GM
7 Vol.%, Sektverschluss, Stahltank, 20.000, süß, €€€

Neusiedlersee-Hügelland

★★

WEINGUT WAGENTRISTL

7051 Großhöflein, Rosengasse 2
T/F: 02682/614 15
weingut@wagentristl.com
www.wagentristl.com

KELLERMEISTER: Rudolf Wagentristl
ANSPRECHPARTNER: Emma und Rudolf Wagentristl
ANZAHL/FLASCHEN: 45.000 (25 % weiß, 70 % rot, 5 % süß) **HEKTAR:** 12
VERKOSTUNG: ja, gegen Voranmeldung **AB-HOF-VERKAUF:** ja
ÜBERNACHTUNGSMÖGLICHKEIT: kann organisiert werden
VEREINSZUGEHÖRIGKEIT: Leithaberg
MESSEN: VieVinum, ProWein, Vinobile Montfort

Fünf Generationen der Familie Wagentristl sind bereits mit dem Weinbau verbunden und in Großhöflein verwurzelt. Die kleine Gemeinde zählt seit Jahrhunderten zu den Hochburgen des burgenländischen Weinbaus. So ist es nicht verwunderlich, dass auch bei den Wagentristls seit Anbeginn auf Qualität gesetzt wurde. Bereits 1974 wurde der Großteil der Weine in der Flasche vermarktet und somit der Grundstein für die heutigen Strukturen gelegt.

Heute bewirtschaftet man zwölf Hektar Rebfläche an den sanften Hängen des Leithagebirges und dessen Ausläufern. Die Zusammensetzung der Böden sorgt gemeinsam mit dem einzigartigen Kleinklima für ein Terroir, das in dieser Form anderswo nicht zu finden ist. Heimische Rebsorten wie Blaufränkisch und Zweigelt, aber auch die Burgundersorten finden hier ideale Bedingungen vor. Die Trauben reifen im pannonischen Klima langsam zu höchster Qualität und bilden die Grundlage für außergewöhnliche Weine. Um auch den nächsten Generationen eine intakte Umwelt zu hinterlassen, ist der Familie der nachhaltige Umgang mit den natürlichen Ressourcen ein besonderes Anliegen. Aus diesem Grund werden die Weingärten nach den strengen Richtlinien der kontrolliert integrierten Produktion bewirtschaftet.

Die liebevolle, teils akribische Pflege der Reben ist ein wichtiger Punkt des hier gepflegten Qualitätsdenkens. Die Trauben für die Weine des Hauses werden bei optimaler Reife von Hand geerntet. Eine penible Auslese im Weingarten garantiert vollkommen gesundes Traubenmaterial. Die weitere Verarbeitung erfolgt mit größter Sorgfalt unter Einsatz modernster Technik. Dennoch ist man stets bemüht, die Weine naturnah und ohne unnötige Eingriffe zu keltern. Das Resultat dieser Anstrengungen sind charaktervolle Gewächse.

92 Heulichin 2009 CS/BF/ZW
14 Vol.%, NK, Barrique, 3000, extratrocken, (€€€€)
Dunkles Rubingranat, violette Reflexe, dezenter Wasserrand. Feine Edelholzwürze, zart nach Trockenkräutern, mit schwarzer Beerenfrucht unterlegt, zarte Orangenzesten. Stoffig, feine Tannine, die gut eingebunden sind, dunkle Beerenfrucht, extraktsüßer Nachhall, zartes Karamell im Abgang, ein vielseitiger Speisenbegleiter mit Reifepotenzial.

92 Kreideberg 2009 PN
14 Vol.%, NK, Teilbarrique/Barrique, 3000, extratrocken, (€€€)
Kräftiges Rubingranat, zarte violette Reflexe, breitere Randaufhellung. Mit feiner tabakig-vegetaler Würze unterlegte Kirschenfrucht, ein Hauch von Himbeeren und Lakritze. Saftig, sehr elegant, feine Tannine, ausgewogen, extraktsüßer rotbeeriger Nachhall, zeigt eine gute Frische und Länge, bereits zugänglich, aber auch mit Reifepotenzial ausgestattet.

91 Leithaberg DAC rot 2009
13,5 Vol.%, NK, Teilbarrique, 3000, extratrocken, (€€€)
Dunkles Rubingranat, violette Reflexe, zarter Wasserrand. Zunächst etwas verhalten, feine Kirschenfrucht, ein Hauch von Orangenzesten, gute Mineralik, dezent mit Kokos unterlegt. Saftig, süße Frucht, gute Komplexität, dunkles Beerenkonfit, extraktsüßer Nachhall, bereits gut entwickelt, verfügt über gutes weiteres Reifepotenzial.

89 Föllikberg 2010 BF/ZW/CS
13,5 Vol.%, NK, Teilbarrique, 4000, extratrocken, €€

91 Leithaberg DAC weiß 2010 CH
13 Vol.%, NK, Teilbarrique, 1500, (€€€)
Mittleres Gelbgrün. Feine tabakig unterlegte Anklänge von Wiesenkräutern, ein Hauch von Birne und gelbem Apfel. Komplex, gelbe Frucht, feine Extraktsüße, ein Hauch von Karamell, gute Mineralik im Nachhall, bleibt gut haften, verfügt über Reifepotenzial.

89 Weißburgunder 2011
13 Vol.%, DV, Stahltank, 3000, extratrocken, €€

Mittelburgenland

MITTELBURGENLAND

Mittelburgenland – Blaufränkisch mit viel Charakter

Eine Rotweinsorte spielt auf den 2100 Hektar Rebfläche des Weinbaugebietes Mittelburgenland die Hauptrolle: der Blaufränkisch, der in Form von DAC-Weinen seine Herkunft idealtypisch repräsentiert. Vier Gemeinden geben den Ton an: Deutschkreutz, Horitschon, Lutzmannsburg sowie Neckenmarkt und zwei moderne Genossenschaften beweisen, dass Größe sehr wohl mit höchster Qualität konform gehen kann.

Die topografischen und klimatischen Voraussetzungen sind günstig: Die Weingärten werden von der Buckligen Welt im Westen, dem Ödenburger Gebirge im Norden und dem Günser Gebirge im Süden geschützt. Aus der pannonischen Tiefebene im Osten kann der warme, trockene Wind ungehindert einströmen. Die Böden sind ziemlich einheitlich, meist schwere, tiefgründige Lehmböden mit großer Wasserspeicherfähigkeit, was sich vor allem in trockenen Jahren positiv auswirkt. So können Blaufränkisch, aber auch Zweigelt, Cabernet Sauvignon und Merlot Kraft und Struktur gewinnen.

Ob reinsortige Weine oder Cuvées das bessere Ergebnis liefern, darüber lässt sich streiten. Unbestritten ist auf jeden Fall, dass der Blaufränkisch auf dem Weg in die Weinzukunft weiterhin eine führende Rolle spielen wird. Qualitätsgarant dafür ist eine aufstrebende Winzerschaft mit großem Zusammengehörigkeitsgefühl. Aber auch zwei moderne Winzergenossenschaften verstärken die Erfolgsstrategie. Sie haben frühzeitig erkannt, dass beim Rotwein zeitgemäße Investitionen unerlässlich für Markterfolg und Exportchancen sind. Touristisch ist das Mittelburgenland ebenfalls zum attraktiven Ziel geworden, nicht zuletzt durch die Thermen, die in den letzten Jahren im wahrsten Sinn des Wortes aus dem Boden geschossen sind. Ein buntes Freizeitangebot für alle Altersgruppen ist ein weiterer Pluspunkt der gastfreundlichen Region.

★★★★★
- Weingut Gesellmann, Deutschkreutz

★★★★
- Weingut J. Heinrich, Deutschkreutz
- Weingut Hans Igler, Deutschkreutz
- Weingut Paul Kerschbaum, Horitschon

★★★
- Heribert Bayer – In Signo Leonis, Neckenmarkt
- Weingut Gager, Deutschkreutz
- Rotweingut Iby, Horitschon
- Weingut Iby-Lehrner, Horitschon
- Rotweingut Maria Kerschbaum, Lackenbach-Horitschon

Mittelburgenland DAC

★★★

- Weingut K+K Kirnbauer, Deutschkreutz
- Rotweine Lang, Neckenmarkt
- Weingut Paul Lehrner, Horitschon
- Weingut Josef und Maria Reumann, Deutschkreutz
- Weingut Tesch, Neckenmarkt
- Weingut Familie Weber, Lutzmannsburg
- Weingut Wellanschitz, Neckenmarkt

★★

- Arachon T.FX.T., Horitschon
- Weinhof Bauer-Pöltl, Horitschon
- Weingut Josef Igler, Deutschkreutz
- Winzerkeller Neckenmarkt, Neckenmarkt
- United Vineyards Pfneisl Family, Kleinmutschen
- Rotweingut Prickler, Lutzmannsburg
- Weingut Juliana Wieder, Neckenmarkt

★

- Grenzlandhof – Reumann, Deutschkreutz
- Weingut Maria und Johann Hofstädter, Deutschkreutz
- Weingut Strass, Draßmarkt

- Weingut Strehn, Deutschkreutz

Mittelburgenland

★★

ARACHON T.FX.T

7312 Horitschon, Günser Straße 60
T: 02610/43 21 12, F: DW 4
office@arachon.com
www.arachon.com

KELLERMEISTER: Ing. Gregor Wolf ANSPRECHPARTNER: Illa Szemes
ANZAHL/FLASCHEN: k. A. (100 % rot) HEKTAR: 25
VERKOSTUNG: ja AB-HOF-VERKAUF: ja
ÖFFNUNGSZEITEN: Di. bis Do. 10–12 Uhr und 13–16 Uhr
Fr. 10–12 Uhr und 13–16.30 Uhr, Sa. 11–16.30 Uhr
ANDERE PRODUKTE IM VERKAUF: Arachon T.FX.T Trebernbrand (Gölles)
MESSEN: VieVinum, ProWein

Der Erfolg des Arachon-Projekts stand bei seinen drei Vätern F. X. Pichler, Manfred Tement und Tibor Szemes eigentlich nie wirklich infrage. Horitschon ist die Heimat des »Arachon« und die Bezeichnung des Weines der alte Name des Ortes. 25 Winzer liefern ihre besten Trauben von Blaufränkisch, Zweigelt, Cabernet Sauvignon und Merlot. Gregor Wolf, der Kellermeister der Winzergenossenschaft Horitschon, ist für die Vinifikation verantwortlich und somit Herr über 400 Barriques für die Reifung. Nach dem völlig unerwarteten Tod von Tibor Szemes, der ohne Zweifel der Motor dieses Projektes war, beweist dessen Witwe Illa schon seit einigen Jahren, dass sie diese große Lücke füllen kann. Mit dem »Arachon« hat sich Tibor Szemes, ohne es je anzustreben, selbst das würdigste Denkmal gesetzt, denn sein Wein steht für die in Freundschaft gepflogene interprofessionelle Zusammenarbeit von Menschen über Landesgrenzen hinweg – eine Idee, die allen ein Vorbild sein sollte.

Seit dem Juli 2004 steht nun die neue Arachon-Kellerei Freunden und Kunden als Verkostungsstätte zur Verfügung. Als Architekt konnte kein Geringerer als Wilhelm Holzbauer gefunden werden. Ein imposanter Barriquekeller (1500 Quadratmeter groß), Flaschenlager, Abfüllräumlichkeiten und ein repräsentativer Verkostungsraum sollen dem Projekt Arachon neue Dimensionen und Visionen ermöglichen. Der zweite Wein namens »a'Kira« (»a'Kira« bedeutet in der burgenländischen Mundart so viel wie Aufschrei) wird in einmal gebrauchten Arachon-Barriques ausgebaut. Dieser Blaufränkisch ist vor allem für den glasweisen Ausschank in der Gastronomie gedacht.

(90–92) Arachon T.FX.T. 2010 BF/ZW/ME/CS
NK, Barrique, €€€€€
Dunkles Rubingranat, violette Reflexe, feine Randaufhellung. Mit zarter Kräuterwürze unterlegtes dunkles Beerenkonfit, zart nach Brombeeren, angenehme Gewürznote. Saftig, elegante Textur, schwarzes Waldbeerkonfit, gut integrierte Tannine, mineralischer Nachhall, ein guter, bereits zugänglicher Speisenbegleiter mit Reifepotenzial.

(88–90) Blaufränkisch a'Kira T.FX.T. 2010
Teilbarrique, €€€

★★

WEINHOF BAUER-PÖLTL

7312 Horitschon, Brunnenweg 1
T: 02610/432 26, F: DW 24
weinhof@bauerpoeltl.at
www.bauerpoeltl.at

--- BIO ---

KELLERMEISTER UND ANSPRECHPARTNER: Daniel Bauer
ANZAHL/FLASCHEN: k. A. (5 % weiß, 95 % rot) HEKTAR: 16
VERKOSTUNG: ja, gegen Voranmeldung AB-HOF-VERKAUF: ja
ANDERE PRODUKTE IM VERKAUF: Traubensaft
VEREINSZUGEHÖRIGKEIT: Verband Blaufränkisch Mittelburgenland
MESSEN: VieVinum, ProWein

Mittelburgenland

Mitten im Blaufränkischzentrum, zwischen Horitschon und Deutschkreutz, liegt Unterpetersdorf. Der kleine Ort bietet in erster Linie dem Blaufränkisch große Entfaltungsmöglichkeiten. Mit dem Alten Weingebirge ist man hier im Besitz einer Lage, mit der es jährlich gelingt, die Vorzüge dieser Rebsorte herauszustreichen. Oberste Priorität der Familie ist es, hochwertige gebiets- und sortentypische Rotweine zu produzieren.

Ludwig und Marianne Bauer werden bereits tatkräftig von der nächsten Generation unterstützt: Für die Weinbereitung zeichnet seit dem Jahr 2003 Sohn Daniel verantwortlich. Nach dem Abschluss an der HBLA Klosterneuburg und einigen Auslandspraktika führt er die geradlinige Weinstilistik des Hauses fort. In die Zukunft wurde auch mit dem Bau des neuen Kellers investiert. Am besten »versteht« die Familie Bauer-Pöltl den Blaufränkisch, der hier im Mittelburgenland schon vor langer Zeit Fuß fasste, und mit Klima und Boden eine besondere Einheit bildet. Er stellt die wichtigste Sorte des Weinhofs dar. Auf 16 Hektar Weingärten wird zu zirka 60 Prozent Blaufränkisch kultiviert. Auch dem Zweigelt, Pinot Noir, Cabernet Sauvignon und den Cuvées »domus petri« und »Christania« widmet man sich mit größter Aufmerksamkeit. Neben der Qualitätssteigerung, die immer als höchstes Ziel gilt, wendet man sich intensiv der biologischen Arbeitsweise zu. Alle Weingärten unterstehen den biologischen Richtlinien und werden seit 2007 kontrolliert. Zahlreiche nationale sowie internationale Auszeichnungen bestätigen die Arbeit und die Ideen der Familie.

93 Blaufränkisch Altes Weingebirge Premium 2009
14 Vol.%, NK, Barrique, €€€€
Dunkles Rubingranat, violette Reflexe, zarter Wasserrand. Mit feinen Gewürzanklängen unterlegte dunkle Beerenfrucht, ein Hauch von Brombeeren, reifen Herzkirschen, Nuancen von Orangenzesten und Nougat. Saftig, gute Komplexität, präsente, gut integrierte Tannine, finessenreiches Säurespiel, zeigt eine gute Balance, mineralischer Nachhall, verfügt über Länge und Entwicklungspotenzial.

90 Zweigelt Schachen 2009
13 Vol.%, NK, Barrique, extratrocken, €€€
Dunkles Rubingranat, violette Reflexe, zarter Wasserrand. Mit dunkler Mineralik unterlegte Beerenfrucht, zart nach Holunder- und Brombeeren, feine Kräuterwürze. Saftig, elegante Textur, zarte Extraktsüße, frisch und balanciert, bleibt gut haften, bereits gut antrinkbar.

(89-91) Mittelburgenland DAC Reserve Vom Lehm 2010
13,5 Vol.%, NK, Barrique, extratrocken, €€€
Dunkles Rubingranat, violette Reflexe, zarter Wasserrand. Intensive Kräuterwürze, Anklänge von reifen Zwetschken, zartes Nougat. Saftig, dunkles Waldbeerkonfit, gut integrierte Tannine, frisch strukturiert, Nuancen von Weichseln im Abgang, ein trinkfreudiger Speisenbegleiter.

89 Mittelburgenland DAC Hochäcker 2010
13 Vol.%, NK, großes Holzfass, extratrocken, €€

88 Pinot Noir 2010
12,5 Vol.%, NK, Barrique, extratrocken, €€€

88 domus petri 2010 BF/ZW/CS
13 Vol.%, DV, Teilbarrique, extratrocken, €€

Mittelburgenland

★★★

HERIBERT BAYER – IN SIGNO LEONIS

7311 Neckenmarkt, Wirtschaftspark 5
T: 02610/426 44, F: DW 4
bayer@weinfreund.at
www.weinfreund.at

KELLERMEISTER: Patrick Bayer
ANSPRECHPARTNER: Heribert und Patrick Bayer
ANZAHL/FLASCHEN: 80.000 (100 % rot)
VERKOSTUNG: ja, gegen Voranmeldung AB-HOF-VERKAUF: ja
ÜBERNACHTUNGSMÖGLICHKEIT: kann organisiert werden
VEREINSZUGEHÖRIGKEIT: Verband Blaufränkisch Mittelburgenland
MESSEN: VieVinum, ProWein

Heribert und Patrick Bayer teilen die gleiche Leidenschaft: das Schaffen hervorragender Weine, die Sorte, Herkunft, Terroir, Jahrgang, aber auch die persönliche Handschrift in hohem Maße verkörpern. Ende 2002 wurde die Kellerei In Signo Leonis in Neckenmarkt eröffnet. Moderne, auf das Wesentliche bezogene Architektur kennzeichnen den Betrieb. Der Verkostungsraum gibt durch eine riesige Glaswand den Blick auf Hunderte effektbeleuchtete Barriques frei. 2004 wurde die Kellerei durch den Zubau einer Flaschenlagerhalle mit einer Kapazität von 450.000 Flaschen erweitert, was die Möglichkeit schafft, von den Premiumweinen Kontingente zurückzuhalten und den Kunden gereift anzubieten.

Der Neckenmarkter Hochberg mit seinen sehr alten Blaufränkisch-Anlagen ist das Terroir, wo seit 1997 die Rotweine, der überwiegende Anteil der Produktion, entstehen. Die Cuvée »In Signo Leonis«, das Flaggschiff des Hauses, scheint seit damals regelmäßig in den Bestenlisten auf. Gleiches Niveau repräsentiert seit 2002 der Blaufränkisch »In Signo Sagittarii«. Als Négociants Éleveures produzieren die Bayers dort, wo die Ausdruckskraft und Typizität der Rebsorten für sie beispielhaft sind. So entstand aus dem Jahrgang 2011 erstmals ein Grüner Veltliner von der Wagramer Einzellage Dorner, der die Tiefgründigkeit des Löss mit der Mineralik roten Schotters ideal verbindet. Nur aus ganz großen Jahrgängen wie 2004 und 2006 und in limitierter Auflage von 1500 nummerierten Magnums entsteht »Herzblut«, die Quintessenz der Bayer'schen Vorstellungen von österreichischem Rotwein – zweifellos ein Wein mit Kultpotenzial.

95 Herzblut 2006 BF/ME/ZW/CS
14 Vol.%, NK, Barrique, extratrocken, €€€€€
Dunkles Rubingranat, schwarzer Kern, violette Reflexe, breitere Randaufhellung. Intensive Nuancen von Kräutern und Edelholz, mit dunkler Beerenfrucht unterlegt, rauchige Nuancen, reife Zwetschkenfrucht klingt an, braucht einige Luft, um sich zu entfalten. Kraftvoll, kräuterwürzig unterlegte süße Kirschenfrucht, gut integrierte, feste Tannine, die den Wein lange tragen, extraktsüßer Nachhall, dunkle Mineralik im Abgang, klingt lange nach, zeigt eine gute Balance, ausgezeichnetes Reifepotenzial.

(91–93) In Signo Leonis 2010 BF/CS/ZW
€€€€€
Dunkles Rubingranat, violette Reflexe, zarte Randaufhellung. Feinwürzig unterlegte schwarze Beerenfrucht, ein Hauch von Brombeerkonfit und Cassis, ein Hauch von Nougat. Saftig, komplex, angenehme Extraktsüße, präsente Tannine, feine dunkle Schokoladenote im Abgang, bleibt lange haften, gute Kräuterwürze im Nachhall, Kirschen im Nachhall, verfügt über Reifepotenzial.

(89–91) Sails Red 2010 BF
DV, €€€
Leuchtendes Rubingranat, violette Reflexe, zarter Wasserrand. Mit feinen Kräutern unterlegte frische Kirschenfrucht, zarter tabakiger Touch, mineralische Nuancen. Saftig, feines Waldbeerkonfit, frisch strukturiert, angenehme Fruchtsüße im Abgang, wirkt leichtfüßig und trinkanimierend, vielseitig einsetzbar.

90 Grüner Veltliner Ried Dorner 2011 (Wagram)
13 Vol.%, DV, Stahltank, extratrocken, €€€
Mittleres Grüngelb. Feine Kräuterwürze, weiße Apfelfrucht, ein Hauch von Orangenzesten. Kompakt, engmaschig, nach Mango und gelbem Apfel, frischer Säurebogen, betonte Mineralik, zeigt eine gute Länge, feine zitronige Nuancen im Nachhall, verfügt über Reifepotenzial.

★★★

WEINGUT GAGER

7301 Deutschkreutz, Karrnergasse 2 und 8
T: 02613/803 85, F: DW 15
info@weingut-gager.at
www.weingut-gager.at

Mittelburgenland

KELLERMEISTER: Josef Gager
ANSPRECHPARTNER: Josef und Paula Gager, Ing. Horst Gager, Daniela Dostal
ANZAHL/FLASCHEN: k. A. (100 % rot) HEKTAR: 37
VERKOSTUNG: ja, gegen Voranmeldung AB-HOF-VERKAUF: ja
ÜBERNACHTUNGSMÖGLICHKEIT: ja
VEREINSZUGEHÖRIGKEIT: Vitikult, Verband Blaufränkisch Mittelburgenland
MESSEN: VieVinum, ProWein, ÖGW Zürich

Das Familienweingut Gager befindet sich in Deutschkreutz und zählt seit den 1980er-Jahren zu den besten Weingütern Österreichs. Von den sandigen bis schweren Lehmböden der umliegenden Hügel des Ödenburger Gebirges und dem pannonischen Klima beeinflusst, werden dichte und gehaltvolle Weine vinifiziert.

Die Weingartenfläche wurde in den letzten zehn Jahren auf 37 Hektar aufgestockt, auf denen die Rebsorten Blaufränkisch, Zweigelt, Cabernet Sauvignon, Merlot, Syrah, Rösler und Tannat kultiviert werden. Das Leitmotiv ist das Bewusstsein, über ein Terroir mit speziellen Eigenschaften zu verfügen, die Basis für Qualität und Persönlichkeit der Gager-Weine sind. Die bekannte Cuvée »Quattro« ist das Markenzeichen des Hauses, und die Cuvée »Cablot« fungiert neben dem »Tycoon« als Flaggschiff. In besonders guten Jahrgängen steht der »Blaufränkisch Gager« für die höchste Qualität der Weinmacherkunst im Hause.

Seit April 2006 setzt das Weingut mit einer hochmodernen Produktionsstätte mitten im Ortskern von Deutschkreutz neue Maßstäbe. Neben Verkostungs-, Seminar- und Verkaufsräumlichkeiten, einem beeindruckenden Barriquekeller, Büros und einer Küche stehen nun auch fünf komfortable Gästezimmer zur Verfügung. Tochter Daniela hat die Verantwortung für die Administration und das Wohl der Gäste übernommen. Ab zehn Personen bietet Familie Gager bei Verkostungen begleitende Degustationsmenüs an.

(91-93) Tycoon 2009 BF/CS/TN
14 Vol. %, NK, Barrique, €€€€€ .
Tiefdunkles Rubingranat, schwarzer Kern, sehr zarter Wasserrand. Feine Kräuterwürze, schokoladige Nuancen, reife Kirschen, zart nach Dörrobst. Stoffig, eher rotbeerige Frucht, feine Tannine, frisch und trinkanimierend, wirkt fast leichtfüßig, schokoladiger Nachhall, Weichseln im Rückgeschmack.

(91-93) Quattro 2010 BF/ZW/ME/CS
DV, Barrique
Dunkles Rubingranat, schwarzer Kern, violette Reflexe, zarter Wasserrand. Rauchige Kräuterwürze, intensive schwarze Beerenfrucht, ein Hauch von Lakritze, Orangenzesten. Saftig, schwarze Frucht, frisch strukturiert, gut eingebundene Tannine, Herzkirschen im Abgang, feiner Schokotouch im Nachhall, gutes Reifepotenzial.

(91-93) Cuvée Selection Johanna Maier 2009
DV, Barrique
Tiefdunkles Rubingranat, opaker Kern, violette Reflexe. Feine Kräuterwürze, Edelholzanklänge, mit Brombeeren und Lakritze unterlegt, tabakige Nuancen. Stoffig, schwarze Beeren, feine Tannine, schokoladiger Touch im Abgang, zarte Zitrusnote, mineralischer Nachhall.

(88-90) Mittelburgenland DAC Ried Fabian 2010
DV, großes Holzfass

(87-89) Blaufränkisch Vitikult 2010
DV, Barrique

Mittelburgenland

★★★★★

WEINGUT GESELLMANN

7301 Deutschkreutz, Langegasse 65
T: 02613/803 60, F: DW 15
weingut@gesellmann.at
www.gesellmann.at

KELLERMEISTER: Albert Gesellmann **ANSPRECHPARTNER:** Silvia und Albert Gesellmann **ANBAUWEISE:** derzeit in Umstellung auf Bio **ANZAHL/FLASCHEN:** 220.000 (9 % weiß, 90 % rot, 1 % süß) **HEKTAR:** 40 **VERKOSTUNG:** ja, gegen Voranmeldung **AB-HOF-VERKAUF:** ja **ÜBERNACHTUNGSMÖGLICHKEIT:** kann organisiert werden **ANDERE PRODUKTE IM VERKAUF:** Tresterbrand »Bela Rex«, »hochberc«, Schokoladen, Walnussöl **VEREINSZUGEHÖRIGKEIT:** Renommierte Weingüter Burgenland **MESSEN:** VieVinum, ProWein

Innovation und Tradition verbinden sich auf dem Weingut Gesellmann zur perfekten Harmonie. Ergebnis dieser Symbiose sind die Cuvées »Opus Eximium« und »Bela Rex«, die in der internationalen Weinwelt zu Synonymen für Top-Rotwein aus Österreich geworden sind. Mit einer neuen Cuvée mit der Bezeichnung »G«, bestehend aus den autochthonen Sorten Blaufränkisch und St. Laurent, ausgebaut in kleinen Eichenfässern, gehen Albert und Engelbert Gesellmann ihren Erfolgsweg konsequent weiter. Senior Engelbert Gesellmann ist einer der österreichischen Rotweinpioniere.

Als einer der ersten Winzer Österreichs pflanzte er internationale Rebsorten und begann, mit französischen Barriques zu arbeiten. Mit seinem Sohn Albert, der nach Lehr- und Wanderjahren in Südafrika und Kalifornien im Betrieb einstieg, verfolgt er konsequent sein Ziel nach höchster Qualität – ein Streben, das sich auch in Form von internationalen Auszeichnungen niederschlägt. 1988 wurde erstmals die Cuvée »Opus Eximium« aus den Sorten Blaufränkisch, Pinot Noir, St. Laurent und Cabernet Sauvignon kreiert. 1992 kam der Blend »Bela Rex«, bestehend aus Cabernet Sauvignon und Merlot, auf den Markt. Das Weingut Gesellmann war einer der ersten Betriebe Österreichs, die eine Top-Cuvée aus internationalen Rebsorten komponierten. Mit der letzten neuen Kreation, der Cuvée »G«, bringt die Familie Gesellmann vielleicht den bislang besten Rotwein Österreichs auf den Markt.

Auf über 35 Hektar Eigenfläche verbinden Albert und Engelbert Gesellmann traditionellen Anbau – in manchen Weingärten sind die Rebstöcke älter als 80 Jahre – mit Vinifikationsmethoden nach neuesten und modernsten Erkenntnissen der Kellertechnik. Traditionelle Maischegärung und biologischer Säureabbau werden zugunsten von Weinen mit weicheren Tanninen, kürzerer Entwicklungs- und längerer Reifephase eingesetzt. Um optimale Voraussetzungen für die Arbeit im Keller zu schaffen, wurde das Weingut umgebaut und neu gestaltet.

Nach dem Sieg bei der Falstaff-Rotweinprämierung 2008 mit dem Blaufränkisch »hochberc« stellte Gesellmann sein Können im Jahre 2011 wieder unter Beweis – der »Bela Rex« 2009 wurde Falstaff-Sieger und somit bester Rotwein Österreichs.

(94-96) »G« 2008 BF/SL
14,5 Vol.%, NK/DV, Barrique, €€€€€
Dunkles Rubingranat, opaker Farbkern, violette Reflexe. Rauchig-würzig unterlegte schwarze Beerenfrucht, reife Zwetschken, mit feinem Brombeerkonfit unterlegt, ein Hauch von Orangenzesten und Gewürzen, angenehme balsamische Note. Saftig, extraktsüß, reife Kirschenfrucht, stoffige, süße Tannine, die dem Wein große Länge verleihen, feines Nougat im Abgang, bleibt bei aller Kraft elegant und frisch, ein herausragender Speisenbegleiter.

(94-96) hochberc 2009 BF
14 Vol.%, NK/DV, Barrique, €€€€
Tiefdunkles Rubingranat, violette Reflexe, zarte Randaufhellung. Mit feiner Kräuterwürze unterlegte dunkle Frucht

nach Brombeeren und Weichseln, Gewürze klingen an, zart nach Tabak und Nougat, facettenreiches Bukett. Saftig, gute Komplexität, süßes schwarzes Waldbeerkonfit, feine Tannine, bleibt sehr lange haften, finessenreich im Nachhall, vollreife Kirschenfrucht im Rückgeschmack, ein großes Zukunftsversprechen.

(90-92) Pinot Noir Siglos 2010
13 Vol.%, NK/DV, Barrique, €€€€€
Dunkles Rubingranat, violette Reflexe, breitere Randaufhellung. Verhalten, zart nach rotem Waldbeerkonfit, angenehmer Kräutertouch. Saftig, feine dunkle Beerenfrucht, gut integriertes Tannin, extraktsüßer Kern, frisch und gut anhaltend, Extraktsüße im Rückgeschmack, wird von Flaschenreife profitieren.

(90-92) Opus Eximium Nr. 23 2010 BF/SL/ZW
13,5 Vol.%, NK/DV, Barrique, €€€€
Dunkles Rubingranat, violette Reflexe, zarter Wasserrand. Feine Kräuterwürze, feiner balsamischer Touch, schwarze Beeren, zart nach Zwetschken. Saftig, frische Kirschenfrucht, feine Holzwürze, zarter Schokotouch im Abgang, ein vielseitiger Speisenbegleiter.

(89-91) Blaufränkisch Creitzer Reserve 2010
13,5 Vol.%, NK/DV, Barrique, €€€
Kräftiges Rubingranat, violette Reflexe, Wasserrand. Feine Nuancen von dunklem Waldbeerkonfit, zarte Kräuterwürze, tabakige Noten. Saftig, frische Weichselfrucht, gut integrierte Tannine, lebendige Struktur, reife Kirschen im Nachhall, zart nach Orangen im Rückgeschmack.

(88-90) Mittelburgenland DAC Hochacker 2010
13,5 Vol.%, NK, großes Holzfass, €€

93 Chardonnay Steinriegel 2010
13,5 Vol.%, NK/DV, Barrique, extratrocken, €€€€
Mittleres Gelbgrün. Angenehme Gewürznoten vom neuen Holz, mit reifer gelber Frucht unterlegt, ein Hauch von Karamell. Straff, gute Komplexität, gelbe Tropenfrucht, gute Säurestruktur, salzig-mineralischer Abgang, gute Länge, sicheres Entwicklungspotenzial.

(89-91) hochberc weiß 2011
14 Vol.%, DV, großes Holzfass, extratrocken, €€€
Mittleres Gelbgrün. Feine Nuancen von gelben Tropenfrüchten, etwas Mango und Honigmelone, zarte Wiesenkräuter. Saftig, elegante gelbe Apfelfrucht, angenehme Extraktsüße, feiner Säurebogen, mineralischer Nachhall, ein vielseitiger Speisenbegleiter.

89 Chardonnay 2011
13,5 Vol.%, DV, Teilbarrique, extratrocken, €€

89 Sauvignon Blanc 2011
13,5 Vol.%, DV, Stahltank, extratrocken, €€

Mittelburgenland

Mittelburgenland

GRENZLANDHOF – REUMANN

7301 Deutschkreutz, Friedlbrunngasse 1
T/F: 02613/898 47
christian-reumann@aon.at
www.grenzlandhof-reumann.at

KELLERMEISTER: Christian Reumann
ANSPRECHPARTNER: Christian und Birgit Reumann
ANZAHL/FLASCHEN: 100.000 (8 % weiß, 91 % rot, 1 % süß) HEKTAR: 24
VERKOSTUNG: ja, gegen Voranmeldung AB-HOF-VERKAUF: ja
ANDERE PRODUKTE IM VERKAUF: Traubensaft
VEREINSZUGEHÖRIGKEIT: Verband Blaufränkisch Mittelburgenland
MESSEN: Vinova, VinAustria, VieVinum, Vinobile Montfort

Im mittelburgenländischen Blaufränkischland, genauer gesagt in Deutschkreutz, bewirtschaften Birgit und Christian Reumann derzeit etwa 24 Hektar Weingärten. Die Stärke des Betriebs liegt bei den grundsoliden Rotweinen aus den gebietstypischen Sorten Blaufränkisch, Zweigelt und St. Laurent, die zu sehr attraktiven Preisen angeboten werden. Dazu kommen Spezialitäten, die das Engagement der Familie unterstreichen. Bei vielen Prämierungen erhielten die Weine vom Grenzlandhof schon hohe Auszeichnungen.

Der Blaufränkisch ist die Leitsorte des Betriebs und nimmt den größten Teil der Rebfläche ein. Auch Zweigelt, St. Laurent, Cabernet Sauvignon, Merlot und Pinot Noir reifen hervorragend auf den kräftigen Böden des Mittelburgenlandes. Die Rotweine des Hauses werden sowohl klassisch als auch in Barriques ausgebaut. Aufgrund ihrer Frucht und Harmonie werden die Weine der Familie Reumann von in- und ausländischen Kunden sehr geschätzt. Im Jahr 2003 wurde ein neuer Zubau fertiggestellt, ausgestattet mit modernster Kellertechnik und einem großzügigen Verkostungsraum. Aufgrund der modernen Gestaltung des Grenzlandhofes findet man auch in diverser Fachliteratur zum Thema Architektur zahlreiche Berichte über dieses Weingut. Gegen Voranmeldung sind Weinverkostungen sowie Führungen durch Keller und Weingärten jederzeit möglich.

(90-92) Mittelburgenland DAC Classic 2011
13 Vol.%, DV, Stahltank, €€
Tiefdunkles Rubingranat, violette Reflexe, Wasserrand. Attraktive schwarze Beerenfrucht, ein Hauch von Steinobst und Brombeerkonfit, einladendes Bukett, floral unterlegt. Saftig, angenehme Extraktsüße, feine Tannine, frischer Säurebogen, mineralischer Nachhall, bereits zugänglich, ein vielseitiger Speisenbegleiter.

90 Zweigelt Hölzl 2010
13,5 Vol.%, NK, Teilbarrique, extratrocken, €€
Dunkles Rubingranat, violette Reflexe, Wasserrand. Einladende frische Zwetschkenfrucht, feine Kräuterwürze, zarter Holztouch. Saftig, rotbeerige Nuancen, feine Kirschenfrucht, mittlere Komplexität, frisch strukturiert, trinkanimierend, feines Nougat im Nachhall.

(88-90) Zweigelt 2011
13 Vol.%, DV, Stahltank, extratrocken, €€

★★★★

WEINGUT J. HEINRICH

7301 Deutschkreutz, Karrnergasse 59
T: 02613/896 15, F: DW 4
office@weingut-heinrich.at
www.weingut-heinrich.at

Mittelburgenland

KELLERMEISTER: Silvia und Johann Heinrich
ANSPRECHPARTNER: Silvia Heinrich ANZAHL/FLASCHEN: k. A. (100 % rot)
HEKTAR: 38 VERKOSTUNG: ja, gegen Voranmeldung
AB-HOF-VERKAUF: ja, So. und Fei. geschlossen
ÜBERNACHTUNGSMÖGLICHKEIT: ja ANDERE PRODUKTE IM VERKAUF: »Magic Moments«-Rosé-Sekt, Tresterbrand vom terra o., Traubensaft
VEREINSZUGEHÖRIGKEIT: Vitikult, 11 Frauen und ihre Weine, Verband Blaufränkisch Mittelburgenland MESSEN: VieVinum, ProWein

Weingärten sind für mich wie Kinder. Und wie Kinder möchte ich sie begleiten, unterstützen und mein Bestmögliches für sie tun. Nur so können sie sich entfalten, ihre Persönlichkeit entwickeln und ihr ganzes Potenzial zeigen«, so sieht Silvia Heinrich ihre Arbeit. Seit dem Sommer 2010 hat sie das Weingut offiziell übernommen und ihren Lebensmittelpunkt ganz nach Deutschkreutz verlegt. Ihre Eltern haben sich aber nicht zurückgezogen, sondern unterstützen sie maßgeblich dabei, dass der Prozess des Wein-Werdens immer wieder gelingt. Ihr Vater bringt mit seiner Erfahrung, seiner Ruhe und einer kompromisslosen Liebe zum Wein wertvolle Denkansätze ein, ihre Mutter hilft mit ihrer Tatkraft und der Freude an der Natur. Silvia Heinrichs Mann eröffnet ihr eine neue Sicht von außen, und ihre Kinder haben sie eine neue Lebenseinstellung gelehrt, weil sie ihr jeden Tag zeigen, was wirklich zählt.

Seit 2009 setzen die Heinrichs ausschließlich auf Rotwein. Fast 80 Prozent der Rebflächen sind mit Blaufränkisch bepflanzt, einer Sorte, die für die Region steht, mit Eigenständigkeit besticht und großes Potenzial hat. Familie Heinrich vinifiziert den typischen Mittelburgenländer in fünf Ausbaustufen und aus verschiedenen Lagen. Die Spielarten reichen von elegant und mineralisch bis hin zu intensiv und kräftig. In ihren Weingärten wachsen außerdem internationale Sorten wie Cabernet Sauvignon, Merlot und Syrah sowie ein wenig Zweigelt. Ein besonderes Juwel und zugleich Liebhaberei ist eine alte Anlage Pinot Noir.

Ihr Motto lautet: »Weniger ist mehr.« Wenige ausgewählte Rebsorten, naturnaher Anbau, händische Lese, spontane Vergärung, das sind die Zutaten, aus denen kompromisslose Qualität in der Flasche entsteht. Qualität, die anerkannt wird.

Mit »terra o.«, »elegy« oder »Cupido« hat das Weingut regelmäßig nationale und internationale Auszeichnungen erhalten. »terra o.«, die Parade-Cuvée des Hauses aus Blaufränkisch, Cabernet Sauvignon, Merlot und Syrah besticht durch Kraft und Würze gepaart mit intensiver Frucht. Cabernet Sauvignon und Merlot bringen ihre Aromen im »elegy« zum Ausdruck. Der »Cupido« vereint als reinsortiger Blaufränkisch mineralische Noten, rauchige Würze, feine Tannine und dunkle Früchte.

(93-95) elegy 2009 CS/ME
NK, Barrique
Tiefdunkles Rubingranat, opaker Kern, violetter Reflexe. Zart rauchig unterlegte dunkle Beerenfrucht, intensiv nach Kräutern und Gewürzen, etwas Cassis und Lakritze, Orangenzesten, sehr facettenreiches Bukett. Stoffig, kraftvoll, dabei süß und seidig, sehr elegante Tannine, extraktsüße Beerenfrucht im Nachhall, bleibt sehr gut haften, feine Schokonote im Rückgeschmack, sehr vielversprechend.

(93-95) Mittelburgenland DAC Reserve V-Max 2009
NK, Barrique
Tiefdunkles Rubingranat, opaker Kern, violetter Reflexe. Tabakig, feinwürzig unterlegte Zwetschkenfrucht, feines Brombeerkonfit, ein zarter Hauch von Feigen. Süße Textur, stoffige dunkle Beerenfrucht, präsente, gut integrierte Tannine, zeigt im Finale eine Spur von Opulenz und Extraktsüße, ein verschwenderischer Stil, sehr gut anhaftend, gutes Zukunftspotenzial.

Mittelburgenland

(90-92) Maestro 2010 BF/CS/ME
DV, Teilbarrique, €€€€
Dunkles Rubingranat, violette Reflexe, breitere Randaufhellung. Frische Kräuterwürze, ein Hauch von Dörrzwetschken, reife Kirschen, rauchige Nuancen. Saftig, mittlerer Körper, deutliche Fruchtsüße, gute Holzwürze, feiner Karamelltouch im Abgang, wird bald gut antrinkbar sein.

(89-91) Blaufränkisch Vitikult 2011
13,5 Vol.%, DV, Teilbarrique, €€€
Tiefdunkles Rubingranat, violette Reflexe, zarte Randaufhellung. Attraktive junge Brombeernote, frische Weichseln und Lakritze, ein Hauch von Orangenzesten. Stoffig, gute Komplexität, frisch und trinkanimierend strukturiert, Schokonachhall, ein vielseitiger Speisenbegleiter.

WEINGUT MARIA UND JOHANN HOFSTÄDTER

7301 Deutschkreutz, Arbeitergasse 25
T: 02613/894 59, F: DW 5
office@weinbau-hofstaedter.at
www.weinbau-hofstaedter.at

Mittelburgenland

KELLERMEISTER: Johann Hofstädter ANSPRECHPARTNER: Maria Hofstädter
ANZAHL/FLASCHEN: k. A. (100 % rot) HEKTAR: 5
VERKOSTUNG: ja, gegen Voranmeldung AB-HOF-VERKAUF: ja
ÜBERNACHTUNGSMÖGLICHKEIT: kann organisiert werden
VEREINSZUGEHÖRIGKEIT: Verband Blaufränkisch Mittelburgenland
MESSEN: VieVinum, Vinobile Montfort, VinAustria,
Die Weinmesse Innsbruck

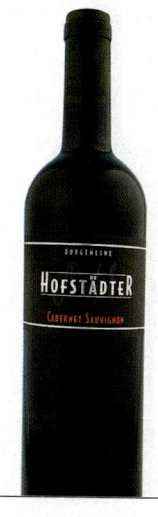

Klein, aber fein!« – so lautet das Motto des Familienbetriebs Hofstädter, der fünf Hektar Weingärten in Deutschkreutz bearbeitet. Die besondere Sorgfalt, die man den Reben angedeihen lässt, das Leben im Weingarten und die Liebe zum Wein sind jene Motivation, die beste Qualität zum Resultat hat.

Die Weingärten liegen im Herzen des Blaufränkischlandes in den besten Lagen an den Südosthängen des Ödenburger Gebirges. Hier gedeihen im milden pannonischen Klima hervorragende Rotweine. Im Anschluss an die alkoholische Gärung erfolgt der biologische Säureabbau im Edelstahltank oder im Barrique. Zahlreiche Falstaff-Prämierungen für die Blaufränkisch-Weine konnte die Familie Hofstädter bereits erringen, aber auch die sogenannten internationalen Sorten Merlot, Cabernet Sauvignon und Syrah hat man hier voll im Griff.

(89-91) Blaufränkisch Reserve 2010
Barrique
Dunkles Rubingranat, violette Reflexe, breitere Randaufhellung. Ein Hauch von frischen Zwetschken, mit Nuancen von Herzkirschen und Weichseln unterlegt, zarte tabakige Nuancen. Saftig, rotbeerige Noten, mittlere Komplexität, zitroniger Touch im Abgang, angenehmer Erdbeertouch im Finale, Orangen im Rückgeschmack.

(89-91) Cabernet Sauvignon 2010
Barrique, €€€€
Dunkles Rubingranat, violette Reflexe, breitere Randaufhellung. Mit einiger Holzwürze unterlegte Nuancen von Cassis und Lakritze, frische Herzkirschen. Saftig, deutliche Mokka-Röstaromen, zarter Selchtouch, süße schwarze Beerenfrucht, gut integrierte Tannine, lebendig, bleibt gut haften, frische Kirschenfrucht im Nachhall, stoffiger Speisenbegleiter.

(88-90) Merlot 2010
Barrique, €€€€

(88-90) Apollo Cuvée 2010
€€€

Mittelburgenland

★★★
ROTWEINGUT IBY

7312 Horitschon, Kirchengasse 4
T: 02610/422 92, F: DW 90
weingut@iby.at
www.iby.at

— BIO —

KELLERMEISTER: Ing. Anton Markus Iby **ANSPRECHPARTNER:** Ing. Anton Iby
ANZAHL/FLASCHEN: k. A. (100 % rot) **HEKTAR:** 35
VERKOSTUNG: ja **AB-HOF-VERKAUF:** ja
ÜBERNACHTUNGSMÖGLICHKEIT: kann organisiert werden
ANDERE PRODUKTE IM VERKAUF: Blaufränkisch-Tresternbrand, Weinbrand
VEREINSZUGEHÖRIGKEIT: Verband Blaufränkisch Mittelburgenland
MESSEN: VieVinum, ProWein

Sorgfalt, Leidenschaft und ein Gespür für die Reben sind ebenso wichtig wie Tradition und Herkunft – in diesem Bewusstsein wird schon seit Generationen Weinbau in Horitschon betrieben. Der Visionär Anton Iby schuf in vierter Generation mit seiner Frau Johanna aus einem kleinen Nebenerwerbsbetrieb ein erfolgreiches Rotweingut. Mit viel Fleiß und Liebe erwarben und pflanzten die beiden Blaufränkischreben in den besten Parzellen der Lagen Dürrau, Hochäcker und Gfanger. Diese bilden heute das Fundament für das hohe Niveau der Weine. Die junge Generation Anton V. (Quintus) und seine Frau Eva M. konnten gemeinsam mit den Eltern die Umstellung auf biologische Anbauweise vorantreiben, da dies eine wichtige Investition in Nachhaltigkeit und Qualität darstellt, von der auch noch weitere Generationen profitieren können. »Unsere Erde, unsere Reben und unsere Hände sind der Grundstein für regionstypische Blaufränkische«, sagen die Ibys aus Überzeugung. Damit ist auch schon die Philosophie der Winzerfamilie erklärt. Die schweren eisenhaltigen Böden mit den alten Reben und die liebevolle händische Pflege sind für sie wichtiger als moderne Produktionstechnologien im Keller.

Die Weine überzeugen durch ihre Vielschichtigkeit und Würzigkeit, aber auch durch den moderateren Einsatz von neuen Fässern besitzen die Weine viel Frucht und Finesse mit toller Länge. Eleganz und Tiefgang bei Alkoholwerten zwischen 12,5 und maximal 13,5 Prozent entsprechen dem Trend der Zeit. Die biologische Bewirtschaftung und die Spontangärung unterstützten die Sortentypizität. Die sympathischen Winzer werden auch in Zukunft mit viele Liebe und Freude bei ihren Reben sein, denn »Weinbauer« zu sein ist ihre größte Passion. Besonders imageträchtige Weine sind die reinsortigen Blaufränkischen »Chevalier«, »Quintus« und »Dürrau«, mit denen bereits unzählige Spitzenplätze bei Prämierungen im In- und Ausland erreicht werden konnten.

(91-93) Mittelburgenland DAC Reserve Dürrau 2009

13,5 Vol.%, NK, großes Holzfass/Barrique, extratrocken, €€€€
Dunkles Rubingranat, violette Reflexe, zarter Wasserrand. Feinwürzig unterlegte Brombeerfrucht, feine Herzkirschen klingen an, ein Hauch von Orangenzesten, mineralischer Touch. Saftig, elegant, ausgewogen, rotes Waldbeerkonfit, zitronige Nuancen, mineralisch-salzig, sehr ausgewogen, ein feiner Speisenbegleiter, frische Brombeeren im Nachhall, gutes Entwicklungspotenzial.

(91-93) Merlot Rager 2009

13,5 Vol.%, NK, Barrique, extratrocken, €€€€
Dunkles Rubingranat, violette Reflexe, zarter Wasserrand. Zart tabakig-kräuterwürzig unterlegtes dunkles Beerenkonfit, schwarze Johannisbeeren, Orangenzesten. Saftige Kirschenfrucht, feine Tannine, die gut integriert sind, frisch, zitronige Nuancen, bereits gut antrinkbar, mineralischer Touch, Kirschen im Abgang.

(90-92) Blaufränkisch Chevalier 2010

13,5 Vol.%, NK, Teilbarrique, extratrocken, €€€€
Dunkles Rubingranat, violette Reflexe, zarter Wasserrand. Zart kräuterwürzig unterlegte schwarze Beerenfrucht, tabakige Nuancen, dezente Zwetschkenfrucht, etwas Nou-

gat. Saftig, samtige Textur, feine Tannine, rotes Waldbeerkonfit, zitroniger Touch, salzig-mineralisch im Abgang, wirkt bereits zugänglich.

(90-92) Anton 2009 BF/ME
13,5 Vol.%, NK, Barrique, extratrocken, €€€€
Dunkles Rubingranat, violette Reflexe, zarter Wasserrand. Feines Beerenkonfit, florale Nuancen, ein Hauch von Edelholz. Saftig, elegant und frisch strukturiert, Nuancen von Herzkirschen, zitroniger Touch, mineralischer Nachhall, angenehme Süße im Rückgeschmack.

(89-91) Mittelburgenland DAC Hochäcker 2010
13 Vol.%, NK, großes Holzfass/Teilbarrique, extratrocken, €€
Kräftiges Rubingranat, violette Reflexe, breiterer Wasserrand. Einladende Herzkirschenfrucht, feine Gewürzanklänge. Saftig, feines rotes Waldbeerkonfit, feine Tannine, extraktsüße Kirschenfrucht im Abgang, zart nach Orangen im Nachhall, ein vielseitiger Speisenbegleiter.

Mittelburgenland

★★★

WEINGUT IBY-LEHRNER

7312 Horitschon, Hauptstraße 34
T: 02610/421 13, F: 02610/436 87
info@weinverkauf.net
www.weinverkauf.net

KELLERMEISTER UND ANSPRECHPARTNER: Ing. Michael Lehrner
ANZAHL/FLASCHEN: 70.000 (5 % weiß, 95 % rot) HEKTAR: 15
VERKOSTUNG: ja AB-HOF-VERKAUF: ja
ÜBERNACHTUNGSMÖGLICHKEIT: kann organisiert werden
ANDERE PRODUKTE IM VERKAUF: Rosé Frizzante
VEREINSZUGEHÖRIGKEIT: Verband Blaufränkisch Mittelburgenland
MESSEN: Vinobile Montfort, VieVinum, ProWein

Weine mit klar erkennbarem Stil und konstant hoher Qualität zu erzeugen, dabei die Tradition weiterzuführen und trotzdem modern zu sein – das gelingt am Weingut Iby-Lehrner ausgesprochen gut. Drei Generationen tragen zur Maximierung der Qualität und zum Erfolg der Weine bei. Die Liebe und besondere Aufmerksamkeit des Seniors Paul Iby und seiner Tochter Eva Lehrner gilt der Pflege der Reben. Ihr Sohn Michael Lehrner ist im Jahr 2000 voll ins Weingeschäft eingestiegen. Seit diesem hervorragenden Weinjahrgang wurde die Rebfläche auf 15 Hektar vergrößert – optimal, um sich noch intensiver mit den Reben zu beschäftigen und die Qualität konstant auf hohem Niveau zu halten.

Mit dem Blaufränkisch »Rondo« und der Cuvée »Prelude«, aber auch den traditionell ausgebauten Weinen der Sorten Zweigelt und Blaufränkisch, von dem es auch die Lagenselektion »Hochäcker« gibt, hat das Weingut Iby-Lehrner längst viele Weinfreunde gewonnen. Auch mit dem Blaufränkisch »Dürrau« hat Michael Lehrner den richtigen Zugang zur Sorte gefunden. Neu im Programm ist ein reinsortiger St. Laurent; ein fruchtiger Pinot Blanc rundet das ansonsten rote Sortiment ab.

In den letzten Jahren wurde auch baulich ein großer Schritt getan. Nach einem Entwurf von Architekt Dipl. Ing. Anton Mayerhofer wurden neue Verkaufsräumlichkeiten und ein Barriquekeller errichtet, 2006 dann das Presshaus mit einem darunterliegenden Jungweinkeller. Durch Ausnützung der Gravitation kann auf viele Pumpvorgänge verzichtet werden. Im neuen Keller kann sich Michael Lehrner jetzt voll entfalten und das Beste aus seinen Trauben herausholen.

(92–94) Blaufränkisch Dürrau 2009
14 Vol.%, NK, Barrique, 1500, extratrocken, €€€€
Dunkles Rubingranat, violette Reflexe, zarter Wasserrand. Feines Brombeerkonfit, mit frischer Zwetschkenfrucht unterlegt, etwas Nougat und Kräuterwürze klingen an. Stoffig, extraktsüße Textur, reife schwarze Beerenfrucht, gut integrierte Tannine, bleibt lange haften, ausgewogen und frisch, feiner schokoladiger Touch im Rückgeschmack, sicheres Reifepotenzial.

(91–93) Cabernet Sauvignon 2009
14 Vol.%, NK, 1500, extratrocken, €€€€
Dunkles Rubingranat, violette Reflexe, breitere Randaufhellung. Einladende dunkle Beerenfrucht, ein Hauch von Lakritze und Cassis, tabakige Würze. Saftig, schwarze Beeren, intensive Cassisfrucht, feine Tannine, frisch strukturiert, stoffiger Nachhall, feiner Schokotouch im Abgang.

(88–90) Syrah Raga 2009
14 Vol.%, NK, Barrique, extratrocken, €€€

(88–90) Mittelburgenland DAC Classic 2011
13 Vol.%, NK, großes Holzfass, 10.000, extratrocken, €€

(88–90) Cuvée Mosso 2010 SY/BF/ME
13,5 Vol.%, NK, Barrique, 5000, extratrocken, €€

★★★★

WEINGUT HANS IGLER

7301 Deutschkreutz, Langegasse 49
T: 02613/803 65, F: DW 7
info@weingut-igler.at
www.weingut-igler.at

KELLERMEISTER: Wolfgang und Clemens Reisner ANSPRECHPARTNER: Waltraud Reisner-Igler ANZAHL/FLASCHEN: 180.000 (2 % weiß, 98 % rot) HEKTAR: 33 VERKOSTUNG: ja, gegen Voranmeldung AB-HOF-VERKAUF: ja ÜBERNACHTUNGSMÖGLICHKEIT: kann organisiert werden ANDERE PRODUKTE IM VERKAUF: Sekt, Tresterbrand VEREINSZUGEHÖRIGKEIT: Renommierte Weingüter Burgenland, Verband Blaufränkisch Mittelburgenland MESSEN: VieVinum, ProWein

Mittelburgenland

Mitten im Blaufränkischland, der Rotwein-Hochburg Österreichs, verfolgt Waltraud Reisner-Igler mit Ehemann Wolfgang und Sohn Clemens die Vision zur Vinifizierung eines perfekten Blaufränkischen. Diesen Weg hatte Vater Hans Igler als »Rotwein-Pionier« des Landes bereits seit den frühen 1960ern vorgezeichnet und so die Charakteristik des regionaltypischen Terrains auf den Punkt gebracht. Mit einer konstant hohen Qualität mischen die Iglers seither im obersten Segment der Rotweine aus Österreich mit, getreu dem Motto: »Das Bessere ist immer der Feind des Guten.« Begünstigt durch pannonisch-milde Klimaeinflüsse und sandige Lehm- und Schotterböden, gedeihen an den Südosthängen des Ödenburger Gebirges hervorragende Rotweine und auch gehaltvolle Weißweine. Ihren Schliff erhalten diese durch eine späte, schonende Lese, besonders niedrige Hektarerträge und die sorgfältige Weiterverarbeitung in einem modern ausgestatteten Keller.

Heute zählt man die Igler'schen Weine, wie den Blaufränkisch »Ried Hochberg«, den Cabernet Sauvignon oder die Spitzencuvées »Vulcano« und »Ab Ericio« (lat. »vom Igel«), zu den Klassikern der Rotweinwelt Österreichs. Bei der Falstaff-Rotweinprämierung 2010 erhielten die Iglers zum neunten Mal die Auszeichnung »Falstaff-Sieger« für den besten österreichischen Rotwein, diesmal für den Wein Mittelburgenland DAC Reserve »Biiri«.

Der Flaggschiff-Wein des Hauses, die Cuvée »Vulcano«, feierte 2009 sein bereits 20-jähriges Bestehen. Grund genug, eine Auswahl der 20 »Vulcano«-Jahrgänge im Rahmen der Eröffnung des Schaflerhofs, der neuen Dependance des Weinguts, zu verkosten. Fazit: Das Potenzial der Weine hielt stand.

Das Weingut Hans Igler präsentiert sich seit 2009 in einem neu adaptierten historischen Gebäude. Waltraud und Wolfgang Reisner-Igler erfüllten sich einen lang gehegten Wunsch: den über Jahrzehnte im Dornröschenschlaf versunkenen Schaflerhof wach zu küssen. Der Schaflerhof wurde zu Beginn des 18. Jahrhunderts erbaut und diente einst dem nahen Schloss Deutschkreutz als Gutshof. Nach einer zweijährigen, aufwändigen Sanierung erfüllt dieses Juwel nun neue Funktionen: Barriquelager, Vulcano-Vinothek sowie Degustations- und Clubräume bis hin zur modernen Eventlocation in zeitgenössischer Architektur und historischem Ambiente.

(93-95) Blaufränkisch C6 2009
13,5 Vol.%, NK, Barrique, 3000, €€€€
Dunkles Rubingranat, opaker Kern, violette Reflexe, zarter Wasserrand. Feine Edelholznote, zart nach süßen Gewürzen, reife Kirschen, mit angenehmem Brombeerkonfit unterlegt, etwas Nougat. Stoffig, sehr gute Komplexität, süße Kirschenfrucht, zart nach Karamell, feine tragende Tannine, bleibt lange haften, schokoladiger Nachhall, großes Zukunftsversprechen.

(91-93) Mittelburgenland DAC Reserve Biiri 2010 BF
13,5 Vol.%, NK, Barrique, €€€€
Dunkles Rubingranat, opaker Kern, violette Reflexe, zarter Wasserrand. Zart nach kandierten Orangenzesten, dunkle Beerenfrucht, reife Kirschen, ein Hauch von Kräuterwürze, attraktives Bukett. Elegant, saftige Textur, mittlerer Körper, feines dunkles Beerenkonfit, gut eingebundene Tannine, angenehme Extraktsüße im Abgang.

Mittelburgenland

(91-93) Cabernet Sauvignon Ried Kart 2010
13,5 Vol.%, NK, Barrique, 7000, extratrocken, €€€€€
Dunkles Rubingranat, violette Reflexe, zarter Wasserrand. Feine Holzwürze, frische Noten von Cassis und Brombeergelee, angenehme tabakige Nuancen. Saftig, reife Weichseln, frisch strukturiert, eher rotbeeriger Nachhall, Lakritze im Rückgeschmack.

(90-92) Mittelburgenland DAC Ried Hochberg 2010
13,5 Vol.%, DV, großes Holzfass/Teilbarrique, 25.000
Dunkles Rubingranat, violette Reflexe, zarter Wasserrand. Tabakig unterlegte Kräuterwürze, zart erdig-balsamischer Touch, mit dunkler Beerenfrucht unterlegt. Mittlere Komplexität, frische Weichselfrucht, gut eingebaute Tannine, wirkt bereits harmonisch, Kirschen im Nachhall.

(88-90) Vulcano 2010 BF/CS/ZW/ME
13,5 Vol.%, NK, Barrique, 50.000, extratrocken, €€€€

(87-89) Pinot Noir Ried Fabian 2010
13,5 Vol.%, NK, Barrique, 5000, extratrocken, €€€€

★★

WEINGUT JOSEF IGLER

7301 Deutschkreutz, Hauptstraße 59–61
T: 02613/802 13, F: DW 14
info@igler-weingut.at
www.igler-weingut.at

Mittelburgenland

KELLERMEISTER: Josef Igler ANSPRECHPARTNER: Josef und Melitta Igler
ANZAHL/FLASCHEN: 70.000 (5 % weiß, 95 % rot) HEKTAR: 15,5
VERKOSTUNG: ja, gegen Voranmeldung
AB-HOF-VERKAUF: ja, limitierte Mengen
ÜBERNACHTUNGSMÖGLICHKEIT: kann organisiert werden
VEREINSZUGEHÖRIGKEIT: Verband Blaufränkisch Mittelburgenland, Vitikult
MESSEN: Alles für den Gast Salzburg, VieVinum, ProWein

Erstklassige Weine aus der Rebsorte Blaufränkisch zu kreieren ist für den Quereinsteiger »Joe« Igler die Devise, und so entstehen hier bereits seit einigen Jahren saubere, musterhafte Weine der Leitsorte sowohl im klassischen Ausbau als auch mit ausgedehnter Reifung in Barriques. Die Trauben für die Igler-Weine kommen aus den Deutschkreutzer Top-Lagen Goldberg, Hochberg, Mitterberg und Satz.

Der Blaufränkisch »Classic« wird im großen Holzfass ausgebaut, daneben gibt es noch den Blaufränkisch »Vitikult«. Die Trauben für diesen Wein stammen ausschließlich aus Anlagen mit einem Alter von mindestens zwanzig Jahren. An der Spitze der Qualitätspyramide stehen die vielschichtige Cuvée »Maximus« und der Blaufränkisch »Exclusiv«, beide werden ebenfalls im Barrique ausgebaut. Als Flaggschiff fungiert seit dem Jahrgang 2007 ein Wein namens »Joe«, der das Beste des jeweiligen Jahrgangs darstellt. Abgerundet wird das Sortiment von einem eleganten Sauvignon Blanc.

93 Joe No. 1 2009
14 Vol.%, NK, Barrique, 2000, extratrocken, €€€€
Dunkles Rubingranat, zart unterockert, violette Reflexe, zarter Wasserrand. Mit dunkler Mineralik unterlegte Anklänge von Cassis und Lakritze, tabakige Nuancen, feine Kräuterwürze. Saftig, extratsüßer Kern, reife Kirschenfrucht, gut integrierte Tannine, bleibt gut haften, dunkles Beerenkonfit im Nachhall, gutes Reifepotenzial.

91 Maximus 2010 BF/ME/CS
14 Vol.%, NK, Barrique, 2500, extratrocken, €€€
Dunkles Rubingranat, violette Reflexe, breitere Randaufhellung. Tabakig und mit etwas Kräuterwürze unterlegte reife Zwetschkenfrucht, Herzkirschen, zart nach Orangenzesten, ein Hauch von Röstaromen. Saftig, dunkles Waldbeerkonfit, feines Tanninkleid, mittlere Länge, ein vielseitiger Speisenbegleiter.

91 Blaufränkisch Reserve Exclusiv 2010
14 Vol.%, NK, Barrique, 2500, extratrocken, €€€
Dunkles Rubingranat, violette Reflexe, breiter Wasserrand. Zart rauchig-kräuterwürzig unterlegt, dunkle Beeren, ein Hauch von Nougat und Kakao. Komplex, saftige dunkle Waldbeerfrucht, präsente Tannine, Kirschenfrucht im Abgang, schokoladiger Nachhall.

90 Blaufränkisch Classic 2011
13,5 Vol.%, NK, Stahltank, 2500, extratrocken, €€
Dunkles Rubingranat, violette Reflexe, breiter Wasserrand. Einladende frische dunkle Beerenfrucht, feine Kräuterwürze. Saftig, elegant, extraktsüße Frucht, zart nach Zwetschken und Brombeeren, ausgewogen, bleibt gut haften, trinkfreudiger Stil.

Mittelburgenland

ROTWEINGUT MARIA KERSCHBAUM

★★★

7322 Lackenbach-Horitschon, Dreifaltigkeitsgasse 30
T: 02619/85 05, F: DW 30
maria@weingut-kerschbaum.at
www.weingut-kerschbaum.at

KELLERMEISTER: Rudolf Kerschbaum ANSPRECHPARTNER: Maria Kerschbaum
ANZAHL/FLASCHEN: 60.000 (100 % rot) HEKTAR: 18
VERKOSTUNG: ja, gegen Voranmeldung AB-HOF-VERKAUF: ja
ANDERE PRODUKTE IM VERKAUF: Sekt
ÜBERNACHTUNGSMÖGLICHKEIT: kann organisiert werden
VEREINSZUGEHÖRIGKEIT: Verband Blaufränkisch Mittelburgenland
MESSEN: VieVinum, ProWein, Igeho Basel

Innovativ in die neuen Zeiten und sich nicht entwurzeln vom Standortvorsprung. Es gibt wieder Neues zu berichten vom Rotweingut Maria Kerschbaum. Hier hat man unlängst die Standortfestigung zum zentralen Thema erklärt. Dürrau, die bekannte Riede in Horitschon, stellt von nun an eine neue Perspektive im Riedenportfolio des Weingutes dar und steht im Mittelpunkt eines hervorragenden Anbaugebiets. Man widmet sich hier mit eindeutiger Präferenz der autochthonen Rebsorte Blaufränkisch, die gehaltvolle Weine mit unverwechselbarer Authentizität hervorbringt. Die besonderen klimatischen Voraussetzungen hierfür sind gegeben.

Auch der Boden hat im Mittelburgenland das Potenzial, diese ausdrucksvollen Weine zu akzentuieren. Der Blaufränkisch wird im Weingut sowohl zu einem klassischen Wein vinifiziert, kommt aber auch als Partner für die High-End-Cuvée »Women« zum Einsatz. Eine besondere Rolle spielt er aber bei »David's Show Reserve«, wo er seine Intensität besonders zeigen kann. Das Paradebeispiel für einen formvollendeten Blaufränkisch ist für Familie Kerschbaum der Blaufränkisch »Reserve Dürrau«, der mindestens 36 Monate im neuen Barrique heranreifen darf.

Auch im Flaschendesign zeigt man sich innovativ und farbenfroh. Kräftigere und ausdrucksvollere Farben unterstreichen die Herkunft der Weine und sind auf den ersten Blick unverwechselbar. So geht man stetig mit dem Zeitgeist voran in neue Zeiten.

(93–95) David's Show Reserve 2009 BF
13,8 Vol.%, NK, Barrique, 3000, extratrocken, €€€€
Dunkles Rubingranat, violette Reflexe, zarte Randaufhellung. Einladende reife Herzkirschenfrucht, feine Edelholzwürze, ein Hauch von Nougat, feine rauchige Nuancen, attraktives Bukett. Saftig, intensive Brombeernote, extrastüßes Waldbeerkonfit, feine Tannine, die sehr gut integriert sind, zeigt eine gute Länge, sicheres Reifepotenzial.

(93–95) Blaufränkisch Reserve Dürrau 2009
13,7 Vol.%, NK, Barrique, 2500, extratrocken, €€€€
Tiefdunkles Rubingranat, opaker Kern, zarte Randaufhellung. Mit feinen Gewürzklängen unterlegtes schwarzes Beerenkonfit, angenehme Kräuternote, mineralischer Touch. Saftig, elegante Textur, frische Herzkirschen, mit Brombeeren und Cassis unterlegt, feine, gut tragende Tannine, gute Frucht im Abgang, schokoladiger Touch, sehr gute Länge, finessenreicher Blaufränkischstil.

(92–94) Cabernet Sauvignon 2009
13,8 Vol.%, NK, Barrique, 3000, extratrocken, €€€
Dunkles Rubingranat, violette Reflexe, zarter Wasserrand. Tabakig unterlegte dunkle Beerenfrucht, Gewürze und Nougat, kandierte Orangenzesten. Saftig, extrasüß, Nuancen von Honig, reifes Waldbeerkonfit, feine Tannine, bleibt sehr gut haften, zeigt eine gute Länge, schokoladiger Nachhall, ein facettenreicher Speisenbegleiter.

★★★★

WEINGUT PAUL KERSCHBAUM

7312 Horitschon, Hauptstraße 37
T: 02610/423 92, F: DW 40
weingut@kerschbaum.at
www.kerschbaum.at

KELLERMEISTER UND ANSPRECHPARTNER: Paul und Michael Kerschbaum
ANZAHL/FLASCHEN: k. A. (100 % rot) HEKTAR: 33
VERKOSTUNG: ja, gegen Voranmeldung AB-HOF-VERKAUF: ja
ÜBERNACHTUNGSMÖGLICHKEIT: kann organisiert werden
VEREINSZUGEHÖRIGKEIT: Renommierte Weingüter Burgenland,
Verband Blaufränkisch Mittelburgenland
MESSEN: VieVinum, ProWein

Mittelburgenland

Paul Kerschbaum zählt zu den »Baumeistern« unter den erfolgreichen Rotweinwinzern des Mittelburgenlandes. Als er 1989 mit der Flaschenfüllung begann, baute er einen Fass- und Tankkeller samt Gärraum. Einige Jahre später mussten bereits ein Flaschenlager und ein größerer Füllraum errichtet werden. Mit dem Jahrgang 1997 entschloss er sich, einen Barriquekeller, der für rund 450 Fässer Platz bieten sollte, anzulegen. Doch bereits für den grandiosen 2000er war auch dieser wiederum zu klein. So wurden über das gesamte Kellergelände im Jahr 2001 zwei weitere Etagen gebaut, der Gärraum nach oben verlegt, daneben ein Barriquekeller für den biologischen Säureabbau angeschlossen und in der Mitteletage ein Flaschenlager errichtet. Somit hat man auch die Möglichkeit, Flaschen im Hause zu lagern und erst dann in den Verkauf zu bringen, wenn der Wein trinkreif ist. Als logische Konsequenz schuf Paul Kerschbaum mit dem Jahrgang 1999 die Cuvée »Kerschbaum«, die erst 2003 auf den Markt kam. Außerdem keltert der Winzer reinsortigen Blaufränkisch, klassisch und im Barrique ausgebaut, und eine Cuvée mit den Rotweinsorten Blaufränkisch, Zweigelt und Cabernet, die den Namen »Impresario« trägt und zu den Top-Weinen Österreichs zählt.

Paul Kerschbaum wurde 2007 für seine Verdienste um den österreichischen Rotwein der Titel »Falstaff-Winzer des Jahres« verliehen.

(91-93) **Impresario 2010 BF/ZW/ME**
Barrique
Tiefdunkles Rubingranat, violette Reflexe, zarte Randaufhellung. Reife Zwetschkenfrucht, mit zarter Kräuterwürze unterlegt, ein Hauch von Feigen, kandierte Orangenzesten. Saftig, elegant, extraktsüße Textur, ein zarter Anklang von Dörrobst, bereits harmonisch, schokoladiger Nachhall, gut entwickelt, verfügt über Reifepotenzial.

(90-92) **Blaufränkisch Dürrau 2010**
Barrique
Dunkles Rubingranat, opaker Kern, violette Reflexe. Frische Edelholzwürze, ein Hauch von Zedern, Tabak, mit Brombeeren und Lakritze unterlegt. Saftig, elegant, frische Herzkirschen, gut integrierte Tannine, extraktsüßer Nachhall, ein vielseitiger Speisenbegleiter.

90 **Blaufränkisch Hochäcker 2010**
14 Vol.%, großes Holzfass
Dunkles Rubingranat, violette Reflexe, zarte Randaufhellung. Rotes Waldbeerkonfit, zart mit Kräuterwürze unterlegt, Orangenzesten. Saftig, mittlere Komplexität, süße Kirschenfrucht, dezenter Schokoanklang, bereits antrinkbar, ein unkomplizierter Speisenbegleiter.

89 **Zweigelt 2011**
13,5 Vol.%, DV, €€

88 **Blaufränkisch 2011**
13,5 Vol.%, DV, €€

Mittelburgenland

★★★

WEINGUT K+K KIRNBAUER

7301 Deutschkreutz, Rotweinweg
T: 02613/897 22, F: DW 12
kirnbauer@phantom.at
www.phantom.at

KELLERMEISTER UND ANSPRECHPARTNER: Ing. Mag. Markus Kirnbauer und Walter Kirnbauer ANZAHL/FLASCHEN: 200.000 (15 % weiß, 84 % rot, 1 % süß) HEKTAR: 35 Verkostung: ja AB-HOF-VERKAUF: ja ÜBERNACHTUNGSMÖGLICHKEIT: kann organisiert werden VEREINSZUGEHÖRIGKEIT: Vitikult, Verband Blaufränkisch Mittelburgenland MESSEN: VieVinum, ProWein, MondoVino, The London International Wine & Spirits Fair

Sanfte Hügel, sattes Grün, mächtige Kastanien, ein weiter Himmel: »Blaufränkischland« – Geografie und pannonisches Klima machen das Mittelburgenland zur Bilderbuchlandschaft für Rotweinwinzer. Das Weingut der Familie Kirnbauer thront gleichsam über den Dächern von Deutschkreutz und bietet hervorragende Ausblicke in die Weingärten.

Walter Kirnbauer war seiner Zeit voraus, als er 1987 als einer der ersten Winzer in Österreich eine Cuvée produzierte. Heute zählt »Das Phantom« aus dem Blaufränkischland mit seiner tiefdunklen Weichsel- und Cassisfrucht sowie seiner komplexen Struktur zu den bekanntesten Rotweinen Österreichs. Bekannte Raritäten aus dem Hause sind der »Girmer«, ein Zweigelt von 50 Jahre alten Reben mit Barriqueausbau aus eigenen Waldbeständen sowie der Blaufränkisch »Goldberg Reserve«. Der »Boutique-Wein« von K+K Kirnbauer ist jedoch »Forever« – Cabernet und Merlot aus 36-monatigem Barrique-Ausbau. International hohes Ansehen genießen der Chardonnay Barrique »Zwickl« (unfiltriert!) und der ebenfalls im Barrique vergorene und ausgebaute Eiswein. Gemeinsamkeit und überbetriebliches Handeln haben in der Familie Kirnbauer einen hohen Stellenwert.

Bereits Ende der 1980er-Jahre arbeitete Walter Kirnbauer an der Verwirklichung der Deutschkreutzer Gebietsvinothek, 1994 initiierte Markus Kirnbauer den Verein »Vitikult«, und seit 2009 ist Walter Kirnbauer Präsident des Mittelburgenland DAC.

(92-94) Mittelburgenland DAC Reserve V-Max 2009
13,5 Vol.%, NK, Barrique, extratrocken, €€€€€
Dunkles Rubingranat, violette Reflexe, zarter Wasserrand. Feine Röstaromen, reife dunkle Beerenfrucht, zarter Edelholztouch, Gewürze. Saftig, angenehme Süße, feine Tannine, schwarze Beeren, ein Hauch von Karamell im Abgang, zeigt eine gute Länge, Nougat im Rückgeschmack.

92 Merlot 2009
14,5 Vol.%, NK, Barrique, 4000, extratrocken, €€€€€
Dunkles Rubingranat, violette Reflexe, dezenter Wasserrand. Frische Kirschen, zart mit Weichseln unterlegt, ein Hauch von Kräuterwürze, etwas Orangenzesten. Saftig, frisch strukturiert, reife rotbeerige Frucht, zarte vegetale Note im Abgang, salzige Mineralik im Rückgeschmack, gute Länge, ein balancierter Speisenbegleiter.

(91-93) Mittelburgenland DAC Reserve Goldberg 2010
14 Vol.%, Barrique, extratrocken, €€€€
Dunkles Rubingranat, fester Kern, violette Randaufhellung. Intensive Edelholzwürze, dunkle, attraktive Beerenfrucht, zarte florale Nuancen, reife Kirschen. Saftig, elegant, extraktsüßer Kern, gut eingebaute Tannine, frisch strukturiert, bleibt gut haften, verfügt über Zukunftspotenzial.

(90-92) Zweigelt Girmer 2010
13 Vol.%, NK, Barrique, extratrocken, €€€€
Dunkles Rubingranat, violette Reflexe, zarte Randaufhellung. Einladende reife Zwetschkenfrucht, ein Hauch von Lakritze, rauchige Nuancen. Kompakt am Gaumen, angenehme Fruchtsüße, gut integrierte, stoffige Tannine, frische Weichselfrucht im Nachhall, zeigt gute Länge.

89 Blaufränkisch Vitikult 2009
13,5 Vol.%, DV, Teilbarrique, 8000, extratrocken, €€€

★★★

ROTWEINE LANG

7311 Neckenmarkt, Herrengasse 2
T: 02610/423 84, F: DW 6
office@rotweinelang.at
www.rotweinelang.at

Mittelburgenland

KELLERMEISTER: Ing. Stefan Lang ANSPRECHPARTNER: Andrea Lang
ANZAHL/FLASCHEN: k. A. (100 % rot) HEKTAR: 22
VERKOSTUNG: Do. bis Sa. 13–18 Uhr, Mo. bis Mi. gegen tel. Voranmeldung
AB-HOF-VERKAUF: ja ÜBERNACHTUNGSMÖGLICHKEIT: kann organisiert werden
VEREINSZUGEHÖRIGKEIT: Verband Blaufränkisch Mittelburgenland, Vitikult
MESSEN: Dornbirner Frühjahrs- und Herbstmesse, VieVinum, ProWein, Vinobile Montfort, VinAustria

Wenn Weinliebhaber nach Neckenmarkt, ins herrliche Blaufränkischland, kommen, haben sie oft nur eine Adresse: einen 300 Jahre alten Streckhof, das Rotweingut von Andrea und Stefan Lang. Das mehrfach ausgezeichnete Weingut hat sich auf die Kelterung von Rotweinen spezialisiert – nicht nur wegen der persönlichen Präferenz der Gutsbesitzer.

»Die schweren, tiefgründigen Lehmböden und das pannonische Klima bieten optimale Voraussetzungen für einen großen Roten«, so Stefan Lang. Neben ihrer Hauptsorte, dem Blaufränkischen, werden auf über 22 Hektar Anbaufläche auch die Sorten Zweigelt, St. Laurent, Pinot Noir, Cabernet Sauvignon, Syrah und Merlot angebaut.

Der ehemalige Streckhof wurde von der Familie mit viel Herzblut zu einem modernen Rotweingut umstrukturiert. In den jahrhundertealten Gewölbekellern erwarten die Besucher stilvoll restaurierte Räume, die besonders bei Verkostungen einen einzigartigen Charme versprühen. Zudem wurden das Presshaus und der Verarbeitungskeller mit Anlagen nach dem neuesten Stand der Technik ausgestattet.

Den Blick haben Andrea und Stefan also stets nach vorne gerichtet, an alten Werten halten sie trotzdem gerne fest. Denn, so Andrea Lang: »In unserer Heimat wird schon seit Generationen Wein angebaut. Und diese traditionsreiche Vergangenheit wollen wir im Auge behalten, wenn wir unseren eigenen Weg gehen.« Das Weingut Lang ist Mitglied des Vereins »Vitikult«, der dem Blaufränkisch noch mehr Geltung verschaffen möchte.

93 Cuvée Excelsior 2009 BF/CS/ME/SY
14 Vol.%, NK, Barrique, extratrocken, €€€€€
Dunkles Rubingranat, opaker Kern, violette Reflexe, zarter Wasserrand. Intensive Holznote nach Zedern und Gewürzen, mit schwarzen Beeren unterlegt, ein Hauch von Cassis, reife dunkle Waldbeeren. Kompakt, extraktsüß, präsente, gut integrierte Tannine, feiner Bitterschokotouch im Abgang, bleibt gut haften, ein vielseitiger Speisenbegleiter mit Reifepozezial.

(92-94) Grande Réserve 2009
14 Vol.%, NK, Barrique, extratrocken, €€€€€
Dunkles Rubingranat, opaker Kern, violette Reflexe. Reife Kirschen, zart mit Mandarinenzesten unterlegt, feiner Gewürztouch, etwas Nougat, tabakige Kräuterwürze im Hintergrund. Saftig, frische Zwetschken, Herzkirschen, präsente Tannine, die noch etwas fordernd sind, schokoladiger Abgang, feine vegetale Würze im Rückgeschmack.

92 Blaufränkisch DAC Réserve L1 2010
13,5 Vol.%, NK, Barrique, extratrocken, €€€€
Dunkles Rubingranat, opaker Kern, violette Reflexe, zarter Wasserrand. Mit feiner Kräuterwürze unterlegte Noten von Lakritze und Brombeeren, dezenter Edelholztouch. Saftig, elegant, feiner Schokoanklang, gut integrierte Tannine, zart nach Karamell im Abgang, ein vielseitiger Speisenbegleiter.

89 Fusion One 2010 BF/ME/SL
13,5 Vol.%, NK, Teilbarrique, extratrocken, €€€

88 Mittelburgenland DAC Vitikult 2010
13,5 Vol.%, NK, Teilbarrique, extratrocken, €€€

Mittelburgenland

★★★
WEINGUT PAUL LEHRNER

7312 Horitschon, Hauptstraße 56
T: 0664/455 69 99, F: 02610/421 71 24
weingut@paul-lehrner.at
www.paul-lehrner.at

KELLERMEISTER: Paul Lehrner **ANSPRECHPARTNER:** Paul und Gertrude Lehrner
ANZAHL/FLASCHEN: 120.000 (100 % rot) **HEKTAR:** 26
VERKOSTUNG: ja, gegen Voranmeldung **AB-HOF-VERKAUF:** ja
ÜBERNACHTUNGSMÖGLICHKEIT: kann organisiert werden
ANDERE PRODUKTE IM VERKAUF: Traubenkernöl, Trebernbrand
VEREINSZUGEHÖRIGKEIT: Verband Blaufränkisch Mittelburgenland
MESSEN: ProWein, VieVinum

Heimat des Weinguts Paul Lehrner ist die bekannte Weinbaugemeinde Horitschon im Herzen des Blaufränkischlandes. Im Hause Lehrner wird Regionalität und Sortentypizität mit höchster Qualität verbunden. Die traditionelle Weinbereitung unter Verwendung moderner Methoden und Kellertechnologie wird hier forciert, wobei der sauberen Verarbeitung höchste Priorität zukommt. Nach dem biologischen Säureabbau lässt man die Rotweine in Holzfässern unterschiedlicher Größe bis zur späten Flaschenfüllung reifen. Vollendeter Trinkgenuss bedeutet für Paul Lehrner einerseits Reintönigkeit und Harmonie, anderseits Charakter, der die Sorten-, Jahrgangs- und Gebietstypizität sowie die persönliche Handschrift des Winzers ausdrückt. Genau diese Eigenschaften versucht man hier den Weinen bestmöglich mitzugeben, um ein einzigartiges Produkt zu schaffen. Dem Terroir des Gebietes entsprechend hat man sich den Rotweinsorten verschrieben, von denen der regionstypische Blaufränkisch dominiert. Er wird sowohl reinsortig gefüllt, ist aber auch bestimmender Partner in den Cuvées des Hauses.

Mit dem geradlinig-würzigen Blaufränkisch von der Riede Gfanger, dem kernigen Blaufränkisch aus der Riede Hochäcker, dem stoffig-kraftvollen »Steineiche«, der eleganten Cuvée »Paulus« und dem komplexen, tiefgründigen, mit großem Lagerpotenzial ausgestatteten Blaufränkisch »Dürrau«, der gewiss zu den vortrefflichsten Tröpfchen zählt, ist Paul Lehrner längst in die Riege der besten Rotweinproduzenten Österreichs aufgestiegen.

(92-94) Blaufränkisch Dürrau 2009
13,5 Vol.%, NK, Barrique, €€€€
Dunkles Rubingranat, opaker Kern, violette Reflexe. Feines dunkles Waldbeerkonfit, reife Herzkirschen, ein Hauch von Orangenzesten, feiner Nougatschmelz. Komplex, engmaschig, angenehme Exraktsüße, feine Tannine, finessenreicher Säurebogen, wieder reife Kirschen, zitroniger Touch im Abgang, eleganter Speisenbegleiter mit sicherer Zukunft.

(91-93) Paulus 2009 BF/ZW/CS
13,5 Vol.%, NK, Barrique, €€€
Dunkles Rubingranat, violette Reflexe, zarter Wasserrand. Mit feiner Holzwürze unterlegte schwarze Beerenfrucht, angenehme Kräuternote, zarter balsamischer Touch. Saftig, frische Herzkirschen, elegant und saftig, gut integrierte Tannine, rotbeerige Nuancen im Abgang, trinkanimierender und bereits zugänglicher Stil, gutes Entwicklungspotenzial.

(88-90) Blaufränkisch Hochäcker 2010
13 Vol.%, NK/DV, großes Holzfass, €€

★★
WINZERKELLER NECKENMARKT

7311 Neckenmarkt, Harkauerweg 2
T: 02610/423 88, F: DW 4
margit.wieder@neckenmarkt.at
www.neckenmarkt.at

KELLERMEISTER: Josef Tesch und Gerald Wieder
ANSPRECHPARTNER: Margit Wieder
ANZAHL/FLASCHEN: 650.000 (1 % weiß, 99 % rot) HEKTAR: 300
VERKOSTUNG: ja AB-HOF-VERKAUF: ja
VEREINSZUGEHÖRIGKEIT: Verband Blaufränkisch Mittelburgenland
MESSEN: VieVinum, ProWein

Mittelburgenland

Stolze 300 Hektar Weingartenfläche in den besten Lagen der Neckenmarkter Weinberge besitzen die etwa 180 Weinbauern und Mitglieder des Winzerkellers Neckenmarkt. Dort hat man längst erkannt, dass höchste und konstante Qualität in entsprechender Menge nicht nur optimale Wirtschaftlichkeit für die Winzer bedeutet, sondern auch konstant steigende Umsätze im Flaschenweinbereich und neue Kontakte im Exportgeschäft. Die beiden Weinmeister Pepi Tesch und Gerald Wieder verarbeiten jährlich etwa 1,5 Millionen Liter Wein, bestes Produkt dieser Qualitätsphilosophie. Vor allem die Paradesorte Blaufränkisch liegt ihnen am Herzen, und beide arbeiten bei der Weinbereitung mit sorgfältiger Vinifikation an der außerordentlichen Gebietstypizität der Weine. Kristalliner Verwitterungsschiefer ist der Nährboden für den Blaufränkischen in Neckenmarkt, der sich darauf in eigenständiger Würzigkeit, innerer Harmonie und Eleganz entwickeln kann. Überwiegt der Schotteranteil, so werden die Weine etwas leichter, finessenreicher und verspielter. Bei stärkerem Lössanteil präsentieren sich die Weine fetter und gehaltvoller, sodass je nach Lage verschiedene Weintypen vinifiziert werden können.

92 Blaufränkisch Potio Magica 2009
14 Vol.%, NK, 3800, extratrocken, €€€€
Dunkles Rubingranat, tiefer Farbkern, violette Reflexe, dezenter Wasserrand. Reife Zwetschkenfrucht, feines Nougat, ein Hauch von Kräuterwürze, mit schwarzer Beerenfrucht unterlegt. Komplex, saftiges dunkles Beerenkonfit, präsente Tannine, gute Länge, schokoladiger Touch, ein feinwürziger Speisenbegleiter, gute Länge, sicheres Reifepotenzial.

91 Blaufränkisch Himmelsthron 2009
14 Vol.%, DV, 9000, extratrocken, €€€
Dunkles Rubingranat, violette Reflexe, dezenter Wasserrand. Zart kräuterwürzig unterlegtes dunkles Beerenkonfit, florale Nuancen, tabakige Nuancen. Saftig, elegante Textur, feines Nougat, extraktsüße Kirschenfrucht im Abgang, bleibt gut haften, schokoladiger Touch im Nachhall, gutes Reifepotenzial.

(89-91) Mittelburgenland DAC Terra Cognita 2010
13,5 Vol.%, DV, extratrocken, €€
Dunkles Rubingranat, violette Reflexe, breiterer Wasserrand. Mit feiner Kräuterwürze unterlegte Kirschenfrucht, reife Zwetschken klingen an, ein Hauch von Gewürzen. Saftig, elegante Textur, frisch strukturiert, zarte Röstaromen im Nachhall, schokoladiger Rückgeschmack.

(87-89) Vinis Unitis 2011 BF/ZW
13,5 Vol.%, DV, extratrocken, €

(87-89) Mittelburgenland DAC Classic 2011
DV, extratrocken, €€

(86-88) Zweigelt Classic 2011
13,5 Vol.%, DV, extratrocken, €€

Mittelburgenland

★★

UNITED VINEYARDS PFNEISL FAMILY
7452 Kleinmutschen, Gutshof
T: 02615/812 99, F: DW 4
shirazbrothers@wine-pentagon.com
www.born2makewine.com

KELLERMEISTER: Gerhard Pfneisl ANSPRECHPARTNER: Josef Pfneisl
ANZAHL/FLASCHEN: 550.000 (1 % weiß, 99 % rot) HEKTAR: 104
VERKOSTUNG: ja, gegen Voranmeldung AB-HOF-VERKAUF: ja
ÜBERNACHTUNGSMÖGLICHKEIT: kann organisiert werden
VEREINSZUGEHÖRIGKEIT: Verband Blaufränkisch Mittelburgenland
MESSEN: ProWein, VieVinum, The London International Wine & Spirits Fair

Joe Pfneisl ist als Einkäufer für eine Weinhandelskette sowie als »Winemaker«, unter anderem in Australien, viel in der Welt herumgekommen und hat diese Erfahrungen zusammen mit seinen Brüdern Franz und Gerhard auf ihrem »Austrian Wine Estate of the Art« umgesetzt. Mit der Schaffung ihrer eigenen »Crus« in Kleinmutschen (nahe der Therme Lutzmannsburg) haben sie die Grenzen des Blaufränkischlands neu gezogen und bewirtschaften neben 1000 Hektar Landwirtschaft heute bereits mehr als 100 Hektar Weingärten.

Sie haben ihre neue Designer-Winery mitten in die Weinberge der Lage Hexenberg gestellt, wo in der Barrique-Arena neben der typisch österreichischen Sorte Blaufränkisch in wissenschaftlicher Zusammenarbeit mit der Weinbauschule Klosterneuburg auch internationale Rotweinsorten wie Shiraz, Malbec und Zinfandel heranreifen. Die Sorten werden hier auf österreichischem Boden getestet, weil man der spürbaren Klimaerwärmung Rechnung tragen will. Die Ergebnisse sind überaus vielversprechend.

93 Pentagon 2009 CS/ME/SY/BF/PN
14 Vol.%, NK, Barrique, 12.000, extratrocken, €€€€€
Dunkles Rubingranat, violette Reflexe, zart unterockert, Randaufhellung. Zart mit Schokolade unterlegte dunkle Beerenfrucht, ein Hauch von Heidelbeeren und Cassis, angenehme Kräuterwürze, facettenreiches Bukett. Saftig, extratsüße Waldbeerfrucht, feine Tannine, die gut eingebunden sind, bleibt gut haften, verfügt über Reifepotenzial, eine gute Länge, bereits durchaus antrinkbar.

92 Shiraz Maria's Vineyard 2009
14 Vol.%, NK, Barrique, 12.000, extratrocken, €€€€€
Dunkles Rubingranat, violette Reflexe, zarte Randaufhellung. Rauchig-würzig unterlegtes dunkles Beerenkonfit, ein Hauch von Trockengewürzen, Orangenzesten. Saftig, elegante Textur, feine Kirschenfrucht, präsente Tannine, mineralischer Nachhall, zart nach Nougat im Abgang, ein facettenreicher Speisenbegleiter.

(91-93) Hexenberg 2009 ME/SY
NK, Barrique, 2000, €€€€€
Dunkles Rubingranat, violette Reflexe, zarte Randaufhellung. Intensive Röstaromen, ein Hauch von Karamell, dunkle Beerenfrucht, dominante Edelholzanklänge. Saftig, reife Kirschenfrucht, extraktsüß, gut eingebaute Tannine, rote Waldbeeren im Nachhall, mineralisches Finale, dezente Kräuterwürze im Rückgeschmack.

91 Mittelburgenland DAC Reserve Platinum 2009
14 Vol.%, NK, Barrique, 6000, extratrocken, €€€€
Dunkles Rubingranat, violette Reflexe, zarte Randaufhellung. Eher verhalten im Duft, ein Hauch von Brombeeren, etwas Unterholz. Saftig, rund, süße dunkle Waldbeerfrucht, feine Tannine, ein eleganter Speisenbegleiter, bereits gut zugänglich.

90 Phaëthon 2009 BF/CS
14 Vol.%, NK, Barrique, 8000, extratrocken, €€€€
Dunkles Rubingranat, violette Reflexe, zarte Randaufhellung. Frische Beerenfrucht, etwas Cassis und Lakritze, ätherische Nuancen, feiner Schokoanklang. Saftig, rotes Waldbeerkonfit, präsentes Tannin, zarte vegetale Würze im Finish, ein vielseitiger Wein bei Tisch.

★★

ROTWEINGUT PRICKLER
7361 Lutzmannsburg, Bachgasse 4
T/F: 02615/877 42
rotweingut@prickler.at
www.prickler.at

Mittelburgenland

KELLERMEISTER: Herbert und Christian Prickler ANSPRECHPARTNER: Herbert Prickler ANZAHL/FLASCHEN: k. A. (100 % rot) HEKTAR: 15 VERKOSTUNG: ja AB-HOF-VERKAUF: ja ÜBERNACHTUNGSMÖGLICHKEIT: kann organisiert werden ANDERE PRODUKTE IM VERKAUF: Traubensaft, Rosé Sekt VEREINSZUGEHÖRIGKEIT: Vitikult, Verband Blaufränkisch Mittelburgenland MESSEN: VieVinum, ProWein

Qualität geht bei den Pricklers über alles. »Der Wein ist unsere große Leidenschaft«, so lautet das Motto der Familie Prickler. Das Rotweingut Prickler liegt in Lutzmannsburg – in der ältesten urkundlich erwähnten Weinbaugemeinde des Burgenlandes. Pannonisches, mildes Klima mit den meisten Sonnenstunden des Burgenlandes verwöhnen die Weingärten am Lutzmannsburger Hochplateau, wo optimale Verhältnisse für die Trauben herrschen. Jeder Schritt des Weinmachens ist von großer Sorgfalt und Aufmerksamkeit zum Detail begleitet. Im Keller prägen Herberts langjährige Erfahrung und Sohn Christians jugendlicher Elan die Handschrift der Weine. Kein Wunder also, dass das Rotweingut schon oft bei den verschiedensten Prämierungen siegte und Spitzenplätze belegte – zu einem exzellenten Preis-Leistungs-Verhältnis.

92 Merlot 2009
14 Vol.%, NK, Barrique, 3000, extratrocken, €€€
Dunkles Rubingranat, violette Reflexe, zarte Randaufhellung. Reife Frucht nach Zwetschken und Kirschen, zarter schokoladiger Touch, feiner Orangentouch. Stoffig, saftige Textur, angenehme Extraktsüße, zart nach Feigen, bleibt gut haften, ein samtiger, ausgewogener Wein bei Tisch.

(91-93) Mittelburgenland DAC Grande Reserve 2009
14 Vol.%, NK, Barrique, 2000, extratrocken, €€€€€
Dunkles Rubingranat, opaker Kern, violette Reflexe, zarte Randaufhellung. Einladende schwarze Beerenfrucht, zart nach Schokolade und Gewürzen, kandierte Orangenzesten. Saftig, ausgewogen, gut integrierte Tannine, extraktsüßer Nachhall, etwas Nougat auch im Finish, süße dunkle Frucht im Rückgeschmack.

(90-92) Mittelburgenland DAC Sonnberg 2010
13,5 Vol.%, NK, Teilbarrique, extratrocken, €€€
Dunkles Rubingranat, violette Reflexe, zarte Randaufhellung. Feine dunkle Beerenfrucht, zarte Gewürzanklänge, ein Hauch von Nougat. Elegante Textur, angenehme Extraktsüße, präsente, gut eingebundene Tannine, zeigt eine gute Länge, ein vielseitiger Speisenbegleiter mit Reifepotenzial.

(88-90) Blaufränkisch Vitikult 2010
13,5 Vol.%, NK, Teilbarrique, extratrocken, €€€

(88-90) Mittelburgenland DAC Classic 2011
13 Vol.%, DV, großes Holzfass, extratrocken, €€

(87-89) Zweigelt Classic 2011
13,5 Vol.%, DV, großes Holzfass, extratrocken, €€

Mittelburgenland

★★★

WEINGUT JOSEF UND MARIA REUMANN

7301 Deutschkreutz, Neubaugasse 39
T: 02613/804 21, F: DW 4
info@weingut-reumann.at
www.weingut-reumann.at

KELLERMEISTER UND ANSPRECHPARTNER: Josef Reumann
ANZAHL/FLASCHEN: 100.000 (5 % weiß, 95 % rot) HEKTAR: 11
VERKOSTUNG: ja AB-HOF-VERKAUF: ja
ÜBERNACHTUNGSMÖGLICHKEIT: kann organisiert werden
VEREINSZUGEHÖRIGKEIT: Verband Blaufränkisch Mittelburgenland, Vitikult
MESSEN: VieVinum, ProWein, OGW Zürich

Josef und Maria Reumann haben seit der Übernahme des Weinguts im burgenländischen Deutschkreutz so einiges in Bewegung gesetzt. Ein Betrieb, der zwar keine lange Tradition vorweisen kann, dafür umso mehr Begeisterung und Liebe für das Produkt mitbringt. Von der architektonischen Umgestaltung des Betriebes bis hin zu den ansprechenden Etiketten geben die Reumanns eine neue, klare und aufsehenerregende Linie vor. Das Reumann-»R«, verpackt in die schlichten und eleganten Etiketten, ist zum Markenzeichen des Gutes geworden. Diese klare Linie setzt sich auch bei den Weinen fort: »Classic« steht für traditionelle, fruchtbetonte Weine, »Selection« für Rotweine, die je nach Jahrgang zwölf bis 24 Monate im kleinen Holzfass reifen. Die Krönung bilden zwei kraftvolle Spitzencuvées namens »Phoenix« und »vinum sine nomine«, die im internationalen Stil ausgebaut sind. Der unverwechselbare Charakter der Reumann-Weine, die blitzsaubere Sortenstilistik sowie die extrem vielschichtigen Aromakomponenten brachten ihnen bereits viele nationale wie internationale Auszeichnungen ein.
Seit einiger Zeit ist das Weingut Mitglied der Winzervereinigung »Vitikult«, die sich kompromisslos der blaufränkischen »Rot-Wein-Kunst« verschrieben hat.

94 Merlot vinum sine nomine 2009
14 Vol.%, NK, Barrique, 2000, extratrocken, €€€€€
Kräftiges Rubingranat, violette Reflexe, zarter Wasserrand. Einladende Röstaromen, ein Hauch von Mokka und Gewürzen, rauchiger Touch, mit dunklen Beeren unterlegt. Saftig, kraftvoll, präsente Tannine, frische Herzkirschen im Nachhall, schokoladiger Touch im Rückgeschmack, großes Entwicklungspotenzial.

(92-94) Blaufränkisch Premium V-Max 2009
13,5 Vol.%, NK, Barrique, 2000, extratrocken, €€€€€
Kräftiges Rubingranat, violette Reflexe, Wasserrand. Feine Kräuterwürze, kandierte Orangenzesten, mit dunkler Beerenfrucht unterlegt, Edelholzanklänge, zartes Nougat, facettenreiches Bukett. Saftig, reife Herzkirschen, wieder etwas Orangen, feine Taninne, schokoladiger Nachhall, sehr gute Länge, sicheres Reifepotenzial.

(91-93) Phoenix 2010 BF/CS/ME/SY
13,5 Vol.%, NK, 10.000, extratrocken, €€€€
Dunkles Rubingranat, violette Reflexe, breiterer Wasserrand. Feine Edelholzwürze, zart nach Kokos, tabakige Nuancen, mit süßen Beeren und reifer Kirschenfrucht unterlegt. Saftig, balanciert, gut integrierte Tannine, frisch strukturiert, angenehme Fruchtsüße und zartes Karamell im Abgang.

(88-90) Mittelburgenland DAC Classic 2010
13 Vol.%, DV, 18.000, extratrocken, €€

(86-88) Mittelburgenland DAC Vitikult 2010
13,5 Vol.%, NK, 10.000, extratrocken, €€€

WEINGUT STRASS

7372 Draßmarkt, Mühlgasse 24
T: 02617/27 24
strass@weingut-strass.at
www.weingut-strass.at

KELLERMEISTER UND ANSPRECHPARTNER: Franz Straß
ANZAHL/FLASCHEN: 50.000 (8 % weiß, 92 % rot) **HEKTAR:** 16
VERKOSTUNG: ja, gegen Voranmeldung **AB-HOF-VERKAUF:** ja
ÜBERNACHTUNGSMÖGLICHKEIT: kann organisiert werden
ANDERE PRODUKTE IM VERKAUF: Frizzante, Traubensaft
VEREINSZUGEHÖRIGKEIT: Verband Blaufränkisch Mittelburgenland, WBV Horitschon

Das Weingut Strass bewirtschaftet derzeit etwa 16 Hektar Weingärten, die sich in den besten Rieden des Blaufränkischlandes, und zwar in Horitschon, Unterpetersdorf, Haschendorf und Deutschkreutz, befinden. Beheimatet ist das Weingut in Draßmarkt, zirka 15 Kilometer von Horitschon entfernt.

Die Rebfläche ist zu über 70 Prozent mit Blaufränkisch bestockt, des Weiteren werden noch Zweigelt, Merlot, Roesler, Cabernet Sauvignon und etwas Grüner Veltliner kultiviert. Die Leidenschaft des Winzers Franz Straß gilt aber ganz dem Blaufränkisch. Dieser wird in fünf Varianten – Rosé, Mittelburgenland DAC classic, Mittelburgenland DAC Hochäcker, Mittelburgenland DAC Reserve und in besonderen Jahren auch als Mittelburgenland DAC Reserve Hochäcker ausgebaut. Hervorzuheben ist, dass im Weingut ausschließlich Eichenfässer aus Draßmarkter Eiche verwendet werden. Der Winzer ist der Meinung, dass diese den angestrebten gebietstypischen Charakter des Weines weiter verstärken. Franz Straß freut sich auf Ihren Besuch und bietet gerne eine ausführliche Verkostung seiner Weine an.

(90-92) Mittelburgenland DAC Reserve 2010
13,5 Vol.%, NK, Barrique, 2000, extratrocken, €€€
Dunkles Rubingranat, opaker Kern, violette Reflexe, zarter Wasserrand. Mit feinem Nougattouch unterlegte dunkle Beerenfrucht, zart blättrige Würze, Kräuteranklang. Saftig, elegant, mittlere Komplexität, feine Tannine, rotbeeriger Nachhall, ein vielseitiger Speisenbegleiter, Kirschen im Rückgeschmack.

(90-92) Cuvée Epos 2010 ME/BF
13,5 Vol.%, NK, Barrique, 2000, extratrocken, €€€
Dunkles Rubingranat, violette Reflexe, zarter Wasserrand. Mit intensiver Kräuterwürze unterlegte rote Beerenfrucht, zarte balsamische Würze. Kraftvoll, süßes Beerenkonfit, präsente, noch etwas fordernde Tannine, Waldbeeren im Nachhall, schokoladiger Touch, Holzwürze im Rückgeschmack.

(89-91) Mittelburgenland DAC Hochäcker 2011
13,5 Vol.%, NK, großes Holzfass, 6000, extratrocken, €€
Tiefdunkles Rubingranat, violette Reflexe, zarter Wasserrand. Frische Kirschenfrucht, rotbeerige Nuancen, zart nach Lakritze, ein Hauch von Orangenzesten. Saftig, süßes rotes Waldbeerkonfit, feine Tannine, frische Struktur, extratsüßer Nachhall, Herzkirschen im Rückgeschmack.

(88-90) Mittelburgenland DAC Classic 2011
13 Vol.%, DV, großes Holzfass, 8000, extratrocken, €

Mittelburgenland

WEINGUT STREHN

7301 Deutschkreutz, Weinbergweg 1
T: 0664/352 67 16, F: 02613/895 89
office@strehn.at
www.strehn.at

--- NEU ---

KELLERMEISTER: Patrick Pfneisl ANSPRECHPARTNER: Pia Pfneisl
ANZAHL/FLASCHEN: k. A. (5 % weiß, 95 % rot) HEKTAR: k. A.
VERKOSTUNG: ja, gegen Voranmeldung AB-HOF-VERKAUF: ja
ÜBERNACHTUNGSMÖGLICHKEIT: ja
VEREINSZUGEHÖRIGKEIT: Blaufränkischland Mittelburgenland
MESSEN: ProWein

»Der Weg ist das Ziel« – dieses Motto prägt Leben und Arbeit der Familie Strehn: »In den Weingärten, bei der Begleitung der Weinentstehung und der Beobachtung der Entwicklung unserer Weine erleben wir Momente, die unser Leben bereichern.« Das Team besteht aus Familie und langjährigen Mitarbeitern, von denen jeder bereit ist, sich zu 100 Prozent auf Herausforderungen einzulassen und Verantwortung für sein Tun zu übernehmen. Durch die individuellen Stärken jedes Mitwirkenden findet ein unaufhaltsamer Entwicklungsprozess statt, der die Gruppe wachsen lässt und es immer wieder möglich macht, Grenzen zu überschreiten. Die höchsten Werte im Weingut Strehn sind Zusammenhalt, Heimatverbundenheit und der Respekt vor der Individualität – des Menschen, der Natur, der Lage und der Rebsorte. Ein Streben, das in einer hohen Weinqualität seine Entsprechung findet.

(91-93) Pandur 2009 BF/ME/CS
13,5 Vol.%, NK, Teilbarrique, €€€€
Leuchtendes Rubingranat, violette Reflexe, zarter Wasserrand. Einladende frische Herzkirschen, reife Zwetschken, mit dunklem Beerenkonfit unterlegt. Saftig, elegante Textur, feine Extraktsüße, gut integrierte Tannine, stoffige Kirschenfrucht auch im Abgang, zitronig-salziger Touch, mineralischer Nachhall.

90 Blaufränkisch 2011
14 Vol.%, DV, großes Holzfass, extratrocken, €€
Dunkles Rubingranat, violette Reflexe, zarter Wasserrand. Stoffig, opulente dunkle Beerenfrucht, präsente Tannine, kraftvoller Abgang, Brombeeren im Nachhall, ein vielseitiger Speisenbegleiter.

(89-91) St. Laurent Hölzl 2010
13,5 Vol.%, DV, Teilbarrique, €€€
Dunkles Rubingranat, violette Reflexe, zarter Wasserrand. Mit zarter Kräuterwürze unterlegte schwarze Beeren, rauchig-mineralische Nuancen. Mittlere Komplexität, frische Weichselfrucht, rotbeeriger Nachhall, wirkt leichtfüßig und trinkfreudig, zitroniger Touch im Finale.

89 Zweigelt 2011
13,5 Vol.%, DV, großes Holzfass, 10.000, extratrocken, €€

88 Chardonnay Emilias Garten 2011
13 Vol.%, DV, Stahltank, extratrocken, €€

★★★

WEINGUT TESCH

7311 Neckenmarkt, Herrengasse 26
T: 02610/436 10, F: 02610/422 30
titan@tesch-wein.at
www.tesch-wein.at

KELLERMEISTER: Josef Christian Tesch **ANSPRECHPARTNER:** Josef und Helene Tesch **ANZAHL/FLASCHEN:** 70.000 (3 % weiß, 97 % rot) **HEKTAR:** 16 **VERKOSTUNG:** ja, gegen Voranmeldung **AB-HOF-VERKAUF:** ja **ÜBERNACHTUNGSMÖGLICHKEIT:** kann organisiert werden **ANDERE PRODUKTE IM VERKAUF:** Traubensaft **VEREINSZUGEHÖRIGKEIT:** Verband Blaufränkisch Mittelburgenland, WBV Neckenmarkt **MESSEN:** VieVinum, ProWein

Mittelburgenland

Pepi Tesch ist einer der Initialzünder des österreichischen Rotweinwunders, auch wenn er das nie nach außen trägt. Schon Ende der 1970er-, Anfang der 1980er-Jahre hat er gemeinsam mit seinem Bruder Hans Weine aus der Sorte Blaufränkisch gekeltert, die die Aufmerksamkeit der Weinfreunde auf sich zogen. »Hauptberuflich« hat er selbst aber dann viele Jahre verstärkt seine Energie in den Winzerkeller Neckenmarkt gesteckt. Kamen die Trauben damals noch aus dem Nachbarort Horitschon von der Paradelage Hochäcker, stehen heute ausschließlich die Reben vom Hochberg in Neckenmarkt zur Vinifikation bereit, was sicher kein Nachteil ist.

Seit nunmehr zehn Jahren sind der Name Tesch und insbesondere die Weine des Hauses wieder in aller Munde. Die Weingärten sind das Tätigkeitsfeld von Pepis Frau Helene, die bei der naturnahen Bearbeitung der Reben ihre Naturverbundenheit ausleben kann. Seit ein paar Jahren ist sein Sohn Josef Christian auf dem Weingut voll integriert und für die Vinifikation der Weine verantwortlich, auch wenn manchmal noch gerne Pepis langjährige Erfahrung in Anspruch genommen wird. Beim Ausbau der Weine sieht man sich dem Mittelburgenland verpflichtet und setzt auf Authentizität. »Blaufränkisch Classic im Stahltank, Hochberg und Kreos im gebrauchten Barrique, Titan und Selection bis 24 Monate nur in neuen Barriques.« So einfach wird das hier definiert – aber wer verrät schon die Details seiner Geheimnisse.

Für einen befreundeten Hotelier in Sölden hat Pepi Tesch nun ein neues Blaufränkisch-Meisterwerk namens »Patriot« abgeliefert.

(93-95) Blaufränkisch Patriot 2009
14 Vol.%, NK, Barrique, extratrocken, €€€€€
Dunkles Rubingranat, opaker Kern, violette Reflexe, zarte Randaufhellung. Feine Edelholzwürze, kandierte Orangenzesten, angenehmes Brombeerkonfit, zart nach Nougat, ein facettenreiches Bukett. Stoffig, schwarzes Waldbeerkonfit, elegante, gut integrierte Tannine, extraktsüßer Nachhall, gute Länge, bereits harmonisch, sehr gutes Zukunftspotenzial.

(92-94) Mittelburgenland DAC Reserve 2009
NK, Barrique, extratrocken, €€€€
Dunkles Rubingranat, violette Reflexe, zarter Wasserrand. Zart balsamisch unterlegte schwarze Beerenfrucht, feine Kräuterwürze, tabakige Nuancen. Komplex, kraftvoll, reife Zwetschkenfrucht, gut integrierte Tannine, schokoladiger Touch im Abgang, extraktsüßer Rückgeschmack, gute Länge, sicheres Reifepotenzial.

(91-93) Kreos 2010 BF/ZW/CS/ME/SY
13,5 Vol.%, NK, Barrique, extratrocken, €€€€
Dunkles Rubingranat, violette Reflexe, zarte Randaufhellung. Noch etwas verhalten, dunkle Beeren, etwas Nougat, zart nach Orangenzesten. Saftig, frische Kirschenfrucht, gut eingebundene Tannine, angenehme Extraktsüße, mineralischer Nachhall, gutes Entwicklungspotenzial.

(90-92) Zweigelt Hochberg 2010
13,5 Vol.%, NK, Teilbarrique, extratrocken, €€€
Tiefdunkles Rubingranat, opaker Kern, violette Reflexe, zarte Randaufhellung. Ein Hauch von Dörrzwetschken, mit dunklen Beeren unterlegt, feine Kräuterwürze. Stoffig, süße rotbeerige Nuancen, frisch strukturiert, bleibt gut haften, ein eleganter Essensbegleiter.

Mittelburgenland

(89-91) Zweigelt Classic 2011
13,5 Vol.%, DV, Stahltank, extratrocken, €€
Tiefdunkles Rubingranat, opaker Kern, violette Reflexe, zarte Randaufhellung. Einladende frische Zwetschken, schwarze Beerenfrucht, zarter Nougat, zarte Kräuterwürze. Saftig, jugendliche dunkle Beerenfrucht, lebendig strukturiert, angenehmer, vielseitiger Speisenbegleiter.

(88-90) Blaufränkisch Classic 2011
13,5 Vol.%, DV, Stahltank, extratrocken, €€

★★★

WEINGUT FAMILIE WEBER

7361 Lutzmannsburg, Neustiftgasse 15
T/F: 02615/870 10
info@weingut-fam-weber.at
www.weingut-fam-weber.at

KELLERMEISTER: Helmut und Günther Weber
ANSPRECHPARTNER: Helmut Weber
ANZAHL/FLASCHEN: k. A. (100 % rot) HEKTAR: 12
VERKOSTUNG: ja AB-HOF-VERKAUF: ja
VEREINSZUGEHÖRIGKEIT: Verband Blaufränkisch Mittelburgenland
MESSEN: VieVinum, Weinmesse Innsbruck

Mittelburgenland

»Die Qualität beginnt im Weingarten«, sagte sich einst Rudolf Weber, der Senior des Hauses. Die mächtigen, dichten Weine, die heute von der nächsten Generation, Helmut und Günther Weber, Gertrude Plöchl und Karin Lang, produziert werden, beweisen, dass Begriffe wie konsequente Ertragsbeschränkung und Rebschnitt hier nicht nur Lippenbekenntnisse sind. Während man im Weingarten ein besonderes Augenmerk auf intensive Rebpflege legt, gilt im Keller das Gegenteil: Es wird möglichst wenig in die Entwicklung der Weine eingegriffen.

Drei Viertel des Rotweinbetriebs sind mit der Leitsorte Blaufränkisch bestockt, der Rest verteilt sich auf Zweigelt, Cabernet Sauvignon, Merlot, Pinot Noir und Shiraz. Die Weine werden entweder in großen Holzfässern oder in Barriques (30 Monate) ausgebaut. Dass man im Weingut Weber ein echtes Erfolgskonzept gefunden hat, beweisen zahlreiche Auszeichnungen der letzten Jahre, darunter zwei Bundessiege und die einzigen beiden Goldmedaillen Österreichs für den Rotweinjahrgang 1997 und 1998 in Paris sowie jede Menge Falstaff-Auszeichnungen. Bei der Rotweinprämierung im Herbst 2007 verwies man mit dem Mittelburgenland DAC Reserve 2005 in der Gruppe »Blaufränkisch« die Konkurrenz auf die Plätze und erreichte damit bei der Gesamtwertung auch den dritten Platz.

(91-93) Blaufränkisch Weißleit'n 2008
13,5 Vol.%, NK, Barrique, €€€€€
Dunkles Rubingranat, fester Kern, violette Reflexe, zarter Ockerrand. Balsamische Würze, intensives dunkles Beerenkonfit, Nuancen von Preiselbeeren und ein Hauch von Cassis. Saftig, elegant, frisches rotes Waldbeerkonfit, feine Tannine, finessenreicher Säurebogen, zitronige Nuancen, ein Hauch von Ribisel im Rückgeschmack, gute Länge, feine vegetale Würze im Nachhall.

(90-92) Villa Nomine Lusman 2010 BF/ZW/CS/ME
13,5 Vol.%, NK, Barrique, €€€
Dunkles Rubingranat, fester Kern, violette Reflexe, zarte Randaufhellung. Zart rauchig unterlegte dunkle Beerenfrucht, feines Brombeerkonfit, ein Hauch von Lakritze und Nougat. Saftig, elegant, feines rotes Waldbeerkonfit, gut integrierte Tannine, frisch strukturiert, mittlere Länge, ein vielseitiger Speisenbegleiter.

(89-91) Mittelburgenland DAC Reserve 2010
13,5 Vol.%, NK, Barrique, €€€
Dunkles Rubingranat, fester Kern, violette Reflexe, zarte Randaufhellung. Zart tabakig-balsamisch unterlegte Brombeernote, ein Hauch von Cassis, attraktives Bukett. Stoffig, frische Kirschen, präsente Tannine, die noch etwas fordernd wirken, zitroniger Touch im Abgang, vegetale Würze im Nachhall.

(89-91) Merlot 2010
NK, Barrique, €€€€
Dunkles Rubingranat, fester Kern, zarter Ockerrand. Feines rotes Waldbeerkonfit, mit zarter Kräuterwürze unterlegt. Elegant, feine rote Beerenfrucht, angenehme Extraktsüße, präsentes, leicht adstringentes Tannin, Bitterschoko im Nachhall, dunkle Mineralik im Rückgeschmack.

(88-90) Cabernet Sauvignon 2010
13,5 Vol.%, NK, Barrique, €€€

Mittelburgenland

★★★
WEINGUT WELLANSCHITZ

7311 Neckenmarkt, Lange Zeile 28
T: 02610/423 02, F: DW 4
info@wellanschitz.at
www.wellanschitz.at

KELLERMEISTER: Stefan, Georg und Stefan David Wellanschitz
ANSPRECHPARTNER: Christine Wellanschitz **ANZAHL/FLASCHEN:** 200.000
(2 % weiß, 98 % rot) **HEKTAR:** 40 **VERKOSTUNG:** ja, gegen Voranmeldung
AB-HOF-VERKAUF: ja **ÜBERNACHTUNGSMÖGLICHKEIT:** kann organisiert werden
ANDERE PRODUKTE IM VERKAUF: Sekt (Wellbrut), Destillate
VEREINSZUGEHÖRIGKEIT: Weinbauverein Neckenmarkt,
Verband Blaufränkisch Mittelburgenland
MESSEN: VieVinum, ProWein, The London International Wine & Spirits Fair

Wenn man in Neckenmarkt am höchsten Abschnitt der Weingärten geradeaus über das Mittelburgenland blickt, kann man alle Weingärten der Familie Wellanschitz erkennen. In Unterpetersdorf das Alte Weingebirge, in Horitschon den Gfanger und an klaren Tagen sieht man bis nach Raiding, wo sich die Lage Raga befindet. Ganz im Osten liegt das flache, ungarische Steppenland und sogar der südlichste Zipfel des Neusiedler Sees ist zu entdecken. Es ist das Neckenmarkter Weingebirge mit seinen steilen Südhängen, das diesen Ausblick ermöglicht. In diesen Weingärten drängen sich die Wurzeln der Blaufränkischreben schon seit vielen Jahrzehnten durch Glimmerschiefer und Granitgneis mit sandigem Lehm.

Ortsüblich spricht man von der Großlage Hochberg als einem Drei-Lagen-Komplex, wobei die Einzellage Hochberg zu unterscheiden ist. Der erste Hügel ist der Spiegelberg, der als steile, flächenmäßig kleine Lage den Fuß der Großlage bildet. Ihm folgt der Bodigraben, der als Mitte gesehen werden kann und an die Einzellage Hochberg grenzt. Diese bildet schließlich auf knapp 480 Metern das Dach dieses Dreier-Komplexes. Etwas östlicher, aber trotzdem nach Süden gerichtet thront der Sonnensteig, ein lang gezogener Hang, der mit einem kleinen Hochplateau endet. Zwischen der Großlage Hochberg und dem Sonnensteig liegt die nach Südwesten exponierte Lage Burgstall, eine etwas schattigere und kühlere Lage, jedoch mit demselben geologischen Ausgangsmaterial. Auf solchen Böden entstehen filigrane, elegante Weine, oft ungestüm im jungen Alter, aber mit enormem Reifepotenzial.

Auf der westlichen Seite von Neckenmarkt sieht die Geologie komplett anders aus. Die Lagen Neuberg und Rüsselsgrund formen einen zarten Hang, an dessen Ausläufern die Lage Hussi als Hochplateau liegt. Der dort vorhandene Muschelkalk auf fast ausschließlich sandigen Lehmböden erinnert an den Norden des Burgenlands. Das Zusammenwirken eines kühlenden Fichtenwaldes mit den wärmespeichernden Kalksteinen erzeugt ein Lokalklima, das burgundisch anmutende Charaktere schafft. Mit ihrem umfangreichen Blaufränkisch-Sortiment, das bei Familie Wellanschitz eine zentrale Rolle spielt, zeigen sie die Unterschiede der einzelnen Lagen des Mittelburgenlands auf und leisten damit einen wertvollen Beitrag zur Erhaltung der Blaufränkisch-Tradition in ihrer Region.

(94–96) Blaufränkisch Sonnensteig 2009
13,5 Vol.%, NK, Teilbarrique, €€€€€
Dunkles Rubingranat, opaker Kern, violette Reflexe. Einladende dunkle Beerenfrucht, reife Zwetschken, feine Gewürzanklänge, angenehmer Kräutertouch. Saftig, komplex, intensive Kirschenfrucht, elegant, gut integrierte Tannine, dunkle Beeren im Nachhall, feine Holzwürze im Nachhall, schokoladiges Finale, sehr gutes Reifepotenzial.

(91–93) Blaufränkisch Well 2010
13,5 Vol.%, NK, Teilbarrique
Dunkles Rubingranat, opaker Kern, violette Reflexe. Einladendes Brombeerkonfit, mit zarter Kräuterwürze unterlegt, reife Zwetschken klingen an, ein Hauch von Nougat. Komplex, reife Kirschenfrucht, frischer Säurebogen, dunkle Beeren im Nachhall, angenehme Extraktsüße im Finale, ein vielseitiger Speisenbegleiter.

91 Blaufränkisch Altes Weingebirge 2010
13,5 Vol.%, NK, gebr. Barrique, extratrocken, €€€
Dunkles Rubingranat, violette Reflexe, dezenter Wasserrand. Frische dunkle Waldbeerenfrucht, zart nach Kirschen, süße Gewürzanklänge. Mittlere Komplexität, reife Zwetschken, gut integrierte Tannine, angenehme Extraktsüße im Abgang, bereits gut antrinkbar.

(90-92) Fraternitas 2010 BF/CS
13,5 Vol.%, NK, Barrique
Dunkles Rubingranat, opaker Kern, violette Reflexe. Etwas verhalten, zarte Kräuterwürze, dunkle Beerenfrucht klingt an, ein Hauch von Edelholz. Komplex, saftig, präsente Tannine, reife Nuancen von Cassis und Brombeeren, frisch strukturiert, bleibt gut haften, verfügt über einiges Reifepotenzial.

(89-91) Cabernet Sauvignon Rüsselsgrund 2010
13,5 Vol.%, NK, Barrique
Dunkles Rubingranat, opaker Kern, violette Reflexe. Mit feinen Gewürzanklängen unterlegte Nuancen von Cassis und Lakritze, ein Hauch von Orangenzesten. Mittlerer Körper, saftig, reife Herzkirschen, feine Tannine, zitronige Noten, ein lebendiger Speisenbegleiter, zart nach Schokolade im Nachhall.

89 Cuvée vom Hotter 2010 BF/ZW/ME/SY
13,5 Vol.%, NK, Barrique

89 sam 2010 SY/ZW/ME
13,5 Vol.%, NK, Teilbarrique, extratrocken, €€€

89 Mittelburgenland DAC Hochberg 2010
13,5 Vol.%, NK/DV, großes Holzfass, extratrocken, €€

Mittelburgenland

Mittelburgenland

★★

WEINGUT JULIANA WIEDER

7311 Neckenmarkt, Lange Zeile 76
T: 02610/424 38, F: DW 20
info@weingut-juliana-wieder.at
www.weingut-juliana-wieder.at

KELLERMEISTER UND ANSPRECHPARTNER: Georg Wieder
ANZAHL/FLASCHEN: k. A. (5 % weiß, 95 % rot) **HEKTAR:** 30
VERKOSTUNG: ja, gegen Voranmeldung **AB-HOF-VERKAUF:** ja
HEURIGER: 20. 7. bis 2. 8., täglich ab 16 Uhr
ÜBERNACHTUNGSMÖGLICHKEIT: kann organisiert werden
VEREINSZUGEHÖRIGKEIT: Verband Blaufränkisch Mittelburgenland, Vitikult
MESSEN: VieVinum, ProWein

Mit großem Fleiß und einiger Konsequenz hat Georg Wieder seine Weine an die heimische Spitze herangeführt. Der Betrieb kultiviert heute 30 Hektar in den ältesten und besten Rieden von Neckenmarkt, in Lagen also, die von allen Experten zu den besten des Landes gezählt werden. Auch bei den Neuauspflanzungen versucht der Winzer, den Anforderungen der Rebsorte an den Boden bestmöglich Rechnung zu tragen, denn nicht immer sitzen die alten Sorten auf den richtigen Plätzen. Mit kurzem Rebschnitt, Ausdünnen der Trauben, einer optimalen Laubwandgestaltung, integriertem Pflanzenschutz und der Wahl des richtigen Lesezeitpunkts wird der Grundstein für beste Qualität gelegt.

Georg Wieder, immer bestrebt sich weiterzubilden, versteht es, Tradition mit Innovation zu verbinden, und drückt dies mit seinen dichten, kompakten Rotweinen aus. Neben mehreren riedenrein ausgebauten Weinen der regionalen Leitsorte Blaufränkisch erzeugt Wieder auch die vielschichtige Cuvée »Morandus«, bei der sich die heimischen Rotweinsorten mit den internationalen Spitzensorten Cabernet Sauvignon und Merlot treffen.

94 Merlot 2009
14 Vol.%, NK, Barrique, 2000, extratrocken, €€€€
Dunkles Rubingranat, violette Reflexe, dezenter Wasserrand. Feine Edelholzwürze, zart nach Nougat und Vanille, reife Herzkirschen klingen an, zarte tabakige Noten, facettenreiches Bukett. Stoffig, dezente Gewürzanklänge, reifes dunkles Beerenkonfit, straffe Tannine, bleibt gut haften, feine Zwetschkenfrucht und Röstaromen im Nachhall, schwarze Beerenfrucht im Rückgeschmack, ein vielseitiger Speisenbegleiter mit Reifepotenzial.

(89–91) Blaufränkisch Kohlenberg 2010
13,5 Vol.%, Barrique, €€€
Dunkles Rubingranat, violette Reflexe, dezente Randaufhellung. Rauchig-würzig unterlegte dunkle Beerenfrucht, feine tabakige Nuancen, zart nach Orangenzesten. Saftig und frisch, rotbeerige Frucht, präsente Tannine, zitroniger Touch im Abgang, zart nach Bitterschoko im Rückgeschmack.

89 Georg 2009 BF/SY
14 Vol.%, DV, Teilbarrique, 6700, extratrocken, €€

(88–90) Blaufränkisch Vitikult 2010
13,5 Vol.%, NK/DV, Teilbarrique, €€€

(88–90) Blaufränkisch Hochberg 2011
13 Vol.%, großes Holzfass, €€

(88–90) Zweigelt Spiegelberg 2011
13 Vol.%, NK/DV, großes Holzfass, €€

(87–89) Blauer Burgunder 2010
13,5 Vol.%, NK, großes Holzfass/Teilbarrique, €€€

89 Chardonnay 2011
13,5 Vol.%, NK, Barrique, 1300, extratrocken, €€€

SÜDBURGENLAND

Südburgenland/Eisenberg DAC – Feurige Blaufränkisch

Das idyllische Südburgenland ist die ursprünglichste Weinlandschaft des Burgenlandes und erstreckt sich von Rechnitz im Norden bis nahe Güssing in den Süden. Im Norden herrschen Urgesteinsböden vor, weiter südlich überwiegen mittelschwere Lehmböden, die zum Teil einen hohen Eisengehalt aufweisen. Die Rebfläche beträgt insgesamt etwa 500 Hektar.

Vor allem der Eisenberg hat große historische Bedeutung und fungiert zusammen mit dem Deutsch-Schützener Weinberg als weinbaulicher Mittelpunkt des Gebietes. Die klassischen Rotweine des Südburgenlands stammen aus der Sorte Blaufränkisch und werden ab Jahrgang 2009 unter der Bezeichnung »Eisenberg DAC« (»Eisenberg DAC Reserve« ab Produktionsjahrgang 2008) vermarktet. Neben den klassisch-fruchtigen Sortenvertretern zählen die dichten, mineralischen Reserven zu Österreichs großen gebietstypischen Rotweinen.

Rund um Rechnitz im Norden und Moschendorf im Süden entstehen außerdem besonders fruchtige und spritzige Welschrieslinge und Weißburgunder. Auch am Csaterberg nahe Kohfidisch und entlang der Pinkataler Weinstraße vom Wintener über den Kulmer und Gaaser Weinberg werden in schöner idyllischer Umgebung mit vielen Kellerstöckeln sehr elegante Weine gekeltert.

Die schöne Umgebung lädt überdies zu erholsamen Spaziergängen und Radtouren ein. Um Heiligenbrunn und Moschendorf, im äußersten Süden, begegnet man dem »Uhudler«, einer besonderen Weinspezialität, die aus Direktträger-Hybriden gekeltert wird und mit ihrem Duft nach wilden Erdbeeren viele Liebhaber hat.

Südburgenland

Eisenberg DAC Südburgenland

★★★★
◆ Weingut Krutzler, Deutsch Schützen

★★★
◆ Weinbau Jalits, Badersdorf
◆ Weinbau Kopfensteiner, Deutsch Schützen
◆ Weinbau Uwe Schiefer, Welgersdorf
◆ Weingut Schützenhof, Deutsch Schützen
◆ Weingut Wachter-Wiesler, Deutsch Schützen

Südburgenland

★★★

WEINGUT JALITS

7512 Badersdorf, Untere Dorfstraße 16
T: 0664/330 38 27, F: 03366/783 11
office@jalits.at
www.jalits.at

KELLERMEISTER UND ANSPRECHPARTNER: Mathias Jalits
ANZAHL/FLASCHEN: 40.000 (10 % weiß, 90 % rot) **HEKTAR:** 10,5
VERKOSTUNG: ja, gegen Voranmeldung **AB-HOF-VERKAUF:** ja
ÜBERNACHTUNGSMÖGLICHKEIT: ja
ANDERE PRODUKTE IM VERKAUF: Traubensaft, Destillate
VEREINSZUGEHÖRIGKEIT: Eisenberg DAC
MESSEN: ProWein, VieVinum

Der Eisenberg ist für Mathias Jalits etwas Besonderes, ein Gebiet mit unvergleichlichen Vorzügen und Eigenschaften. Und genau so sollen seine Weine schmecken. Er versucht, den einzigartigen Charakter der Region in Flaschen zu füllen. »Man soll den Eisenberg am Gaumen haben, wenn man unsere Weine trinkt«, lautet das Credo des Südgenländers. Sandiger, toniger, schwerer Lehm und der nach Südosten offene Kessel, der eisige Nordwinde abhält, sorgen für ideale Bedingungen und für das Gedeihen eines kraftvollen, mineralischen Blaufränkisch, der Hauptsorte des Weinguts. Auch Cabernet-Sauvignon-, Pinot-Noir-, Merlot- und Zweigelt- sowie eine geringe Menge an Welschrieslingreben wachsen auf den Hängen des Eisenbergs.

In fünfter Generation widmet sich die Familie dem Weinbau. 2001 hat Mathias Jalits die Betriebsführung übernommen und vergrößert seither stetig die Anbaufläche mit Fokus auf Qualität und Regionalität. Auf gewagte Experimente lässt er sich dabei nicht ein, weder im Weingarten noch im Keller: »Die Bodenständigkeit der Region soll sich in meinen Weinen widerspiegeln. So bin ich, so ist das Südburgenland, so sollen unsere Weine sein.« Dass Mathias Jalits mit seiner Philosophie richtig liegt, zeigen die ausgezeichneten Falstaff-Bewertungen. Man darf gespannt sein, welche edlen Tropfen in den kommenden Jahren noch zu verkosten sind.

(92–94) Diabas 2009
14 Vol.%, NK, Barrique, €€€€
Dunkles Rubingranat, fast opaker Kern, violette Reflexe. Zart rauchig-mineralisch unterlegtes dunkles Beerenkonfit, feine Edelholzwürze, zart nach Brombeeren und Orangenzesten. Komplex, engmaschig, feine Kirschenfrucht, fein integrierte Tannine, finessenreicher Säurebogen, mineralisch und anhaltend, angenehme Extraktsüße im Rückgeschmack, ein sehr ausgewogener Speisenbegleiter, sicheres Entwicklungspotenzial.

(90–92) Eisenberg DAC Reserve Szapary 2010
13,5 Vol.%, NK, Teilbarrique, €€€
Dunkles Rubingranat, violette Reflexe, zarte Randaufhellung. Zart tabakig, gewürzig unterlegtes dunkles Beerenkonfit, frische Herzkirschen, dunkle Mineralik. Mittlere Komplexität, rotbeeriger Touch, präsentes Tannin, zarte Kräuterwürze im Abgang, finessenreicher Stil, guter Speisenbegleiter.

(89–91) Zweigelt 2011
13,5 Vol.%, DV, großes Holzfass, €€
Tiefdunkles Rubingranat, opaker Kern, violette Reflexe, zarte Randaufhellung. Intensiv nach frischen Zwetschken, mit feinem Brombeerkonfit unterlegt, attraktives, primärfruchtiges Bukett. Saftig, schwarze Beeren pur, frisch strukturiert, gute Komplexität und Länge, trinkanimierender Stil.

(88–90) Eisenberg DAC 2011
13 Vol.%, DV, großes Holzfass, €€

★★★

WEINGUT KOPFENSTEINER

7474 Deutsch Schützen 38
T: 03365/22 36, F: DW 5
weingut@kopfensteiner.at
www.kopfensteiner.at

KELLERMEISTER: Thomas Kopfensteiner
ANSPRECHPARTNER: Edith Kopfensteiner
ANZAHL/FLASCHEN: 60.000 (5 % weiß, 95 % rot) HEKTAR: 14
VERKOSTUNG: ja, gegen Voranmeldung AB-HOF-VERKAUF: ja
ANDERE PRODUKTE IM VERKAUF: Destillate, Kürbiskernöl
VEREINSZUGEHÖRIGKEIT: Deutsch-Schützer Sixpack
MESSEN: VieVinum, ProWein

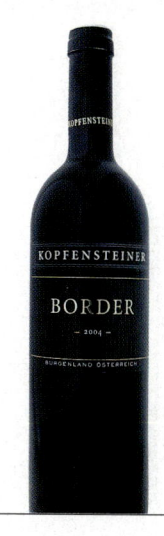

Südburgenland

Das Weingut der Familie Kopfensteiner liegt im Weinbaugebiet »Weinidylle Südburgenland« nahe der ungarischen Grenze, wird von Manfred, Edith und deren Sohn Thomas in dritter Generation geführt und wurde bis vor einigen Jahren noch im Nebenerwerb betrieben. In den 1990er-Jahren wurde die Weinanbaufläche stetig vergrößert, zurzeit werden etwa 13 Hektar Weingärten in Deutsch Schützen und am Eisenberg bearbeitet.

Der Sortenspiegel reicht von Welschriesling über Weißburgunder, Blauburger, Zweigelt und Blaufränkisch bis hin zu Cabernet Sauvignon und Merlot. Das Hauptaugenmerk gilt dabei dem Blaufränkisch, der auch die Leitsorte im Südburgenland ist und in diesem Gebiet am besten gedeiht. Dabei haben die Kopfensteiners kompromissloses Qualitätsdenken und gewissenhaftes Arbeiten für ein gebietstypisches Endprodukt zur obersten Prämisse erkoren. Das Aushängeschild des Betriebs ist neben den Blaufränkischen sicher die Cuvée »Border«, ein Wein, der in seiner Jugend schon beeindruckt, sein großes Format aber mit ein paar Jahren Reife noch besser zeigt.

Die Weingärten werden mit höchster Sorgsamkeit und großer Liebe gepflegt. Exaktes Ausdünnen und Entblättern sind neben Klima und Boden die Garanten für reifes und perfektes Traubenmaterial. »Nur Trauben, die physiologisch reif und frei von grünen Tanninen sind, werden zu Qualitätsweinen verarbeitet – nicht durch übermotivierten Arbeitseinsatz und schon gar nicht durch die sogenannten ›neuen Kellertechnologien‹«, so die Kopfensteiners einstimmig.

94 Border 2009 BF/ME/CS
13,5 Vol.%, NK, Barrique, 5000, extratrocken, €€€€€
Dunkles Rubingranat, violette Reflexe, dezenter Wasserrand. Feinwürzig unterlegte Brombeerfrucht, dezente Kräuterwürze, zart nach Nougat, mineralisch. Komplexe Textur, elegant, straffer Körper, dunkle Beerenfrucht, reife Zwetschken, zart nach Nougat im Abgang, mineralisch unterlegt, bleibt gut haften, hat Entwicklungspotenzial für viele Jahre.

92 Blaufränkisch Hornig 2009
13,5 Vol.%, NK, Barrique, 2000, extratrocken, €€€€€
Dunkles Rubingranat, violette Reflexe, dezenter Wasserrand. Feine dunkle Beerenfrucht, ein Hauch von Brombeeren und Heidelbeeren, angenehme Holzwürze, zart nach Nougat, attraktives Bukett. Saftig, elegant, feine Tannine, reife Kirschen, bereits gut balanciert, extraktsüße rote Beerenfrucht im Nachhall, feine Mineralik im Rückgeschmack.

91 Blaufränkisch Saybritz 2009
13,5 Vol.%, NK, Teilbarrique, 5000, extratrocken, €€€€€
Dunkles Rubingranat, violette Reflexe, dezenter Wasserrand. Zart tabakig unterlegtes dunkles Beerenkonfit, feine Holzwürze, dunkle Mineralik, braucht etwas Luft. Saftig, feine rotbeerige Frucht, zart nach Kirschen, feine Tannine, finessenreich strukturiert, bleibt gut haften, angenehme Extraktsüße im Abgang, gutes Reifepotenzial.

89 Blaufränkisch Weinberg 2009
13,5 Vol.%, NK, Teilbarrique, 5000, extratrocken, €€€

88 Eisenberg DAC 2009
13 Vol.%, DV, großes Holzfass, 10.000, extratrocken, €€

Südburgenland

★★★★

WEINGUT KRUTZLER

7474 Deutsch Schützen 84
T: 03365/22 42, F: 03365/200 13
weingut@krutzler.at
www.krutzler.at

KELLERMEISTER UND ANSPRECHPARTNER: Reinhold Krutzler
ANZAHL/FLASCHEN: k. A. (2 % weiß, 98 % rot) **HEKTAR:** 12
VERKOSTUNG: ja, gegen Voranmeldung **AB-HOF-VERKAUF:** ja, limitierte Mengen **ÜBERNACHTUNGSMÖGLICHKEIT:** ja, kann organisiert werden **ANDERE PRODUKTE IM VERKAUF:** Destillate
VEREINSZUGEHÖRIGKEIT: Deutsch-Schützer Sixpack, Renommierte Weingüter Burgenland, Weinidylle Südburgenland, **MESSEN:** VieVinum, ProWein, Vinitaly

Das Weingut Krutzler wird mittlerweile in der fünften Generation geführt. Bereits 1966 hat man die ersten Qualitätsweine abgefüllt, und bis heute sieht man sich nur dem Besten verpflichtet. So arbeitet der Familienbetrieb auf etwa zwölf Hektar Rebflächen rund um Deutsch Schützen und den Eisenberg traditionell fast ausschließlich mit Rotweinen. In Zukunft steht vor allem eines im Mittelpunkt: der Blaufränkisch, der Blaufränkisch und nichts als der Blaufränkisch. Ein überschaubares Angebot an besten Lagenweinen wird zu fruchtigen, bestmöglich balancierten Rotweinen gekeltert. Nicht Moderweine ohne Ecken und Kanten, sondern die Stilistik der Sorte, die klimatischen Besonderheiten und das prägende Terroir stehen in der Krutzler'schen Weinmacherphilosophie an erster Stelle.

Die Rebflächen befinden sich alle in einer nach Süd-Südosten ausgerichteten Kessellage, die von Eichen- und Kiefernwald umgeben ist. In diesem Kleinklima und in windgeschützten, pannonisch beeinflussten Lagen finden sich mineralische, eisenhaltige Lehm- und Schieferböden. Dieses Terroir, niedrige Erträge und eine lange Vegetationsperiode bringen Weine mit Eigenständigkeit und Charakter. Allerbeste Lagen in Deutsch Schützen und am nahen Eisenberg sind die Grundlage für den Blaufränkisch Reserve; mindestens 25 Jahre alte Blaufränkisch-Reben und extralange Fasslagerung sind die Basis für diesen kräftig-würzigen, mineralischen Charakterwein.

Aus sorgfältiger Selektion der jeweils besten Blaufränkisch-Trauben des Jahrgangs wird mit einem kleinen Anteil Cabernet Sauvignon der sogenannte »Perwolff«, das renommierte Flaggschiff des Hauses, in kleinen Eichenfässern ausgebaut. Dieser aufwändigst verarbeitete, extrem lagerfähige Spitzenwein von Weltruf hat seinen Namen nach einer alten Bezeichnung für Deutsch Schützen. Denn bereits 1221 wurde die Siedlung unter dem Namen »Perwolff« das erste Mal erwähnt. Der »Perwolff« 2007 hat bei der Falstaff-Rotweinprämierung 2009 gewonnen und wurde damit zum besten österreichischen Rotwein gekürt. Das Weingut Krutzler ist als national wie international vielfach ausgezeichneter Betrieb Mitglied der »Renommierten Weingüter Burgenland«.

(91–93) Blaufränkisch Perwolff 2010
13,5 Vol.%, NK, Barrique, (€€€€€)
Dunkles Rubingranat, violette Reflexe, zarte Randaufhellung. Angenehme Edelholzwürze, Vanille und Nelken, mit dunkler Beerenfrucht unterlegt, ein Hauch von Cassis. Stoffig, gute Komplexität, schwarze Beeren, präsentes, gut eingebundenes Tannin, bleibt gut haften, zeigt eine gute Länge, schokoladiger Nachhall, verfügt über Reifepotenzial.

(90–92) Blaufränkisch Reserve 2010
13,5 Vol.%, NK, Teilbarrique, €€€€
Dunkles Rubingranat, violette Reflexe, zarter Wasserrand. Feine Nuancen von reifen Zwetschken, mit zartem Brombeerkonfit unterlegt, angenehme Kräuterwürze. Saftig, dunkles Waldbeerkonfit, gut integrierte Tannine, bleibt gut haften, mineralischer Nachhall, schokoladiger Touch im Rückgeschmack, ein facettenreicher Speisenbegleiter.

(88-90) Blaufränkisch 2011
DV, großes Holzfass, €€

88 Blauer Zweigelt 2011
13 Vol.%, DV, großes Holzfass, extratrocken, €€

88 Welschriesling 2011
12,5 Vol.%, DV, Stahltank, extratrocken, €€

Südburgenland

Südburgenland

★★★
WEINBAU UWE SCHIEFER

7503 Welgersdorf 3
T: 0664/521 90 47, F: 03362/24 64
weinbau-schiefer@aon.at
www.weinbau-schiefer.at

KELLERMEISTER UND ANSPRECHPARTNER: Uwe Schiefer
ANZAHL/FLASCHEN: 48.000 (5 % weiß, 95 % rot) **HEKTAR:** 13
ANDERE PRODUKTE IM VERKAUF: naturtrübe Säfte, Kürbiskernöl, Destillate, Paprikapulver
VEREINSZUGEHÖRIGKEIT: Weinrunde Abersee, Die Eisenberg Klassik
MESSEN: ProWein

Uwe Schiefer, der inzwischen rund dreizehn Hektar Weingärten bearbeitet, arbeitet mit der grundsätzlichen Philosophie »less is more«, und zwar sowohl im Weingarten als auch im Keller. Uwe Schiefer investiert ständig in die Erweiterung seiner Rebfläche – allerdings ausschließlich in den Blaufränkisch und in die einst österreichweit bekannte Lage Eisenberg. Dieses tonig-lehmige Terroir mit hohem Eisenanteil erlaubt es dem Winzer, sehr charaktervolle, feurige Rotweine zu erzeugen. Schiefer setzt auf möglichst naturnahen Weinbau, Spritzmittel kommen nur schonend zum Einsatz. Der ambitionierte Winzer rekultiviert uralte Steillagen, wo keine Bewässerung möglich ist, experimentiert mit Blaufränkisch-Selektionen und verschiedenen Unterlagen sowie neuen Erziehungsformen.

Schiefer verarbeitet sein Lesegut sehr schonend, verwendet keinerlei Enzyme, Gärhefen oder sonstige Hilfsmittel, es gibt keine Filtration und auch keine Schönung. Er arbeitet daran, den speziellen Bodencharakter optimal in seinen Weinen auszudrücken. Die Lagenweine wie »Szapary« und »Reihburg« werden niemals durch Aufzuckerung und schon gar nicht mit dem Konzentrator verbessert, sondern ohne Hilfsmittel erzeugt, um das Terroir und den eigenständigen Charakter des Blaufränkisch vom Eisenberg herauszustreichen.

(92-94) Blaufränkisch Reihburg 2010
13,5 Vol.%, NK, großes Holzfass, 3300, €€€€€
Dunkles Rubingranat, violette Reflexe, zarter Wasserrand. Feine Zwetschkenfrucht, unterlegt mit Brombeerkonfit, zart blättrige Nuancen, mineralischer Touch. Saftig, elegante Textur, finessenreich strukturiert, reife Kirschen im Nachhall, bleibt gut haften, trinkanimierend und gut anhaltend, feiner Weichseltouch im Rückgeschmack.

(90-92) Blaufränkisch Südburgenland 2011
12,5 Vol.%, NK, großes Holzfass, 30.000, €€€
Tiefdunkles Rubingranat, opaker Kern, violette Reflexe. Intensive dunkle Beerenfrucht, mit mineralischem Touch unterlegt, ein Hauch von Orangenzesten. Saftig, reife Kirschen, mineralisch und sehr elegant, angenehme Extraktsüße im Abgang, ein vielversprechender Vorgeschmack auf einen tollen Rotweinjahrgang.

(90-92) Weißer Schiefer »S« 2011 WR/WB/GV
13 Vol.%, NK, gebr. Barrique, 1500, €€€€€
Mittleres Gelbgrün. Feine Gewürzanklänge, zart nach Orangenzesten, feine Birnenfrucht, zarter Blütenhonig im Hintergrund. Elegant, feine Nuancen von Quitten und Mandarinen, dezente Holzstütze, mineralisch und gut anhaltend, zarte Apfelfrucht im Rückgeschmack, gutes weiteres Entwicklungspotenzial.

(89-91) Weißer Schiefer 2011 WR/WB/GV
12 Vol.%, NK, großes Holzfass, 2500, €€
Mittleres Gelbgrün. Frische Kräuterwürze, mit reifer gelber Frucht unterlegt, mineralischer Touch. Saftig, feine Birnenfrucht, wieder nach Wiesenkräutern, feiner Säurebogen, elegant und gut anhaltend, vielseitiger Speisenbegleiter.

★★★

WEINGUT SCHÜTZENHOF

7474 Deutsch Schützen, Weinberg 159
T: 03365/22 03, F: DW 85
weingut@schuetzenhof.cc
www.schuetzenhof.cc

KELLERMEISTER: Walter und Markus Faulhammer ANSPRECHPARTNER: Familie Faulhammer ANZAHL/FLASCHEN: 60.000 (5 % weiß, 95 % rot) HEKTAR: 12 VERKOSTUNG: ja, gegen Voranmeldung AB-HOF-VERKAUF: ja ÜBERNACHTUNGSMÖGLICHKEIT: ja VEREINSZUGEHÖRIGKEIT: Deutsch-Schützer Sixpack, Weinidylle Südburgenland, Südburgenland – Ein Stück vom Paradies MESSEN: VieVinum, ProWein

Südburgenland

Das Weingut Schützenhof in Deutsch Schützen am Fuß des Eisenbergs wird seit 1816 als Familienbetrieb geführt. Schon seit 1952 füllt man die qualitativ höchststehenden Weine in Flaschen. Die Sorten- und Weinpalettenvielfalt ist für das Gebiet ungewöhnlich umfangreich. Das Hauptaugenmerk liegt natürlich auf dem Rotwein und dabei vor allem auf den Sorten Blaufränkisch und Zweigelt. Aber auch aus Merlot, Cabernet Sauvignon, Pinot Noir und Blauburger bringt man hier ausgezeichnete Weine hervor. Abgerundet wird das Sortiment von einem exotischen Chardonnay und dem »briszante« getauften Perlwein aus Muskateller und Welschriesling.

Zu den Eckpfeilern der ausgezeichneten Qualität gehören neben dem hohen Alter der Rebanlagen, das teilweise 60 Jahre überschreitet, eine rigorose Bearbeitung und Pflege sowie bestes Know-how und größte Erfahrung. Das im Jahr 2005 mit dem Architekturpreis des Burgenlandes ausgezeichnete Weingut, das durch Funktionalität und Transparenz besticht, gestattet minimalen mechanischen Einsatz, der wiederum der Sortentypizität zugutekommt und unnötigen Aromaverlust verhindert – einen Verlust, den man schmerzlich bedauern würde, denn das Terroir am und um den Eisenberg verleiht den Weinen eine außergewöhnliche Mineralik, Fruchtigkeit und ebensolches Potenzial. So aber entsteht ein kostbares Trinkvergnügen.

Auf voreilige Markteinführung der Produkte wird zugunsten der Ausgewogenheit und des Lagerpotenzials verzichtet, da das Kulturgut Wein seine eigenen Gesetze schreibt. Dieser reift bei Schützenhof-Weinen daher über mindestens zwölf Monate, vereinzelt aber auch über bis zu 24 Monate und länger. Das ist unbestritten ein enormer Aufwand, der sich jedoch beim Verkosten selbst erklärt und jede Flasche zu einem Argument für sich macht.

(92–94) Blaufränkisch Senior 2009
13,5 Vol.%, NK, Barrique, extratrocken, €€€€
Dunkles Rubingranat, violette Reflexe, zarter Wasserrand. Zarte Edelholzwürze, feines Brombeerkonfit, sehr sortentypisch, dazu zart nach Kokos und Orangenzesten. Stoffig, vollreife Herzkischen, elegante Textur, finessenreich strukturiert, sehr frisch und trinkanimierend, gute Fruchtsüße im Abgang, zeigt eine gute Länge, sicheres Entwicklungspotenzial, bereits gut antrinkbar.

91 Kastellan 2008 BF/ME/PN
13,5 Vol.%, NK, Barrique, extratrocken, €€€€
Kräftiges Rubingranat, violette Reflexe, breitere Randaufhellung. Feinwürziges, zart balsamisches Bukett, mit dunkler Beerenfrucht unterlegt, dezente animalische Nuancen, tabakiger Touch. Rund, elegante Textur, feines rotes Waldbeerkonfit, gut integrierte Tannine, extraktsüß im Nachhall, ein gut angereifter, harmonischer Speisenbegleiter.

(88–90) Pinot Noir Szapary 2009
13 Vol.%, NK, Stahltank/großes Holzfass, extratrocken, €€€

88 Eisenberg DAC Blaufränkisch Pur 2010
12,5 Vol.%, DV, Stahltank/großes Holzfass, extratrocken, €€

87 Briszante 2011 GM/WR (Frizzante)
11 Vol.%, DV, Stahltank, halbtrocken, €€

Südburgenland

WEINGUT WACHTER-WIESLER

7474 Deutsch Schützen 26
T/F: 03365/22 45
wachter@wachter-wiesler.at
www.wachter-wiesler.at

★★★

KELLERMEISTER UND ANSPRECHPARTNER: Christoph und Franz Wachter
ANZAHL/FLASCHEN: k. A. (5 % weiß, 95 % rot) HEKTAR: 11
VERKOSTUNG: ja AB-HOF-VERKAUF: ja ÜBERNACHTUNGSMÖGLICHKEIT: ja
HEURIGER: Sept. bis Nov. am Wochenende ab 14.30 Uhr
RESTAURANT: Wachter-Wieslers Ratschen (www.ratschen.at)
ANDERE PRODUKTE IM VERKAUF: Destillate, Traubensaft, Béla-Jóska-Nudeln
VEREINSZUGEHÖRIGKEIT: Deutsch-Schützer Sixpack, Eisenberg DAC
MESSEN: VieVinum, ProWein

Eine spannende Entwicklung zeigt dieses Doppel-Familien-Weingut ganz im Süden des Burgenlandes ohnehin schon seit Jahren. Seit Junior Christoph Wachter nun an der Seite seines Vaters Franz auch Verantwortung im Keller übernommen hat, zeichnet sich eine noch feinere und filigranere Linie ab. Vor allem beim Blaufränkisch, der einerseits auf den schweren Lehmböden von Deutsch Schützen, und andererseits auf den mineralischen Schieferböden des Eisenbergs wächst, findet man ausgeprägte Persönlichkeiten mit Kontur und vor allem mit viel Reifepotenzial.

»Béla-Jóska« zum Beispiel, der den beiden Großvätern gewidmet ist, zeigt die urtypische Stilistik des südburgenländischen Blaufränkisch, der durchaus mit Säure- und Tanninstruktur ausgestattet ist und dem daher ein paar Jahre Fassreife guttun. Kräftiger und gleichzeitig runder ist der Blaufränkisch von der Einzellage Pfarrweingarten, der filigrane Frucht mit vollmundiger Struktur verbindet – ein Parade-Blaufränkisch. Die Cuvée »Julia« wird von 90 Prozent Blaufränkisch dominiert und erhält durch das Zusammenspiel mit Merlot und Cabernet Sauvignon zusätzliche Fülle und Würze. Eine besondere Liebe der Wachters gilt auch der Sorte Zweigelt, die hier auf südburgenländischem Terroir eine sehr ausdrucksstarke Struktur entwickelt.

Entzückend ist das Restaurant »Wachter-Wieslers Ratschen«, das im ehemaligen Kellerstöckl der Familie Wiesler eingerichtet wurde. Patronne Gerda Wiesler führt es sehr persönlich gemeinsam mit ihrem weinerfahrenen Bruder Thomas Wachter. Im Keller wurde eine Gebietsvinothek gegründet, die natürlich das gesamte Sortiment des Weinguts Wachter-Wiesler, aber auch Weine der befreundeten »Sixpack-Winzer« anbietet.

(90-92) Blaufränkisch Steinweg 2010
Großes Holzfass/Teilbarrique, €€€€€
Mittleres Rubingranat, violette Reflexe, zarter Wasserrand. Ein Hauch von Gewürzen, süßes rotes Waldbeerkonfit, zart nach kandierten Orangenzesten. Saftig, zart nach Brombeeren, angenehme Extraktsüße, lebendiger Säurebogen, frisch und mineralisch, ein eleganter Speisenbegleiter, rotbeeriger Nachhall.

(89-91) Blaufränkisch Pfarrweingarten 2010
13 Vol.%, NK, großes Holzfass/Teilbarrique, €€€
Mittleres Rubingranat, violette Reflexe, zarter Wasserrand. Zart mit Kräuterwürze unterlegte dunkle Beerenfrucht, feine tabakige Nuancen, rotbeeriger Touch. Mittlere Komplexität, nach Weichseln, frische Struktur, zitroniger Nachhall, trinkanimierend, Herzkirschen im Nachhall.

(88-90) Blaufränkisch Béla-Jóska 2010 BF
13 Vol.%, DV, großes Holzfass, €€

(88-90) Blauer Zweigelt 2011
12,5 Vol.%, DV, großes Holzfass, €€

88 Welschriesling 2011
DV, Stahltank, extratrocken, €€

www.falstaff.at

DIE AKTUELLSTE GOURMETSEITE IM WEB

» Weindatenbank: über 18.000 Weine aus aller Welt bewertet, beschrieben und online abrufbar

» Täglich aktuelle Nachrichten aus der Wein- und Gastronomieszene

» Gewinnspiele: regelmäßige Verlosungen von attraktiven Gourmetpreisen

» Werden Sie Falstaff-Fan auf Facebook!

GENIESSEN WEIN ESSEN REISEN   falstaff

Qualitätsweine aus Südtirol

Südtirol Wein
Vini **Alto Adige**

D.O.C. ANBAUGEBIETE
AREE DI COLTIVAZIONE D.O.C.
D.O.C. AREAS

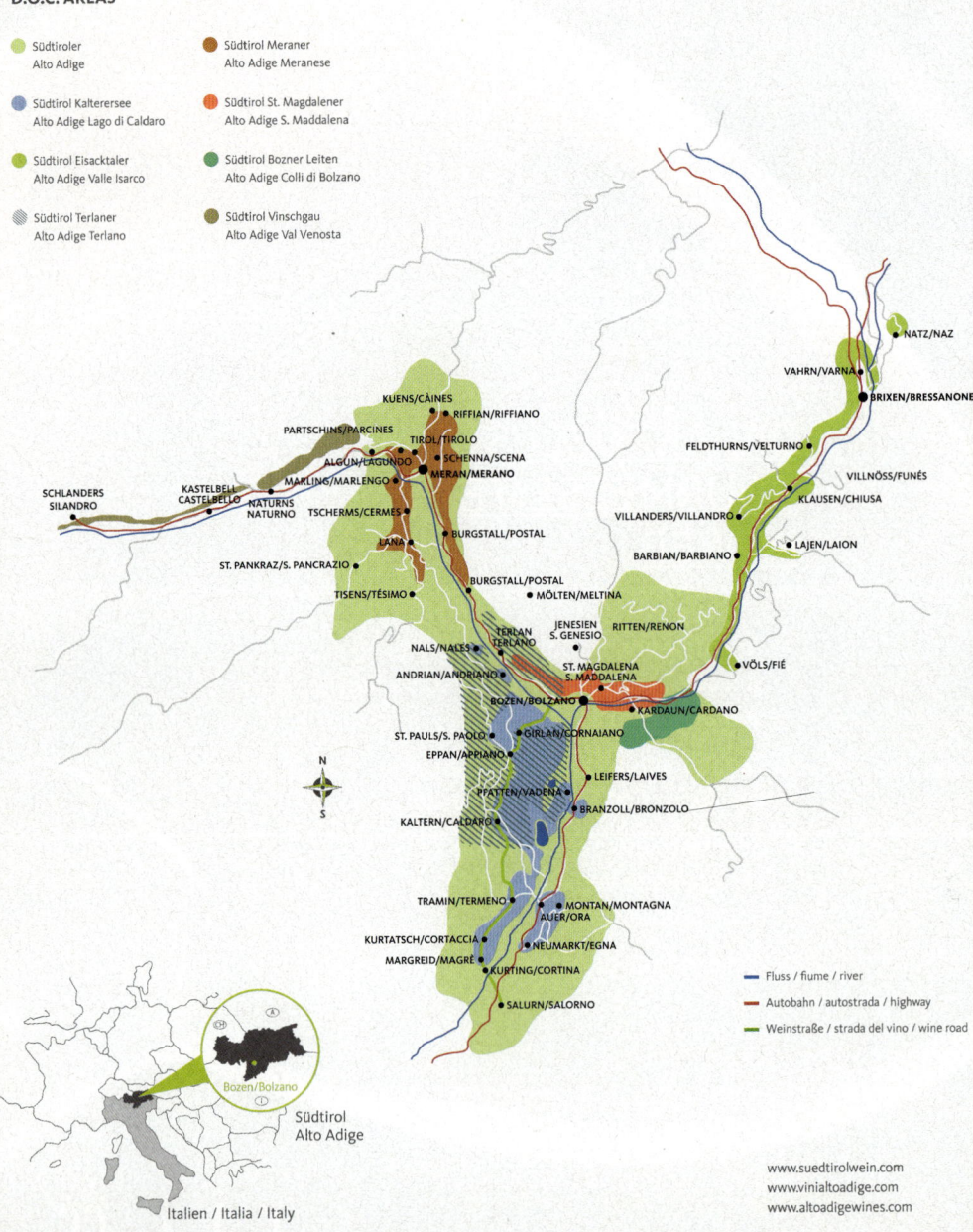

- Südtiroler / Alto Adige
- Südtirol Kalterersee / Alto Adige Lago di Caldaro
- Südtirol Eisacktaler / Alto Adige Valle Isarco
- Südtirol Terlaner / Alto Adige Terlano
- Südtirol Meraner / Alto Adige Meranese
- Südtirol St. Magdalener / Alto Adige S. Maddalena
- Südtirol Bozner Leiten / Alto Adige Colli di Bolzano
- Südtirol Vinschgau / Alto Adige Val Venosta

Localities: NATZ/NAZ, VAHRN/VARNA, BRIXEN/BRESSANONE, FELDTHURNS/VELTURNO, VILLNÖSS/FUNES, KLAUSEN/CHIUSA, LAJEN/LAION, VILLANDERS/VILLANDRO, BARBIAN/BARBIANO, VÖLS/FIÈ, KUENS/CAINES, RIFFIAN/RIFFIANO, PARTSCHINS/PARCINES, TIROL/TIROLO, ALGUND/LAGUNDO, SCHENNA/SCENA, MARLING/MARLENGO, MERAN/MERANO, SCHLANDERS/SILANDRO, KASTELBELL/CASTELBELLO, NATURNS/NATURNO, TSCHERMS/CERMES, BURGSTALL/POSTAL, LANA, ST. PANKRAZ/S. PANCRAZIO, TISENS/TESIMO, BURGSTALL/POSTAL, MÖLTEN/MELTINA, TERLAN/TERLANO, JENESIEN/S. GENESIO, RITTEN/RENON, NALS/NALES, ANDRIAN/ANDRIANO, ST. MAGDALENA/S. MADDALENA, BOZEN/BOLZANO, KARDAUN/CARDANO, ST. PAULS/S. PAOLO, GIRLAN/CORNAIANO, EPPAN/APPIANO, PFATTEN/VADENA, LEIFERS/LAIVES, BRANZOLL/BRONZOLO, KALTERN/CALDARO, TRAMIN/TERMENO, MONTAN/MONTAGNA, AUER/ORA, KURTATSCH/CORTACCIA, NEUMARKT/EGNA, MARGREID/MAGRÈ, KURTING/CORTINA, SALURN/SALORNO

Legend:
- Fluss / fiume / river
- Autobahn / autostrada / highway
- Weinstraße / strada del vino / wine road

Bozen/Bolzano
Südtirol / Alto Adige
Italien / Italia / Italy

www.suedtirolwein.com
www.vinialtoadige.com
www.altoadigewines.com

SÜDTIROL

Schloss Lebenberg

Südtirol

In 52 von 116 Gemeinden des Landes wird erwerbsmäßig Weinbau betrieben. Zentren sind die Hänge um die Landeshauptstadt Bozen (St. Magdalena, Leitach, Gries, Siebeneich), das als Überetsch bezeichnete Gebiet von Eppan bis zum Kalterer See mit fast geschlossener Rebfläche und schließlich die Hänge um Tramin, Kurtatsch, Margreid und Salurn im Südtiroler Unterland. Südtirols Rebgarten ist ein Mosaik von 5000 Einzelbetrieben. Die Zahl der reinen Weinbaubetriebe beträgt nur knappe drei Prozent. Am häufigsten sind Kombinationen mit Obstbau und Fremdenverkehr. Die Mehrheit der Weinbauern bewirtschaftet weniger als ein Hektar. Mit rund 5300 Hektar Weinbergen gehört Südtirol zu den flächenmäßigen Schlusslichtern im italienischen Weinbau (entspricht knapp 0,7 Prozent der gesamtitalienischen Anbaufläche). Das große Potenzial des Südtiroler Weinbaus liegt in den unterschiedlichen Höhenlagen. Die Weinberge liegen zwischen 220 und 1000 Metern Seehöhe. Das traditionelle Rotweinland Südtirol wird zunehmend ein Weißweinland. Von ehemals knapp 20 Prozent hat sich der Anteil der Weißweine auf rund 55 Prozent gesteigert. Die Bandbreite der Höhenlagen bietet eine Klaviatur, auf der die Südtiroler Winzer immer besser zu spielen verstehen. Waren es vor einem Jahrzehnt lediglich einige Leitbetriebe, die auf hochwertige Weißweine setzten, hat heute beinahe jeder Betrieb hier Entsprechendes im Programm. In Italien zählt Weißwein aus Südtirol mittlerweile zu den Top-Produkten. Neben der Region selbst hat sich so in den letzten Jahren Italien zum Hauptabsatzmarkt für Südtiroler Wein entwickelt.

Hauptsorten bei Weißwein sind Ruländer, Chardonnay, Weißburgunder und Gewürztraminer, die jeweils rund zehn Prozent ausmachen. Bei den Rotweinen hat die traditionelle Leitsorte Vernatsch (Kalterer See, St. Magdalener, Meraner) in den vergangenen Jahren stark abgenommen. Mit rund 1150 Hektar belegt sie aber immer noch gut 22 Prozent der Anbaufläche. Nachdem Weintrinker in den vergangenen Jahren vor allem auf körperreiche und dicht strukturierte Weine hin orientiert waren, scheint sich eine Renaissance des leichten und fruchtbetonten, mit mildem Tannin ausgestatteten Vernatsch abzuzeichnen. Wie kein anderer Wein ist Vernatsch mit der Südtiroler Landschaft verbunden. Seit Beginn der 1990er-Jahre sorgen auch Südtiroler Rotweine national und international für Aufsehen, in erster Linie Blauburgunder, Bordeaux-Cuvées und Weine aus der autochthonen Sorte Lagrein.

Neben den erfolgreichen privaten Weinkellereien und den kleinen Winzerbetrieben ist Südtirol von Kellereigenossenschaften geprägt. Mit klaren Zielen werden sie geführt wie ein Privatbetrieb und sind überaus erfolgreich. Von den maßgeblichen Südtiroler Weinführern wurden wiederholt Südtiroler Genossenschaftskellereien zu den besten Betrieben Italiens gekürt. Auch einige der besten Weine im Falstaff Weinguide stammen von Südtiroler Winzergenossenschaften.

Die besten Produzenten

★★★★★

Weingut J. Hofstätter	Tramin
Weingut Alois Lageder	Margreid
Kellerei St. Michael-Eppan	Eppan
Kellerei Terlan	Terlan

★★★★

Weingut Manincor	Kaltern
Tramin	Tramin
Elena Walch	Tramin

★★★

Weingut Baron di Pauli	Kaltern
Kellerei Girlan	Girlan
Weingut Loacker	Bozen
Nals Margreid	Nals
Kellerei St. Magdalena	Bozen
Kellerei Schreckbichl/Colterenzio	Girlan
Weingut Tiefenbrunner	Entiklar

★★

Kellerei Andrian	Terlan
Arunda	Mölten
Erste + Neue	Kaltern
Kellerei Gries	Bozen
Weingut Franz Haas	Montan
Kellerei Kaltern	Kaltern
Kellerei Kurtatsch	Kurtatsch
Weingut/Klosterkellerei Muri Gries	Bozen
Weingut Josef Niedermayr	Girlan
Kellerei St. Pauls	St. Pauls

★

Eisacktaler Kellerei	Klausen
Landesweingut Laimburg	Auer
Weinkellerei Malojer – Gummerhof	Bozen
Weingut K. Martini & Sohn	Girlan
Kellerei Meran Burggräfler	Marling
Weingut Kellerei Ritterhof	Kaltern
Weingut Peter Sölva	Kaltern
Wilhelm Walch	Tramin
Weingut Josef Weger	Girlan

Südtirol

Südtirol

Die besten Weißweine

94	Sauvignon Blanc Quarz 2010 – Kellerei Terlan
94	Gewürztraminer Nussbaumer 2011 – Tramin
93	Chardonnay Löwengang 2009 – Weingut Alois Lageder
93	Gewürztraminer Sanct Valentin 2011 – Kellerei St. Michael-Eppan
92	Beyond the Clouds 2010 – Elena Walch
92	Gewürztraminer Kolbenhof 2011 – Weingut J. Hofstätter
92	Sauvignon Castel Giovanelli 2010 – Kellerei Kaltern
92	Gewürztraminer Riserva Brenntal 2009 – Kellerei Kurtatsch
92	Chardonnay Ateyon 2010 – Weingut Loacker
92	Gewürztraminer Graf von Meran 2011 – Kellerei Meran Burggräfler
92	Gewürztraminer Lyra 2010 – Nals Margreid
92	Chardonnay Linticlarus 2009 – Weingut Tiefenbrunner
91	Arunda Riserva Südtiroler Sekt 2007 – Arunda
91	Sauvignon Flora 2011 – Kellerei Girlan
91	Weißburgunder Dellago 2011 – Kellerei Gries
91	Manna 2010 – Weingut Franz Haas
91	Réserve della Contessa 2011 – Weingut Manincor
91	Sauvignon Lafóa 2010 – Kellerei Schreckbichl/Colterenzio
91	Weißburgunder Maso delle Rose 2009 – Weingut Josef Weger
90	Gewürztraminer Movado 2011 – Kellerei Andrian
90	Sylvaner Sabiona 2010 – Eisacktaler Kellerei
90	Terlaner Hof zu Pramol 2010 – Weingut Josef Niedermayr
(89-91)	Gewürztraminer Kleinstein 2011 – Kellerei St. Magdalena

Die besten Rotweine

94	Pinot Nero Barthenau Vigna S. Urbano 2009 – Weingut J. Hofstätter
93	Cuvée Col de Réy 2007 – Landesweingut Laimburg
93	Castel Campan 2009 – Weingut Manincor
93	Lagrein Riserva Abtei Muri 2009 – Muri-Gries Klosterkellerei
92	Pinot Noir Riserva Trattmann 2009 – Kellerei Girlan

Pro erwähntem Betrieb ist nur der höchstbewertete Wein jedes Jahrgangs eingetragen.

Südtirol

92	Merlot Brenntal 2009	Kellerei Kurtatsch
92	Pinot Noir Krafuss 2009	Weingut Alois Lageder
92	Lagrein Gries Riserva 2009	Nals Margreid
92	Blauburgunder Sanct Valentin 2009	Kellerei St. Michael-Eppan
92	Amistar Rosso Edizione 2008	Weingut Peter Sölva
92	Lagrein Urban 2009	Tramin
92	Kermesse 2007	Elena Walch
(91-93)	Lagrein Riserva Prestige Line 2010	Kellerei Gries
91	Lagrein Riserva Tor di Lupo 2009	Kellerei Andrian
91	Merlot Cabernet Arzio 2009	Weingut Baron di Pauli
91	Lagrein Riserva Puntay 2009	Erste + Neue
91	Cabernet Sauvignon Riserva Pfarrhof 2009	Kellerei Kaltern
91	Cabernet Lagrein Kastlet 2009	Weingut Loacker
91	Lagrein Riserva Porphyr 2009	Kellerei Terlan
(90-92)	Lagrein Riserva Taber 2010	Kellerei St. Magdalena
90	Lagrein Riserva 2009	Weinkellerei Malojer – Gummerhof
90	Lagrein Maturum 2010	Weingut K. Martini & Sohn
90	Merlot-Lagrein Graf von Meran 2009	Kellerei Meran Burggräfler
90	Lagrein Gries Riserva 2010	Weingut Josef Niedermayr
90	Merlot Riserva Crescendo 2008	Kellerei Ritterhof
90	Cabernet Sauvignon Lafóa 2009	Kellerei Schreckbichl/Colterenzio
90	Cabernet Sauvignon Riserva 2009	Wilhelm Walch

Die besten Süßweine

94	Gewürztraminer Aureus 2010	Weingut Josef Niedermayr
93	Goldmuskateller Passito Serenade 2009	Kellerei Kaltern
93	Gewürztraminer Vendemmia Tardiva Terminum 2009	Tramin
92	Gewürztraminer Passito Juvelo 2010	Kellerei Andrian
(91-93)	Goldmuskateller Vinalia 2010	Kellerei Gries
91	Kerner Necataris Passito 2010	Eisacktaler Kellerei
91	St. Valentin Comtess Passito 2009	Kellerei St. Michael-Eppan
(90-92)	Gewürztraminer Spätlese Joseph 2010	Weingut J. Hofstätter

Pro erwähntem Betrieb ist nur der höchstbewertete Wein jedes Jahrgangs eingetragen.

Südtirol

KELLEREI ANDRIAN

Silberleitenweg 7, I-39018 Terlan
T: +39/0471/25 71 56, F: +39/0471/25 87 01
office@kellerei-andrian.com
www.kellerei-andrian.com

KELLERMEISTER: Rudi Kofler
ANSPRECHPARTNER: Klaus Gasser
ANZAHL/FLASCHEN: 300.000 (40 % weiß, 59 % rot, 1 % süß) **HEKTAR:** 70
VERKOSTUNG: ja, gegen Voranmeldung Ab-Hof-Verkauf: ja
MESSEN: Vinitaly, ProWein

Mit Gründungsjahr 1893 ist die Kellerei Andrian die älteste Kellereigenossenschaft Südtirols. 2008 wurde Andrian von der Kellerei Terlan übernommen, der zweitältesten des Landes. Andrian liegt am orographisch rechten Ufer der Etsch, Terlan am linken. Die Reben in Andrian sind mehr nach Osten und Süden ausgerichtet, jene in Terlan schauen nach Süden und Westen. Während die Lagen in Terlan von Porphyr geprägt sind, dominiert in den Andrianer Rieden Kalkgestein. Die Verantwortlichen der Kellerei Terlan um Klaus Gasser und Kellermeister Rudi Kofler haben beschlossen, diese Unterschiede noch prägnanter herauszuarbeiten. Die Weine von Andrian und Terlan werden daher unter getrennten Marken geführt. Verarbeitet jedoch werden alle Weine ausschließlich in Terlan, dafür wurde sogar der Keller erweitert. Die historischen Kellerräumlichkeiten in Andrian dienen für Veranstaltungen und für den Ausbau der schweren Rotweine. Innerhalb der wenigen Jahre seit der Fusion haben die Verantwortlichen von Terlan und Andrian die Kellerei auf Vordermann gebracht. Der Qualitätssprung ist beachtlich und die Weine können sich wirklich sehen lassen. Ein Klassiker ist der Lagrein »Tor di Lupo«, der Ende der 1980er-Jahre einer der ersten Premium-Lagrein des Landes war. Auch für Merlot, Sauvignon Blanc und Gewürztraminer sind die Andrianer Lagen offensichtlich sehr gut geeignet. Eine Neuheit ist der Pinot Noir »Anrar«, der nur in sehr begrenzten Mengen zur Verfügung steht.

92 Südtiroler Gewürztraminer Passito
Juvelo 2010 DOC
10,5 Vol.%, NK, Barrique, 2000, süß, €€€€€ (0,375 l)
Funkelndes, sattes Goldgelb mit leicht rötlichem Schimmer. Sehr intensive und klare Nase, satt nach überreifen Marillen, unterlegt von dezent würzigen Noten. Am Gaumen mit schöner satter und süßer Frucht, zeigt aber auch funkelnde Säure, die dem Wein Spannung gibt, glockenklar.

91 Südtiroler Lagrein Riserva
Tor di Lupo 2009 DOC
14 Vol.%, NK, Barrique, 13.000, extratrocken, (€€€€€)
Sattes, undurchdringliches Rubinviolett. Fleischige, satte Nase, duftet nach Lilien und reifen Holunderbeeren. Saftig in Ansatz und Verlauf, zeigt viel dunkle Kirsche und Zwetschke, im Finale nach Tabak, feines Tannin.

90 Südtiroler Merlot Riserva Gant 2009 DOC
14 Vol.%, NK, Barrique, 10.000, extratrocken, (€€€€€)
Funkelndes, sattes Rubin. Sehr eindrucksvolle, duftige Nase, nach Zwetschken, dunklen Johannisbeeren und getrockneten Erdbeeren. Am Gaumen geschmeidig und weich, öffnet sich mit viel feinkörnigem Tannin, viel süßer Schmelz, strömt ruhig dahin.

90 Südtiroler Lagrein Rubeno 2011 DOC
13,5 Vol.%, NK, großes Holzfass, 25.000, extratrocken, €€
Sattes, undurchdringliches Rubinviolett. Sehr unmittelbar und ansprechend, duftet nach Holunderbeeren, roten Rüben und Schokolade. Herzhaft und saftig am Gaumen, baut sich sehr gut auf, kerniges Tannin, ummantelt von feiner Frucht. Wild und herzhaft.

87 Südtiroler Pinot Noir Riserva
Anrar 2009 DOC
13,5 Vol.%, NK, Barrique, 4000, extratrocken, (€€€€€)

90 Südtiroler Gewürztraminer Movado 2011 DOC
15 Vol.%, NK, Stahltank, 5000, trocken, €€€€
Sattes, helles Goldgelb. Klare Nase, nach Bratäpfeln, etwas Quitten, dann ein feines Gewürzbett. Verspielt am Gaumen, viel reife Fruchtnoten, stoffig, im Finale mit sattem Druck.

90 Südtiroler Terlaner Sauvignon Blanc Andrius 2011 DOC
14 Vol.%, NK, Stahltank, 5000, extratrocken, €€€€
Funkelndes sattes Strohgelb. Feine verwobene Nase, nach dunklen Johannisbeeren, satt und einladend. Intensiv in Ansatz und Verlauf, zeigt schöne reife Johannisbeeren, dazu Mango und Melisse, langer Nachhall.

87 Südtiroler Weißburgunder 2011 DOC
13,5 Vol.%, NK, Stahltank, 30.000, extratrocken, €€

ARUNDA

Josef-Schwarz-Straße 18, I-39010 Mölten
T: +39/0471/66 80 33, F: +39/0471/66 82 29
info@arundavivaldi.it
www.arundavivaldi.it

★★

KELLERMEISTER: Josef Reiterer
ANSPRECHPARTNER: Michael und Josef Reiterer
ANZAHL/FLASCHEN: 100.000 (100 % weiß)
VERKOSTUNG: ja AB-HOF-VERKAUF: ja
MESSEN: Vinitaly, ProWein, Merano WineFestival

Sepp Reiterer wird in Südtirol kurz und prägnant »Mister Sekt« genannt. Schon seit vielen Jahren ist er als Berater für zahlreiche Sekt- und Spumantehäuser tätig. Sein neuestes Projekt sind zwei feine Spumante auf Sizilien. Neben seiner Beratertätigkeit, eigentlich müsste man sagen hauptsächlich, führt Sepp Reiter zusammen mit seiner Frau Marianna und Sohn Michael auch einen eigenen Sektbetrieb, Arunda. Dieser befindet sich in Reiterers Heimatort Mölten auf 1150 Metern Seehöhe und ist damit die höchstgelegene Sektkellerei Europas. Weintrauben wachsen auf dieser Höhe keine mehr, die Grundweine für ihre Cuvées kaufen die Reiterers von den besten Betrieben des Landes zu. Mit »Riserva«, »Blanc de Blancs« und Cuvée »Marianna« haben die Reiterers Spitzencuvées geschaffen. Sie zeigen auf, wie feingliederig und finessenreich Südtiroler Sekt sein kann. Das Spitzenprodukt aus dem Hause Arunda ist die »Riserva«, von der heuer der Jahrgang 2007 ausgeliefert wird. Dezente Reife verleiht ihm Komplexität. Der Grundwein für die Cuvée »Marianne« wird im Holzfass ausgebaut. Die steigende Nachfrage nach Rosé-Sekten wird mit dem Rosé »Excellus«, ein Rosé ganz aus Blauburgunder, befriedigt. Sepp Reiterer sucht immer wieder neue Herausforderungen. So kaufte er 2005 eine Jahresproduktion des »Dolomytos« von Rainer Zierock und versektete ihn. Das Besondere dabei: Neben Weißburgunder und Chardonnay wird am Dolomytos-Hof auch Assyrtiko aus Griechenland angebaut. Sie verleiht dem Sekt eine ganz besondere Note.

91 Südtiroler Sekt Arunda Riserva 2007 DOC CH/PN
12,5 Vol.%, NK, Stahltank, 8000, extrabrut, €€€€
Funkelndes, helles Strohgelb mit feiner Perlage. Duftige, intensive Nase, leicht rauchig, dann nach Bratapfel, Brioche, im Hintergrund etwas heller Karamell. Entfaltet sich fein und elegant, zeigt schöne gereifte Noten, frisch, im Finale lange und tiefgründig.

90 Südtiroler Sekt Arunda Blanc de Blanc DOC CH
13 Vol.%, NK, Stahltank, 4000, extrabrut, €€€€
Funkelndes Strohgelb, feine anhaltende Perlage. Klar und geradlinig am Gaumen, feinkörnig, anhaltend, im Finale schöne mineralische Noten.

89 Südtiroler Sekt Phinea CH/WB/Assyrtiko
13 Vol.%, NK, Barrique, 4500, extrabrut, €€€€€

88 Südtiroler Sekt Arunda-Cuvee Marianna DOC CH/PN
13 Vol.%, NK, Stahltank/Barrique, 8000, extrabrut, €€€€

87 Südtiroler Sekt Arunda Brut DOC CH/WB/PN
12,5 Vol.%, NK, Stahltank, 45000, brut, €€€

87 Südtiroler Sekt Arunda Excellor Rosé DOC PN
13 Vol.%, NK, Stahltank, 8000, brut, €€€€

★★★

WEINGUT BARON DI PAULI

Kellereistraße 12, I-39052 Kaltern
T: +39/0471/96 36 96, F: +39/0471/96 44 54
info@barondipauli.com
www.barondipauli.com

—— BIO ——

KELLERMEISTER: Andreas Prast
ANSPRECHPARTNER: Tobias Zingerle
ANZAHL/FLASCHEN: 55.000 (44 % weiß, 54 % rot, 2 % süß) HEKTAR: 15
VERKOSTUNG: ja
AB-HOF-VERKAUF: im Winecenter Kaltern, Bahnhofstr. 7
MESSEN: Vinitaly, Merano WineFestival, Bozner Weinkost

Südtirol

Das Weingut Di Pauli besteht aus zwei Höfen: Der 10,5 Hektar große »Arzenhof« liegt direkt über dem Kalterer See auf einer natürlichen Terrasse inmitten einer einzigartigen Rotweinzone. Diese hervorragenden Bedingungen werden zum Anbau von Cabernet Sauvignon, Cabernet Franc und Merlot sowie der autochthonen Sorten Lagrein und Vernatsch genutzt. Der zweite Hof des Weingutes liegt in Söll bei Tramin. Dort werden Gewürztraminer, Riesling, Sauvignon und Weißburgunder angebaut. Während der Gewürztraminer nach einer längeren Mazerationszeit (griechisch: »Exilissi«) im Holzfass ausgebaut wird, vereinen sich Riesling, Sauvignon und Weißburgunder zu einer besonderen Cuvée. Der ebenfalls aus dem Griechischen stammende Name »Enosi« (Vereinigung) unterstreicht diese ungewöhnliche Zusammensetzung. Verarbeitet werden die Weine von Baron di Pauli in der Kellerei Kaltern, die auch den Vertrieb der Weine innehat.

Die Merlot-Cabernet-Cuvée »Arzio« nimmt ihren Platz unter den besten Rotweinen des Landes ein, der Kalterersee »Kalkofen« gilt bei Kennern als einer der besten Vertreter dieses für Südtirol so typischen Weines.

91 Arzio Südtiroler Merlot Cabernet 2009 DOC
14,5 Vol.%, NK, Barrique, 8000, extratrocken, €€€€
Sattes, funkelndes Rubin. Fein gezeichnete Nase, zunächst etwas verhalten, dann nach dunklen Johannisbeeren, Zwetschken und Oliven. Saftig und satt in Ansatz und Verlauf, zeigt viel frische, präsente Frucht, öffnet sich mit dicht gewebtem Tannin, baut sich in vielen Schichten auf, im Finale fester Druck.

89 Carano Südtiroler Lagrein 2010 DOC
13,5 Vol.%, NK, Barrique, 4500, extratrocken, €€€

87 Kalkofen Südtiroler Kalterersee classico superiore 2011 DOC
13 Vol.%, NK, großes Holzfass, 20.000, extratrocken, €€

89 Exilissi Südtiroler Gewürztraminer 2010 DOC
15,5 Vol.%, NK, großes Holzfass, 3000, trocken, €€€€

88 Enosi 2011 DOC RR/SB/WB
13,5 Vol.%, NK, Stahltank, 14.000, extratrocken, €€€

Südtirol

EISACKTALER KELLEREI

Leitach 50, I-39043 Klausen
T: +39/0472/84 75 53, F: +39/0472/84 75 21
info@eisacktalerkellerei.it
www.eisacktalerkellerei.it

KELLERMEISTER: Thomas Dorfmann
ANSPRECHPARTNER: Dr. Claudia Perbellini
ANZAHL/FLASCHEN: 720.000 (95 % weiß, 5 % rot) HEKTAR: 140
VERKOSTUNG: ja, gegen Voranmeldung AB-HOF-VERKAUF: ja
MESSEN: Vinitaly

Die Eisacktaler Kellerei wurde 1961 von 24 Bauern aus Klausen und den umliegenden Ortschaften gegründet. Sie ist damit die jüngste Winzergenossenschaft Südtirols. Heute gehören rund 130 Weinbauern aus den Gemeinden des Eisacktals der Genossenschaft an. An den steilen Hängen des Tals wird Weinbau bis auf 900 Meter Seehöhe betrieben. Die Eisacktaler Kellerei war wesentlich dafür verantwortlich, dass man in den 1970er-Jahren im Tal begann, sich auf die Weißweinproduktion zu konzentrieren. Heute gilt das Eisacktal als eines der hervorragendsten Weißweingebiete Italiens. Die Leitsorten sind Sylvaner, Gewürztraminer und Veltliner. Ehemals war das vorwiegend der Frührote Veltliner, in den letzten Jahren wird immer mehr auch Grüner Veltliner angebaut. Als neuester Trend werden im Eisacktal vermehrt auch Riesling und Kerner angebaut, die sich bei den Konsumenten in Italien großen Zuspruchs erfreuen. Die Sortenweine der Eisacktaler Kellerei sind elegante, fruchtbetonte Weine mit frischer Säure. Für die »Aristos«-Linie haben Kellermeister Thomas Dorfmann und seine Mitarbeiter eine Reihe besonders exponierter Lagen selektioniert. Als letzte Stufe der Qualitätsoffensive wurden schließlich zwei Weine geschaffen, »Sabiona Sylvaner« und »Sabiona Kerner«, die lange auf der Feinhefe reifen und erst ein Jahr später auf den Markt kommen.

91 Südtirol Eisacktaler Kerner Nectaris Passito 2010 DOC
11,5 Vol.%, NK, Stahltank k. A., süß, €€€€ (0,375 l)
Funkelndes Goldgelb mit grünen Nuancen. Intensive und duftige Nase, zeigt Noten nach Grapefruit und Bergamotte, dann getrockneter Pfirsich, im Hintergrund feine Kräutertöne. Intensiv in Ansatz und Verlauf, zeigt sehr schönes Spiel zwischen süßer, konzentrierter Frucht und Säure, tänzelt leichtfüßig dahin.

90 Südtirol Eisacktaler Sylvaner Sabiona 2010 DOC
14 Vol.%, NK, Stahltank k. A., extratrocken, €€€€
Glänzendes Strohgelb. Präsentiert sich in der Nase mit rauchig-mineralischen Noten, dann frische Frucht, nach Apfel und Melisse. Schönes Spiel, funkelt, klar und geradlinig, mineralische Komponenten, wie aus einem Guss, langes, saftiges Finale.

90 Südtirol Eisacktaler Kerner Sabiona 2010 DOC
14,5 Vol.%, NK, Stahltank k. A., trocken, €€€€
Glänzendes, helles Strohgelb. Intensive und einladende Nase, zeigt Noten nach Nektarinen, Mango und Salbei. Zeigt am Gaumen enorm viel Frucht, sehr präsent, viel frischer Pfirsich, entfaltet sich elegant, lange und saftig.

88 Südtirol Eisacktaler Riesling Aristos 2011 DOC
13 Vol.%, NK, Stahltank k. A:, trocken, €€€

88 Südtirol Eisacktaler Pinot Grigio Aristos 2011 DOC
14,5 Vol.%, NK, großes Holzfass, k. A., extratrocken, €€€

87 Südtirol Eisacktaler Grüner Veltliner Aristos 2011 DOC
14 Vol.%, NK, großes Holzfass/Barrique, k. A., extratrocken, €€€

★★
ERSTE + NEUE

Kellereistraße 5/10, I-39052 Kaltern
T: +39/0471/96 31 22, F: +39/0471/96 43 68
info@erste-neue.it
www.erste-neue.it

Südtirol

KELLERMEISTER: Gerhard Sanin
ANSPRECHPARTNER: Dr. Manfred Schullian
ANZAHL/FLASCHEN: 1.400.000 (45 % weiß, 52 % rot, 3 % süß) HEKTAR: 265
VERKOSTUNG: ja, gegen Voranmeldung AB-HOF-VERKAUF: ja
ANDERE PRODUKTE: Destillate, Weinsalz, Weinkosmetik, Kalterer Polenta
MESSEN: ProWein, Vinitaly, Bozner Weinkost, Merano WineFestival, VieVinum

Mit rund 450 Mitgliedern und 265 Hektar Rebfläche zählt die Erste + Neue in Kaltern zu den größten Kellereigenossenschaften Südtirols. Rund um den malerischen Kalterer See gedeiht auf Höhenlagen zwischen 200 und 600 Metern auf sehr unterschiedlichen Böden – die Bandbreite reicht von sandig über lehmig bis schotterig, von vulkanisch bis kalkhaltig – beinahe die gesamte Sortenpalette Südtirols. Dank intensiver Beratung der Mitglieder und schonender Kellertechnik erzeugt die Erste + Neue Kellerei nicht nur Menge, sondern auch Qualität. Das Angebot unterteilt sich in drei Linien: »Klassik«, »Cru« (Weine aus bestimmten Lagen) und die Spitzenlinie »Puntay«. Hierfür wählt Kellermeister Gerhard Sanin die besten Trauben aus und verarbeitet sie schonend. Lange Lagerung auf der Feinhefe bei den Weißweinen und Ausbau im großen und kleinen Holzfass bei den Rotweinen verleihen diesen Weinen Finesse, Körper und Reifepotenzial. Das Team um Obmann Manfred Schullian und Kellermeister Gerhard Sanin hat in den letzten Jahren solide Grundlagenarbeit geleistet. Hervorragend fiel in diesem Jahr der Lagrein »Puntay« aus, der zeigt, dass diese lokale Sorte auch im Überetsch einen sehr guten Standplatz hat. Ein Klassiker ist der Kalterersee »Puntay«: saftig, rund und mit klarer Frucht.

91 Südtiroler Lagrein Riserva Puntay 2009 DOC
13,5 Vol.%, NK, Barrique, 10.000, extratrocken, €€€€
Sattes, undurchdringliches Rubinviolett. Satte, fleischige Nase, duftet nach Lilien und reifen Zwetschken, etwas Tabak. Zeigt sich am Gaumen mit viel sattem Tannin, baut sich in Schichten auf, nach Granatapfelsaft, im Finale langer Nachhall.

88 Südtiroler Kalterersee Classico Superiore Puntay 2011 DOC
13 Vol.%, NK, großes Holzfass, 30.000, extratrocken, €€

89 Südtiroler Sauvignon Stern 2011 DOC
14 Vol.%, NK, Stahltank/großes Holzfass, 26.000, extratrocken, €€

87 Südtiroler Weißburgunder Prunar 2011 DOC
13,5 Vol.%, NK, Stahltank/großes Holzfass, 27.000, extratrocken, €€

86 Südtiroler Riesling Rifall 2011 DOC
13 Vol.%, NK, Stahltank, 10.000, trocken, €€€

87 Südtiroler Rosenmuskateller 2008 DOC
14 Vol.%, NK, großes Holzfass, 3000, süß, €€€€ (0,375 l)

KELLEREI GIRLAN

★★★

St.-Martin-Straße 24, I-39057 Girlan
T: +39/0471/66 24 03, F: +39/0471/66 26 54
info@girlan.it
www.girlan.it

KELLERMEISTER: Gerhard Kofler
ANSPRECHPARTNER: Oscar Lorandi
ANZAHL/FLASCHEN: 1.000.000 (55 % weiß, 45 % rot) HEKTAR: 230
VERKOSTUNG: ja AB-HOF-VERKAUF: ja
MESSEN: Vinitaly, ProWein

Diese traditionsreiche Kellerei liegt mitten im Weindorf Girlan. Bereits in den 1980er-Jahren war die Kellerei Girlan einer der Motoren der Erneuerung des Südtiroler Weinbaus. Beste Lagen in Girlan und Schreckbichl, ausgesuchte Weinberge aus Mazon, Neumarkt und Montan geben die Möglichkeit, bei vielen Sorten Spitzenweine zu erzeugen. Einst in erster Linie für sehr hohe Vernatsch-Qualitäten bekannt, steht die Girlaner Kellerei heute auch für höchste Qualität bei Weißburgunder, Sauvignon, Chardonnay, Gewürztraminer und Lagrein. Der engagierte Kellermeister Gerhard Kofler hat jahrelang konsequent mit seinen Mitgliedern gearbeitet und hohe Qualitäten aufgebaut. 2010 wurden Traubenannahme, Presshaus und Teile des Gärkellers umgebaut. Die angelieferten Weiß- und Rotweintrauben können nun mithilfe des natürlichen Gefälles verarbeitet werden; ein weiterer Schritt in Richtung Spitzenqualität ist getan.

Als einer der besten Südtiroler Blauburgunder erweist sich erneut die »Trattmann Riserva«. Die Trauben für diesen Wein stammen aus einer Riede in Mazzon oberhalb Neumarkt, eine Top-Lage für Blauburgunder in Südtirol. Ein Klassiker ist der Vernatsch »Gschleier«, der aus alten Rebstöcken stammt. Vertikalproben haben wiederholt gezeigt, dass dieser Vernatsch auch hervorragend altern kann. Beeindruckend sind auch die Weißweine aus der »Flora«-Serie ausgefallen. Eine reife Leistung!

92 Südtiroler Pinot Noir Trattmann Riserva 2009 DOC
14,5 Vol.%, NK, großes Holzfass/Barrique, 15.000, extratrocken, €€€€€
Funkelndes Rubin mit Granatschimmer. Feine, vielschichtige Nase, duftet nach Brombeeren und Granatapfel, dahinter zarte Gewürze. Am Gaumen stoffig, entfaltet sich mit saftiger Frucht, klar und geschmeidig, samtiges, feinkörniges Tannin, langer Nachhall.

90 Südtiroler Vernatsch Gschleier 2010 DOC
13 Vol.%, NK, großes Holzfass, 14.000, extratrocken, €€€
Funkelndes, leuchtendes Rubin. Fein gezeichnete Nase mit Noten nach Kirschen, etwas Veilchen, Granatapfelkerne, anmutig, im Hintergrund etwas Brotkruste. Zeigt am Gaumen viel geschmeidiges Tannin, öffnet sich mit feiner Frucht, saftig, fließt fein dahin, im Finale dann auch schöner Druck, süßer Schmelz, im Nachhall nach Zimt.

89 Südtiroler Lagrein Riserva 2009 DOC
13,5 Vol.%, NK, Barrique, 8000, extratrocken, €€€€€

87 Riserva Rossa Südtiroler Cabernet Sauvignon - Merlot 2009 DOC
13,5 Vol.%, NK, Barrique, 10.000, extratrocken, €€€€€

91 Südtiroler Sauvignon Flora 2011 DOC
14 Vol.%, NK, Stahltank, 20.000, extratrocken, €€€€
Glänzendes Strohgelb mit grünen Noten. Klar und duftig in der Nase, satt nach Holunderblüten, Melisse und Schwarzen Johannisbeeren. Am Gaumen viel reife Frucht, entfaltet sich mit schönen mineralischen Noten, saftig, langer Nachhall.

91 Südtiroler Chardonnay Flora 2010 DOC
13,5 Vol.%, NK, großes Holzfass, 10.000, extratrocken, €€€€
Leuchtendes Strohgelb. Feines Spiel, zeigt zunächst leicht

rauchig-mineralische Noten, dann nach reifem Apfel und Mirabellen. Geschmeidig und klar am Gaumen, zeigt viel reife Frucht, etwas Apfel, etwas Banane, fest und stoffig, im Finale guter Druck.

(90-92) Südtiroler Gewürztraminer Flora 2011 DOC
15 Vol.%, NK, Stahltank, 15.000, trocken, €€€€
Sattes, leuchtendes Strohgelb. Intensive Nase mit Noten nach reifer Mango, Litschi, dann feine Gewürznelken. Am Gaumen gutes Volumen, rund und geschmeidig im Verlauf, spannt einen schönen weiten Bogen, nicht vordergründig, dafür mit schöner Tiefe.

88 Südtiroler Rosenmuskateller Passito Pasithea Rosà 2010 DOC
12,5 Vol.%, NK, Teilbarrique, 5000, süß, €€€€€ (0,375 l)

Südtirol

★★
KELLEREI GRIES

Grieser Platz 2, I-39100 Bozen
T: +39/0471/27 09 09, F: +39/0471/28 91 10
info@kellereibozen.com
www.kellereibozen.com

KELLERMEISTER: Stephan Filippi
ANSPRECHPARTNER: Klaus Sparer
ANZAHL/FLASCHEN: 1.600.000 (30 % weiß, 70 % rot, 0,01 % süß) HEKTAR: 180
VERKOSTUNG: ja AB-HOF-VERKAUF: ja
MESSEN: Vinitaly, Bozner Weinkost, ProWein, Merano WineFestival

Der Bozner Stadtteil Gries ist die Heimat des Lagrein. Die Kellerei Gries füllt von diesem urtümlichen Südtiroler Wein mehr ab, als alle anderen Erzeuger zusammen. Die besten Partien sind den beiden Linien »Collection Baron Eyrl« (großes Holzfass, fruchtbetont) und »Prestige« (Barrique, körperreich) vorbehalten. Die Grieser haben auch Weingärten in Siebeneich bei Terlan. Auf den dortigen Lagen, ein nach Süden und Südwesten ausgerichteter Porphyrschuttkegel, findet der Merlot ideale Voraussetzungen. Vor einigen Jahren haben die Grieser sich mit der Kellerei St. Magdalena zur Bozner Kellerei zusammengeschlossen. Ein neuer, gemeinsamer Kellerbau ist in Planung, bis auf Weiteres werden die Grieser und die St. Magdalener Weine aber als getrennte Marken geführt. Großartig ist in diesem Jahr wieder der Lagrein »Riserva Prestige« ausgefallen, der zu Recht als einer der besten Vertreter dieser originären Südtiroler Rotweinsorte gilt. Toll sind auch der satte, geschmeidige Merlot »Riserva« aus den Lagen in Siebeneich und die Lagrein-Merlot-Cuvée »Mauritius« ausgefallen. Der Weißburgunder »Dellago« bestätigt sich erneut als einer der besten Vertreter dieser in Südtirol weitverbreiteten Sorte. Der Süßwein »Vinalia«, ein Strohwein aus Muskateller-Trauben, ist das süße i-Tüpfelchen in der Palette der Grieser.

(91-93) **Südtiroler Lagrein Riserva Gries Prestige Line 2010 DOC**
13,5 Vol.%, NK, Barrique, 30.000, extratrocken, €€€€
Leuchtendes, sattes Rubinviolett. Klar und dicht in der Nase, eröffnet mit leicht würzigen Noten, etwas weißer Pfeffer, Kardamom, dann satte Holunderbeeren. Herzhaft und stoffig am Gaumen, öffnet sich mit betont erdigen Noten, salzig, im Finale langer Nachhall, Zwetschke und dunkle Kirsche.

(89-91) **Südtiroler Merlot Riserva Siebeneich 2010 DOC**
14 Vol.%, NK, Barrique, 10.000, extratrocken, €€€€
Leuchtendes, funkelndes Rubin. Fein gezeichnete Nase mit viel reifer, präsenter Beerenfrucht, nach Brombeeren, etwas Kakao, Siegellack. Zeigt sich im Ansatz weich und geschmeidig, viel präsente Frucht, feinkörniges Tannin, im Finale nach Tabak.

(88-90) **Südtiroler Lagrein - Merlot Mauritius 2010 DOC**
13,5 Vol.%, NK, Barrique, 7000, trocken, €€€€

88 **Südtiroler Lagrein Collection Baron Carl Eyrl 2010 DOC**
13 Vol.%, NK, Teilbarrique, 100.000, trocken, €€

91 **Südtiroler Weißburgunder Dellago 2011**
13,5 Vol.%, NK, Stahltank, 18.000, trocken, €€
Strahlendes, helles Strohgelb. Vielschichtige Nase, zeigt Noten nach baumfrischem Apfel, etwas Akazienblüten, einladend. Am Gaumen klar und geradlinig, öffnet sich mit viel präsenter Frucht, schönes Spiel, lange und gehaltvoll.

(91-93) **Südtiroler Goldmuskateller Vinalia 2010 DOC**
10,5 Vol.%, NK, Teilbarrique, 3000, süß, €€€€ (0,375 l)
Glänzendes, sattes Goldgelb. Betont duftige Nase, nach Bergamotte, kandierten Zitronenschalen und Marillen. Am Gaumen satt und konzentriert, zeigt auch da viel süße Frucht, rassige Säure, wirkt noch jugendlich ungestüm, mit Lagerung aber sehr ausgewogen, langer Nachhall.

★★

WEINGUT FRANZ HAAS

Villnerstraße 6, I-39040 Montan
T: +39/0471/81 22 80, F: +39/0471/82 02 83
info@franz-haas.it
www.franz-haas.it

KELLERMEISTER UND ANSPRECHPARTNER: Franz Haas
ANZAHL/FLASCHEN: 290.000 (45 % weiß, 50 % rot, 5 % süß)
HEKTAR: 40 ZUKAUF: 20
VERKOSTUNG: ja AB-HOF-VERKAUF: ja
MESSEN: Vinitaly, ProWein

Seit 1880 wird bei Franz Haas Wein erzeugt. Seit damals gehen die Geschicke des Betriebes jeweils an den Erstgeborenen über, der stets Franz heißt. Der heutige Macher, Franziskus Haas, ist der siebte in dieser Ahnenreihe, ein akribischer Tüftler, der oft selbst sein strengster Kritiker ist. Franziskus Haas hat seine Seele dem Pinot Noir verschrieben, mit dem er einst auch weit über die Grenzen Südtirols hinaus bekannt geworden ist. Die zum Betrieb gehörigen Weinberge liegen alle in den Gemeinden Montan und Neumarkt, hoch über dem Etschtal. Die Anlagen befinden sich auf Höhen von 240 bis 800 Metern und bieten eine Vielzahl an verschiedenen mikroklimatischen Zonen und Böden. Sie bilden die Klaviatur, auf der Franziskus Haas souverän zu spielen vermag. Neben dem Blauburgunder widmet sich Franz Haas auch stark dem lokalen Lagrein und dem Merlot. Eine der besten Weißweincuvées Südtirols ist »Manna«, ein sorgfältig ausbalancierter Verschnitt aus Riesling, Chardonnay, Gewürztraminer und Sauvignon Blanc. Sie war in den 1990er-Jahren eine der ersten neuen Weißweinkreationen Südtirols. In diversen Vertikalverkostungen hat »Manna« auch erstaunliche Langlebigkeit bewiesen. Auch in diesem Jahr ist »Manna« wieder das Aushängeschild von Franz Haas.

91 Manna 2010 DOC RR/CH/TR/SB
13,5 Vol.%, NK/DV, Stahltank/Teilbarrique, 50.000, extratrocken, €€€€
Strahlendes, sattes Strohgelb. Fein gezeichnete Nase mit intensiven Noten nach Pfirsich, Mirabellen und Holunderblüten. Am Gaumen klar und vielschichtig, zeigt eine schöne gereifte Frucht, präzise, sehr guter Trinkfluss, saftig und lang.

87 Pinot Bianco 2010 DOC
13 Vol.%, NK/DV, Stahltank/Teilbarrique, 25.000, extratrocken, €€€

89 Pinot Nero 2010 DOC
13,5 Vol.%, NK, Stahltank/Barrique, 70.000, extratrocken, €€€€

88 Merlot 2007 DOC
13,5 Vol.%, NK, Barrique, 12.000, extratrocken, €€€€

87 Lagrein 2010 DOC
13,5 Vol.%, NK, Stahltank/Barrique, 16.000, extratrocken, €€€

88 Moscato Rosa 2010 DOC
12 Vol.%, NK, Stahltank, 18.000, süß, €€€€ (0,375 l)

Südtirol

★★★★★

WEINGUT J. HOFSTÄTTER

Rathausplatz 7, I-39040 Tramin
Tel.: +39/0471/86 01 61, Fax: +39/0471/86 07 89
info@hofstatter.com
www.hofstatter.com

KELLERMEISTER UND ANSPRECHPARTNER: Martin Foradori Hofstätter
ANZAHL/FLASCHEN: 750.000 (55 % weiß, 45 % rot)
HEKTAR: 50 ZUKAUF: 50
VERKOSTUNG: ja AB-HOF-VERKAUF: ja
ANDERE PRODUKTE: Destillate, Sekte
MESSEN: Vinitaly, ProWein

Zum Weingut Hofstätter gehören mehrere Weinhöfe, darunter fünf historische Herrschaftshäuser, die für Südtirol typischen »Ansitze«. Sie liegen mit ihren Weinbergen – und das ist einmalig in der Gegend – beiderseits der Etsch. Den dort angebauten Weinen geben sie ihren Namen: »Kolbenhof«, »Barthenau«, »Oberer« und »Unterer Yngram-Hof«, »Steinraffler« und »Oberkerschbaum«. Auf Höhen von 250 bis 750 Metern werden an ausgesuchten Hang- und Steillagen insgesamt 50 Hektar Reben kultiviert. Mit 16 Hektar in der Renommierlage um die Villa Barthenau in Mazzon ist Hofstätter der größte Blauburgunderproduzent in Südtirol. Keller, Lager und Verwaltung befinden sich im Zentrum von Tramin. Zuerst Vater Paolo und dann Martin Foradori Hofstätter, der heute das Traditionsgut leitet, haben den Namen Hofstätter weit über die Grenzen des Landes hinaus bekannt gemacht. Der »Vigna S. Urbano« gilt unter Kennern zu Recht als einer des besten Blauburgunder Italiens. Der aktuelle Jahrgang, der 2009er, ist wohl einer der besten der vergangenen Jahre. Zudem ist »Vigna S. Urbano« einer der wenigen Südtiroler Blauburgunder, die auch hervorragend reifen. Als Weingut aus Tramin wird bei Hofstätter selbstverständlich auch Gewürztraminer erzeugt. Der »Kolbenhof« zählt regelmäßig zu den besten Vertretern dieser Sorte und ist darüber hinaus in beachtlichen Mengen verfügbar. Das Weingut Hofstätter – in bemerkenswert schöner Lage unmittelbar neben dem mächtigen Kirchturm im Zentrum von Tramin – hält seine Tore von morgens bis spätabends geöffnet. Neben der bekannten Enoteca findet der Gast dort auch eine Weinbar, ein Restaurant und einen Schauweingarten.

94 Barthenau Vigna S. Urbano Südtiroler Pinot Nero 2009 DOC
13,5 Vol.%, NK, Barrique, 20.000, extratrocken, €€€€€
Funkelndes Rubin. Zeigt sich in der Nase noch recht verhalten, etwas Kirsche und Brombeere, öffnet sich im Glas zusehends, im Hintergrund feine Gewürze. Am Gaumen vielschichtig und mit dichter Struktur, noch etwas straffes Tannin, hat einen süßen Kern, der mit zunehmender Reife immer mehr zum Tragen kommen wird, ein Wein zum Weglegen!

92 Steinraffler Südtiroler Lagrein 2009 DOC
13,5 Vol.%, NK, Barrique, 8000, extratrocken, €€€€
Funkelndes, sattes Rubinviolett. Sehr offene, zugängliche Nase mit Noten nach reifen Holunderbeeren, Granatapfelkernen und dunklem Pfeffer. Am Gaumen saftig und klar, zeigt schönen Schmelz, entfaltet sich mit viel präsenter Frucht, etwas Tabak im Nachhall.

89 Südtiroler Blauburgunder Riserva Mazon 2009 DOC
13,5 Vol.%, NK, Barrique, 35.000, extratrocken, €€€€€

92 Kolbenhof Südtiroler Gewürztraminer 2011 DOC
15 Vol.%, NK, Stahltank, 55.000, trocken, €€€€
Intensives helles Goldgelb. Offene und intensive Nase mit Noten nach Bratapfel, Papaya und dunklen Rosen, im Hintergrund intensive Gewürze. Am Gaumen fest und mit viel Druck, entfaltet sich geschmeidig, vielschichtig und mit feinen Gewürzen ausgestattet.

90 Barthenau Vigna San Michele Südtiroler Pinot Bianco 2010 DOC

13,5 Vol.%, NK, großes Holzfass, 10.000, extratrocken, €€€
Funkelndes Strohgelb. Verspielte Nase, etwas grüner Apfel, Melisse, im Hintergrund ein Hauch Muskat. Am Gaumen toll und präsent, zeigt sich verwoben und vielschichtig, gehaltvoll und klar.

(90-92) Joseph Südtiroler Gewürztraminer Spätlese 2010 DOC

10,5 Vol.%, NK, Stahltank/Teilbarrique, 3000, süß, €€€ (0,375 l)
Funkelndes, sattes Rotgold. Sehr intensive Nase, zeigt Noten nach getrockneter Mango, etwas Kardamom, im Hintergrund nach Rosen. Im Ansatz rund und geschmeidig, baut sich schön auf, viel satte, süße Frucht, sehr balanciert, im Finale schönes Spiel zwischen bitter und süß.

Südtirol

★★
KELLEREI KALTERN

Kellereistraße 12, I-39052 Kaltern
T: +39/0471/96 31 49, F: +39/0471/96 44 54
info@kellereikaltern.com
www.kellereikaltern.com

KELLERMEISTER: Andreas Prast **ANSPRECHPARTNER:** Tobias Zingerle
ANBAUWEISE: z. T. Demeter, z. T. biologisch zertifiziert,
zum größten Teil konventionell
ANZAHL/FLASCHEN: 1.900.000 (45 % weiß, 54 % rot, 1 % süß) **HEKTAR:** 300
VERKOSTUNG: ja **AB-HOF-VERKAUF:** ja, im Winecenter Kaltern
MESSEN: Vinitaly, ProWein, Merano WineFestival, Bozner Weinkost

Die 440 Mitglieder der Kellereigenossenschaft Kaltern bewirtschaften ungefähr 300 Hektar Rebfläche. Die angebotene Sortenvielfalt ist den unterschiedlichen Mikroklimata der Weinberge zu verdanken, die zwischen 220 und 600 Metern Seehöhe liegen, und ist wahrlich beeindruckend. Das warme Seeklima und die kühlen Fallwinde des Mendelgebirges machen es möglich, dass sowohl kraftvolle und strukturierte Rotweine als auch spritzige und frische Weißweine angebaut werden können. Gut zehn Hektar der Fläche werden biologisch-dynamisch bewirtschaftet, und die so erzeugten Weine unter der Marke »SOLOS« verkauft. Derzeit besteht die Palette aus einem Vernatsch, einem Gewürztraminer und einer weißen Cuvée. Zwei Weingüter stehen an der Spitze der Qualitätspyramide der Kellerei: Pfarrhof für die Rot- und Castel Giovanelli für die Weißweine. Der Cabernet Sauvignon »Riserva Pfarrhof«, der seit Beginn der 1990er-Jahre erzeugt wird, ist seit Jahren ein Garant für hervorragende Qualität. Der Sauvignon Blanc »Castel Giovanelli« ist ein Paradebeispiel für einen im Holzfass ausgebauten, leicht gereiften Sauvignon. Der Goldmuskateller »Serenade« schließlich bestätigt einmal mehr seine Ausnahmestellung als einer der besten Süßweine Italiens.

93 Südtiroler Goldmuskateller Passito Serenade 2009 DOC
11,5 Vol.%, NK, Barrique, 5300, süß, €€€€ (0,375 l)
Glänzendes, sattes Goldgelb. Sehr intensive und präsente Nase, duftet nach kandierten Orangenschalen, Kastanienhonig und getrockneten Marillen. Tritt am Gaumen sehr satt auf, viel süße Frucht, nach Feigen und Datteln, im Finale Marille, spannendes Spiel zwischen Süße und Säure.

92 Südtiroler Sauvignon Castel Giovanelli 2010 DOC
14 Vol.%, NK, großes Holzfass, 4300, extratrocken, €€€€
Funkelndes Strohgelb. Klare, sehr präsente Nase, nach Schwarzen Johannisbeeren und Pfirsich. Am Gaumen satter Druck, sehr klar und eingänglich, geschmeidig, im Finale langer Nachhall.

88 Südtiroler Sauvignon Premstaler 2011 DOC
14 Vol.%, NK, Stahltank, 30.000, extratrocken, €€€

88 Südtiroler Gewürztraminer Campaner 2011 DOC
14,5 Vol.%, NK, Stahltank, 38.000, trocken, €€€

88 Südtiroler Weißburgunder Vial 2011 DOC
14 Vol.%, NK, Stahltank/großes Holzfass, 38.000 extratrocken, €€

91 Südtiroler Cabernet Sauvignon Riserva Pfarrhof 2009 DOC
13,5 Vol.%, NK, Barrique, 14.000, extratrocken, €€€€
Leuchtendes, intensives Rubin. Eröffnet mit feiner, präsenter Frucht, viel Cassis, etwas Brombeere, im Hintergrund nach Kräuterbonbons. Rund und geschmeidig im Ansatz, baut sich schön auf, dichtmaschiges, noch etwas strenges Tannin, im Finale nach Tabak und Karamell.

89 Südtiroler Blauburgunder Riserva Pfarrhof 2009 DOC
14 Vol.%, NK, Barrique, 3500, extratrocken, €€€€

87 Kalterersee Auslese Classico Superiore Pfarrhof 2011 DOC
13 Vol.%, NK, großes Holzfass, 65.000, extratrocken, €€

★★

KELLEREI KURTATSCH

Weinstraße 23, I-39040 Kurtatsch
T: +39/0471/88 01 15, F: +39/0471 88 00 99
info@kellerei-kurtatsch.it
www.kellerei-kurtatsch.it

KELLERMEISTER: Othmar Donà
ANSPRECHPARTNER: Othmar Donà und Paul Tauferer
ANZAHL/FLASCHEN: 1.100.000 (45 % weiß, 54 % rot, 1 % süß) HEKTAR: 180
VERKOSTUNG: ja, gegen Voranmeldung AB-HOF-VERKAUF: ja
MESSEN: Vinitaly, ProWein, Bozner Weinkost, Merano Winefestival

Südtirol

Die Kellerei Kurtatsch ist der südlichste Genossenschaftsbetrieb des Landes. Kellermeister Othmar Donà garantiert für Qualität. In Kurtatsch gibt es sehr warme Lagen, die ideal für Cabernet und Merlot sind. Das Einzugsgebiet der Kurtatscher reicht aber auch weit hinauf bis nach Penon und Graun, wo in luftiger Höhe beste Voraussetzungen für duftige Weißweine herrschen. Die Kellerei Kurtatsch vereint so Weinberge von 250 bis 900 Metern Seehöhe, das garantiert Vielfalt. Freienfeld, so benannt nach dem gleichnamigen mittelalterlichen Ansitz in Kurtatsch, auf dem auch die Barriques untergebracht sind, ist die traditionelle Spitzenlinie der Kellerei Kurtatsch (Cabernet Sauvignon). Hinzu kamen in den letzten Jahren mehrere Einzellagenweine. In der Lage Brenntal gedeihen Gewürztraminer und Merlot außergewöhnlich gut. Nachdem die Spitzenweine vom Jahrgang 2008 nicht erzeugt wurden, dürfen die Kurtatscher in diesem Jahr wieder aus dem Vollen schöpfen. Da ist zum einen der Gewürztraminer »Brenntal«, der ab heuer ausschließlich als Riserva nach 28 Monaten Reife auf den Markt kommen wird. Hervorragend sind auch Merlot »Brenntal« und Cabernet »Freienfeld«, zwei Klassiker der Südtiroler Weinlandschaft. Beim Lagrein »Frauenrigl« gibt es eine kleine Namensänderung, von »Frauriegl« im vergangenen Jahr auf »Frauenrigl«, weil dies der ursprüngliche Flurname der Riede ist. Aus marktrechtlichen Gründen schließlich wurde der Süßwein »Amrita« in »Aruna« umgetauft. Aber selbst wenn sich die Namen noch öfters ändern sollten, die Weine bleiben immer auf dem gleichen hohen Niveau.

92 Südtiroler Gewürztraminer Riserva Brenntal 2009 DOC
15 Vol.%, NK, großes Holzfass, 3500, trocken, €€€€
Funkelndes, helles Goldgelb. Sehr klar, ansprechende Nase, mit Noten nach Anis, Litschi und Rosen, verwoben. Ausgewogen und geschmeidig, zeigt schönes Spiel zwischen Frucht und Gewürzen, wird noch überaus jung, Power für ein langes Leben.

90 Südtiroler Weiß Freienfeld 2010 DOC CH/WB/SB/TR
14 Vol.%, NK, Teilbarrique, 3000, extratrocken, €€€
Funkelndes helles Goldgelb. Duftet intensiv nach hellem Karamell, Bratapfel und weißer Schokolade, etwas rauchige Noten. Fest und klar am Gaumen, zeigt viel Kraft und Konzentration, etwas Banane, schöner Schmelz, im Finale zwar etwas rau, aber langer Nachhall.

88 Südtiroler Müller Thurgau Graun 2011 DOC
13 Vol.%, NK, Stahltank/großes Holzfass, 10.000, extratrocken, €€

92 Südtiroler Merlot Brenntal 2009 DOC
14,5 Vol.%, NK, großes Holzfass/Barrique, 8000, extratrocken, €€€€
Funkendes Rubin mit Granatschimmer. Intensive Nase mit Noten nach eingelegten Zwetschken und Cassis, im Hintergrund leicht würzige Noten. Stoffig und fest, zeigt viel süßen Schmelz, baut sich mächtig auf, herzhaftes, zupackendes Tannin, im Finale nach Tabak.

90 Südtiroler Lagrein Frauenrigl 2009 DOC
13,5 Vol.%, NK, Barrique, 8000, extratrocken, €€€€
Sattes, funkelndes Rubinviolett. Sehr klare und intensive Nase, duftet nach Lilien, dunklen Kirschen und Schokolade. Geschmeidig und klar am Gaumen, viel reife Beerenfrucht, öffnet sich mit kernigem, festem Tannin, herzhaft.

WEINGUIDE 2012 falstaff 697

Südtirol

90 Südtiroler Cabernet Freienfeld 2009 DOC
14,5 Vol.%, NK, Barrique, 8000, extratrocken, €€€€
Leuchtendes Rubinviolett. Feine, duftige Nase mit Noten nach Brombeeren und Waldhimbeeren, klar. Herzhaftes, zupackendes Tannin, öffnet sich mit schönem Schmelz, baut sich satt auf, im Finale langer Nachhall nach Cassis.

88 Südtirol Weiß Aruna 2009 DOC
Goldmuskateller/TR
11 Vol.%, NK, Stahltank/Barrique, 2500, süß, €€€€€ (0,375 l)

★★★★★

WEINGUT ALOIS LAGEDER

Grafengasse 9, I-39040 Margreid
T: +39/0471/80 95 00, F: +39/0471/80 95 50
info@aloislageder.eu
www.aloislageder.eu

--- BIO ---

KELLERMEISTER: Luis von Dellemann ANSPRECHPARTNER: Alois Lageder
ANBAUWEISE: zertifiziert biodynamisch (Demeter)
ANZAHL/FLASCHEN: 1.500.000 (70 % weiß, 30 % rot) HEKTAR: 53 ZUKAUF: 100
VERKOSTUNG: ja AB-HOF-VERKAUF: ja ANDERE PRODUKTE IM VERKAUF:
in der Weinschenke »Paradeis« nach Möglichkeit Verkauf von biologischen/
biodynamischen und lokalen bzw. Fair-Trade-Produkten, Delikatessenverkauf
MESSEN: Summa (hauseigene Messe), ProWein

Das Weingut Lageder war das erste, das durch seine Qualitätsweine weit über die Grenzen Südtirols hinaus bekannt wurde. Aber der Visionär Alois Lageder bleibt nicht auf seinen Lorbeeren sitzen, sondern sucht immer wieder nach neuen Wegen. Seit 2006 erfolgt die Bewirtschaftung der eigenen Weingüter nach biodynamischen Richtlinien. Lageder ist fest davon überzeugt, dass nur nachhaltige Bewirtschaftung der Weinberge, bei der auch das biologische Gleichgewicht des gesamten Wirtschaftsraumes berücksichtigt wird, für die Landwirtschaft der Zukunft tragfähig sein kann. Zudem erhofft er sich dadurch für seine Weine noch mehr individuellen Charakter. Die Weine aus dem Haus Lageder sind in zwei große Linien unterteilt: Alle Weine von Trauben aus Eigenflächen (Demeter-zertifiziert) firmieren unter der Bezeichnung »Tenutae Lageder«. Die Weine aus zugekauften Trauben laufen hingegen unter der Marke »Alois Lageder«. Eine Klasse für sich ist in diesem Jahr der Chardonnay »Löwengang«. Zu Beginn der 1980er-Jahre erstmals aufgelegt, war er einer der ersten Südtiroler Chardonnays, die im Barrique ausgebaut wurden. Der »Krafuss« ist ein sehr gelungenes Beispiel für Pinot Noir, zeigt die für Pinot so typische Fruchtsüße und Eleganz. Exzellent sind auch »COR Römigberg« und der rote »CASÒN Hirschprunn«. Für alle Lageder-Weine aber gilt, dass sie erst in einigen Jahren zusätzlicher Reife ihre ganze Klasse und Finesse entfalten werden. Aus diesem Grund bietet Lageder nun unter der Bezeichnung »Rarum« gereifte Weine aus der Gutsreserve an.

93 Löwengang Südtiroler Chardonnay 2009 DOC
13 Vol.%, NK, Barrique, 43.500, extratrocken, €€€€
Funkelndes Strohgelb. Kompakt und verwoben in der Nase, intensive Noten nach Ananas und Mirabellen, im Hintergrund dezent rauchige Noten. Klar und präzise am Gaumen, entfaltet sich mit viel Frucht, frische Säure gibt Lebendigkeit, im hinteren Bereich noch spürbares Holz, das ist in einigen Jahren aber sehr gut eingebunden, sehr langer Nachhall.

91 Porer Südtiroler Pinot Grigio 2011 DOC
13,5 Vol.%, NK, Stahltank, 50.000, extratrocken, €€€
Leuchtendes, sattes Strohgelb. Fein gezeichnete Nase, duftet nach reifen gelben Früchten, etwas Lindenblüten und heller Honig. Am Gaumen gutes Volumen, fein, nach Melone und Apfel, verspielt und lang.

88 Lehen Südtiroler Sauvignon 2011 DOC
13,5 Vol.%, NK, Stahltank, 8200, extratrocken, €€€

92 Krafuss Südtiroler Pinot Noir 2009 DOC
13,5 Vol.%, NK, Barrique, 16.300, extratrocken, €€€€
Leuchtendes Rubin mit Granatrand. Zeigt sich zunächst etwas zurückhaltend, öffnet sich dann sehr elegant, mit feinem Duft nach Brombeeren, dunklen Kirschen und Gewürznelken. Am Gaumen rund und geschmeidig, öffnet sich mit präsentem, im Kern sehr geschmeidigem Tannin, baut sich lange auf, im Finale fester Druck, lang.

91 COR Römigberg Südtiroler Cabernet Sauvignon DOC
13,5 Vol.%, NK, Barrique, 12.600, extratrocken, €€€€
Sattes, dunkles Rubin. Betörende und intensive Nase, satte und klare Frucht, viel dunkle Johannisbeeren, dazu Salbei und Granatapfel. Zeigt auch am Gaumen intensive, sehr präsente Frucht, öffnet sich mit geschmeidigem Tannin, geschliffen.

Südtirol

91 CASÒN Hirschprunn rosso 2009 DOC
ME/CS/Lagrein
13 Vol.%, NK, Barrique, 11.600, extratrocken, €€€€€
Frisches, funkelndes Rubin mit Violett. Fein angelegte Nase, duftet nach frischen Pflaumen, etwas Erdbeere, im Hintergrund feine Kräuter. Rund und geschliffen, öffnet sich mit dichtmaschigem, feinem Tannin, salzig und tief, jetzt schon gut antrinkbar, in einigen Jahren aber bestimmt noch besser.

LANDESWEINGUT LAIMBURG

Laimburg 6, I-39040 Auer/Pfatten
T: +39/0471/96 97 00, F: +39/0471/96 97 99
gutsverwaltung.laimburg@provinz.bz.it
www.laimburg.bz.it

KELLERMEISTER: Urban Piccolruaz
ANSPRECHPARTNER: Urban Piccolruaz
ANZAHL/FLASCHEN: 180.000 (54 % weiß, 45 % rot, 1 % süß) HEKTAR: 45
VERKOSTUNG: ja, gegen Voranmeldung AB-HOF-VERKAUF: ja
ANDERE PRODUKTE: Kräuter, landwirtschaftliche Produkte
MESSEN: Vinitaly, ProWein, Merano WineFestival, Bozner Weinkost

Seit 1975 ist das Landesweingut Laimburg Teil des gleichnamigen land- und forstwirtschaftlichen Versuchszentrums. Der Betrieb bearbeitet in sämtlichen Weinbauzonen Südtirols mit großer Sorgfalt insgesamt 40 Hektar unterschiedlicher Böden und Lagen in Höhen von 200 bis 750 Metern. Vorrangige Aufgabe ist es, in weinbaulichen und kellerwirtschaftlichen Belangen wegbereitend zu wirken und den besonderen Charakter der Südtiroler Rebsorten und ihrer Lage ins Glas zu bringen. Dabei stützt sich das Gut auf die hohe Sensibilität, das umfangreiche Wissen und die langjährige Erfahrung ihrer Mitarbeiter und Mitarbeiterinnen. So verbinden die Qualitätsweine der Laimburg in gelungener Weise innovative Methoden moderner Kellerwirtschaft mit den besten Traditionen Südtiroler Weinbaukultur. Die Weine werden in zwei Linien mit unterschiedlicher Stilistik eingeteilt und ausgebaut. Die »Gutsweine« sind traditionelle, im Edelstahlfass, teilweise auch in großen Eichenholzfässern ausgebaute, rebsortentypische Jahrgangsweine. Die »Burgselektion« steht für die besonders individuellen, vorwiegend im kleinen Eichenholzfass ausgebauten oder selektionierten Weine des Landesweinguts. Alle Weine der »Burgselektion« besitzen einen Namen, um Eigenständigkeit und Persönlichkeit zu vermitteln. Die Namen selbst haben ihren Ursprung in der ladinischen Sagenwelt und sind Ausdruck des besonderen kulturellen Erbes in Südtirol. Eine überaus gelungene Kreation der Laimburg ist die Cuvée »Col de Rey«, bei dem der lokale Lagrein zwei gänzlich untypischen Sorten begegnet: Petit Verdot und Tannat. Was auf den ersten Blick vielleicht etwas eigentümlich anmutet, überzeugt nach langer Flaschenreife am Gaumen aber sehr.

**93 Cuvée Col de Rey 2007 IGT
Lagrein/Petit Verdot/Tannat**
14,5 Vol.%, NK, Barrique, 4000, extratrocken, €€€€
Sattes, undurchdringliches Rubinviolett. Braucht länger Zeit, um sich zu öffnen, dann viel dunkle Beerenfrucht, nach Cassis und Holunderbeere, etwas Tabak. Am Gaumen stoffig und füllig, entfaltet sich mit sattem, dichtmaschigem, zugleich aber geschmeidigem Tannin, baut sich in vielen Schichten auf, rund, im Finale langer Nachhall.

**92 Südtiroler Cabernet Sauvignon Riserva
Sass Roa 2009 DOC**
14 Vol.%, NK, Barrique, 5600, extratrocken, €€€€
Funkelndes, dunkles Rubin. Sehr intensive Nase, tolles Spiel zwischen reifer Cassisfrucht und wild-würzigen Noten, spannend. Am Gaumen sehr präsent, öffnet sich mit zupackendem, dichtem Tannin, baut sich gut auf, schöne Frucht, im Finale langer Nachhall.

90 Südtiroler Lagrein Riserva Barbagol 2009 DOC
13,5 Vol.%, NK, Barrique, 13.500, extratrocken, €€€€
Funkelndes, sattes Rubin. Betont erdige Noten in der Nase, viel Rauch, auch etwas Wild, Frucht im Hintergrund. Zeigt am Gaumen schönen süßen Schmelz, öffnet sich mit griffigem, im Kern feinem Tannin, im Finale fester Druck.

89 Südtiroler Riesling 2010 DOC
13 Vol.%, NK, Stahltank/großes Holzfass, 5000, trocken, €€€

88 Südtiroler Gewürztraminer Elyònd 2010 DOC
15 Vol.%, NK, Stahltank, 4000, trocken, €€€€

85 Südtiroler Weißburgunder 2011 DOC
13,5 Vol.%, NK, Stahltank/großes Holzfass, 6500, extratrocken, €€€

Südtirol

WEINGUT LOACKER

★★★

St. Justina 3, I-39100 Bozen
T: +39/0471/36 51 25, F: +39/0471/36 53 13
lo@cker.it
www.loacker.net

BIO

KELLERMEISTER: Hayo Loacker **ANSPRECHPARTNER:** Franz Josef Loacker
ANBAUWEISE: zertifiziert biologisch (biodynamisch arbeitend)
ANZAHL/FLASCHEN: 60.000 (33 % weiß, 67 % rot) **HEKTAR:** 7 **ZUKAUF:** 1,5
VERKOSTUNG: ja, gegen Voranmeldung **AB-HOF-VERKAUF:** ja
ANDERE PRODUKTE: Weine aus der Toskana, Olivenöl aus der Maremma
MESSEN: Vinitaly, ProWein, Millésime Bio

Auf dem Schwarzhof, der seit 1334 urkundlich belegt ist, und auf dem nahe gelegenen Kohlerhof, beide gehören zum klassischen Anbaugebiet des St. Magdalener, baute Rainer Loacker seit 1979 Wein an. 2010 verabschiedete sich der Gründer aus Südtirol und erwarb in der Steiermark ein kleines Weingut, wo er auch einen Heurigen bewirtschaftet. Die Weingüter in Südtirol und der Toskana werden von Rainer Loackers Söhnen Hayo und Franz Josef geführt. Von Beginn an erfolgte die Bewirtschaftung der Rebflächen nach biologischen Richtlinien, was damals bei den Nachbarn meist auf Unverständnis stieß. Heute werden die Weinberge biodynamisch geführt, zusätzlich werden auch homöopathische Arzneimittel eingesetzt. Die Loacker'schen Weine sind individuelle, charaktervolle Tropfen. Neben dem Weingut in Südtirol besitzen die Loackers seit etlichen Jahren auch zwei Weingüter in der Toskana: eines in Montalcino (Corte Pavone) und eines in der Maremma (Valdifalco). Pioniere sind die Loackers auch, was die Flaschenverschlüsse angeht. Bis auf St. Magdalener und Sylvaner sind alle Loacker-Weine mit VinoLok verschlossen. Exzellent präsentiert sich in diesem Jahr der Chardonnay »Ateyon«, ein Wein, der sicher für Diskussion sorgen wird. Mit einem Restzuckergehalt von fast 14 Gramm – die im Trunk nicht in der Höhe feststellbar sind – ist er im Südtiroler Weinpanorama eine absolute Ausnahme. Hayo Loacker meint, dass der hohe Restzucker gewiss nicht gewollt war. Wenn man ausschließlich mit Spontanhefen arbeitet, müsse man ein solches Ergebnis aber einkalkulieren. In der Nase und am Gaumen ist der Wein auf jeden Fall ein Genuss! Bei den Rotweinen sind der Lagrein und die Cabernet-Lagrein-Cuvée »Kastlet« sehr gut ausgefallen.

92 Chardonnay Ateyon 2010 IGT
14 Vol.%, VL, Teilbarrique (45 %), 6000, lieblich, €€€€
Leuchtendes, intensives Strohgelb. Intensive und sehr ansprechende Nase, zeigt einen spannenden Mix aus gelben Früchten (Birne, Mirabelle, Ananas) und leicht karamelligen Tönen. Am Gaumen sehr gehaltvoll, breitet sich mit Macht und Nachdruck aus, viel reife Frucht, salzig und saftig im Finale, cremig. Der recht beachtliche Restzucker von fast 14 Gramm ist kaum spürbar, es wird spannend sein, zu beobachten, wie sich der Wein entwickelt.

87 Silvaner Ysac 20010 IGT
13,5 Vol.%, NK, Stahltank, 3000, extratrocken, €€

86 Südtiroler Sauvignon Tasnim 2011 IGT
13,5 Vol.%, VL, Stahltank, 7000, extratrocken, €€€

91 Südtiroler Cabernet Lagrein Kastlet 2009 IGT
14 Vol.%, VL, großes Holzfass/Barrique, 4500, extratrocken, €€€
Sattes, undurchdringliches Rubinviolett. Sehr tolle und intensive Nase, satt nach reifen Brombeeren, Holunderbeeren und Schwarzen Johannisbeeren. Am Gaumen straff und fest, entfaltet sich mit griffigem Tannin, mit präsenter Frucht, im Finale saftig und guter Druck.

90 Südtiroler Lagrein Gran Lareyn 2010 IGT
13,5 Vol.%, VL, Barrique, 10.500, extratrocken, €€€
Sattes, glänzendes Rubin-Violett. Betörende Nase, satt nach Holunderbeeren, dunklen Kirschen, etwas Rose und Gewürze. Wild und herzhaft am Gaumen, öffnet sich mit griffigem, festem Tannin, salzig, zeigt tolles Spiel, im Finale Nachhall nach frischen Kräutern.

86 St. Magdalener Morit 2011 DOC
12,5 Vol.%, NK/VL, großes Holzfass, 9000, extratrocken, €€

WEINKELLEREI MALOJER – GUMMERHOF

Weggensteinstraße 36, I-39100 Bozen
T: +39/0471/97 28 85, F: +39/0471/97 28 85
info@malojer.it
www.malojer.it

KELLERMEISTER: Urban Malojer
ANSPRECHPARTNER: Elisabeth, Alfred und Urban Malojer
ANZAHL/FLASCHEN: 100.000 (40 % weiß, 60 % rot) HEKTAR: 6 ZUKAUF: 12
VERKOSTUNG: ja, gegen Voranmeldung AB-HOF-VERKAUF: ja
ANDERE PRODUKTE: Sekte, Vinothek mit Bistro und Bozner Spezialitäten
MESSEN: Vinitaly, Hotel Bozen, Bozner Weinkost

Der Gummerhof liegt im Norden der Stadt Bozen und wird 1480 erstmals urkundlich erwähnt. Seit 1880 wird dort gewerblich Wein angebaut. Urban Malojer, der seit einigen Jahren im Keller verantwortlich ist, stellte konsequent von Fassweinerzeugung auf Flaschenfüllung und Qualitätsselektionen um. Der Gummerhof hat dazu alle Voraussetzungen, besitzt er doch Weinberge und Traubenlieferanten in den besten Lagen rund um Bozen. Die Produktpalette des Gummerhofs unterteilt sich in drei Linien: »Tradition«, »Classic« und »Riserva«. Die besten Partien von Lagrein und Cabernet werden zur Cuvée »Bautzanum« vermählt. Neben den Stillweinen erzeugt Malojer auch einen Sekt in klassischer Flaschengärung, den »Pianoforte«. Der Schwerpunkt in Weinberg und Keller liegt bei den Malojers aber auf jeden Fall beim Lagrein. Das zeigt nicht nur der Lagrein »Riserva«, der sich in diesem Jahr zum wiederholten Mal als das beste Pferd im Stall präsentiert. Das zeigt auch der »einfache« Lagrein, ein saftiger und kerniger Wein, der viel Genuss zu einem sehr ansprechendem Preis bietet.

Besuchern der Stadt Bozen sei ein Abstecher zum Gummerhof, der nicht weit vom Zentrum liegt, wärmstens empfohlen. Die »Vinoteque im Hof«, die die Malojers dort betreiben, ist eine Adresse von besonderem Flair. Es können dort sämtliche Weine des Gummerhofes verkostet werden, dazu werden kleine Gerichte mit Südtiroler Spezialitäten gereicht. Nach einem ausgiebigen Einkaufsbummel kann man sich so bei einem Glas kräftigen Lagreins bestens erholen.

90 Südtiroler Lagrein Riserva 2009 DOC
13 Vol.%, 32.000, NK, Barrique, extratrocken, €€€
Sattes, funkelndes Rubin mit Violettschimmer. Dichte, fein abgestimmte Nase, duftet nach dunklen Zwetschken und Schokolade, im Hintergrund nach Kardamom und Tabak. Am Gaumen sehr viel präsente Frucht, saftig, viel Kirsche, entfaltet sich mit feinkörnigem Tannin, gleitet dahin.

89 Südtiroler Lagrein Gries 2010 DOC
13 Vol.%, 10.000, NK, Stahltank/Teilbarrique, extratrocken, €€

89 Südtiroler Cabernet-Lagrein Riserva Bautzanum 2009 DOC
13 Vol.%, 3000, NK, Barrique, extratrocken, €€€

88 Südtiroler Cabernet Riserva 2009 DOC
13 Vol.%, 2000, NK, Barrique, extratrocken, €€€

87 Südtiroler St. Magdalener Classico 2011 DOC
13 Vol.%, 10.000, KK, Stahltank, extratrocken, €€

86 Südtiroler Blauburgunder Riserva 2009 DOC
13 Vol.%, 2000, NK, Barrique, extratrocken, €€€

★★★★

WEINGUT MANINCOR

St. Josef am See 4, I-39052 Kaltern
T: +39/0471/96 02 30, F: +39/0471/96 02 04
info@manincor.com
www.manincor.com

— BIO —

KELLERMEISTER: Helmuth Zozin
ANSPRECHPARTNER: Helmuth Zozin
ANBAUWEISE: zertifiziert biodynamisch (Demeter)
ANZAHL/FLASCHEN: 250.000 (39 % weiß, 60 % rot, 1 % süß) **HEKTAR:** 50
VERKOSTUNG: ja, gegen Voranmeldung **AB-HOF-VERKAUF:** ja
MESSEN: Vinitaly, ProWein

Auf einer sanften Anhöhe über dem Kalterer See liegt der Ansitz Manincor der Grafen Enzenberg. Michael Graf Goëss-Enzenberg hat 1996 das 400 Jahre alte Weingut übernommen und seither konsequent an der Umsetzung seiner Visionen gearbeitet. Nachhaltiges und ökologisches Wirtschaften in Kombination mit ausdrucksstarken Terroirweinen ist sein Credo. Der unter den Weinbergen verborgene Weinkeller ist nicht nur ein architektonisches Schmuckstück, sondern ist als unterirdischer Bau auch energiearm zu bewirtschaften. Die Traubenverarbeitung erfolgt ganz ohne Pumpen, von oben nach unten mit Hilfe der Schwerkraft, gekühlt wird mit Geothermie, geheizt mit Hackschnitzeln aus dem eigenen Wald. Mittlerweile hat Michael Goëss-Enzenberg seinen gesamten landwirtschaftlichen Betrieb von 463 Hektar auf biodynamische Bewirtschaftung umgestellt. Das Zusammenspiel von Wald und Wiesen mit Obst- und Weinbau bildet dabei eine Einheit im Sinne synergetischer Biodiversität; im Winter und Frühjahr grasen Schafe in den Weinbergen, und die Hühner laufen das ganze Jahr über durch die Rebzeilen auf der Suche nach Würmern. Seit dem Jahrgang 2009 ist Manincor nach den EU-Biorichtlinien sowie nach Demeter biodynamisch zertifiziert. Önologe und Weingutsdirektor Helmuth Zozin setzt die nachhaltige Arbeit im Weinberg feinfühlig auch im Keller fort. Spontanvergärung und Ausbau im Holz sind die logische Konsequenz auf der Suche nach natürlicher Ausdruckskraft in den Weinen.

Michael Graf Goëss-Enzenberg unterteilt seine Weine in drei Linien: »Hand«, »Herz« und »Krone«. Die Krone bei den Roten bildet der »Castel Campan«, ein opulenter Gaumenschmeichler, bei den Weißen der »Lieben Aich«, ein kraftvoller und salziger Sauvignon Blanc. Ganz hervorragend ist auch die weiße Cuvée »Réserve della Contessa« ausgefallen.

93 Castel Campan 2009 DOC ME/CF
13,5 Vol.%, NK, Barrique, 3300, extratrocken, €€€€
Leuchtendes, sattes Rubin mit Granatschimmer. Vielschichtige Nase, zeigt Noten nach Zwetschken, Brombeeren und Waldhimbeeren. Viel süßer Fruchtschmelz, nach dunklem Cassis, öffnet sich mit feinem, stoffigem Tannin, spannt einen weiten Bogen, im Nachhall nach Tabak, geschmeidig.

90 Cassiano 2009 IGT ME/CF/CS/Petit Verdot/Tempranillo/SY)
13 Vol.%, NK, Barrique, 17.000, extratrocken, €€€
Glänzendes Rubin. Eröffnet in der Nase mit betont würzigen Noten, nach rotem Pfeffer, saftigen Kirschen und Brombeeren. Entfaltet sich am Gaumen rund und geschmeidig, zeigt feine reife Beerenfrucht, geschliffen, viel feinkörniges Tannin.

90 Mason Südtiroler Blauburgunder 2010 DOC
13 Vol.%, NK, Barrique, 13.000, extratrocken, €€€
Funkelndes Rubin. Klare Nase mit Noten nach Brombeere und Himbeere. Saftig und klar am Gaumen, baut sich schön auf, viel geschliffenes Tannin, süßer Schmelz, im Finale anhaltend, geschmeidig.

89 Réserve del Conte 2010 IGT Lagrein/ME/CS/CF
13 Vol.%, NK, Barrique, 60.000, extratrocken, €€€

89 Kalterersee Keil 2011 DOC
12,5 Vol.%, NK, großes Holzfass, 25.500, extratrocken, €

91 Lieben Aich 2010 DOC SB
14 Vol.%, NK, großes Holzfass, 3500, extratrocken, €€€€
Kraftvolles, sattes Strohgelb. Zeigt in der Nase zunächst leicht buttrige Noten, in der Folge dann ansprechende, satte Frucht. Am Gaumen betont salzige Noten, öffnet sich mit viel reifer Frucht, schönes Spiel, im Finale guter Druck.

91 Réserve della Contessa 2011 DOC WB/CH/SB
13 Vol.%, NK, großes Holzfass, 32.000, extratrocken, €€€
Funkelndes Strohgelb. Fein angelegte, nuancenreiche Nase, nach Apfel und einem Hauch Orangenschale. Am Gaumen rassig, viel präsente Frucht, öffnet sich mit feinem Schmelz, im Finale salzig, eine sehr gelungene Komposition!

88 Moscato Giallo 2011 DOC
12,5 Vol.%, NK, großes Holzfass, 29.000, extratrocken, €€€

Südtirol

WEINGUT K. MARTINI & SOHN

Lammweg 28, I-39057 Girlan
T: +39/0471/66 31 56, F: +39/0471/66 06 68
info@martini-sohn.it
www.martini-sohn.it

KELLERMEISTER: Lukas Martini
ANSPRECHPARTNER: Gabriel Martini
ANZAHL/FLASCHEN: 250.000 (50 % weiß, 50 % rot)
HEKTAR: 3 ZUKAUF: 27
VERKOSTUNG: ja, gegen Voranmeldung AB-HOF-VERKAUF: ja
MESSEN: Vinitaly

Die Kellerei Martini wurde 1979 von Karl Martini und seinem Sohn Gabriel gegründet. Das Weingut mit Sitz im historischen Weindorf Girlan ist ein klassischer Familienbetrieb. Vater Gabriel ist der Betriebsleiter, Tocher Maren ist für Verwaltung und Verkauf zuständig. Seit einigen Jahren ist auch Sohn Lukas im Betrieb tätig. Sukzessive übernimmt er mehr und mehr Verantwortung und arbeitet mit seinem Vater Seite an Seite im Weinberg und im Keller. Wie bei den meisten Südtiroler Betrieben gliedert sich auch bei den Martinis das Angebot in mehrere Linien. Eine klassische Linie, die beiden mittleren Linien »Gurnzaun« (fruchtige Rotweine ohne Holzfassausbau) und »Palladium« sowie die Spitzenlinie »Maturum«, in der es einen Chardonnay und einen Lagrein gibt. Die Weine aus dem Hause Martini sind klar und sortentypisch. Das traditionelle Aushängeschild, der Lagrein »Maturum«, konnte auch in der diesjährigen Auflage überzeugen. Interessant und spannend sind aber auch die Rot- und Weißweine aus der »Palladium«-Linie. Viel Wein zu einem sehr interessanten Preis.

90 Südtiroler Lagrein Maturum 2010
13,5 Vol.%, NK, großes Holzfass/Barrique, 4000, extratrocken, €€€
Funkelndes, intensives Rubinviolett. Offene und zugängliche Nase, fein gezeichnet, nach reifen Holunderbeeren, etwas würzige Noten im Hintergrund, schwarzer Pfeffer und Efeu. Klar und geradlinig am Gaumen, zeigt viel kerniges, dichtes Tannin, herzhaft, im Finale langer Nachhall.

88 Südtiroler Lagrein – Cabernet Coldirus Palladium 2010 DOC Lagrein/CS
13 Vol.%, NK, großes Holzfass/Barrique, 8500, extratrocken, €€

88 Südtiroler Blauburgunder Palladium 2010 DOC
13 Vol.%, NK, großes Holzfass/Barrique, 9000, extratrocken, €€

88 Südtiroler Vernatsch Palladium 2011 DOC
13 Vol.%, NK, Stahltank, 8000, extratrocken, €€

89 Südtiroler Weißburgunder Palladium 2011 DOC
13,5 Vol.%, NK, Stahltank, 9000, extratrocken, €€

89 Südtiroler Sauvignon Palladium 2011 DOC
13,5 Vol.%, NK, Stahltank, 11.000, extratrocken, €€

(87-89) Südtiroler Chardonnay Maturum 2011 DOC
14 Vol.%, NK, großes Holzfass, 2000, extratrocken, €€€

KELLEREI MERAN BURGGRÄFLER

Gampenstraße 64, I-39020 Marling
T: +39/0473/44 71 37, F: +39/0473/44 52 16
info@kellereimeran.it
www.kellereimeran.it

KELLERMEISTER: Stefan Kapfinger
ANSPRECHPARTNER: Zeno Staffler
ANZAHL/FLASCHEN: 1.000.000 (39 % weiß, 60 % rot, 1 % süß) HEKTAR: 250
VERKOSTUNG: ja AB-HOF-VERKAUF: ja
ANDERE PRODUKTE: Destillierte
MESSEN: Vinitaly, ProWein

Im Sommer 2010 haben sich die Meraner und die Burggräfler Kellerei zur Kellerei Meran Burggräfler zusammengeschlossen. Damit sind nun nahezu alle Weinlagen im Meraner Raum in dieser Genossenschaftskellerei vereint. Derzeit bearbeiten 400 Mitglieder eine Anbaufläche von 260 Hektar. Es sind Klein- und Kleinstproduzenten, die mit Fleiß und Freude ihre Weinberge in sonniger Hanglage bearbeiten. Diese verteilen sich auf den gesamten Meraner Raum, von Lana und Algund über Meran bis nach Tirol und Schenna. Das Klima in und um Meran ist gekennzeichnet vom Gegensatz zwischen Palmen und schneebedeckten Bergspitzen. Warme bis heiße Tage und kühle Nächte erbringen intensive, aromareiche Weine. Höhere Lagen eignen sich besonders für duftige, finessenreiche Weißweine. Vor allem Weißburgunder und Sauvignon Blanc werden gepflegt. In niedrigeren Lagen gedeihen Gewürztraminer, Blauburgunder und kräftige Rotweine bestens. Und natürlich ist es ein hervorragendes Anbaugebiet für den urtümlichsten aller Südtiroler Weine, den Vernatsch, der hier so heißt wie das Gebiet selbst: »Meraner«. Im vergangenen Jahr haben die Meraner ihre Angebotspalette etwas entrümpelt und konzentrieren sich nun auf drei Linien: Unter der Bezeichnung »Festival« erscheinen die gebietstypischen Rebsortenweine; den Titel »Graf von Meran« tragen Weine, deren Trauben aus besonders bevorzugten Lagen stammen; die Top-Linie schließlich trägt die Bezeichnung »Selection«.

92 Südtiroler Gewürztraminer Graf von Meran 2011 DOC
15 Vol.%, NK, Stahltank, 13.000, trocken, €€
Funkelndes, helles Goldgelb. Zunächst etwas kühle Nase, zeigt sich aber sehr fein gegliedert, dezente Noten nach Bratapfel, Litschi, Zimt und Gewürznelken. Zeigt am Gaumen schönes Spiel, öffnet sich in vielen Schichten, salzig, sehr gute Fülle, aber nicht zu üppig, sehr langer Nachhall.

89 Südtiroler Weißburgunder Graf von Meran 2011 DOC
13,5 Vol.%, NK, Stahltank/großes Holzfass, 25.000, trocken, €€

89 Südtiroler Sauvignon Graf von Meran 2011 DOC
14,5 Vol.%, NK, Stahltank, 26.000, trocken, €€

90 Südtiroler Merlot-Lagrein Graf von Meran 2009 DOC
14 Vol.%, NK, großes Holzfass/Barrique, 13.000, extratrocken, €€
Funkendes Rubin mit Violettschimmer. Ansprechende Nase, zunächst leicht rauchig, etwas erdige Noten, dann viel dunkle Beerenfrucht. Am Gaumen stoffig in Ansatz und Verlauf, zeigt schöne reife Beeren, griffiges, präsentes Tannin, im Nachhall nach Tabak.

(88–90) Südtiroler Blauburgunder Zeno Selection 2010 DOC
13,5 Vol.%, NK, großes Holzfass/Barrique, 14.600, extratrocken, €€€

89 Südtiroler Goldmuskateller Passito Sissi Graf von Meran 2009 DOC
11,5 Vol.%, NK, Barrique, 2600, süß, €€€€ (0,375 l)

Südtirol

★★

WEINGUT/KLOSTERKELLEREI MURI-GRIES

Grieser Platz 21, I-39100 Bozen
T: +39/0471/28 22 87, F: +39/0471/27 34 48
info@muri-gries.com
www.muri-gries.com

KELLERMEISTER: Christian Werth **ANSPRECHPARTNER:** Christian Werth
ANZAHL/FLASCHEN: 650.000 (15 % weiß, 85 % rot) **HEKTAR:** 30
VERKOSTUNG: ja **AB-HOF-VERKAUF:** ja
ANDERE PRODUKTE: Sekte, Destillate
MESSEN: Vinitaly, ProWein

Muri-Gries ist ein eindrucksvolles Benediktinerkloster im Bozener Stadtteil Gries. Hinter den massiven Mauern scheint die Stadt weit entfernt zu sein, die Hektik bleibt draußen. Neben den Fratres gibt es innerhalb der Klostermauern auch einige Laien. Zu ihnen zählt auch Kellermeister Christian Werth. Die Sorte Lagrein hat es ihm besonders angetan. Dazu muss man wissen, dass der Lagrein ursprünglich aus den Grieser Lagen stammt. Die Weingärten um das Kloster gelten als Grand Cru des Lagrein. Mit seinem »Riserva Abtei Muri« ist Christian Werth einer der Pioniere für den Barriqueausbau des Lagrein. Durch den Ausbau im kleinen Holzfass gewinnt er Geschmeidigkeit und Dichte. Rückblickend gesteht Werth unumwunden ein, dass man damals – vor rund 15 Jahren – erst noch wenig Erfahrung im Ausbau von hochwertigem Lagrein hatte. Nachdem im Jahr 2008 ein verheerender Hagelsturm die gesamte Lagrein-Ernte zunichte machte und folglich auch kein Wein erzeugt wurde, kann Christian Werth in diesem Jahr endlich wieder seinen Spitzenwein, den »Riserva Abtei Muri präsentieren« – und der ist wirklich sehr gelungen. Man merkt Weinberg und Kellermeister an, dass sie in die besten Jahre gekommen sind. Großartig ist auch der einfache Lagrein aus dem Jahrgang 2011, von dem Kenner schwärmen, dass es der beste Lagrein-Jahrgang der letzten Jahre war. Der Wein ist unmittelbar, frisch und sehr saftig; am liebsten würde man davon gleich eine ganze Flasche trinken!

93 Südtiroler Lagrein Riserva Abtei Muri 2009 DOC
13,5 Vol.%, NK, Barrique, 60.000, extratrocken, (€€€€)
Sattes, undurchdringliches Rubinviolett. Kompakt und dicht in der Nase, zeigt Noten nach dunkler Kirsche, Zwetschken und Holunderbeeren, einladend und klar. Wunderbar am Gaumen, öffnet sich mit dichtmaschigem Tannin, viel süßer Schmelz, saftig und tiefgründig, vereinigt vorbildlich fruchtige und erdige Komponenten.

89 Südtiroler Lagrein 2011 DOC
13,5 Vol.%, NK, großes Holzfass, 380.000, trocken, €€

88 Südtiroler Lagrein Kretzer 2011 DOC
13 Vol.%, NK, Stahltank, 50.000, extratrocken, €€

86 Südtiroler Blauburgunder Riserva Abtei Muri 2009 DOC
13,5 Vol.%, NK, Barrique, 9500, extratrocken, €€€€

88 Südtirol Terlaner Weißburgunder 2011 DOC
13,5 Vol.%, NK, Stahltank, 15.000, extratrocken, €€

★★★

NALS MARGREID
Heiligenbergerweg 2, I-39010 Nals
T: +39/0471/67 86 26, F: +39/0471/67 89 45
info@kellerei.it
www.kellerei.it

KELLERMEISTER: Harald Schraffl
ANSPRECHPARTNER: Gottfried Pollinger
ANZAHL/FLASCHEN: 900.000 (60 % weiß, 40 % rot) HEKTAR: 150
VERKOSTUNG: ja AB-HOF-VERKAUF: ja
ANDERE PRODUKTE: Destillate
MESSEN: Vinitaly, ProWein, Vinexpo, VieVinum

Südtirol

Zwischen den Ortschaften Nals und Margreid liegt der Großteil des Südtiroler Weinbaugebietes. Die Kellerei mit Sitz in Nals hat Mitglieder entlang der gesamten Südtiroler Weinstraße, in insgesamt elf Gebieten. Von den niedrigsten Anlagen bei Margreid im Süden auf 250 Metern bis auf beachtliche 900 Meter bei Nals reichen die Höhenlagen der Weinberge. In den Lagen Punggl, Lafot und Lavad (Gemeinde Margreid), Penon und Kurtatsch (Kurtatsch), Söll (Tramin), Mazzon (Neumarkt), Gries und St. Magdalena (Bozen) sowie Mantele und Sirmian (Nals) findet jede Rebsorte ihren idealen Standort und ihr optimales Mikroklima. Auf rund 150 Hektar bauen qualitätsorientierte Weinbauern das hochwertige Lesegut für die Kellerei Nals Margreid an. Der ehrgeizige junge Kellermeister Harald Schraffl ist mehrere Monate im Jahr selbst draußen bei »seinen« Weinbauern, um die notwendigen Arbeitsschritte zu überwachen und beratend einzugreifen. So behutsam wie möglich und mit so viel moderner Technik wie nötig begleitet Harald Schraffl den Wein von den Trauben bis zur Flasche. Die Produktpalette von Nals Margreid hat eine für Südtiroler Verhältnisse beneidenswerte Übersichtlichkeit. Aus jedem Gebiet gibt es pro Jahrgang zwei Weine, einen klassischen Wein aus den für Südtirol typischen Rebsorten sowie einen Lagenwein. Bei Letzteren, betriebsintern »Cru-Weine« genannt, liegt das Qualitätsniveau in diesem Jahr beneidenswert hoch.

92 Südtiroler Lagrein Gries Riserva 2009 DOC
13,8 Vol.%, NK, Barrique, 15.000, extratrocken, €€€
Funkelndes dunkles Rubin mit Violettschimmer. Intensive Nase mit Noten nach reifen dunklen Brombeeren, etwas Schokolade. Sehr saftig, öffnet sich mit viel Kirsche, dicht strukturiertes Tannin, im Finale satter Druck, sehr geschmeidig.

90 Anticus Südtiroler Merlot Cabernet Riserva Baron Salvadori 2009 DOC
13,9 Vol.%, NK, Barrique, 22.000, extratrocken, €€€€
Leuchtendes Rubin mit Granatrand. Sehr ansprechende, duftige Nase, zeigt Noten nach getrockneter Orangenschale, Brombeere, und Zwetschken. Satter Ansatz und Verlauf, entfaltet sich mit viel griffigem, zupackendem Tannin, baut sich schön auf, im Finale nach Tabak.

92 Südtiroler Gewürztraminer Lyra 2010 DOC
15 Vol.%, NK, Stahltank, 20.000, trocken, €€€
Sattes, funkelndes Strohgelb. Klare und intensive Nase, duftet nach Bratapfel und Litschi. Spielt am Gaumen groß auf, mit satter Frucht, mächtiger Körper, aber auch frische Säure, im Finale langer Nachhall, salzig.

91 Südtiroler Pinot Grigio Punggl 2011 DOC
14,3 Vol.%, NK, Stahltank/großes Holzfass, 35.000, extratrocken, €€€
Leuchtendes, sattes Strohgelb. Dichte Nase, nach reifen Melonen, Birnen, im Hintergrund nach feuchtem Stein. Sehr klar und geradlinig im Ansatz, entfaltet sich dann in vielen Schichten, zeigt im Finale festen Druck, langer Nachhall, viel Fruchtschmelz.

91 Südtiroler Chardonnay Baron Salvadori 2010 DOC
14,3 Vol.%, NK, Tonneaux, 13.000, extratrocken, €€€€
Leuchtendes Strohgelb. Sehr fein gezeichnete, klare Nase, zeigt viel reife Frucht, nach Bratapfel, Ananas und Bana-

Südtirol

ne. Gehaltvoll, öffnet sich mit viel süßer Frucht, das Holz ist sehr gut integriert, gibt zusätzliche Komplexität, im Finale salzig.

90 Südtiroler Sauvignon Mantele 2011 DOC
14,4 Vol.%, NK, Stahltank, 35.000, extratrocken, €€€
Leuchtendes Grüngelb. Fein gezeichnete Nase, nach Holunderblüten und Grasschnitt. Zeigt am Gaumen dann schöne gereifte Frucht, kaum grüne Noten, dafür viel Ribisel und Salbei, im Finale schöne Tiefe.

90 Südtiroler Weißburgunder Sirmian 2011 DOC
13,5 Vol.%, NK, Stahltank/großes Holzfass, 40.000, extratrocken, €€€
Leuchtendes Strohgelb mit grünen Nuancen. Wirkt zu Beginn etwas zurückhaltend, klare, frische Frucht, nach grünem Apfel und grünen Pfirsichen. Am Gaumen dann sehr geschmeidig und klar, zeigt da schöne, präsente Frucht, entfaltet sich gehaltvoll.

90 Baronesse Passito Baron Salvadori 2009 DOC
11,8 Vol.%, NK, Stahltank, 3800, süß, €€€€ (0,375 l)
Leuchtendes, sattes Goldgelb. Intensive Nase mit Noten nach Marillen und Bergamotte. Am Gaumen hohe Konzentration, breitet sich satt aus, spannendes Spiel zwischen Süße und Säure, im Finale dezente Bitternote.

★★

WEINGUT JOSEF NIEDERMAYR

Jesuheimstraße 15, I-39057 Girlan
T: +39/0471/66 24 51, F: +39/0471/66 25 38
info@niedermayr.it
www.niedermayr.it

Südtirol

KELLERMEISTER: Lorenz Martini
ANSPRECHPARTNER: Josef Niedermayr
ANZAHL/FLASCHEN: 220.000 (40 % weiß, 59 % rot, 1 % süß) HEKTAR: 35
VERKOSTUNG: ja AB-HOF-VERKAUF: ja
MESSEN: Vinitaly, ProWein, Bozner Weinkost

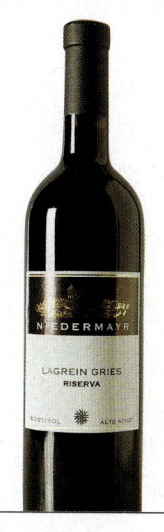

Im Jahr 1852 wurde in der Weinkellerei Niedermayr in Girlan erstmals Wein erzeugt. Als reine Handelskellerei entstanden, wurde bei Niedermayr der eigene Weinbergbesitz in den letzten Jahren kontinuierlich ausgeweitet. Seit 2007 firmiert der Betrieb auch offiziell als Weingut und führt 25 Hektar in Eigenbesitz, zehn Hektar sind über Pacht langfristig dem Weingut verbunden. Josef Niedermayr und seine Frau Erika sind für den Verkauf verantwortlich; im Keller wirkt Lorenz Martini, der gute Geist des Hauses. Vor einigen Jahren wurde der Niedermayr'sche Keller umfassend erneuert. In das Innenleben des neuen Kellers, der sich im historischen Ortskern des Weindorfs Girlan befindet, flossen modernste Technik und Konzepte ein. Sie bilden die Basis für hohe Leistungsfähigkeit und Qualität. Anfang der 1990er-Jahre war der Süßwein »Aureus« einer der ersten der neuen Generation Südtiroler Süßweine und initiierte einen immer noch anhaltenden Trend. Mit dem aktuellen Jahrgang wurde aus der früheren Cuvée ein reiner Gewürztraminer und präsentiert sich gleich von Beginn an in überragender Form. Auf gewohnt hohem Niveau zeigt sich der Lagrein »Riserva« aus Gries. Ausnehmend gut ist in diesem Jahr der Weißburgunder »Hof zu Pramol« ausgefallen, dessen Trauben aus einer kleinen Einzellage hoch über Eppan stammen.

94 Gewürztraminer Vendemmia Tardiva Aureus 2010 DOC
11,5 Vol.%, NK, Teilbarrique, 1500, süß, €€€€ (0,375 l)
Strahlendes, sattes Goldgelb. Sehr ansprechende und intensive Nase, nach getrockneten tropischen Früchten (Ananas, Mango, Papaya), unterlegt von feinen würzigen Noten, die Spannung geben. Gehaltvoll und reich am Gaumen, zeigt viel satte Frucht, nach Marillen und Mango, dazu der richtige Schuss frischer Säure, verspielt und sehr lange.

90 Südtiroler Lagrein Gries Riserva 2010 DOC
13,5 Vol.%, NK, Barrique, 9000, extratrocken, €€€€
Leuchtendes, sattes Rubinviolett. Mächtige und intensive Nase, nach Holunderbeeren und dunklen Kirschen, im Hintergrund erdige Noten. Saftig und klar am Gaumen, entfaltet sich mit griffigem, kernigem Tannin, fest und zupackend, im Finale satter Druck.

88 Südtiroler Blauburgunder Riserva 2010 DOC
13,5 Vol.%, NK, Barrique, 8000, extratrocken, €€€€

87 Euforius 2010 IGT CS/Lagrein/ME
13,5 Vol.%, NK, Barrique, 11.000, extratrocken, €€€

90 Südtirol Terlaner Hof zu Pramol 2010 DOC
13 Vol.%, NK, Stahltank/großes Holzfass, 12.000, extratrocken, €€
Leuchtendes Strohgelb. Fein gezeichnete Nase, wirkt frisch und präsent, nach baumreifem Apfel, etwas Zitrone, angenehm. Am Gaumen saftig, sehr viel reife Frucht, frisch und salzig, hat auch noch viel Potenzial für weitere Reife.

88 Südtiroler Sauvignon Naun 2011 DOC
13,5 Vol.%, NK, Stahltank, 9800, extratrocken, €€€

Südtirol

WEINGUT KELLEREI RITTERHOF

Weinstraße 1, I-39052 Kaltern
T: +39/0471/96 32 98, F: +39/0471/96 10 88
info@ritterhof.it
www.ritterhof.it

KELLERMEISTER: Hannes Bernhard ANSPRECHPARTNER: Ludwig Kaneppele
ANZAHL/FLASCHEN: 290.000 (38 % weiß, 60 % rot, 2 % süß)
HEKTAR: 7,5 ZUKAUF: 35
VERKOSTUNG: ja AB-HOF-VERKAUF: ja ANDERE PRODUKTE Destillate
MESSEN: Vinitaly, ProWein

Die Kellerei Ritterhof wurde 1968 gegründet. Seit 1999 befindet sie sich im Besitz der bekannten Brenner-Familie Roner aus Tramin. Die betriebseigenen Weinberge liegen in den besten Lagen in unmittelbarer Nähe des Weingutes. Darüber hinaus werden Trauben von langjährigen Vertragswinzern zugekauft. Schonende Verarbeitung des Traubenmaterials mit Hilfe modernster Kellertechnik garantiert für Qualität. Neben der Sortenlinie »Klassik« gibt es am Ritterhof die Qualitätslinie »Crescendo«. Ausgesuchte Lagen mit geringen Erträgen, selektionierte Trauben und schonende Verarbeitung sind die Grundvoraussetzung für die Erzeugung dieser Weine. Sowohl die Weine aus der »Crescendo«-Linie als auch die Weine der »Klassik«-Linie zeigten sich als gekonnt vinifizierte Tropfen mit einem hervorragenden Preis-Leistungs-Verhältnis. Kennzeichnend für die Rotweine der »Crescendo«-Linie ist die lange Lagerung. So stammen die aktuellen Rotweine aus dem Jahrgang 2008. Am besten gefiel uns in diesem Jahr der Merlot aus der »Crescendo«-Linie. Aber auch Blauburgunder und Gewürztraminer, den wir noch als Fassmuster verkosteten, sind sehr gut ausgefallen. Seine Lage an der Ortsausfahrt von Kaltern, direkt an der Südtiroler Weinstraße, macht das Weingut Ritterhof auch zu einem beliebten Ziel für Weintouristen. Im Obergeschoss der Kellerei kann man im Restaurant Ritterhof prächtige Wiener Schnitzel und andere Köstlichkeiten essen.

90 Südtiroler Merlot Riserva Crescendo 2008 DOC
13,5 Vol.%, NK, großes Holzfass/Teilbarrique, 4500, extratrocken, €€€
Funkelndes Rubin mit Granatschimmer. Sehr klare Nase, mit viel reifer Beerenfrucht, Cassis und Brombeeren, im hinteren Bereich etwas Kräuter. Zeigt am Gaumen viel griffiges, präsentes Tannin, baut sich gut auf, saftige, reife Frucht, im Nachhall nach Tabak und dunklen Beeren.

(88-90) Südtiroler Pinot Noir Riserva Crescendo 2009 DOC
13,5 Vol.%, NK, Barrique, 6000, extratrocken, €€€€

88 Südtiroler Cabernet Merlot Riserva Crescendo 2008 DOC
13,5 Vol.%, NK, Barrique, 6000, extratrocken, €€€

(88-90) Südtiroler Gewürztraminer Crescendo 2011 DOC
14,5 Vol.%, NK, Stahltank, 7500, trocken, €€€

88 Südtiroler Sauvignon Ritterhof 2011 DOC
13 Vol.%, NK, Stahltank, 1300, extratrocken, €€

86 Südtiroler Pinot Grigio Crescendo 2010 DOC
13,5 Vol.%, NK, Stahltank/Teilbarrique, 5000, extratrocken, €€€

86 Südtiroler Weißburgunder Ritterhof 2011 DOC
13 Vol.%, NK, Stahltank, 9500, extratrocken, €€

★★★

KELLEREI ST. MAGDALENA

Brennerstraße 15, I-39100 Bozen
T: +39/0471/27 09 09, F: +39/0471/28 91 10
info@kellereibozen.com
www.kellereibozen.com

KELLERMEISTER: Stephan Filippi ANSPRECHPARTNER: Klaus Sparer
ANZAHL/FLASCHEN: 1.500.000 (30 % weiß, 70 % rot) HEKTAR: 140
VERKOSTUNG: ja AB-HOF-VERKAUF: ja
MESSEN: Vinitaly, ProWein, Bozner Weinkost, Merano WineFestival

Südtirol

In dieser kleinen Genossenschaftskellerei an der Peripherie Bozens werden 40 Prozent der gesamten St. Magdalener Produktion erzeugt. Erfolgreich bemühten sich Kellermeister Stefan Filippi und seine Mitarbeiter und Mitglieder, das Ansehen dieses Weines wieder herzustellen. Bestes Beispiel dafür ist der St. Magdalener »Huck am Bach«, der Jahr für Jahr zu den besten Vertretern der Weine vom St.-Magdalena-Hügel zählt. Die Magdalener haben aber auch noch andere Perlen im Keller. Die Spitze der Palette im Rotweinbereich bilden Lagrein und Cabernet. Der Lagrein »Taber« war einer der ersten der neuen Generation von Lagrein. Seine Geschmeidigkeit und seine Samtigkeit verleihen ihm ein unverkennbares Profil. Das Fassmuster des »Taber« 2010 ist trotz seiner Jugend schon sehr zugänglich und geschmeidig, ganz im Stil dieses Weines. Der Cabernet »Mumelter« begeistert durch seine intensive Frucht. Sehr gut sind auch der Gewürztraminer und der Chardonnay ausgefallen, die beide aus der Lage Kleinstein stammen. Vor sechs Jahren fusionierte die Magdalener Kellerei mit der Kellerei Gries zur Bozner Kellerei. Die Weine der beiden Betriebe werden aber weiterhin als eigenständige Marken geführt.

(90-92) Südtiroler Lagrein Riserva Taber 2010 DOC
13,5 Vol.%, NK, Barrique, 12.000, extratrocken, €€€€
Sattes, undurchdringliches Rubinviolett. Sehr intensive Nase, duftet nach Zwetschken und dunklen Kirschen, dazu feine Kräuternoten. Am Gaumen stoffig, entfaltet sich mit dichtmaschigem Tannin, zeigt feinen, dichten Schmelz, im Finale satte Frucht.

(89-91) Südtiroler Cabernet Riserva Mumelter 2010 DOC
14,5 Vol.%, NK, Barrique, 10.000, trocken, €€€
Sattes, tiefdunkles Rubin. Eröffnet in der Nase mit betont würzigen Noten, dann viel Cassis, spannend. Schöner Schmelz, präsente Frucht, öffnet sich mit griffigem Tannin, süßer Schmelz, im Finale ein wenig zerfahren.

88 Südtiroler St. Magdalener Huck am Bach 2011 DOC
13 Vol.%, NK, Stahltank, 100.000, trocken, €€

(89-91) Südtiroler Gewürztraminer Kleinstein 2011 DOC
15 Vol.%, NK, Stahltank, 10.000, trocken, €€€
Funkelndes, intensives Strohgelb. Intensive Nase mit ausgeprägten Gewürznoten, viel Zimt und Anis. Klar und geradlinig, breitet sich kontinuierlich aus, verspielt und lang im Nachhall.

88 Südtiroler Chardonnay Kleinstein 2011 DOC
13,5 Vol.%, NK, Teilbarrique, 16.000, extratrocken, €€

87 Südtiroler Sauvignon Mock 2011 DOC
13,5 Vol.%, NK, Stahltank, 40.000, trocken, €€

KELLEREI ST. MICHAEL-EPPAN

★★★★★

Umfahrungsstraße 17/19, I-39057 Eppan
T: +39/0471/66 44 66, F: +39/0471/66 07 64
kellerei@stmichael.it
www.stmichael.it

KELLERMEISTER: Hans Terzer
ANSPRECHPARTNER: Hans Terzer, Günther Neumair
ANZAHL/FLASCHEN: 2.300.000 (80 % weiß, 20 % rot) HEKTAR: 380
VERKOSTUNG: ja, gegen Voranmeldung AB-HOF-VERKAUF: ja

Die Kellerei St. Michael-Eppan zählt zu den bekannten Weinproduzenten Italiens. Der Sauvignon »Sanct Valentin« genießt Kultstatus, aber auch die übrigen Weißweine aus dieser Linie sind auf den Weinkarten aller Sterne-Restaurants Italiens zu finden. Vater dieses Erfolges ist neben den zahlreichen Weinbauern, die mit ihren Trauben die qualitativen Grundlagen schaffen, Hans Terzer, Kellermeister und Direktor des Betriebes. Er hat seine Leute kompromisslos auf Qualität getrimmt. Der Erfolg brachte der Kellerei St. Michael auch viel Zuspruch unter den vielen kleinen Weinbauern des Gebietes, viele wurden mit ihren Flächen Mitglied, und mit 308 Hektar ist die Kellerei nun die größte des Landes. Die St.-Valentin -Linie umfasst mittlerweile zehn verschiedene Weine. Zusammengerechnet sind das knapp 500.000 Flaschen, für Südtiroler Verhältnisse eine wirklich außergewöhnlich große Menge an absoluten Spitzenweinen. Jeder einzelne Wein aus der Sanct-Valentin-Linie hat das Zeug zum absoluten Top-Wein, und Jahr für Jahr zieht Hans Terzer mit schon beinahe unglaublicher Präzision einen neuen Trumpf aus dem Ärmel. Dieses Jahr ist es der Gewürztraminer, der uns in den Bann gezogen hat, der nicht nur mit Kraft, sondern auch mit viel Frucht und Saftigkeit ausgestattet ist. Zwei wirklich tolle Weine sind auch der Blauburgunder und der Chardonnay. Letzterer wird erst nach einigen Jahren Lagerung seine wahre Klasse zeigen. Apropos Lagerung: Die Weine Terzers sind bereits in ihrer Jugend so gut und zugänglich, dass mitunter der Verdacht aufkommt, sie könnten nicht lange haltbar sein. Weit gefehlt! In diversen Verkostungen konnten wir uns immer wieder davon überzeugen, dass die Weine nach zehn bis 15 Jahren an Nuancen und Komplexität gewinnen. Dies gilt insbesondere für den Sauvignon Blanc.

93 Südtiroler Gewürztraminer Sanct Valentin 2011 DOC
14,5 Vol.%, NK, Stahltank, 90.000, trocken k. A.
Funkelndes, sattes Strohgelb. Fein gezeichnete, sehr präsente Nase, zeigt Noten nach Grapefruit und Anis, dazu etwas Litschi, verspielt. Vielschichtig und mit viel Kraft ausgestattet, das alles verpackt in präzise, reife Frucht, spannt einen weiten Bogen, im Finale endlos lang.

92 Südtiroler Chardonnay Sanct Valentin 2010 DOC
14,5 Vol.%, NK:, Barrique, 75.000, extratrocken, k. A.
Leuchtendes Strohgelb. Vielschichtige Nase, zeigt Noten nach Karamell und Rauch, dann reife Babyananas, auch Pfirsich, etwas Salbei. Sehr präsent, öffnet sich auf leichten Füßen, noch sehr jung, schönes Spiel zwischen reifer Frucht und Holz, im Finale zarte Karamellnoten, ein Langläufer.

91 Südtiroler Sauvignon Sanct Valentin 2011 DOC
14,5 Vol.%, NK, Stahltank, 140.000, extratrocken, k. A.
Helles, funkelndes Strohgelb. Fein gezeichnete Nase, klar und geradlinig, nach Holunderblüten, Salbei und Melisse. Zeigt tolles Volumen, sehr klar und präsent, nach Ribisel, Salbei und grünem Pfirsich.

90 Südtiroler Weißburgunder Sanct Valentin 2010 DOC
14 Vol.%, NK, großes Holzfass, 20.000, extratrocken, k. A.
Funkelndes, helles Strohgelb. Spannende Nase, zeigt im ersten Moment feine Holznoten, öffnet sich dann mit viel

präsenter Frucht. Satter Schmelz, baut sich gut auf, rund und geschmeidig, im Nachhall noch etwas Holzüberhang, der sich mit Lagerung aber sehr gut integrieren sollte.

**92 Südtiroler Blauburgunder
Sanct Valentin 2009 DOC**
14 Vol.%, NK, Barrique, 23.000, extratrocken, k. A.
Funkelndes Rubin mit Granatschimmer. Ansprechende Nase mit feinen Noten nach Granatapfelkernen und Brombeeren, im Hintergrund nach reifen Himbeeren. Füllig und mit fester Struktur am Gaumen, öffnet sich mit straffem, im Kern süßem Tannin, tiefgründig, im Finale guter Druck.

91 Comtess Sanct Valentin 2009
12 Vol.%, NK, Stahltank, 12.000, süß, k. A.
Strahlendes, sattes Goldgelb. Intensive Nase mit fein gezeichneten Noten nach getrockneten Marillen, etwas Zitronenschale, getrocknete Kamille. Schmalzig und rund, fließt klar und geradlinig dahin, im Finale fester Druck mit dezenter Bitternote.

Südtirol

KELLEREI ST. PAULS

Schloss Warthweg 21, I-39050 St. Pauls
T: +39/0471/66 21 83, F: +39/047166 25 30
info@kellereistpauls.com
www.kellereistpauls.com

KELLERMEISTER: Wolfgang Tratter
ANSPRECHPARTNER: Dr. Alessandro Righi
ANZAHL/FLASCHEN: 1.200.000 (50 % weiß, 50 % rot) HEKTAR: 175
VERKOSTUNG: ja AB-HOF-VERKAUF: ja
ANDERE PRODUKTE: Sekte
MESSEN: ProWein, Vinitaly

Das malerische Weindorf St. Pauls gehört zu den schönsten und ältesten Weinbaugemeinden Südtirols. Die Steillagen um St. Pauls genießen besten Ruf. Mit rund 175 Hektar gehört die Kellereigenossenschaft St. Pauls zu den mittelgroßen des Landes und vereinigt die Weinbauern der Umgebung. Seit einigen Jahren zeichnet Kellermeister Wolfgang Tratter, der nach Jahren intensiver Tätigkeit im Ausland nach Südtirol zurückkehrte, für die Weine verantwortlich. Ihm zur Seite stehen Geschäftsführer Alessandro Righi und Obmann Leopold Kager. Die drei bilden ein dynamisches Team, und die Ergebnisse dieser Zusammenarbeit kann man sehen, riechen und kosten. Durch die Erfahrung von Wolfgang Tratter entwickeln sich die Weine mit all ihrer Sortentypizität, Fülle und Eleganz bis zur Vollendung des neuen Leitbildes: Leidenschaft für Qualität! Dieser Qualitätsgedanke verkörpert sich in der Spitzenlinie »Passion«. Sie umfasst Lagrein, Blauburgunder und Vernatsch bei den Rotweinen, und Sauvignon, Weißburgunder und Gewürztraminer bei den Weißweinen sowie einen Gewürztraminer Passito. Hervorragend ist der Weißburgunder »Passion« 2009. Dieser besondere Weißburgunder gedeiht auf einer Seehöhe von 600 Metern unterhalb des mächtigen Gantkofel, dem charakteristischen Berg hinter Eppan. Er steht auf tiefgründigem, kalkhaltigem Boden und erhält durch das spezielle Mikroklima seine Komplexität und Aromatik.

90 Südtiroler Weißburgunder Riserva Passion 2009 DOC
13,5 Vol.%, NK, großes Holzfass, 15.000, extratrocken, €€€
Leuchtendes Strohgelb mit grünen Nuancen. Sehr klare und frische Nase, nach frischem Apfel, Am Gaumen breit und ausladend, im Verlauf sehr geschmeidig, im Finale satte, reife Frucht.

89 Südtiroler Weißburgunder Plötzner 2011 DOC
13,5 Vol.%, NK, großes Holzfass, 30.000, extratrocken, €€

88 Südtiroler Sauvignon Passion 2010 DOC
13,5 Vol.%, NK, Stahltank/Teilbarrique, 10.000, extratrocken, €€€

88 Südtiroler Gewürztraminer St. Justina 2011 DOC
14 Vol.%, NK, Stahltank, 20.000, trocken, €€€

89 Südtiroler Gewürztraminer Passito Passion 2009 DOC
12,5 Vol.%, NK, Barrique, 1000, süß, €€€€ (0,375 l)

87 Südtiroler Vernatsch Passion 2010 DOC
13,5 Vol.%, NK, großes Holzfass, 10.000, extratrocken, €€

★★★

KELLEREI SCHRECKBICHL/COLTERENZIO

Weinstraße 8, I-39057 Girlan
T: +39/0471/66 42 46, F: +39/0471/66 06 33
info@colterenzio.it
www.colterenzio.it

KELLERMEISTER: Martin Lemayr
ANSPRECHPARTNER: Wolfgang Raifer
ANZAHL/FLASCHEN: 1.600.000 (54 % weiß, 46 % rot) Hektar 310
VERKOSTUNG: ja, gegen Voranmeldung AB-HOF-VERKAUF: ja
ANDERE PRODUKTE: Destillate
MESSEN: ProWein, Vinitaly, Merano WineFestival

Südtirol

Die Kellerei Schreckbichl, die im Italienischen den Namen »Colterenzio« führt, zählt zu den führenden Betrieben des Landes. Zuerst Alois Raifer, danach seit 2005 sein Sohn Wolfgang Raifer und ihre Mitarbeiter haben exemplarisch aufgezeigt, welches Potenzial in den Südtiroler Weinbergen steckt. Mit Martin Lemayr ist im Keller von Schreckbichl ein Meister seines Faches tätig. Jede Weinlinie hat bei Schreckbichl ihre eigene Botschaft: Bei der klassischen Linie steht die Traubensorte im Vordergrund. In der »Praedium Selection« stehen gesondert gekelterte Weine aus den besten Einzellagen um bekannte und historische Ansitze und Weinhöfe im Vordergrund. In der Top-Linie »Cornell« hat jeder Wein neben der Sortenbezeichnung einen zusätzlichen Namen, der entweder geschichtlich mit der Kellerei Schreckbichl oder mit deren Anbaugebieten in enger Verbindung steht. Die beiden Spitzengewächse aus dem Weingut »Lafóa«, das sich im Besitz der Familie Raifer befindet, runden das Angebot nach oben ab.

Ökologische Nachhaltigkeit ist bei Schreckbichl schon seit Langem ein Thema. Das gilt nicht nur für den Weinbau, sondern bezieht auch den Keller mit ein. Seit dem Abschluss der groß angelegten Umbauarbeiten im Frühjahr 2012 werden rund 30 Prozent der im Keller eingesetzten Energie von einer Fotovoltaikanlage erzeugt, der Warmwasserbedarf wird zu 70 Prozent durch Solarpaneele und Wärmerückgewinnung gedeckt.

Hervorragend sind in diesem Jahr die Weißweine ausgefallen, allen voran der Sauvignon Blanc aus der Lage Lafóa. Der Cabernet Sauvignon aus der gleichen Lage braucht noch etwas zusätzliche Lagerung, hat aber beste Anlagen.

91 Südtiroler Sauvignon Lafóa 2010 DOC
14,4 Vol.%, NK, Stahltank/großes Holzfass/Teilbarrique, 40.000, extratrocken, €€€€€
Funkelndes, sattes Strohgelb. Sehr intensive, präsente Nase, satt nach reifen Johannisbeeren, Holunderblüten, und Pfirsichen. Zeigt schöne reife Fruchtnoten, salzig in Ansatz und Verlauf, lang und klar, im Finale verwoben und mit festem Druck.

90 Südtiroler Chardonnay Formigar Cornell 2010 DOC
14,1 Vol.%, NK, Barrique, 15.000, extratrocken, €€€€€
Funkelndes Strohgelb. Eröffnet mit dezenten rauchigen Noten, dann schöne klare Frucht, etwas Ananas. Am Gaumen schönes Spiel zwischen Frucht und Holz, hat viel Schmelz, im Nachhall derzeit noch etwas Holzüberhang, hat aber alle Ansätze für eine sehr gute Reife.

90 Südtiroler Gewürztraminer Atisis Cornell 2010
14,9 Vol.%, NK, Stahltank, 10.000, trocken, €€€€€
Leuchtendes, intensives Strohgelb. Frisch und klar in der Nase, zeigt Noten nach Bratapfel und Anis. Ausgewogen und klar am Gaumen, öffnet sich mit viel präsenter Frucht, gleitet ruhig dahin, saftiges Finale.

90 Cabernet Sauvignon Lafóa 2009 DOC
14,4 Vol.%,NK, Barrique, 11.000, extratrocken, €€€€€
Leuchtendes, sattes Rubinviolett. Intensive Nase, zeigt zunächst leicht rauchige Noten, dann dunklen Cassis und Brombeeren, im Hintergrund Tabak. Dicht und stoffig am Gaumen, öffnet sich mit sehr präsentem, noch etwas ungestümem Tannin, im hinteren Bereich dann auch schöne Frucht, im Nachhall dann noch sehr präsentes Holz.

89 Südtiroler Pinot Nero Riserva St. Daniel 2009 DOC
14 Vol.%, NK, großes Holzfass/Teilbarrique, 35.000, extratrocken, €€€€

88 Südtiroler Merlot – Cabernet Sauvignon Cornelius Cornell 2008 DOC
14,2 Vol.%,NK, Barrique, 8000, extratrocken, €€€€€

Südtirol

WEINGUT PETER SÖLVA

Goldgasse 33, 39052 Kaltern
T: +39/0471/96 46 50, F: +39/0471/96 57 11
info@soelva.com
www.soelva.com

KELLERMEISTER: Christian Bellutti, Stephan Sölva
ANSPRECHPARTNER: Stephan Sölva
ANZAHL/FLASCHEN: 90.000 (45 % weiß, 54 % rot, 1 % süß)
HEKTAR: 3 **ZUKAUF:** 9 **VERKOSTUNG:** ja
AB-HOF-VERKAUF: ja, Wineshop & Vinothek »Spuntloch«

Das Weingut Peter Sölva zählt zu den ältesten Weinbaubetrieben im Weindorf Kaltern. Bereits seit 1731 wird hier Wein gekeltert, das sind neun Generationen der Familie Sölva. Die Weingärten liegen um den Kalterer See und auf der gegenüberliegenden Talseite bei Auer, wo die warmen Porphyrböden für optimale Bedingungen für Rotweine sorgen. Seit Stephan Sölva Ende der 1990er-Jahre aktiv in den Betrieb mit eingestiegen ist, wurden viele neue Projekte in Angriff genommen. Neben den Sortenweinen gibt es eine Selektionslinie und die Spitzenlinie »Amistar«. Vier Weine werden davon erzeugt: eine weiße Cuvée (Chardonnay, Sauvignon, Pinot Grigio), ein Gewürztraminer, ein reinsortiger Cabernet Franc und eine rote Cuvée (Lagrein, Merlot, Cabernet Sauvignon, Cabernet Franc, Petit Verdot). In manchen Jahren gibt es davon auch eine limitierte Editions-Ausgabe, in die die besten Barriques abgefüllt werden. Kompromisslose Pflege in Weinberg und Keller bilden die Basis für diese Spitzenweine. In der Selektionslinie »Desilva« finden wir Sortenweine, deren Trauben von besonders alten Rebstöcken stammen. Dem Weingut angeschlossen befindet sich auch eine eigene Vinothek. In der malerischen Goldgasse im Herzen von Kaltern gelegen, werden neben den gutseigenen Weinen auch Grappas und Fruchtdestillate aus eigener Produktion sowie Olivenöl und feine italienische Antipasti angeboten. Prädikat: Da muss man unbedingt hin!

92 Amistar rosso Edizione 2008 CS/CF/ME/Lagrein
14 Vol.%, Tafelwein, NK, Stahltank/Barrique, 2500, extratrocken, €€€€
Sattes, undurchdringliches Rubinviolett. Sehr intensive und dichte Nase, duftet nach Flieder, fleischigen Zwetschken und Cassis, im Hintergrund nach Tabak. Viel festes Tannin, entfaltet sich wie aus einem Guss, mit süßem Kern, viel reife Beerenfrucht, hallt lange nach.

90 Amistar rosso 2009 CS/CF/ME/Lagrein
14 Vol.%, Tafelwein, NK, Stahltank/Barrique, 15.000, extratrocken, €€€
Funkelndes Rubin. Fein angelegte, duftige Nase mit betont fruchtigen Noten, nach Johannisbeeren und Brombeeren. Am Gaumen geschliffen, öffnet sich mit feinmaschigem Tannin, verwoben, im Finale feine Frucht.

87 Südtiroler Lagrein Edizione Desilva 2010 DOC
13,5 Vol.%, NK, Stahltank/großes Holzfass/Barrique, 6000, extratrocken, €€€

87 Südtirol Kalterersee Auslese Peterleiten 2011 DOC
12,5 Vol.%, NK, Stahltank/großes Holzfass, 6000, extratrocken, €€

89 Südtiroler Sauvignon Desilva 2011 DOC
13 Vol.%, NK, Stahltank/Teilbarrique, 8000, extratrocken, €€€

86 Terlaner Weißburgunder Desilva 2011 DOC
13,5 Vol.%, NK, Stahltank/Teilbarrique 8000, extratrocken, €€€

★★★★★

KELLEREI TERLAN
Silberleitenweg 7, I-39018 Terlan
T: +39/0471/25 71 35, F: +39/0471/25 62 24
office@kellerei-terlan.com
www.kellerei-terlan.com

KELLERMEISTER: Rudi Kofler
ANSPRECHPARTNER: Klaus Gasser
ANZAHL/FLASCHEN: 1.200.000 (65 % weiß, 35 % rot) HEKTAR: 150
VERKOSTUNG: ja, gegen Voranmeldung AB-HOF-VERKAUF: ja
MESSEN: Vinitaly, ProWein

Südtirol

Die Kellerei Terlan hat von jeher einen hervorragenden Ruf für ihre langlebigen Weißweine. Die Gewächse aus Terlan starten langsam, brauchen etwas länger Zeit sich zu entwickeln, sind dann aber komplex und eigenständig. In der Schatzkammer der Kellerei lagern viele Tausend Flaschen Weißwein, zurück bis in die 1950er-Jahre. Verkostungen von Weinen aus dieser Schatzkammer belegen immer wieder eindrucksvoll ihr enormes Alterungspotenzial. Gereifte Weißweine aus Terlan sind mittlerweile weltweit geschätzt. Die für das Terlaner Weinbaugebiet typischen Böden aus Porphyrgestein sind für die Eigenständigkeit der Weine wesentlich mitverantwortlich. Kellermeister Rudi Kofler führt die Arbeit des legendären Sebastian Stocker konsequent fort. Er setzt auf den eigenwilligen Charakter der Terlaner Weine. Mit ihren Selektionsweinen kommen die Terlaner immer etwas später in den Handel. Der Sauvignon »Quarz«, der Gewürztraminer »Lunare« und der Terlaner Weißburgunder »Vorberg« zeigen, dass es völlig richtig war, diese Weine nicht früher auf den Markt zu geben. Eine Spezialität der Terlaner Kellerei sind Sonderabfüllungen gereifter Jahrgänge, die für zehn Jahre und mehr in eigenen Stahltanks lagern. Diese Weine – wie heuer der 1999er-Chardonnay – sind Sterne am internationalen Weißweinhimmel. Seit Oktober 2011 werden nun auch alle Lagenweine der Terlaner (»Vorberg«, »Kreuth«) in der charakteristischen Flasche abgefüllt, die bisher den Selektionsweinen vorbehalten war.

94 Südtiroler Terlaner Chardonnay 1999 DOC
13 Vol.%, NK, Stahltank/großes Holzfass, 3340, extratrocken, (€€€€€)
Funkelndes, sattes Strohgelb. Sehr klare und erstaunlich frische Nase, nach Banane und weißer Schokolade, einladend. Verführerisch, zeigt viel reife Frucht, baut sich vielschichtig auf, cremig und geschmeidig im Finale schöne salzige Noten, ein Gedicht!

94 Südtiroler Terlaner Sauvignon Blanc Quarz 2010 DOC
14 Vol.%, NK, Stahltank/Teilbarrique, 55.000 extratrocken, (€€€€€)
Leuchtendes, intensives Strohgelb. Kompakte Nase, vielschichtig, kommt mit Noten nach Johannisbeeren, Melisse, etwas Holunder, nimmt sich viel Zeit, ist dann aber nicht mehr zu halten. Im Mund vielschichtig, salzig-mineralisch, sehr feine Frucht, beschreibt einen langen Bogen, Fülle, aber auch Finesse, im Finale langer Nachhall, zum Reinbeißen.

93 Südtiroler Gewürztraminer Lunare 2010 DOC
15 Vol.%, NK, Stahltank/Teilbarrique, 17.000, trocken, €€€€€
Funkelndes, intensives Strohgelb. Vielschichtige Nase mit Noten nach Bratapfel, weißer Schokolade und Anis. Zeigt tolles Spiel, baut sich in vielen Schichten auf, viel präsente Frucht, cremig, im Nachhall lange und geschmeidig.

92 Südtiroler Terlaner Weißburgunder Riserva Vorberg 2009 DOC
13,5 Vol.%, NK, großes Holzfass, 70.000, extratrocken, (€€€)
Funkelndes Strohgelb. Zeigt zunächst leicht rauchig-mineralische Töne, dann schöne reife Fruchtnoten, einladend. Am Gaumen sehr präsent, öffnet sich mit viel reifer Frucht, nach Apfel und Nüssen, im mittleren Verlauf schöne salzige Noten, sehr langer Nachhall.

Südtirol

91 Südtiroler Terlaner Riserva Nova Domus 2009 DOC WB/CH/SB
14 Vol.%, NK, großes Holzfass/Teilbarrique, 20.000, extratrocken, (€€€€€)
Leuchtendes, sattes Strohgelb mit grünen Nuancen. Spannende Nase mit viel reifer Frucht, offen und zugänglich, dahinter dezente mineralische Noten. Blüht am Gaumen schön auf, süßer Schmelz, viel Frucht, weit und mächtig, saftig, im Finale guter Druck, dezente Bitternote.

91 Südtiroler Terlaner Chardonnay Kreuth 2010 DOC
13,5 Vol.%, NK, großes Holzfass, 30.000, extratrocken, €€€
Sattes, leuchtendes Strohgelb. Etwas kühl, braucht Zeit sich zu öffnen, dann viel reife gelbe Fruchtnoten, nach Apfel, Mirabellen, Nüssen. Sehr präsent, entfaltet sich satt und geschmeidig, viel süße reife Frucht, beschreibt einen weiten Bogen, im Finale schöner Schmelz.

87 Südtiroler Terlaner Weißburgunder 2011 DOC
13,5 Vol.%, NK, Stahltank, 90.000, extratrocken, €€

91 Südtiroler Lagrein Riserva Porphyr 2009 DOC
14 Vol.%, NK, Barrique, 20.000, extratrocken, (€€€€€)
Funkelndes Rubinviolett. Satte, intensive Frucht in der Nase, nach Granatapfelkernen, Zwetschken und Holunderbeeren, unterlegt von würzigen Noten. Am Gaumen viel saftige Frucht, entfaltet schönes Spiel, viel Kirsche, griffiges, aber erstaunlich geschmeidiges Tannin, im Finale nach Tabak.

★★★
WEINGUT TIEFENBRUNNER

Schlossweg 4, I-39040 Entiklar/Kurtatsch
T: +39/0471/88 01 22, F: +39/0471/88 04 33
info@tiefenbrunner.com
www.tiefenbrunner.com

KELLERMEISTER: Stephan Rohregger
ANSPRECHPARTNER: Christof Tiefenbrunner
ANZAHL/FLASCHEN: 750.000 (69,9 % weiß, 30 % rot, 0,1 % süß)
HEKTAR: 20 ZUKAUF: 70
VERKOSTUNG: ja AB-HOF-VERKAUF: ja
ANDER PRODUKTE: Sekte, Destillate
MESSEN: Vinitaly, ProWein, Merano WineFestival

Seit über 150 Jahren widmet sich die Familie Tiefenbrunner auf Castel Turmhof dem Weinbau. Christof Tiefenbrunner trat bereits im jungen Alter in den elterlichen Betrieb ein und nahm in den folgenden Jahren eine tiefgehende Umstrukturierung vor. Von nahezu ausschließlich Vernatsch wurde auf Weißwein umgestellt, von der Pergel auf Drahtrahmen-Erziehung, und im Keller tauchten die ersten Barriques auf. Tiefenbrunners Spitzenlinie heißt »Linticlarus«, nach der römischen Bezeichnung für Entiklar, die gehobene Linie nennt sich »Turmhof«. Die Weine Tiefenbrunners sind nie laut und wuchtig. In diesem Jahr präsentierte Tiefenbrunner eine ganze Reihe herausragender Weine. Eine bei Liebhabern sehr geschätzte Spezialität ist der »Feldmarschall«, ein rassiger und zugleich zarter Müller-Thurgau, dessen Trauben aus Südtirols höchstgelegenem Weinberg auf über 1000 Metern kommen. Um seine zarte Frucht besser zu bewahren, kommt der Feldmarschall mit Drehverschluss in den Handel. In den vergangenen Jahren zeigte sich immer wieder, dass dieser Wein eigentlich erst im zweiten Winter nach der Ernte so richtig gut wird. Das nahm sich Christoph Tiefenbrunner zu Herzen und kommt damit nun später auf den Markt. Wir verkosteten daher nochmals den Jahrgang 2010, der sich jetzt noch eine Spur besser präsentiert als im vergangenen Jahr. Der herausragende Wein der heurigen Kollektion aber ist wieder einmal der Chardonnay »Linticlarus«: ein wunderbarer Chardonnay burgundischer Stilistik, geprägt von Feinheit und Eleganz.

92 Südtiroler Chardonnay Linticlarus 2009 DOC
13,5 Vol.%, NK, Barrique, 5600, extratrocken, €€€€€
Leuchtendes, sattes Strohgelb. Klare und einprägsame Nase, duftet nach Banane, Birnen und reifen Mirabellen. Zeigt tolle Fülle, entfaltet sich mit großer Geschmeidigkeit, süßer Fruchtschmelz, im hinteren Verlauf schöne mineralische Noten, macht Spaß.

91 Feldmarschall Fenner zu Fennberg 2010 MT
13 Vol.%, DV, Stahltank, 18.000, extratrocken, €€€€€
Funkelndes Strohgelb. Sehr geschliffene, feine Nase, Noten nach Mango, etwas Kamille, Muskat. Erstaunlich gehaltvoll, entfaltet sich mit viel saftiger Frucht, nach Mango, im Finale nach Safran, würzig, langer Nachhall.

91 Südtiroler Gewürztraminer Castel Turmhof 2011 DOC
14,5 Vol.%, NK, Stahltank, 12.000, trocken, €€€€
Sattes, helles Goldgelb. Einprägsame Nase mit Noten nach Litschi, reifer Mango, unterlegt mit Noten von Gewürznelken und Salbei. Am Gaumen schönes Spiel, zeigt sich saftig, im Finale langer Nachhall, viel Druck, ausgewogen.

88 Südtiroler Weißburgunder Anna Turmhof 2011 DOC
13,5 Vol.%, NK, Stahltank/großes Holzfass, 15.000, extratrocken, €€€

88 Südtiroler Pinot Grigio Turmhof 2011 DOC
14 Vol.%, NK, Stahltank/großes Holzfass, 8000, extratrocken, €€€

89 Südtiroler Cabernet Merlot Cuvée Linticlarus 2009 DOC
14 Vol.%, NK, Barrique, 8000, extratrocken, €€€€€

89 Südtiroler Blauburgunder Riserva Linticlarus 2009 DOC
14 Vol.%, NK, Barrique, 5200, extratrocken, €€€€€

88 Südtiroler Lagrein Riserva Linticlarus 2009 DOC
14 Vol.%, NK, Barrique, 7500, extratrocken, €€€€€

Südtirol

★★★★

TRAMIN

Weinstraße 144, I-39040 Tramin
T: +39/0471/09 66 33, F: +39/0471/09 66 21
info@cantinatramin.it
www.cantinatramin.it

KELLERMEISTER: Willi Stürz ANSPRECHPARTNER: Wolfgang Klotz
ANZAHL/FLASCHEN: 1.500.000 (50 % weiß, 49 % rot, 1 % süß) HEKTAR: 245
ANBAUWEISE: großteils konventionell, teilweise in Umstellung befindlich und teilweise biologisch zertifiziert
VERKOSTUNG: ja AB-HOF-VERKAUF: ja
ANDERE PRODUKTE: Destillate
MESSEN: Vinitaly, ProWein, Merano WeinFestival

Die Kellerei Tramin und ihre Gewürztraminer (»Nußbaumer«, »Terminum«, »Roen«) bestätigten eindrucksvoll ihre Stellung im Spitzenfeld der Südtiroler Erzeuger. Es ist das Verdienst von Willi Stürz, der seit 1995 für die Weine verantwortlich zeichnet. Seit damals setzen die Traminer vermehrt auf Weißwein, insbesondere Gewürztraminer, die Angebotspalette wurde besser strukturiert. Heute unterteilt sich das Sortiment von Tramin in die Linien »Selektion« und »Klassisch«. In der Selektionslinie gibt es einen füllligen Pinot Grigio (»Unterebner«), einen wuchtigen Lagrein (»Urban«), einen überragenden Gewürztraminer (»Nußbaumer«), einen feinen Blauburgunder (»Maglen«), einen duftigen Sauvignon (»Montan«), einen saftigen Vernatsch (»Freising«) und eine dichte Gewürztraminer-Spätlese aus botrytisierten Trauben (»Terminum«) sowie einen süßen Rosenmuskateller (»Volentin«). Daneben bestehen noch drei Cuvées: »Loam« (Lehm), »Stoan« (Stein) und »Roen« (der Hausberg Tramins, an dessen Hängen die Reben für diesen Wein wachsen). Die beiden ersten sind eine weiße bzw. rote Cuvée, der »Roen« ist ein Strohwein aus Gewürztraminer, der im Unterschied zum »Terminum« ohne Edelfäule erzeugt wird. Von der Kellerei Tramin sind aber auch die Weine aus der klassischen Linie sehr zu empfehlen, die viel Trinkgenuss zu einem angemessenen Preis bieten. 2010 wurde der Keller um einen sehr sehenswerten und architektonisch markanten Zubau erweitert. So bietet ein Besuch bei Tramin nun ein Erlebnis für alle Sinne.

94 Südtiroler Gewürztraminer Nußbaumer 2011 DOC
15 Vol.%, NK, Stahltank, 75.000, trocken, €€€€
Funkelndes, sattes Strohgelb. Kompakte und dichte Nase, öffnet sich mit Noten nach Litschi, etwas Melisse, dann viel Gewürznelken und Rosen. Mit viel sattem Schmelz ausgestattet, fließt geschmeidig dahin, präzise und glockenklar, feines Spiel zwischen Frucht und Gewürzen, sehr langer Nachhall.

92 Südtiroler Weiß Stoan 2011 DOC
14 Vol.%, NK, großes Holzfass, 45.000, extratrocken, €€€
Glänzendes, frisches Strohgelb. Sehr klare und intensive Nase, nach Melisse, Pfirsich und Mirabellen, im Hintergrund etwas Mirabellen. Geschmeidig und rund, zeigt viel präsente, reife Frucht, fest und stoffig im Verlauf, im Finale fester Druck, salzig.

90 Südtiroler Pinot Grigio Unterebner 2011 DOC
14 Vol.%, NK, Stahltank, 23.000, extratrocken, €€€
Funkelndes, helles Strohgelb. Verspielte Nase mit Noten nach reifen Melonen und Akazienblüten. Am Gaumen mächtig und mit viel festem Druck, baut sich satt auf, wirkt noch sehr jung, Potenzial für viel Jahre.

87 Südtiroler Sauvignon Montan 2010 DOC
14,3 Vol.%, NK, Stahltank, 12.000, extratrocken, €€€

93 Südtiroler Gewürztraminer Vendemmia Tardiva Terminum 2009 DOC
11 Vol.%, NK, Barrique, 4000, süß, (€€€€€) (0,375 l)
Sattes, leuchtendes Goldgelb. Zeigt in der Nase feine aromatische Komponenten, nach Zimt und Gewürznelken, dann etwas getrocknete Ananas und getrocknete Mango. Setzt im Mund sehr dezent und geschmeidig an, erweitert sich zu einem wahren Pfauenrad an Aromen und Eindrücken, alles da, Süße, Säure, dazu kommt die Finesse

92 Südtiroler Lagrein Urban 2009 DOC
13,5 Vol.%, NK, Barrique, 18.000, extratrocken, (€€€€)
Leuchtendes, sattes Rubin mit Violettschimmer. Eröffnet in der Nase mit betont würzigen Noten, nach Kardamom, dann feine Schokolade und Frucht. Saftig und klar, spielt groß auf, zeigt pralle Frucht, entfaltet sich dann mit feinmaschigem Tannin, gekonnt.

87 Südtiroler Blauburgunder Maglen 2009 DOC
14 Vol.%, NK, Barrique, 10.000, extratrocken, (€€€€)

Südtirol

★★★★

ELENA WALCH
Andreas-Hofer-Straße 1, I-39040 Tramin
T: +39/0471/86 01 72, F: +39/0471/86 07 81
info@elenawalch.com
www.elenawalch.com

KELLERMEISTER: Gianfranco Faustin
ANSPRECHPARTNER: Armin Gratl
ANZAHL/FLASCHEN: 500.000 (50 % weiß, 50 % rot) HEKTAR 35
VERKOSTUNG: ja AB-HOF-VERKAUF: ja
MESSEN: Vinitaly, ProWein, Merano WineFestival

Castel Ringberg über dem Kalterer See und Kastelaz, eine Steillage in der Gemeinde Tramin, sind zwei renommierte Weingüter in herausragender Position: Sie befinden sich seit Generationen im Besitz der Familie Walch und werden heute von der engagierten »Donna del Vino« Elena Walch geleitet. Mit Eloquenz und Charme ist Elena Walch die beste Botschafterin ihrer Weine. Auch in diesem Jahr präsentiert sie eine beeindruckende Palette von Spitzenweinen. Schon seit dem ersten Jahrgang 2000 zählt »Beyond the Clouds« zu den besten Weißweincuvées Südtirols. Jahr für Jahr ändert sich die Zusammensetzung der Trauben ein wenig, weil stets die besten Partien des Weingutes dafür Verwendung finden. Ähnlich verhält es sich bei der roten Cuvée »Kermesse«, von der auch nicht näher bekannt ist, aus welchen Sorten und zu welchen Teilen sie sich zusammensetzt. Hervorragend fällt ihn diesem Jahr der Gewürztraminer »Kastelaz« aus, dessen Trauben in einer Steillage inmitten von Tramin wachsen. Das Weingut Elena Walch bietet auch kulinarische Genüsse. Auf Schloss Ringberg ist ein feines Restaurant eingerichtet, wo man feine Küche und den Blick auf den Kalterer See genießen kann. Direkt am Weingut im Zentrum von Tramin hingegen gibt es seit vergangenem Jahr das sehenswerte Bistro »Le verre capricieux«, das einen Hauch Frankreich nach Südtirol holt. Geöffnet von April bis Ende Oktober.

92 Beyond the Clouds Südtiroler Weiß 2010 DOC
14,3 Vol.%, NK, Barrique, 12.000, extratrocken, €€€€€
Funkelndes, helles Goldgelb. Verwobene, vielschichtige Nase, Honigmelone, Ananas und Rosen. Am Gaumen sehr klar, öffnet sich mit satter Fülle, hat zugleich auch frische Säure, lässt den Wein funkeln, hallt im Finale lange nach.

91 Südtiroler Gewürztraminer Kastelaz 2011 DOC
15,3 Vol.%, NK, Stahltank, 14.000, trocken, €€€€€
Funkelndes, helles Goldgelb. Fein gezeichnete Nase, angenehm kühl, duftet nach Grapefruit, Gewürznelken und Anis. Klar und geradlinig, breitet sich mit feinen Fruchtnoten aus, sehr präsent, aber nicht üppig, entwickelt sehr gute Länge.

86 Südtiroler Chardonnay Cardellino 2011 DOC
13,8 Vol.%, NK, Stahltank/Teilbarrique, 30.000, extratrocken, €€€

92 Kermesse 2007
14,7 Vol.%, NK, Barrique, 7000, extratrocken, €€€€€
Funkelndes, intensives Rubin mit Violettschimmer. Beeindruckende Nase, eröffnet mit balsamischen Noten nach Kräuterbonbons, dann satt nach Holunderbeeren, etwas Zwetschke. Zeigt am Gaumen viel saftige Frucht, entfaltet sich mit feinem, geschmeidigem Tannin, im Finale fest und stoffig, satter Druck.

90 Lagrein Riserva Castel Ringberg 2008 DOC
13,7 Vol.%, NK, Barrique, 9000, extratrocken, €€€€€
Sattes, leuchtendes Rubin. Intensive und offene Nase mit Noten nach Brombeeren, Holunderbeeren, etwas Zwetschken, spannend. Zeigt sich am Gaumen mit viel präsenter Frucht, entfaltet sich mit feinem Tannin, geschmeidig und lange anhaltend.

88 Südtiroler Blauburgunder Ludwig 2009 DOC
13,9 Vol.%, NK, Barrique, 10.000, extratrocken, €€€€€

87 Cashmere Passito Gewürztraminer 2009 DOC
10,8 Vol.%, NK, Stahltank, 600, süß, €€€€€€ (0,375 l)

WILHELM WALCH

Andreas-Hofer-Straße 1, I-39040 Tramin
T: +39/0471/86 01 72, F: +39/0471/86 07 81
info@walch.it
www.walch.it

KELLERMEISTER: Gianfranco Faustin
ANSPRECHPARTNER: Armin Gratl
ANZAHL/FLASCHEN: 600.000 (50 % weiß, 50 % rot)
HEKTAR: 8 ZUKAUF: 50
VERKOSTUNG: nein AB-HOF-VERKAUF: ja
MESSEN: Vinitaly, ProWein

Im Jahr 1869 gründete Wilhelm Walch in Tramin eine Kellerei, die bis heute zu den bestimmenden Betrieben in der Südtiroler Weinwirtschaft zählt. In einem alten Jesuitenkloster im Zentrum von Tramin wurde die Kellerei damals eingerichtet. Der Standort ist noch der gleiche, die Keller wurden in der Zwischenzeit aber erheblich erweitert. Bei Wilhelm Walch hat man das früher sehr umfangreiche Sortiment wohltuend gestrafft. Die »Classic«-Linie wurde eingestellt, die »Premium«-Linie dafür etwas ausgebaut. Für den Ausbau wird bei Rotwein in der Regel das große Eichenfass verwendet, wo es sinnvoll ist, wird aber auch mit Barriques gearbeitet. Die Weißweine hingegen werden ausschließlich im Stahltank vergoren und ausgebaut. Die Walch-Weine sind gekennzeichnet von einem einheitlichen Outfit, die Etiketten schmückt durchgängig ein stilisiertes »W«. Die Weine von Wilhelm Walch sind klare Vertreter der jeweiligen Rebsorte und zeichnen sich durch ein sehr gutes Preis-Genuss-Verhältnis aus. Probieren Sie mal den Cabernet »Riserva« 2009, der hat's in sich!

90 Südtiroler Cabernet Sauvignon Riserva 2009 DOC
13,5 Vol.%, NK, Teilbarrique, 8000, extratrocken, €€
Leuchtendes, intensives Rubin. Sehr präsente und intensive Nase, herzhaft, eröffnet mit feinen würzigen Noten, dann nach reifen Johannisbeeren, im Hintergrund etwas Orangenschale. Saftig und klar in Ansatz und Verlauf, baut sich schön auf, griffiges, dicht gewebtes Tannin, beschreibt einen schönen Bogen.

88 Südtiroler Merlot 2009 DOC
13,5, Vol.%, NK, großes Holzfass, 13.000, extratrocken, €€

86 Südtiroler Kalterersee Auslese 2011 DOC
12,2 Vol.%, NK, großes Holzfass, 38.000, extratrocken, €€

87 Südtiroler Grigio Marat 2011 DOC
13,2 Vol.%, NK, Stahltank, 40.000, extratrocken, €€

85 Südtiroler Pinot Bianco 2011 DOC
12,7 Vol.%, NK, Stahltank, 30.000, extratrocken, €€

85 Südtiroler Sauvignon Krain 2011 DOC
13,5 Vol.%, NK, Stahltank, 15.000, extratrocken, €€

Südtirol

WEINGUT JOSEF WEGER

Jesuheimstraße 17, I-39057 Girlan
T: +39/0471/66 24 16, F: +39/0471/66 01 89
info@wegerhof.it
www.wegerhof.it

KELLERMEISTER: Mirco Maccani ANSPRECHPARTNER: Dr. Johannes Weger
ANZAHL/FLASCHEN: 80.000 (50 % weiß, 49 % rot, 1 % süß)
HEKTAR: 3 ZUKAUF: 5
VERKOSTUNG: ja AB-HOF-VERKAUF: ja
MESSEN: Vinitaly, Bozner Weinkost

Das Weingut Josef Weger kann auf eine lange Geschichte zurückblicken. Bereits 1820 wurde es vom Urahn des derzeitigen Besitzers gegründet. Josef Weger zählte zu den Pionieren der Südtiroler Weinwirtschaft. Er lieferte seinen Wein bereits damals in die Schweiz und in die verschiedenen Länder des österreichischen Kaiserreiches. Heute leitet Johannes Weger das Weingut in sechster Generation. Die Weingärten des Wegerhofes befinden sich in unmittelbarer Nähe des Kellers in Girlan sowie im Bozener Stadtteil Gries, wo der Lagrein ideale Voraussetzungen findet. Auf dem Wegerhof werden auch gemütliche Ferienwohnungen angeboten. Seit 2005 ist mit Mirco Maccani ein hervorragender Mann im Keller des Wegerhofs tätig, der zuvor schon für die Spitzenweine in anderen Betrieben verantwortlich war. Unter seiner Ägide entstand die Linie »Maso delle Rose«. Der Name entspringt einem Wappen der Familie Weger, das eine Rose darstellt. Ursprünglich gab es in der Linie »Maso delle Rose« die Cuvée »Joanni«. Nun präsentiert Johannes Weger auch eine ganze Reihe anderer Spitzenweine in dieser Kollektion. Immer wieder präsentiert der Winzer einen gereiften Wein aus den Beständen seines Kellers, der überaus erstaunlich ist. In diesem Jahr ist es ein fantastisch cremiger Weißburgunder. Weiter so!

91 Südtiroler Weißburgunder Maso delle Rose 2009 DOC
13,5 Vol.%, NK, großes Holzfass, 1500, extratrocken, €€€
Leuchtendes, sattes Strohgelb. Intensive und spannende Nase, zeigt viel reife, satte Frucht, frisch und klar, vielschichtig. Entspricht auch am Gaumen, viel reife Frucht, vielschichtig und klar, leicht mineralische Noten, beschreibt einen langen Bogen.

89 Südtiroler Müller Thurgau Pursgla 2011 DOC
13 Vol.%, NK, Stahltank, 4000, extratrocken, €€

87 Südtiroler Pinot Grigio Maso delle Rose 2009 DOC
13,5 Vol.%, NK, großes Holzfass, 1500, extratrocken, €€€

89 Südtiroler Blauburgunder Maso delle Rose 2007 DOC
13,5 Vol.%, NK, Barrique, 2000, extratrocken, €€€

87 Südtiroler Lagrein 2009 DOC
13 Vol.%, NK, großes Holzfass, 6000, extratrocken, €€

86 Südtiroler Blauburgunder 2008 DOC
13 Vol.%, NK, großes Holzfass, 6000, extratrocken, €€

Weitere empfehlenswerte Weinerzeuger in Südtirol

Sekt- und Weinkellerei Braunbach, Pater Romediusweg 5, I-39018 Siebeneich
T: +39/0471/91 01 84, F: +39/0471/67 81 86

Weinkellerei Josef Brigl, St. Florianstraße 8, I-39050 Girlan
T: +39/0471/66 24 19, F: +39/0471/66 06 44

Peter Dipoli, Friedrich Ortler Straße 5, I-39040 Neumarkt
T: +39/0471/95 42 27, F: +39/0471/81 95 52

Weingut Egger-Ramer, Guntschnastraße 5, I-39100 Bozen
T: +39/0471/28 05 41, F: +39/0471/40 66 47

Eisacktaler Kellerei, Leitach 50, I-39043 Klausen
T: +39/0472/84 75 53, F: +39/0472/84 75 21

Franz Gojer, Glögglhof, St. Magdalena 1, I-39100 Bozen; T/F: +39/0471/97 87 75

Bruno Gottardi, Gebirgsjägerstraße 15, I-39040 Neumarkt/Mazon; T: +39/0471/81 27 73

Weingut Haderburg, Buchholz 30, I-39040 Salurn; T: +39/0471/88 90 97

Köfererhof, Kerschbaumer Josef, Pustertalerstraße 3, I-39040 Vahrn; T: +39/0472/83 66 49

Weingut Klosterhof, Klavenz 40, I-39052 Kaltern; T: +39/0471/96 10 46, F: +39/0471/96 34 06

Weingut Köfelgut, Im Winkl 12, I-39020 Kastelbell; T/F: +39/0473/62 41 42

Tenuta Kornell, Bozner Straße 23, I-39018 Terlan-Siebeneich
T: +39/0471/91 75 07; F: +39/0471/20 50 34

Weinkellerei Kuppelwieser, Weinstraße 24, I-39040 Kurtinig
T: +39/0471/81 71 43, F: +39/0471/81 77 43

Hartmann Lentsch, Schwarzadlerstraße 1, I-39051 Branzoll
T: +39/0471/59 60 17, F: +39/0471/59 65 42

Weinkellerei Lun, Villnerstraße 22–24, I-39044 Neumarkt
T: +39/0471/81 32 56, F: +39/0471/82 37 56

Heinrich Mayr, Nusserhof, Mayr-Nusserweg 72, I-39100 Bozen; T: +39/0471/97 83 88

Südtirol

Georg Mumelter, Griesbauerhof, Rentschnerstraße 66, I-39100 Bozen
T: +39/0471/97 30 90, F: +39/0471/32 56 94

Ignaz Niedrist, Runggweg 5, I-39050 Girlan; T: +39/0471/66 44 94

Weingut Niklas, Brunnenweg 31a, I-39052 Kaltern; T/F: +39/0471/96 34 32

Pacherhof, Huber Josef, Neustift 59, I-39040 Vahrn;
T: +39/0472/83 57 17, F: +39/0472/80 11 65

Weingut Pfannenstielhof, Johannes Pfeifer, Pfannenstielweg 9, I-39100 Bozen;
T/F: +39/0471/97 08 84

Franz Pfeil, Kränzlhof, Gampenstraße 1, I-39010 Tscherms; T/F: +39/0473/56 45 49

Peter Pliger, Kuenhof, Mahr 110, I-39042 Brixen; T/F: +39/0472/85 05 46

Weingut Popphof, Mitterterzerstraße 5, I-39020 Marling; T/F: +39/0473/44 71 80

Franz Pratzner, Falkensteiner, Schloßweg 15, I-39025 Naturns; T: +39/0473/66 60 54

Weingut Röckhof, Augschöll Konrad, St. Valentin 9, I-39040 Villanders; T: +39/0472/84 71 30

Georg Ramoser, Untermoserhof, St. Magdalena 36, I-39100 Bozen; T/F: +39/0471/97 54 81

Helmuth Ramoser, Zundlhof, St. Magdalena 36, I-39100 Bozen; T: +39/0471/97 87 02

Stefan Ramoser, Fliederhof, St. Magdalena 33, I-39100 Bozen; T/F: +39/0471/97 90 48

Weingut-Weinkellerei H. Rottensteiner, Sarntalerstraße 1/A, I-39100 Bozen,
T: +39/0471/28 20 15, F: +39/0471/40 71 54

Heinrich Rottensteiner, Obermoser, St. Magdalena 35, I-39100 Bozen; T: +39/0471/97 35 49

Castel Sallegg, Unterwinkl 15, I-39052 Kaltern, T: +39/0471/96 31 32, F: +39/0471/96 47 30

Weingut Schmid Oberrautner, M. Pacherstraße 3, I-39100 Bozen; T/F: +39/0471/28 14 40

Oswald Schuster, Befehlhof, Vetzan 14, I-39028 Schlanders; T: +39/0473/74 21 97

Weingut Stroblhof, Pigeonerstraße 25, I-39057 Eppan
T: +39/0471/66 22 50, F: +39/0471/66 36 44

Taschlerhof, Wachtler Peter, Brennerstraße 107, I-39042 Brixen; T: +39/0472/85 10 91

Weingut Unterganzner, Josephus Mayr, I-39053 Kardaun; T/F: +39/0471/36 55 82

Weingut Unterortl, Juval 1B, I-39020 Kastelbell; T: +39/0473/66 75 80, F: +39/0473/66 82 38

Ansitz Waldgries, Christian Plattner, St. Justina 2, I-39100 Bozen; T/F: +39/0471/97 32 45

Baron Widmann, Im Feld 1, I-39040 Kurtatsch; T: +39/0471/88 00 92, F: +39/0471/88 04 68

Weinkellerei Peter Zemmer, Weinstraße 24, I-39040 Kurtinig
T: +39/0471/81 71 43, F: +39/0471/81 77 43

falstaff
SPIRITS TROPHY 2012

Fotos: P. Hämmerle

Zwei Meisterbrenner und ein Déjà-vu

Was sich bei der »Spirits Trophy 2011« angedeutet hat, findet heuer eine Fortsetzung: An der Spitze wird es enger! Dass wir nun zum zweiten Mal hintereinander zwei Meisterbrenner im Paarlauf sehen ist daher wenig verwunderlich, aber dennoch erstaunlich. Zur qualitativen Nähe von Hans Reisetbauer und Manfred Wöhrer kommt übrigens auch die örtliche: Sie wohnen nur wenige Kilometer von einander entfernt.

Beide Brenner sind hochprofessionell und absolut qualitätsorientiert. Beide leben förmlich für guten Schnaps. Sie tun es nur auf unterschiedliche Weise. Manfred Wöhrer nennt sich einen Garagenbrenner – die Garage allerdings kann sich sehen lassen. Es ist ein Ein-Mann-Betrieb mit absolutem Fokus auf dem Geschehen in und um die Brennblase. Hans Reisetbauer dagegen reist viel und schnell. Keinen anderen österreichischen Brenner kennen die Gourmets der Welt besser als ihn, und er ist damit wohl einer der wichtigsten Botschafter für den österreichischen Schnaps. Das bedingt entsprechende Nachfrage und diese wird seit Kurzem durch eine neu eröffnete, große Brennerei gestillt. In diesem Stil investiert kaum eine andere Brennerei in Österreich. Gleichzeitig bleibt der hohe Qualitätsanspruch erhalten.

Hans Reisetbauer hat sich auch zu einem Wegbereiter ausdrucksstarker Tresterbrände entwickelt. Sein »Bela Rex« ist Legende. Dass der Jahrgang 2006 nun bereits im sechsten Jahr eingereicht wird, betrachten manche Kollegen Hans Reisetbauers jedoch als unsportlich, es hat aber aus unserer Sicht seine Richtigkeit damit. Die Richtlinien der »Spirits Trophy« besagen nicht, man könne mit einem Produkt nur einmal antreten. Voraussetzung ist lediglich, dass dieser Brand im Verkauf und somit allgemein erhältlich ist. Die »Spirits Trophy« sieht sich vor allem als Werkzeug für Konsumenten, als Wegweiser für den Kauf und Genuss hochwertiger Destillate. Außerdem ist es ein schöner Beleg für die Qualität des »Bela Rex«, wenn er sich nach sechs Jahren Reifezeit um keinen Deut schlechter zeigt als in seiner Jugend.

Hans Reisetbauers und Manfred Wöhrers Brände sind durchaus vergleichbar miteinander. Beide Brenner sind kompromisslos bei der Auswahl des Obstes sowie beim Thema Reinheit. Ihre Destillate sind von großer Strahlkraft und Transparenz, und sie sind nicht selten so exakt gezeichnet, dass es mitunter eine Herausforderung sein kann sie zu verstehen – auch Reinhard Wetters Brände übrigens zeichnet diese Kompromißlosigkeit aus. Darüber hinaus beweist sich vor allem Manfred Wöhrer als Meister in den klassischen Disziplinen. In den Fruchtgruppen Williams, Quitte, Marille, Weichsel, Mirabelle und Zwetschke stellt Manfred Wöhrer heuer den Sortensieger und hat sich damit den Meisterbrennertitel wahrhaftig verdient.

Der Guglhof als Dritter im Bunde

Auch der Guglhof aus dem salzburgerischen Hallein spielt in dieser Top-Liga. Der Meisterbrenner war auch heuer in absoluter Reichweite. Bedenkt man, dass manche Destillate sich nicht alle Tage gleich präsentieren, hätte die Reihenfolge genauso gut auch andersherum lauten können. Dennoch treffen hier in gewisser Weise zwei Welten aufeinander. In ihrer Charakteristik unterscheiden sich die Destillate vom Guglhof deutlich von jenen der beiden Meisterbrenner 2012. Hier geht es weniger um kompromisslose Reinheit, vielmehr treten Guglhofbrände leiser, geschmeidiger und runder auf. Wir wollen das so beschreiben – auch wenn diese Analogie allzu oft strapaziert wurde: Guglhofdestillate erscheinen uns etwas weiblicher, im Gegensatz zu den mitunter maskulin anmutenden Bränden Wöhrers und Reisetbauers. Das hat Charme!

Auch bei der Lustenauer Brennerei Hämmerle verfügt Brennmeister Bartle Fink offenbar über die Fähigkeit sehr harmonische, schön abgerundete und dennoch präzise Destillate zu brennen. Gerade die Linie »Herzstück« ist immer wieder für Einzigartiges gut. Eine besonders glückliche Hand sehen wir auch im tirolerischen Mils, bei der Edeldestillerie Oberhofer am Werk. Die Vielfalt der eingereichten Produkte und deren Platzierung ausschließlich im vorderen Bereich belegen dies. Das gilt ebenso für Hans Krenn, der einen ganz eigenen, ruhigen, sehr ehrlichen und gleichzeitig ausdrucksstarken Stil gefunden hat.

Wie blind soll verkostet werden?

Das Blindverkosten wird in Brennerkreisen nicht selten wie der Heilige Gral gehandelt. Wehe, wenn nur der Anschein erweckt wird, ein Verkoster könne wissen, was er vor sich hat. Natürlich können verdeckte Verkostungen ein gewisser Garant gegen parteiische Beeinflussung sein. Auch wir setzen in der Jury auf diese Methode. Neben einer Vorverkostung durch den Juryleiter Peter Hämmerle und der verdeckten Juryverkostung werden manche Destillate in eine dritte, ebenfalls verdeckte Nachverkostung geschickt, jedoch im Anschluss abermals bis zu zweimal probiert, allerdings offen. Destillate verändern sich fallweise sehr stark, je nach Möglichkeit zum Austausch mit Sauerstoff und je nach Witterung etc. Mehrfache Kontrolle, ob blind oder nicht, führt daher zu nachvollziehbareren Ergebnissen. Übrigens weiß man auch in einer Blindverkostung nicht selten, was man vor sich hat, das ergibt sich bei einiger Erfahrung nur allzu logisch.

Das Kriterium, um das es letztlich geht, heißt: Das Ranking muss glaubhaft und nachvollziehbar sein, sowohl was die Wertung der Betriebe untereinander angeht wie auch die Reihung innerhalb der Sorten. Die Jury und ihr Leiter tragen die Verantwortung für diese Reihung, und ob diese streng verdeckt zustande kommt oder nicht, ist aus unserer Sicht zweitrangig.

Wir wünschen Ihnen viel Vergnügen
mit den von uns empfohlenen Destillaten!

Peter Hämmerle

Falstaff Top 12 Destillerien und Falstaff-Meisterbrenner 2012

Um mehr Klarheit über die Performance der einzelnen Brennereien zu gewinnen, ermitteln wir neben der Bewertung der einzelnen Destillate in der Blindverkostung auch ein Betriebsranking. Dieses errechnet sich aus dem Mittel der sechs besten Destillate einer Brennerei. Der Erstgereihte in dieser Aufstellung ist gleichzeitig der Gesamtsieger und erhält den Titel »Falstaff-Meisterbrenner«.

Das Gute an solchen Rankings ist die Übersichtlichkeit. Das Schlechte ist die Ungerechtigkeit. So bleibt etwa einem Betrieb wie jenem von Karl Holzapfel ein Aufstieg in dieses Ranking verwehrt, weil er seit Jahren nur vier Sorten brennt, die Wertung aber auf den Punkten der besten sechs Destillate beruht. Aus weniger als sechs Proben das Mittel zu ziehen wäre wiederum zu wenig differenzierend.

Zudem haben Brennereien, die viele Proben einreichen, eine größere Chance auf sechs beste Wertungen, sind daher bezüglich der »Top 12« im Vorteil. Die Erfahrung zeigt andererseits, dass es in der Regel immer die gleichen Betriebe sind, die es nach vorne schaffen.

Neben den »Top 12 Destillerien« zeichnen wir die besten Destillerien insgesamt mit einem Stern aus. Wer als Mittelwert aus den besten sechs Proben 87 oder mehr Punkte erreicht, erhält diesen Stern.

Falstaff Top 12 Destillerien

1.	92,67	★	**Hans Reisetbauer,** Axberg-Thening (OÖ)
1.	92,67	★	**Garagenbrenner Manfred Wöhrer,** Traun (OÖ)
3.	92,00	★	**Guglhof – Familie Vogl,** Hallein (S)
4.	91,33	★	**Privatdestillerie Gebhard Hämmerle,** Lustenau (V)
4.	91,33	★	**Reinhard und Helga Wetter,** Missingdorf (NÖ)
6.	89,00	★	**Edeldestillerie Oberhofer,** Mils (T)
7.	88,83	★	**Landgasthof Peilsteinblick, Hans Krenn,** Yspertal (NÖ)
8.	87,50	★	**Edelbrände Moser,** Zederhaus (S)
9.	87,00	★	**Pfau – Valentin Latschen,** Klagenfurt (K)
10.	85,50		**Spezialitätenbrennerei Lagler,** Marz (B)
11.	83,83		**Obsthof Neumeister,** Straden (ST)
12.	83,67		**Pirker – Mariazellerhof,** Mariazell (ST)

✷ Die ausgezeichneten Destillate

- 96 **Elsbeere 2009, 41,5 Vol.%,** Hans Reisetbauer, Axberg
- 94 **Rote-Williams-Birne 2011, 42 Vol.%,** Garagenbrenner Wöhrer, Traun
- 94 **Tresterbrand Bela Rex 2006, 41,5 Vol.%,** Hans Reisetbauer, Axberg
- 94 **Wetterleuchten 2010, 43 Vol.%,** Reinhard Wetter, Missingdorf
- 93 **Mirabelle 2011, 42 Vol.%,** Garagenbrenner Wöhrer, Traun
- 93 **Mispel 2010, 42 Vol.%,** Privatbrennerei Gebhard Hämmerle, Lustenau
- 93 **Quitte 2011, 42 Vol.%,** Garagenbrenner Wöhrer, Traun
- 93 **Schlehenbrand 2011, 41,5 Vol.%,** Landgasthof Peilsteinblick, Yspertal
- 93 **Vogelbeer 2007, 43 Vol.%,** Guglhof, Hallein
- 92 **Alte Zwetschke Fass 2003, 40 Vol.%,** Guglhof, Hallein
- 92 **Gravensteiner 2007, 43 Vol.%,** Guglhof, Hallein
- 92 **Kirsch 2011, 40 Vol.%,** Gusti & Hubert Hirtner, St. Lorenzen
- 92 **Marille 2011, 42 Vol.%,** Garagenbrenner Wöhrer, Traun
- 92 **Private Reserve Cuvée 2007, 45 Vol.%,** Privatbrennerei Gebhard Hämmerle, Lustenau
- 92 **Quitte 2008, 43 Vol.%,** Guglhof, Hallein
- 92 **Schlehdornbrand 2008, 41,5 Vol.%,** Hans Reisetbauer, Axberg
- 92 **Traubenkirsche 2011, 42 Vol.%,** Garagenbrenner Wöhrer, Traun
- 92 **Traubenkirsche Herzstück 2008, 42 Vol.%,** Privatbrennerei Gebhard Hämmerle, Lustenau
- 92 **Tresterbrand Hochberc A. Gesellmann 2006, 41,5 Vol.%,** Hans Reisetbauer, Axberg
- 92 **Vogelbeer 1995, 43 Vol.%,** Guglhof, Hallein
- 92 **Williams 2009, 43 Vol.%,** Reinhard Wetter, Missingdorf
- 92 **Zwetschke 2011, 42 Vol.%,** Garagenbrenner Wöhrer, Traun
- 91 **Bockbierbrand 2011, 42 Vol.%,** Garagenbrenner Wöhrer, Traun
- 91 **Gravensteiner 2008, 43 Vol.%,** Guglhof, Hallein
- 91 **Gravensteiner-Apfel 2009, 43 Vol.%,** Reinhard Wetter, Missingdorf
- 91 **Himbeere Herzstück 2010, 42 Vol.%,** Privatbrennerei Gebhard Hämmerle, Lustenau
- 91 **Marille 2008, 42 Vol.%,** Hans Reisetbauer, Axberg
- 91 **Marille 2009, 43 Vol.%,** Reinhard Wetter, Missingdorf

Destillate

- 91 Quitte 2007, 41,5 Vol.%, Hans Reisetbauer, Axberg
- 91 Rote Williams 2010, 41,5 Vol.%, Hans Reisetbauer, Axberg
- 91 Schlehe 2004, 43 Vol.%, Guglhof, Hallein
- 91 Tresterbrand Rosenberg Reserve 2006, 42 Vol.%, Hans Reisetbauer, Axberg
- 91 Vogelbeer 2006, 43 Vol.%, Guglhof, Hallein
- 91 Vogelbeere 2010, 41,5 Vol.%, Hans Reisetbauer, Axberg
- 91 Wildkirschenbrand 2007, 41,5 Vol.%, Hans Reisetbauer, Axberg
- 91 Williams 2009, 43 Vol.%, Guglhof, Hallein
- 91 Zibarte Herzstück 2009, 42 Vol.%, Privatbrennerei Gebhard Hämmerle, Lustenau
- 90 Brombeer 2009, 43 Vol.%, Edeldestillerie Oberhofer, Mils
- 90 Himbeerbrand 2011, 41,5 Vol.%, Hans Reisetbauer, Axberg
- 90 Holunderbrand 2009, 41,5 Vol.%, Hans Reisetbauer, Axberg
- 90 Johannisbeerbrand 2011, 42 Vol.%, Landgasthof Peilsteinblick, Yspertal
- 90 Mandarine 2011, 42 Vol.%, Garagenbrenner Wöhrer, Traun
- 90 Pannonia Korn Malt 2005, 40 Vol.%, Spezialitätenbrennerei Lagler, Kukmirn
- 90 Quittenbrand 2011, 41 Vol.%, Johann Aichhorn, Unterach
- 90 Trebernbrand Arachon T.FX.T., 48 Vol.%, Alois Gölles, Riegersburg
- 90 Weichsel 2011, 42 Vol.%, Garagenbrenner Wöhrer, Traun
- 90 Wetterhexe 2010, 43 Vol.%, Reinhard Wetter, Missingdorf
- 90 Williams alte Reserve 2008, 41 Vol.%, Edeldestillerie Oberhofer, Mils
- 90 Williams Trester 2009, 43 Vol.%, Reinhard Wetter, Missingdorf

Sortensieger

Apfel:	92	Gravensteiner 2007, 43 Vol.%, Guglhof, Hallein
Apfel Holz:	86	Barrique Cigar 2008, 50 Vol.%, Edelbrände Moser, Zederhaus
	86	Apfelbrand im Eichenfass 2008, 44 Vol.%, Hans Reisetbauer, Axberg
Brombeeren:	90	Brombeer 2009, 43 Vol.%, Edeldestillerie Oberhofer, Mils
Bier:	91	Bockbierbrand 2011, 42 Vol.%, Garagenbrenner Wöhrer, Traun
Birne:	89	Alte Birne Fass 2005, 40 Vol.%, Guglhof, Hallein
Elsbeere:	96	Elsbeere 2009, 41,5 Vol.%, Hans Reisetbauer, Axberg
Erdbeere:	87	Erdbeere 2009, 43 Vol.%, Guglhof, Hallein

Destillate

Exoten:	90	Mandarine 2011, 42 Vol.%, Garagenbrenner Wöhrer, Traun
Getreide:	90	Pannonia Korn Malt 2005, 40 Vol.%, Spezialitätenbrennerei Lagler, Kukmirn
Himbeere:	91	Himbeere Herzstück 2010, 42 Vol.%, Privatbrennerei Gebhard Hämmerle, Lustenau
Holunder:	90	Holunderbrand 2009, 41,5 Vol.%, Hans Reisetbauer, Axberg
Kirsche:	92	Kirsch 2011, 40 Vol.%, Gusti & Hubert Hirtner, St. Lorenzen
Kornelkirsche:	88	Dirndl Cuvée 2008, 43 Vol.%, Guglhof, Hallein
Kriecherl:	91	Zibarte Herzstück 2009, 42 Vol.%, Privatbrennerei Gebhard Hämmerle, Lustenau
Marille:	92	Marille 2011, 42 Vol.%, Garagenbrenner Wöhrer, Traun
Mirabelle:	93	Mirabelle 2011, 42 Vol.%, Garagenbrenner Wöhrer, Traun
Mispel:	93	Mispel 2010, 42 Vol.%, Privatbrennerei Gebhard Hämmerle, Lustenau
Obstler:	94	Wetterleuchten 2010, 43 Vol.%, Reinhard Wetter, Missingdorf
Quitte:	93	Quitte 2011, 42 Vol.%, Garagenbrenner Wöhrer, Traun
Rote Johannisbeere:		
	90	Johannisbeerbrand 2011, 42 Vol.%, Landgasthof Peilsteinblick, Yspertal
Schlehe:	93	Schlehenbrand 2011, 41,5 Vol.%, Landgasthof Peilsteinblick, Yspertal
Schwarze Johannisbeere:		
	88	Schwarze Ribisel 2007, 43 Vol.%, Pfau, Klagenfurt
Trester:	94	Tresterbrand Bela Rex 2006, 41,5 Vol.%, Hans Reisetbauer, Axberg
Vogelbeere:	93	Vogelbeer 2007, 43 Vol.%, Guglhof, Hallein
Weichsel:	90	Weichsel 2011, 42 Vol.%, Garagenbrenner Wöhrer, Traun
Weinbrand:	87	Veltlinerbrand Reserve Single Cask 1982, 42 Vol.%, Domäne Wachau, Dürnstein 107
Whisky:	88	Whisky New Make 1/2011, 50 Vol.%, Edelbrände Moser, Zederhaus
Wildfrüchte:	92	Traubenkirsche Herzstück 2008, 42 Vol.%, Privatbrennerei Gebhard Hämmerle, Lustenau
	92	Traubenkirsche 2011, 42 Vol.%, Garagenbrenner Wöhrer, Traun
Williams:	94	Rote-Williams-Birne 2011, 42 Vol.%, Garagenbrenner Wöhrer, Traun
Wurzeln:	88	Enzian Vom ganz Guten 2007, 45 Vol.%, Privatbrennerei Gebhard Hämmerle, Lustenau
Zwetschke:	92	Alte Zwetschke Fass 2003, 40 Vol.%, Guglhof, Hallein
	92	Zwetschke 2011, 42 Vol.%, Garagenbrenner Wöhrer, Traun

Unser Verkostungssystem

In den vielen Jahren, in denen unser Team in unterschiedlicher Jurybesetzung Verkostungen für Destillate organisiert hat, haben wir die Bewertung nicht selten durch eine große Fachjury organisiert. Geladen waren Weinfachleute, Brenner, Journalisten, Gastwirte etc. Die Ergebnisse aus solchen Veranstaltungen waren nach unserer Erfahrung aber so ambivalent, dass wir uns von diesem System bald wieder verabschiedeten. Die Gründe dafür liegen auf der Hand:

Nivellierung durch große Jury: Je größer eine Verkostergruppe ist, desto eher erhält man am Ende einen Mittelwert – Ausschläge nach oben und unten in der Bewertungsskala werden abgeschliffen, die Bewertung schließlich wenig aussagekräftig.

Wertungen nicht vergleichbar: Werden die Proben dagegen auf verschiedene kleine Teams aufgeteilt, erhält man sehr heterogene Beurteilungen, die aber untereinander nicht mehr vergleichbar sind – verkostet eine Gruppe etwa nur Kirsch, die andere Marille, kann man die Wertungen letztlich nicht nebeneinander stellen und vergleichen. Jede Gruppe bewertet anders.

Unberechenbare Teams: Verkosterteams, deren Mitglieder einander nicht sehr gut kennen und regelmäßig miteinander verkosten, werden keine homogenen Wertungen hervorbringen. Die Dynamik innerhalb von Gruppen darf man nicht unterschätzen – es gibt viele Möglichkeiten der Einflussnahme – das merkt man aber oft erst hinterher.

Aufgrund dieser Erfahrungen haben wir uns sehr bald entschlossen, nur noch in einer sehr kleinen, homogenen Gruppe zu verkosten. Es verkosten in einer Gruppe von vier Personen unter der Leitung von Mag. Peter Hämmerle auch noch DI Jörg Bretz, Weinbaufachmann und -berater, Reinhard Pohorec (Bartender, »The Sign«, Wien) sowie Bernhard Degen vom Falstaff-Verlag. Auf das Urteil von Laien oder Prominenten, wie dies manche Organisatoren bevorzugen, haben wir folglich verzichtet.

Die Vorteile unserer Methode sehen wir in folgenden Punkten:
Homogene Wertungen:
Die Verkostung dauert zwar insgesamt viel länger, aber ein einziges Team verkostet sämtliche Brände. Nur dadurch werden die Wertungen auch untereinander vergleichbar!
Ausgeglichenes Team: Ein Team, das so lange und intensiv miteinander verkostet, kann nicht anders als sehr ausgewogen sein. Das macht sich positiv in den Resultaten bemerkbar.
Gesunder Zwang zur Wertung: Das Team muss sich auf ein Urteil einigen und kann die Bewertung nicht auf eine Oberjury abwälzen. Kommt es zu keiner Einigung, wird der Brand erneut vorgelegt, was bis zu viermal geschehen kann.
Konzentriertes Arbeiten: In einem guten und eingespielten Team erkennt man gegenseitig, wann es Zeit wird, eine Pause zu machen. Sich das rechtzeitig einzugestehen, halten wir für sehr wichtig.
Beschreibungen aus einem Guss: Die Beschreibungen werden sofort und gemeinsam erstellt, was eine viel aussagekräftigere Darstellung ergibt, als wenn ein Redakteur nach der Verkostung einen Text aus den Notizen vieler Koster »zusammenbasteln« muss – ohne den Brand vor sich zu haben.

Keine Schnapsbrenner: In unserer Jury sitzen keine Brenner – aus lauter Angst, das eigene Produkt nicht zu erkennen und möglicherweise schlecht zu bewerten, liefern diese nicht selten kaum nachvollziehbare Wertungen. Außerdem neigen viele Brenner zur technischen Analyse und vergessen den Gesamteindruck.

Grundsätzlich gilt für unsere Methode:
Gut gereifte Destillate: Die Verkostung wird zu einem Zeitpunkt angesetzt, zu dem die Brände des neuen Jahrganges ausreichend Zeit zum Reifen hatten – jeweils gegen Ende Mai.
Ausreichend belüftet: Die Destillate werden schon einige Tage vor der Verkostung geöffnet und ein Teil der Flasche entleert – so kann der Brand atmen, was unserer Erfahrung nach sehr, sehr wichtig ist.
Richtig temperiert: Die Destillate werden bei einer Temperatur von 16 bis 18 Grad Celsius vorgelegt.
Geordnete Reihenfolge: Verkostet wird stets aufsteigend nach dem Alkoholgehalt der Destillate. Jede andere Reihung würde den Gaumen verwirren.
Verdeckte Verkostung: Jeder Brand wird blind verkostet. Neu bei der Verkostung für den Falstaff Weinguide ist, dass jedes Destillat zur größeren Absicherung der Wertung nun mindestens zweimal blind verkostet wird, nicht selten drei- oder gar viermal.
Drei Glastypen: Sämtliche Destillate werden aus drei verschiedenen Glastypen verkostet. Nur so lassen sich alle Nuancen erriechen. Es ist uns aus eigener Erfahrung unverständlich, dass manche Verkostungen nur mit einem einzigen Glastyp bestritten werden. Die unterschiedliche Wahrnehmung bei unterschiedlichen Formen ist frappant.
Gesamteindruck zählt: Die Bewertung folgt dem Gesamteindruck, den ein Destillat hinterlässt. Das getrennte Bewerten einzelner Faktoren und das nachträgliche Summieren zur Endwertung halten wir für keinen guten Weg. Was unserer Ansicht nach stimmen muss, ist der Brand als Gesamtes – das beinhaltet Charakter, Konsequenz von Duft und Geschmack sowie Struktur, ganz abgesehen von der Fehlerlosigkeit. Ein guter Verkoster hat rasch ein Bild von dem, was er organoleptisch gerade wahrnimmt, und kann einem Destillat innerhalb des 100-Punkte-Schemas eine glaubhafte und vergleichbare Wertung zuschreiben. Dazu ist es nicht notwendig, etwa bei Fehlern Punkte abzuziehen, denn auch der Gesamteindruck kann bei einem Fehler kein guter sein. Auch ein Konsument denkt kaum an Punkte, wenn er einen Schnaps trinkt, auch er wird eher einen Gesamteindruck haben.
Absolute Unvoreingenommenheit: Als oberstes Gebot gilt uns die Unvoreingenommenheit. Was neben absoluter Sauberkeit zählt, sind die Authentizität eines Brandes und das Trinkvergnügen, das er bereitet. Die Erfahrung lehrt uns darüber hinaus, bei manchen Fruchtsorten darauf Rücksicht zu nehmen, dass sie eben schwieriger zu brennen sind oder keine so bombastischen Aromen hervorbringen können wie andere. Persönliche Vorlieben dürfen dabei keine Rolle spielen.

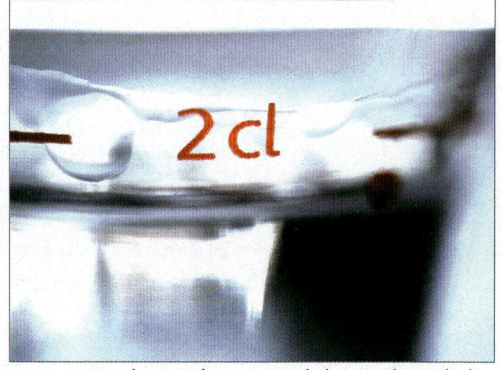

Destillate

Nicht selten versuchen Brenner, uns in eine Schublade zu stecken, indem sie behaupten, wir würden höherprozentige Brände bevorzugen oder etwa holzfassgereifte schlechter bewerten, hätten eine Vorliebe für die Quinta Essentia oder eine Abneigung gegen Traubenbrände. Entscheidend ist vielmehr, dass ein Produkt in sich stimmig ist, dass der Alkoholgehalt angemessen ist, dass etwaiger Holzeinsatz das Destillat unterstützt und nicht begräbt, dass erkennbar ist, welche Frucht hier verarbeitet wurde, die Struktur und Nachhaltigkeit stimmen.

Laboruntersuchung: Weil wir nachträgliches Zugeben von Zucker für ein untaugliches Mittel zur Schönung von Destillaten halten, lassen wir den Zuckergehalt der Destillate im Labor überprüfen.

DIE BEWERTUNG

100 Punkte: Bewertet wird im 100-Punkte-System. Ab 70 Punkten wird ein Brand in den Guide aufgenommen. Ab 75 Punkten erhält ein Brand eine Beschreibung von Geruch und Geschmack, ab 90 Punkten wird ein Brand symbolisch mit einem Stern ausgezeichnet.

DAS BEWERTUNGSSCHEMA

70–74 Punkte:	sauber
75–80 Punkte:	ausreichende Qualität
80–84 Punkte:	mittlere Qualität
85–90 Punkte:	gute bis sehr gute Qualität
90–94 Punkte:	ausgezeichnet
95–100 Punkte:	absolute Weltklasse

Eine Spurensuche im Schnapsglas

Destillate

Trinken und Disziplin gehen landläufig nicht gut zusammen. Dennoch gehören neben Intuition ausgerechnet Ordnung und Konsequenz wie nichts anderes zum guten Verkosten. Die Regeln dafür sind ähnlich wie beim Wein und doch ganz anders.

1. Die Betrachtung

Anders als beim Wein, wo einem Farbe und Viskosität teils beträchtlichen Aufschluss über Machart, Sorte und Alter liefern können, ist das Sichtbare beim Schnaps nicht viel mehr als ein Indikator für seine Sauberkeit. Ein Destillat sollte ohne jeden Schatten sein. Ist es farbig, ist es entweder kein 100%-iges Destillat oder aber wurde fassgereift, wobei solchen Destillaten nicht selten auch Farbe in Form von Zuckercouleur beigegeben ist – meist bei Weinbränden oder Whiskys eingesetzt, täuscht es lange Fasslagerung vor, der darin enthaltene Zucker überdeckt Fehler des Brandes. Die Auszüge alleine aus dem Holzfass sind selten farbintensiv.

2. The Nosing

Dies ist der wichtigste Part überhaupt! Hier findet man die Nuancen im Positiven wie im Negativen, taucht in eine fein ziselierte Welt von Aromenassoziationen oder aber in eine dumpfe, brackige Angelegenheit, denn auch Fehler kündigen sich in der Nase an. Das Wichtigste beim Nosing: Bitte das Glas nicht schwenken, sonst verfliegen die feinen Noten rasch. Besser, man lässt das Glas ein wenig offen stehen, führt es dann vorsichtig an die Nase und folgt dieser intuitiv – je nach Glastyp ergeben sich am Rand oder in der Mitte der Öffnung ganz unterschiedliche Geruchsbilder. Erst die Summe dieser Spurensuche ergibt den Gesamteindruck.

3. Hopp und ex

Das Gaumenerlebnis ist schließlich bestenfalls eine Bestätigung jenes Eindrucks, den man zuvor über die Nase gewonnen hat. In welchen Mengen man Schnaps trinkt, ist individuell unterschiedlich. Zum Verkosten genügen oft kleinste Schlucke, manche brauchen aber auch mehr für ein ausreichendes Mundgefühl. Anders als bei Wein wird Schnaps aber möglichst ruhig entlang des Gaumens und der Zunge geführt und vielleicht etwas mit Speichel vermengt. Man beginne mit der Zungenspitze, lasse den Brand über die Zunge an deren Seiten gleiten und beachte, was jeweils passiert. Erfahrene Verkoster wissen, wie sich etwa ein Brand mit Nachlaufverdacht gerade an den Zungenrändern anfühlt. Ob man einen Brand schluckt oder nicht, ist für das vergleichende Verkosten sekundär, solange man konsequent bleibt.

4. Das Glas

Viele wissen, wie sehr die Form eines Glases oder auch dessen Rand die Wahrnehmung von Wein beeinflussen. Bei Bränden ist das mindestens ebenso bedeutend. Nur zur Illustration: Für die Destillatverkostungen bei Falstaff verwenden wir drei ganz unterschiedliche Glastypen, jedes Destillat wird parallel in drei unterschiedlichen Gläsern serviert. Das kegelförmige »WOB Edel« ist gnadenlos zu Fehlern, das langstielige »Riedel Grappa« erschließt feine Nuancen am besten. Und im launigen »Riedel Beerenfrüchte« zeigen sich manche Destillate so harmonisch wie in keinem anderen. Welches Glas zu welchem

Brand passt, ist Sache der Empirie, im Vorhinein ist das nur schwer zu sagen.

5. Zeit und Raum

Die meisten Destillate fühlen sich knapp unterhalb Zimmertemperatur am wohlsten. Aromen kommen so am besten zur Geltung, dennoch verfliegen sie nicht zu rasch. Es bewährt sich sogar, Destillate etwas zu kühlen, einmal eingeschenkt erwärmen sie sich ohnehin rasch, und da ein Brand nach dem Einschenken ein wenig Ruhe braucht, kommt er auf diese Weise auch auf Temperatur. Zeit braucht ein Brand auch nach dem erstmaligen Öffnen der Flasche, am liebsten sind ihm gleich mehrere Tage zum Luftschnappen, denn zu Beginn wirken viele Destillate noch »eingesperrt« – fassgelagerte Brände hatten dagegen schon ausreichend Gelegenheit zu atmen.

6. In Serie

Vor solchen Problemen stehen für gewöhnlich nur Profis. Wer aber ein Quantum von 50 bis 80 Destillaten pro Tag bewältigen will, sieht sich gezwungen, gewisse Regeln einzuhalten – bei Cognac-Herstellern entspricht diese Menge durchaus den täglichen Anforderungen während der Erntezeit und der Wochen danach. Schleimhäute sind empfindlich und absorbieren außerdem Alkohol in beträchtlichem Maß, kleine Mengen sind daher vorteilhaft. Zwischendurch etwas Milch, Joghurt oder eine Rindsuppe beruhigt die Geschmacksnerven. Man trinke ausreichend Wasser. Innerhalb einer Sorte wird nach zunehmendem Alkohol gereiht. Auch die Reihenfolge der Sorten ist erheblich: Trester oder Kernobstbrände sind gut für den Anfang, Wildfrüchte und vor allem Himbeeren fordern den Gaumen so sehr, dass sie ganz am Ende stehen sollten.

Wie viel Luft braucht Schnaps?

Regelmäßig werden wir gefragt, wie lange man ein Destillat in der offenen Flasche ohne Qualitätsverlust aufbewahren kann. Die Antwort darauf ist kurz und besagt, dass ein Jahr kein Problem sein sollte. Doch die Anwort sollte jedenfalls auch eine andere Frage mit einbeziehen: Wie lange muss ein Destillat geöffnet sein, bevor es sich gänzlich präsentiert? Beides hat mit dem Kontakt mit Sauerstoff zu tun, und das ist nicht unwesentlich.

Nochmals aber zur ersten Frage: Das ist abhängig von der Sensibilität der Frucht, ebenso vom Alkohol, aber größtenteils von der Qualität des Destillats. Konstanz in Geruch und Geschmack über einen längeren Zeitraum sind in der Tat ganz wesentliche Kriterien eines guten Destillates. Nicht selten nämlich stößt man auf Brände, die sich innerhalb von Tagen oder Monaten deutlich verändern. Wir konnten feststellen, dass manche Destillate auf ihrem Höhepunkt siegverdächtig waren, an ihrem Tiefpunkt jedoch erstaunlich fehlerhaft wirkten.

Das illustriert auch eines unserer Probleme beim Bewerten. Wir qualifizieren einen Brand zu einem bestimmten Zeitpunkt und in der Regel einige Tage später zur Kontrolle nochmals. Zwei Monate später könnte das Destillat unter Umständen aber ganz anders eingeschätzt werden. Glücklicherweise geschieht dies nicht oft, aber es passiert eben. Explizit ist uns das vor Jahren mit einem damals hoch geschätzten Marillenbrand 1995 von Rochelt so ergangen. Bei der Verkostung zeigte sich eine exemplarisch

Destillate

schöne Frucht und Dichte, Wochen später ein verestertes und selchig riechendes Etwas, um wiederum einige Wochen später erneut zu betören etc. Kein Beleg jedenfalls für ein gutes, stabiles Destillat, obwohl man erwarten hätte sollen, dass alleine der Alkoholgehalt von 50 Prozent eine gewisse Stabilität hätte garantieren sollen. Selbiges gilt für die Nasenakrobaten, die anfangs im Duft beeindrucken und ein Jahr später nicht selten längst schlapp gemacht haben.

Die Abfüllung stoppt den Reifungsprozess

Wenn von Rochelt die Rede war, sollten wir gleich auch auf die Reifung zu sprechen kommen. In Fritzens lässt man die Destillate nämlich in offenen Glasballons über einige Jahre reifen, was grundsätzlich ein sehr lobenswertes Unterfangen ist. Wir bezweifeln allerdings, dass dem Schnaps jene Bedingungen, unter denen Balsamico Tradizionale bestens gedeiht – Lagerung auf dem heißen Dachboden und in offenen Gebinden –, sehr zuträglich sind. Wir glauben an das Positive einer mehrjährigen Lagerung, allerdings im dunklen Stahltank, und solange ein Destillat noch nicht auf Trinkstärke heruntergesetzt wurde. Lagerung in der Flasche – um ganz beiläufig auch diese Frage zu klären – bewirkt nach unserer Erfahrung keine Verbesserung des Destillats.

Ist der Schnaps einmal in der Flasche, kann man daher nicht mehr viel falsch machen. Ein bisschen nur. Zu viel Licht und auch Wärme sind einem Destillat nicht zuträglich. Einen generellen Ratschlag über den optimalen Zeitraum, in dem eine Flasche geleert werden sollte, können wir aber leider nicht geben. Nachverkostungen unserer Altbestände haben ein ganz heterogenes Bild ergeben. Sind einerseits viele Destillate nach mehr als zwei Jahren in der angebrochenen Flasche deutlich schwächer, wenn nicht skelettiert, gibt es genügend andere Beispiele, bei denen sich längst geöffnete Destillate auch nach vielen Jahren noch schön präsentieren – ein Beispiel dafür sind die Brände von Josef Hochmair.

Wein wird ganz selbstverständlich dekantiert, und Destillate?

Ein Umstand wird gerne generell unterschätzt: der Bedarf an Zeit, den ein Destillat nach dem Öffnen braucht, um sich ganz entfalten zu können. Das ist insofern bemerkenswert, als das Dekantieren von Wein doch gängige Praxis ist. Manchmal benötigt Schnaps nämlich Tage, um sich zu öffnen, und es betrifft so gut wie alle Brände, auch jene, die Jahre in Holzfässern verbrachten und leidlich Zeit zum Austausch mit Sauerstoff hatten. Wer dagegen ein Destillat anbricht und unmittelbar einschenkt, bringt sich um einen Teil des Genusses. Nicht umsonst haben wir es uns zur Regel gemacht, Brände zumindest drei Tage vor der Verkostung zu öffnen und einen Teil auszuleeren, um auf diese Weise Platz für den Austausch mit Sauerstoff zu schaffen. Und eines noch: Genauso wenig wie der Wein oder kleine Kinder es schätzen, weit herumgefahren und dabei geschüttelt zu werden, genauso wenig schätzt es der Schnaps. Der braucht dann ein, zwei Tage, um sich wieder einzurenken.

JOHANN AICHHORN

4866 Unterach
Hugo-Wolf-Weg 3
T: 07665/87 16
johann.aichhorn@porsche.co.at

Johann Aichhorn hat seine Brennerei in Unterach, am südlichen Ende des Attersees, sie liegt somit nur einen Steinwurf vom Mondsee entfernt. Er betreibt das Brennen als Hobby, als intensives selbstredend. Im Hauptberuf ist Johann Aichhorn seit vielen Jahren für die Firma Porsche tätig, im Bereich Technik-Training. Die Bandbreite der Destillate ist hier überschaubar, alles andere wäre auch vermessen. Je nach Verfügbarkeit von gutem Obst brennt Johann Aichhorn Marillen, Quitten, Kirschen, Zwetschken oder auch Muskat-Ottonel-Trauben. Für einen kleinen Brenner wie ihn sind die Ergebnisse durchaus bemerkenswert und sehr konstant, schon seit Jahren.

90 Quittenbrand 2011, 41 Vol.%, € 18,-/0,35 l
Sehr typische, ruhige grasige und ätherische Aromen, auch röstige Würze und Kühle; am Gaumen würzig und pikant, auf seine direkte, würzig-dunkle Art gelungen.

85 Marillenbrand 2011, 41 Vol.%, € 14,-/0,35 l
Duft von reifen Marillen und Marmelade, blumig, aber bisweilen etwas bedeckt; ähnlich am Gaumen, wieder süßliche Marille, im Abgang eine Spur spitz.

83 Zwetschkenbrand 2011, 41,5 Vol.%, € 11,-/0,35 l
Typische Aromen von Zwetschkenbrand, die an Powidl und Rumtopf erinnern, daneben grünliche Noten; letztere scheinen am Gaumen deutlicher durch.

78 Steinobst-Cuvée 2010, 41 Vol.%, € 15,-/0,35 l
Viel Marillenröster im Duft, etwas laut, sehr süße Anmutung; wenig fokussiert am Gaumen, wieder marillenfruchtig, mit grasigen und herben Noten.

75 Kirschbrand 2011, 41 Vol.%, € 16,-/0,35 l
Dunkle, süßliche Kirscharomatik, Assoziation von Zitrus; ähnlich am Gaumen, fruchtsüß, nicht ganz fokussiert, im Abgang auch herbe Noten von Kirschsteinen.

ELMAR BRUNN

6942 Krumbach
Oberkrumbach 244
T: 0664/113 85 02

Elmar Brunn kam eher durch Zufall zum Brennen. Vertraut damit war er wohl von klein auf, weil er auf einem Bregenzer Bauernhof aufwuchs, auf dem, wie auf vielen anderen auch, gebrannt wurde, was von den Bäumen fiel. »Aber damals hat man das halt anders gemacht als heute«, meint Elmar Brunn mit verschmitztem Lächeln. Nun bereits seit über 30 Jahren in Krumbach, im vorderen Bregenzerwald wohnhaft, hat er sich der Erzeugung von Likören zugewandt und später dem Brennen. Er brenne »eben etwas andere Dinge als die meisten«, meint er, so einen Gin »Crooked Creek« auf Apfelbrandbasis. Den Verkauf seiner Produkte betreibt er nicht aktiv: »Ich kann es erwarten, bis die Leute zu mir finden.« Auf diese Weise geht fast alles ab Hof an den Konsumenten. Und weil Krumbach sich ohnehin ein wenig zum kulinarischen Zentrum des Vorderwaldes entwickelt hat, scheint das auch gut zu klappen.

85 Mirabelle 2011, 43 Vol.%
Exotische und kräuterige Aromen im Duft, Minze; süßlich am Gaumen, erinnert an Ananas, die grünlich-herben Noten überwiegen im Abgang.

83 Butterbirne 2011, 43,5 Vol.%
Blumig-gelbfruchtige Birnenaromen im Duft, erinnert an Ananas, auch grünliche Noten; am Gaumen etwas einseitig grünschalig.

80 Crooked Creek Gin 2011, 44 Vol.%
Viel zitroniges Aroma im Duft, auch Grapefruit, die Wacholdernoten im Hintergrund; am Gaumen weißer Pfeffer, Zitrus und andere ätherische Noten, etwas undifferenziert.

80 Kalmus auf Apfelbrand 2011, 43 Vol.%
Biskuit im Duft, ansonsten sehr verhalten, getreidig; ähnlich am Gaumen, etwas schlank und kurz.

CARNUNTUM BRENNT TRESTER

Grete Wiederstein
2464 Göttlesbrunn
Weinbergweg 1, T: 02162/8436
winzerin@wiederstein.at
www.wiederstein.at

Wein- und Obstbau Kollmann
2465 Höflein 57
T: 02162/634 29
petra@obstbau-kollmann.at
www.obstbau-kollmann.at

Heidehofer Edelbrände –
Thomas Rupp, 2460 Bruckneudorf,
Heidehof 1, T: 02162/622 16
thomas@rupp-heidehof.at
www.rupp-heidehof.at

Hier wurde konsequenterweise aufgegriffen, was förmlich vor der Nase lag. Die Tresterrückstände aus der Vinifikation werden zu Destillaten verarbeitet. Unter der Marke »Carnuntum brennt« haben sich 15 Winzer der Region sowie drei Brennereien zusammengeschlossen. Angeboten werden die Tresterbrände in einer einheitlichen Flasche und zu einem Preis von mindestens 25 Euro. Was in den drei Destillerien von Grete Wiederstein (GW), Petra Kollmann (PK) und Thomas Rupp (TR)gebrannt wird, vertreiben sämtliche Mitglieder sowie das Vinarium Bittermann, Artner am Franziskanerplatz in Wien und die Vinotheken Jungwirt und Römerland. Es wird Trester aus weißen sowie roten Trauben gebrannt und darauf geachtet, dass das Ausgangsmaterial nicht zu trocken ist, um gefälligere Produkte anbieten zu können.

88 Cabernet Sauvignon Ch. Edelmann (PK) 2011, 40 Vol.%
Typische, röstig-stängelige Aromatik im Duft, dunkelwürzige, warme Noten angedeutet, Schokolade; ähnlich am Gaumen, wieder tabakig-schokoladig, stängelig, ohne finalen Druck.

88 Merlot (TR) 2010, 41 Vol.%, € 28,-/0,35 l
Warme, röstige, ölige Noten im Duft, grünblättrige Würze, Dörrfrüchte; am Gaumen stängelig, rotweintypische Würze, weinig, tabakig, mittlere Länge und etwas spitz.

87 Rosenberg G. Markowitsch (TR) 2010, 41 Vol.%
Röstig-nussige Aromen im Duft, dunkle Würze, süßlich; am Gaumen tabakig, dunkelwürzig, schokoladig, auch stängelig und trocken, etwas scharf.

86 Blaufränkisch (TR) 2010, 41 Vol.%, € 28,-/0,35 l
Nussig-röstige und vegetabile Noten, dunkle wie helle Aromen, getreidig, Kaffee; am Gaumen mit Schoko und Kakao, dunkelwürzig und trestertypisch stängelig, süßlich, nicht ganz fokussiert.

85 Gelber Muskateller (TR) 2010, 40 Vol.%, € 25,-/0,35 l
Warme, nussig-röstige Aromatik, muskierende, blumige Noten angedeutet; ähnlich am Gaumen, trockenwürzig im Ausklang, Zitrus, verhaltener Trestercharakter, trockenwürzig.

85 Stuhlwerker Böheim Cuvée aus ZW, ME, SY (TR) 2010, 41 Vol.%
Würzige, schokoladig-tabakige und warme Aromatik, mit Würze unterlegt; ähnlich am Gaumen, tabakige Würze, warm, süßlich, zum Abgang hin nicht mehr so differenziert.

85 Traminer W. Glatzer (PK) 2010, 41 Vol.%
Würzige Noten deuten den Trestercharakter an, mit rosinigen, stängeligen Anklängen, duftig; am Gaumen trocken, mit Anmutung von Tabak, gute Länge.

84 Gelber Muskateller H.+Ph. Grassl (TR) 2011, 40 Vol.%
Traubige, grünwürzige und gelbfruchtige Aromen im Duft, Muskat; würzig-stängelige Struktur am Gaumen angedeutet, traubig, etwas schlank.

84 Grüner Veltliner Oppelmayer (TR) 2010, 40 Vol.%
Trestrige und vegetable Noten angedeutet, süßlich, etwas verwaschen; typisch stängelig-grünwürzig am Gaumen, Kaffeearomen, etwas spitz, trocken.

84 Optime Merlot G. Pimpel (TR) 2010, 41 Vol.%
Tresterstilistik ist zwar angedeutet, aber sehr verhalten, erinnert an Apfel; am Gaumen ähnlich, mehr Kakao und Würze, süßlich, zum Abgang nicht ganz differenziert.

84 Sauvignon Blanc Oppelmayer (TR) 2010, 40 Vol.%
Röstig-vegetabile Aromatik im Duft, warme, verkochte Noten, weinig, rosinig, Tabak; Trestercharakter und Schmelz am Gaumen nur angedeutet, schokoladig, trocken, wenig Druck.

83 Gelber Muskateller F.+Ch. Netzl (TR) 2010, 41 Vol.%
Gelbfruchtig-traubig im Duft, mit süßlicher Anmutung; Mix aus Süße und grüner Würze, weinig, etwas spitz und wenig persistent.

82 Muskat & Riesling Petra Kollmann 2010, 39,5 Vol.%
Im Duft verhalten, traubige Noten angedeutet; grünliche Würze am Gaumen, mehr Trestercharakter und Würze, schlank.

81 Merlot Trester Petra Kollmann 2010, 40,5 Vol.%
Warme Tresterstilistik, samtige Noten angedeutet, stängelig, würzig; am Gaumen nicht sehr fokussiert, würzig, trockenblättrig, schlank.

81 Muskat 20er Schulz (GW) 2011, 40 Vol.%
Rosinige Aromen angedeutet im Duft, süßlich-traubig, würzig; am Gaumen grünwürzig-stängelig, insgesamt sehr schlank.

81 Sauvignon blanc G. Markowitsch (TR) 2010, 40,5 Vol.%
Gemüsig-marmeladig im Duft, erinnert an verkochte, aber auch kühle Noten; am Gaumen stängelig-tabakig, süß, grün, etwas indifferent.

79 Blaufränkisch Spitzerberg Schenzel-Wallner (TR) 2011, 41 Vol.%
Die typisch röstigen Tresternoten sind etwas von buttrig-laktilen Noten überlagert, Würze und Tabak angedeutet; ähnlich am Gaumen, insgesamt etwas schlank.

79 Chardonnay Neuwirth (PK) 2010, 40 Vol.%
Erinnert im Duft an rauschaligen Apfel, grünwürzige, röstige Noten, vegetabil; weinig-grünlicher Charakter am Gaumen, etwas unruhig, im Abgang herb-stängelig.

79 Pinot Noir Grete Wiederstein 2011, 40 Vol.%
Wenig Trestertypizität im Duft, laktisch-käsige Aromen; am Gaumen stängelig, sehr wenig Fruchtausdruck, schlank.

77 Traminer H.+M. Netzl (GW) 2011, 40 Vol.%
Grünwürzige Aromen in der Nase, darüber ölige Noten; der Traminercharakter auch am Gaumen überlagert, im Abgang trestertypisch stängelig.

77 Traubentrester Sauvignon blanc Grete Wiederstein 2011, 40 Vol.%
Die trestertypischen Noten angedeutet, ruhig, deutlich würzige Aromen; am Gaumen etwas buttrig, deutliche alkoholische Schärfe, schlank.

HOFDESTILLERIE DICKER

5133 Gilgenberg, Mairhof 6
T: 07728/84 35
higi.dicker@aon.at
www.hofdestillerie-dicker.at

Wir sind hier im Innviertel, unweit der deutschen Grenze. Bei den Holzners, wie der Hofname hier lautet, dreht sich alles um die Landwirtschaft. Man hat Wiesen, Äcker, 60 Rinder und eine Menge Obstbäume. Und wenn dieses nicht zum Brennen ausreicht, hat man noch einige Obsthaine in Pacht. Gebrannt werden vornehmlich klassische Sorten, also Äpfel, Birnen, Marillen, Kirschen etc. und daneben auch Liköre aus Zitronen, Zirben und anderem. Neben der Linie mit Destillaten ohne Zucker- und Aromazusatz, wie sie für die »Falstaff Spirits Trophy« zugelassen sind, hat man hier aber auch keine Berührungsängste gegenüber dem »Ballermann« und bietet etwa einen Pfefferminz-Menthol-Likör namens »Gletscherpower«. Gegen Anmeldung werden gerne Verkostungen durchgeführt oder auch eine Kutschenfahrt organisiert.

87 Himbeer 2011, 40 Vol.%, € 39,-/0,35 l
Von sehr ruhiger und typischer Stilistik im Duft, neben den ätherisch-würzigen Noten beinahe schokoladig; auch am Gaumen sehr ruhig, dunkelbeerig, würzig, anhaltend.

85 Hauszwetschke 2011, 40 Vol.%, € 16,-/0,35 l
Röstig-schokoladige Aromen angedeutet im Duft; analog am Gaumen, typisch zwar, aber etwas verhalten im Fruchtausdruck, spitz.

83 Heidelbeer 2011, 40 Vol.%, € 33,-/0,35 l
Transparent und fruchttypisch, warm, dunkle Aromen, Schokolade, auch kühle Noten; am Gaumen zeigen sich die grasig-würzigen Aspekte der Heidelbeere deutlicher.

79 Kletznbirn 2011, 40 Vol.%, € 11,-/0,35 l
Birnenaromatik angedeutet, gelbfruchtig und zartwürzig, grünliche Akzente; am Gaumen mehr Dörraromen, würzig-nussige und grasige Noten, pikant im Abgang, etwas indifferent.

78 Pfirsich 2010, 40 Vol.%, € 19,-/0,35 l
Ätherisch, etwas grünwürzig, erinnert an überreife Litschis und Mango; Würze auch am Gaumen, der Fruchtausdruck jedoch bräunlich.

75 Steirerbirn 2011, 40 Vol.%, € 11,-/0,35 l
Ledrig-fleischige Aromatik in der Nase, zarte Würze, Assoziation von eingelegten Pfirsichen; am Gaumen deutlich grünschalig und eine Spur herb, metallisch.

DOMÄNE WACHAU

3601 Dürnstein 107
T: 02711/371-0
office@domaene-wachau.at
www.domaene-wachau.at

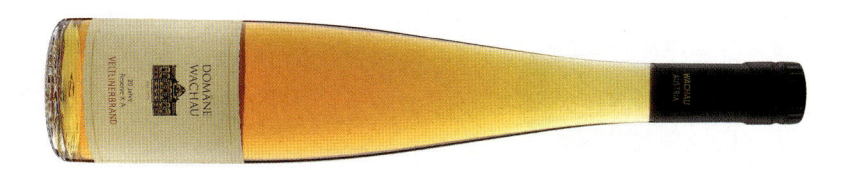

Bei der Domäne Wachau liegt der Schatz sozusagen im Keller. Er braucht nur hin und wieder gehoben zu werden. Auf diese Weise erblicken immer wieder erstaunliche Destillate das Licht der Welt. Vieljährig fassgereifte Wein- und Hefebrände – Glöger, wie das auf gut österreichisch auch heißt –, die in verschiedenen Cuvées und zuletzt auch als Single Cask abgefüllt werden. Die Haupttätigkeit der Domäne Wachau betreffs der Destillate besteht gewissermaßen in Kellerarbeit und Assemblage. Gebrannt wird nurmehr pro forma, um das Brennrecht aufrecht zu erhalten. Die Kellerbestände stammen noch aus der Zeit, als der langjährige Obmann der damaligen »Freien Weingärtner Wachau«, Wilhelm Schwengler, mehrere Pot Stills anschaffte, um damit offenbar der damaligen Flut an Trauben Herr zu werden. Heute ist das genau umgekehrt, man hat Probleme die Nachfrage zu stillen. Gleichzeitig ist mit den Jahren im Keller die eine oder andere Rarität herangereift.

87 Veltlinerbrand Reserve Single Cask 1982, 42 Vol.%, € 29,9,-/0,5 l
Schön verwobene Aromen von Weinbrand und Eichenfass, röstig, Assoziation auch von Sherry; weinig-karamelig am Gaumen, rosinig-süßlich, gute Länge.

86 Veltlinerbrand Reserve XA 20 Jahre, 40 Vol.%, € 19,9,-/0,5 l
Warme, nussig-röstige Aromen im Duft, viel Karamel, typische Weinbrandaromatik, Sherry; ähnlich am Gaumen, im Abgang überwiegen gerbstoffige Noten.

80 Veltlinerbrand Reserve, 38,5 Vol.%, € 9,9,-/0,5 l
Mix aus reifen und dunklen Holznoten sowie kühlen, weinigen Aromen, Karamel; weinig am Gaumen, im Abgang die Tannine deutlicher spürbar, etwas metallisch.

Destillate

SPEZIALITÄTENBRENNEREI ELMAR DOMIG

6713 Ludesch
Bieleweg 51
T: 05550/39 89
domig.e.edelbraende@aon.at

Elmar Domig ist Kleinbrenner und nicht nur das, er ist auch der österreichische Vorsitzende dieser Brennerklasse. Der aus Ludesch im Vorarlberger Walgau stammende Brenner war 1980 zu seinem Hobby gekommen weil er sich Gedanken über die Verwertung seiner vielen Zwetschken machen musste. Seither hat er auch einige Bäume vom Subirer angepflanzt, der Vorarlberger Paradebirnensorte schlechthin. Außerdem setzt er gerne auf Äpfel und Birnen alter »Hochstämmer«. An die 20 Sorten brennt Elmar Domig jährlich. Dieses Engagement brachte ihm 2005 sogar den »Ländlebrenner des Jahres 2005« ein sowie viele andere Auszeichnungen. Bei der »Falstaff Spirits Trophy« 2012 fiel vor allem die Ruhe seines Waldhimbeerbrandes auf.

86 Waldhimbeerbrand 2011, 40 Vol.%, € 24,-/0,35 l
Sehr ruhige und typische Stilistik im Duft, ätherisch und delikat, mit schokoladiger Anmutung; am Gaumen prickelnd frisch, mit grasigem Touch und etwas Pikanz.

85 Gebirgsenzian 2010, 42 Vol.%, € 25,-/0,35 l
Typisch ätherische, mentholige Noten im Duft, fein und ruhig ausgeprägt; am Gaumen würzig und etwas schokoladig unterlegt, süßlich, anhaltend.

83 Quittenbrand 2011, 40 Vol.%, € 25,-/0,35 l
Ätherisches und helles Duftbild mit typisch gelbfruchtigen und röstigen Aromen; analog am Gaumen, jedoch nicht mehr ganz so präsent und etwas grün im Abgang.

80 Heidelbeerbrand 2011, 40 Vol.%, € 29,-/0,35 l
Dezente, dunkelwürzige und zartröstige Aromatik im Duft, vegetabil; ähnlich am Gaumen, mit schokoldigem Touch, grasige und wieder röstige Noten, nicht ganz fokussiert.

80 Schlehenbrand 2009, 41 Vol.%, € 21,-/0,35 l
Beinahe opulent schokoladig, süßlich, marzipanig und marmeladig im Duft; am Gaumen dagegen zwar präsent, aber nicht sehr strukturiert.

75 Apfelbrand im Eichenfass gereift 2011, 40 Vol.%, € 18,-/0,35 l
Die Apfelaromen im Duft nicht sehr differenziert, die Holzaromen etwas separiert; wirkt auch am Gaumen etwas unruhig.

GÖLLES MANUFAKTUR FÜR EDLEN BRAND UND FEINEN ESSIG

8333 Riegersburg, Stang 52
T: 03153/75 55
obst@goelles.at
www.goelles.at

Alois Gölles ist ein beredtes Beispiel dafür, wie man als Schnapsbrenner nachhaltig erfolgreich ist. Er kennt das Handwerk des Obstbaus in allen Facetten, weil das bereits sein Vater betrieb, und er ist lange genug Brenner, um nicht auch hierüber alles zu wissen. Seine frühe Reisetätigkeit als Fachmann des Obstbaus brachte ihn mit Produkten anderer Länder in Kontakt, und manches von dem, was er gesehen hat, begann er zu Hause umzusetzen. Zwei Meilensteine des Alois Gölles waren sicher die »Alte Zwetschke«, abgeleitet von der Schweizer Vieille prune, aber insbesondere seine Tresterlinie, mit der er in dieser Konsequenz und Qualität in Österreich Neuland betrat – und das alles nur, weil er sich die einfache Frage stellte: Warum kann man aus gutem Trester nichts besseres machen als Grappa? Dass Gölles' Umsätze bei Destillaten trotz Krisen und Promillegrenzen nie einbrechen, hat wohl damit zu tun, wie Alois Gölles und seine Frau Herta ihre Produkte seit Jahren bewerben und sich damit einen Namen gemacht haben.

90 Trebernbrand Arachon T.FX.T., 48 Vol.%, € 29,20/0,35 l
Elegante, dezente, schön verwobene Tresternoten mit dunklem Hintergrund; konsequent am Gaumen, mit rosinigen Akzenten, schokoladig, viel Kraft und Länge, etwas spitz.

88 Gelber Muskateller Tresterbrand 2006, 45 Vol.%, € 27,-/0,35 l
Trestrig-traubiges Duftbild mit deutlichen Muskataromen, süßlich, würzig-tabakig unterlegt, ebenso ölig; würzig-stängelig, pikante Struktur, etwas spitz, ölig.

84 Quitte 2009, 43 Vol.%, € 27,-/0,35 l
Fruchtig, ätherisch, ledrig-würzig und dunkel, etwas unruhig; zeigt sich am Gaumen anfangs sehr typisch, zum Abgang hin grün, würzig-zitronig und mit bitteren Noten.

80 Saubirne 2008, 43 Vol.%, € 32,-/0,35 l
Wirkt im Duft ruhig, warm, die typisch zitronig-grünschaligen Aromen angedeutet; konsequent und hellfruchtig am Gaumen, zitronig-pikant, herbschalig.

GUGLHOF – ANTON VOGL

5400 Hallein, Henry-Wall-Davis-Straße 13
T: 06245/806 21
office@guglhof.at, www.guglhof.at

Der Guglhof der Familie Vogl ist einer der traditionsreichsten nicht nur im Land Salzburg. Seit Generationen ist die Familie der Brennerei verbunden. Das Gebäude atmet geradezu Tradition und ist wohl eine der schönsten Brennereien Österreichs. Das ist dem Umstand zu verdanken, dass es sich nicht nur um alte Substanz handelt, sondern dass diese von einem der drei Söhne Anton Vogls, einem Architekten, auf sehenswerte Weise adaptiert wurde.

Das gestalterische Element der Familie äußert sich auch in der betont schönen Flasche und den Etiketten. Die beiden anderen Söhne arbeiten gemeinsam mit dem Vater in der Brennerei. Am Guglhof bietet man eine ausgesprochen breite Palette an Fruchtbränden, man ist sozusagen auf allen Gebieten firm. Charakteristisch sind hier geschmacklich abgerundete Destillate. Während man bei anderen Spitzenbrennern immer häufiger Destillate findet, die so scharf gezeichnet sind, dass dies am Gaumen beinahe wörtlich zum Ausdruck kommt und eine gewisse Sterilität beinhaltet, wirken Guglhof-Destillate trotz aller Sauberkeit und Transparenz immer noch charmant und harmonisch.

93 **Vogelbeer 2007, 43 Vol.%**
Ruhig, schön verwobene Aromatik, dunkle Würze, Lakritze, Bitterschokolade; überraschend süß am Gaumen, schöne Persistenz, druckvoll aber subtil, eine Spur spitz.

92 **Alte Zwetschke Fass 2003, 40 Vol.%**
Typisch süßliche Aromatik, sehr fein verwoben mit den Fassaromen, die reife Frucht schön durchscheinend; logisch am Gaumen, Wechselspiel aus Frucht und Pikanz, viel Vanille.

92 **Gravensteiner 2007, 43 Vol.%**
Ruhig im Duft, rauchig, ledrig, herb, Assoziation von frisch geriebenen Äpfeln, duftig, reif, rotfruchtig; analog am Gaumen, mit herb-grünlichen Noten, sehr ehrlich und anhaltend.

92 **Quitte 2008, 43 Vol.%**
Gelbfruchtig-würzig in der Nase, beinahe saftig, kühle und frische ätherische Noten; konsequent und kompakt am Gaumen, würzig, schokoladig, frisch, ätherisch, Eukalyptus.

92 **Vogelbeer 1995, 43 Vol.%**
Fein verwoben und ruhig, helle, süßliche Aromatik, zarte Würze; am Gaumen kompakt, schokoladig, würzig, lebendig, pikant, anhaltend.

91 **Gravensteiner 2008, 43 Vol.%**
Zartwürzig und ruhig im Duft, an süßliche Äpfel erinnernd, blumig; kompakt am Gaumen, mit feiner, würziger, pikanter Struktur.

91 **Schlehe 2004, 43 Vol.%**
Ruhig, die medizinalen Noten elegant angedeutet, schokoladig; analog am Gaumen, wieder weich, dennoch sehr präsent und anhaltend.

91 **Vogelbeer 2006, 43 Vol.%**
Typische, rotfruchtige, marzipanig-würzige Aromen; am Gaumen auch viel röstige Noten und Frucht, Süße und Würze, schokoladig, kompakt.

91 **Williams 2009, 43 Vol.%**
Williamsaromatik mit würzig-herben Noten, rauchig, röstig, gelbfruchtig und grünschalig; charmant und fruchtsüß am Gaumen, saftig, ruhig, würzig und von guter Länge.

89 **Alte Birne Fass 2005, 40 Vol.%**
Die Birnenaromen in gewisser Frische angedeutet, die Fass-

aromen dunkel und elegant; analog am Gaumen, Frucht und Holz in finessenreichem Miteinander.

88 Alte Zwetschke Fass 2004, 40 Vol.%
Warme, karamellige Holzaromen, die Frucht angedeutet; am Gaumen anfangs viel Frucht, im Abgang kommen Gerbstoffe und Toasting.

88 Dirndl Cuvée 2008, 43 Vol.%
Überraschend frische Aromen, transparent, vegetabil, mit zarten Marzipannoten; ähnlich am Gaumen, aber nicht mehr so fokussiert.

88 Kriecherl 2008, 43 Vol.%
Würzig-vegetabil, Schokolade und grünliche Noten; auch am Gaumen mit typischer Würze und Fruchtschmelz, etwas spitz im Abgang.

88 Marille 2011, 43 Vol.%
Würzig und kühl im Duft, dezent im Auftritt aber vielschichtig; zeigt sich am Gaumen sehr würzig und straffer, mit prickelnden, grasigen Komponenten.

87 Alter Obstbrand Fass 2004, 40 Vol.%
Deutliche, grünliche Apfelaromen, fruchtig, das Holz präsent, feinröstig, Vanille; am Gaumen viel Fruchtsüße, ruhig, mit Pikanz, zarte Gerbstoffe im Abgang.

87 Erdbeere 2009, 43 Vol.%
Erstaunlich ätherisch, hell und süßlich-rotfruchtig; erinnert am Gaumen an Walderdbeeren, differenziert und klar.

87 Schlehe 2010, 43 Vol.%
Im Duft augenblicklich verhalten, getreidig-staubig; am Gaumen viel mehr typische Aromatik, Würze und medizinaler Charakter, trockenblättrig im Abgang.

87 Zwetschke 2008, 43 Vol.%
Assoziation von Kräutern im Duft, süßliche und würzige Noten; am Gaumen konsequent, mit Schokolade und Mokka, ohne finalen Druck, im Abgang etwas spitz.

86 Marille 2009, 43 Vol.%
Reife, süßliche Marillenfrucht, fast marmeladig, auch ölige Noten; ähnlich am Gaumen, wieder marmeladig, grünblättrig, eher kurz.

86 Williams 2011, 43 Vol.%
Im Duft etwas verhangen, die Frucht aber charakteristisch; am Gaumen prägnanter, mit grünschaliger Würze, im derzeit unfiltrierten und jugendlichen Zustand etwas unruhig.

85 Dirndl Cuvée 2007, 43 Vol.%
Süßlich-vegetabile Aromen angedeutet, ebenso etwas Wildwürze; ähnlich am Gaumen, insgesamt etwas spitz.

85 Wildkirsche 2009, 43 Vol.%
Etwas verhalten, marzipanig-wildfruchtige Noten angedeutet, nussig-röstig; medizinal-bitter und zitronig-prickelnd am Gaumen, etwas spitz.

84 Muskat Traubenbrand 2007, 43 Vol.%
Traubige, muskierende Aromen im Duft, blumig, vegetabil, grünwürzig, trestrig-medizinal; am Gaumen überraschend pikant, Gerbstoffe im Abgang.

84 Quitte 2010, 43 Vol.%
Changierend zwischen warmen und kühlen Noten, apfelig, dunkle Würze; am Gaumen fruchtiger Schmelz, im Abgang aber nicht fokussiert.

83 Alter Apfel Fass 2003, 40 Vol.%
Würzig im Duft, die Apfelaromen sehr verhalten, selchig-rauchig, Gewürznelken; ähnlich am Gaumen, dunkle Fassaromen, im Abgang etwas bitter.

83 Kirsch 2008, 43 Vol.%
Sehr würzige Kirschnoten, dunkle sowie helle Aromen, ruhig und ausgewogen; am Gaumen würzig, Schokolade, mit Steinton und herben Noten im Abgang, spitz.

83 Williams 2010, 43 Vol.%
Typisch birnige Würze, mit rauchigen Noten, etwas verhalten; kann sich auch am Gaumen nicht ganz entwickeln, separierte Schärfe im Abgang.

82 Alte Birne Fass 2004, 40 Vol.%
Exotische, cremige Assoziation im Duft, Vanille, Zimt, die Birne angedeutet; die Frucht wird am Gaumen etwas von Gerbstoffen und Alkohol dominiert.

81 Apfel-Birne 2008, 43 Vol.%
Die Fruchtaromen angedeutet aber nicht fokussiert; ebenso am Gaumen, süßlicher Fruchtschmelz zu Beginn, im Abgang eher herb.

77 Mirabelle 2010, 43 Vol.%
Im Fruchtausdruck etwas verhalten, mit eher zwetschkigen Anklängen; am Gaumen etwas unruhig, grünlich und spitz.

PRIVATBRENNEREI GEBHARD HÄMMERLE

6890 Lustenau, Vorachstraße 75
T: 05577/859 55
barbara.kancz@freihof.com
www.haemmerle.com

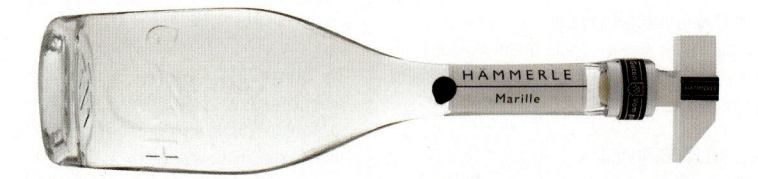

Die Brennerei Hämmerle gehörte einst zu einem Gasthaus, und als dieses in den Siebzigerjahren aufgelassen wurde, konzentrierte sich Gebhard Hämmerle, der heutige Seniorchef, auf die Herstellung guter Destillate. Das lag nicht nur in der Tradition des Hauses, sondern auch der fruchtreichen Region Rheintal. Über mehrere Jahrzehnte ging man den Weg des Erfolgs gemeinsam mit dem Weinhandelshaus Schlumberger, Freihof ist heute jedoch wieder ausschließlich in Familienbesitz. Das Unternehmen fährt mehrere bekannte Marken und deckt mit diesen die gesamte Bandbreite an Destillaten ab. In der Top-Range präsentiert man sich als »Privatbrennerei Gebhard Hämmerle« mit den Bränden »Vom ganz Guten« sowie mit dem Spezialitätensegment »Herzstück«. Daneben gehören die Marken »Freihof«, »Hauser Tradition« sowie »Raunikar Edelbrände« zum Unternehmen. Die Brennerei ist eine der größten in Österreich. Angesichts dessen ist beachtlich, wie sehr sich die Familie mit der Top-Linie des Hauses identifiziert und immer wieder sehr hochwertige, eigenständige Destillate präsentiert werden, deren Früchte aus Europas besten Obstbauregionen zugekauft werden. Auch was die Bewerbung und die Förderung des Images von Fruchtdestillaten anlangt, ist dieser Betrieb gerade im Ausland ein vorbildlicher Wegbereiter.

93 Mispel 2010, 42 Vol.%
Sehr transparent im Duft, ledrig-bräunliche Aromen, überraschend saftig, nach Wildkirsche duftende Frucht; fein strukturiert am Gaumen, würzig-röstig und anhaltend.

92 Private Reserve Cuvée 2007, 45 Vol.%
Offen und elegant verwoben, dörrfruchtig, viel Karamell und Vanille, Mirabelle angedeutet; ähnlich am Gaumen, mit tabakigen Noten, zarter Würze und Schokolade, kraftvoll und harmonisch.

92 Traubenkirsche Herzstück 2008, 42 Vol.%
Elegante, wildwürzige und ätherische Noten, kräuterig, zarter Schoko- und Marzipanton, dunkle Aromen, mentholige Kühle; am Gaumen druckvolle Würze und medizinaler Touch.

91 Himbeere Herzstück 2010, 42 Vol.%
Sehr ruhige, filigrane, dunkle und kühle Aromatik, zartröstig, kräuterig, ein Anflug von Marmelade; konsequent am Gaumen, ruhig, dennoch kraftvoll und lange, mit zitroniger Frische.

91 Zibarte Herzstück (Wildpflaume) 2009, 42 Vol.%
Schön verwobener, ruhiger Mix aus reifen Zwetschkenaromen, röstigen und würzigen Noten; konsequent am Gaumen, kraftvoll, mit würziger Struktur, leichte Schärfe im Abgang.

89 Williams Vom ganz Guten 2010, 40 Vol.%
Warmes und duftiges Aromenbild, mit typisch gelbfruchtiger Ausprägung und grünschaligen Reflexen; am Gaumen sehr würzig, kompakt und gut strukturiert.

88 Enzian Vom ganz Guten 2007, 45 Vol.%
In der Nase sehr klar und animierend, die ätherischen Aromen schön entwickelt jedoch nicht dominant, kühl und würzig; die typische Würze auch am Gaumen, gut balanciert.

88 Wilde Steinkirsche Herzstück 2000, 42 Vol.%
Sehr ruhig und animierend, harmonisch verwoben, Nougat, Mohn, zarte Marzipannoten; am Gaumen schokoladig, marzipanig, würzig, ätherisch, eine Spur spitz im Abgang.

87 Quitte Herzstück 2010, 42 Vol.%
Sehr ruhig, transparent und typisch, kühl und gelbfruchtig, ätherisch, aber ohne Aufdringlichkeit, Tannennadeln; am Gaumen stringent, würziger und herber, viel Präsenz, nicht ganz fokussiert im Abgang.

86 Marille Vom ganz Guten 2010, 40 Vol.%
Grünwürzig, blumig und frisch, Assoziation von knackiger Marille; detto am Gaumen, mit Schmelz, mittlere Länge.

HEIDEHOFER EDELBRÄNDE – THOMAS RUPP

2460 Bruckneudorf, Heidehof 1
T: 02162/622 16
thomas@rupp-heidehof.at
www.rupp-heidehof.at

Der Heidehof liegt in der Nähe der römischen Palastanlage Bruckneudorf. Geführt wird der Hof von Thomas und Martina Rupp als konventioneller landwirtschaftlicher Familienbetrieb. Neben dem Anbau von Marktfrüchten sowie dem Obst- und Weinbau ist der Heidehof aber vor allem für seine Destillate bekannt. Die Palette ist sehr umfassend und beinhaltet auch Produkte wie einen Williams strong mit 48 Prozent Alkohol. In letzter Zeit jedoch wurde Thomas Rupp in einer ganz anderen Sache sehr aktiv: Gemeinsam mit seinen Brennerkolleginnen Wiederstein und Kollmann verarbeitet er Trester für die Marke »Carnuntum brennt« und macht damit etwas, auf das man in Österreich schon lange wartet: Trester statt Grappa.

86 Williamsbirne strong 2011, 48 Vol.%, € 28,-/0,35 l

Muskulöser Charakter bereits im Duft, von kühler Aromatik, grünwürzig, gelbfruchtig, vegetabil; am Gaumen sehr präsent, typisch und kompakt, aber auch alkoholisch.

82 Muskat-Traube 2009, 41 Vol.%, € 19,5,-/0,35 l

Typisch traubig-muskatig im Duft, mit zarter, grünlicher Würze; analog am Gaumen, sehr süßlich, mit etwas Pikanz und schokoladigem Finish.

75 Zigarrenbrand Apfel 2010, 43 Vol.%, € 28,-/0,35 l

Die Apfelaromen etwas vom Holz dominiert, Karamell, Dörrfrüchte, Mohn; am Gaumen tabakig, röstig, sehr süßlich-karamellig, wenig Apfel, trocken-bitter.

GUSTI & HUBERT HIRTNER

8642 St. Lorenzen, Schmiedgasse 5
T: 03864/39 01
office@hirtner.at
www.hirtner.at

Für Gusti und Hubert Hirtner aus Sankt Lorenzen im Mürztal, unweit von Kapfenberg, war das Brennen anfangs nur ein Hobby. Spätestens mit dem Jahr 2003 hat sich das geändert, weil man die Brennerei seither im Verschluss führt und daher, anders als zuvor als Abfindungsbrennerei, nicht mehr nur auf eigenes Obst angewiesen ist. Mittlerweile sind es über 30 verschiedene Sorten, die die Hirtners anbieten, darunter auch fassgereifte Destillate, außerdem Liköre. Zugekauft werden die Früchte meist aus der Steiermark, allenfalls auch aus dem Burgenland und Niederösterreich. Bei der heurigen »Trophy« hat dieser Betrieb die mit Abstand schönste Kirsche eingereicht.

92 Kirsch 2011, 40 Vol.%
Reife, dunkle Aromatik, mit Anklängen an Schokolade und Marzipan, sehr schön gezeichnet; zeigt auch am Gaumen röstig-herbe Noten von den Kirschkernen.

86 Vogelbeere 2011, 38,5 Vol.%
Typische, wildwürzige und ätherisch-mentholige Noten im Duft; kann den authentischen Auftritt der Nase im Abgang nicht ganz halten.

82 Williams 2011, 40 Vol.%
Typische, gelbfruchtige Aromatik im Duft, sauber und ruhig; grünschalig am Gaumen, insgesamt etwas unruhig.

SPEZIALITÄTENBRENNEREI LAGLER

7543 Kukmirn, Hotelgasse 1
T: 03328/320 03
info@lagler.cc
www.lagler.cc

Nach dem tragischen Tod von Kurt Lagler im Herbst 2009 hat sich seine Frau Ute entschlossen, neben dem Hotel auch den Obstbau und die Brennerei weiterzuführen. Sie hat dafür neben einem altgedienten Mitarbeiter für die Obstanlagen auch den jungen Eduard Rupitsch gewinnen können, der noch zusammen mit Kurt Lagler auf der damals ganz neu errichteten, speziellen Vakuum-Destillationsanlage gearbeitet hat. Als ein besonderes Vermächtnis aus dieser Zeit ist in der heurigen Verkostung auch nochmals der »Pannonia«-Brand, den noch Kurt Lagler destilliert hat, in seiner typisch feinen und charaktervollen Art.

Das Klima rund um Kukmirn ist bekanntlich besonders gut für den Obstanbau geeignet. Hier liegen Obsthaine so weit das Auge reicht. Die Lagler'sche Brennrei ist bei Weitem nicht die einzige der Region, aber eine der aktivsten, was die Vermittlung der Destillate auch über die eigene Gastronomie anlangt. Das Wellnesshotel der Familie bietet ausreichend Gelegenheit dazu.

90 Pannonia Korn Malt 2005, 40 Vol.%, € 24,5,-/0,35 l
Jodige, malzige Aromen, würzig und getreidig, torfig, fruchtig und ruhig, mit schönen Eichen- und Vanillearomen; konsequent am Gaumen, harmonisch und animierend, mit schönem Schmelz, »Laglervulin«.

88 Trauben-Tresterbrand 2011, 40 Vol.%, € 19,5,-/0,35 l
Typisch tresterwürzige, ebenso wie traubig-muskierende Noten, Biskuit; zeigt sich am Gaumen in ähnlicher Weise, ein eher saftiger, traubiger Trester.

87 Birnenbrand 2011, 39 Vol.%, € 17,-/0,35 l
Ruhiges, sauberes Duftbild, typisch gelbfruchtige, fleischige und süßliche Assoziation von Birne angedeutet, Zitrone; ähnlich am Gaumen, im Abgang noch etwas jugendlich spitz.

86 Quittenbrand 2011, 39 Vol.%, € 27,-/0,35 l
Mit typisch rauchig-ätherischen und kühlen Noten im Duft; wirkt am Gaumen nicht mehr ganz so finessenreich wie im Duft, etwas spitz.

82 Uhudlerbrand fassgelagert 2010, 39 Vol.%, € 19,5,-/0,35 l
Traubige, gelbfruchtige Stilistik im Duft, mit Vanille und Karamell, erinnert an Mirabelle; ähnlich auch am Gaumen, der typische Uhudlerton nur verhalten, etwas spitz.

80 Schwarzer-Johannisbeer-Brand 2011, 39 Vol.%, € 24,-/0,35 l
Wenig Fruchtausdruck im Duft, eher blättrig und süßlich; am Gaumen dunkle Frucht angedeutet, im Abgang eher herb und stängelig.

77 Wildfruchtbrand 2011, 38 Vol.%, € 27,-/0,35 l
Im Duft nicht sehr fokussierter Mix aus beerigen, zitronigen und medizinalen Noten; am Gaumen rotfruchtig und süßlich, mittlere Länge.

LEXENHOF – ALEXANDER WIESINGER

4865 Nußdorf am Attersee, Am Anger 4
T: 07666/80 73
lexenhof@lexenhof.at
www.lexenhof.at

Ist man am Attersee zu Hause und nennt ein Wirtshaus sein Eigen, dann gehört es beinahe dazu, seinen Gästen auch einen guten »Selberbrennten« servieren zu können. Da der Lexenhof der Familie Wiesinger kein gewöhnliches Wirtshaus ist, sondern ein besonders stattliches mit ansprechendem Küchenniveau, ist es nicht weiter verwunderlich, dass auch die Destillate etwas können. Insbesondere der Zwetschkenbrand mit seinen schokoladigen Aromen ist da zu erwähnen, die Palette reicht jedoch viel weiter. Davon überzeugen kann sich, wer die hauseigene Bar des Lexenhof besucht oder sich nach einem Imbiss auf der Terrasse gute 2 cl gönnen will.

88 Zwetschke 2009, 42 Vol.%, € 22,-/0,35 l
Schokoladige Aromatik, frisch, mit grünlichen Anklängen, Marzipan; konsequent am Gaumen, ohne finalen Druck.

87 Anger Cuvée (Zwetschke & Vogelbeer) 2011, 42 Vol.%, € 48,-/0,35 l
Die würzigen Vogelbeernoten sind angenehm von schokoladigen Zwetschkenaromen unterlegt; angenehmes Wechselspiel auch am Gaumen, mit Pikanz im Abgang.

83 Williams-Birne 2010, 42 Vol.%, € 30,-/0,35 l
Die grünlich-herbschaligen Noten im Duft deuten die Williamsfrucht an; auch am Gaumen jedoch eher verhalten, süßlich, grünlich-blättrig.

81 Marille 2011, 42 Vol.%, € 30,-/0,35 l
Die Marillenfrucht präsent, aber nicht sehr frisch, marmeladig; ähnlich am Gaumen, von mittlerer Länge.

81 Weintraube Tresterbrand 2002, 42 Vol.%, € 22,-/0,35 l
Nussig-röstige, an Trester erinnernde Stilistik, grünliche, exotische, vegetabile und strohige Noten; am Gaumen süßlich-traubig, etwas wenig differenziert, gerbstoffig im Abgang.

GUT LINDENBURG

8461 Ehrenhausen, Ratsch 36
T: 03453/26 75
weingut@lindenburg.at
www.lindenburg.at

Das Gut Lindenburg der Familie Stelzl liegt am östlichen Ausläufer der malerischen Südsteirischen Weinstraße. Man betreibt hier seit vierzig Jahren nur mehr Weinbau sowie die Brennerei und hat bereits damals die zusätzliche Landwirtschaft aufgegeben. Die Brennerei liegt ganz in der Hand von Gertrude Stelzl, die sich vor allem auf klassische sowie alte Obstsorten spezialisiert hat. Jene drei Brände, die sie zur »Trophy« eingereicht hat, können darüber hinaus als etwas Besonderes betrachtet werden, denn Elsbeeren, Hetscherln und Felsenbirnen – eine Wildfrucht – brennt bestimmt nicht jeder. Gertrude Stelzl bereitet zudem Marmeladen, Essige, Öle sowie Bärlauch-Pesto zu. Außerdem bietet man auf der Lindenburg Gästezimmer mit Frühstück an.

83 Elsbeerenbrand 2011, 40 Vol.%, € 40,-/0,2 l
Offene, helle Stilistik, Schokolade, Marzipan, Schwarzbrot; analog am Gaumen, mit zitronig-pikanter Struktur, süßlich, etwas wenig Druck.

82 Hetscherlbrand (Hagebutten) 2010, 40 Vol.%, € 21,-/0,2 l
Ruhig und warm im Duft, zartröstig, nussig, salzig und etwas vegetabil; am Gaumen betont trocken, nussig-röstig, etwas spitz, verhaltene Aromatik.

81 Felsenbirnenbrand 2011, 40 Vol.%, € 20,-/0,2 l
Im Duft eher verhalten, nussig-röstig, vegetabil; deutet am Gaumen auch medizinalen und bitteren Wildfruchtcharakter an, trocken im Abgang.

EDELBRÄNDE MOSER

5584 Zederhaus 49
T: 06478/547
info@edelbraende-moser.at
www.edelbraende-moser.at

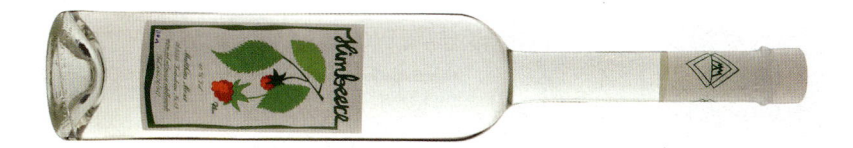

Der Ort Zederhaus liegt im Salzburger Lungau und damit in einer sehr natürlichen, authentischen Region. Matthias und Gabi Moser, vulgo Müllnerbauer, bewirtschaften ihren auf 1200 Metern Seehöhe gelegenen Hof auf biologische Weise. Ihren bewussten Umgang mit den Dingen erkennt man nicht zuletzt an den schönen Etiketten der Destillate, die vom Lungauer Künstler Reinhard Simbürger gestaltet werden. Seit 1995 brennen Matthias und Gabi Moser auf ihrem Hof. Die Sortenpalette spannt einen reichhaltigen Bogen von Apfelbrand bis Whisky und Eachtleng, einem Brand aus Lungauer Erdäpfeln. Wer einmal auf der Tauernautobahn A10 in Richtung Süden unterwegs ist, fährt in unmittelbarer Nähe der Mosers vorbei – und sollte sich eine kurze Pause in Form eines Besuchs am Hof durchaus überlegen.

89 Himbeere 2008, 40 Vol.%, € 110,-/0,5 l
Sehr helle Aromatik, deutliche Zitrusnoten, auch würzig; anfangs schönes Frucht- und Würzespiel, grünlich-zitronig, prickelnd und anhaltend.

88 Schlehe 2009, 40 Vol.%, € 53,-/0,5 l
Wildwürzig, marzipanig, schokoladig, Orangenzesten; schokoladig-schmelzig auch am Gaumen, ausgewogen, ohne letzten Kick.

88 Whisky New Make 1/2011, 50 Vol.%
Getreidig-karamellig, Tabak und Rosinen, Nougat und Bitterschokolade, jodige Noten angedeutet; am Gaumen dunkelröstig, mit viel Kaffeearomatik und Karamell, im Abgang brotig.

87 Apfel 2010, 40 Vol.%, € 18,-/0,5 l
Gelbfruchtig, mit ledrig-herben Schalenaromen im Duft; ähnlich am Gaumen, von feiner Pikanz unterlegt.

87 Quitte 2011, 40 Vol.%, € 53,-/0,5 l
Ätherisch und rauchig in der Nase, eher dunkle Aromatik; typisch gelbfruchtig am Gaumen, sehr würzig, trocken im Abgang.

86 Barrique Cigar 2008, 50 Vol.%, € 25,-/0,5 l
Frische Stilistik, betont apfelig, gut unterstützt vom Barrique; konsequent am Gaumen, mit lebendiger, süßlich-pikanter Struktur, Kaffeenoten, im Abgang etwas Tannin.

85 Eachtleng (Erdäpfel) 2007, 40 Vol.%, € 25,-/0,5 l
Verhalten im Duft, hell und getreidig, grünlich; konsequent am Gaumen, wieder zurückgenommen, frische Erdäpfel, nussig.

84 Kriecherl 2008, 40 Vol.%, € 40,-/0,5 l
Grünlich-würzige Aromen im Duft, gelbfruchtig-süße Noten; auch am Gaumen sehr hell, schokoladig, feiner Schmelz, im Abgang weniger fokussiert.

84 Zwetschke 2009, 40 Vol.%, € 25,-/0,5 l
Süßlich-würzige Fruchtaromatik, angenehm tabakig begleitet vom Holz, Powidl angedeutet; Fruchtsüße am Gaumen, viel Vanille, im Abgang trocken und nicht mehr fokussiert.

83 Weinbrand 2006, 44 Vol.%, € 80,-/0,7 l
Weinige und getreidige Noten, karamellig-vanillig, frisches Holz; ähnlich am Gaumen, die süßlich-vanilligen Aromen vorherrschend, Weinbrand angedeutet, im Abgang etwas indifferent.

82 Holler 2006, 40 Vol.%, € 53,-/0,5 l
Im Fruchtausdruck etwas verhalten, aber typisch, ätherisch, saftig; am Gaumen leider weniger charakteristisch und unruhig, zerfällt zunehmend und ist anliegend.

79 Weichsel 2011, 40 Vol.%, € 40,-/0,5 l
Süßlich-getreidige Noten angedeutet, die Frucht im Duft sehr verhalten, Zitrus; am Gaumen ähnlich, im Abgang zu spitz.

77 Schwarze Johannisbeere 2006, 40 Vol.%, € 53,-/0,5 l
Bräunliche Farbe; röstig-würzige Noten, dunkelfruchtige sowie helle Aromen; am Gaumen nicht mehr ganz so transparent, grünblättrig und zitronig im Abgang.

JOSEF NEUMEISTER

8345 Straden, Wieden 17
T: 03473/82 49-0
info@obsthof-neumeister.at
www.obsthof-neumeister.at

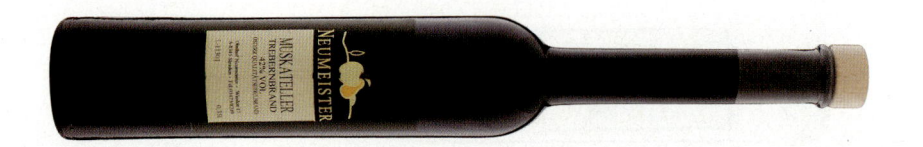

Am Obsthof Neumeister im steirischen Straden widmet sich die Familie Neumeister bereits in dritter Generation dem Obstanbau. Begünstigt ist man hier im Vulkanland durch ein pannonisch beeinflusstes Mikroklima. In logischer Konsequenz wird ein Teil des Obstes von der Familie Neumeister auch veredelt. So werden Marmeladen, Essige und Fruchtsäfte erzeugt und teils über den eigenen Hofladen verkauft. Seit Ende der Neunzigerjahre wird bei den Neumeisters auch gebrannt. Dass man sich dabei ebenso auf Trester- und Weinbrände konzentriert, liegt sozusagen an der Region und ihrem erfolgreichen Weinbau.

89 Hauszwetschke im kleinen Holzfass 2005, 47 Vol.%, € 25,-/0,35 l
Schön verwobene Aromen des Fasses und der Frucht, karamellig, vanillig, zimtig, Sherry; am Gaumen süß, mit tabakigen Noten und Gerbstoffen, die Frucht etwas im Hintergrund.

87 Weinbrand im kleinen Holzfass gelagert 2006, 53 Vol.%, € 36,-/0,35 l
Die weinigen Aromen gut gezeichnet, das Fass unterstützend im Hintergrund; ähnlich am Gaumen, viel weiniger Charakter, Rosenblätter, dunkle, karamellige Holznoten, der Alkohol relativ gut eingebunden.

85 Williamsbirnenbrand 2007, 43 Vol.%, € 17,-/0,35 l
Typische Williamsnoten mit deutlich grünschaligem Akzent, etwas unfokussiert, süßlich; am Gaumen viel grünwürzige und gerbstoffige Präsenz, alkoholisch spitz.

84 Muskateller Trebernbrand 2007, 42 Vol.%, € 19,-/0,35 l
Im Duft traubig, muskatig und tresterwürzig; zeigt am Gaumen neben den trestertypischen Noten auch eine lebendige, grünliche, strukturgebende Pikanz.

81 Marille vom Bergacker 2011, 41 Vol.%, € 21,-/0,35 l
Klares, kühles Duftbild einer reifen, vielschichtig schillernden Marillenfrucht, Zitrus; konsequent am Gaumen, im Abgang sehr grün und jugendlich spitz.

77 Jonagold Apfelbrand kleines Holzfass 2003, 48 Vol.%, € 15,-/0,2 l
Deutliche vanillige Süße, Honig, die Apfelnoten ganz verdrängt; zeigt sich am Gaumen anfangs auch tabakig, im Abgang dominiert jedoch der Alkohol.

EDELDESTILLERIE OBERHOFER

6068 Mils, Bundesstraße 7
T: 05223/58 60-0
info@edeldestillerie.com
www.edeldestillerie.com

Robert Oberhofer ist der Seniorchef des Reschenhofs in Mils, unweit von Innsbruck. Wer nun denkt, der Senior habe sich in der Pension hinter seine alte Brennblase verkrochen, irrt gewaltig. Robert Oberhofer ist weder alt noch ist es seine Anlage. Ganz im Gegenteil, alles blitzt nur so vor lauter Edelstahl und Technik. Entsprechend transparent und sauber sind auch Robert Oberhofers Destillate, die im Übrigen meist aus regionalem Obst erzeugt werden, vorzugsweise von Bio-Betrieben. Robert Oberhofer gehört damit zu den allerbesten Tiroler Brennern und hat heuer eine so überzeugende Palette zur »Trophy« eingereicht, dass diese für einen sechsten Gesamtrang gut war.

Die Schnapsbrennerei ist für das Hotel und seine Gäste nicht selten Anziehungs- und Mittelpunkt. Arrangements mit Schnapsverkostungen oder der Besichtigung der Brennerei sind fixer Bestandteil des Hotelprogramms.

90 Brombeer 2009, 43 Vol.%, € 58,-/0,35 l
Sehr präsente und elegante Brombeeraromen, schokoladig, dunkelwürzig, warm; konsequent am Gaumen, wieder schöne, schokoladige Noten, Vanille, im Finale nicht mehr ganz so druckvoll.

90 Williams alte Reserve 2008, 41 Vol.%, € 29,-/0,35 l
Kräftige Williamsaromatik im Duft, sehr gelbfruchtig-zitronige, auch grünwürzige, helle sowie kühle Noten; reife Aromen auch am Gaumen, tabakige, röstige Würze im langen Abgang, lebendig.

89 Granny Smith 2010, 42 Vol.%, € 19,-/0,2 l
Würzig-fruchtiges Duftbild, sehr präsent und klar, nussig-röstig; feiner Druck am Gaumen, mit guter grünschaliger Struktur und Schmelz.

89 Wildkirsch 2009, 41 Vol.%, € 40,-/0,35 l
Denzente Stilistik, mit Marzipan, Würze und kühlen Noten, Anis, Kirschjoghurt; am Gaumen viel Nougat, Marzipan, elegante Präsenz und gute Länge.

88 Blutorange 2011, 42 Vol.%, € 42,-/0,35 l
Die typischen Aromen im Duft elegant gezeichnet, ätherische Noten; am Gaumen ruhig, typisch, durchaus pikant, mit zartem Bitterl.

88 Limonera 2009, 41 Vol.%, € 29,-/0,35 l
Erinnert an frisch geriebenen Apfel, grün, Zitronenmelisse; am Gaumen überzeugender, mit süßlichem Schmelz von gelbfruchtigen Birnen, schaliger Pikanz und Würze.

84 Vogelbeere 2009, 45 Vol.%, € 42,-/0,35 l
Erinnert im Duft an Heidelbeeren, zart würzig, schokoladig; ähnlich am Gaumen, nicht mehr so kompakt, etwas grünblättrig im Abgang.

83 Himbeere 2009, 41 Vol.%, € 58,-/0,35 l
Typisch zitronige Noten im Duft, aber auch überraschend warm, vegetabil; am Gaumen ruhig, mit etwas grünwürziger Pikanz, aber etwas einseitig süßlich.

LANDGASTHOF PEILSTEINBLICK – HANS KRENN

3683 Yspertal, Stangles 41
T: 07415/72 58
krenn@wirtshausbrennerei.at
www.wirtshausbrennerei.at

Bei aller Gewandtheit gegenüber Kunden und Medien ist Hans Krenn dennoch ein bodenständiger Mann. Das belegt auch sein Faible für Sorten wie die Nagerlbirn, die quasi vor seiner Haustüre wächst. Diesen und ähnlichen Sorten bleibt er treu und brennt immer wieder animierende Destillate daraus. Heuer hat Hans Krenn wiederholt mit einer sehr schönen Schlehe gepunktet, außerdem mit einem Marillenbrand, der vergleichsweise vielleicht nicht der schmeichelndste ist, jedoch auf seine Art konsequent und ehrlich, und damit auch seinen Erzeuger adelt. Möglicherweise hat die Performance bei diesen Sorten auch damit zu tun, dass er die Brennerei umgebaut hat, ganz im Hinblick auf noch viele mußevolle Jahre der Beschäftigung damit. Die Familie Krenn betreibt übrigens ein nettes, empfehlenswertes Gasthaus im Yspertal bei Melk – für Spaziergänge, Verkostungen, regionale Küche und Übernachtung ist also im Bedarfsfall gesorgt.

93 Schlehenbrand 2011, 41,5 Vol.%, € 45,-/0,35 l
Feine, zurückhaltende Wildwürze im Duft, medizinale Noten angedeutet, dunkle Aromen ebenso wie kühle; Lakritze, wieder sehr ruhig und elegant am Gaumen.

90 Johannisbeerbrand 2011, 42 Vol.%, € 46,-/0,35 l
Ausgewogenes und typisches Duftbild, rotfruchtig, warm, grasig, schokoladig; ebenso am Gaumen, grünlich-pikant strukturiert, Fruchtschmelz angedeutet, etwas jugendlich spitz im Abgang.

89 Marillenbrand 2011, 41,7 Vol.%, € 30,-/0,35 l
Ruhig und klar im Duft, delikates, typisches Aroma, dicht und reif; am Gaumen von prickelnder Struktur, schokoladig, würzig, etwas spitz, ehrlich und anhaltend.

88 Nagerlbirnbrand 2011, 41,3 Vol.%, € 31,-/0,35 l
Warme, ruhige, röstige Stilistik mit dezenten Aromen die an Kletzen erinnern; am Gaumen ledrig-herb, mit pikanter Struktur und grünen Akzenten, kompakt und anhaltend.

87 Honigbirnbrand 2011, 41,3 Vol.%, € 29,-/0,35 l
Erinnert im Duft tatsächlich an Met, süßlich, eher bräunliche Aromatik; analog am Gaumen, mehr Birnencharakter, ruhig und etwas spitz im Abgang.

86 Kaiserholzbirnbrand 2011, 41 Vol.%, € 31,-/0,35 l
Ruhiges, schön gezeichnetes Duftbild, röstig-warme Noten, frisch geschnittener Rhabarber; viel zitronig-birnenschalige Pikanz am Gaumen, gut balanciert.

84 Rote Williams 2011, 41,5 Vol.%, € 31,-/0,35 l
Eher apfelige, kühle, würzige, gelbfruchtige Aromatik im Duft; am Gaumen sehr präsent, fast noch etwas ungestüm grünschalig-zitronig, im Abgang herb.

83 Kletznbirnbrand 2011, 41,5 Vol.%, € 28,-/0,35 l
Warme, süßliche Dörraromen im Duft, röstig, vegetabil; logisch fortgesetzt am Gaumen, wieder weich und dörrfruchtig, etwas wenig Struktur.

Destillate

81 Rote Williams 2010/1, 41,7 Vol.%, € 31,-/0,35 l
Im Duft sehr ruhig und zart ausgeprägt, süßlich, ledrig und grünwürzig; am Gaumen betont grünschalig und pikant, wieder süßlich, etwas spitz und herb im Abgang.

80 Kriecherlbrand 2011, 41 Vol.%, € 25,-/0,35 l
Dezent, aber charakteristisch, zimtig, grünlich, etwas unruhig; am Gaumen wenig Präsenz, grünlich wieder, mittlere Länge.

78 Traminer Tresterbrand 2010, 41,5 Vol.%, € 24,-/
Würzig-weiniger Duft, floral, etwas wenig fokussiert; am Gaumen auch sehr würzig, mit stängelig-bitteren, erdigen Noten, im Abgang trockenblättrig.

77 Gravensteiner Apfelbrand 2011, 41,5 Vol.%, € 25,-/0,35 l
Offener Duft, von blumigem, zart röstigem Aroma, erinnert an Apfelstrudel und ledrige Apfelschalen; konsequent am Gaumen, mit herben, grünwürzigen Noten, etwas spitz.

77 Quittenbrand 2011, 41 Vol.%, € 39,-/0,35 l
Typisch ätherisch und kühl im Duft, präsent, aber nicht laut; pikante Würze am Gaumen, nicht ganz fokussiert.

PFAU – VALENTIN LATSCHEN

9020 Klagenfurt, Schleppeplatz 1
T: 0463/427 00-266
info@pfau.at
www.pfau.at

Valentin Latschen ist ein unermüdlicher Kämpfer für den guten Schnaps. Es gibt unter den heute erfolgreichen Brennern kaum einen, der ihn nicht auch einmal zum Vorbild hatte, selbst für den Altmeister Alois Gölles hatte Valentin Latschen einst eine solche Wirkung. Mit diesem verbindet ihn im Übrigen die Mitgliedschaft in der »Quinta Essentia«, einer Gruppe, die vom Verfahren des doppelten Brennens überzeugt ist und zu der auch die Brennereien Reisetbauer, Holzapfel und Wetter gehören. Die Pfau-Brennerei ist vor einigen Jahren auf das Gelände der Schleppebrauerei übersiedelt. Dass Valentin Latschen daher nicht nur Obst, sondern auch Bier brennt, hat sich daher beinahe zwingend ergeben. Auch sein Erdäpfelbrand »Bramburus« ist ein kleiner Meilenstein. Latschens Leidenschaft gilt insbesondere der Tradition des guten Obstlers. Wie zum Beleg ist das Destillat aus Kärntner Mostbirnen auch eines seiner überzeugendsten. In ihm spiegelt sich die aromatische Vielfalt einer alten Streuobstwiese.

88 Schwarze Ribisel 2007, 43 Vol.%
Käuterig-würziges Aroma, dunkelfruchtig, warm, mit grünlichen Reflexen; zeigt sich auch am Gaumen reif, rauchig, mit trockenblättriger Anmutung im Abgang.

87 Bramburus (Erdäpfel) 2003, 43 Vol.%
Süßliche, röstige Aromatik, nussig und vegetabil, erinnert an frisch geschnittene Erdäpfel; konsequent am Gaumen lebendig, etwas spitz, anhaltend im Abgang.

87 BioBier 2007, 43 Vol.%
Offen im Duft, zeigt sich eindeutig als Getreideprodukt, malzig, dunkelbeerig, auch helle und blumige Noten, Honig; am Gaumen anfangs präsent, feine getreidige Aromatik, im Abgang aber fehlt der Druck.

87 Malt 2005, 40 Vol.%
Dezente, süßliche und helle Malznoten, tabakig-rauchige Aromen und Vanille vom Holz, frisch; anfangs fast blumig-grasig, süßlich, wenig Rauchcharakter, im Abgang trocken und eher schlank.

87 Zwetschke vom Fass 2003, 40 Vol.%
Viel Süße, Karamell und Kaffee, auch grünliche Holznoten, wenig Frucht; am Gaumen anfangs Fruchtsüße, trockene Noten dominieren im Abgang.

86 Vogelbeere 2009, 43 Vol.%
Ruhige Stilistik, typisch medizinale und mandelige Aromen im Duft; am Gaumen logisch, mit herben, gerbstoffigen Noten, etwas spitz, ehrlich und stimmig.

85 Trester C.S. Pfaffl 2007, 43 Vol.%
Trestertypisch im Duft, mit dunklen Noten, warm; am Gaumen kraftvoll, mit schokoladigen Anklängen, mehlig, im Abgang mehr Gerbstoffe, etwas kurz.

82 Kärntner Mostbirne 2007, 43 Vol.%
Charakteristische Aromen von Mostbirnen, etwas verhalten; bleibt seiner Art auch am Gaumen treu, mit süßlichen und grünschalig-herben Noten im Abgang.

80 Himbeere 2009, 43 Vol.%
Die Himbeernoten etwas verhalten, röstige und vegetabile Aromen; am Gaumen eher verkochte Aromatik, auch grün.

80 Marille 2009, 43 Vol.%
Opulentes Aroma, erinnert an Marmelade oder Röster, ledrig; am Gaumen anfangs süßlich, im Abgang mit herben, grünlichen Noten.

79 Apfel vom Fass 2006, 40 Vol.%
Apfel, auch in seiner gebratenen Form, Vanille und Karamell vom Fass; am Gaumen kann sich der Apfel nur bedingt gegen die Gerbstoffe durchsetzen.

78 Quitte 2005, 43 Vol.%
Im Duft typisch, ruhig und duftig, aber auch etwas unruhig, bräunlich; zeigt sich am Gaumen wenig charakteristisch, im Abgang stängelig.

PIRKER – MARIAZELLERHOF

8630 Mariazell, Grazer Straße 10
T: 03882/21 79
pirker@mariazell.at, www.mariazeller-lebkuchen.at

Gleich vis-à-vis des Mariazellerhofs thront die berühmte Basilika mit den drei Türmen. Im Schatten der Wallfahrtskirche verströmt das Haus sozusagen zwangsläufig eine gewisse Aura. Es lebt aber auch von innen heraus, durch die Betriebsamkeit, die hier herrscht. Der Mariazellerhof ist wie ein kleines Herz der Gemeinde, es ist seit vielen Jahren ein Hotel, eine Lebzelterei und nicht zuletzt eine Brennerei. Die Palette der Destillate reicht von Likören bis zu reinen Fruchtbränden, die Bandbreite im Mariazellerhof ist insgesamt außerordentlich. Selbstverständlich gibt es auch einen Honigbrand, ebenso etwa einen fassgelagerten Reisbrand. Neben diesen »Exoten« jedoch sind es die traditionellen Sorten, die hier gerne gebrannt werden – diverse reinsortige Apfel-, Birnen- und Beerendestillate und auch gar nicht wenige Brände auf Traubenbasis. Selbst ein Orangenbrand findet sich im Sortiment – doch ein solcher, könnte man glauben, gehört ja schließlich zu einer Lebzelterei.

86 Bio-Orangenbrand 2010, 42 Vol.%
Feiner Orangenduft, die bitteren Seiten der Schale angedeutet, süßlich; am Gaumen überwiegen die ätherische und ölige Seite der Orange.

86 Weiße Maulbeere 2009, 42 Vol.%
Nicht alltägliche, exotische Aromenvielfalt, ätherische Noten; konsequent am Gaumen, gelbfruchtig, würzig, anhaltend.

84 Apfelbrand Golden Delicious 2008, 42 Vol.%
Klares, offenes Duftbild von süßlichen, aromatischen, ledrigen Äpfeln; ähnlich am Gaumen, mit würzig-pikanter Struktur der Apfelschalen, gleichzeitig süß.

83 Elsbeere 2011, 41 Vol.%
Grünlich-röstiges Duftbild, vegetabil und etwas einseitig; ähnlich am Gaumen, vegetabil-schotig, im Abgang etwas Wildwürze und Marzipan angedeutet, aber schlank.

82 Stachelbeere 2010, 41 Vol.%
Helle, gelbfruchtige Aromatik in der Nase, grasige Würze und Kühle angedeutet, vegetabil; ähnlich am Gaumen, hier dominieren Würze und Pikanz im Abgang.

81 Schwarze Johannisbeere 2011, 41 Vol.%
Neben den typischen, dunkel-marmeladigen Noten auch ätherische, grünlich-grasige sowie medizinale Aromatik; am Gaumen neben schokoladigen viele grün-herbe Noten, vegetabil.

81 Vogelbeere 2010, 43 Vol.%
Saubere, typische Vogelbeeraromatik im Duft, wildwürzig, medizinal und marzipanig, frisch geriebener Mohn; ruhig, vegetabil, am Gaumen nur zu Beginn präsent.

78 Apfel Arlet 2008, 42 Vol.%
Duftige, etwas süßlich-marmeladige Stilistik in der Nase mit nussig-röstigen Noten; zeigt am Gaumen erstaunlichen Biss, mit Akzenten von Apfelschalen, Banane und Bittermandeln.

73 Waldhimbeere 2011, 42 Vol.%

73 Zwetschke »Hanita« 2010, 42 Vol.%

HANS REISETBAUER

4062 Axberg, Zum Kirchdorfergut 1
T: 07221/636 90
office@reisetbauer.at
www.reisetbauer.at

Erst vor Kurzem hat Hans Reisetbauer 440 Freunde in Axberg empfangen und mit allem bewirtet, was Leute mit Geschmack so alles lieben. Anlass war die Neueröffnung seiner Brennerei, die nun endlich jenen Platz bieten soll, der im alten Vierkanter zwar auch da war, aber eben nicht wie man ihn brauchte. Gekommen sind alle von Eckhart Witzigmann bis Gunter Damisch, Reisetbauers Lieblingsmaler. Neben seinen vielen Freunden unter den Winzern zeigte die Gästeliste vor allem eines: Hans Reisetbauer und seine Destillate sind bei den Großen der Gourmetszene ein Begriff, weltweit! Dass dies nicht nur seiner Persönlichkeit und seiner unermüdlichen Reisetätigkeit geschuldet ist, zeigen die Bewertungen seiner Destillate bei der heurigen »Spirits Trophy«. Der nun im Verkauf befindliche Jahrgang der Elsbeere ist besser noch als es der alte war, und schon damals sind wir andächtig niedergekniet. Und zur Reihe der großen Tresterbrände, die Hans Reisetbauer auf eine einzigartige Weise gelingen, kommt jetzt auch noch ein betörend schmelziger »Hochberc«. Wir gratulieren zum dritten »Falstaff-Meisterbrenner«!

96 Elsbeere 2009, 41,5 Vol.%, € 197,-/0,35 l
Sehr dicht im Duft, würzig, bittermandelig, wildwürzig, Nougat, zarte Kühle; konsequent am Gaumen, viel dunkle, wildfruchtige Würze, Lakritze, Haselnuss, Zitronenzesten.

94 Tresterbrand Bela Rex 2006, 41,5 Vol.%, € 59,-/0,35 l
Vielschichtige Aromatik von hellen, grünlichen bis schweren, süßlichen sowie dunkelwürzigen Noten, Rosinen, Kaffee, Sauerteig; konsequent am Gaumen, warm, mit herben Noten von Kakao und dunkler, stängeliger Würze.

92 Schlehdornbrand 2008, 41,5 Vol.%, € 54,-/0,35 l
Dunkle und kühle Aromatik, Bitterschokolade, zarte medizinale Würze, vielschichtig; wieder schokoladig und tabakig, ätherisch, sehr konsequent, dunkelwürzig.

92 Tresterbrand Hochberc 2006, 41,5 Vol.%, € 59,-/0,35 l
Vielschichtige Tresteraromen, rosinig, würzig, kühl, exotisch, ölig, tabakig; am Gaumen überraschend weich und süßlich, Schokolade, Trauben, grüne Würze, schöner tabakig-schmelziger Abgang.

91 Marille 2008, 42 Vol.%, € 36,-/0,35 l
Das typische Duftbild eher dezent, aber sehr klar, kühl und subtil; analog am Gaumen, mit guter Struktur, die Frucht präsent und anhaltend.

91 Quitte 2007, 41,5 Vol.%, € 49,-/0,35 l
Sehr helle, frische Aromatik, »Orangenzuckerl«, zart-würzig; konsequent am Gaumen, zitronig-prickelnd, kühl, Tabak, rauchig-dunkle Noten angedeutet, anhaltend.

91 Rote Williams 2010, 41,5 Vol.%, € 36,-/0,35 l
Ruhige, dezente Aromatik, zitronig-grünschalige und kühle Noten; am Gaumen sehr präsent, mit viel grünlich-zitroniger Würze, richtig ölig im Abgang.

Destillate

91 Tresterbrand Rosenberg Reserve 2006, 42 Vol.%, € 59,-/0,35 l
Kompakt im Duft, mit feiner Würze im Hintergrund, Kaffee, Schokolade; am Gaumen sehr präsent, belebend grünwürzig, mit trockener Stilistik, charmant abgerundet, Schmelz, lange im Abgang.

91 Vogelbeere 2010, 41,5 Vol.%, € 59,-/0,35 l
Ruhige und sehr transparente Stilistik im Duft, zart würzig, frisch und kühl; sehr würzig und vielschichtig am Gaumen, schokoladig, ruhig und anhaltend.

91 Wildkirschenbrand 2007, 41,5 Vol.%, € 80,-/0,35 l
Rotfruchtige, ätherische Noten im Duft, Schokolade und dunkelwürzige Aromen; ruhig und schön verwoben am Gaumen, helle Schokolade, Nüsse, Wildfrucht und Pikanz.

90 Himbeerbrand 2011, 41,5 Vol.%, € 69,-/0,35 l
Ruhige, warme Stilistik im Duft, mit den typischen, zitronigen Reflexen; logisch am Gaumen, ruhig, schokoladig, mit grasig-blättrigen Noten und guter Länge.

90 Holunderbrand 2009, 41,5 Vol.%, € 59,-/0,35 l
Typische Holleraromatik, eher hell und frisch als medizinal, rauchig, warm und schokoladig; konsequent am Gaumen, beerig, fruchtig, transparent.

89 Tresterbrand Sauvignon Blanc Hochgrassnitzberg Polz 2005, 42 Vol.%, € 59,-/0,35 l
Viel grünliche, helle, vegetable und blumige Stilistik; dicht und süßlich am Gaumen, Aromen von Tabak und Schokolade, im Abgang typisch stängelig und grün.

89 Williams 2008, 41,5 Vol.%, € 36,-/0,35 l
Ruhige und typische Stilistik, warme ebenso wie kühle und gelbfruchtige Noten, auch röstig-buttrig; am Gaumen eine sehr persistente, lebendige, zitronige Struktur, etwas spitz.

88 Ingwer 2010, 41,5 Vol.%, € 69,-/0,35 l
Intensive, offene und ätherische Fruchtstilistik, der Ingwer ist auf angenehme Art gezähmt; am Gaumen mit schöner, samtiger Fruchtausprägung, anhaltend und druckvoll.

86 Apfelbrand im Eichenfass 2008, 44 Vol.%, € 32,-/0,35 l
Süßliche, kühle und apfelige Stilistik, getreidig, die dunkelwürzigen Holzaromen elegant unterstützend; am Gaumen viel Süße und pikante Noten der Apfelschalen, rauchig, gute Länge.

86 Kirschenbrand im Kirschenfass 2005, 44 Vol.%, € 52,-/0,35 l
Im Duft wirkt die Frucht von Fassaromen dominiert, Karamell, Walnuss; am Gaumen mehr Kirschcharakter, Assoziation von Rum, viel Tannin im Abgang.

85 Mostbrand im Eichenfass 2001, 44 Vol.%, € 29,-/0,35 l
Viel karamellige, vanillige Noten des Eichenfasses, apfelig; am Gaumen dunkels, tabakiges Holz, die Frucht verhalten, im Abgang etwas spitz.

85 Zwetschkenbrand 2008, 41,5 Vol.%, € 29,-/0,35 l
Warme, helle und schokoladige Aromatik im Duft, mit grasigen Anklängen; analog am Gaumen, mit Fortdauer grün und etwas spitz.

82 Zwetschkenbrand im Maulbeerfass 2007, 44 Vol.%, € 32,-/0,35 l
Dicht verwobene Stilistik von selchig-röstigen Noten, Zimt und Rosinen; am Gaumen zeigen sich die Komponenten weit nicht so verwoben und etwas herb.

79 Kirschenbrand 2007, 41,5 Vol.%, € 39,-/0,35 l
Erinnert im Duft an Getreide, auch würzig-schokoladig; zeigt sich am Gaumen röstig, schokoladig, zarte Kirschfrucht, anhaltend.

WEINHAUS SCHUMICH

7064 Oslip, Bachgasse 1
T: 02684/21 30
office@weinhaus-schumich.at, www.weinhaus-schumich.at

Stefan Schumich führt den kleinen Weinbaubetrieb der Familie in Oslip bereits in der vierten Generation. Sein Hobby, das Brennen, ist sozusagen auch integrativer Teil seines Berufs geworden, indem er nämlich Trauben und Wein destilliert. Darin hat er nicht nur Routine, sondern auch einiges Geschick und erreicht immer wieder gute Wertungen. Stefan Schumich zeigt damit auch auf, wie schön man als Brenner die Typizität des Ausgangsmaterials Traube in einem Destillat einfangen kann.

83 Zweigeltbrand 2011, 40 Vol.%, € 25,-/0,35 l
Sehr traubig und würzig in der Nase, der Rotweincharakter ist präsent, auch kühle Aromen; am Gaumen traubig-süßlich, Rotweinwürze, mittlere Länge.

80 Welschrieslingbrand 2011, 40 Vol.%, € 25,-/0,35 l
Grünlich-fruchtige, weinige Aromatik im Duft, helle, blumige Noten, Stachelbeeren; grünwürzig am Gaumen, traubig, süßlich, wenig Subtiles.

77 Cuvée Top 2011, 40 Vol.%, € 25,-/0,35 l
Süßlich-weinig, an Traminer erinnernd, blumig; am Gaumen traubig-süßlich und indifferent, etwas künstlich.

FEINDESTILLERIE STAINER
7000 Eisenstadt, Stephan-Dorffmeister-Straße 21
T: 02682/663 17
stainer@bnet.at
www.stainer.info

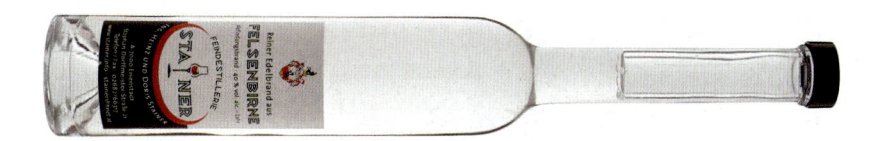

Ing. Heinz Stainer hat einst ganz klein und vorsichtig begonnen, ehe er 1979 in eine gute Brennanlage investierte. Das Bemerkenswerte an dieser Brennerei ist, dass Herr Stainer gemeinsam mit seiner Frau die meisten der Früchte selbst erntet, und da es sich dabei oft um Wildfrüchte wie die Felsenbirne oder auch Schlehen handelt, Sorten also, deren Ausbeute sehr gering ist, kann man sich vorstellen, mit welcher Hingabe sich das Paar dem Schnaps widmet. Heinz Stainers Brennerei gehört zu den kleineren unter den bekannten, im Burgenland jedoch zählte er immer zu den Besten. Dass er das Brennen nicht schon lange hat sein lassen und Jahr für Jahr unermüdlich weitersammelt, belegt ebenfalls, wie leidenschaftlich Heinz Stainer dem Brennen verbunden ist.

86 Schlehe 2011, 40 Vol.%, € 24,7,-/0,35 l
Wildwürzige Aromen und dunkelfruchtige Noten im Duft, schokoladig, leichtes »Stinkerl«; analog am Gaumen, mit typischen, herben, teils medizinalen Akzenten.

85 Felsenbirne 2011, 40 Vol.%, € 32,6,-/0,35 l
Sehr charmantes, transparentes Duftbild, mit viel Marzipan und Schokolade; am Gaumen etwas medizinaler und grasig unterlegt, überraschend süßlich.

76 Apfel 10 Jahre Holzfass 2000, 40 Vol.%, € 13,3,-/0,35 l
Holznoten dominieren, grünlich, kräuterig, die Apfelaromen bedeckt; wirkt am Gaumen nicht fokussiert, die Frucht wieder bedeckt, etwas bitter.

74 Weichsel 2011, 40 Vol.%, € 16,8,-/0,35 l

Destillate

JOSEF STECHER
6161 Natters
Sonnalm 23
T: 0512/54 67 81

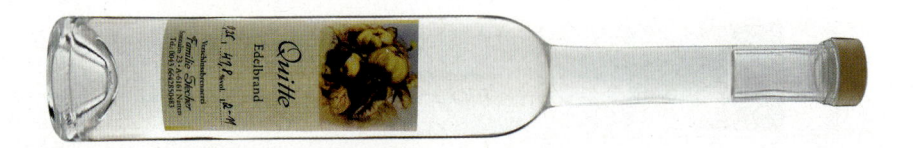

»Bei uns beginnt die Brennsaison mit der Kirsch, und hört mit der Vogelbeer auf.« Josef Stecher arbeitet gerne mit dem Zyklus der Natur, fertige Maische brennt er sofort. Der «Kleinstbrenner», wie er sich bezeichnet, wohnt in Natters, nur wenige Kilometer südwestlich von Innsbruck. Er verwendet hauptsächlich eigenes Obst von Pachtwiesen, kauft aber auch zu – Trester aus Südtirol, wenn er einen guten bekommt. Verkauft wird der Großteil der Destillate ab Hof, doch es gibt auch internationale Nachfrage, denn die Stechers haben zwanzig Jahre lang eine Alm bewirtschaftet und sind seit damals noch bei vielen internationalen Gästen gut beleumundet. Von Beruf ist Josef Stecher Mitarbeiter der Kommunalbetriebe Innsbruck.

89 Quittenbrand 2011, 41,8 Vol.%, € 21,-/0,35 l
Zart-rauchig und frisch im Duft, die typischen Aromen dezent, aber vielschichtig; ruhig auch am Gaumen, auch saftig, grünwürzig, persistent.

79 Marillenbrand 2010, 40,6 Vol.%, € 20,-/0,35 l
Aromen von reifen Früchten, auch kühle Noten, im Hintergrund etwas unruhig; saftig-röstig am Gaumen, etwas gerbstoffig, wenig Fruchtausdruck.

74 Wacholderbrand 2011, 42 Vol.%, € 15,-/0,35 l

MARIA-THERESIEN-DESTILLERIE
IM WEINGUT TURMHOF – OTTO HOTZY

3493 Hadersdorf am Kamp, Hauptplatz 21
T: 02735/24 74
office@turmhof.at, www.turmhof.at

Wer wie Otto Hotzy im Kamptal wohnt, umgeben von besten Marillenbäumen, hat nicht weit zu gehen für bestes Obst. Die Nähe zur Ware ist wohl auch eines der Kriterien, weshalb am Turmhof seit vielen Jahren ausschließlich Marillen, Trauben und Weichseln gebrannt werden. Und dass hier neben dem Weinbau auch gebrannt wird, das hat Otto Hotzy bereits von seinen Vorfahren übernommen. Nicht verwunderlich daher auch, dass er es im klassischen Rau- und Feinbrandverfahren tut, also doppelt brennt. Neben der eigenen Linie brennt Otto Hotzy übrigens auch seit Jahren für das »Schwarze Kameel« in Wien, einem Brennpunkt für gute Destillate in Wien.

Otto Hotzy jun. führt die Tradition übrigens fort, nur etwas anders: Sein neuestes Produkt heißt »Vanessa« und ist ein Wodka aus Waldviertler Dinkel.

87 Weix'l 2011, 41 Vol.%, € 38,-/0,35 l
Weichselig, schokoladig, bananig im Duft; ähnlich am Gaumen, mit etwas grünen Reflexen und herberen Aromen der Weichselkerne.

82 Spondon – Traubenbrand aus Chardonnay 2010, 41 Vol.%, € 26,-/0,35 l
Getreidig, mit röstigen, blumigen und vegetabilen Noten, der Traubencharakter verhalten; zeigt sich am Gaumen ähnlich dem Duft, jedoch unruhiger.

80 Mugen – Marillenbrand 2010, 41 Vol.%, € 31,-/0,35 l
Die reife Frucht im Duft angedeutet, mit grünlichen Reflexen, etwas buttrig; auch am Gaumen aromatische Präsenz, zum Abgang hin sehr herb-grünlich.

Destillate

REINHARD UND HELGA WETTER

3751 Missingdorf 33
T: 02983/23 98
wetter.brennerei@aon.at
www.wetter-brennerei.at

Reinhard und Helga Wetter sind vor allem eines: leidenschaftliche Obstbauern. In Missingdorf, an der Grenze zwischen Wein- und Waldviertel haben sie die besten Gegebenheiten für aromatisches Obst. Ein gutes Mikroklima und aromafördernde Temperaturschwankungen zwischen Tag und Nacht sind hier ideal gegeben. Aus diesem Ausgangsmaterial macht Reinhard Wetter in Folge sozusagen das Beste. Und weil die Nachfrage nach seinen Obstsäften so zugenommen hat, muss man beinahe von Glück sprechen, dass Reinhard Wetter sich auch noch die Zeit zum Brennen nimmt. Immer wieder gelingen ihm Destillate von unerhörter Transparenz, die man am ehesten als »knackig« bezeichnen könnte. Schön auch, dass hier nicht nur reinsortige Destillate abgefüllt werden, sondern auch Obstler in seiner besten Form und Tradition – sie heißen: »Wetterfrosch«, »Wetterhexe« oder »Wetterleuchten«. Auf ein »Donnerwetter« warten wir noch.

94 Wetterleuchten 2010, 43 Vol.%
In der Nase dominieren grünschalige Birnenaromen, Himbeernoten angedeutet, helle, ruhige, kühle Stilistik, röstige Würze; analog am Gaumen, wieder viel lebendige Birnenschale.

92 Williams 2009, 43 Vol.%
Betont ruhiges Duftbild, mit typisch grünschaliger Würze; auch am Gaumen viel grüne Birnenschalen, lebendige zitronige Würze, gute Länge.

91 Marille 2009, 43 Vol.%
Dezentes, schönes, typisches Duftbild, tief und differenziert, mit ätherisch-kühlen sowie reifen und grünwürzigen Noten; konsequent am Gaumen, dicht, würzig, subtil, anhaltend.

91 Gravensteiner-Apfel 2009, 43 Vol.%
Sehr transparent, kühl, ledrig-würziger, grasiger Apfelcharakter; ebenso am Gaumen, kompakt, mit würzig-rauchiger, pikanter Ausprägung im Abgang, etwas spitz.

90 Wetterhexe 2010, 43 Vol.%
Die Holundernoten dunkel und fein gezeichnet, eingebettet in grünwürzige Aromen, Schokolade; am Gaumen dominieren grünschalige Akzente, gut strukturiert, anhaltend, lebendig.

90 Williams Trester 2009, 43 Vol.%
Ruhige, reife Stilistik, ledrig-röstig; am Gaumen deutlich expressiver, viel gelbfruchtige, lebendige, grünschalige und zitronige Komponenten.

87 Wetterfrosch 2010, 43 Vol.%
Ruhiges, fruchtiges Duftbild mit viel Apfelaromen; wirkt auch am Gaumen ruhig, mit viel grünlich-herben Noten im Abgang, etwas spitz.

86 Elsbeere 2006, 48 Vol.%
Dichte, warme Stilistik in der Nase, nussig-marzipanig, ätherisch-wildwürzig; am Gaumen viel Vogelbeercharakter, würzig-herb, pikant, wildfruchtig, der Alkohol etwas dominant.

78 Apfel fassgelagert 2003, 41 Vol.%
Betont süßlich im Duft, nussig-würzig; am Gaumen deutlich kantiger, ledrig-würzig, könnte ebenso ein Trester sein, viel Gerbstoff.

GARAGENBRENNER WÖHRER

4050 Traun, Linzer Straße 84
T: 07229/72 41 10
woehrer@woehrer.at
www.woehrer.at

Manfred Wöhrer nennt sich selbst einen kleinen Brenner. Für einen solchen aber ist sein qualitativer Output enorm. Die Brennanlage steht in einer ehemaligen Garage. Diese kann sich durchaus sehen lassen, sie ist ein Showroom – und darin widmet sich Manfred Wöhrer, der sein Baugeschäft beizeiten an seinen Sohn übergeben hat, mit Verve seiner großen Leidenschaft, die er seit über 30 Jahren pflegt und es darin zu solcher Meisterschaft gebracht hat, dass er bei der heurigen »Trophy« der geheime Meisterbrenner geworden ist – und das nicht zum ersten Mal. Nimmt man als Berechnungsgrundlage nämlich nicht nur die besten sechs, sondern sämtliche eingereichte Proben, dann liegt Manfred Wöhrer an der Spitze. Manfred Wöhrer zeigt seine große Exzellenz bei den Klassikern und damit gleichzeitig in den anspruchsvollen Fächern: Die Sortensiege bei Williams, Marille und Weichsel gehen auch dieses Jahr an ihn, und daher ist der Meisterbrennertitel 2012 auch die logische Folge.

94 Rote-Williams-Birne 2011, 42 Vol.%, € 27,-/0,35 l
Schön gezeichnete, fruchttypische Aromatik, grün-würzig, hell; analog am Gaumen, mit röstigen Noten, zitronig-grünliche Reflexe, pfeffrige Würze im Abgang, ruhig und fein.

93 Mirabelle 2011, 42 Vol.%, € 24,-/0,35 l
Die gelbfruchtigen Aromen der Mirabelle ideal eingefangen, ruhig und tief, Kräuternoten; am Gaumen feine Würze und Schmelz, zwetschkig-schokoladig im Abgang.

93 Quitte 2011, 42 Vol.%, € 34,-/0,35
Finessenreich und authentisch im Duft, ruhig, helle Aromatik neben dunkler Kühle, dropsig; dezent und schokoladig wieder am Gaumen, unterlegt von grünlicher Würze, bleibt schön liegen.

92 Marille 2011, 42 Vol.%, € 29,-/0,35 l
Verführerisch dichte und authentische Fruchtaromatik im Duft, grünlich-grasige Akzente; ebenso dicht, präsent und anhaltend am Gaumen.

92 Traubenkirsche 2011, 42 Vol.%, € 39,-/0,35 l
Dunkle, tiefe, wildwürzige und schokoladige Nase, Marzipan dezent angedeutet; konsequent am Gaumen, Nougat, perfekt ergänzt durch würzig-tabakige, medizinale, teils bittere Noten im Abgang.

92 Zwetschke 2011, 42 Vol.%, € 24,-/0,35 l
Schokoladig-karamellige Aromatik im Duft, Assoziation von Powidl, rauchig-fleischig, sehr transparent, hell und authentisch; am Gaumen sehr frische, röstige, grünliche Struktur und sehr gute Länge.

91 Bockbierbrand 2011, 42 Vol.%, € 24,-/0,35 l
Sehr offenes, frisches, helles Duftbild, tabakig-rauchige Noten und Hopfen angedeutet, süßlich, getreidig; am Gaumen erstaunlich druckvoll, schmelzig und würzig.

Destillate

90 Mandarine 2011, 42 Vol.%, € 39,-/0,35 l
✴ Sehr präsent im Duft, fein differenziert, mit typisch ätherischen Noten, auch fleischig und schokoladig; schön auch am Gaumen, mit ätherischer Würze und guter Länge.

90 Weichsel 2011, 42 Vol.%, € 29,-/0,35 l
✴ Sehr sauber im Duft, die Frucht dezent angedeutet, Assoziation von Maraschino-Likör, Getreide und Schokolade; schöner, sanfter Druck am Gaumen, zart würzig unterlegt.

88 Apfel Gravensteiner 2011, 42 Vol.%, € 24,-/0,35 l
Würzig-nussige Apfelaromen, mit ledrigen und röstigen Anklängen, etwas papierig; konsequent am Gaumen, viel Würze und Kraft, pikante Frische, wieder ledrig-röstig.

88 Vogelbeere 2011, 42 Vol.%, € 53,-/0,35 l
Sehr transparente und typisch ätherische Stilistik im Duft, würzige Noten, Marzipan angedeutet, schokoladig; auch am Gaumen rotfruchtig, Würze, pikante Struktur, wenig finaler Druck.

88 Williamsbirne 2011, 42 Vol.%, € 27,-/0,35 l
Schön verwobene Williamsaromen, mit viel Fruchtsüße und Würze; analog am Gaumen, mit feinem Schmelz und kompakten, grünwürzigen Akzenten.

FERDINAND ZWEIGER

8562 Mooskirchen, Giessenberg 24
T: 03137/23 18
info@zweiger.at
www.zweiger.at

Das Herz dieser Brennerei ist neben dem Brennraum mit seinen drei stattlichen, kupfernen Brennblasen ganz bestimmt der Verkostungsraum. Großzügig und repräsentativ lädt er zum Riechen und Schmecken ein, und wer sich rechtzeitig anmeldet, wird dabei auch fachkundig beraten und geführt. Gelegenheit dazu hat jeder, der von Graz aus Richtung Kärnten fährt, denn von der A2 ist es nur ein Katzensprung zu den Zweigers.

Die ganze Familie Zweiger scheint hier am Hof in der einen oder anderen Form tätig zu sein. Neben der Brennerei betreibt man nämlich auch Obstbau. Wein wird übrigens ebenfalls angebaut und selbst vinifiziert, in den Sorten Weißburgunder, Zweigelt und Schilcher. Bei den Destillaten ist die Auswahl allerdings weit größer und reicht von klassischen Sorten bis zu Exoten wie Banane, Ananas und Mango.

86 Roter-Williams-Brand 2010, 39 Vol.%
Röstige, warme Noten im Duft, etwas buttrig, wenig Frische und Typizität; am Gaumen nicht sehr fokussiert, grünschalige Noten, im Abgang gerbstoffig.

85 Vogelbeerbrand 2010, 39 Vol.%
Eher warme Stilistik, erinnert an Wacholder, nussig-röstig; auch am Gaumen vornehmlich würzig, etwas wenig Druck im Abgang.

83 Erdbeerbrand 2010, 38 Vol.%
Warme, typische Fruchtausprägung, süßlich-marmeladig; am Gaumen grünblättriger und nicht mehr ganz so präsent.

82 Waldhimbeerbrand 2011, 39 Vol.%
Grünliche und zitronige Noten im Duft, hell und ätherisch; ruhige, saftige Noten angedeutet, mit grünwürzigen Noten, etwas trocken und spitz im Abgang.

80 Ananasbrand 2010, 38 Vol.%
Sehr typische Aromen sowohl von grünlichen wie überreifen Früchten; ähnlich am Gaumen, etwas spitz und wenig anhaltend.

80 Bananenbrand 2009, 38 Vol.%
Typisch exotische und grünliche Bananenaromatik, süßlich, erinnert an Kochbanane; zeigt sich am Gaumen nicht sehr fokussiert, eher kurz.

80 Marillenbrand 2010, 39 Vol.%
Reife Marillenaromen im Duft, sehr süßlich; am Gaumen dagegen verliert sich die Frucht zusehends, mittlere Länge.

79 McIntoshbrand 2009, 39 Vol.%
Präsente, typische Apfelaromen im Duft, süßlich, etwas wenig Frische; am Gaumen würzige Noten, Anmutung von Banane und Apfelschale, etwas unruhig und gerbstoffig.

74 Williamsbrand 2010, 39 Vol.%

falstaff

GRÜNER VELTLINER GRAND PRIX

Gesponsert von

NV

Die Niederösterreichische Versicherung

Grüner Veltliner Grand Prix 2012

Grüner Veltliner, Österreichs bedeutendste Rebsorte, liegt voll im Trend. Nicht nur in seiner Heimat, längst auch über die Grenzen Österreichs hinaus ist der Veltliner geschätzt und gefragt. Die Palette seiner Ausdrucksformen reicht vom leichten Heurigenwein bis zum kapitalen Meditationswein, in jeder Kategorie kann der Veltliner zu den Besten zählen. Als besonders klassisch gilt der Grüne Veltliner im Bereich des Kabinettweins, jenem Segment, in dem die Sorte sehr typisch dargestellt werden kann. Dem »Falstaff«-Magazin ist es ein besonderes Anliegen, den Grünen Veltliner in seiner ursprünglichen Sortencharakteristik zu fördern. Es wurde daher vor einigen Jahren der »Grüner Veltliner Grand Prix« ins Leben gerufen, welcher dem Leser ein möglichst klares Bild der Sorte vermitteln soll. Gerade in einer Zeit, in der die moderne Kellertechnik bereits mehr Einfluss zu haben scheint als das Herkunftsgebiet und das Terroir, haben wir uns vorgenommen, den wirklich typischen Grünen Veltlinern eine Bühne zu bieten. Volle Entschleimung der Moste, Reinzuchthefen für spezielle Aromen, Kaltvergärung, kurze Verweildauer im temperaturgesteuerten Edelstahlbehälter und dergleichen mehr haben zu einer Uniformierung der Weißweine geführt, die bereits über die einzelnen Sorten hinausreicht. Veltliner mit Sämling-Noten, Veltliner mit Sauvignon-Blanc-Buketts, rieslinghafte Veltliner, burgundische Veltliner, im Barrique ausgebaute Veltliner – sie mögen alle für sich allein genommen gute Weißweine sein, die durchaus dem Publikumsgeschmack entsprechen. Aber eines haben sie gemeinsam (und wenn sie hundert Mal aus reinen Veltliner-Trauben erzeugt wurden): Sie bieten keine klare Sortentypizität. Wir haben uns daher wieder auf die Suche nach – unserer Meinung entsprechend – vorbildlichen Grünen Veltlinern begeben und nicht nach dem besten »Weißwein aus Grüner-Veltliner-Trauben« gesucht.

Das Fachpanel hat diese Anforderung sehr ernst genommen, und das Ergebnis ist der Beweis dafür. Unterstützt von »Die Niederösterreichische Versicherung« und in Zusammenwirken mit der Landwirtschaftskammer Niederösterreich wurden rund siebzig der höchstbewerteten Weine aus der Sorte Grüner Veltliner der alljährlich durchgeführten NÖ Landesweinkost durch das Falstaff-Panel nachgekostet. Diesen Weinen wurden rund dreißig weitere Weine von sehr renommierten Veltliner-Erzeugern gegenübergestellt. Denn tatsächlich gewinnt der Erfolg eines noch unbekannteren, aber sehr guten Weines an Bedeutung, wenn dieser gegen namhafte Mitbewerber errungen wird. Schon in so manchem Jahr konnte sich ein Vertreter aus dem Pool der Landesweinkost durchsetzen und den ersten Rang belegen.

Von Anfang an haben wir uns für diesen kleinen Führer auf den klassischen Veltlinertyp festgelegt, das heißt, die Weine müssen »extratrocken« ausgebaut sein, dürfen daher keinen Restzuckerwert aufweisen, der vier Gramm je Liter übersteigt. Der tatsächliche Alkoholgehalt ist mit 13 Volumsprozent nach oben gedeckelt. Sowohl Kabinett- als auch Qualitätsweine, die diese Bedingung erfüllen und sich über die Landesweinbewertung qualifizieren, werden in den »Falstaff Grüner Veltliner Guide« aufgenommen, wenn sie auch bei der Falstaff-Probe entsprechende Punkte sammeln. Aus diesem Pool von exakt hundert Weinen sind all jene Weine ausgeschieden worden, die einerseits nicht genügend Punkte erreichen konnten, andererseits all jene, die trotz einer unbestrittenen Qualität von einer Mehrheit der Verkoster als zu wenig oder gar nicht sortentypisch erkannt wurden. Dieses Auswahlverfahren bietet dem Konsumenten die doppelte Sicherheit. Zuerst passiert der Wein die strengen Juroren der amtlichen Kost, dann wird er von den Redakteuren und dem Profipanel auch nach hedonistischen Prinzipien beurteilt. Das gewährleistet dem Konsumenten ein garantiertes Veltlinervergnügen. Jahr für Jahr werden auf diese Art auch unbekannte Winzer entdeckt, in deren Kellern noch unentdeckte Schätze schlummern.

Der »Grüner Veltliner Grand Prix« ist eine Chance für diese Winzer, ihre Weine einem größeren Publikum zu präsentieren. Ein weiterer Vorteil ist die für den Weinfreund angenehm günstige Preisgestaltung, denn Newcomer-Betriebe haben in der Regel börsenfreundliche Tarife. Wir haben auch heuer wieder als kleinen Kundendienst die Ab-Hof-Preise der angeführten Veltliner für Sie erfragt.

FALSTAFF-BEWERTUNGSSCHEMA

★★★★★ Paradebeispiel: Ausgezeichnete Sortenvertreter und überragende Jahrgangsvertreter, die man als Vorzeigeweine für die Sorte Grüner Veltliner bezeichnen und auch international einsetzen kann, um ein Bild der Rebsorte zu vermitteln.

★★★★☆ Hervorragender Sortenvertreter, der über die Sorte keine Zweifel lässt und zusätzlich seine regionale Herkunft (Terroir) ins Spiel bringt. Hier sind der Charakter des Gebietes und die Handschrift des Winzers in gleichem Maß zu spüren.

★★★★ Sehr guter Sortenvertreter des klassischen Typs, vielschichtig und harmonisch, hat Rasse und Würze, ein idealer Speisenbegleiter.

★★★☆ Guter Grüner Veltliner mit klarer Frucht, feiner Würze und Entwicklungsmöglichkeit.

★★★ Guter Grüner Veltliner, hier würde man durchaus ein zweites Glas trinken.

★★☆ Empfehlenswerter Wein mit korrektem Sortencharakter.

DAS PANEL

DI Josef Glatt, Wine MBA, GF Österr. Bundes-Weinbauverein
DI Konrad Hackl, NÖ Landesweinbauverband
Peter Moser, Falstaff-Chefredakteur und Verkostungsleiter
KR Heinz Pecenka, Vinothek DER WEIN, Wien
Ök.-Rat Dipl. (FH) Ing. Josef Pleil, Österreichischer Weinbaupräsident
Dr. Helmut Romé, Falstaff-Gründer

Grüner Veltliner Grand Prix 2012

ÖK.RAT DIPL.-HLFL-ING. JOSEF PLEIL
PRÄSIDENT DES
ÖSTERREICHISCHEN WEINBAUVERBANDES

Der Jahrgang 2011 bringt Kraft, Körper und Fülle ins Glas. Viele Konsumenten suchen aber beim Grünen Veltliner die Frucht, das Säurespiel und eine gewisse Leichtfüßigkeit. Dies zeigt, dass der Jahrgang gar nicht so einfach zu bewältigen war. Trotzdem ist es wieder gelungen, perfekte Vertreter unserer Hauptsorte auszusuchen und vorzustellen.

Herzliche Gratulation den heurigen Siegerwinzern und allen Teilnehmern an der Verkostung. Während wir die großen 2011er verkosten, müssen wir aber bereits zur Kenntnis nehmen, dass die 2012er-Weine durch extreme Spätfröste sehr dezimiert wurden.

Haushalten ist daher auf allen Ebenen angesagt! Wein, speziell Grüner Veltliner, bleibt knapp. Das Naturprodukt Wein ist eben nicht beliebig herstellbar oder nachzubeschaffen. Gerade bei solchen hochwertigen Verkostungen wird einem das immer wieder bewusst.

Herzlichen Glückwunsch den ausgezeichneten Betrieben und herzlichen Dank dem Falstaff-Team für die Durchführung dieses Grand Prix. Allen Gästen der »Falstaff Grüner Veltliner Gala« und Freunden des Grünen Veltliners wünsche ich einige frohe Stunden beim Wein!

Kompromisslose Qualität als Schlüssel zum Erfolg – beim Wein und bei der NV

DR. HUBERT SCHULTES
GENERALDIREKTOR DER
NIEDERÖSTERREICHISCHEN VERSICHERUNG AG

Sie fragen sich vielleicht: Was hat ein Versicherungsunternehmen wie das unsere mit Wein zu tun? Die Antwort ist so einfach wie vielschichtig. Einer der Gründe für unser Engagement ist die Qualitätsoffensive der österreichischen Winzer, die in den letzten Jahren so hervorragende, im internationalen Vergleich an der Spitze liegende und vielfach ausgezeichnete Weine hervorgebracht hat. Es zeigt sich, dass der kompromisslose Anspruch an Qualität, aber auch Kundenorientierung, Einsatzbereitschaft und der Wille zum Erfolg Früchte tragen. Und das zeichnet nicht nur die österreichischen Winzer aus, sondern auch die Niederösterreichische Versicherung und ihre Mitarbeiter.

Die Niederösterreichische Versicherung legt ihr Hauptaugenmerk auf eine starke Präsenz in den Regionen, innovative Produktgestaltung sowie auf engagierte und bestens ausgebildete Mitarbeiter mit Kompetenz und hoher Dienstleistungsqualität. Die Produktpalette reicht von der altbewährten Feuerversicherung über Eigenheim-, Haushalts- und Betriebsversicherungen bis zu Versicherungen im Weinbau-, Agrar- und Gewerbebereich.

Viele der Winzer sind auch Kunden der NV, und mit unserer Unterstützung wollen wir unserem Anspruch auf partnerschaftliche Zusammenarbeit gerecht werden.

Gerade der NV – als verlässlicher Partner Niederösterreichs – ist es immer wieder ein besonderes Anliegen, die Kultur in unserem Land zu unterstützen und zu fördern. Und dass Wein eines der größten Kulturgüter ist, die Niederösterreich zu bieten hat, ist wohl unbestritten.

Wir wünschen Ihnen viele schöne und genussvolle Stunden mit unseren ausgezeichneten österreichischen Weinen!

Die Sieger 2012

Grüner Veltliner Grand Prix 2012

★★★★★

1. GRAND-PRIX-SIEGER 2012
Grüner Veltliner Wechselberg 2011
Weingut Birgit Eichinger
Langenloiser Straße 365, 3491 Straß
T: 02735/56 48, www.weingut-eichinger.at

12,9 %, NK, mittleres Grüngelb. Feine Birnenfrucht, mit gelbem Apfel unterlegt, zarte Kräuterwürze. Mittlere Komplexität, gelbe Frucht, dezenter Säurebogen, ausgewogen, bereits gut antrinkbar, Orangen im Nachhall. € 9,50

2. GRAND-PRIX-SIEGER 2012 ex aequo
Grüner Veltliner Kremstal DAC Frauengrund 2011
Winzerhof Familie Dockner
Ortsstraße 30, 3508 Höbenbach
T: 02736/72 62, www.dockner.at

13 %, DV, helles Grüngelb. Einladende gelbe Tropenfruchtanklänge, ein Hauch von Ananas, feine Kräuterwürze. Stoffig, elegante Textur, angenehme Fruchtsüße, harmonisch, zitronige Nuancen im Abgang, vielseitiger Speisenbegleiter. € 6,50

2. GRAND-PRIX-SIEGER 2012 ex aequo
Grüner Veltliner Kremstal DAC Kremser Weingärten 2011
Weingut Josef Schmid
Obere Hauptstraße 38, 3552 Stratzing
T: 02719/82 88, www.j-schmid.at

13 %, DV, mittleres Grüngelb. Feine gelbe Apfelfrucht, Nuancen von Blütenhonig, mit feinen Wiesenkräutern unterlegt. Saftig, gelbe Frucht, angenehme Extraktsüße, von einer guten Säurestruktur getragen, bleibt gut haften, mineralischer Nachhall, gutes Entwicklungspotenzial. € 8,25

★★★★★

Weinviertel DAC 2011
Weinbau Bauer
Hauptstraße 26, 2251 Ebenthal
T: 02538/856 51, www.derweinbauer.at
12,9 %, DV, mittleres Grüngelb. Zarter gelber Apfel, ein Hauch von Ananas, ein Hauch von Wiesenkräutern. Mittlerer Körper, weiße Frucht, frischer Säurebogen, zitronig im Nachhall, ein vielseitiger Speisenbegleiter mit Potenzial. € 5,–

Weinviertel DAC Alte Rebe 2011
Weingut Zimmerl
2061 Untermarkersdorf 68
T: 0676/725 55 68, www.wein-zimmerl.at
12,6 %, DV, mittleres Grüngelb. Tabakig unterlegt, ein Hauch von Mandarinen, feiner Heublumentouch. Saftig, weiße Steinobstfrucht, lebendiger Säurebogen, zitronige Nuancen im Abgang, trinkanimierende Stilistik. € 5,50

Grüner Veltliner Kies 2011
Weingut Kurt Angerer
Annagasse 101, 3552 Lengenfeld
T: 0676/430 69 01, www.kurt-angerer.at
12,5 %, DV, helles Grüngelb. Feine gelbe Tropenfrucht, ein Hauch von Orangenzesten, angenehme Kräuterwürze, etwas Lindenblüten. Rund und elegant, feiner Honigtouch, bleibt gut haften, ein vielseitiger Speisenbegleiter. € 7,80

Grüner Veltliner Steinberg 2011
Weinbau Karl Fritsch
Oberstockstall 24, 3470 Kirchberg/Wagram
T: 02279/50 37, www.fritsch.cc
12,9 %, DV, mittleres Grüngelb. Ein Hauch von Lindenblüten, gelbe Apfelfrucht, zarter Honigtouch. Saftig, elegante Textur, feiner Säurebogen, gelbe Frucht im Nachhall, mineralischer Touch, guter Speisenbegleiter. € 9,50

Grüner Veltliner Federspiel Achleiten 2011
Weingut Holzapfel
Joching 36, 3610 Weißenkirchen
T: 02715/23 10, www.holzapfel.at
12,5 %, DV, mittleres Grüngelb. Zarte Kräuterwürze, ein Hauch von Blütenhonig, gelbe Tropenfrucht klingt an, feuchte Heublumen. Mittlere Komplexität, weiße Frucht, feine Säurestruktur, zitroniger Touch im Abgang, hat Potenzial. € 11,50

Grüner Veltliner Wild Wux 2011
Weingut Geyerhof
Oberfucha 1, 3511 Furth/Göttweig
T: 02739/22 59, www.geyerhof.at
13 %, DV, mittleres Grüngelb. Feine reife Apfelfrucht, feine Wiesenkräuter, ein Hauch von Blütenhonig. Saftig, feinfruchtig, finessenreiche Säurestruktur, bleibt gut haften, extraktsüßer Nachhall, vielseitig einsetzbar. € 12,–

★★★★☆

Grüner Veltliner 2011
Weingut Walzl
Hochstraße 9, 2221 Groß Schweinbarth
T: 0676/629 98 00, www.weingutwalzl.at
13 %, DV, helles Grüngelb. Feiner Blütenhonig, zarte gelbe Frucht nach Babybanane, frische Wiesenkräuter. Balanciert, mittlerer Körper, etwas Steinobst, dezenter Säurebogen, zitroniger Touch, unkomplizierter Stil. € 3,80

Grüner Veltliner Wahre Wonne 2011
Weingut Humer
3473 Mühlbach 20a
T: 02957/328, www.weingut-humer.at
13 %, DV, helles Grüngelb. Feine weiße Steinobstklänge, floraler Touch, ein Hauch von Mandarinenzesten. Saftig, elegant, zart nach Marille, mittlere Länge, weiße Frucht im Nachhall. € 4,60

Weinviertel DAC 2011
Weingut Günter Wenzl
Hauptstraße 22, 2243 Matzen
T: 02289/22 81, www.wenzlwein.com
12,8 %, DV, mittleres Grüngelb. Ein Hauch von Steinobst, Orangenzesten klingen an, mineralischer Touch. Saftig, mittlerer Körper, zitroniger Touch, zart nach Pfirsich im Finish, bietet unkompliziertes Trinkvergnügen. € 5,–

Grüner Veltliner Kremstal DAC Steingraben 2011
Weingut und Heuriger Buchecker
Weinbergstraße 11, 3494 Gedersdorf
T: 0664/232 24 36, www.buchecker.at.tf
12,7 %, DV, helles Grüngelb. Reife gelbe Frucht, zart nach Mango, ein Hauch von Zitruszesten klingt an. Saftige, gelbe Frucht nach Ananas, mittlerer Körper, dezenter Säurebogen, Honigmelone im Nachhall. € 5,50

Grüner Veltliner Grand Prix 2012

Grüner Veltliner 2011
Weingut Glatzer
Rosenbergstraße 5, 2464 Göttlesbrunn
T: 02162/84 86, www.weingutglatzer.at
12,8 %, DV, mittleres Gelbgrün. Mit zartem Blütenhonig unterlegte gelbe Apfelfrucht, feine Wiesenkräuter. Mittlerer Körper, mineralischer Touch, weiße Frucht, zart nach Bauernbirnen im Nachhall, trinkfreudiger Stil. € 5,50

Grüner Veltliner Holzgasse 2011
Weingut Walter Buchegger
Droß 300, 3552 Droß
T: 02719/300 56, www.buchegger.at
12,5 %, DV, mittleres Grüngelb. Zart nach gelbem Apfel, ein Hauch von Honigmelone, feine Kräuterwürze, mineralisch. Saftig, elegant, feine Steinobstnoten, frische Struktur, dunkler mineralischer Touch im Nachhall, zitroniger Touch im Abgang, salzig im Rückgeschmack. € 7,–

Grüner Veltliner Federspiel Steiger 2011
Weingut Josef Fischer
Marktplatz 58, 3602 Rossatz
T: 02714/62 29, www.huchenfischer.at
12,9 %, DV, mittleres Grüngelb. Etwas verhalten, ein Hauch von gelbem Apfel, tabakige Nuancen. Saftig, weiße Frucht, elegante Textur, frisch und trinkanimierend, zitroniger Touch im Nachhall, gutes Entwicklungspotenzial. € 7,–

Grüner Veltliner Gobelsburger Messwein 2011
Schloss Gobelsburg
Schlossstraße 16, 3550 Gobelsburg
T: 02734/24 22, www.gobelsburg.at
12,5 %, DV, mittleres Grüngelb. Feiner gelber Apfelton, ein Hauch von Birnen, mit zarten Wiesenkräutern unterlegt. Saftig, Nuancen von Mango, extraktsüßer Kern, feine Säurestruktur, ein unkomplizierter Speisenbegleiter. € 7,90

Weinviertel DAC 2011
Weingut Zull
2073 Schrattenthal 9
T: 02946/82 17, www.zull.at
13 %, DV, mittleres Grüngelb. Feine Nuancen von gelbem Apfel, ein Hauch von Orangenkonzentrat, rauchig-mineralisches Bukett. Saftig, gute Komplexität, gelbe Frucht, mit angenehmer Süße unterlegt, ein vielseitiger Speisenbegleiter. € 7,90

Grüner Veltliner Kremstal DAC 2011
Winzerwaldhof Aschauer
Droßeramt 4, 3552 Droß
T: 0664/117 52 75, www.aschauerwein.at
13 %, DV, mittleres Grüngelb. Feine gelbe Apfelfrucht, zart nach Orangenzesten, feine Wiesenkräuter, mineralischer Touch. Saftig, elegante Textur, zart nach Birnen, frischer Säurebogen, zitroniger Anklang, extraktsüßer Abgang, gutes Entwicklungspotenzial. € 8,–

Grüner Veltliner »Claus« 2011
Weingut Jäger
Kremser Straße 1, 3610 Weißenkirchen 1
T: 02715/25 35, www.weingut-jaeger.at
12,7 %, DV, mittleres Grüngelb. Verhalten, zart nach Steinobst, mit weißer Apfelfrucht unterlegt, mineralische Nuancen. Straff, knackig, lebendige Säurestruktur, salzige Nuancen auch im Finish, guter Speisenbegleiter. € 9,–

Grüner Veltliner Stoa 2011
Weingut Ludwig Neumayer
Dorfstraße 37, 3130 Inzersdorf ob der Traisen
T: 02782/829 85, www.weinvomstein.at
12,9 %, DV, mittleres Grüngelb. Feine Nuancen von reifer Birnenfrucht, ein Hauch von Kräutern und Blütenhonig. Mittlere Komplexität, gelbe Frucht, frischer Säurebogen, wirkt schon gut entwickelt. € 10,50

Grüner Veltliner Kremstal DAC Wieden & Berg 2011
Weingut Salomon Undhof
Undstraße 10, 3500 Stein/Donau
T: 02732/832 26, www.salomonwines.com
12,5 %, DV, helles Grüngelb. Zart rauchig-mineralisch unterlegte gelbe Steinobstnote, zart nach Blütenhonig, attraktives Bukett. Saftig, frische Säurestruktur, ein Hauch von Maracuja, ein rassiger Speisenbegleiter, verfügt über Zukunftspotenzial. € 10,90

Weinviertel DAC Weißer Berg 2011
Weingut Taubenschuss
Körnergasse 2, 2170 Poysdorf
T: 0676/703 53 28, www.taubenschuss.at
12,3 %, DV, helles Grüngelb. Feine weiße Frucht, angenehmer Zitrustouch, zarte Extraktsüße, frische Wiesenkräuter. Saftig, frisch und knackig, lebendige Säurestruktur, zitroniger Touch im Abgang, mineralischer Nachhall. € 7,90

★★★★

Grüner Veltliner Classic 2011
Weingut Groiss
Kleinwiesendorf 24, 3701 Großweikersdorf
T: 02955/702 34, www.weingutgroiss.at
12,1 %, DV, mittleres Grüngelb. Einladende, intensive

Steinobstnoten, ein Hauch von Marille, fast rotbeerige Anklänge. Saftig, süße Honigmelone, dezenter Säurebogen, angenehme Fruchtsüße im Abgang. € 4,50

Grüner Veltliner Kremstal DAC Frauengrund 2011
Wein- und Obstbau Rennhofer
Theyernerstraße 12, 3508 Höbenbach
T: 02736/75 02, www.wein-rennhofer.at
12,5 %, DV, mittleres Grüngelb. Zart nach frischer Birne, ein Hauch von Wiesenkräutern, mineralisch unterlegt. Saftig, gute Balance, süße Frucht, feiner Säurebogen, ein charmanter Speisenbegleiter, Apfel im Rückgeschmack. € 5,–

Weinviertel DAC 2011
Weingut Schamböck
Wiener Straße 11, 2211 Pillichsdorf
T: 02245/65 67, www.schamboeck.at
13 %, DV, mittleres Grüngelb. Zart mineralisch unterlegte gelbe Apfelfrucht, Grapefruitzesten, weiße Tropenfrucht. Mittlere Komplexität, weiße Frucht, lebendige Säurestruktur, grüner Apfel im Nachhall. € 5,20

Weinviertel DAC 2011
Weingut Breitenfelder
Kleinriedenthal 3, 2074 Kleinriedenthal
T: 02942/29 53, www.weingut-breitenfelder.at
12,5 %, DV, mittleres Grüngelb. Intensive gelbe Tropenfruchtanklänge, Limettenzesten, feine Kräuterwürze. Saftig, elegant, zart nach Marille, feiner Säurebogen, dezente Fruchtsüße im Abgang, zart salzig im Nachhall. € 5,80

Weinviertel DAC Vordere Bergen 2011
Weingut Öhler
Hochstraße 13, 2221 Groß Schweinbarth
T: 02289/26 85, www.weingut-oehler.at.tf
12,7 %, DV, helles Grüngelb. Zart rauchig unterlegt, Nuancen von Orangenkonzentrat, feine Kräuterwürze. Saftig, elegant, angenehme Extraktsüße, dezenter Säurebogen, gelber Apfel im Rückgeschmack. € 5,90

Grüner Veltliner Ursprung 2011
Weinhof Ulzer
3484 Seebarn
T: 0676/745 83 10, www.weinhof-ulzer.at
13 %, DV, mittleres Gelbgrün. Zart nussig unterlegte reife Tropenfrucht, ein Hauch von Kräuterwürze, ein Hauch von Blütenhonig. Saftig, feine Steinobstnoten, dezente Fruchtsüße, feiner Säurebogen, gelbe Frucht im Nachhall. € 6,–

Grüner Veltliner Satzen 2011
Weingut Josef Schmid
Obere Hauptstraße 38, 3552 Stratzing
T: 02719/82 88, www.j-schmid.at
12,8 %, DV, mittleres Grüngelb. Feine gelbe Apfelfrucht, zarter Blütenhonig, einladendes Bukett. Saftig, gute Komplexität, frischer Säurebogen, zitronige Nuancen, mineralischer Nachhall, trinkanimierender Stil. € 6,25

Grüner Veltliner Federspiel Kirnberg 2011
Weingut Sigl
3602 Rossatz 175
T: 02714/63 02, www.winzerhof-sigl.at
13 %, DV, helles Grüngelb. Mit zarter Kräuterwürze unterlegte gelbe Tropenfruchtanklänge, zarte tabakige Noten. Mittlere Komplexität, weiße Frucht, gut unterlegte Säurestruktur, zart nach Mango im Abgang, guter Speisenwein. € 6,50

Grüner Veltliner Weinberge – Pfaffenberg 2011
Weingut Brandl
Lauserkellergasse 1, 3561 Zöbing
T: 02734/26 35
www.weingut-brandl.at
12,5 %, DV, mittleres Grüngelb. Feine gelbe Frucht, mit zarter Kräuterwürze unterlegt, mineralische Nuancen. Weiße Frucht, lebendige Säurestruktur, zitronige Nuancen, bleibt gut haften, verfügt über Entwicklungspotenzial. € 7,–

Grüner Veltliner Göttweiger Berg 2011
Weingut Malat
Lindengasse 27, 3511 Palt
T: 02732/829 34, www.malat.at
12,5 %, DV, mittleres Grüngelb. Rauchig-würzig unterlegte frische Apfelfrucht, frische Wiesenkräuter, ein Hauch von Orangenzesten. Saftig, feine gelbe Frucht, frischer Säurebogen, leichtfüßig und trinkanimierend, gute Mineralik im Abgang. € 7,–

Weinviertel DAC Gollitschen 2011
glaser&glaser winemaker
Znaimer Straße 13, 2070 Retz
T: 02942/26 36 36, www.glaserwein.at
13 %, DV, mittleres Gelbgrün. Reife gelbe Apfelfrucht, wirkt bereits entwickelt, zart mit Steinobst unterlegt. Feine Steinobstnuancen, etwas Marille, weicher Kern, wirkt etwas zerfließend, Birnen im Rückgeschmack. € 8,–

Grüner Veltliner Grand Prix 2012

☆★★★★ | ★★★☆

Grüner Veltliner Kamptal DAC Spiegel 2011
Weingut Hiedler
Am Rosenhügel 13, 3550 Langenlois
T: 02734/24 68, www.hiedler.at
12,9 %, DV, mittleres Grüngelb. Feiner Blütenhonig, gelbe Steinobstklänge, mit frischen Wiesenkräutern unterlegt. Feiner Anklang von Quitten, rund und elegant, feiner Säurebogen, zart nach Mango, extraktsüßer Nachhall. € 8,–

Weinviertel DAC Käferberg K2 2011
Weingut Weilinger
Hauptstraße 74, 2264 Jedenspeigen
T: 0664/253 46 36, www.weilinger-wein.at
12,8 %, DV, helles Grüngelb. Feinwürzig unterlegte grüne Apfelfrucht, florale Nuancen, mineralischer Touch. Mittlere Komplexität, zitronige Noten, angenehme Extraktsüße, guter Speisenbegleiter. € 8,–

Grüner Veltliner Kamptal DAC Stein 2011
Weingut Jurtschitsch Sonnhof
Rudolfstraße 39, 3550 Langenlois
T: 02734/21 16, www.jurtschitsch.com
12,9 %, DV, helles Grüngelb. Feine gelbe Apfelfrucht, zart nach Mango, tabakige Nuancen, mit Wiesenkräutern unterlegt. Eleganter Körper, ausgewogen, feiner Säurebogen, zarte Extraktsüße im Finish. € 8,60

Grüner Veltliner Klassik 2011
Weingut Leth
Kirchengasse 6, 3481 Fels/Wagram
T: 02738/22 40, www.weingut-leth.at
12,8 %, DV, helles Grüngelb. Frische Birne, zarte Kräuterwürze, gelbe Tropenfruchtanklänge mit Mango unterlegt. Saftig, elegant, feine Extraktsüße, frische Säurestruktur, zitronige Nuancen, ein vielseitiger Speisenwein. € 8,90

Grüner Veltliner Obere Steigen 2011
Weingut Markus Huber
Weinriedenweg 13, 3134 Reichersdorf
T: 02783/829 99, www.weingut-huber.at
12,8 %, DV, helles Grüngelb. Attraktive frische gelbe Apfelfrucht, zart nach Blütenhonig, mit feinen Wiesenkräutern unterlegt. Gute Komplexität, feine Extraktsüße, frische Struktur, feiner zitroniger Anklang im Abgang, mineralisch, gutes Entwicklungspotenzial. € 9,30

Grüner Veltliner Senftenberger Piri 2011
Wein-Gut Nigl
Kirchenberg 1, 3541 Senftenberg
T: 02719/26 09, www.weingutnigl.at
12,5 %, DV, helles Grüngelb. Feine weiße Apfelfrucht, zarte

Wiesenkräuter, mineralischer Touch. Saftig, angenehme Extraktsüße, feine Würze, frischer Säurebogen, grüner Apfel im Nachhall. € 10,30

Grüner Veltliner Mitterweg 2011
Weingut Hellmer
Obere Marktstr. 46, 3481 Fels
T: 02738/31 49, www.winzer-hellmer.at
13 %, DV, mittleres Gelbgrün. Feine Nuancen von Orangenzesten, ein Hauch von Steinobst, zart nach Dörrobst. Saftig, süßer Kern, etwas zerfließend, reife gelbe Frucht im Nachhall, dezenter Honigtouch im Abgang. k. A.

★★★☆

Grüner Veltliner Klassik 2011
Wegenstein GmbH
IZ NÖ Süd Str. 3 Obj. 16, 2355 Wiener Neudorf
T: 02236/600 62 00, www.wegenstein.at
11,9 %, DV, helles Grüngelb. Zarter Hauch von Marille, dezente Kräuterwürze, Orangenzesten. Saftig, weiße Frucht, zitroniger Touch, mineralisch, frisch und lebendig, salziger Touch im Abgang. € 4,49

Grüner Veltliner Sommertraum 2011
Weingut Fleckl
Hauptstraße 30, 2263 Waidendorf
T: 02538/852 81, www.weingut-fleckl.at
11,5 %, DV, helles Grüngelb. Reife gelbe Apfelfrucht, zart nach Steinobst, ein Hauch von Orangenzesten. Saftig, feinfruchtig, grüner Apfel, feiner Säurebogen, zitronige Nuancen, zarte pfeffrige Nuancen, süßer Fruchtnachhall. € 4,80

Grüner Veltliner Classic 2011
Winzerfamilie Stefan Krottendorfer
Granitz 19, 3743 Röschitz
T: 02984/239 49
www.stefankrottendorfer.at
12,9 %, DV, mittleres Grüngelb. Reife Birnenfrucht, zart nach Babybanane, dezenter Honigtouch, ein Hauch von Wiesenkräutern. Mittlerer Körper, weiße Frucht, zitroniger Touch, feiner Karamelltouch im Abgang. € 4,80

Grüner Veltliner Herrentrost 2011
Weingut Tanzer
Thallerner Hauptstraße 1, 3506 Krems-Thallern
T: 0676/520 46 26, www.tanzer.at
12,2 %, DV, mittleres Grüngelb. Gelbe Frucht, zart nach Orangenkonzentrat, feine nussige Aromen, ein Hauch von

Kräuterwürze. Frisch strukturiert, grüner Apfel, dunkle Mineralik im Abgang, zitronige Nuancen im Rückgeschmack. € 4,80

Weinviertel DAC 2011
Weingut Epp
Hauptstraße 18, 2263 Waidendorf
T: 02538/854 87, www.weingut-epp.at
12,2 %, DV, mittleres Grüngelb. Eher verhalten, zart nach gelber Tropenfrucht, feiner Blütenhonig klingt an. Saftig, weiße Frucht, zart nach grünem Apfel, rassig strukturiert, zitronig und trinkanimierend, unkomplizierter Speisenbegleiter. € 5,–

Grüner Veltliner Steinmauer 2011
Weingut Müller (Tassilo)
Hollenburgerstraße 12, 3508 Krustetten
T: 02739/26 91, www.weingutmueller.at
12,5 %, DV, mittleres Grüngelb. Feine gelbe Apfelfrucht, ein Hauch von Birnen, zart tabakige Nuancen. Balancierte, feine Steinobstanklänge, finessenreicher Säurebogen, zitroniger Touch, unkompliziert und ausgewogen. € 5,10

Weinviertel DAC 2011
Winzerhof Rögner
Kurze Zeile 62, 2212 Großengersdorf
T: 02245/886 47, www.winzerhof-roegner.at
12,1 %, DV, helles Grüngelb. Zarte blättrige Würze, ein Hauch von Stachelbeeren, verhaltenes Bukett. Saftig, feine Noten von Honigmelonen, elegant, feiner Säurebogen, unkomplizierter Essensbegleiter. € 5,20

Grüner Veltliner Kamptal DAC Sachsenberg 2011
Weingut Baumgartner
Schlossstraße 66, 3550 Gobelsburg
T: 02734/21 27, www.baumgartner-weine.at
12,3 %, DV, helles Grüngelb. Frische Orangenzesten, ein Hauch von Honig, Heublumen klingen an. Mittlerer Körper, zart nach Honigmelonen, ausgewogen, frischer Säurebogen, bietet unkompliziertes Trinkvergnügen. € 5,40

Grüner Veltliner Klassik 2011
Weingut Josef Fritz
Ortsstraße 3, 3701 Zaussenberg
T: 02278/25 15, www.weingut-fritz.at
12,4 %, DV, mittleres Grüngelb. Feine nussige Anklänge, mit gelber Apfelfrucht unterlegt, feine Orangenzesten. Saftig, elegant, frisch, knackige Textur, zitroniger Touch, trinkanimierender Stil, feine Frucht im Nachhall. € 5,50

Grüner Veltliner Poysdorfer Saurüssel 2011
Gut-Kellerstoeckl
Winterzeile 15, 2170 Ketzelsdorf
T: 0664/131 80 27
www.gut-kellerstoeckl.at
11,5 %, DV, mittleres Grüngelb. Feine Nuancen von Honigmelone, zarte Orangenzesten, Anklänge von Pfirsich. Mittlere Komplexität, weiße Frucht, zitroniger Anklang, frisch strukturiert, mittlere Länge, unkomplizierter Speisenbegleiter. € 5,50

Grüner Veltliner Traisental DAC Urgestein 2011
Winzerhof Erber
Unterer Markt 10, 3124 Oberwölbling
T: 02786/23 76, www.winzerhof-erber.com
12,5 %, DV, helles Grüngelb. Zart floral, grüne Apfelfrucht, ein Hauch von Kräuterwürze. Saftig, weiße Frucht, lebendige Struktur, mittlere Länge, dezente Süße im Nachhall, vielseitig einsetzbar. € 5,80

Grüner Veltliner Kamptal DAC Spiegel 2011
Weingut Rabl
Weraingraben 10, 3550 Langenlois
T: 02734/23 03, www.weingut-rabl.at
12,8 %, DV, mittleres Grüngelb. Zart rauchig unterlegt feine gelbe Apfelfrucht, zart nach Wiesenkräutern, ein Hauch von Orangenzesten. Wieder nach gelber Frucht, harmonisch, feiner Säurebogen, dezente Extraktsüße im Abgang, ein vielseitiger Speisenbegleiter. € 5,90

Weinviertel DAC Ried Fürstenberg 2011
Weinbau Haller
Schulgasse 5, 2202 Enzersfeld
T: 0676/529 95 35, www.weinbau-haller.at
13 %, DV, mittleres Gelbgrün. Zart floral unterlegte gelbe Tropenfruchtanklänge, feine Kräuterwürze. Weiße Fruchtnote, mittlerer Körper, feiner Säurebogen, zitroniger Touch im Abgang, mineralisches Finale. € 6,–

Grüner Veltliner Antlasbergen 2011
Weingut Puhwein
2024 Mailberg 78
T: 0676/569 60 51, www.puhwein.at
12,5 %, DV, helles Grüngelb. Zart tabakig unterlegte reife Birnenfrucht, ein Hauch von gelbem Apfel, frische Wiesenkräuter. Mittlerer Körper, weiße Frucht, frischer Säurebogen, zitroniger Touch, bleibt gut haften. € 6,–

Grüner Veltliner Grand Prix 2012

★★★★ | ☆★★★

Weinviertel DAC 2011
Weingut Späth
Poysdorfer Straße 121, 2143 Großkrut
T: 0664/401 97 58, www.weingut-spaeth.at
12,8 %, DV, helles Grüngelb. Einladende gelbe Apfelfrucht, zart nach frischer Birne, dezente tabakige Nuancen. Elegant, ausgewogen, feiner Säurebogen, bietet unkompliziertes Trinkvergnügen. € 6,–

Weinviertel DAC Premium 2011
Urlaubs-Weingut Kriegl
Kirchengasse 6, 2261 Mannersdorf/March
T: 02283/23 12, www.weingut-kriegl.at
13 %, DV, mittleres Grüngelb. Zart nach Weingartenpfirsich, angenehme florale Noten, gelber Apfel. Mittlerer Körper, ausgewogen, etwas weitmaschig, zarte Birnenfrucht im Nachhall, unkomplizierter Speisenbegleiter. € 6,50

Grüner Veltliner Löss 2011
Weingärtnerei Aichinger
Hauptstraße 15, 3562 Schönberg
T: 02733/82 37, www.wein-aichinger.at
13 %, DV, helles Grüngelb. Frische grüne Apfelfrucht, Zitruszesten, dezenter Blütenhonig. Saftig, zart nach Honigmelone, feiner Säurebogen, appetitlicher Stil, zitroniger Nachhall. € 6,80

Weinviertel DAC Hermannschachern 2011
Weingut Neustifter
Laaerstraße 10, 2170 Poysdorf
T: 02552/34 35, www.weingut-neustifter.at
13 %, DV, mittleres Grüngelb. Eher verhalten, zarte Kräuterwürze, tabakig, feiner Zitrustouch. Saftig, weiche Textur, zart nussiger Anklang, süße gelbe Tropenfrucht im Abgang, insgesamt etwas weich. € 6,90

Weinviertel DAC Ebenthaler Lagen 2011
Weingut Herbert Zillinger
Hauptstraße 17, 2251 Ebenthal
T: 0676/724 29 60, www.zillingerwein.at
12,5 %, DV, mittleres Grüngelb. Ein Hauch von Honigmelone, zarte Wiesenkräuter, Nuancen von Banane. Balanciert, feine Textur, dezente Fruchtsüße, lebendiger Säurebogen, weiße Apfelfrucht im Abgang, ein unkomplizierter Speisenbegleiter. € 7,30

Weinviertel DAC Stift Altenburg 2011
Weingut Stift Altenburg
Winzerstraße 46, 3743 Röschitz
T: 02984/27 65, www.weingutstiftaltenburg.com
12,8 %, DV, mittleres Grüngelb. Feine Apfelfrucht, zart rauchige Würze, dezente Wiesenkräuter klingen an. Mittlere Komplexität, saftig, zarte gelbe Frucht, gut integrierte Säurestruktur, bleibt ganz gut haften, balancierter Speisenbegleiter. € 7,90

Weinviertel DAC Gaisrupp 2011
Weingut Hahn
Marktplatz 13, 2223 Hohenruppersdorf
T: 0664/242 95 90, www.weinguthahn.at
13 %, DV, mittleres Grüngelb. Reife gelbe Tropenfrucht, zarte Wiesenkräuter, feine Nuancen von Honigmelone. Feine weiße Frucht, zitronige Nuancen, ausgewogen, zitronige Anklänge, mineralischer Nachhall. € 8,–

Grüner Veltliner Loibner Gärten 2011
Weingut Familie Schmelz
Weinbergstraße 14, 3610 Joching
T: 02715/24 35, www.schmelzweine.at
12,9 %, DV, mittleres Grüngelb. Mit feinen Wiesenkräutern unterlegte zarte gelbe Tropenfrucht, etwas Mango, tabakige Würze. Saftig, gute Komplexität, reife gelbe Apfelfrucht, gut integrierter Säurebogen, bereits harmonisch, ein vielseitiger Speisenbegleiter. € 8,90

Grüner Veltliner Kremstal DAC Weinzierlberg 2011
Weingut Stadt Krems
Stadtgraben 11, 3500 Krems
T: 02732/80 14 41, www.weingutstadtkrems.at
12,5 %, DV, mittleres Grüngelb. Eher verhalten, zarte weiße Apfelfrucht, frische Wiesenkräuter. Mittlerer Körper, angenehme Extraktsüße, feiner Säurebogen, zitroniger Touch im Abgang, guter Essensbegleiter. € 9,90

Weinviertel DAC Classic 2011
Weingut Taubenschuss
Körnergasse 2, 2170 Poysdorf
T: 0676/703 53 28, www.taubenschuss.at
12,5 %, DV, mittleres Grüngelb. Feine Kräuterwürze, weiße Tropenfrucht klingt an, ein Hauch von Grapefruitzesten. Frisch, zarte Nuancen von Stachelbeeren, zitronige Nuancen, trinkanimierender Stil, frischer Abgang. € 6,–

★★★

Grüner Veltliner 2011
EHM-WEINE
Hauptstraße 25, 2263 Waidendorf
T: 02538/83 95, www.ehm-weine.at
12,5 %, DV, mittleres Gelbgrün. Nussiger Touch, mit frischer

Birnenfrucht unterlegt, ein Hauch von Wiesenkräutern. Saftig, angenehme Extraktsüße, balanciert, lebendige Säurestruktur, zitroniger Touch im Nachhall. € 4,40

Weinviertel DAC 2011
Weingut Huber
Ringgasse 236, 2184 Hauskirchen
T: 0699/12 36 37 99
13 %, DV, helles Grüngelb. Fast rieslinghafte Steinobstanklänge, Noten von Marille und Weingartenpfirsich, zitronige Nuancen, dunkle Mineralik. Mittlerer Körper, weiße Frucht, rassig strukturiert, zitroniger Touch im Abgang. € 5,–

Grüner Veltliner Selektion 2011
Weingut Müller
Hollenburger Straße 12, 3508 Krustetten
T: 02739/26 91, www.weingutmueller.at
12 %, DV, helles Grüngelb. Feine gelbe Apfelfrucht, ein Hauch von Blütenhonig, zarte Wiesenkräuter. Saftig, frisch, feine weiße Frucht, lebendiger Säurebogen, frisch und trinkanimierend, ein vielseitiger Speisenbegleiter. € 5,20

Grüner Veltliner 2011
Weingut Fleckl
Hauptstraße 30, 2263 Waidendorf
T: 02538/852 81, www.weingut-fleckl.at
11,7 %, DV, mittleres Grüngelb. Feine gelbe Frucht, zarter Blütenhonig, dezente Kräuterwürze. Saftig, weiße Frucht, zitroniger Touch, mineralisch, trinkanimierender Stil. € 5,40

Grüner Veltliner 2011
Weingut Hahn
Marktplatz 13, 2223 Hohenruppersdorf
T: 0664/242 95 90, www.weingutthahn.at
11,7 %, DV, helles Grüngelb. Florale Nuancen, weiße Tropenfruchtanklänge, feine Noten von Grapefruitzesten. Saftig, elegant, frischer Säurebogen, zitroniger Touch, vielseitiger Essensbegleiter. € 5,40

Grüner Veltliner Kremser Weinzierlberg Selektion 2011
Weingut Tauchner
Weinzierl 28, 3500 Krems
T: 02732/796 68, www.tauchnerwein.at
12,8 %, DV, mittleres Grüngelb. Zart blättrig unterlegte gelbe Tropenfrucht, ein Hauch von Steinobst. Saftig, frisch, exotische Fruchtnuancen, ein Hauch von Grapefruit, zitroniger Touch im Rückgeschmack. € 5,50

Weinviertel DAC 2011
Landesweingut Hollabrunn
Sonnleitenweg 2, 2020 Hollabrunn
T: 02952/21 33, www.diefachschule.at
12,5 %, DV, mittleres Grüngelb. Zart tabakig, feine Heublumen, reife Birnen, ein Hauch von Dörrobst. Mittlere Komplexität, weiße Frucht, frische Säurestruktur, salzigmineralisch unterlegt, zitroniger Nachhall. € 5,70

★★
★★★

Grüner Veltliner 2011
Weingut Meinrad Markowitsch
Am Graben 18, 2464 Göttlesbrunn
T: 02162/89 25, www.markowitsch.com
12,2 %, DV, mittleres Gelbgrün. Zart nach Orangenzesten, feine Kräuterwürze, dunkle Mineralik, angenehme Mangonote. Saftig, frisch strukturiert, zitronige Nuancen, mittlere Länge, guter Speisenbegleiter. € 5,80

Grüner Veltliner Federspiel Kreuzberg 2011
Weinbau Gallhofer
Rührsdorf 8, 3602 Rossatz
T: 02714/64 10, www.weinbau-gallhofer.com
12,9 %, DV, mittleres Grüngelb. Zart blättrig unterlegte weiße Apfelfrucht, ein Hauch von Marille, zarte Kräuternote. Saftig, mittlere Komplexität, zart nach Honigmelonen, bietet unkompliziertes Trinkvergnügen. € 6,–

Grüner Veltliner Nibelungenwein 2011
Weingut Lahrnsteig
3621 Mitterarnsdorf Nr. 2
T: 0664/445 46 13, www.lahrnsteig.at
12,9 %, DV, helles Grüngelb. Rauchig-blättrig unterlegte grüne Apfelfrucht, feine vegetale Nuancen. Mittlerer Körper, weiße Frucht, dezente Säure, zart blättriger Nachhall, Apfel im Rückgeschmack. € 6,–

Grüner Veltliner Steinfeder Katzensprung 2011
Domäne Wachau
Dürnstein 107, 3601 Dürnstein
T: 02711/371, www.domaene-wachau.at
11,5 %, DV, helles Grüngelb. Zart rauchig unterlegte Apfelfrucht, rauchig, zitronige Nuancen. Straff, mittlerer Körper, zitronige Nuancen, bietet unkompliziertes Trinkgenuss. € 6,50

Grüner Veltliner Strassertal 2011
Weingut Johann Topf
Talstraße 162, 3491 Straß
T: 02735/24 91, www.weingut-topf.at
12 %, DV, mittleres Grüngelb. Reife gelbe Birnenfrucht,

Grüner Veltliner Grand Prix 2012

★★★ zarte Kräuterwürze, Nuancen von Marillen. Mittlerer Körper, weiße Frucht, angenehmer Säurebogen, mineralischer Touch im Abgang, salziger Nachhall. € 7,30

Grüner Veltliner Federspiel Kollmitz 2011
Domäne Wachau
Dürnstein 107, 3601 Dürnstein
T: 02711/371, www.domaene-wachau.at
12,5 %, DV, helles Gelbgrün. Zart tabakig unterlegte gelbe Apfelfrucht, würzige Nuancen, ein Hauch von Wiesenkräutern. Saftig, gute Komplexität, feine Birnenfrucht, frisch und gut anhaltend, Melonen im Nachhall. € 9,20

Grüner Veltliner Federspiel Spitzer Point 2011
Weingut Johann Donabaum
Laaben 15, 3620 Spitz/Donau
T: 02713/24 88, www.weingut-donabaum.at
12,5 %, DV, helles Grüngelb. Feine weiße Apfelfrucht, ein Hauch von Blütenaromen, zarter Honigtouch. Saftig, elegant, feine gelbe Apfelfrucht, ausgewogen, ein unkomplizierter Speisenbegleiter, verfügt über Entwicklungspotenzial. € 9,50

Weinviertel DAC Hermannschachern 2011
Weingut Taubenschuss
Körnergasse 2, 2170 Poysdorf
T: 02552/25 89, www.taubenschuss.at
12,8 %, DV, helles Grüngelb. Frischer gelber Apfel, florale Nuancen, ein Hauch von Honigmelone. Mittlere Komplexität, feine weiße Apfelfrucht, zitronige Struktur, mineralischer Touch. € 10,–

Grüner Veltliner Fass 4 2011
Weingut Bernhard Ott
Neufang 36, 3483 Feuersbrunn
T: 02738/22 57, www.ott.at
12,5 %, DV, helles Grüngelb. Reife gelbe Tropenfrucht nach Mango und Papaya, feiner Blütenhonig. Saftig, mit guter Kräuterwürze unterlegt, elegant, frisch strukturiert, bleibt gut haften, mineralischer Nachhall. € 11,–

Weinviertel DAC Ausstich 2011
Weingut Setzer
Hohenwarth 28, 3472 Hohenwarth
T: 02957/228, www.weingut-setzer.at
12,5 %, KK, helles Grüngelb. Feine gelbe Frucht, zart nach Blütenhonig, Nuancen von Steinobstanklängen. Saftig, elegant, gut ausgewogen, frischer Säurebogen, dezente Marille im Nachhall. k. A.

NOCH MEHR KULINARISCHE HIGHLIGHTS. WIR SCHAFFEN DAS.

NV

Die Niederösterreichische Versicherung

www.noevers.at

Wir schaffen das.

Der Grüne Veltliner im Lauf der Jahre

2011 ★★★☆☆

Speziell für die etwas leichtere Kategorie des Grünen Veltliner stellte der Jahrgang hohe Ansprüche. Wurde etwa zu früh gelesen, dann hat sich hier und da eine Grünnote eingeschlichen. Wesentlich war eine sorgfältige Selektion, um ausschließlich saubere und gesunde Trauben ernten zu können. Der Knackpunkt war aber, ausreichend Säure im fertigen Wein zu erhalten, damit sich die Weine frisch präsentieren können. Aufgrund der tendenziell höheren Reife und einer durchschnittlich geringeren Säure wirken manche Weine in diesem Jahr betont fruchtsüß. Insgesamt ein ordentlicher Jahrgang, aber keiner, der sich in der leichteren Klassik-Kategorie zum Einlagern anbietet.

2010 ★★★★☆

Der Jahrgang 2010 war durch ein sehr eigenwilliges Witterungsbild geprägt. Nach einem frostigen Winter und einem kühlen Frühling starteten die Weingärten spät. Während der wichtigsten Phase, der Blüte, war es feucht und kühl, was zu geringem Fruchtansatz führte und die Mengen von Haus aus stark reduzierte. 2010 war die kleinste Weinernte seit Langem zu verzeichnen. Die Säurewerte der Weißweine hingegen zeigten rekordverdächtige Zahlen. Drei schöne und warme Wochen im Oktober retteten schließlich den Jahrgang. Dabei blieb es in dieser Endphase trocken und die großen Unterschiede zwischen Tag- und Nachttemperaturen sorgten für eine gute aromatische Entwicklung bei lebendiger Säurestruktur. So endete der Jahrgang zwar mit einer denkwürdig kleinen Ernte, aber mit ausgezeichneter Qualität. Dank ihrer Lebendigkeit zeigen sich die klassischen Grünen Veltliner sehr trinkanimierend und klar, sie verfügen über eine angenehme Würzigkeit und geben viel von ihrer Herkunft preis.

2009 ★★★★

Es war kein einfaches Jahr aus Sicht der niederösterreichischen Veltliner-Winzer, speziell im Weinviertel brachte kaltes und feuchtes Wetter während der Rebblüte eine geringe Befruchtung mit sich, ein Phänomen, das zu weniger Ertrag führt. In anderen Veltliner-Hochburgen wie Kremstal, Traisental, Kamptal und Wachau sorgten starke Regenfälle Mitte September für Sorgenfalten, man musste rigoros selektionieren und bei der Veltliner-Ernte die nötige Geduld aufbringen. Vielerorts wurde die Sorte Riesling im Jahrgang 2009 schon vor den Veltlinern gelesen, was sehr selten vorkommt. Die teilweise spätere Lese führte dann zu einer höheren Zuckerkonzentration, was einerseits zu einer größeren Alkoholausbeute führte oder sich durch Restzucker in den Weinen ausdrückt. Gute trockene Weine unter 13 Volumsprozent sind eher die Ausnahme als die Regel.

2008 ★★★☆☆

Das Jahr 2008 war eines der schwierigsten seit vielen Jahren und stellte die Winzer vor zahlreiche Probleme. Langsame Reife, die schließlich Mitte September durch einen Kaltlufteinbruch und reichliche Regenfälle zusätzlich verzögert wurde, war das Hauptproblem und erforderte viel Geduld. Peronospora und Fäulnis waren an der Tagesordnung, der Arbeitsaufwand in den Weingärten war groß, die entsprechenden Gegenmaßnahmen gingen natürlich auch zulasten der Traubenmengen, wobei der robuste Veltliner davon noch weniger betroffen war. Wer aber die Nerven behielt und entsprechend fleißig in den Rieden zu Werke ging, erntete sehr gute Grüne Veltliner, die im Vergleich zum Vorjahr durchschnittlich ein Volumsprozent Alkoholgehalt weniger mitbrachten und die durch Frucht und Frische sowie guten Terroirausdruck gefallen. Die besten Produkte kann man taxfrei als Klassiker einstufen.

2007 ★★★★☆

Das Jahr 2007 brachte alles in allem sehr gute Qualität beim Grünen Veltliner, auch über die Menge konnten die Winzer nach drei eher unterdurchschnittlichen Jahrgängen nicht klagen. Stärkere Regenfälle Anfang September teilten die Qualitäten in etwas vegetabiles Material, das zu früh gelesen wurde und gut ausgereifte, homogene Weine mit angenehmer Säurestruktur und ausgeprägtem Sortencharakter, die nach der Regenperiode mit genügend zeitlichem Abstand geerntet wurden. Lediglich im Krems- und Traisental gab es Einbußen durch einzelne Hagelschläge zu beklagen.

2006 ★★★★★

Ein exzellenter Jahrgang. Nach einem feuchten und kühlen Frühjahr, das zu einer verspäteten Blüte in den Weingärten führte, kam es zu einem Problem, das speziell den Grünen Veltliner traf: Gerade zur Hauptblütezeit der Sorte stiegen die Temperaturen nämlich, vielfach durch Stürme begleitet, derart an, dass die Befruchtung nur mangelhaft erfolgte, was als Folge äußerst lockere Trauben, durchsetzt mit winzigen kernlosen Beeren brachte. Daraus resultierten Mengeneinbußen bei der Weinlese, die in manchen Gegenden Niederösterreichs nur eine kleinere Ernte beim Veltliner zuließen. Andererseits sorgte dieses Phänomen für eine natürliche Verringerung der Erträge, was sich allgemein auf die Qualität des Veltliners sehr positiv auswirkte. Der »goldene Herbst« brachte nach einem wettermäßig durchwachsenen August ungewohnt dichte und großzügige Weine ohne Botrytiseinfluss, deren hoher Alkoholgehalt aber von Extrakt und feiner Säure abgefedert wird. Die wahre Stärke des Jahrgangs 2006 liegt daher bei den kapitalen Grünen Veltlinern, die leichteren Sortenvertreter blieben eher Mangelware.

2005 ★★★★☆

Der Jahrgang 2005 wird ganz generell gesprochen als ein sehr guter bis ausgezeichneter Veltliner-Jahrgang in Erinnerung bleiben. Die Kombination aus saftiger Frucht und lebendiger Säurestruktur bei durchschnittlich leichteren Alkoholwerten macht diesen Jahrgang zu einem besonders trinkfreundlichen Erlebnis. Das Problem des Jahrgangs war die große Niederschlagsmenge im September, die auch Fäulnis mitbrachte. Jene Winzer, die nicht fleißig genug waren, um alles auszuselektionieren, was nicht gesund war, haben Weine, denen es an Brillanz fehlt. Jene aber, die bis zum Altweibersommer warteten, der sich am 3. Oktober für fünf Wochen einfand, konnten ausgezeichnete Veltliner keltern. Wermutstropfen: Aufgrund der großen Vorlesearbeit ist eine deutlich geringere Weinmenge erzeugt worden als üblich.

Käse: Terroir, Timing und Temperatur

Wie beim Wein wird beim Käse der Genuss geschmälert, wenn man entscheidende Faktoren außer Acht lässt. Käse will ebenso mit der richtigen Temperatur gelagert und serviert werden wie Wein. Davor sollte man auf das Belüften nicht vergessen!

Zwischen Käse und Wein gibt es nicht nur erstaunlich viele Gemeinsamkeiten. Die beiden Produkte sind auch ein seltenes Beispiel dafür, dass bei raffinierter Kombination eins plus eins auch einmal drei ergeben kann. Ähnlich wie beim Wein haben die österreichischen Käseproduzenten bei Wettbewerben schon viel Anerkennung erfahren. Bei der offiziellen Käse-Weltmeisterschaft 2012, bei der die Jury aus 2500 Käsevariationen die Sieger gekürt hat, konnte Österreich einiges an Edelmetall mit nach Hause nehmen: Die Produzenten durften sich einmal über Gold, viermal über Silber und einmal über Bronze freuen.

Traditioneller Käsegenuss

Was das Terroir betrifft, gibt es nicht nur beim österreichischen Wein herausragende Produkte, die das Besondere einer Region zum Ausdruck bringen. Beim Käse gibt es eine Vielzahl an regionalen Sorten unter unterschiedlichen Milchsorten. Schaf- und Ziegenmilchkäse gewinnen immer mehr Liebhaber. Bei den Kuhmilchkäsen sind die qualitativ hochwertigen Heumilchprodukte nicht mehr wegzudenken. Heumilch wird als die reinste Milch bezeichnet. Dahinter stecken die Ideen einer möglichst naturnahen und traditionellen Produktionsweise. Die Milchkühe werden an den Verlauf der Jahreszeiten angepasst gefüttert. Während sie im Sommer auf den Bergwiesen bis zu 50 verschiedene Gräser und Bergkräuter fressen und zu Milch verwandeln, stehen diese ihnen im Winter als hochwertiges Heu zur Verfügung. So entstehen unverwechselbare, aromatische Produkte.

Käse braucht Temperatur

Aber auch beim richtigen Handling gibt es Parallelen zwischen Käse und Wein – bei beiden schränkt man den Genuss ein, wenn die Temperatur nicht passt, wenn nicht ausreichend belüftet und wenn unsachgemäß gelagert wird. Am wohlsten fühlt sich Käse bei einer Lagertemperatur zwischen acht und zwölf Grad Celsius. Mit Ausnahme von

TIPP Bester Käsegenuss:
Käse sollte man im verpackten Zustand, je nach Größe des Stücks, mindestens eine halbe Stunde vor dem Genuss aus dem Kühlschrank geben. Dann noch eine viertel Stunde zur Belüftung aus der Verpackung.

Raffiniert affiniert

Unter »Affinieren« (franz. für verfeinern) versteht man im Allgemeinen das Veredeln des Käses, bis der gewünschte Reifegrad erreicht ist. Der Affineur vollendet also den Käsegenuss. Verfeinert werden Käse heute mit einer Vielzahl von Beigaben. Sowohl Rinde als auch Teig des Käses werden etwa mit Kräutern, Gewürzen oder Früchten veredelt. Und letztlich wird Wein nicht nur gerne zum Käse getrunken, sondern der Käse auch mit Wein behandelt. Ob als Edelschimmelkäse, der in einem aufwändigen Verfahren mit einer Beerenauslese des Illmitzer Spitzenwinzers Gerhard Kracher veredelt wird, oder als Weinkäse, dessen Rinde mit Rotwein behandelt wurde – beim Affinieren sind der Fantasie keine Grenzen gesetzt.

Frischkäse, der kühl serviert werden sollte, liegt seine Genusstemperatur bei rund 20 Grad Celsius. Es wird daher empfohlen, den Käse einige Zeit vor dem Servieren aus dem Kühlschrank zu nehmen und vorerst noch verpackt zu lassen. Erst zehn Minuten vor dem Aufschneiden soll der Genießer den Käse auspacken und durchlüften lassen.

Käse richtig verpacken

Weich- und Frischkäse sollte man immer in der Originalverpackung lagern bzw. mit Frischhaltefolie gut verpacken. Dabei ist darauf zu achten, dass die Schnittfläche immer gut abgedeckt wird. Die Folie muss bei neuerlichem Einpacken immer gewechselt werden. Für Schnitt- und Hartkäse eignet sich eine atmungsaktive Frischhaltefolie. Bei Käse mit blauem oder grünem Edelschimmel hingegen ist eine Alufolie oder die Originalverpackung besser. Käse muss stets verpackt sein, sonst drohen ihm Austrocknung, unerwünschte Schimmelbildungen und Annahme von Fremdgerüchen.

Weitere Tipps

- Drehen Sie größere Käsestücke jeden Tag einmal um, damit der Käse an der Oberseite nicht austrocknet.
- Die Temperatur während der Lagerung soll nicht stark schwanken, da dies zu einer nassen Oberfläche führt und die ideale Voraussetzung für Schimmelbildung schafft.
- Beim Kauf achten Connaisseure darauf, dass das Mindesthaltbarkeitsdatum möglichst knapp bevor steht. Je näher man an diesem Datum ist, desto eher handelt es sich um einen gut gelagerten Käse mit vollständiger Reifung. Wahrer Käsegenuss fängt für viele Kenner erst nach dem Mindesthaltbarkeitsdatum an.

Feines Käseerlebnis

Wer schon einmal erlebt hat, wie gut blauer Edelschimmelkäse mit einer Trockenbeerenauslese harmoniert, der weiß, dass das Ergebnis mehr ist als einfach die Summe der Teile. Richtig verkostet können sich bei idealen Pairings wahre Geschmacksexplosionen ergeben. Frischkäse harmoniert beispielsweise wunderbar mit leichten, spritzigen Weinen oder mit Sekt und Champagner. Von guten Sommeliers kann man viele weitere stimmige Paarungen serviert bekommen, aber Geschmäcker sind nun mal verschieden, deshalb sollte jeder selbst experimentieren und seine Lieblingsduette erschmecken. Keinesfalls sollte man sich Kombinationen diktieren lassen. Hartnäckig halten sich auch überholte Meinungen, wie etwa die, dass Rotwein besser zu Käse passe als Weißwein. Genau das Gegenteil ist der Fall, denn ein trockener Weißwein mit moderater Säure und dezenter Frucht harmoniert laut Experten mit fast 80 Prozent aller Käse.

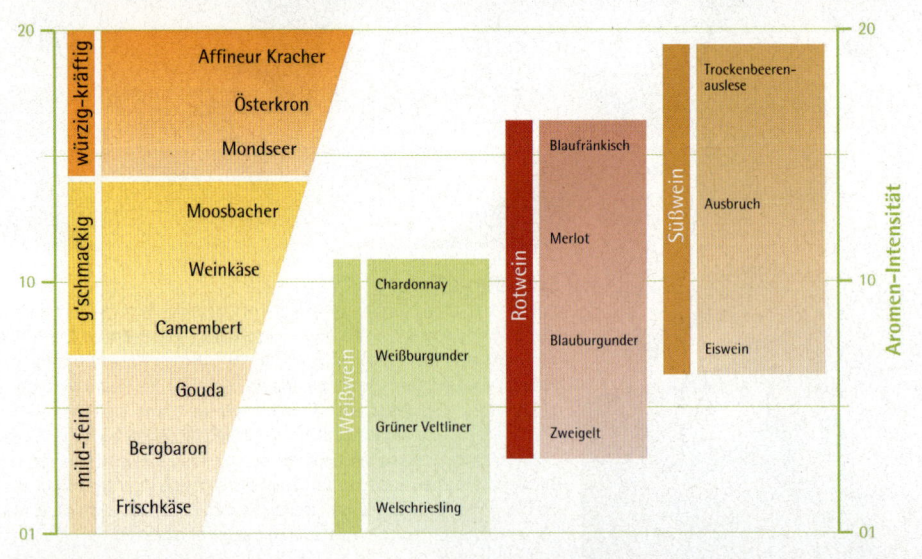

Wein und Käse

Ein österreichischer Käseteller von »mild-fein« bis »würzig-kräftig«.

Die drei Käse-Geschmackswelten

In der Welt des österreichischen Käses hat sich sowohl in der Ausbildung an den Schulen wie auch in der Produktbeschreibung in den Käsetheken im Handel die Klassifizierung der Käse in drei unterschiedlichen aromatischen Kategorien durchgesetzt: mild-fein, g'schmackig und würzig-kräftig. Alle österreichischen Käse lassen sich meist eindeutig einer dieser drei Kategorien zuordnen. Und dementsprechend lassen sich auch die dazu passenden Weintypen definieren.

mild-fein

Frischkäse, z. B. Gervais, Topfen-, Löffel- und Landfrischkäse, Bojar, Rollino etc. sowie milde Weich- und Schnittkäse, z. B. Butterkäse, Edamer, Bergbaron, Drautaler, Almkönig usw.

Korrespondierende Weintypen:
Frischkäse weisen meist einen höheren Säuregehalt auf als länger gereifte Käse. Deswegen passen auch leichtere bis mittelgewichtige Weine, die etwas mehr Säure aufweisen als ein Welschriesling, Riesling oder auch Winzersekte. Für milde Weich- und Schnittkäse sollte der Wein hingegen weniger Säure aufweisen und fruchtbetonter als so mancher Veltliner (Weinviertel DAC), Weißburgunder oder die steirischen Sauvignon Blancs sein. Sogar ein leichter, feinaromatischer Pinot Blanc verträgt sich mit diesen Käsen.

g'schmackig

Weich- und Schnittkäse mit spezifischen Kulturen gereift, z. B. Camembert, Weinkäse, Moosbacher etc.

Korrespondierende Weintypen:
Diese Käsekategorie lässt die meisten Partnerschaften zu – rot wie weiß. Mittelgewichtige trockene Weißweine wie ein Federspiel aus der Wachau, Veltliner und Rieslinge aus Niederösterreich oder steirische Welschrieslinge, Sauvignons und Gelbe Muskateller, von fruchtig-frisch bis mineralisch-würzig. Zu diesen Käsen passen auch viele Rotweine. Ob fruchtige Zweigelt, mineralisch-würzige Blaufränkisch oder elegante, runde Cuvées – in dieser Kategorie hat der Käsefan die Qual der Wahl.

würzig-kräftig

Weich-, Schnitt- und Hartkäse mit ausgeprägter Reifung (Rotkulturen, Edelschimmel – meist mit »Naturrinde«), z. B. Schlosskäse, Raclette, Emmentaler, Bergkäse, Österkron, Dolce Bianca etc.

Korrespondierende Weintypen:
Kräftige, gereifte Weißweine wie ein Veltliner Smaragd aus der Wachau, eine Kamptal DAC Reserve oder auch die kräftigen steirischen Lagenweine kommen hier gut zur Geltung. Die zweite Option besteht natürlich in einem Glas Süßwein – von der Auslese bis zum Eiswein ist, je nach Intensität des Käses, eine breite Palette von Weinen denkbar.

WEINGASTHÖFE – Essen & Wohnen

BUCKLIGE WELT

Hotel Post Hönig GmbH
Günserstraße 2, 2860 Kirchschlag
T: 02646/2216, F: DW 6
hotel.post.hoenig@aon.at
www.hotel-post-hoenig.at
Di ganztags u. So. Abend Ruhetag
– 80 Punkte*

CARNUNTUM

Restaurant Merzendorfer
Hainburger Straße 1
2401 Fischamend
T: 02232/76314, F: DW 4
merzendorfer@utanet.at
www.merzendorfer.at
Di–Sa 11–15 und 18–22.30 Uhr
V, M, D – 82 Punkte*

Landgasthof Haslauerhof
Hauptstraße 17
2402 Haslau an der Donau
T: 02232/80221, F: DW 4
info@haslauerhof.at
www.haslauerhof.at
86 Punkte*

**Hotelrestaurant Gasthof
»Zum goldenen Anker«**
Donaulände 27
2410 Hainburg an der Donau
T: 02165/64810
restaurant@goldeneranker.at
www.goldeneranker.at
Mo–Do 10–23 Uhr;
Fr–Sa 10–24 Uhr; So 10–21 Uhr
75 Punkte*

Landgasthaus Assl
Margarethner Straße 3
2434 Götzendorf, T: 02169/2367

Landgasthof & Hotel Muhr
Hauptstraße 87
2463 Gallbrunn
T: 02230/2858, F: DW 58
info@muhr.co.at
www.muhr.co.at
Restaurant: Fr–Di 11–21.30 Uhr
V, M, B – 87 Punkte*

Bittermann Vinarium
Abt-Bruno-Heinrich-Platz 1
2464 Göttlesbrunn
T: 02162/81155

DER jung WIRT
Landstraße 36, 2464 Göttlesbrunn
T: 02162/8943

KAMPTAL

Eisenbock's Strasser Hof
Marktplatz 30, 3491 Strass
T: 02735/2427, F: DW 99
info@strasserhof.at
www.strasserhof.at
ganzjährig geöffnet

Peter Dolle Weinstube
Herrengasse 2
3491 Strass im Strassertal
T: 02735/23 26, F: 02735/2857
weingut@dolle.at, www.dolle.at
V, M, D, B

Landgasthaus »anno 1920«
Untere Marktstraße 1
3492 Etsdorf, T/F: 02735/3003

Heurigenhof Bründlmayer
Walterstraße 14. 3550 Langenlois
T: 02734/2883, F: DW 4
office@heurigenhof.at
www.heurigenhof.at
Mi–Fr ab 15 Uhr; Sa, So, Feiertag
ab 12 Uhr, Mo u. Di Ruhetag
V, M, B – 86 Punkte*

**LOISIUM
Wine & Spa Resort Langenlois**
Loisium-Allee 2, 3550 Langenlois
T: 02734/77100-0
buchen-langenlois@loisium.com
www.loisium.com
Restaurant: 7–10, 12–14 und
18–21.30 Uhr, Bar: 11–1 Uhr
V, M, D, A, B – 87 Punkte*

Restaurant Schwillinsky
Rudolfstraße 1, 3550 Langenlois
T: 02734/32302

**Schloss Haindorf
Hotelbetriebs GmbH**
Krumpöckallee 21, 3550 Langenlois
T: 02734/2693, F: DW 56
office@haindorf.at, www.haindorf.at

ganzjährig geöffnet
V, M, D, A, B

Restaurant Hettegger
Niedergrünbach 60
3532 Rastenfeld
T: 02826/88102, F: DW 4
info@restaurant-hettegger.at
www.restaurant-hettegger.at
9–21.30 Uhr Küche, von Mitte
März bis Okt.; Nov. Wochenende
M, V, D, A, B – 87 Punkte*

Gasthaus Gutmann
Heiligensteinstraße 32
3561 Zöbing, T: 02734/2334
www.gasthaus-gutmann.com
Mi–Sa 11–24 Uhr, warme küche
11–14.30 und 18–21.30 Uhr; So
11–18 Uhr, warme Küche 11–15
Uhr, Mehlspeisen bis 18 Uhr
82 Punkte*

Weinbeisserei Hager
Altweg 5, 3562 Mollands
T: 02733/78080
genuss@weinbeisserei.at
www.weinbeisserei.at
April–Okt.: Mi–Fr ab 16, Sa, So u.
Feiertag ab 12 Uhr; Nov., Dez., März:
Do–Fr ab 17 Uhr; Sa, So u. Feiertag
ab 12 Uhr; So Abend geschl., an
den Ruhetagen nach Vereinbarung
Jän. u. Feb. Winterpause
B – 82 Punkte*

KREMSTAL

**WEINGUT & GÄSTEHAUS
Josef & Helga Rosenberger**
Leisergasse 29
3495 Rohrendorf/Krems
T: 0676/9129146, 0676/6044529
und 02732/83843, F: DW 4
mail@rosenbergerwein.at
www.rosenbergerwein.at

Hotel-Gasthof Klinglhuber
Wienerstraße 2, 3500 Krems
T: 02732/82143
hotel@klinglhuber.com
www.klinglhuber.com
Mo–Fr 7–23 Uhr, Küche Mo–Fr
11–14 und 17.30–21.30 Uhr, Sa,
So Ruhetag
V, M, B

WEINGASTHÖFE – Essen & Wohnen

Gasthaus Jell
Hoher Markt 8–9, 3500 Krems
T: 02732/82345, F: DW 4
gasthaus@amon-jell.at
Di–Fr 11–14.30 und 18–23 Uhr;
Sa, So 11–14 Uhr
V, M, D, A, B – *85 Punkte**

Gasthaus Zum Elefanten
Schürerplatz 9, 3504 Krems-Stein
T: 02732/85016
office@zum-elefanten.at
www.zu-elefanten.at
Mi–Sa 11–15 und 17–22 Uhr
So Ruhetag; Raucherbereich
V, M, D, A, B

**Relais & Châteaux Mörwald
Kloster Und**
Undstraße 6, 3500 Krems-Stein
T: 02732/70493-0

Landgasthof Schickh
Klein-Wien 2, 3511 Furth
T: 02736/7218

Weinhaus Nigl
Kirchenberg 1, 3541 Senftenberg
T: 02719/2609500
reservierung@weingutnigl.at
www.weingutnigl.at
Do–Mo 11.30–14 und 18–21 Uhr
V, M, B – *90 Punkte**

THERMENREGION

Klostergasthaus Thallern
Thallern 2, 2352 Gumpoldskirchen
T: 02236/53326
office@klostergasthaus-thallern.at
www.klostergasthaus-thallern.at
Mo–So 11–23 Uhr
V, M, B – *82 Punkte**

Hotel Restaurant Jagdhof
Hauptstr. 41, 2353 Guntramsdorf
T: 02236/52225
office@jagdhof.cc, www.jagdhof.cc
Mo–Sa 11.30–14.30 und
17–23 Uhr, So 7.30–11 Uhr
V, M, D, B – *86 Punkte**

**Rosenbauchs Restaurant,
Vinothek & Wirtshaus**
Rechte Bahnzeile 9
2483 Ebreichsdorf
T/F: 02254/72338
office@rosenbauchs.at
www.rosenbauchs.at
Mi–Sa 11–15, 17.30–24 Uhr;
So, Feiertag durchgehend geöffnet
V, M, D, A, B – *85 Punkte**

FiSCHER HEURIGEN

**Heuriger
Christian und Veronika Fischer**
Hauptstraße 33, 2500 Sooss
T: 02252/87130, F: 02252/82666
vero@weingut-fischer.at
www.weingut-fischer.at
V, M, B – *81 Punkte**

Fontana Restaurant
Fontana-Allee 1
2522 Oberwaltersdorf
T: 02253/606-2300, F: DW 2310
office@fontana-restaurant.at
www.fontana.at *82 Punkte**

Relais & Châteaux Hanner
2534 Mayerling 1
T: 02258/2378

Gasthaus Schmutzer
Hauptstraße 12
2722 Winzendorf
T: 02638/22237
gasthaus-schmutzer@aon.at
www.gasthaus-schmutzer.at
Di 11–15, 17–24 Uhr;
Mi–Fr 9–15, 17–24 Uhr; Sa, So,
Feiertag 9–22 Uhr, Mo Ruhetag;
eigene Rauchermöglichkeiten
V, M, D, A, B – *90 Punkte**

Triad Beim Wirt z'Haus
Ödhöfen 25, 2853 Bad Schönau
T: 02646/8317, F: DW 33
triad-machreich@aon.at
www.triad-machreich.at
Mi–Sa 10–24, So 11–20 Uhr
92 Punkte*

TRAISENTAL

Gaststätte Figl
Hauptplatz 4, 3100 St. Pölten
T: 02742/257402, F: 02742/27523
gaststaette.figl@aon.at
www.gaststaettefigl.at
Mo–Fr 11.30–15 und 18–24 Uhr
V, M, B – *82 Punkte**

Gasthof Pils
Rotheau 6, 3153 Eschenau
T: 02762/68613 F: DW 7
service@gasthof-pils.at
www.gasthof-pils.at
V, M, B – *86 Punkte**

Gasthaus Nährer
Rassing 11, 3141 Kapelln
T: 02748/22 24

WACHAU

Landgasthof Bärenwirt
Ybbser Straße 3
3252 Petzenkirchen
T: 07416/52153, F: DW 10
baerenwirt@aon.at
www.baerenwirt1.at
tägl. 9–24; So, Feiertag 9–15 Uhr
M, D, B – *83 Punkte**

**Hotel Stadt Melk
Restaurant Tom's**
Hauptplatz 1, 3390 Melk
T: 02752/52475 F: DW 19
hotel.stadtmelk@netway.com
www.hotelstadtmelk.com
Do bis Di 8–24 Uhr
V, M, D, A, B
82 Punkte*

Landgasthof Erber
Mankerstraße 10, 3393 Zelking
T/F: : 02752/52011
info@landgasthof-erber.at
www.landgasthof-erber.at
Mo, Di Ruhetag, Mi 17–23 Uhr,
Do–So 9–23 Uhr;
Feiertags immer geöffnet
B

Gasthöfe – Niederösterreich

LEGENDE:
 Nichtraucherlokal   Übernachtung möglich/bzw. Hotel   Hunde erlaubt
M Mastercard   **V** VISA   **A** American Express   **D** Dinersclub   **B** Bankomatkassa
Die ***Punkte**** entsprechen der Bewertung im aktuellen Falstaff Restaurantguide 2012 (max. 100 Punkte)

WEINGASTHÖFE – Essen & Wohnen

Gasthöfe – Niederösterreich

Gasthof u. Camping Familie Stumpfer
3392 Schönbühel 7
T: 02752/8510
office@stumpfer.com
www.stumpfer.com
V, M, D, B
81 Punkte*

LANDHAUS BACHER

Landhaus Bacher
Südtiroler Platz 2
3512 Mautern
T: 02732/82937
info@landhaus-bacher.at
www.landhaus-bacher.at
Mi–Sa 11.30–13.30 und
18–21 Uhr, So 11.30–21 Uhr
99 Punkte*

WEINGUT HOLZAPFEL
JOCHING · WACHAU

GUTSHOFRESTAURANT PRANDTAUERHOF

Die fantasievoll bodenständig ausgerichtete Küche verwendet vor allem ausgewählte Produkte der Region und des nahen Waldviertels, wobei sich auf der Karte neben Klassikern auch Spezialitäten aus dem Prandtauerhof finden (hausgeräucherter Rohschinken, Terrinen und Marillenkreationen).

Gutshofrestaurant Prandtauerhof
im Weingut Holzapfel
Joching 36, 3610 Joching-Wachau
T +43(0)2715/2310, F: DW 9
weingut@holzapfel.at
www.holzapfel.at

Nikolaihof Wachau
Nikolaigasse 3, 3512 Mautern
T: 02732/82901, F: 02732/76440
wein@nikolaihof.at
www.nikolaihof.at
Ende April bis Mitte November
Mi–Fr 17–23 Uhr, Sa 12—23 Uhr
82 Punkte*

Gasthaus Erwin Schwarz
3521 Nöhagen 13, T: 02717/8209
office@gasthaus-schwarz.at
www.gasthaus-schwarz.at
Sommer Mi–So; Winter Do–So
V, M, D, A, B
91 Punkte*

Hotel Schloss Dürnstein
3601 Dürnstein 2
T: 02711/212
hotel@schloss.at, www.schloss.at
86 Punkte*

Hotel Richard Löwenherz
3601 Dürnstein 8
T: 02711/222, F: DW 18
hotel@richardloewenherz.at
www.facebook.at/
hotelrichardloewenherz
www.richardloewenherz.at
täglich 12–14, 18–21 Uhr
V, M, A, B – 85 Punkte*

Landgasthaus Winzerstüberl
3602 Rührsdorf 17
T: 02714/6384
winzerstueberl@aon.at
www.winzerstueberl.at
Mi–So 11–23 Uhr;
Küche bis 21 Uhr
V, M, B – 81 Punkte*

Donauwirt Hotel-Weingasthof
Wachaustraße 47
3610 Weißenkirchen/Wachau
T: 02715/2247, F: DW 47
info@donauwirt.at
www.donauwirt.at
Restaurant: Di, Mi Ruhetag
V, M, B – 80 Punkte*

Gutshofrestaurant Prandtauerhof im Weingut Holzapfel
Joching 36, 3610 Weißenkirchen
T: 02715/2310
weingut@holzapfel.at
www.holzapfel.at
86 Punkte*

Hotel garni Donauhof
Donaugasse 298
3610 Weißenkirchen
T: 02715/2353, F: DW 4
info@hotel-donauhof.at
www.hotel-donauhof.at
März–Nov.
V, M, B

Pension »Gästehaus Heller«
Kremser Straße 14
3610 Weißenkirchen i. d. Wachau
T: 02715/2221, F: DW 11
gaestehausheller@gmx.at
www.gaestehaus-heller.at
März– Dezember
B

Hotel – Restaurant Kirchenwirt
Kremserstrasse 17
3610 Weißenkirchen/Wachau
T: 02715/2332, F: DW 200
kirchenwirt@weissenkirchen.at
kirchenwirt.weissenkirchen.at
März–November 10–22 Uhr,
Küche von 11–21 Uhr durchgehend
V, M, B – 81 Punkte*

Restaurant Heinzle
Wachaustr. 28, 3610 Weißenkirchen
T: 02715/2231
restaurant@heinzle.at
www.heinzle.at
Mi–So 11.30–21 Uhr
V, M, D, B – 83 Punkte*

Florianihof
3610 Wösendorf 74/Wachau
T: 02715/2212
office@florianihof-wachau.at
www.florianihof-wachau.at
Küche 11.30–21 Uhr;
Mi, Do Ruhetag
B

JAMEK

Weingut Josef Jamek
Josef-JamekStr. 45, 3610 Joching
T: 02715/2235, F: DW 22
info@weingut-jamek.at
www.weingut-jamek.at
Mo–Do 11.30–16, Fr 11.30–21
V, M, D, B – 87 Punkte*

WEINGASTHÖFE – Essen & Wohnen

Gasthöfe – Niederösterreich

Hotel-Restaurant Wachauerhof
Hauptstraße 15, 3620 Spitz
T: 02713/2303 F: 2403
hotel@wachauerhof-spitz.at
www.wachauerhof-spitz.at
Februar bis Mitte Dezember
7.30–24 Uhr
V, M, B

Terrassenrestaurant Strandcafé
Donauländе 7, 3620 Spitz
T: 02713/2320
strandcafe.spitz@aon.at
www.strandcafe-spitz.at
Do–Mo 10–19 Uhr (Küche 11.30–18.15 Uhr); Mai–Sep Fr u. Sa bis 10–21 Uhr (Küche bis 20.15 Uhr); Di, Mi Ruhetag
V, M, B

Laglers Hotel Weinberghof und wein.kost.bar
Am Hinterweg 17, 3620 Spitz
T: 02713/2939 F: 25164
info@laglers.at, www.laglers.at
Mitte März bis Mitte November
V, M – 80 Punkte*

STIERSCHNEIDER'S WEINHOTEL WACHAU *

Weinhotel Wachau
Ottenschlagerstraße 30
3620 Spitz, T: 02713/2254
hotel@weinhotel-wachau.at
www.weinhotel-wachau.at
Di–So 7–24 Uhr;
Küche 11–21 Uhr
V, M, B

Burg Oberranna
Oberranna 1, 3622 Mühldorf
T: 02713/8221
reservierung@burg-oberranna.at
www.burg-oberranna.at
Mai–Oktober
V, M, D, A, B

Zum schwarzen Bären
3644 Emmersdorf 7
T: 02752/71249, F: DW 44

Landgasthof Peilsteinblick
Stangles 41
3683 Yspertal
T: 07415/7258, F: DW 4
krenn@wirtshausbrennerei.at
www.wirtshausbrennerei.at
Mi–So

V, M, B – 85 Punkte*

Stadthotel Eggenburg
Kremserstraße 8
3730 Eggenburg
T: 02984/3531, F: DW 101
info@oppitz.at, www.oppitz.at
täglich 8–23 Uhr
V, M, D, B – 78 Punkte

WAGRAM

Gastwirtschaft Floh KG
Tullnerstraße 1
3425 Langenlebarn
T: 02272/62809, F: DW 4
floh@derfloh.at, www.derfloh.at
Do–Mo 11.30–14, 18–21 Uhr
V, M, D, A, B – 92 Punkte*

Zur Sonne – Sodoma
Bahnhofstraße 48, 3430 Tulln
T: 02272/64616

Königsbrunner Landgasthof
Rathausplatz 14
3465 Königsbrunn am Wagram
T: 02278/2334
gasthaus@mann.co.at
www.mann.co.at
Mo, Mi–Fr 8–22; Sa, So, Feiertag 9–14 Uhr; warme Küche 11.30–14 Uhr
V, M, B

Gut Oberstockstall
Oberstockstall 1
3470 Kirchberg am Wagram
T: 02279/2335, F: DW 6
restaurant@gutoberstockstall.at
www.gutoberstockstall.at
Mi 17–21 Uhr; Do–Sa 11.30–21 Uhr; So 11.30–15 Uhr
V, M, B – 91 Punkte*

Hotel Alter Winzerkeller
Rossplatz 1
3470 Kirchberg am Wagram
T: 0664/5958607
office@alterwinzerkeller.at
www.alterwinzerkeller.at
Vinothek, für Hausgäste immer geöffnet.
V, M, B

Gourmetrestaurant »Toni M.«
Kleine Zeile 13–17
3483 Feuersbrunn
T: 02738/2298-0

Restaurant Mörwald »Zur Traube«
Kleine Zeile 13–17
3483 Feuersbrunn
T: 02738/2298-0

Hotel & Restaurant Mörwald Schloss Grafenegg
3485 Grafenegg 12
T: 02785/2616-0

Gasthaus zum goldenen Kreuz
Weinstraße 11, 3483 Feuersbrunn
T: 02738/2342, F: DW 4
office@gasthausbauer.at
www.gasthausbauer.at
8–22 Uhr, Fr ab 14 Uhr geschlossen, Mo Ruhetag
V, M, D, B

Gasthof zum goldenen Adler
Hauptplatz 15
3701 Großweikersdorf
T: 02955/70248, F: DW 6
andreasmaurer@aon.at
www.gasthof-maurer.at
Mo ganztägig u. Do ab 14 Uhr geschlossen
V, M, D, A, B

WEINVIERTEL

**Gasthof Failler
Zum goldenen Lamm**
Hauptplatz 27, 2095 Drosendorf
T: 02915/23 27 u. 0664/1614272
office@failler.at, www.failler.at
Di.–So. V, M

LEGENDE:
Nichtraucherlokal   Übernachtung möglich/bzw. Hotel   Hunde erlaubt
M Mastercard   V VISA   A American Express   D Dinersclub   B Bankomatkassa
Die **Punkte*** entsprechen der Bewertung im aktuellen Falstaff Gourmetguide 2012 (max. 100 Punkte)

WEINGASTHÖFE – Essen & Wohnen

Gasthöfe – Niederösterreich/Burgenland

Hotel-Restaurant Zur Linde
Bahnstraße 49, 2130 Mistelbach
T: 02572/2409

Gasthaus Weiler
Staatsbahnstraße 60
2136 Laa an der Thaya
T/F: 02522/2379
martin.weiler@direkt.at
www.weilerlaa.at
Di, Do 10–15 u. 17.30–22;
Mi 10–15 Uhr; Fr, Sa 10–23,
So 9–17 Uhr
V, M, D, A, B – 81 Punkte*

Die Weinlodge – Weingut Zuschmann – Schöfmann
Winzerstraße 52
2223 Martinsdorf
T: 02574/8428, F: 02574/85114
office@zuschmann.at
www.weinlodge.at
Do bis Sa 16–23 Uhr
V, M – 80 Punkte*

LANDGASTHOF Zum Naderer — AMETHYST HOTEL

Amethysthotel & Landgasthof »Zum Naderer«
Am Berg 44, 3712 Maissau
T: 02958/82334-0
office@zumnaderer.at
www.zumnaderer.at
V, M, D, B – 75 Punkte*

OBERÖSTERREICH

Romantik Hotel Goldener Stern
Stadtplatz 15, 3950 Gmünd
T: 02852545-45 F: DW 48
hotel@goldener-stern.eu
www.goldener-stern.eu
Restaurant 11–21.30 Uhr
V, M, D, A, B – 80 Punkte*

GOURMANDISEN-PRODUZENTEN

Biohof ADAMAH
2282 Glinzendorf 7
T: 02248/2224

Waldviertler Mohnhof Andreas Gressl
3631 Ottenschlag, Haiden 11
T: 02872/7449

Marillenhof – Destillerie Kausl
Ötz 16, 3622 Mühldorf
T/F: 02713/8225

Reinhard Wetter
3751 Missingdorf 33
T/F: 02983/2398
wetter.brennerei@aon.at
www.wetter-brennerei.at
Öffnungszeiten:
telefonische Voranmeldung erbeten
Obstbrände und Fruchtsäfte

NEUSIEDLERSEE

Landgasthof am Nyikospark
Untere Hauptstraße 59
7100 Neusiedl am See
T: 02167/40222, F: 02167/7778
landgasthaus@nyikospark.at
www.nyikospark.at
Mi–So 10–24 Uhr
V, M, D, A, B – 87 Punkte*

Restaurant Sonnenstube im Hotel Wende
Seestrasse 40
7100 Neusiedl am See
T: 02167/81111 F: DW 649
anfrage@hotel-wende.at
www.hotel-wende.at
ganzjährig 7–22 Uhr,
Nachmittag kleine Karte
V, M,D, B

Mole West
Strandbad-Westmole
7100 Neusiedl am See
T: 02167/20205

Pannonia Tower Hotel**
Parndorf**
Pannonia Straße 3
7111 Parndorf
T: 02166/22252 F: DW 1630
info@pannoniatower.at
www.pannoniatower.at
Restaurant: Mo–Sa 12–14,
18–22 Uhr;
Bar: Mo–So 10–22 Uhr;
Skybar–Tower Lounge
Fr, Sa ab 18 Uhr, Raucherbereich
V, M,D, A, B

Seepark Weiden zeitlos urlauben

Zur blauen Gans
Club 119
Strandbar
Seepark Weiden
7121 Weiden am See
T: 02167/7322, F: DW 7700
welcome@seepark.at
www.seepark.at
saisonal abhängig, s. Homepage
V, M, B

WEINGASTHÖFE – Essen & Wohnen

Gasthöfe – Burgenland

Heuriger zum Rebstöckl
Rebstöcklplatz 1, 7122 Gols
T: 02173/3626
F: 02173/31114
wine@weingut-schrammel.at
www.rebstoeckl.at
Mi–So 16–24 Uhr, gemütlicher
Garten mit Kinderspielplatz
🐕 M, B

BIRKENHOF
TAG & NACHT, PERFEKT VERBRACHT

Birkenhof
Landhotel & Restaurant
Birkenplatz 1, 7122 Gols
T: 02173/2346-0, F: DW 33
info@birkenhof-gols.at
www.birkenhof-gols.at
täglich 8–24 Uhr,
saisonbedingt gelegentlich
Sonntagabend u. Mo geschlossen
🏠 🐕 V, M, D, A, B – 79 Punkte*

Hotel Bliem's WOHN.REICH
hotel.wein.bar.
Erzherzog-Friedrich-Straße 40
7131 Halbturn
T: 02172/20176

Paprikawirtin
im Alten Brauhaus
Kirchenplatz 27
7132 Frauenkirchen
T: 02172/2217
paprikawirtin@altesbrauhaus.at
www.altesbrauhaus.at
Mi–So 9–23 Uhr,
Mitte Juli bis Mitte Sept. tägl.;
Mitte Jän. bis Mitte März
geschlossen
🐕 V, M, D, A, B – 77 Punkte*

Landgasthaus Sittinger
Hauptstraße 39
7132 Frauenkirchen
T: 02172/2307, F: 02172/20094
landgasthaus@sittinger.at
www.landgasthaus-sittinger.at
Mo–Fr 9–15 und 17–24 Uhr;
Sa u. So 9–24 Uhr

DANKBARKEIT
GASTHAUS UND WEINBAU

Gasthaus Zur Dankbarkeit
Hauptstraße 39, 7141 Podersdorf
T: 02177/2223 F: DW 4
office@dankbarkeit.at
www.dankbarkeit.at
Mo, Di, Fr 11.30–14,
17.30–21 Uhr; Sa, So,
Feiertag 11.30–21 Uhr;
April–Nov: Mi, Do Ruhetag
Jänner–März: Mo–Do Ruhetag
Betriebsurlaub:
19.11.2012–2.1.2013
V, M, B – 88 Punkte*

Landgasthof »Zur goldenen
Traube« Fam. Wurzinger
Seeweingärten, 7141 Podersdorf
T: 02177/2388

Pannonia – Hotel/Restaurant
Seezeile 20
7141 Podersdorf
T: 02177/2245, F: DW 4
office@pannonia-hotel.at
www.pannonia-hotel.at
April bis Dezember
🏠 🐕 V, M, B – 84 Punkte*

Podersdorfer Weinstuben
Winklergasse 30
7141 Podersdorf
T: 02177/2223

Dorfwirtshaus Zentral
Familie Kroiss
Obere Hauptstraße 1
7142 Illmitz
T: 02175/2312

Johannes-Zeche
Florianigasse 10, 7142 Illmitz
T: 02175/2335 F: DW 5
office@johannes-zeche.at
www.johannes-zeche.at
Sommer 8–24 Uhr
Winter 10–22 Uhr
🏠 🐕 V, M, D, A, B – 76 Punkte*

Restaurant Presshaus
Apetloner Straße 13
7142 Illmitz
T: 02175/2730
presshaus.haider@aon.at
www.presshaus.com
Mi–So 10–24 Uhr, Küche
11.30–21.30 Uhr durchgehend;
Juli, August Di–So
🚭 V, M, D, A – 85 Punkte*

Gasthaus zum fröhlichen Arbeiter
– Tschida Friedrich
Quergasse 98, 7143 Apetlon
T: 02175/2218
office@tschidas.at
www.tschidas.at
9–22 Uhr, Mi Ruhetag
🚭 🐕 V, M

VILA VITA PANNONIA**
Storchengasse 1
7152 Pamhagen
T: 02175/2180-0, F: DW 444
info@vilavitapannonia.at
www.vilavitapannonia.at
7–22.30 Uhr
🏠 🚭 V, M, D, A, B – 83 Punkte*

NEUSIEDLERSEE-HÜGELLAND

Der Reisinger
am Neufelder See
Eisenstädterstraße
2491 Neufeld an der Leitha
T: 02624/53088, F: DW 8
info@der-reisinger.at
www.der-reisinger.at
Tägl.10.30–21,30, Uhr,
🚭 🏠 🐕 V, M – 81 Punkte*

Henrici
Esterházyplatz 5
7000 Eisenstadt
T: 02682/62819 F: DW 4
restaurant@henrici.at
www.henrici.at
🚭 🐕 V, M, D, A, B – 83 Punkte*

LEGENDE:
🚭 Nichtraucherlokal   🏠 Übernachtung möglich/bzw. Hotel   🐕 Hunde erlaubt
M Mastercard   V VISA   A American Express   D Dinersclub   B Bankomatkassa
Die **Punkte*** entsprechen der Bewertung im aktuellen Falstaff Restaurantguide 2012 (max. 100 Punkte)

WEINGASTHÖFE – Essen & Wohnen

Gasthöfe – Burgenland

Hotel-Restaurant Familie Ohr
Rusterstraße 51, 7000 Eisenstadt
T: 02682/62460
info@hotelohr.at
www.hotelohr.at
Di–So 8–22 Uhr; So bis 21 Uhr
V, M, D, B – *80 Punkte**

Weingasthof Wilhelm Grafl
Hauptstraße 37
7022 Schattendorf
T: 02686/21 26, F: DW 4
office@weingasthof-grafl.at
www.weingasthof-grafl.at
9–24 Uhr, Do Ruhetag
B

Der Reisinger
in Pöttsching
Hauptstraße 83, 7033 Pöttsching
T: 02631/2212, F: 02631/2090
info@der-reisinger.at
www.der-reisinger.at
Do–Sa 11.30–15, 18–24 Uhr;
So 11.30–15 Uhr
D, A – *83 Punkte**

Gutsgasthaus
zum Herztröpferl
Triftgasse 1, 7063 Oggau
T: 02685/7258 und
0664/4747080
F: 02685/72074
office@herztroepferl.at
www.herztroepferl.at
Do ab 16 Uhr; Fr, Sa, So
ab 11 Uhr
V, M, B – *78 Punkte**

Wirtshaus im Hofgassl
Rathausplatz 10, 7071 Rust
T: 02685/60763
www.hofgassl.at
Küche 12–14, 18–21.30 Uhr
Küche zur Festspielzeit 12–14,
17–21.30 Uhr
– *86 Punkte**

Mooslechners Bürgerhaus-
Gourmet-Restaurant Timimoo
Hauptstraße 1, 7071 Rust
T: 02685/6162 F: DW 11
office@hotelbuergerhaus-rust.at
www.hotelbuergerhaus-rust.at

März–Dez 12–14, 18–22 Uhr;
Mo, Di Ruhetag
V, M, D, B – *86 Punkte**

Wirtshaus Rusterhof
»Stickler«
Rathausplatz 18, 7071 Rust
T: 02685/60793
F: 02685/6162-11
office@hotelbuergerhaus-rust.at
www.hotelbuergerhaus-rust.at
V, M, D, B – *80 Punkte**

Relais & Châteaux
Restaurant Taubenkobel
Hauptstraße 33, 7081 Schützen
T: 02684/2297

Restaurant Vinarium
im Leisserhof
Hauptstraße 57
7082 Donnerskirchen
T: 02683/8636, F: DW 4
office@leisserhof.at
www.leisserhof.at
Do–So 11–22 Uhr
V, M, D, B – *81 Punkte**

Der Reisinger
AM NEUFELDER SEE
RESTAURANT-HOTEL-SEMINAR

Unser **Restaurant** und **Hotel** mit zauberhaften Am-biente liegt direkt am Neufelder See und bietet Platz für **Seminare** von 10 bis zu 400 Personen.
Wir bieten: • moderne, regionale und saisonale Küche
• 30 komfortable Designzimmer
• unser Gourmetfrühstück auch á la carte
• sonntags zusätzlich den Familienbraten und
• wochentags unseren Tagesteller um Euro 5,50
Das Restaurant-Hotel am See eignet sich bestens für Familien- und Firmenfeierlichkeiten, wir veranstalten regelmäßig Weinmenüs mit Top-Winzern aus umliegenden Weinbaugebieten.

Der Reisinger
IN PÖTTSCHING
RESTAURANT & CATERING

Das Stammhaus in Pöttsching steht Ihnen von Donnerstag bis Sonntag offen.
Thomas Trenkmann verwöhnt Sie mit Gustostückerln aus der klassischen französischen Küche gespickt mit internationalen Variationen.
Partyservice & Catering von 10 bis 1.000 Personen

In Pöttsching - 02631/2212 • Am Neufelder See - 02624/53088
Weitere Information: www.der-reisinger.at

Gasthöfe – Burgenland

Hotel-Restaurant FLORIANIHOF***

Unser gemütliches Hotel-Restaurant liegt im Zentrum von Mattersburg und der Region Rosalia im Burgenland.

Auf unserer Weinkarte kann man aus ca. 80 verschiedenen Weinen der renommiertesten burgenländischen Weingüter und den besten Weinbaugebieten Österreichs wählen.

Weindegustation mit Gourmetmenü. Aktuelle Termine im Internet

Wiener Straße 1, 7210 Mattersburg
Tel. 02626/62106 Fax DW 44
florianihof@burgenland.org
www.hotel-florianihof.at

Restaurant Braunstein
Fellnergasse 1a, 7083 Purbach
T: 02683/5513-0 F: DW 9
restaurant@braunstein.at
www.braunstein.at
8–23 Uhr; Küche 11.30–22 Uhr
V, M, D, A – 80 Punkte*

GUT Purbach
Hauptgasse 64, 7083 Purbach
T: 02683/56086

KLOSTER AM SPITZ
RESTAURANT & HOTEL

Kloster am Spitz
Waldsiedlung 2, 7083 Purbach
T: 02683/5519
restaurant@klosteramspitz.at
www.klosteramspitz.at
Mi ab 17 Uhr; Do–So
durchgehend Küche
V, M, D, B
87 Punkte*

**Vinoschank –
Heuriger Familie Humer**
Kellering, 7091 Breitenbrunn
T: 0664/4527537
vinoschank@gmx.at
www.weinguthumer.at
Öffnungszeiten siehe Homepage
B

MITTELBURGENLAND

Alte Schule Walbersdorf
Walbersdorfer Hauptstraße 61
7210 Mattersburg, T: 02626/67453

Hotel-Restaurant Florianihof
Wienerstr. 1, 7210 Mattersburg
T: 02626/62106 F: DW 44
florianihof@burgenland.org
www.hotel-florianihof.at
V, M, D, A, B

Gasthof & Hotel Huszar
Rausnitzstraße 2–4
7301 Deutschkreutz
T: 02613/80210
info@huszar.at
www.huszar.at
Täglich ab 8 Uhr,
Mo ab 12 Uhr
V, M, B

**Hotel Schreiner
***Superior**
Girmerstraße 45
7301 Deutschkreutz
T: 02613/80322 F. DW 4
info@hotel-schreiner.at
www.hotel-schreiner.at
B

Kirchenwirt Heinrich
Hauptstraße 53
7301 Deutschkreuz
T: 02613/80291 und
0676/9435934
info@kirchenwirt-heinrich.at
www.kirchenwirt-heinrich.at

ZU GAST BEI FREUNDEN

KIRCHENWIRT HEINRICH
Hauptstraße 53
7301 Deutschkreutz
T +43 2613 80 291
M. +43 676 943 59 34
www.kirchenwirt-heinrich.at

WEINGASTHÖFE – Essen & Wohnen

Gasthöfe – Burgenland/Steiermark

Gasthof »Zur Traube«
Herrengasse 42
7311 Neckenmarkt
T: 02610/42256, F: 02610/423064
info@gasthof-zur-traube.at
www.gasthof-zur-traube.at
Mo 8–14, Di–So 8–22 Uhr,
So 8–18 Uhr
🏠 🐕 V, M, A, B – 80 Punkte*

Restaurant Horvath
Lange Zeile 92, 7323 Ritzing
T: 02619/67229 F: DW 20
office@restaurant-horvath.at
www.restaurant-horvath.at
Mi–So 9–24 Uhr
🐕 V, M, D, B – 81 Punkte*

Weingasthof Krail
Hauptstraße 37
7350 Oberpullendorf
T: 02612/42220
weingasthof@krail.at, www.krail.at
Mo–Fr 6–23 Uhr, Sa 7–23 Uhr;
So 8–18 Uhr
🚭 🏠 V, M, D, A

SÜDBURGENLAND

**A★V★I★T★A ****Superior
Thermen Wellness Hotel**
Thermenplatz 1
7431 Bad Tatzmannsdorf
T: 03353/8990-0 F: DW 325
info@avita.at, www.avita.at
ganzjährig
🏠 🐕 V, M, B – 80 Punkte*

Hotel Restaurant Krutzler
7522 Heiligenbrunn 16
T: 03324/7240
F: 03324/7255
post@hotel-krutzler.at
www.hotel-krutzler.at
ganzjährig geöffnet
🚭 🏠 🐕 V, M, D, B

Wachter-Wieslers Ratschen
Am Ratschenberg
7474 Deutsch Schützen
T: 03365/20082
office@ratschen.at
www.ratschen.at
Mi–Sa 11–23, So 11–18 Uhr
(Küche 11.30–15, 18–22 Uhr;
So 11.30–16 Uhr)
🐕 B – 85 Punkte*

SCHWABENHOF
FAMILIE LUISSER

Landhotel Schwabenhof
7522 Hagensdorf 22
T: 03324/7333, F: DW 55
hotel.schwabenhof@aon.at
www.schwabenhof.at
ganzjährig
🏠 🐕 B

Gasthof Gerlinde Gibiser
Obere Hauptstraße 10
7561 Heiligenkreuz
T: 03325/4216, F: DW 44
g.gibiser@aon.at
www.g-gibiser.at
Di–Sa 7–24 Uhr, So 7–22 Uhr
🏠 V, M, B – 83 Punkte*

**Landgasthof Leitgeb
»Zum alten Weinstock«**
Hauptstraße 13, 7571 Rudersdorf
T: 03382/71621, F: DW 4
gasthof@zumaltenweinstock.at
www.zumaltenweinstock.at
Mi–Mo 9–23 Uhr, Di Ruhetag,
Küche 12–14 u. 18.30–21.30 Uhr;
geteilte Räume für Raucher und
Nichtraucher
🏠 🐕 V, M, A, B

**Gasthaus zum Türkenwirt
Reinhard Fasching**
8382 Mogersdorf 23
T: 03325/82 45
tuerkenwirt@wellcom.at
www.tuerkenwirt.com
Di–So 9–24 Uhr
🚭 🐕 V, M, A, B

SÜDSTEIERMARK

Hotel-Restaurant Staribacher
Grottenhof 5
8430 Leibnitz/Kaindorf
T: 03452/82550, F: DW 9
hotel@staribacher.at
www.staribacher.at
Mo–Fr 12–14 u. 18– 21 Uhr
(Küche), So u. Feiertag 11.30–15
Uhr, abends geschlossen
🚭 🏠 🐕 V, M, D, A, B
85 Punkte*

Winzerhaus Kogelberg
Kogelberg 10–11
8430 Kaindorf an der Sulm
T/F: 03452/83451
winzerhaus@kogelberg.at
www.kogelberg.at
22. Dez.–31. Jän. geschlossen;
Mi–Sa 12–24 Uhr, So 12–18 Uhr
🐕 V, M, B – 86 Punkte*

Schmankerlstubn Temmer
Badstraße 2, 8430 Tillmitsch
T/F: 03452/82070
info@schmankerlstubn.at
www.schmankerlstubn.at
Mi–Sa 11.30–14 u. 18–21.30
Uhr; So 11.30–15 Uhr
86 Punkte*

Kirchenwirt Heber
Steinriegel 52, 8442 Kitzeck
T: 03456/2225

WEINHOF KAPPEL
www.hof-wellness-hotel.at

**Wein- und Vitalhotel Restaurant-
Weingut Weinhof Kappel**
Steinriegel 25, 8442 Kitzeck
T: 03456/2347
office@weinhof-kappel.at
www.weinhof-kappel.at
www.facebook.com/
WeinhofKappel
85 Punkte*

LEGENDE:
🚭 Nichtraucherlokal   🏠 Übernachtung möglich/bzw. Hotel   🐕 Hunde erlaubt
M Mastercard   V VISA   A American Express   D Dinersclub   B Bankomatkassa
Die **Punkte*** entsprechen der Bewertung im aktuellen Falstaff Restaurantguide 2012 (max. 100 Punkte)

WEINGASTHÖFE – Essen & Wohnen

K. Tscheppe GmbH
**Gasthaus Tscheppe
an der Weinstraße**
8461 Sulztal 18
Im Frühjahr 2012
Neueröffnung

**Vinofaktur
Vogau-Ehrenhausen
– So schmeckt die Südsteiermark**
An der Mur 13, 8461 Ehrenhausen
Tel.: 03453/40677

Ratscher Landhaus
Ottenberg 35
8461 Ratsch an der Weinstraße
T: 03453/23130, F: DW 4
info@ratscher-landhaus.at
www.ratscher-landhaus.at
Mi bis Fr ab 13 Uhr; Sa, So,
Feiertag ab 11 Uhr
V, M, B

**Wirtshaus & Restaurant
Sattlerhof**
Sernau 2a, 8462 Gamlitz
T: 03453/4454
restaurant@sattlerhof.at
www.sattlerhof.at
Restaurant: Di–Sa ab 18 Uhr
Wirtshaus: Do–Mo 7–17 Uhr
V, M, D, A, B
86 Punkte*

Hotel am Marktplatz ****
**Landgasthof – Weingut
Wratschko**
Marktplatz 9, 8462 Gamlitz
T: 03453/2647
office@wratschko.at
www.wratschko.at
Restaurant:
März bis Ende Juni, Mi Ruhetag; Juli bis Mitte
November kein Ruhetag
V, M, B

SKOFF ORIGINAL – Walter Skoff
Eckberg 16, 8462 Gamlitz
T: 03453/4243, F: DW 17
buschenschank@skofforiginal.com
www.skofforiginal.com
12–23 Uhr, März–Juli Di,
Mi und Aug–Nov Mi Ruhetag
V, M, D, B

Abels Wirtshaus am Käsehof
Fötschach 9
8463 Leutschach
T: 03454/6384
info@kaesehof-abel.at
www.kaesehof-abel.at
Fr–So 12–15 und ab 17 Uhr,
Mo, Di ab 17 Uhr
– 81 Punkte*

**Peter Zangl's Wirtshaus
im Moserhof**
Großwalz 80
8463 Leutschach
T: 03454/6661-510, F: DW 20
p.zangl@moserhof.at
www.moserhof.at
April bis Dez.; warme Küche
11.30–20 Uhr; Mi Ruhetag;
Sep., Okt. durchgehend geöffnet
V, M, B

**Kreuzwirt – Gerhard Fuchs
am Gut Pössnitzberg**
Pössnitz 168
8463 Leutschach
T: 03454/205
kreuzwirt@poessnitzberg.at
www.poessnitzberg.at
Mi bis Do 19–21,
Fr–Mo 12–14 u. 19–21 Uhr
Rauchmöglichkeit in der Bar
V, M, D, A, B
'97 Punkte*

Gasthof Sauer
Hauptstraße 93, 8472 Strass
T: 03453/2243-0

**WEINGARTENHOTEL
HARKAMP
SÜDSTEIERMARK**

Weingartenhotel Harkamp
Flamberg 46
8505 St. Nikolai im Sausal
T: 03185/2280 F: DW 4
office@weingartenhotel.at
www.weingartenhotel.at
Mo–Do 18–21 Uhr; Fr–So
12–21 Uhr
V, M, B – *82 Punkte**

SÜDOSTSTEIERMARK

Don Camillo
Franziskanerplatz 11, 8010 Graz
T: 0316/845496

Das Wirtshaus Greiner
Grabenstraße 64, 8010 Graz
T: 0316/685090
das@wirtshaus-greiner.at
www.wirtshaus-greiner.at
Mo–Fr 11.30–14 u. 18–23 Uhr;
V, M, B – *82 Punkte**

**Restaurant Scheucher
Inh. Harald Scheucher**
Schönaugasse 6, 8010 Graz
T: 0316/848 84, F: 0316/836363
restaurant@restaurant-scheucher.at
www.restaurant-scheucher.at
Mo bis Fr 11–15 und 18–23 Uhr
V, M, D, A, B – *81 Punkte**

---

wachter-wieslers ratschen

Wachter-Wieslers Ratschen lädt zum
Tagen, Feiern und Genießen ein.
Gebietsvinothek–Eisenberg DAC
zu Ab-Hofpreisen.

Öffnungszeiten: Mi–Sa 11–23 Uhr, So 11–18 Uhr
Küche jeweils von 11.30–15 Uhr und 18–22 Uhr, und am Sonntag von 11.30–16 Uhr

Südburgenland • Deutsch Schützen • www.ratschen.at

WEINGASTHÖFE – Essen & Wohnen

Gasthöfe – Steiermark

SCHLOSSBERG
Am Schloßberg 7, 8010 Graz
T: 0316/84000, F: DW 2
office@schlossberggraz.at
www.schlossberggraz.at
Restaurant: Mo–Sa 11–24 Uhr
(warme Küche 11–22 Uhr), So
11–18 Uhr (Küche 11–17 Uhr)
Bar: Mo–Mi 13–24 Uhr;
Do–Sa 11–2 Uhr;
So, Feiertag 11–24 Uhr;
Raucherbereich in der Bar
V, M, A, B

Der Steirer
Belgiergasse 1, 8020 Graz
T: 0316/703654
office@der-steirer.at
www.der-steirer.at
täglich 11–24 Uhr
V, M, D, A, B
80 Punkte*

Vinofaktur Graz – So schmeckt die Südsteiermark
Belgiergasse 1, 8020 Graz
T: 0316/767070

SCHLOSSBERG
Am Schloßberg 7 • 8010 Graz
T: 0316/84000, F: DW 2
office@schlossberggraz.at
www.schlossberggraz.at
Restaurant SCHLOSSBERG
Mo–Sa 11–24 Uhr (Küche 11–22 Uhr)
So 11–18 Uhr (Küche 11–17 Uhr)
Bar SCHLOSSBERG
Mo–Mi 13–24 Uhr • Do–Sa 11–2 Uhr
So, Feiertag 11–24 Uhr

Restaurant GüntherS Hof
8212 Pischelsdorf 39
T: 03113/3969
restaurant@guenthershof.at
www.guenthershof.at
Mi–Fr 9–14.30 und 17–23 Uhr,
Sa 9–23 Uhr, So 9–15 Uhr
V, M, D, B – 80 Punkte*

Steirischer Weingasthof Berggasthof König
8225 Pöllauberg 5
T: 03335/2311, F: DW 5
office@berggasthof-koenig.at
www.berggasthof-koenig.at
10–24 Uhr, Raucher und Nichtraucherraum
V, M, D, B – 85 Punkte*

Hotel Restaurant „Zur Grünen Au"
Winzendorf 45, 8225 Pöllau
T: 03332/63277
info@gruene-au.at
www.gruene-au.at
Di–So 8–24 Uhr

HABERL & FINK'S
DAS GASTHAUS DELIKATESSEN

Gasthaus Haberl
Walkersdorf 23, 8262 Ilz
T: 03385/260, F: DW 4
office@finks-haberl.at
www.finks-haberl.at
Mo, Do, Fr, Sa 9–23 Uhr; So, feiertag 9–20 Uhr,
Di u. Mi Ruhetag
V, M, B

Thaller's Weinschloss »Eventgastronomie«
8263 Maierhofbergen 24
T: 03387/2924, F: DW 4
koarl@weingut-thaller.at
www.weingut-thaller.at
Buschenschank
Do–Sa 13–23 Uhr
Greißlerei täglich 9–18 Uhr
V, M, D, B

Gasthof-Restaurant Safen-Hof
Hauptstr. 78, 8271 Bad Waltersdorf
T: 03333/2239

Hotel Thermenhof Paierl ****Superior
Wagerberg 120
8271 Bad Waltersdorf

T: 03333/2801, F: DW 400
paierl@thermenhof.at
www.thermenhof.at
ganzjährig geöffnet
V, M, B – 84 Punkte

Schloßwirt Kornberg
Dörfl 2, 8330 Feldbach
T: 03152/2057
info@schlosswirt.com
www.schlosswirt.com
Do–So 11–18 Uhr, Küche bis 16 Uhr; Fr–Sa 11–23 Uhr, Küche bis 20.30 Uhr
B – 80 Punkte

Stöcklwirt
Neusetz 44, 8345 Hof bei Straden
T: 03473/7046
office@stoecklwirt.at
www.stoecklwirt.at
Mi–Sa 11.30–23 Uhr;
So 11.30–15
(Nov., Dez., März)
So 11.30–20 Uhr (April–Okt.)
V, M, D, B
84 Punkte

Weingut Krispel
Neusetz 29, 8345 Hof bei Straden
T: 03473/7862, F: DW 4
wein@krispel.at
www.krispel.at
Öffnungszeiten:
Iss & TrinkGut – Buschenschank und kostBar – Verkauf siehe Homepage
V, M, B

Schloss Kapfenstein
8353 Kapfenstein 1
T: 03157/30030-0, F: DW 30
hotel@schloss-kapfenstein.at
www.schloss-kapfenstein.at
geöffnet:
7.3.2012 bis 16.12.2012
7.3.2013 bis 15.12.2013
V, M, D, A, B

Königsberghof
8355 Tieschen 72
T: 0664/5323939

Gasthaus Restaurant Thaller
Am Kirchplatz 4
8423 St. Veit/Vogau
T: 03453/2508

WEINGASTHÖFE – Essen & Wohnen

Gasthöfe – Steiermark

Willkommen bei uns ...
täglich geöffnet

Weingut Koarl Thaller - 8263 Maierhofbergen 24 - Telefon ++43(0)3387 / 2924 - Fax: -4
koarl@weingut-thaller.at   www.weingut-thaller.at

Hotel im Park**S**
Jausovec GmbH
Kurhausstraße 5
8490 Bad Radkersburg
T: 03476/25 71, F: DW 45
res@kip.or.at
www.hotel-im-park.at
täglich geöffnet
🚭 🏠 🐕 *V, M, D, A, B*

WESTSTEIERMARK

Gasthof – Restaurant
Kohnhauser GmbH
Radlstraße 60, 8501 Lieboch
T: 03136/62496, F: 03136/62307
hotel-restaurant@kohnhauser.at
www.kohnhauser.at
Mo bis Fr 6–00 Uhr
🚭 🏠 🐕 *V, M, D, B*

Steirischer Weingasthof
Rauch-Hof – Marhof
Wald-Süd 21, 8510 Stainz
T: 03463/2882
rauch-hof@netway.at,
www.rauch-hof.at
Mi bis So ab 11 Uhr, Küche:
12–14.30 und 18–22 Uhr
🏠 *B – 83 Punkte**

Wirtshaus Jagawirt
Werner Goach
Sommereben 2
8511 St. Stefan/Stainz
T: 03143/8105, F: DW 4
goach@jagawirt.at
www.jagawirt.at
🏠 🐕 *B – 85 Punkte**

Weststeirischer Hof
Müllegg 40,
8524 Bad Gams
T: 03463/2134,
F: DW 10
weststeirischerhof@aon.at
www.weststeirischerhof.at
Di–Sa 10–24, So 10–15 Uhr
🏠 *V, M, D, A, B*

Kaminstub'n
Steirischer Weingasthof
Kresbach 80
8530 Deutschlandsberg
T: 03462/4737

Alpengasthof
Koralpenblick
Rostock 15
8530 Trahütten-Deutschlandsberg
T: 03461/210

WEST-
STEIRISCHER
HOF
BAD GAMS

DAS KLEINE LANDHOTEL
Fam. Sonja & Klaus Kalthuber

TEL.: 03463-2134
FAX: DW 10
MÜLLEGG 40
8524 BAD GAMS

www.weststeirischerhof.at
weststeirischerhof@aon.at

LEGENDE:

🚭 Nichtraucherlokal   🏠 Übernachtung möglich/bzw. Hotel   🐕 Hunde erlaubt
M Mastercard   V VISA   A American Express   D Dinersclub   B Bankomatkassa
Die **Punkte*** entsprechen der Bewertung im aktuellen Falstaff Restaurantguide 2012 (max. 100 Punkte)

WEINGASTHÖFE – Essen & Wohnen

Gasthöfe – Steiermark

Gasthof Filzwieser
Bundesstr. 78, 8630 St. Sebastian
T: 03882/2504 F: DW 31
filzi@mariazellerland.at
www.weinflug.at
Do–So 11–14 u. 18–23 Uhr
V, M, B – 82 Punkte

Treglwangerhof
8782 Treglwang 5
T: 03617/2253

GOURMANDISEN-PRODUZENTEN

Biokäserei Deutschmann
Oberbergstr. 10
8523 Frauental
T: 03462/4057, F: DW 20

Guntram Hamlitsch KG
Wirtschaftspark 28
8530 Deutschlandsber

Hasewend's Meisterfleischerei
Kirchplatz 39
8552 Eibiswald
T: 03466/42216 F: DW 4
fleischerei@hasewend.at
www.hasewend.at
Di–Fr 7–18 Uhr,
Mo und So 7–12 Uhr
V, M B

Birnhirsch Fruchtsaftlikör
Winzendorf 45, 8225 Pöllau
T: 0664/4639373
F: 03332/632774
info@birnhirsch.at
www.birnhirsch.at
Verkauf von Fruchtsaftlikör
„Birnhirsch

Die Genießer App

NEU!

Der Falstaff-Restaurant-Guide als mobile Applikation

Die **1.400** besten Restaurants Österreichs sowie die Top-Adressen in **23** europäischen Metropolen - kostenlos und unkompliziert via iPhone und Android-Handy abrufen!

So funktioniert's:
Die Apps stehen im Android-Market bzw. im App-Store – Stichwortsuche »Falstaff« – gratis zum Download zur Verfügung.

www.falstaff.at/app oder QR-Code scannen

Wien

– 1010 –

Alpe Adria
Weinhandlung am Hof
Am Hof 11, 1010 Wien
Mo-Fr 10-19, Sa 10-16
T: 01/535 16 55, F: DW 15
info@weinamhof.at
www.weinamhof.at

Artner am Franziskanerplatz
Franziskanerplatz 5
1010 Wien
T: 01/503 50 34

Feinkost Böhle
Wollzeile 30, 1010 Wien
T: 01/512 31 55

Billa Corso Herrnhuter Haus
Neuer Markt 17, 1010 Wien
Mo, Mi, Fr 8-20, Do 8-21, Sa 8-18
T: 01/513 04 810
www.billa.at

Billa Corso Ringstraßen-Galerien
Kärntner Ring 9-13, 1010 Wien
Mo-Fr 7.15-19.30, Sa 7.15-18
T: 01/512 66 25
hotlinebilla@billa-co.at.at
www.billa.at

Le Cru
Petersplatz 8, 1010 Wien
Mo-Fr 12-21, Sa 12-18
T: 01/533 42 60

Der Wein
Riemergasse 6, 1010 Wien
Mo-Fr 10-23, Sa 10-20
T: 01/368 52 15
office@der-wein.at
www.der-wein.at

Austrian Delights
Judengasse 1a, 1010 Wien
T: 01/532 16 61
www.austriandelights.at

Eulennest Vinothek & Weinbar
Himmelpfortgasse 13, 1010 Wien
T: 01/513 53 11

Julius Meinl am Graben – Weinbar
Am Graben 19, 1010 Wien
T: 01/532 33 34
www.meinlamgraben.at

Genusshandlung – Scheiber KEG
Teinfaltstr. 11, 1010 Wien
T/F: 01/533 13 67

Zum Schwarzen Kameel
Bognerg. 5, 1010 Wien
T: 01/533 81 25

Vinothek St. Stephan
Stephansplatz 6, 1010 Wien
Mo-Fr 9.30-18.30, Sa 9.30-17
(Adventzeit bis 18)
T: 01/512 68 58
info@vinothek1.at
www.vinothek1.at

Vinothek & Weinbar
Tinto Rosso
Dr. Karl Lueger Platz 4b
1010 Wien
T: 01/513 04 80

Unger und Klein –
Weinhandlung/Bar
Gölsdorfgasse 2, 1010 Wien
T/F: 01/532 13 23

Feinkost Wagner
Johannesgasse 29, 1010 Wien
T/F: 01/512 42 01

Weibels Weinhandlung
Kumpfgasse 2 , 1010 Wien
T: 01/512 39 86

WEIN & CO Bar

WEIN & CO Bar
Beim Stephansplatz
Jasomirgottstraße 3-5, 1010 Wien
Mo-Sa 10-02, So & Ftg 11-24
T: 05 07 06–3121 (Bar DW: 3122)
Shop: jas@weinco.at
Tischreservierungen:
jasbar@weinco.at
www.weinco.at

WEIN & CO Bar

WEIN & CO Bar
Am Schottentor
Dr. Karl-Lueger-Ring 12,
1010 Wien
Mo-Sa 10-01, So & Ftg 11-24
T: 05 07 06–3141 (Bar DW: 3142)
Shop: lue@weinco.at
Tischreservierungen:
luebar@weinco.at
www.weinco.at

Wieno Michael Mainardy
Lichtenfelsgasse 3
1010 Wien
Tel.: 0676/ 646 14 03

– 1020 –

99 Wines
Praterstraße 11
1020 Wien
T: 01/8900576

Spezerei
Karmeliterplatz 2, 1020 Wien
T: 01/218 47 18
www.spezerei.at

Vinothek Zawadil
Freudenau 255
1020 Wien
T: 01/72 666 28

– 1030 –

Die Weinagentur
Franz Czizek
Barmherzigeng. 1/1/4, 1030 Wien
T: 0699/15 58 50 45
www.weinagentur.at

Burgenland Vinothek
Glöckl GmbH
Baumannstr. 3, 1030 Wien
Di-Fr 13-18.30, Sa 10-15,
T: 01/718 25 73, F: 718 71 74
office@burgenland-vinothek.at
www.burgenland-vinothek.at

Jaegers Käse Wein Kunst
Aspangstrasse 53/17
1030 Wien
T: 0699/11 90 83 79

LAMERCANTILE
Der Feinkostspezialist

Lamercantile Scardovi GmbH
Baumgasse 70, 1030 Wien
T: 01/796 43 08, F: DW 290
office@lamercantile.com
www.lamercantile.com

– 1040 –

Urbanek – Vinothek Naschmarkt
Stand 46, 1040 Wien
T: 01/587 20 80

Artner – Weinkellerei-Restaurant
Floragasse 6
1040 Wien
T: 01/503 50 33

Miller-Aichholz Wein, was sonst!
Favoritenstr. 22
040 Wien
T: 0664/135 55 16

Edelgreisslerei Opocensky
Favoritenstr. 25
1040 Wien
T: 01/505 08 52

Pöhl & Lingenhel
Naschmarkt Stand 167
1040 Wien
T: 01/586 04 04

Pro Vino Lang & Partner KEG
Große Neugasse 6
1040 Wien
T: 01/581 50 40

Weinbar & Vinothek Winzig
Wiedner Hauptstraße 75
1040 Wien
T: 01/505 26 50

Spezialitäten aus Österreich
Naschmarkt Stand 57
1040 Wien
T: 0699/18 20 47 09

– 1050 –

Ammersin Getränkeshop 1050
Wiedner Hauptstraße 140
1050 Wien
Mo-Fr 9-18, Sa 9-15
T: 01/545 10 01
shop@ammersin.at
www.ammersin.at

La Vita è Bella
Pilgramgasse 16
1050 Wien
T: 01/585 43 52

Bottelini
Pilgramgasse 16
1050 Wien
T: 01/961 01 04

Deschka
Weinbar Vinothek
Schönbrunnerstraße 111
1050 Wien
T: 0664/186 06 97

Pub Klemo – Magazin
Margaretenstraße 61
1050 Wien
T: 0699/11 09 13 32

– 1060 –

Kontra-Punkt
Windmühlgasse 20/52
1060 Wien
T: 01/586 48 88

Die Weinchaoten
Linke Wienzeile 16
1060 Wien
T: 01/587 97 12

WEIN & CO Bar

WEIN & CO Bar
Am Naschmarkt
Getreidemarkt 1
1060 Wien
Mo-Fr 10–24, Sa 9–24,
So & Ftg 11–24
Shop & Bar: 05 07 06–3101
Shop: nas@weinco.at
Tischreservierungen:
nasbar@weinco.at
www.weinco.at

– 1070 –

Allegro Music & Wine Lounge
Siebensterngasse 32-34
1070 Wien
T: 0664/135 68 08

Grand Cru
Kaiserstr. 67
1070 Wien
T: 01/524 13 10

Kulinarium7 – Prodinger GmbH
Sigmundsgasse/Siebensterngasse,
1070 Wien
T: 01/522 33 77

Vom Fass
Siebensterng. 46
070 Wien
T: 01/526 94 00

WEIN & CO Bar

WEIN & CO Bar
Mariahilferstraße
Mariahilferstr. 36, 1070 Wien
Mo-So 9–24,
T: 05 07 06–3021 (Bar DW: 3022)
Shop: mar@weinco.at,
Tischreservierungen:
marbar@weinco.at
www.weinco.at

– 1080 –

Burde Weincomptoir
Albertgasse 29
1080 Wien
T: 01/402 39 73-0

Quendlers Feine Weine
Schmidgasse 8
1080 Wien
T: 01/407 96 84

Weinshop Vini per Tutti
Lerchenfelder Str. 44, 1080 Wien
T: 0664/112 50 72
office.aic@chello.at

VINOE – Die Niederösterreich Vinothek
Piaristengasse 35, 1080 Wien
Mo-Fr 16–19.30, Sa 10-13
T: 01/402 09 61 und
0664/502 76 07
vinoe@aon.at, www.vinoe.at

Wein.Raum
Piaristeng. 41
1080 Wien
T: 0664/849 06 04

– 1090 –

Brioni Weinkellereien GmbH
Rotenlöwengasse 8
1090 Wien
T: 01/512 27 42

Gawein Bruckner Weinhandel
Althanstraße 12, 1090 Wien
T: 0664/435 48 70
www.gawein.at

Rioja, Tapas Y Mas
Lazarettgasse 22
1090 Wien
T: 0676/367 67 77

Vinothek Walletschek
Sobieskiplatz 4a
1090 Wien
T: 01/315 10 61

Vinotheken Österreich
POSTLEITZAHL 1030 bis 1090

Vinotheken Österreich

POSTLEITZAHL 1090 bis 1220

Weinstadt
U-Bahnbögen 154
1090 Wien
T: 0664/73 41 17 86

Wein & Genuss Plus
Frankhplatz 2
1090 Wien
T: 0650/981 11 80

mayerhofer's wein & essbar
Liechtensteinstraße 27, 1090 Wien
Mo-Do 7-20, Fr 7-17, So 11-17
Sa geschlossen
T: 01/310 87 32 und
0664/818 02 36
F: 01/310 87 32 13
wein@wurst1.com
www.wurst1.com

– 1100 –

Österreichisches Winzerdepot
Ada-Christen-Gasse 2G
1100 Wien
T: 01/688 15 00

– 1110 –

METRO Cash & Carry
Landwehrstraße 6, 1110 Wien
Mo-Fr 6-22, Sa 8-18
T: 01/760 68-627
www.metro.at

– 1120 –

Weinlokal Vinothek Vinson
Hetzendorfer Str. 79a, 1120 Wien
Mo-Sa 16-0, T: 01/804 04 96
office@vinson.at, www.vinson.at

– 1130 –

Ammersin Getränkeshop
Speisinger Straße 31, 1130 Wien
Mo-Fr 8-18, Sa 8-12.30
T: 01/804 42 00
shop@ammersin.at
www.ammersin.at

1130 Wein
Lainzerstr. 1, 1130 Wien
T: 0699/18 00 00 02

WEIN & CO Ekazent Hietzing
Hietzinger Hauptstraße 22
1130 Wien
Mo-Fr 9.30-19, Sa 9-18
T: 05 07 06–3171
hie@weinco.at, www.weinco.at

Zum Hölbl
Altgasse 11
1130 Wien
T: 0664/243 75 75

– 1150 –

Internet-Vinothek
Weine Englitsch
Gablenzg. 41/3/15
1150 Wien
T: 0699/192 48 497

MyWine – Ihr Genussberater
Oeverseestraße 37
1150 Wien
T: 0664/160 61 05

– 1160 –

weinwelt.at

INTERSPAR weinwelt.at
Sandleiteng. 41, 1160 Wien
Mo-Fr 7.30-19.30, Sa 7.30-18
T: 01/481 39 29, F: Dw 723
office@weinwelt.at
www.weinwelt.at

– 1180 –

Maggies Genussgalerie
Gertrudplatz 3
1180 Wien
T: 01/409 09 33

suesswein.at
Schopenhauerstr. 36
1180 Wien
T: 01/408 18 35

Vinophilia & Cetera
Währinger Straße 145, 1180 Wien
T: 01/470 01 11
www.vinophilia.at

Wienothek 18., – Jiresch
Alseggerstraße 8
1180 Wien
T: 01/479 82 64

– 1190 –

weinwelt.at

INTERSPAR weinwelt.at Q19
Grinzinger Straße 112, 1190 Wien
Mo-Fr 8-19.30, Sa 8-18
T: 01/318 54 96, F: Dw 723
office@weinwelt.at
www.weinwelt.at

Patzak & Thum
Feinkost und Edle Weine
Nußdorfer Platz 3
1190 Wien
T: 01/370 11 78

P.M. Mounier
VertriebsgmbH
Heiligenstädter Straße 43
1190 Wien, T: 01/368 60 38
www.mounier.at

WEIN & CO

WEIN & CO
Muthgasse 56-88, 1190 Wien
Mo-Fr 9-19 Sa 9-17
T: 05 07 06–3081
mut@weinco.at,
www.weinco.at

Weinhandel Wien
Peter Kaindl Handels KG
Großhandel & Detailverkauf
Büro: Himmelstraße 31
1190 Wien
T: 0676/393 51 35
Handel: Inkustrasse 1-7 / Obj. 4 a
3400 Klosterneuburg
kaindl@weinhandelwien.at
www.weinhandelwien.at

– 1200 –

Del Fabro
Nordwestbahnstr. 10
1200 Wien
T: 01/330 22 00
www.delfabro.at

– 1210 –

AllesWein

KASTNER Abholmarkt Wien
KASTNER Abholmarkt und
Gastrodienst GesmbH
Baldassgasse 3, 1210 Wien
Mo-Fr 6-19, Sa 7.30-13
T: 01/250 48-0, F: DW 444
alleswein@kastner.at
www.kastner.at

– 1220 –

c+c pfeiffer
Sverigestraße 11, 1220 Wien
T: 01/734 34 35-0, F: DW 300
Mo-Fr 6-19, Sa 6-13
Bestell-Hotline: 01/734 34 35-4614
www.ccpfeiffer.at

Rarewine Austria
1220 Wien
T: 01/774 67 91

WEIN & CO

WEIN & CO Donauzentrum
Top 708, 1220 Wien
Mo-Fr 9-20, Sa 9-18
T: 05 07 06–3051
don@weinco.at,
www.weinco.at

WEIN & CO

**WEIN & CO Wien Nord
& Versand**
Hermann-Gebauer-Straße 8
1220 Wien
Shop: Mo-Fr 10-18
Sa 9-17, T: 05 07 06–3071
Gratis-Bestellhotline:
08000 8020 8020
Gratis Zustellung in ganz
Österreich & Deutschland
ab EUR 99,– (order@weinco.at)
Shop: hgs@weinco.at
www.weinco.at

Vinothecar
Lessiakgasse 8
1220 Wien
T: 0699/17 01 80 19

WEINHANDELWIEN

Peter Kaindl Handels KG
Grosshandel & Detailverkauf

Handel:
Inkustrasse 1–7 / Obj. 4 a
3400 Klosterneuburg - Gewerbepark

Büro:
Himmelstrasse 31, 1190 Wien, Tel: 0676 39 35 135

kaindl@weinhandelwien.at
www.weinhandelwien.at

– 1230 –

GEKO GroßhandelsgesmbH
Laxenburgerstraße 365
Halle A4, 1230 Wien
Mo-Fr 4.30-15
T: 01/616 71 90 office@geko.at,
www.geko.at

Gewußt wie Cellar
Breitenfurter Str. 360–368
1230 Wien
T: 01/869 23 29

Weinkontor Stefan Pagacs
Liesinger-Flur-Gasse 5
1230 Wien
T: 0699/19 67 01 98

– FLUGHAFEN –

Wine & More
Transitzone
1300 Flughafen Wien-Schwechat
T: 01/7007-63643
www.airest.com

Vinotheken Österreich

POSTLEITZAHL 1220 bis 2201

Niederösterreich

Decanto Hladik & Valsky OG
Belvederegasse 5
2000 Stockerau
T: 02266/1854-0

**Fleischerei Hofmann
GmbH**
Sparkassegasse 26-28
2020 Hollabrunn
T: 02952/21 63

**Schlossvinothek
Mailberg**
Malteserschloss 1
2024 Mailberg
T: 0676/634 29 33

**Elisabeth Hausgnost –
Wein & Genuss**
Sportplatzgasse 286
2042 Guntersdorf
T: 02951/272 80

**Gebietsvinothek Retzer Land
im Althof Retz**
Althofg. 14
2070 Retz
T: 02942/37 11-0

Weinquartier Retz
Hauptplatz 4-5
2070 Retz
T: 02942/204 88

L. Derksen & Co GmbH
Senefelderstraße 4
2100 Leobendorf
T: 02262/681 42-0

METRO Cash & Carry
Wiener Straße 176-196
2130 Langenzersdorf
Mo-Fr 6-22, Sa 8-18
T: 02244/31 01-627
www.metro.at

**Vinothek-Weinhandel
Vinophil**
Bürgerspitalgasse 1
2136 Laa an Thaya
T: 0664/75 00 72 94

Weinmarkt Poysdorf
Weinmarktplatz 1
2170 Poysdorf
T: 02552/203 71

**WINO Vinothek –
Weinbar**
Brünnerstraße 20c
2170 Poysdorf
T: 02552/201 05

**Getränkehaus Krause
GmbH**
Wagramerstr. 259
2201 Gerasdorf/Wien
T: 01/734 69 69

Vinotheken Österreich

POSTLEITZAHL 2320 bis 2700

Morandell Depot
Zwölfaxinger Straße 7
2320 Schwechat
T: 01/707 72 21-20, F: Dw 30
depot.wien@morandell.com
www.morandell.com

METRO Cash & Carry
Metro Platz 1
2331 Vösendorf
Mo-Fr 6-22, Sa 8-18
T. 01/690 80-627
www.metro.at

WEIN & CO SCS
Shopping City Süd
Autoallee 7/Top 26
2332 Vösendorf-Süd
Mo-Fr 9.30-19, Sa 9-18
T: 05 07 06–3031
scs@weinco.at
www.weinco.at

INTERSPAR weinwelt.at in der SCS
SCS Eingang 7
2334 Vösendorf
Mo-Mi: 8.30-19.30
Do: 8.30-21.00, Fr: 8.30-19.30
Sa: 8-18
T: 01/699 15 21, F: Dw 723
office@weinwelt.at
www.weinwelt.at

Fernbedienung
Bahnhofsplatz 1
2340 Mödling
T: 02236/442 33

Ammersin Getränkeshop Brunn
Wienerstraße 131-133
2345 Brunn am Gebirge
Mo-Fr 9-18, Sa 10-16
T: 02236/31 21 99 70
office@ammersin.at
www.ammersin.at

Bottle-Shop
Rennweg 77
2345 Brunn am Gebirge
T: 02236/37 76 59

c+c pfeiffer
Johann-Steinböck-Straße 13
2345 Brunn am Gebirge
Mo-Fr 6-19, Sa 6-13
T: 02236/3905
F: DW 3000
Bestell-Hotline: 02236/3905-3032
www.ccpfeiffer.at

Gebietsvinothek Thallern
Thallern 1
2352 Gumpoldskirchen
T: 02236/534 77
www.thallern.com

Schulz & Partner
Parkstraße 4
2371 Hinterbrühl
T: 0699/17 77 70 00

Vinothek Römerweinstraße Carnuntum
Donauländе 27
2410 Hainburg/Donau
T: 02165/64810

Landgasthaus – Vinothek Assl
Margarethnerstr. 3
2434 Götzendorf
T: 02169/2367

Der jungWIRT Göttlesbrunner Weinshop
Landstraße 36
2464 Göttlesbrunn
T: 02162/89 43

Vinarium Bittermann
Abt Bruno Heinrich Platz 1
2464 Göttlesbrunn
T: 02162/811 55
www.bittermann-vinarium.at

Greißler's Weinecke Hirmann
Kirchenstraße 3
2464 Göttlesbrunn
T: 02162/82 19

Rosenbauchs Vinothek & Genusshandlung
Rechte Bahnzeile 9
2483 Ebreichsdorf
T: 02254/723 38

Wine Plus HandelsGmbH
Industriegelände 1
2491 Steinbrunn Neue Siedlung
T: 02624/54330

produktothek
Neustiftgasse 39
2500 Baden
T: 02252/89 08 88

Vinothek WeinKult
Pfarrgasse 7
2500 Baden
T: 0699/12 80 65 46

Gebietsvinothek Bad Vöslau Thermenregion In Hawlik s Schlemmereck
Hauptstr. 1
2540 Bad Vöslau
T: 02252/753 88

Preisleistungswein.com Internetshop
Hauptstr. 2/2
2602 Neurißhof
T: 02628/48450

der weinfinder – Michael Ulrich
Fabriksgasse 10-12
2620 Neunkirchen
T: 02635/64639

Der Weinhandler Harald Handler
Lautnergasse 10
2630 Ternitz
T: 0676/793 52 52

Weinspitz – Die Vinothek
Hauptstr. 36
2630 Ternitz
T: 02630/381 25

Hergets Magnum Vinothek
Emmerberggasse 21a
2700 Wiener Neustadt
T: 0650/232 93 00

WEIN & CO Wr. Neustadt Im MERKUR Markt
Stadionstraße 10-12
2700 Wr. Neustadt
Mo-Do 7.30–19.30, Fr 7-20,
Sa 7-18
T: 05 07 06–3076
merkur@weinco.at, www.weinco.at

METRO Cash & Carry
Neunkirchner Straße 118
2700 Wr. Neustadt
Mo-Fr 6-22, Sa 8-18
T. 02622/870 50-627
www.metro.at

Vinotheken Österreich

POSTLEITZAHL 3041 bis 3511

Gasthof Pree
Kirchenplatz 1
3041 Asperhofen
T: 02772/582 94

Veganversand Lebensweise
Fuchsberg 15
3062 Kirchstetten
T: 02743/882 11

**Vinothek am Finsteregg
Gasthaus zur Taverne**
Finsteregg 6
3074 Michelbach
T: 02744/86 07

weinwelt.at

INTERSPAR weinwelt.at
Daniel-Gran-Str. 13
3100 St. Pölten
Mo-Fr 7.30-19.30, Sa 7.30-18
T: 02742/36 76 23
F: Dw 723
office@weinwelt.at
www.weinwelt.at

METRO Cash & Carry
Dr. Wilhelm-Steingötter-Straße 27
3107 St. Pölten
Mo-Fr 6-22, Sa 8-18
T: 02742/395-627
www.metro.at

haydn – most.wein.edel-brand
Herrenplatz 6
3100 St. Pölten
T: 0650/236 51 06

**Vinothek Dunkelsteinerwald
Franz Eckl**
3124 Hausheim 15
T: 0676/492 24 46
office.eckl@aon.at
www.wein-eck.at

Der Weinkeller – Christian Grasl
Anzengruberstr. 28
3150 Wilhelmsburg
T: 02746/2807

**Feinkost Reithofer
GmbH**
Hauptstraße 44
3170 Hainfeld
T: 02764/24 40

Riedl-Schöner
Hauptplatz 1
3240 Mank
T: 02755/22 89

**Vinothek
Bouton**
Loosdorferstr. 19
3240 Mank
T: 02755/8315

Oskar
Scheibbser Straße 13
3250 Wieselburg
T: 07416/522 40-0

**Getränke Vielhaber
GmbH & Co KG**
Amonstraße 8
3293 Lunz am See
T: 07486/8219

AllesWein

**KASTNER Abholmarkt
Amstetten
KASTNER Abholmarkt
und Gastrodienst GesmbH**
Industriestraße 2
3300 Amstetten
Mo-Fr 7-18, Sa 8-12
T: 07472/238 81
F: DW 19
alleswein@kastner.at
www.kastner.at

**Kneissl's
Weinsammlung**
Markt 3, 3321 Ardagger
T: 0676/312 12 55

Vinothek Vinogina
Unterauerstraße 117
3370 Ybbs/Donau
T: 0699/88 80 81 00

**Vinothek
Wein & Wachau**
Kirchenplatz 5
3390 Melk
T: 02752/549 87

**Vinothek Weingut
Stift Klosterneuburg**
Rathausplatz 24
3400 Klosterneuburg
T: 02243/41 15 48
www.stift-klosterneuburg.at

**Weinhandel
Angelika Grasl**
Anton Eichberger Str. 17
3433 Königstetten
T: 0664/522 47 32

Getränkehandel Kühnrich
Wagendorf 12
3443 Sieghartskirchen
T: 02274/23 95

Getränke Bayer
Obere Gartenstr. 17
3465 Königsbrunn
T: 02278/2345-0

**Weritas - Gebietsvinothek des
Weinbaugebietes Wagram**
Marktplatz 44
3470 Kirchberg am Wagram
T: 02279/20 179-10 und
0676/451 30 02

**vinothegg – Vinothek im
Schloss Grafenegg**
Grafenegg 10
3485 Grafenegg
T: 02735/399 39
www.vinothegg.at

**Weinkontraste
Vinothek Straß im Straßertal**
Langenloiserstr. 199
3491 Straß
T: 02735/39 00

Arte Wein & Accessoire
Obere Landstr. 4
3500 Krems
T: 0664/135 06 21

AllesWein

**KASTNER Abholmarkt Krems
Josef Stebel GesmbH**
Weinzierl 98, 3500 Krems
Mo-Fr 7-18, Sa 8-11
T: 02732/832 52-0, F: Dw 83
alleswein@kastner.at
www.kastner.at

Wein & Geschenke
Lissen 24, 508 Paudorf
T: 0699/12 65 03 88

Wein.Handlung Noitz im Und
Undstr. 6
3504 Krems/Stein
T: 02732/707 04
www.wein-handlung.at

Wein.Depot Noitz
Römerstraße 169, 3511 Palt
T: 02732/856 56
www.wein-handlung.at

Vinotheken Österreich

POSTLEITZAHL 3550 bis 4039

LOISIUM
Weinerlebniswelt & Vinothek
Loisium Allee 1
3550 Langenlois
April-Oktober tägl. 10-19
November-März Mi-So 10-19,
Mo+Di 10-15
T: 02734/322 40-0
info-weinwelt@loisium.at
www.loisium-weinwelt.at

Michael & Friends
Wiener Straße 7
3550 Langenlois
T: 02734/78368

Ursin Haus Langenlois

Ursin Haus – Vinothek & Tourismusservice GmbH
Kamptalstraße 3
3550 Langenlois
geöffnet tägl. 10-18
T: 02734/20 00-0, F: Dw 15
info@ursinhaus.at
www.ursinhaus.at

Vinothek Alte Schmiede
Wein/Erlebnis/Information
Hauptstr. 36
3562 Schönberg am Kamp
T: 02733/764 76

Vinothek Thurnhof
Thurnhofgasse 2
3580 Horn
T: 02982/202 92

die weinagenten – Mariotti & Ruhdorfer Handels OEG
Weitenberg 319
3610 Weißenkirchen
T: 02715/27 58

HUBERT FOHRINGER
DIE VINOTHEK

Vinothek Fohringer
Donaulände 1a
3620 Spitz a. d. Donau
Mo-Fr 9-12 u. 14, Sa 10-15
T: 02713/20 29, F: DW 20
iwb@fohringer.at
www.fohringer.at

Weinhandel Zarbach
Seiterndorf 26
3652 Weiten
T: 0664/510 11 18

Vini-Mediterranee
Kirchengasse 5
3683 Yspertal
T: 0664/16 45 876

Vinothek Yspertal
Marktfeldstraße 22
3683 Yspertal
T: 07415/63 58, F: Dw 4

Vinothek Die Kramerey
Im Grätzl 2
3730 Eggenburg
T: 02984/208 10

WeinIdeenHonsig
Retzer Weg 23
3741 Pulkau
T: 02946/2515

weinwelt.at
INTERSPAR weinwelt.at
Industriezeile 76, 4020 Linz
Mo-Fr 7.30-19.30, Sa 7.30-18
T: 0732/65 41 24, F: Dw 723
office@weinwelt.at
www.weinwelt.at

Diego's Vinothek
Bischofstraße 4
4020 Linz
T: 0732/78 13 21

ignis Vinothek beim Hauptplatz

ignis Vinotheken
Klosterstraße 3
4020 Linz
Mo-Sa 10-24
T: 0732/89 04 79
office@ignis-vinotheken.at
www.ignis-vinotheken.at

Klügl Spezialitäten
Johann-Sebastian-Bach-Str. 28
4020 Linz
T: 0732/65 33 66

Lachs & Wein
Mönchgrabenstr. 129
4030 Linz
T: 0650/205 44 50

Getränkehandel Josef Freitag
Oberndorf 75
3820 Raabs/Thaya
T: 0676/513 46 11

KASTNER AllesWein

KASTNER Abholmarkt Zwettl
KASTNER GroßhandelsgesmbH
Karl-Kastner Straße 1
3910 Zwettl
Mo-Fr 7.30-18, Sa 8-12
T: 02822/90 01-452
F: DW 451
alleswein@kastner.at
www.kastner.at

Oberösterreich

Weinhof Schenkenfelder
Pollheimerstr. 20, 4020 Linz
T: 0732/67 07 11
www.schenkenfelder.at

Schenki's Vinothek
Landstraße 12, 4020 Linz
T: 0732/79 54 44
www.schenkenfelder.at

weinturm spirits & more

Weinturm Spirits & More
Kaarstraße 11, 4020 Linz
Mo-Fr 9-18.30, Sa 9-12.30
T: 0732/73 10 14
info@weinturm.at
www.weinturm.at

steelothek wine & more
Stahlstr. 2-4
4020 Linz
T: 0664/130 40 61

METRO Cash & Carry
Franzosenhausweg 1, 4030 Linz
Mo-Fr 6-22, Sa 8-18
T. 0732/38 14 81-627
www.metro.at

Schriftkunst & Wein
Zeillergang 8
4030 Linz
T: 0699/17 30 99 10

Vinotheken Österreich

POSTLEITZAHL 4040 bis 4600

Brunner Getränke GmbH
Höllmühlbachstraße 1
4040 Linz
T: 0732/25 03 22

Castello del Vino
Lentia City
Blütenstraße 15
4040 Linz
T: 0732/73 03 65

Vinothek Pro Kaufland
Lindengasse 16
4040 Linz
T: 0732/73 64 01

Vino Vino
Reindlstr. 19
4040 Linz
T: 0664/230 85 51
www.vinovino.at

Weinhaus Wakolbinger
Am Holzpoldlgut 14
4040 Linz/Lichtenberg
T: 07239/62 28

Winkler Markt
Altenbergerstraße 40
4040 Linz
T: 0732/75 75 30

C+C Pfeiffer
Egger-Lienz-Straße 15
4050 Traun
T: 07229/605-0
F: DW 13 35
Mo-Fr 6-19, Sa 6-13
Bestell-Hotline: 07229/605-1303
www.ccpfeiffer.at

WEIN & CO

WEIN & CO Linz Plus City
Plus-Kauf-Straße 7
4061 Pasching
Mo-Fr 9.30-19, Do 9.30-21,
Sa 9.30-18
T: 05 07 06–3011
leo@weinco.at
www.weinco.at

WeinKulinarium Jurda
Johann Lehner Straße 5
4061 Pasching
T: 0664/231 70 15

Vinothek Zettl
Lehnerstraße 1
4064 Oftering
T: 07221/63981

weinwelt.at

INTERSPAR weinwelt.at
Plus City, Plus Kauf Str. 7
4066 Pasching
Mo-Mi 8-19.30, Do 8-21,
Fr 8-19.30, Sa 8-18
T: 07229/61063, F: Dw 513
office@weinwelt.at
www.weinwelt.at

Achleitner Biohof GmbH
Unterm Regenbogen 1
4070 Eferding
T: 07272/4859-40

Klinglmayr's Gasthof & Weinhandlung
Pupping 14
4070 Eferding
T: 07272/2427

Vinothek Albert Rathmair
Grünauerstr. 20
4082 Aschach
T: 0676/707 39 64

Wolfs Weindepot
Blittersdorffstr. 10a
4100 Ottensheim
T: 07234/834 65

Hannes Hackl – Wein & Event
Oberfeldstraße 2
4225 Luftenberg
T: 0699/12 47 77 61

Schoggis und Wein Wittinghofer & Partner
Samtgasse 4
4240 Freistadt
T: 0680/318 34 85

Vinothek Zehethofer
Oberer Markt 11
4292 Kefermarkt
T: 07947/6277

Vinothek Auslese
Hauptplatz 9
4320 Perg
T: 0650/810 10 17

Strasser Markt
Bahnhofstr. 16
4320 Perg
T: 07262/525 78-0

Weinbaron Thomas Maurer
Karlingstraße 3a
4320 Perg
T: 07262/578 49

Eurogast Almauer GesmbH
Prof.-Hans-Gerstmayrstr. 2
4400 Steyr
T: 07252/72433-0

Vinothek Tabor
Kaserngasse 1a, 4401 Steyr
T: 07252/72331

Geovinum
Ennser Str. 99, 4407 Steyr-Dietach
T: 0676/320 34 23
www.geovinum.at

Friends of Wine – Machacek KEG
Linzer Straße 8
4501 Neuhofen/Krems
T: 07227/209 40

point of wine
Schachen 18
4531 Kematen/Krems
T: 07228/200 18

Weincollection Weiss
4571 Steyrling 167
T: 07585/230 18

Vinothek Schnaps Idee
Hauptstr. 10
4580 Windischgarsten
T: 07562/76 00

Vinothek Seebacher & Görsch OG
Sonnenhang 49
4582 Spital/Pyhrn
T: 07563/228

C+C Pfeiffer
Wiesenstraße 60
4600 Wels
Mo-Fr 6.30-19, Sa 7-13
T: 07242/297 20, F: DW 40 09
Bestell-Hotline: 07242/29720-4034
www.ccpfeiffer.at

METRO Cash & Carry
Industriegelände, Boschstraße 9
4600 Wels
Mo-Fr 6-22, Sa 8-18
T: 07242/662 88-627
www.metro.at

Wirt am Berg
Salzburgerstraße 227, 4600 Wels
T: 07242/450 59
www.wirtamberg.at

Welas Park
Ginzkeystraße 27, 4600 Wels
T: 07242/206586

Vinotheken Österreich

POSTLEITZAHL 4625 bis 5280

Feine Weine aus Österreich
Kapsamerstraße 55
4625 Offenhausen
T: 0664/455 62 10

Das Vino Eck
Salzburger Str. 30
4650 Lambach
T: 07245/280 88

**i nostri vini –
Margit Pöttinger**
Zausetstraße 13
4652 Fischlham
T: 07241/50 15

**Schloss Hochhaus –
Hillinger GmbH**
Schlossplatz 1
4655 Vorchdorf
T: 07614/6565

**Feine Weine
Hedwig Huemer**
Fadingerstraße 13
4663 Laakirchen
T: 07613/5036

Fiaker - Der Weingreißler
Stifterstraße 5
4663 Laakirchen
T: 07613/23 66

Rudolf Wagner KG
Weinstraße 31
4664 Oberweis-Laakirchen
Mo-Fr 9.30-18.30
Sa 9.30-12.30
T: 7613/440 - 440
F: DW 94 40
vinothek@wagnerweb.at
www.wagners-weinshop.com

Die Korkmotte
Fürt 11
4680 Haag am Hausruck
T: 07732/392 87

B & B International
Gewerbepark Winkeln 7
4702 Wallern
T: 07249/480 74

Weinhaus Schmickl
Mauer 9
4702 Wallern
T: 07249/480 44

Wein vom Hof
Unterreitbach 5
4712 Michaelnbach
T: 0650/560 01 11

Vinothek Köpf – Lust auf Wein
Marktplatz 3
4720 Neumarkt
T: 0676/923 33 24
www.vinothekkoepf-lustaufwein.at

Schranks Weinerei
Hasledt 11, 4724 Eschenau
T: 07278/32 27

Brennerei Kurz
Windten 1
4775 Taufkirchen/Pram
T: 07719/72 48

Vinothek Vino
Unterer Stadtplatz 26
4780 Schärding
T: 0664 /242 51 14

La Muhr
Linzerstraße 142
4810 Gmunden
T: 07612/771 93
www.la-muhr.at

Wein Mobil Schöppl
Aurachtalstraße 110
4812 Pinsdorf
T: 07612/76 952

Weinshop Fuchs
Schützenweg 18
4820 Bad Ischl
T: 06132/286 87

Vinothek Schiefermayer
Demelgasse 203
4830 Hallstatt
T: 0664/440 91 44

Vinorill – Mag. Christoph Rill
Prinz Eugen Straße 44
4840 Vöcklabruck
T: 0664/20 40 355

WeinArt Wolf Co KG
Forstamt 12
4853 Steinbach/Attersee
T: 07663/89 02
www.weinart.at

Getränkehaus Otmar Lux
• Mühlgraben 5, 4861 Schörfling
T: 07662/23 06, F: DW 30
• Oberbleichfleck 10
4840 Vöcklabruck
T: 07672/27 610
• Bahnhofstr. 35
4910 Ried/Innkreis
T: 07752/87 401
www.wein-handel.at

Wein Huber
Viecht 2
4870 Vöcklamarkt
T: 07682/68 35

Weinkellerei Wöber
Attergaustraße 4
4880 St. Georgen
T: 07667/80 93

basic Austria Bio
Bahnhofstr. 63
4910 Ried/Innkreis
T: 01/817 11 00

Vinothek Stift Reichersberg
4981 Reichersberg/Inn, Nr.1
T: 07758/23 13
www.stift-reichersberg.at

Kellervinothek Dafner
Dietzing 10
5145 Neukirchen/Enknach
T: 07729/212 07

Weinhandel Holzschuh
Salzburger Straße 16c
5230 Mattighofen,
T: 07742/21 61

Schmankothek
Mattseerstraße 1a
5230 Mattighofen
T: 07742/582 88

Vinothek Werdecker
Wasseracker 2a
5230 Mattighofen
T: 07742/52 40

Uhler's Vinothek
Linzer Straße 33
5280 Braunau/Inn
T: 0676/576 10 10

kost.bar vinothek
Stadtplatz 33
5280 Braunau am Inn
T: 0650/497 27 86

Salzburg

Vinotheken Österreich

INTERSPAR weinwelt.at
Europark, Europastr. 1
5015 Salzburg
Mo-Do 8-19.30, Fr 8-21, Sa 8-18
T: 0662/43 55 06, F: Dw 723
office@weinwelt.at
www.weinwelt.at

Billa Corso
Griesgasse 19-21, 5020 Salzburg
Mo-Fr 7.15-19.30, Sa 7.15-18
T: 0662/842 16 00
www.billa.at

Magazin
Augustinerg. 13a, 5020 Salzburg
T: 0662/84 15 84
www.magazin.co.at

nur!gutes
Ischlerbahnstr. 19a
5020 Salzburg
T: 0662/45 35 08

WEIN & CO Bar
Salzburg Platzl
Platzl 2, 5020 Salzburg
Mo-Sa 10-24, So & Ftg 11-24
T: 05 07 06–3151 (Bar DW: 3152)
Shop: pla@weinco.at
Tischreservierungen:
plabar@weinco.at, www.weinco.at

Sporer 1903
Getreidegasse 39
5020 Salzburg
Mo-Fr 9.30-19, Sa 8.30-17
T: 0662/84 54 31
office@sporer.at
www.sporer.at

Stiegl Getränke Shop
Kendlerstraße 1, 5020 Salzburg
Mo-Fr 8.30-18.30, Sa 8-13
T: 0662/83 82-2900
F: DW –2990
shop.salzburg@stiegl.at
www.stiegl.at

Feinkost Kölbl
Theatergasse 2
5020 Salzburg
T: 0662/87 24 23

Weinspezialitäten Kremslehner
Nonntaler Hauptstraße 42a
5020 Salzburg
T: 0662/82 95 10

Vinothek R.F. Azwanger
Getreidegasse 15
5020 Salzburg
T: 0662/84 33 94
www.azwanger.at

Rieger Weinloft
Bayerhamerstraße 18
5020 Salzburg
Mo-Fr 11-20, Sa 10-15
T: 0662/43 52 08
weinloft@riegerweine.at
www.riegerweine.at

Vinothek Flaschengeist
Kajetanerplatz 3
5020 Salzburg
T: 0664/394 55 11

WEIN & CO Salzburg
Alpenstraße 43
5020 Salzburg
Mo-Fr 9-19, Sa 9-17
T: 05 07 06–3041
sal@weinco.at,
www.weinco.at

Wein Wolf Import GmbH & Co VertriebsKG
Münchner Bundesstraße 107
5020 Salzburg
T: 0662/42 14 64

Getränkepool Handels GmbH
Bachstrasse 72
5023 Salzburg – Gnigl
T: 0662/85 67 35

C+C Pfeiffer
Gewerbehofstraße 5
5071 Wals/Siezenheim
Mo-Fr 6-19, Sa 6-13
T: 0662/85 30 00-0, F: DW 36 68
Bestell-Hotline: 0662/853000-3660
www.ccpfeiffer.at

METRO Cash & Carry
Großmarktstraße 1
5071 Wals/Siezenheim
Mo-Fr 6-22, Sa 8-18
T. 0662/85 23 00-627
www.metro.at

Vergeiner Ausgesuchte Weine
Sonystraße 8
5081 Salzburg-Anif
T: 06246/75 858

Vinothek Vitis Vinifera
Lorenz u. Christine Pommer
Hauptstraße 20
5201 Seekirchen
T: 06212/22 40

Frenkenberger Biobox
Petersbergstraße 6
5300 Hallwang
T: 0662/66 25 96

Morandell Depot
Pebering-Straß 20
5301 Eugendorf
T: 06225/85 99, F: Dw 816
depot.eugendorf@morandell.com
www.morandell.com

Vinothek & Seehotel Lackner
Mondseestraße 1
5310 Mondsee
T: 06232/23 59

CaVino Cafe & Vinothek
Walter Wenger jun.
Hinterseestraße 105
5324 Vordersee
T: 0664/316 50 29

Weinerlebnis Maria Reiter
Hammerstraße 67
5411 Oberalm
T: 0664/221 50 81

POSTLEITZAHL 5015 bis 5411

Vinotheken Österreich

POSTLEITZAHL 5440 bis 6095

DÖLLERER'S WEINHANDELSHAUS

Döller Vinothek & Co GmbH
Am Brennhoflehen-Kellau 160
5440 Golling
Mo-Mi 9.30-18.30
Do, Fr 9.30-23 Sa 9.30-12.30
T: 06244/205 67
F: DW 42
office@doellerer.at
www.doellerer.at

Steiner's Restaurant - Vinothek
Hauptstraße 108
5531 Eben
T: 06458/83 98

Vinothek Elisabeth Bogensperger
Pichl 12
5571 Mariapfarr
T: 06473/82 13

Kolarik & Leeb Getränke GmbH
Lunastraße 1
5700 Zell/See
T: 06542/726 25
www.kolarik-leeb.at

Wieser & Co KEG
Mittersiller Bundesstr. 350
5721 Piesendorf
T: 06549/73 28 DW 28
www.weinversand.at

Vinothek Vinifera
5752 Viehhofen 210
T: 06542/68 140

Vinobile
Glemmtaler
Landesstraße 610
5753 Saalbach-Hinterglemm
T: 06541/72 20

Weinkistl
Zellerstraße 1
5760 Saalfelden
T: 06582/713 23

Tirol

s'Culinarium in der Altstadt
online shopping
www.culinarium-signor.at

Culinarium in der Altstadt
Herbert & Walter Signor
Pfarrgasse 1
6020 Innsbruck
Mo-Sa 10-18
(Verlängerung denkbar)
T: 0512/57 49 03
culinarium@signor.at
www.culinarium-signor.at

Fruchthof Der Frischemarkt
Josef Wilberger Straße 19
6020 Innsbruck
Tel. 0512/26 26 64

weinwelt.at INTERSPAR

INTERSPAR weinwelt.at
Sillpark, Museumstr. 38
6020 Innsbruck
Mo-Mi 8-19, Do-Fr 8-20, Sa 8-18
T: 0512/56 74 14, F: Dw 723
office@weinwelt.at
www.weinwelt.at

Bistro – Vinothek Dr. Fischer
Leopoldstraße 35
6020 Innsbruck
T: 0512/58 10 88

Galerie Gundi Pellet KG
Solsteinstraße 3
6020 Innsbruck
T: 0650/227 32 51

Vinothek Edenhauser
Museumstraße 38/Sillpark
6020 Innsbruck
T: 0512/56 74 11

Hörtnagl – Stammhaus Burggraben
Burggraben 4-6
6020 Innsbruck
T: 0512/597 29
www.hoertnagl.at

Invinum Weinbar & Vinothek
Innrain 1, 6020 Innsbruck-Altstadt
Mo-Sa 11-24, So 16-21
T: 0512/57 55 45
office@invinum.com
www.invinum.com

vinum.in Vinothek, Bar, Café
Herzog Sigmund Ufer 1-3
6020 Innsbruck-Markthalle
Mo-Sa 9-22
T: 0660/12 144 12
office@invinum.com

Sankt Urban Gottardi
Heiliggeiststr. 10
6010 Innsbruck
T: 0512/58 44 93

Vinothek Tollinger
Sillhöfe 10
6020 Innsbruck
T: 0512/335 59, F: DW 30

Vinothek Wedl
Leopold-Wedl-Weg 1
6020 Innsbruck
T: 05/9335-0

WEIN & CO

WEIN & CO Innsbruck
Einkaufszentrum DEZ
Amraser Seestraße 56b
6020 Innsbruck
Mo-Mi 9-19, Do & Fr 9-20,
Sa 9-18
T: 05 07 06–3091
dez@weinco.at, www.weinco.at

Gutes aus der Natur
Eugenstraße 7
6060 Hall
T: 05223/459 44-13

METRO Cash & Carry
Siemensstraße 1, 6063 Rum
Mo-Fr 6-22, Sa 8-18
T. 0512/246 27
www.metro.at

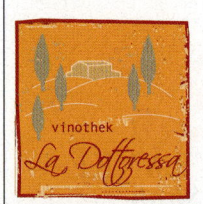

vinothek La Dottoressa

La Dottoressa
Weinhandel- & Genuss GmbH
Bruno J. Resi
Kohlstatt 5, 6095 Grinzens
Geöffnet n. tel. Vereinbarung
T: 0664/452 56 57
office@ladottoressa.at
www.iberische-weine.at

Vinotheken Österreich

POSTLEITZAHL 6100 bis 6531

Getränke Zorzi
Leutascher Straße 686
6100 Seefeld
T: 05212/21 21

Seyrling Getränkevertrieb
Reitherspitzstraße 294
6100 Seefeld
T: 05212/44 44

Vinothek Gernspitz
Weidach 368a
6105 Leutasch bei Seefeld
T: 0664/421 10 68

weinwelt.at

INTERSPAR weinwelt.at
Hermine-Berghofer-Straße 12
6130 Schwaz
Mo-Fr 7.30-19.30
Sa 7.30-18
Tel. 05242/64373
F: DW 22
office@weinwelt.at
www.weinwelt.at

Vinothek Neururer
Au 50
6134 Vomp
T: 05242/632 30

Vinothek Nagele
Brennerstraße 74
6150 Steinach/Brenner
T: 05272/202 94

Vinothek Vinoribis
Kampl/Gewerbezone 12
6167 Neustift
T: 05226/27 08

MPreis
Landesstraße 16
6176 Völs
T: 0512/300
www.mpreis.at

Vinothek Kerschhaggl
Gewerbegebiet 1
6272 Stumm
T: 05283/31 00

Weinladen Rieser
Hauptstr. 486
6290 Mayrhofen
T: 05285/622 31

Weinhandel Reinhard Fritz
Poststraße 2B/23
6300 Wörgl
T: 0664/163 40 95
F: 05332/737 40
r.fritz@tirol.com
www.weinfreunde.at

Getränkehandel Kaspar Fuchs
Boden 22, 6300 Wörgl
T: 05332/722 54

VINORAMA
DIE WELT DES WEINES

Vinorama Weinversand GmbH
Wörgler Boden 13-15, 6300 Wörgl
T: 05332/78 55 78, F: 78 55 88
vino@vinorama.at
www.vinorama.at

MORANDELL
FÜHRENDER WEINSPEZIALIST SEIT 1926

Morandell International (Zentrale)
Wörgler Boden 13-15
6300 Wörgl
T: 05332/78 55-0, F: 71963
wein@morandell.com
www.morandell.com

Eurogast Riedhart
Innsbrucker Straße 96
6300 Wörgl
T: 05332/721 06

Vinoteca di Palma
Bruggerstraße 4
6322 Kirchbichl
T: 0664/211 95 60

WEIN & CO

WEIN & CO Kufstein bei MPreis
Salurnerstraße 42
6332 Kufstein
Mo-Fr 9-19, Sa 9-15
T: 05 07 06–3111
kuf@weinco.at
www.weinco.at

Weinatelier Agnes
Dorf 38
6352 Ellmau
Tel. 05358/433 98
www.weinatelier-agnes.at

VINOTHEK KLOSTERHOF
Weine, Brände und Alimentari
KITZBÜHEL

Vinothek Klosterhof
Malinggasse 6
6370 Kitzbühel
T: 05356/63 907
F: 72 605
office@vinothek-klosterhof.com
www.vinothek-klosterhof.com

Vinothek Sinnesberger
Innsbrucker Straße 66
6382 Kirchdorf
T: 05352/650 00

MORANDELL
FÜHRENDER WEINSPEZIALIST SEIT 1926

Morandell Depot
Industriezone 50
6460 Imst
T: 05412/61 303 F: Dw 855
depot.imst@morandell.com
www.morandell.com

Getränkegroßhandel Egon Wille
Graf 145
6500 Landeck
T: 05442/620 09

eurogast Grissemann

Eurogast Grissemann
Hauptstr. 150, 6511 Zams
Mo-Fr 8-18.30, Sa 8-17
T: 05442/69 99-37, F: DW 66
marketing@grissemann.at
www.grissemann.at

Der Weinladen – Arno Hofer
Perdann 11
6511 Zams
T: 0664/206 70 12

Getränkehandel Hafele
Gewerbegebiet 276
6531 Ried/Oberinntal
T: 05472/62 08

Vinotheken Österreich

POSTLEITZAHL 6600 bis 6900

Eurogast Speckbacher
Großfeldstraße 15
6600 Reutte
Mo-Sa 8-12
Mo-Do 13.30-17.30,
Fr 13.30-18.00
T: 05672/622 17
F: 05672/628 6013
eurogast@speckbacher.at
www.speckbacher.at

Getränke Linzgieseder
Getränkehandel GmbH & Co KG
Reinhard-Spielmann-Straße 2
6632 Ehrwald
T: 05673/22 44-0

Weinhandel Steyrer
Fernpassstraße 36,
6633 Biberwier
T: 05673/309

weinwelt.at
INTERSPAR ®

INTERSPAR weinwelt.at
Messepark, Messestr. 2
6850 Dornbirn
Mo-Do 8.30-19.30,
Fr 8.30-21, Sa 8-18
T: 05572/24 6 71, F: Dw 723
office@weinwelt.at
www.weinwelt.at

METRO Cash & Carry
Josef-Ganahl-Straße 5
6850 Dornbirn
Mo-Fr 6-22, Sa 8-18
T: 05572/456 27
www.metro.at

Vorarlberg

weinwelt.at
INTERSPAR ®

INTERSPAR weinwelt.at
Zimbapark, Almteilweg 1
6706 Bludenz/Bürs
Mo-Do 8.30-19.30
Fr 8.30-21, Sa 8-18
T: 05552/63 645, F: Dw 723
office@weinwelt.at
www.weinwelt.at

Vinothek Weinrieder
Hauptstraße 3
6706 Bludenz/Bürs
T: 05552/624 53

Weinkellerei
Oskar Ammann
Bundesstraße 92, 6710 Nenzing
T: 05525/62 221

Vinothek Heinz Birk
Zug 525, 6764 Lech/Arlberg
T: 05583/39 37

Vinothek Jenny Hanni
Dorfstraße 12, 6780 Schruns
Mo-Fr 8.30-12, 14.30-18
(Do Nachmittag geschlossen),
Sa 8.30-12
T/F: 05556/728 81
hanni.jenny@aon.at
www.vinothek-jenny.at

Österreichische Wein-Einblicke
Irmgard Vonbun
Grenzweg 9
6800 Feldkirch
Di-Do 16.30-19.30, Fr 16.30-21
Verkostungen nach Vereinbarung
T: 0664/193 73 83
vonbun.josef@inode.at
www.wein-einblicke.at

Berthold Weine
Lehenweg 8
6830 Rankweil
T: 0664/340 50 04

Windisch –
Haus feiner Weine
Sonderbergstrasse 10c
6840 Götzis
T: 0676/318 30 68

wein:gut Erika Bischof
Sattelberg 77
6833 Klaus
T: 0660/811 06 83

Weinkellerei
Summer's Erben
Walgaustr. 18
6833 Klaus
T: 05523/627 55

Amann Weine
Wagnerstraße 1-2
6845 Hohenems
T: 05576/731 80

Hill
Weinbar & Vinothek
Marktstraße 11
6845 Hohenems
T: 0664/216 17 58

Weinkellerei
Wolfgang Böhler
Birngasse 4
6850 Dornbirn
T: 05572/22474

Bruvino
Bahnhofstraße 8
6850 Dornbirn
T: 05572/212 69
www.bruvino.at

Weinkellerei + Vinothek
Thurnher
Bockackerstr. 13
6850 Dornbirn
T: 05572/261 51

Moosbrugger & Mairitsch OHG
Lustenauerstr. 64
6850 Dornbirn
T: 05572/21 03 96

Vinothek Moses
Marktstraße 14
6850 Dornbirn
T: 05572/351 14

Stöckl Wein KG
Flurstraße 11, 6890 Lustenau
T: 05577/83 256

TrinkFest
Zellgasse 50
6890 Lustenau
T: 05577/883 66

Wein & Mehr – Katja Alfare
Gärtnerstraße 12
6890 Lustenau
T: 05577/624 54

Vinothek Christian Greber
Anton Schneider Straße 1
6900 Bregenz
T: 05574/48 98 30

Andres Getränke
Brandgasse 23
6900 Bregenz
T: 05574/425 55

Weinberater – Wolfgang Bechter
Eichholzstrasse 12
6900 Bregenz
T: 0699/10 80 77 89

Weinkellerei Karl Bregenzer
Bregenzer Straße 41, 6900 Bregenz
T: 05574/431 56

Fredi's Käslädele
Deuringstr. 9, 6900 Bregenz
T: 05574/43916

WEIN & CO

WEIN & CO Bregenz
Römerstraße 2, 6900 Bregenz
Mo-Fr 9-18, Sa 9-17
T: 05 07 06–3061
bre@weinco.at
www.weinco.at

Vinothek Weinzeit
Mariahilfstraße 29
6900 Bregenz
T: 05574/483 54

**Pfanner & Gutmann
GmbH & Co KG**
Alte Landstr. 10
6923 Lauterach
T: 05574/672 04 60
www.pfanner-weine.com

Weinhandlung Vögel
Wald 9
6991 Riezlern
T: 05517/53 40

blumenthell
Obere Hauptstr. 39
7121 Weiden/See
T: 02167/401 58

Weinkulturhaus Gols
Hauptplatz 20
7122 Gols
T: 02173/200 39

SAILER'S

Sailer's Vinothek Burgenland
Kirchenplatz 27
7132 Frauenkirchen
Geöffnet: Jan. und Feb.:
Fr 14.30-18, Sa 10-17,
März – Dez.: Mi 14.30-18,
Do 10-12.30, Fr 10-12.30,
14.30-18, Sa 10-17,
So+Fei 11-17
T: 0664/410 96 97
F: 02172/203 76
vinothek@sailers.at
www.sailers.at

**Landgasthaus & Vinothek
Sittinger**
Hauptstr. 39
7132 Frauenkirchen
T: 02172/23 07

Weinclub 21
Seestraße 37
7141 Podersdorf/See
T: 02177/211 70

Fine Wine Trade GmbH
Apetloner Str. 20, 7142 Illmitz
T: 02175/33 77
www.fine-wine-trade.com

Weinstube Tschida
Hauptplatz 5
7142 Illmitz
T: 0676/433 09 95

**Vinothek Hotel
Johanneszeche**
Florianigasse 10
7142 Illmitz
T: 02175/23 35

**Vinarium Tschida im Gasthaus
zum fröhlichen Arbeiter**
Quergasse 98
7143 Apetlon
T: 02175/22 18

Burgenland

Landmarkt Steurer
Eisenstädter Straße 18
2491 Neufeld/Leitha
T: 02624/527 44 13

AllesWein

**KASTNER Abholmarkt Eisenstadt
KASTNER Abholmarkt
und Gastrodienst GesmbH**
Industriestraße 12
7000 Eisenstadt
Mo-Fr 7-18, Sa 8-12
T: 02682/626 61-0 F: DW 29
alleswein@kastner.at
www.kastner.at

Selektion Vinothek Burgenland
Esterházyplatz 4
7000 Eisenstadt
T: 02682/633 45
www.selektion-burgenland.at

vinoble Weinhandel Kern KG
Kasernenstr. 32/10
7000 Eisenstadt
Geöffnet nach tel. Vereinbarung
T: 0699/1740 1740 oder
0699/175 88*175 oder
0699/1842 1842
office@vinoble.at
www.vinoble.at

www.weltderweine.at
Kapellengasse 8
7011 Siegendorf
T: 02687/20100

Weinhandel Wild
Hauptstraße 16, 7011 Siegendorf
T: 0664/522 31 93

Eselböcks Weinselektion
Hauptstraße 31, 7063 Oggau
T: 0664/381 76 92

Mörbischer Vinothek
Hauptstraße 95
7072 Mörbisch
T: 0664/59 87 971

Vinothek Der Schemitz
Hauptstraße 66
7082 Donnerskirchen
T: 02683/85 06

Wein & Fein im Leisserhof
Hauptstraße 57
7082 Donnerskirchen
T: 02683/86 36

**WEIN WERK
Burgenland pur.**

Weinwerk Burgenland
Obere Hauptstr. 31
7100 Neusiedl am See
1. Jan. – 31. März:
Mo-Mi 14-19, Do-So 10.30-19
1. April – 31. Dez.:
Mo-So 10.30-19
T: 02167/207 05, F: Dw 540
vinothek@weinwerk-burgenland.at
www.weinwerk-burgenland.at

Vinotheken Österreich

POSTLEITZAHL 6900 bis 7143

Vinotheken Österreich

POSTLEITZAHL 7162 bis 7474

Goldenits Violen
Hansaggasse 26
7162 Tadten
T: 02176/34 16

Wine and Commerce
Rosenweg 12
7201 Neudörfl
T: 02622/770 55

Getränkedienst Dirnbauer
Schubertstraße 22
7210 Mattersburg
T: 02626/625 02
www.dirnbauer.com

Terroir Vinothek & Bar
Gustav Degengasse 9
7210 Mattersburg
Mo-Do 9-23, Fr 9-24
Sa 9-14 u. 17-22
T: 02626/202 84
office@terroir.at
www.terroir.at

Burgenland Vinothek Glöckl GmbH
Hauptstraße 42-44
7301 Deutschkreutz
1. April-31. Okt.:
Mo-Mi u. Fr-Sa 10-18
2. Nov.-30. März:
Mo-Mi u. Fr-Sa 10-17
T: 02613/802 00, F: Dw 4
deutschkreutz@burgenland-vinothek.at
www.burgenland-vinothek.at

Vinatrium Gebietsvinothek
Hauptstraße 55
7301 Deutschkreutz
1.Juni-31.Dez: Mo-Do 13-19,
Fr-Sa 10-20, So u. Fei 10-17
1.Jan.-31.Mai: Mo-Do 13-18,
Fr-Sa 10-18, So u. Fei 10-17
T: 02613/897 68, F: DW 4
vinothek@vinatrium.at
www.vinatrium.at

Vinothek Neckenmarkt
Rathausgasse 1
7311 Neckenmarkt
T: 02610/420 40

Getränkehandel Glatz-Wieder
Herrengasse 25
7311 Neckenmarkt
T: 02610/42306

Vinothek Horitschon
Am Kirchenplatz
7312 Horitschon
T: 02610/43194

Die Vinothek – Das Weinerlebnis im Blaufränkischland
Thermengelände 4
7361 Lutzmannsburg
T: 02615/812 22

Weinfachhandel Bacchuskeller
Haselbrunn 15
7372 Drassmarkt
T: 0676/400 80 13

Schlacher Vinothek
Semmelweisgasse 20
7400 Oberwart
Mo-Fr 8-12 u. 14-18, Sa 8-12
T: 03356/79 22-430

House of Vlad dy Dracul
Bahnhofstraße 9
7400 Oberwart
T: 03352/328 14

Schlacher Vinothek
Hartberger Straße 23
7411 Markt Allhau
Mo-Fr 8-12 u. 14-18,
Sa 8-12
T: 03356/79 22-420

Schlacher GmbH Zentrale
Schlacher-Straße 1
7412 Wolfau
Mo-Do 8-12 u. 13-17, Fr 8-12
T: 03356/79 22-0
M: 0664/60 79 23 00

Weinatelier
Jormannsdorf 20
7431 Bad Tatzmannsdorf
T: 0664/960 50 23

Vinothek Reiter's Burgenlandresort
Golfplatz 1–4
7431 Bad Tatzmannsdorf
T: 03353/88 46 07

Vinothek Reichermühle
Faludigasse 5
7471 Rechnitz
T: 03363/79750

Vinothek Eisenberg
Am Naturpark 1
7474 Eisenberg
T: 03365/26 66

Terroir VINOTHEK & BAR
Gustav Degengasse 9 . A-7210 Mattersburg . T +43 (2626) 20284 . www.terroir.at

Steiermark

Vinothek Vinum Ferreum
Obere Kellergasse 35
7474 Eisenberg
T: 03365/24 39

Weinkulturhaus und Weinarchiv Bildein
Bei der Kirche
7521 Bildein
T: 03323/25 97

Vinothek Südburgenland Im Weinmuseum
7522 Moschendorf
T: 03324/63 18

Schlacher Vinothek
Wiener Straße 21
7540 Güssing
Mo-Fr 8-12 u. 14-18, Sa 8-12
T: 03356/79 22-410
vinothek@schlacher.net
www.schlacher.com

AllesWein

KASTNER Abholmarkt Jennersdorf
Brückler GroßhandelsgesmbH
Industriegelände 6
8380 Jennersdorf
Mo-Fr 7.30-18, Sa 7.30-12
T: 03329/401-500, F: DW 503
alleswein@kastner.at
www.kastner.at

Csuk Wein & Specereien
Hauptstraße 2
8380 Jennersdorf
T: 0664/432 45 32

Billa Corso
Jakominiplatz 12, 8010 Graz
Mo-Fr 7.40-20, Sa 7.40-18
T: 0316/83 71 84
www.billa.at

Delikatessen Frankowitsch
Stempfergasse 2–4
8010 Graz
T: 0316/82 22 12

Weinhaus Der Gallier
Petersgasse 28a
8010 Graz
T: 0650/266 67 45

Wein & Wein Grollitsch
Neufeldweg 99
8010 Graz
T: 0316/46 22 78

Weinhandel Kohlbacher
Zinzendorfgasse 6
8010 Graz
T: 0316/31 94 31

La Enoteca
Sackstraße 14
8010 Graz
T: 0316/81 54 44

Vinothek bei der Oper
Tummelplatz 1, 8010 Graz
T: 0316/82 88 34
vinothek_oper@tele2.at

Meislmichl
Heinrichstrasse 8
8010 Graz
T: 0664/220 91 51

Vinothek Scaria
Mandellstraße 22
8010 Graz
T: 0316/82 42 44

Schaeffer's Weinshop
Kaiser-Josef-Platz 6, 8010 Graz
T: 0316/71 56 60
www.schaeffers.at

weinwelt.at
INTERSPAR weinwelt.at
Citypark, Lazarettgürtel 55
8020 Graz
Mo-Fr 8-19.30, Sa 8-18
T: 0316/71 04 36, F: Dw 723
office@weinwelt.at
www.weinwelt.at

WEIN & CO Bar

WEIN & CO Bar Graz
Joanneumring 13
8010 Graz
Mo-Sa 9-24, So & Ftg geschlossen
T: 05 07 06–3161 (Bar DW: 3162)
Shop: gra@weinco.at
Tischreservierungen:
grabar@weinco.at
www.weinco.at

Vinofaktur – So schmeckt die Südsteiermark
Belgiergasse 1
8020 Graz
T: 0316/76 70 70

cash & carry Nussbaumer
Hans-Resel-Gasse 27a
8021 Graz
T: 0316/71 20 07

weinwelt.at
INTERSPAR weinwelt.at
Murpark, Ostbahnstraße 3
8041 Graz-Liebenau
Mo-Do 7.30-19.30, Fr 7.30-20
Sa 7.30-18
T: 0316/47 25 15, F: Dw 723
office@weinwelt.at
www.weinwelt.at

METRO Cash & Carry
Weblinger Straße 41, 8054 Graz
Mo-Fr 6-22, Sa 8-18
T. 0316/28 25 00-627
www.metro.at

C+C Pfeiffer
Maria-Pfeiffer-Straße 10
8055 Seiersberg/Graz
Mo-Fr 6-19.30, Sa 7-13
T: 0316/29 72 88-3300
F: DW 3302
Bestell-Hotline: 0316/297288-3535
www.ccpfeiffer.at

MORANDELL
FÜHRENDER WEINSPEZIALIST SEIT 1926

Morandell Depot
Mälzerweg 11
8055 Graz
T: 0316/47 51 43, F: 46 67 59
depot.graz@morandell.com
www.morandell.com

Vinotheken Österreich · POSTLEITZAHL 7474 bis 8055

Vinotheken Österreich

POSTLEITZAHL 8054 bis 8600

WEIN & CO Graz
Shopping City Seiersberg
8054 Seiersberg
Mo-Fr 9 -19.30 Sa 9-18
T: 05 07 06–3131
sei@weinco.at
www.weinco.at

Vinothek Loder
Am Platz 1
8062 Kumberg
T: 03132/23 02

A. I. Deutsch HandelsgmbH
Gewerbering 4
8071 Gössendorf
T: 03135/46060

Weinhof Auer GesmbH
Josef-Krainer-Straße 11
8074 Raaba bei Graz
Mo-Fr 8.30-18, Sa 8-12
T: 0316/40 11 00
F: 0316/40 23 71
office@weinhof-auer.at
www.weinhof-auer.at

**winebauer –
Vinothek & Delikatessen**
Marktplatz 16
8081 Heiligenkreuz/Waasen
T: 03134/525 88

**Qualitätsweine.net
Rene Otter**
Kormannweg 5
8144 Tobelbad
T: 0664/420 11 84

Feinkost Bleykolm
Europa Allee 10
8160 Weiz
T: 03172/23 81

Reisenhofer Getränke
Nöstlstraße 2
8160 Krottendorf
T: 03172/32 10

Schlacher Vinothek
Dorfstraße 3
8160 Weiz-Preding
Mo-Fr 8-12 u. 14-18, Sa 8-12
T: 03356/79 22-460

Getränke Stibor
8162 Passail 74a
T: 03179/233 13

**Steirerkraft
Naturprodukte GmbH**
Wollsdorf 75
8181 St. Ruprecht/Raab
T: 03178/25 25

Weinfachhandel Hütter
Ludersdorf 85
8200 Gleisdorf
T: 03112/265 00

Schmid Weine
Kirchenackersiedlung 605a
8225 Pöllau,
T: 03335/450 90

Interex GroßhandelgesmbH
Totterfeld 24
8274 Buch bei Hartberg
T: 03332/621 11

Schlacher Vinothek
Grazer Straße 9
8280 Fürstenfeld
Mo-Fr 8-12 u. 14-18, Sa 8-12
T: 03356/79 22-440

cash & carry Nussbaumer
Franz-Josef-Straße 10
8330 Feldbach
T: 03152/390 08

Schlacher Vinothek
Mühldorf 3
8330 Feldbach
Mo-Fr 8-12 u. 14-18, Sa 8-12
T: 03356/79 22-450

Greißlerei De Merin
8345 Straden 5
T: 03473/75957

Gesamtsteirische Vinothek
Marktstraße 6
8354 St. Anna am Aigen
T: 03158/28 01
www.gesamtsteirische-vinothek.at

Das Winzerhaus
Haltackerried 81
8430 Leibnitz
T: 03452/718 88

**Genussregal Vinofaktur
So schmeckt die Südsteiermark**
An der Mur 13
8461 Ehrenhausen-Vogau
T: 03453/406 77

Urbani Vinothek
Langgasse 7
8490 Radkersburg
T: 03476/403 57

Hubmann
Grazer Straße 1, 8510 Stainz
T: 03463/2106

Lukashof
Grafendorf 11, 8510 Stainz
T: 03463/3950

Vinariat Freddy Maier
Wald 7
8510 Stainz
T: 03463/57 47

Vinothek im Schilcherstöckl
Rassach 25, 8510 Stainz
T: 03463/43 33

Weinhaus Stainz GmbH
Grazerstraße 21
8510 Stainz
T: 03463/700 22

E. u. M. Müller GmbH
Grazerstraße 71
8522 Groß St. Florian
T: 03464/2234
www.domaene-mueller.at

WeinGrube.com
Uferweg 14
8523 Frauental/Lassnitz
T: 03462/30 46 87

Schilcherkeller
Furth 8,
8524 Bad Gams
T: 03463/31 07

weinshop24.at
Grazerstraße 7
8530 Deutschlandsberg
T: 03462/50 01
www.weinshop24.at

Wein & Käs
Hauptplatz 34
8530 Deutschlandsberg
T: 03462/225 11

Vinothek Mandl
Hauptplatz 34
8570 Voitsberg
T: 03142/285 11

Brucker Getränkezentrum
Brandstetterstraße 2
8600 Bruck/Mur
T: 03862/555 88

cash & carry Nussbaumer
Bienensteinstraße 3
8600 Bruck/Mur
T: 03862/511 37

Weinhandel Stadlober
Schifflände 6, 8600 Bruck/Mur
T: 0699/11 30 63 60

Vinothek Schicker
Grazer Straße 9
8605 Kapfenberg
T: 03862/226 12

Werner's Naturspezialitäten
Industriestraße Ost 7A
8605 Kapfenberg
T: 03862/337 50 75

Wein und Flaschendesign Stipschik
Hauptstraße 55
8650 Kindberg
T: 03865/270 80

Weinlaube – Vinothek Schwarzer Hund
Hauptplatz 11
8700 Leoben

C+C Pfeiffer
Triester Straße 29
8720 Spielberg
T: 03577/247 50, F: DW 20
Mo-Fr 7-19, Sa 7-13
Bestell-Hotline: 03577/24750-15
www.ccpfeiffer.at

drink it! Wein & Bier Gabriele Moitzi
Bundesstraße 26
8740 Zeltweg
T: 03577/24785/914 25 92
www.weinbier.at

Feinkost Leitner & Magnet OEG
Burggasse 5
8750 Judenburg
T: 03572/47384

Wein – Tschreppl
Hauptstraße 5
8753 Fohnsdorf
T: 03573/342 91

Weinhandel & Weinservice Prein
Hauptstraße 1, 8772 Timmersdorf
T: 03833/82 91

MORANDELL
FÜHRENDER WEINSPEZIALIST SEIT 1923

Morandell Depot
8833 Teufenbach 192
T: 03582/8830, F: Dw 6
depot.teufenbach@morandell.com
www.morandell.com

Vineart Marion Feuchter
Hauptstraße 29
911 Admont
T: 0664/437 74 68

Josef Hofer – Spirituosen Weine
Hauptplatz 32, 8952 Irdning
T: 03682/224 71-0
www.zirben.at

Vino Per Amici
Kaindorf 169
8962 Gröbming
T: 0664/135 82 24

Kärnten

Alpe Adria Weinhandlung GmbH
Florian-Gröger-Straße 20
9020 Klagenfurt
T: 0463/42 07 49-0, F: DW 15

weinwelt.at
INTERSPAR weinwelt.at
Durchlaßstraße 4, 9020 Klagenfurt
Mo-Fr 8-19.30, Sa 8-18
T: 0463/45 260, F: Dw 723
office@weinwelt.at
www.weinwelt.at

weinwelt.at
INTERSPAR weinwelt.at
Rosentalerstraße 136
9020 Klagenfurt
Mo-Fr 7.30-19.30, Sa 7.30-18
T: 0463/26 14 35, F: Dw 723
office@weinwelt.at
www.weinwelt.at

Andrä Vergeiner Ausgesuchte Weine GmbH
Peter-Mitterhofer-Gasse 29
9020 Klagenfurt, T: 0463/413 72
www.vergeinerweine.at

Vinothek Delikatessen Jäger
Radetzkystr. 38-40
9020 Klagenfurt
T: 0463/573 54

METRO Cash & Carry
Görtschitztal Str. 22
9020 Klagenfurt
Mo-Fr 6-22, Sa 8-18
T: 0463/717 70-627
www.metro.at

verweilzeit
8972 Ramsau a. Dachstein 193
T: 03687/817 93
www.verweilzeit.at

Wein-Galerie – Annamax
Meranplatz 39
8990 Bad Aussee
T: 03622/525 54
www.annamax.at

Sussitz – Wir leben Wein
Feldkirchner Straße 24a
9020 Klagenfurt
T: 0463/575 57

WEIN & CO
Klagenfurt
City Arkaden, Shop 38b
Heuplatz 5
9020 Klagenfurt
Mo-Fr 9-19.30, Sa 9-18
T: 05 07 06–3181
kla@weinco.at
www.weinco.at

Yomi's Lustige Flaschenhandlung & Weinbar
Karfreitstraße 22, 9020 Klagenfurt
T: 0463/558 27
www.domaene-mueller.com

Vinarium „Best of Burgenland"
Halleggerstraße 1
9201 Krumpendorf
T: 04229/39 26

Vinothek Vipresso
Kirchgasse 11
9300 St. Veit/Glan
T: 04212/42 38

Prost Mahlzeit
Silberegger Straße 1, 9330 Althofen
T: 04262/38 35

c+c pfeiffer
Triglavstraße 75, 9500 Villach
Mo-Fr 6.30-17.30, Sa 6.30-13
T: 04242/3031-0, F: DW 6000
Bestell-Hotline: 04242/3031-6100
www.ccpfeiffer.at

POSTLEITZAHL 8600 bis 9500

Vinotheken Österreich

POSTLEITZAHL 9500 bis 9990

weinwelt.at
INTERSPAR weinwelt.at
ATRIO, Kärntnerstraße 34
9500 Villach
Mo-Fr 8-19.30, Sa 8-18
Tel. 04242/37511, F: Dw 723
office@weinwelt.at
www.weinwelt.at

Vinothek Wandling & Bauer
Millstätterstraße 35
9545 Radenthein
T: 04246/21 63 11

Weinagentur Jordan
Oberboden 52
9562 Himmelberg
T: 04276/47 74

**Herwigs
Spezialitäten und Mode**
Hauptplatz 19
9640 Kötschach-Mauthen
T: 04715/246

Casa del Vino
An der Maut 7
9800 Spittal/Drau
T: 04762/42 99-1
www.casa-del-vino.at

Weinpartner-Vinothek Kostbar
Postpassage-Hauptplatz 13
9800 Spittal/Drau
Mi-Fr 17-22
T: 0664/462 85 10
office@dieweinpartner.at
www.weinpartner.com

MORANDELL
FÜHRENDER WEINSPEZIALIST SEIT 1926

Morandell Depot
Fressnitz 10
9811 Lendorf
T: 04762/23 88, F: 33 467
depot.lendorf@morandell.com
www.morandell.com

Vinocades
Lamnitz 8
9833 Rangersdorf
T: 04823/200 33
www.vinocades.at

Weinhandel Peter Gigler
Kirchgasse 53
9853 Gmünd
T: 0676/609 42 23

Vinothek Elfriede Pichorner
9861 Eisentratten 51
T: 04732/38 54
vinothek.pichorner@aon.at

Osttirol

**Andrä Vergeiner –Ausgesuchte
Weine GmbH – Weinboutique**
Südtiroler Platz
9900 Lienz
T: 04852/66 80 24
www.vergeinerweine.at

**Josef Weger –
Weinkellerei & Weingroßhandel**
Alleestraße 39 (Eingang Iseltaler-
straße), 9900 Lienz
T: 04852/620 48

weinwelt.at
INTERSPAR weinwelt.at
Großglocknerstr.1
9900 Lienz/Nußdorf
Mo-Fr 7.30-19.30, Sa 7.30-18
T: 04852/63 133, F: DW 723
office@weinwelt.at
www.weinwelt.at

Weinphilo
Messinggasse 11
9900 Lienz
T: 04852/612 53

Vinothek Zuegg
Drautal-Bundesstraße 3
9990 Debant
T: 04852/66 99-0

falstaff

BESTELLEN SIE IHR SCHNUPPER-ABO!

SIE SPAREN € 55,50

» 3 Ausgaben des Falstaff-Magazins
» Edles Messerset in Geschenkschatulle
  Serie Barracuda: scharfe Edelstahlklingen, elegante Holzgriffe

€ 16,90

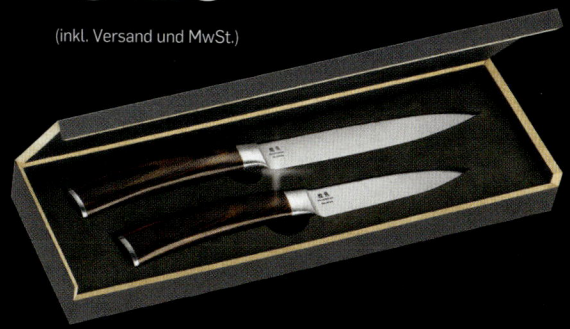

(inkl. Versand und MwSt.)

abo@falstaff.at   www.falstaff.at/abo
T: (0)1/90 42 141-419   F: (0)1/90 42 141-450

– Österreich –

Achs Paul, Gols	S. 498	Berger, Gedersdorf	S. 169
Achs Werner, Gols	S. 500	Bernthaler + Bernthaler, Gols	S. 506
Aigner, Krems	S. 168	Bichler, Purbach	S. 585
Allacher, Vinum Pannonia, Gols	S. 574	Biegler, Gumpoldskirchen	S. 222
Allram, Strass	S. 118	Blaha, Röschitz	S. 358
Alphart, Traiskirchen	S. 218	Blauensteiner, Gösing	S. 311
Gut Altenberg, NÖ Landesweingut, Retz	S. 370	Böheim, Arbesthal	S. 90
Stift Altenburg, Röschitz	S. 354	Bracher, Spitz/Donau	S. 261
Altenburger, Jois	S. 501	Brandl, Zöbing	S. 122
Alzinger, Unterloiben	S. 258	Branigg, Fresing	S. 436
Andert-Wein, Pamhagen	S. 503	Brindlmayer, Traismauer	S. 242
Angerer, Lengenfeld	S. 120	Brolli-Arkadenhof, Gamlitz	S. 437
Angerhof – Hans Tschida, Illmitz	S. 567	Bründlmayer, Langenlois	S. 124
Arachon T.FX.T., Horitschon	S. 634	Bründy – Weingut am Wagran, Feuersbrunn	S. 312
Arndorfer Martin und Anna, Strass	S. 121	Buchegger, Dross	S. 170
Artner, Höflein	S. 88	Christ, Wien	S. 66
Auer, Tattendorf	S. 220	Cobenzl, Wien	S. 68
Aumann, Tribuswinkel	S. 221	Daschütz, Mitterstockstall	S. 313
Bannert, Obermarkersdorf	S. 355	Dankbarkeit – Lentsch Josef, Podersdorf	S. 531
Barmherzige Brüder, Klosterkeller, Eisenstadt	S. 582	Deim – Naturnaher Weinbau, Schönberg/Kamp	S. 127
Bauer Anton, Feuersbrunn	S. 306	Diem Ewald, Hohenruppersdorf	S. 359
Bauer Christoph, Jetzelsdorf	S. 356	Diem Gerald und Andrea, Obermarkersdorf	S. 360
Bauer, Familie – Naturnaher Weinbau, Großriedenthal	S. 307	Direder Robert, Kirchberg/Wagram	S. 314
Bauer Josef, Feuersbrunn	S. 308	Diwald, Großriedenthal	S. 315
Bauer Christoph, Jetzelsdorf	S. 356	Dockner Familie, Höbenbach	S. 172
Bauer Norbert, Jetzelsdorf	S. 357	Dockner Tom, Theyern	S. 243
Bauer Stefan, Königsbrunn	S. 309	Dolle, Strass	S. 128
Bauer-Pöltl, Horitschon-Unterpetersdorf	S. 635	Domäne Wachau, Dürnstein	S. 262
Bäuerl, Dürnstein	S. 260	Domäne Müller – Ehem. Prinz Liechtenstein'sches Weingut, Groß St. Florian	S. 490
Bayer – Erbhof, Donnerskirchen	S. 583		
Bayer – In Signo Leonis, Neckenmarkt	S. 636		
Beck, Gols	S. 504		
Benedikt, Kirchberg/Wagram	S. 310		

Domäne Kranachberg – Skoff Peter, Gamlitz S. 475	Frühwirth, Klöch S. 420
Domaine Pöttelsdorf, Pöttelsdorf S. 586	Fuchs, Glanz S. 440
Donabaum Johann, Spitz/Donau S. 265	Fürst Liechtenstein Hofkellerei, Wilfersdorf S. 380
Donabaum »In der Spitz«, Spitz/Donau S. 267	Gager, Deutschkreutz S. 637
	Georgiberg, Berghausen S. 441
Dreisiebner Stammhaus, Ehrenhausen S. 438	Gerhold, Gösing S. 323
Dürnberg, Falkenstein S. 361	Gesellmann, Deutschkreutz S. 638
Ecker – Eckhof, Mitterstockstall S. 316	Geyerhof – Fam. Maier, Furth/Göttweig S. 180
Ecker Josef, Grafenberg S. 362	Giefing, Rust S. 594
Edlinger Hannes, Röschitz S. 363	Glatzer, Göttlesbrunn S. 91
Edlinger Josef, Palt S. 174	Gmeiner, Purbach S. 595
Ehmoser, Großweikersdorf S. 317	Gmeiner, Seebarn/Wagram S. 324
Ehn Eerhard, Engelmannsbrunn S. 318	Gobelsburg, Schloss, Gobelsburg S. 132
Ehn, Langenlois S. 129	Goldeck, Wein- und Sektkellerei, Bad Vöslau S. 224
Eichinger Birgit, Strass S. 130	Goldenits Anita und Richard, Tadten S. 508
Elsnegg, Gamlitz S. 439	Goldenits Robert, Tadten S. 509
Eminger, Niedersulz S. 364	Göttweig, Stift, Furth/Göttweig S. 181
Erbhof – Bayer, Donnerskirchen S. 583	Grassl Hans und Philipp, Göttlesbrunn S. 92
Ernst, Großwiesendorf S. 319	Graßl – Nepomukhof, Göttlesbrunn S. 102
Esterházy Wein, Eisenstadt S. 587	Graben-Gritsch, Spitz S. 270
Feiler-Artinger, Rust S. 589	Greil, Unterstockstall S. 325
Felsner, Grunddorf S. 175	Grenzhof-Fiedler, Mörbisch S. 591
Fidesser, Platt S. 365	Grenzlandhof – Reumann, Deutschkreutz S. 640
Fiedler, Grenzhof-Fiedler, Mörbisch S. 591	Grill, Fels/Wagram S. 326
Figl Leopold, Wagram S. 244	Groiss Ingrid, Breitenwaida S. 367
Fink Ernst, Krustetten S. 176	Groll, Reith S. 135
Fink Günter, Wallern S. 507	Gross, Ratsch S. 442
Fischer Alfred, Stöttera S. 592	Gruber, Röschitz S. 368
Fischer Christian, Sooss S. 223	Gschweicher, Röschitz S. 369
Fischer Johann, Rossatz S. 268	Gsellmann Hans & Andreas, Gols S. 510
Follner, Rust S. 593	Gsellmann Matthias und Ilse, Gols S. 511
Forstreiter, Krems-Hollenburg S. 177	Gut Altenberg NÖ Landesweingut, Retz S. 370
Frank, Herrnbaumgarten S. 366	Gut am Ottenberg – Müller Domäne, Groß St. Florian S. 453
Frauwallner, Straden S. 418	
Freigut Thallern, Thallern S. 234	Gut Oggau – Tscheppe-Eselböck, Oggau S. 596
Fritsch, Oberstockstall S. 320	Hagen, Krems-Rehberg S. 182
Fritz Josef, Zaussenberg S. 322	Hager, Mollands S. 136
Fritz Rudolf, Krems-Thallern S. 179	Hagn, Mailberg S. 371

Index

Haider, Illmitz	S.	512
Hajszan Neumann, Wien	S.	70
Hammer Wein, Rust	S.	598
Hardegg, Graf, Seefeld-Kadolz	S.	372
Hareter, Weiden/See	S.	513
Harkamp, St. Nikolai	S.	444
Hartl Toni, Reisenberg	S.	599
Hauleitner, Traismauer	S.	245
Heideboden, Podersdorf	S.	514
Heiderer-Mayer, Baumgarten	S.	327
Heinrich Gernot und Heike, Gols	S.	515
Heinrich J., Deutschkreutz	S.	641
Heiss, Illmitz	S.	517
Herndler, Schiltern	S.	137
Hiedler, Langenlois	S.	138
Hillinger, Jois	S.	519
Hirsch, Kammern	S.	140
Hirschmugl – Domaene am Seggauberg, Leibnitz	S.	446
Hirtl, Poysdorf	S.	374
Hirtzberger, Spitz/Donau	S.	271
Hoch, Hollenburg	S.	183
Hofbauer, Unterretzbach	S.	375
Hofbauer-Schmidt, Hohenwarth	S.	376
Hofer, Wien	S.	71
Bioweingut Hofer, Auersthal	S.	378
Hofmann, Traismauer	S.	246
Hofstädter, Deutschkreutz	S.	643
Högl, Spitz/Donau	S.	273
Hofstätter, Spitz/Donau	S.	275
Holzapfel, Joching	S.	276
Holzer, Nussdorf	S.	247
Horvath, Gols	S.	521
Huber, Strass	S.	142
Huber Markus, Reichersdorf	S.	248
Iby, Horitschon	S.	644
Iby-Lehrner, Horitschon	S.	646
Igler Hans, Deutschkreutz	S.	647
Igler Josef, Deutschkreutz	S.	649
Jäger, Weißenkirchen	S.	278
Jahner, Wildungsmauer	S.	94
Jalits, Badersdorf	S.	670
Jamek, Joching	S.	279
Jassek, Ragelsdorf	S.	379
Jaunegg, Eichberg-Trautenburg	S.	447
JbN – Jägersberger, Neudörfl	S.	601
Jöbstl Schilcherei®, Wernersdorf	S.	491
Johanneshof Reinisch, Tattendorf	S.	225
Juris, Gols	S.	522
Jurtschitsch Sonnhof, Langenlois	S.	143
Kadlec, Illmitz	S.	524
Kemetner, Etsdorf	S.	145
Kerschbaum Maria, Lackenbach-Horitschon	S.	650
Kerschbaum Paul, Horitschon	S.	651
Kirchmayr, Weistrach	S.	146
Kirnbauer K + K, Deutschkreutz	S.	652
Kiss, Jois	S.	525
Kloster am Spitz, Purbach	S.	602
Klosterkeller der Barmherzige Brüder, Eisenstadt	S.	582
Klosterkeller Siegendorf, Siegendorf	S.	604
Klosterneuburg, Stift, Klosterneuburg	S.	328
Knoll, Unterloiben	S.	281
Respiz-Hof Kölbl, Röschitz	S.	393
Kolkmann, Fels/Wagram	S.	329
Kollwentz, Großhöflein	S.	605
Kopfensteiner, Deutsch Schützen	S.	671
Kracher Weinlaubenhof, Illmitz	S.	526
Krispel, Straden	S.	421
Kroiss, Illmitz	S.	528
Kronenhof – Siedler, Reichersdorf	S.	254
Krug, Gumpoldskirchen	S.	227
Krutzler, Deutsch Schützen	S.	672

Lackner-Tinnacher, Gamlitz	S.	448	Mayer am Pfarrplatz, Wien	S. 73
Lager, Göttlesbrunn	S.	95	Mayer Franz Anton, Königsbrunn	S. 332
Landauer-Gisperg, Tattendorf	S.	228	Mayer Landhaus, Wien	S. 75
Landhaus Mayer, Wien	S.	75	Mayr – Vorspannhof, Dross	S. 209
Lang, Neckenmarkt	S.	653	Mazza, Weißenkirchen	S. 284
Laurenz V., Wien (Büro)	S.	147	Mehofer – Neudeggerhof, Neudegg	S. 333
Leberl, Großhöflein	S.	607	Meinhardt Hube, Steinbach	S. 452
Lehensteiner, Weißenkirchen	S.	283	Minkowitsch Roland, Mannersdorf	S. 386
Lehrner, Horitschon	S.	654	Moric, Großhöflein	S. 610
Leithner, Langenlois	S.	148	Moser Hans, Eisenstadt	S. 612
Leitner, Gols	S.	529	Moser Hermann, Rohrendorf	S. 188
Lentner, Wien	S.	72	Moser Lenz, Rohrendorf	S. 190
Lentsch Franz und Elisabeth, Podersdorf	S.	530	Moser Sepp, Apetlon	S. 535
			Moser Sepp, Rohrendorf	S. 191
Lentsch Josef – Dankbarkeit, Podersdorf	S.	531	Müller Domäne – Gut am Ottenberg, Groß St. Florian	S. 453
Lesehof Stagård, Krems-Stein	S.	204	Müller Domäne – Ehem. Prinz Liechtenstein'sches Weingut, Groß St. Florian	S. 490
Leth, Fels/Wagram	S.	330		
Liechtenstein, Fürst, Hofkellerei, Wilfersdorf	S.	380	Müller-Grossmann, Furth/Palt	S. 192
Liegenfeld, Donnerskirchen	S.	609	Müller, Krustetten	S. 193
Lobner, Mannersdorf/March	S.	381	Münzenrieder, Apetlon	S. 536
Loimer, Langenlois	S.	150	Muhr – Van der Niepoort, Rohrau	S. 100
Lunzer Heinrich, Gols	S.	533	Muster.gamlitz, Gamlitz	S. 455
Lunzer Michaela und Gerhard, Gols	S.	534	Nadler, Arbesthal	S. 101
Maglock-Nagel, Strass	S.	151	Neckenmarkt, Winzerkeller, Neckenmarkt	S. 655
Maier – Geyerhof, Furth/Göttweig	S.	180		
Maissau, Schlos,s Maissau	S.	382	Nehrer, Eisenstadt	S. 613
Maitz, Ratsch	S.	450	Nekowitsch, Illmitz	S. 537
Malat, Palt	S.	184	Nepomukhof – Graßl, Göttlesbrunn	S. 102
Malteser Ritterorden, Mailberg	S.	383	Netzl Franz und Christine, Göttlesbrunn	S. 103
Mantlerhof, Gedersdorf	S.	186		
Marko – Markowitsch Lukas, Göttlesbrunn	S.	96	Netzl Hans und Martin, Göttlesbrunn	S. 105
			Neudeggerhof – Mehofer, Neudegg	S. 333
Markowitsch Gerhard, Göttlesbrunn	S.	97	Neumayer, Inzerdorf/Traisen	S. 250
Markowitsch Meinrad, Göttlesbrunn	S.	99	Neumeister, Straden	S. 422
Martinshof, Neusiedl/Zaya	S.	384	Nigl, Wein-Gut, Senftenberg	S. 194
Masser, Leutschach	S.	451	Nimmervoll, Engelmannsbrunn	S. 334
Maurer, Röschitz	S.	385	Nittnaus Anita und Hans, Gols	S. 538

Index

Nittnaus Hans und Christine, Gols	S.	540
NÖ Landesweingut Gut Altenberg, Retz	S.	370
Nolz, Traismauer	S.	252
Nothnagl, Spitz/Donau	S.	285
Oberguess, Leutschach	S.	457
Oberstockstall Gut – Salomon Fritz, Kirchberg/Wagram	S.	339
Oggau, Gut – Familie Tscheppe-Eselböck, Oggau/See	S.	596
Opitz Willi, Illmitz	S.	542
Ott Bernhard, Feuersbrunn	S.	335
Panta Rhei, Eisenstadt	S.	614
Parzer, Oberfucha	S.	196
Paschinger – Urbanihof, Fels/Wagram	S.	344
Payr, Höflein	S.	106
Pelzmann Horst und Irene, Berg	S.	108
Pfaffl R. & A., Stetten	S.	387
Pfneisl Family – United Vineyards, Kleinmutschen	S.	656
Pichler F. X., Oberloiben	S.	286
Pichler Franz, Wösendorf	S.	289
Pichler Rudi, Wösendorf	S.	290
Pichler-Krutzler, Oberloiben	S.	292
Pimpel Gerhard, Göttlesbrunn	S.	109
Pimpel Josef, Petronell	S.	110
Piribauer, Neudörfl	S.	615
Piriwe, Traiskirchen	S.	229
Pittnauer, Gols	S.	543
Platzer, Tieschen	S.	424
Pleil, Wolkersdorf	S.	389
Ploder-Rosenberg, St. Peter/Ottersbach	S.	425
PMC Münzenrieder, Apetlon	S.	545
Pöckl, Mönchhof	S.	546
Polsterer, Feuersbrunn	S.	337
Polz, Spielfeld	S.	458
Pongratz, Gamlitz	S.	460
Potzinger, Gabersdorf	S.	461
Prager, Weißenkirchen	S.	294
Prechtl, Zellerndorf	S.	390
Preisinger Claus, Gols	S.	548
Preisinger Georg, Gols	S.	550
Preisinger Helmut, Gols	S.	551
Preiß, Theyern	S.	253
Prickler, Lutzmannsburg	S.	657
Prieler, Schützen/Gebirge	S.	616
Primus, Spielfeld	S.	462
Pröglhöf, Obernalb	S.	391
Proidl, Senftenberg	S.	197
Pröll, Radlbrunn	S.	392
Rabl, Langenlois	S.	152
Reeh, Andau	S.	552
Regele, Berghausen	S.	463
Reinberger, Grafenwörth	S.	338
Reinisch Johanneshof, Tattendorf	S.	225
Reiterer, Wies	S.	492
Renner, Gols	S.	553
Renner Karl, Leutschach	S.	464
Repolusk, Glanz	S.	465
Respiz-Hof Kölbl, Röschitz	S.	393
Retzl, Zöbing	S.	153
Reumann – Grenzlandhof, Deutschkreutz	S.	640
Reumann Josef und Maria, Deutschkreutz	S.	658
Rittsteuer, Neusiedl/See	S.	555
Rixinger, Spitz/Donau	S.	296
Rosenberger Josef, Rohrendorf	S.	199
Rosenberger Silvia, Strass	S.	154
Rotes Haus, Wien	S.	76
Sabathi Erwin, Leutschach	S.	466
Sabathi Hannes, Gamlitz	S.	468
Salomon Fritz – Gut Oberstockstall, Kirchberg/Wagram	S.	339
Salomon Undhof, Krems-Stein	S.	200
Salzl – Seewinkelhof, Illmitz	S.	556
Sattler Erich, Tadten	S.	557

Sattler Karl, Jois	S. 558	Sigl, Rossatz	S. 299
Sattlerhof, Gamlitz	S. 469	Silberberg Landesweingut, Leibnitz	S. 472
Sauerstingl, Fels/Wagram	S. 340	Skoff Original, Gamlitz	S. 473
Sax, Langenlois	S. 155	Skoff Peter – Domäne Kranachberg, Gamlitz	S. 475
Schandl, Rust	S. 618		
Scharl, St. Anna/Aigen	S. 427	Skringer, Eichberg-Trautenburg	S. 476
Scheiblhofer Erich, Andau	S. 559	Sommer, Donnerskirchen	S. 623
Schenzel-Wallner, Bruck/Leitha	S. 111	Sonnhof Jurtschitsch, Langenlois	S. 143
Schiefer Uwe, Welgersdorf	S. 674	Söll, Gamlitz	S. 477
Schilcherei® Jöbstl, Wernersdorf	S. 491	Spaetrot Gebeshuber, Gumpoldskirchen	S. 232
Schindler, Mörbisch	S. 619	Stadlmann, Traiskirchen	S. 233
Schloss Gobelsburg, Gobelsburg	S. 132	Stadt Krems, Krems	S. 203
Schloss Maissau, Maissau	S. 382	Stagård, Lesehof, Krems-Stein	S. 204
Schlumberger Robert, Bad Vöslau	S. 230	Steiner Julius, Podersdorf	S. 564
Schlumberger Wein- und Sektkellerei, Wien	S. 77	Steininger, Langenlois	S. 157
Schmelz, Joching	S. 297	Steurer, Jois	S. 565
Schmelzer Horst und Georg, Gols	S. 560	Stift, Röschitz	S. 401
Schmid, Stratzing	S. 202	Stift Göttweig, Furth/Göttweig	S. 181
Schneider Georg, Tattendorf	S. 231	Stift Klosterneuburg, Klosterneuburg	S. 328
Schneider, Röschitz	S. 394	Stopfer, Ruppersthal	S. 342
Schreibeis – Keller am Gaisberg, Strass	S. 156	Strass, Draßmarkt	S. 659
Schuckert, Poysdorf	S. 395	Strehn, Deutschkreutz	S. 660
Schuhmann, Gols	S. 561	Strobl Clemens, Linz (Büro)	S. 343
Schuster, Großriedenthal	S. 341	Studeny, Obermarkersdorf	S. 402
Schuster Rosi, St. Margareten	S. 620	Summerer, Langenlois	S. 159
Schützenhof, Deutsch Schützen	S. 675	Szigeti Sektkellerei, Gols	S. 566
Schwarz, Schrattenberg	S. 396	Taferner, Göttlesbrunn	S. 112
Schwarz Wein, Andau	S. 562	Tassilo – Wachau, Krustetten (Büro)	S. 300
Schwarzböck, Hagenbrunn	S. 397	Tanzer, Krems-Thallern	S. 205
Seewinkelhof – Salzl, Illmitz	S. 556	Taubenschuss, Poysdorf	S. 403
Seggau – Bischöflicher Weinkeller, Seggauberg	S. 471	Tegernseerhof – Mittelbach, Unterloiben	S. 301
Seher, Platt	S. 398	Tement, Berghausen	S. 478
Seifried, Oberstinkenbrunn	S. 399	Tesch, Neckenmarkt	S. 661
Seiler, Rust	S. 622	Thallern, Freigut, Thallern	S. 234
Setzer, Hohenwarth	S. 400	Thiery-Weber, Rohrendorf	S. 206
Siedler – Kronenhof, Reichersdorf	S. 254	Toifl, Kleinhöflein	S. 404
Siegendorf, Klosterkeller, Siegendorf	S. 604	Topf, Strass	S. 160

Index

Trapl, Stixneusiedl	S.	113
Tremmel, Rust	S.	624
Triebaumer Ernst, Rust	S.	625
Triebaumer Günter und Regina, Rust	S.	627
Trummer, St. Nikolai ob Draßling	S.	428
Tscheppe am Pössnitzberg, Leutschach	S.	481
Tscheppe-Eselböck – Gut Oggau, Oggau	S.	596
Tschermonegg, Glanz	S.	482
Tschida Hans – Angerhof, Illmitz	S.	567
Tschida Christian, Illmitz	S.	569
Tschida Gerald, Apetlon	S.	570
Türk, Stratzing	S.	207
Uibel, Ziersdorf	S.	405
Umathum, Frauenkirchen	S.	571
Undhof Salomon, Krems-Stein	S.	200
Unger Petra, Furth/Göttweig	S.	208
United Vineyards – Pfneisl Family, Kleinmutschen	S.	656
Urbanihof – Paschinger, Fels/Wagram	S.	344
Van der Niepoort – Muhr, Rohrau	S.	100
Velich, Apetlon	S.	573
Vinum Pannonia Allacher, Gols	S.	574
Vorspannhof – Mayr, Dross	S.	209
Wachter-Wiesler, Deutsch Schützen	S.	676
Wagentristl, Großhöflein	S.	628
Waldschütz, Sachsendorf	S.	346
Waldschütz, Strass	S.	162
Walek, Poysdorf	S.	406
Walter, Wien	S.	78
Waltner, Engelmannsbrunn	S.	347
Wannemacher, Hagenbrunn	S.	407
Weber, Lutzmannsburg	S.	663
Wegenstein, Wr. Neudorf	S.	236
Wein-Gut Nigl, Senftenberg	S.	194
Weinrieder, Kleinhadersdorf-Poysdorf	S.	408
Weiss Markus, Gols	S.	575
Weixelbaum, Strass	S.	164
Wellanschitz, Neckenmarkt	S.	664
Wess Rainer, Krems	S.	211
Wieder, Neckenmarkt	S.	666
Wiederstein Birgit, Göttlesbrunn	S.	114
Wieninger, Wien	S.	79
Winkler-Hermaden, Kapfenstein	S.	429
Winzerkeller Neckenmarkt, Neckenmarkt	S.	655
Winzer Krems – Sandgrube 13, Krems	S.	213
Wippel, Riegersburg	S.	431
Wohlmuth, Fresing	S.	483
Wurzinger, Tadten	S.	576
Zahel, Wien	S.	82
Zantho, Andau	S.	577
Zeitlberger & Zeitlberger, Großweikersdorf	S.	348
Zens, Mailberg	S.	409
Zierer, Gumpoldskirchen	S.	237
Zillinger Johannes, Velm-Götzendorf	S.	410
Zimmermann, Theiß	S.	214
Zull, Schrattenthal	S.	411

– Südtirol –

Andrian, Terlan	S.	684
Arunda, Mölten	S.	686
Baron di Pauli, Kaltern	S.	687
Eisacktaler Kellerei, Klausen	S.	688
Erste + Neue Kellerei, Kaltern	S.	689
Kellerei Girlan, Girlan	S.	690
Kellerei Gries, Bozen	S.	692
Weingut Haas, Montan	S.	693
Hofstätter, Tramin	S.	694
Kellerei Kaltern, Kaltern	S.	696
Kellerei Kurtatsch, Kurtatsch	S.	697
Lageder, Margreid	S.	699
Landesweingut Laimburg, Auer/Pfatten	S.	701
Loacker, Bozen	S.	702
Malojer – Gummerhof, Bozen	S.	703
Manincor, Kaltern	S.	704
Martini & Sohn, Girlan	S.	706
Kellerei Meran Burggräfler, Marling	S.	707
Klosterkellerei Muri-Gries, Bozen	S.	708
Kellerei Nals Margreid, Nals	S.	709
Niedermayr, Girlan	S.	711
Ritterhof, Kaltern	S.	712
Kellerei St. Magdalena, Bozen	S.	713
Kellerei St. Michael-Eppan, Eppan	S.	714
Kellerei St. Pauls, St. Pauls/Eppan	S.	716
Schreckbichl/Colterenzio, Girlan	S.	717
Sölva & Söhne, Kaltern	S.	718
Kellerei Terlan, Terlan	S.	719
Tiefenbrunner, Entiklar	S.	721
Kellerei Tramin, Tramin	S.	722
Walch Elena, Tramin	S.	724
Walch Wilhelm, Tramin	S.	725
Weger Josef, Girlan	S.	726

– Spirits –

Aichhorn Johann, Unterach	S. 742	Edelbrände Moser, Zederhaus	S. 759
Brunn Elmar, Krumbach	S. 743	Neumeister Josef, Straden	S. 760
Carnuntum brennt Trester	S. 744	Edeldestillerie Oberhofer, Mils	S. 761
Hofdestillerie Dicker, Gilgenberg	S. 746	Peilsteinblick – Hans Krenn, Yspertal	S. 762
Domäne Wachau, Dürnstein	S. 747	Pfau – Valentin Latschen, Klagenfurt	S. 764
Spezialitätenbrennerei Domig	S. 748	Pirker – Mariazellerhof, Mariazell	S. 765
Gölles, Riegersburg	S. 749	Reisetbauer, Kirchberg-Thenning	S. 766
Guglhof – Anton Vogl, Hallein	S. 750	Weinhaus Schumich, Oslip	S. 768
Hämmerle, Lustenau	S. 752	Stainer, Eisenstadt	S. 769
Heidehofer Edelbrände, Bruckneudorf	S. 754	Stecher Josef, Natters	S. 770
Hirtner, St. Lorenzen	S. 755	Maria Theresien Destillerie – Hotzy Hadersdorf am Kamp	S. 771
Lagler, Kukmirn	S. 756	Wetter, Missingdorf	S. 772
Lexenhof – Wiesinger, Nußdorf am Attersee	S. 757	Wöhrer, Traun	S. 773
Gut Lindenberg, Ehrenhausen	S. 758	Zweiger, Mooskirchen	S. 775

falstaff

Heiligenstädter Straße 43, 1190 Wien
Tel: +43/(0)1/904 21 41, Fax: +43/(0)1/904 21 41-450
E-Mail: redaktion@falstaff.at
www.falstaff.at